思想政治教育学科40年发展研究报告

主　编　冯　刚

副主编　彭庆红　白显良

中国人民大学出版社

·北京·

《思想政治教育学科40年发展研究报告》

编委会

目　　录

绪　论

思想政治教育学科从设立到创新发展已经走过了40年历程。以党的创新理论为遵循，不断适应时代发展特征和中国改革实际，坚持理论与实践的深度融合，思想政治教育学科得以不断实现创新发展。思想政治教育学科持续发展不仅体现在基础理论的深化之中，同时也体现在思想政治教育为中国特色社会主义伟大实践做出的重要贡献与战略价值之中，充分彰显了思想政治工作作为治党治国重要方式的功能与作用。在新时代背景下，思想政治教育学科为作为治党治国的重要方式的思想政治工作的科学化发展提供了坚实的理论支撑。在思想政治教育学科理论与实践的创新基础上，回顾思想政治教育40年发展历程，尤其是深刻把握新时代思想政治教育学科创新发展的厚重积淀，总结学科发展基本规律，对持续推进思想政治教育学科发展具有重要意义。

一、不断夯实思想政治教育创新发展的理论基础

党的创新理论指导思想政治教育理论持续深化。思想政治教育学科的创新发展，离不开中国共产党思想政治教育工作的实践探索与经验总结，更离不开中国共产党的创新理论指导。在新民主主义革命时期，毛泽东所作的《中国共产党红军第四军第九次代表大会决议案》以及谭政所作的《关于军队政治工作问题的报告》，均体现了党的创新理论指导思想政治工作创新发展这一优良传统和宝贵经验。思想政治教育学科设立以后，学科的基础理论体系构建仍然坚持以马克思主义理论为指导，将党的创新理论运用于思想政治教育理论与实践的创新深化。作为学科设立后的第一本思政原理教材，《思想政治教育学原理》（复旦大学出版社1986年版）明确指出，我们的思想政治工作是有理论指导的，这个理论是马克思列宁主义、毛泽东思想。[①] 这体现出思想政治教育学科的底色与特性，充分展现了政治性与学理性的统一，因为从根本上讲，学校思想政治教育是马克思主义理论在学校教育实践中的应用，是中华民族传统美德的传承，是社会主义精神文明的弘扬，这也是我国在意识形态领域中的政治优势所在。[②] 经历40年的发展历程，党的创新理论指导思想政

---

① 陆庆壬．思想政治教育学原理［M］．上海：复旦大学出版社，1986：1.

② 徐文良．难忘的历程：高等学校思想政治教育的回顾与思考［M］．长春：吉林人民出版社，2008：5.

治教育学科理论创新的特点更加突出。《新时代高校思想政治教育学原理》（人民出版社2021年版）指出："中国共产党在动员群众、武装群众、凝聚群众的实践中，把马克思主义基本原理与中国实际相结合，创造性地提出了一系列理论学说，奠定了思想政治教育科学化发展的重要理论基础。"① 整体视之，思想政治教育学科在推进马克思主义中国化时代化的过程中不断发展，在坚持"两个结合"中完善和拓展自身理论基础，特别是党的十八大以来，习近平总书记指出，要"把立德树人作为教育的根本任务"②，培养"担当民族复兴大任的时代新人"③，"培养德智体美劳全面发展的社会主义建设者和接班人"④。教育方针的深化发展表明党的教育思想一脉相承、与时俱进，是新时代对"培养什么人"掷地有声的铿锵回应。坚持立德树人的根本任务，培养德智体美劳全面发展的社会主义建设者和接班人，为思想政治教育学科基础理论的深化提供了重要的滋养。

深入探索思想政治教育科学化的理论内涵。改革开放以来，面对中国特色社会主义伟大实践的创新发展，中国共产党思想政治教育适应时代发展需求，探索科学化发展之路。1980年5月，第一机械工业部和全国机械工会联合召开了思想政治工作座谈会，提出要把思想政治工作上升至理论，形成一门科学，可以叫作思想政治工作学。在这场大讨论中，钱学森提出"要尽早建立马克思主义德育学"，他还对"马克思主义德育学"的科学内涵与学科定位进行了探讨；费孝通提出了企业思想政治工作的必要性。⑤ 这场大讨论促进国内思想政治工作理论与实践战线重新反思思想政治教育的守正创新。1982年11月，全国党员教育工作会议召开，中央书记处书记宋任穷指出："要逐步形成这样一种观点，思想政治工作是一门科学，是一门治党治国的科学。"⑥ 思想政治工作科学化命题的提出和广泛研讨为思想政治教育学科的创建奠定了坚实的基础。从1984年学科设立开始，思想政治工作科学化的命题就在学科基础理论的丰富中不断深化，从《思想政治教育方法论》（武汉大学出版社1985年版）、《思想政治教育学原理》（复旦大学出版社1986年版）和《现代思想政治教育学》（人民出版社2006年版），到《思想政治教育学原理》（高等教育出版社2018年版）、《新时代高校思想政治教育学原理》（人民出版社2021年版）和《新编思想政治教育学原理》（中国人民大学出版社2022年版），思想政治教育基础理论的研究框架和基本内容不断丰富，为思想政治工作科学化提供了理论滋养，也为学科发展提供了必要的理论基础。

持续深化思想政治教育的规律性认识。思想政治教育学科成立之初就曾遭到其他学科的质疑：思想政治工作有理论吗？这不是一项实践工作吗？对于这些质疑，不断深化思想政治教育的规律性认识就是一个有力的回应。学科发展40年来，围绕中国共产党思想政

---

① 冯刚，彭庆红，佘双好，等．新时代高校思想政治教育学原理［M］．北京：人民出版社，2021：45.

② 中共中央文献研究室．十八大以来重要文献选编（上）［M］．北京：中央文献出版社，2014：27.

③ 习近平．决胜全面建成小康社会 夺取新时代中国特色社会主义伟大胜利——在中国共产党第十九次全国代表大会上的报告［M］．北京：人民出版社，2017：42.

④ 习近平在全国教育大会上强调 坚持中国特色社会主义教育发展道路 培养德智体美劳全面发展的社会主义建设者和接班人［N］．人民日报，2018-09-11（1）.

⑤ 孙友余，钱学森，费孝通，等．论思想政治工作科学化［M］．太原：山西人民出版社，1981：27-31.

⑥ 中国思想政治工作研究会，中宣部思想政治工作研究所．改革开放以来思想政治工作大事记［M］．北京：中国人民大学出版社，2007：38.

治教育工作的基本经验，聚焦思想政治教育的阶段性特征，学界对思想政治教育的规律性认识不断深化，党和国家对思想政治教育的规律性认识也不断提升。党的十八大以来，以习近平同志为核心的党中央将思想政治工作纳入人才培养的开阔视角，并且注重对高校思想政治工作具体规律的凝练。在全国高校思想政治工作会议上，习近平总书记强调，“要坚持把立德树人作为中心环节，把思想政治工作贯穿教育教学全过程，实现全程育人、全方位育人，努力开创我国高等教育事业发展新局面”①；“做好高校思想政治工作，要因事而化、因时而进、因势而新。要遵循思想政治工作规律，遵循教书育人规律，遵循学生成长规律，不断提高工作能力和水平”②。同时，在新时代背景下，人们对思想政治理论课建设的规律性认识不断提升。习近平总书记在学校思想政治理论课教师座谈会上强调，要坚持政治性和学理性相统一、价值性和知识性相统一、建设性和批判性相统一、理论性和实践性相统一、统一性和多样性相统一、主导性和主体性相统一、灌输性和启发性相统一、显性教育和隐性教育相统一。③ 在此指导下，学界围绕“八个相统一”深入探讨了新时代思想政治理论课建设规律。④ 从一定意义上讲，对思想政治教育规律性认识的深化历程也就是思想政治教育学科成熟和创新的历程，对规律性认识的深化不仅夯实了学科的理论根基，还为学科的学理性创建提供了鲜明的导向。

二、持续完善思想政治教育创新发展的政策支撑

思想政治教育学科设立以后，针对在社会主义初级阶段对大学生思想品德应该如何要求这一问题，党中央正视社会和历史诸多原因，果断出台政策文件，对思想政治教育的内容、方式方法、队伍建设等做出明确规定和具体要求。1987 年，《中共中央关于改进和加强高等学校思想政治工作的决定》（中发［1987］18 号文件）正式印发。首先，明确高等学校人才培养目标。中发［1987］18 号文件强调：“高等学校培养出来的大学生、研究生，应当有坚定正确的政治方向，爱祖国、爱社会主义，拥护共产党的领导，努力学习马克思主义；应当热心于改革和开放，有艰苦奋斗的精神，努力为人民服务，为实现具有中国特色的社会主义现代化而献身；应当自觉地遵纪守法，有良好的道德品质；应当勤奋学习，努力掌握现代科学文化知识。”⑤ 这是对改革开放初期“培养什么人”问题的回答，将思想政治工作目标寓于人才培养目标中，为思想政治工作体系贯通人才培养体系打下基础。其次，为改进学校思想政治工作的内容、形式和方法提供遵循。中发［1987］18 号文件强调，有的放矢地进行马克思主义理论教育和形势政策教育，积极引导学生参加社会实践，把思想政治教育与业务教学工作结合起来，把发扬民主与加强法制纪律教育结合起来，对学生要严格要求、积极疏导，改善学生的学习、生活条件，认真培养学生骨干队伍，加强和改进研究生的思想政治工作。⑥ 这 8 项内容为进一步促进学校思想政治工作科

---

① 习近平谈治国理政（第 2 卷）［M］. 北京：外文出版社，2017：376.

② 同①378.

③ 习近平谈治国理政（第 3 卷）［M］. 北京：外文出版社，2020：330－331.

④ 冯刚．理直气壮开好思政课——把握新时代思政课建设规律［M］. 北京：人民出版社，2019：1.

⑤ 中共中央文献研究室．十二大以来重要文献选编（下）［M］. 北京：人民出版社，1988：1410－1411.

⑥ 同⑤1413－1417.

学化发展提供了重要的指导。最后，为马克思主义理论研究队伍和思想政治工作队伍建设提供政策支撑。中发［1987］18号文件强调："思想政治教育是一门以马克思主义理论为基础、综合性和实践性都比较强的科学，必须有专职人员作为骨干，并且要培养和造就一批思想政治教育的专家、教授和理论家。"① 以政策的形式稳步推进思想政治教育队伍建设，为思想政治教育的持续发展提供了组织保障。

思想政治教育学科经历10年创新探索后，为适应当前深化改革、扩大开放和加快社会主义现代化建设步伐的新形势的要求，1994年，《中共中央关于进一步加强和改进学校德育工作的若干意见》（中发［1994］9号文件）印发，有力推动了思想政治教育理论和实践发展。一方面，促进各类学科与课程同德育的有机结合。如何加强协同创新，使德育与专业人才培养有机结合，成为学校思想政治教育创新发展中的一个问题导向。中发［1994］9号文件指出："借鉴国外包括发达国家在这方面的经验和做法，在教育改革中积极探索，总结经验，并及时加以规范，形成稳定的机制。高校应积极开设人文、社会科学类选修课程，与马克思主义理论课和思想品德课统筹规划，分工合作。各门课程的建设应体现社会主义的办学方向和全面发展的办学指导思想，教学大纲和教学评估标准要有正确的思想导向。教学主管部门和教研人员要深入教学领域与学生实际，有针对性地发挥教学、科研的德育功能。"② 这为学校思想政治教育的协同创新提供了坚实的政策依据，同时也为新时代思想政治教育课建设提供了宝贵参考。另一方面，进一步加强思想政治教育学科建设。思想政治教育的创新发展离不开学科建设，而学科建设又离不开党和国家的政策支撑。中发［1994］9号文件指出："推动思想政治教育的科研和学科建设。思想政治教育是一门科学，有其自身的规律。要把思想政治教育作为人文社会科学的重点学科加强建设，把德育重大问题研究项目列入国家教育科学研究规划和国家哲学社会科学研究规划。要培养和造就一批德育专家、教授、特级教师和理论家。"③ 这为思想政治教育学科的创新发展又注入了新的活力。

党的十六大以后，为解决学校思想政治理论课实效性不强的问题，党中央责成相关部委着手制订加强和改进思想政治理论课建设方案，后来出于全局考虑，2004年10月，中共中央、国务院印发了《关于进一步加强和改进大学生思想政治教育的意见》（中发［2004］16号文件），既体现出对大学生思想政治教育规律性认识的深化，也为加强和改进大学生思想政治教育提供了科学指南和全面保障。中发［2004］16号文件明确了加强和改进大学生思想政治教育的基本原则，强调"学校教育要坚持育人为本、德育为先，把人才培养作为根本任务，把思想政治教育摆在首要位置"④，并且从发挥各门课程的育人功能、深入开展社会实践、大力建设校园文化、主动占领网络思想政治教育新阵地、心理健康教育等方面，对加强和改进大学生思想政治教育提出新要求。同时，中发［2004］16号文件坚持思想政治理论课与日常思想政治教育的协同创新。作为配套文件，2005年2

---

① 中共中央文献研究室．十二大以来重要文献选编（下）［M］. 北京：人民出版社，1988：1419.

② 中共中央文献研究室．社会主义精神文明建设文献选编［M］. 北京：中央文献出版社，1996：535.

③ 同②537.

④ 中共中央文献研究室．十六大以来重要文献选编（中）［M］. 北京：中央文献出版社，2006：179.

月，中共中央宣传部、教育部联合下发了《关于进一步加强和改进高等学校思想政治理论课的意见》，对新形势下加强和改进高等学校思想政治理论课的重要性、指导思想和总体要求做出了系统阐述，确定了新的课程方案（“05 方案”）。2005 年 12 月，国务院学位委员会和教育部发布的《关于调整增设马克思主义理论一级学科及所属二级学科的通知》决定在《授予博士、硕士学位和培养研究生的学科、专业目录》中增设马克思主义理论一级学科及所属二级学科，其中“思想政治教育”同“马克思主义基本原理”“马克思主义发展史”“马克思主义中国化研究”“国外马克思主义研究”共同组成下属的二级学科（2008 年增设“中国近现代史基本问题研究”）。思想政治教育专业名称在本科、硕士、博士三个层次上得到统一，思想政治教育的学科建设取得重要进展。

党的十八大以来，以习近平同志为核心的党中央把高校思想政治工作摆在突出位置，做出一系列重大决策部署加以推进。习近平总书记强调：“我国有独特的历史、独特的文化、独特的国情，决定了我国必须走自己的高等教育发展道路，扎实办好中国特色社会主义高校。我国高等教育发展方向要同我国发展的现实目标和未来方向紧密联系在一起，为人民服务，为中国共产党治国理政服务，为巩固和发展中国特色社会主义制度服务，为改革开放和社会主义现代化建设服务。”① 2017 年，中共中央、国务院印发了《关于加强和改进新形势下高校思想政治工作的意见》（中发［2016］31 号文件），该文件强调，坚持党对高校的领导，坚持社会主义办学方向，坚持全员全过程全方位育人，坚持遵循教育规律、思想政治工作规律、学生成长规律，坚持改革创新。② 统揽伟大斗争、伟大工程、伟大事业、伟大梦想，战胜前进道路上的各种风险挑战，必须立足新的时代特点和历史方位，2021 年，中共中央、国务院印发了《关于新时代加强和改进思想政治工作的意见》（简称《意见》），对新时代思想政治工作进行了系统谋划和战略部署。《意见》指出，坚持守正创新，推进理念创新、手段创新、基层工作创新，使新时代思想政治工作始终保持生机活力，要把思想政治工作作为治党治国的重要方式。③ 以中发［2016］31 号文件和《意见》要求为遵循，思想政治教育学科在理论与实践的深度融合中，进一步坚持问题意识和实践导向，深化思想政治教育基础理论，以《新时代高校思想政治教育学原理》（人民出版社 2021 年版）、《新编思想政治教育学原理》（中国人民大学出版社 2022 年版）为代表的一大批研究成果相继问世，新时代思想政治教育学科基础理论创新持续走向深入，再次印证了思想政治教育政策文件对思想政治教育学科创新发展的指引和支撑作用。

三、持续增进思想政治教育创新发展的重要动力

不断增强学校思想政治理论课创新动力。自思想政治教育学科设立以来，思想政治理论课建设有了强力的学科支撑，在党和国家的指导支持下，基于学科基础理论深化以及实践创新探索，高校思想政治理论课建设持续深化，从“85 方案”“98 方案”“05 方案”到

---

① 习近平谈治国理政（第 2 卷）［M］. 北京：外文出版社，2017：376 - 377.

② 中共中央国务院印发《关于加强和改进新形势下高校思想政治工作的意见》［N］. 人民日报，2017 - 02 - 28 (1).

③ 中共中央国务院印发《关于新时代加强和改进思想政治工作的意见》［N］. 人民日报，2021 - 07 - 13 (1).

新时代思想政治理论课创新发展，学校思想政治理论课在守正创新的过程中不断满足社会主义国家人才培养需求，尤其是在新时代背景下，学校思想政治理论课建设取得了显著进展，高校思想政治理论课建设的规律性认识进一步深化。2019年，中共中央办公厅和国务院办公厅印发的《关于深化新时代学校思想政治理论课改革创新的若干意见》指出：要加强党对思政课建设的领导，严格落实地方党委思政课建设主体责任，推动建立高校党委书记、校长带头抓思政课机制。① 加强党对高校思政课建设的全面领导，有利于确保人才培养的正确方向。同时，坚持扎根中国大地建好高校思政课的自觉与自信不断增强。学校思想政治理论课的发展与创新，离不开中国共产党领导的革命、建设、改革和新时代的伟大实践，也离不开中华文化的滋养。近年来，全国高校相继开发选择性必修课程，使课程体系更加体现中国发展实际，展现中华文化魅力，彰显党的历史智慧。以习近平总书记关于学校思想政治理论课建设的重要论述为指导，遵循思政课长期以来形成的一系列规律性认识和成功经验，新时代学校思想政治理论课建设取得显著成效，守正创新的动力不断增强。

不断增强学校日常思想政治教育工作创新动力。日常思想政治教育工作是学校思想政治教育的主阵地，思想政治教育学科发展40年来，在党和国家的政策指导下以及在学界的学理深化基础上，学校日常思想政治教育工作持续创新的动力不断增强。在中发［2004］16号文件的指导下，2006年7月，教育部颁布了《普通高等学校辅导员队伍建设规定》，从要求与职责、配备与选聘、培养与发展、管理与考核等方面对高校辅导员队伍建设做出顶层设计，为高校辅导员队伍专业化、职业化发展提供了发展机遇和前进动力。② 在新时代背景下，以中发［2016］31号文件为遵循，具体从以下方面激发着思想政治教育的内生动力，以推动思想政治教育持续发展：首先，思想政治教育的体制机制持续创新，学校日常思想政治教育的目标设计、运行方式、评价机制更加关照学生成长发展需求；其次，思想政治教育的供给结构持续优化，根据具体需求优化主体结构，根据时代特点优化供给方式，根据自身实际优化资源配给；再次，思想政治工作的文化意蕴持续增强，将思想政治教育融于文化现象当中，通过文化渗透的方式，不断实现“蓬生麻中，不扶自直”“入芝兰之室久而自芳”的教育效果；最后，多学科理论与方法的借鉴更加凸显，通过构建学科交叉研究平台、对话平台，思想政治教育在相关学科之间的交流、影响持续增强，认可度持续提升。③ 学校日常思想政治教育工作创新发展动力的持续增强，不仅是学科发展40年理论创新与实践经验的总结，也是思想政治教育学科在不同时代活力的彰显。

不断增强思想政治工作协同创新动力。协同创新是思想政治教育持续发展的重要动力。中发［1987］18号文件明确指出：“把思想政治教育与业务教学工作结合起来。要按照各个学科的特点，引导学生正确认识在校学习与今后工作之间的关系，解决好为谁服务

① 中共中央办公厅 国务院办公厅印发《关于深化新时代学校思想政治理论课改革创新的若干意见》[EB/OL]. (2019-08-14). https://www.gov.cn/gongbao/content/2019/content_5425326.htm.

② 冯刚．高校辅导员队伍专业化、职业化建设的发展路径——《普通高等学校辅导员队伍建设规定》颁布十年的回顾与展望 [J]. 思想教育研究，2016 (11)：6-9.

③ 冯刚．增强高校思想政治教育持续发展的内生动力 [J]. 中国高等教育，2017 (Z2)：25-29.

的问题。”① 中发［1994］9号文件强调：“学校各项管理工作、服务工作也要明确育人职责，管理育人，服务育人。按照不同学科特点，促进各类学科与课程同德育的有机结合。”② 中发［2004］16号文件指出：“高等学校要充分发挥大学生思想政治教育主阵地、主课堂、主渠道作用。要把大学生思想政治教育摆在学校各项工作的首位，贯穿于教育教学的全过程。要建立和完善党委统一领导、党政齐抓共管、专兼职队伍相结合、全校紧密配合、学生自我教育的领导体制和工作机制。”③ 中发［2016］31号文件强调：“要健全地方党委抓高校思想政治工作制度，切实加强组织领导和工作指导，坚持和完善党委定期研究、领导干部联系高校等制度，建立部门协作常态机制，形成党委统一领导、党政齐抓共管、职能部门组织协调、社会各方积极参与的工作格局。”④ 2021年的《关于新时代加强和改进思想政治工作的意见》强调，要提升基层思想政治工作质量和水平，加强企业思想政治工作，加强农村思想政治工作，加强机关思想政治工作，加强学校思想政治工作，加强社区思想政治工作，加强网络思想政治工作，做好各类群体的思想政治工作。⑤ 2022年，教育部等十部门印发了《全面推进“大思政课”建设的工作方案》，该文件强调，“坚持开门办思政课，强化问题意识、突出实践导向，充分调动全社会力量和资源，建设‘大课堂’、搭建‘大平台’、建好‘大师资’，建设全国高校思政课教研系统，设立一批实践教学基地，推出一批优质教学资源，做优一批品牌示范活动，支持建设综合改革试验区，推动思政小课堂与社会大课堂相结合，推动各类课程与思政课同向同行”⑥。习近平总书记在党的二十大报告中强调：“完善思想政治工作体系，推进大中小学思想政治教育一体化建设。”⑦ 这些党和国家、相关部委的政策文件均强调了思想政治教育协同创新的必要性，在相关政策文献的支撑下，思想政治教育协同创新发展的动力持续增强。

四、持续推进思想政治教育内涵式发展

思想政治教育理论与实践融合持续深入。学科发展40年来，理论与实践的深度融合是学科研究的基本原则和主要特色。思想政治教育学科设立后的第一本方法论教材就曾指出，思想政治教育方法论的应用性更为突出，它更侧重于在实践中的应用，与实践的联系更为直接，必须把思想政治教育方法论的理论性和应用性结合起来，使之密切联系党的思想政治教育的任务，积极为完成这种任务服务。⑧ 在40年的发展历程中，不仅是方法论研究注重理论与实践的深度融合，思想政治教育学原理研究也是如此，并将一以贯之下去。

---

① 中共中央文献研究室．十二大以来重要文献选编（下）［M］．北京：人民出版社，1988：1415.

② 中共中央文献研究室．社会主义精神文明建设文献选编［M］．北京：中央文献出版社，1996：535.

③ 中共中央文献研究室．十六大以来重要文献选编（中）［M］．北京：中央文献出版社，2006：190.

④ 中共中央国务院印发《关于加强和改进新形势下高校思想政治工作的意见》［N］．人民日报，2017－02－28（1）.

⑤ 中共中央国务院印发《关于新时代加强和改进思想政治工作的意见》［N］．人民日报，2021－07－13（1）.

⑥ 教育部等十部门关于印发《全面推进“大思政课”建设的工作方案》的通知［EB/OL］．（2022－08－24）．https://www.gov.cn/zhengce/zhengceku/2022－08/24/content_5706623.htm.

⑦ 习近平．高举中国特色社会主义伟大旗帜 为全面建设社会主义现代化国家而团结奋斗——在中国共产党第二十次全国代表大会上的报告［M］．北京：人民出版社，2022：44.

⑧ 王玄武．思想政治教育方法论［M］．武汉：武汉大学出版社，1985：17.

坚持实践导向，并不是说实践研究的价值高于理论研究的价值，也不是要割裂理论研究与实践研究，而是要在实践导向的指引下寻求思想政治教育理论与实践的深度融合和双向互动，使思想政治教育基础理论研究在实践导向的指引下持续深化，使思想政治教育实践创新更好地上升为理论成果，使思想政治教育科学理论指导实践问题解决，最终在理论与实践的互动中实现思想政治教育的创新发展。① 坚持理论与实践的深度融合，关切中国改革发展实际，不仅使思想政治教育学科形成了独有的研究特色和价值旨归，同时也使得思想政治教育学科在人文社科领域有了更多的交流对话的空间和可能，促使思想政治教育在科学化研究中不断实现内涵式发展。

思想政治教育学理研究视野持续开拓。从科学发展规律来看，"科学研究范式正在发生深刻变革，学科交叉融合不断发展"②。从思想政治教育学科发展规律看，思想政治教育是研究人的思想政治素质形成发展和思想政治教育运行规律的学科，自建立之初就带有综合学科、交叉学科的色彩，即思想政治教育是一门典型的交叉学科。在学科设立初期，学界就围绕思想政治教育学科的交叉学科研究方法进行过探讨。有学者指出，由于人们的思想状况和行为表现存在质的规定性和量的差异性，存在多种多样的相互联系，这就为运用定性、定量方法提供了客观基础，也就决定了在把握人们的思想脉搏和行为表现、揭示它们之间内在联系的研究活动中，能够运用以大量调查和考察为依据的定性分析方法和定量分析方法。③ 在后续发展历程中，交叉学科研究方法的运用越发深入。进入新时代，立足思想政治教育实践前沿，拓展思想政治教育研究视野，思想政治教育学科的研究视域也进一步拓展，为思想政治教育学科研究的进一步深化指出了新的研究方向。新时代要深刻回答过去思想政治工作为什么能够成功、未来思想政治工作如何继续成功的重要问题，就要完整梳理、深刻研究党结合时代特征和历史使命提出的一系列推动思想政治教育理论与实践创新的政策和举措，这就需要引入文本学、阐释学、叙事学等视角和理论方法；要切实地认识把握工作对象，提高工作针对性，就需要引入文化学、传播学、评估学等视角和理论方法；要切实地认识把握思想政治工作内嵌其中的我国社会结构及其运行情况，就需要引入社会学、治理学等视角和理论方法。④ 思想政治教育学科研究视域的不断拓展，不仅反映了学科 40 年发展中的学术自觉和研究自信，同时也为学科的持续发展注入了新的活力。需要强调的是，目前或者之后我们探讨的新论域中，并不是所有的论域都必然成为思想政治教育学科今后发展的方向，这里有一个通过明确思想政治教育学科立场和遵循思想政治教育学科逻辑而实现的去粗取精、去伪存真的过程。⑤

思想政治教育实践在守正创新中持续发展。在思想政治教育学科 40 年发展历程中，思想政治教育管理创新正在向治理创新发展。从管理到治理，体现出思想政治教育学科在理论与实践的深度融合中的学理反思与实践创新。《思想政治教育学原理》（复旦大学出版

---

① 冯刚．深刻把握高校思想政治教育热点研究实践导向的价值意蕴［J］．思想政治教育研究，2021（1）：1－5.

② 习近平．在中国科学院第二十次院士大会、中国工程院第十五次院士大会、中国科协第十次全国代表大会上的讲话［N］．人民日报，2021－05－29（2）.

③ 戴钢书．思想政治教育的调查与统计分析［M］．北京：东方出版社，1992：12.

④ 冯刚．思想政治教育学学科发展新论域［M］．广州：中山大学出版社，2022：7.

⑤ 冯刚．推动新时代思想政治教育学科高质量发展［J］．学校党建与思想教育，2022（7）：1－6.

社 1986 年版）指出，运行思想政治教育，必须明确目标、研究对象、落实内容、制定措施等，正是这些相互作用和相互联系的诸要素的有机结合，形成了思想政治教育这个整体，这就是该系统的整体性，管理机制与系统性质是密切相关的，需要确定思想政治教育运动的目标，保持思想政治教育系统运动的状态，对思想政治教育系统运动的状况进行调节。①《现代思想政治教育学》（人民出版社 2006 年版）进一步指出，探索思想政治教育管理的原则和目标，研究现代思想政治教育的决策管理、队伍管理和管理模式，对于逐步丰富、完善我国思想政治教育管理的理论，切实加强改进思想政治工作具有重要的理论意义和实践价值。② 在新时代背景下，随着国家治理体系和治理能力现代化命题的提出，思想政治教育治理研究走入学科研究视野。新时代高校思想政治教育治理研究，需要以系统哲学的思维方法看待高校思想政治教育的制度优势和系统性特征，着眼于高校思想政治教育创新发展中的系统性、整体性和协同性的内在要求，进一步推进新时代高校思想政治教育工作守正创新。③ 思想政治教育学科从管理研究走向治理研究，是学科 40 年发展进程中对思想政治教育规律性认识不断深化的生动体现，也是思想政治教育学科内涵式发展的生长点和着力点。

① 陆庆壬．思想政治教育学原理［M］．上海：复旦大学出版社，1986：257－271.

② 张耀灿，郑永廷，吴潜涛，等．现代思想政治教育学［M］．2 版．北京：人民出版社，2006：418.

③ 冯刚，王振．高校思想政治教育治理引论［M］．北京：团结出版社，2022：5.

第一章　党的创新理论与思想政治教育

科学的理论是时代的精华，是回应时代重大课题的结晶，也是执政党的思想灵魂，一个民族要站在时代发展的前列就离不开科学理论的指引。近代以来，马克思主义深刻改变了世界，也改变了中国。中国共产党的一个优良传统就是把马克思主义基本原理与中国具体实际相结合、与中华优秀传统文化相结合，在不同历史阶段创立了中国化时代化的马克思主义，形成了继承与发展的创新理论。中国特色社会主义理论体系和习近平新时代中国特色社会主义思想，是党的创新理论，是改革开放以来我国经济社会发展的指导思想。改革开放以来，在党的创新理论指导下，思想政治教育从理论和实践层面，不断丰富完善，获得了巨大的发展，形成了独特的学科体系，也为服务、内化党的创新理论做出了重大贡献。

第一节　改革开放 40 多年来党的创新理论指导思想政治教育的历史脉络

改革开放以来的党的创新理论是指马克思主义中国化时代化两次新的飞跃并创立和形成了从邓小平理论到习近平新时代中国特色社会主义思想的重大理论成果。在这一重要历史阶段，党的创新理论既为我国经济社会发展提供了重要的战略指导，也在不同方面推动了思想政治教育从理论到实践的创新和发展。

一、邓小平理论指导思想政治教育的科学化探索

1978 年 12 月，党的十一届三中全会胜利召开，标志着我国通过拨乱反正，从根本上破除了长期以来“左”倾错误路线的束缚，全面开启了以经济建设为中心的改革开放和社会主义现代化建设新时期。这一时期，也是中国共产党把马克思主义基本原理同我国具体实际相结合、不断进行理论创新的阶段，一些重大的理论探索和创新，为改革开放的丰富实践提供了重要的理论支撑，在思想上稳步而系统地澄清了人们在改革开放之初面临的一些困惑和迷茫。随着“一个中心、两个基本点”党的基本路线的确立，党和国家中心任务

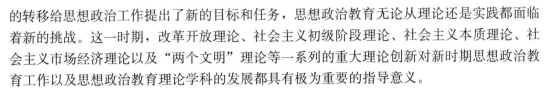

的转移给思想政治工作提出了新的目标和任务，思想政治教育无论从理论还是实践都面临着新的挑战。这一时期，改革开放理论、社会主义初级阶段理论、社会主义本质理论、社会主义市场经济理论以及“两个文明”理论等一系列的重大理论创新对新时期思想政治教育工作以及思想政治教育理论学科的发展都具有极为重要的指导意义。

（一）党的基本路线确立了思想政治工作的中心任务和基本原则

1978 年，党的十一届三中全会在北京召开，这次会议全面纠正“文化大革命”十年“以阶级斗争为纲”政治路线的错误，并提出要把党和国家的工作重心转移到经济建设上来，以经济建设为中心成为当时我国面临的最为迫切的战略重点。1987 年，党的第十三次全国代表大会进一步总结并提出党在社会主义初级阶段的基本路线，即领导和团结全国各族人民，以经济建设为中心，坚持四项基本原则，坚持改革开放，自力更生，艰苦创业，为把我国建设成为富强、民主、文明的社会主义现代化国家而奋斗。党的基本路线的确立，既明确了我国经济建设这一中心任务，也对思想政治教育提出了更高的要求。针对改革开放出现的新问题、新状况、新课题引发人们思想观念的变化、困惑，思想政治教育的中心任务就是要对上述问题从理论和实践上进行回应，并能够通过调动广大人民群众的积极性把全体人民的思想统一到党和国家的工作重心上来。针对党和国家的中心工作，邓小平指出：“经济工作是当前最大的政治，经济问题是压倒一切的政治问题。不只是当前，恐怕今后长期的工作重点都要放在经济工作上面。”① 针对如何保障经济建设这一中心工作，邓小平特别强调了四项基本原则的重要性，他指出：“我们要在中国实现四个现代化，必须在思想政治上坚持四项基本原则。这是实现四个现代化的根本前提。”② 党的基本路线以及“以经济建设为中心”“坚持改革开放”的战略决策，为思想政治工作的中心任务提供了重要依据，即思想政治工作通过巩固、维护和确保“四项基本原则”来保障“经济建设”的中心任务及“改革开放”的战略决策。中共中央于 1983 年 2 月 14 日发布《关于加强党员教育工作的通知》，指出：“掌握思想教育，是团结全党进行伟大政治斗争的中心环节。如果这个任务不解决，党的一切政治任务是不能完成的。”要实现社会主义现代化建设的纲领和党的建设的纲领，全面开创社会主义现代化建设的新局面，必须加强党员教育。

（二）解放思想、实事求是思想路线为思想政治教育科学化提供了思想保证

1978 年 12 月 13 日，邓小平在中央工作会议闭幕会议上发表了《解放思想，实事求是，团结一致向前看》的重要讲话。他指出，“一个党，一个国家，一个民族，如果一切从本本出发，思想僵化，迷信盛行，那它就不能前进，它的生机就停止了”③，“如果现在再不实行改革，我们的现代化事业和社会主义事业就会被葬送”④。同年 12 月 18 日，党的十一届三中全会召开，重新确立了解放思想、实事求是的思想路线，破除了“两个凡是”的错误认识，打破了“以阶级斗争为纲”的经济社会发展的中心思想。从根本意义上说，

① 邓小平文选（第 2 卷）[M]. 2 版. 北京：人民出版社，1994：194.
② 同①164.
③ 同①143.
④ 同①150.

解放思想、实事求是是邓小平理论的精髓，也给思想政治教育的目标任务、方法创新、内容体系建设等带来了广阔的空间和视野，思想政治教育服务于以经济建设为中心的社会主义现代化建设，为进一步推动思想政治教育科学化提供了重要的思想保障。为了服务于经济建设和改革开放，巩固四项基本原则的保障效力，适应动态变化的经济社会发展环境，思想政治教育科学化逐渐成为改革实践的迫切需要。随着改革带来的社会结构的变迁、社会分工的复杂化以及不同社会思潮的传播影响等，群体思想观念的差异化愈加明显，企业、农村、军队、学校等不同群体的思想政治教育在实践层面必然呈现不同的方法及途径。1984 年 4 月，教育部印发了《关于在十二所院校设置思想政治教育专业的意见》，决定采取正规化的方法培养大专生、本科生和第二学士生，培养专门的思想政治教育人才，批准南开大学、复旦大学、武汉大学等 12 所院校增设思想政治教育本科专业。同年 6 月，教育部又发出《关于在六所高校开办思想政治教育专业第二学士学位班的意见》，批准清华大学等 6 所高校开办思想政治教育专业第二学士学位班，培养高校思想政治工作的骨干。① 这也意味着为不断适应群体的多元、分化以及环境变迁，思想政治教育专业化、学科化成为改革开放在思想观念领域的迫切要求。1987 年 9 月，国家教委印发关于思想政治教育专业培养硕士研究生实施意见的通知，即从 1988 年开始在武汉大学、复旦大学、南开大学等 10 所高校招收硕士研究生。自此，思想政治教育学科建设蓬勃发展，从理论上对改革开放初期各种思想观念、价值行为以及实践群体进行深入研究并试图从指导思想、目标任务、对象、范畴、内涵、内容、方法、规律等方面构建学科理论体系，大大促进了思想政治教育的科学化进程。

（三）重大理论创新推动了思想政治教育科学化

党的十五大把邓小平理论确立为党的指导思想，明确写进了党章。作为马克思主义中国化时代化的一大理论成果，邓小平理论首次提出了建设有中国特色社会主义的理论命题，并围绕“什么是社会主义、怎样建设社会主义”这个理论命题，提出了改革开放理论、社会主义市场经济理论、社会主义精神文明建设理论等一系列重大的理论创新。这些重大的理论创新为思想政治教育科学化提供了重要的理论指导和思想资源。

改革开放推动了我国各个领域的体制机制的改革以及对外开放格局的不断深入，为思想政治教育在内容、方法、环境等方面的理论探索提供了丰富的理论和实践要素。思想政治教育在回应对外开放和国内改革的大趋势中面临的思想争鸣、观念碰撞时，在理论层面上也在不断反思，如如何针对不同群体、不同对象开展思想政治教育，在社会主义市场经济条件下思想政治教育的功能如何定位，思想政治教育与经济中心工作、其他工作如何有效融合等一系列问题。社会主义市场经济理论的提出是邓小平理论内容中的重大创新，从根本上规定了我国社会主义现代化建设中的经济机制运行的核心问题，打破了长期以来高度集中的计划经济体制的思维惯性，也在思想观念领域产生了重大影响。思想政治教育围绕社会主义市场经济理论中的一些重大观点、命题，通过宣传、教育、动员等方式，帮助不同群体、对象深入认识社会主义市场经济的核心问题，丰富了思想政治教育的方法体系，为社会转型过程中如何做好思想政治教育提供了重要的理论经验。社会主义精神文明

① 冯刚，郑永廷．思想政治教育学科 30 年发展研究报告［M］．北京：光明日报出版社，2014：3.

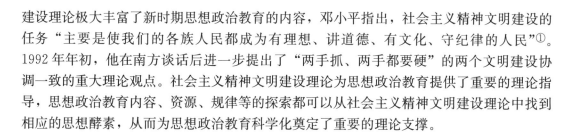

建设理论极大丰富了新时期思想政治教育的内容，邓小平指出，社会主义精神文明建设的任务“主要是使我们的各族人民都成为有理想、讲道德、有文化、守纪律的人民”①。1992 年年初，他在南方谈话后进一步提出了“两手抓、两手都要硬”的两个文明建设协调一致的重大理论观点。社会主义精神文明建设理论为思想政治教育提供了重要的理论指导，思想政治教育内容、资源、规律等的探索都可以从社会主义精神文明建设理论中找到相应的思想酵素，从而为思想政治教育科学化奠定了重要的理论支撑。

二、“三个代表”重要思想指导思想政治教育的内容创新

20 世纪 90 年代初，随着苏联解体、美苏争霸的冷战结束，世界格局出现重大的新的变化，国际社会主义运动陷入低潮，作为仍然坚持社会主义的大国，中国的一举一动都令世人瞩目。国内经过改革开放的头十年的发展，经济发展虽然取得了瞩目的成就，但一些体制机制的改革还面临巨大阻碍，同时改革开放带来的社会结构、就业方式、思想观念的巨大变迁也考验着党的执政能力。以江泽民同志为主要代表的中国共产党人，破除万难，以马克思列宁主义、毛泽东思想、邓小平理论为指导，在实践的基础上，逐步提出并形成了“三个代表”重要思想。“三个代表”重要思想的提出和形成，是我们党的重大理论创新，在进一步回答“什么是社会主义、怎样建设社会主义”的基础上，着重回答了新时期“建设什么样的党、怎样建设党”的重大理论问题，这一理论针对新时期的生动而复杂的实践，进一步在理论和现实层面推动了思想政治教育的发展。

（一）“三个代表”重要思想的核心观点为新时期思想政治教育提供了重要指向

“三个代表”重要思想的核心观点围绕着“建设什么样的党、怎样建设党”这个重大问题展开，同时也进一步回答了“什么是社会主义、怎样建设社会主义”这个根本的理论课题。始终代表中国先进生产力的发展要求，指明了党的各项路线、方针、政策及工作要符合社会生产力的发展规律，要符合解放和发展生产力的要求。劳动者是生产力中最重要最积极的因素，如何提高劳动者的素质是关乎人才问题的重要方面，也给思想政治教育提出了重要的任务，即如何把培育人的思想道德素质与知识素质、能力素质等有机结合起来。在尊重科学、尊重规律的基础上，树立科学的世界观，“努力提高科技水平，普及科技知识，引导人们树立科学精神，掌握科学方法，鼓励创造发明。消除愚昧，反对封建迷信活动”②。始终代表中国先进文化的前进方向指出了中国特色社会主义文化在凝聚中华民族向心力中的重要作用。这一核心命题提出了一系列理论观点，如强调要“以科学的理论武装人，以正确的舆论引导人，以高尚的精神塑造人，以优秀的作品鼓舞人”③，提出弘扬爱国主义精神，以为人民服务为核心、以集体主义为原则、以诚实守信为重点，加强社会公德、职业道德和家庭美德教育，广泛开展群众性精神文明创建活动，引导人们树立中国特色社会主义的共同理想等。这些重要的观点和内容为新时期思想政治教育围绕文化建设、社会主义精神文明建设、公民思想道德素质建设开展工作提供了重要的理论遵循和

① 邓小平文选（第 2 卷）[M]. 2 版．北京：人民出版社，1994：408.

② 江泽民文选（第 2 卷）[M]. 北京：人民出版社，2006：34.

③ 江泽民文选（第 3 卷）[M]. 北京：人民出版社，2006：85.

理论资源。始终代表中国最广大人民的根本利益，强调党的各项政策、任务、工作都是围绕实现人民的根本利益而展开的，党的群众路线始终是实现人民根本利益的最根本的工作原则和方法。人们的生产方式、生活方式以及交往方式日益多元化，不同群体的利益诉求出现复杂化、差异化的特点，如何把个人利益和集体利益、当前利益与长远利益有机结合起来，是新时期思想政治教育的重要任务，始终代表中国最广大人民的根本利益为思想政治教育的基本原则——人民性及其在新时期的全面实现，提供了坚实的理论依据。

（二）“三个代表”重要思想的形成丰富了思想政治教育的内容

“三个代表”重要思想的形成有着重大的国内外历史背景，有效回应了中国在复杂的历史条件下实现社会主义现代化的基本遵循。这一理论也在丰富实践的基础上提出了一系列重大的理论观点和命题，如“发展是党执政兴国的第一要务”“全面建设小康社会”“建设社会主义政治文明”“推进党的建设新的伟大工程”等，为思想政治教育在新的历史时期进一步服务社会主义现代化建设提供了内容和载体。关于发展问题，“三个代表”重要思想提出了发展是党执政兴国的第一要务，指出，“我们建设有中国特色社会主义的各项事业，我们进行的一切工作，既要着眼于人民现实的物质文化生活需要，同时又要着眼于促进人民素质的提高，也就是要努力促进人的全面发展”①，为思想政治教育在理论及实践层面推动教育对象的全面发展提供了重要的理论基础。全面建设小康社会的战略目标的确立，符合我国社会主义初级阶段的基本国情，切合最广大人民的根本利益，有利于最广泛、最充分调动一切积极因素，为思想政治教育宣传、组织和动员群众提供了重要的聚焦点和目标。关于政治文明建设，是继物质文明建设、精神文明建设之后提出的又一重大理论创新，如“党的领导、人民当家作主、依法治国的有机统一”“依法治国和以德治国相结合”“健全基层自治组织和民主管理制度”等，这些观点的提出，明确了在新的历史时期我国社会主义民主政治建设的基本原则、主要内容及方式途径，极大丰富了思想政治教育的内容体系，强化了思想政治教育社会主义意识形态中的凝聚力和引领力。关于推进党的建设新的伟大工程，强调要坚持党的先进性，要不断提高科学判断形势的能力、驾驭市场经济的能力、应对复杂局面的能力、依法执政的能力、总揽全局的能力，领导干部要讲学习、讲政治、讲正气等。这些观点的提出为加强党员领导干部的思想政治教育提供了重要的理论遵循和理论资源。

三、科学发展观指导思想政治教育的现代化发展

进入21世纪，经济全球化浪潮席卷全世界，随着我国加入世界贸易组织，对外开放的格局不断深化，我国经济发展取得了举世瞩目的成就，国内生产总值（GDP）超过日本，成为世界第二大经济体。然而，在经济快速发展的同时，我国也面临着生态恶化、收入差距较大、地区发展不平衡、工业制造水平总体上不高等一些问题。由此，围绕“实现什么样的发展、怎样发展”这一主题，新一届中央领导集体开始了理论探索，提出并形成了科学发展观。科学发展观从理论上回应了我国在进入新世纪后面临的发展挑战，也给思想政治教育在回应上述挑战的同时，提供了重要的理论指导。

---

① 江泽民．论党的建设［M］．北京：中央文献出版社，2001：523．

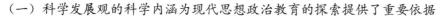

（一）科学发展观的科学内涵为现代思想政治教育的探索提供了重要依据

科学发展观是我国社会主义现代化建设中的重大理论创新，进入新世纪，在经济全球化的浪潮下，我国经济结构、要素、活动更加多元、复杂，社会转型快速推进，思想领域、意识形态领域的价值冲突，不同社会思潮的交融交锋日益突出，思想政治教育面临着重大挑战。科学发展观提出的“以人为本”的核心立场，全面协调可持续发展的基本要求，对“实现什么样的发展、怎样发展”进行了全面的理论创新，也为进入新世纪后的思想政治教育提供了重要的理论依据。过去一些思想政治教育的理论和方法，已经不太适应新的发展实践，由发展问题引发的现代性、现代化等理论问题的探讨也对思想政治教育产生了较大的影响，理论界开始对一些传统的思想政治教育理论、观念和方法进行总结和反思，并提出了思想政治教育的现代转型或现代思想政治教育的理论命题。例如：有专家强调要把“现代化”作为重要的目标和主题体现在思想政治教育的范畴体系中，认为“实现现代化就要把握时代脉搏，与时俱进，不断推进思想政治教育学范畴及其理论体系的创新”①。还有学者认为，思想政治教育现代转型是思想政治教育为适应现代社会而进行的以实现自身现代化为目标、以人本化和科学化为特征的整体性的结构转变，是自觉、理性化的转型，是由社会主体有计划、有步骤、上下结合地推进思想政治教育系统结构变迁的过程。② 有关思想政治教育现代性、现代化或现代思想政治教育的探讨直接影响了对思想政治教育不同范畴、领域的细分和专题研究，思想政治教育主体性研究、环境研究、方法研究、有效性研究、策略研究、资源研究等极大拓展了思想政治教育理论创新的深度和广度，这种百花齐放的研究景象也极大增加了思想政治教育的学科厚度。2006 年 1 月，第十批学位点申报审核工作结束，全国 21 个单位申报的马克思主义理论一级博士学位授权点通过审核，获准设立，另外，34 个单位申报的思想政治教育二级博士学位授权点通过审核，成为新增的思想政治教育博士点。

（二）科学发展观的主要内容促进了思想政治教育的现代化转型

科学发展观理论为思想政治教育在理论和实践上的发展提供了重要的指导，一些重要的理论内容对思想政治教育产生了较大的影响，理论界也进行了相应的有针对性的研究。其一，社会主义核心价值体系成为思想政治教育理论阐释的重要内容。科学发展观强调：“社会主义核心价值体系是根源于民族优秀文化和社会主义先进文化并吸收人类文明成果发展起来的，适应了时代发展要求，集中反映着当代中国人民的理想信念和精神追求，是我国社会主义文化的引领和主导。”③ 关于如何将社会主义核心价值体系融入国民教育全过程，理论界从主体、方法、环境、策略等各个方面进行了广泛的研究。如认为应通过“完善法律政策，强化舆论引导，构筑教育体系，体现行业特色，融入消费文化，突出骨干示范，从而把社会主义核心价值体系融入国民教育和精神文明建设的全过程，转化为人民的自觉追求”④。其二，网络思想政治教育研究的兴起。随着产业升级换代，互联网的

---

① 张耀灿，等．思想政治教育学前沿［M］．北京：人民出版社，2006：64.

② 盛跃明，孙其昂．思想政治教育的现代转型及其路径［J］．求实，2010（2）：71－75.

③ 中共中央文献研究室．十七大以来重要文献选编（下）［M］．北京：中央文献出版社，2013：618.

④ 孟轲．论社会主义核心价值体系的国民普及路径［J］．马克思主义与现实，2010（5）：187－190.

发展逐渐引领世界产业革命的潮流，计算机、互联网的广泛应用是推动我国经济社会可持续发展的重要技术力量。而“互联网与人的关系”的问题，也成为重要的理论话题。人控制技术还是技术控制人，在技术面前人是物化的对象还是新兴思想的发源地？这些重大的理论和现实问题同样对思想政治教育产生了重要的影响。思想政治教育与互联网是互构还是对立？网络思想政治教育逐渐成为思想政治教育在理论和实践层面的新兴领域。不同学者从不同角度、不同领域研究网络思想政治教育面临的理论与现实问题。如针对互联网对大学生群体的影响阐释了高校网络思想政治教育的相关问题，针对网络思想政治教育的元问题进行研究，网络思想政治教育的内涵、本质、方法等问题成为研究的重点。其三，和谐社会理论丰富了思想政治教育的内容。党的十六大提出了建设社会主义和谐社会的重大战略任务，提出要基于人民群众的根本利益，促进社会公平，改善和保障民生，加强和创新社会管理。和谐社会理论的根本要义是强调关注日常生活中老百姓最关心的问题，解决群众反映最广泛的问题，在宣传思想工作中，要求贴近实际、贴近生活、贴近群众。因而围绕着和谐社会理论，思想政治教育理论界研究的重点聚焦于思想政治教育在日常生活中的价值实现问题。如有学者认为，“构建社会主义和谐社会的理念，对于启发思想政治教育走生活化道路，坚持主体性原则，凸显生活育人，保证个体的自由全面协调发展，具有重大的理论和现实意义”①。在思想政治教育日常生活理论的影响下，休闲教育、诚信教育、弱势群体关爱、人文关怀、生命和谐教育、情感教育等成为思想政治教育的重要内容。其四，生态文明建设对思想政治教育的影响。推进生态文明建设是科学发展观的主要内容，强调经济发展要科学认识人与自然的关系，要尊重自然规律，要重视资源环境的保护等。随着生态文明建设在经济社会发展中的逐步贯彻实施，生态文明教育也成为思想政治教育的重要内容。特别是在高校，生态文明教育不仅进入思想政治理论课程和其他课程体系，而且也成为各种主题教育、实践活动中的重要内容。

四、习近平新时代中国特色社会主义思想推动思想政治教育全局性、整体性变化

党的十八大以来，以习近平同志为核心的党中央面对社会主要矛盾的变化以及“两个大局”的历史性变革，统筹推进“五位一体”总体布局，协调推进“四个全面”战略布局，探索中国式现代化道路，在不断实践的基础上，创立了习近平新时代中国特色社会主义思想。在党的创新理论指导下，新时代思想政治工作的地位被提升到全局性、整体性的战略高度，推动了思想政治教育的全面创新与发展。

（一）“中国特色社会主义进入新时代”指明了思想政治教育环境的重大变化

习近平总书记在党的十九大报告中做出中国特色社会主义进入新时代的重大论断，党的二十大报告把“中国特色社会主义进入新时代”作为党和人民事业经历的具有重大现实意义和深远历史意义的三件大事之一。中国特色社会主义进入新时代是对我国社会主义现代化建设历史方位的科学锚定，既标定了我国从站起来、富起来到强起来的战略转折，也指出了新时代我国社会主要矛盾带来的问题和挑战，特别是在世界百年未有之大变局、中华民族伟大复兴的战略全局背景之下，第四次科技革命促动的生产方式、交往方式乃至国

① 谷佳媚．思想政治教育生活化与社会主义和谐社会的内在契合［J］．理论探讨，2009（3）：120－123.

际格局的重大变动愈发凸显了当前我国社会主义现代化建设面临的社会发展环境的急剧变迁。上述变化也传递到文化、制度、思潮等思想领域中，不同意识形态在新时代的交锋、交流乃至交融更为复杂，人们的价值观念和行为方式也不断呈现出新的特征。党的十八大以来，在党中央的坚强领导下，思想政治工作通过改革创新，攻坚克难，取得了显著的成效。党的二十大报告指出，“一些人对中国特色社会主义政治制度自信不足，有法不依、执法不严等问题严重存在；拜金主义、享乐主义、极端个人主义和历史虚无主义等错误思潮不时出现，网络舆论乱象丛生，严重影响人们思想和社会舆论环境”①。同时指出：“我们确立和坚持马克思主义在意识形态领域指导地位的根本制度，新时代党的创新理论深入人心，社会主义核心价值观广泛传播，中华优秀传统文化得到创造性转化、创新性发展，文化事业日益繁荣，网络生态持续向好，意识形态领域形势发生全局性、根本性转变。”②这也意味着思想政治教育的环境发生了重大的变化，新时代的思想政治教育在理论和实践上持续、深入研究并回应了新时代历史方位的变化、社会结构的变迁、思想观念的变动。

（二）“十个明确”“十四个坚持”“十三个方面成就”提供了思想政治教育的根本指导和全新资源

党的二十大报告指出：“十九大、十九届六中全会提出的‘十个明确’、‘十四个坚持’、‘十三个方面成就’概括了这一思想的主要内容，必须长期坚持并不断丰富发展。”③习近平新时代中国特色社会主义思想的主要内容涵盖了经济、政治、文化、社会、生态文明、内政国防外交和党的建设等各个领域，这些内容为新时代思想政治教育提供了根本的指导和丰富的资源，也是思想政治教育进行理论宣传、组织动员、文化传播、价值教育等的重要内容。中共中央、国务院印发的《关于新时代加强和改进思想政治工作的意见》针对新时代思想政治教育提出了六个方面的任务，其中第一条就是，“坚持用习近平新时代中国特色社会主义思想武装全党、教育人民，健全用党的创新理论武装全党、教育人民工作体系，增进对习近平新时代中国特色社会主义思想的政治认同、思想认同、理论认同、情感认同”。思想政治教育的重要功能就是用党的创新理论凝心铸魂，增强全国人民团结奋斗的动力，“十个明确”“十四个坚持”“十三个方面成就”作为显性的教育资源既起到了引领不同学科、专业的知识、信息的作用，也从不同视角给出了中国式现代化道路的密码，以历史逻辑和现实逻辑的统一系统展现了中国实现“两个一百年”奋斗目标的总体蓝图和坚定信心。思想政治教育的重要任务就是在价值宣传、社会动员、群众工作、基层治理、学校教育等各个方面将习近平新时代中国特色社会主义思想的主要内容通过理论与实践的有机统一转化为人们对中国特色社会主义的道路自信、理论自信、制度自信和文化自信，最终形成情感认同乃至政治信仰。

（三）中国式现代化赋予了思想政治教育创新发展的战略要求

党的二十大报告指出：“从现在起，中国共产党的中心任务就是团结带领全国各族人

---

① 习近平．高举中国特色社会主义伟大旗帜 为全面建设社会主义现代化国家而团结奋斗——在中国共产党第二十次全国代表大会上的报告［M］．北京：人民出版社，2022：5.

② 同①10.

③ 同①17.

民全面建成社会主义现代化强国、实现第二个百年奋斗目标，以中国式现代化全面推进中华民族伟大复兴。”① 中国式现代化是今后我国经济社会发展的行动指南，同时也给新时代思想政治教育的创新发展提出了重大的战略要求，即应在理论和实践上回应中国式现代化进程中面临的重大问题和挑战。例如，中国式现代化的五大特征中提到物质文明和精神文明相互协调的现代化，特别强调“物质贫困不是社会主义，精神贫乏也不是社会主义”②，要建设物质文明和精神文明协调的现代化，在关于中国式现代化本质要求的论述中又提到要丰富人民的精神世界，这些阐述极大扩展了“两个文明”理论的前提和内容，明确了中国式现代化进程中物质文明与精神文明的有机同构，更加聚焦高质量的精神文明建设。新时代思想政治教育的重要目标就是将党的二十大精神融入理论创新和实践效能中，研究和推进习近平新时代中国特色社会主义思想凝心铸魂的有效机制，为建设高质量的精神文明提供重要保障。

第二节　党的创新理论推动思想政治教育创新发展

党的十八大以来，以习近平同志为主要代表的中国共产党人创立了习近平新时代中国特色社会主义思想。作为21世纪的马克思主义，在理论和实践上，把对社会主义的认识推进到一个新的高度。新时代党的创新理论是思想政治教育创新发展的指导思想，是推动思想政治教育理论与实践全面发展和系统创新的重要理论基础。

一、党的创新理论推动思想政治工作创新发展

党的创新理论始终推动着思想政治工作的发展，在习近平新时代中国特色社会主义思想的指导下，在新时代思想政治工作理念方面，形成了一系列新思想新观点新举措。

（一）新时代思想政治工作的根本任务

党的十八大报告把立德树人作为教育的根本任务，这在理论和实践要求上也同样规定了新时代思想政治工作的根本任务。习近平总书记在2016年12月召开的全国高校思想政治工作会议上强调，“要坚持把立德树人作为中心环节，把思想政治工作贯穿教育教学全过程，实现全程育人、全方位育人，努力开创我国高等教育事业发展新局面”③，指明了思想政治工作在落实立德树人中的基本方法问题。2018年，习近平总书记在同北京大学师生座谈时提出了立德树人的评价标准，即：“要把立德树人的成效作为检验学校一切工作的根本标准，真正做到以文化人、以德育人，不断提高学生思想水平、政治觉悟、道德品质、文化素养，做到明大德、守公德、严私德。”④ 2019年，学校思想政治理论课教师座谈会则把思政课作为落实立德树人根本任务的关键课程，从载体上阐述了思想政治工作

① 习近平．高举中国特色社会主义伟大旗帜 为全面建设社会主义现代化国家而团结奋斗——在中国共产党第二十次全国代表大会上的报告［M］．北京：人民出版社，2022：21．

② 同①22－23．

③ 习近平谈治国理政（第2卷）［M］．北京：外文出版社，2017：376．

④ 习近平．在北京大学师生座谈会上的讲话［M］．北京：人民出版社，2018：7．

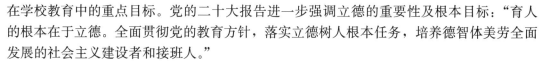

在学校教育中的重点目标。党的二十大报告进一步强调立德的重要性及根本目标："育人的根本在于立德。全面贯彻党的教育方针，落实立德树人根本任务，培养德智体美劳全面发展的社会主义建设者和接班人。"

（二）新时代思想政治工作的方法论

习近平新时代中国特色社会主义思想的世界观和方法论，包括六个方面：必须坚持人民至上、必须坚持自信自立、必须坚持守正创新、必须坚持问题导向、必须坚持系统观念、必须坚持胸怀天下。这六个方面为中国式现代化建设提供了重要指导，同样也是新时代思想政治工作必须遵循的基本方法。"必须坚持人民至上"体现了习近平新时代中国特色社会主义思想的人民性。早在新民主主义革命时期，群众路线就绘就了中国共产党的优良传统，也深刻融入党的血液和基因中，坚持以人民为中心的发展思想也是习近平新时代中国特色社会主义思想的主要内容之一，强调了党的一切工作的出发点就是以人民为中心。新时代思想政治工作的根本理念、实践基础坚持人民至上的方法论，既继承了党的群众路线的优良传统，也赋予了新时代思想政治工作人民性时代特征。"必须坚持自信自立"意指党在探索现代化道路中并非依附于某种模式和版本，而是依靠自己的力量通过实践来探索的，回答的是中国问题，创建的是中国化时代化的马克思主义。自信自立正是在这一基础上体现出一种原创性的历史主动精神，这就要求新时代思想政治工作要基于最大最广泛的实际，立足于我国的基本国情，充分发挥历史主动精神，创立符合中国实际的有效的思想政治工作模式。这一模式既要能解决我国思想舆论、意识形态、文化传播、群体教育等方面面临的各种复杂问题，也要能充分彰显中国国际话语的传播和国家软实力，从而构建出具有中国精神、体现中国风格的思想政治工作模式。"必须坚持守正创新"是新时代思想政治工作在理论和实践层面上的重要方法。守正，就是要坚持马克思主义的立场、观点和方法，坚持马克思主义基本原理，坚持传统思想政治教育的优秀经验，避免思想政治工作缺乏深度、流于表面、浮于口头；创新，就是要在复杂的社会历史条件中发现规律，创新方式方法，提高有效性，避免思想政治工作缺乏效度、泛于形式、止于皮毛。"必须坚持问题导向"就是要求思想政治工作瞄准新时代社会主要矛盾，把握世界百年未有之大变局和中华民族伟大复兴的战略全局，关注真问题，聚焦小问题，基于群众急难愁盼的各种思想问题，把解决思想问题和解决实际问题有机统一起来，构筑高质量的思想政治工作。"必须坚持系统观念"强调："只有用普遍联系的、全面系统的、发展变化的观点观察事物，才能把握事物发展规律……我们要善于通过历史看现实、透过现象看本质，把握好全局和局部、当前和长远、宏观和微观、主要矛盾和次要矛盾、特殊和一般的关系……为前瞻性思考、全局性谋划、整体性推进党和国家各项事业提供科学思想方法。"① 运用系统观念就是指新时代思想政治工作要从全局、总体着眼开展思想政治工作，强调构建"大思政"，推进大中小学思想政治教育一体化。"必须坚持胸怀天下"要求新时代思想政治工作立足中国式现代化的世界历史进程，有国际视野，基于国际话语权和软实力的传播强化理论创新和实践的发展。

---

① 习近平．高举中国特色社会主义伟大旗帜 为全面建设社会主义现代化国家而团结奋斗——在中国共产党第二十次全国代表大会上的报告［M］．北京：人民出版社，2022：20－21．

（三）新时代思想政治工作在不同领域的创新

党的十八大以来，习近平总书记针对新时代思想政治工作提出一系列新观点、新论断和新任务、新要求，做出一系列关于思想政治工作的重要部署，推进了思想政治工作在不同领域的创新发展。

第一，不同部门的思想政治工作创新发展。以习近平新时代中国特色社会主义思想为指导，思想政治工作在不同部门特别是军队和高校取得了突破性进展。一是军队思想政治工作取得突破性进展。2014 年，中共中央向全党全军转发《关于新形势下军队政治工作若干问题的决定》，着眼研究解决党从思想上政治上建设军队的突出现实问题，开启了新时代军队思想政治工作的新局面。2021 年，中央军委印发《关于构建新时代人民军队思想政治教育体系的意见》，从理论和实践系统构筑军队思想政治工作机制，开创了新时代军队思想政治教育工作的新格局。二是高校思想政治工作实现突破性创新。新时代高校思想政治工作无论从理念还是从现实来看，都实现了系统而全面的创新，取得了极大的成就。2016 年，全国高校思想政治工作会议指出，“要坚持把立德树人作为中心环节，把思想政治工作贯穿教育教学全过程，实现全程育人、全方位育人”。2017 年 12 月，教育部印发《高校思想政治工作质量提升工程实施纲要》，要求充分发挥课程、科研等方面工作的育人功能，构建“十大”育人体系。2019 年 3 月，习近平总书记在学校思想政治理论课教师座谈会上要求从总体上把握思政课，强调“在大中小学循序渐进、螺旋上升地开设思政课非常必要”，推进了大中小学思政课一体化建设。2020 年，教育部等八部门印发《关于加快构建高校思想政治工作体系的意见》，提出构建理论武装体系、学科教学体系、日常教育体系等七大体系。2021 年全国两会期间，习近平总书记在看望参加全国政协十三届四次会议的医药卫生界、教育界委员时提出了“大思政课”概念，强调：“‘大思政课’我们要善用之，一定要跟现实结合起来。”① 可以看出，新时代高校思想政治工作在理念、功能、目标、内容等各个层面都取得了突破性进展，形成了鲜活而丰富的理论创新和实践场域。

第二，不同群体的思想政治工作创新发展。中国特色社会主义进入新时代，我国社会主要矛盾发生了根本性变化，生产方式、交往方式的巨大变化充分体现了人们的思想观念和价值行为的差异性。针对不同群体特别是青年和党员领导干部的思想政治工作也在党的创新理论指导下不断创新发展。一是关于青年思想政治工作的创新发展。青年群体是我国社会主义现代化建设最为重要的力量，习近平总书记在谈到青年社会主义核心价值观养成时强调：“抓好这一时期的价值观养成十分重要。这就像穿衣服扣扣子一样，如果第一粒扣子扣错了，剩余的扣子都会扣错。人生的扣子从一开始就要扣好。”② 关于青年思想政治工作的使命和目标，习近平总书记指出：“新时代的中国青年要以实现中华民族伟大复兴为己任，增强做中国人的志气、骨气、底气，不负时代，不负韶华，不负党和人民的殷切期望！”③ 关于青年思想政治教育，习近平总书记强调：要从政治上着眼、从思想上入

① “大思政课”我们要善用之［N］. 人民日报，2021-03-07（3）.

② 习近平谈治国理政［M］. 北京：外文出版社，2014：172.

③ 习近平著作选读（第 2 卷）［M］. 北京：人民出版社，2023：488.

手、从青年特点出发，帮助他们早立志、立大志，从内心深处厚植对党的信赖、对中国特色社会主义的信心、对马克思主义的信仰。① 二是关于党员领导干部思想政治工作的创新发展。党员领导干部群体是思想政治工作的重要对象，“抓住关键少数”，思想政治工作更加不能放松。党的十八大以来，关于党员领导干部思想政治工作，习近平总书记提出了一系列新观点和新要求。例如，通过“不忘初心、牢记使命”“党史学习教育”“学习贯彻习近平新时代中国特色社会主义思想”等主题教育方式强化党员领导干部的初心和使命，把主题教育的视野、目标、内容、方法、质量等提升到一个新的高度，极大创新了党员领导干部理论学习的方式方法。又如，找到了跳出“历史周期率”的第二个答案——自我革命，把自我革命融入党员领导干部自我教育的理论自觉和行动自觉中，从批评和自我批评到自我革命显示出新时代党员领导干部思想政治工作的一个巨大创新。

第三，不同行业的思想政治工作创新发展。党的十八大以来，思想政治工作实现了整体性的发展与创新，从较为单一的领域、行业传递到全局性的领域、行业，充分体现了思想政治工作是经济工作和其他一些工作的生命线的作用。在这些行业领域中，包括哲学社会科学、影视文艺、互联网、乡村精神文明建设等。例如，哲学社会科学领域要构架中国话语的哲学社会科学体系，影视文艺领域要坚持以人民为中心的创作导向，互联网领域要强化全媒体的思想政治工作方法和途径，乡村精神文明建设是滋润人心、德化人心、凝聚人心的工作，要绵绵用力，下足功夫。

二、党的创新理论推动思想政治教育学科创新发展

党的十八大以来，以习近平同志为核心的党中央高度重视理论创新，高度重视马克思主义理论的发展与创新，认为“马克思主义就是我们党和人民事业不断发展的参天大树之根本，就是我们党和人民不断奋进的万里长河之泉源”②，“要坚持不懈传播马克思主义科学理论，抓好马克思主义理论教育，为学生一生成长奠定科学的思想基础”③。思想政治教育学科是马克思主义理论学科下属的二级学科，承担着马克思主义立场、观点、方法的宣传、传播、教育的重要功能，旨在研究马克思主义的世界观如何被人民群众广泛接受、认同乃至信仰，从而建设具有强大凝聚力和引领力的社会主义意识形态。围绕加强和改进新时代思想政治教育，党中央先后召开了全国高校思想政治工作会议、学校思想政治理论课教师座谈会等重要会议，中共中央和国务院先后印发了《关于加强和改进新形势下高校思想政治工作的意见》《新时代公民道德建设实施纲要》《新时代爱国主义教育实施纲要》等重要文件，为新时代思想政治教育提供了根本遵循，也为建设高质量的思想政治教育学科提供了重要制度保障，思想政治教育学科在以下几个方面取得了突破性进展：

第一，学科高质量发展的战略定位不断增强。2016 年 5 月，习近平总书记在哲学社会科学工作座谈会上指出，我国哲学社会科学学科体系已基本确立，但还存在一些亟待解决

① 庆祝中国共产主义青年团成立 100 周年大会在京隆重举行［N］. 人民日报，2022-05-11（1）.

② 习近平谈治国理政（第 2 卷）［M］. 北京：外文出版社，2017：66.

③ 同②377.

的问题，并强调“要加强马克思主义学科建设”①，从战略定位上推进了马克思主义理论学科建设。在之后召开的全国高校思想政治工作会议上，习近平总书记指出，“要坚持把立德树人作为中心环节，把思想政治工作贯穿教育教学全过程，实现全程育人、全方位育人”②。2021年7月，中共中央、国务院印发的《关于新时代加强和改进思想政治工作的意见》又明确“把思想政治工作作为治党治国的重要方式”。从马克思主义理论学科的指导性学科战略到思想政治教育工作的立德树人中心环节，再到思想政治工作作为治党治国的重要方式，可以看出，其中体现了党中央对思想政治教育学科战略定位的不断演进。党的二十大报告提出加快建设教育强国的战略目标和加快建设高质量教育体系的要求，作为立德树人的中心环节，思想政治教育承担着培养社会主义高质量人才的重要使命，要解决的是培养什么人、怎样培养人、为谁培养人这个方向性、根本性问题，实践的现实需求推动理论的创新与发展，高质量的人才培养需要高质量的思想政治教育，需要以思想政治教育为核心的学术共同体在学科理论上有更好的目标和追求。新时代十余年来，对马克思主义理论教育的高度重视，对党的创新理论宣传、教育、传播的系统实施，促进了思想政治教育学科高质量发展理念的不断增强。一方面，思想政治教育学科的战略要求更加凸显。立德树人是思想政治教育学科的中心任务，也是对思想政治教育学科的战略要求。围绕立德树人的中心任务，理论界的相关研究聚焦于将立德树人贯穿于教育教学的全过程。例如，立德树人高质量目标实现的关键是坚持以人民为中心，思想政治教育的创新发展必然围绕立德树人这个中心任务等。另一方面，思想政治教育质量的研究内容更为丰富。高质量发展是党的十八大以来我国对经济社会发展的一个重要定位，思想政治教育理论研究对“高质量”的研究论域也日趋拓宽，思想政治教育学科基于思想政治工作丰富实践中高质量发展面临的挑战和问题，提出了一系列的研究主张和观点。例如：有学者认为，“增强学科发展的理论蕴涵，需要加强基础理论研究，全面认识学科发展现实，主动探索新研究领域”③。另有学者指出，新时代思想政治教育应建立科学有效的质量评价体系。④ 还有学者认为，“新时代思想政治教育高质量发展应以效率、效益、效期为出发点……凝聚质量、动力、效率变革的强大合力，展现思想政治教育回应现实、应对挑战的高质量解题能力”⑤。无论从理论还是实践来看，高质量发展意识已经深入学科发展的研究过程及未来目标中。

第二，学科高质量发展体系不断完善。学科高质量发展体系意指思想政治教育学科的研究更重视总体性、系统性的理论研究，更强调以“大思政”的理念强化理论研究的质量和效果。中共教育部党组印发的《高校思想政治工作质量提升工程实施纲要》就提出了构建提升高校思想政治工作质量的十大育人体系，提出要发挥课程、科研、实践、文化、网络、心理、管理、服务、资助、组织等方面工作的育人功能，形成全员全过程全方位育人格局。思想政治教育不是单一的课堂教育、理论教育，而是融合各种资源、要素、环境等的综合性、

① 习近平．在哲学社会科学工作座谈会上的讲话［N］．人民日报，2016-05-19（3）．

② 习近平．论党的宣传思想工作［M］．北京：中央文献出版社，2020：275．

③ 冯刚．推动新时代思想政治教育学科高质量发展［J］．学校党建与思想教育，2022（7）：1-6．

④ 邓卓明，宋明江．新时代思想政治教育质量评价的六个维度［J］．思想理论教育导刊，2020（9）：139-144．

⑤ 沈壮海，刘灿．论新时代思想政治教育的高质量发展［J］．思想理论教育，2021（3）：4-10．

总体性的教育。教育部等十部门共同印发的《全面推进“大思政课”建设的工作方案》指出，要“充分调动全社会力量和资源，建设‘大课堂’、搭建‘大平台’、建好‘大师资’”。党的二十大报告同样指出，“推进大中小学思想政治教育一体化建设。坚持依法治国和以德治国相结合，把社会主义核心价值观融入法治建设、融入社会发展、融入日常生活”。可见，思想政治教育系统性、整体性发展的创新格局已经成为高质量发展的题中应有之义。

第三，学科高质量发展的内涵不断提升。高质量发展离不开学科内涵的凝练和拓展，学科内涵主要体现为学科意识和学科建设能在与其他学科研究的比较中彰显出不同于其他学科功能的目标和特色，凸显出学科深度在理论研究共同体中不断得到提升、厚度不断得到增强。新时代十余年来，一方面，思想政治教育学科的深度不断得到提升。党和国家对思想政治教育高度重视并提出了一系列新要求，推动了思想政治教育学科不断发展创新，从队伍质量、工作质量、保障质量等方面进一步强化了思想政治学科质量的发展与创新。而从学科布局来看，在依托马克思主义理论一级学科的前提下，为回应不同历史阶段面临的时代课题，思想政治教育的研究领域更为精细化、多样化，研究呈现“百花齐放、百家争鸣”的景象。近几年来，由北京师范大学思想政治工作研究院每年编写的“思想政治教育研究热点年度发布”就梳理了每年思想政治教育学科在不同领域的研究进展、研究专题、研究规律等，充分体现了思想政治教育学科研究在回应社会现实和重大时代课题中取得的显著理论进展。另一方面，思想政治教育学科的厚度不断得到增强，主要体现为马克思主义理论学科点的数量不断增多，学科共同体的范围不断拓展。“2016 年到 2021 年，全国马克思主义理论一级博士学位授权点由 39 个增至 104 个，一级硕士学位授权点由 129 个增至 279 个，学位点数量位居各学科前列；学科基础人才培养得到重视”①。研究队伍不断增强带动了思想政治教育学科的研究视野、研究对象、研究方法等基础理论的大发展，涌现了一批高质量的成果，不断推动思想政治教育学科的高质量发展。

第四，学科高质量发展的保障不断增强。一方面，思想政治教育的学科发展平台更为丰富。例如，在课题项目申报政策方面，国家社科基金和教育部人文社科规划基金项目等有专门的思想政治教育研究专项课题，各个省部级平台也都根据实际情况大力支持思政项目的学术与科研。各高校还大力支持思想政治教育学科平台的建设，从图书资源、队伍配备、教研设施、实施经费等方面提供重要的资源保障，大大提升了思想政治教育学科的发展与创新。另一方面，学科队伍不断发展。新时代以来，思想政治工作取得了全局性、整体性的战略地位，无论从数量还是质量来看，思想政治教育学科队伍都得到了极大的发展。思政课教师、相关教学和研究人员在政策支持和保障下得到了极大的充实。思想政治教育学科队伍的发展壮大为思想政治教育的全面发展创新奠定了雄厚的人才基础。

第三节　思想政治教育服务于党的创新理论

思想政治教育是中国共产党的优良传统，承担思想引领、价值凝聚、理论传播的基本

① 张海燕，赵刚才．党的十八大以来马克思主义中国化研究述评［J］．思想政治工作研究，2022（6）：31－34.

功能，具有鲜明的特色，形成了自己独特的经验，在中国革命、建设、改革和新时代的历史进程中发挥了巨大的作用，对于宣传、传播党的创新理论，对于通过党的创新理论凝聚社会共识、建设具有强大凝聚力和引领力的社会主义意识形态发挥着重要作用。

一、思想政治教育服务于党的创新理论具有传统优势和经验

早在新民主主义革命时期，党就把思想政治工作作为发动和组织工农群众的重要思想武器，通过鲜活、贴切的群众性话语将党的主张和理论传播与渗透到群众的思想深处，让理论真正“掌握群众”。1934 年 2 月 7 日至 12 日，中国工农红军总政治部在瑞金召开红军第一次全国政治工作会议，首次提出了“政治工作是红军的生命线”和“政治工作是提高红军战斗力的原动力”的科学论断，这是对思想政治教育重要功能的一次理论阐述，而思想政治教育也作为相对独立和专门的力量在理论和实践中，在人民军队建设、根据地建设、土地改革、统一战线、群众工作等领域发挥着思想引领、组织动员、理论宣传等重要功能，为新民主主义革命的胜利做出了巨大的贡献。

在社会主义革命和建设时期，思想政治教育同样发挥着重要的作用。毛泽东在《中国农村的社会主义高潮》一书中就指出，“政治工作是一切经济工作的生命线”，1958 年在《工作方法六十条（草案）》中又强调思想工作和政治工作“是完成经济工作和技术工作的保证，它们是为经济基础服务的……只要我们的思想工作和政治工作稍为一放松，经济工作和技术工作就一定会走到邪路上去”[①]。在社会主义革命和工业化探索时期，思想政治工作通过贯彻、宣传党的理论、主张，积极发动群众投身到伟大的社会主义建设的热潮中去。在社会主义三大改造时期，社会主义工业、农业、国防、科技、教育等各个领域通过激发人民群众的主人翁精神，动员组织各个领域的群众、人员进行社会主义道路的探索，取得了伟大的成就。但是，随着社会主义的探索进程被“文化大革命”冲击，遭遇了严重挫折，思想政治教育对科学性、规律性的探索也受到严重影响，一度偏离了社会主义建设的轨道。

在改革开放和社会主义现代化建设新时期，随着党的中心工作转移到经济建设上来，党确立了“一个中心、两个基本点”的基本路线，思想政治教育迎来了发展和创新的阶段，在新的历史时期开始发挥重要的作用。这一时期党的理论创新取得了突破性进展，形成了包括邓小平理论、“三个代表”重要思想、科学发展观在内的中国特色社会主义理论体系，是马克思主义中国化时代化新的飞跃。伴随着理论创新的与时俱进，党对思想政治教育功能和战略作用的认识不断深化，党的十一届六中全会继续强调指出，“思想政治工作是经济工作和其他一切工作的生命线”，进一步阐述了思想政治教育在党和国家事业发展中的重要地位和作用，厘清了思想政治工作和其他一切工作之间的区别与联系。在此基础上，思想政治教育自身的建设也在不断完善：一方面，从理论层面进入了科学化、专业化的阶段，思想政治教育学科建立并不断发展，理论研究更强调科学性和规律性；另一方面，思想政治教育的队伍、资源、机构也不断专业化和专门化，成为社会主义建设的重要力量。这些都为改革开放以来的我国社会主义现代化建设提供了重大的理论和实践支持。

---

① 毛泽东文集（第 7 卷）[M]. 北京：人民出版社，1999：351.

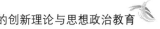

随着改革开放不断推进，围绕着“什么是社会主义、怎样建设社会主义”“建设什么样的党、怎样建设党”“实现什么样的发展、怎样发展”等重大时代课题，思想政治教育在不同阶段通过理论宣传、教育引导、研究阐释、政治动员、精神凝聚等方式发挥党的创新理论凝心铸魂的重要作用，使得中国特色社会主义理论体系不断深入人心。

二、新时代思想政治教育服务于党的创新理论

新时代十余年是中国共产党面临复杂国内外形势、不断回应最新时代课题的十余年，也是习近平新时代中国特色社会主义思想从产生到不断完善的十余年。党的十八大以来，在“生命线”理论的基础上，党对思想政治教育在服务党和国家事业发展的重要作用方面又做了进一步的拓展。例如，把立德树人作为中心任务，强调全员全过程全方位育人，提出“大思政”理念，特别是在《中共中央国务院印发〈关于新时代加强和改进思想政治工作的意见〉》这一文件中，明确“把思想政治工作作为治党治国的重要方式”，强调要“善于运用思想政治工作和体制制度优势，推动经济社会发展、管理社会事务、服务人民群众，保证党和国家各项事业始终沿着正确方向前进”①。从治党治国的角度界定思想政治教育的重要功能，对新时代思想政治教育的理论研究及实践探索、对其服务于党的创新理论都具有极为重要的意义。

第一，作为治党治国的重要方式，服务于中国式现代化的战略目标。党的二十大报告提出了中国式现代化的理论，指出了中国式现代化的基本特征、本质要求及重大原则，擘画了推进中国式现代化的战略目标，即全面建成社会主义现代化强国，总的战略安排是分两步走：从2020年到2035年基本实现社会主义现代化，从2035年到本世纪中叶把我国建成富强民主文明和谐美丽的社会主义现代化强国。社会主义现代化强国的战略目标是党领导人民将要实现的第二个百年奋斗目标，这个目标的实现有着总体性的标准，即经济、政治、文化、社会、生态等各个领域实现高质量的发展和质的飞跃，而其本质目标是实现人的现代化、人的全面发展。中国式现代化的基本特征也都是以“人民”为根本旨归的，包括人口规模、共同富裕、精神文明、人与自然、人类命运等，既有对“现实的人”的价值观照，也有人类解放视角的命运关怀。而“思想政治教育是教育者与受教育者根据社会和自身发展的需要，以正确的思想、政治、道德理论为指导，在适应与促进社会发展的过程中，不断提高思想、政治、道德素质和促进全面发展的过程”②。这就决定了作为治党治国的重要方式，思想政治工作在中国式现代化进程中，承担着思想引领、教育引导、理论宣传、精神激励、人才培养等重要功能，起着不可替代的作用。关键的问题还在于，中国式现代化给思想政治教育提出了更高的要求，现代思想政治教育通过理论和实践的不断发展创新，在方法、规律、策略、途径等方面展现出与传统思想政治教育不同的、适应中国式现代化的理论范畴和实践方法，在保持思想政治教育的传统优势的同时，也通过自身的理论创新为中国式现代化建设提供重要的思想保障和精神支撑。

---

① 中共中央国务院印发《关于新时代加强和改进思想政治工作的意见》[N]. 人民日报，2021-07-13 (1).

② 教育部思想政治工作司. 大学生思想政治教育理论与实践 [M]. 北京：高等教育出版社，2009：4.

第二，坚持以人民为中心的发展思想，服务于人民对美好生活的需要。我国社会主要矛盾是人民日益增长的美好生活需要和不平衡不充分的发展之间的矛盾，这是中国特色社会主义进入新时代的主要依据。围绕社会主要矛盾，习近平总书记提出了坚持以人民为中心的发展思想，强调发展要彰显人民立场，坚持发展为了人民、发展依靠人民、发展成果由人民共享。党的十九届六中全会把“坚持人民至上”概括为党百年奋斗的十条历史经验之一，强调全党必须永远保持同人民群众的血肉联系，践行以人民为中心的发展思想，不断实现好、维护好、发展好最广大人民根本利益，团结带领全国各族人民不断为美好生活而奋斗。

群众路线是党的创新理论的灵魂，坚持以人民为中心的发展思想更加凸显了这一本质底色。马克思说：“理论只要说服人，就能掌握群众；而理论只要彻底，就能说服人。所谓彻底，就是抓住事物的根本。”① 党的创新理论之所以能“掌握群众”就在于它继承了马克思主义的立场、观点和方法，立足于广大人民群众的根本利益，把群众路线融入自己的血液，并通过思想政治教育的方式，说服群众、组织群众、动员群众，发挥群众的主动性和创造性。新时代思想政治教育就是为实现人民对美好生活的需要而服务的。一方面，思想政治教育紧扣发展不平衡不充分问题，强化问题导向，把解决思想问题和解决现实问题有机结合起来，把整体和局部、普遍和特殊有机结合起来，研究探索复杂形势下不同群体、不同地区思想政治教育的特殊规律；另一方面，思想政治教育坚持系统观念，强调“大思政”理念，从总体上系统把握思想政治教育在各个领域的有机联系，使思想政治工作与其他工作上下贯通、分工合作，形成合力，有力推动了新时代经济社会等各项事业的发展。

第三，增强社会主义意识形态的凝聚力和引领力，服务于党的创新理论凝心铸魂。理论精神是民族精神的重要表征，规定着这个民族精神的内涵和品质。党的创新理论是把马克思主义基本原理同中国具体实际相结合、同中华优秀传统文化相结合的理论结晶，在不同的历史阶段对凝聚人心和引领思想起着决定性作用，对社会主义意识形态建设有着根本性的指导意义。习近平总书记在党的二十大报告中指出，“建设具有强大凝聚力和引领力的社会主义意识形态……健全用党的创新理论武装全党、教育人民、指导实践工作体系”②，更明确了用党的创新理论凝心铸魂的具体要求。习近平新时代中国特色社会主义思想是新时代全党全国人民的理论之魂，是中国化时代化的马克思主义、21世纪的马克思主义。思想政治教育的首要任务就是用习近平新时代中国特色社会主义思想武装全党、教育人民、指导实践、推动工作。一是通过主题教育，用党的创新理论武装全党。主题教育历来是党加强理论武装的重要形式，在不同时期，主题教育大大增强了全党的理论水平，起到了思想洗礼、强化信仰的重要作用。思想政治教育是主题教育得以有效实施的重要途径，有着科学化、专业化、制度化的经验。例如，对主题教育的学习效果，强调要“坚持学思用贯通、知信行统一，把新时代中国特色社会主义思想转化为坚定理想、锤炼

① 马克思恩格斯选集（第1卷）[M]. 3版．北京：人民出版社，2012：9-10.

② 习近平．高举中国特色社会主义伟大旗帜 为全面建设社会主义现代化国家而团结奋斗——在中国共产党第二十次全国代表大会上的报告[M]. 北京：人民出版社，2022：43.

党性和指导实践、推动工作的强大力量，使全党始终保持统一的思想、坚定的意志、协调的行动、强大的战斗力”①。二是通过教育引导，使党的创新理论深入人心。党的创新理论要深入人心，就要不断增进人民对党的创新理论的政治认同、思想认同、理论认同、情感认同，最终转化为行为认同。新时代思想政治教育的重要任务就是针对不同领域、不同群体、不同行业进行习近平新时代中国特色社会主义思想的宣传、教育、传播。例如，针对青年大学生提出通过理论教学和实践教学统一的方式加强党的创新理论的政治认同、情感认同；针对普通群众，强调要用鲜活的话语形式、贴近群众情感实际的创作方式，用群众听得懂听得进的语言宣传党的创新理论；等等。

第四，坚持学科建设和理论研究，服务于党的创新理论深度传播。党的创新理论的宣传传播是中国共产党的思想政治教育的传统优势。早在新民主主义革命时期，党就在根据地乃至国统区宣传、传播毛泽东思想中关于新民主主义革命的立场、观点和方法，宣传党的革命立场和主张，并且针对不同群体的实际进行了富有特点的宣传，取得了良好的效果，这是新民主主义革命取得胜利的重要思想保障。在社会主义革命和建设时期，以毛泽东同志为主要代表的中国共产党人根据马克思列宁主义基本原理，并结合中国具体国情，从理论上对社会主义思想政治教育的本质特征及其具有的规律性、政策性和全局性的一系列重大问题进行探索。正如前所述，改革开放以来，随着思想政治教育专业化科学化的发展以及思想政治教育学科的建立，有了专业的研究和工作队伍，专门总结和继承传统思想政治工作的经验和优势，研究探索新时期的思想政治教育的规律，思想政治教育的发展创新进入新的阶段。新时代十余年来，思想政治教育的专业化科学化更为深入，对如何深度传播党的创新理论进行了更为系统有效的探索，对把党的创新理论融入不同的群体、行业、领域中进行了系统性、针对性的研究。在研究目标上提出了思想政治教育围绕立德树人的中心任务，发挥治国理政的重要功能，深入经济社会发展的全过程，服务于时代课题，特别是要服务于中国式现代化建设；在研究理念及方法上要聚焦思想政治教育体系的建构，树立“大思政”理念，强调课程思政与思政课程的协同，隐性教育与显性教育相统一，强化大中小学思想政治教育一体化建设；在研究对象上，针对青年大学生、党员领导干部、农民、企业工人等不同群体如何有效吸收、认同党的创新理论进行了深入的研究；在研究领域上，强化了人工智能背景下思想政治教育的方法、规律、效用等问题的研究，强化了对不同部门、行业的思想政治教育的研究等。这些研究回应的是党的创新理论提出的时代性课题，是在实践基础上进行的理论阐释及规律性探索，有效推进了思想政治教育学科研究服务于党的创新理论的深度传播。

第五，坚持实践创新，服务于为党的创新理论现实转化提供典型案例。马克思主义认为，党的创新理论要转化为改造现实的物质力量就要“掌握群众”，以群众的根本利益为中心，组织、发动、动员群众，发挥人民群众的智慧和首创精神。作为组织、动员群众的重要方式，思想政治教育通过实践创新，为习近平新时代中国特色社会主义思想在现实中的转化提供了重要的方法和途径。一是通过榜样人物来引领群众践行党的创新理论。榜样、英雄、模范是社会主义精神的集中呈现，是不同领域在践行党的创新理论中的典型代

① 扎实抓好主题教育 为奋进新征程凝心聚力［N］. 人民日报，2023-04-04（1）.

表，充分体现了爱国主义、社会主义以及集体主义的精神逻辑。思想政治教育就是通过挖掘新时代中国特色社会主义事业中的典型人物，通过宣传、教育、引导等方式，充分带动人民群众学习榜样人物在践行党的创新理论中体现的社会主义核心价值观，并将其转化在自身的行动中。例如，“感动中国年度人物”、时代楷模、全国劳动模范等先进榜样人物的精神宣传、教育内化就充分彰显了人民群众践行党的创新理论的典型意义。二是通过典型实践引领群众践行党的创新理论。典型实践是指不同主体在践行党的创新理论时，在具体的实践中形成先进的经验、做法，产生得以推广的有效的模式。例如，我国在全面深化改革的过程中，在不同领域推进形成优秀、先进的案例或经验。提炼、总结这些典型经验，为党的创新理论的实践转化提供有效的经验支持是思想政治教育的重要功能。

第二章　思想政治教育规律研究的回顾与展望

作为思想政治教育的核心范畴之一，思想政治教育规律反映的是思想政治教育活动中各式各样的要素与条件互动作用而形成的内在的、本质的、必然的联系。思想政治教育学科设立 40 年以来，主干学科与分支学科、基础研究与应用研究统筹发展，大类别、广视角、多层次的人才培养模式不断健全，马克思主义理论一级学科平台逐步建立与发展，以主体、对象、载体、环境、目标、内容、方法、过程等为主要构成的思想政治教育概念体系逐渐清晰起来。在此过程中，关于思想政治教育规律的认识不断深化、实践探索持续推进，形成了思想政治教育规律研究的基本格局。回顾思想政治教育学科发展史，梳理思想政治教育规律研究的发展历程，掌握思想政治教育规律研究的路径或思路，阐明思想政治教育规律研究的论域和问题，有助于吸收既有成果的精华，克服研究中存在的不足，在新时代新征程上进一步深化和拓展思想政治教育规律研究。

第一节　思想政治教育规律研究的发展历程

对于思想政治教育学科而言，“规律”与“本质”属于同一层次，表现出思想政治教育两个不同方面的规定性。思想政治教育规律研究是一项重大课题，既在理论层面统领着各层次、各类别的研究，又是思想政治教育取得实效的根本保证。关于思想政治教育规律的探索，早于思想政治教育学科的成立，并经历了由单一到多样、由浅层次到深层次、由零散到系统的转变过程。总的来看，学界关于思想政治教育规律的研究可以大致分为酝酿与积淀、形成与初步发展、深化与拓展、整合与完善四个阶段。

一、酝酿与积淀：1984 年思想政治教育学科设立之前的研究

思想政治教育属于观念层面的上层建筑，服从服务于所处社会的经济基础。中国共产党历来重视思想政治教育，并将其作为生命线。新中国成立后，中国共产党成为全国范围内的执政党，这是思想政治教育新的起点。三大改造完成后，我国社会主义制度的确立，

又使得思想政治教育的作用更加明显。改革开放以来，围绕中心、服务大局，思想政治教育在巩固全党全国人民团结奋斗的共同思想基础、保证社会主义方向、推动经济社会持续稳定发展方面起到了重要作用。

在1984年思想政治教育学科设立之前，尽管对思想政治教育规律的探索处于酝酿、积淀状态，但已经积累了一定的研究成果，这为后来的研究创造了先决条件。早在1980年，邱光就探讨了思想政治教育的两大主要规律，即“教育要适应社会主义社会发展的客观需要”和“教育要顾及影响受教育者身心发展的多种因素”①。1981年，彭永渭对学校思想政治教育规律进行了初步探索，提出做好学校思想政治教育工作，需要遵循“通过教学进行思想政治教育”“适应青少年的身心特点，进行思想政治教育”“按思想品德形成的规律进行思想政治教育”等三条规律。②《上海高教研究》1982年第2期发表的《第四章 思想政治教育过程及其规律》一文，也明确了要“研究并掌握学生思想政治品德的形成过程、学生思想政治教育过程及其规律性”③，这既为确定思想政治教育的原则和方法提供了理论基础，也为做好思想政治教育提供了科学依据。

此后，思想政治教育规律研究更为系统，产生了一些具有前瞻性、基础性的理论著作。比如，张蔚萍、张俊南在1983年出版的《思想政治工作概论》中，专门提出“思想政治工作的若干规律和科学体系”，强调党的历史上“掌握思想教育”“从思想上建设党”“党员必须加强党性修养”“以整风精神进行马克思主义教育”“用‘惩前毖后，治病救人’的方针解决党内思想矛盾”“从世界观的高度解决党风问题”都是正确认识和运用思想政治教育客观规律的表现。④

二、形成与初步发展：从1984年至2005年增设马克思主义理论一级学科之前的研究

从1984年思想政治教育学科的正式设立到2005年国务院学位委员会和教育部64号文件颁布、设立马克思主义理论一级学科，思想政治教育成为马克思主义理论一级学科下面的二级学科，思想政治教育学科体系开始得到较快发展。因为学科的设立及其后续的发展完善，形成了一定的学术梯队和人才培养体系，广大专家学者进行思想政治教育相关研究的积极性、创造性得以激发出来。因此，许多代表性文章陆续发表，一系列有影响力的理论著作、专业教材得以出版。

1984年，石亮元在《思想政治工作原理初探》一书中对思想政治工作的规律进行了较为系统的研究，并以“人的思想活动的规律”“思想政治工作的规律”为切入点，提出人的思想活动有其发展轨迹，沿着“社会存在（环境）”—“需要”—“思想1（动机）”—“行为”—“行为结果”—“思想2（思想实现）”方向发展，而探索思想政治工作规律，既“要以思想形成、发展的规律为出发点”，又要“考虑思想政治工作的本质特征和性质”⑤，并以“灌输”“掌握人的需要”“协调好利益”“人的实践活动”“依据不同

① 邱光．谈谈思想政治教育的主要规律［J］．江苏师院学报，1980（3）：87－91．
② 彭永渭．学校思想政治教育规律初探［J］．辽宁师院学报，1981（6）：65－68．
③ 第四章 思想政治教育过程及其规律［J］．上海高教研究，1982（2）：40－46．
④ 张蔚萍，张俊南．思想政治工作概论［M］．西安：陕西人民出版社，1983：15－20．
⑤ 石亮元．思想政治工作原理初探［M］．太原：山西人民出版社，1984：85．

矛盾采取不同方法”“教育者先受教育”六条规律呈现出来。1986年，陆庆壬主编的《思想政治教育学原理》明确提出思想政治教育要“遵循教育学的一般规律”，“符合人的心理活动的一般规律”，“掌握道德产生发展的一般规律”①。1988年，张耀灿主编的《思想政治教育学原理》有专门的章节讨论思想政治教育过程及其基本规律，既提出了“人的思想品德形成和发展的一般规律”，也提出了“思想政治教育过程的基本规律”，涉及“教育、接受教育和自我教育的统一实现，体现了思想政治教育过程中主动性、能动性对立统一的双向性规律”②，“自觉组织教育与协调自发影响统一实现的过程，体现了思想政治教育过程的开放性和可控性规律”③。同年，邱伟光所著的《思想政治教育学概论》一书第七章论述了思想政治教育过程的本质及规律，认为思想政治教育过程的规律体现在“知与行的统一”“情与理的结合”“人、环境、教育的互相影响的统一”“教育与自我教育的统一”四个方面。④ 此外，由陈百君编著的《思想政治教育学》也提出，根据思想政治教育必须具备的教育者、思想政治教育的内容、受教育者三个基本要素的必然联系和矛盾运动，可以认识把握思想政治教育的规律，这涉及“教育者根据社会对社会成员的要求，运用科学的知识和手段，根据受教育者个体具体的政治思想特点，对受教育者施以思想政治教育，受教育者自觉地选择、消化、吸收、运用思想政治教育的内容要求，转化形成自己的世界观”⑤。1989年，王礼湛主编的《思想政治教育学》既描述了思想政治观点形成与发展的规律，又论证了思想政治教育过程的基本规律，这涉及“在矛盾冲突中定向引导的规律”“迂回曲折中发展的规律”“层次递进的规律”⑥。值得注意的是，思想政治教育规律研究也开始聚焦到具体对象上，尤其是对学生思想政治教育规律的探寻。1989年，樊万清、赵才元主编的《高等学校学生思想政治教育学概论》从五个方面总结了思想政治教育工作的规律，这联系到“青年学生思想的反复性决定了思想政治教育工作必须坚持不懈”“思想政治教育的力量强与弱，在于所反映的真理多与少”“全面认识学生思想变化的主客观因素，才能正确解决学生的思想矛盾”“学生思想的差别性，决定思想政治教育工作必须坚持针对性”“学生思想发展是起伏多变的，思想政治教育工作必须保持坚定的方向”⑦。当然，还有一些著作也探讨了思想政治教育规律，特别是将过程与规律结合在一起进行讨论。

进入20世纪90年代，学界更趋向从多个维度、视角揭示思想政治教育规律。1990年，邱伟光在《思想政治教育学》一书中结合思想政治教育过程的本质，谈论了相应的规律，涉及“教育者对受教育者积极施加影响的规律”“教育者与受教育者双向认知、互动的规律”“教育者、受教育者与教育环境作用相协调的规律”⑧。1990年，朱学文、徐太勇的《思想政治教育学》在第二章专门论述了思想政治教育九个方面的基本规律，包括适应

---

① 陆庆壬．思想政治教育学原理［M］．上海：复旦大学出版社，1986：46－50．

② 张耀灿．思想政治教育学原理［M］．武汉：华中师范大学出版社，1988：130．

③ 同②132．

④ 邱伟光．思想政治教育学概论［M］．天津：天津人民出版社，1988：190－191．

⑤ 陈百君．思想政治教育学［M］．大连：大连工学院出版社，1988：244．

⑥ 王礼湛．思想政治教育学［M］．杭州：浙江大学出版社，1989：193．

⑦ 樊万清，赵才元．高等学校学生思想政治教育学概论［M］．北京：高等教育出版社，1989：143－154．

⑧ 邱伟光．思想政治教育学［M］．上海：学林出版社，1990：173．

疏导规律、心理相容规律、理利相辅规律、信息动力规律、认识发展规律、适应个性规律、正负驱导规律、实践固化规律、相互作用规律。① 1996年，张蔚萍在《新编思想政治工作概论》中提出了思想政治工作的基本规律是“人们的一切行为是受思想支配的，而支配行动的思想，是人们所处的社会条件、生活条件、工作条件、文化教养以及环境影响等客观条件作用于大脑的结果”，这个规律决定着整个思想政治教育和管理的规律。② 1997年，陈秉公在《思想政治教育学原理》中阐明了思想政治教育的基本规律，包括社会适应规律、要素协同规律、过程充足规律、人格行为规律、自我同一规律。③ 1999年，邱伟光、张耀灿主编的《思想政治教育学原理》对思想政治教育规律的研究具有开创性意义，该书从思想政治教育过程的基本规律和具体规律两个层面进行了阐述：“思想政治教育过程的基本规律是思想政治教育过程中诸要素的本质联系及基本矛盾运动的必然趋势。据此，我们认为思想政治教育过程的基本规律是‘适应超越律’，具体而言可表述为：教育者的教育活动既要适应受教育者的思想政治品德基础和发展需求，又要超越受教育者的原有基础，体现社会思想政治品德要求的规律”④。同时，“思想政治教育过程的具体规律是思想政治教育过程中诸要素之间的本质联系及具体矛盾运动的必然趋势”⑤，包括双向互动律、内化外化律、协调控制律。

进入21世纪，随着思想政治教育学科的进一步发展、相关理论研究的不断完善，学界对思想政治教育规律的研究更加多样、深入。2001年，张耀灿、郑永廷、刘书林、吴潜涛等著的《现代思想政治教育学》结合思想政治教育的本质论述了思想政治教育的基本规律和具体规律，认为“思想品德形成发展规律”和“服从和服务于社会发展规律”是两大基本规律⑥，而不同形式、不同内容、不同环节的思想政治教育以及思想政治教育各要素之间都有各自的具体规律。不仅如此，该书还将思想政治教育过程的具体规律独立出来进行讨论，认为这涉及“教育要求与受教育者思想品德发展之间保持适度张力的规律”“教育与自我教育相统一的规律”“协调与控制各种影响因素使之同向发挥作用的规律”。从某种意义上说，这是思想政治教育过程规律的研究转向思想政治教育规律研究的代表性著作。2002年，王树荫主编的《新编思想政治工作概论》明确提出，思想政治工作中的每一个要素“以自己独特的方式对思想政治工作的水平、效率、发展层次、进程等方面产生不同的作用，构成思想政治工作系统的规律体系”⑦，这包括“思想政治工作者的素质决定思想政治工作水平的规律”“思想政治工作一定要适合受教育者思想政治品德发展状况与政治需要层次的规律”“思想政治教育工作信息的质量必然影响思想政治工作效率的规律”“思想政治教育方法的性质必然影响思想政治工作发展层次的规律”“思想政治工作社会环境状况必然影响思想政治工作进程的规律”。2004年，仓道来主编的《思想政治教

① 朱学文，徐太勇．思想政治教育学［M］．北京：海洋出版社，1990：30.
② 张蔚萍．新编思想政治工作概论［M］．修订本．北京：中共中央党校出版社，1996：56.
③ 陈秉公．思想政治教育学原理［M］．北京：高等教育出版社，1997：157.
④ 邱伟光，张耀灿．思想政治教育学原理［M］．北京：高等教育出版社，1999：114.
⑤ 同④115.
⑥ 张耀灿，郑永廷，刘书林，等．现代思想政治教育学［M］．北京：人民出版社，2001：66.
⑦ 王树荫．新编思想政治工作概论［M］．北京：京华出版社，2002：127.

育学》结合理论界的争论，以专门章节探讨了思想政治教育学的基本规律，即“思想政治教育必须同社会经济关系发展相适应的规律”、“教育者同被教育者相互作用的规律”和“思想政治教育螺旋式上升的规律”[①]。此外，还有许多著作或教材不同程度、从不同视角探讨了思想政治教育规律，比如，由吉林大学出版社出版的陈秉公的专著《思想政治教育学》、辽宁人民出版社出版的陈秉公的专著《思想政治教育学原理》等。这一阶段关于思想政治教育规律的研究非常多样且比较深刻，为后期学界开展研究奠定了坚实基础。

除了思想政治教育著作或教材的陆续出版，也涌现出一大批高质量的学术论文探讨思想政治教育规律，使得思想政治教育规律体系日益完善。比如：余仰涛将大学生思想政治教育的接受规律归纳为“要素对应规律”“内化规律”“自我效应规律”[②]。金家林认为，思想政治教育中教育对象思想内化的规律主要表现为“趋同律”“感化律”“潜移默化律”“自责律”“需求满足率”[③]。邹学荣从思想政治教育主客体交互作用出发，强调其规律表现为：“思想政治教育主体根据社会发展的要求和思想政治教育客体思想形成的规律及其现状，运用社会发展要求的思想观念、行为规范，通过一定的思想政治教育形式、手段、方法，去影响改变思想政治教育客体，并不断纠正自己对客体的不正确认识，使思想政治教育主体与客体由对立走向统一的必然规律。”[④] 孙其昂认为，思想政治工作规律由思想政治工作与社会相互关系的规律、思想政治工作对象的规律、思想政治工作中的教育规律和思想政治工作系统建设与管理的规律四个部分组成。[⑤] 罗洪铁、张丽华认为，内化规律、外化规律和反馈检验规律是思想政治教育过程规律，同时它们又都有自身的子规律。[⑥] 陈万柏、张耀灿也分别通过《关于思想政治教育过程规律的再思考》《思想政治教育的特点和规律探析》等论文表达了自己对思想政治教育规律的深层次思考。

三、深化与拓展：从 2005 年至 2012 年中国特色社会主义进入新时代之前的研究

从以 2005 年马克思主义理论一级学科的增设及所属的思想政治教育二级学科的设立为节点，到我国发展新的历史方位转变为中国特色社会主义进入新时代，思想政治教育学科进入发展的深化与拓展阶段。在此过程中，思想政治教育学科的学科意义、学科定位、人才培养、队伍建设、研究范围等内容进一步明确，研究思想政治教育规律的专著、教材及论文的数量稳步增长，理论研究的质量进一步提升。

2004 年，孙其昂主编的《思想政治教育学基本原理》专门论述了思想政治教育规律，认为思想政治教育规律是一个系统，具有客观性、内在性、稳定性、系统性等特点，并包括四个规律子系统，即“思想政治教育与社会相互作用的规律、人的思想行为活动规律、思想政治教育过程规律和思想政治教育系统建设与管理规律”[⑦]。不仅如此，思想政治教

---

① 仓道来．思想政治教育学［M］．北京：北京大学出版社，2004：72.

② 余仰涛．关于大学生思想政治教育的接受规律的探讨［J］．学校思想教育，1991（1）：30－32.

③ 金家林．思想政治教育中教育对象思想内化规律探析［J］．南京政治学院学报，1989（1）：59－61.

④ 邹学荣．略论思想政治教育主客体交互作用的规律［J］．学校思想教育，1994（2）：55－56.

⑤ 孙其昂．思想政治工作规律论要［J］．河海大学学报（哲学社会科学版），2002（1）：4－6.

⑥ 罗洪铁，张丽华．思想政治教育过程规律的探讨［J］．探索，2004（3）：89－92.

⑦ 孙其昂．思想政治教育学基本原理［M］．南京：河海大学出版社，2004：83.

育规律还可以分为内部规律和外部规律，内部规律包括“思想政治教育过程规律”“思想政治教育系统建设与管理规律”，外部规律包括“思想政治教育与社会相互作用的规律”“人的思想行为活动规律”。2005 年，罗洪铁、董娅主编的《思想政治教育原理与方法基础理论研究》认为，思想政治教育过程规律属于思想政治教育规律体系中的具体规律范畴，包括以教育者为基点的施教规律，如“社会要求导向律、教育内容决定律、主体素质支配律和教育方法影响律”①；以教育对象为基点的受教规律，如“内在需要驱动律、主观精神参与律、外在环境制约律和内化外化反复律”②；以教育者与教育对象关系为基点的互动规律，如“交互主体整合律和协调控制并存律”③。同年，张世欣对思想政治教育的接受规律进行了探讨。④ 之后，张世欣在《思想教育规律论》中提出：思想政治教育基本规律是“思想教育应适应与服务于社会发展需要和适应与服务于受教育者个人发展需要相统一的规律”⑤。而具体规律，包括思想形成三维律、思想动变常在律、思想认定辩证律、施教效果提升律、教育内容弹性组合律、教育方法人性选用律、施教营运柔性律、受教主体作用律、教育目标链式定位律、环境利用为我律、非常应对非常律、思想教育历史演变律、思想教育发展趋势律、教育个性吸引律、思想教育异化扬弃律。2006 年，张耀灿、郑永廷、吴潜涛、骆郁廷等在 2001 年出版的第一版《现代思想政治教育学》基础上修订出版了第二版，对思想政治教育规律做了大幅度修改，将思想政治教育规律纳入思想政治教育本质论进行阐释，并将 2001 年版本的思想政治教育规律的概念“思想政治教育的规律是思想政治教育现象在其运动发展过程中内在的、本质的、必然联系”，修改为“思想政治教育的规律是思想政治教育活动在其运动发展过程中内在的、本质的、必然的联系”⑥。在遵循思想品德形成发展的规律和服从服务于社会发展的规律基础上，该书对思想政治教育具体规律的定义做了修改，“思想政治教育的具体规律，揭示的是某种类型、某一部分、某一环节思想政治教育的本质联系”⑦，将原来的“某种形式的思想政治教育，或思想政治教育某一部分、某一环节的本质联系”修改为“某种类型、某一部分、某一环节思想政治教育的本质联系”。2006 年，苏振芳主编的《思想政治教育学》论述了“人的思想和行为活动变化的规律”和“党和国家对人民群众进行思想政治教育的规律”是思想政治教育学的基本规律。⑧

2007 年，由陈万柏、张耀灿主编的《思想政治教育学原理》在第六章“思想政治教育过程及其规律”中强调“思想政治教育学以人的思想品德形成发展规律及思想政治教育规律为研究对象”⑨，人的思想品德形成与发展的规律概括为：“人的思想品德是在社会实践的基础上，在客观外界条件的影响与主观内部因素的相互作用、相互协调和主体内在的

---

① 罗洪铁，董娅．思想政治教育原理与方法基础理论研究［M］．北京：人民出版社，2005：112.

② 同①115.

③ 同①120.

④ 张世欣．思想政治教育接受规律论［M］．上海：上海三联书店，2005.

⑤ 张世欣．思想教育规律论［M］．杭州：浙江大学出版社，2008：9.

⑥ 张耀灿，郑永廷，吴潜涛，等．现代思想政治教育学［M］．2 版．北京：人民出版社，2006：119.

⑦ 同⑥123.

⑧ 苏振芳．思想政治教育学［M］．北京：社会科学文献出版社，2006：165.

⑨ 陈万柏，张耀灿．思想政治教育学原理［M］．2 版．北京：高等教育出版社，2007：116.

思想矛盾运动转化的过程中产生、发展和变化的。”① 不仅如此，通过认识把握思想政治教育过程的矛盾，该书总结出思想政治教育过程的三个规律：教育要求与受教育者思想品德发展之间保持适度张力的规律、教育与自我教育相统一的规律、协调与控制各种影响因素使之同向发挥作用的规律。2009 年，罗洪铁在《思想政治教育规律研究的回顾与展望》一文中，构建了思想政治教育规律的三个层次，即思想政治教育的一级规律或宏观规律、二级规律或中观规律、三级规律或微观规律。② 2010 年，由教育部思想政治工作司组编的《思想政治教育原理与方法》一书认为，思想政治教育过程的基本规律的实际内容是，“思想政治教育活动既要从受教育者的思想政治素质发展状况出发，又要按照一定社会发展和人的发展所必然提出的思想政治素质要求促进受教育者的原有思想政治素质的不断发展和提高”③。这条规律与思想政治教育服从和服务于社会发展和人的发展规律、受教育者思想政治品德形成和发展变化的规律相互协调。同时，该书还强调，按照思想政治教育过程的矛盾体系进行分析，思想政治教育过程的具体规律包括“教育与自我教育相统一的规律、内化与外化相统一的规律、协调和控制相统一的规律”④。

值得注意的是，一些年轻学者也开始关注思想政治教育规律，并以此为选题进行博士论文的写作，有的还进一步对其进行打磨，后期以专著形式出版。比如，刘烨的博士论文《现代思想政治教育过程研究》，阐述了现代思想政治教育过程中的规律体系及其价值性运用，认为思想政治教育过程中存在的规律是多类型、分层次、合逻辑的自在关系系统，潜含于教育过程的生成、运行、演化之中，可以分为“思想政治教育过程的外部规律、内部规律和主体自身思想品德发展的规律”⑤。韦冬雪的博士论文《思想政治教育过程矛盾和规律研究》专门研究了思想政治教育过程的规律，认为“适应超越”规律是思想政治教育的基本规律⑥，而其具体规律表现为要素关系规律和运行阶段规律，前者包括施教系统规律、受教系统规律、互动系统规律，后者包括内化阶段的社会要求导向律、教育者素质支配律、教育方法和载体影响律、受教育者主观精神参与律，外化阶段的外在环境制约律、自律与他律统一律。

四、整合与完善：新时代思想政治教育规律研究的新表现、新特点

进入新时代，以习近平同志为核心的党中央高度重视精神文明建设、意识形态工作和思想政治工作，在进行具有许多新的历史特点的伟大斗争中，思想政治教育被提升到国家治理体系和治理能力现代化建设的战略高度。比如，习近平总书记先后主持召开了全国高校思想政治工作会议和学校思想政治理论课教师座谈会，而随着《关于进一步加强高校马克思主义理论学科建设的意见》(2012)、《普通高校思想政治理论课建设体系创新计划》(2015)、《高等学校思想政治理论课建设标准》(2015)、《关于加强和改进新形势下高校思

① 陈万柏，张耀灿．思想政治教育学原理［M］. 2 版．北京：高等教育出版社，2007：123.

② 罗洪铁．思想政治教育规律研究的回顾与展望［J］. 思想教育研究，2009 (1)：3-7.

③ 教育部思想政治工作司．思想政治教育原理与方法［M］. 北京：高等教育出版社，2010：122.

④ 同③123.

⑤ 刘烨．现代思想政治教育过程研究［D］. 武汉：武汉大学，2004：125.

⑥ 韦冬雪．思想政治教育过程矛盾和规律研究［D］. 重庆：西南大学，2008：123.

想政治工作的意见》(2017)、《中国共产党宣传工作条例》(2019)、《新时代公民道德建设实施纲要》(2019)、《新时代爱国主义教育实施纲要》(2019)、《关于新时代加强和改进思想政治工作的意见》(2021) 等重要文件的相继发布，新时代思想政治教育有了重要遵循。不仅如此，中国特色社会主义进入新时代，我国社会主要矛盾已经转化为人民日益增长的美好生活需要和不平衡不充分的发展之间的矛盾，这也要求包括思想政治教育规律在内的研究进一步整合与完善。

就思想政治教育规律研究而言，尽管仍需要进一步加强和改进，但到目前为止，学界已经自觉地将思想政治教育规律研究作为相对独立的研究领域，并给予了充分重视。有学者指出："质量提升是思想政治工作创新发展的内在要求。提升思想政治工作质量是一项全方位的系统工作，遵循科学规律是基本前提和重要方面。当前，遵循思想政治工作的科学规律，就是要结合中国特色社会主义理论与实践，把握大学生成长发展的实际需求，坚持以文化人，持续用力，实现思想政治工作的可持续发展。"① 从现有研究上看，思想政治教育规律研究的论域得到一定程度的勘定，一些与思想政治教育规律相关的基础理论问题也得到了较好的处理，这些都为今后一段时间内开展思想政治教育规律研究打下了良好的基础。这具体表现为以下几点：

其一，一些模糊概念得到了较好的澄清。因为涉及必然、本质、稳定的关系，真正要从具体到抽象、从表面到本质非常困难。在以往思想政治教育规律研究过程中，经常会出现思想政治教育规律与思想政治教育学规律、思想政治教育过程规律与思想政治教育规律、思想政治教育规律与思想政治工作规律的混淆使用，甚至一些规则、原则性内容也被放置到规律高度进行讨论。这些问题引起了许多学者的重视，并且试图以自己的视角、方法去处理这些问题。比如，郑永廷明确提出，思想政治教育过程规律与思想政治教育规律是不同的，不能把思想政治教育规律研究得过窄、过浅。② 有学者在原有关于思想政治教育过程规律与思想政治教育规律研究区分的基础上，将"思想政治教育过程规律"视为"思想政治教育规律"的一个下级分层，强调"思想政治教育过程规律仅反映了思想政治教育活动开展的具体过程中各构成要素及其发展过程中的本质联系"③。因此，思想政治教育规律内含思想政治教育过程规律，思想政治教育过程规律要作为思想政治教育规律的一个方面、一个层面呈现出来。

其二，基础理论研究得到了进一步夯实。这既表现为思想政治教育规律体系的构建更为清晰，又表现为对思想政治教育规律各个层次、各个类型及其互动联系的认识把握更为系统准确。比如，张震环、桑春红运用系统论的基本观点，以思想政治教育活动的运行为视角，将思想政治教育的规律体系分为三个层次：第一个层次是思想政治教育的基本规律，即适应超越规律；第二个层次是思想政治教育的具体规律，即外部规律和内部规律；第三个层次是思想政治教育过程各具体规律的子规律。④ 有学者强调，思想政治教育规律

① 冯刚．在遵循规律中提升思想政治工作质量［J］．思想教育研究，2017（4）：52-56.
② 郑永廷．思想政治教育基础理论研究进展与综述［J］．思想教育研究，2014（4）：3-18.
③ 费萍．思想政治教育过程规律研究的历史梳理与未来展望［J］．思想政治教育研究，2013（5）：43-46.
④ 张震环，桑春红．思想政治教育的规律体系探微［J］．思想教育研究，2012（9）：27-30.

是思想政治教育学的根本任务，这包括确认思想政治教育规律的客观存在和基本属性，划分思想政治教育规律的基本领域和主要方面，形成思想政治教育规律的理论内容和经典概括，明确思想政治教育规律运用的规则和限制条件，思想政治教育学要着力研究的规律，涉及思想政治教育产生发展的规律、社会意识形态形成发展的规律、个体思想品德形成发展的规律、思想政治教育过程运行的规律、有效开展思想政治教育的规律。① 有学者认为，思想政治教育过程的结构呈现出四种教育要素构成的一个整体平面，以及教育过程展开的各个环节和教育对象思想政治素质形成的各个阶段等两个连续链条，因而思想政治教育过程的基本规律，是思想政治教育规律在特定时空的具体表现，包括协调要素规律、整合阶段规律、满足环节规律。② 在2016年版的《思想政治教育学原理》中，作者从两个方面论述了思想政治教育的基本规律，即“思想政治素质形成发展与教育引导规律”和“思想政治教育适应和促进社会发展的规律”③。综合最新成果，骆郁廷把“人的需要”纳入对规律的认识把握之中，认为思想政治教育的基本规律是“思想政治教育必须适应人的思想政治品德形成和发展的需要，服从服务于一定社会与人的发展需要的规律”④。有学者从宏观、中观和微观层面将思想政治教育的基本规律提炼为“科学价值统一律”、“主客体双向互动律”和“社会意识内化外化律”⑤。有学者从思想政治教育特性与矛盾运动过程出发，认为思想政治教育的基本规律可以表述为“个人与社会政治互动中的精神建构规律”⑥。有学者从类型和层级角度强调，无论是思想政治教育的基本规律还是特殊规律，都需要进行类型和层级的区分和把握，这有助于解答“思想政治教育有一个规律还是多个规律”“若是多个规律，不同规律之间是什么关系”等问题。⑦ 有学者认为思想政治教育的“道”体现着思想政治教育规律依循与方向性之维，它具有“道理”“道路”“道德”三个方面的内涵。⑧ 有学者在《新时代思想政治教育基本问题研究》一书的第四章专门论述了“新时代思想政治教育规律论”，认为新时代思想政治教育规律体现着“社会发展要求与个人思想道德素质”“思想道德素质要求与思想道德素质养成”“思想道德素质的养成与社会历史发展”等的辩证关系⑨，并内含着满足人民美好生活需要规律、思想与价值相结合规律、思想政治教育过程规律、言行一致规律、心理接受规律。沈壮海主编的《新编思想政治教育学原理》专门研究了思想政治教育过程的规律，认为这包括“适应引领律”“要素匹配律”“过程充足律”“反复渐进律”“整体育人律”⑩。冯刚等所著的《新时代高校思想政治教育学原理》认为，思想政治教育矛盾与规律互为表里，思想政治教育的基本规律与具体规律辩证统一在一起，结合人的思想政治素质形成与发展规律，认为“新

---

① 刘建军．论思想政治教育规律研究的基本任务［J］．马克思主义理论学科研究，2016（4）：115－123.

② 李志强．论思想政治教育过程的结构及规律［J］．学校党建与思想教育，2017（17）：9－13.

③《思想政治教育学原理》编写组．思想政治教育学原理［M］．北京：高等教育出版社，2016：158.

④ 骆郁廷．思想政治教育原理与方法［M］．北京：北京师范大学出版社，2019：142.

⑤ 王易，宋健林．试论思想政治教育的基本规律［J］．教学与研究，2019（12）：59－67.

⑥ 刘合亮．思想政治教育基本规律新探［J］．学校党建与思想教育，2020（9）：22－25.

⑦ 王习胜．类型与层级：思想政治教育规律指认的归置与统摄［J］．教学与研究，2021（10）：84－91.

⑧ 杨威，田祥茂．思想政治教育的“术”“道”“学”［J］．教学与研究，2023（3）：103－111.

⑨ 王学俭．新时代思想政治教育基本问题研究［M］．北京：人民出版社，2021：84.

⑩ 沈壮海．新编思想政治教育学原理［M］．北京：中国人民大学出版社，2022：161.

时代高校思想政治教育过程规律是思想政治教育基本规律在特定的历史时期和工作领域中展现的具体规律”①，包括教育者与教育对象的双向互动规律、思想政治教育过程的引导转化规律，而新时代高校思想政治教育管理规律由思想政治教育管理中的“三因”律、“三全”律、“双同”律组成。

其三，研究领域得到了进一步拓展。随着全球化、信息化进程的加快，以及党和国家对思想政治教育的高度重视，关于思想政治教育规律的探讨也逐步拓展到各个方面，涉及思想政治理论课、网络思想政治教育、思想政治教育心理学等内容。杨素稳、李德芳就强调心理暗示在思想政治教育中有一定规律可循，这包括暗示的强度规律、对比规律、协同效应规律。② 有学者论述了思想政治教育接受心理的四种规律，包括信息承载规律、主体参与规律、情感塑造规律、意义建构规律。③ 有学者在《把握新时代大中小学思想政治教育一体化建设内在规律》一文中强调，大中小学思想政治教育一体化建设的内容安排体现了认知发展规律的要求，在搭建方法体系、形成评价环节等内容上同样遵循思想政治工作规律、教书育人规律和学生成长规律。④ 有学者认为，思想政治教育学科建设要遵循服从服务社会主义主流意识形态的规律、借鉴依托相关学科成果发展的规律、追踪制导社会特点的规律。⑤ 有学者探讨了思想政治教育方法规律，认为关于思想政治教育方法规律的基本属性，主要表现为逻辑与经验、内在与外在、导向与制约三个方面的统一性。⑥ 有学者认为辅导员在教育和管理中，体现出教育者和管理者身份的“双重”律；通过职业定位体现出职业目标的“价值”律；在实践中通过理解和感受学生情感，体现出“共情”律。⑦ 刘宏达、杨灵珍认为，在思想政治教育大数据观的视野下，以大数据思维、技术和资源等促进思想政治教育创新，其大数据的生成体现出原始形态、初级形态、中级形态和高级形态四个阶段递进性生成和发展的规律性。⑧ 有学者认为思想政治教育学科发展的历史，是适应和服务的历史，贯穿始终的一条基本规律就是要适应并服务于党和国家的发展需要，即思想政治教育学科发展的“适应服务律”⑨。有学者认为可以从三个方面把握思想政治理论课的规律性，即：它具有政治属性，遵循政治运作规律；具有科学属性，遵循学术研究规律；具有教育属性，遵循教育教学规律。⑩ 有学者认为思想政治教育认知规律主要有需要驱动律、阶段发展律、实践反映律、内在决定律、社会互动律和整体发展律，这些规律揭示了作为认知主体的人与认知结果之间的逻辑关系。⑪ 闵绪国认为思想政治教育价值

① 冯刚，彭庆红，佘双好，等．新时代高校思想政治教育学原理［M］．北京：人民出版社，2021：223.

② 杨素稳，李德芳．暗示在思想政治教育中的功效与运用规律初探［J］．学校党建与思想教育，2013（7）：8-10.

③ 换晓明，於天禄．思想政治教育的心理接受规律研究［J］．学校党建与思想教育，2018（11）：30-33.

④ 冯刚，徐文倩．把握新时代大中小学思想政治教育一体化建设内在规律［J］．中国高等教育，2020（2）：17-19.

⑤ 曾长秋，杨尚昆．对思想政治教育学科若干争议与整合问题的思考［J］．思想教育研究，2015（4）：3-7.

⑥ 刘新庚，朱新洲．关于思想政治教育方法规律的思考［J］．中国高等教育，2014（23）：23-25.

⑦ 尚磊，王习胜．试论新时代高校辅导员开展思想政治教育的三重规律［J］．河南理工大学学报（社会科学版），2023（2）：100-104.

⑧ 刘宏达，杨灵珍．思想政治教育大数据的生成规律与运用逻辑［J］．教学与研究，2018（5）：84-90.

⑨ 颜叶甜，黄蓉生．思想政治教育学科发展的“适应服务律”探赜［J］．思想教育研究，2023（3）：38-44.

⑩ 刘建军．全面把握思想政治理论课建设的基本规律［J］．思想教育研究，2017（4）：57-61.

⑪ 屈陆，戴钢书．思想政治教育认知形成的基本规律［J］．思想教育研究，2017（1）：14-18.

实现的规律包括需要功能契合律、主体客体互动律、内因外因协调律。[①]

其四，一些比较深刻、前沿的文献综述，强化了思想政治教育规律研究。2014 年，冯刚、郑永廷主编的《思想政治教育学科 30 年发展研究报告》论述了思想政治教育学科 30 年来思想政治教育过程及其规律的研究状况，该书将思想政治教育过程及其规律研究分为萌芽起步阶段、形成发展阶段、整合完善阶段，并从基本规律、具体规律两方面进行了探讨。[②] 有学者在《关于思想政治教育基本规律的思考》一文中，既对现有思想政治教育规律研究现状进行了梳理，又将思想政治教育的基本规律提炼为“服从服务律”，即思想政治教育服从服务于统治阶级主导意识形态的维护与灌输以及受教育者思想政治品德的形成与发展。[③] 有学者在《思想政治教育规律研究三十余年发展探析》一文中，不仅系统梳理了思想政治教育规律研究的历史演进过程，还明确未来研究应进一步明晰思想政治教育的各构成要素、基本矛盾，在此基础上进一步探讨思想政治教育规律的内涵与领域。[④] 值得注意的是，每年发布的思想政治教育研究热点也对每年度思想政治教育规律研究现状进行了归纳：《思想政治教育研究热点年度发布 2017》一书专门对思想政治教育过程及规律研究进行了综述，并强调可以从静态与动态的角度分析思想政治教育、思想政治教育过程的本质差别，从而找到思想政治教育规律与思想政治教育过程规律的不同。[⑤]《思想政治教育研究热点年度发布 2018》一书既叙述了思想政治教育过程的规律，也用专门章节分析了思想政治教育规律，认为 2018 年规律的研究主要集中在对思想政治教育规律的内涵、类型和内容、运用等的研究，改革开放 40 年以来思想政治教育的基本经验的研究及其他视角的思想政治教育规律的研究上。[⑥]《思想政治教育研究热点年度发布 2019》开篇就论述了思想政治教育规律，认为尽管关于规律的专门化研究体量较小，但“2019 年学术界对思想政治教育规律进行了多视角、多层次的系统研究，在理论基础、研究视角、研究方法等方面实现了新的突破”[⑦]，这涉及思想政治教育规律的类型与内容、规律的运用、规律研究路径、高校思想政治工作“三大规律”、新中国成立 70 年来的思想政治教育规律、“八个相统一”与思想政治教育规律、人工智能与大数据技术的思想政治教育规律等。《思想政治教育研究热点年度发布 2020》一书提出，2020 年思想政治教育规律研究继续耕耘基础理论，并在深化高校思想政治教育发展历程及其规律、价值观建设和价值观教育的基本规律、大数据与思想政治教育规律方面做了探索，使得在“理论基础、研究视角、研究方法等方面实现了重点突破”[⑧]。

此外，也有一些优秀的博士论文从不同的角度探讨了思想政治教育规律。比如：西南大学马克思主义学院黄蓉生教授等指导了选题为《思想政治教育学科发展规律研究》的博

---

① 闵绪国．论思想政治教育价值实现的规律［J］．思想教育研究，2017（4）：28－32.

② 冯刚，郑永廷．思想政治教育学科 30 年发展研究报告［M］．北京：光明日报出版社，2014：232.

③ 李辽宁．关于思想政治教育基本规律的思考［J］．思想教育研究，2021（7）：39－44.

④ 马建青，李晓娟．思想政治教育规律研究三十余年发展探析［J］．思想教育研究，2019（2）：132－137.

⑤ 冯刚，王树荫．思想政治教育研究热点年度发布 2017［M］．北京：团结出版社，2018：98.

⑥ 冯刚，王树荫．思想政治教育研究热点年度发布 2018［M］．北京：团结出版社，2019：74.

⑦ 冯刚．思想政治教育研究热点年度发布 2019［M］．北京：团结出版社，2020：1.

⑧ 冯刚．思想政治教育研究热点年度发布 2020［M］．北京：团结出版社，2021：37.

士论文，并形成了一系列研究成果，获得2021年度国家社科基金后期资助暨优秀博士论文出版项目立项；湖南大学马克思主义学院唐亚阳教授指导了选题为《网络思想政治教育规律论》的博士论文。

第二节　思想政治教育规律研究的路径

思想政治教育学科设立以来，学界对思想政治教育规律进行了系统深入的研究，通过进一步界定思想政治教育规律的内涵、内容，明确各方面、各层次之间的互动关系，逐步达成了一定的共识。从研究路径或思路来看，目前学界关于思想政治教育规律的研究存在许多思路和切入点，主要集中在从思想政治教育的本质、目的、任务出发归纳规律，从思想政治教育的核心要素及其互动关系出发提炼规律，从思想政治教育的内在矛盾及其矛盾运动出发透析规律，从思想政治教育过程中的阶段、环节出发寻找规律，这在不同程度、不同维度上触及了思想政治教育规律。

一、从思想政治教育的本质、目的、任务出发归纳规律

只有科学认识把握思想政治教育的本质，才能探寻和发现思想政治教育规律。思想政治教育规律正是思想政治教育活动中存在着的一系列普遍的本质关系或本质之间关系的反映。这些稳定的、本质的、必然的关系蕴含在人的主观意识和客观存在之间的关系，人的思想和行为之间的关系，人们思想的变化、发展同思想政治教育、管理之间的关系，思想政治教育主体和对象之间的关系，主体思想与客体认识之间的关系，思想政治教育与社会的经济、科技、文化等工作之间的关系中。因此，尽管规律与本质是两种不同的概念，但规律是对本质的集中反映，既包括对事物关系本质的反映，也包括从侧面反映不同事物关系之间的本质。比如，在剖析思想政治教育基本规律的过程中，离不开对人的思想道德品质形成发展规律、人类社会发展规律以及它们之间互动联系的研究。从这个意义上说，无论是对思想政治教育基本规律还是具体规律的研究，都应当始终紧扣思想政治教育的本质，通过对思想政治教育的各个要素和复杂关系进行全面系统的分析、研究，厘清“关系的本质”或“本质的关系”，梳理好本质与内容、本质与功能、本质与属性、本质与目的等内容的逻辑关联，以此在芜杂的现象中判断并揭示思想政治教育规律。

认识把握思想政治教育规律，必须追溯到“思想政治教育为了什么”这个根本性问题上来。同其他学科相比，思想政治教育学科具有特殊性，其成立并不断发展的目的十分明确，就是为了更好地服务于思想政治教育。思想政治教育的合目的性，要求在组织开展思想政治教育活动时，既要满足实现人的自由全面发展的诉求，又要满足符合社会历史发展规律的社会要求，将人的发展需要与社会现实的状况充分结合起来，实现主观性与客观性、整体性与差异性、政治性与教育性的有机统一。因此，深入研究并揭示思想政治教育规律，并将其运用到实际工作中，既要揭示规律、掌握规律，还要善于运用规律。通过思想政治教育规律的研究，帮助人们更好地认识思想政治教育的实践活动、学术研究乃至学科建设，促使思想政治教育实践活动按照客观规律办事，增强思想政治教育的针对性与实

效性。

思想政治教育的任务意味着思想政治教育活动应承担相应的责任。开展思想政治教育活动，要以马克思主义为指导，培养德智体美劳全面发展的社会主义建设者和接班人，为人民服务，为中国共产党治国理政服务，为巩固和发展中国特色社会主义制度服务，为改革开放和社会主义现代化建设服务。对思想政治教育规律研究而言，正如刘建军在《论思想政治教育规律研究的基本任务》一文中提出的，揭示思想政治教育的规律是思想政治教育学的根本任务，这项任务可以分解为四个方面的基本任务："确认思想政治教育规律的客观存在和基本属性、划分思想政治教育规律的基本领域和主要方面、形成思想政治教育规律的理论内容和经典概括、明确思想政治教育规律运用的规则和限制条件。"① 因此，明确思想政治教育规律，离不开对思想政治教育的基本规律、思想政治教育过程及其规律、思想政治工作规律、人的思想品德形成规律、社会意识形态形成发展规律等方面的研究和探讨。通过认识、把握思想政治教育规律的本体论意义，深刻分析思想政治教育规律的基本内容、作用领域，有助于深入理解思想政治教育规律及反映出的本质内容。

二、从思想政治教育的核心要素及其互动关系出发提炼规律

在思想政治教育活动中，明确思想政治教育的核心要素及其互动关系，一定程度上有助于认识把握思想政治教育规律。从现有研究上看，关于思想政治教育的要素，比较典型的是"三要素"说与"四要素"说，这在静态层面展示出思想政治教育的结构和特点。在"三要素"说方面：1986 年，陆庆壬在《思想政治教育学原理》一书中提出思想政治教育过程要素由教育者、受教育者和社会要求的思想政治品德规范构成。② 1988 年，邱伟光在《思想政治教育学概论》中强调教育者、受教育者、教育的内容和方法三要素构成了思想政治教育过程的基本要素。③ 2007 年，陈万柏、张耀灿主编的《思想政治教育学原理》一书将教育者、受教育者、教育介体作为思想政治教育的过程要素。在"四要素"说方面：张耀灿、陈万柏主编的《思想政治教育学原理》认为，思想政治教育过程的基本要素由教育者（教育主体）、受教育者（教育客体）、教育介体和教育环体构成。④ 2006 年，张耀灿、郑永廷、吴潜涛、骆郁廷等著的《现代思想政治教育学》也明确强调思想政治教育主体、思想政治教育客体、思想政治教育介体、思想政治教育环体。此外，有学者提出思想政治教育包括教育主体、教育客体、教育内容、教育方式、教育目标五个要素。⑤ 沈壮海在《思想政治教育有效性研究》一书中，把思想政治教育者、思想政治教育对象、思想政治教育内容、思想政治教育目的、思想政治教育方法、思想政治情境作为思想政治教育的要素。⑥ 还有学者提出，思想政治教育系统应该包括思想政治教育者、思想政治教育对象、

① 刘建军．论思想政治教育规律研究的基本任务［J］．马克思主义理论学科研究，2016（4）：115－123.
② 陆庆壬．思想政治教育学原理［M］．上海：复旦大学出版社，1986：116.
③ 邱伟光．思想政治教育学概论［M］．天津：天津人民出版社，1988：169.
④ 张耀灿，陈万柏．思想政治教育学原理［M］．北京：高等教育出版社，2001：88.
⑤ 孟志中．思想政治教育要素论［J］．中国青年政治学院学报，2003（3）：15－19.
⑥ 沈壮海．思想政治教育有效性研究［M］．3 版．武汉：武汉大学出版社，2016：61.

思想政治教育信息、思想政治教育载体、思想政治教育噪音、思想政治教育情境、思想政治教育效果、思想政治教育反馈八个基本要素。①

事实上，思想政治教育是由教育者、教育对象、教育环境和教育介体等要素有机构成的整体，各个要素相互联系、相互作用，统一于思想政治教育实践中。教育者会按照一定的社会要求，有目的、有计划、有组织地对受教育者施加教育影响。而教育对象不仅受到来自不同教育主体的各种影响，还受到来自不同教育环境的各种自觉或不自觉的影响，甚至也受到教育介体的影响。因此，忽略任何一个要素或各要素之间的互动关系处理不当，都会削弱、破坏思想政治教育过程的完整性，降低思想政治教育的成效。同时，在合理把握教育者、教育对象、教育环境以及教育介体之间关系的过程中，并不是教育者、教育对象、教育环境和教育介体四个要素的简单叠加，而是要立足四个要素的有机融合，发挥它们相应的功能和作用。比如，有学者提出，思想政治教育的基本规律蕴藏在统治阶级（执政者）、教育者、受教育者等思想政治教育过程的核心因素之间的本质联系及其矛盾运动中，具体表现在三对关系上：一是统治阶级（执政者）与教育者的关系，二是教育者与受教育者的关系，三是统治阶级（执政者）与受教育者的关系。② 从这个意义上说，综合教育者的素质对思想政治教育的影响、思想政治教育一定要适应受教育者思想政治品德发展状况与政治需要、社会环境和载体对于思想政治教育活动的影响，抓住思想政治教育活动中的要素及其互动联系，在一定程度上能够揭示某些本质特征，进而推动对思想政治教育规律的有效把握。

三、从思想政治教育的内在矛盾及其矛盾运动出发透析规律

认识把握思想政治教育规律，要以思想政治教育基本矛盾的认定为基础，通过矛盾分析法，抓住主要矛盾和矛盾的主要方面。实际上，贯穿思想政治教育学科发展历程，一些学者就经常聚焦思想政治教育内部、外部的联系，试图找到其中的主要矛盾和矛盾的主要方面，从中概括出适用于思想政治教育的规律。比如，张耀灿、陈万柏主编的《思想政治教育学原理》就提出，思想政治教育过程的基本矛盾可以具体表述为“教育者所掌握的一定社会的思想品德要求与受教育者的思想品德水平之间的矛盾”③，而思想政治教育过程的具体矛盾还包括教育者与受教育者之间、教育者与教育介体之间、受教育者与教育介体之间的矛盾，这些矛盾运动进而影响到思想政治教育过程的基本规律和具体规律，而思想政治教育基本规律揭示了思想政治教育过程基本矛盾运动的必然趋势。韦冬雪在《思想政治教育过程矛盾和规律研究》一书中也强调，思想政治教育过程的矛盾是推动思想政治教育过程发展的内在动力，而对其矛盾运动、变化、发展的逻辑轨道的抽象概括，就是思想政治教育过程的规律。④ 因此，韦冬雪通过论证思想政治教育过程的基本矛盾是“社会发展所需要的思想政治品德规范要求与受教育者现有的思想政治品德现状之间的矛盾”，“受

---

① 叶雷．思想政治教育要素新论［J］．前沿，2004（6）：156-158.

② 李辽宁．关于思想政治教育基本规律的思考［J］．思想教育研究，2021（7）：39-44.

③ 张耀灿，陈万柏．思想政治教育学原理［M］．北京：高等教育出版社，2001：94.

④ 韦冬雪．思想政治教育过程矛盾和规律研究［M］．北京：光明日报出版社，2011：4.

教育者现有的思想政治品德现状”是矛盾的主要方面，明确强调“适应超越”规律是思想政治教育的基本规律。王易、宋健林在《试论思想政治教育的基本规律》一文中，通过明确思想政治教育的三对基本矛盾，即宏观层次上“政治的教育”与“教育的政治”之间的矛盾，中观层次上思想政治教育主客体的思想矛盾，微观层次上思想政治教育对象的思想自为同思想自在之间的矛盾，试着推断出思想政治教育的基本规律包括宏观层面的科学价值统一律、中观层面的主客体双向互动律、微观层面的社会意识内化外化律。①

综上可知，思想政治教育本身是一个由各种因素构成的、复杂运转的系统，分析思想政治教育系统中的矛盾运动，把握主要矛盾，澄清矛盾的主要方面和次要方面，是探究思想政治教育规律的必要途径。不同层次、类型的矛盾预示着思想政治教育具有不同层次、类型的规律。对于思想政治教育的基本规律，可以依据思想政治教育活动中带有基本矛盾性质的普遍矛盾及其变化发展予以确认，而思想政治教育的特殊规律则是思想政治教育活动中特殊矛盾变化发展的体现。在普遍矛盾之中，细致分析可能存在的各式各样的特殊矛盾，就能够揭示与之相应的特殊规律。当然，因为对思想政治教育的主要矛盾以及矛盾的主要方面的理解、看法不一致，也带来了对思想政治教育规律的不同阐释。

四、从思想政治教育过程中的阶段、环节出发寻找规律

思想政治教育既有作为静态层面呈现的要素结构，也会围绕动态层面的各个阶段、环节而展开。思想政治教育的运行和发展本身就是一个开放的、动态的过程，“思想政治教育过程理论是探究思想政治教育本质和规律的基础理论”②。因此，明确思想政治教育过程中的阶段、环节，有助于发现思想政治教育规律。当前，关于思想政治教育过程中的发展阶段研究，学界主要有“三阶段”论和“八阶段”论。就“三阶段”论而言，比如，张耀灿、陈万柏在《思想政治教育学原理》一书中，将思想政治教育过程分为内化阶段、外化阶段、反馈检验阶段，强调“思想政治教育过程就是把外在的思想品德要求转化为个体内在的思想品德认识，再由个体内在的思想品德认识转化为个体的思想品德行为，然后再作用于社会的循环往复的运动过程”③。就“八阶段”论而言，比如，有学者认为思想政治教育过程基本是由问题、准备、沟通、启发、转化、提高、解决、评价等阶段构成的。④

科学认识把握思想政治教育过程的环节，也有助于揭示思想政治教育规律。陈秉公在《思想政治教育学原理》一书中建立了思想政治教育过程的纵向综合结构，认为思想政治教育应该抓好“教育者首先接受教育环节”“扫清受教育者的思想认识障碍”“调动受教育者内在的积极因素去克服消极因素”“推动由知到行的转化”四个环节。⑤ 张耀灿、陈万柏在《思想政治教育学原理》一书中强调，思想政治教育过程包含着三个基本环节，即

① 王易，宋健林．试论思想政治教育的基本规律［J］．教学与研究，2019（12）：59－67.

② 冯刚，彭庆红，佘双好，等．新时代高校思想政治教育学原理［M］．北京：人民出版社，2021：202.

③ 张耀灿，陈万柏．思想政治教育学原理［M］．北京：高等教育出版社，2001：90.

④ 李玉春．思想政治教育过程的阶段分析［J］．思想教育研究，1997（3）：9－11.

⑤ 陈秉公．思想政治教育学原理［M］．北京：高等教育出版社，2006：132.

“确定目标，制定计划；实施影响，促成转化；信息反馈，评估控制”，这三者前后相继、相互渗透，构成了思想政治教育全过程。① 张耀灿、郑永廷、吴潜涛、骆郁廷等著的《现代思想政治教育学》强调确定教育目标、制定教育计划、选择教育机制都属于思想政治教育方案的内容，因此，通过进一步整合提炼，“思想政治教育过程分为制定方案、实施、评估三个阶段”②。沈壮海主编的《新编思想政治教育学原理》一书也提出，教育者的施教过程包括“搜集思想信息、分析思想信息、制定教育方案、实施教育方案、开展施教评估”等环节③，而思想政治教育中的受教过程包括内化接受、外化践行两个阶段。

思想政治教育过程既交代了思想政治教育“从哪里来、怎么来”的问题，也明确了思想政治教育“现在在何处、呈现什么样的状态”，还预示着思想政治教育“走向何方、呈现怎样的趋势”等问题。总的说来，“思想政治教育过程是教育者根据一定社会的思想品德要求和受教育者思想品德形成发展的规律，对受教育者施加有目的、有计划、有组织的教育影响，促使受教育者产生内在的思想矛盾运动，以形成一定社会所期望的思想品德的过程”④。在此过程中，通过教育对象思想政治素质形成过程中的各个阶段、思想政治教育活动运行过程中的各个环节，一个阶段连续着另一个阶段，一个环节紧扣着另一个环节，循环往复、相互作用，形成思想政治教育的纵向发展结构，从其中所呈现出的连续性、周期性，能够寻找到思想政治教育的基本规律和具体规律。

第三节　思想政治教育规律研究的主要论域

任何事物的发生发展都有其规律性。列宁明确指出：“规律就是关系……本质的关系或本质之间的关系。”⑤ 这表明了规律所具有的层次，需要与本质一道进行讨论，不能脱离这个范畴。围绕“思想政治教育是什么”“为何要开展思想政治教育”“思想政治教育以怎样的形态存在”“思想政治教育呈现怎样的发展态势”“如何有效开展思想政治教育”等核心问题，思想政治教育学科发展40年来，学界对思想政治教育规律展开了较为全面深刻的研究，但同时，思想政治教育学科也存在一些亟待改进或加强之处。

一、关于思想政治教育的基本规律与具体规律

在承认思想政治教育有规律可循的前提下，回答“思想政治教育规律是什么”“思想政治教育规律有何种表现”“思想政治教育规律发挥着哪些作用”十分必要。从现有研究成果来看，思想政治教育规律的相关表述非常多样，涉及思想政治教育规律、思想政治教育基本规律、思想政治教育过程规律、思想政治教育过程的基本规律、思想政治教育过程

① 张耀灿，陈万柏．思想政治教育学原理［M］．北京：高等教育出版社，2001：91.
② 张耀灿，郑永廷，吴潜涛，等．现代思想政治教育学［M］．2版．北京：人民出版社，2006：338.
③ 沈壮海．新编思想政治教育学原理［M］．北京：中国人民大学出版社，2022：155.
④ 陈万柏，张耀灿．思想政治教育学原理［M］．3版．北京：高等教育出版社，2015：132.
⑤ 列宁全集（第55卷）［M］．2版．北京：人民出版社，1990：128.

的具体规律、思想政治工作规律、思想政治教育认知规律、思想政治教育管理规律、思想政治教育方法规律、思想政治教育价值实现规律，以及人的思想品德形成规律、人的思想和行为活动规律等内容。面对种类繁多、表现多样的思想政治教育规律，就需要厘清“思想政治教育有一个规律还是多个规律”“若是多个规律，不同规律之间是什么关系”等问题。[①] 事实上，已有许多学者引入类型和层次的划分方法，试图梳理思想政治教育规律。比较典型的是：张耀灿、郑永廷、刘书林、吴潜涛等著的《现代思想政治教育学》将思想政治教育规律划分为思想政治教育的基本规律和具体规律两个层次。而有学者将思想政治教育过程规律分为三个层次，第一层为基本规律，第二层为具体规律，第三层为思想政治教育过程各个具体规律的子规律，并提出在“适应超越律”这一思想政治教育过程的基本规律统领下，要结合要素关系（横向）规律和运行阶段（纵向）规律两个具体规律进一步剖析处于第三层次的子规律。此外，罗洪铁、王易等学者也试图从宏观、中观、微观层次探讨思想政治教育规律。

综合来看，无论思想政治教育规律以何种形式呈现，但至少包括两个层次：基本规律是在一切思想政治教育中普遍存在的、贯穿于思想政治教育始终的、本质的、必然的联系，决定事物的发展方向；具体规律则揭示的是思想政治教育某一部分、某一环节的本质联系。

关于思想政治教育的基本规律，可以回到几种典型提法中进行探讨。张耀灿、郑永廷、吴潜涛、骆郁廷等在《现代思想政治教育学》一书中提出，“思想政治教育遵循思想品德形成发展的规律和服从、服务于社会发展的规律”，这是两条基本规律，反映两个不同的层次。[②] 前者面向现实的、个体的人，促进人的思想、行为进步，后者面向现实社会，促进社会发展。陈万柏、张耀灿在《思想政治教育学原理》一书中提出思想政治教育过程的基本规律，包括“教育要求与受教育者思想品德发展之间保持适度张力的规律”“教育与自我教育相统一的规律”“协调与控制各种影响因素使之同向发挥作用的规律”[③]。邱伟光、张耀灿主编的《思想政治教育学原理》一书，将思想政治教育过程的基本规律表述为“适应超越律”，认为“教育者的教育活动既要适应受教育者的思想政治品德基础和发展要求，又要超越受教育者的原有基础，体现社会思想政治品德要求的规律”[④]。由郑永廷、刘书林、沈壮海担任首席专家的《思想政治教育学原理》一书也提出，与思想政治教育过程密切联系，其基本规律可以概括为“思想政治素质形成发展与教育引导规律”“思想政治教育适应和促进社会发展的规律”[⑤]。陈秉公在所著的《思想政治教育学原理》中认为，思想政治教育的诸要素，就是其横向结构的“三体一要素”和纵向过程的“三次转化、两次飞跃”，其中的基本规律包括社会适应规律、协同要素规律、过程充足规律、人格行为规律和自我同一规律。[⑥] 王易、宋健林从思想政治教育的基本矛盾出发，从宏

① 王习胜．类型与层级：思想政治教育规律指认的归置与统摄［J］．教学与研究，2021（10）：84－91．
② 张耀灿，郑永廷，吴潜涛，等．现代思想政治教育学［M］．2版．北京：人民出版社，2006：123．
③ 陈万柏，张耀灿．思想政治教育学原理［M］．3版．北京：高等教育出版社，2015：146．
④ 邱伟光，张耀灿．思想政治教育学原理［M］．北京：高等教育出版社，1999：114．
⑤《思想政治教育学原理》编写组．思想政治教育学原理［M］．北京：高等教育出版社，2016：158．
⑥ 陈秉公．思想政治教育学原理［M］．北京：高等教育出版社，2006：144．

观、中观和微观层面将思想政治教育的基本规律提炼为“科学价值统一律”、“主客体双向互动律”和“社会意识内化外化律”①。可以看出，学界关于思想政治教育基本规律的研究并未完全形成共识，呈现出思想政治教育的基本规律与思想政治教育过程的基本规律融合讨论、思想政治教育基本规律所侧重的方面参差不齐等特点。但同时也需要注意到，无论思想政治教育的基本规律以何种表达呈现，都离不开个人与社会、思想道德素质的内化与教育引导等内容。

至于思想政治教育的具体规律，因为对思想政治教育的本质、目的、任务有不同的理解，对思想政治教育的核心要素及其互动关系的认识不一，对思想政治教育的内在矛盾及其矛盾运动的界定不同，对思想政治教育过程中的阶段、环节的分析角度不一致，所以对思想政治教育规律的发生领域和具体内容阐释出现了多样化。许多学者从不同方面、不同维度探讨了思想政治教育的具体规律。比如：孙其昂在《思想政治教育学基本原理》中从系统论视角出发，认为思想政治教育规律系统包括“四个规律子系统——思想政治教育与社会相互作用的规律、人的思想行为活动规律、思想政治教育过程规律和思想政治教育系统建设与管理规律”，这四者属于思想政治教育的环境规律、前提规律、本体规律、条件规律。② 杨威、吴清清认为，思想政治教育的发生有其规律性，在思想政治教育发生的过程中，存在着经济决定律、政治催化律、文化传承律、要素充足律、主体主导律、客体主动律、介体联结律、交互作用律等具体规律。③ 随着中国特色社会主义进入新时代，我国社会主要矛盾发生了转变，在党的二十大报告中，习近平总书记又指出：“从现在起，中国共产党的中心任务就是团结带领全国各族人民全面建成社会主义现代化强国、实现第二个百年奋斗目标，以中国式现代化全面推进中华民族伟大复兴。”④ 加之全球化、信息化的深入推进，党和国家必定会对思想政治教育做出新的要求、新的调整，这也预示着思想政治教育具体规律的呈现更趋于多样化。

毋庸置疑，尽管关于思想政治教育规律的界定有不同的视角，形成了不同的规律表达，但思想政治教育规律是由基本规律和具体规律组成的多方面、多层次的规律体系，这是必须认识、把握的。通过确证思想政治教育的规律体系，明确各个规律的具体所指，解释各种规律之间的内在关联，就能够更好地开展思想政治教育。

二、关于思想政治教育规律研究的主要问题

随着思想政治教育学科的不断发展，越来越多的学者开始关注并深入探索思想政治教育规律，着力构建思想政治教育规律体系，由此形成了一系列研究成果。但因为思想政治教育规律研究难度大、涉及面广，至今仍未完全达成共识。思想政治教育的规律是什么？有哪些基本规律和具体规律？这些规律如何判定，同时又如何应用到实际工作中？这些问题都需要进一步深化拓展。正如张耀灿、郑永廷、吴潜涛等著的《现代思想政治教育学》

---

① 王易，宋健林．试论思想政治教育的基本规律［J］．教学与研究，2019（12）：59－67.

② 孙其昂．思想政治教育学基本原理［M］．南京：河海大学出版社，2004：83.

③ 杨威，吴清清．论思想政治教育发生的规律［J］．学校党建与思想教育，2014（11）：26－29.

④ 习近平．高举中国特色社会主义伟大旗帜 为全面建设社会主义现代化国家而团结奋斗——在中国共产党第二十次全国代表大会上的报告［N］．人民日报，2022－10－26（1）.

中提到的，思想政治教育基本规律研究存在一些问题，涉及“关于基本规律的研究思路问题”“对思想政治教育规律的界定，有不同的视角”“把思想政治教育的任务、目的、原则、功能等具体内容界定为思想政治教育规律”①。也有像王习胜强调的思想政治教育规律研究“‘成果’越多，逻辑越乱”，“‘成果’越多，指认它们的依据的合理性就越被怀疑”，“‘成果’越多，越是困扰人们对思想政治教育规律的认知”②。面对这种情况，就需要进一步明确思想政治教育规律研究的主要问题，提出富有针对性、实效性的解决方案，推动思想政治教育规律研究科学化。当前，放置到整个思想政治教育规律研究中去考量，既有一些反复出现的问题，也有一些新的问题需要引起重视。

其一，思想政治教育规律与思想政治教育学规律辨识不清。在开展思想政治教育理论研究的过程中，有一些学者习惯于把思想政治教育与思想政治教育学等同起来。受限于这种思维，一些学者在论述思想政治教育规律的部分时，直接将思想政治教育规律与思想政治教育学规律随意置换。事实上，这种行为是不妥当的。思想政治教育与思想政治教育学既有联系，又有区别。思想政治教育是思想政治教育学产生的前提条件、重要基础，思想政治教育学正是关于思想政治教育实践经验的理论概括与总结，是一种知识体系层面的思想政治教育。因此，思想政治教育与思想政治教育学相互依存、相互作用。如果没有思想政治教育理论及其实践活动，思想政治教育学就不能称为一门指导人们形成正确思想行为的科学。反过来，如果没有思想政治教育学的指导，不从理论层面深入归纳总结人的思想观念、政治观念、道德品质的形成发展，思想政治教育实践就会走偏，甚至失去它具有的社会意义。但也要注意到：思想政治教育是一项实践活动，需要深入广大人民群众中去。而思想政治教育学是一门科学，与思想政治教育学科的设立及其发展有着密切联系。由此引申出，必须将思想政治教育规律与思想政治教育学规律区分开来。

其二，思想政治教育规律与思想政治工作规律混淆在一起。从概念演进史上看，政治工作、思想工作、思想政治工作、思想政治教育、政治思想工作这几个概念都有着较为密切的联系，甚至在思想政治教育学科成立之初，思想政治教育基本上能够与思想政治工作等同起来，这在一些专著、教材或研究论文中都有体现。当前，推进新时代思想政治教育规律研究科学化，必须将两者区分开来。事实上，思想政治工作的范围更为广泛，思想政治工作指涉的是要组织广大人民群众参与各式各样的实践活动，其中尽管也涉及教育这一部分，但并不是单纯指称思想政治教育。思想政治教育更偏向于政治教育这一方面，尤其是经常与学校工作联系在一起，指的是有目的、有计划、有组织地提升人的思想品德水平和政治素质。如果从广义理解，思想政治教育更是与社会上一切影响人们的思想品德、知识技能、智力体力的活动相关的。因此，随着思想政治教育学科的发展，思想政治教育规律研究应该更为精细化，不能随意“泛化”“虚化”为思想政治工作规律研究。

其三，思想政治教育过程规律与思想政治教育规律混为一谈。在早期关于思想政治教育规律的研究中，一些学者常把思想政治教育过程规律与思想政治教育规律等同起来，或者仅仅从文字表述上进行区分，而在逻辑上仍将它们混淆在一起。随着思想政治教育学科

① 张耀灿，郑永廷，吴潜涛，等．现代思想政治教育学［M］．2版．北京：人民出版社，2006：120－121.
② 王习胜．类型与层级：思想政治教育规律指认的归置与统摄［J］．教学与研究，2021（10）：84－91.

的不断发展，关于思想政治教育规律的认识不断深化，已有许多学者注意到思想政治教育过程规律与思想政治教育规律的不同，并逐渐认识到思想政治教育过程规律是思想政治教育规律的一个部分。但不容忽视的是，仍有一部分学者在研究中，或认为思想政治教育过程就是规律，把整个思想政治教育过程的特点、特征都等同于对规律的揭示，或认为思想政治教育过程的基本规律就是思想政治教育的基本规律，两者不需要区分。事实上，思想政治教育过程是教育者对教育对象施加有目的、有计划、有组织的教育影响，引导教育对象形成和提高思想政治素质的过程。无论过程多么重要、地位多么凸显，也只是思想政治教育的一个重要部分，不能够完全代替诸如横向结构上各种要素互动、思想政治教育的本质等内容。因此，思想政治教育过程规律只是思想政治教育规律之一，属于思想政治教育规律，但不能完全涵盖思想政治教育规律。

其四，把思想政治教育的任务、目的、原则、功能、方法等界定为思想政治教育规律。一些学者在解释思想政治教育规律的同时，经常将其与思想政治教育的任务、目的、原则、功能、方法联系在一起。固然这些内容与思想政治教育规律有着密切联系，或作为规律研究的切入点，或作为规律的外在呈现形式，或作为规律研究的价值旨归，但作为思想政治教育规律，特别是对于思想政治教育基本规律而言，当前许多研究仅仅“漂浮”在思想政治教育的表层，如归纳出思想政治教育目标、特征意义上的共性，但没有深入地探究这些共性背后所反映的本质联系。此外，思想政治教育规律是客观的，不以人的意志为转移，普遍存在于思想政治教育实践活动之中。在思想政治教育活动中，教育主体和教育客体虽然都有各自的思想、观念，教育活动朝向的目标、运用的内容和方法具有浓郁的主观性，但这些主观因素并不是人们头脑中纯粹主观想象的产物，而是来自客观存在和社会实践活动。因此，如果随意将思想政治教育的任务、目的、原则、功能、方法进行“包装”后等同于规律，大谈特谈思想政治教育的方法、载体、主体运作等各要素及其互动作用下的共性，忽视思想政治教育活动中内在的、本质的、必然的联系，就容易将一些规律性认识与真正的思想政治教育规律混淆起来，得出一些主观臆测下所谓的“规律”。

第四节　思想政治教育规律研究的趋势展望

思想政治教育规律的研究及应用十分重要且必要。中共中央、国务院印发的《关于加强和改进新形势下高校思想政治工作的意见》强调要“坚持遵循教育规律、思想政治工作规律、学生成长规律。……提高工作科学化精细化水平”。习近平总书记在全国高校思想政治工作会议上指出：“做好高校思想政治工作，要因事而化、因时而进、因势而新。要遵循思想政治工作规律，遵循教书育人规律，遵循学生成长规律，不断提高工作能力和水平。”① 当前，学界关于思想政治教育规律的研究已经有了较为丰硕的成果，但受到学科成立时间较短、思想政治教育本身的复杂性等因素影响，思想政治教育规律研究在很多方

① 习近平在全国高校思想政治工作会议上强调 把思想政治工作贯穿教育教学全过程 开创我国高等教育事业发展新局面 [N]. 人民日报，2016-12-09 (1).

面还存在一定的分歧，需要在前期研究的基础上，进一步推动思想政治教育规律研究的科学化。

一、争议性内容的消解，逐渐形成思想政治教育规律研究的共识

从现有研究上看，学界对思想政治教育本质、目的、任务、核心要素、主要矛盾、发展过程等认识的不一致，都会使得对思想政治教育规律的界定和研究呈现出百花齐放、百家争鸣的状态，进而带来许多争议性内容。上一部分所概括的思想政治教育规律与思想政治教育学规律辨识不清，思想政治教育规律与思想政治工作规律混淆在一起，思想政治教育过程规律与思想政治教育规律混为一谈，把思想政治教育的任务、目的、原则、功能、方法等界定为思想政治教育规律等都是其主要表现。面对这些问题，需要采取一些行之有效的措施，凝聚起关于思想政治教育规律研究的共识。

一是指认好思想政治教育规律的判定依据和划分标准。当前，学界对思想政治教育规律的理解并不统一，而思想政治教育规律的划定标准繁杂多样且差异性较大，甚至“反映到概念外延的认识上就是随意指认概念的划分标准，使得冠之以思想政治教育‘规律’之名的概念，其所指对象并不相同，这些不同的思想政治教育‘规律’的概念，在逻辑关系上十分混乱”①。因为思想政治教育规律研究没有严格和明晰的判定依据，划分标准的确立也不够严谨，从而使越来越多的“规律”概念在外延上包含或交叉。因此，就需要从思想政治教育的主体、对象、环境、载体、过程、方法、矛盾等出发，以更深层次、更广范围、更严要求明确思想政治教育规律的具体所指。

二是理清思想政治教育规律的研究思路。尽管思想政治教育规律是已经客观存在的事实，并不会以研究者的主观意志为转移，但是，要想把握思想政治教育的本质，透析思想政治教育规律，就需要充分发挥主观能动性，去粗取精，去伪存真，由此及彼，由表及里。除此之外，还要在马克思主义指导下，系统分析思想政治教育的复杂关系，既充分审视思想政治教育规律研究的目的、方法、任务，从矛盾中抽象规律、从特征中归纳规律、从目标中提炼规律、从要素环节上划分规律，又要创新研究理念，寻找研究切入点，确立合理的研究预期，以此界定好思想政治教育规律，把握思想政治教育规律的外在表现及互动联系，揭示其中蕴含着的不同层次、不同方面的规律，将思想政治教育规律的相关研究引向系统深入。

三是更为精准地诠释好思想政治教育规律。分析阐释思想政治教育规律，既要上升到基本规律的高度，揭示思想政治教育活动中的本质关系，还要理清、说明好思想政治教育规律、思想政治教育学规律、思想政治教育过程规律及它们之间的互动联系，又要把握好基本规律与具体规律的层次结构、逻辑关联。比如，“适应超越律”是有着较大认同度的思想政治教育过程的基本规律，但在表述上能否只是单方面认为教育者的教育活动“要适应受教育者的思想政治品德基础和发展需求”，“要超越受教育者的原有基础”，而忽略教育者自身的主动性、积极性以及社会环境在思想政治教育活动中所起到的作用。另外，“思想政治教育必须同社会经济关系发展相适应的规律”从本质上看也不够彻底，不仅仅

① 王习胜．类型与层级：思想政治教育规律指认的归置与统摄［J］．教学与研究，2021（10）：84－91．

要达到“适应”这一程度，而是要“服从和服务于”经济社会发展。同时，“思想政治教育服从和服务于社会发展规律”，尽管从本质上解释了经济基础对上层建筑的影响，但是“社会发展”的表述比较含糊，不能精准表达出具体影响思想政治教育的社会现实状况。这就需要勘定思想政治教育规律的论域，对规律内容做进一步的阐释和描述。

二、基础性内容的巩固，思想政治教育规律研究的体系化布局更加完备

基础理论是学科知识体系建构的基础，是任何类别研究领域深化发展的前提。思想政治教育规律是思想政治教育基础理论中的重大问题之一，思想政治教育领域出现的许多新情况、新问题，都离不开对这一问题的认识和把握。因此，要深耕思想政治教育基础理论问题研究，科学认识思想政治教育活动中各个要素、各个阶段和各个环节及其之间的互动联系，开放、动态、立体地构建和完善好思想政治教育规律体系。

一是思想政治教育自身规律体系的构建。从横向结构上看，思想政治教育活动的开展是由教育者、教育对象、教育环境和教育介体等四个基本要素构成的；从纵向结构上看，思想政治教育的发展过程中各个阶段的演进、各个环节的开展都有着一定的外部表现。对于思想政治教育规律而言，其也是一个由基本规律和具体规律组成的多层次、多方面的规律体系。当前，学界对思想政治教育规律进行了全面深入的探索，既涵盖过程规律、活动规律，也涉及方法、载体、主体行为等各参与要素的规律。要想在此基础上，进一步完善好思想政治教育规律研究的体系化布局，就需要围绕是什么、为什么、有怎样发展态势等问题，研究和明确思想政治教育规律的发生领域，划分出基本规律和具体规律的层次，揭示各种规律之间的内在联系，形成关涉横向与纵向、基本与具体的体系架构。

二是把握好思想政治教育规律与其他相关规律的互动联系。思想政治教育的规律隐藏在各种思想政治教育现象背后，是思想政治教育活动中各种内在矛盾及其发展趋势的必然反映。要想充分认识思想政治教育规律，不能只是聚焦在思想政治教育的某些部分或某些方面，而是要从全局性、整体性上推动思想政治教育规律研究。因此，形成思想政治教育规律研究的体系化布局，既要做好自身规律体系的构建，又要明确与其他相关规律的互动联系，形成思想政治教育的“规律域”。比如，做好思想政治教育规律与大学生自身认知规律、思想政治理论课课程建设规律、网络社会思想发生演变规律的有机结合。习近平总书记在学校思想政治理论课教师座谈会上强调指出：“要加大对学生的认知规律和接受特点的研究，发挥学生主体性作用。”① 在多样化、综合化、智能化的发展趋势中把握思想政治教育规律及其与其他相关规律的互动联系，能将思想政治教育学科研究及其实践应用推向新的高度。

三、应用性内容的拓展，注重将思想政治教育规律运用到具体实践工作中

当内涵、内容进一步明确之后，就需要将思想政治教育规律应用于实践中，进一步提升思想政治教育的实效性。事实上，思想政治教育作为一项实践活动一直存在着，但只有

① 习近平主持召开学校思想政治理论课教师座谈会强调 用新时代中国特色社会主义思想铸魂育人 贯彻党的教育方针落实立德树人根本任务［N］. 人民日报，2019－03－19（1）.

发挥主观能动性，进行学理上的逻辑推演，找到思想政治教育的规律，并对其做好实证上的分析与检验，才能在不断完善思想政治教育规律研究的同时，将规律真正应用于思想政治教育实践中，以此获得更好的思想政治教育效果。

一是明确思想政治教育规律的客观性。思想政治教育是人类社会历史不同阶段和不同阶级都共有的活动。在实践基础上发生作用的人们的思想行为活动必然有其客观规律，这决定了思想政治教育规律同样也是客观的。思想政治教育的活动展开同一个时代的物质生活密不可分，需要从人们的现实活动中寻找大量的第一手材料，通过进行抽象的理论分析，提炼出思想政治教育规律的理论表达形式，再将相关结论运用到实际工作中，使之接受实践的检验。因此，探讨思想政治教育规律时，不能脱离人们的物质生活和生产实践。在实践活动中，既要遵循思想政治教育规律，又要因地制宜，具体问题具体分析，通过深入了解不同时代背景下受教育者的群体性特点和个性化需求，以及教育者的思想理论状况和教育教学素养，遵循人的思想政治品德形成与发展规律、社会思想政治品德要求的规律、教育者的教育实践规律，最大限度地推进持久有效的思想政治教育。

二是将研究得到的思想政治教育规律积极应用到现实生活中。思想政治教育本质上是做人的工作，思想政治教育学科本质上是关于人的学科，思想政治教育就是要不断提高人们认识世界和改造世界的能力，促进人的自由全面发展，并将其转化为推动社会发展的物质力量。事实上，规律不只在现实和逻辑推理中被发现，它更多的是在人类社会发展中彰显自身的，表现为人类社会发展的必然趋势。因此，要进一步明确思想政治教育规律的内涵与领域，使思想政治教育规律在理论上更为明确和具体，在实践中真正指导思想政治教育工作。比如，围绕“谁来应用”“怎么应用”等基本问题，综合考虑教育者、受教育者、教育环境、教育介体四个要素及其本质上的联系，注意规律在教学实践中的运用。当前，需要做好习近平新时代中国特色社会主义思想的宣传、传播和教育，明确思想政治教育各层次、各方面的规律，确定学科的目标，制定合理的计划，以强烈的问题意识、时代意识和战略意识，努力提升思想政治教育学科的解释力、行动力和转化力，实现思想政治教育及其学科发展与满足社会发展要求、人民美好生活需要的同频共振。

四、综合性内容的构建，形成有效分析思想政治教育规律的视角、方法

随着时代形势的变化，思想政治教育也要根据新形势、新环境，在内容、方法、手段等方面做出适应性调整。这赋予思想政治教育新的内涵，使得关于思想政治教育的规律性认识发生了一些变化。因此，需要在已有研究的基础上，结合时代的变化和要求，形成有效分析思想政治教育规律的视角、方法。

一是深化拓展思想政治教育规律的研究视角。区别于其他规律，思想政治教育规律除了有“规律”的特性外，还有“思想政治教育”的独特性。随着思想政治教育学科的不断发展，学界对思想政治教育规律的思考和研究越来越深入，其研究视角也越来越开阔。通过坚持运用辩证唯物主义和历史唯物主义的立场观点方法，学界已经从思想政治教育所处的环境与条件出发，从思想政治教育的人性基础、多学科视野出发，从思想政治教育的研究范式出发，分析阐释思想政治教育规律。鉴于此，要进一步确立与强化马克思主义理论研究视角的主导地位，引入与重视多学科理论研究视角，借鉴和融合社会学、政治学、心

理学、教育学等学科内容，增强研究视角的自觉与反思意识，拓展比较视野，彰显学科特色，凸显时代风貌，推动思想政治教育规律研究从隐含到凸显、从自发到自觉的转化。

二是找到研究思想政治教育规律的可行方法。方法是发现新现象、新事物，提出新理论、新观点，揭示事物规律的工具和手段。目前，学界研究思想政治教育规律的方法包括通过理论推理、逻辑思辨、经验感受来认识事物的本质特征，利用思辨法、经验总结法、比较研究法、历史研究法、文献综述法等进行综合分析。面对思想政治教育所面临的新形势、新要求，需要进一步概括思想政治教育规律的客观依据，做好思想政治教育基本规律与具体规律的区分，明确思想政治教育的存在规律与思维中规律的辩证关系，以科学方法论为指导，正确应用具体与抽象、量化分析与质性分析的科学方法，在反复实践的基础上不断深化对思想政治教育的规律性认识，真正触及和把握思想政治教育各层次、各方面的规律。

第三章　思想政治教育学科内涵与定位研究

思想政治教育学科的内涵与定位是学科发展的基础性问题，学科设立 40 年来，围绕这一基础性问题，学界展开了充分的讨论。随着思想政治教育学科在理论与实践的深度融合中不断创新发展，思想政治教育学科的内涵与定位也进一步丰富和完善。回顾思想政治教育学科发展 40 年的基本历程，梳理思想政治教育学科内涵与定位的研究成果，总结相关进展与经验，把握该论域的研究趋势，对进一步深化思想政治教育基础理论研究、推进思想政治教育学科持续发展具有重要意义。

第一节　思想政治教育学科内涵研究

学界对“学科”概念内涵的认知呈现出多元化特征，学科可以是“学术的分类”[①]“相对独立的知识体系”[②]“知识生产与再生产的组织体系及运行机制”，也可以表现为一种规训制度、教学科目、认识对象、活动形态等。而“内涵”指概念的内容，即一个事物所反映的本质属性。思想政治教育学科内涵即思想政治教育学概念本身，是思想政治教育学区别于其他学科的本质规定性，为思想政治教育学划定研究领域与学科边界提供了重要前提。

一、思想政治教育学的含义

2016 年，习近平总书记在哲学社会科学工作座谈会上强调，“要善于提炼标识性概念，打造易于为国际社会所理解和接受的新概念、新范畴、新表述，引导国际学术界展开研究和讨论。这项工作要从学科建设做起，每个学科都要构建成体系的学科理论和概念”[③]。思想

① 辞海（中）[M]. 上海：上海辞书出版社，1989：2947.

② 丁雅娴. 学科分类研究与应用 [M]. 北京：中国标准出版社，1994：38.

③ 习近平. 在哲学社会科学工作座谈会上的讲话 [N]. 人民日报，2016-05-19 (2).

政治教育学科在我国哲学社会科学学科体系建设中当属于“优势重点学科”，位居“注重发展”之列①，因此，准确把握思想政治教育学的概念内涵对于思想政治教育学的研究和学科建设、完善哲学社会科学学科体系具有重要意义。自20世纪80年代学科设立以来，思想政治教育学科经历了科学化、专业化、学科建设和独立二级学科建设的历史发展阶段，取得了一个又一个里程碑性质的发展成就。在学科发展过程中，学者们一直致力于学科内涵研究，并形成了丰硕的研究成果。特别是2005年，国务院学位委员会、教育部《关于调整增设马克思主义理论一级学科及所属二级学科的通知》规定，“思想政治教育是运用马克思主义理论与方法，专门研究人们思想品德形成、发展和思想政治教育规律，培养人们正确世界观、人生观、价值观的学科”。这为学界进一步认识与把握思想政治教育学的学科内涵提供了重要理论依据。党的十八大以来，以习近平同志为核心的党中央高度重视思想政治工作，将思想政治工作上升到治党治国重要方式的战略高度，为思想政治教育理论研究提供了最有力的支持。在实践创新的基础上，思想政治教育学研究进一步廓清了学科内涵，使思想政治教育学基础理论研究向纵深发展。关于“什么是思想政治教育学”，学界尝试从不同的研究视角进行解读，可以归纳为以下几种观点：

一是研究对象说。这一观点主要根据思想政治教育的研究对象来对思想政治教育学的内涵做出规定。比如：“思想政治教育学是研究人们的社会主义、共产主义思想意识形成、发展的规律的科学。”②“思想政治教育学科（简称思想政治教育学）是运用马克思主义理论与方法，专门研究人类社会中思想政治教育及其规律的学科。”③“思想政治教育学以思想政治教育活动为研究客体，是关于思想政治教育发展规律的科学。”④“思想政治教育是探寻人类思想产生发展的内在规律以及如何实现马克思主义理论的核心地位的重要学科。”⑤拥有特定的研究对象和研究领域是一个学科建设与发展的逻辑起点，因此，40年来，不少学者都着眼于“思想政治教育学研究什么”来界定思想政治教育学的内涵。从上述观点可以看出，不同学者对思想政治教育学的研究对象的表述有所不同，但这些观点主要认为思想政治教育学的研究对象是某种规律，其研究工作不局限于对人类社会思想政治教育实践的现象性描述，还把握和揭示思想政治教育的规律，并以此规律为方法论指导，为未来思想政治教育实践活动进行预测性探索。

二是价值功能说。这一观点从功能的角度理解思想政治教育学的内涵，侧重体现思想政治教育学的工具性。有学者认为：“思想政治教育学是一门指导思想政治教育者有效开展思想政治教育并帮助人们形成正确思想与行为的科学。”⑥也有学者将思想政治教育学与其他的马克思主义理论下的二级学科进行比较，认为：“思想政治教育学是研究如何以马克思主义为指导和根本教育内容，遵循人的思想政治品德形成发展规律去搞好思想理论

① 张澍军．试论思想政治教育学科定位——学习习近平两次重要讲话的一些思考［J］．马克思主义研究，2017（7）：125－130.

② 陆庆壬．思想政治教育学原理［M］．上海：复旦大学出版社，1986：5.

③ 刘建军．关于思想政治教育的学科内涵及建设的思考［J］．思想理论教育导刊，2007（3）：42－45.

④ 陈万柏，张耀灿．思想政治教育学原理［M］．3版．北京：高等教育出版社，2015：1.

⑤ 叶先进．论思想政治教育学科的边界性［J］．学校党建与思想教育，2021（1）：18－22.

⑥《思想政治教育学原理》编写组．思想政治教育学原理［M］．北京：高等教育出版社，2016：8－9.

教育、政治教育、道德教育，使人们运用马克思主义立场观点方法指导自己成人成才的学科。”① 上述观点从思想政治教育的社会性和个体性功能出发，思考思想政治教育学在指导人们开展思想政治教育的过程中，最终要达到什么样的教育效果，具有很强的价值导向性和目的性特征。还有学者根植于学科的本质内涵，从学科建设层面提出：“作为学科存在的思想政治教育具有知识生产和专业人才培养两个基本职能，它们是使思想政治教育哲学、原理和应用性知识之间形成互动性关系的两个维度，也是生成思想政治教育学科实践性特质的平台。”②

三是要素系统说。这一观点认为思想政治教育学是由多重要素构成的有机系统。有学者指出，“思想政治教育领域的实践要素、理论要素、队伍要素、专业要素、平台要素共同组成思想政治教育学科”。同时认为这五个要素各具特色、各有作用而又相互依存、相互影响。③ 还有学者创新性地从社会学的视角为思想政治教育学内涵进行规定，认为思想政治教育学科具有系统内涵，即“思想政治教育学科是思想政治教育学术共同体，它是以思想政治教育学知识为基础，由思想政治教育学科成员、价值观、科学研究、科学技术服务、学科规范（方法）等组成的学术性社会共同体”④，并指出这个学术共同体是一个非封闭性的、具有组织化的社会组织形式，包括思想政治教育研究对象、研究领域、研究活动、学科组织、学术载体、学者共同体等构成要素。⑤ 思想政治教育学科是一个内部各要素相互联系的有机整体，因此，在探讨思想政治教育学科的内涵时应当自觉运用系统论和系统方法指导思想政治教育学科的认识与建设。“要素系统说”运用系统论的观点对思想政治教育学科内涵进行解读，揭示了思想政治教育学内部构成要素之间的有机联系，突出展现了思想政治教育学内部要素的互动性与学科体系的开放性特征，使学界对于思想政治教育学科的认识从要素的局部把握阶段上升到对学科整体的系统把握阶段，为学界综合把握思想政治教育学科系统、全面推进思想政治教育学科建设提供了重要支撑。

四是知识体系说。这一观点认为思想政治教育学科是关于思想政治教育的知识体系。有学者认为：“思想政治教育学科是关于思想政治教育活动规律，人的思想形成、变化发展规律，以及两者相互关系及其与社会环境交互作用的专门知识的体系。”⑥ 还有学者从反思的维度，将思想政治教育学与教育学进行区分，指出思想政治教育学不是一般意义上的“教育学”，而是一门与政治价值观相关联的、关于“思想政治教育”的学问⑦，从而明确思想政治教育的马克思主义理论属性，澄清思想政治教育学科的概念歧义。还有学者将思想政治教育与思想政治教育学进行区分，指出思想政治教育是一个专业的概念，包括

---

① 张耀灿．思想政治教育学科建设研究［M］．北京：中国人民大学出版社，2017：119.

② 金林南，赵文静．思想政治教育学科知识理论体系的实践性建构［J］．思想理论教育，2020（9）：44－51.

③ 郭绍均．思想政治教育学科的构成要素、发展特征及调适路径［J］．学校党建与思想教育，2020（11）：16－19.

④ 孙其昂．论思想政治教育学科的系统建构［J］．思想教育研究，2010（3）：21－25.

⑤ 孙其昂．论思想政治教育的学科定位及组织建设［J］．思想政治教育研究，2020（2）：51－57.

⑥ 邱柏生．试析思想政治教育专业建设的有关问题［J］．思想教育研究，2012（9）：17－21.

⑦ 吴宏政．思想政治教育学学科界定的反思维度［J］．思想教育研究，2016（1）：11－15.

思想政治教育专业、思想政治教育专业活动或职业活动、社会实践活动；思想政治教育学是一个学术概念或是狭义上的学科概念，主要是指思想政治教育的知识体系。① 从40年的研究成果来看，学者们较少关注知识体系说的思想政治教育学科内涵，并未给出其他具有代表性的明确表述，而是从知识体系的构建与完善的角度思考思想政治教育学的学科建设问题。例如，早在20世纪80年代，就有学者指出，思想政治教育学科在借鉴中把握相关学科知识，把相关学科知识综合起来运用，形成自己相对独立的体系。② 近年来，有学者突出强调学科知识体系在学科建设中的重要地位，指出思想政治教育学科是否具有合法性，能否发挥出强大的知识效应，取决于本学科能否提供富有解释力的专业化知识体系。③ 完善的学科知识体系是一门独立学科的核心要素，事实上，作为一门学科，思想政治教育具有很强的知识性与理论性特征，在建立与发展过程中形成了自己独立的理论体系，无论是在界定思想政治教育学科内涵，还是在探讨思想政治教育学科建设路径时，都绕不开知识体系的问题，从知识体系角度探讨学科建设也是未来学界值得深入挖掘的方向。

上述学者们在界定思想政治教育学的内涵时主要采用学科要素分析法，从研究对象、价值功能、学科独特性、学科研究方法、学科概念和理论体系等方面入手，形成了“研究对象说”“价值功能说”“要素系统说”“知识体系说”四种不同的观点。“研究对象说”侧重为思想政治教育学划定特定的研究领域，“价值功能说”体现了思想政治教育学的价值取向与目标导向，“要素系统说”揭示了思想政治教育学的内部生态与学科体系，“知识体系说”则从综合、现实、比较的视野展现了思想政治教育学独特的理论属性。四种观点体现了学者们对于思想政治教育学科内涵界定的不同视角，共同构成了学界40年来对“什么是思想政治教育学”的多样化理解，极大丰富了思想政治教育学的学科内涵，有助于划清思想政治教育学与政治学、教育学、心理学、伦理学、哲学等相关研究领域的学科边界，为明确思想政治教育学的学科定位提供了重要前提。

二、思想政治教育的含义

什么是“思想政治教育”？这是思想政治教育学研究必须弄清楚的首要问题，也是研究思想政治教育对象、确定思想政治教育学基础理论、构建思想政治教育概念知识体系必须关注的核心问题。思想政治教育是思想政治教育学的核心概念，厘清思想政治教育概念是进行思想政治教育学研究的重要前提。学科发展40年来，思想政治教育概念是学界讨论与关注的热点，学者们尝试从不同的研究视角对思想政治教育概念进行解读，提出了大量富有代表性的思想政治教育定义，使学界对思想政治教育本质与内涵的认识逐步深化。

（一）思想政治教育概念的研究视角

从词源构成来考察思想政治教育概念的语义逻辑。“思想政治教育”是由“思想”、“政治”和“教育”三个关键词构造而成的复合词，但在“思想政治教育”这一概念中，

① 孙其昂．论思想政治教育学科的系统建构［J］．思想教育研究，2010（3）：21-25.

② 王礼湛．思想政治教育学［M］．杭州：浙江大学出版社，1989：1.

③ 叶方兴．思想政治教育学术形态及其建构理路探微［J］．思想理论教育，2020（7）：48-53.

三个关键词各有其特定意义，学科发展近十年来，学者们开始关注“思想”、“政治”和“教育”三个不同的侧面，并尝试从词源构成的角度来加深对思想政治教育本质内涵的理解。有学者对思想政治教育中“思想”的概念进行再思考，指出当前学术界对思想的界定多数停留于哲学的抽象层次，未能从现代科学意义上阐明“思想”的概念内涵。而思想政治教育中的思想分为思想政治教育实施者的思想和思想政治教育对象的思想，具有政治性和形态多样性以及思想的一般特征。① 有学者从马克思、恩格斯经典文本中解析思想政治教育之“政治”概念，指出思想政治教育之“政治”概念的诸多侧面，主要包括政治意识形态、政治解放、政治立场、政治教育、政治纲领和政治行动。② 有学者则聚焦“教育”这一关键词，认为在“思想政治教育”中，教育是活动的方式，是手段，它限定了思想政治教育的活动状态与运行模式——必须按照教育的方式进行，遵循教育的规律，实现教育的目的。③ 对于三个关键词的逻辑关系，有学者认为思想政治教育的内涵并不是三个关键词的简单相加，其彼此之间有自我立场与价值诉求，其中思想是内在依据，政治是方向，教育是实现途径，所以，思想政治教育是以思想为核心、为实践空间和重要内容，以教育为基本形式的政治实践活动。④ 也有学者认为教育是途径，思想是根基，政治是统帅，是方向，“思想政治教育”是高度浓缩、整合“思想”“政治”“教育”三个词的基础意义及其相关组成范畴的内涵而形成的一个新的具有明确意旨的基本范畴。⑤

从形成发展来考察思想政治教育概念的历史演进。“思想政治教育”这一概念不是凭空产生的，而是无产阶级实践运动与马克思主义相结合的产物，从思想政治教育产生与发展进程出发研究思想政治教育概念，既能明晰其发展过程，又能深入理解其概念内涵与发展规律，因而具有重要的学术价值。目前，学者们对思想政治教育概念的演进脉络和发展阶段基本能够达成共识。有学者指出，思想政治教育概念经历了从马克思主义创始人提出的“宣传工作”“理论教育”，到列宁、斯大林提出的“政治教育”“思想政治工作”，再到中国共产党人提出的“政治工作”“思想政治教育”的历史过程。⑥ 也有学者从党的思想政治教育史进行考察，认为思想政治教育概念经历了从“政治工作”到“政治思想工作”再到“思想政治工作”（“思想政治教育”）的三个发展阶段。⑦ 还有学者认为思想政治教育的概念演进经历了五个不同的阶段，即“宣传工作-政治工作-思想工作/政治思想工作-思想政治工作-思想政治教育”⑧。值得一提的是，有学者不仅从思想史的角度，对马克思主义理论有关“思想政治教育”作为一种社会现象和作为马克思主义政党的工作的重要提

---

① 刘取芝，孙其昂．思想政治教育中“思想”概念的再思考［J］．教学与研究，2016（6）：78－84.

② 刘怡彤，李忠军．马克思恩格斯经典文本关于思想政治教育之“政治”概念的解析［J］．思想教育研究，2022（9）：60－66.

③ 李合亮，李鹏．对思想政治教育本质的再认识［J］．学校党建与思想教育，2013（1）：17－20.

④ 闫彩虹，孙迎光．新时代思想政治教育学科边界划定的逻辑进路［J］．学校党建与思想教育，2020（3）：16－21.

⑤ 李合亮．思想政治教育基础理论研究需要明晰的几个基本问题［J］．学校党建与思想教育，2019（7）：20－22，32.

⑥ 倪愫襄．思想政治教育概念的历史演进［J］．思想教育研究，2012（11）：16－19.

⑦ 孙其昂．党的思想政治教育的实质是政治教育［J］．南京林业大学学报（人文社会科学版），2001（2）：9－13.

⑧ 石书臣．思想政治教育概念的学科梳理和探讨［J］．思想教育研究，2008（8）：12－16.

法和表述做初步梳理，而且还对学界多年来流行的几成定论的思想政治教育概念演变史进行反思与探讨。①

从比较辨析来考察思想政治教育概念的理论边界。在思想政治教育学的理论和实践研究中，经常出现如政治工作、思想工作、思想政治工作、政治思想教育、德育、公民教育等概念，因其与思想政治教育概念具有相似性，容易造成学科概念的模糊与混淆，影响思想政治教育学研究的深入开展。因此，对思想政治教育及其相关概念进行系统考辨，廓清思想政治教育的理论边界，成为40年来学界进行思想政治教育概念研究的重要议题。其一，“思想政治教育”与“思想政治工作”。有学者认为思想政治工作是政治工作中的思想性部分和思想工作中的政治性部分的总和，思想政治教育是思想政治工作的基本内容，而不是思想政治工作的全部，它是受政治制约的思想教育和侧重于思想理论方面的政治教育。② 还有学者指出，就词源而言，“思想政治工作”早于“思想政治教育”；就语义而言，“思想政治教育”更加注重教育性，“思想政治工作”则更加凸显实务性；“工作”更强调政策性和实践导向，“教育”是文化的一部分，更强调理论教育和行为养成之间的循序渐进。③ 其二，“思想政治教育”与“德育”。有学者指出，在相似性上，二者目标一致，功能、价值、教育载体类型相似；在差异性上，两者的教育对象、实践领域、教育内容的侧重点、教育特性以及价值功能的内涵不同。④ 有学者对二者进行结构主义分析，指出德育主要促进学生身心全面协调健康发展，一般要采取启发诱导的方式，其内容与方法自古有之；思想政治教育的任务是引导人们树立科学的世界观和方法论以及正确的政治立场、理想和信仰，在方法上强调启发唤醒，注重兴趣和体验，但宣传、疏导、灌输仍是必不可少的方式，其产生与发展还与无产阶级革命、中国共产党的革命建设工作及社会主义事业尤其是中国特色社会主义事业紧密联系在一起。⑤ 其三，“思想政治教育”与“公民教育”。有学者认为，从内涵层面，公民教育致力于公民素养的培育，其目的在于通过理想公民的养成来促进政治共同体的持存和进一步发展；思想政治教育则致力于塑造和培养人的思想政治品德，其最终目的是通过思想政治教育，维护社会稳定与和谐发展。二者的具体差异表现在本质属性、教育功能、教育的主客体关系以及教育内容等方面，但从社会现实的实践活动来看，二者之间实际上构成了一种彼此独立但又相互支撑、相互促进的良性关系。⑥

从观点流派来考察思想政治教育概念的内涵嬗变。学科发展40年来，学界对思想政治教育这一概念形成了多种定义方式，学者们对思想政治教育概念定义的探讨，在不断丰富与完善概念内涵的同时，也从侧面反映了思想政治教育概念难以达成共识、概念内涵外

---

① 武东生，冯乐．对“政治教育”到“思想政治教育”概念演变的解析［J］．思想理论教育导刊，2014（8）：4－8.

② 张耀灿，徐志远．思想政治教育及其相关重要范畴的概念辨析［J］．思想·理论·教育，2003（Z1）：10－13.

③ 冯刚，曾永平．“思想政治工作”与“思想政治教育”概念辨析［J］．思想理论教育，2018（1）：42－46.

④ 祖嘉合．略论德育和思想政治教育的适度区分［J］．思想教育研究，2011（2）：5－9.

⑤ 杨小芳，朱程．德育与思想政治教育的混同现象及其厘清——以结构主义为视角［J］．江西社会科学，2016（5）：38－43.

⑥ 赵义良，金蓉．公民教育与思想政治教育的内涵界定与辨析［J］．思想教育研究，2017（11）：29－33.

延模糊不清等问题，因此，对不同定义方式的归类与比较也成为目前学界关注的重要领域。有学者在缕析“施加论”“转化论”“内化论”“培养论”“引导论”“需要论”等类型说的基础上对思想政治教育概念进行廓清与厘定，指出思想政治教育概念的各种类型说是由思想政治教育内容与目标宽泛性所致的；从学科概念严谨性来讲，是思想政治教育概念含混性的表现。① 有学者认为可以从三个视角对现有的定义方式进行归类与比较：从发源视角来看，存在“目的论”与“需要论”之分；从过程视角来看，存在“施加论”（转化论）与“培养论”（引导论）之分；从定义质性的视角来看，存在描述性与肯定性之分。还进一步指出明确思想政治教育概念需要坚持思想政治教育目的层面的价值性向度、过程层面的交往性向度、定义质性层面的普遍性向度等。② 有学者则从历史与现实的维度，总结出思想政治教育概念的发展脉络，将思想政治教育概念的探讨历史划分为 4 个区间，即 1980—1989 年、1990—1999 年、2000—2009 年、2010—2019 年，并总结出思想政治教育概念图谱。③ 有学者借鉴文献计量学的共词分析方法对不同观点的思想政治教育概念进行词频分析，探寻学界对思想政治教育概念中所蕴含的命题的一致承认和互通共识，从而为思想政治教育实践提供前提、方向、内容和方法遵循，以便真正理解思想政治教育。④

（二）思想政治教育概念的不同界定

就思想政治教育这一概念本身而言，有狭义和广义之分。狭义的思想政治教育，是指思想性的政治内容教育和政治性的思想内容教育的总称，或思想教育和政治教育的合称。广义的思想政治教育，是对思想政治教育概念的一种现代阐释和科学运用，是包含了思想教育、政治教育、道德教育、心理健康教育等在内的社会实践活动，它的基本内容包括思想教育、政治教育和道德教育。⑤ 纵观思想政治教育学科发展 40 年，广义的思想政治教育得到学界的普遍认可，现有的研究成果也是从广义的思想政治教育概念出发进行探讨的。基于不同的研究视角，学者们对于思想政治教育概念的界定在思想政治教育的目的、内容、主体等方面产生不同程度的分歧，呈现出多样化态势，主要形成了以下六种代表性观点：

一是施加论。施加论认为社会、阶级或社会群体将统治阶级的意识形态施加给社会成员，强调思想政治教育的阶级性和意识形态性。如陈万柏、张耀灿将思想政治教育定义为：“社会或社会群体用一定的思想观念、政治观点、道德规范对其成员施加有目的、有计划、有组织的影响，使他们形成符合一定社会、一定阶级所需要的思想品德的社会实践活动。”⑥ 还有学者认为，思想政治教育主要指一定社会占统治地位的阶级、阶层或集团，根据社会意识形态的要求和内容，运用各种方式对政治共同体的成员施加政治的、理论的、精神的、心理的综合影响，以对本阶级、阶层或集团的奋斗目标达成共识和相对一致

① 王淑芹，李文博．“思想政治教育”概念的廓清与释义［J］．思想理论教育导刊，2018（8）：124－127.

② 董雅华．思想政治教育概念厘定的向度和要义［J］．思想理论教育导刊，2020（9）：116－121.

③ 张建晓．思想政治教育概念的返本开新［J］．理论导刊，2021（7）：119－123.

④ 李亿，吴荣军．语词共识、命题同构、实践遵循：理解思想政治教育的三个维度——基于概念的共词分析视角［J］．思想教育研究，2017（12）：32－36.

⑤ 石书臣．思想政治教育概念的学科梳理和探讨［J］．思想教育研究，2008（8）：12－16.

⑥ 陈万柏，张耀灿．思想政治教育学原理［M］．2 版．北京：高等教育出版社，2007：4.

的行动。① 早期的施加论过于强调社会本位，认为思想政治教育是为了维护阶级统治而进行的社会实践活动，侧重于思想政治教育满足统治阶级需要的工具性价值，忽视了教育对象的主体性。思想政治教育学科发展的十余年来，学者们对施加论进行逐步完善，日益关注教育对象的个体发展需要，如李合亮认为："思想政治教育是一定阶级或集团为巩固统治，保障社会的有序发展，有目的地向教育对象施加意识形态影响——采用思想政治教育的柔性手段满足人的政治化需要，实现对人的精神引导与塑造——以形成教育对象共同的政治意识水平和政治觉悟程度，'规约'并促进人的发展的教育活动。"② 他所界定的思想政治教育虽然仍旧延续了施加论的说法，但是，较传统的施加论而言，这一概念将人的发展需要也囊括其中，可以看出施加论者试图缓解社会本位与个人本位之间的矛盾。

二是转化论。转化论与施加论相承接，同样认为思想政治教育就是一定阶级施加意识形态影响的教育活动和社会活动，但它超越了单纯的施加论，强调思想政治教育的目的最终要落实到人们思想的转变上。最早的转化论是《中国大百科全书·教育》所提出的："思想政治教育是教育者按照一定社会或阶级的要求，有目的、有计划、有组织地对受教育者施加系统的影响，把一定的社会思想和道德转化为个体的思想意识和道德品质的教育。"③ 同一时期，陆庆壬也提出转化论的观点："思想政治教育这一社会实践活动，就是一定的阶级或政治集团，为实现一定的政治目标，有目的地对人们施加意识形态的影响，以期转变人们的思想，进而指导人们行动的社会行为。"④ 但施加意识形态的影响也是转化论的前提，转化论实质上和施加论是一致的，其实质还是阶级本位、社会本位。⑤ 转化论的观点盛行于思想政治教育学科成立早期，呈现出与施加论同期发展的态势，但是，近30年学界对转化论的关注较少，未提出具有代表性的转化论观点。

三是内化论。内化论强调在对教育对象实施教育的过程中，促进受教育者对社会思想与道德规范的接受与认同，进而将其内化为教育对象内心的法则。学科发展40年来，内化论呈现出三种不同的类型。第一，单一内化论。如孙喜婷所提出的："思想政治教育是教育者按照一定社会的要求，通过特定的教育活动，把特定社会的思想和道德规范内化为受教育者的思想意识和道德品质的过程。"⑥ 第二，内外化论。如侯勇、孙其昂、韩兴雨认为："思想政治教育是教育者按照社会发展要求和人的思想行为活动规律进行的以政治为核心的思想，通过内外化过程来引导人改造主客观世界，促进人的全面发展的社会实践活动。"⑦ 这一定义强调了内化与外化的结合，思想政治教育的效果不仅要落实到对教育内容的认同与理解上，还要落实到行为的转变上，同时，该定义深化了对教育目标的理解，主张引导人改造主客观世界，促进人的全面发展。第三，内化论与施加论相结合。陈

---

① 邱柏生，董雅华．思想政治教育学新论［M］. 上海：复旦大学出版社，2012：6.

② 李合亮．思想政治教育探本——关于其源起及本质的研究［M］. 北京：人民出版社，2007：236.

③ 中国大百科全书总编辑委员会《教育》编辑委员会，中国大百科全书出版社编辑部．中国大百科全书·教育［M］. 北京：中国大百科全书出版社，1985：59.

④ 陆庆壬．思想政治教育学原理［M］. 上海：复旦大学出版社，1986：4.

⑤ 倪愫襄．思想政治教育概念的元分析［J］. 思想理论教育，2012（23）：36－40.

⑥ 孙喜婷．教育原理［M］. 北京：北京师范大学出版社，1993：290.

⑦ 侯勇，孙其昂，韩兴雨．"思想政治教育"概念学科辨析与新认识［J］. 学术论坛，2010（5）：67－70，120.

万柏、张耀灿在第三版《思想政治教育学原理》中指出："思想政治教育是指社会或社会群体用一定的思想观念、政治观点、道德规范，对其成员施加有目的、有计划、有组织的影响，并促使其自主地接受这种影响，从而形成符合一定社会一定阶级所需要的思想品德的社会实践活动。"① 相较第二版《思想政治教育学原理》，这一表述增加了"并促使其自主地接受这种影响"，在单一施加论的基础上，突出了教育对象在教育过程中的主体诉求以及对教育内容的认同与接受，提升了教育对象的主体地位。对于其中存在的问题，有学者从主客体关系的角度指出，在内化论中，思想政治教育的主体和内容仍从属于社会需要的范畴，对受教育者的价值诉求仍然重视不够，缺乏受教育者个体自身的自主建构。② 还有学者从价值性的角度指出，该观点没有对特定的社会思想和道德规范做出价值判断，仍然是对事实判断的关注，既忽视了教育内容的价值性，也忽视了受教育者的价值选择。③ 从上述观点来看，40 年来，内化论者逐步关注到教育对象的发展需求以及在教育过程中的主体性地位，但对其重视程度仍然有所欠缺，同时在教育内容上未能突破早期施加论、转化论所存在的共性问题，即教育内容的价值性和社会性问题，难以保证内化内容的合理性和有效性。

四是培养论。培养论认为思想政治教育最终是要培养人们的三观、思想道德素质等思想品质以及个体行为。如邱伟光提出："思想政治教育是培养、塑造一定社会新人思想道德素质的教育实践活动。受社会经济政治文化的制约和影响，包括思想教育、政治教育、道德教育。"④ 王淑芹、李文博则注重突出马克思主义理论学科的独特特点，认为思想政治教育是"围绕中国特色社会主义合格建设者和可靠接班人应具有的正确政治观、法治观和道德观而进行的理论与实践的教化活动，以促进大学生树立正确的政治、法治和道德价值观以及具有与此相应的良好品行和情操"⑤。董雅华提出在界定思想政治教育概念时需明确价值性向度、交往性向度、普遍性向度，由此给出思想政治教育的定义："思想政治教育是指一定的阶级、政党、社会群体与政治共同体成员，根据社会和人的发展需要，通过教育者与受教育者互动交往的过程，培养形成特定的思想政治道德素质和行动力的社会实践活动。"⑥ 培养论形成于学科成立初期，但在近十年来才为学界再次关注，与其他观点相比，培养论者在界定思想政治教育概念时侧重以教育目标为导向，思考思想政治教育"培养什么人"。从早期的思想道德素质的培养到"思想-行为"双方面的培养，培养论者逐步认识到思想政治教育对人的行为与社会发展的实际改造作用，同时还看到了思想政治教育是教育者与受教育者的双向互动过程，有效克服了施加论、转化论、内化论中存在的教育者单向灌输的弊端。

五是发展论。发展论认为思想政治教育是促进个人发展与社会发展的社会实践活动。该观点的主要代表人物是郑永廷，21 世纪初，他曾强调思想政治教育在社会与人的发展

① 陈万柏，张耀灿．思想政治教育学原理［M］. 3 版．北京：高等教育出版社，2015：4.

② 石书臣．思想政治教育主客体关系的目的性阐释［J］. 思想教育研究，2017（2）：17 - 21.

③ 倪愫襄．思想政治教育概念的元分析［J］. 思想理论教育，2012（23）：36 - 40.

④ 邱伟光．思想政治教育学概论［M］. 天津：天津人民出版社，1988：1.

⑤ 王淑芹，李文博．"思想政治教育"概念的廓清与释义［J］. 思想理论教育导刊，2018（8）：124 - 127.

⑥ 董雅华．思想政治教育概念厘定的向度和要义［J］. 思想理论教育导刊，2020（9）：116 - 121.

过程中的重要性，提出："思想政治教育是一种有目的性、具有超越性的实践活动。这种实践活动随着社会的发展和人们的主体性的增强，作用越来越重要。"① 随后，他进一步丰富了该观点，明确提出："思想政治教育是教育者与受教育者根据社会和自身发展的需要，以正确的思想道德为指导，在促进社会和学校智育、体育发展的过程中，不断提高学生思想道德素质和坚持全面发展的过程。"② 在2018年出版的马工程版的《思想政治教育学原理》中，发展论的思想政治教育观点逐渐成熟："思想政治教育是教育者与受教育者根据社会和自身发展的需要，以正确的思想、政治、道德理论为指导，在适应与促进社会发展的过程中，不断提高思想、政治、道德素质和促进全面发展的过程。"③ 目前学界对发展论多呈现正面评价，认为发展论者开始关注受教育者自身的发展要求以及社会发展的长远目标，更好地体现了思想政治教育在发展中所应该具有的内涵和实质。④ 还有学者指出这一概念不仅把思想政治教育看作以人为主体的活动，把思想政治教育过程中的教育者和受教育者都视为主体，而且从社会和自身两方面需要全面揭示了思想政治教育的目的指向。⑤ 从上述观点可以看出，发展论更加突出以人为本的价值取向，同时首次看到了教育内容的价值性问题，明确指出要"以正确的思想、政治、道德理论为指导"，有利于保证教育内容的正确性与方向性。在教育目标上，发展论强调把教育者和受教育者适应与促进社会发展，不断提高思想、政治、道德素质及促进全面发展作为目的，有效调和了社会发展与自身发展的矛盾，深化了对教育目标的认识。

六是引导论。引导论强调思想政治教育不是要将教育对象塑造成为符合一定社会要求的"标准人"，而是要引导教育对象在社会要求的基础上进行思想品德的自觉构建与自主发展。该观点更加突出教育对象在思想政治教育活动过程中的主体性地位，同时注重教育者与教育对象的平等关系。如张耀灿从人学向度对思想政治教育概念进行分析，关注人的思想品德的建构过程，主张思想政治教育要更多地关注受教育者的知情意信行发展需要和思想品德塑造中的自主性，认为："思想政治教育是一定的阶级、社会、组织、群体与其成员，通过多种方式开展思想、情感的交流互动，引导其成员吸纳、认同一定社会的思想观念、政治观点、道德规范，促进其成员知、情、意、信、行均衡协调发展和思想品德自主建构的社会实践活动。"⑥ 史宏波、谭帅男以马克思主义实践观为指引对思想政治教育概念进行重述，从现实的思想政治教育活动出发，试图化解已有的思想政治教育概念中个人取向与社会取向的矛盾，认为："思想政治教育是指一定的阶级或政治集团，为促使社会成员的发展需求与社会主流意识形态的要求相统一，用以社会主义核心价值观为核心的理想信念、价值理念、道德观念，引导其成员改造主客观世界的社会实践活动。"⑦ 沈壮海在《新编思想政治教育学原理》中将引导论与转化论相结合，提出：思想政治教育即一

① 郑永廷．论思想政治教育的本质及其发展［J］．教学与研究，2001（3）：49－52.
② 郑永廷，张彦．德育发展研究——面向21世纪中国高校德育探索［M］．北京：人民出版社，2006：8－9.
③《思想政治教育学原理》编写组．思想政治教育学原理［M］．2版．北京：高等教育出版社，2018：2.
④ 倪愫襄．思想政治教育概念的元分析［J］．思想理论教育，2012（23）：36－40.
⑤ 石书臣．思想政治教育主客体关系的目的性阐释［J］．思想教育研究，2017（2）：17－21.
⑥ 张耀灿．推进思想政治教育研究范式的人学转换［J］．思想教育研究，2010（7）：3－6.
⑦ 史宏波，谭帅男．"思想政治教育"概念重述与研究范式的转向［J］．思想教育研究，2021（10）：40－46.

定的阶级或政党将自己所倡导的意识形态转化为人们广泛接受的意识形态，引导人们形成相应的思想政治素质而自觉开展的教育实践活动。[①] 引导论作为近十年来兴起的新观点，既看到了思想政治教育的工具性价值，也看到了其目的性价值，既看到了思想政治教育是为阶级、社会服务的，也看到了思想政治教育作为一种教育活动，其最终目的是要促进人的自身发展。引导论在突出展现思想政治教育的意识形态性的同时，把思想政治教育理解为引导社会成员在将个人前途与国家社会命运联系起来的基础上进行自我改造、自主建构的社会实践活动，而非将其理解为依据社会主流意识形态的规定简单要求社会成员具有某种思想的过程。

三、思想政治教育概念研究的总体评析

总结思想政治教育学科 40 年发展中关于思想政治教育概念研究的主要成就，反思该论域研究存在的主要问题，对进一步深化思想政治教育学科内涵研究具有重要意义。

（一）思想政治教育概念研究所取得的成就

综观现有研究成果，40 年来，学界对于思想政治教育概念内涵问题的研究越来越深入，主要表现在以下几个方面：

首先，研究视野更为广阔。在研究范式上，学者们在探究思想政治教育概念的过程中逐渐突破原有的研究范式，尝试从人学范式、社会哲学范式等对思想政治教育的概念内涵进行多角度探索。在研究方法上，特别是学科发展近十年来，学者们尝试借鉴词源学、社会学、文献计量学等学科的研究方法，拓展了思想政治教育学研究的理论视野，为后续思想政治教育概念研究提供了新思路。

其次，人的主体性更为突出。从学科发展初期侧重阶级性到近十年来日益关注思想政治教育的人本性，学者们在下定义时努力调节社会发展与人的需要之间的关系，日益重视正确认识和处理社会本位与个人本位之间的矛盾，呈现出在辩证理解社会与人的关系的前提下探讨思想政治教育概念内涵的趋向。此外，学者们也在试图调节被动施加与主动接受之间的矛盾，注重教育者与教育对象之间的良性互动。在学科成立早期盛行的思想政治教育定义中，教育者与受教育者处于明显的主客体地位，而 20 世纪以后，学者们开始把思想政治教育看作两个主体之间的双向互动的实践活动。

再次，对教育目标的理解逐步深化。从早期的思想品德的形成与培养到品德与行为的双重培养，从促进社会发展到改造主客观世界、促进社会与人的双重发展，随着学界对思想政治教育目标研究的深入，学者们在界定思想政治教育概念时试图从思想与行为、内化与外化、个人与社会等范畴对思想政治教育目标进行综合考察。

最后，不同观点间呈现出融合发展趋势。特别是学科发展近十年来，学者们在提出新的概念内涵时多在已有观点的基础上进行反思与修正，在综合考察后对不同观点进行融合，出现如施加论与内化论相结合、引导论与转化论相结合的新的界定方式。

（二）思想政治教育概念研究中存在的主要问题

在取得重大研究成果的同时，现有研究还存在如下问题，在后续的研究中需要学者们

---

① 沈壮海．新编思想政治教育学原理［M］．北京：中国人民大学出版社，2022：2.

进行深入思考与探索。

首先，思想政治教育的定义仍未达成共识。统一、规范的思想政治教育概念共识不仅是科学认识与解答思想政治教育本质的基础，同时对于构建科学完善的思想政治教育学科体系也起着至关重要的作用。自学科产生以来，思想政治教育概念便是学界讨论最多、争论最多的问题，目前较为权威的是张耀灿和郑永廷分别在其所著的《思想政治教育学原理》中给出的定义。经过40年的发展，学界对思想政治教育概念的理解日益丰富与完善，目前学者们从不同视角出发，提出了多种思想政治教育概念界定，但仍未出现一个被学界所普遍认可的思想政治教育的定义。

其次，思想政治教育概念涉及的要素界定含混。明确清晰地厘定各个要素的具体内涵是科学界定思想政治教育概念的重要基础，但是，现有的部分研究中，存在着定义含混不清的问题，难以保证概念界定的科学性和严谨性。具体到各个思想政治教育要素而言，在教育目标上，存在目标扩大化、窄化、宽泛化和浅显化等问题；在教育者与教育对象上，存在范围窄化、指向不明确等问题；在教育内容上，存在规定的不完整性、价值取向的模糊性等问题。

最后，偏重于对思想政治教育概念的微观把握，缺少宏观认识。从已有研究来看，学者们尝试从不同的研究视角、运用不同的研究方法来理解思想政治教育是什么，偏重于对思想政治教育概念内涵本身的微观理解，但是，不同观点间的交流与碰撞较少，虽有部分学者对已达成的共识进行归纳总结，但较少有学者对不同的观点进行比较分析，关注到其中的分歧与差异。此外，现有的思想政治教育概念研究缺少宏观的方法论原则构建，未能提出具有指导性意义的研究方法与实践路径，难以为后续研究提供系统的方法论指导。

在后续的思想政治教育概念研究中需要进一步梳理与总结，努力解决概念界定不清、内涵外延模糊、宏观认识不足、方法原则指导缺乏等问题，既要继续尝试从多维角度对思想政治教育概念内涵进行深入探讨，深化对思想政治教育的认识，还要努力在概念定义上达成共识，为思想政治教育研究提供统领性的理论指导。

（三）深化思想政治教育内涵研究需要处理好的几对关系

首先，历史逻辑与现实观照之间的关系。学界关于思想政治教育的历史发生起点存在多种不同的观点，如原始社会发生论、阶级社会发生论、无产阶级发生论、中国共产党发生论等，历史上虽存在着思想政治教育意义上的实践活动，但思想政治教育这一概念是由中国共产党首次提出并开始使用的。现在较为流行的思想政治教育定义多从宏观层面出发，思考普遍意义上的思想政治教育，但是，在学界目前的研究领域内，思想政治教育具有明显的马克思主义属性和中国特色，明显区别于历史上以及其他国家的意识形态教育活动。因此，在界定思想政治教育含义时需要立足于当前中国的时代条件，突出中国特色社会主义性质和马克思主义学科的理论属性，才能厘清思想政治教育的内涵与外延，明晰思想政治教育学科的理论边界。但即使是在我国的视域下，不同时期的思想政治教育目标和内容也互不相同、各有侧重，随着时代要求的不断变化，思想政治教育的目标、内容、主体等要素不断被赋予新的时代内涵。因此，在界定思想政治教育概念时还需要在新的社会发展条件下对新时代思想政治教育的内涵进行动态、全面、综合的考察，防止出现扩大化、窄化等问题。

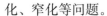

其次，社会发展与人的发展之间的关系。逻辑起点问题是界定思想政治教育概念时必须面对的首要问题，在已有的定义中，存在着“社会发展需要”与“个人发展需要”两种不同的观点。早期的施加论、转化论和内化论都以社会发展需要为起点，认为思想政治教育就是一定阶级施加意识形态影响的教育活动和社会活动，强调思想政治教育对阶级或社会需要的满足，过于突出思想政治教育的政治价值取向和工具性价值，而忽视了人的发展需要。在培养论、发展论、引导论中，学者们开始提出要根据“社会和人的发展需要”“社会和自身发展的需要”，“促使社会成员的发展需求与社会主流意识形态的要求相统一”。作为20世纪后集中兴起的观点，这三个观点既看到了思想政治教育的工具性价值，也看到了思想政治教育的目的性价值，既看到了思想政治教育是为阶级、社会服务的，也看到了思想政治教育作为一种教育活动，最终目的是要促进人的自身发展。思想政治教育虽伴随着阶级的产生而产生，是为统治阶级服务的意识形态教育活动，但思想政治教育不能“目中无人”，归根到底是要调节社会发展与人的发展之间的矛盾。思想政治教育以个人与社会的矛盾为逻辑起点，以个人与社会的和谐统一为归宿点①，社会的发展与个人的发展是在思想政治教育这一过程中共同实现的。因此，马克思主义视野下的思想政治教育不能只关注到社会发展或个人发展的某一方面，而要以辩证、整体的观点看待二者之间的矛盾，在满足二者需要的前提下，促进二者之间的良性互动，最终实现个人与社会的共同发展。

再次，教育者与受教育者之间的关系。教育者与受教育者的具体内涵和二者的关系是思想政治教育概念的重要组成部分，在施加论、转化论、内化论三种观点中，对个体发展需要、教育对象自我建构以及双方交互作用的忽视，导致在概念界定中，教育者处于明显的主体地位，教育对象被看作被动接受的客体，不可避免地带有单一主体性。在培养论、发展论、引导论中，有学者开始提出“通过教育者与受教育者互动交往的过程”以及“通过多种方式开展思想、情感的交流互动”来达到教育的目的，将思想政治教育看作教育者与教育对象的交互过程，逐渐建立起二者之间的有机联系，在概念界定层面关注到思想政治教育的主体间性转向，实现了思想政治教育定义的新发展。但是，在已有的大部分定义中，学者们只探讨了教育者与教育对象的具体指向，而对二者之间的互动关系缺乏关注，未能将调和二者关系作为概念界定的一个重要方面。正确处理好定义中教育者和教育对象之间的关系，不仅为在教育过程中充分发挥教育者与教育对象的主体作用提供理论遵循，而且对深化思想政治教育逻辑起点、目标、本质的认识具有重要意义。

最后，思想培养与行为塑造之间的关系。思想政治教育虽然是一种意识形态教育，有明显的理论性特征，但更是“知行合一”的教育。在教育目的上，思想政治教育既要对教育对象进行思想品德的培养，还要将其落实到实际行动上，做到“外化于行”。而在现有的定义中，学者们对行为培养的关注不足，大部分学者只提出了要“使他们形成符合一定社会、一定阶级所需要的思想品德”，“引导人们形成相应的思想政治素质”等品德培养目标，仅有少量学者关注到要“指导人们行动”“培养形成特定的思想政治道德素质和行动

① 李坤，王秀阁．论思想政治教育学的逻辑起点［J］．学校党建与思想教育，2015（3）：12-15.

力”“促进人的全面发展”等行为层次的教育目标。思想政治教育的根本任务是培养担当民族复兴大任的时代新人，要实现这一任务，培养思想品德只是其中的一环，同时还存在行为落实这个环节，这是完整的思想政治教育过程不可缺少的重要环节。只提出品德培养的教育目标不仅容易将思想政治教育限定在德育的框架下，而且难以保证思想政治教育根本任务的实现，所以，在给思想政治教育下定义时，在教育目标上也要关注到实践层面，做到思想与行动的统一。

第二节　思想政治教育学科定位研究

思想政治教育学科经历了40年的创新发展，在理论与实践的深度融合中，其学科定位研究持续创新，反映了党和国家对思想政治教育创新发展的基本要求，体现了学界对思想政治教育学科规律性认识的深化。

一、思想政治教育学科定位的基本内涵研究

“定位”，即“确定名分地位”①，是“把事物放在适当的地位并做出某种评价”②。从理论研究角度而言，“定位”就是确定一个事物的位置或方位③，并以此来把握它的意义、性质和特点。④ 而学科是与知识相联系的学术概念，既是按知识的性质或学术领域进行的分类，也是对人才培养、教师教学、科研业务隶属范围的相对界定。⑤ 因此，学科定位是指寻找和确定学科的“坐标”，就是把某个学科放在一定的学科背景中，考察它在这个体系中所占的地位，并揭示其性质和特点以及建设的意义和方向。⑥ 对思想政治教育进行学科定位，本质上就是要在一定的坐标参照系中确定思想政治教育的学科方位，把握其意义、性质和特点。⑦ 作为理论问题，学科定位明晰是一门学科在学科体系和专业目录中的隶属关系及其与其他学科的相互关系；作为实践问题，学科定位揭示的是一门学科介入社会实践的问题领域、研究视角、方法理路及应有功能。⑧

从理论角度来看，思想政治教育学科定位，既是思想政治教育学科在认识维度的定位，也是在学科管理维度的定位。⑨ 因此，把握思想政治教育学的学科定位离不开思想政治教育学作为学科的理论归属问题。在过去，很多学者认为，思想政治教育具有鲜明的党性和政治性，应归属于政治学；也有不少学者认为，思想政治教育的实质是“教育”，属

① 辞海［M］. 6版. 上海：上海辞书出版社，2010：393.

② 中国社会科学院语言研究所词典编辑室. 现代汉语词典［M］. 7版. 北京：商务印书馆，2016：309.

③ 白显良. 论思想政治教育学科的科学定位——兼论思想政治教育的学科建设［J］. 思想理论教育，2007（5）：41-48.

④ 刘建军. 思想政治教育学科建设［J］. 思想理论教育，2007（Z1）：38-46.

⑤ 《思想政治教育学原理》编写组. 思想政治教育学原理［M］. 北京：高等教育出版社，2016：9.

⑥ 张麦兰，刘建军. 关于思想政治教育学科定位的思考［J］. 思想·理论·教育，2006（17）：37-39.

⑦ 同③.

⑧ 杨晓慧. 对深化思想政治教育学科建设的几点思考［J］. 思想政治教育研究，2014（1）：12-16.

⑨ 孙其昂. 论思想政治教育的分化与学科定位［J］. 思想教育研究，2013（6）：25-31.

于教育学的一门应用学科。但在政治学研究领域，政治本质上是人们在一定经济基础上围绕着特定利益，借助于社会公共权力来规定和实现特定权利的一种社会关系，政治学是研究这种特定的社会关系即政治关系及其发展规律的科学①；在教育学研究领域，教育在社会发展和人的发展中处于中介地位，一方面立足于社会发展现实趋势，促进人的发展，另一方面又着眼于人的发展，推动社会的发展，更新人的现实生活②。而思想政治教育学以“人的社会关系总和”为逻辑起点、以“人的自由全面发展”为逻辑终点③，遵循政治学、教育学的基本原则和研究方法，又以马克思主义科学体系为理论基础，具有自己的相对独立性，作为一门理论学科在使命和内容上有其特殊性。并且，随着思想政治教育学科自身的创新发展，以及党和国家对思想政治教育学科发展做出的顶层设计和制度安排，思想政治教育学的马克思主义理论学科归属愈加凸显，作为马克思主义理论学科下的二级学科，其学科定位不断得到强化和提升。

从实践角度来看，党的十八大以来，以习近平同志为核心的党中央高度重视思想政治工作，相继召开了哲学社会科学工作座谈会、全国高校思想政治工作会议、学校思想政治理论课教师座谈会等重要会议；中共中央、国务院印发了《关于加强和改进新形势下高校思想政治工作的意见》《关于新时代加强和改进思想政治工作的意见》等政策文件，强调积极构建中国特色、中国风格、中国气派的哲学社会科学学科体系，强化马克思主义理论学科的引领作用。因此，许多学者从政策角度出发把握思想政治教育学科的定位，取得了不少研究成果。根据目前研究所取得的认识，思想政治教育学科在我国哲学社会科学学科体系建设中属于“优势重点学科”，位居“注重发展”之列。因此，有学者提出思想政治教育学科定位主要是指思想政治教育学科在我国哲学社会科学学科体系建设发展中的位置，包括它的地位、作用和发展方针。④“新时代思想政治工作要守正创新，提高对中国式现代化的贡献度。这就需要思想政治教育学科进一步加强建设，实现高质量发展。”⑤对思想政治教育学科发展提出的更高要求，迫切要求进一步明晰思想政治教育学科新的定位，从而在理论和实践上实现新的发展。

二、思想政治教育学科定位研究的整体观点

（一）思想政治教育学科归属定位

坚定学科归属、把握学科边界是思想政治教育学科定位的根本。从学科属性角度来看，思想政治教育学科与马克思主义理论一级学科下其他二级学科各有区分，同时区别于其他二级学科整体，思想政治教育学科是理论与实践结合最为紧密、在马克思主义理论学科下最为偏向于实践的一门二级学科。思想政治教育学科与教育学、政治学、心理学、社

---

① 王浦劬．政治学基础［M］．北京：北京大学出版社，1995：19．

② 王道俊，郭文安．教育学［M］．北京：人民教育出版社，2016．

③ 孟凡丽，周贝贝．新时代思想政治教育学科定位的三重逻辑［J］．东北师大学报（哲学社会科学版），2022（6）：143－150．

④ 张澍军．试论思想政治教育学科定位——学习习近平两次重要讲话的一些思考［J］．马克思主义研究，2017（7）：125－130．

⑤ 冯刚．推动新时代思想政治教育学科高质量发展［J］．学校党建与思想教育，2022（7）：1－6．

会学等哲学社会科学学科关系尤其密切，在研究内容、研究方法等方面都有着紧密关联，但在学科属性上又具有根本区别。并且，思想政治教育学科作为哲学社会科学的组成部分，既有相关学科依托，也有学科自身的独特性，需要明晰思想政治教育的学科边界，推动思想政治教育学科自身创新发展。

1. 思想政治教育学科与马克思主义理论一级学科及其他所属二级学科关系的定位

目前，根据国家设立的马克思主义理论一级学科，思想政治教育是其所属二级学科之一。总体来看，随着思想政治教育学科作为一门独立的二级学科被纳入马克思主义理论一级学科之中，学界关于思想政治教育学科的根本隶属关系达成基本共识，认为思想政治教育学科是马克思主义理论学科中的一个二级学科，这是思想政治教育学科发展所处的基本方位。① 正确判定思想政治教育学科定位就必须把它放在马克思主义理论一级学科的全局中，正确认识和处理马克思主义与思想政治教育的关系。② 但与此同时，也有少部分学者趋于主张思想政治教育学科的一级学科属性，提出从现有认知及研究领域看，思想政治教育学科可以且应当定位为一级学科，并且给出思想政治教育学科作为一级学科的学科构成，建议将思想政治教育学科定位于一级学科来建设。③ 有学者进一步指出建构思想政治教育一级学科的时机、条件业已成熟，应设置为法学门类下的第七个一级学科，以支持思想政治教育学科的可持续发展。④

截至目前，虽然对于思想政治教育学科归属定位的论争仍然存在，但学界对于思想政治教育作为二级学科与马克思主义理论一级学科的关系已展开广泛讨论。在二者的联系上，有学者指出它们是整体与部分之间的关系：思想政治教育学科的发展必须依托马克思主义理论一级学科，以其为平台；马克思主义理论一级学科的整体发展也必须在思想政治教育及马克思主义理论下其他二级学科发展的基础上进行成果综合和学科整合。⑤ 有学者认为，思想政治教育是马克思主义理论一级学科中必不可少的一门二级学科，马克思主义是思想政治教育学科的指导思想、理论基础和根本教育内容，思想政治教育学科建设不能没有马克思主义理论的指导；马克思主义理论的传播、发展及价值实现也不能没有思想政治教育，思想政治教育是马克思主义理论价值实现的必经途径。⑥ 在二者的区别上，众多学者认为思想政治教育学科明显区别于马克思主义理论一级学科所属其他二级学科的特点在于其实践性。有学者指出，其他几个二级学科都分别从不同侧面对马克思主义理论进行了具体的研究，从不同方面为思想政治教育提供了明确的方向指导和丰富的理论资源；思想政治教育又为这些学科理论的进一步发展提供了广阔的实践平台，是马克思主义从理论形态走向实践形态，并得到不断发展的必由之路。⑦ 有学者认为，思想政治教育是马克思

---

① 沈壮海．推进思想政治教育学科建设的思考［J］．思想理论教育，2006（6）：33－36.

② 张耀灿．试论思想政治教育学科的定位与建设［J］．思想理论教育导刊，2006（7）：32－35.

③ 孙其昂．论思想政治教育的分化与学科定位［J］．思想教育研究，2013（6）：25－31.

④ 张澍军．试论思想政治教育学科定位——学习习近平两次重要讲话的一些思考［J］．马克思主义研究，2017（7）：125－130.

⑤ 骆郁廷．思想政治教育学科发展的新趋势［J］．思想理论教育导刊，2009（3）：42－45.

⑥ 白显良．论思想政治教育学科的科学定位——兼论思想政治教育的学科建设［J］．思想理论教育，2007（5）：41－48.

⑦ 李辽宁．思想政治教育学科定位的社会学视角［J］．学校党建与思想教育，2006（8）：27－30.

主义理论一级学科所属的二级学科，我们应从其作为一种实践活动即与一定社会和阶级的意识形态活动相联系的教育活动把握其定位，并且提出思想政治教育学科区别于其他二级学科的两个方面的特征：一是具有教育学的特点，需要遵守教育学的一般规律；二是具有政治学的特点，具有很强的意识形态的或政治的特征。① 还有学者认为，思想政治教育是马克思主义理论一级学科下的二级学科，与一级学科的性质和功能有关，又有自己的特殊性，但特殊性的发展和发挥受到一级学科的规范；思想政治教育学科以人为对象，明显区别于其他六个二级学科以教育内容为对象，是其他六个二级学科的基础学科。② 学界在思想政治教育学科与马克思主义理论一级学科及所属其他二级学科既联系密切又有所区别的关系方面达成了广泛共识，也正是因此，对于思想政治教育学科定位“元问题”的论争有其合理性与必然性。

基于思想政治教育二级学科与马克思主义理论一级学科的联系与区别，众多学者提出了思想政治教育学科在马克思主义理论学科中的发展要求。有学者基于思想政治教育学科所处的马克思主义理论学科中一个二级学科的基本方位，在与马克思主义理论一级学科的关系上，提出要在马克思主义理论学科的整体发展中规划自身建设与发展，及时以马克思主义理论及其在当代中国创新发展的新成果充实学科内涵；在与其他二级学科的关系上，提出要相互依托，注意与马克思主义哲学、政治经济学、科学社会主义等马克思主义理论学科群中的各学科紧密结合③；并且强调，思想政治教育学科是马克思主义理论一级学科重要组成部分的学科归属与定位，决定了坚持马克思主义的立场、观点、方法，坚持马克思主义的理论基础，是思想政治教育学科自性的本质要求④。有学者提出思想政治教育学科应以马克思主义为指导开展科研工作，要把握马克思主义的精髓与实质，避免标签化；把握马克思主义活的灵魂，避免简单化；把握马克思主义与时俱进的理论品质，避免刻板化；把握马克思主义的根本方法论，避免主观主义和形而上学。⑤

2. 思想政治教育学科与哲学社会科学其他学科关系的定位

思想政治教育学科与哲学社会科学其他学科如教育学、政治学、心理学、社会学等学科在研究内容、研究方法等方面有着密切的联系，但在学科属性上又具有根本区别。因此，许多学者提出了思想政治教育的学科边界问题。有学者指出思想政治教育学科发展存在盲目的论域扩张现象，设置的研究方向严重偏离思想政治教育学科范围。⑥ 有学者指出思想政治教育学科发展存在边界不清的问题，从反思的维度将思想政治教育与教育学相区分，认为思想政治教育学不应该归属于教育学学科之下，而具有马克思主义理论的价值观本性，是一门与政治价值观相关联的、关于“思想政治教育”的学问。⑦ 还有学者以高校在思想政治教育专业招生方向和人才培养计划上存在的具体问题为例，总结分析了思想政

---

① 刘建军．思想政治教育学科建设［J］．思想理论教育，2007（Z1）：38－46.
② 孙其昂．论思想政治教育的学科定位及组织建设［J］．思想政治教育研究，2020（2）：51－57.
③ 沈壮海．思想政治教育学科建设的关键词［J］．思想理论教育导刊，2010（10）：44－47.
④ 沈壮海．思想政治教育学科的新自觉与新未来［J］．马克思主义理论学科研究，2015（1）：161－170.
⑤ 白显良．在思想政治教育科研中坚持马克思主义的几个问题［J］．思想理论教育导刊，2016（2）：128－133.
⑥ 祖嘉合．思想政治教育学科的规范发展与统筹发展［J］．思想理论教育导刊，2014（4）：12－15.
⑦ 吴宏政．思想政治教育学学科界定的反思维度［J］．思想教育研究，2016（1）：11－15.

治教育学科边界的“内在模糊机理”和学科意识的“外部泛化表征”[①]。可见，基于思想政治教育学综合跨学科的属性，思想政治教育学的知识借鉴和学科交叉充分发展，学界逐渐认识到在思想政治教育学研究中与哲学社会科学其他学科边界划分不够清晰的问题，并试图厘清思想政治教育学的学科归属。

具体分析思想政治教育学科与哲学社会科学其他学科的联系和区别，学者们在期刊论文、学术专著中将思想政治教育学科与众多学科进行对比分析，并不断对前人的观点进行丰富和完善，形成了以教育学、伦理学、心理学、政治学和社会学为主要交叉学科的讨论，在学界形成广泛共识。思想政治教育学教材对此进行了系统总结：在与教育学的关系上，思想政治教育学遵循教育学所揭示的教育的基本原理、原则和方法；但教育学全面地研究德育、智育、体育、美育等整个教育，主要研究学校教育；思想政治教育学则专门研究思想政治教育，不仅面向学校而且面向整个社会。在与伦理学的关系上，马克思主义伦理学所揭示的共产主义道德形成和发展的规律、基本原则和规范，为思想政治教育学研究提供了理论依据，是思想政治教育学研究的重要内容；但道德规范和道德教育只是思想政治教育学研究的一部分内容，而伦理学则专门研究道德现象。在与心理学的关系上，思想政治教育学研究的一个重要内容是探讨人的思想品德形成和发展的一般规律，涉及人的心理活动，心理学提供的相关理论、知识和方法能为思想政治教育学所借鉴和应用；但心理学是在一般意义上研究人的心理活动和实践活动的关系的，主要揭示人们心理活动的一般机制；思想政治教育学则研究人们特殊的实践活动与思想品德形成之间的关系，更注重心理构成的社会内容。在与政治学的关系上，政治学研究的政治思想、政治关系和政治生活准则等，是思想政治教育学确定教育任务和内容的重要依据；但政治学专门研究政治思想、政治关系和政治生活准则产生和发展的规律；而思想政治教育学只研究怎样通过思想政治教育使人们的行为符合一定政治思想的要求，如何将有关的政治思想、政治行为准则内化为人们的思想品德。在与社会学的关系上，社会学很多方面的研究都能为思想政治教育学所借鉴和应用；思想政治教育学借助社会学的理论和方法，能更好地分析复杂的思想现象，探索教育规律，丰富和发展自己的理论。[②]

此外，也有学者主张借鉴和应用哲学、经济学、统计学、历史学、文化学、管理学、心理学、关系逻辑学、语言学、新闻传播学等学科的理论和方法，在思想政治教育学的学科交叉、方法依托、知识借鉴等不同方面提出建议。对于思想政治教育的学科借鉴，也有学者在此基础上从思想政治教育学科研究的视角提出了建议，有学者指出，思想政治教育学科应该在切准学科定位的同时注重学科依托，增强学科依托意识，在依托中谋发展。[③]相反，有学者提出目前研究存在“移植”多于“借鉴”的现象，强调思想政治教育学科不仅需要借鉴其他学科高水平的理论成果与学术资源，也要力争在借鉴过程中能够产生出本学科高水平的理论成果。[④]

---

① 孟凡丽，周贝贝．新时代思想政治教育学科定位的三重逻辑［J］．东北师大学报（哲学社会科学版），2022（6）：143－150．

② 陈万柏，张耀灿．思想政治教育学原理［M］．3版．北京：高等教育出版社，2015：46－48．

③ 沈壮海．推进思想政治教育学科建设的思考［J］．思想理论教育，2006（6）：33－36．

④ 刘五景，金林南．借鉴还是移植：思想政治教育学科建设之思［J］．探索，2012（1）：122－126．

3. 思想政治教育学科在哲学社会科学中的整体定位

自20世纪80年代关于“思想政治教育科学化”的讨论展开以来，思想政治教育作为一门学科在我国哲学社会科学体系中得以确立，思想政治教育的学科定位自然离不开思想政治教育学科在我国哲学社会科学学科体系建设发展中的位置。从宏观视野出发，有学者认为，从学科分类上看，思想政治教育属于软科学领域，是多科融合的交叉边缘学科；从价值取向上看，思想政治教育指向于国家意识形态建设，是服从服务于马克思主义及其中国化理论的应用性学科；从比较视角上看，思想政治教育具有明显的中国特色，是“中国向度”的意识形态教育类学科。① 有学者认为，思想政治教育学科是一门多科融合的交叉综合学科；从社会功能和理论本质来看，它是一门马克思主义意识形态学科；从实践维度来看，它是具有中国向度的哲学社会学科。②

此外，有学者特别关注到思想政治教育的独立地位，强调思想政治教育是哲学社会科学领域众多学科中的一门独立学科，综合运用了诸多学科的理论与方法，对思想政治教育学科进行定位要将它放到马克思主义理论一级学科、哲学社会科学学科群及社会主义意识形态“三位一体”的综合视野中加以考量和审视。③ 有学者指出，在哲学社会科学中，只有思想政治教育学是全面研究思想政治教育现象的学科，是其他学科所不能替代的。对思想政治教育实践活动和社会现象进行直接、专门、全面的研究，是思想政治教育学科的特点和立身之本。④ 也有学者特别关注到思想政治教育的科学价值，强调思想政治教育学科作为哲学社会科学的组成部分，从本义上说它是“哲学社会科学”，不是“政治”，不是“意识形态”，将思想政治教育学科作为学科、科学、学术、学问和知识生产活动是思想政治教育学科的基本特性及职责。⑤ 可见，作为一门新兴学科的思想政治教育，与其他人文哲学社会科学相比，学界对于思想政治教育学科归属的定位还较为模糊，尚未具有规范性，仍需继续推进思想政治教育学科归属定位的研究，增强学科意识和对学科合法性的理解。

综合来看，正确判定思想政治教育的学科定位，需要准确把握思想政治教育学科作为马克思主义理论学科的二级学科与马克思主义理论一级学科及所属其他二级学科的关系，思想政治教育学科与哲学社会科学其他学科的关系及其在哲学社会科学中所处的地位。学界不仅提出这几个方面的定位，还对其进行了层次划分。有学者从整体把握思想政治教育学科与其他人文社会科学学科的关系，并根据密切程度分为三个层面：一是与马克思主义理论一级学科中其他二级学科的相邻关系，二是与伦理学、政治学、教育学、心理学等学科的依托关系，三是与逻辑学、语言学等学科的借鉴关系。⑥ 还有学者认为，要把握好马克思主义与思想政治教育的关系、为高校服务与为社会服务的关系、马克思主义理论一二

---

① 刘新庚，高超杰．思想政治教育学科的理论属性新论［J］．学术论坛，2013（4）：83－87.

② 赵芳，刘新庚．关于思想政治教育学学科属性的新认识［J］．湘潭大学学报（哲学社会科学版），2018（3）：98－101.

③ 白显良．论思想政治教育学科的科学定位——兼论思想政治教育的学科建设［J］．思想理论教育，2007（5）：41－48.

④ 刘建军．思想政治教育学科独立性探源［J］．教学与研究，2022（12）：66－73.

⑤ 孙其昂．论思想政治教育的学科定位及组织建设［J］．思想政治教育研究，2020（2）：51－57.

⑥ 周中之．思想政治教育学科发展的若干关系研究［J］．马克思主义与现实，2007（2）：183－185.

级学科建设与高校思想政治理论课建设的关系，并且从基础理论研究、应用理论研究方面具体提出对思想政治教育学科体系科学分类的构想。①

（二）思想政治教育学科发展定位

明确思想政治教育学科的历史发展和时代使命，是思想政治教育学科定位的基础。从学科发展角度来看，学界从思想政治教育学科的产生把握思想政治教育学科的定位，总结梳理了思想政治教育学科随着社会变化和学科建设发展的历程，明确了思想政治教育学科在社会发展中的历史定位。在新时代背景下，学者们根据习近平总书记重要论述以及相关政策文件要求，提出新时代思想政治教育学科新的定位和使命，为思想政治教育学科的创新发展擘画蓝图。

1. 思想政治教育学科应时代需要而产生

一个新的学科，是适应一定时代、社会的需要而产生的。思想政治教育学是为适应我国改革开放新形势、提高思想政治教育科学化水平、培养思想政治教育专门人才而创立的②，是20世纪80年代初开始形成和发展起来的一门应用性科学。③ 可见，思想政治教育学科与国家和社会的变化密不可分，与党的壮大发展有着紧密关联。有学者根据思想政治教育学的形成和发展，提出了思想政治教育的历史定位，即思想政治教育在人类历史的总格局和世代绵延发展中的历史位置，认为思想政治教育是主流思想文化或主流意识形态“传导”“承续”的基本载体和实现形式之一。④

2. 思想政治教育学科随时代发展而变化

从思想政治教育学科发展的历程来看，从1987年到1995年是思想政治教育学的创立与初步建设阶段，从1996年到2005年是思想政治教育学的综合建设阶段，从2005年到现在是思想政治教育学科的纵深发展阶段。思想政治教育学伴随着我国改革开放深化和中国特色社会主义现代化建设的推进而不断发展，在推进社会科学发展、促进人的全面发展、培养思想政治教育专门人才等诸多方面，都发挥了十分重要的作用。⑤ 有学者分析了思想政治教育学科定位的三个阶段。第一个阶段（1921—1978年）是思想政治教育自觉实践阶段，取得大量经验；第二个阶段（1978—2005年）是思想政治教育科学化起步阶段，实现思想政治教育经验形态向科学形态的转变；第三个阶段（2006— ）将是思想政治教育学科真正形成的阶段，思想政治教育理论和思想政治教育实践分化并形成思想政治教育的完整形态。⑥ 随着思想政治教育成为马克思主义理论一级学科中的一个二级学科，其学科定位也发生了一定的变化。有学者指出，思想政治教育作为马克思主义理论一级学科中的一个二级学科进入学科目录意味着思想政治教育的学科地位得到极大提升。⑦

① 张耀灿．试论思想政治教育学科的定位与建设［J］．思想理论教育导刊，2006（7）：32-35.

② 《思想政治教育学原理》编写组．思想政治教育学原理［M］．北京：高等教育出版社，2016：9.

③ 陈万柏，张耀灿．思想政治教育学原理［M］．3版．北京：高等教育出版社，2015：15.

④ 张澍军．论思想政治教育的历史定位与运行特征［J］．教育研究，2015，36（4）：42-48.

⑤ 同②10-13.

⑥ 孙其昂．论思想政治教育的分化与学科定位［J］．思想教育研究，2013（6）：25-31.

⑦ 白显良．论思想政治教育学科的科学定位——兼论思想政治教育的学科建设［J］．思想理论教育，2007（5）：41-48.

3. 思想政治教育学科在新时代的新定位

新时代以来，习近平同志关于思想政治工作的一系列新论述，对把握思想政治教育学科新的定位具有重要意义。学界普遍提出应聚焦社会背景新变化以及党的十八大以来党中央对全面深化改革的新部署和宣传思想工作的新要求，明确思想政治教育学科的合理定位。① 学界从有关重要论述和政策文件出发，结合新时代的特点，分析了新时代思想政治教育的学科定位。有学者梳理了党的十八大以来以习近平同志为核心的党中央在相继召开的一系列重要会议上提出的新时代思想政治工作的新任务新使命新要求，以及对思想政治教育学科发展做出的顶层设计和制度安排，认为思想政治工作作为治党治国的重要方式被时代赋予新的历史使命，又将迎来新的发展机遇。② 有学者从思想政治教育和思想政治工作的密切关系出发，提出习近平同志对思想政治工作的定位实质上可看作对思想政治教育学科的定位及其依据，从而明确思想政治教育的"优势重点学科"定位。③

以习近平新时代中国特色社会主义思想为统领，科学把握新时代背景的基本特点，有学者主张思想政治教育的新定位是打造民族复兴的精神动力，新时代决定其新的历史定位必须为中华民族的伟大复兴服务，为这一伟大目标提供不竭的精神动力。④ 有学者从功能、内容、机制和评价标准四个方面提出新时代思想政治教育的新定位：一是极端重要的功能定位，思想政治教育同意识形态工作的定位一致是一项极端重要的工作；二是用当代中国马克思主义武装头脑的内容定位，新时代思想政治教育的基本任务是用习近平新时代中国特色社会主义思想教育和培养时代新人；三是协同育人的思想政治教育机制定位，各类课程要与思想政治理论课同向同行；四是质量导向的评价标准定位，培养有理想、有本领、有担当的时代新人是新时代高校思想政治教育的目标，也是衡量人才质量的基本标准。⑤ 还有学者指出，走向富强的美好时代环境对思想政治教育提出了新期待，要求思想政治教育发扬新时代的精神气质，发起冲刺的关键时代这一特征要求思想政治教育精准发力、实现快速发展，充满风险的危急时代要求思想政治教育敢于迎接挑战、化解风险，团结奋进的拼搏时代要求思想政治教育勇于承担历史使命；并且提出，新时代思想政治教育学科的历史使命是汇聚中国力量，激励中华儿女为实现中华民族伟大复兴接续奋斗、砥砺奋进，同时不断凝聚世界人民的思想共识，积极推动构建人类命运共同体。⑥ 此外，也有学者从思想政治教育学科自身发展出发，基于历史、现实和实践三重逻辑分析新时代思想政治教育的学科定位，在梳理思想政治教育学科定位的学术动向的基础上，指出思想政治教育学科定位存在的学科理论架构不够系统、学科使命指向不够明确、学科边界划分不够

---

① 杨晓慧．对深化思想政治教育学科建设的几点思考［J］．思想政治教育研究，2014（1）：12－16.

② 冯刚．推动新时代思想政治教育学科高质量发展［J］．学校党建与思想教育，2022（7）：1－6.

③ 张澍军．试论思想政治教育学科定位——学习习近平两次重要讲话的一些思考［J］．马克思主义研究，2017（7）：125－130.

④ 张凯，张澍军．新起点新定位新征程：迈向新时代的思想政治教育建设之路［J］．思想教育研究，2018（4）：13－17.

⑤ 李辉．新时代与思想政治教育新定位［J］．马克思主义理论学科研究，2018（4）：126－138.

⑥ 刘建军，王慧敏．新时代的基本特征及其对思想政治教育的影响［J］．思想政治教育研究，2020（2）：1－6.

清晰等现实问题，并提出围绕学科归属、学科使命、学科特性、学科边界、学科队伍五个维度协同发力，构建“五力五维一体化”学科定位体系。① 新时代思想政治教育学科被赋予的新的使命，不断彰显思想政治教育学科的重要地位。科学认识思想政治教育学科的定位，有助于推进思想政治教育学科实现高质量发展，为新时代思想政治工作提供学科支撑和理论支持。

（三）思想政治教育学科特性定位

践行学科使命、明确学科特性是思想政治教育学科定位的关键。从学科使命角度来看，学界从思想政治教育学科的研究领域、属性定位及方向定位等方面出发，基于不同的角度和出发点对思想政治教育学科的定位进行理解，既在思想政治教育的学科思维和学术思维中把握其价值，也从国家和社会发展及需要的角度来定位思想政治教育学科。还有部分学者对思想政治教育学科的社会功能进行专门、系统的论述，对于科学理解和把握思想政治教育学科在新的历史阶段的研究论域和发展方向具有重要意义。

1. 思想政治教育学科的研究领域

对于思想政治教育学科研究领域的把握，是定位思想政治教育学科的必要前提。部分学者从不同维度对思想政治教育学科体系和研究领域进行了划分。有学者将思想政治教育学科体系分为思想政治教育的理论学科、思想政治教育的应用学科和思想政治教育的方法论学科。② 有学者将思想政治教育学科研究总体上分为思想政治教育工作、思想政治教育研究和思想政治教育研究之批评三大领域。③ 部分学者强调对以“人”为重点的思想政治教育学科的研究。有学者认为，思想政治教育的研究对象应该是影响人的政治倾向性形成的各种因素，例如政治的、经济的、道德的、教育的、心理的等各种因素。④

根据思想政治教育学科的现有研究，也有学者对思想政治教育学科的研究领域提出了发展期待，强调思想政治教育学科要加强科学研究，具体提出思想政治教育学科体系和研究范围主要包括：思想政治教育学科基础理论研究，即对思想政治教育原理层面有关问题的研究；思想政治教育应用研究，即解释和解决现实生活中的思想政治问题；思想政治教育历史研究，即总结思想政治教育的基本经验和教训；思想政治教育比较研究，主要是对中、外思想政治教育的比较研究；思想政治教育现实追踪研究，即观察和研究现实生活中的思想政治教育现象。⑤ 可见，学界对于思想政治教育学科的研究领域及重点尚未达成共识，基于不同的视角和重点，形成了对于思想政治教育学科特性的不同定位和发展期待。

2. 思想政治教育学科的属性定位

学界对于思想政治教育学科的属性定位主要在于意识形态性、科学性、思想性、政治性、综合性、实践性等方面。有学者强调思想政治教育学科具有鲜明的马克思主义学科属

---

① 孟凡丽，周贝贝．新时代思想政治教育学科定位的三重逻辑［J］．东北师大学报（哲学社会科学版），2022（6）：143－150.

② 苏振芳．思想政治教育的学科体系和理论体系研究［J］．思想教育研究，2006（7）：6－9.

③ 钱广荣．论思想政治教育学科研究之批评及其意义［J］．思想理论教育，2006（10）：43－45.

④ 张艳红，张澍军．思想政治教育学科建设之反思［J］．思想教育研究，2015（9）：8－11.

⑤ 刘建军．思想政治教育学科建设［J］．思想理论教育，2007（Z1）：38－46.

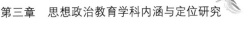

性，以服务于中国特色社会主义事业建设者和接班人培养，捍卫马克思主义在我国意识形态领域的指导地位，服务于推进马克思主义中国化、时代化和大众化为学科使命。① 还有学者提出关注思想政治教育的文化性，认为思想政治教育是一种文化现象，以特定文化成果的传递、传播、践行等为基本载体，以个体由“自然人”“生物人”向“社会人”“政治人”“文化人”的发展为基本取向。②

此外，还有不少学者从多个角度系统总结了思想政治教育的学科特点和属性。有学者提出，思想政治教育的属性定位在于理论性与应用性的统一、科学性与政治性的兼容、综合性与创新性的融合。③ 有学者认为，思想政治教育学科从历史方向上判别是一门党性和人民性相统一的学科，从现实方位判别是一门理论与实践相结合的学科。④ 有学者整体阐述了思想政治教育学科科学性与意识形态性的统一、理论性与实践性的统一、综合性与独立性的统一，以及党性和群众性的统一。⑤ 还有学者主要对思想政治教育学的意识形态性、实践性和综合性进行了具体分析。⑥ 不同学者把握思想政治教育属性的角度各有不同，对于思想政治教育属性的具体理解也有所差异，但基本观点趋于一致。随着时代的发展，在学科属性和特质外，也加入了时代背景和要求，如提出思想政治教育学科的文化性等，丰富了思想政治教育学科的属性定位。

3. 思想政治教育学科的方向定位

把握思想政治教育学科的研究方向，是从学人角度对思想政治教育学科进行定位的，有利于思想政治教育学科学人们明晰思想政治教育学科未来的发展方向，在开展理论研究时，建设起思想政治教育的学科形象。从整体方向来把握，有学者提出要从坚持宏观视野、扣准原理定位、彰显时代特色、突出中国属性、遵循教学逻辑以及贯穿创新思维六个方面构建新形态的《思想政治教育学原理》。⑦ 以学科交叉为切入点，有学者主张以交叉学科的研究视角和理论视野观照、审视、研究思想政治教育，以此为思想政治教育的创新发展带来新的研究视角、新的研究方法、新的解决问题的方法手段和新的研究成果；并且提出思想政治教育工作者应自觉强化问题意识、开放意识和培育意识，拓展思想政治教育的研究视野和研究领域。⑧ 此外，针对新时代思想政治教育学科的“优势重点学科”这一定位，还有学者提出六大“体系建设”和一大“推进”，即学科体系建设、学术体系建设、话语体系建设、课程体系建设、教材体系建设、培养体系建设，不断推进思想政治教育学科的国际交流。⑨

---

① 白显良．论思想政治教育的根本学科使命［J］．学校党建与思想教育，2012（10）：12－15.

② 沈壮海．关注思想政治教育的文化性［J］．思想理论教育，2008（3）：4－6.

③ 代玉启，陈文旭．思想政治教育学科定位新探——社会、属性、功能三位一体定位分析［J］．思想政治教育研究，2009（3）：56－58.

④ 邱伟光．思想政治教育的学科定位和本科人才培养［J］．思想政治课研究，2017（5）：1－4，9.

⑤ 荆兆勋，等．思想政治教育的学科定位及建设思路研究［M］．济南：山东人民出版社，2011：11－17.

⑥ 沈壮海．新编思想政治教育学原理［M］．北京：中国人民大学出版社，2022：11－12.

⑦ 沈壮海．构建新形态的《思想政治教育学原理》［J］．学校党建与思想教育，2010（25）：15－17.

⑧ 冯刚．交叉学科视野下思想政治教育的创新发展［J］．思想理论教育导刊，2011（11）：84－88.

⑨ 张澍军．试论思想政治教育学科定位——学习习近平两次重要讲话的一些思考［J］．马克思主义研究，2017（7）：125－130.

由于思想政治教育兼具理论与实践两方面的特性，诸多学者从思想政治教育学科理论性与实践性的统一出发来把握思想政治教育学科的研究方向，不仅以古今中外普遍存在的思想政治教育为学科论域，同时又着眼于中国共产党的思想政治教育及其实践活动。有学者认为，加强思想政治教育学科建设，理论和实践要双轮驱动、相互促进，元理论研究和操作指导理论研究要共同加强，在学科理论研究和建设中要坚持史论结合，学科建设和课程建设要紧密结合。① 有学者指出，在思想政治教育的理论与实践中，既要对古今中外的思想政治教育开展学理综合研究，也要在对中国共产党思想政治教育进行精耕细作的基础上传承弘扬历史上一切好的实践做法②；并且提出在思想政治教育科研中推进理论创新，要立足实践创新，突出问题导向，坚持批判继承，端正学风文风③。学界在思想政治教育学科研究方向的建议上，普遍关注了思想政治教育的理论性与科学性，这也意味着目前在思想政治教育科研中，对马克思主义世界观和方法论的坚持和运用，以马克思主义的立场、观点和方法分析和解决具体问题，仍是思想政治教育学科研究中较为薄弱的一环。

4. 思想政治教育学科的社会功能

随着时代的发展变化，思想政治教育的社会功能愈发凸显。学界也逐渐关注到思想政治教育作为一项实践活动在学科建设中体现出较强的实践性，开始转向对思想政治教育学科社会价值的关注。有学者关注到思想政治教育的社会定位，认为思想政治教育作为一项政治实践，是一定阶级思想控制、社会管理的一个重要方面，具有政治优化功能、经济促进功能、文化整合功能和社会稳定功能。④ 有学者基于思想政治教育学科的实践性，认为思想政治教育与人们的社会生活密不可分，明确提出应把思想政治教育放在社会生活诸领域中进行定位。⑤ 还有学者分析了思想政治教育塑造主流意识形态、传播贯彻国家意志、推进实施国家治理的国家价值，维系协调社会秩序、组织实施社会动员、形成增进社会凝聚的社会价值，以及引导个体的社会化、培育个体的思想政治素质、促进人的全面发展的个体价值⑥，从思想政治教育的国家、社会和个体价值三个方面分析了思想政治教育的定位，从不同维度共同体现出思想政治教育学科的社会属性。

新时代以来，学界对思想政治教育学科的定位更多转向其社会功能，考察其在国家治理中的独特地位。有学者提出在完善发展中国特色社会主义制度、推进国家治理体系和治理能力现代化进程中把握思想政治教育学科的思想引领定位、制度建设定位、风险化解与共识凝聚使命的定位。⑦ 有学者分析了思想政治教育在国家治理现代化中的角色定位，认为思想政治教育能够指引国家治理现代化价值方向，凝聚国家治理现代化思想基础的价值共识，培植现代国家治理主体，营造国家治理现代化精神氛围。⑧ 有学者分析了思想政治

---

① 张耀灿．推进思想政治教育学科创新发展的若干思考［J］．思想理论教育，2017（7）：62－65．

② 白显良．彰显思想政治教育学科综合性需把握的几重关系［J］．思想理论教育，2016（7）：57－62．

③ 白显良．在思想政治教育科研中坚持马克思主义的几个问题［J］．思想理论教育导刊，2016（2）：128－133．

④ 代玉启，陈文旭．思想政治教育学科定位新探——社会、属性、功能三位一体定位分析［J］．思想政治教育研究，2009（3）：56－58．

⑤ 罗洪铁，周琪．思想政治教育学理论的形成和发展研究［M］．北京：中国文史出版社，2014：15－16．

⑥ 沈壮海．新编思想政治教育学原理［M］．北京：中国人民大学出版社，2022：46－67．

⑦ 杨晓慧．对深化思想政治教育学科建设的几点思考［J］．思想政治教育研究，2014（1）：12－16．

⑧ 叶方兴．论思想政治教育在国家治理现代化中的角色定位［J］．思想理论教育，2021（2）：18－23．

教育是“一切工作的生命线”的功能定位，并基于党的二十大报告对精神激励作用提出的迫切要求，进一步指出思想政治教育要在全面建设社会主义现代化国家新征程中提供更为主动的精神力量。① 在新时代背景下，思想政治教育学科的社会价值得到发掘，使学科定位得到了丰富和发展。整体来看，学界对思想政治教育学科特性定位的研究，是对思想政治教育的学理性、科学性与政治性、社会性共同关注和推进的过程。习近平总书记在学校思想政治理论课教师座谈会上提出新时代推动思政课改革创新要“坚持八个相统一”，其中，首先提到的就是“坚持政治性和学理性相统一”。学者们最为关注的问题也正是这个在思想政治教育守正创新中处于核心统领地位的问题。这为思想政治教育学科创新发展奠定了良好局面，在统一学科认识、彰显学科特色的基础上，构筑结构完整的学科定位体系，是思想政治教育学科发展迫切需要继续推进的内容。

三、思想政治教育学科定位研究的未来展望

近十年来，广大理论工作者们倾注大量的心血，对思想政治教育学科自身的创新发展进行了努力探索，在新时代思想政治教育的研究上取得了令人瞩目的成绩。但思想政治教育作为一门新兴学科，学界在许多基本问题上未达成共识，在思想政治教育的学术史、学术规范、学术概念、学术范畴等方面还缺少相关规定性，随着社会的发展变化，对于本学科领域的许多理论问题和实践问题的研究仍需要进一步深化，对于思想政治教育学科定位的研究是其中一个重要的方面。新时代对思想政治教育学科定位的研究，还需要关注以下几个方面：

（一）注重思想政治教育学科定位理论性与实践性的统一，把握思想政治教育实践活动和思想政治教育学科定位的差异

近年来，随着时代的发展和需要，以及党和国家一系列政策文件的出台，思想政治教育学科的定位也发生了一定变化。众多学者关注到了思想政治教育学科的时代发展，从习近平总书记对思想政治工作的重要论述中来把握思想政治教育学科的新的定位，取得了丰硕的理论成果。但学者们越来越多地围绕国家政策文件及有关规范来展开研究，对学科的定位逐渐倾向于以自上而下的政策及讲话要求为导向和依据，在一定程度上缺失了部分作为哲学社会科学中一门独立学科应有的规范性，使得现有研究对于思想政治教育定位的关注更多在于其作为一项实践活动而非理论活动、作为一项社会活动而非科学研究活动的定位。虽然这也逐渐被部分学者认识到并成为其“批判”的对象，但是，在把握新时代思想政治教育学科的定位时，思想政治教育学科鲜明的实践性和意识形态性，又使得一些学者更多关注政策解读。

思想政治教育学科定位不仅要坚持学科的政策立场，也要坚持学科的本位立场。因此，学者们在关注思想政治工作、思想政治教育实践活动与思想政治教育学科的共同性的同时，也要注重思想政治教育作为一个学科的特殊性，在关注思想政治教育政治文本的同时也要加大对于思想政治教育学术文本的关注，既从政策文件上解读，也从理论研究的角度上理解。既要从习近平总书记的重要论述和有关政策文件对于思想政治工作的要求中，

① 佘双好，马桂馨．新征程思想政治教育理论的发展创新［J］．思想政治教育研究，2022（5）：1－7.

理解思想政治教育学科的独特价值，把握其科学性，从而推动思想政治教育学科的创新发展；同时也不能忽视思想政治教育学科的基础理论，可以从思想政治教育的历史发展及其变化中来把握思想政治教育学科新的定位，关注马克思主义经典著作中对于思想政治教育定位的相关表述，并结合新的时代要求予以创新性阐释。

（二）注重思想政治教育学科定位历史性与时代性的统一，根据学科调整把握思想政治教育学科新的定位

从学科发展角度来看，学界总结梳理了思想政治教育学科随着社会变化以及学科建设而产生、发展的历程，提出了新时代思想政治教育新的定位和使命，但对于新的学科调整变化中思想政治教育学科的定位变化还缺少相关研究。在思想政治教育二级学科设立以前，马克思主义理论与思想政治教育是作为一个一级学科设立的，这也意味着思想政治教育学科自身与当前马克思主义理论一级学科下的二级学科有着更为密切的关系。在党的二十大召开前夕，“中共党史党建学”一级学科诞生，这对于思想政治教育学科定位具有启示意义，如何更好地与中共党史党建学进行交叉研究成为思想政治教育学科进一步探讨的课题。中共党史党建学成为一级学科，对于整个马克思主义理论一级学科以及思想政治教育学科定位的变化具有启发意义，目前学界对此方面的关注还相对较少，尤其缺少从思想政治教育学科自身视角出发的相关解读。

思想政治教育学科与党史、党建学科有着密切的关系。从与党史的关系来看，党史学科应成为思想政治教育的支撑性学科。思想政治教育是中国共产党的思想政治教育，思想政治教育是中国共产党的政治优势和优良传统。从中国共产党思想政治教育的历史进程和历史经验中把握思想政治教育的定位，可以在中国共产党第三个历史决议等文件中汲取智慧，吸收党和国家对于思想政治教育历史定位的认识和未来发展定位的展望。思想政治教育和党建关系同样密切，思想建设在党的建设中始终处于核心地位和中心环节，为党的政治建设、组织建设、作风建设、纪律建设、制度建设提供重要支撑。① 在以往的研究中，更多的是对于思想政治教育和党建工作的融合研究。在党建学科逐渐发展的背景下，推动思想政治教育学科与党建学科的融合研究，如将思想政治工作方法融入党建学科，推进思政学科和党建学科的创新发展，成为思想政治教育交叉学科研究及其定位的新命题。

（三）注重思想政治教育学科定位政治性与社会性的统一，在社会视野中考察思想政治教育学科定位

在把握思想政治教育学科的定位时，既需要考察作为中国共产党优良传统的思想政治教育，也需要考察人类社会普遍存在的思想政治教育现象。目前，学界众多学者从思想政治教育的研究内容和研究领域方面出发给出对于思想政治教育定位的不同理解，整体来看，学者间观点的差异性主要在于研究角度及出发点的不同，在思想政治教育学科价值功能定位等方面形成了基本共识。越来越多的学者拓展思想政治教育学科思维和学术思维的视野，从国家和社会发展及需要的角度把握思想政治教育的定位。但是，有关研究尤其是期刊论文中的相关观点还较为零散和分散，缺少系统论述，对其进行整体性、系统性论述的仅在极少数著作中有所体现，需要学者们进一步打开学术视阈、开拓学术视野、突破思

① 《中国共产党思想政治教育史》编写组．中国共产党思想政治教育史［M]．北京：高等教育出版社，2016.

维定式，从思想政治教育实践活动中思考和把握思想政治教育在社会中的作用，不仅要将思想政治教育放在中国社会现实实践中考察，也要将思想政治教育放在人类社会普遍现象中把握，推进思想政治教育学科的社会化，增强思想政治教育学科的独立性与科学性，实现思想政治教育学科定位的深层突破。

在社会视野中考察思想政治教育学科的定位时，不仅可以从学科自身出发，考虑思想政治教育作为马克思主义理论学科下二级学科的定位，也可以更多关注思想政治教育学科在整个哲学社会科学中的定位，充分考虑其一级学科的归属，更加深入地认识到思想政治教育学科在社会中的独特地位，以及时代赋予思想政治教育学科的独特使命。思想政治教育学科与马克思主义理论一级学科下其他二级学科的每一个学科都有所区分，同时与其他二级学科的整体也有所区别，对于思想政治教育与马克思主义理论一级学科整体性的区分阐释还有待深入，尤其是随着实践的发展，新的时代背景对思想政治教育学科研究提出了新要求，而马克思主义理论所属的其他二级学科随着时代变化发展，定位也发生了一定改变。将时代发展背景下思想政治教育学科的定位变化与其他二级学科的定位变化进行对比研究，能够为新时代思想政治教育学科定位的独特性研究提供新的思路，从而更好地理解思想政治教育学科在时代发展浪潮中的社会价值。

第四章　思想政治教育基本范畴研究

任何一门学科的理论形态都是由一系列范畴构成的，范畴是反映该学科发展与成熟程度的重要标志。从思想政治教育学科设立之初，关于思想政治教育范畴的研究就开始进入研究者的视野，并主要散见于《思想政治教育学原理》相关教材章节之中。随着思想政治教育学科的发展以及对其基础理论或元理论的认识的提升，对思想政治教育范畴的研究也不断深化，出现了相关的专门性研究，涌现了一批研究团队。总的来看，40 年来，学术界对思想政治教育范畴的研究给予了高度的重视，特别是进入新时代，习近平总书记在哲学社会科学工作座谈会上强调“构建具有自身特质的学科体系、学术体系、话语体系”以来，思想政治教育工作者不断增强理论自觉、付出学术努力，在推动思想政治教育学体系化、科学化、现代化的过程中，越来越关注自主知识体系的建构，既回应现实需要，又关注交叉比较，以基本范畴等为内容的元理论问题研究的学科地位也越来越凸显。基本范畴是思想政治教育学科形成和发展的前提与基础，是认识和把握思想政治教育规律的基本要素，是建立思想政治教育学科体系的历史与逻辑起点。但是，由于学科的“年轻态”以及范畴本身的发展属性，思想政治教育基本范畴研究还处于从探索向深耕的转换期，这就伴生了在术语使用上的严谨与开放。很多著作和学术论文使用了“范畴”“主要范畴”“基本概念”表达“基本范畴”的含义，也有专门使用“基本范畴”的，但同时，由于对“基本”的解读不同，“基本范畴”所指代的内容依然存在较多分歧。基于思想政治教育范畴研究现状，本着意义与逻辑相统一的原则，通过扩大范围检索、聚焦核心问题的思维方式整理文献，本章具体通过思想政治教育基本范畴研究综述、思想政治教育基本范畴研究特点分析、思想政治教育基本范畴研究趋势三个部分，对思想政治教育基本范畴研究的 40 年发展历程进行学理分析。

第一节　思想政治教育基本范畴研究综述

基本范畴是思想政治教育学的基础理论问题，纵观 40 年来的研究成果，主要有四类研究成果表达方式：教材、研究专著、学科元理论研究著作、学术学位论文。第一，教材。《思想政治教育学原理》相关教材，不管是马工程教材还是研究团队自编的本科教材、研究生教材，基本都有单独章节来阐释范畴或基本范畴。① 其中，罗洪铁的《思想政治教育学专题研究》（西南师范大学出版社 1997 年版）是第一部把范畴独立成章进行研究的专著。第二，研究专著。目前最为系统的研究专著就是徐志远的《现代思想政治教育学基本范畴及其体系构建研究》（人民出版社 2022 年版），这是徐志远在其《现代思想政治教育学范畴研究》（人民出版社 2009 年版）基础上的深化与发展，对现代思想政治教育学基本范畴进行了整体、系统的考察，阐发了现代思想政治教育学基本范畴的科学内涵、逻辑结构、逻辑功能、逻辑特征和建构原则。值得注意的是，作为思想政治教育学科 30 年评选出的“全国高校思想政治教育专业优秀博士学位论文”，黄少成的《政治教育学范畴研究》（知识产权出版社 2015 年版）已经转化出版，建构了政治教育学并对其范畴体系、逻辑结构进行了深度探讨。第三，学科元理论研究著作。诸如张耀灿、徐志远的《现代思想政治教育学科论》（湖北人民出版社 2003 年版），张耀灿的《思想政治教育学科建设研究》（中国人民大学出版社 2017 年版），宋锡辉等人的《思想政治教育学元理论研究》（中央编译出版社 2012 年版；中国书籍出版社 2017 年版），等等，都对思想政治教育学基本范畴进行了专门探讨，具有重要的理论研究意义。第四，学术学位论文。经过 40 年的研究积累，学术界围绕思想政治教育范畴形成了一大批论文成果，同时该论域也成为硕士、博士学位论文研究的重要选题。基于以上，研究综述部分以“思想政治教育基本范畴”为主题，具体将对范畴与基本范畴的定义及关系，基本范畴的功能与特征，基本范畴的内容与逻辑结构，基本范畴体系的构建逻辑、构建原则与研究方法四个部分的相关研究成果进行梳理。

一、关于思想政治教育学范畴与基本范畴的一般论述

从概念来看，范畴与基本范畴的内涵与外延并不相同，但是，早期的很多研究并没有刻意去区分这两个概念，只有在做精细研究诸如范畴类型、各类范畴功能、学科构建时才会做出比较清晰的划分。这自然与学科基础理论构建的进程有关。因此，当我们去考察范

① 例如：侯树栋的《思想政治工作与马克思主义哲学》（国防大学出版社 1990 年版），邱伟光、张耀灿的《思想政治教育学原理》（高等教育出版社 1999 年版），邱伟光、张耀灿的《思想政治教育学原理》（高等教育出版社 1999 年版），刘书林、陈立思的《青年思想政治教育学原理》（中国青年出版社 1999 年版），罗洪铁的《思想政治教育学专题研究》（西南师范大学出版社 1997 年第一版，1999 年第二版），陈秉公的《思想政治教育学原理》（辽宁人民出版社 2001 年版），张耀灿、陈万柏领衔编写的马工程教材《思想政治教育学原理》（高等教育出版社 2001 年第一版，2018 年第二版），陈万柏、张耀灿的《思想政治教育学原理》（高等教育出版社 2001 年第一版，2007 年第二版，2015 年第三版），张耀灿、郑永廷、刘书林等人的《现代思想政治教育学》（人民出版社 2001 年版），仓道来的《思想政治教育学》（北京大学出版社 2004 年版），罗洪铁、董娅的《思想政治教育原理与方法基础理论研究》（人民出版社 2005 年版），苏振芳的《思想政治教育学》（社会科学文献出版社 2006 年版），张耀灿等人的《思想政治教育学前沿》（人民出版社 2006 年版），张耀灿、郑永廷、吴潜涛、骆郁廷等人的《现代思想政治教育学》（人民出版社 2006 年版），荆惠民的《思想政治工作概论》（中国人民大学出版社 2007 年版），陈义平的《思想政治教育学原理》（安徽大学出版社 2008 年第一版，2019 年第二版），邱柏生、董雅华的《思想政治教育学新论》（复旦大学出版社 2012 年版），冯刚、沈壮海的《思想政治教育发展报告》（高等教育出版社），宋锡辉等人的《思想政治教育学元理论研究》（中央编译出版社 2012 年版），孙其昂的《思想政治教育学前沿研究》（人民出版社 2013 年版），孙其昂、黄世虎的《思想政治教育学基本原理》（河海大学出版社 2015 年版），冯刚、彭庆红等人的《新时代高校思想政治教育学原理》（人民出版社 2021 年版），等等。

畴与基本范畴的一般问题时，应秉持发展的眼光。

（一）关于思想政治教育学范畴和基本范畴的定义

关于思想政治教育学范畴的定义。现有研究对范畴定义的阐发基本是从地位与本质两个层面进行的，这已经形成了稳定的共识。如有学者认为，思想政治教育学的范畴，也是思想政治教育学的基本概念。它们是人们在思想政治教育实践的基础上形成的带有规律性的认识成果，反过来又成为人们进一步认识思想政治教育对象的属性、特征以及思想政治教育活动特性的工具。① 有学者指出："思想政治教育学的范畴就是对本门科学所研究的特殊对象的普遍的本质联系的反映，它是在思想政治教育的实践基础上产生的，反过来又对思想政治教育的实践起指导作用。"② 有学者认为，思想政治教育学的范畴，是认识和把握思想政治教育规律的基本要素，是建立学科体系的历史起点和逻辑起点，是对人与人之间客观关系的理论认识。③ 有学者认为，我们在一定程度上甚至也可以把范畴称为元概念，即它是最本质、最元初、不可再运用其他反映形式来定义它的基本概念，但可以运用它来定义其他概念。④ 由上可知，思想政治教育学范畴就是反映和概括思想政治教育本质属性与普遍联系的基本概念。也有学者直接给出了定义，即"现代思想政治教育学一般范畴，是指在思想政治教育过程中起着重大作用，能揭示现代思想政治教育学中某些规律，并能为完备现代思想政治教育学科理论体系创造一定条件的基本概念"⑤。由此也引发了学者们对思想政治教育学范畴与思想政治教育学术语，正确区分思想政治教育"概念"和"范畴"、"规范"和"规律"的关系问题的阐发。⑥ 同时，也引发了对"思想政治教育学基本范畴是流动的、运动发展的、辩证转化的"⑦ 这一问题的思考，对思想政治教育基本范畴体系的建构提供了方法论指导。

关于思想政治教育学基本范畴的定义。对基本范畴的定义是从学者们对范畴与基本范畴界定标准的表述中阐发出来的，尽管基本范畴的内容还有争议，但是，对基本范畴的定义是达成了共识的。如有学者提出思想政治教育学的范畴有广义和狭义之分。其中，广义的范畴是指反映和概括思想政治教育学所研究的特殊领域的各种现象及其特征、关系等的本质的基本概念。狭义的范畴则是指思想政治教育学的基本范畴，如思想与行为、教育主体与教育客体、内化与外化等。⑧ 有学者指出思想政治教育范畴分为核心范畴和基本范畴。其中，核心范畴即思想政治教育，基本范畴包括个人与社会、主体与客体、思想与行为、内化与外化。⑨ 有学者提出按照重要性和作用大小的不同，理论思维中的思想政治教

---

① 邱伟光，张耀灿．思想政治教育学原理［M］．北京：高等教育出版社，1999：70.

② 张耀灿，陈万柏．思想政治教育学原理［M］．北京：高等教育出版社，2001：7.

③ 苏振芳．论思想政治教育学"范畴"的学科规范［J］．福建师范大学学报（哲学社会科学版），2014（2）：125－131.

④ 邱柏生，董雅华．思想政治教育学新论［M］．上海：复旦大学出版社，2012：34.

⑤ 徐志远，杨成文．现代思想政治教育学一般范畴的科学内涵及研究意义［J］．学校党建与思想教育，2015（12）：7－9.

⑥ 同③.

⑦ 张耀灿，等．思想政治教育学前沿［M］．北京：人民出版社，2006：32－33.

⑧ 徐志远．思想政治教育学范畴：涵义、特征及功能［J］．武汉大学学报（社会科学版），2002（2）：227－231.

⑨ 陈秉公．思想政治教育学原理［M］．沈阳：辽宁人民出版社，2001：99－100.

育范畴有基本范畴、重要范畴和具体范畴之分。其中，基本范畴反映了思想政治教育现象和过程中最本质、最普遍、最稳定的特性和关系，是思想政治教育现象本质联系的表征。① 有学者认为思想政治教育学的主要范畴有三对，即思想和动机、主体和客体、动机和行为。② 这里虽没有使用基本范畴的提法，但内容上就是同一个意思。由上可知，基本范畴反映和概括思想政治教育学所研究的特殊领域中各种现象之间最本质、最稳定、最普遍的特性和关系③，具有特定的内涵，是思想政治教育学范畴体系的重要组成部分，同时，认识和把握思想政治教育的基本范畴，区分思想政治教育形态，成为思想政治教育价值实现的关键。④

（二）关于思想政治教育学基本范畴与其他范畴的内在关系

思想政治教育学范畴是一个体系，理清其中基本范畴与其他范畴的关系，也是为了更好地把握基本范畴的重要性与基础性。如张耀灿等人在研究思想政治教育学范畴体系的内在逻辑关系时指出，基本范畴、一般范畴和具体范畴之间的内在逻辑不是固定不变的、封闭的体系，“片面夸大任何一个层次的范畴都是错误的”，“思想政治教育学的范畴网络，既有纵向层次，隶属宝塔式结构，又有横向重叠、交叉、彼此渗透的网络式，还有空间晶体结构的点阵式，等等”⑤。也有学者提出，思想政治教育核心范畴、基本范畴、重点范畴和一般范畴四个层次体现不同的针对性：思想政治教育核心范畴回答是什么的问题，思想政治教育基本范畴回答的是研究对象、目标等基本问题，思想政治教育重点范畴回答的是研究对象、目标如何实现的关键性问题，思想政治教育一般范畴回答的是与思想政治教育理论和实践相关的其他要素、关系的相关问题。四个层次的区分使思想政治教育体现为系统的网状结构。⑥ 这就为学者们探讨范畴体系留下了空间。具体来说，有如下观点：

纵横关系论。有学者提出，思想政治教育基本范畴与一般范畴、普遍范畴之间具有纵横相间的五种关系。第一种，主从关系。“这是指思想政治教育范畴体系中基本范畴与非基本范畴之间存在的一种关系。基本范畴统率和指导着非基本范畴，非基本范畴则依赖、从属于基本范畴。”⑦ 第二种，组合关系。在思想政治教育学范畴体系中，存在着一个范畴由众多范畴合成、研究一个范畴往往涉及一组范畴的情形。以思想政治教育过程的基本要素及基本矛盾为例，讲到这个问题就要涉及教育主体与教育客体这对基本范畴和形式与内容、内因与外因两对一般范畴。⑧ 第三种，连锁关系。“这是指思想政治教育范畴之间存在的一种顺序关系。某个范畴的运行及作用要在另一个或几个范畴的运行及作用实现以后才能显现出来。”⑨ 第四种，互补关系。“这是思想政治教育学范畴之间存在的一种相互

---

① 冯刚．深化高校思想政治教育范畴研究［J］．马克思主义理论学科研究，2021（9）：76－85.
② 苏振芳．思想政治教育学［M］．北京：社会科学文献出版社，2006：150－159.
③ 张耀灿，等．思想政治教育学前沿［M］．北京：人民出版社，2006：32－33.
④ 叶方兴．论思想政治教育形态［J］．学术论坛，2019（4）：122－130.
⑤ 张耀灿，郑永廷，吴潜涛，等．现代思想政治教育学［M］．2 版．北京：人民出版社，2006：27.
⑥ 李忠军．关于“灵魂”进入思想政治教育基本范畴的探讨［J］．教学与研究，2015（11）：96－102.
⑦ 同③27－28.
⑧ 同③28.
⑨ 同③28－29.

促进、相互补充、相互丰富的关系。……用疏通与禁堵这对具体范畴、理论与实际这对一般范畴来揭示思想政治教育的方针和原则。”① 第五种，矛盾关系。“研究思想政治教育学范畴的矛盾关系，在于弄清每对范畴之间的相互联系和相互作用，即弄清它们之间的对立统一关系。形而上学的思维方法在于割裂成对范畴之间的关系，在绝对不相容的对立中思维。”② 这五种关系的表述形式，也得到了学术界其他研究者的认同。③

对应-关联关系论。有学者在徐志远提出的五个“维”（基础理论维、价值认识维、教育过程维、对偶范畴维和方法载体维）的理论基础之上④，通过提出一般范畴逻辑结构体系的构建原则（逻辑起点—逻辑中项—逻辑终点的原则，从抽象上升到具体的原则，一般范畴与基本范畴逻辑结构相对应关联的原则），使一般范畴与基本范畴在不同的逻辑层次上反映了思想政治教育发展的同一逻辑进程，使两者在不同层次的同一逻辑结点上呈对应-关联的关系。⑤ 所谓对应关系（如图 4－1 所示），是指思想政治教育学范畴体系中不同层次范畴构成的各自的逻辑结构体系在逻辑起点、逻辑中项和逻辑终点上存在着相互对应的关系。但是，在对应关系中，思想政治教育学一般范畴体系的逻辑结构并没有直接以范畴的形式呈现，而是以“维”为单位构建和呈现的。因此，学者又提出所谓关联关系（如图 4－2 所示），即基本范畴体系与一般范畴体系的“维”包含的一般范畴之间的关联关系，具体体现为不同层次范畴在同一逻辑结点上的包含与展示、抽象与具体、归纳与演绎的关系，即一般范畴进一步展示、具体化基本范畴，基本范畴进一步抽象、概括一般范畴。此后，他们又进一步将自身研究的逻辑结构与徐志远的逻辑结构做对比（如图 4－3 所示）。

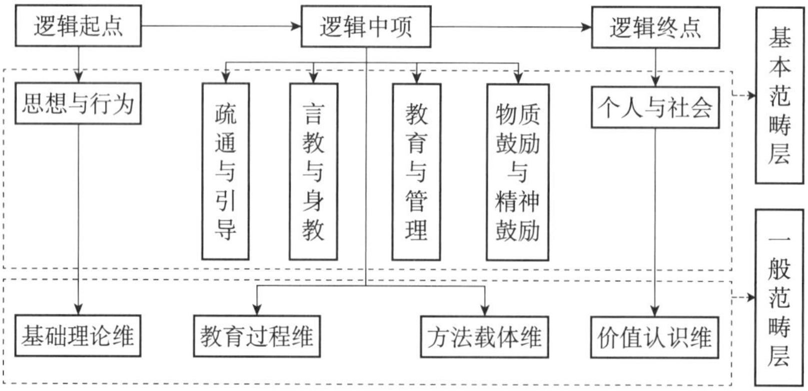

图 4－1　思想政治教育学基本范畴与一般范畴对应关系示意图

资料来源：黄少成，傅安洲．论思想政治教育学基本范畴与一般范畴的对应关联关系［J］．学校党建与思想教育，2011（11）：9－12.

① 张耀灿，等．思想政治教育学前沿［M］．北京：人民出版社，2006：29－30.

② 同①30.

③ 徐志远．现代思想政治教育学范畴研究［M］．北京：人民出版社，2009：56－60.

④ 同③82.

⑤ 黄少成，傅安洲．论思想政治教育学基本范畴与一般范畴的对应关联关系［J］．学校党建与思想教育，2011（11）：9－12.

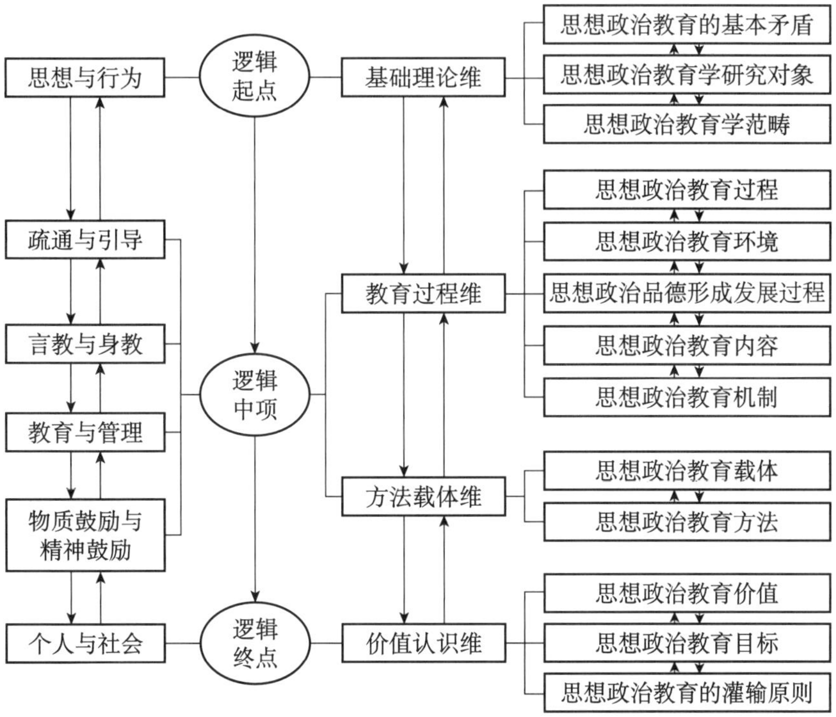

图 4-2　思想政治教育学基本范畴与一般范畴关联关系示意图

资料来源：黄少成，傅安洲．论思想政治教育学基本范畴与一般范畴的对应关联关系［J］．学校党建与思想教育，2011（11）：9-12.

球体模型关系。有学者基于范畴群的角度，立足学科范畴研究现状，结合学科范畴体系建构的科学取向，提出了学科范畴体系现代建构的球体模型（如图 4-4 所示），包括内核层、关联层与操作层。①

（三）关于思想政治教育学基本范畴的功能与特征

随着学者们对思想政治教育学基本范畴的研究逐渐走向深入，在探索什么是基本范畴的同时，为什么研究基本范畴的问题相伴而生。从现有研究来看，功能与特征的研究具有较强的共识，因此，简单陈述如下：

关于思想政治教育学基本范畴的功能。学界关于这个问题的认识，基本是一致的。研究指出，思想政治教育学的范畴体系构成一个对思想政治教育本质及规律的认识之网，是区别于其他学科的根据，它还为运用思想政治教育学提供理论依据、分析工具和方法论的指导②，具体地表现为三种功能：一是认识功能。认识和把握思想政治教育理论和实践，认识和把握思想政治教育学基本范畴系统的整体及思维从抽象上升到具体的方法。二是方法功能。思想政治教育基本范畴作为思维方法在认识思想政治教育现象和范畴自身升华中

① 刘新庚，张博文．思想政治教育学科范畴体系建构的科学取向与模型设计［J］．学校党建与思想教育，2017（7）：30-33.

② 张耀灿．现代思想政治教育学［M］．北京：人民出版社，2006：8.

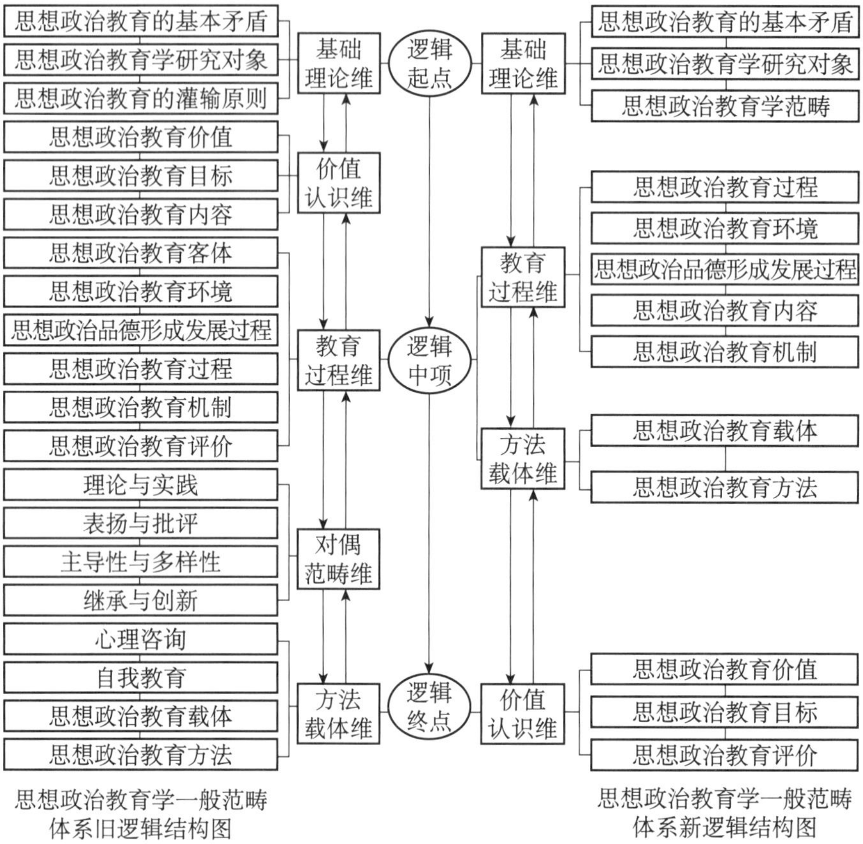

图 4-3　思想政治教育学一般范畴体系新旧逻辑结构比较示意图

注：该图出自黄少成、傅安洲发表在《湖北社会科学》2011 年第 7 期的文章《论思想政治教育学一般范畴体系逻辑结构的优化组合》。其中新逻辑结构图为作者的构建，旧逻辑结构图为徐志远专著中的构建。

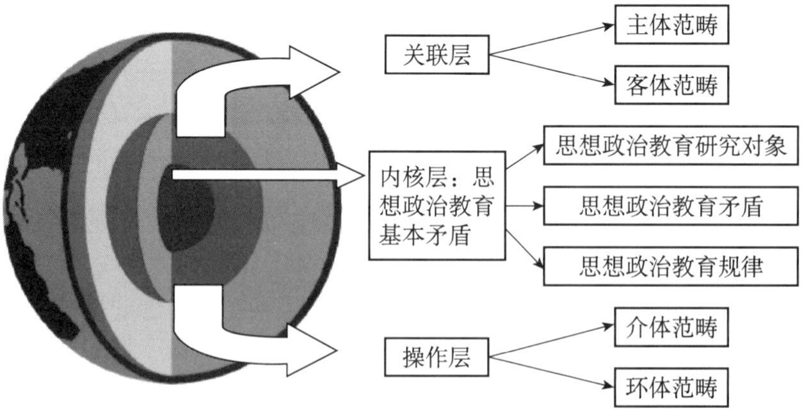

图 4-4　思想政治教育学科范畴体系球体模型示意图

资料来源：刘新庚，张博文．思想政治教育学科范畴体系建构的科学取向与模型设计 [J]. 学校党建与思想教育，2017 (7)：30-33.

的作用。三是构建功能。构建、补充和完善思想政治教育学科理论体系及规律认识的功能。① 这一提法受到学界的一致认同，同类教材与研究专著基本都使用了这一内容。

关于思想政治教育学基本范畴的特征。学界关于基本范畴特征的认识，基本也是一致的，包括基础性、抽象性、发展性、规定性。这些内容可以从基本范畴的定义与功能中获取，只不过学者们在具体分析与语言表述上略有不同。有学者认为，思想政治教育学范畴的规定性主要体现在客观和主观的统一、实践和认识的统一、抽象和具体的统一、相对和绝对的统一、整体性和层次性的统一等五个方面。② 随后，该学者对五个统一进行发展和凝练，认为思想政治教育学范畴主要具有客观性、流动性、抽象性和阶级性等四个特点。③ 再之后，该学者又提出，现代思想政治教育学范畴的基本逻辑特征应该是客观性、辩证性、抽象性和阶级性。④ 有学者认为，思想政治教育基本范畴“一是要符合思想政治教育学学科对象的特点，具有动态联系性……二是要符合思想政治教育学的分析方法，具有层次梯级性……三是要有思想政治教育学专业知识的特点，反映思想政治教育的本质规律性……四是要合乎思想政治教育学的学科规范要求，具有现实指导性”⑤。有学者指出，范畴应当具备内容上的客观性、过程中的辩证发展性、特征上的抽象性和鲜明的阶级性。⑥ 有学者详细阐发了思想政治教育学范畴的逻辑特征，即坚持科学性与学科性相统一、坚持思维抽象性与现实指导性相统一、坚持相对独立性与系统整体性相统一、坚持稳定与发展相统一。⑦ 有学者指出，范畴作为学科的基石应该具备客观性与主观性、独特性与普适性、抽象性与具体性、涵盖性与精到性的特征，充分反映思想政治教育学的学科特性、理论特点与具体实践要求。⑧ 还有学者提出，客观抽象性、逻辑推演性、辩证发展性等本质特征规定着现代思想政治教育学的基本范畴，体现了范畴对思想政治教育活动特有的实践观照性，使其完成了在理论体系构建中的思辨价值。⑨ 也有学者指出，思想政治教育学的范畴所反映的是党的思想政治教育的本质特征。⑩

二、关于思想政治教育学基本范畴的内容与提炼逻辑

尽管思想政治教育学基本范畴是不断发展、演变的，但是，秉持发展的态度，探求基本范畴的内容与逻辑结构对于广大学人认识基本范畴、推动基本范畴体系建构具有基础意义。尽管关于思想政治教育学的基本范畴内容的分歧并没有得到一致的解答，但探索与争鸣本身就已经是学科发展的有效标识了。

---

① 张耀灿，等．思想政治教育学前沿［M］．北京：人民出版社，2006：50－58.

② 徐志远．论思想政治教育学基本范畴的逻辑特征［J］．求实，2001（12）：61－63.

③ 徐志远．思想政治教育学范畴：涵义、特征及功能［J］．武汉大学学报（社会科学版），2002（2）：227－231.

④ 徐志远．现代思想政治教育学范畴研究［M］．北京：人民出版社，2009：68－73.

⑤ 李焕明．思想政治教育学基本范畴［J］．山东师范大学学报（人文社会科学版），2002（1）：116－118.

⑥ 陈义平．思想政治教育学原理［M］．合肥：安徽大学出版社，2008：97－99.

⑦ 孟志中．思想政治教育范畴体系的建构与发展［J］．中国青年政治学院学报，2009（6）：43－47.

⑧ 邱柏生，董雅华．思想政治教育学新论［M］．上海：复旦大学出版社，2012：34－38.

⑨ 南大伟．现代思想政治教育学范畴的本质规定性新探［J］．学校党建与思想教育，2013（8）：21－22.

⑩ 苏振芳．思想政治教育学［M］．北京：社会科学文献出版社，2006：148.

（一）关于思想政治教育学基本范畴的内容

由于学者们各自的研究角度不同，他们提出的基本范畴的内容也各不相同，意见分歧较大。部分学者认为，基本范畴是思想政治教育学范畴体系中最基本、最稳定、最本质的范畴，宜少不宜多；部分学者认为，基本范畴因为要涵盖思想政治教育全过程，必然造成多数的存在。关于思想政治教育学的基本范畴，在宋锡辉等人的《思想政治教育学元理论研究》（中央编译出版社，2012）一书中有非常详细的梳理。本书在这本书的基础上，又增补了最新的论文成果，综合看来有九类不同的观点。

一元说。有学者认为，思想政治工作学的基本范畴应该体现党的思想政治工作的基本特征和基本要求，应该对思想政治工作学中其他范畴具有统率和指导的作用。因此，思想政治工作学的基本范畴只有一个，即思想与行为。① 对此，也有学者认为，思想与行为属于区别于基本范畴的核心范畴。② 但也有学者提出思想本身属于核心范畴。③

二元说。有学者认为，思想政治工作学的基本范畴是思想政治工作理论化的基础问题，包有两对，即思想和行为、教育与组织。④

三元说。有学者认为，基本范畴包括起点范畴（个人与社会、思想与行为）、中介范畴（主体与客体、学科与课程）、终点范畴（目标与手段、内化与外化）。⑤ 有学者提出，当代思想政治教育应实现从理论思想政治教育到应用思想政治教育的转变，完善应用思想政治教育范畴的一个主要途径，就是创造和发展新的范畴。具体来说，应该包括三个特殊的基本范畴，即教育支点、教育场域、教育转化。⑥

四元说。有学者认为，思想政治教育学科的基本范畴数量较少，包括思想政治教育者和思想政治教育对象、思想政治教育目标和思想政治教育内容、思想政治教育原则和思想政治教育方法、思想政治教育环境和思想政治教育载体。⑦ 有学者优化了基本范畴的分类标准，纳入对偶范畴和单体范畴，将思想政治教育的基本范畴概括为起点范畴（思想与行为）、要素范畴、过程范畴（内化与外化）和终点范畴（个人与社会），其中要素范畴又可以细分为主体范畴（教育者与受教育者）与客体范畴（教育目的、教育内容、教育方法、教育环境）。⑧

五元说。五元说的代表比较多。有研究认为，思想政治教育学最基本的五对辩证关系可以概括为五对范畴，它们是超越性和现实性、规范性和个性、理性和非理性、认识和价值、思想和行为。⑨ 有学者提出，思想政治教育范畴包括起因范畴（个人与社会）、主体

---

① 易仲屏．思想与行为：思想政治工作学的基本范畴［J］．思想政治工作，1991（6）：23.

② 陈秉公．思想政治教育学原理［M］．沈阳：辽宁人民出版社，2001：99－100.

③ 管爱花，孙其昂，王升臻．大数据破解思想政治教育“思想”之谜的思考［J］．河海大学学报（哲学社会科学版），2019（4）：7－11.

④ 张成存，臧树华．试论思想政治工作学的基本范畴［J］．思想政治工作研究，1986（5）：17－18.

⑤ 周权．思想政治教育学基本范畴探究［D］．合肥：合肥工业大学，2009：18－31.

⑥ 高德胜，杨羿．思想政治教育的当代转向——从理论思想政治教育到应用思想政治教育［J］．思想政治教育研究，2018（8）：56－62.

⑦ 常永军．思想政治教育学科基本范畴之我见［J］．思想政治教育研究，2008（4）：25－27.

⑧ 张耀灿．对“思想政治教育原理”的重新审视［J］．学校党建与思想教育，2011（28）：10－13.

⑨ 刘书林，陈立思．青年思想政治教育学原理［M］．北京：中国青年出版社，1999：59.

范畴（教育者与受教育者）、客体范畴（教育环境、教育目标、教育内容、教育方法）、过程范畴（内化与外化）和终点范畴（思想与行为）。① 有研究认为，思想政治教育学的基本范畴包括个人与社会、思想与行为、教育主体与教育客体、内化与外化、教育与管理。② 有研究认为，思想政治教育学的基本范畴包括思想政治教育、教育者与受教育者、思想与行为、灌输与疏导、内化与外化。③ 还有学者提出，思想政治教育学的基本范畴包括起点范畴（思想与行为）、中心范畴（教育主体与教育客体）、中介范畴（疏通与引导、言教与身教、物质鼓励与精神鼓励、教育与管理）、结果范畴（内化与外化）和终点范畴（个人与社会）。④

六元说。有研究指出，思想政治教育学的范畴有六对，即思想与行为、教育者与受教育者、内化与外化、疏通与引导、教育与管理、物质鼓励与精神鼓励。⑤ 也有学者从基本范畴的本质出发，从六个方面揭示基本范畴的类别，包括揭示学科基础的范畴、揭示学科联系的范畴、揭示学科群体的范畴、揭示学科过程的范畴、揭示学科管理的范畴、揭示学科意识的范畴。⑥

七元说。有学者认为，思想政治教育学的基本范畴应该包括七对，即思想与行为、教育者与受教育者、教育与管理、个体和群体、自教与他教、物质鼓励与精神鼓励、理论与实践。⑦ 还有学者提出思想政治教育学的基本范畴有教育者与受教育者、教育与组织、疏通与禁堵、理论灌输与自我教育、情与理、身教与言教、政治与业务。⑧

八元说。有学者提出八对基本范畴，它们是思想与行为、教育主体与教育客体、疏通与引导、言教与身教、物质鼓励与精神鼓励、教育与管理、内化与外化、个人与社会。⑨ 此后，该学者将基本范畴优化表述为思想与行为、教育者与受教育者、教育目的、教育内容、教育方法、教育环境、内化与外化、个人与社会。⑩ 还有学者提出，思想政治教育学的基本范畴有：思想政治教育和社会经济关系、思想和政治、教育者和被教育者、教育、调节、灌输、疏导、激励等。⑪ 另有学者也提出了八元说的基本范畴观，即思想与行为、服从与服务、继承与创新、主体与客体（对象）、灌输与转化、取向与导向、疏通与引导、环境与系统。⑫

九元说。有学者提出，虽然思想政治教育学基本范畴的观点尚未完全统一，但思想和行为、内化和外化、教育者和受教育者、教育和管理、沟通和疏导、个人和社会、言教和

---

① 孙文营．思想政治教育学基本范畴体系划分的新视角［J］．思想教育研究，2005（4）：10－12.

② 张耀灿，陈万柏．思想政治教育学原理［M］．北京：高等教育出版社，2001：7－10.

③《思想政治教育学原理》编写组．思想政治教育学原理［M］．2版．北京：高等教育出版社，2018：11－19.

④ 徐志远．试论思想政治教育学基本范畴的逻辑结构［J］．上海交通大学学报（哲学社会科学版），2002（1）：36－40.

⑤ 邱伟光，张耀灿．思想政治教育学原理［M］．北京：高等教育出版社，1999：70－91.

⑥ 苏振芳．论思想政治教育学“范畴”的学科规范［J］．福建师范大学学报（哲学社会科学版），2014（2）：125－131.

⑦ 罗洪铁．思想政治教育学专题研究［M］．2版．重庆：西南师范大学出版社，1999：89－115.

⑧ 侯树栋．思想政治工作与马克思主义哲学［M］．北京：国防大学出版社，1990：165.

⑨ 张耀灿，等．思想政治教育学前沿［M］．北京：人民出版社，2006：25.

⑩ 张耀灿．对“思想政治教育原理”的重新审视［J］．学校党建与思想教育，2011（28）：10－13.

⑪ 仓道来．思想政治教育学［M］．北京：北京大学出版社，2004：94.

⑫ 宋锡辉，等．思想政治教育学元理论研究［M］．北京：中央编译出版社，2012：30.

身教、疏通与引导、物质鼓励与精神鼓励等九对基本范畴得到学界较为广泛的认可。①

除了上述九类明确表示基本范畴数量的研究，近些年，学者们一方面深入探讨现有基本范畴成为基本范畴的必然性，另一方面继续探索将一些基本概念纳入重要范畴、一般范畴、基本范畴的内容中，从理论与实践层面践行范畴的发展属性。关于基本范畴的研究，具体包括如下提法：

灵魂说。有学者提出，“灵魂”特指唯物主义灵魂，即具有自我目的性的社会意识，与以往唯心主义、宗教神秘主义灵魂体现出明显的差别。在思想政治教育意义上，它以信仰、价值观和精神为核心，其在精神领域的主宰地位使其对思想政治教育具有特殊重要的意义，“灵魂”范畴进入思想政治教育的基本范畴还能生发出思想政治教育的新范畴，因此，理应成为思想政治教育学的基本范畴。在思想政治教育范畴体系中，以“思想政治教育”为核心范畴，以“灵魂、思想与行为”为对象，以对其进行“铸塑、教育与管理”为核心任务，构成基本范畴。②

思想说。有学者提出，思想政治教育中的“思想”是一类特殊的思想，在思想政治教育学科中处于基础性、根本性的地位，是以政治思想为核心，以思想政治教育学性、政治性和行为性为特殊属性的一类思想。而“思想”这一思想政治教育的重要范畴在现有研究中的悬置，需要加强研究。③ 此后，管爱花、孙其昂、王升臻又提出“思想”是思想政治教育学基础理论的核心范畴，它是困扰思想政治教育发展之“迷”④。尽管是以重要范畴来表达的，但其对“思想”的定位，恐有基本范畴的研究倾向。

认同说。有学者提出，认同是思想政治教育学的新范畴，可以反映受教育者具有反思性、能动性的特点，可以改变思想政治教育偏重教育者进行单方任务和意图宣传、居高临下指导的态势，将受教育者的主动性具体化，符合当今中国民众主体意识增强、倾向于对社会主导的要求进行反思的现实。⑤ 尽管没有明确是基本范畴，但这种提法本身与其他研究直接予以定位重要范畴、一般范畴又不同，有定位为基本范畴的倾向。当然，也有学者提出，价值认同又是思想政治教育“认同”研究的核心范畴。⑥ 这就使范畴认定在不同学者视野中呈现出明显的区别。

思想政治教育话语说。有学者提出，思想政治教育话语应该作为思想政治教育学的基本范畴，就一般意义而言，可以看作由认知-阐释、价值-信仰和方法-策略三个基本层面构成的话语结构体系。⑦

他教与自教说。有学者提出，他教与自教是思想政治教育学科的基本范畴，属于成效性范畴，蕴含思想政治教育及其学科的特性。他教与自教范畴的运用不仅具有普遍性，而

---

① 冯刚．深化高校思想政治教育范畴研究［J］．马克思主义理论学科研究，2021（9）：76－85.

② 李忠军．关于“灵魂”进入思想政治教育基本范畴的探讨［J］．教学与研究，2015（11）：96－102.

③ 孙艳秋，孙其昂．悬置抑或复归：思想政治教育研究中的“思想”初论［J］．学校党建与思想教育，2015（9）：9－12.

④ 管爱花，孙其昂，王升臻．大数据破解思想政治教育“思想”之谜的思考［J］．河海大学学报（哲学社会科学版），2019（4）：7－11.

⑤ 陈锡敏．认同：思想政治教育学的新范畴［J］．教学与研究，2013（9）：106－112.

⑥ 奚彦辉，邵晶．思想政治教育领域的价值认同研究综述［J］．中共福建省委党校学报，2015（1）：50－55.

⑦ 吴琼．思想政治教育话语结构及其功能［J］．思想理论教育，2014（7）：55－59.

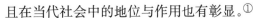

且在当代社会中的地位与作用也有彰显。①

个体与群体说。有学者提出，当前，学界对思想与行为、个人与社会、教育者与受教育者等主体性范畴研究得比较充分，而对个体与群体这对范畴则关注较少。个体与群体应当被提升为思想政治教育学的基本范畴。它反映和概括了思想政治教育学领域中各种现象之间最普遍的特性和关系，弄清这对基本范畴有着重要的理论和实践意义。②

（二）关于思想政治教育分支学科基本范畴的内容

政治教育学基本范畴。有学者提出，思想政治教育包括政治教育、道德教育和思想教育等内容，但各方面教育内容与规律并不相同。因此，尝试构建政治教育学并提出五个基本范畴，包括政治文化（基项范畴），教育主体与教育客体（中心范畴），政治认知（起点范畴），政治情感、政治价值观、政治认同（中项范畴），政治参与（终点范畴）。③

比较思想政治教育学基本范畴。有学者提出，基本范畴理应在学科初创时期就加以申明，并在学科内达成共识，在学科外获得认同。然而，由于比较研究涉及跨文化视角的特殊性，以及思想政治教育概念及学科在中国的原创性，增加了基本范畴确立与印证的复杂性。因此，虽历经 30 多年，比较思想政治教育的核心范畴依然存在表述不一致、解释度不强、认可度不高等问题，在一定程度上对学科的进一步发展形成了阻碍。由此，学者提出比较思想政治教育学的基本范畴是思想政治教育。④

高校思想政治教育学基本范畴。有学者提出，新时代高校思想政治教育学科范畴的一般内涵包括教与学、灌输与启发两对范畴，新时代高校思想政治教育学科范畴的特有内涵包括个人与社会、政治和学理两对范畴。⑤

高校本科思想政治理论课教学基本范畴。有学者提出，高校本科思想政治理论课教学基本范畴包括起点范畴（知识、思想、行为）、中心范畴（教师与学生）、中项范畴（意识形态，理论教学、实践教学、管理教学，理论灌输与情感共鸣）、成效范畴（理论自觉与思想自觉）、终点范畴（内化与外化）五类。⑥

思想政治教育生态学基本范畴。有学者提出，思想政治教育生态学借用生态学分析方法的同时，要不改变思想政治教育学的既有范畴体系与历史积淀。具体认可的范畴包括思想与行为、教育者与教育对象、疏通与引导、言教与身教、教育与管理、内化与外化、物质鼓励与精神鼓励等。⑦

思想政治教育心理学基本范畴。有学者提出，思想政治教育心理学基本范畴包括两对，即心理与思想、心理与行为，一般范畴包括思想素质与心理素质、思想品质与心理品质、思想和谐与心理和谐、思想教育与心理教育、思想疏导与心理疏导等。⑧ 有学者提

① 曹群，郑永廷．他教与自教是思想政治教育学科的基本范畴 [J]．思想教育研究，2014（11）：3-6.
② 周福．个体与群体：思想政治教育学的基本范畴 [J]．学校党建与思想教育，2016（8）：23-26.
③ 黄少成．政治教育学范畴研究 [M]．北京：知识产权出版社，2015：90-95.
④ 王春英．比较思想政治教育发展进路之思 [J]．思想理论教育，2021（6）：57-62.
⑤ 冯刚，彭庆红，佘双好，等．新时代高校思想政治教育学原理 [M]．北京：人民出版社，2021：10-17.
⑥ 黄兰兰．高校本科思想政治理论课教学基本范畴研究 [D]．成都：电子科技大学，2019：114.
⑦ 杨增岽．思想政治教育生态相关问题研究的限定条件 [J]．学校党建与思想教育，2015（5）：14-17.
⑧ 杨芷英．思想政治教育心理学 [M]．北京：中国人民大学出版社，2014：7.

出，思想政治教育心理学的范畴类型包括起点范畴（心理、思想和行为）、中心范畴（教育者和受教育者）、中介范畴（各种心理手段以及心理过程）、结果范畴（心理现象、思想表现、行为反应及心理行为规律）和终点范畴（思想政治教育的接受效果）。① 有学者提出，将思想政治教育心理确定为思想政治教育心理学的核心范畴，但并未论及基本范畴。②

民族思想政治教育学基本范畴。有学者提出，民族思想政治教育学作为思想政治教育学的分支学科，是思想政治教育学和民族学交叉融合的综合性学科，其基本范畴包括五个：民族认知与民族认同（起点范畴）、民族平等与民族团结（基项范畴）、教育主体与教育客体（中心范畴）、民族文化与文化认同（中介范畴）、国家认同与道路认同（终点范畴）。③

（三）关于思想政治教育基本范畴的提炼逻辑

以基本概念重要性为提炼逻辑。部分学者在阐释某一个或某一对基本概念应当成为基本范畴的原因时，主要使用的就是其对思想政治教育的重要性。具体来说，包括理论维度、历史维度、比较维度和实践维度四个方面。一是从理论维度来看，这一基本概念反映和概括了思想政治教育学所研究的特殊领域中各种现象之间最本质、最重要、最稳定、最普遍的特性和关系。二是从历史维度来看，这一基本概念在中国古代德育史中具有重要的理论与实践基础，备受重视，应该进行创新发展。三是从比较维度来看，特指和西方社会的相关理论与实践进行比较分析，论证这一概念在古今中外的教育资源中都占有重要的一席之地，应该继续结合本国国情进行分析与利用。四是从实践维度来看，这一基本概念是解决新的时空条件下人民内部矛盾的必然选择，顺应人们思想发展变化的特点和规律，有利于实现相关范畴的发展，有利于实现思想政治教育相关功能的发挥。这四个维度的表达，总体来说，代表了从学科探索初期到现在在范畴提炼中的基本逻辑，具有较强的解释力，已经形成了比较固定的研究进路。学者们使用得比较多的是理论维度和实践维度，从概念辨析、体系梳理、现实诉求等问题谈起。如有学者总结道，“一概念能成为思想政治教育范畴或基本范畴，一是由其本身的特征、性质、内涵决定的；二是由其对整个思想政治教育范畴体系的功能和作用决定的；三是受不同时代条件下对思想政治教育根本任务等元问题的探讨所影响”④。也有学者指出，“思想政治教育学范畴发展的动力，是指思想政治教育学范畴发展变化与适应思想政治教育实践要求之间构成的矛盾张力”⑤。由此，学者提出下面这一提炼逻辑：

以挖掘基本概念—赋予学科特性—争鸣达成共识为提炼逻辑。有学者提出，“将某一概念上升为具体学科的基本范畴时，需要对这一概念进行深入挖掘与说明，赋予其该学科的独特规定性，并使这一规定性在学科范围内得到公认，这才是真正意义上的范畴提炼”⑥。有学者提出做好思想政治教育基本范畴的“筛选机制”，也是强调明确范畴作为重

---

① 李术红．思想政治教育心理学学科建构研究［D］．哈尔滨：哈尔滨工程大学，2014：82－85.

② 董杰，姜昱洲．思想政治教育心理学的核心范畴探究［J］．学校党建与思想教育，2019（2）：27－30.

③ 徐柏才．论民族思想政治教育学的基本范畴［J］．思想理论教育，2016（6）：54－60.

④ 李忠军．关于“灵魂”进入思想政治教育基本范畴的探讨［J］．教学与研究，2015（11）：96－102.

⑤ 李长松，邓卓明，姜丽霞．论新时代思想政治教育学范畴的发展［J］．思想教育研究，2020（2）：26－31.

⑥ 史宏波，谭帅男．思想政治教育学范畴的提炼：问题、标准及路径［J］．思想教育研究，2022（12）：33－38.

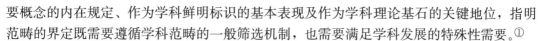

要概念的内在规定、作为学科鲜明标识的基本表现及作为学科理论基石的关键地位，指明范畴的界定既需要遵循学科范畴的一般筛选机制，也需要满足学科发展的特殊性需要。①

以上位学科基本范畴为依据的提炼逻辑。在思想政治教育的分支学科中，以上位学科为依据的研究能够更大程度凸显学科归属，具有更强的说服力。比如，王瑞荪主编的《比较思想政治教育学》就是依据思想政治教育学原理的基本范畴构建了比较研究的框架体系；如前面提到的思想政治教育生态学，也没有改变上位学科的基本范畴。② 有学者就提出通过思想政治教育实践、思想政治教育原理、比较思想政治教育、验证与反思的路径来论证比较思想政治教育范畴的科学性。③ 此前也有学者进行了类似的研究，如陈立思的《比较思想政治教育》就以"名实之辨"的方法对中外思想政治教育普遍存在的事实给予了极具说服力的说明。④ 也有学者提出"意识形态→社会主义意识形态→社会主义核心价值体系→马克思主义学科→思想政治教育课程→思想政治教育学范畴"的提炼逻辑，始终关注意识形态这个出发点。⑤

借鉴相关学科研究成果进行范畴迁移的提炼逻辑。如前面提到的政治教育学、思想政治教育心理学、民族思想政治教育学，在基本范畴的研究上，既使用了上位学科的范畴体系，也借鉴了其他学科的研究成果，实现了范畴的迁移。

三、关于思想政治教育学基本范畴体系的构建逻辑、构建原则与研究方法

构建科学完整的范畴体系是学科发展成熟的重要标志。有学者认为，目前范畴建设尚处在起步阶段，其突破口和生长点集中在范畴内涵和种类的扩张与统一、范畴逻辑与体系的构建、范畴的学理应用实现程度上。⑥ 有学者提出，要"以学科范畴体系的规范性和逻辑性来佐证思想政治教育的科学化，……就是要按照精确化、规范化的标准来创造和提升思想政治教育学的新范畴"⑦。因此，思想政治教育学科从起步就高度关注范畴与基本范畴的研究，现已逐渐构建起范畴体系。其中，为什么要关注范畴体系的构建、如何提炼基本范畴、如何构建基本范畴体系的问题，是学科走向自觉的鲜明体现，也是思想政治教育学科学理性的重要表现。

（一）关于思想政治教育学基本范畴体系的构建逻辑

基于上述关于思想政治教育学基本范畴内容的梳理，可以发现，当学者们开始寻求多个范畴之间的内在联系的时候，逻辑结构的问题随之产生。而这也是思想政治教育科学化的重要体现，即范畴本身是一个体系，已经探寻的范畴之间本应该是具有内在联系的。概括起来，目前学界比较形成共识的有两种结构关系。张耀灿教授对两种结构都有比较深度的研究。

---

① 代玉启，罗琳．价值引领：思想政治教育学的重要范畴［J］．思想政治教育研究，2021（10）：23－28.

② 王瑞荪．比较思想政治教育学［M］．北京：高等教育出版社，2001.

③ 王春英．比较思想政治教育发展进路之思［J］．思想理论教育，2021（6）：57－62.

④ 陈立思．比较思想政治教育［M］．北京：中国人民大学出版社，2011.

⑤ 周权．思想政治教育学基本范畴探究［D］．合肥：合肥工业大学，2009：33.

⑥ 宇文利．论思想政治教育学的范畴建设［J］．思想教育研究，2011（4）：21－27.

⑦ 张子麟，孙拥军．思想政治教育科学化研究述评［J］．河北学刊，2011（1）：211－215.

起点—中心—中介—成果—终点。主要有两位学者的代表性观点。一位学者认为，“思想政治教育学基本范畴的理论体系，应当是一个由相互联系、相互作用和从简单到复杂、从抽象到具体的起点范畴、中心范畴、中介范畴、成果范畴和终点范畴构成的逻辑结构”①。他对思想政治教育学基本范畴做了些规定，其中，起点范畴是思想与行为，中心范畴是教育主体与教育客体，中介范畴有四对，即疏通与引导、言教与身教、物质鼓励与精神鼓励、教育与管理，成果范畴是内化与外化，终点范畴是个人与社会（如图 4－5 所示）。另一位学者也是按着上述逻辑关系排列的，只有细微的差别，他认为内化与外化叫成果范畴。② 此外，对于起点范畴，也有学者提出应加强新形势下“思想”在思想政治教育中的起点范畴地位的认知研究，关注思想政治教育研究的认知转向。③ 也有学者提出，这种逻辑结构虽然从认识论意义上推进了思想政治教育学科范畴的体系化构建，但仍未按照现代哲学社会科学研究规范展开对思想政治教育学科范畴的探讨。④

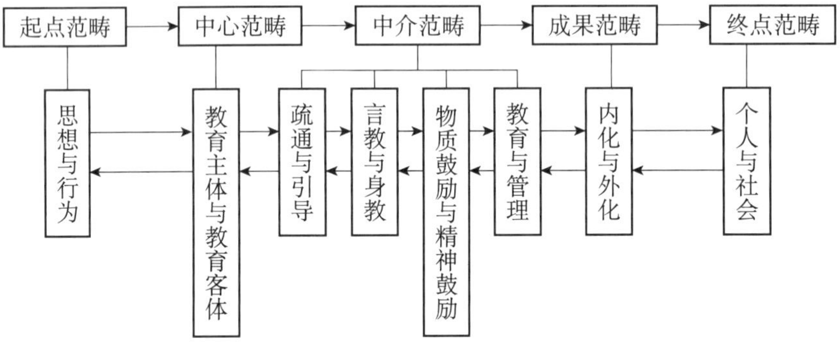

图 4－5　现代思想政治教育学基本范畴体系逻辑结构示意图

注：该图出自徐志远、范慧玲发表在《学校党建与思想教育》2019 年第 5 期的论文《论现代思想政治教育学基本范畴的内在逻辑联系》。

起因—主体—客体—过程—终点。有学者提出，“不论如何划分思想政治教育学基本范畴的逻辑结构或体系，它总是在思想政治教育实践过程中，通过人们的主观的创造活动形成的辩证思维的逻辑形式，最终目的都是将非本质的、偶然的、个别的方面舍弃，而抓住本质的、必然的、一般的方面，从而更有助于思想政治教育学科体系的建设，更好地指导思想政治教育实践”⑤。因此，他从思想政治教育的发生机理和思想政治教育的运行机制、发展过程的角度对思想政治教育学的基本范畴体系提出新的划分方法，即起因范畴是个人与社会，主体范畴是教育者与受教育者，客体范畴是教育环境、教育目标、教育内容、教育方法，过程范畴是内化与外化，终点范畴是思想与行为。这一划分与上一结构模式有根本的不同，即思想与行为在上一模式中是起点，个人与社会是终点，而这一结构却

① 徐志远．试论思想政治教育学基本范畴的逻辑结构［J］．上海交通大学学报（哲学社会科学），2002（1）：36－40.

② 张耀灿，等．思想政治教育学前沿［M］．北京：人民出版社，2006：38－50.

③ 屈陆，戴钢书．思想政治教育研究的认知转向［J］．学术论坛，2017（3）：146－150.

④ 虞滢．思想政治教育学科范畴研究的规范性探微［J］．思想教育研究，2016（10）：15－19.

⑤ 孙文营．思想政治教育学基本范畴体系划分的新视角［J］．思想教育研究，2005（4）：10－12.

截然相反。也有学者进一步深化该逻辑结构，优化了基本范畴的分类标准，既有要素范畴，又有过程范畴；既有起点范畴，又有终点范畴；既有主体范畴，又有客体范畴。该逻辑结构较过去更为严谨。除了对偶范畴外，还把最重要的单体范畴纳入其中（如图 4-6 所示）。[①] 同时，有学者认为，这一研究避免单纯把受教育者看作思想政治教育的受动客体的局限，并在思想政治教育实践活动开展过程中形成了不同于以往范畴观的整体范畴论。这样，思想政治教育学范畴的观点更为科学、具体和全面，更能体现思想政治教育过程的动态性和完整性。[②]

起点范畴：思想与行为

主体范畴：教育者与受教育者 ┐

客体范畴：教育目的 │

教育内容 │ 要素范畴

教育方法 │

教育环境 ┘

过程范畴：内化与外化

终点范畴：个人与社会

图 4-6　思想政治教育学基本范畴示意图

注：该图出自张耀灿发表在《学校党建与思想教育》2011 年第 28 期的论文《对“思想政治教育原理”的重新审视》。

（二）关于思想政治教育学基本范畴体系的构建原则

一原则说。有学者认为，思想政治教育基本范畴构建需要遵循历史唯物主义与辩证唯物主义相统一的原则。[③]

三原则说。三原则说有多种表述。有学者提出，思想政治教育学范畴体系的建构应该遵循三条原则：一是客观反映思想政治教育活动，体现现实抽象性的原则；二是必须依据辩证逻辑学中辩证范畴理论的指导，体现逻辑和历史相统一的原则；三是必须反映思想政治教育学特殊实践性，内含思想政治教育学特殊矛盾、基本规律，能够推演出整个思想政治教育学的学科体系。[④] 有学者认为，建构现代思想政治教育学的基本范畴及其系统，必须遵循以下的方法论原则：逻辑与历史一致的原则、从抽象上升到具体的原则以及辩证法、认识论和逻辑学三者同一的原则。[⑤] 有学者认为，思想政治教育学基本范畴要与思想政治教育学科的研究对象相统一，要与思想政治教育过程构成的基本要素相符合，要与思想政治教育原理的理论体系相一致。[⑥] 有学者提出，构建思想政治教育范畴体系需要深入

---

① 张耀灿．对“思想政治教育原理”的重新审视［J］．学校党建与思想教育，2011（28）：10-13.

② 万美容．中国共产党百年历程中思想政治教育的守正与创新——访华中师范大学马克思主义学院张耀灿教授［J］．马克思主义理论学科研究，2021（12）：4-14.

③ 鲁杰．思想政治教育宏微观体系的范畴研究［J］．探索，2012（6）：127-129.

④ 王新刚．思想政治教育学范畴体系的新探索［J］．思想政治教育研究，2007（2）：32-34.

⑤ 徐志远．论建构现代思想政治教育学基本范畴及其系统的方法论原则［J］．思想理论教育导刊，2007（3）：50-55.

⑥ 常永军．思想政治教育学科基本范畴之我见［J］．思想政治教育研究，2008（8）：25-27.

党的思想政治教育的历史深处和社会生活实践系统，审视和阐明党的思想政治教育的历史性、社会性和结构性，揭示思想政治教育与执政规律、人的自由全面发展规律之间的内在关系。① 有学者提出，思想政治教育学科范畴的拓展应秉承学科理论研究的整体性与实效性，坚持概括性、学科独立性、对立统一性等原则。②

四原则说。有学者认为，思想政治教育学范畴体系的构建，应该坚持实践性原则、全面性原则、开放性原则与创新性原则。③ 具体来看：所谓实践性原则，是指在研究和建构思想政治教育学范畴体系时，必须将它的完善和发展建立在思想政治教育实践的基础上。全面性原则是指必须从整体上全面地考察其纵向发展和横向联系，即对其做多方面、多角度、多侧面、多方位的考察。开放性原则指必须充分认识范畴同社会环境系统的相互联系、相互作用，正确处理两者之间的辩证关系。创新性原则是指必须具有敢于破旧立新、推陈出新、追求独到和最佳的精神，具有独创性、新颖性、开拓性的思维方式。

五原则说。有学者认为，构建思想政治教育学基本范畴及其体系必须遵循五个基本原则，即客观全面性原则、实践求是性原则、动态开放性原则、创新前瞻性原则、系统综合性原则。④ 这五个基本原则是该学者长期以来坚持的观点，从内容上看，与四原则说的内容相关度较高，特别是系统综合性原则，即要用系统的方法来思考和解决问题，将范畴系统看作一个由相互联系、相互作用、不可分割的要素构成的有机整体，对各要素综合考察，使分析与综合在同一思维过程中同步进行。

（三）关于思想政治教育学基本范畴体系的研究方法

立足实践，增强范畴研究的时代性。有学者提出，问题及其解决是思想政治教育学范畴生成发展的出发点和归宿，思想政治教育学范畴是来自现实思想政治教育的理论成果，这一成果最终还要回到现实中用于指导、服务思想政治教育实践或相应的学科建设。⑤ 这种时代性在当前突出表现为信息化、技术化与人工智能的发展。有学者就提出，大数据是研究思想政治教育范畴的重要场域。要注意在普遍认为大数据既是研究对象也是研究思想政治教育范畴的手段时，避免本末倒置地将思想政治教育围绕大数据开展研究。⑥ 也有学者提出，面对人工智能时代网络思想政治教育发展趋势，人机关系、延展实践以及思维方式成为思想政治教育创新发展的重要范畴，人与机器的关系是网络智能观下思想政治教育的重要范畴。⑦ 还有学者提出，需要从思政实践中发现新概念，从思想政治理论课教学中系统化提炼新成果，需要从学科理论中提升新内涵。⑧

在遵循现代社会科学研究规律中强化范畴研究的学科规范性。有学者提出，思想政治教育学科是一个包含着一系列科学范畴和科学规律的有机整体。正确掌握和科学运用思想

---

① 何海兵．思想政治教育范畴构建的实践反思［J］．思想教育研究，2011（9）：6－9.

② 刘新庚，张博文．思想政治教育学科范畴拓展的路径选择［J］．学术论坛，2016（3）：155－158.

③ 张耀灿，郑永廷，吴潜涛，等．现代思想政治教育学［M］．2版．北京：人民出版社，2006：24－29.

④ 徐志远．论思想政治教育学基本范畴及其系统的建构原则［J］．中国青年政治学院学报，2003（4）：53－57.

⑤ 李长松，邓卓明，姜丽霞．论新时代思想政治教育学范畴的发展［J］．思想教育研究，2020（2）：26－31.

⑥ 魏有兴，刘三妮，杨佳惠．大数据与思想政治教育融合研究的进路与前瞻［J］．河海大学学报（哲学社会科学版），2020（3）：32－39.

⑦ 张瑜．论思想政治教育网络观的演进与理论创新［J］．马克思主义与现实，2020（5）：190－196.

⑧ 同②.

政治教育学的范畴，对于提高思想政治教育的针对性、实效性和吸引力、感染力，推动思想政治教育学科的创新发展，具有十分重要的意义。① 有学者提出，现有思想政治教育学科范畴主要以体系化构建和单向度论证为主，虽提及加强思想政治教育学科范畴的规范性研究，但仍未按照现代哲学社会科学研究规范和相应的方法论视域展开探讨。思想政治教育学科范畴的概念边界不明晰、缺乏普遍解释力、欠缺学科规范性研究立场等是现有研究的症结所在。构建理论与实践相对分离的研究视域，转换理论性实践思维方式，遵循现代哲学社会科学研究规范，是推进思想政治教育学科范畴规范性研究的趋势所在。② 有学者提出，范畴研究的规范性主要有以下两方面的要求：一是研究界限的规范，这一问题的有效解决依赖于对学科范畴与学科概念、学科范畴与学科规律、学科范畴与学科本质的清晰鉴别；二是研究方法的规范，要深入诠释思想政治教育学科特有的本质与独特属性，就不能脱离现代社会科学研究规律，不能脱离现代社会科学研究的一般方法。③

加强对思想政治教育基本范畴的前提性追问。有学者提出，思想政治教育基本范畴体现对思想教育和行为管理的重视，思想政治教育基本范畴的拓展需对其进行前提性追问，因为，思想政治教育范畴体系以研究人们内在的思想及教育为起点，以研究人们外在行为及有效管理为终点，其中蕴含思想的先导与行为的外显的内在关联。如果对这一关联进行前提性追问，作为行为前提的思想并非思想政治教育的起点，思想的形成受到更内在因素的影响和制约，其在人的精神世界内部也只是“灵魂”主宰作用的外显而已。④

加强以范畴为代表的思想政治教育知识生产。有学者提出，思想政治教育学科建设、理论与实践创新的关键在于知识生产。思想政治教育知识生产是思想政治教育科学化的重要指标、理论创新的基础以及提升思想政治教育社会认同的关键。思想政治教育知识以科学的概念、范畴、原理、规律等为基本元素，以思想政治教育学原理与方法为基本表现形态。加强知识生产，才能自觉认同与自觉运用现有的思想政治教育理论。⑤

增强思想政治教育范畴发展意识。有学者提出，思想政治教育学范畴是不断发展、演变的，从发展的视角出发，增强范畴发展意识，进一步探究和分析思想政治教育学范畴发展的目的、发展的指向、发展的动力和发展的态势，对思想政治教育学贯彻新发展理念，深化学科基础理论研究，进而在新时代中国特色社会主义伟大实践中发挥更大作用、赢得更多共识具有重要意义。应遵循事实经验—逻辑筛选—哲学升华—指导实践的生成逻辑，观照学科理论的价值发展、空间拓展甚至左右学科理论的动向与变迁。⑥ 有学者提出，要在聚焦学科改革创新需求中提升范畴研究的科学性，集中表现为范畴研究的客观性和规律性。⑦ 有学者提出，思想政治教育学范畴的提炼应遵循“因事而化、因时而进、因势而

① 苏振芳. 论思想政治教育学“范畴”的学科规范［J］. 福建师范大学学报（哲学社会科学版），2014（2）：125－131.

② 虞滢. 思想政治教育学科范畴研究的规范性探微［J］. 思想教育研究，2016（10）：15－19.

③ 冯刚. 深化高校思想政治教育范畴研究［J］. 马克思主义理论学科研究，2021（9）：76－85.

④ 李忠军. 关于“灵魂”进入思想政治教育基本范畴的探讨［J］. 教学与研究，2015（11）：96－102.

⑤ 叶方兴. 论思想政治教育的知识生产［J］. 河海大学学报（哲学社会科学版），2015（4）：21－26.

⑥ 李长松，邓卓明，姜丽霞. 论新时代思想政治教育学范畴的发展［J］. 思想教育研究，2020（2）：26－31.

⑦ 同③.

新”的理念，并不存在一套通用的范畴体系，能够描述各个具体的历史情境下思想政治教育实践内部各种关系的逻辑顺序，否则就会犯主观主义的错误，以拿来主义、非逻辑证明、认识路径颠倒阻碍学科科学性的发展。①

立足中国共产党思想政治教育史研究。有学者认为，中国共产党的思想政治教育的整体性存在是构建思想政治教育范畴的根本视阈和实践基础。构建思想政治教育范畴体系需要深入党的思想政治教育的历史深处和社会生活实践系统，揭示思想政治教育与执政规律、人的自由全面发展规律之间的内在关系。②

在多学科视域中提高范畴研究的系统性。当前，思想政治教育学科交叉的研究版图已初步显现、交叉论争的场域日渐形成、学科研究方法论意识正在涌现，研究者的学科自觉意识逐步深化。有学者指出，在多学科视域中探寻其思想政治教育的场域化是学界关注的重要课题。③ 有学者指出，由于学科交叉研究边界框定不明确、学科范畴逻辑关系不明晰、问题诊断不全面、话语交错转译以及研究力量相对分散等，思想政治教育学科发展效能受阻。④ 从目前的研究成果看，分支学科、交叉学科的相关研究，已经形成了初步的研究范式。有学者提出，思想政治教育学与其他学科的交叉，必须紧紧围绕思想政治教育学的基本范畴展开，坚持立足于本学科发展阵地，而非偏移到其他学科的场域。⑤ 但同时，有学者提出，在借鉴其他学科的过程中要注意处理好继承与创新、借鉴与创新的辩证关系。⑥

第二节　思想政治教育基本范畴研究特点分析

思想政治教育学科的创立，是马克思主义与思想政治教育理论和实践发展的必然要求。思想政治教育从一开始就是为了解决现实问题，学科理论的研究如何推向深入、不断完善是从事思想政治教育研究的理论工作者和实际工作者一直思考和实践的问题。40年来，思想政治教育学科化与科学化的探索一直没有停歇。厘清思想政治教育基本范畴，构建思想政治教育学基本范畴体系，是思想政治教育学科规范化、科学化的必经之路。纵观40年研究成果，思想政治教育基本范畴研究成绩斐然。尽管依然存在一些问题，但都是学科发展过程中不可避免的，须以学科建设为中心，及时规范引导科学研究。

一、思想政治教育基本范畴研究工作平稳有序

通过文献梳理发现，思想政治教育基本范畴研究已经从起步阶段进入深入发展阶段，

① 史宏波，谭帅男．思想政治教育学范畴的提炼：问题、标准及路径［J］．思想教育研究，2022（12）：33-38.

② 何海兵．思想政治教育范畴构建的实践反思［J］．思想政治教育研究，2011（9）：6-9.

③ 冯刚．深化高校思想政治教育范畴研究［J］．马克思主义理论学科研究，2021（9）：76-85.

④ 郑敬斌．思想政治教育学科交叉研究的现状评价［J］．学术论坛，2020（5）：121-126.

⑤ 吴增礼．思想政治教育学科交叉研究的新时代展望［J］．学术论坛，2020（5）：127-132.

⑥ 周权．思想政治教育学基本范畴探究［D］．合肥：合肥工业大学，2009：33.

研究成果伴随学科发展建设呈现上升趋势，这离不开研究平台的大力支持。同时，研究团队与研究人员出现集中发展的态势，这与思想政治教育元理论研究具有一些共性。

（一）思想政治教育基本范畴的研究始终没有中断并呈现上升趋势

从总的态势来看，思想政治教育范畴的研究与思想政治教育学科发展呈现比较一致的发展趋势。其中2000年至2015年呈现了一波研究高潮，这在思想政治教育学科发展30周年时感受明显，研究成果非常丰富。可以说，随着学科自信的提升，范畴研究遍地开花。2018年后呈现了第二波研究高潮，这也与党的十八大以来特别是党的十九大以来，党中央高度关注思想政治理论课、高度关注高等学校思想政治工作有重要联系，加强学理研究，构建中国特色自主知识体系，成为新时代思想政治教育学科工作者的重要时代使命。

具体来看，自学科设立以来，第一篇关于思想政治教育范畴研究的就是朱常宝的《思想政治教育学有关范畴之探讨》。文章具体探讨了思想政治教育中的重点概念，包括思想政治教育、思想政治工作、思想政治教育学、高校思想政治教育学，将这些独特概念定义为范畴，对建设思想政治学科具有重要意义。① 另有三篇代表性文章值得关注。祖嘉合的《对思想政治教育主体及其特性的思考》提出在思想政治教育学科体系中有无必要引进思想政治教育主体与客体这对哲学认识论范畴，以及受教育者在什么情况下成为主体，怎样认识思想政治教育主体的性质等。② 文章旨在更清晰地认识思想政治教育主体与客体的特殊性，提升思想政治教育的实效性。张耀灿、徐志远的《思想政治教育及其相关重要范畴的概念辨析》强调，思想政治教育作为思想政治教育学的核心范畴，在思想政治教育学范畴体系中处于主导和支配地位，对其他所有范畴具有统摄和统领的作用；对思想政治教育及其相关重要范畴的概念进行科学的厘定和简要的辨析，是建构精确化、规范化的思想政治教育学范畴体系的一项奠基工作；与思想政治教育相关的重要范畴主要有政治工作、思想工作、思想政治工作、思想政治建设等。③ 文章对关注思想政治教育学科自身独特性提供了指引。李辉、任美慧的《思想政治教育环境论：现状、问题与展望》提出了思想政治教育环境是思想政治教育学的重要范畴，应深化思想政治教育环境研究，丰富思想政治教育环境研究视角。④

（二）思想政治教育基本范畴的研究团队已经初具集中与传承的发展态势

从发文单位来看，思想政治教育范畴研究的高产单位包括武汉理工大学、河海大学、武汉大学、西南大学、电子科技大学等。从发文作者来看，思想政治教育范畴研究的高产作者包括徐志远、孙其昂、卢岚等学者。

（三）思想政治教育基本范畴的研究平台不懈支持科研传播与学术争鸣

思想政治教育基本范畴研究受到相关期刊与国家各类哲学社会科学基金的大力支持，正是这样的保障条件，给予思想政治教育基本范畴研究与争鸣充足的空间、宽广的舞台。

---

① 朱常宝．思想政治教育学有关范畴之探讨［J］．水利电力高教研究，1987（Z1）：84－86，96．

② 祖嘉合．对思想政治教育主体及其特性的思考［J］．教学与研究，2007（3）：29－34．

③ 张耀灿，徐志远．思想政治教育及其相关重要范畴的概念辨析［J］．思想·理论·教育，2003（Z1）：10－13．

④ 李辉，任美慧．思想政治教育环境论：现状、问题与展望［J］．思想理论教育，2014（7）：33－38．

从论文刊发平台看，《学校党建与思想教育》与《思想政治教育研究》长期关注基本范畴研究，从较高的刊发量来看，其中不乏策划组稿，可以发现，期刊编辑部本身对思想政治教育基本理论问题给予了高度关注，期刊编辑也具有较强的学科意识并对相关研究团队进行了比较持久的跟进与了解，这才促成了双赢的结果。

从支持基金看，国家社会科学基金支持量比较大。仅从高产作者来看：徐志远有两个国家社会科学基金一般项目支持研究，“现代思想政治教育学范畴研究”（项目编号：06BKS037）和“现代思想政治教育学科建设视野下的基本范畴及其体系建构”（项目编号：14BKS100）两个课题。孙其昂有两个国家社会科学基金项目支持研究，一般项目“社会现代化视野中大学生思想政治教育系统整合研究”（项目编号：13BKS086）和重点项目“思想政治教育基础理论体系研究”（项目编号：19AKS008）两个课题。这既能够看出科研基金的选立重视思想政治教育范畴研究，也能够看出学者们在范畴研究中的持久与深入。

二、思想政治教育基本范畴研究内容自主自信

任何一门学科建设都高度关注范畴，很多学科从建立之初就规定了范畴，但思想政治教育学科并不是这样。思想政治教育学科尽管起步晚，然而发展极快，在40年的时间里，关于基本范畴的研究不仅实现了数量的变化、规模的扩张，而且在量变的基础上实现了质变，经历了一个“否定之否定”的发展历程，从原来的纳入式研究逐渐回归范畴的本质与思想政治教育的学科特性，从什么是范畴到范畴是什么，从如何提炼范畴到如何构建范畴体系，从外部观照范畴体系到关注范畴之间的内部联系，这个过程正是思想政治教育学科基础理论研究从实践到理论的深度自信。

（一）思想政治教育基本范畴主要问题达成共识并有突出成果

就思想政治教育基本范畴研究的重要性达成共识。学者们普遍认可，范畴是“认识世界的过程中的梯级，是帮助我们认识和掌握自然现象之网的网上纽结”①。有了范畴，才可以“把我们的观察资料归属到一个秩序井然的符号系统中去，以便使它们相互间系统连贯起来并能用科学的概念来解释”②。因此，至少在近十年的研究中，学科属性、规范化、科学化、逻辑性成为范畴研究中的高频词汇，从思想政治教育理论与实践的独特属性关注思想政治教育基本概念，是把握基本范畴研究的必然选择。

就思想政治教育基本范畴的主要内容达成共识。研究综述是一个纵向梳理，尽管从结果上看同一研究内容维度过多，差异过大，但是，如果我们将研究的成果看作一个人的思考过程，那么思想政治教育基本范畴的研究从一元到九元的争论，正逐步回归到精简的节奏上来，五元论的观点最经得起时代的考验。但同时，学者们普遍认可范畴的发展性，反对形而上学地构建思想政治教育范畴体系，旨在推动思想政治教育创新发展。

基本范畴研究的逻辑进路逐渐清晰明了。到底该如何开展思想政治教育基本范畴和范畴体系的研究，学界目前逐渐凝聚在坚持理论与实际的统一、坚持思想政治教育学科规范

---

① 列宁全集（第55卷）[M]. 2版．北京：人民出版社，1990：78.

② 卡西尔．人论［M]. 上海：上海译文出版社，1985：275.

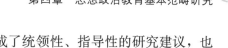

性与鲜明的问题导向的融合上，不仅在总体方向上形成了统领性、指导性的研究建议，也在分支学科、交叉学科研究领域给予了研究建议，最大限度地集中了思想政治教育基本范畴研究论域，通过丰富的交流与争鸣，提升了思想政治教育基本范畴研究的实效性与可靠性。

（二）思想政治教育基本范畴学科规范性与科学化水平显著提升

思想政治教育基本范畴研究本身就是思想政治教育学科现代化的标志。张耀灿教授指出，思想政治教育的科学化是指在现代思想政治教育学理论及实践中贯穿和体现的真理性、规律性；其科学化的重要标志是在理论形态上有一个各个范畴和原理之间具有必然内在联系的极其严密的科学体系；具体而言，就是这个科学体系具备客观性、规律性、辩证法、具体性和整体性等五个方面的特征，这样才算具有了现代科学的完备形态，才算实现了科学化。“现在有相当一部分人不承认思想政治教育是科学，其中一个极其重要的原因就是，其范畴不够精确、不够规范，结构不够合理，层次不够清晰，体系不够严密。”①

思想政治教育基本范畴研究是学界对学科理性的彰显。有学者提出，从纵向来看，在学科发展历史进程中，思想政治教育学范畴发展形态大致经历了由旧到新、由单一到多样、由经验到科学的发展情形；从横向来看，思想政治教育学众多范畴的承接发展、优化整合，特别是通过范畴发展链条呈现出的范畴组合序列，清晰地勾勒出思想政治教育学范畴发展形态“单一范畴→范畴群→范畴体系”的演进轨迹，这一轨迹既体现了思想政治教育学范畴形态的螺旋上升和丰富完善，也在某种程度上体现了思想政治教育学科理论逻辑性、科学性和构建力的逐步提高，表现出了人们对思想政治教育本质认识水平的不断提升和对思想政治教育规律揭示把握的逐步增强。②

研究思想政治教育基本范畴是发展思想政治教育的实践。基本范畴是在思想政治教育的实践基础上产生的，反过来又对思想政治教育的实践起指导作用。它本身的认识功能、方法功能和构建功能就是判断思想政治教育活动科学性、提升思想政治教育有效性的重要指针。思想政治教育基本范畴的研究从未在面向实践的过程中就放弃对学科规范性和学理性的把握，也正逐渐从实践理性走向理论理性，从学科内部建构起对思想政治教育基本范畴的研究进路。

（三）思想政治教育基本范畴研究视域不断拓展，学术视野更加开阔

从本体论到方法论。思想政治教育学科范畴不仅能深刻诠释思想政治教育现象，同时也是探讨思想政治教育本体论问题的重要理论工具。在研究中，学者们普遍认可从定义与功能来理解思想政治教育基本范畴在思想政治教育中的重要性，以此来佐证该范畴的合理性与合法性，然而这个过程对于思想政治教育是什么这个本体论问题并没有持续地给予解答。相应地，当学者们把本体论的问题放到方法论中来讨论，综合考察基本概念，聚焦学科属性，通过研究争鸣夯实基本范畴研究的学理性，以思辨回应什么是思想政治教育基本范畴，就显得更有说服力和解释力。

交叉研究蓬勃发展。思想政治教育本身的发展就是一个从无到有的过程，思想政治教

---

① 张耀灿，等．思想政治教育学前沿［M］．北京：人民出版社，2006：62.

② 李长松，邓卓明，姜丽霞．论新时代思想政治教育学范畴的发展［J］．思想教育研究，2020（2）：26-31.

育基本范畴的研究经历了从单学科到多学科交叉借鉴的阶段。在思想政治教育形成阶段，基本范畴的研究局限于本学科，立足于党的思想政治教育实践，立足于高校思想政治教育活动，不论从内容上还是从价值上，都不够丰富。在思想政治教育发展阶段，基本范畴的研究，一方面开始摆脱学科边界的约束，更有意识地去学习借鉴其他学科，诸如教育学、伦理学、心理学、管理学等在范畴研究领域的经验与成果，充分利用他山之石，既丰富了研究资料，又开拓了学术视野；另一方面，从理论探索向具体思想政治教育实践倾斜，大力汲取广大思想政治教育一线工作者的实践经验，然后再回归到理论研究，实现基本范畴研究的理论与实践相统一。

三、思想政治教育基本范畴研究存在的主要问题

一般而言，任何一个学科的建设都会经历一个从不成熟到成熟的过程，出现的很多问题都是学科发展中必然会遇到的问题，同时也有研究的主观主义的问题，因此，需要及时总结、复盘、反思，修正错误研究方法，寻找破解之道。

（一）思想政治教育基本范畴研究中的学科规范性仍有较大突破空间

这一问题集中体现为在思想政治教育基本范畴提炼中存在概念模糊问题。学者们在近十年的研究中逐渐认识到这个问题的严重性，对以往形成的厚重的研究提出了质疑。

范畴定义不清、过宽以及解释力不足等问题普遍存在。在研究中，不少成果混淆了思想政治教育学科范畴与思想政治教育的一般概念。其结果是，思想政治教育学范畴泛化和零散化，思想政治教育学基本范畴认定混乱。① 特别是在学术争鸣少、自说自话多的科研环境下，更加剧了基本范畴的模糊性。

同一研究对象的范畴在表述上还没有完全规范化。用于指称同一研究对象的范畴，应当在思想政治教育学科内部有相对统一的说法。比如，教育者与受教育者，一些表述中会使用教育主体与教育客体；再比如，个人与社会，个人与群体。这些研究中的争鸣已经出现，争鸣本身也内蕴了表述的规范性问题。但是，这个问题，不只存在于基本范畴的研究中，需要从学科高度整体干预。除此以外，已经得到学界公认的范畴，其性质、特点等实体性内容也需得到广泛的讨论，只有这样，基本范畴与基本范畴体系才能够从多元争论进入相对稳定的论域，在教学中被统一地使用开来。

（二）思想政治教育基本范畴研究学术争鸣的氛围仍需继续构建

孙其昂指出，“研究本身是一种学术平台，有争议的探讨活动更有利于激发思想活动，推进学科发展”②。但是，考察较长一段时间就会发现，以思想政治教育基本范畴为主题的研讨会并不多见，这实际上也受制于范畴研究本身的共同体过于单一，造成了一种只有他们研究范畴的假象，很多学者止步不前。而当学者们从不同的视角出发构建了各具特色的思想政治教育学科范畴体系的时候，学者们的研究其实是有共识成分的，但并没有针对不同观点的讨论与交锋。相关研究即使有不同观点，但也仅仅是对自己观点进行分析说

---

① 史宏波，谭帅男．思想政治教育学范畴的提炼：问题、标准及路径［J］．思想教育研究，2022（12）：33-38.

② 孙其昂．思想政治教育学前沿研究［M］．北京：人民出版社，2013：16.

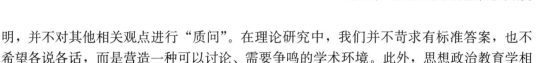

明，并不对其他相关观点进行“质问”。在理论研究中，我们并不苛求有标准答案，也不希望各说各话，而是营造一种可以讨论、需要争鸣的学术环境。此外，思想政治教育学相关期刊对范畴问题的刊载量还比较少，仍需加强支持力度，加强命题设计，将基本范畴研究推向深远，及早确立思想政治教育基本范畴的共识内容。

（三）思想政治教育基本范畴研究成果巩固与教材编写工作需深入推进

思想政治教育基本范畴的研究成果从目前来看，主要体现在教材与科研论文两个方面，专著与相关科研著作比较少。而就基本范畴在基本理论和学科发展中的地位而言，做好教材的编写工作，在动态的发展的思想政治教育范畴研究中给基本范畴一个相对确定的内容，是思想政治教育学科发展的重要内容，对教育教学具有重要的意义。然而，从当前的研究来看，一方面，已经取得的研究成果没有获得更加深入的解读，只是存在于共识层面，而缺少以新逻辑重新审视或确证的过程；另一方面，思想政治教育学原理在教材编写方面也需要与时俱进，将学界的研究成果尽快系统地反映到教材中去，而不能回避问题，应适度增加教材更新的频率。

第三节　思想政治教育基本范畴研究趋势

思想政治教育学是一门年轻的学科。因此，未来思想政治教育基本范畴研究还有进一步发展的空间。希望有更多的人能够到思想政治教育范畴领域耕耘，紧紧抓住思想政治教育的特殊性做更多深入的研究，出更多高质量的成果。只有持之以恒、久久为功，才能促使思想政治教育学早日成为一门成熟的学科。

一、立足学科，加强思想政治教育元理论研究，注重自主发展

党的二十大报告提出，要“深入实施马克思主义理论研究和建设工程，加快构建中国特色哲学社会科学学科体系、学术体系、话语体系”。习近平总书记在视察中国人民大学时发表的重要讲话明确指出，加快构建中国特色哲学社会科学，归根到底是建构中国自主的知识体系。怎样理解“自主的知识体系”？有学者提出，关键是把握三个关键词：“自主”“知识”“体系”。其中自主是最鲜明的特色。自主就是自己做主，是从中国大地、中华文化和中国实践中产生出具有中国特色、中国气派、中国风格的哲学社会科学知识体系。

学科意识是该学科的自我认识、自我定位，其核心是论证自己的独立价值、自己的不可替代性。思想政治教育学科就是一门具有独特研究对象与矛盾规律的学科，是中国共产党在总结历史经验、比较世界经验的基础上探索出来的科学理论，只有形成一套自己的知识系统，而不是在借鉴比较中迷思自我，才能够实现思想政治教育范畴研究的飞速发展。当今，思想政治教育学科建设进入了一个新的历史发展阶段，思想政治教育元理论要进一步发展创新，必须要有新思路，否则，不利于学科体系又好又快地走向成熟、完善。因此，思想政治教育基本范畴研究要把握好借鉴与自主的关系，做好传承与创新的关系，努力在思想政治教育基本范畴的重难点问题上开展研究，有所创新，有所突破。

二、面向实践，强化思想政治教育基本范畴发展意识，关注内涵式发展

思想政治教育基本范畴的研究正在经历从注重外延式发展向注重内涵式发展的转变，这是思想政治教育学科发展的重要趋势。所谓内涵式发展，就是一种以数量增长、规模扩大的外延式发展为基础和前提的转型升级式发展，其基本要求是转变单纯依靠数量的增加、规模的扩大来寻求发展的外延式发展模式，旨在通过回归事物本体，以内生性的、协调性的发展，实现事物内部结构的优化、体制机制的改革创新及发展潜力的最大化挖掘，目的是开拓一条更加科学、更加理性，可实现速度、结构、规模、质量、效益相统一的可持续发展道路。①

自学科设立以来，关于思想政治教育基本范畴的研究就从未停止过，特别是改革开放以来，思想政治教育既要解决国内矛盾，又要关注国际比较，还要借鉴多学科知识体系，在取得巨大成果的同时，也伴随着缺少深入研究，缺乏代表性的有建树的成果。这些都说明，思想政治教育学科的繁荣发展依然停留在外延式发展的模式上，它虽然为基本范畴的研究奠定了基础，但仍不足以对推动思想政治教育学科发展起到质的变化，关键还是要加强对思想政治教育基本范畴的阐释力，在动态发展中捕捉基本范畴的内容，给予那些进入基本范畴的基本概念彻底的深入的解读。范畴研究应着力理论思维与实践导向，立足思想政治教育范畴研究的基本论域，契合思想政治教育实践，遵循现代社会科学研究规律，推动多学科视野融合，聚焦学科改革创新需求，不断提升范畴研究的时代性、规范性、系统性和科学性。

三、鼓励争鸣，夯实思想政治教育基本范畴学术共同体，推动整合发展

思想政治教育基本范畴研究要实现巨大飞跃，提升思想政治教育学科建设质量，就需要组建学术梯队，明确责任分工，加强集体攻关，锚定思想政治教育基本范畴中的理论与实践的前沿问题，形成学术共同体。张耀灿教授指出："科学共同体有两种，一是有组织的规范形式；二是无组织的松散形式。后者多为'散兵游勇'，因由'共同'的旨趣及'共同拥有'范式的其他结构要素而显示其共同体的存在。"仅仅有极少数的学术共同体是不合适的，全都是"散兵游勇"是不合理的。这个共同体，就是从事比较思想政治教育学研究的理论研究者、实践工作者及相关学术组织的集合，他们享有共同的学术旨趣、思维方式、价值立场、学科背景、理论框架和话语体系，会形成不同的学科派别，建构起各具特色的学术共同体。

思想政治教育基本范畴的研究需要涉及多个层次和方面的内容，需要对思想政治教育的各个方面进行系统的研究和探究，从而构建出完整的思想政治教育理论体系。因此，为了实现学者之间的友好交流和合作，要鼓励推动思想政治教育学术共同体的建设，推动专题研究与研讨，注意处理好整合与分化的关系。

---

① 崔瑞霞，谢喆平，石中英．高等教育内涵式发展：概念来源、历史变迁与主要内涵［J］．清华大学教育研究，2019（16）：1－9.

第五章　思想政治教育本质研究

思想政治教育的本质问题是思想政治教育学科的“元问题”，诠释着思想政治教育的独特论域，是思想政治教育学的立论之基，更是论证、完善和进一步发展学科基础理论的重要着力点。首先，在理论层面上，加强本质研究是深化思想政治教育基础理论的内在需要。“什么是思想政治教育?”这一本质性问题，反映了思想政治教育的主要矛盾和特殊规律，决定着思想政治教育的定位、目标、方向、任务和内容，是思想政治教育同其他学科相区分的基本命题。深化思想政治教育本质研究，既能为丰富完善思想政治教育基础理论提供前提性、支撑性作用，又能为正确理解和科学丰富思想政治教育的外延与内涵奠定坚实基础，是思想政治教育科学化发展的必由之路。作为思想政治教育基础理论研究的热点难点问题，思想政治教育本质研究成果观点不一，百家争鸣。系统研究思想政治教育本质问题能够有效促进学界正常争鸣，解决基础理论研究难题，消除基础理论研究的盲区误区，是助推思想政治教育学科守正创新科学化发展的必然要求。其次，在实践意义上，加强本质研究是提升思想政治教育实效性的必然要求。思想政治教育的本质，关乎“思想政治教育何以存在”“思想政治教育何以可能”等多个实践性命题，决定了思想政治教育实践活动存在的正当性与权威性，关系到思想政治教育活动是否合法合规、合情合理。作为思想政治教育实践得以存在的根基，思想政治教育本质规制着思想政治教育活动的目标、任务、内容、方式和途径等，影响着教育者对教育对象的价值引领与实践导向，影响着教育对象对于思想政治教育活动的认知状态与感受程度，是决定思想政治教育活动成功与否、效果好坏的重要因素。正确认识与科学理解思想政治教育的本质，是思想政治教育功能得以充分发挥、价值得以充分实现的理论根基与实践前提，直接影响思想政治教育的实效性。立足于新时代进一步推进思想政治教育学科内涵式、科学化发展的时代方位，回顾总结思想政治教育本质研究的历史发展与主要议题，展望研判思想政治教育本质研究的发展趋势，具有十分重要的理论意义。

第一节　思想政治教育本质研究的历史发展

40 年来，围绕思想政治教育本质问题的探讨始终是思想政治教育理论研究和发展不能回避的始基问题。作为思想政治教育“元问题”和立论之本，思想政治教育本质研究的发展进程与学科发展进程几近同步。学界从不同角度深入探究了思想政治教育的社会起源，梳理了其在历史发展中展现的不同样态及内涵意蕴。总体来看，关于思想政治教育的本质研究大体经历了初步探索、丰富发展和繁荣深化三个阶段。

一、初步探索阶段

1984 年，思想政治教育本科专业建立标志着思想政治教育学科的正式创立，同时也伴随着思想政治教育基础理论研究的正式开展。从 1986 年到 1999 年，每年均有新版或再版的思想政治教育专业教材或专著出版发行。在此期间的 30 多本思想政治教育专业教材或专著中，既有由原国家教委组织统一编撰的教材，也有由部分师范类高校和其他高校思想政治教育研究者共同编写的教材，亦有由部分高校思想政治教育者独立编撰的思想政治教育专业专著。其中，最早的思想政治教育专业教材由原国家教委委托武汉大学、复旦大学等院校组织编写，为 1985 年王玄武主编的由武汉大学出版社出版发行的第一本教材《思想政治教育方法论》，以及 1986 年陆庆壬主编的由复旦大学出版社出版发行的《思想政治教育学原理》。这两本教材以马克思主义理论为指导，初步构建了思想政治教育原理与方法论体系，系统研究了思想政治教育本质问题。此外，在此期间还有多部系统研究思想政治教育本质的专著，如邱伟光编著的《思想政治教育学概论》（天津人民出版社 1988 年版）第七章研究了思想政治教育过程的本质，陈百君编著的《思想政治教育学》（大连工学院出版社 1988 年版）第五章研究了思想政治教育的本质，王礼湛主编的《思想政治教育学》（浙江大学出版社 1989 年版）第三章研究了思想政治教育的本质，王瑞荪、竹立家编著的《思想政治教育学》（北京师范学院出版社 1989 年版）第五章研究了思想政治教育的本质，张耀灿、郑永廷、刘书林、吴潜涛等著的《现代思想政治教育学》（人民出版社 2001 年版）第三章研究了思想政治教育本质论。①

从研究内容来看，上述教材和专著多将“思想政治教育的本质是灌输”这一观点作为对思想政治教育本质的基本认识——思想政治教育的“灌输论”本质说，并在思想政治教育专业的学者之中形成了最初共识。② 这种观点认为，“思想政治教育的本质，要运用列宁提出的‘灌输论’来揭示”③。总的来看，在思想政治教育本质研究初期，在最早的系列思想政治教育专业教材里，相关研究成果大体基于列宁关于“灌输”的理论而提出，强调思想政治教育这一实践活动的过程性本质。在 20 世纪 90 年代以后，随着社会主义市场经济的发展以及思想政治教育基础理论研究走向深入，许多学者渐渐革新了“思想政治教育的本质是灌输”这一思想，并把“灌输论”放到其他内容体系中④，将“灌输”视为思想政治教育者的基本职能，将“灌输论”视为思想政治教育学的主要理论依据之一。尽管此阶段后期“思想政治教育的本质是灌输”这一思想产生了一定程度的动摇，但是其在思

① 郑永廷．思想政治教育基础理论研究进展与综述 [J]．思想教育研究，2014 (4)：3-18.

② 刘书林，陈立思．青年思想政治教育学原理 [M]．北京：中国青年出版社，1999：20.

③ 《思想政治教育学原理》编写组．思想政治教育学原理 [M]．2 版．北京：高等教育出版社，2018：75.

④ 刘书林．论思想政治教育的本质——坚守“灌输论”的缘由 [J]．思想理论教育导刊，2012 (10)：38-44.

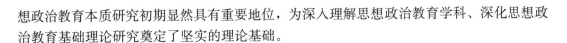

想政治教育本质研究初期显然具有重要地位，为深入理解思想政治教育学科、深化思想政治教育基础理论研究奠定了坚实的理论基础。

二、丰富发展阶段

1996 年，国家教委统筹建设马克思主义理论与思想政治教育学科博士点，以此为标志，马克思主义理论与思想政治教育学科得到了进一步的建设与扩展，思想政治教育的基础理论研究也从初创时期的摸索与借鉴阶段，逐步向自主构建理论体系阶段迈进。这一阶段，思想政治教育学科成为人文社会科学领域的重点建设学科，处在国家推动学科快速建设、重点建设、融合发展的新境界。马克思主义理论与思想政治教育学科博士点的建立，既有力促进了思想政治教育的基础理论研究，又向思想政治教育基础理论研究提出了新要求。这一期间，代表性的思想政治教育基础理论研究成果是张耀灿、郑永廷、刘书林、吴潜涛等著的《现代思想政治教育学》（人民出版社 2001 年版）。该著作对思想政治教育基础理论进行了新探索，分别研究了思想政治教育本质、思想政治教育规律、思想政治教育价值、思想政治教育结构、思想政治教育客体、思想政治教育发展等重要问题。《现代思想政治教育学》对于思想政治教育本质的探讨，是从思想政治教育本源性探索出发，拓展到思想政治教育的实践性、阶级性的，同时张耀灿、郑永廷等学者将思想政治教育的规律、思想政治教育的功能纳入思想政治教育本质论的范畴之中，从规律与功能等目的论角度拓展思想政治教育本质的边界属性，进一步凸显出其实践性与阶级性。作为国内 400 多所高校共同使用的教材或参考书，国内拥有思想政治教育专业硕士、博士学位点的高校思想政治教育专业学生的必读书目，《现代思想政治教育学》中的基础理论观点具有重要的代表性与时代价值。其中对于思想政治教育本质论的研究，更是思想政治教育本质研究的代表，具有显著的系统性、理论性、认同性与价值性。①

总的来看，伴随着学科的进一步发展，思想政治教育本质的“灌输论”开始受到挑战和质疑，学界逐渐认识到对思想政治教育本质这一元问题的分析已经不能停留在解决原有主要矛盾的“灌输论”思想上，而应该进一步突出思想政治教育学科的本源性，强调思想政治教育的目的性、实践性与阶级性，以此来建立起思想政治教育本质研究的分析基础。纵观其他学者关于思想政治教育本质的研究，自 20 世纪 90 年代以来，受“教育本质的争论”影响，结合学科发展的重点，围绕政治论、阶级论、意识形态论等的相互辨析展开。此阶段关于思想政治教育本质的研究依然重在其一重本质，与上一阶段研究不同之处在于本质观点的不断丰富。在“人学目的论”的影响下，形成了“社会本位论”和“个人本位论”两个方向，其中更加倾向于“社会本位论”，即“工具性本质论”，强调思想政治教育是为一定阶级、一定社会或社会团体服务，并使社会成员形成符合一定阶级、一定社会或社会团体所需要的思想品德、行为规范的重要手段，带有明显的功能性、工具性特征。此前的“灌输论”本质，以及这一时期思想政治教育本质研究所凸显出来的阶级性、意识形态性、政治性等观点，都是工具性本质论的体现。后来，随着马克思主义人学范式被引入思想政治教育本质研究，思想政治教育本质逐步从社会层面转向个人层面，“个人本位论”

① 郑永廷．思想政治教育基础理论研究进展与综述［J］．思想教育研究，2014（4）：3－18.

思想开始凸显，强调了思想政治教育本质的“属人性”，思想政治教育研究逐渐向人学范式转换和向人本主义转移。有学者认为“社会本位论”和“个人本位论”分离的研究范式不能够全面阐释思想政治教育本质，于是提出了思想政治教育“社会本位论”和“个人本位论”兼有的观点，即以社会哲学的视野揭示的是思想政治教育的工具性本质，以人学视野揭示的是思想政治教育的目的性本质。① “探讨思想政治教育的本质，既要考察其满足阶级与社会需求的一面，更需要回到思想政治教育本身去追寻它的属性，既看到它的工具性本质，也要看到它的目的性本质。”② 有鉴于此，思想政治教育本质研究在此阶段随着思想政治教育基础理论的研究逐渐丰富，既有诸多学者对思想政治教育一元论本质展开探讨，又有学者结合思想政治教育多方面属性，认为“思想政治教育的本质不是单一的，而是多维一体的”③，提出目的性、工具性④、超越性⑤、实践性⑥等本质属性。思想政治教育本质的数量和结构成为基础理论研究的重点和焦点，多个本质属性使得思想政治教育本质更加丰富与具体，但同时也模糊了思想政治教育本质属性中的根本。因此，本质与属性的混淆致使出现了用思想政治教育的属性、特性来代替本质的现象，造成“一元论”“二元论”“多元论”间的争端，对于思想政治教育本质的研究探讨需要立足其最根本的属性，准确把握思想政治教育本质的“一元”核心。

三、繁荣深化阶段

这一阶段从 2005 年建立马克思主义理论一级学科、思想政治教育重新获得独立二级学科地位开始，一直发展至今，是思想政治教育学科大繁荣、大发展阶段。在马克思主义理论成为一级学科之后，思想政治教育上升为独立二级学科，学科建设获得跨越式发展，马克思主义理论学科迅速发展，硕士、博士学位点的数量显著增加，思想政治教育学科获得了更大的发展空间和发展平台，思想政治教育研究者更加明确认识到思想政治教育学科建设的重要意义与重大使命，继续深化思想政治教育基础理论研究。在此阶段，思想政治教育基础理论研究以专题或课题的方式得到深化和突破，有关思想政治教育本质的研究也逐渐得到深化，如宋希辉、吴若飞主编的《思想政治教育学新论》（云南人民出版社 2009 年版）第三章研究了思想政治教育本质论，骆郁廷主编的《思想政治教育原理与方法》（高等教育出版社 2010 年版）第一章研究了思想政治教育的现象与本质。

近年来，随着思想政治教育基础理论研究不断走向深入，关于思想政治教育本质研究的学术争论愈演愈烈，学者们逐渐质疑原有观点。如部分学者不再认同将“实践性”界定为思想政治教育的本质，认为“有目的的实践活动”这一观点没能将思想政治教育同其他社会实践活动从根本上区别开来，把人的全面发展当作实践活动的目标这一思想不具有界定思想政治教育本质的特殊性。此外，有学者否定“灌输论”对于思想政治教育本质的界

---

① 张澍军．德育哲学引论［M］．北京：人民出版社，2002.

② 李合亮．思想政治教育探本——关于其源起及本质的研究［M］．北京：人民出版社，2007：120.

③ 李辽宁．解读思想政治教育本质的多重维度［J］．思想理论教育，2007（21）：12-16.

④ 同②24.

⑤ 郑永廷．论思想政治教育的本质及其发展［J］．教学与研究，2001（3）：49-52.

⑥ 秦在东，方爱清．思想政治教育本质特征刍议［J］．学校党建与思想教育，2011（13）：7-9.

定，认为不能将思想政治教育本质与思想政治教育方法相混淆，灌输在根本上是思想政治教育方法论的体现。思想政治教育本质研究在争论中得到发展，“思想政治教育的本质在于思想掌握群众”等独到见解也同时出现。① 从以上关于思想政治教育本质研究的进展和成果来看，思想政治教育本质研究得到深化并产出丰硕成果，但同时显现出学界对思想政治教育本质的认识依旧处于比较混沌的状态，仍需要更加系统深入的研究来揭示思想政治教育的本质。此后，思想政治教育本质研究逐渐聚焦于本质的概念本身，从本质本身出发揭示思想政治教育本质。“对于‘本质’的界定是解读‘思想政治教育的本质’的前提。”② 如2012年王学俭和郭绍均的《思想政治教育本质问题再探讨》一文，提出追问“本质”的内涵是首要前提，“对思想政治教育本质的认识分歧往往是由于对‘本质’的不同理解及其相应运用，因而需要首先清楚地理解‘本质’的内在含义”③。越来越多的学者逐渐认识到属性本质论的缺陷，并试图针对思想政治教育本质的一元论、二元论与多元论，单维与多维，平面与立体构建新的思想政治教育本质，从本质的多维解决思想政治教育本质的主要矛盾，揭示主要矛盾。因此，思想政治教育本质研究愈发关注本质与本质属性的表达功能和表达关系。一方面，有学者将本质概念分层，如引入质料、质量和质级的概念来揭示思想政治教育本质④，或依据逻辑学中的概念形式，提出种本质与属本质⑤，还有其他学者将本质划分为共同本质、主要本质和次要本质。李俊奎、王升臻提出，思想政治教育本质不具有实体性，需要基于本质概念的逻辑建构来对不断变化发展的本质意蕴进行理解。现有思想政治教育本质研究发生了科学知识观领域重大的实践论转向，不应把追求思想政治教育稳定不变的本质作为研究的主要目标和研究范式，而应该把理论知识作为围绕科学进行实践活动的工具手段。⑥ 至今，思想政治教育本质研究观点颇丰，理论充实，视角革新，但仍需多学科、多视角地构建本质研究的多重进路，努力拓展现实研究，实现交叉综合创新，不断寻找研究的突破口，找寻理论的生长点。⑦

第二节　思想政治教育本质研究的主要议题

当前，学界围绕思想政治教育本质形成了丰富的理论成果与研究议题，构成了思想政治教育本质研究的主要内容。对于思想政治教育本质研究，要立足学界现有研究成果，拓清研究视角，厘清主要观点，并进一步聚焦当前研究的争论和分歧，从而全面完整地把握本质的研究现状与科学内涵。

---

① 骆郁廷．思想政治教育的本质在于思想掌握群众［J］．马克思主义研究，2012（9）：128－137．

② 李辽宁．关于思想政治教育本质研究的思考［J］．学校党建与思想教育，2017（1）：12－13．

③ 王学俭，郭绍均．思想政治教育本质问题再探讨［J］．教学与研究，2012（12）：61－67．

④ 梅萍，杨珍妮．人学范式下思想政治教育本质新探［J］．学校党建与思想教育，2015（5）：10－13．

⑤ 同③．

⑥ 李俊奎，王升臻．关于思想政治教育本质问题的再思考［J］．广西社会科学，2017（10）：238－242．

⑦ 武雅君，张铁勇．思想政治教育本质研究的发展图谱、问题及展望［J］．天津师范大学学报（社会科学版），2020（1）：42－47．

一、思想政治教育本质的研究视角

思想政治教育本质的研究视角是全面科学把握思想政治教育本质的逻辑起点与重要前提。当前，在思想政治教育本质问题的研究中，不同学者基于不同的研究视角与方法论原则，从不同维度对思想政治教育的本质予以阐释，形成了丰富的研究成果，主要包含以下几个方面：

（一）矛盾论视角

持这一观点的学者认为，思想政治教育的本质主要在自身的矛盾中存在并且必须通过自身的矛盾而展现出来，因而要从矛盾来把握思想政治教育的本质。正如毛泽东指出，“任何运动形式，其内部都包含着本身特殊的矛盾。这种特殊的矛盾，就构成一事物区别于他事物的特殊的本质。这就是世界上诸种事物所以有千差万别的内在的原因，或者叫做根据”，“每一物质的运动形式所具有的特殊的本质，为它自己的特殊的矛盾所规定”①。思想政治教育是一个诸多因素相互联系、相互作用的矛盾系统，其中有一个起决定作用的基本矛盾，由于它的存在和发展，规定或影响着其他矛盾的存在和发展，能够把思想政治教育中的不同属性区别开来，反映了思想政治教育的本质。邱伟光、张耀灿认为，这一基本矛盾就是思想政治教育者传递的统治阶级要求与教育对象思想政治现状之间的矛盾。②有学者认为，这一基本矛盾就是“特定社会的思想政治规范与个体的思想政治素质状况之间的矛盾，或者说是社会价值体系要求与个体价值观素养水平之间的矛盾”③。还有学者认为，党的思想政治教育中的基本矛盾是马克思主义与非马克思主义之间的矛盾，其实质就是用马克思主义教育党员群众，提高他们的马克思主义的素质即政治素质，从而“自觉”地为完成党和国家的任务而奋斗，其中最重要和最困难的是进行政治信念的教育，所以，思想政治教育基本矛盾体现为政治性。④

（二）人学论视角

马克思指出：“历史不过是追求着自己目的的人的活动而已。”⑤ 思想政治教育是人的一种有目的性和指向性的活动，对思想政治教育本质的追问必然要回归到人。从这个逻辑起点出发，将人的现实需要、人的成长与全面发展作为研究思想政治教育本质问题的出发点，认为思想政治教育在本质上是促使人能够不断确证、实现人的自我价值，同时实现由“认识自己”到“成为自己”的转变。“思想政治教育是解决人的思想观点和政治立场问题，从人出发，构建在人的基础之上的一项社会实践活动。”⑥ “思想政治教育的问题从根本上讲是人的问题”，“现代思想政治教育是一种促进人自身全面发展的、具有超越性的独立实践活动”⑦。有学者指出：“思想政治教育应以自己特有的方式，紧密围绕培养全面发

① 毛泽东选集（第1卷）[M]. 2版. 北京：人民出版社，1991：308-309.

② 邱伟光，张耀灿. 思想政治教育学原理 [M]. 北京：高等教育出版社，1998：108.

③ 王学俭，郭绍均. 思想政治教育本质问题再探讨 [J]. 教学与研究，2012 (12)：61-67.

④ 孙其昂. 关于思想政治教育本质的探讨 [J]. 南京师大学报（社会科学版），2002 (5)：18-23.

⑤ 马克思恩格斯文集（第1卷）[M]. 北京：人民出版社，2009：295.

⑥ 郑忠梅. 文化视野中的思想政治教育本质探析 [J]. 学术研究，2006 (10)：72-73.

⑦ 张艳新，程爱华. 论现代思想政治教育的本质及其启示 [J]. 教育探索，2006 (2)：69-71.

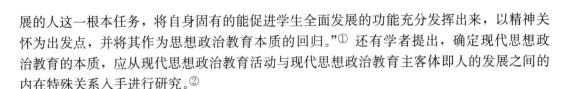

展的人这一根本任务，将自身固有的能促进学生全面发展的功能充分发挥出来，以精神关怀为出发点，并将其作为思想政治教育本质的回归。”① 还有学者提出，确定现代思想政治教育的本质，应从现代思想政治教育活动与现代思想政治教育主客体即人的发展之间的内在特殊关系入手进行研究。②

（三）系统论视角

本质是多层多维的，因此，思想政治教育本质不能从单一向度来认知，而要从多向度解读，越来越多的学者不是从单一视角来审视思想政治教育的本质，而是从一个更为宏观、更为系统的研究体系出发，对其进行更为科学全面的界定。一方面，从思想政治教育系统内部出发，考察思想政治教育的规律和功能，将思想政治教育本身作为一个系统来审视和把握，在讨论思想政治教育本质时，要“根据它自身的结构、功能、过程来认识它”③。另一方面，因思想政治教育系统又同政治、经济、文化、社会等系统有着广泛的联系，所以还要从历史发展及其与人和社会的关系层面认识和理解它的特殊性质。从思想政治教育系统与其他系统之间的关系出发，从其本源上揭示出人和社会为什么需要思想政治教育。④ 有学者将社会看作一个由政治、经济、文化等要素构成的宏大系统，并将思想政治教育置于其中，通过将其与社会系统中的其他要素进行比照来发现思想政治教育的本质。⑤ 有学者认为，应从思想政治教育与社会发展、人的发展的三维关系系统的角度对思想政治教育本质进行解读。⑥ 还有学者认为，思想政治教育本质应坚持“历史-人-社会”三维共进的认知向度：坚持历史向度就是探究思想政治教育的起源，追溯思想政治教育的历史，验证思想政治教育本质；坚持“人”的认知向度是指从人的生存和发展需要视域中审视思想政治教育的本质；坚持社会的向度是指从物质生产实践基础和阶级统治实践需要来探究思想政治教育的本质。⑦ 这一研究视角更为宏观全面，实现了对思想政治教育本质的深刻把握。

此外，还有很多学者从其他视角对思想政治教育本质展开了深入探索。如本体论视角认为，思想政治教育作为一种社会实践形式，是人之本性的彰显，是客观存在的，又是在不断发展变化的；而认识论视角则认为，人类对思想政治教育本质的认识，只是一种以知识为中介而获得的一种理论形态而已，即只是一种逻辑本质，这一本质形态只具有形式上的意义，不具有实在性和永恒性，即不是“实在本质”⑧；还有从价值论视角出发的研究指出，“价值”是思想政治教育领域“最原始的基本关系”，应作为思想政治教育本质的逻辑起点⑨；等等。不同的研究视角给予思想政治教育本质不同的解读方式和认识路径，基于此形成了丰富的理论内涵与研究成果。

---

① 郦平．精神关怀：思想政治教育本质的回归［J］．当代教育科学，2006（17）：54－55.
② 张艳新，程爱华．论现代思想政治教育的本质及其启示［J］．教育探索，2006（2）：69－71.
③ 张耀灿，郑永廷，吴潜涛，等．现代思想政治教育学［M］．2版．北京：人民出版社，2006：102.
④ 陶磊，孙其昂．回顾与评价：思想政治教育本质问题的研究进展［J］．探索，2010（6）：119－123.
⑤ 叶方兴．政治性抑或意识形态性——思想政治教育本质的理论辨明［J］．求实，2010（10）：85－88.
⑥ 刘涛．谈思想政治教育的本质［J］．教育与职业，2005（21）：55－56.
⑦ 李忠军，牟霖．思想政治教育本质认知理路探析［J］．思想理论教育，2012（13）：40－44.
⑧ 李俊奎，王升臻．关于思想政治教育本质问题的再思考［J］．广西社会科学，2017（10）：238－242.
⑨ 李忠军．关于思想政治教育本质的几点探讨［J］．东北师大学报（哲学社会科学版），2012（5）：227－231.

二、思想政治教育本质的主要观点

对于思想政治教育本质的内涵阐释与概念界定是思想政治教育本质研究的核心内容。学者们基于不同的研究视角与认知路径，围绕思想政治教育本质形成了多种各具特色的代表性的观点，主要包括灌输论、意识形态论、价值主导论、思想掌握群众论等一重本质论，此外，诸多学者还提出二重本质论与多重本质论的观点。

（一）灌输论

思想政治教育学科建立初期，学界就从列宁提出的“灌输论”出发，对“思想政治教育的本质是灌输”达成了基本共识。这种观点认为，思想政治教育的本质是灌输，灌输是发展思想政治教育基本理论的需要。如《青年思想政治教育学原理》指出，思想政治教育作为一种实践活动，“它就是在做一件事：把社会的要求规范灌输到人们头脑中去，使它转化为人们的认识、情感、意志、信念，并体现在人们的行动中。思想政治教育不是干别的，正是专门做这个‘灌输’的。所以它的本质是‘灌输’”①。虽然现阶段，学界对此产生了一定的争议，但是，仍有诸多学者坚持将灌输视作思想政治教育的本质，提出不能片面地解读，而是要科学地审视灌输的概念。思想政治教育学科所使用的“灌输”概念，是指“理论体系的教育、学习、运用的自觉性，而非自发性；是指揭示‘思想政治教育本质’的一种表述，而不是在方法层面上的运用”②。刘书林指出，“在今天，列宁提出的‘灌输论’不但没有过时，而且愈来愈显示了其精辟的准确性。根据列宁提出的‘灌输论’，我们认识到，历史和现实中的思想政治教育的本质都是一定的社会意识形态的教化和灌输。其他的社会科学学科也从某一个方面涉及‘灌输’性质的工作，但是思想政治教育是在正面直接体现和揭示这一本质的学科”，“‘灌输’既是思想政治教育学的一个主要的范畴，又准确揭示了思想政治教育的本质。坚持思想政治教育的本质是灌输，对于思想政治教育学科的发展具有重要的理论意义和现实意义”③。侯爽认为，“意识形态的灌输就是思想政治教育的本质；灌输不是思想政治教育的一种原则，更不是具体的方式方法。灌输理论是马克思主义理论的重要组成部分，无论在无产阶级革命时期还是在社会主义现代化建设时期，都是重要的思想武器；意识形态的灌输与思想政治教育有着天然的、密不可分的联系，否定意识形态的灌输，就是否定思想政治教育”④。在新的形势下，马克思主义的灌输理论非但没有过时，而且更加显现出其重要性。必须明确马克思主义理论不是僵化的模式和教条，灌输理论也应该是生动而鲜活的、与时俱进的，无论是形式还是方法都应该随时代的变化而不断地丰富和发展。

（二）意识形态论

意识形态论认为，思想政治教育的本质是意识形态性，也可以进一步解释为阶级性和政治性。思想政治教育与社会主导意识形态有着紧密的联系，是向社会成员传导和灌输主导意识形态的重要途径。⑤ 石书臣指出，“一般而言，思想政治教育具有意识形态性和非

---

① 刘书林，陈立思．青年思想政治教育学原理［M］．北京：中国青年出版社，1999：17.

② 《思想政治教育学原理》编写组．思想政治教育学原理［M］．北京：高等教育出版社，2016：85.

③ 刘书林．论思想政治教育的本质——坚守“灌输论”的缘由［J］．思想理论教育导刊，2012（10）：38－44.

④ 侯爽．关于灌输理论与思想政治教育本质的再研究［J］．思想理论教育导刊，2009（10）：74－78.

⑤ 陈万柏，张耀灿．思想政治教育学原理［M］．3版．北京：高等教育出版社，2015：53.

意识形态性两个方面的性质，而思想政治教育的本质规定主要在于思想政治教育的意识形态性”①。也有学者认为，意识形态的核心是阶级性和政治性，因而，也可以说思想政治教育的本质是阶级性和政治性。“思想政治教育所具有的特殊本质是由实施思想政治教育的阶级所决定的，是不同历史阶段中思想政治教育的不同的阶级性质。”② 孙其昂指出，“思想政治教育的本质是政治性，它揭示了思想政治教育本质的内容是什么。思想政治教育本质的认识思路和思想政治教育本质的内容是结合在一起的，思想政治教育本质的内容是认识过程的必然结论或成果”，“思想政治教育本质的政治内容是社会系统中的政治的反映，故称之为政治性或政治本质，以观念的形态存在或出现”③。

（三）价值主导论

价值主导论认为，思想政治教育的本质是价值性，是一种价值建构和价值教育的实践活动。有学者将思想政治教育的本质概括为价值观生成。“思想政治教育的特殊性正在于它有着鲜明的价值追求，具有鲜明的价值关涉性”，“回归思想政治教育的精神生产教育本性，再把握其鲜明价值关涉的特殊性，思想政治教育旨在引领思想，化育人心，从而服务社会，因而其本质可界定为价值观生成”④。也有学者认为，思想政治教育的本质便是价值观教育。李辉认为：“事实证明，社会越开放，文化越多样化，对主导性的要求就越强烈。思想政治教育是进行一定社会主导性价值观教育的实践活动。”⑤ 有学者认为：“人是按照人所希望世界成为的样子去改造世界，而不是按照世界的本来面目去适应世界。尽管改造的结果常常不尽如人意，但改造的动力是为了合目的。从这个意义上讲，思想政治教育这种精神生产实践是一种理想价值的构建，思想政治教育的这种本质也就是这种理想的价值观教育。综上所述，思想政治教育的本质应界定为人类以满足自身和社会需求为目的，以价值审视、价值选择为内容，以构建理想价值为目标的精神生产实践活动。”⑥ 还有学者指出：“思想政治教育的本质是价值观教育，它是一定阶级、政党或集团用社会价值体系对社会成员施加一定影响，从而促使他们形成符合该社会价值体系要求的个体价值观的实践活动。”⑦

（四）思想掌握群众论

思想掌握群众论认为，思想政治教育的本质是思想掌握群众，是一定的阶级或集团运用反映本阶级或集团根本利益的思想意识，影响和掌握群众的社会实践。这一观点来源于马克思在《〈黑格尔法哲学批判〉导言》中的一句至理名言：“批判的武器当然不能代替武器的批判，物质力量只能用物质力量来摧毁；但是理论一经掌握群众，也会变成物质力量。理论只要说服人，就能掌握群众；而理论只要彻底，就能说服人。”⑧ 基于此，思想

① 石书臣．思想政治教育的本质规定及其把握［J］．马克思主义与现实，2009（1）：175－178.

② 高永．思想政治教育的阶级性及其对本质问题的释疑——列宁提出“灌输论”的逻辑主线［J］．思想理论教育导刊，2020（8）：113－117.

③ 孙其昂．关于思想政治教育本质的探讨［J］．南京师大学报（社会科学版），2002（5）：18－23.

④ 王彦．论思想政治教育的本质为价值观生成［J］．求实，2014（12）：82－85.

⑤ 李辉．思想政治教育本质认识分歧探源［J］．思想教育研究，2011（7）：11－16.

⑥ 张正瑞．对思想政治教育本质研究的回顾与思考［J］．思想教育研究，2012（2）：22－26.

⑦ 侯丹娟．关于思想政治教育本质的再思考［J］．学校党建与思想教育，2010（8）：15－17.

⑧ 马克思恩格斯选集（第1卷）［M］．3版．北京：人民出版社，2012：9－10.

政治教育作为对人进行思想教化和理论武装的实践活动，其本质就在于思想掌握群众。以骆郁廷为代表的学者指出，“思想政治教育的本质是思想掌握群众”，“思想政治教育的本质之所以是思想掌握群众，还在于思想掌握群众反映了思想政治教育的根本属性。思想政治教育的本质就是思想政治教育固有的、深刻的、一贯的和稳定的方面，是思想政治教育的根本属性，是一切思想政治教育所具有的共同属性。思想掌握群众符合思想政治教育本质的规定，体现了思想政治教育的共同的根本的属性”。他还指出，思想掌握群众是一切思想政治教育活动的普遍本质。“思想政治教育的本质是思想掌握群众……凸显了思想政治教育同其他社会实践活动的本质区别……思想掌握群众，既是运用一定阶级的思想掌握本阶级群众的活动，也是运用一定阶级的思想影响和掌握其他阶级群众的活动，而中共的思想政治教育是先进思想掌握群众的活动。思想掌握群众集中而充分地体现了思想政治教育的本质特征。”①

（五）二重本质论

二重本质论认为，思想政治教育的本质不是一重的，而是二重的，把思想政治教育的本质归结为二重本质的对立与统一，比如人性与党性的统一、目的性与工具性的统一、政治性与非政治性的统一等。有学者认为，思想政治教育的本质是党性和人性的有机统一。思想政治教育的党性是指阶级性、政治性和意识形态性，党性是阶级性的集中体现，是阶级斗争发展到高层次的产物；思想政治教育的人性是指以人为本，反映和满足人的需要，提升人的精神境界，促进人的全面发展。人性与党性在思想政治教育中的关系表现为：人性是思想政治教育的基础和前提，人性伴随着个体成长过程的始终，人性决定党性；党性离不开人性，党性能够提升人性。② 还有学者认为，政治维护与思想建构都是思想政治教育的本质，虽然有时可能会因条件、任务的变化，二者表现出不同的强势，但相对而言，政治维护具有工具性，思想建构具有目的性，两者的有机统一共同形成了思想政治教育的整体与本质。③ 陈志华认为，“思想政治教育的本质属性在于政治性与科学性的有机统一。政治性贯穿思想政治教育始终，决定着思想政治教育的性质面貌，科学性是思想政治教育发展的内在规定性”④。也有学者认为，思想政治教育的本质是价值性与科学性的辩证统一、政治性与管理性的辩证统一等。

（六）多重本质论

多重本质论把思想政治教育的本质归结为“多重本质的统一”，这种观点认为，思想政治教育是一种具有多种属性、多重因素的特殊实践活动，因此，具有多重本质或多重本质属性。郑永廷指出，“我们可以对思想政治教育的性质做如下概括：思想政治教育是一种有目的性、具有超越性的实践活动。这种实践活动随着社会的发展和人们的主体性的增强，其作用越来越重要。思想政治教育在社会生活中，是一种多属性、多因素

① 骆郁廷．思想政治教育的本质在于思想掌握群众［J］．马克思主义研究，2012（9）：128－137.

② 刘基，汪玉峰．“人性”还是“党性”——分层视域下对思想政治教育本质的追问［J］．思想政治工作，2011（6）：114－117.

③ 李合亮，李鹏．对思想政治教育本质的再认识［J］．学校党建与思想教育，2013（1）：17－20.

④ 陈志华．坚持思想政治教育的本质属性——政治性与科学性的有机统一［J］．思想政治工作，2006（5）：152－154.

的特殊活动”①。他进一步指出，目的性、实践性、超越性是思想政治教育的本质属性。目的性是思想政治教育的目标指向性或价值取向性，在阶级社会里表现为阶级性或党性，它是思想政治教育最鲜明的特性。实践性是思想政治教育的现实性和思想政治教育价值实现的有效性，在社会生活中表现为与其他实践活动的结合与渗透，它是思想政治教育显著的本质属性。超越性是其面向未来的发展性及对社会实践活动和人的行为的先导性，它是思想政治教育突出的本质属性。因此，思想政治教育是一种多属性、多因素的特殊活动。② 其他学者也分别从不同视角对思想政治教育的多重本质进行概括。有学者认为：“思想政治教育的本质特征是以实践为基础的政治性、思想性、科学性和教育性的统一……突出政治性、体现思想性、把握科学性、彰显教育性是现代思想政治教育给我们提出的时代要求。”③ 李辽宁指出：“思想政治教育的本质不是单一的，而是多维度立体的。研究思想政治教育的本质，可以从政治维度、伦理维度、社会维度和个体维度等进行综合考察。这既是思想政治教育本质的逻辑展开，也是提高思想政治教育的现实需要。多维立体说认为，对于思想政治教育的本质不能只从一个方面来认识，而是需要从多维视角来解读，思想政治教育具有阶级性、服务性、工具性、启蒙性的本质属性。”④ 还有学者认为，从政治维度来看，思想政治教育具有阶级性；从伦理维度来看，思想政治教育具有服务性；从社会维度来看，思想政治教育具有工具性；从个体维度来看，思想政治教育具有启蒙性。

三、思想政治教育本质研究的争论与分歧

思想政治教育本质的研究始终是在争鸣中前行、在多维中共建的。学者们关于思想政治教育本质的认识和看法各异，产生了一定的争论与分歧，主要聚焦于一元论与多元论、恒定论与动态变化论、社会本位论与个人本位论等几个方面。在回顾学界已有研究成果的基础上，反思思想政治教育本质研究中的问题与分歧，对思想政治教育本质进行再审视，有利于厘清研究的路径，进一步把握思想政治教育的本质。

（一）一元论与多元论

思想政治教育本质究竟是一元的还是多元的，是思想政治教育本质研究的焦点性命题。一元论者认为，本质是事物内部相对稳定的联系，由事物所具有的特殊矛盾构成。事物的本质一旦改变，这个事物的整个面貌就必然随之而改变，也就不应该再称其为该事物。由此可见，思想政治教育的本质应该是“一”，而不是“多”⑤。一元论者执着于思想政治教育是特定主体的特定实践，现实的社会环境在变，但是，思想政治教育的本质属性并没有变。而多元论者主张思想政治教育的本质是多样化的，具有多重性，“本质具有历史性，它不是固定不变的；本质是多维立体的而不是单维的。正因为如此，对于思想政治教育的本质不能只从一个方面来认识，而是需要从多维视角来解读”⑥。二元论或多元论

---

①② 郑永廷．论思想政治教育的本质及其发展 [J]．教学与研究，2001 (3)：49－52.

③ 秦在东，方爱清．思想政治教育本质特征刍议 [J]．学校党建与思想教育，2011 (13)：7－9.

④ 李辽宁．解读思想政治教育本质的多重维度 [J]．思想理论教育，2007 (21)：12－16.

⑤ 侯爽．关于灌输理论与思想政治教育本质的再研究 [J]．思想理论教育导刊，2009 (10)：74－78.

⑥ 李辽宁．解读思想政治教育本质的四个维度 [J]．学校党建与思想教育，2007 (11)：18－21.

者则强调思想教育的一般性、政治发展的历时性，把思想政治教育的源头回溯到人类社会与该实践相关的历史进程中，更大范围地指向了思想政治教育的功能，把思想政治教育放大到了人类实践活动的大空间之中。① 还有一类观点主张，思想政治教育的本质具有一元性与多样化的特点，即思想政治教育的本质是一元的，在思想政治教育系统的各个要素和各个环节中都存在，都发挥作用，同时表现出不同的特征，是多样的，这是普遍性和特殊性的关系。“思想政治教育的本质只有一个，即为统治阶级的根本利益服务，这是思想政治教育本质的一元性。同时，具有多样性的特点。原因在于，思想政治教育是一个系统，它有多个侧面，有多个层次，在具体形式方面是十分丰富多样的。思想政治教育政治本质作为普遍性要素，存在于思想政治教育系统的各个方面。当思想政治教育政治本质通过这些方面存在时，它就有这些方面的特殊性，表现为思想政治教育政治本质的多样性。”②

（二）恒定论与动态变化论

学界对思想政治教育本质的认识存在着恒定论和动态变化论③的分歧。持恒定论观点的学者认为，思想政治教育的本质是恒定不变的。比如：有观点认为，思想政治教育学科建立之初将“灌输论”作为思想政治教育的本质，时至今日不仅没有过时而且我们应该继续坚持这一本质论断，即历史和现实中的思想政治教育本质都是一定社会意识形态的教化和灌输。④ 有学者指出，本质应当是具有历时共同性、价值恒定性和普遍适用性的内容，既不能因为外部环境的改变而被现象化，也不能因为政策的调整而被随机化。⑤ 持动态变化论观点的学者认为，思想政治教育的本质不是固定不变的，而是根据社会历史的发展演进而变化的。有学者指出：“思想政治教育的本质不是永恒的、静态的而是历史发展的、不断生成的，不存在亘古不变、绝对同一的思想政治教育本质。”⑥ 他们还具体阐述了本质变化的原因，从现代思想政治教育与传统思想政治教育本质的差异出发，认为现代思想政治教育的本质是由现代思想政治教育活动与现代思想政治教育主客体即人的发展之间的内在特殊关系所决定的特殊的本质，从而得出思想政治教育的本质不是一成不变的结论。另外，还有学者并非简单肯定恒定论或动态变化论，而是实现了两种观点的有机结合。这种观点认为，思想政治教育的本质是不变的，但思想政治教育本质的具体内容是随着社会历史的发展、时代条件的变化、党的历史任务的变化而变化的。⑦

（三）社会本位论与个人本位论

关于思想政治教育本质的主导因素，理论界主要有两种不同的看法：“政治说”和“教育说”，即社会本位论与个人本位论。“‘政治说’从社会出发，认为思想政治教育带有

① 李辉．思想政治教育本质认识分歧探源［J］．思想教育研究，2011（7）：11－16．
② 孙其昂．关于思想政治教育本质的探讨［J］．南京师大学报（社会科学版），2002（5）：18－23．
③ 郭灏．思想政治教育本质研究的现状、问题与趋向［J］．思想理论教育，2016（4）：47－52．
④ 刘书林．论思想政治教育的本质——坚守灌输论的缘由［J］．思想理论教育导刊，2012（10）：38－44．
⑤ 宇文利．论思想政治教育本质：政治价值观的再生产［J］．马克思主义与现实，2013（1）：183－188．
⑥ 张艳新，程爱华．论现代思想政治教育的本质及其启示［J］．教育探索，2006（2）：69－71．
⑦ 孙其昂．政治性——思想政治教育的内容本质［J］．南京社会科学，2006（3）：56－61．

工具性价值，具有维稳的功能，其本质是一种政治活动；‘教育说’则着眼于个人，认为思想政治教育具有目的性价值，可满足人生存与发展的需要，其本质是一种教育活动。两种截然不同的观点实则是‘社会-个体’之间的矛盾在思想政治教育过程中的反映，这一矛盾也引发一系列认识上的分歧。”① 还有学者认为，关于思想政治教育本质的分歧源于其两种主要功能的共存：其一，思想政治教育有着构建有机社会联结的功能，即其社会功能，服务于政治文明建设、经济文化发展与社会和谐有序交往；其二，思想政治教育有着催生合理个体思想的功能，即个体功能，助其坚定理想信念、追求崇高人格、培养科学思维方法等。“思想政治教育的本质界定正是在‘政治治人’与‘教育育人’的区间之内摇摆。”② 可见，正确理解个人与社会的关系，是把握思想政治教育本质的关键。个人与社会不是相互割裂的，而是辩证统一的。思想政治教育所关注的不是抽象的个人和社会，也不是“政治”和“教育”任何孤立的一方，而是个人与社会、政治与教育之间的联结与契合。思想政治教育的本质是以正确分析和把握社会要求与个人思想品德的差距为基础的，在实践的过程中，通过不断完善社会要求和个人思想品德，实现个人和社会的良性互动与有机统一。只有这样，思想政治教育才能实现个人和社会的良性互动与有机统一。③

第三节　思想政治教育本质研究的趋势展望

综上所述，经过 40 年的研究和探索，学界在有关思想政治教育本质的研究方面取得了一系列高质量成果，为思想政治教育基础理论与学科体系构建做出了突出贡献。在此基础之上，认真总结思想政治教育本质研究的经验成就，积极展望思想政治教育本质研究的发展趋势，对思想政治教育学科进一步实现科学化发展具有重要意义。

一、思想政治教育本质研究的经验成就

第一，从本质研究与学科发展之间的互动关系来看，本质研究从基础理论向度有力确证了思想政治教育的学科合法性。纵观思想政治教育学科发展的历史过程，有关思想政治教育本质的研究一直是贯穿于思想政治教育学科发展与理论建构的一条基本线索。作为一门发展中的新兴学科，将其本质研究作为思想政治教育学理论体系建构中最为重要的一环来看待也并不为过。因为本质是事物本身所固有的根本属性，是将自身区别于其他事物的独特内在，一个学科只有将自身的本质在根本上同其他学科区分开来，其自身的合法性方能得到确证，主体性才能得以彰显。否则，一个学科便会面临严峻的合法性危机。因此，对于自创立之初便备受学界与全社会热议的年轻的思想政治教育学而言，找到自身的独特本质就显得尤为重要，可谓是关乎学科“生死存亡”的大问题。为此，学界在过去的 40

---

① 张苗苗．关于思想政治教育本质的思考［J］．理论与改革，2014（4）：144－146.

② 王彦．论思想政治教育的本质为价值观生成［J］．求实，2014（12）：82－85.

③ 李月玲，王秀阁．思想政治教育本质述评［J］．学校党建与思想教育，2011（4）：15－17.

年间进行了极为深入且广泛的探讨，从不同的研究视角、研究路径、理论视域、话语方式出发，形成了以“灌输论”“意识形态论”“价值主导论”等为代表的本质学说，从多维度表征了思想政治教育现象的特殊属性，极大地推动了思想政治教育学科的独立、发展与繁荣。在众多本质学说中，又尤以“灌输论”和“意识形态论”的共识最为广泛、影响最为深远，最能够直观反映出思想政治教育学科的独特性。“灌输论”强调的是对于社会大众而言，科学思想体系必须要通过后天的教育、学习与实践自觉形成而非以盲目、经验的方式自发形成，亦即表达出系统性的科学思想政治理论从外界向人脑进行输送与转化的重要性与必然性。“意识形态论”则侧重于强调思想政治教育活动是反映、维护和宣传统治阶级根本利益及其主导精神的，鲜明表达出思想政治教育的政治性与价值性特点。换言之，从“灌输论”与“意识形态论”的共识性观点出发，思想政治教育以服务于特定的统治阶级，以及传播统治阶级的主导意识形态为内在本质，这是思想政治教育活动区别于其他社会实践活动的特殊规定性。基于这一特殊规定性，思想政治教育就拥有了独特的理论与实践场域，就可以自立于中国特色哲学社会科学之林。此外，其他的各种本质学说也都积极为思想政治教育学提供了独特的存在前提。因此，我们可以毫不夸张地指出，思想政治教育学科能够拥有今天的大发展、大繁荣，并逐步被社会各界所关注认可，显然与学界长久以来对思想政治教育本质的深入探讨具有紧密的内在关联。这既是思想政治教育本质研究本身的巨大成就，更是对思想政治教育学科建设与马克思主义理论发展做出的巨大贡献。面向未来，若要进一步推动思想政治教育学科的内涵式、科学化发展，就必须始终把本质研究作为一项极为重要的理论工作加以对待。

第二，从理论视域的广延度来看，本质研究在研究视角和理论基础方面实现了巨大突破，呈现出百花齐放、百家争鸣的特点。作为一项学科基础理论重大命题，思想政治教育的本质研究一直是基于深入、科学、多元、持续的原则而不断得以开展的。如前所述，在思想政治教育本质研究的初期，学界普遍从列宁的灌输理论和马克思主义教育思想出发，强调思想政治教育的“灌输论”本质。但伴随着学科建设与学术体系的不断深入，有越来越多的学者尝试跳脱出经典的“灌输论”框架，开始从不同研究视角和理论视域进行本质研究。据多名学者梳理统计，多年来围绕思想政治教育本质形成的相对成熟的观点多达十余种。除较具共识的灌输论与意识形态论外，还有政治性论、价值主导论、人学目的论、人的工作论、阶级利益论、人的社会化论、社会治理论等多种观点，以及二重本质论和多重本质论等多种思想政治教育本质学说。其中，二重本质论主要有政治性与科学性相统一、工具性和目的性相统一等观点，多重本质论则以目的性、实践性和超越性相统一以及阶级性、服务性、工具性、启蒙性相统一为代表。除此之外，还有相对本质论的看法，认为思想政治教育没有一般本质，只有相对本质且处于不断的变化中。应当指出，这些学说都从不同侧面反映了思想政治教育的独特属性，都在一定程度上揭示出了思想政治教育的内在本质，具有一定的合理性。而这种围绕思想政治教育本质形成多元化观点，则正是思想政治教育学科迈向科学化的必经之路，是学科理论建构的必要过程。从历史逻辑来看，思想政治教育的本质研究是逐步从一元论走向多元论的，这反映出学界对于思想政治教育现象及其本源的认识分歧。正如有学者指出，“一元论者执着于思想政治教育起源于无产阶级革命，是特定主体的特定实践。二元论或多元论者则强调思想教育的一般性、政治发展的历时性，把思想政治教育的源头回溯到人类社会与该实践相关的历史进程中”①。更重要的是，有越来越多的学者开始将思想政治教育的本质视作一个动态变化而非一成不变的存在，认为对本质的考察需要有动态（阶段性）视角和“过程”思维。② 虽然学术观点存在分歧，但这种分歧却反映出学界对于思想政治教育本身的认识正在不断更新，研究视角正在不断拓展，呈现出高度的反思理性。此外，学界也在不断拓展思想政治教育本质研究的理论视域。在思想政治教育本质研究伊始，学者们多从马克思、恩格斯和列宁的经典著作中寻找思想政治教育本质的根源性依据。伴随着本质研究的深入开展，有更多学者开始基于教育学理论、社会化理论、价值生成理论、道德心理发展理论等视域开展研究，提出了一系列学理背景深厚的新认识和新观点。这些基于不同理论视域的探索都在不断推动着思想政治教育本质研究与理论建构的发展繁荣。

第三，就学理构建的纵深度而言，本质研究提出了一系列蕴含独特科学规律的学术思想，极大彰显出思想政治教育学研究的学理化、科学化与专业化水平。在思想政治教育学建立起来的 40 年间，有关思想政治教育政治性与科学性的讨论从未停止。遗憾的是，社会上一直有一种声音认为，思想政治教育学只是一门为统治阶级和政党服务的实践工作，而非属于专业化的科学范畴。但众所周知的是，思想政治教育学科的建立本身就源于“思想政治教育是一门科学”的大讨论，一开始思想政治教育学就以“研究掌握人们思想活动规律，使思想政治工作系统化、理论化，成为一门科学”为目标。从世界视角来看，思想政治教育也同样是一门能够同政治教育学、道德教育学、公民教育学、价值观教育学相对接的学科。因此，促进思想政治教育学的学科化、理论化、科学化、系统化、国际化就一直是思想政治教育学内在蕴含的发展理路，是所有思想政治教育学理论研究的目的指向。而在众多理论研究成果中，又尤以思想政治教育的本质研究极大彰显出思想政治教育学研究的学术思想深度。例如，就“灌输论”而言，思想政治教育的“灌输论”本质并非从方法论角度提出的简单认识，也不是对列宁灌输理论的变换与复述，而是从马克思主义教育思想出发，立足于人类历史上人民群众掌握科学思想体系的客观过程，广泛吸收教育学、心理学等理论中的有益成分，合理运用经验归纳、理论凝练、逻辑推理、实证调查等研究方式，对人的思想品德形成过程及其中蕴含的矛盾与规律做出的科学化判断。正是社会要求与受教育者之间的适度张力与差距，才使得“灌输论”得以精炼概括思想政治教育的过程性本质。又如，在有关科学性与价值性相统一的本质讨论中，学界并非仅从当代中国思想政治教育本身出发开展理论分析和逻辑推演，而是从人类思想史上关于科学性和价值性的哲学争论出发，既立足于马克思“理论彻底性”命题的科学判断，又广泛关注研究当代西方世界兴起的价值观教育浪潮，将中国思想政治教育置于极为广阔的国际视角中进行深入的比较研究，最终得出“思想政治教育是全人类普遍的教育实践活动”，进而批判性吸收借鉴国外德育研究中的科学理论及其研究方法，如“价值澄清理论”“新品格教育理论”“关怀理论”等。这既推动了比较思想政治教育学的成熟发展，又深化了我们对于思想政治教育本质是科学性与价值性相统一的认识。除上述两种观点之外，大部分思想政治教育

---

① 李辉．思想政治教育本质认识分歧探源［J]．思想教育研究，2011（7）：11－16.

② 李辽宁．关于思想政治教育本质研究的思考［J]．学校党建与思想教育，2017（1）：11－13.

本质观点均形成了极具学理性与科学性的研究成果，鲜明彰显出了思想政治教育学理论研究的学理化、科学化与专业化水平。

总体来看，无论是就思想政治教育本质研究本身而言，还是从思想政治教育本质研究与学科发展之间的互动关系来看，学界在过去40年开展的本质研究都取得了瞩目成就，实现和彰显了思想政治教育学科的独特理论意蕴和实践价值。

二、思想政治教育本质研究的发展趋势

应当指出，在过去40年间关于思想政治教育本质的研究中，我们既取得了一系列经验和成就，也存在一定的问题和不足，很多研究将思想政治教育本质同思想政治教育的属性、功能、方法、原则相混同，或者从一般性的角度将思想政治教育的本质理解成了教育的本质，还有些研究明显缺乏充分的论证和说理，因此，就容易出现“本质研究的本身并不本质”等问题。所以，本部分将基于思想政治教育本质研究的经验成就，瞄准思想政治教育本质研究中尚存在的一些主要问题，结合新时代思想政治教育学科守正创新的内在要求，尝试探讨未来思想政治教育本质研究的发展趋势。

一是思想政治教育本质研究的整合性重构趋势。与马克思主义理论学科更加注重整合发展的趋势和规律相同，思想政治教育基础理论的研究和发展同样是一个不同理论间相互吸收借鉴和整合完善的过程。如前所述，学界当前围绕思想政治教育的本质问题形成了多达十余种不同的观点。但这些不同的观点之间并不是各说各话、互相拒斥的，而是在一定程度上有所交叉、有所重合、有所借鉴与参照的。由于学科成立时间尚短，学科理论建构整体尚不充分，学科学术前沿在不断发生变化，思想政治教育的基础理论研究必然会经历由一元走向多元，最后又重新反思整合的再系统化和重构过程，需要学界将思想政治教育本质同学科的理论与实践基础相统一，将相似或相近的本质观点相整合，进而实现对过去诸多散在化、同质化，以及不符合学科时代发展的本质理论的全面超越。例如，思想政治教育本质的“意识形态论”“政治性论”“价值论”等观点虽各有侧重、存在差异，但都是从思想政治教育活动本身所蕴含的主导精神、价值立场与政治属性出发进行的本质归纳，三者拥有共同的理论思路与研究视角。那么从系统性的视角来看，与其将三者作为三种独立的本质理论加以看待，不如整合吸收各自理论中的合理成分，构建起全新的以思想政治教育内在精神为主线的本质理论。又如，思想政治教育本质的“灌输论”与“人的社会化论”是两种基于不同理论视域提出的本质观点。但在诸多本质理论之中，二者均是从人与外在社会、人与教育者之间的关系出发的，探讨人应当如何接受和生成外在的科学理论体系。因此，虽然两种理论的立论基础不同，但相似的理论着眼点却为两种理论的整合与完善提供了可能。实际上，学界已经对思想政治教育本质研究的几种思路进行了分类归纳，如前文提出的“矛盾论”“人学论”“系统论”三种视角，有学者认为，本质研究的逻辑起点主要包括“人的需要与发展”“国家与统治阶级”“思想与行为的同一性”①，还有学者认为，本质研究的出发点包括“方法论视角”“人学视角”“多学科视角”② 等。可以

① 李忠军，牟霖．思想政治教育本质认知理路探析［J］．思想理论教育，2012（13）：40－44．

② 陶磊，孙其昂．回顾与评价：思想政治教育本质问题的研究进展［J］．探索，2010（6）：119－123．

说，学界已经在不断总结、归纳与整合现有本质理论，并探析不同理论间的共性与差异性。但无论按照什么样的类型进行划分，基于同一理论出发点和研究逻辑的本质论在未来还将互相吸收、相互影响，不断整合重构为更加严谨、完善的新理论和新思想。

二是思想政治教育本质研究的时代性创新趋势。在思想政治教育本质一元论与多元论的争论中，有越来越多的学者认为思想政治教育并不存在一个永恒不变的固定本质，必须要“正确认识不变性与变动性的关系”①。这种变动性并不是指思想政治教育本质中的主要方面会产生根本性的变化，而是说基于马克思主义关于社会存在与社会意识、经济基础与上层建筑的辩证关系原理，社会客观条件的变化、不同的阶级构成、不同的历史与文化等都会使思想政治教育的本质产生一定的形态发展。伴随着我们当前所处的时代方位与社会环境的变化，我们的思想政治教育任务、内容、途径都会产生相应的变化，并进而影响到思想政治教育的本质。例如，有学者认为，思想政治教育的本质在“没有阶级对立的背景”“存在直接阶级对立的背景”“现代多党制背景”等不同的背景下既有共性也存在一定差异，是与具体的社会历史条件相联系的，本质的话语表达必须要精准呈现。② 还有学者认为，我国在改革开放前后的思想政治教育虽然都以传播意识形态性为本质，但一个是“排他性的意识形态”，一个是“兼容性的意识形态”③，思想政治教育的意识形态性本质伴随时代的发展也产生了相应的变化。这些研究都意在说明，思想政治教育的本质研究必须要能够反映其所处的时代特点，必须立足于外部环境的发展与变化。因此，面对当今世界百年未有之大变局，立足于中国特色社会主义进入新时代的历史方位，我们必须要实现思想政治教育本质理论同马克思主义中国化时代化新的飞跃相适应，同新时代中国特色社会主义的伟大实践相同步，必须将新时代思想政治教育实践工作的新发展和新变化作为理论建构的基本遵循，围绕党和国家在“中国式现代化”“意识形态工作领导权”“全人类共同价值”“社会主义核心价值观”等方面的新思想新观点新论断加强思想政治教育本质学说的创新性凝练。可以说，伴随着新时代中国特色社会主义思想迸发出创新性活力，思想政治教育本质研究也将以更具时代性的方式向前迈进。除此之外，思想政治教育作为一项引导人实现自由全面发展的学说，还必须针对我国人民群众在政治、经济、文化和社会转型期间面临的思想、心理、价值困境做出有效回应，准确把握时代的思想脉搏与价值涟漪，使思想政治教育本质研究更能够适应动态发展中的人的内在需要。

三是思想政治教育本质研究的精准性叙述趋势。自思想政治教育本质研究进入繁荣深化阶段以来，学界一方面针对思想政治教育本质开展新的理论探索，另一方面也着手对过去的本质理论进行反思和总结。其中，一个较具有共识性的批评观点认为，思想政治教育本质研究往往容易同思想政治教育的本质属性研究相混淆。还有学者将思想政治教育本质研究等同于思想政治教育的功能、任务等研究。从概念来看，思想政治教育的本质是思想政治教育现象存在的依据，决定着思想政治教育的存在和发展应当属于社会实践范畴；而思想政治教育的本质属性则是本质的性质和特点，二者虽有密切的联系，但是并不能相等

① 孙其昂．关于思想政治教育本质的探讨［J］．南京师大学报（社会科学版），2002（5）：18－23.
② 李辽宁．关于思想政治教育本质研究的思考［J］．学校党建与思想教育，2017（1）：11－13.
③ 石书臣．思想政治教育的本质规定及其把握［J］．马克思主义与现实，2009（1）：175－178.

同。按照这一批评观点，将思想政治教育的本质概括为“意识形态性”“政治性”等表述显然不够准确。还有一种观点认为，思想政治教育本质的表述既应当客观准确，同时也应当考虑本质概括的社会语境。例如，虽然“灌输论”比较能够准确反映思想政治教育的内在本质，且在学界中较具有共识，但从“灌输”一词的社会语义出发，“灌输论”很容易在社会群众中为思想政治教育带来歧义。在学界的广泛呼吁下，近几年以来的本质研究便十分注重对“本质”一词的精准把握，且逐渐尝试运用更加学理化、哲学化的词语进行本质概括，以消弭歧义，强化社会各界对思想政治教育的正确认识。由此可以看出，对于思想政治教育本质的概括不仅仅是一个学理问题，还是一个“语言学问题”。在本质研究进入繁荣深化阶段的当下，对思想政治教育本质的理解和表述必须要能够精准反映出本质的独特性，不能够将本质同其他概念相混淆，更要尝试摆脱运用纯粹的教育学与政治学等其他学科语言，创设出具有思想政治教育学科特色的本质话语，从而用思想政治教育学的话语精准表达思想政治教育学的本质。

第六章　思想政治教育价值与功能研究

思想政治教育价值与功能研究问题是思想政治教育学的基础性问题，也是思想政治教育实践中的现实性问题。思想政治教育价值讨论的是思想政治教育对主体的意义；思想政治教育功能讨论的是思想政治教育的效能，即在教育系统和社会系统中的作用。思想政治教育学科创设 40 年来，思想政治教育价值与功能研究伴随学科的发展而发展。

第一节　思想政治教育价值研究

思想政治教育学科创办后，思想政治教育价值问题即作为基础性问题进入研究视野。思想政治教育价值研究经历了对地位、作用的研究，聚焦到了价值视角，并从关于思想政治教育有没有价值的思考，发展到如何实现思想政治教育价值的思考。

一、思想政治教育价值的研究脉络

全面回顾思想政治教育价值的研究过程，可将思想政治教育价值研究的发展过程划分为奠基研究、正式立论、理论体系建构、专题延展和现实化研究这相互承接、相对交叉的五个阶段。在五个研究阶段中，思想政治教育价值论的研究范式经历了从建构理论体系向运用理论体系的发展，经历了单线为主、多线并轨为辅的研究脉络，研究话语从政治话语转向哲学话语和学术话语，研究视角从整体研究深化到微观研究再到现实化研究，总体上呈现出多线并轨的历史脉络。

（一）思想政治教育价值的奠基研究

思想政治教育价值的奠基研究阶段主要在思想政治教育学科正式创设之前及学科设立初期。在奠基研究阶段虽然没有直接用“思想政治教育价值”这一关键词，但“生命线”论断的再确认、深化和地位作用论的诠释为思想政治教育价值论的正式出场奠定了坚实的学理基础。

关于思想政治教育价值的经典表达为“生命线”。这是党对思想政治教育重要性所做出的最形象、最本质的概括。[①] 中国共产党在长期的革命、建设、改革和新时代的实践中，总结思想政治工作与军队工作、经济工作、政治斗争的关系，总结思想政治工作在完成党的主要任务中所起到的积极作用，发表了一系列重要论述从而形成了“生命线”的重要论断。思想政治工作从“红军的生命线”，拓展到“一切经济工作的生命线”，丰富到“是经济工作和其他一切工作的生命线”，动态地揭示了思想政治工作在党的工作中的地位作用。然而，“生命线”的论断仅仅从形象的角度概括思想政治工作的地位和作用，尚未形成科学理论。思想政治工作的地位作用亟须科学化。20 世纪 80 年代，学界在思想政治工作是一门科学的认知下，从学理上思考思想政治教育在大局中的地位作用。1981 年 2 月，上海市举办了高等教育研究班并组织编写了《高等学校学生思想政治教育概论》（未定稿）。[②] 该概论的第一章是“思想政治教育在高校工作中的地位和作用”。

思想政治教育地位作用论是思想政治教育学建构期的重要一环，总结了以往忽视或者拔高思想政治工作的经验教训，驳斥了“思想工作无理论”的说法，有利于摆正思想政治教育在国家、社会和个人发展中的位置，直接推动了思想政治教育价值论的形成与发展。

（二）思想政治教育价值的正式立论

思想政治教育价值论的产生，既是对思想政治教育“无用论”的回应，也是对思想政治教育“生命线”和地位作用论的继续研究，更是与中国价值论研究的兴起直接相关的。价值哲学是现代哲学的一大发展，它对各门哲学社会科学产生重大影响。学者们将价值哲学引入思想政治教育学，提出思想政治教育价值。李德顺博士打开了思想政治教育价值研究的视野，发表了价值论与思想政治工作漫谈的系列学术论文。[③] “他的系列文章虽然开创了思想政治教育价值问题研究的先河，但还不是直接论述思想政治教育价值论的专题文章。”[④] 20 世纪末，陈秉公著的《思想政治教育学》，是较早单列一节专门研究思想政治教育价值的专著，明确提出，“思想政治教育价值就是说明思想政治教育的作用和地位”[⑤]。虽然存在将思想政治教育价值仅仅理解为社会价值、把地位作用等同于价值的局限，但其前瞻性值得予以肯定。

可见，虽然思想政治教育价值这一词已然出现，但是思想政治教育价值论的研究还待发展。1990 年思想政治教育专业硕士学位授予点的设立，1996 年马克思主义理论与思想政治教育博士学位授予点的设立，2000 年全国思想政治工作会议的召开，在客观上强化了对思想政治教育价值的关注，促进了思想政治教育价值论研究的发展。2000 年一年便出版了两本设单章专门论述思想政治教育价值论的重要著作。一是 2000 年 1 月罗洪铁主编的《思想政治教育基础理论研究》，该书在第二章“关照价值的主客体关系”，探讨了思想政治教育价值的含义、内容和样态。[⑥] 二是同年 3 月郑永廷著的《现代思想道德教育理论与方法》，该书从

---

① 项久雨．思想政治教育价值论及其相关研究的现状视域［J］．中国青年政治学院学报，2002（4）：62－66.

② 《高等学校学生思想政治教育概论》编写组．高等学校学生思想政治教育概论［J］．上海高教研究，1982（2）：1－6.

③ 李德顺．学习和应用价值理论——价值论与思想政治工作漫谈［J］．思想政治工作研究，1989（1）：36－37.

④ 同①.

⑤ 陈秉公．思想政治教育学［M］．长春：吉林大学出版社，1992：62.

⑥ 罗洪铁．思想政治教育基础理论研究［M］．重庆：西南师范大学出版社，2000：33－60.

现代思想道德教育的价值论视角研究思想教育、思想道德教育有没有价值。① 从 20 世纪 80 年代到思想政治教育学科的正式设立，再到 2000 年的十余年里，思想政治教育价值研究的范围不断扩大，研究程度不断加深，研究人员不断增多，人们形成了研究思想政治教育价值论的共识，肯定了价值论在思想政治教育学科中的重要位置，这为思想政治教育价值论的正式立论积累了深厚的学理基础和广泛的接受基础。

在前期理论酝酿和实践探索的基础之上，思想政治教育价值论正式立论。正式立论的标志是 2001 年由人民出版社出版的《现代思想政治教育学》。在《现代思想政治教育学》中，作者用近 4 万字的篇幅回答了以下问题：思想政治教育与价值为何是相关的以及是怎样相关的？什么是思想政治教育的价值？思想政治教育价值的形态如何？怎么样才能实现其价值？这些探讨对思想政治教育价值论的发展有一定的贡献。从 2001 年开始，学者们通过撰写著作、教材和论文研究思想政治教育价值。2002 年，中国人民大学复印报刊资料《思想政治教育》开辟“思政价值探索”专栏，转载了思想政治教育价值的系列文章。以上研究表明：思想政治教育价值论的研究已然成为一个热门显学，开始进入微观领域，但是在核心概念、研究的程度、特性、评价体系、分析角度等方面还有继续研究的空间，尚未建构思想政治教育价值论的理论体系。②

（三）思想政治教育价值的理论体系建构

经历几十年的奠基研究和正式立论阶段的铺垫，思想政治教育价值论在概念界定、本质挖掘、形态的分析及其实现等基础性论域上均有一定的发展。但是，过去的论断，一是它较多地运用事实和直观经验来做论证，理论的深度不足，二是它较多地讲思想政治教育的社会价值，而对个人价值关注不够。③ 探寻价值研究范式，建构思想政治教育价值论的理论体系，对思想政治教育价值论进行独立研究迫在眉睫。

思想政治教育价值论的体系建构以项久雨的《思想政治教育价值论》为重要标志。张耀灿高度评价道：“项久雨的这本专著体现了很强的创新精神，是迄今为止系统研究思想政治教育价值论方面的拓荒之作。”④ 将该书作为建构思想政治教育价值论体系的重要标志，理由是：一方面，该书划分了思想政治教育价值的本质、历史、生成、特征、形态、评价和实现等研究论域，并进行系统研究，比较完整地建构了理论体系和研究谱系；另一方面，该书在概念的厘定、体系的建构、特征的分析、角度的更新和原著的研读方面均有创新之处，为思想政治教育价值论的深入研究开辟了空间。同年 12 月，唐志龙、罗剑明主编的《思想政治工作价值论》进一步深化了价值论的体系建构，分别阐述了思想政治教育价值论的基本理论问题和实践中的具体问题。在此之后，学界还陆续出版了思想政治教育价值论的专著。2005 年，思想政治教育重新获得了独立的二级学科地位，加之 2003 年思想政治教育价值论基本论域的确立，合力推动思想政治教育价值论进入高速发展阶段。大多数思想政治教育学教材或专著设专题专章深入地研究思想政治教育价值论的背景、定

① 郑永廷．现代思想道德教育理论与方法［M］．广州：广东高等教育出版社，2000：25－74.

② 项久雨．思想政治教育价值论［M］．北京：中国社会科学出版社，2003：20.

③ 张耀灿，徐志远．现代思想政治教育学科论［M］．武汉：湖北人民出版社，2003：342－343.

④ 同②4－5.

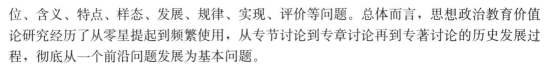

位、含义、特点、样态、发展、规律、实现、评价等问题。总体而言，思想政治教育价值论研究经历了从零星提起到频繁使用，从专节讨论到专章讨论再到专著讨论的历史发展过程，彻底从一个前沿问题发展为基本问题。

（四）思想政治教育价值的专题延展

在思想政治教育价值理论体系建构阶段后，思想政治教育价值研究生发了一条专注具体领域的研究路径，进入了专题延展阶段。专题延展阶段的研究是在基本论域之下，围绕现实问题进行深化和突破的。在思想政治教育价值论的专题延展阶段中，较典型的专题有：

其一，从环境出发研究思想政治教育价值。一是从建设和谐社会的时代需要出发，关注思想政治教育的价值形态和价值实现，提出和谐思想政治教育的概念。二是在生态危机背景之下，研究高校思想政治教育的生态发展价值。三是面对以互联网为载体的网络虚拟空间，研究网络思想政治教育的价值及其实现。其二，从对象出发研究思想政治教育价值。一是关注大学生这一具体群体，基于当代大学生的学习生活需求与精神需求，在社会和个体的互动中研究大学生思想政治教育的价值。二是立足于当代社会中人的发展困境，研究思想政治教育对于一般意义上的人的价值。其三，研究科学实践观范式下的思想政治教育价值。思想政治教育是一种育人实践，居于不断变化的教育对象和育人环境中，处于科学实践观的范式之下。如何在发展变化的实践环境下增强思想政治教育的实效性、推动思想政治教育科学化，从科学实践观的角度阐释思想政治教育价值论是出路之一。其四，从价值实现的角度出发研究思想政治教育价值。思想政治教育价值是一个复杂的实践问题。"思想政治教育有没有价值是一回事，价值能否实现是另一回事。"① 因此，在探寻思想政治教育有无价值之后，学界开始研究思想政治教育价值实现的理论、形态、基础、机制、阶段、条件和实践。其五，直接研究思想政治教育价值的结构。思想政治教育价值是一个系统，系统内部由目标、客体、主体、教育和实践等要素依据一定的原则规律进行搭配和排列组合。从思想政治教育价值的结构性出发研究价值结构的概念、要素、横向结构、纵向结构、失衡及优化。

（五）思想政治教育价值的现实化研究

在理论上解决什么是思想政治教育价值、基本完成思想政治教育价值论的理论建构后，生发了一种与思想政治教育价值的专题延展同时并轨的现实化研究范式。思想政治教育价值的现实化研究区别于从总体上研究思想政治教育价值的前四种研究范式，也不同于思想政治教育价值论的理论体系中的价值实现问题。从思想政治教育价值的奠基研究到专题延展的历史脉络中，虽讨论主题不同、研究范式有异，但都是将思想政治教育价值放置于总体的实践、学科、专业下进行讨论的，着重研究整体的思想政治教育作为主体的价值，具有强烈的抽象性。在这个讨论过程中的价值实现问题，虽然具有一定的现实倾向，即讨论价值内化的过程，但仍然是对思想政治教育价值进行抽象的一般性的观察。思想政治教育价值的现实化研究是指把研究重点从简单的抽象领域转移到丰富的具体领域，关注效度而且将其作为一种实践的现实问题来研究。现实化研究的鲜明特点是实化、细化、具

① 教育部思想政治工作司．思想政治教育原理与方法［M］．北京：高等教育出版社，2010：66.

体化，在价值论本身的理论体系指导下去挖掘具体对象、具体领域的思想政治教育价值。目前，学界围绕思想政治教育价值的现实化研究，关注思想政治教育在重大战略任务中的价值，主要有以下几种取向：一是研究思想政治教育在新冠疫情的肆虐下的价值。二是研究创造美好生活的过程中思想政治教育的价值。三是研究社会治理中思想政治教育的价值。四是研究思想政治教育对于全面推进中国式现代化的价值。五是研究思想政治教育促进共同富裕的价值。六是研究思想政治教育培育时代新人的价值。七是研究思想政治教育在立德树人中的价值。

二、思想政治教育价值研究的主要论域

随着思想政治教育价值研究的深入发展，其研究成果日渐充实，其主要论域及其边界逐渐明晰。思想政治教育学科成立 40 年以来，学者们围绕思想政治教育价值的生成、本质、形态、实现、评价等论域进行论证和阐释，这些论域的研究对于推进思想政治教育学科及其基础理论的发展具有重要的理论意义和时代价值。

（一）思想政治教育价值的生成

思想政治教育价值生成论回答的是思想政治教育价值如何发生、如何转化。“思想政治教育价值生成是指思想政治教育主体与价值客体关系的建立过程”①，这个过程遵循内在生成逻辑。关于思想政治教育生成论，学界主要从思想政治教育价值内的主体、客体、实践和环境要素进行讨论。

第一，思想政治教育价值生成的主体要素。对思想政治教育价值生成进行探讨的学者首次从主体维度出发讨论思想政治教育价值的生成。但是思想政治教育价值的主体是多样的，不是单一的。学界主要从个人和社会两个维度出发讨论思想政治教育价值的生成。

“个人主体论”。需深入研究主体本身的内在尺度，观察思想政治教育价值生成的主体。项久雨提出，价值主体的需要是思想政治教育价值生成的前提②，思想政治教育价值生成的根源在于人的社会性③，价值主体的利益是思想政治教育价值生成的动因④。思想政治教育内容越能满足人的需要，人们就越能接受思想政治教育，思想政治教育价值就越高。⑤ 思想政治教育价值主体的需要符合社会发展要求。

“社会主体论”。“思想政治教育价值是完成它的社会职能而联系在一起的。思想政治教育的社会价值是完成它的社会职能而产生的社会作用和意义”⑥。这里把思想政治教育价值看作思想政治教育实现其社会功能的过程，是满足社会主体的需要而形成的关系，揭示了思想政治教育价值产生的社会主体。

---

① 周琪，靳玉军，王永友，等．思想政治教育基础理论前沿问题研究［M］．北京：人民出版社，2018：54－55.

② 项久雨．思想政治教育价值论［M］．北京：中国社会科学出版社，2003：153.

③ 闵绪国．人的社会性：思想政治教育价值生成的根源［J］．学校党建与思想教育，2010（12）.

④ 同②162.

⑤ 闵绪国．思想政治教育价值研究［M］．北京：人民出版社，2017：66.

⑥ 陈秉公．思想政治教育学［M］．长春：吉林大学出版社，1992：64.

第二，思想政治教育价值生成的客体要素。价值是一种主客体关系，价值生成不仅需要主体要素，还需要客体要素。“价值实质上反映了一定客体属性对主体需要的满足关系，在这种满足关系中，客体本身的属性是形成价值的客观基础”①。“思想政治教育价值客体的属性和功能，就是指思想政治教育的属性和功能。这是思想政治教育价值生成的前提条件。”② 思想政治教育价值的生成需要充分发挥思想政治教育的功能属性。思想政治教育的属性与社会主体需求的关系有四种：同时满足多种需求、仅仅满足某一方面的需求、暂时满足某些需求、满足社会长期的需求。③

思想政治教育价值作为一种价值关系范畴，离不开主客体之间的相互作用，更离不开主体的需要。因此，思想政治教育的客体是其价值的物质基础和其价值存在的根据，主体是其价值的物质承担者和最终受益者。

第三，思想政治教育价值生成的实践要素。思想政治教育的基本矛盾在实践中产生和解决，思想政治教育价值的主体要素和客体要素在实践中互动。因此，实践是思想政治教育价值生成的源泉。④

第四，思想政治教育价值生成的环境要素。思想政治教育价值的发生，需具备价值主体需要与价值客体功能相契合的良好环境。⑤ 当环境的影响与思想政治教育同向时，就会强化思想政治教育的功能，促进思想政治教育价值的生成，反之就会阻碍其生成。

（二）思想政治教育价值的本质

思想政治教育价值的本质是思想政治教育价值问题与其他问题的不同之处，回答了思想政治教育价值是什么的问题。思想政治教育价值的本质是对具体的多样的主客体之间价值关系的抽象性综合和多样性统一。目前学界从以下几种视角阐释思想政治教育价值的本质及其具体表现：一是“需要满足论”。持这种观点的学者认为思想政治教育价值的本质是客体的功能和属性对主体需要的满足。“思想政治教育价值的本质是价值主体的需要——人的政治社会化的需要与思想政治教育属性——满足人的政治社会化属性之间的对应关系的总和，是两者的质的规定性联系而成的思想政治教育价值的质的规定性的综合统一。”⑥ 这个定义在学界具有较大影响力，许多专著或教材直接采用或引用这一说法。二是“关系论”。持这种观点的学者们从思想政治教育价值范畴的主客体关系属性出发界定思想政治教育价值的本质，包括“意义关系”⑦“肯定关系”⑧“效益关系”⑨。三是“矛盾论”。“现代思想政治教育价值的本质取决于其内在矛盾，即社会和人的发展对思想政治教育的客观需要和思想政治教育能够满足社会和人的发展需要之间的矛盾。”⑩ 四是

① 邱柏生，董雅华．思想政治教育学新论［M］．上海：复旦大学出版社，2012：87.
② 闵绪国．思想政治教育价值研究［M］．北京：人民出版社，2017：78.
③ 罗洪铁，董娅．思想政治教育原理与方法基础理论研究［M］．北京：人民出版社，2005：38－39.
④ 项久雨．思想政治教育价值论［M］．北京：中国社会科学出版社，2003：168.
⑤ 同②100.
⑥ 同④48.
⑦ 张耀灿，徐志远．现代思想政治教育学科论［M］．武汉：湖北人民出版社，2003：343.
⑧ 孙其昂．思想政治教育学基本原理［M］．南京：河海大学出版社，2004：25－26.
⑨ 同③29.
⑩ 王学俭．现代思想政治教育前沿问题研究［M］．北京：人民出版社，2008：163.

“总和论”。“思想政治教育价值本质是价值主体的需要与思想政治教育属性之间的对应关系的总和”①。

把握思想政治教育价值本质的基础之后，学者们主要从两条路径对本质的具体表现展开研究。一条是直接从表现出发将思想政治教育价值本质的具体表现归纳为：对意识形态的整合价值、对精神动力的创新价值、对人的全面发展的引导价值。② 另一条则从特点出发阐释思想政治教育价值本质具体体现为合目的性、合规律性、合必然性三个方面③或合目的性和合规律性两个方面。④

（三）思想政治教育价值的形态

为了认识多样的思想政治教育价值形态，学界普遍采用分类的方法对思想政治教育价值形态展开研究。按照不同的标准，思想政治教育价值可以分为若干形态。目前，学界划分思想政治教育价值的形态主要有以下几种方式：

一是“横纵关系形态说”。纵向角度可以把思想政治教育的价值分为社会价值、集体价值、个体价值，横向角度可以把思想政治教育的价值分为政治价值、经济价值和文化价值。⑤

二是“内容形态说”。依据思想政治教育的内容将思想政治教育价值划分为认识价值、激励价值和调控价值三大类型⑥，或解读、秩序、协调、导向、发展等价值。⑦

三是“物质和精神说”。一种是从反对思想道德教育“万能说”出发，重点剖析思想道德教育对社会的经济价值和对个人的精神价值。⑧ 另一种是从物质、精神和社会的角度出发，将思想政治教育价值区分为：物质生产力的发展价值、道德精神资源的开发价值、和谐社会的构建价值。⑨

四是“四对价值形态说”。按实现的时间分，有理想价值和现实价值；按性质作用分，有正面价值和负面价值；按效果显现分，有直接价值和间接价值；按评价分，有绝对价值和相对价值。⑩

五是“五对价值形态说”。从性质角度来看，有正价值和负价值；从形成过程来看，有显价值和潜价值；从呈现状态来看，有精神价值和物质价值；从存在境遇来看，有现实价值和虚拟价值；从价值主体来看，有社会价值、集体价值和个体价值。⑪

六是“六对价值形态说”。根据价值的特性可以分为普遍价值与特殊价值，根据主体对价值的认知水平可以分为自在价值与自为价值，根据价值的存在状态可以分为潜在价值

---

① 教育部思想政治工作司．思想政治教育原理与方法［M］．北京：高等教育出版社，2010：52－53.
② 王学俭．现代思想政治教育前沿问题研究［M］．北京：人民出版社，2008：165.
③ 张耀灿，郑永廷，吴潜涛，等．现代思想政治教育学［M］．2版．北京：人民出版社，2006：165－166.
④ 同②165－166.
⑤ 罗洪铁，董娅．思想政治教育原理与方法基础理论研究［M］．北京：人民出版社，2005：40.
⑥ 罗洪铁．思想政治教育基础理论研究［M］．重庆：西南师范大学出版社，2000：42.
⑦ 王立仁．德育价值论［M］．北京：中国社会科学出版社，2004：139－207.
⑧ 郑永廷．现代思想道德教育理论与方法［M］．广州：广东高等教育出版社，2000：49－67.
⑨ 项久雨．思想政治教育当前价值的三个维度［J］．武汉大学学报（哲学社会科学版），2008（5）：660－663.
⑩ 田鹏颖，赵美艳．思想政治教育哲学［M］．北京：光明日报出版社，2010：89.
⑪ 闵绪国．思想政治教育价值研究［M］．北京：人民出版社，2017：112－118.

与现实价值，根据价值主体的内外层面可以分为内在价值与外在价值，根据价值作用的时间向度可以分为眼前价值与长远价值，根据价值作用的空间范畴可以分为局部价值与全局价值等。①

思想政治教育价值的主体是思想政治教育的物质承担者，思想政治教育价值研究是一种“主体性”的研究。学界认为从主体的角度划分思想政治教育价值的形态最实用、最直接、最重要。在价值主体的划分上，学者们一开始关注国家价值、社会价值、集体价值，随后关注个人价值，而后发展到关注国家价值和个人价值的同构。在价值形态的结构上，依次出现了国家价值、社会价值或人文价值的单层结构，社会价值和个人价值同构的双层结构，社会价值、集体价值和个人价值同构的三层结构。本部分从共时的角度梳理学界在社会价值、集体价值和个人价值方面的研究成果。

在社会价值上，思想政治教育的社会价值是思想政治教育与社会发展之间的效用关系。在思想政治教育价值研究初期，学界主要探索社会价值中的经济价值。随着时代的发展，学界对思想政治教育社会价值的研究视野有所扩大。目前，学界主要有以下几种观点：

一是认为思想政治教育的社会价值是完成它的社会职能而产生的社会作用与社会意义，具体表现为两个文明建设的根本保证、社会治理的重要手段、塑造人格的主导力量。② 有研究认为思想政治教育的社会价值体现在社会运行之中，具有维系协调社会秩序、组织实施社会动员、形成增加社会凝聚的价值。③

二是认为思想政治教育的社会价值是思想政治教育与社会具体对象发生作用而产生的价值，比如政治价值、经济价值、文化价值、管理价值、生态价值等。④ 这种观点在学界具有较大的影响力，项久雨著的《思想政治教育价值论》，孙其昂主编的《思想政治教育学基本原理》，张耀灿、郑永廷、吴潜涛、骆郁廷等著的《现代思想政治教育学》等都支持这种观点。

三是从社会发展目标反观思想政治教育的应然价值，从社会发展的深层动力来发掘思想政治教育价值，从这两个角度研究思想政治教育的社会价值。思想政治教育的社会价值通过其导向、凝聚、调节、激励、控制功能而成为构建和谐社会的保障，通过直接提供精神动力和间接提供物质动力而成为推动社会发展的动力。⑤

四是从文明的视角把握思想政治教育这一社会实践活动的社会价值，提出思想政治教育的社会价值主要体现为保障物质文明建设、推进政治文明建设、促进精神文明建设和推动生态文明建设。⑥

在集体价值上，思想政治教育的集体价值是思想政治教育对集体发展和完善需要的满足，是两者在互动中形成的意义关系，它对实现社会价值和个人价值具有重要意义。学界

① 王学俭．现代思想政治教育前沿问题研究［M］．北京：人民出版社，2008：121．
② 陈秉公．思想政治教育学原理［M］．沈阳：辽宁人民出版社，2001：78．
③ 沈壮海．新编思想政治教育学原理［M］．北京：中国人民大学出版社，2022：53．
④ 张耀灿，徐志远．现代思想政治教育学科论［M］．武汉：湖北人民出版社，2003：349．
⑤ 罗洪铁．思想政治教育专题研究［M］．北京：中央文献出版社，2007：123-136．
⑥ 闵绪国．思想政治教育价值研究［M］．北京：人民出版社，2017：119．

对集体价值的观点主要有以下几种：

第一种观点认为集体价值可划分为“需要得到直接满足的集体价值和需要得到间接满足的集体价值、正式集体价值和非正式集体价值”①。

第二种观点从思想政治教育与集体的基础、集体的灵魂和集体的心理的满足关系出发，认为思想政治教育的集体价值的具体形态是促成和巩固集体的团结、形成健康向上的集体文化、形成健康向上的集体心理。②

第三种观点直接分析思想政治教育在构建和谐社会中的集体价值。在构建社会主义和谐社会的时代背景下，思想政治教育具有保障集体目标的实现、协助集体的组织与管理、增加集体的和谐与团结、调控集体的心理与行为的具体价值。③

第四种观点从集体价值是思想政治教育价值体系中的重要组成的高度出发，关注思想政治教育的集体价值，从明确集体目标、协调集体心理、增进集体团结、培育集体文化等方面，探讨思想政治教育的集体价值。④

在个人价值上，思想政治教育的个人价值是思想政治教育对个人成长成才、全面发展所具有的意义。“个体价值的研究是近年来思想政治教育价值论研究最为深入、成果最为丰富的一个问题。”⑤ 目前学界关于个体价值的研究主要有以下几种观点：

一是从思想政治教育自身的功能出发挖掘思想政治教育的个体价值，这种个体价值主要表现为导引政治方向、激发精神动力、塑造健康人格、调控品德行为。⑥

二是从思想政治教育主体的社会性本质和发展要求出发分析思想政治教育的个体价值。一种观点认为思想政治教育在满足人的思想政治品德社会化需要、丰富人的精神世界、促进人的全面发展等方面发挥着不可或缺的作用，具有重要的个体价值。⑦ 另一种观点认为个体价值主要表现为满足主体社会化特别是政治社会化的需要，满足主体全面发展特别是提高思想政治素质的需要，满足主体解决人生重大课题的需要。⑧

三是思想政治教育在满足思想政治教育主体全面发展的需要中所发挥的价值。第一种观点是思想政治教育的个体价值主要表现在个体思想和行为的导向、个体精神动力的激发、个体人格的塑造、个体思想和行为的规范等几个方面。⑨ 第二种观点是其主要表现在以下方面：引导政治方向，促进政治社会化；明确人生意义，丰富精神世界；提高道德修养，促进德性完善；增强主体意识，塑造健全人格；培养科学思维，激发创造活力；等等。⑩ 第三种观点是其主要表现为引导个体社会化、培育个体的思想政治教育素质、促进人的全面发展。⑪

---

① 张丽华．思想政治教育集体价值探析［J］．理论与改革，2002（5）：104－105.

② 罗洪铁，董娅．思想政治教育原理与方法基础理论研究［M］．北京：人民出版社，2005：47－50.

③ 罗洪铁．思想政治教育专题研究［M］．北京：中央文献出版社，2007：136－141.

④ 闵绪国．思想政治教育价值研究［M］．北京：人民出版社，2017：147.

⑤ 同③123.

⑥ 张耀灿，徐志远．现代思想政治教育学科论［M］．武汉：湖北人民出版社，2003：348－349.

⑦ 孙其昂．思想政治教育学基本原理［M］．南京：河海大学出版社，2004：36.

⑧ 刘建军．论思想政治教育的个人价值［J］．教学与研究，2001（8）：48－52.

⑨ 张耀灿，郑永廷，吴潜涛，等．现代思想政治教育学［M］．2版．北京：人民出版社，2006：169－186.

⑩ 同④157－172.

⑪ 沈壮海．新编思想政治教育学原理［M］．北京：中国人民大学出版社，2022：60.

四是从思想政治教育客体自身属性和思想政治教育客体的需要之间的对应关系中把握思想政治教育的个体价值。思想政治教育的个体价值是：灌输科学理论，引导政治方向；塑造主体性人格，促进德行完善；培养新型人才，激发创造力；调控个体的行为，实现人生价值。①

（四）思想政治教育价值的实现

思想政治教育活动具有价值和实现思想政治教育价值是两回事。在思想政治教育价值的实现论域上，理论界的视点主要集中在思想政治教育价值实现的内涵、本质、途径、规律等方面。

第一，在思想政治教育价值实现内涵的研究上主要有以下几种观点。其一，围绕价值最终的实效状态界定价值实现。一是由“潜”到“显”：思想政治教育价值的实现过程就是思想政治教育由“潜价值”到“显价值”的转变过程。② 价值实现的过程不是价值从无到有的过程，而是价值由“潜在”“隐蔽”状态转化为“显现”或“现实”状态的过程，即由“暗”到“明”的过程。③ 二是变成现实的过程。思想政治教育价值的实现是社会对思想政治教育的需要和追求通过思想政治教育主体功能属性的发挥，在思想政治教育对象身上变成现实的过程。④ 这个变成现实的过程是三个循序渐进的过程：思想政治教育对象对教育者所传递的教育内容的接受与外化、思想政治教育功能的充分发挥、思想政治教育对人和社会的发展需要的满足。⑤ 思想政治教育价值的实现过程可以分为确立价值实现目标阶段、教育行为发生阶段、整合内化阶段、外化践行阶段、反馈调控阶段五个阶段。⑥ 其二，由价值要素界定价值实现。有学者对德育价值实现的内涵从不同的角度进行了解释：从价值主体即社会需要的角度来说，是德育价值主体的需要获得满足；从德育主体的角度来说，是自己的功能属性得到有效的发挥；从德育对象的角度来说，是德育对象德的潜质得到开掘。就德育价值主体和德育价值客体关系的角度来说，德育价值实现的本质，是社会对德育的需要和追求通过德育主体功能属性的发挥在德育对象身上变成现实的过程。⑦ 其三，由价值实现的具体过程界定价值实现。有学者认为，“现代思想政治教育价值实现的过程是价值转化和价值创造的统一，即一方面是现代思想政治教育主体价值需要向客体的外化和客体的价值向主体内化的过程，另一方面又是主客体双向运动中生成新价值的过程”⑧。

第二，在思想政治教育价值实现本质的研究上主要有以下几种观点。张耀灿和徐志远认为：“思想政治教育价值实现，其实质是客体主体化，即思想政治教育所提出的思想政治教育品德要求主体所内化，变为主体的信念，并外化为改造世界的行动。”⑨ 项久雨在《思想政治教育价值论》中通过分析价值实现的“内化”“外化”和反馈“两个转化”的阶

① 罗洪铁．思想政治教育专题研究［M］．北京：中央文献出版社，2007：136－149．
② 项久雨．思想政治教育价值论［M］．北京：中国社会科学出版社，2003：266．
③ 田鹏颖，赵美艳．思想政治教育哲学［M］．北京：光明日报出版社，2010：108．
④ 王立仁．德育价值论［M］．北京：中国社会科学出版社，2004：221．
⑤ 闵绪国．思想政治教育价值研究［M］．北京：人民出版社，2017：203．
⑥ 黄小华．思想政治教育价值实现论［M］．北京：光明日报出版社，2019：137．
⑦ 张澍军．德育价值论［M］．北京：中国社会科学出版社，2004．
⑧ 王学俭．现代思想政治教育前沿问题研究［M］．北京：人民出版社，2008：185－195．
⑨ 张耀灿，徐志远．现代思想政治教育学科论［M］．武汉：湖北人民出版社，2003：335．

段进一步丰富了主体客体化，提出价值实现是主客体相互作用中的客体主体化过程，即客体主体化和主体客体化。①

第三，在思想政治教育价值实现途径的研究上主要有以下几种观点。其一，按照重要性将途径划分为基本途径和具体途径。一是灌输和接受两个基本途径。思想政治教育价值实现的本质是主体客体化和客体主体化的价值双向互动。只有从主体需要的现实性和客体满足主体的可能性两方面联系中去探讨价值实现的基本途径，才符合思想政治教育价值实现途径之意。② 思想政治教育价值实现的"最基本的途径主要有灌输途径和接受途径……灌输和接受共同构成了思想政治教育价值实现活动的两个轴心"③。二是多种多样的具体途径。灌输和接受两个基本途径无法实现现代思想政治教育多样化、复合式、立体性的价值，因此还需要构建多种多样的具体途径，比如：家庭教育、学校教育、社会教育、自我教育④，理论教育、强化主体作用、采用多种形式、坚持自我教育⑤，理论教育、社会实践和自我教育。⑥ 其二，立足一般与个别之分的哲学高度，从应然、实然、已然三个层面，将思想政治教育价值实现的途径归结为根本途径、基本途径、具体途径，从而有机构成了价值实现的途径体系。其中实践是思想政治教育价值实现的根本途径，灌输和接受是价值实现的基本途径，思想政治教育价值在实现过程中可以利用和选择具体途径，它具有多样性与多维性的特点，只有选择最佳的具体途径，才能实现价值的最大化。⑦ 其三，从实践的观点把握途径。有研究认为，为了实现现代思想道德教育的价值，必须确立现代思想道德教育的价值目标，确立现代思想道德教育的价值观念，掌握现代思想道德教育的方法体系。⑧ 还有研究认为，顺利实现思想政治教育的价值必须把握三个环节：科学认识思想政治教育价值是思想政治教育价值实现的前提条件；丰富和发展主体需要是思想政治教育价值实现的内在要求；顺应时代发展，增强自身功能，是思想政治教育价值实现的关键。⑨ 其四，坚持服务党的中心任务是思想政治教育价值实现的关键。思想政治教育怎样服务党的中心任务关乎其自身价值实现的程度。为此，一要充分发挥思想政治教育价值的导向作用，加强理想信念教育，明确政治方向；二要正确认识思想政治教育的实质，切实增强"生命线"意识，才能使思想政治教育适应新时代的新要求，调动生产力中最活跃的因素——人的积极性。⑩

第四，在思想政治教育价值实现规律的研究上主要有以下几种观点。思想政治教育价值实现的规律，是思想政治教育价值实现过程中诸要素之间的本质联系及其矛盾运动的必然趋势。研究思想政治教育价值实现的规律有两种方式。其一，从无形思想政治教育与具

---

① 项久雨．思想政治教育价值论［M］．北京：中国社会科学出版社，2003：267－269．

② 张耀灿，郑永廷，吴潜涛，等．现代思想政治教育学［M］．2版．北京：人民出版社，2006：189．

③ 张耀灿，徐志远．现代思想政治教育学科论［M］．武汉：湖北人民出版社，2003：133．

④ 王学俭．现代思想政治教育前沿问题研究［M］．北京：人民出版社，2008．

⑤ 黄小华．思想政治教育价值实现论［M］．北京：光明日报出版社，2019：205．

⑥ 闵绪国．思想政治教育价值研究［M］．北京：人民出版社，2017：223．

⑦ 同①273－279．

⑧ 郑永廷．现代思想道德教育理论与方法［M］．广州：广东高等教育出版社，2000：67－74．

⑨ 罗洪铁．思想政治教育研究［M］．成都：四川人民出版社，2002：397－408．

⑩ 教育部思想政治工作司．思想政治教育原理与方法［M］．北京：高等教育出版社，2010：72．

体有形的工作相结合，即理论与实践、精神与物质之间合规律、合目的、和谐的实现关系来讨论思想政治教育实现的规律。其主要有以下几种观点：有学者提出神形统一律、虚实转化律、同步递增律、真善美统一律①。有学者提出神形统一律、真善美统一律、虚实转化律。② 还有学者提出神形统一律、虚实转化律、同步递增律。③ 其二，从思想政治教育实现的四大要素出发，从思想政治教育实现过程的角度总结思想政治教育实现的规律。思想政治教育的实现过程是教育者在教育环体的影响下，借助教育介体，对受教育者施加影响，把受教育者培养成一定社会发展所需要的人的价值转化和价值创造活动。这个过程中蕴含三对统一：人的社会化和个性化相统一、教育和自我教育相统一、要求和需要相统一。由此归纳出思想政治教育价值实现的三大规律：人的社会化和个性化相统一的规律、互教性和自教性相统一的规律、要求和需要相统一的规律。④

（五）思想政治教育价值的评价

思想政治教育价值的评价有利于从总体上把握思想政治教育价值的实现情况，分析思想政治教育价值各个要素的价值发挥情况。目前学界对思想政治教育价值的评价主要从以下几个方面展开研究。

第一，评价的含义。其一，对受教育者的思想品德形成和发展变化及构成其变化的诸种因素进行判断。有学者对思想政治教育价值评价的内涵、外延进行简要概括，提出“思想政治教育价值的评价是指按照一定的价值标准和培养目标，对受教育者的思想品德形成和发展变化及构成其变化的诸种因素所进行的价值判断”⑤。其二，对思想政治教育过程和结果进行判断。有学者认为，“评价者依据一定的思想政治教育评价标准，运用定性与定量相结合的科学方法，对思想政治教育过程及其结果进行价值判断”⑥。这个定义突出了评价的科学方法。有学者提出，“思想政治教育价值评价，既是对思想政治教育是否与主体发展的内在尺度相一致的判断，也是对思想政治教育过程及其结果所进行的价值判断”⑦。这里把思想政治教育是否与主体发展的内在尺度相一致的判断作为评价观测点。

第二，评价的标准。其一，以思想政治教育达到的某种状态即程度作为标准。“一般说来，对于思想政治教育活动价值的评价，大致有以下参数：思想政治教育满足社会需求的程度，思想政治教育价值的共享程度，思想政治教育价值的持久程度。”⑧ 这个标准从思想政治教育价值的社会面、效果覆盖面和发展性的维度建构起了评价标准。其二，评价标准的本质是从需要出发建构评价标准。有学者提出实践是思想政治教育价值评价的最高标准，从精神成果层面和物质成果层面表达了“三个有利于”的根本评价标准，总结了在

① 项久雨．思想政治教育价值论［M］．北京：中国社会科学出版社，2003：284－295.
② 张耀灿，郑永廷，吴潜涛，等．现代思想政治教育学［M］．2版．北京：人民出版社，2006：186－199.
③ 田鹏颖，赵美艳．思想政治教育哲学［M］．北京：光明日报出版社，2010：111－113.
④ 王学俭．现代思想政治教育前沿问题研究［M］．北京：人民出版社，2008：191.
⑤ 项久雨．思想政治教育价值论域及其研究意义［J］．学校党建与思想教育，2003（7）：14－17.
⑥ 王茂胜．思想政治教育评价论［M］．北京：中国社会科学出版社，2006：45.
⑦ 闵绪国．思想政治教育价值研究［M］．北京：人民出版社，2017：234.
⑧ 罗洪铁，董娅．思想政治教育原理与方法基础理论研究［M］．北京：人民出版社，2005：39.

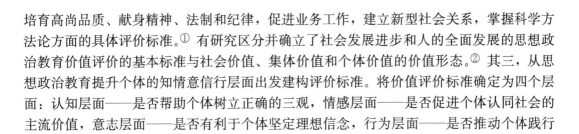

培育高尚品质、献身精神、法制和纪律，促进业务工作，建立新型社会关系，掌握科学方法论方面的具体评价标准。① 有研究区分并确立了社会发展进步和人的全面发展的思想政治教育价值评价的基本标准与社会价值、集体价值和个体价值的价值形态。② 其三，从思想政治教育提升个体的知情意信行层面出发建构评价标准。将价值评价标准确定为四个层面：认知层面——是否帮助个体树立正确的三观，情感层面——是否促进个体认同社会的主流价值，意志层面——是否有利于个体坚定理想信念，行为层面——是否推动个体践行社会主义核心价值观。

第三，评价的功能。其一，学界对思想政治教育价值评价的功能进行层次性划分，将其具体化为基本功能、具体功能和主要功能。有研究指出，思想政治教育价值评价的基本功能，是思想政治教育者通过评价活动，反馈信息，并及时对思想政治教育活动进行有效的控制和调整，优化思想政治教育的过程。围绕这一基本功能，思想政治教育价值的评价还有判断功能、鉴定功能、激发功能、调节功能等具体的功能。③ 有研究认为思想政治教育价值评价具有多种功能，其中判断功能、诊断功能、认识功能、导向功能、沟通功能最为主要。④ 其二，将马克思主义哲学发展的最新成果，即价值论运用于思想政治教育价值评价，认为功能是思想政治教育价值显性的重要存在方式，提出思想政治教育价值具有组织管理功能、反馈指导功能和中介功能。⑤

三、新时代思想政治教育价值研究的趋势分析

思想政治教育学科设立 40 年来，思想政治教育价值论研究经历了以单线为主、多线并轨为辅的研究脉络。新时代思想政治教育价值研究呈现出以下发展趋势：坚持理论创新，深化思想政治教育价值基础理论研究；坚持服务大局，促进思想政治教育价值研究的现实化；坚持系统观念，促进思想政治教育价值研究的科学化；等等。

（一）坚持理论创新，深化思想政治教育价值基础理论研究

思想政治教育学科成立 40 年来，学者们在思想政治教育价值的生成、本质、形态、实现、评价等基础论域中取得了诸多研究成果，不断完善了思想政治教育价值的基础理论。实践发展没有止境，理论创新也没有止境。思想政治教育价值基础理论本身还有发展空间，且近年来思想政治教育价值基础理论研究有趋冷的样态。在这样的情况下，需要坚持理论创新，深化思想政治教育价值基础理论研究。

首先，丰富思想政治教育价值生成的基本原理。思想政治教育价值的生成原理是关于思想政治教育价值在主客体之间如何发生、转化和存在的理论。目前，学界认识到：在一定的条件和环境下，思想政治教育价值生成于价值主体的需要与思想政治教育的功能属性之间的实践互动中，是唯物论和辩证法的统一。但是，在已有的研究成果之上，学界还需坚持理论创新，回答以下几个问题：一是如何与时俱进地把握主体需要属性。主体需要是

① 项久雨．思想政治教育价值论［M］．北京：中国社会科学出版社，2003：239－247．

② 闵绪国．思想政治教育价值研究［M］．北京：人民出版社，2017：242－246．

③ 同①224－227．

④ 同②239．

⑤ 张宇明．要重视思想政治教育价值评价的研究与应用［J］．理论与改革，2003（4）：111－112．

思想政治教育价值生成的前提，新时代个体需要和国家需求已经发生变化。但是，从思想政治教育的视角诠释新时代美好生活和全面建成社会主义现代化国家的需要的研究还较少。二是如何全面认识客体自身的功能属性。客体本身的功能属性是形成价值的客观基础，思想政治教育处于发展之中，其功能属性随时处于升级优化之中。然而，理论界对这一变化的研究阐释还不够充分，理解还不到位。三是如何准确把握主客体之间的实践。实践是联结主客体的关系桥梁，是价值生成的关键环节。学界以往对这个实践的把握大多用需要被满足来加以概括，对于如何界定需要被满足却语焉不详。

其次，廓清思想政治教育价值实现的基本原理。思想政治教育价值实现的基本原理是从过程的角度出发，研究价值从“应然”到“实然”的过程，理想价值发挥和实际价值发挥之间的差距。一是深化价值实现的内涵研究。目前学界对价值实现的定义主要是由“潜”到“显”、由“暗”到“明”，即思想政治教育的功能属性在思想政治教育对象身上变为现实的思想政治素养，产生实际效应的主体客体化和客体主体化的过程。诚然，价值世界是偏向主体的，但是把思想政治教育价值的实现等同于人的变化，值得学界进一步探讨。二是从主客体出发研究价值实现的途径。学界对思想政治教育价值实现的途径有丰富和深刻的探讨，普遍认为灌输和接受是价值实现的基本途径。但是灌输和接受都是从思想政治教育客体接受的角度把握价值实现的。如何既坚持思想政治教育的主体需要，发挥主体的主观能动性，又兼顾马克思主义理论教育的基本方法呢？我们提出将灌输和接受发展为灌输和启发相统一。三是重视价值实现的规律研究。规律是理论中的深层次问题，思想政治教育价值实现规律是思想政治教育价值论中的重要命题，关乎思想政治教育价值的科学水平。

最后，完善思想政治教育价值评价的基本原理。在思想政治教育价值的基本论域中，价值评价的研究相对薄弱。完善思想政治教育价值评价的基本原理，可以从以下几个方面展开：一是重视价值评价的功能研究。思想政治教育价值评价功能是价值评价所发挥的效能，建立在把握思想政治教育价值的认知基础上。在思想政治教育价值评价中，价值评价的功能研究相对匮乏。研究价值评价的功能还需要更宽阔的视野，挖掘价值评价对思想政治教育、思想政治教育价值的实现、思想政治教育者和受教育者的效能和作用。二是更新价值评价的标准体系。标准体系直接决定评价结果。思想政治教育价值评价的标准体系是研究价值评价的观测点，是价值评价的核心要素。人和社会是历史性存在，新时代标准体系必须随之而不断更新、增强或强调时代特色。三是加强价值评价方法的研究。思想政治教育价值的表现主要是精神存在和文化存在，具有一定的潜在性、开放性、长期性和模糊性。因此，价值评价方法显得格外困难和重要。目前，学界提出的研究方法多是笼统的方法原则，比如定性与定量相结合，并没有提出具体的可操作的评价方法。虽然思想政治教育价值评价是绝对性和相对性的统一，但是研究思想政治教育价值评价的独特的方法是必须且可为的。

（二）坚持服务大局，促进思想政治教育价值研究的现实化

思想政治教育的重要价值被党的全部历史和经验所证明，服务中心任务是思想政治教育百年来蓬勃发展的主线。面向未来，思想政治教育价值现实化研究在于挖掘思想政治教育在以中国式现代化推进中华民族伟大复兴中的具体价值，体现在以下几个方面。

首先，研究思想政治教育加强党的思想建设。用党的创新理论武装全党是党的思想建设的根本任务。理论武装全党的重要途径是思想政治教育。新时代研究思想政治教育如何坚持不懈地用新时代中国特色社会主义思想凝心铸魂，如何教育全党统一思想、统一意志、统一行动，如何引导全党牢记宗旨并解决好世界观、人生观、价值观这个总开关问题是思想政治教育价值现实化研究的方向之一。

其次，研究思想政治教育赋能中国式现代化。中国式现代化为思想政治教育带来了新机遇、新挑战、新目标。在中国式现代化的语境下，学界需要加强研究思想政治教育在推进和拓展中国式现代化、实现中华民族伟大复兴征途中的国家价值、社会价值和个人价值，研究思想政治教育凝聚人心、引导方向、激发动力、完善人格、强健精神、规范行为、营造氛围等具体价值。

再次，研究思想政治教育推进文化自信自强。文化自信自强是道路自信、理论自信、制度自信、历史自信的重要表现，是国家文化软实力的重要内容。思想政治教育是传承创新文化、增强文化自信、促进文化自强的重要途径。新时代思想政治教育价值研究要思考思想政治教育在建设具有强大的凝聚力和引领力的社会主义意识形态、广泛践行社会主义核心价值观、提高全社会文明程度中的地位和作用，阐释思想政治教育在推进文化自信自强中的具体价值。

最后，研究思想政治教育与后继有人根本大计。为人民谋幸福、为民族谋复兴、为世界谋大同需要一代代“时代新人”接续奋斗，必须抓好后继有人根本大计。思想政治教育价值现实化研究要研究如何引导青年人赓续党的血脉、传承党的优良传统；如何源源不断地培养选拔德才兼备、忠诚干净担当的专业化干部，源源不断地把各方面先进分子特别是优秀青年吸收进来，源源不断地培养造就有理想、敢担当、能吃苦、肯奋斗的新时代好青年。

（三）坚持系统观念，促进思想政治教育价值研究的科学化

系统观念是新时代中国特色社会主义思想的世界观和方法论，是预防发生系统性风险的底线意识，是新时代思想政治教育科学化的重要思维。思想政治教育价值论是系统的、整体的，必须系统性、整体性地加以研究。坚持系统观念，促进思想政治教育价值研究的科学化是新时代思想政治教育价值研究的重要趋势。

首先，要素系统性的研究。思想政治教育是做人的工作，内含社会要求与个人需求之间的矛盾、社会要求的思想政治素质与个人实际思想水平之间的矛盾，社会矛盾、人的矛盾是思想政治教育价值的生长空间。社会的复杂系统性、人的精神世界的复杂系统性决定了思想政治教育价值论的系统性。从纵向视角来看，生成、本质、形态等子系统构成思想政治教育价值论的系统性；从横向视角来看，主体、客体和中介等要素系统构成思想政治教育价值论的系统性。思想政治教育价值论的子系统的发生、子系统之间的关系以及子系统与价值论系统之间的关系研究还处于起始阶段，还有较大的发展空间。

其次，理论综合性的研究。思想政治教育价值论是思想政治教育理论的组成部分，与思想政治教育本质论、内容论、环境论、载体论、过程论共同构成思想政治教育基础理论体系。思想政治教育理论以马克思主义和发展中的马克思主义为指导思想和理论基础，同时借鉴政治学、教育学、伦理学、心理学、社会学等学科，是理论和实践、科学和价值的

综合。思想政治教育价值论内含于思想政治教育理论之中，也带有强烈的综合性特色。研究思想政治教育价值论学科交叉、理论融合的综合性，有利于提升思想政治教育价值实现的实效性，是重要的议题。

最后，理论与环境的整体性研究。思想政治教育价值论是思想政治教育理论体系中的子系统，更是内在于全员育人、全过程育人、全方位育人的社会系统之中，是贯穿课程育人、科研育人、实践育人、文化育人、网络育人、管理育人、服务育人、资助育人和组织育人的价值主线。目前，大中小学思政课一体化共同体建设、“大思政课”建设等思想政治课教育改革的目的也在于推进思想政治教育理论与社会环境、育人资源、育人载体的整体性研究，强化思想政治教育价值。因此，思想政治教育价值研究需要从整体、宏观的系统思维加以推进。

第二节　思想政治教育功能研究

思想政治教育功能，是“思想政治教育得以存在和发展的‘合法性’基础”①，其发挥的程度，直接关系思想政治教育整体效果与价值的实现。思想政治教育学科成立40年来，思想政治教育功能研究适应理论与现实的需要，从恢复党的“生命线”优良传统回应“要不要”的问题，到内涵式发展回答“适应不适应、做得好不好”的问题，取得丰硕研究成果，促进思想政治教育的高质量发展。

一、思想政治教育功能研究的发展进程

改革开放以来，伴随着党中央从重新恢复和肯定“思想政治工作是经济工作和其他一切工作的生命线”② 地位和作用，到新时代提出“把思想政治工作作为治党治国的重要方式”③，思想政治教育功能逐渐从“生命线”地位和作用论中分离出来，形成具有自身独特价值的理论与实践论域。总体来看，思想政治教育学科成立40年来，思想政治教育功能研究大致经历了以下三个发展阶段：

（一）思想政治教育功能的提出与初创阶段

理论是时代的回响。1978年，党和国家进入改革开放和社会主义现代化建设新时期，拨乱反正成为迫切任务。这一时期，思想政治教育再认识问题被提上日程。在批判过去将思想政治教育抬高到“高于一切、大于一切、冲击一切”的“泛政治化”万能论的同时，一些人走向另一个极端，他们极力贬低思想政治教育工作的地位，抛出了思想政治教育工作“无用论”“过时论”“代替论”“取消论”，妄图取消思想政治教育工作。④ 在此种背景下，1981年，党的十一届六中全会通过的《关于建国以来党的若干历史问题的决议》恢

① 张耀灿，等．思想政治教育学前沿［M］．北京：人民出版社，2006：155.

② 中共中央文献研究室．三中全会以来重要文献选编（下）［M］．北京：人民出版社，1982：831.

③ 中共中央国务院印发《关于新时代加强和改进思想政治工作的意见》［N］．人民日报，2021-07-13（1）.

④ 陈秉公．思想政治教育学原理［M］．沈阳：辽宁人民出版社，2001：75.

复了“思想政治工作是经济工作和其他一切工作的生命线”的重要论断，肯定了思想政治工作的地位和作用。由此，在理论上回应这一问题成为理论界推动思想政治教育科学化的重要任务之一。

《高等学校学生思想政治教育概论》较早将“功能”概念引进思想政治教育领域，提出“学生思想政治教育地位和作用，共产主义道德教育的本质和社会功能”①。但“功能”概念并没有受到重视，学者们普遍将关注和研究的重心放在“地位和作用”上，并将其纳入思想政治教育基础理论问题之一。随后，张蔚萍、张俊南撰写的《思想政治工作概论》(1983)，李云泉撰写的《新时期思想政治工作》(1985)，陆庆壬主编的《思想政治教育学原理》(1986)，张耀灿主编的《思想政治教育学原理》(1988)，张蔚萍、张列军编著的《社会主义市场经济条件下思想政治工作概论》(1993)，陆庆壬主编的《人的发展和社会发展——思想政治教育学基础理论研究》(1994)，邱伟光、张耀灿主编的《思想政治教育学原理》(1999) 和刘书林、陈立思撰写的《青年思想政治教育学原理》(1999) 等普遍设“思想政治教育的地位和作用”专章，集中阐述思想政治工作在经济业务工作、社会主义精神文明建设、加强和改善党的领导、进行各项改革、培养和造就社会主义新人等中的引领、服务、保证的“生命线”地位和作用。与此同时，“思想政治教育功能”初步受到一些学者的关注，刘耀杰提出“思想政治工作的整体功能”②；金鉴康区别了“思想政治教育的整体功能”和“一般功能”③；张耀灿主编的《思想政治教育学原理》提出“灌输、塑造、导向、转变、调节、激励、咨询、沟通等，都是思想政治教育功能”④；唐凯麟主编的《思想政治系统工程学》从系统科学的角度论证“思想政治系统工程的系统功能”⑤；郑永廷等提出“德育的功能拓展”⑥ 命题。

但总体来说，这一时期集中从“思想政治教育的地位和作用”来说明思想政治教育功能，尚未将功能与作用、职能、价值等概念区分开来。由此，还有的学者主张把思想政治教育的“‘地位和作用’改为‘地位和功能’”，或“改为‘结构与功能’”⑦。从思想政治教育的地位和作用角度引导人们正确认识思想政治教育发挥过积极的作用，但随着改革开放和社会主义现代化建设的日益深入发展，从“地位和作用”角度论证日益显示出它的不足：一是较多从运用事实和直观经验来论证，这种解释停留在事实性认识和经验形态上，理论深度不足；二是较多地提思想政治教育的社会功能，而对个体功能的关注不够。因此，需要继续从学理层面深入全面把握思想政治教育功能。

（二）思想政治教育功能的建构与扩张阶段

进入新世纪，站在推进建设中国特色社会主义事业的战略高度，江泽民同志对思想政

① 《高等学校学生思想政治教育概论》编写组．高等学校学生思想政治教育概论［J］．上海高教研究，1982(2)：1-6.

② 《思想政治工作系列讲座》编写组．思想政治工作系列讲座［M］．长沙：湖南大学出版社，1986：1.

③ 金鉴康．思想政治教育学［M］．北京：水利电力出版社，1987：25.

④ 张耀灿．思想政治教育学原理［M］．武汉：华中师范大学出版社，1988：87.

⑤ 唐凯麟．思想政治系统工程学［M］．长沙：湖南人民出版社，1988：18.

⑥ 郑永廷，苏一凡，陈泽勤．广东高校德育改革与发展［M］．广州：广东高等教育出版社，1994：125.

⑦ 刘书林．思想政治教育学原理专题研究纲要［M］．北京：人民出版社，2018：59.

治教育做了新的定位，即："党的思想政治工作，是经济工作和其他一切工作的生命线，是团结全党全国各族人民实现党和国家各项任务的中心环节，是我们党和社会主义国家的重要政治优势。"① 与此同时，思想政治教育学科的设立特别是马克思主义理论与思想政治教育专业博士学位点的设立，加快了思想政治教育研究的科学化步伐。思想政治教育功能研究逐渐从传统的"地位和作用论"中分离出来，从过去事实性的经验论证进一步上升到科学理论的阐释，初步构建了以概念阐释、特点研究、发展取向、功能发挥等为主的框架体系，并在功能与价值之辨中明确思想政治教育功能的研究边界。

自2000年陈秉公在其《21世纪思想政治教育工作创新理论体系》著作中设专章讨论"思想政治教育工作的社会职能"以来，学者们着力于推动思想政治教育功能研究的学理化、体系化，思想政治教育功能不断扩张。

一是引进其他学科相关理论，特别是系统科学理论、教育或德育功能相关研究成果推动思想政治教育功能研究学理化。陈秉公在《思想政治教育学原理》（2001）一书中回顾总结前一阶段的"地位和作用"论时指出，"在说明思想政治教育的地位和作用时，往往只进行事实论证和直观经验的论证，未进行深层次的理性证明，还没有将思想政治教育的地位和作用建立在社会结构这个根基上"②。他提出从社会机体结构上揭示思想政治教育的功能性地位，并区分了"根本性社会职能"与"一般性社会职能"。20世纪90年代，教育学领域以鲁洁为代表的一批学者对德育功能进行了开拓性研究，《德育功能观之历史考察》《试述德育的自然性功能》《试论德育之个体享用性功能》等系列文章，为思想政治教育功能研究提供了有益分析范式。此外，张澍军从哲学角度对价值与功能的递进关系进行了阐述。

二是不断构建和完善思想政治教育功能研究体系和框架。2001年，张耀灿、陈万柏主编的《思想政治教育学原理》设专章阐述了思想政治教育功能的内涵、特点和内容。2005年，王仕民主编的《德育功能论》从德育功能内涵、中西方历史上德育功能思想、经典作家的德育功能论、德育功能结构、德育社会功能（包括政治、经济、文化功能）、德育功能发展及其趋势等方面较全面地拓宽了其研究体系。2006年，张耀灿等在系统回顾这一时期思想政治教育功能的基本研究框架的同时，进一步厘析思想政治教育功能相关概念及其相互关系，增加了思想政治教育功能研究的历史考察及其发挥、发展和评价研究，并提出从把握结构与功能的辩证关系、整合学科资源、加强实证研究、细化思想政治教育的具体功能方面拓展该研究。李辽宁的《当代中国思想政治教育意识形态功能研究》（2006）是较早对思想政治教育具体功能进行研究的专著，系统探讨了思想政治教育意识形态功能的相关问题。至此，思想政治教育功能研究的一般体系框架基本形成。

三是适应时代和实践的需要，思想政治教育功能不断扩张。郑永廷、张彦围绕德育功能发展命题深刻指出，面对开放的环境、市场经济体制、经济全球化与文化多元化的发展，"对德育功能的认识，在实践中和理论上逐步趋向全面深化，德育功能有了新变化和新发展"，呈现"由单一功能向多样功能的发展"③ 趋势。刘建军、曹一建认识到"人们

① 江泽民文选（第3卷）[M]. 北京：人民出版社，2006：74.

② 陈秉公. 思想政治教育学原理 [M]. 沈阳：辽宁人民出版社，2001：69.

③ 郑永廷，张彦. 德育发展研究——面向21世纪中国高校德育探索 [M]. 北京：人民出版社，2006：206.

对思想政治教育价值的认识更多地局限于社会价值方面，只是从党、国家和社会的角度来谈思想政治教育的价值，而较少谈到它的个人价值”①，他们提出从个体成长发展、个人利益实现和人生实践阐述其个人价值或功能。由此，学界对思想政治教育功能进行广泛讨论，认为思想政治教育功能除传统的“服务、保证”政治功能外，在社会功能方面还涌现经济功能、文化功能、生态功能、社会功能、管理功能等，还有个体方面的生存功能、享用功能、智育功能、美育功能、人才资源开发功能等，此外还有激励功能、心理疏导功能、反腐败功能、就业指导功能等。这在推动思想政治教育功能更深层次的探索的同时，也暴露了“功能和价值已经在有意无意之中呈现出泛化的不良现象”②。

（三）思想政治教育功能的专题研究与系统深化阶段

进入新时代，以习近平同志为核心的党中央高度重视思想政治教育，思想政治教育由“极端重要的工作”具化为“思政课是落实立德树人根本任务的关键课程”③“思想政治工作作为治党治国的重要方式”④，推动了思想政治教育功能的专题化与系统深化。这一时期，学者们不仅仅停留于一般性地研究思想政治教育功能，在完善思想政治教育体系的同时深化具体领域的思想政治教育功能实现与整体协同优化问题。目前已出版的含思想政治教育功能研究的专著有多部，比如《新时代高校思想政治教育治理论》（2021）、《思想政治教育功能研究》（2019）、《思想政治教育社会治理功能研究》（2019）、《思想政治教育导向功能及其机制建设》（2020）、《思想政治教育的文化功能》（2022）等。此外，思想政治教育功能也成为学术论文与学位论文的重要选题。

一是深化思想政治教育功能的一般性研究。一批学者融合相关理论，对思想政治教育功能理论体系进行再体系化研究。姜玲玲所著的《思想政治教育系统论》（2012）引进系统论，从系统与外部环境相互联系和相互作用的角度，对思想政治教育的系统功能的含义、特征、分类、优化途径进行理论探索；孙其昂等人在其专著《思想政治教育现代转型研究》第六章“思想政治教育职能定位的现代转型”中进一步对思想政治教育职能与功能做了严格区分；侯勇则引进帕森斯结构功能理论，将思想政治教育功能概括为思想政治教育系统的适应功能、目标达成功能、整合功能、维系功能。⑤

二是推进具体领域思想政治教育功能研究。有学者指出，“与社会分化一样，思想政治教育分化也会产生思想政治教育后果，这种后果是多重的和丰富的，直接来看，它在思想政治教育领域形成新部门、新角色、新现象，也形成思想政治教育新型格局”⑥。由此，一些学者提出“精准思政”⑦ 的实践方案。此外，学界普遍认识到致力于思想政治工作具体领域的功能问题研究的重要性，取得丰硕成果。第一，抓住互联网这个最大的变量，宋

① 刘建军，曹一建．思想理论教育原理新探［M］．北京：高等教育出版社，2006：75.

② 汪勇．论思想政治教育的泛化、危害及应对［J］．河南师范大学学报（哲学社会科学版），2010（2）：257-260.

③ 习近平．思政课是落实立德树人根本任务的关键课程［M］．北京：人民出版社，2020：2.

④ 中共中央国务院印发《关于新时代加强和改进思想政治工作的意见》［N］．人民日报，2021-07-13（1）.

⑤ 侯勇．社会视野中的思想政治教育系统研究［M］．北京：人民出版社，2016：86-90.

⑥ 董雅华，徐蓉．思想政治教育学科自觉与科学化研究［M］．上海：复旦大学出版社，2013：56.

⑦ 李辉，孙晓晖．精准思政：必要与可行［J］．思想教育研究，2020（6）：3-8.

元林在《网络思想政治教育》(2012)一书中深入探讨了“网络思想政治教育功能”，吴满意等在《网络思想政治教育生态系统研究》(2019)一书中深入研究了网络思想政治教育生态系统的结构与功能及功能的实现问题。第二，抓好学校思政课建设，学者们围绕思政课是立德树人关键课程、思政课与课程思政、思政课教师队伍建设等问题形成一大批高质量研究成果。第三，深入推进国家治理，冯刚等人从载体运用、课程建设、队伍建设、质量评价、风险防控、治理环境阐述高校思想政治教育治理功能的优化；汪玲、张斌对思想政治教育的社会治理功能的内涵、特征、内容做了具体分析；陈燕撰写的《思想政治教育社会治理功能研究》从理论基础、历史与现实考察、实现路径进行系统考察。第四，宣传思想工作，学者们普遍强调从“坚定拥护‘两个确立’、时刻聚焦‘党的中心任务’、着力构建‘大宣传’格局、敢于且善于开展舆论斗争以及始终坚持加强宣传队伍建设五个方面”① 优化宣传思想工作效能。此外，还有学者强调关注文艺工作、哲学社会科学建设等方面的思想政治教育功能发挥。

三是着力于思想政治教育功能整体协同与系统发挥研究。2012 年，戴锐提出“思想政治教育共同体”，指出“现实的思想政治教育领域并未真正以共同体的形式发挥作用”②的问题。2014 年，他进一步将问题凝练为“如何打破思想政治教育共同体内部各部分之间相互疏离的局面，思想政治教育管理、理论研究与工作实践部门及其成员之间如何实现良性互动，从而实现其所应有的‘共效应’，并使思想政治教育成为国家治理体系的一个有效组成部分”，并提出“共生、共轭与共振的思想政治教育共同体之运行及‘共效应’的实现机制”③。随后，一些学者围绕完善思想政治教育体系进行广泛讨论，有学者指出从“确立大思政的格局观，聚焦后继有人根本大计”，“确立大思政的合力观，构建一体化‘三全育人’体系”，“确立大思政的发展观，推动高质量发展”，协同推进高校思想政治教育体系的构建。④ 此外，一些学者围绕“大中小思想政治教育一体化”“大思政课”，强调统筹各学段教学理念、教学目标、教学内容、教学方式、教学评价等，整合社会各类资源以协同思想政治教育功能发挥。

至此，40 年来，思想政治教育功能研究经历了从“生命线”地位和作用论的经验性论证到“结构与功能”的学理性阐释，从一般性抽象论证到特殊性具体优化，逐步形成比较成熟完善的研究体系。

二、思想政治教育功能研究的主要论域

思想政治教育学科成立 40 年来，围绕思想政治教育功能这一基础性问题，专家学者从概念到内容、从历史到现实、从理论到实践形成一大批高质量的研究成果。总体来看，

---

① 花冬进，吴頔．深刻把握新时代新征程党的宣传思想工作的规律性认识［J］．学校党建与思想教育，2023(3)：6－9.

② 戴锐．思想政治教育共同体的可能、现实与前景——以场域为基本视角的研究［J］．思想理论教育，2012(17)：40－45.

③ 戴锐．思想政治教育共同体的运行机制与发展战略［J］．思想政治教育研究，2014(6)：9－12.

④ 李辉，林丹萍．新时代高校思想政治教育的系统思维［J］．马克思主义理论学科研究，2022(11)：103－111.

学界主要聚焦思想政治教育功能的概念、特点、类型、历史考察、生成、发展、发挥与优化等问题，构建起比较完整的思想政治教育功能研究版图。

（一）思想政治教育功能的概念

思想政治教育功能内涵与外延的明晰，是随着“功能”内涵认识视角的变化而不断完善的，目前形成了比较共识性的观点。“功能”一词源于物理学，在西方，19 世纪，社会学领域较早使用了这一概念。“从总体来看，对于‘功能是什么’的解释存在着‘主观论’与‘客观论’的分歧。主观论者把功能看成主观的东西，并将功能与目的互换使用；‘客观论’者认为功能是客观存在的，它是不依人的主观意志为转移。”① 在思想政治教育领域，最初“功能”是作为作用的替代用语出现的，随后又与“价值”“职能”等概念等同使用。由此，对思想政治教育功能概念的认识存在以下几种观点：

第一，“功能-作用”等同论。这种观点认为，所谓思想政治教育的功能就是指思想政治教育的作用。主要的观点有：德育功能就是德育对于受教育者个体和社会所起的作用②；德育功能是教育者在培养被教育者品德活动中产生的现实或后续作用③；思想政治教育功能是指思想政治教育对其教育对象乃至整个社会所发生的积极独特的作用或影响④；思想政治教育功能是指思想政治教育所发挥的效能和它具有的极其重要的社会作用⑤。

第二，“功能-价值”等同论。这种观点认为，思想政治教育的功能就是指思想政治教育的价值，由此也引发了 20 多年的“功能与价值之辨”。桑新民在《呼唤新世纪的教育哲学——人类自身生产探秘》中把德育功能与德育价值等同起来。⑥ 自 1989 年李德顺提出将哲学上的价值论引进思想政治教育，学者们便开始着手思考功能与价值的关系。王立仁指出要区别德育功能与德育价值，认为德育功能强调的是德育的有用性，德育价值则强调这种有用性的实现。⑦ 但这种表述实际上并未将德育功能与德育价值区别开来，因为“有用性”本身就是事物价值的体现。张澍军指出“功能的概念不同于‘价值’的概念”⑧：功能的指向范围包括自然界与社会界，强调事物自身所固有的作用特性或单方面能力，是个科学的客观性概念；而“价值”主要用于社会范围，是个社会性范畴，强调和表达的是事物与主体之间相互作用关系及作用的趋向与效应。由此，基本奠定了思想政治教育功能与价值之间关系的认识。

第三，“功能-职能”等同论。这种观点将思想政治教育功能直接等同于思想政治教育职能。王殿卿等人将德育职能与德育功能作为同义替换词，将《大学德育学》中的大学德育的“灌输的职能、塑造的职能、矫正的职能和保证的职能”⑨ 变成《新编大学德育学》

---

① 张耀灿，等．思想政治教育学前沿［M］．北京：人民出版社，2006：179.
② 曹书庆．关于德育功能的辩证探讨［J］．河北师范大学学报（社会科学版），1996（1）：4.
③ 谭变娥．试论德育的经济功能［J］．前进，2001（5）：41－42.
④ 陈万柏，万美容．思想政治教育学原理新编［M］．武汉：华中师范大学出版社，2000：99.
⑤ 仓道来．思想政治教育学［M］．北京：北京大学出版社，2004：49.
⑥ 桑新民．呼唤新世纪的教育哲学——人类自身生产探秘［M］．北京：教育科学出版社，1993：132.
⑦ 王立仁．德育价值论［M］．北京：中国社会科学出版社，2004：76.
⑧ 张澍军．德育哲学引论［M］．北京：中国社会科学出版社，2008：195.
⑨ 王殿卿．大学德育学［M］．石家庄：河北人民出版社，1988：88.

中的“灌输的功能，塑造的功能，矫正和保证的功能”①。陈秉公将“思想政治教育功能”与“思想政治教育职能”在同一意义上使用，具体包括根本性社会职能和具体性社会职能。② 有的学者认为思想政治教育的职能包括五个方面，即灌输、转变、调节、凝聚、激励职能，这五个方面在某种程度上就是指思想政治教育功能。③ 一些学者也认识到二者的区别，如曹影指出，“职能是根据社会分工和社会需要，而社会分工则是根据它所具有的功能”④，职能指向一个组织或机构背后的权利与义务的统一，功能指向事物的客观属性。

第四，“功能-效用”等同论。这种观点认为，思想政治教育功能是思想政治教育本身所具有的特性，以及与外部环境之间相互作用后产生的效果。有学者认为，思想政治教育的功能，是指思想政治教育内部各要素之间以及思想政治教育在与外部环境之间发生联系和关系时表现出来的特性以及产生的效果。⑤

第五，“功能-结果”等同论。有研究者认为，德育功能是德育系统内部诸要素之间以及系统与环境之间相互作用时产生的结果。⑥ 也有研究者认为，德育功能是指德育对于个体和社会所产生影响的客观结果。⑦

自 1996 年华中师范大学邢安仁较早地从语义学视角对“功能”进行阐释以来⑧，一大批学者相继聚焦这一问题进行广泛讨论。仓道来主编的《思想政治教育学》(2004)、张耀灿等人撰写的《思想政治教育学前沿》(2006)、张澍军撰写的《德育哲学引论》(2008)、王学俭编著的《现代思想政治教育前沿问题研究》(2008)、孙其昂等人撰写的《思想政治教育现代转型研究》(2015)、侯勇撰写的《社会视野中的思想政治教育系统研究》(2016)、冯刚等人撰写的《思想政治教育研究热点年度发布 2017》(2018) 等从词源学、哲学和系统科学等视角对功能与作用、能力、结果、价值、目标（目的）、职能等概念互用的情况进行全面的分析与把握，基本达成共识，即思想政治教育功能是一种思想政治教育实践活动本身所具有的客观属性。

（二）思想政治教育功能的特点

思想政治教育功能由于其内部系统各要素、结构及其相互作用方式的独特性，具有区别于其他实践活动的独特属性。总体而言，思想政治教育特点的研究，呈现从宏观上把握思想政治教育整体性功能的特点向聚焦微观领域某一具体功能的特点的发展。

从宏观上把握思想政治教育整体性功能，学者们普遍聚焦思想政治教育功能的本体论、认识论和价值论等不同层面把握其特点。整体而言，从本体论层面来看，认为思想政治教育实践的客观性决定了其功能的客观性，以及思想政治教育活动的历史性决定了其功

① 王殿卿，李春玲．新编大学德育学［M］．成都：四川教育出版社，1994：72.
② 陈秉公．思想政治教育学原理［M］．沈阳：辽宁人民出版社，2001：127.
③ 陈建保，侯丹娟．思想政治教育功能研究述评［J］．理论月刊，2010 (6)：179 - 181.
④ 曹影．思想政治教育职能论［M］．长春：吉林大学出版社，2007：31.
⑤ 芮明杰，孙远．思想・心理・行为——思想政治工作学探索［M］．重庆：重庆出版社，1990：13.
⑥ 李太平．德育功能・德育价值・德育目的［J］．湖北大学学报（哲学社会科学版），1999 (6)：89 - 92.
⑦ 卢跃青．试论德育功能与德育实效［J］．教育探索，2001 (11)：78 - 79.
⑧ 吴特青，张志建．政治教学研究论集［M］．西安：三秦出版社，1996：22.

能的发展性；从认识论层面来看，思想政治教育活动的内容和作用对象的丰富性决定了功能类型的多样性，系统的结构性决定了其功能的层次性；从价值论层面来看，思想政治教育功能具有适应性和超越性等特点。具体来看，1994 年郑永廷等开始涉及思想政治教育功能的特点问题研究，指出随着形势的发展，光有这两方面的功能（导向和保证功能）并不能完全适应需要。德育在强化原有功能的同时，要增加新的功能。① 这其实提出了思想政治教育功能的发展性特点。2001 年，张耀灿、陈万柏主编的《思想政治教育学原理》提出“思想政治教育功能的特点”命题，认为“思想政治教育的特殊性，决定其有如下特点”，即多方面性、多层次性、长期性、发展性。② 2006 年，张耀灿等人进一步提出客观性、多样性、层次性、发展性等特点。③ 程建平提出，德育功能具有整体性和差异性、间接性和直接性、适应性和超越性等特点。④ 姜玲玲认为思想政治教育系统功能具有整体性和层次性、综合性、动态性⑤等特征。

还有学者聚焦微观领域某一具体功能的特点。有学者专门对德育的经济功能发挥的特点进行了研究，认为它具有间接性（其直接结果不是经济收益）、迟效性（投资见效慢，不能立竿见影）、长期性（发挥作用以后能长期起作用）。⑥ 李辽宁提出思想政治教育的意识形态功能具有一元性与多层次性、灌输性与渗透性、批判性与建设性、继承性与发展性特征。⑦ 宋元林围绕网络思想政治教育功能和传统思想政治教育功能的异同点，指出“网络思想政治教育功能是对传统思想政治教育功能的继承和发展”，二者“具有相同的基本功能。比如网络思想政治教育和传统思想政治教育都具有鲜明的导向功能和开发功能”⑧，但网络思想政治教育在功能的数量、功能的强度上不同于传统思想政治教育。杜奉瑛对思想政治教育社会管理功能的特点进行分析，指出思想政治教育社会管理功能具有价值性、“柔软性”、人本性、潜隐性特点。⑨

（三）思想政治教育功能的类型

思想政治教育功能的类型，是指依据不同内容特征所形成的具体思想政治教育功能的种类。思想政治教育功能类型的形成与思想政治教育理论研究和学科建设的不同发展取向密切相关。

传统取向的学者强调思想政治教育的“生命线”作用，从政治与经济的辩证关系原理，强调思想政治教育的引领、服务、保证等功能。这主要是早期的一些学者的观点，主要是基于历史经验性事实认识研究思想政治教育功能具体内容的，他们以“生命线”内涵为依据。谢德民主编的《思想政治工作通论》就指出，思想政治工作之所以在党的整个工作链条中处于“中心环节”的地位，从它自身所具有的功能来说，就在于它主要具备“服

① 郑永廷，苏一凡，陈泽勤．广东高校德育改革与发展［M］．广州：广东高等教育出版社，1994：125.
② 张耀灿，陈万柏．思想政治教育学原理［M］．北京：高等教育出版社，2001：69.
③ 张耀灿，等．思想政治教育学前沿［M］．北京：人民出版社，2006：161－163.
④ 程建平．现代德育功能论［J］．求实，2004（4）：84－87.
⑤ 姜玲玲．思想政治教育系统论［M］．合肥：合肥工业大学出版社，2012：75－77.
⑥ 邹群，马强．德育原理［M］．大连：辽宁师范大学出版社，2002：59.
⑦ 李辽宁．当代中国思想政治教育意识形态功能研究［M］．武汉：武汉大学出版社，2006：62－64.
⑧ 宋元林．网络思想政治教育［M］．北京：人民出版社，2012：72.
⑨ 杜奉瑛．当代中国思想政治教育社会管理功能研究［D］．长春：东北师范大学，2012：34－39.

务”“保证”“协调”三大作用或三大功能。[①]

德育学和教育学取向的学者吸收和借鉴德育或教育功能相关研究成果，以德育或教育功能为立论依据，坚持从社会与个体两个维度阐述思想政治教育功能。鲁洁率先研究了德育的经济功能和文化功能，随后又提出德育的个体享用功能、自然性功能。鲁洁、王逢贤主编的《德育新论》对德育个体功能（包括个体品德发展功能、个体智能发展功能、个体享用功能）、德育社会功能（包括经济功能、政治功能、文化功能、自然性功能）以及二者之间的关系展开阐述。檀传宝在《德育功能简论》一文中在个人与社会功能的基础上增加了教育功能，还指出功能应当有正有负，德育的社会性功能主要指德育对社会政治、经济、文化以及生态环境等等发生影响的政治功能、经济功能、文化功能、生态功能等，同时又指出学校德育功能从作用的形态上看，可分为显性功能和隐形功能；从其作用的方式上看，则可分为直接功能和间接功能。[②] 陈万柏、张耀灿主编的《思想政治教育学原理》(2007）借鉴了德育功能论，提出思想政治教育个体功能（包括思想政治教育的个体生存功能、个体发展功能、个体享用功能）、社会功能（思想政治教育的经济功能、政治功能、文化功能和生态功能）。

工程学取向是从钱学森的《从社会科学到社会技术》等文章的思想中衍生出来的。1986年，刘耀杰提出“思想政治工作的整体功能”，指出“以整体的观点重新认识思想政治工作，就要研究如何发挥整体中各要素的能动作用”[③]。金鉴康以系统科学整体与部分的关系，在思想政治教育功能传统取向的基础上将思想政治教育功能区分为整体功能和一般功能，其中一般功能包括“传导、促变、调节、激励、审美五种功能”，整体功能包括“思想政治教育是坚持四项基本原则的重要保证”，“思想政治教育是搞好社会主义经济工作和其他一切工作，推动改革和建设的精神动力”，“思想政治教育为建设社会主义精神文明提供主题支持”[④]。唐凯麟编写的《思想政治系统工程学》从系统论视角提出“思想政治系统工程的系统功能”，包括导向功能、激励功能、调节功能、抑制功能等。[⑤] 侯勇借助帕森斯的AGIL模型分析，认为思想政治教育功能具体包括适应功能、目标达成功能、整合功能、维系功能。[⑥]

还有一些学者从实现效果的角度进行分类，思想政治教育功能可分为正功能和负功能。德育不仅会产生我们期望的效果——正效应，还可能产生低效应、零效应甚至负效应。[⑦]

（四）思想政治教育功能的历史考察

思想政治教育功能的历史考察，为思想政治教育功能的当代发展立论并提供历史借鉴。从回顾历史上思想政治工作的“生命线”作用开始，学界就明确了思想政治教育功能

① 谢德民．思想政治工作通论［M］．郑州：中原农民出版社，1988：19.
② 檀传宝．德育功能简论［J］．中国教育学刊，1999（5）：5.
③《思想政治工作系列讲座》编写组．思想政治工作系列讲座［M］．长沙：湖南大学出版社，1986：1.
④ 金鉴康．思想政治教育学［M］．北京：水利电力出版社，1987：25－30.
⑤ 唐凯麟．思想政治系统工程学［M］．长沙：湖南人民出版社，1988：18－22.
⑥ 侯勇．社会视野中的思想政治教育系统研究［M］．北京：人民出版社，2016：86－90.
⑦ 余秀兰．谈高校德育的功能［J］．上海高教研究，1996（2）：4.

研究的历史取向。1993 年，鲁洁的《德育功能观之历史考察》一文提出思想政治教育功能研究的历史向度，她回顾了中西方历史上的不同的德育社会功能观、个体功能观。王仕民主编的《德育功能论》(2005) 系统阐述了中国古代、西方和马克思主义经典作家的德育功能论，为思想政治教育功能的历史考察提供了有益借鉴。2006 年，张耀灿等人对中国古代、西方以及马克思和恩格斯有关思想政治教育功能的理论要点进行述略。① 此外，李辽宁、杜奉瑛、陈燕等人分别对思想政治教育意识形态功能、思想政治教育社会管理功能、思想政治教育社会治理功能进行了历史考察。

思想政治教育作为一项历史性活动，其功能必然随着历史的前进而不断发展，由此以郑永廷为代表的一批学者提出“思想政治教育的发展”命题，随后将对其进行讨论。

（五）思想政治教育功能的生成

思想政治教育功能的生成，是从追问“是什么”进一步深入“如何是”的命题，是思想政治教育功能研究必须回答的元问题。2018 年，周琪、靳玉军、王永友等人在《思想政治教育基础理论前沿问题研究》专题六“思想政治教育功能生成的逻辑”中提出该命题，从系统、结构、功能角度对思想政治教育功能生成的逻辑基础、逻辑结构、逻辑条件、逻辑过程、逻辑规律进行学理性分析②，奠定了重要基础。粟国康对思想政治教育功能的生成依据、内外部功能的生成及其规律做了系统分析。此外，一些学者探讨了思想政治教育某些具体功能的生成问题。

（六）思想政治教育功能的发展

思想政治教育功能的发展研究，是基于思想政治教育外部环境变迁、作用领域拓展、对象的多样性等而形成的。1994 年，郑永廷等人提出“德育功能拓展”问题，指出“德育向未知领域、宏观领域和微观领域的拓展，必定在这些领域产生影响和发挥作用，拓展功能”③。他们认为，德育在强化原有功能的同时，要增加稳定功能、开发功能、辅助功能、研究功能、组织功能等五项新的功能。2000 年，他又进一步提出思想道德教育导向功能的发展、保证功能的发展、开发功能的发展。④ 张耀灿、郑永廷等人所著的《现代思想政治教育学》将思想政治教育功能的发展概括为三个方面，即由再生功能向超越功能发展、由单一功能向多样功能发展、由传承功能向创新功能发展。⑤ 有学者在认同思想政治教育功能发展包括由单一功能向多样功能发展、由再生功能向超越功能发展的同时，还认同其包括由教育功能向文化功能发展，认为思想政治教育功能的发展是由这三个方面构成的。⑥ 也有学者把思想政治教育功能的发展概括为单一向全面的拓展、分化向整合的拓展、自我保存向自我更新的拓展三个方面。⑦ 王仕民对德育功能发展的基本理论、内外部

---

① 张耀灿，郑永廷，吴潜涛，等．现代思想政治教育学 [M]．2 版．北京：人民出版社，2006：167.

② 周琪，靳玉军，王永友，等．思想政治教育基础理论前沿问题研究 [M]．北京：人民出版社，2018：138-162.

③ 郑永廷，苏一凡，陈泽勤．广东高校德育改革与发展 [M]．广州：广东高等教育出版社，1994：125.

④ 郑永廷．现代思想道德教育理论与方法 [M]．广州：广东高等教育出版社，2000：92-101.

⑤ 同①451-458.

⑥ 黄晋太．论思想政治教育的内涵与功能拓展——兼论江泽民对思想政治教育理论的发展 [J]．山西高等学校社会科学学报，2003 (2)：43-47.

⑦ 王蓓蓓．思想政治教育功能拓展的文化路径追踪及趋向 [J]．思想教育研究，2007 (2)：59-60.

机制、发展原则、发展内容、发展特点、发展领域、发展模式与发展趋势做了较全面的分析。① 粟国康则从系统论视角提出基于要素变化的思想政治教育功能发展、基于结构变化的思想政治教育功能发展、基于环境变化的思想政治教育功能发展，从更加全面的维度研究思想政治教育功能发展问题。②

（七）思想政治教育功能的发挥与优化

思想政治教育功能的发挥，是功能满足主体需要的互动过程，与思想政治教育价值相勾连；思想政治教育功能的优化则指向减少甚至消除制约功能发挥的因素。对此，学界主要从功能发挥影响因素、功能发挥过程及其规律、功能发挥与优化的途径三个方面做了艰深的努力。

一是关于思想政治教育功能发挥影响因素的研究。有学者认为，德育功能的实现受制于三个因素：德育期望、德育结构、德育效果。③ 还有人从四个方面分析了影响高校德育功能发挥的因素，包括来自社会的影响、家庭的影响、学校的影响和学生自身的影响。④ 李辽宁分析归纳了影响思想政治教育功能发挥的主要因素，包括内部因素和外部因素：内部因素包括思想政治教育者的综合素质及其对待思想政治教育的态度，受教育者的基础条件，教育目标与教育内容的科学性和时代性，教育手段和方法的科学性与灵活性，教育环境的质量，教育者的社会地位和声望，受教育者的社会地位、经济条件和信仰，等等。外部因素包括社会政治因素（政治环境、政治体制、指导思想和政策路线、执政党建设）、社会经济因素（生产力发展水平、社会成员分化状况、科学技术发展水平）、社会文化因素（文化传统与风俗习惯、社会舆论、文化交流）等。⑤ 此外，一些学者进一步研究了新媒体（如微博、QQ、微信）、人工智能、大数据等对思想政治教育功能的影响。

二是关于思想政治教育功能发挥过程及其规律的研究。2006 年，张耀灿等人提出，在思想政治教育功能研究过程中，需要对思想政治教育功能发挥的过程、条件和影响因素进行细致深入的分析。⑥ 李辽宁认为思想政治教育意识形态功能的发挥过程主要由“三环节”（包括功能目标设计、功能行为实践、功能结果展示）、“四阶段”（功能取向确立阶段、功能行为发生阶段、个体性功能发挥阶段、社会性功能发挥阶段）构成。⑦ 邓晨光、郝忠彬认为思想政治教育功能的发挥过程是主体需要的满足过程，指思想政治教育作为实践活动对主体需要的满足过程，这个过程具体包括灌输、接受和交流的过程。⑧ 在规律研究方面，粟国康认为思想政治教育功能发挥规律包括功能生成与功能发挥显著相关规律、内部功能与外部功能协同发挥规律、功能发挥条件约束规律。⑨

三是关于思想政治教育功能发挥与优化的途径的研究。学者们开始只是着眼于某些要

---

① 王仕民．德育功能论［M］．广州：中山大学出版社，2005：229 - 332.

② 粟国康．思想政治教育功能研究［M］．北京：中国社会科学出版社，2019：183 - 198.

③ 杜时忠．德育功能层论——兼评德育功能研究［J］．华中师范大学学报，1997（2）：19 - 24.

④ 张存库，陈英．影响高校德育功能发挥的因素［J］．建材高教理论与实践，2000（3）：54 - 56.

⑤ 李辽宁．思想政治教育功能发挥效果的评价标准探析［J］．学校党建与思想教育，2005（10）：13 - 16.

⑥ 张耀灿，等．思想政治教育学前沿［M］．北京：人民出版社，2006：166.

⑦ 李辽宁．当代中国思想政治教育意识形态功能研究［M］．武汉：武汉大学出版社，2006：185 - 194.

⑧ 邓晨光，郝忠彬．论思想政治教育功能的发挥及规律［J］．黑龙江高教研究，2013（4）：107 - 109.

⑨ 同②148 - 150.

素的优化研究，而后逐渐认识到要素与要素、要素与结构、系统与环境之间关系优化的重要性，从而提出思想政治教育功能的发挥与优化要从系统内部各要素、结构与环境三个方面着手。党的十八大以来，随着思政大格局、大中小学思想政治教育一体化建设、大思政课等命题的相继提出，学者们更加重视和强调从系统整体把握和推进思想政治教育协同优化，以实现思想政治教育功能。周琪、靳玉军、王永友等人认为，要充分发挥思想政治教育功能，必须遵循功能生成规律，强化教育主体责任，引导教育客体实践，优化系统外部环境，方能达成思想政治教育目的。①

此外，一些学者还对思想政治教育功能结构、思想政治教育功能发挥效果的评价标准、思想政治教育功能的实现条件、思想政治教育功能的模式策略、思想政治教育功能的协调等问题进行研究。

三、思想政治教育功能研究的趋势分析

从总体情况来看，思想政治教育功能研究尽管在思想政治教育由科学化向学科化，再向体系化发展的过程中已取得一定的研究成果，但仍是基础理论研究中较薄弱的环节。特别是近年来随着思想政治教育基础理论研究式微，一些学者认为谈思想政治教育价值即可，不必再谈其功能，甚至在一些教材中“功能研究”逐渐不见了踪影。总体概观 40 年的研究，学界在聚焦思想政治教育功能本体论研究的同时，目前其研究呈现由一般性的理论建构走向具体实现形态的理论阐述的现实化研究趋势，其研究内容呈现由聚焦宏大叙事向融入人们日常生活、融入社会的深入融合发展趋势，其发挥呈现由抓住单一要素向要素与系统联动的整体协同化趋势。

（一）思想政治教育功能的现实化研究趋势

40 年间，学者们围绕思想政治教育功能的概念、类型、特点、发展等构建了比较完善的理论体系，破除了思想政治教育“无用论”的诘难。新时代思想政治教育功能研究在此基础上，进一步落细、落实，使思想政治教育功能真正在人们日用而不觉的日常生活中发挥作用。

一方面，思想政治教育功能的细化研究。思想政治教育功能研究初期，学者们或从思想政治教育内部结构考察思想政治教育的适应功能、认同功能、享用功能等，或从社会大系统考察思想政治教育的经济功能、政治功能、文化功能、社会治理功能等，从整体上把握思想政治教育有哪些功能。随着对思想政治教育功能的确证，研究者们进一步考察不同载体、途径的思想政治教育功能。党的十八大以来，以习近平同志为核心的党中央在思想政治教育的“生命线”“中心环节”等定位基础上，再次提高了思想政治教育的功能定位，多次强调意识形态工作是一项极端重要的工作，将思想政治工作作为治党治国的重要方式。在治国理政大视野中，树立“大思政”理念，构建“大思政”格局是新时代思想政治教育的实践特色。在此背景下，思政课作为立德树人关键课程的功能、红色文化的功能、实践育人的功能、科研育人的功能等成为思想政治教育功能研究进一步细化的关注点。

---

① 周琪，靳玉军，王永友，等．思想政治教育基础理论前沿问题研究［M］．北京：人民出版社，2018：138－162.

另一方面，思想政治教育功能实现的研究。随着思想政治教育学科的科学化、体系化，思想政治教育实践的深入发展，学者们不再停留于思想政治教育功能是什么的争鸣上，转而考察思想政治教育功能如何实现的问题。学者们早期在研究思想政治教育功能时，常常将思想政治教育功能的实现作为思想政治教育功能研究的落脚点，这些研究为思想政治教育功能的实现提供了重要理论支撑。但由于缺乏系统化、专门化的研究，思想政治教育功能实现的研究仍然有较大发展空间。近年来，学者坚持实践导向和问题导向，不断深化了对思想政治教育功能实现的研究。对思想政治教育功能的细化研究，具体深入活动、文化、科研、课程等功能，实际上也旨在通过这些载体实现思想政治教育的功能。

（二）思想政治教育功能内容的深入融合发展趋势

思想政治教育功能内容是指思想政治教育各具体功能的实际含义。郑永廷指出，现代思想道德教育的领域发展，必然带来现代思想道德教育的功能发展，这是一个逻辑的发展过程。① 也就是说，思想政治教育功能内容是具体的、现实的，具有鲜明的时代性。只有找准历史方位，准确把握社会变迁的主题主线，系统厘清思想政治教育发展的历史脉络，才能科学揭示思想政治教育功能内容的发展趋势。改革开放以来，随着中国特色社会主义事业的蓬勃发展，以及经济全球化、政治多极化、文化多样化、社会信息化进程的深入推进，经济、政治、文化、社会、生态等领域日益呈现出相互交织、紧密关联、深度纠缠的复杂态势，对思想政治教育功能提出更为全面系统综合的要求。再加上人民群众的思想观念、价值取向、文化旨趣、精神追求更加多样化、个性化、品质化，迫切呼唤思想政治教育功能内容与时代发展相契合、与人民需要相适应。因此，改革开放以后思想政治教育功能内容在横向上出现由单一向多样转变的发展趋势，如社会性功能向个体性功能的拓展，政治功能向经济功能、文化功能的扩张；在纵向上出现由整体向具体细化的发展趋势，如政治功能细化为政治保证功能、政治行动导向功能、政治思想凝聚功能、政治关系调控功能，个体性功能细化为个体生存功能、个体发展功能和个体享用功能。可见，在思想政治教育与社会发展、人的成长深度互动的过程中，思想政治教育功能内容通过横向拓展、纵向延伸逐渐走向系统化、体系化。

站在新时代这一历史方位上，以习近平同志为核心的党中央高度重视思想政治教育，把思想政治教育作为治国理政的重要方式，从而在治国理政视域下锚定了思想政治教育的功能定位。这意味着，要准确把握思想政治教育功能的发展趋势，必须坚持系统观念，不能囿于思想政治教育等某一具体领域，而应置于治国理政大格局中进行整体性、系统性、全局性、战略性的考量。具体而言，“两个大局”相互交织的时代境遇，内在要求在中国立场和世界眼光的辩证统一中看待思想政治教育功能内容。“举旗帜、聚民心、育新人、兴文化、展形象”的使命任务，客观规定思想政治教育功能内容必须是复合型的、全面的。推进国家治理体系和治理能力现代化的总体目标，必然呼唤思想政治教育功能内容能够应用于国家治理的各个领域、各个方面。因此，思想政治教育功能内容研究必将呈现出深入融合的发展趋势：一是在应对“两个大局”的过程中，推动思想政治教育功能内容的国家价值与世界意义的深入融合，实现思想政治教育功能内容的空间贯通。二是在实现

① 郑永廷．思想道德教育理论与方法［M］．广州：广东高等教育出版社，2000：92.

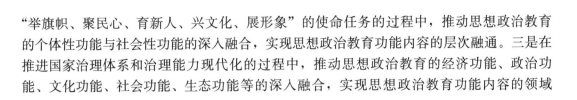

“举旗帜、聚民心、育新人、兴文化、展形象”的使命任务的过程中，推动思想政治教育的个体性功能与社会性功能的深入融合，实现思想政治教育功能内容的层次融通。三是在推进国家治理体系和治理能力现代化的过程中，推动思想政治教育的经济功能、政治功能、文化功能、社会功能、生态功能等的深入融合，实现思想政治教育功能内容的领域连通。

（三）思想政治教育功能发挥的整体协同化趋势

思想政治教育功能发挥问题，是思想政治教育功能研究的关键问题。思想政治教育功能是客观存在的，但思想政治教育功能发挥不是自然而然的、无条件的，而是建立在一定现实基础上的。改革开放以来，随着思想政治教育科学化进程的不断推进，学界日益认识到思想政治教育功能的发挥是思想政治教育内外部因素综合作用的结果，需要系统把握、整体阐释。单纯就思想政治教育谈思想政治教育，容易陷入形而上学的困境。为此，学界纷纷展开影响思想政治教育功能发挥因素的探讨，并取得了显著进展。张耀灿将影响思想政治教育功能发挥的因素概括为：思想政治教育者和受教育者，思想政治教育目标、内容和方法以及思想政治教育环境等内部因素；社会的政治因素、经济因素、文化因素等外部因素。① 这表明思想政治教育功能发挥，不仅涉及思想政治教育内部各要素，更与思想政治教育外部的政治、经济、文化等息息相关。思想政治教育功能发挥仅靠思想政治教育专门力量是不够的，需要全社会齐抓共管以凝聚整体合力。要提高思想政治教育功能发挥的水平，必须增强思想政治教育内外部因素之间的整体性和协同性。

党的十八大以来，立德树人成为思想政治教育的根本任务。如何促进思想政治教育功能发挥以贯彻落实立德树人根本任务，是思想政治教育高质量发展亟待解决的时代课题。对此，以习近平同志为核心的党中央坚持以系统思维把握思想政治教育，先后提出“全员全过程全方位育人”“‘大思政课’我们要善用之”“家庭、学校、政府、社会都有责任”“完善思想政治工作体系”“推进大中小学思想政治教育一体化建设”等重要论断。这些重要论断明晰了思想政治教育功能发挥有赖于全员全过程全方位的整体协同，具体包括家庭学校社会的主体整体协同，大中小学学段的整体协同，课程、科研、实践、文化、网络、心理、管理、服务、资助、组织等的整体协同，等等。因此，思想政治教育功能发挥研究必将呈现出整体性、协同化趋势。

① 张耀灿，等．思想政治教育学前沿［M］．北京：人民出版社，2006：191－197．

第七章 思想政治教育内容研究

思想政治教育内容承载着思想政治教育的基本目标和任务，因此也会随着思想政治教育理论与实践的创新发展而不断丰富和拓展。思想政治教育学科创立40年来，面对党和国家的战略任务、中国改革发展实际以及学生成长发展需求，思想政治教育内容在科学理论指导下持续深化，不断满足思想政治教育理论与实践创新之需，通过内容体系创新，不断夯实思想政治教育基础理论，体现思想政治教育活动的规律性认识，提升思想政治教育实效。40年的创新发展既是思想政治教育内容研究的积淀，也是思想政治教育内容适应新形势进一步创新发展的重要基础。总结学科成立40年来思想政治教育内容研究的基本进展，把握当前阶段思想政治教育内容研究的基本特点，探索未来思想政治教育内容研究的基本趋势，是推进思想政治教育学科基础理论持续创新的应有之义。

第一节 思想政治教育内容研究的进展

思想政治教育内容历来是学界研究的重大问题。自1984年思想政治教育学科正式建立以来，思想政治教育实践发展推动思想政治教育内容与时俱进。在新时代背景下，深入落实立德树人根本任务、实现教育现代化的目标，进一步发挥思想政治工作在治党治国中的重要作用，思想政治教育内容需要在理论与实践的结合中进一步丰富发展，更好地为建设社会主义现代化国家、实现中华民族伟大复兴服务。总结1984年以来思想政治教育内容研究取得的巨大成就，展望其在教育现代化背景下的创新方向，对于思想政治教育研究的深化、思想政治教育实践的进一步发展具有重要意义。

一、思想政治教育内容的基本内涵研究

思想政治教育内容具有抽象和具体之分，在思想政治教育具体实践中也有广义和狭义之分。思想政治教育学科成立40年来，学界在理论与实践的互动中不断探索思想政治教育内容的内涵与外延，形成了具有延续性的代表性成果和学科基础理论。

学界关于思想政治教育内容内涵的研究经历了漫长的发展过程。在思想政治教育学科

成立准备时期，学界对思想政治教育内容的内涵做出了初步阐释，认为思想政治教育的内容是要回答党的思想政治教育工作是干什么，用什么样的理论、思想来教育党员干部和群众的。① 在思想政治教育学科成立初期，有学者认为，思想政治教育的内容主要是围绕提供人们思想道德素质和科学文化素质这个中心任务，进行有理想、有道德、有文化、有纪律的教育②，即用什么教育党员、干部和广大人民群众。有学者指出："政治教育内容的重点还应根据对象个体成长的不同阶段和群体的不同性质而有所改变。"③ 而后，学界认为思想政治教育内容是我们党在实施思想政治教育过程中向教育对象输送的思想政治信息。有学者认为，思想政治教育的内容，是根据一定的社会要求和针对受教育者的思想实际，经教育者选择设计后有目的、有步骤地输送给受教育者的思想意识、价值观念和道德规范等信息。思想政治教育内容体现了思想政治教育的性质，规定着思想政治教育涉及的范围，蕴含着思想政治教育的目的和任务，制约着思想政治教育方法的选择。④ 有学者认为："所谓思想政治教育内容，就是根据一定的社会发展要求，针对教育对象的思想品德实际，经教育者选择、设计后有目的、有计划地传输给教育对象的观念、规范等信息。思想政治教育内容虽然只是思想政治教育整体结构系统中的基本构成要素之一，但思想政治教育内容绝不是一个简单的单一体。相反，而是一个多层次、多维度的整体系统，既包含着多样的部分，也内含有不同的要素，各要素和部分并作为一个复杂的共同整体而存在和发挥作用。"⑤ 有学者指出："思想政治教育内容，是指根据一定的社会要求和针对受教育者的思想实际，经教育者选择设计后有目的、有步骤地输送给受教育者的思想意识、价值观念、政治观点和道德规范等信息。要使教育对象符合教育目标的要求，坚定政治信念，端正思想观点，建立道德理念，优化心理品质，形成行为规范，都取决于采用什么样的教育内容。"⑥ 学界对于思想政治教育内容内涵的理解主要聚焦在思想政治教育主客体之间传导的信息上，并且这些信息具有系统性、层次性和结构性。

在新时代背景下，随着思想政治教育实践的发展，思想政治教育内容的内涵也在不断更新与丰富。有学者认为："党的十八大以来，以习近平同志为核心的党中央围绕着加强新时代高校大学生的思想政治教育提出了一系列重要论述，形成了一系列时代特色鲜明、民族特色凸显、教育目的明确的思想政治教育内容。"⑦ 有学者认为，思想政治教育内容是教育者向教育对象传递的思想理论、价值观念、政治要求、道德规范等。⑧ 有学者提出，思想政治教育内容是根据一定的社会要求，针对教育对象的思想实际，经教育者选择设计后有目的、有步骤地输送给教育对象的带有价值引导性的思想政治信息。⑨ 思想政治教育内容内涵是思想

① 张蔚萍，张俊南．思想政治工作概论［M］．西安：陕西人民出版社，1983：77.

② 张耀灿．思想政治教育学原理［M］．武汉：华中师范大学出版社，1988：172.

③ 许悦联．要重视思想政治教育内容的转换规律［J］．黑龙江社会科学，1998（3）：17－20.

④ 熊建生．思想政治教育内容的内在属性和本质要求［J］．江汉论坛，2009（8）：110－115.

⑤ 郑敬斌，王立仁．论思想政治教育内容体系的系统构建［J］．东北师大学报（哲学社会科学版），2012（2）：14－17.

⑥ 徐志远，龙宇．思想政治教育内容：现代思想政治教育学的重要范畴［J］．探索，2010（4）：123－127.

⑦ 冯刚，彭庆红，佘双好，等．新时代高校思想政治教育学原理［M］．北京：人民出版社，2021：167.

⑧ 沈壮海．新编思想政治教育学原理［M］．北京：中国人民大学出版社，2022：150.

⑨ 毕红梅，陈万柏．思想政治教育学原理［M］．2版．北京：中国人民大学出版社，2021.

政治教育内容研究的逻辑起点。学科40年的研究积淀对于对思想政治教育内容内涵进行更加深层、开放和完整的研究，对于思想政治教育学科研究的进一步深化具有重要意义。

二、思想政治教育内容依据的研究

思想政治教育内容的确立不是思想政治教育主体的主观想象，它的生成、丰富与创新具有深刻的内在依据，这种依据既源于思想政治教育本质与目标的内在规定，也具有思想政治教育实践发展的现实需求。思想政治教育学科发展40年来，思想政治教育内容研究的创新发展包含了对思想政治教育内容依据的深刻把握。

在思想政治教育学科成立准备阶段就有学者指出，思想政治工作的目的和任务，为我们党的思想政治教育的内容指明了方向，而思想政治教育的内容，则是思想政治工作目的和任务的具体化。只有明确了思想政治教育的基本内容，才能更好地实现思想政治工作的目的和任务。① 这里阐述了思想政治教育目标、任务与内容的逻辑关系。在思想政治教育学科发展进程中，学界普遍认为思想政治教育内容是思想政治教育目标的具体化，思想政治教育目标和任务的特征决定着思想政治教育内容的特征。有学者提出，思想政治教育目标和任务是一个发展与变化的动态过程，相应的思想政治教育内容具有历史的、发展的、丰富的、复杂的、动态的、活跃的特征。② 有学者通过研究思想政治教育对象和教育内容之间的关系，探讨了思想政治教育内容结构确立的依据，认为思想政治教育学的研究对象是关于教育客体科学的思想意识形成、发展、变化规律以及教育主体如何依据客体的身心发展规律实施思想政治教育的规律，因此它规定了思想政治教育的内容结构。③ 有学者借助人文社科研究中合法性的概念，对思想政治教育内容的合法性进行探索，以合法性探求思想政治教育内容确立的科学依据，认为："思想政治教育内容合法性位于思想政治教育合法性结构中层，是指导性理论引导下向人们传授的信息和符号，包括思想、政治、道德等具体内容，是判断思想政治教育合法性的重要依据。较之隐蔽性的深层指导性思想理论，思想政治教育内容明确规定受教育者需要消化与理解的知识信息。"④ 有学者认为思想政治教育内容的确立要依据时代、社会与个人发展规律，"思想政治教育内容的建构受社会发展规律、教育内在规律和受教育者身心发展规律所制约，依据阶级社会对其成员的根本要求、时代条件发展变化的客观要求、思想政治教育内容的继承借鉴和结构要求，形成思想政治教育内容体系"⑤。

在新时代背景下，以习近平总书记关于思想政治工作的重要论述为指导，遵循思想政治教育发展规律，学界关于思想政治教育内容的确立依据存在一些独特的观点。有学者提出，"思想政治教育内容理论首先应符合实践需要，生产实践与社会实践的形式与内容规定着思想政治教育的形式与内容"⑥，将实践作为思想政治教育内容确立的依据。有学者

① 张蔚萍，张俊南．思想政治工作概论［M］．西安：陕西人民出版社，1983：77.
② 罗洪铁，周琪，王斌．思想政治教育学学科理论体系演变研究［M］．北京：中国社会科学出版社，2012：107.
③ 李辉．思想政治教育学研究对象的科学审视［J］．中山大学学报（哲学社会科学版），1998（2）：105-110.
④ 张毅翔．系统论视阈下思想政治教育合法性研究［J］．求是，2011（1）：71-75.
⑤ 熊建生．论思想政治教育内容建构的依据［J］．学校党建与思想教育，2009（8）：6-10.
⑥ 陈欢欢，粟迎春．思想政治教育内容建构的基本路径［J］．学校党建与思想教育，2018（22）：86-89.

通过分析中国共产党在各个历史时期进行思想政治教育工作的主要内容，形成“思想政治教育内容建设围绕宣传党的方针政策，‘抓住每个时期的中心问题来扩大党的政治宣传’，推动党的各项事业深入人心”① 的观点。党的十八大以来，大中小学思想政治教育一体化建设在理论与实践的深度融合中持续得到探索。习近平总书记在党的二十大报告中明确指出：“完善思想政治工作体系，推进大中小学思想政治教育一体化建设。”② 大中小学思想政治教育一体化建设对思想政治教育内容的创新研究具有时代意义。有学者认为，党和国家历来高度重视学校思想政治教育，围绕“培养什么人、怎样培养人、为谁培养人”这个根本问题探索出一系列规律性认识，积累了丰富的理论成果和实践经验，为大中小学思想政治教育一体化建设提供了重要思想前提和政策依据。③ 党的十八大以来，思想政治教育内容依据的相关研究更加体现了中国共产党对思想政治教育战略地位的深层考量，展现了对思想政治工作规律的科学把握，使思想政治教育内容依据研究更加具有科学性和时代性。

三、思想政治教育内容特点的研究

思想政治教育内容的生成、丰富与创新发展具有自身的特点，把握其基本特点是深化思想政治教育内容研究的重要前提。思想政治教育学科成立 40 年来，面对思想政治教育的阶段性任务和阶段性特征，思想政治教育内容的特点不断得以呈现。因此，关于思想政治教育内容特点的研究也成为学科发展过程中的一个重要研究对象。

从思想政治教育内容的内涵与确立依据来看其所具备的特点，学界形成几种主要的观点。有学者认为：“思想政治教育内容的内在属性，是指在思想政治教育内容生成和发展中具有稳定性、根本性、普遍性的特质，集中表现为导向性与科学性、系统性与层次性、时代性与稳定性的有机统一。研究思想政治教育内容的内在属性，有助于把握思想政治教育内容的发展规律和本质要求，从而增强思想政治教育的科学性和有效性。”④ 有学者从思想政治教育形式、内容和效果的关系来分析思想政治教育内容应该具备的特点，认为“思想政治教育形式、内容与效果三者的辩证关系存在四种情况和六种表现，即无形式当然不会有内容和效果；有形式（不论适当与不适当）无内容，也不会有效果；有形式有内容不一定有效果，形式、内容都不适当没有效果，形式与内容其中一个方面不适当也不会有效果；只有形式与内容都适当且两者关系协调时才会有效果”⑤，强调思想政治教育的内容需要同形式相适应。有学者认为，由于思想政治教育目标与任务是发展变化的，受此影响，思想政治教育内容具有“历史的、发展的、丰富的、复杂的、动态的、活跃的”⑥

---

① 项久雨，龚安静．中国共产党思想政治教育内容建构：历程、逻辑、进路［J］．中共中央党校（国家行政学院）学报，2022（5）：45－53.

② 习近平．高举中国特色社会主义伟大旗帜 为全面建设社会主义现代化国家而团结奋斗——在中国共产党第二十次全国代表大会上的报告［N］．人民日报，2022－10－26（1）.

③ 王易，田雨晴．推进大中小学思想政治教育一体化建设的思考［J］．思想理论教育，2023（3）：48－54.

④ 熊建生．思想政治教育内容的内在属性和本质要求［J］．江汉论坛，2009（8）：110－115.

⑤ 王树荫．论思想政治教育形式、内容与效果的辩证关系［J］．马克思主义研究，2008（7）：90－93.

⑥ 罗洪铁，周琪，王斌．思想政治教育学学科理论体系演变研究［M］．北京：中国社会科学出版社，2012：88.

特征。有学者指明了思想政治教育内容的多样性特点，认为“思想政治教育内容是丰富多样的。除了思想政治教育的基本内容包括思想教育、政治教育、道德教育以外，心理教育、生态教育、人文教育、人际关系教育、科学技术教育等日益成为现代思想政治教育的拓展内容。而且每一项教育内容又包含许多具体的内容，并随着社会发展和时代变化不断增添新的内容”①。学界围绕思想政治教育内容的相关研究体现出了对思想政治教育本质和规律的深刻把握。

在新时代背景下，学界围绕思想政治教育内容的实践创新需求和基础理论深化需求，立足中国改革发展实际与思想政治教育规律，进一步深化对思想政治教育内容特点的认识。思想政治教育内容要反映统治阶级和时代发展的要求，因此有学者指出思想政治教育内容必须突出政治性、目的性和先进性，注重针对性和可接受性，增强时代性。② 另外，精准性、系统性③也常被视为思想政治教育内容的重要特征。新时代，思想政治教育内容也具有新的时代特征，有学者就提出在新时代背景下要更加突出思想政治教育内容“系统整体性、层次结构性和现实针对性”④ 的特点。此外，不同教育对象要求各类学校思想政治教育内容呈现不同的特征。针对高校这一思想政治教育主阵地，有学者指出新时代高校思想政治教育内容具有“发展性、整合性、层级性和适度超越性等特征”⑤。随着互联网技术的大发展，网络思想政治教育成为新时代高校思想政治教育工作中的重要环节，有学者针对这一教育现实，提出新时代高校大学生网络思想政治教育内容应具备真理性、时代性与个性化三个特征。⑥ 针对中小学群体，有学者提出，“思想政治教育内容必须聚焦时代才能保持与学生同步，教育内容只有包括思辨性和现实性的问题，才可以增强时代感和教育的针对性”⑦。学界对思想政治教育内容特点的深入思考，反映出了思想政治教育主客体的阶段性特征，也反映出了新时代思想政治教育创新发展的时代特点。

四、思想政治教育内容结构的研究

思想政治教育内容的多样性和丰富性决定了思想政治教育内容结构的系统性。如何在系统性思维中把握思想政治教育内容的结构，成为思想政治教育学科研究的一个重点话题。思想政治教育学科成立 40 年来，围绕思想政治教育内容结构的研究从未停止，结合思想政治教育的阶段性特征以及不断呈现出来的新内容，思想政治教育内容结构的研究持续走向深入。思想政治教育内容的构成是随着时代与思想政治教育实践的发展而不断丰富完善的，学科成立 40 年来学界关于这一问题的研究主要从具体要素、具体体系、具体领域、具体形态四个方面展开。

---

① 石书臣．思想政治教育现象论析［J］．思想理论教育导刊，2009（6）：81－85.

② 毕红梅，陈万柏．思想政治教育学原理［M］．2版．北京：中国人民大学出版社，2021：174－175.

③ 沈壮海．新编思想政治教育学原理［M］．北京：中国人民大学出版社，2022：150.

④ 熊建生，郭榆．新时代思想政治教育内容建设的新要求［J］．思想理论教育，2022（3）：59－65.

⑤ 冯刚，彭庆红，佘双好，等．新时代高校思想政治教育学原理［M］．北京：人民出版社，2021：166－167.

⑥ 张凤寒，钱云光，张琼．新时代高校大学生网络思想政治教育内容构建［J］．思想政治教育研究，2021（6）：135－139.

⑦ 秦晶晶．新时代中小学生思想政治教育内容的优化［J］．教育理论与实践，2020（29）：40－42.

在思想政治教育学科正式成立初期，张耀灿教授将思想政治教育内容的构成总结为理想和人生观教育、四项基本原则教育、形势和政策教育、社会主义民主和法制教育、社会主义道德教育以及科学文化素质教育。[①] 而后，有学者将政治教育、思想教育、道德教育、法纪教育和心理教育[②]作为思想政治教育内容最基本的构成要素。关于思想政治教育内容结构的体系建构研究，有学者提出，“构建由思想政治教育的基础性内容、思想政治教育的主导性内容、思想政治教育的拓展性内容三个部分组成的既相对独立又有机联系的思想政治教育内容结构体系”[③]。《思想政治教育内容结构论》是较早对思想政治教育内容结构问题进行系统研究的学科专著。关于思想政治教育内容结构的研究主要涉及思想政治教育内容结构的内涵、思想政治教育内容结构的体系建构、思想政治教育内容结构研究的理论基础等问题。熊建生教授将思想政治教育内容结构阐述为是组成思想政治教育内容系统整体的各要素在时间和空间上相互联系和相互作用的方式，是思想政治教育内容系统中诸要素按一定的时空位置、比例关系、纵横系列有机组合的方式，具体体现为思想政治教育内容的空间分布、时间序列、数量之间的比例和质的逻辑关系。[④] 有学者提出以社会主义核心价值体系为价值方向和方法论原则来审视和调整思想政治教育内容结构。[⑤] 学界关于思想政治教育内容结构的探讨，体现了思想政治教育研究的学科自觉，对进一步深化思想政治教育内容结构的理论与实践研究具有重要意义。

在新时代背景下，面对更加丰富和具有时代性的思想政治教育内容，学界进一步反思和深化思想政治教育内容的基本结构研究。比如，从具体体系对思想政治教育内容的基本构成进行总结归纳，有学者提出，将思想政治教育内容构成概括为“三观”教育、爱国主义教育、集体主义教育等是合理但不全面的，提出思想政治教育内容应按照“价值体系教育”“规范体系教育”“对象需要体系教育”“现实问题体系教育”这四个方面进行建构。[⑥] 从具体领域对思想政治教育内容的基本构成进行总结归纳，在《思想政治教育学原理》这一学科著作中，将思想政治教育内容的构成归纳为世界观教育、政治观教育、人生观教育、法制观教育、道德观教育[⑦]，并且详细论述了每一领域包含的具体教育内容，如辩证唯物主义教育、基本国情教育、理想信念教育、社会主义民主教育、个人品德教育等，这一观点是目前学界关于思想政治教育内容构成问题较为翔实且贴合实际的具有深刻教育指导意义的观点。从具体形态对思想政治教育内容的基本构成进行总结归纳，有学者认为思想政治教育内容构成应该包括“思想观念形态”“精神品格形态”“行为规范形态”“心理情感形态”，这一观点为思想政治教育内容构成搭建了更为宏大立体的开放性内容框架。[⑧] 有学者对熊建生教授提出的思想政治教育内容结构的界定进行思考，认为这一界定内涵丰

---

① 张耀灿．思想政治教育学原理［M］．武汉：华中师范大学出版社，1988：172.

② 周湘莲．思想政治教育内容整体构建研究［J］．理论与改革，2004（2）：145－148.

③ 熊建生．思想政治教育内容结构体系论纲［J］．学校党建与思想教育，2007（1）：6－11.

④ 熊建生．思想政治教育内容结构论［M］．北京：中国社会科学出版社，2012：17.

⑤ 高地．基于社会主义核心价值体系的思想政治教育内容统整［J］．思想理论教育，2012（15）：45－49.

⑥ 王立仁，张小秋．思想政治教育内容体系的整体建构［J］．思想理论教育，2014（3）：52－56.

⑦ 毕红梅，陈万柏．思想政治教育学原理［M］．2版．北京：中国人民大学出版社，2021：173.

⑧ 刘建军．论思想政治教育内容的基本形态［J］．思想理论教育导刊，2020（9）：111－115.

富但外延不足，并形成自己的观点，认为“思想政治教育内容结构是指思想政治教育内容系统中的观念、知识和规范要素依据观念生产方式和传播——教育规律在不同的主体需要和时空位置中有机构成的逻辑关系”[①]。在此基础上，有学者将思想政治教育内容结构归纳为“体系结构”和“要素结构”，指出，“体系结构以主导内容、基础内容、通识内容为纬，要素结构以观念、知识、规范为经，两大结构经纬交织形成‘你中有我，我中有你’的内容体系的结构网络”[②]。此外，有学者抽析出三种思想政治教育内容结构的基本形态，分别是“立体形态”“扁平形态”“中间形态”[③]。关于思想政治教育内容结构研究的理论基础的研究，有学者提出要以邓小平“三个面向”的思想来构建“三个面向”的思想政治教育内容体系[④]，有学者提出在“四个全面”战略布局视域下重构现代思想政治教育内容体系[⑤]，有学者认为“思想政治教育内容结构研究的理论基础应该是一个有序有机的规范性理论体系，它应划分为宏观理论视域、中观生成机理和微观实践根据”[⑥]。在新时代背景下，学界关于思想政治教育内容结构的反思与深化研究，不仅反映出思想政治教育学界对思想政治教育实践前沿的准确把握，同时也反映出学界对思想政治教育内容结构的理论自觉与理论自强。

五、思想政治教育内容创新的研究

思想政治教育内容不是一成不变的，需要根据时代的发展和人的发展要求进行内容的创新。思想政治教育内容的创新是思想政治教育学科成立以来，就被学界广泛讨论研究的课题。思想政治教育学科发展40年来，学界对思想政治教育内容创新的规律性认识不断提升。

思想政治教育内容创新在不同时期有不同要求与表现。学科成立初期，有学者就指出思想政治教育输出的信息内容难易要适度，要优化信息，讲求实效。[⑦] 有学者认为要通过研究人的发展需要、研究人的差异性、研究政策的科学性，增强思想政治教育内容的针对性和时代感，实现思想政治教育内容的创新。[⑧] 这一观点是对如何创新思想政治教育内容这一问题的思考与阐述。有学者指出，“以社会主义核心价值体系为统领，思想政治教育内容呈现出一种三维立体的开放式同心圆结构”，要以社会主义核心价值体系为方法论原则，“从多个维度对当前思想政治教育内容进行统整，尝试构建一个既丰富有序，又多维立体的内容结构体系”[⑨]。“社会主义核心价值体系的提出以体系性的内容丰富了大学生思想政治教育的现有内容体系”[⑩]，社会主义核心价值体系的融入使思想政治教育内容得到创新性发

---

①② 陈念，毕四通．论思想政治教育内容结构的体系建构［J］．思想教育研究，2021（12）：35－40.

③ 张建晓，孙其昂．论思想政治教育内容结构的形态［J］．思想教育研究，2019（1）：41－45.

④ 熊建生．构建“三个面向”的思想政治教育内容体系［J］．思想教育研究，2013（12）：16－19.

⑤ 卢岚．思想政治教育内容发展的若干问题研究——基于“四个全面”战略布局的视角［J］．思想理论教育，2016（9）：59－65.

⑥ 金林南，石晓岩．关于思想政治教育内容结构研究的理论基础的思考［J］．思想理论教育，2019（9）：51－55.

⑦ 李霞．论新时期思想政治教育方法的改进与创新［J］．江汉论坛，2000（1）：86－88.

⑧ 朱伟．关于思想政治教育观念和内容创新的思考［J］．河南大学学报（社会科学版），2006（1）：157－159.

⑨ 高地．基于社会主义核心价值体系的思想政治教育内容统整［J］．思想理论教育，2012（15）：45－49.

⑩ 黄蓉生，白显良，张勇华．社会主义核心价值体系视域下大学生思想政治教育创新［J］．思想理论教育，2008（15）：14－18.

展。学界围绕现代科技与思想政治教育内容创新进行了一定的探讨，认为现代科技的发展为思想政治教育内容的创新带来机遇。科技与思想政治教育的融合在很早以前就被提出，一直是思想政治教育领域研究的重要课题。有学者提出“现代思想政治教育内容创新要与科技发展相结合”，要加强科教兴国战略的宣传教育，加大思想政治教育内容的文化和科技含量，把科普宣传教育作为思想政治教育的新内容。① 学界围绕思想政治教育内容的创新能够自觉立足时代发展特征和中国改革实际，体现出思想政治教育内容研究的与时俱进特性。

中国特色社会主义进入新时代，思想政治教育内容创新研究持续走向深入。有学者指出新时代思想政治教育内容要创新发展，具体包括推动习近平新时代中国特色社会主义思想深入人心，深入开展“四个自信”教育，加强社会主义核心价值观教育以及广泛开展理想信念教育。② 有学者指出，“思想政治教育内容是一个开放包容的系统，既有稳定性又有变动性，是‘变’与‘不变’的统一”，认为新时代思想政治教育内容的“变”在于思想政治教育内容的供给、结构和场域的变化。③ 党的二十大开启全面建设社会主义现代化国家新征程，有学者指出，“党的二十大报告进一步丰富思想政治教育内容，思想政治教育内容涉及意识形态、核心价值、思想道德、历史教育、法治教育、斗争精神、文化文艺、文明风尚、心理健康等方面，需要根据党的二十大报告精神，进一步完善思想政治教育内容体系”④，党的二十大报告为新时代新征程上思想政治教育工作内容创新领航导向。

学界关于思想政治教育具体内容的创新研究主要有以下几个方面的观点：一是社会主义核心价值体系与思想政治教育内容创新。将社会主义核心价值体系这一党的创新理论融入思想政治教育是内容进行创新的一个关键环节。二是大众文化与思想政治教育内容创新。在大众文化蓬勃兴起的时期，有学者指出，要正确对待大众文化作用的双重性，做好思想政治教育工作，提出构建主流文化与大众文化相契合的教育内容体系、时代性内容与稳定性内容相结合的内容体系、民族性内容与世界性内容相融合的内容体系、政治性内容与生活性内容相耦合的内容体系、思想性内容与审美性内容相整合的内容体系⑤，以此实现思想政治教育内容体系的创新。三是马克思主义人学理论与思想政治教育内容创新。有学者认为“马克思主义人学发展论是思想政治教育内容优化的旨归……在内容优化的过程中，在体系整合的过程中，要时刻体现人的自由而全面的发展这一最终目的，各个具体目标与其保持一致，而不是相互抵牾，更不是走向对立”⑥。四是中国特色社会主义民族特色与思想政治教育内容创新。有学者提出将中国特色社会主义民族特色融入思想政治教育体系，推动其在教育内容、教育方法、教育形式等方面的创新发展，丰富思想政治教育素材，为思想政治教育提供新的思路和方法。⑦ 新时代关于思想政治教育具体内容的创新研

---

① 李建刚．现代科技发展与思想政治教育创新 [J]．学校党建与思想教育，2006 (11)：28－29.

② 骆郁廷，项敬尧．论新时代思想政治教育创新发展的基本遵循 [J]．思想理论教育，2018 (1)：4－9.

③ 胡鹏．论新时代思想政治教育内容的“变”与“不变”[J]．思想政治教育研究，2022 (2)：87－92.

④ 佘双好，马桂馨．新征程思想政治教育理论的发展创新 [J]．思想政治教育研究，2022 (5)：1－7.

⑤ 李书吾．大众文化发展与思想政治教育内容创新 [J]．思想理论教育，2012 (21)：53－56.

⑥ 杜红燕．马克思主义人学视阈下思想政治教育内容创新 [J]．南京政治学院学报，2013 (2)：131－134.

⑦ 沈定军．论中国特色社会主义民族特色视域下的思想政治教育创新 [J]．学校党建与思想教育，2020 (19)：34－36.

究，体现出学界对思想政治教育内容的深层把握，在交叉学科视域下不断深化对思想政治教育具体内容的理解。

六、针对不同教育对象的思想政治教育内容研究

思想政治教育内容的针对性要求在面对不同教育对象时，依据个体身心发展和教育目标任务的差异性，建构兼顾普遍性与特殊性的教育内容，以增强思想政治教育的实效性。思想政治教育学科成立40年来，关于不同教育对象的思想政治教育内容研究持续深化。

有学者提出了思想政治教育内容有效性的命题，认为思想政治教育内容的精确性表现为：根据具体的教育对象、情景等对思想政治教育内容进行新的组织、编制而得到的思想政治教育内容，必须精准地表达教育内容的精神实质，它本身的表述必须极其严格、科学、准确，思想政治教育内容必须与思想政治教育对象的日常生活及利益、需求相契合。思想政治教育内容的编制结构与教育次序要与教育对象对思想信息认识、理解的次序相契合，只有全面而准确地认清思想政治教育内容有效性的内涵及其表现，把握思想政治教育的有效运作对教育内容的条件要求，从而科学规划与编制思想政治教育内容，思想政治教育的科学化、有效化运作才会不断提高实现的可能性。①

在新时代背景下，为贯彻落实中共中央、国务院《关于新时代加强和改进思想政治工作的意见》以及大中小学思想政治教育一体化建设要求，学界主要对中小学生、大学生和基层思想政治教育工作中的教育内容进行研究。第一，中小学生思想政治教育内容。习近平总书记提出“要把统筹推进大中小学思政课一体化建设作为一项重要工程，推动思政课建设内涵式发展”② 后，学界关于中小学生思想政治教育工作的研究热烈起来。有学者讨论了新时代背景下，中小学生思想政治教育内容的优化，认为应将社会主义核心价值观有针对、分层次地融入思想政治教育内容中，应继承和弘扬中华优秀传统文化，增强教育内容的时代感和针对性，加强生命教育。③ 第二，大学生思想政治教育内容。大学生的思想行为呈现多元化发展的复杂特征，思想政治教育针对这一特殊且关键的教育对象，需要实现教育内容不断优化。有学者提出坚持以社会价值性内容为核心，不断丰富社会规范性内容，及时更新对象需求性内容，构建适应大学生精神生活优化要求的思想政治教育内容体系。④ 有学者将大学生思想政治教育研究置于国际化背景之下，提出要“遵循国际人才培养标准，创新思想政治教育内容……由平面式二维思想政治教育向立体式多维思想政治教育转变……培养大学生成为具备世界眼光，拥有中国情怀，彰显中国特色，道德高尚、能力较强的国际人才”⑤。高校作为大学生思想政治教育工作主阵地，为落实立德树人根本任务，要坚持思想政治教育内容创新与优化。有学者提出，在新时代，高校思想政治教育

---

① 沈壮海．思想政治教育有效性研究［M］．2版．武汉：武汉大学出版社，2012：86-91.

② 习近平主持召开学校思想政治理论课教师座谈会强调 用新时代中国特色社会主义思想铸魂育人 贯彻党的教育方针落实立德树人根本任务［N］．人民日报，2019-03-19（1）.

③ 秦晶晶．新时代中小学生思想政治教育内容的优化［J］．教育理论与实践，2020（29）：40-42.

④ 万美容，曾兰．“90后”大学生精神生活优化与思想政治教育内容体系创新［J］．思想理论教育，2014（6）：51-55.

⑤ 李慧琳．国际化背景下大学生思想政治教育的创新发展［J］．学校党建与思想教育，2016（19）：53-55.

内容要涵盖以塑造学生思想观念为核心的思想教育、以铸牢学生理想信念为核心的政治教育、以涵育学生道德品质为核心的道德教育、以培养学生健康心态为核心的心理健康教育、以提升学生文化素养为核心的文化教育、以完善学生法治素养为核心的法治教育、以增强学生实践能力为核心的实践教育。[①] 第三，基层思想政治教育内容。自1984年学科成立至今，学界关于基层思想政治教育的研究主要是基于军队基层思想政治教育工作。有学者提出，针对部队中存在的思想政治教育内容与教育对象不相适应的问题，要加大军人道德教育的分量，加大知识和能力教育的分量，加大心理素质教育的分量，来进一步充实教育内容，使之与部队官兵的需求相对应。[②] 有学者从科学发展观视角，指出军队"在思想政治教育实施过程中，要努力做到重点内容与一般内容相结合，突出理想信念教育、战斗精神教育和心理健康教育"[③]。有学者根据中国共产党和红军建设的纲领性文献《古田会议决议》精神，指出军队"基层思想政治教育必须紧贴使命任务，突出时代特色，加强教育内容的'针对性'"[④]。针对部队以外的基层思想政治工作教育内容，有学者提出要坚持普遍性与特殊性相统一的基本原则，并提出以社会主义意识形态教育、基层单位目标任务教育、单位成员思想道德教育、行业精神教育、社会责任教育为新时代基层思想政治工作教育内容的构成要素，并进行合理配置，构建与创新新时代基层思想政治工作教育内容。[⑤] 在新时代背景下，思想政治教育内容研究聚焦于具体教育对象的内容研究，体现出思想政治教育内容研究精细化、科学化的基本特征，对于进一步提升教育内容的实效性具有重要意义。

七、网络思想政治教育内容研究

在中国改革发展实践中，网络思想政治教育越发成为思想政治教育理论与实践研究的重要场域，其中关于网络思想政治教育内容的研究也持续深化。网络思想政治教育内容既具有思想政治教育内容的一般性要求，同时也具有网络思想政治教育特征影响下的特殊要求。学界关于网络思想政治教育内容的专门性研究较少，多包含在网络思想政治教育工作研究之中，呈现碎片化研究状态。网络思想政治教育内容的研究主要包括以下几个方面：第一，网络思想政治教育内容特殊性研究。有学者认为，网络思想政治教育内容特殊性是由网络思想政治教育内容传播中的各流程共同决定的，主要表现在内容生产场域、内容传播媒介与内容影响效果三个方面，并提出打造"内容工厂"、组建"内容矩阵"、凝聚"内容共识"的网络思想政治教育内容传播策略。[⑥] 第二，网络思想政治教育面临的机遇与挑战研究。有学者基于海南自贸港的实践探索提出全面开放背景下网络思想政治教育的机遇

---

① 冯留建，刘国瑞．新时代高校思想政治教育内容创新研究［J］．学校党建与思想教育，2018（14）：4－8.

② 刘兴河．对增强基层思想政治教育实效的几点思考［J］．南京政治学院学报，2003（6）：117－119.

③ 王振兴．科学发展观对基层思想政治教育的新要求［J］．南京政治学院学报，2007（S1）：80－81.

④ 李家山，邓放．对加强基层思想政治教育的思考——重温《古田会议决议》的启示［J］．南京政治学院学报，2012（4）：104－106.

⑤ 王莹，孙其昂．论新时代基层思想政治工作教育内容的构建与创新［J］．思想教育研究，2021（11）：27－33.

⑥ 刘晓琳，曹银忠．网络思想政治教育内容特殊性及其传播策略［J］．学校党建与思想教育，2023（2）：62－65.

和挑战，指出全面开放有助于推动网络思想政治教育内容的丰富创新，但同时也面临着“如何实现从内容供给多样到主体话语凸显”的现实挑战。① 第三，高校网络思想政治教育内容创新研究。有学者从以人为本角度提出高校网络思想政治教育的内容和方式要体现人文关怀。② 有学者从接受理论视域提出通过强化大学生网络认同的根本性内容，回应大学生思想困惑的主体性内容，提升大学生网络媒介素养的创新性内容，使大学生网络思想政治教育内容契合其对网络思想政治教育的“期待视野”③。面对ChatGPT的面世，网络思想政治教育的内容如何进一步守正创新，成为摆在网络思想政治教育内容研究面前的又一个新课题。

第二节　思想政治教育内容研究的特点

思想政治教育学科成立40年来，关于思想政治教育内容这一重要论域形成了丰厚的研究成果，关于这一问题的认识也持续走向深入。回顾思想政治教育内容研究的40年发展历程，不难发现其中呈现出一定的研究特点。总结和凝练其中的研究特点，对于把握思想政治教育内容研究的线索和规律、提升思想政治教育各要素研究的系统性和协同性具有重要意义。

一、以中国共产党的创新理论为遵循

党的创新理论每前进一步，理论武装就要跟进一步。习近平总书记在党的二十大报告中指出：“用党的创新理论武装全党是党的思想建设的根本任务。”④ 就思想政治教育内容而言，中国共产党的每一次创新理论，都为思想政治教育内容注入新的“血液”，同时为思想政治教育内容研究提供新的指引方向。思想政治教育学科成立40年来，思想政治教育内容体系的丰富和完善，都与党的创新理论密不可分。首先，党的创新理论成为思想政治教育内容研究的重要着力点。党的十二届六中全会通过的《中共中央关于社会主义精神文明建设指导方针的决议》提出：“社会主义精神文明建设的根本任务，是适应社会主义现代化建设的需要，培育有理想、有道德、有文化、有纪律的社会主义公民，提高整个中华民族的思想道德素质和科学文化素质。”⑤ 党的十六大报告指出：“认真贯彻公民道德建设实施纲要，弘扬爱国主义精神，以为人民服务为核心、以集体主义为原则、以诚实守信为重点，加强社会公德、职业道德和家庭美德教育，特别要加强青少年的思想道德建设，

① 吕治国，武耀廷．全面开放背景下网络思想政治教育的机遇、挑战与对策——基于海南自贸港的实践探索［J］．思想理论教育导刊，2022（2）：128－134.

② 何祥林，陈梦妮．以人为本视阈下的高校网络思想政治教育创新研究［J］．学校党建与思想教育，2017（4）：7－9.

③ 王滢．接受理论视野下大学生网络思想政治教育创新［J］．学校党建与思想教育，2022（20）：71－74.

④ 习近平．高举中国特色社会主义伟大旗帜 为全面建设社会主义现代化国家而团结奋斗——在中国共产党第二十次全国代表大会上的报告［N］．人民日报，2022－10－26（1）.

⑤ 中共中央关于社会主义精神文明建设指导方针的决议［N］．人民日报，1986－09－29（1）.

引导人们在遵守基本行为准则的基础上，追求更高的思想道德目标。”① 党的十八大报告指出：“推进马克思主义中国化时代化大众化，坚持不懈用中国特色社会主义理论体系武装全党、教育人民，深入实施马克思主义理论研究和建设工程，建设哲学社会科学创新体系，推动中国特色社会主义理论体系进教材进课堂进头脑。广泛开展理想信念教育，把广大人民团结凝聚在中国特色社会主义伟大旗帜之下。大力弘扬民族精神和时代精神，深入开展爱国主义、集体主义、社会主义教育，丰富人民精神世界，增强人民精神力量。”② 党的二十大报告指出：“弘扬以伟大建党精神为源头的中国共产党人精神谱系，用好红色资源，深入开展社会主义核心价值观宣传教育，深化爱国主义、集体主义、社会主义教育，着力培养担当民族复兴大任的时代新人。”③ 这些蕴含于党的创新理论中的内容成为思想政治教育内容的重要组成部分。其次，党的创新理论为思想政治教育具体内容研究提供理论支撑。思想政治教育内容体系丰富，内涵深厚，随着中国共产党的创新理论不断发展，思想政治教育内容的理论内涵也在持续深化。比如关于爱国主义、集体主义和社会主义教育，在党的创新理论中持续深化，为思想政治教育内容理论内涵的挖掘提供了坚实支撑；马克思主义信仰、中国特色社会主义信念、中华民族伟大复兴信心的理论内涵也在党的创新理论中持续深化，为思想政治教育内容提供了丰厚滋养；习近平经济思想、习近平生态文明思想、习近平外交思想、习近平强军思想、习近平法治思想等内容，同样进一步夯实和丰富了思想政治教育内容，为相关教育内容的深化提供了强力支撑。最后，党的创新理论指引思想政治教育内容的研究方向。2021 年，中共中央、国务院印发的《关于新时代加强和改进思想政治工作的意见》指出，要提升基层思想政治工作质量和水平，加强企业思想政治工作、农村思想政治工作、机关思想政治工作、社区思想政治工作、网络思想政治工作，做好各类群体的思想政治工作。④ 基层思想政治工作具有特定的教育内容，这为新时代思想政治教育内容研究指明了新的方向。

二、以中国改革发展实际为关切点

思想政治教育工作与中国改革发展同向同行，思想政治教育内容的创新发展研究也与中国改革发展实际相契合。一方面，思想政治教育内容研究聚焦中国改革发展实践前沿。党的十六届六中全会通过的《中共中央关于构建社会主义和谐社会若干重大问题的决定》明确提出“建设社会主义核心价值体系”这个重大命题和战略任务后，思想政治教育内容有了进一步的更新。从道德教育的内容来看，随着社会主义市场经济的发展，要着力培养与发展社会主义市场经济相适应的新的道德观念，引导人们正确认识和处理竞争与合作、效率与公平、先富与后富、自律与他律、个人价值与社会价值等的关系，努力形成把国家

① 江泽民．全面建设小康社会，开创中国特色社会主义事业新局面——在中国共产党第十六次全国代表大会上的报告［N］．人民日报，2002－11－18（1）．

② 胡锦涛．坚定不移沿着中国特色社会主义道路前进 为全面建成小康社会而奋斗——在中国共产党第十八次全国代表大会上的报告［N］．人民日报，2012－11－18（1）．

③ 习近平．高举中国特色社会主义伟大旗帜 为全面建设社会主义现代化国家而团结奋斗——在中国共产党第二十次全国代表大会上的报告［N］．人民日报，2022－10－26（1）．

④ 中共中央国务院印发《关于新时代加强和改进思想政治工作的意见》［N］．人民日报，2021－07－13（1）．

和人民利益放在首位而又充分尊重公民个人合法利益的社会主义义利观，尤其是要注重加强社会主义荣辱观教育，教育和引导人们明荣知耻，分清是非。① 党的十八大以来，形成了一系列时代特色鲜明、民族特色凸显、教育目的明确的思想政治教育内容，包括中国梦教育、“四个自信”教育、社会主义核心价值观教育、人类命运共同体教育。② 同时，作为当代中国马克思主义、21世纪马克思主义，习近平新时代中国特色社会主义思想也成为思想政治教育的重点内容。这些都充分证明，思想政治教育内容研究坚持与时俱进，与中国改革发展实际同向同行。另一方面，思想政治教育内容研究聚焦中国改革发展需求。思想政治教育内容不可能在既定的“篮子”中随用随取，我们必须根据特定的教育目标、教育对象精心设计教育内容，同时还需要随着实践活动的开展不断对教育内容进行整合和优化。③ 党的十六大报告明确指出：“面对世界范围各种思想文化的相互激荡，必须把弘扬和培育民族精神作为文化建设极为重要的任务，纳入国民教育全过程，纳入精神文明建设全过程，使全体人民始终保持昂扬向上的精神状态。”④ 民族精神教育成为思想政治教育的重要内容和紧迫任务。党的二十大报告指出：“全面建设社会主义现代化国家，必须坚持中国特色社会主义文化发展道路，增强文化自信，围绕举旗帜、聚民心、育新人、兴文化、展形象建设社会主义文化强国，发展面向现代化、面向世界、面向未来的，民族的科学的大众的社会主义文化，激发全民族文化创新创造活力，增强实现中华民族伟大复兴的精神力量。”⑤ 面对新时代中国文化建设的使命和任务，思想政治教育学科关注人类文明新样态、科学社会主义价值观、大中小学思想政治教育一体化建设等命题，进一步丰富和深化思想政治教育内容研究。

三、以思想政治教育基础理论为研究支撑

思想政治教育内容作为思想政治教育学科基础理论的重要组成部分，其相关研究与其他基础理论研究相互协同，因此思想政治教育内容研究的创新发展也得益于思想政治教育学科基础理论的深化。一方面，思想政治教育内容研究与思想政治教育目标的聚焦与深化密切相关。党的十八大以来，围绕培养什么人、怎样培养人、为谁培养人，习近平总书记做出了一系列重要论述。在全国教育大会上，习近平总书记强调：“在党的坚强领导下，全面贯彻党的教育方针，坚持马克思主义指导地位，坚持中国特色社会主义教育发展道路，坚持社会主义办学方向，立足基本国情，遵循教育规律，坚持改革创新，以凝聚人心、完善人格、开发人力、培育人才、造福人民为工作目标，培养德智体美劳全面发展的社会主义建设者和接班人，加快推进教育现代化、建设教育强国、办好人民满意的教育。”⑥ 在党的十

① 张耀灿，郑永廷，吴潜涛，等．现代思想政治教育学［M］．2版．北京：人民出版社，2006：266.

② 冯刚，彭庆红，佘双好，等．新时代高校思想政治教育学原理［M］．北京：人民出版社，2021：167－174.

③ 沈壮海．新编思想政治教育学原理［M］．北京：中国人民大学出版社，2022：150－151.

④ 江泽民．全面建设小康社会，开创中国特色社会主义事业新局面——在中国共产党第十六次全国代表大会上的报告［N］．人民日报，2002－11－18（1）.

⑤ 习近平．高举中国特色社会主义伟大旗帜 为全面建设社会主义现代化国家而团结奋斗——在中国共产党第二十次全国代表大会上的报告［N］．人民日报，2022－10－26（1）.

⑥ 习近平在全国教育大会上强调 坚持中国特色社会主义教育发展道路 培养德智体美劳全面发展的社会主义建设者和接班人［N］．人民日报，2018－09－11（1）.

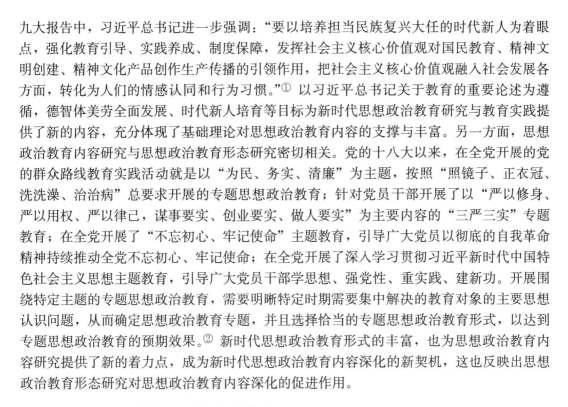

九大报告中，习近平总书记进一步强调："要以培养担当民族复兴大任的时代新人为着眼点，强化教育引导、实践养成、制度保障，发挥社会主义核心价值观对国民教育、精神文明创建、精神文化产品创作生产传播的引领作用，把社会主义核心价值观融入社会发展各方面，转化为人们的情感认同和行为习惯。"① 以习近平总书记关于教育的重要论述为遵循，德智体美劳全面发展、时代新人培育等目标为新时代思想政治教育研究与教育实践提供了新的内容，充分体现了基础理论对思想政治教育内容的支撑与丰富。另一方面，思想政治教育内容研究与思想政治教育形态研究密切相关。党的十八大以来，在全党开展的党的群众路线教育实践活动就是以"为民、务实、清廉"为主题，按照"照镜子、正衣冠、洗洗澡、治治病"总要求开展的专题思想政治教育；针对党员干部开展了以"严以修身、严以用权、严以律己，谋事要实、创业要实、做人要实"为主要内容的"三严三实"专题教育；在全党开展了"不忘初心、牢记使命"主题教育，引导广大党员以彻底的自我革命精神持续推动全党不忘初心、牢记使命；在全党开展了深入学习贯彻习近平新时代中国特色社会主义思想主题教育，引导广大党员干部学思想、强党性、重实践、建新功。开展围绕特定主题的专题思想政治教育，需要明晰特定时期需要集中解决的教育对象的主要思想认识问题，从而确定思想政治教育专题，并且选择恰当的专题思想政治教育形式，以达到专题思想政治教育的预期效果。② 新时代思想政治教育形式的丰富，也为思想政治教育内容研究提供了新的着力点，成为新时代思想政治教育内容深化的新契机，这也反映出思想政治教育形态研究对思想政治教育内容深化的促进作用。

四、以思想政治教育实践创新为指向

思想政治教育实践的创新发展，不仅需要有丰富的思想政治教育内容研究的支撑，同时也在客观地创新和发展着思想政治教育内容。学科成立 40 年来，思想政治教育内容研究伴随着思想政治教育实践的创新发展而不断深化，体现了突出的实践导向。一方面，学科成立 40 年来，思想政治教育内容研究始终关切思想政治教育实践创新发展的新需求。思想政治教育的内容与思想政治教育的目标密切相关，培养"四有"新人、培养社会主义建设者和接班人、培养担当民族复兴大任的时代新人，思想政治教育实践的创新发展不断孕育新的目标，这些具体育人目标的确立为思想政治教育内容研究提供了新的研究空间。在学科发展进程中，围绕"四有"新人的内涵与逻辑关系、社会主义建设者和接班人的综合素养、"立什么德、树什么人"、时代新人的理论内涵等内容，学界展开了充分的讨论，这些内容研究不仅积极回应着思想政治教育实践创新发展之需，同时也在丰富着思想政治教育内容研究，使思想政治教育内容研究充满生机和活力。另一方面，学科成立 40 年来，思想政治教育内容研究始终关切思想政治教育实践的新发展。党的十八大以来，党和国家高度重视思想政治教育工作。中共中央、国务院印发《关于加强和改进新形势下高校思想政治工作的意见》，其中鲜明指出："把思想价值引领贯穿教育教学全过程和各环节，形成

① 习近平．决胜全面建成小康社会 夺取新时代中国特色社会主义伟大胜利——在中国共产党第十九次全国代表大会上的报告［N］．人民日报，2017-10-28（1）．

② 沈壮海．新编思想政治教育学原理［M］．北京：中国人民大学出版社，2022：128．

教书育人、科研育人、实践育人、管理育人、服务育人、文化育人、组织育人长效机制。”① “七个育人”机制中的每一个内容都具有丰富的思想政治教育内容，这些思想政治教育内容既是对思想政治教育实践创新发展的关切，同时也是对思想政治教育内容研究走向深入的学理反思。结合这些实践前沿话题，学界对这些思想政治教育内容进行了深入的学理分析，比如教书育人中如何聚焦和融入思想政治教育内容、实践育人中如何结合实践的形态进一步丰富创新思想政治教育内容、文化育人中如何在文化载体中滋养丰富的思想政治教育内容等。因此，思想政治教育内容研究的深化离不开对思想政治教育实践需求与创新发展的关切。

第三节　深化思想政治教育内容研究的思考

自思想政治教育学科正式成立以来，学术界关于思想政治教育内容的研究取得了重大进展，产生了一大批具有理论与现实意义的成果。与此同时，也应认识到，思想政治教育内容研究仍需在理论与实践的融合中走向深入。

一、思想政治教育内容的内涵问题

思想政治教育内容的内涵阐释是研究各类思想政治教育内容相关问题的基础。目前学界对思想政治教育内容的内涵与外延的认识尚存一定分歧，时代发展进步与思想政治教育实践深入开展的现实，要求对思想政治教育内容的内涵进行更加深层、开放、完善的研究。

第一，以更加深层的思维挖掘思想政治教育内容的内涵。思想政治教育内容内涵的研究绝不能浮于表面，需要在深层的思维逻辑下展开。一方面，思想政治教育内容的内涵挖掘需要从多方面入手，包括党的路线方针政策、思想政治教育目标任务、人的思维发展规律、人的全面发展需要等，将这些内容结合恰当的逻辑才能挖掘出具有时代意义的思想政治教育内容的内涵。另一方面，挖掘思想政治教育内容的内涵，需要将思想政治教育内容置于思想政治教育实践全过程来理解，把握思想政治教育内容与思想政治教育其他要素之间的内在逻辑。

第二，以更加开放的视野拓展思想政治教育内容的内涵。思想政治教育内容内涵的研究要突破传统的思想局限，用更加开放的视野对思想政治教育内容的内涵进行拓展。一方面，结合中华优秀传统文化中与思想政治教育内容相关的思想，如儒家伦理道德教育等，以此丰富思想政治教育内容的内涵。另一方面，将中外思想政治教育内容进行对比，借鉴西方关于道德教育内容、公民教育内容、宗教教育内容等内涵阐释的经验，对思想政治教育内容的内涵进行拓展。

第三，以更加完善的理论阐述思想政治教育内容的内涵。思想政治教育内容内涵的阐述需要具备坚实的理论基础，增强思想政治教育内容内涵阐述的完整性和科学性。一方

① 中共中央国务院印发《关于加强和改进新形势下高校思想政治工作的意见》[N]. 人民日报，2017-02-28(1).

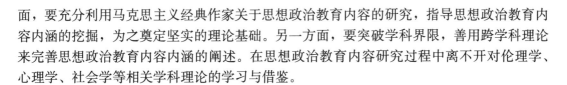

面，要充分利用马克思主义经典作家关于思想政治教育内容的研究，指导思想政治教育内容内涵的挖掘，为之奠定坚实的理论基础。另一方面，要突破学科界限，善用跨学科理论来完善思想政治教育内容内涵的阐述。在思想政治教育内容研究过程中离不开对伦理学、心理学、社会学等相关学科理论的学习与借鉴。

二、大中小学思想政治教育内容一体化建设问题

党的二十大报告指出："用社会主义核心价值观铸魂育人，完善思想政治工作体系，推进大中小学思想政治教育一体化建设。"① 探讨大中小学思想政治教育内容一体化建设问题具有重要的理论价值与现实意义。

第一，完善大中小学思想政治教育具体内容的研究。大中小学思想政治教育具体内容的研究是推进大中小学思想政治教育一体化建设研究的基础性问题。完善大中小学思想政治教育具体内容可以从两方面入手。一方面，完善大中小学思想政治理论课具体内容。大中小学思政课存在内容重复问题、课程内容与教育对象不匹配问题，通过完善大中小学思政课具体内容，解决当前存在的问题，有助于提升大中小学思政课教育效果。另一方面，完善大中小学思想政治教育实践活动的具体内容。大中小学思想政治教育一体化建设不仅是思政课一体化建设，而且已经深入大中小学思想政治教育实践活动全过程。目前，大中小学思想政治教育一体化建设在除思政课以外的教育领域还较为薄弱，需要有针对性、分层次地确立与完善大中小学思想政治教育各环节教育内容。

第二，加强各学段思想政治教育内容衔接问题的研究。加强大中小学思想政治教育内容衔接的问题应成为推进大中小学思想政治教育内容一体化建设研究中的一项关键课题。"'一体化'强调的不是同质化，而是在尊重差异的基础上凸显连续性、递进性、层次性和整体性"②。大中小学思想政治教育内容一体化就要求在尊重大中小学思想政治教育内容差异性的基础上凸显教育内容的连续性，因此要加强各学段思想政治教育内容衔接问题的研究，避免教育内容的重复与缺失。

第三，大中小学思想政治教育内容构建内在规律问题的研究。大中小学思想政治教育内容一体化建设必须遵循教育内容构建的内在规律。一方面，大中小学思想政治教育内容构建要符合学生认知发展规律。人的认知发展遵循由简单具体到复杂抽象、由感性认识到理性认识的发展规律，这就要求大中小学思想政治教育内容构建遵循由表及里、由浅入深的循序渐进的规律。另一方面，大中小学思想政治教育内容构建要符合学生全面发展需要。马克思主义人学理论强调实现人的自由而全面的发展。大中小学思想政治教育内容构建要满足各学段学生发展的需要，提高教育内容与教育对象的适配性和适度超越性。

三、新时代基层思想政治工作教育内容研究

中共中央、国务院印发的《关于新时代加强和改进思想政治工作的意见》明确指出，

---

① 习近平．高举中国特色社会主义伟大旗帜 为全面建设社会主义现代化国家而团结奋斗——在中国共产党第二十次全国代表大会上的报告［N］．人民日报，2022-10-26（1）.

② 王易，田雨晴．推进大中小学思想政治教育一体化建设的思考［J］．思想理论教育，2023（3）：48-54.

“要提升基层思想政治工作质量和水平”①。新时代，构建并落实基层思想政治教育内容具有重要的理论与现实意义，可以针对基层思想政治工作教育内容的特殊性问题与创新问题进行拓展研究。

一方面，新时代基层思想政治工作教育内容的特殊性问题研究。相较于学生群体，基层思想政治工作的特殊性在于基层涵盖的行业、领域，其教育对象在社会角色等方面均不相同，这就使得基层思想政治工作教育内容更具特殊性。研究基层思想政治工作教育内容的特殊性问题，对于基层思想政治工作教育内容的确立与优化有重要意义。

另一方面，新时代基层思想政治工作教育内容的创新问题研究。由于基层思想政治工作具有极强的特殊性，进行基层思想政治工作教育内容的创新就显得尤为重要。当前的基层思想政治工作存在“形式主义”、内容陈旧等问题，要想将基层思想政治工作落到实处，就需要对教育内容不断创新。基层思想政治工作教育内容的创新可以将传统的思想政治教育内容与基层工作相结合，增加教育内容的灵活性与趣味性。同时也要充分调查民意，增加基层单位员工更喜闻乐见的教育内容。但需要注意的是，在进行创新的同时，必须保证基层思想政治工作教育内容的发展坚持正确政治方向。

---

① 中共中央国务院印发《关于新时代加强和改进思想政治工作的意见》[N]. 人民日报，2021-07-13 (1).

第八章　思想政治教育过程研究

思想政治教育过程是教育者对受教育者进行有目的、有计划、有组织的引导，以形成和提高其思想政治素质的过程。对其进行学理研究，是 40 年来思想政治教育集中研究的重要领域。对思想政治教育过程中矛盾规律的研究一直是该领域的研究难点和热点，它深层次揭示了思想政治教育过程运行的内在机理，标识了思想政治教育的学科属性和科学性，为思想政治教育学科其他理论的发展提供了深层依据。40 年来，学术界对思想政治教育过程的基本要素、阶段环节、主要特征、矛盾规律等进行了大量系统阐述，理论成果越来越丰富，认识越来越深刻，为正确实施思想政治教育提供了科学指导，也使思想政治教育学科更具科学性和学科性。

第一节　思想政治教育过程研究的进程

由于思想政治教育是实践性较强的活动，其过程必然是思想政治教育学科研究的重点内容。因此，从 1984 年思想政治教育学科正式创立开始，学术界始终关注思想政治教育过程及其矛盾规律，这也是各类思想政治教育教材、著作重点研究的内容。思想政治教育过程方面的期刊论文成果不断增多，学者们对其矛盾规律的认识不断深化。40 年来，在出版发行的思想政治教育专著、教材中，对于思想政治教育过程及其规律的研究，多以章节的形式出现，多角度论述其基本理论及重要意义。随着研究的深入，关于思想政治教育过程的专著成果越来越多。梳理现有研究成果，大致可将思想政治教育过程研究分为四个阶段：萌芽起步阶段、繁荣争鸣阶段、整合完善阶段和创新发展阶段。

一、萌芽起步阶段

思想政治教育学科虽于 1984 年设立，但之前已有较多关于思想政治教育的理论成果，这些理论成果为思想政治教育正式成为学科奠定了理论基础。1984 年之前，已有个别专家学者开始研究思想政治教育的过程及其规律。该阶段的研究成果倾向于过程及规律的简单描述，而未深入抽象探及思想政治教育过程及其规律的内在实质。但作为具有开拓意义的研究成果，已经充分认识到思想政治教育过程及其规律研究的重要性，为往后的深度研究指出了科研方向。

1983年，张蔚萍、张俊南出版了《思想政治工作概论》。1982年，《上海高教研究》第2期刊登了《高等学校学生思想政治教育概论》。这两项成果较早论述了思想政治教育的过程及其规律。

《思想政治工作概论》是学科设立前夕出版的系统论述思想政治工作的重要著作。该书由陕西人民出版社出版，曾获得1979—1983年全国通俗政治理论读物评选二等奖，对思想政治工作的根本任务和基本内容、基本方法，以及加强党对思想政治工作的领导等问题做了比较全面系统的论述。该书总结了我们党思想政治工作的历史经验，探讨研究了思想政治工作的新情况、新问题，提升了科学性、针对性，是思想政治教育理论研究领域中的学术研究新探索。该书在第一章“思想政治工作是一门科学”中重点提到“思想政治工作的若干规律和科学体系”，指出：“我们党的思想政治工作，有它自身固有的客观规律。只有认识了这些客观规律，并把它加以总结，上升为理论，形成一个严整的科学体系，才能使思想政治工作成为一门科学。我们党在六十多年的伟大实践中，经过正确与错误两个方面的检验，对党的思想政治工作的客观规律，已经有了一些较深刻的认识，基本形成了一套完整的理论观点。”① 该书通过梳理党的一系列有关思想政治工作的文件，以及毛泽东同志、周恩来同志、刘少奇同志和其他中央领导同志的著作、讲话和文件等，总结了我们党的思想政治工作，主要包括以下几个方面：提出了掌握思想教育，是团结全党进行伟大政治斗争的中心环节的观点；提出了着重从思想上建设党的原理；提出了共产党员必须加强党性修养的理论；提出了以整风精神进行马克思主义教育的原则；提出了用“惩前毖后、治病救人”的方针解决党内思想矛盾的原则；提出了从世界观的高度解决党风问题的论断。这些党内思想政治教育的主要理论原则，是我们党对思想政治教育客观规律的正确认识和运用，对于加强我们党的建设，特别是思想建设，有着深远的指导意义。不过，该书虽提到思想政治工作的若干规律，但倾向于总结概括反映我们党思想政治工作客观规律的基本观点，而未从学理上抽象提炼出思想政治教育过程的规律。

这一时期，《上海高教研究》1982年第2期专门刊登了《高等学校学生思想政治教育概论》，明确提到思想政治教育过程及其规律，指出人的思想发展、变化的过程和实施思想教育的过程，是作为一种特殊的社会活动形态而存在的，具有与其他社会活动形态不同的特点，有其特殊的过程、方法、组织形式和活动形态，也就有它的特殊规律，这是思想政治教育科学的研究对象。该期刊1982年第2期还刊登了《第四章 思想政治教育过程及其规律》，专门论述了思想政治教育的过程及其规律。“研究并掌握学生思想政治品德的形成过程、学生思想政治教育过程及其规律性，为确定思想政治教育的原则和方法提供了理论基础，也为做好思想政治教育工作提供了科学依据。”② 该文认为学生思想政治教育过程就是根据思想政治教育的任务和学生思想政治品德形成的规律，对学生施加教育影响，使他们按照培养目标的要求形成思想政治品德的过程。这个教育过程，就实现具体的教育

① 张蔚萍，张俊南．思想政治工作概论［M］．西安：陕西人民出版社，1983：15.

② 第四章 思想政治教育过程及其规律［J］．上海高教研究，1982（2）：40－46.

任务和教育内容而言，是由教育者的教育活动和受教育者的内部思想矛盾运动所构成的由知到行的转化过程；而就整个大学阶段学生思想政治教育而言，则是一个由许多具体教育过程所构成的不断循环往复、螺旋式上升的过程。研究教育过程就是要在剖析具体教育过程规律的基础上，把大学生思想政治教育作为一个总过程进行探讨，以求揭示学生思想政治教育的客观规律。① 该文较为深刻地总结了思想政治教育的过程，提到学生思想品德形成发展规律，但未涉及思想政治教育规律。我们通过梳理学科成立前的相关研究成果，一是想说明思想政治教育过程研究的重要性，它很早就被学界前辈纳入研究视野；二是想说明 1984 年前便有较多思想政治教育研究成果，从而较快促进思想政治教育成为一门学科。

二、繁荣争鸣阶段

1984 年，思想政治教育学科正式成立。2005 年，国务院学位委员会和教育部颁布《关于调整增设马克思主义理论一级学科及所属二级学科的通知》，正式设立马克思主义理论一级学科，思想政治教育成为其二级学科。这一时期是思想政治教育学科快速繁荣发展的阶段，也是思想政治教育过程研究繁荣发展的阶段。马克思主义理论一级学科的设立极大地激发了广大专家学者的研究积极性，对思想政治教育过程的研究开始步入繁荣争鸣期。这一阶段的研究主要呈现两个特征：第一，研究成果繁荣发展，过程研究得到深入系统的论证。此时有关思想政治教育过程及其规律的研究呈现增长趋势。例如，以“思想政治教育规律”为篇名检索词精确检索中国知网中的相关论文，1984 年到 1994 年 10 年发表的论文为 8 篇，从 1995 年到 2005 年，10 年发表的论文达到 72 篇。第二，研究成果观点多样，竞相争鸣。经过 20 多年的理论发展，思想政治教育过程及其矛盾规律的研究观点不断增多，深度不断拓展，出现了百花齐放、百家争鸣的局面，诸多理论从不同角度进行论证，形成不同模式的过程论和规律论，形成学术争鸣、观点各异的繁荣局面。

这一时期，专家学者们在对思想政治教育学原理的系统阐述中研究分析了思想政治教育过程及其矛盾规律。较早系统研究思想政治教育规律的是石亮元的著作《思想政治工作原理初探》，该书于 1984 年由山西人民出版社出版。该书第五章是“思想政治工作的规律”，用两节论述了两大规律：“人的思想活动规律”“思想政治工作的规律”。该书的最大贡献是提出了思想政治工作规律，并对“人的思想活动规律”和“思想政治工作的规律”的内涵及运动过程进行了阐述。1986 年，复旦大学出版社出版了陆庆壬主编的《思想政治教育学原理》，书中第五章以思想政治教育的过程为内容展开分析，首先介绍了思想政治品德形成的一般过程，之后研究了思想政治教育过程的概念、矛盾以及主要环节等内容。② 1988 年，天津人民出版社出版了邱伟光编著的《思想政治教育学概论》。该书第七章独立论述了思想政治教育过程的本质及规律，涉及思想政治教育过程的概念内涵、结构特点、本质表现及规律，涵盖思想政治教育的过程与规律两方面的内容。③ 同年，华

---

① 第四章 思想政治教育过程及其规律［J］. 上海高教研究，1982（2）：40－46.

② 陆庆壬. 思想政治教育学原理［M］. 上海：复旦大学出版社，1986：110－133.

③ 邱伟光. 思想政治教育学概论［M］. 天津：天津人民出版社，1988：169－184.

中师范大学出版社出版了张耀灿的《思想政治教育学原理》，在第六章专门论述了思想政治教育过程及其规律，将影响因素归结为客观环境和主观思想矛盾运动两方面，并指出了思想政治教育过程的五个特点和两条基本规律。① 1989年，浙江大学出版社出版了王礼湛主编的《思想政治教育学》，该书认为思想政治教育过程包括内过程与外过程，同时对思想政治教育的基本矛盾和基本规律分别展开论述，形成了完整的理论体系。② 1990年，朱学文、徐太勇主编的《思想政治教育学》分别研究思想政治教育过程与规律，将思想政治教育的规律归纳为九个方面的规律，包括适应疏导规律、心理相容规律、理利相辅规律、信息动力规律、实践固化规律、认识发展规律、适应个性规律、正负驱导规律、相互作用规律。③ 该书认为思想政治教育过程是一个教育者促使受教育者思想矛盾转化的综合、系统不断发展的过程。④ 1991年，高等教育出版社出版了陆庆壬的《思想政治教育学原理》，1992年，吉林大学出版社出版了陈秉公的专著《思想政治教育学》，对思想政治教育过程进行了专门论述。此外，郑永廷、王玄武、刘绍龙、孙效同等多位学者也对思想政治教育过程及其规律展开不同领域的研究，扩充了思想政治教育学科的理论体系。张蔚萍在其1996年出版的《新编思想政治工作概论》中提出思想政治工作基本规律的新观点，从影响人们积极性的诸种因素及思想政治教育和管理的角度论述思想政治工作的基本规律。⑤

该阶段比较有影响力的成果是由教育部社会科学研究与思想政治工作司组编、邱伟光和张耀灿主编、高等教育出版社于1999年出版的《思想政治教育学原理》。该书把思想政治教育过程规律分为基本规律和具体规律。“思想政治教育过程的基本规律是思想政治教育过程中诸要素的本质联系及基本矛盾运动的必然趋势。据此，我们认为思想政治教育过程的基本规律是‘适应超越律’，具体而言可表述为：教育者的教育活动既要适应受教育者的思想政治品德基础和发展需求，又要超越受教育者的原有基础，体现社会思想政治品德要求的规律。”⑥ 该书在论述思想政治教育过程基本规律的同时，还比较深入地研究了思想政治教育过程的具体规律，将思想政治教育过程的具体规律定义为，“思想政治教育过程的具体规律是思想政治教育过程中诸要素之间的本质联系及具体矛盾运动的必然趋势”⑦，提出具有全局意义的三个具体规律：双向互动律、内化外化律、协调控制律。2001年，人民出版社出版了张耀灿、郑永廷、刘书林、吴潜涛等著的《现代思想政治教育学》，被认为是思想政治教育过程规律的研究开始真正向思想政治教育规律研究转移的代表作。同年，辽宁人民出版社出版了陈秉公的专著《思想政治教育学原理》，高等教育出版社出版了张耀灿、陈万柏主编的《思想政治教育学原理》，2004年，北京大学出版社出版了仓道来的《思想政治教育学》等，以及其他思想政治教育专著都设专题详细论述了思想政治教育过程及其规律。

① 张耀灿．思想政治教育学原理［M］．武汉：华中师范大学出版社，1988：111－128.
② 王礼湛．思想政治教育学［M］．杭州：浙江大学出版社，1989：171－203.
③ 朱学文，徐太勇．思想政治教育学［M］．北京：海洋出版社，1990：30－51.
④ 同③154－162.
⑤ 张蔚萍．新编思想政治工作概论［M］．修订本．北京：中共中央党校出版社，1996：60－62.
⑥ 邱伟光，张耀灿．思想政治教育学原理［M］．北京：高等教育出版社，1999：114.
⑦ 同⑥115.

除了出版思想政治教育专著，这一时期涌现出大批高质量学术论文，多方位系统论述思想政治教育的过程及其规律。如沈壮海发表的《论思想政治教育过程的内在构成》（《中国青年政治学院学报》2001年第1期），陈万柏发表的《关于思想政治教育过程规律的再思考》（《华中师范大学学报（人文社会科学版）》2001年第2期），孙其昂发表的《思想政治工作规律论要》（《河海大学学报（哲学社会科学版）》2002年第1期），罗洪铁等发表的《思想政治教育过程规律的探讨》（《探索》2004年第3期），张耀灿发表的《思想政治教育的特点和规律探析》（《思想・理论・教育》2005年第3期），等等，都较为深刻地谈到思想政治教育的过程及其规律。众多专家学者从不同角度开启了对思想政治教育过程和规律的多元探索，使思想政治教育理论体系日益完善。

三、整合完善阶段

思想政治教育过程及其规律的研究在经历了萌芽起步阶段和繁荣争鸣阶段之后，于2005年后开始进入整合完善阶段。2005年，国务院学位委员会、教育部颁布《关于调整增设马克思主义理论一级学科及所属二级学科的通知》，增设马克思主义理论一级学科，进一步明确了思想政治教育学科的学科地位、研究范围等，思想政治教育过程及其规律的研究呈现出稳步增长、修改完善的发展特点。该阶段研究思想政治教育过程及规律的专著、教材及论文数量稳步增长，理论更趋成熟稳定。这一期间，学术界对以往20多年思想政治教育的过程及其规律研究成果进行了总体反思，修订再版了众多专著和教材，对以往的成果做了进一步的修改与完善。

张耀灿、郑永廷、吴潜涛、骆郁廷等在2001年出版的第一版《现代思想政治教育学》基础上，于2006年修订出版了第二版，该版学术专著对思想政治教育过程、规律以及其他理论做了大幅度的修改。例如，将思想政治教育过程的概念修改为“是教育者根据一定社会的思想政治要求和受教育者思想政治素质形成发展的规律，对受教育者施加有目的、有计划、有组织的教育影响，促使受教育者产生内在的思想矛盾运动，以形成一定社会所期望的思想政治素质的过程”①。该书将思想政治教育规律的概念修改为“是思想政治教育活动在其运动发展过程中内在的、本质的、必然的联系”②，并对思想政治教育具体规律的定义做了修改，“思想政治教育的具体规律，揭示的是某种类型、某一部分、某一环节思想政治教育的本质联系”③。2007年，由陈万柏、张耀灿主编的《思想政治教育学原理》对思想政治教育的过程和规律基本理论也进行了深刻的修改与完善。在第六章“思想政治教育过程及其规律”中，在阐述了人的思想政治教育过程及其规律的基础上，分析了思想政治教育过程的特点与环节、矛盾与规律。该书指出思想政治教育过程是教育者和受教育者在一定的目的指导下，借助一定的方式和手段互动的过程，是教育者根据一定社会的思想品德要求和受教育者思想品德形成发展规律，对受教育者施加有目的、有计划、有组织的教育影响，促使受教育者产生内在的思想矛盾运动，以形成一定社会所期望的思想

① 张耀灿，郑永廷，吴潜涛，等．现代思想政治教育学［M］．2版．北京：人民出版社，2006：324.

② 同①119.

③ 同①123.

品德的过程，并详细分析了思想政治教育过程的要素、环节、特征。在对以往思想政治教育规律研究的基础上，该书总结出思想政治教育过程的三个规律：教育要求与受教育者思想品德发展之间保持适度张力的规律、教育与自我教育相统一的规律、协调与控制各种影响因素使之同向发挥作用的规律。①

除了众多学者通过再版学术专著对思想政治教育的过程及其规律进行修改完善外，还有很多学者深入分析了该理论。如苏振芳主编、社会科学文献出版社于2006年出版的《思想政治教育学》，第六章“思想政治教育的范畴和规律”专门论述了“思想政治教育规律”。一些年轻学者开始关注该理论，将此选题作为博士毕业论文的选题进行专门研究，有的还整理出版了专著，如2009年，中国社会科学出版社出版了刘烨的博士论文《现代思想政治教育过程研究》，2011年，光明日报出版社出版了韦冬雪的博士论文《思想政治教育过程矛盾和规律研究》，加强了该领域的研究深度。《思想政治教育过程矛盾和规律研究》一书，在思想政治教育理论与实践的当代视域下，运用系统分析、矛盾分析等方法的综合渗透，重点就思想政治教育运行过程的矛盾体系和规律体系进行深度研究。总之，该阶段思想政治教育过程及其规律的研究更多是对以往学术界研究成果的反思与沉淀，使基本概念和有关理论更加系统、科学、全面。

四、创新发展阶段

党的十八大以来，思想政治教育研究呈现新的特点，思想政治教育过程研究得到迅速发展。在该阶段内，党和国家印发多项有关“思想政治教育”的指导性文件，对新时代思想政治教育的发展创新提出许多具体要求。例如，中共中央、国务院印发了《关于新时代加强和改进思想政治工作的意见》，提出推动新时代思想政治工作守正创新发展。因此，新时代以来，思想政治教育的过程研究进入创新发展阶段。该阶段的研究成果倾向于过程及规律关涉方面的创新提法，对具体内容进行再补充、再修改，也创造性地提出许多新理论新观点。

陈万柏、张耀灿在2007年由高等教育出版社出版的《思想政治教育学原理》第二版的基础上，于2015年修订出版了第三版，该版学术专著在思想政治教育过程的相关内容上做出了修改。例如，将“思想政治教育过程的矛盾”具体为“思想政治教育过程的主要矛盾”，将“思想政治教育过程的规律”改为“思想政治教育过程的具体规律”②，将思想政治教育过程的概念及特征两个部分的内容合并为“思想政治教育过程的内涵及特征”③，大幅缩减“思想政治教育方案的制定”这一部分的论述，仅提取第二版中的核心观点及概述。④ 此外，将第二版中的“思想政治教育方案的实施”中的“第二，提出行动要求……第四，组织各种实践活动……”等四点内容合并至“第二，引导受教育者实现从品德认识到行为的转化，培养受教育者的品德践行能力”⑤，将“教育者与思想政治教育的

① 陈万柏，张耀灿．思想政治教育学原理［M］．2版．北京：高等教育出版社，2007：116－144.

② 陈万柏，张耀灿．思想政治教育学原理［M］．3版．北京：高等教育出版社，2015：143.

③ 同②145.

④ 同②138－140.

⑤ 同②140－141.

客观要求之间的矛盾”改为“思想政治教育者与社会要求之间的矛盾”①，将“思想政治教育要求与受教育者本人思想行为之间的矛盾”改为“受教育者的思想行为与社会要求之间的矛盾”②，对思想政治教育过程及其矛盾规律进行了更加清晰的界定。2018 年，高等教育出版社出版了郑永廷教授主编的《思想政治教育学原理》第二版，详细介绍了思想政治教育过程和规律。该书详细介绍了思想政治教育过程的环节与特点、思想政治教育的矛盾，对思想政治教育的规律进行了较大修订，将之分为思想政治素质形成发展与教育引导规律、思想政治教育适应和促进社会发展的规律。③ 与其他著作相比，该书提出了新的观点。

冯刚、彭庆红、佘双好、白显良等在 2021 年由人民出版社出版的专著《新时代高校思想政治教育学原理》中，在第七章分别独立论述新时代高校思想政治教育的过程和规律两个方面，不仅总结思想政治教育过程规律，还涵盖了高校思想政治管理规律，包含“三因”律、“三全”律和“双同”律。④ 2021 年，中国人民大学出版社出版了毕红梅、陈万柏主编的《思想政治教育学原理》第二版。该书在第五章“思想政治教育过程”中分别论述了人的思想品德形成发展的过程及其规律、思想政治教育过程的特征和环节、思想政治教育过程的矛盾和规律。2022 年，中国人民大学出版社出版了沈壮海教授主编的《新编思想政治教育学原理》，该书从环节、矛盾和规律三个角度分析思想政治教育过程，这与陈万柏、张耀灿 2007 年出版的《思想政治教育学原理》有所不同。前者将思想政治教育的要素与过程分成两个独立小节进行论述，后者则将要素定位为“思想政治教育过程的特征与环节”⑤。前者将思想政治教育过程环节概括为思想政治教育的施教过程和受教过程，后者则采用三环节论。此外，沈壮海教授在该书中提出五点思想政治教育过程的规律，具有创新性提法的是“适应引领律、要素匹配律、整体育人律”⑥。

新时代十余年来，思想政治教育学科发展迅速，思想政治教育过程的理论成果也有很多新的创新发展。冯刚发表的《增强高校思想政治教育持续发展的内生动力》，从创新体制机制、优化供给结构、增强文化意蕴、借助多学科理论方法等方面，探索思想政治教育过程中的内生动力。⑦ 李志强发表的《论思想政治教育过程的结构及规律》，从静态结构和动态规律两个方面分析思想政治教育过程，又进一步从结构层次出发将其细分为横向结构即“四要素”整体间的关系、纵向结构即从思想政治教育活动运行过程的三个环节与教育客体思想政治素质形成过程的四个阶段展开论述，论证了思想政治教育过程中各个环节和要素的重要性。⑧ 该阶段还发表了不少具有创新性的理论成果，如王婧发表的《思想政治教育过程的矛盾理论研究述评》（《思想政治教育研究》2015 年第 1 期），李辽宁、张婕

---

① 陈万柏，张耀灿．思想政治教育学原理［M］．3 版．北京：高等教育出版社，2015：143.

② 同①144.

③ 《思想政治教育学原理》编写组．思想政治教育学原理［M］．2 版．北京：高等教育出版社，2018：144－172.

④ 冯刚，彭庆红，佘双好，等．新时代高校思想政治教育学原理［M］．北京：人民出版社，2021：223－232.

⑤ 陈万柏，张耀灿．思想政治教育学原理［M］．2 版．北京：高等教育出版社，2007：126－127.

⑥ 沈壮海．新编思想政治教育学原理［M］．北京：中国人民大学出版社，2022：155－164.

⑦ 冯刚．增强高校思想政治教育持续发展的内生动力［J］．中国高等教育，2017（Z2）：25－29.

⑧ 李志强．论思想政治教育过程的结构及规律［J］．学校党建与思想教育，2017（17）：9－13.

发表的《思想政治教育过程及其内在矛盾新论》(《学校党建与思想教育》2019 年第 11 期),李基礼发表的《思想政治教育过程控制三论》(《学校党建与思想教育》2020 年第 23 期),王丽、罗洪铁发表的《思想政治教育过程若干问题研究的评析》(《思想教育研究》2020 年第 6 期),等等,这些成果提出许多创新性观点,深化了相关理论研究。

第二节　思想政治教育过程研究的主要观点内容

经过上述四个阶段的学术发展历程,思想政治教育过程及其规律的研究取得一系列重要成果,形成思想政治教育学科重要的基本理论内容,确立了其在思想政治教育学理论体系中的核心地位。迄今为止,学术界对该领域的研究集中于思想政治教育过程的概念、要素、阶段与环节、矛盾和规律等领域。

一、关于思想政治教育过程的概念研究

思想政治教育的组织、实施是一项复杂的实践过程,从思想政治教育学科成立开始,思想政治教育过程的概念就成为研究的核心内容。学术界虽对思想政治教育过程概念的界定有表述上的差异,但对其概念内涵的理解基本一致,无太多分歧。

1986 年,陆庆壬在《思想政治教育学原理》中提出,"思想政治教育过程是教育者组织教育活动,通过有目的有计划有组织的影响,把社会要求的政治观点、思想体系和道德规范,转化为受教育者的思想政治品德,它包括教育者施加影响和受教育者接受影响这两个方面的活动"①。随后,学术界在此基础上将思想政治教育过程的概念不断丰富、扩充。2001 年,陈秉公在其专著《思想政治教育学原理》中强调了思想政治教育过程是各要素的协调运动。② 2006 年,张耀灿、郑永廷、吴潜涛、骆郁廷等所著的《现代思想政治教育学》认为,"思想政治教育过程是教育者根据一定社会的思想品德要求和受教育者思想品德形成发展的规律,对受教育者施加有目的、有计划、有组织的教育影响,促使受教育者产生内在的思想矛盾运动,以形成一定社会所期望的思想品德的过程"③。2007 年,陈万柏、张耀灿主编的《思想政治教育学原理》强调了受教育者的思想品德形成发展规律,并指出一定的社会所期望的思想品德包含一定社会的思想观念、价值观点、道德规范。④ 由此可见,众多学者专家对思想政治教育过程的概念表述虽存在差异,但都认为思想政治教育过程是一项有目的、有组织、有计划的由教育者和受教育者共同参与完成的实践过程。

郑永廷主编的《思想政治教育学原理》指出,思想政治教育的过程是形成和提高受教育者思想政治素质的过程。⑤《新时代高校思想政治教育学原理》提出"思想政治教育过

① 陆庆壬.思想政治教育学原理[M].上海:复旦大学出版社,1986:116.
② 陈秉公.思想政治教育学原理[M].沈阳:辽宁人民出版社,2001:132.
③ 张耀灿,郑永廷,吴潜涛,等.现代思想政治教育学[M].2 版.北京:人民出版社,2006:324.
④ 陈万柏,张耀灿.思想政治教育学原理[M].2 版.北京:高等教育出版社,2007:124-125.
⑤《思想政治教育学原理》编写组.思想政治教育学原理[M].2 版.北京:高等教育出版社,2018:128.

程是思想政治教育活动在时间上的持续和空间上的延展”，高校思想政治教育的过程是“着力培养担当民族复兴大任的时代新人的过程”[①]。沈壮海主编的《新编思想政治教育学原理》更具体地指出思想政治教育的过程是两个方面的辩证统一，其一是教育者“具体开展教育实践活动的过程”，其二是教育对象在教育实践过程中产生的认知行为转化的过程。[②] 王丽、罗洪铁发表的《思想政治教育过程若干问题研究的评析》中，围绕四个要点界定思想政治教育过程的含义：“教育者根据我国社会指导思想和战略目标的要求，遵循思想形成、发展规律和思想政治教育过程规律，用科学理论对受教育者进行系统而有序的教育，引导他们自觉形成正确思想所经过的程序。”[③] 该含义与之前的广义的思想政治教育过程的界定不同，该文定义的是狭义的思想政治教育过程，即在我国社会发展现状和发展趋势的要求下，教育者对受教育者的一套培养和教育的程序。

二、关于思想政治教育过程的要素研究

在思想政治教育过程理论研究中，思想政治教育过程要素的研究存在较大争议。目前，较为普遍公认的是“三要素”说与“四要素”说，还有部分学者持“三体一要素”说、“多要素”说，这些要素理论从静态上分析了思想政治教育过程的结构和特点。

(1)“三要素”说。1986 年，陆庆壬在《思想政治教育学原理》中提出思想政治教育过程要素由教育者、受教育者和社会要求的思想政治品德规范构成。[④] 1988 年，邱伟光在其著作《思想政治教育学概论》中主张由教育者、受教育者、教育的内容和方法三要素构成思想政治教育过程的基本要素。[⑤] 1989 年，王礼湛在《思想政治教育学》中从思想政治教育过程概念出发，认为思想政治教育过程的要素包括思想政治教育工作者及其教育活动，教育对象及其接受、内化、外化教育信息活动，以及包括教育内容、途径、方法等在内的教育者与教育对象之间的中介物即教育手段这三方面。[⑥] 2007 年，陈万柏、张耀灿主编的《思想政治教育学原理》一书综合上述观点，将教育者、受教育者、教育介体视为思想政治教育过程要素。[⑦]

(2)“四要素”说。代表作主要是邱伟光、张耀灿主编的于 1999 年出版的《思想政治教育学原理》，该书认为思想政治教育过程的要素由“教育者（主体）、受教育者（客体）、思想政治教育的内容和方法（介体）、社会环境及其所提供的教育支撑条件（环体）”[⑧] 构成。该论述一经提出便引起学术界的争鸣与探讨。2006 年，张耀灿、郑永廷、吴潜涛、骆郁廷等著的《现代思想政治教育学》将上述四个要素进一步概括为思想政治教育主体、思想政治教育客体、思想政治教育介体以及思想政治教育环体。[⑨] 同年，张耀灿、刘伟通

---

① 冯刚，彭庆红，佘双好，等．新时代高校思想政治教育学原理［M］．北京：人民出版社，2021：205.

② 沈壮海．新编思想政治教育学原理［M］．北京：中国人民大学出版社，2022：155.

③ 王丽，罗洪铁．思想政治教育过程若干问题研究的评析［J］．思想教育研究，2020（6）：9－14.

④ 陆庆壬．思想政治教育学原理［M］．上海：复旦大学出版社，1986：116.

⑤ 邱伟光．思想政治教育学概论［M］．天津：天津人民出版社，1988：175.

⑥ 王礼湛．思想政治教育学［M］．杭州：浙江大学出版社，1989：172.

⑦ 陈万柏，张耀灿．思想政治教育学原理［M］．2 版．北京：高等教育出版社，2007：127.

⑧ 邱伟光，张耀灿．思想政治教育学原理［M］．北京：高等教育出版社，1999：100.

⑨ 张耀灿，郑永廷，吴潜涛，等．现代思想政治教育学［M］．2 版．北京：人民出版社，2006：236－240.

过学术论文论证教育环体作为思想政治教育过程要素的合理性，回应了学界的质疑。① 陈秉公在《21世纪思想政治教育工作创新理论体系》一书中主张思想政治教育过程要素包含“三体一要素”，“三体”包括教育者、受教育者、教育环境，“一要素”是指教育媒介（教育目的、教育内容、教育手段和教育活动）。② 高德胜、张耀灿在2020年发表的《整体性视角下思想政治教育构成要件研究》中提出了新说法——四个“构成要件”即“主体、客体、支点和场域因素”，并指出这里所说的支点与介体不同，支点是逻辑链接，而介体是物质链接。同时，文中也指出场域因素随着智能化信息化而上升为必要条件。③ 李亮、王凯在《思想政治教育过程构成若干要素的符号学分析》中将要素分成“思想政治教育者、受教育者、教育载体、教育目标”四个方面进行论述。④ 祝猛昌在提出“四要素”说的同时引入哲学认识论对主客体的概念和教育者、受教育者的关系进行再思考。⑤ 2004年，仓道来在主编的《思想政治教育学》中提出，将思想政治教育内容和社会经济关系划归为思想政治教育要素。⑥ 以上“四要素”说中涉及的要素均是实体要素，在《思想政治教育要素论——一个新的阐述视角》一文中，张夏蕊提出了虚体要素的新视角，即“政治要素、思想要素、经济要素和文化要素”这些以非物质形式展现的隐形要素，为思想政治教育要素的研究开辟了新的视野。⑦

（3）“多要素”说。该种分类是在“三要素”说或“四要素”说基础上提出的，是对这些理论的扩展延伸研究。2003年，孟志中发表的《思想政治教育要素论》持“五要素”观点，他将教育介体内容做了进一步展开，该“五要素”具体包括教育主体、教育客体、教育内容、教育方式、教育目标。⑧ 于晓雷提出，“思想政治教育是由教育者、受教育者、教育目标、教育媒介、教育环境构成”⑨ 的。罗洪铁在“五要素”说的基础上进行再思考，他认为思想政治教育环境不是思想政治教育的构成要素，而是外在影响因素，对思想政治教育要素的论述做了修改。⑩ 2012年，沈壮海在《思想政治教育有效性研究》一书中提出“六要素”说，在扩展教育介体的同时加入教育情景要素，该“六要素”具体包括教育者、教育对象、教育内容、教育目的、教育方法、教育情景。⑪ 2005年，朱燕、吴连霞发表的《浅析思想政治教育要素的构成》提出“七要素”说，强调教育的结果与反馈，包括教育者、教育对象、教育内容、教育方式、教育目标、教育效果和教育反馈七个要素。⑫ 2004年，叶雷发表的《思想政治教育要素新论》提出“八要素”说，从系统角度展

① 张耀灿，刘伟．论教育环境是思想政治教育过程的要素［J］．江汉论坛，2006（5）：54-57.
② 陈秉公．21世纪思想政治教育工作创新理论体系［M］．长春：吉林教育出版社，2000：317.
③ 高德胜，张耀灿．整体性视角下思想政治教育构成要件研究［J］．马克思主义与现实，2020（2）：181-186.
④ 李亮，王凯．思想政治教育过程构成若干要素的符号学分析［J］．思想教育研究，2020（9）：37-40.
⑤ 祝猛昌．思想政治教育要素构成再论［J］．学校党建与思想教育，2012（4）：34-35.
⑥ 仓道来．思想政治教育学［M］．北京：北京大学出版社，2004：75.
⑦ 张夏蕊．思想政治教育要素论——一个新的阐述视角［J］．思想政治教育研究，2022（3）：84-89.
⑧ 孟志中．思想政治教育要素论［J］．中国青年政治学院学报，2003（3）：15-19.
⑨ 于晓雷．思想政治教育基本要素的研究回顾与思考［J］．思想教育研究，2007（3）：25-27.
⑩ 罗洪铁．思想政治教育过程的构成要素再探［J］．学校党建与思想教育，2011（8）：7-9.
⑪ 沈壮海．思想政治教育有效性研究［M］．2版．武汉：武汉大学出版社，2012：61.
⑫ 朱燕，吴连霞．浅析思想政治教育要素的构成［J］．前沿，2005（12）：90-92.

开研究，认为“思想政治教育系统应包括思想政治教育者、思想政治教育对象、思想政治教育信息（目的、内容、原则、方法等）、思想政治教育载体（第Ⅰ载体、第Ⅱ载体）、思想政治教育噪音、思想政治教育情境、思想政治教育效果、思想政治教育反馈这八个基本要素”①。1989 年，田曼琦、白凯的《思想教育系统工程学》提出“十要素”说，从系统工程学的角度切入，将思想政治教育过程视为一个母系统，其中包含十个相互联系的子系统，即思想政治教育过程的十个要素，分别是主体系统、客体系统、内容系统、方法系统、环境系统、思想系统、原则系统、信息系统、决策系统、评价系统。②

三、关于思想政治教育过程的阶段与环节研究

（1）思想政治教育过程的阶段。关于思想政治教育过程阶段的观点主要有三阶段论和八阶段论。三阶段论从发展过程角度把思想政治教育过程划分为三个阶段：内化阶段、外化阶段、反馈调节和重新教育阶段。③ 多数学者认为思想政治教育过程包括三个阶段：内化阶段，即受教育者自觉接受、吸收教育者传授的思想品德规范的过程；外化阶段，即受教育者将内化形成的思想品德认识转化为实践的过程；反馈检验阶段，即教育者和受教育者对教育成果及时反馈、检验，调整教育内容和方法，以便进一步提升受教育者的思想道德水平。如 2001 年，张耀灿、陈万柏主编的《思想政治教育学原理》持该种观点。④ 王礼湛在其 1989 年出版的《思想政治教育学》中认为思想政治教育本身是一个过程，在每一具体过程中可以进一步分解为若干相互联系的阶段，主要有思想政治教育的准备阶段（包括调查研究、确定目标与任务、选择内容与方法等），思想政治教育的实施阶段（包括集体和个别的、自我的各种形式的教育，教育内容和方法的反复和修正等），教育效果的检查和评估、经验的总结和积累阶段，三个阶段依次相互协调配合。⑤ 2001 年，陈秉公在其《思想政治教育学原理》中指出，思想政治教育过程包括三个相互联系又相互制约的部分，“思想政治教育的工作过程、思想品德的形成过程、思想政治教育的矛盾转化过程”⑥，每个过程都包含多个子环节或子阶段。“思想政治教育的工作过程”是教育者进行思想政治教育的主要方法和步骤的总称，包含信息搜集和分析、决策、实施、调节和总结；“思想品德的形成过程”则是以受教育者为主体，以提升知、情、意、行四个方面能力为目的的循环往复、不断发展的过程；“思想政治教育的矛盾转化过程”论述了矛盾的“三次转化”和“两次飞跃”，阐释了思想政治教育过程螺旋式上升的特征。骆郁廷教授在《思想政治教育原理与方法》中，从思想政治教育矛盾运动的角度划分思想政治教育过程的阶段，更深刻地揭示其本质特征，以此提出四阶段论，较为不同的提法是第一阶段为“社会要求转化为教育要求的阶段”，其余阶段的提法与三阶段论相似。⑦ 五阶段论的代表性观点有：

---

① 叶雷．思想政治教育要素新论［J］．前沿，2004（6）：156－158.

② 田曼琦，白凯．思想教育系统工程学［M］．北京：人民出版社，1989：62－67.

③ 邱伟光，张耀灿．思想政治教育学原理［M］．北京：高等教育出版社，1999：101.

④ 张耀灿，陈万柏．思想政治教育学原理［M］．北京：高等教育出版社，2001：90.

⑤ 王礼湛．思想政治教育学［M］．杭州：浙江大学出版社，1989：174.

⑥ 陈秉公．思想政治教育学原理［M］．沈阳：辽宁人民出版社，2001：132.

⑦ 骆郁廷．思想政治教育原理与方法［M］．北京：北京师范大学出版社，2019：135－137.

郑永廷在其《思想政治教育学原理》中提出，思想政治教育的五个步骤是“教育准备阶段（包括思想政治教育决策和建立和谐的教育关系）、信息交流阶段、理论内化阶段、外化应用阶段、反馈调解阶段”①。八阶段论认为思想政治教育过程由问题阶段、准备阶段、沟通阶段、启发阶段、转化阶段、提高阶段、解决阶段、评价阶段等构成，这一系列阶段有机结合，构成了思想政治教育的整体过程。②

（2）思想政治教育过程的环节。邱伟光于1988年在其著作《思想政治教育学概论》中指出，“组织思想政治教育过程的具体实施必须抓住以下几个基本环节：确定教育目标，设计教育方案；选择教育机制，促进思想的认知向行为的转化；调节影响思想政治教育的内部外部因素，形成良好的教育环境”③。有些学者虽未提出思想政治教育过程的环节，但其表述中包含思想政治教育过程的环节观点，如2001年，陈秉公在《思想政治教育学原理》中提道，“思想政治教育过程包含三个相互联结和相互制约的过程，即教育者施行思想政治教育的工作过程、受教育者思想品德的形成过程和思想政治教育的矛盾转化过程，是三个过程的统一”④。持两环节论的代表著作有沈壮海主编的《新编思想政治教育学原理》，该书从教育者和受教育者的角度分析，将思想政治教育过程划分为教育者具体开展教育实践的施教过程和受教育者认知行为发生转变的受教过程。⑤ 目前较多学者专家倾向于三环节论，认为思想政治教育过程包括确定目标、促成转化和反馈控制三个基本环节。2001年，张耀灿、陈万柏主编的《思想政治教育学原理》认为思想政治教育过程包括三个环节，“即确定目标，制定计划；实施影响，促成转化；信息反馈，评估控制。它们前后相继、相互渗透，构成了思想政治教育的全过程”⑥，该观点受到学术界的普遍认可。在深化理论研究的过程中，学者将该观点进一步完善和具体化，张耀灿、郑永廷、吴潜涛、骆郁廷等著的《现代思想政治教育学》将其进一步概括为思想政治教育方案的制订、思想政治教育方案的实施、思想政治教育方案的评估三个环节，并在每一环节中提出具体操作办法。⑦ 四环节论认为思想政治教育过程的基本环节包括：确定教育目标和制订教育计划、选择教育机制、指导受教育者践行社会要求、总结检查。⑧ 五环节论认为思想政治教育的工作过程包括：思想政治教育信息搜集和分析、思想政治教育决策、思想政治教育实施、思想政治教育调节、思想政治教育总结五个环节。⑨ 此外，冯刚、彭庆红、佘双好、白显良等所著的《新时代高校思想政治教育学原理》指出，思想政治教育基本环节是教育者通过施加教育影响，使受教育者达到教育目标而遵循的工作流程，包括“教育准备、信息交流、价值内化、观念外化、反馈调节”五个相互联系、共同作用的环节。⑩

---

① 《思想政治教育学原理》编写组．思想政治教育学原理［M］．2版．北京：高等教育出版社，2018：129－133.

② 李玉春．思想政治教育过程的阶段分析［J］．思想教育研究，1997（3）：9－11.

③ 邱伟光．思想政治教育学概论［M］．天津：天津人民出版社，1988：178－182.

④ 陈秉公．思想政治教育学原理［M］．沈阳：辽宁人民出版社，2001：132.

⑤ 沈壮海．新编思想政治教育学原理［M］．北京：中国人民大学出版社，2022：155－158.

⑥ 张耀灿，陈万柏．思想政治教育学原理［M］．北京：高等教育出版社，2001：91－92.

⑦ 张耀灿，郑永廷，吴潜涛，等．现代思想政治教育学［M］．2版．北京：人民出版社，2006：338－347.

⑧ 邱伟光，张耀灿．思想政治教育学原理［M］．北京：高等教育出版社，1999：102－106.

⑨ 同④132－134.

⑩ 冯刚，彭庆红，佘双好，等．新时代高校思想政治教育学原理［M］．北京：人民出版社，2021：214－218.

随着研究探索的不断深入发展，学术界发现思想政治教育过程的阶段和环节研究存在划分不清的问题，环节与阶段的概念区分不清，有些学者开始避免阶段与环节的划分。2009年，赵野田、张应平在《思想政治教育过程研究综述》一文中提出为避免二者重复，应将“环节”纳入“阶段”中考察，并将思想政治教育过程的阶段概括为“准备环节，主要包括目标、机制、方案等；实施环节，主要包括内化、外化等；评估环节，主要包括反馈、控制、调节、准备重新教育等”①。此外，沈壮海在其2012年出版的《思想政治教育有效性研究》一书中提出，要将思想政治教育过程视为一个动态系统，其中包含四个基本子系统（子过程）：思想政治教育者的意识活动过程、思想政治教育者的实践活动过程、思想政治教育对象的意识活动过程、思想政治教育对象的实践活动过程。教育者的意识活动是整个过程的起点，教育对象的实践活动是整个过程的终点。②

四、关于思想政治教育过程矛盾的研究

思想政治教育过程是教育者、受教育者、教育介体等诸多因素相互作用的复杂运动过程，这个过程充满各种矛盾。其中，在思想政治教育活动中贯穿、统领全局的具有决定性作用的矛盾构成思想政治教育过程的基本矛盾，处在思想政治教育活动具体环节中并受基本矛盾统领的矛盾则为思想政治教育过程的具体矛盾。当前学术界多从基本矛盾和具体矛盾两个角度展开不同论述，各部分又存在多种论点。

（1）思想政治教育过程的基本矛盾。张耀灿、陈万柏的《思想政治教育学原理》指出，思想政治教育过程的基本矛盾是“教育者所掌握的一定社会的思想品德要求与受教育者的思想品德水平之间的矛盾”③。有的学者从社会要求与受教育者实际水平出发，其代表性观点有以下几种。陈秉公在《思想政治教育学》中指出，“社会发展所需要的思想品德和心理素质与受教育者现有水平的矛盾是思想政治教育过程的基本矛盾”④。邱伟光在其著作《思想政治教育学概论》中认为，思想政治教育过程的基本矛盾是“教育者按照社会的要求所提出的教育任务与受教育者现有的思想道德基础之间的矛盾”⑤。陈万柏、张耀灿在2007年第二版的《思想政治教育学原理》中指出，思想政治教育过程的基本矛盾是“一定社会的思想政治品德要求与受教育者的思想政治品德水平之间的矛盾”⑥。2008年，韦冬雪在其博士论文《思想政治教育过程矛盾和规律研究》中认为，思想政治教育过程的基本矛盾是社会要求的思想政治品德与受教育者的思想政治品德现状之间的矛盾⑦。这些观点都突出了社会要求与受教育者的思想政治道德状况，但也强调了教育者的中介主导作用，这种基本矛盾的解决，需要教育者掌握社会所需要求并通过教育来实现。江大伟等在分析、归纳与总结其他学者提出的基本矛盾的观点及其本质的基础上，概述了思想政

① 赵野田，张应平．思想政治教育过程研究综述［J］．思想政治教育研究，2009（2）：23－27.

② 沈壮海．思想政治教育有效性研究［M］．2版．武汉：武汉大学出版社，2012：103.

③ 张耀灿，陈万柏．思想政治教育学原理［M］．北京：高等教育出版社，2001：94.

④ 陈秉公．思想政治教育学［M］．长春：吉林大学出版社，1992：110－112.

⑤ 邱伟光．思想政治教育学概论［M］．天津：天津人民出版社，1988：176－177.

⑥ 陈万柏，张耀灿．思想政治教育学原理［M］．2版．北京：高等教育出版社，2007：141.

⑦ 韦冬雪．思想政治教育过程矛盾和规律研究［D］．重庆：西南大学，2008：83.

治教育过程的基本矛盾应该是教育者接受并通过自身不断完善发展后掌握的、与社会客观需求趋近统一的思想政治要求“与受教育者实际的思想品德水平和主观需要之间的矛盾”①。骆郁廷的《思想政治教育原理与方法》从本质论和过程论两种不同视角，对思想政治教育的基本矛盾提出了略有差异的概述，进一步将其具体到思想政治教育过程中，以唯物辩证法界定其基本矛盾是“一定社会发展和人的发展及其趋势所必然提出的，并由教育者所掌握的思想政治素质要求与受教育者思想政治素质发展状况之间的矛盾”，并对此提出另外两种表述方法。②

还有学者从其他角度提出不同观点：第一，2006 年，卢景昆在其论文《思想政治教育过程的基本矛盾新论》中指出思想政治教育过程的基本矛盾应体现在两个方面。从认知方面来看，主要体现在一定社会的思想品德要求与受教育者现有的思想品德水平的差距上；从情感方面来看，主要体现在一定社会的思想品德要求与受教育者具体的优势需要的差距上。③ 第二，2003 年，刘烨发表《思想政治教育过程基本矛盾新探》，认为思想政治教育过程的基本矛盾可具体表述为：接受系统的状况对教育系统具有决定作用；接受主体努力去适应、接受教育方的影响以满足社会化需求，同时自身不断地对来自教育系统的影响进行选择、过滤；思想政治教育过程内部的其他矛盾受教育系统与接受系统矛盾运动状况的影响而调整与改变。④

大部分学者的研究关注基本矛盾，研究主要矛盾的学者较少。在《新编思想政治教育学原理》中，沈壮海提出思想政治教育过程的主要矛盾是“一定社会条件下人们思想政治素质的应然要求与实际状况之间的矛盾”，是占据支配地位、起决定作用的矛盾。⑤

（2）思想政治教育过程的具体矛盾。以思想政治教育整个过程作为出发点，受思想政治教育过程具体矛盾的制约，形成有关思想政治教育过程具体矛盾的不同观点，这些观点主要有三类：第一，三矛盾论。有学者认为，思想政治教育过程的具体矛盾包含教育者与受教育者之间的矛盾、教育者与教育介体之间的矛盾、受教育者与教育介体之间的矛盾三个方面。⑥ 第二，多矛盾群论。思想政治教育过程的矛盾是由思想政治教育各个要素引发的矛盾群。有学者认为思想政治教育过程中存在的各种要素是各种矛盾产生的基础，诸多要素决定诸多矛盾，因此，具体矛盾包括很多矛盾群，如教育者与受教育者之间的矛盾，教育者与教育内容、教育方法之间的矛盾，受教育者与教育内容、教育方法之间的矛盾，以及有目的、有计划、有组织的教育影响与来自社会环境自发影响之间的矛盾，等等。⑦ 陈万柏、张耀灿在 2015 年的《思想政治教育学原理》第三版中提出的具体矛盾与之前的提法有所不同，该书指出基本矛盾制约多个具体矛盾，在传统具体矛盾所包含的“教育者

---

① 江大伟，刘涛．对思想政治教育基本矛盾与思想政治教育过程基本矛盾的界定［J］．学校党建与思想教育，2011（28）：34－36．

② 骆郁廷．思想政治教育原理与方法［M］．北京：北京师范大学出版社，2019：122－123．

③ 卢景昆．思想政治教育过程的基本矛盾新论［J］．探索，2006（2）：112－114．

④ 刘烨．思想政治教育过程基本矛盾新探［J］．理论月刊，2003（12）：150－151．

⑤ 沈壮海．新编思想政治教育学原理［M］．北京：中国人民大学出版社，2022：158－159．

⑥ 张耀灿，陈万柏．思想政治教育学原理［M］．北京：高等教育出版社，2001：95．

⑦ 邱伟光．思想政治教育学概论［M］．天津：天津人民出版社，1988：176－177．

与社会要求之间、教育者与受教育者之间、受教育者的思想行为与社会要求之间”的矛盾之外，创新性地提出“社会环境与思想政治教育的客观要求之间、受教育者的内在精神世界发展的需要与满足需要的方式之间的矛盾”，将学术研究中更多的关注点转移到思想政治教育过程本身和受教育者身上。① 2018 年再版的《思想政治教育学原理》提出三矛盾论的新视角，将教育者与受教育者的矛盾进一步具体为“主导性教育和自主性接受之间的矛盾”②。《思想政治教育原理与方法》提出多矛盾论，以研究较为成熟的德育过程矛盾问题类比思想政治教育过程的矛盾问题，并对四个主要的具体矛盾给予详尽论述，并简略提及另外三个具体矛盾。③ 第三，其他分类。有学者认为思想政治教育过程的具体矛盾是指教育目的、任务、途径、方式方法与教育效果之间的矛盾关系及内部矛盾，内含三个层面，即关于思想政治教育内容与教育形式的统一、教育过程的综合作用以及思想政治教育的深度问题。④ 有学者认为一个主矛盾下包含多个具体子矛盾。一是思想政治教育与社会系统诸子系统的对立统一，论述其与政治系统、经济系统、社会系统、文化系统、生态系统等之间的多个具体矛盾；二是施教过程中各要素的对立统一；三是思想政治教育自身内部各要素的对立统一。⑤

五、关于思想政治教育过程的规律研究

在思想政治教育学科建立之初，思想政治教育过程的规律研究成果多散见于学术专著之中。随着研究的不断深化发展，尤其是步入 21 世纪以来，越来越多的学者开始关注思想政治教育规律的探索，相关论文开始陆续发表并逐渐增多，成果日渐丰硕，也开始有专门研究思想政治教育过程规律的专著出版。由于思想政治教育过程规律是对思想政治教育内在矛盾必然趋势的深层凝练，内涵博大深刻，且由于众多专家学者研究的视角不同，在此领域存在更多不同的学术观点，有些观点分歧较大。

随着学科科学化、体系化的发展，学界对于基本理论问题的认识和阐述也愈来愈深刻、完善，对思想政治教育规律的研究也是如此。40 年来，学术界对思想政治教育过程规律的研究因研究视角不同而展现多种版本的成果。研究视角决定了思想政治教育过程规律总结提炼的方向和内容。随着学术界对思想政治教育过程及其规律的思考和研究不断深入，其研究视角也越来越宽阔。迄今为止，主要基于四类视角分析思想政治教育过程的规律。第一，从党的思想政治教育具体实践以及特定研究领域出发，提炼党的思想政治教育过程规律及特定部门领域的思想政治教育过程规律。如张蔚萍、张俊南的《思想政治工作概论》中提到的党的若干思想政治工作规律：掌握思想教育，是团结全党进行伟大政治斗争的中心环节；着重从思想上建设党；共产党员必须加强党性修养；等等。这些规律的总结更像是对党的思想政治教育历史经验的总结，而非学术意义上的规律归纳抽象。⑥ 也有

① 陈万柏，张耀灿．思想政治教育学原理［M］．3 版．北京：高等教育出版社，2015：143－145．
② 《思想政治教育学原理》编写组．思想政治教育学原理［M］．2 版．北京：高等教育出版社，2018：137－139．
③ 骆郁廷．思想政治教育原理与方法［M］．北京：北京师范大学出版社，2019：129－133．
④ 邱伟光，张耀灿．思想政治教育学原理［M］．北京：高等教育出版社，1999：111－113．
⑤ 李敏．思想政治教育过程矛盾新解［J］．湖北社会科学，2020（7）：157－162．
⑥ 张蔚萍，张俊南．思想政治工作概论［M］．西安：陕西人民出版社，1983：15－20．

学者总结了农村思想政治教育规律、社区思想政治教育规律、网络思想政治教育规律、大学生思想政治教育规律、工人思想政治教育规律等。这些思想政治教育规律的总结都是对特定领域部门工作具体实践的直接提炼概括。第二，从思想政治教育过程的阶段环节出发，概括思想政治教育过程的规律。这种研究视角按照思想政治教育过程的阶段和环节脉络，论述其不同阶段的规律。如2004年，罗洪铁、张丽华在《思想政治教育过程规律的探讨》一文中认为思想政治教育过程的规律包括内化规律、外化规律和反馈检验规律。这三条规律又都有自身的子规律。内化规律包括内在需要驱动律、主体素质支配律和教育方法影响律，外化规律包括主观精神参与律、外在环境制约律和内化外化反复律，反馈检验规律包括交互整合律和协调控制并存律。① 第三，从哲学层面提炼思想政治教育过程的规律。这种分析视角侧重从深层本质上凝练出思想政治教育过程的规律，使理论成果更具抽象性、理论性、科学性和指导性，该研究视角是学术界普遍采用的视角，学者们基于该研究视角取得众多成果。但由于哲学分析视角及方法的多样性也决定了研究成果种类和内容的多样性，规律的研究复杂多元，缺乏统一。第四，其他研究视角。如毕红梅在《经济全球化视野下思想政治教育规律探究》一文中，从全球化的视野切入，认为在经济全球化视域中，人和社会、人和世界、东方和西方的关系呈现出新关系质态，思想政治教育面对全球化的挑战，应与时俱进，遵循自身特殊的规律。这些特殊规律包括动态平衡规律、和而不同规律、开源引流规律、整合超越规律等。② 1988年出版的《思想政治教育学概论》是较早研究思想政治教育过程规律的专著。该书指出："思想政治教育过程的规律就是教育过程发展中的一切主要方面和主要阶段的本质联系，这种联系是由于教育过程本身所包含的特殊矛盾所构成的。"③ 该书明确指出思想政治教育过程的规律包括知与行的统一，情与理的结合，人、环境、教育的相互影响的统一，教育与自我教育的统一。该书最早提出了研究思想政治教育过程规律的问题，对思想政治教育过程规律的内涵做了解释。

在学科不断发展的过程中，一些学者意识到思想政治教育规律和思想政治教育过程规律是两个不同的概念。在日益成熟的研究中，二者的区别也逐渐清晰。近年来，很多学者认同"思想政治教育规律"不同于"思想政治教育过程规律"。大部分学者将思想政治教育规律和思想政治教育过程规律的关系看作一般与具体的关系。思想政治教育规律是思想政治教育这个静态现象本身的特质，思想政治教育过程规律是思想政治教育现象在动态运行过程中展现的特性，进而学者们把思想政治教育过程规律作为思想政治教育规律的下属规律，把过程规律视为规律的具体内容之一。如罗洪铁、董娅在《思想政治教育原理与方法基础理论研究》一书中，就规律研究问题提出了一个重要的观点，认为思想政治教育过程规律相对于思想政治教育规律而言，是其中的一条具体规律。如果把思想政治教育过程规律作为一个体系，那么，它又是由若干具体规律，即以教育者为基点的施教规律、以受教育者为基点的受教规律、以教育者与教育对象关系为基点的互动规律构成的。他们还提出了三条规律各自的子规律。施教规律包含的子规律有：社会要求导向律、教育内容决定

① 罗洪铁，张丽华．思想政治教育过程规律的探讨［J］．探索，2004（3）：89－92.

② 毕红梅．经济全球化视野下思想政治教育规律探究［J］．思想理论教育，2007（7）：55－60.

③ 邱伟光．思想政治教育学概论［M］．天津：天津人民出版社，1988：190.

律、主体素质支配律、教育方法影响律。受教规律包含的子规律有：内在需要驱动律、主观精神参与律、外在环境制约律和内化外化反复律。互动规律包含的子规律有：交互主体整合律、协调控制并存律。① 骆郁廷教授在《思想政治教育原理与方法》一书中，以思想政治教育基本矛盾为出发点，概述思想政治教育规律，进而推及思想政治教育过程规律，指出思想政治教育过程规律是思想政治教育规律在教育活动中更具体、更集中的体现，同时对三个具体规律做了详尽的阐述。② 李志强基于思想政治教育活动运行过程中所有构成因素，提出了规律组合：基本规律是“合理地把握思想政治教育过程中的各个要素、各个阶段和各个环节之间的张力，进而取得思想政治教育的成效”，在此基础上的具体规律表现为“协调要素规律、整合阶段规律、满足环节规律”③。

经过40年研究积淀，从哲学视角研究思想政治教育过程的规律，逐渐成为学术界规律研究的主流，其研究成果大致分为以下几类：

（1）基本规律说，即认为思想政治教育过程的规律由基本规律和具体规律构成。该观点又分为两类，即基本规律一元说、基本规律多元说。基本规律一元说认为思想政治教育过程的规律由一个基本规律和多个具体规律构成，基本规律只有一个。邱伟光、张耀灿主编的《思想政治教育学原理》认为，思想政治教育过程的规律是一个由基本规律和具体规律组成的多侧面、多层次的规律体系。基本规律为“适应超越律”，即教育者的教育活动既要适应受教育者的思想政治品德基础和发展要求，又要超越受教育者的原有基础，体现社会思想政治品德要求。具体规律又成为一个体系，包含双向互动律，要求教育主体与客体在思想、信息、情感等方面双向交流；内化外化律，要求在教育过程中内化与外化实现统一；协调控制律，要求教育者在教育过程中协调自觉影响的同时控制自发影响。④ 张耀灿、郑永廷、吴潜涛、骆郁廷等著的《现代思想政治教育学》依据分层研究思想，将思想政治教育规律分为思想政治教育的基本规律和具体规律两个层次。其中，基本规律是在一切思想政治教育中普遍存在的，贯穿于思想政治教育始终的、本质的、必然的联系，包括思想品德形成发展规律及服从和服务于社会发展规律；具体规律则揭示的是某种形式的思想政治教育，或思想政治教育某一部分、某一环节的本质联系。⑤ 韦冬雪的博士学位论文及其发表的一系列期刊论文认为，思想政治教育过程规律分为三个层次，第一层为基本规律，第二层为具体规律，第三层为思想政治教育过程各个具体规律的子规律。如她认为思想政治教育过程规律包括基本规律和具体规律，基本规律为“适应超越律”，具体规律有多个，可以从要素关系（横向）规律和运行阶段（纵向）规律两个维度展开，要素关系规律包括教育者的施教系统规律、受教育者的受教系统规律、教育者与受教育者的互动系统规律，运行阶段规律包括内化阶段规律和外化阶段规律。⑥ 基本规律多元说认为思想政治教育过程有多个基本规律或具有全局性意义的规律，即认为基本规律不止

---

① 罗洪铁，董娅．思想政治教育原理与方法基础理论研究［M］．北京：人民出版社，2005：46.

② 骆郁廷．思想政治教育原理与方法［M］．北京：北京师范大学出版社，2019：141-145.

③ 李志强．论思想政治教育过程的结构及规律［J］．学校党建与思想教育，2017（17）：9-13.

④ 邱伟光，张耀灿．思想政治教育学原理［M］．北京：高等教育出版社，1999：114-118.

⑤ 张耀灿，郑永廷，吴潜涛，等．现代思想政治教育学［M］．2版．北京：人民出版社，2006：70-73.

⑥ 韦冬雪．思想政治教育过程矛盾和规律研究［D］．重庆：西南大学，2008：129-154.

一个，而有多个。如陈秉公所著的《思想政治教育学原理》认为，思想政治教育过程的基本规律包括社会适应规律、协同要素规律、过程充足规律、人格行为规律和自我同一规律。①

（2）多规律并列说，即不将思想政治教育过程的规律分为基本规律和具体规律，而直接提出其有多个规律。如陈万柏、张耀灿主编的《思想政治教育学原理》认为思想政治教育过程共有三个并列的规律，即教育要求与受教育者思想品德发展之间保持适度张力的规律、教育与自我教育相统一的规律、协调与控制各种影响因素使之同向发挥作用的规律。孙其昂的《思想政治教育学基本原理》从系统论角度出发，认为思想政治教育的规律同思想政治教育一样也是一个系统，这一系统包括了四个规律子系统，即思想政治教育与社会相互作用的规律、人的思想和行为活动规律、思想政治教育过程规律和思想政治教育系统建设与管理规律。② 陈秉公在《思想政治教育学原理》一书中认为，思想政治教育过程规律包括社会适应规律、要素协同规律、过程充足规律、人格分析规律、自我统一规律等。2018年出版的《思想政治教育学原理》将思想政治教育过程的规律分为两个方面，一是思想政治素质形成发展与教育引导的规律，二是思想政治教育适应和促进社会发展的规律。沈壮海主编的《新编思想政治教育学原理》总结出五大规律，即适应引领律、要素匹配律、过程充足律、反复渐进律、整体育人律。③

（3）新规律说，即不单从哲学层面深层剖析思想政治教育过程的规律，而且在基础理论日益坚实以及现实条件日益复杂的基础上，结合新的现实开辟新的研究视角。如张耀灿认为新形势下思想政治教育应有新的规律，这些规律主要有三个。第一，主导性与多样性统一规律。在思想文化领域，多元并存与一元主导是阶级社会意识形态存在和发展的普遍规律。面对同时并存的思想现象的多样性，思想政治教育总是以占统治地位的思想体系为指导的。第二，社会化规律。思想政治教育过程的社会化规律是指思想政治教育既要适应社会发展的要求，又要在主体的共同参与下推动社会的改造和发展，与社会发展趋势保持一致的客观要求。第三，主体间多向互动规律。思想政治教育主体间多向互动规律，是指思想政治教育成效如何，主要取决于主体参与思想政治教育活动的广度和各个主体之间多向交往互动的深度。④

（4）扩衍性规律说，即从思想政治教育过程的个别要素或某一过程环节出发，探析思想政治教育过程某一方面的规律，对原有思想政治教育过程的规律进行进一步的拓展延伸。如胡凯从教育者与受教育者心理发展角度，分析了思想政治教育过程的心理规律，认为思想政治教育过程会产生一系列心理矛盾，其中，以思想政治教育者为主导的施教系统与受教育者主体的接受心理之间的矛盾是该过程基本的心理矛盾。各种矛盾的运动和发展都是有其规律可循的。不论是在教育者、受教育者自身的心理发展方面，还是在教育者与受教育者心理互动的过程中，都有众多的心理规律。其基本心理规律可表述为，以思想政治教育者为主导的施教系统必须适合受教育者的接受心理的规律。⑤ 张毅翔从思想政治教

① 陈秉公．思想政治教育学原理［M］．沈阳：辽宁人民出版社，2001：167-182.

② 孙其昂．思想政治教育学基本原理［M］．南京：河海大学出版社，2004：82-83.

③ 沈壮海．新编思想政治教育学原理［M］．北京：中国人民大学出版社，2022：161-164.

④ 张耀灿．思想政治教育的特点和规律探析［J］．思想·理论·教育，2005（3）：4-10，1.

⑤ 胡凯．思想政治教育过程的心理规律初探［J］．思想理论教育导刊，2005（3）：52-56.

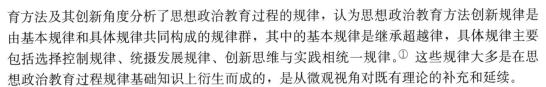

育方法及其创新角度分析了思想政治教育过程的规律，认为思想政治教育方法创新规律是由基本规律和具体规律共同构成的规律群，其中的基本规律是继承超越律，具体规律主要包括选择控制规律、统摄发展规律、创新思维与实践相统一规律。[①] 这些规律大多是在思想政治教育过程规律基础知识上衍生而成的，是从微观视角对既有理论的补充和延续。

上述这些研究成果尽管对思想政治教育过程规律的表述不太一致，但都做出了突出的理论贡献。这些成果一方面深刻分析了思想政治教育过程规律的内涵，另一方面从不同角度对思想政治教育过程规律进行了探索，为理论研究提供了不同视角，并为实际工作者打开了思路，更好地指导了实际工作。

第三节　思想政治教育过程研究的总结反思

经过 40 年研究，思想政治教育过程领域的研究成果越来越丰富、角度越来越多样、观点越来越新颖、论证越来越深刻，有力地夯实了思想政治教育学科的理论基础，使思想政治教育学科更具科学性和学科性。

一、营造思想政治教育过程研究的浓厚氛围

对思想政治教育过程、矛盾、规律的探讨，是思想政治教育基础理论研究的关键，它表征了思想政治教育学科发展的深度，代表了思想政治教育学科建设的科学性，且有利于从根本上把握思想政治教育本质，有效指导思想政治教育具体实践。因此，自学科成立以来，学术界便对思想政治教育过程给予充分的关注与研究，形成良好学术氛围，引起广大学者聚焦持续研究。

在思想政治教育过程研究领域，始终有专家学者持续研究过程、矛盾和规律等，形成稳定有序的专家学者队伍。陆庆壬、邱伟光、张耀灿、陈万柏、陈秉公等学术界前辈深入思想政治教育过程和规律研究领域展开多元的争鸣，从不同层面对思想政治教育过程和规律的理论展开探讨，形成众多基础性理论成果，为后辈学者的继续探索奠定了坚实的基础。许多青年学者以前辈成果为理论指导，不断在思想政治教育过程与规律的研究领域开展有益探索，还有很多学者以思想政治教育过程及其规律为攻读硕士、博士学位的研究方向，出色完成学位论文，后期整理成著作出版。这不仅是对该领域基础理论研究的巩固与强化，同时为开辟多角度的研究内容提供了基础条件，号召更多学者投入思想政治教育过程与规律的研究中来。

经过 40 年发展，社会上形成了关注思想政治教育过程研究的良好氛围，相关研究得到广泛的关注和支持，既有各级科研领导及行政领导的大力支持，又有众多媒体、出版社、杂志社的支持，许多颇具影响力的出版机构出版了该研究领域的书籍，杂志社发表过相关文章，大力支持开展对思想政治教育过程和规律的研究。党和国家领导人及其他有关部门的负责人多次在重要会议及文件中强调了总结、归纳、把握思想政治教育过程规律的

---

① 张毅翔．思想政治教育方法创新内在规律探析［J］．思想教育研究，2010（10）：13-16.

重要意义，给学术界很多鼓励支持，也给该领域研究指出了研究方向。这些有利的学术环境、文化环境与政治环境等，为该研究更具系统化、科学化提供了条件。

二、完善思想政治教育过程研究的理论体系

随着社会历史条件的变化和思想政治教育实践水平的逐步提高，研究人员的认识能力也日益增强，为思想政治教育的继续发展创造了良好的研究环境。学者不仅不断深化思想政治教育过程的研究，不断丰富其内涵，而且逐渐提出了许多新的理论范畴，学术成果不断涌现，研究呈现出系统化、科学化趋势，该领域的理论体系日益完善。

学科发展至今，对思想政治教育过程的研究已建构起明晰的理论框架，形成相对完整的学科研究体系，这为未来深入、科学的探索提供了理论素材，奠定了良好的科研基础。首先，有关思想政治教育过程的研究从多方面展开探索，如过程的构成要素、发展阶段、矛盾体系等，还有部分学者在对思想政治教育过程特点、本质的探索方面也涌现出新成果。这无疑拓宽了思想政治教育过程的相关研究视野，朝着全面的方向推进研究，多角度、多方位的探索使思想政治教育过程的研究越来越丰富，从而形成独立的研究体系。其次，思想政治教育过程的研究成果越来越科学化。研究初始阶段，不同学者对思想政治教育过程的概念界定有不同侧重，或强调社会发展要求，或强调个人需要，或强调教育者对社会发展要求的掌握程度。通过后期的继续探索，在前人研究基础之上，对思想政治教育过程的概念界定逐渐清晰，形成统一认识，使研究发展走上科学化的方向，这也为其他研究内容的科学化发展进程提供了基础性条件。

有关思想政治教育规律的研究也在多方面涌现出可喜的成果，对思想政治教育规律的表述呈现由多元到综合的趋向，使思想政治教育规律的研究统一、规范。以思想政治教育过程规律研究进程为例，早期的相关研究中，不同学者对于思想政治教育过程规律的研究各执一词，对思想政治教育过程规律有无基本规律与具体规律之分的认识具有较大的意见分歧，在理论界没有达成一致意见。发展到研究中期，专家学者基本认同思想政治教育过程的基本矛盾决定基本规律、具体矛盾决定具体规律的基本观点，因此，专家学者开始关注思想政治教育过程具体矛盾的探索，对其进行系统性、层次性研究。此时，对思想政治教育过程基本规律的研究仍然占据发展主流，但已出现以基本规律与具体规律作为思想政治教育过程规律体系的有益研究。到研究后期，专家学者将思想政治教育过程规律分为基本规律和具体规律，并逐渐研究规律体系的建构，至此在前人探索的基础上形成有关思想政治教育过程规律的综合概括。在新时代的十余年里，学术界持续研究思想政治教育过程，创新性成果又得到快速发展，研究的学理性和学术性进一步增强。

三、发挥思想政治教育过程研究的推动作用

经历40年学科发展，思想政治教育过程研究取得瞩目成绩，基本概念不断精准、基础理论逐渐坚实、理论体系更加完备，学术界对许多理论成果达成共识。经过40年研究，学者们从不同视角、不同层次对其进行了长期的探索，取得众多研究成果。思想政治教育过程研究已经成为思想政治教育学科的核心基础知识，为思想政治教育学科其他理论的发展提供了牢固的科学研究基础。未来，思想政治教育过程研究仍将是基础理论研究的重点

领域，将在 40 年的理论研究基础上，取得更加丰硕的成果。

思想政治教育过程理论是思想政治教育学科理论的基础核心内容，也是学术界关注的焦点与难点。到目前为止，该领域仍存在很多理论分歧，许多重要理论难题有待破解。如思想政治教育规律、思想政治教育过程规律、思想政治工作规律的关系如何？思想政治教育过程的规律是否需要分为基本规律与具体规律？思想政治教育过程的阶段与环节是什么关系？学术界关于思想政治教育过程矛盾和规律的论述，为什么存在较大差异？能否形成更大共识？进入新时代，思想政治教育的矛盾和规律具有什么样的变化？等等，均需要学者们继续深入研究，进一步推进研究成果的规范化、科学化。思想政治教育过程研究是思想政治教育学科中重要的基础理论研究对象，关乎思想政治教育学科的科学性和学科性，关乎指导思想政治教育实践的有效性，希望引起更多学者专家关注和研究，在未来取得更为丰硕的优秀成果。

第九章 思想政治教育对象研究

所谓思想政治教育对象是指在教育者实施思想政治教育活动时作为工作指向的人。思想政治教育对象包含个体和群体。作为思想政治教育对象的个体是指一切人，即接受教育的所有人。作为思想政治教育对象的群体，是指具有某一共同点的个人组成的整体。① 思想政治教育的对象由于在社会中所处的地位、所起的作用和所具有的特点不同，有重点与非重点之分，青少年和领导干部是思想政治教育对象的重点。②

第一节 思想政治教育对象研究的时代境遇

当代中国正处于世界多极化、经济全球化、社会信息化、文化多样化迅猛发展以及社会主要矛盾转变、意识形态斗争尖锐复杂时期。③ 这一客观环境，深刻影响着思想政治教育对象的世界观、人生观、价值观，这是思想政治教育对象研究的时代境遇。

一、开放时代背景下的多元性

历史唯物主义认为，现实的人的实践活动是在一定条件下进行的，人们从事不同的实践活动，形成了生产、经济、政治、思想等交往关系。④

（一）思想文化的多元性

当今世界，国际交流日益频繁，国与国之间以及各地区之间的人员和商品流动也成为必然。在国际往来过程中，既有大量民众从国内走向国外进行学习、生活、旅游、经商等，也有大批国外民众来到中国从事各种各样的活动。同时，由于我国幅员辽阔，各地文化传统和风俗习惯存在诸多差异，国内不同地区之间的民众在交往过程中，也会有不同思

① 《思想政治教育学原理》编写组．思想政治教育学原理［M］．2版．北京：高等教育出版社，2018：188.

② 同①191.

③ 同①192－193.

④ 同①203.

想文化的交流。由此，各种思想文化及思维方式的交流、交融、交锋就成为开放时代的常态。在此背景下，社会思潮空前活跃，人们对精神生活的需求也趋于多样。这种多元的思想文化状况，不可避免地影响着现实生活中的人，给思想政治教育对象研究带来新情况、新问题、新机遇和新挑战。思想文化的交流从来都不是一帆风顺的，在不同思想文化的交流中常发生的一种现象就是“文化震惊”（culture shock）。所谓文化震惊，指生活在某一种文化中的人，初次接触到另一种文化模式时所产生的思想上的混乱与心理上的压力。①具体到思想政治教育对象研究中，由于思想政治教育对象面临思想文化的多元影响，当面对不同的思想意识或文化习俗时，人们难免会产生心理的波澜。在大多数时候，人们能比较好地处理“文化震惊”的情形，调适自己的心理。但是，从治国理政的角度而言，执政党需要用一种主流的意识形态引领整个社会的思想文化。因此，开放时代背景下思想文化的多元性是思想政治教育对象研究所必须关注的重要环境变量，不能不予以重视。

（二）社会互动的多维性

社会互动是个体、群体和社会结构之间的中介，对人类社会而言具有重要意义。在个人层面，社会互动影响着人的社会化，即个体自我观念形成和人格发展。在社会层面，人与人之间的互动促成各种社会关系，组成社会网络，结成社会群体，进而形成社会结构。同时，社会互动还是社会变迁和社会结构变化的重要动力，正是社会互动建构了变动着的社会。② 在开放时代背景下，人与人之间的社会互动异质性增强。在这种互动关系中，无论是人员、信息、资源还是互动的方式、途径、频率、强度等，都与传统社会有很大的差异，呈现出多维特征。异质性、多维性的社会互动，会给人们的思维方式和行为方式带来深刻影响，有时甚至产生颠覆性影响，这在青少年社会化过程中尤为突出。因而，社会互动是影响人们世界观、人生观、价值观形成和发展的重要因素。人是生活在社会情境当中的，人与环境相互交融。思想政治教育对象是活生生的人，是生活在现实社会中的人。思想政治教育对象所处的多维性社会互动环境，丰富了思想政治教育对象研究的内容，也在一定程度上增加了思想政治教育对象研究的难度。

（三）人生选择的多样性

人们在社会生活中总是需要扮演一定的角色，在生命历程中总会面临各种各样的选择。根据人们获得角色的方式，可以将社会角色区分为先赋角色和自致角色。先赋角色也称归属角色，是建立在血缘、遗传等先天的或生理的因素基础上的角色。自致角色也称成就角色、自获角色，主要通过个人活动与努力而获得。③ 在当前时代背景下，人们越来越脱离传统的束缚，自主选择的机会越来越多，自主活动的空间也越来越广。在整个生命周期，每个人都可以通过自身努力获得许多改变自己角色的机会。在开放时代，先赋角色对自致角色的影响尽管还存在，但这种影响并非决定性的，人们可以有更多的机会在学习、工作和生活等方面自主选择适合自己的生存方式和发展路径。此外，根据社会角色规范化程度的不同，人们的社会角色可区分为规定性角色和开放性角色。④ 当今时代，世界各国

① 郑杭生．社会学概论新修［M］．5版．北京：中国人民大学出版社，2019：85．

② 同①139－140．

③④ 同①162．

普遍强调依法治理、依法行事，人们在履行规定的义务和遵守法律法规的前提下，角色的开放性越来越广，个人行为有更为多样和宽松的选择。也就是说，在开放时代背景下，自致角色和开放性角色，都具有很强的创造性和个性化特征，个人对自己人生际遇的掌控能力得到极大提升。在这种情况下，思想政治教育对象研究就要注意考虑研究对象的个性以及对象群体的多样性，用统一的模子来刻画这些具有不同个性特征的研究对象就会使得研究不精准、不客观、不科学，从而产生研究结论的偏误。

二、市场经济影响下的务实性

市场经济体制是指以市场作为配置资源基本手段的一种经济模式。社会主义市场经济体制是适应中国现阶段基本经济制度的经济运行方式。社会主义市场经济本质上是法治经济，保护产权、维护契约、统一市场、平等交换、公平竞争、有效监督是社会主义市场经济的应有之义。① 思想政治教育对象研究是用科学的方法探究现实中的人之思想政治状况的，进而寻求教育引导工作对象成长的路径和方法。因此，社会主义市场经济体制的建立和发展，以及因市场经济的物质利益、竞争机制、等价交换等引发的人们思维方式和行为模式的务实特征，已经成为思想政治教育对象研究不可忽视的方面。

（一）物质利益的考量

众所周知，生存是发展的基础和前提，人们只有解决了自己生存的问题才能更好地实现发展。如果连生存的条件都不具备，发展就会成为一句空话。同时，发展能够推动人们更好地生存和生活。无论是生存还是发展，都需要一定的资源条件。也就是说，物质利益是人们生存和发展所必需的。市场经济的资源配置，实际上是物质利益的分配，是人们利用市场手段去获取所需资源的方式。市场经济对人们思想和行为的影响是现实的，也是辩证的。市场经济对人们物质利益的诉求持客观肯定的立场，在调动市场主体的活力、满足人们生产生活需求的同时，在某种程度上也激发了人们对物质利益的追求，强化了人们对眼前利益与自身利益的关注，有时还可能导致唯利是图、金钱至上观念的滋生。思想政治教育对象研究不能把研究对象作为抽象的人来看待，而要结合现实市场经济的影响来研究工作对象，要把物质利益对研究对象的影响与精神力量对研究对象的影响统筹起来考量。经济基础决定上层建筑，思想政治教育研究对象的精神世界会受到物质世界的影响。在当代中国，思想政治教育对象研究要置于社会主义市场经济的情境之中，必须实事求是地研究市场经济对人们思想和行为的深刻影响。只有这样，才能在正确把握历史发展趋势的前提下，确实做好思想政治教育对象的研究。

（二）竞争机制的考验

在市场经济条件下，市场是资源配置的基础手段，这就意味着资源配置的竞争性。市场的各种要素，包括可供交换的商品、买方、卖方等，通过交换推动市场的运行。资金、信息、技术、土地、劳动力等，都成为可供交换的商品，通过买卖双方的交易而不断流通。在商品交换中，买卖双方都会面临着多方博弈和竞争，无论是买家还是卖家都不会只有一个主体，而是存在多个主体。由于资源的有限性，在特定时期买家将面临激烈的竞争

---

① 谭毅，沈成飞．中国特色社会主义理论与实践研究［M］．3版．广州：中山大学出版社，2019：76－77．

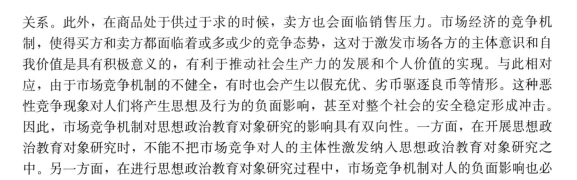

关系。此外，在商品处于供过于求的时候，卖方也会面临销售压力。市场经济的竞争机制，使得买方和卖方都面临着或多或少的竞争态势，这对于激发市场各方的主体意识和自我价值是具有积极意义的，有利于推动社会生产力的发展和个人价值的实现。与此相对应，由于市场竞争机制的不健全，有时也会产生以假充优、劣币驱逐良币等情形。这种恶性竞争现象对人们将产生思想及行为的负面影响，甚至对整个社会的安全稳定形成冲击。因此，市场竞争机制对思想政治教育对象研究的影响具有双向性。一方面，在开展思想政治教育对象研究时，不能不把市场竞争对人的主体性激发纳入思想政治教育对象研究之中。另一方面，在进行思想政治教育对象研究过程中，市场竞争机制对人的负面影响也必须予以理性分析。而这些，正是市场竞争机制的张力之所在，也是思想政治教育对象研究中所需考量的对立统一之关系。

（三）等价交换的规则

在社会主义市场经济条件下，市场在资源配置中起决定性作用，价值规律在这其中依然是发挥作用的。社会主义市场经济要自觉遵循和应用价值规律，以调节生产资料和劳动力的分配，促进生产者改进生产技术，形成商品生产者在竞争中的你追我赶、优胜劣汰的市场生态，从而促进社会不断向前发展。价值规律意味着商品要按照价值相等的原则进行相互交换，市场主体之间的商品交换行为是出于自愿原则和契约精神的。在等价交换规则普通存在于现实生产生活的情况下，人们的思想和行为必然要适应这种规则，否则就无法生存和发展。等价交换的市场规则与中华优秀传统文化中一直强调的重情重义的价值取向是有着较大差异的。然而，现在的人们生活在文化与现实的双重境遇之中，因为社会的运行规则和文化的深度影响都是不可改变的社会事实。这种社会规则与文化价值之间的张力，对于思想政治教育对象研究而言是不可回避的现实问题。对这个问题回应的信度和效度，决定着思想政治教育亲和力和有效性的程度。无论在学理层面还是实践层面，社会规则与文化价值对人的影响都是真实存在的。而当这两者之间存在矛盾甚或冲突的时候，人们如何才能有效调适两者之间的关系而不至于形成内心的焦虑与抑郁？客观地讲，对这个问题的回应，思想政治教育对象研究还有很长的路要走。

三、信息社会条件下的智能性

信息社会也称信息化社会，是以电子信息技术为基础，以数字化和网络化为基本交往方式的新型社会形态。信息社会为人们的学习、工作、生活和交往等方面带来革命性的变化，为社会生产生活和交往交融提供了极大的便利，同时也不可避免地带来诸如信息污染、信息犯罪、信息侵权以及计算机病毒、信息侵略等方面的问题。

（一）信息社会化

信息社会化是指信息的社会化生产以及信息的社会化传播。网络技术、数字化技术、移动通信技术和人工智能等技术的发展为社会民众参与信息的生产和传播提供了条件，使得每一个人都有机会掌握海量信息，也有了生产和传播信息的能力。如此一来，也使得每个人都处于信息的包围之中。一方面，诸多的信息使得人们可以不费吹灰之力就获取世界各地的信息情况，生产生活变得丰富多彩，视野也因此而更加开阔；另一方面，由于信息过多过泛，没有一个过滤机制，这又使得信息真假难辨。为了获取有效信息，必须在大量的信息中进行选择，这在某种程度上增加了人们获取有效信息的成本。在一定情况下，即使进行了信息筛选，得到的信息还是无效甚至是虚假的，这将导致人们焦虑情绪的产生。信息社会化的以上情况，对思想政治教育对象研究的影响也是双重的，既为思想政治教育对象研究提供了大量的信息资源，也增加了思想政治教育对象研究的成本。

（二）学习智能化

信息时代为人们的学习提供了信息支撑、技术条件和多元路径，使得人们学习内容更加丰富、学习方式更趋便利、学习过程更具乐趣、学习效果更可检验。以往的学习更趋向于知识积累，知识更新比较慢，观念的更替也不太明晰，是一个缓慢进化的过程。但现代信息社会与此不同，世界各地的信息都可以瞬间传遍全球，人们可以通过信息技术渠道很快收集到海量学习内容，知识的丰富性、庞杂性程度超乎想象。学习的方式既可以是文字的，也可以是视频的，还可以通过模拟仿真、线上直播、网络联系等方式直观地进行学习。如此一来，学习的过程就转变为一个探索的过程，学习的趣味性得以增强。同时，信息时代的学习还可以通过人工智能、大数据等技术进行动态跟进，从而可以对每个人的学习实现全面系统分析，并经由全链条、全方位的动态监测结果及时调整学习内容、学习方式。思想政治教育对象研究面对人们学习的智能化模式，研究的是一个知识比以往更为丰富、学习能力和学习本领比以往更强的对象，这对于思想政治教育研究者而言是需要有自知和自觉的。如果无法迈过这一关，思想政治教育研究者的学术自信也就无从谈起。

（三）工作数智化

“数智化”与“数字化”仅一字之差，但内涵却大不相同。数字化是将文本、声音、图像等转换为计算机可以识别的数字语言，为快速地处置数据提供了前提。而数智化则包含数字智能化和智能数字化两大层面的含义，以数字智能化和智能数字化技术为依托，把人从简单的体力劳动中解脱出来，大大地提高了社会生产力水平。工作数智化对人而言，既是机遇也是挑战。一方面，人们因工作数智化将可以摆脱许多繁杂无趣的工作，工作将由此而变得更为轻松愉快。另一方面，由于数智化程度的不断提升，社会劳动岗位也将因此而优化调整，就业岗位以及新劳动岗位的要求也因此发生较大的变化。当然，工作数智化对劳动者知识和技能的迭代升级也提出了较高要求，人们因工作要求的不断变化所产生的紧张、焦虑等情绪也将可能大大增加。思想政治教育研究对象所面临的这一客观环境新变化，意味着思想政治教育对象研究的复杂性进一步加强了。

（四）生活便捷化

信息社会为人们的生活带来了诸多便利，信息技术改变了人们的生活方式、出行方式和消费模式，特别是互联网和移动终端技术飞速发展，智能手机广泛普及，物流技术和物流输送能力提升迅速，人们的衣食住行、休闲、娱乐以及购物等与生活相关的方面由此变得便捷便利。如今，人们足不出户就可以购买到自己想要的食品、衣饰、玩具、用品等；在家中就可以开展唱歌、看电影、玩游戏等娱乐活动；不出门就可以在网上图书馆查阅资料，通过线上平台开展学习活动，通过网络召开线上会议。网络和移动通信实实在在地改变了人们工作、生活和社会交往的方方面面，甚至有不少人在潜移默化中成为“宅一代”。思想政治教育研究对象的这种工作、生活状况，使得思想政治教育研究不能不把网络思想政治教育列入重要议题并开展深入研究。

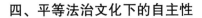

四、平等法治文化下的自主性

思想政治教育对象是有血有肉、有思想、有情感的人而不是物，具有主观能动性。我们需要认识到，思想政治教育研究对象不是被动、消极的，而是有目的、有主见、有选择、有创造的人。[①] 在现代社会，只要从事生产生活，就会遇到权利和义务方面的问题，这就需要用法治来调节人们之间的利益关系。思想政治教育对象研究，必须以平等、法治视角观察和研究现实生活中的人。

（一）思想政治教育研究对象的公平诉求

所谓公平，就是处理事情合情合理，不偏向任何一方。在现实中，绝对公平并不容易做到。但就思想政治教育对象研究而言，我们需要充分认识到研究对象对公平的诉求。如果不考虑到研究对象的公平诉求，就将偏离思想政治教育对象思维的底层逻辑。从本质上看，公平实际上是一个利益分配问题，既包括实际的物质利益，也包括政治地位和人格尊严等，还包括机会公平、程序公平以及结果公平。公平概念具有多维性与多重性，因而是一个容易导致争论的复杂问题。由于不同的人对公平有不同的理解和主张，在现实生活中也就容易因公平问题而引发矛盾和争端。思想政治教育对象研究在此方面，需要面对三大方面的问题。一是思想政治教育对象在现实生活中是如何看待现代社会的公平问题的。对这个问题的不同观点、不同理念和不同意见，形成了思想政治教育对象研究的不同价值类型。二是思想政治教育对象在实践中是如何回应公平问题的。对于公平问题，不同的人会有不同反应，包括反应的强度、烈度、方式、途径等都有所不同，这就构成了思想政治教育对象研究的不同行动范式。三是思想政治教育对象在实际中是否获得公平待遇。这是关于结果公平的问题，对思想政治教育对象研究具有客观性和实质性的影响。

（二）思想政治教育研究对象的法治追求

法治是与人治相对的概念，指的是依据法律制度开展治理的模式。法治是现代文明社会的基石，是维护社会运行的重要保障。法治作为社会主义现代化国家建设的重要内容，既是经济发展、社会进步的基本要求，也是加强和巩固党的领导、国家长治久安和行稳致远的重要保障。法治不仅体现为依法治国、依法执政、依法行政，还包括科学立法、严格执法、公正司法、全民守法。改革开放以来，我国在法治国家建设、法治社会建设等方面取得了巨大的成就，依法治理的观念已经深入人心。在社会生活中，人们的规则意识和法治意识显著增强。法治从个人层面而言，既包括守法也包括用法。守法就是遵守法律法规的要求，以法律法规来约束自身言行，属于他律的范畴。用法是指在社会生产、生活及在社会交往中，用法律法规来维护自身权益。思想政治教育对象研究，不能不考虑到法治环境对人的影响，同时也要重视人们对依法治理的价值追求。

（三）思想政治教育研究对象的自主需求

从词义上讲，自主就是自己做主，指的是遇事有自己的主见，能按自己的意见来办事。现代社会人与人之间的平等关系为个人自主行动提供了重要前提，法治环境则为个人自主行动提供了基本保障。在个人理念和价值层面，自主体现为思想的独立自由、有主

---

① 《思想政治教育学原理》编写组．思想政治教育学原理［M］．2版．北京：高等教育出版社，2018：190.

见、不容易被他人的观点所左右。当代社会，人们的独立自主意识不断增强，思想政治教育面临的挑战也越来越大。那种单方面、单向度的思想灌输和行为管束已经无法适应人们的思想观念和行为习惯，亲和力和感染力就将大打折扣，思想政治教育的实效性也难以实现。在具体行动和社会互动层面，当代社会中的人们往往根据个人意愿采取自主行动。事实上，由于在思想上和行动上的自主性，人们的批判性思维不断增强，对于同一件事情，不同的人往往会有不同的意见。因此，通过开展思想政治教育来统一人们思想的难度越来越大，思想政治教育对象研究必须正视问题，才能使研究在正确的轨道上运行。

五、风险社会环境下的复杂性

随着科学技术的高速发展，以及面临经济全球化的复杂局势，人类进入了“风险社会”。风险成为现代社会的重要特征，但“风险”本身并不是“危险”或“灾难”，而是一种危险和灾难的可能性。① 现代社会中的国际政治、经济形势、思想文化的复杂性，导致“风险”的表现形式多种多样，并且具有强烈的不确定性和不可预测性，从而让“风险社会”成为一个具有内生复杂性的系统。

（一）国际政治的复杂性

习近平总书记指出：“当前，世界百年未有之大变局加速演进，新一轮科技革命和产业变革深入发展，国际力量对比深刻调整……世纪疫情影响深远，逆全球化思潮抬头，单边主义、保护主义明显上升，世界经济复苏乏力，局部冲突和动荡频发，全球性问题加剧，世界进入新的动荡变革期。”② 当前国际形势纷繁复杂，各方面力量展开了激烈博弈。首先，国际政治突发事件的数量与它们冲击国际舞台的震撼力日益上升。叙利亚内战与美国等霸权国家之间的关系、美国暂停中导条约使全球进入核不稳定时代、俄乌冲突导致的国际秩序的更替等，多方力量的博弈让国际政治日趋复杂。其次，国与国之间的复杂相互作用与日俱增，各种全球性问题之间存在高度关联性，带来了大量需要人类“共同面对”的复杂性风险。比如粮食安全导致水资源短缺，并由此引发民族或国家之间的水资源争端③；国与国之间的博弈；核灾难引发的地震、环境污染、气候变化；新冠疫情导致的逆全球化思潮抬头，单边主义、保护主义明显上升；等等。最后，国际政治舞台上涌现和活动着的角色也变得更加多样化，其行为方式和差别也更加多样。例如跨国公司、生态保护团体、反核组织等各类主体，它们虽然不是政府组织，但是谁都有可能对国际事务的发展变化产生直接或者间接的影响。思想政治教育对象研究要把对象所处的国际政治环境的复杂性综合考虑起来，特别是要把意识形态领域的斗争纳入思想政治教育对象研究的范畴。

（二）经济形势的复杂性

当今世界正处于大发展、大变革、大调整时期，国内外经济形势正在发生深刻复杂的变化，各国均处于机遇前所未有、挑战前所未有、机遇大于挑战的新发展格局。一是经济

---

① 赵延东．风险社会与风险治理［J］．中国科技论坛，2004（4）：121－125.

② 习近平．高举中国特色社会主义伟大旗帜 为全面建设社会主义现代化国家而团结奋斗——在中国共产党第二十次全国代表大会上的报告［M］．北京：人民出版社，2022：26.

③ 范如国．“全球风险社会”治理：复杂性范式与中国参与［J］．中国社会科学，2017（2）：65－83.

全球化深入发展，国际经济合作和竞争格局加速演变。近年由于新冠疫情、俄乌冲突、大国博弈加剧等重大因素，世界经济发展失衡、治理困境、公平赤字等问题更加突出，经济衰退风险增大，通胀仍存不确定性，货币紧缩节奏趋缓，世界经济和全球经济治理体系进入调整期，面临新的挑战。二是世界经济格局深度调整，新兴市场和发展中国家群体性崛起，国际力量“东升西降”“南升北降”态势更加明显。经济全球化是时代大潮，深入发展的大势不可逆转，但速度可能有所放缓、动力可能有所转换、规则可能有所改变。世界面临开放与保守、合作与封闭、变革与守旧的重要抉择。① 三是从国内看，我国“经济结构性体制性矛盾突出，发展不平衡、不协调、不可持续，传统发展模式难以为继，一些深层次体制机制问题和利益固化藩篱日益显现”②。我国劳动力成本持续攀升，资源约束日益趋紧，环境承载能力接近上限，加快转变发展方式、优化经济结构、转换增长动力的任务更加紧迫。经济基础是决定性的因素，思想政治教育对象研究不能不回应经济形势复杂性加剧对人们思想观念和行为方式的挑战，以回应世界之问、时代之问和实践之问。

（三）思想文化的复杂性

长期以来，西方主要发达国家主导着以资本、强权为特征的世界单边主义模式，它们主导着信息社会化和经济全球化的进程，西方资本主义的文化思想以前所未有的态势冲击着全世界人们的思想观念。西方现代与后现代思潮的激荡，主张对本质的否定和对非理性的推崇，强调思想的多元性、差异性，不断解构、碎化发展中国家的思想文化。与此同时，享乐主义、拜金主义、自由主义、民族虚无主义等思想也给发展中国家的人们带来了消极影响，它们侵蚀着人的理想信念，消解着人的政治信仰，让部分人的思想受到巨大的冲击，甚至走入思想的困境之中。此外，因市场经济的发展与社会转型而兴起的大众文化，使得人们热衷于及时行乐、贪图享受。这种文化在满足人们日常消费、娱乐需要的同时，也使得人们较少关注生活意义、人生价值与理想信念。面对思想文化复杂性带来的风险，从增强思想政治教育实效性角度而言，要注重发挥中华文明的传播力和影响力，通过坚守中华文化立场，提炼展示中华文明的精神标识和文化精髓，加快构建中国话语和中国叙事体系，讲好中国故事，传播好中国声音，展现可信、可爱、可敬的中国形象。同时，也要加强国际传播能力建设，全面提升国际传播效能，形成同我国综合国力和国际地位相匹配的国际话语权，深化文明交流互鉴，推动中华文化更好走向世界。③ 为此，思想政治教育对象研究要深化对以文化人、以文育人的认识，从全球文化交融、交汇、交锋等多维视角开展思想政治教育对象研究，从历史、现实和未来多重时空对思想政治教育对象进行考察。

第二节　思想政治教育对象研究的重要进展

思想政治教育对象作为思想政治教育的基本要素之一，在思想政治教育过程中有着不

① 中共中央宣传部．习近平新时代中国特色社会主义思想三十讲［M］．北京：学习出版社，2018：151.

② 习近平．高举中国特色社会主义伟大旗帜 为全面建设社会主义现代化国家而团结奋斗——在中国共产党第二十次全国代表大会上的报告［M］．北京：人民出版社，2022：5.

③ 同②45－46.

可忽视的作用，在思想政治教育研究中一直都居于十分重要的地位。进入中国特色社会主义新时代，思想政治教育对象研究在研究主题、研究范畴、研究视角、研究方法、研究资源等方面又呈现出新特点。

一、思想政治教育对象研究主题的深化

在新时代思想政治教育对象研究方面，青少年和领导干部作为思想政治教育的重点，其研究主题得到进一步深化。此外，港澳青少年成长也成为思想政治教育对象研究的重要课题，得到学界的普遍关注。

（一）深耕领导干部关键少数

一直以来，党员领导干部都是思想政治教育对象研究的重点之一。党的思想政治工作能否做好，很大程度上取决于我们党自身建设和各级领导干部的言行表现的好坏。① 领导干部之所以是思想政治教育对象研究的重点，是因为他们既要组织和领导好本单位、本部门思想政治工作，又要以良好自身形象影响和带动周围群众，做思想政治工作的模范。领导干部肩负加强和改进思想政治工作的重大责任，是思想政治工作的组织者和领导者，要为开展思想政治工作创造良好的外部环境。② 党的十八大以来，领导干部作为“关键少数”在思想政治教育对象研究中的地位更加凸显，从而为坚持和发展中国特色社会主义提供了强有力的政治基础和思想保证。为此，各方面研究都强调，领导干部要加强理论武装形成政治自觉，要推动工作创新，构建话语体系，要善于考察洞察思想变化，要擅长做比较以激发正能量，要乐于讲故事以提升传播效果，要掌握“微能力”具备“微本领”③。作为“关键少数”，做好领导干部的思想政治工作，应明确这些工作应该“谁来做”和“怎么做”等问题。就方法而言，既抓教育，也抓管理，多角度地做，全方位地抓，形成整体合力。同时也要靠自己做，自我教育，自我提高；还要靠上级做，层层负责，强化管理；还要靠同级做，互相支持，互相教育；还要靠群众做，反向教育，民主监督。④ 此外，创造性地做好干部特别是领导干部的思想政治工作，一是切实把思想政治工作融于干部培养教育之中，二是切实把思想政治工作融于干部的选拔任用之中，三是切实把思想政治工作融于干部的监督管理之中。⑤ 以上论述表明，新时代党的领导干部已经作为“关键少数”被纳入党的日常思想政治工作，同时也作为思想政治教育研究对象成为业界和学界的重点。

（二）细作青少年“拔节孕穗”

思想政治教育最重要的对象是青少年，他们需要正确的思想引导他们走正确的路。⑥ 习近平总书记指出：“青少年阶段是人生的‘拔节孕穗期’，这一时期心智逐渐健全，思维进入最活跃状态，最需要精心引导和栽培。”⑦ 同时，习近平总书记强调：“青年一代有理

---

① 张瑞红．应重视做好领导干部自身的思想政治工作［J］．支部建设，2001（3）：41－42.

② 崔凤鸣．领导干部要带头做好思想政治工作［J］．党建研究，2001（1）：33－34.

③ 阚道远．提升新时代领导干部思政工作能力［J］．思想政治工作研究，2018（4）：48－49.

④ 毛鹏茜．做好领导干部的思想工作［J］．思想政治工作研究，2001（6）：34.

⑤ 李光耀．创造性地做好干部特别是领导干部的思想政治工作［J］．探索与求是，2000（10）：6－7.

⑥ 张振芝．习近平关于领导干部讲思政课重要论述的逻辑理路［J］．湖北社会科学，2022（2）：150－156.

⑦ 习近平．论党的宣传思想工作［M］．北京：中央文献出版社，2020：372－373.

想、有本领、有担当，国家就有前途，民族就有希望。”① 进入新时代，有关青少年思想政治教育的研究成果随着实践的深入不断涌现。时代新人是矢志追求共产主义远大理想和中国特色社会主义共同理想的可靠接班人，是具备深厚家国情怀的坚定爱国者，是社会主义核心价值观的模范践行者，是德智体美劳全面发展的建设者，是有担当且具备奋斗、创新、无私精神的实干家，是有志气、有骨气、有底气的自信自强者，是兼具历史视野和国际视野的中国力量。② 这些研究成果从青少年是国家的未来和民族的希望这个逻辑起点出发，围绕实现中华民族伟大复兴的中国梦而奋斗这个时代主题，聚焦社会主义核心价值观的培育和践行，以推动青少年勇做走在时代前列的奋进者、开拓者、奉献者为目标，聚焦加强和改进党对青少年思想政治教育的领导。习近平总书记还就思想政治教育、思想政治理论课等工作专门召开大会并做重要讲话，推动形成全员全过程全方位的青少年思想政治教育格局。与此相应，党的十八大以来，党中央关怀引领青少年学生健康成长，立足新时代为党育人、为国育才的百年大计，大力推进领导干部上讲台讲思政课制度化、常态化。中共中央组织部、中共中央宣传部、教育部还专门联合下发《关于领导干部上讲台开展思想政治教育的意见》，各级领导干部纷纷进校园通过多种形式为学生讲思政课，受到广大师生好评。③ 可以说，青少年作为思想政治教育重中之重的研究对象，受到了党和政府、社会、家庭、学界全方位的重视。时代新人的特征及其培养研究，青少年德智体美劳全面发展研究，等等，是思想政治教育对象研究聚焦青少年“拔节孕穗”显示度最高的成果。

（三）关注港澳青少年成长

“一国两制”是中国的一个伟大创举，促进港澳“人心回归”是“一国两制”实践的重要议题。作为一项前无古人的开创性事业，“一国两制”在运行过程中不可避免地会遇到一些新情况、新问题。④ 近年来，国际形势复杂多变，百年未有之大变局加速演进，港澳经济社会局势经历严峻考验，“人心回归”成为社会各界特别是学界关注的焦点。广大港澳青年不仅是香港、澳门的希望和未来，也是建设国家的新鲜血液。港澳青年发展得好，香港、澳门就会发展得好，国家就会发展得好。⑤ 思想政治教育者注重从教育引导港澳青少年“人心回归”的角度开展港澳青少年的思想政治教育研究工作，以着力加强对港澳青少年的爱国主义教育，包括历史文化教育、国情教育、宪法和基本法教育，关心、支持、帮助青少年健康成长。心理融合是提升港澳青少年国家认同的实践目标与有效路径。作为一个复杂的意义系统，港澳青少年的国家认同需要从具有更底层解释能力的分析视野和维度进行解构，同时，也不能脱离港澳民众的主体属性。⑥ 在香港，近几年经历的一系列严峻考验，使得香港青少年的“人心回归”成为思想政治教育对象研究的焦点。随着

---

① 习近平．决胜全面建成小康社会 夺取新时代中国特色社会主义伟大胜利——在中国共产党第十九次全国代表大会上的报告［N］．人民日报，2017-10-28（1）．

② 冯刚，徐先艳．时代新人的生成逻辑、基本特征和培育路径［J］．教学与研究，2022（4）：92-101．

③ 郑崇玲．新时代领导干部上讲台讲思政课制度的由来及实践提升［J］．中国高等教育，2022（5）：28-30．

④ 任仲平．白云过山峰 明珠焕新彩——写在香港回归祖国25周年之际［N］．人民日报，2022-06-30（4）．

⑤ 习近平．会见香港澳门各界庆祝国家改革开放40周年访问团时的讲话［N］．人民日报，2018-11-13（2）．

⑥ 傅承哲，杨爱平．香港青年国家认同的心理融合机制［J］．当代青年研究，2018（6）：117-122．

《中华人民共和国香港特别行政区维护国家安全法》的实施、国家安全教育的大力开展，国民教育和爱国主义教育日益受到关注。在做好青少年思想引领、价值引领和文化引领的同时，专家学者也呼吁要注重改善香港的舆论生态和政治生态，为香港实现以“人心回归”为主的“二次回归”创造良好的国家安全环境和氛围。①

二、思想政治教育对象研究范畴的发展

范畴是人的思维对客观事物的普遍本质的概括和反映，各门科学都有各自研究的基本范畴。思想政治教育学的基本范畴包括思想政治教育、教育者与受教育者、思想与行为、灌输与疏导、内化与外化等方面。从研究的发展进程看，思想政治教育对象研究范畴体现了主体与客体的统一性、目的与手段的统一性以及自主与可塑的统一性等特点。

（一）主体与客体的统一性

思想政治教育是以人为主体和对象的活动。教育者与受教育者，是思想政治教育的基本要素，构成思想政治教育的主要关系，这一关系构成的范畴是思想政治教育学的中心范畴。需要注意的是，教育者与受教育者的关系不是固定不变的，在一定条件下可以互相转化。② 从思想政治教育对象研究的发展来看，思想政治教育者与教育对象的关系呈现出民主平等、主导主动、双向互动、相互转化等特征。③ 随着中国特色社会主义进入新时代，高校思想政治教育对象研究也呈现出新特征。冯刚、彭庆红、佘双好、白显良等学者提出，应把握新时代高校思想政治教育者和教育对象变化的发展特征，提升新时代高校思想政治教育者和教育对象的主体性，构建新时代高校思想政治教育者和教育对象之间的关系。教育者、教师的主导作用并不排斥教育对象、大学生的主体性，要辩证认识教育者、教师和教育对象、大学生的关系。④ 为此，要坚持主导性和主体性相统一，思政课教学离不开教师的主导，同时要加大对学生的认知规律和接受特点的研究，发挥学生主体性作用。⑤

（二）目的与手段的统一性

目的、手段是一对以研究“人是什么”为中心的哲学范畴。⑥ 马克思主义哲学认为，目的与手段是对立统一的关系，既相互区别又相互联系和相互作用。人的价值是目的与手段动态统一的过程，在实践过程中呈现出一种紧密联系、不可分割的态势。⑦ 从整体层面看，在将活动组织成一个协调的和协调着整体的这个连续而暂时的过程中，每个子活动都既是目的又是手段；就它是一个暂时的相对的结束而言，它是目的；就它提供了下一步活动必须考虑的条件而言，它是手段。⑧ 思想政治教育对象研究蕴含着“为了谁”和“依靠

---

① 张建．香港国家安全教育：问题、成效与政策思考［J］．统一战线学研究，2021（1）：44－52.

② 《思想政治教育学原理》编写组．思想政治教育学原理［M］．2版．北京：高等教育出版社，2018：13.

③ 同②196－199.

④ 冯刚，彭庆红，佘双好，等．新时代高校思想政治教育学原理［M］．北京：人民出版社，2021：259－283.

⑤ 习近平谈治国理政（第3卷）［M］．北京：外文出版社，2020：331.

⑥ 林伟．关于哲学目的—手段范畴的探讨［J］．马克思主义与现实，2005（5）：153－155.

⑦ 李桂艳．论人的价值是目的与手段的统一［J］．中共四川省委党校学报，2011（1）：107－109.

⑧ 杜威．评价理论［M］．上海：上海译文出版社，2007：57－58.

谁”这两个基本命题。其中，因思想政治教育对象而开展研究，包含着“为了谁”的价值内涵。我们还需要进一步追问的是：是否应以人的生命需求为根本目的或最终目的？最终目的与具体目的是什么关系？[①] 依靠思想政治教育对象开展研究，意味着思想政治教育对象研究要把思想政治教育对象作为依托力量。也就是说，思想政治教育对象研究要把人作为研究手段。人作为手段是客观存在的，因为人是实现自身目的的现实力量。在这里，需要进一步探讨的是把人当作什么样的手段。[②] 习近平总书记指出，宣传思想工作“要树立以人民为中心的工作导向，把服务群众同教育引导群众结合起来，把满足需求同提高素养结合起来，多宣传报道人民群众的伟大奋斗和火热生活，多宣传报道人民群众中涌现出来的先进典型和感人事迹，丰富人民精神世界，增强人民精神力量，满足人民精神需求”[③]。习近平总书记的重要讲话精神，不仅指出了思想政治教育对象研究“为了谁”的价值内涵，而且包含着思想政治教育对象研究“依靠谁”的实践路径，是目的与手段的有机统一。思想政治教育对象研究既是为了实现思想政治教育对象的发展，也把思想政治教育对象作为达成研究目标的有机组成部分。实现思想政治教育对象的发展，是思想政治教育对象研究的目的；而把对象作为达成研究目标的组成部分，则是把思想政治教育对象作为研究的手段。思想政治教育对象研究目的和手段的有机统一，是共同服务于思想政治教育对象全面而自由发展的需要。

（三）自主与可塑的统一性

思想政治教育活动是思想政治教育对象受到教育与自我教育的结合，既要发挥教育者的主导作用，又要注重发挥教育对象的能动作用。思想政治教育对象在其成长过程中，既有一定的自主性又有很强的可塑性。所谓自主性，就是指自我教育的能力和特性，是指思想政治教育对象把自己作为教育对象，自觉地、主动地进行自我锻炼、自我修养、自我完善。所谓可塑性，就是思想政治教育者可按一定目的，通过有计划有组织的方式影响思想政治教育对象，把一定的政治观点、思想体系和道德规范转化为教育对象的自觉行动。[④] 思想政治教育活动的教育者及教育对象是思想政治教育中“人”的因素，是思想政治教育活动中最具主动性和主体性的构成要素。新时代对思想政治教育者提出了明确要求，思想政治教育对象也发生了深刻变化。[⑤] 因此，思想政治教育对象研究，应把握新时代思想政治教育对象变化的发展特征，从提升新时代思想政治教育对象的主体性着手，深化对思想政治教育对象自主与可塑的统一性研究。

三、思想政治教育对象研究视角的细化

思想政治教育对象研究视角的细化主要体现为静态性分析与动态性把握相结合、理想性引导与现实性应对相贯通、战略性建构与战术性切入相联动。由此，在研究中既强调研究对象的时效性又注重把握研究对象的历史纵深，打破研究对象理想与现实的藩篱，推动

---

①② 邓翠华．人是目的与手段的有机统一［J］．教学与研究，2007（8）：88－93．

③ 习近平谈治国理政［M］．北京：外文出版社，2014：154．

④ 《思想政治教育学原理》编写组．思想政治教育学原理［M］．2版．北京：高等教育出版社，2018：215－216．

⑤ 冯刚，彭庆红，佘双好，等．新时代高校思想政治教育学原理［M］．北京：人民出版社，2021：259．

思想政治教育把握战略主动与达成策略实效。

（一）静态性分析与动态性把握相结合

静态性分析是根据既定的外生变量值求得内生变量值的分析方法，静态数据或静态方法属于类而不属于对象。通过静态性分析，可以形成静态性资料。静态性资料是人们在社会实践中获得的感性材料的基础上，经过逻辑处理和实践检验而形成的概念及理论系统的知识的集合。静态性资料强调资料的真实、准确、可靠，着重反映事物的完整性以及事物之间的内在联系和互相影响，它的不足之处是更新周期较长，在传递过程中，有一定的滞后性。① 一直以来，思想政治教育对象研究都非常重视目标群体的特征把握，进而从遵循思想政治工作规律、遵循教书育人规律、遵循学生成长规律层面，强调要不断提高思想政治教育工作的能力和水平。② 随着经济社会的快速发展，思想政治教育对象在新时代、新形势下发生了许多新变化。在这种情况下，思想政治教育对象研究如何因事而化、因时而进、因势而新就成为需要认真考量的重要议题，对思想政治教育对象研究的动态性把握成为思想政治教育对象研究的应有之义。对思想政治教育对象研究的动态性把握，要反映社会历史发展过程中与思想政治教育对象有关的具体事件、事实、数据、情况等信息，它虽然不能直接反映事物的本质和规律，但直接来源于实践，蕴含着丰富的内容，反映思想政治教育对象的发展动向，具有很强的新颖性和时效性。③ 在此方面，冯刚教授牵头推动的思想政治教育热点和前沿问题研究，是思想政治教育对象研究静态性分析与动态性把握相结合的典型之作。

（二）理想性引导与现实性应对相贯通

理论联系实际的原则，是马克思主义最基本的原则之一，体现了认识与实践、矛盾的普遍性与特殊性相统一的认识论和辩证法，是辩证唯物主义世界观在无产阶级政党作风上的具体体现。④ 思想政治教育对象研究坚持理论联系实际的原则，就是要把理想性引导与现实性应对贯通起来，进而把解决思想政治教育对象的思想问题与解决实际问题有机结合起来。实现中华民族伟大复兴，教育的地位和作用至关重要。习近平总书记着眼于国际竞争格局和国家发展大势，阐明建设教育强国是中华民族伟大复兴的基础工程。⑤ 这一论断为新时代思想政治教育对象研究明确了方向，指出了新时代思想政治教育对象研究的使命和任务。这意味着，思想政治教育对象研究要把自身置于中华民族伟大复兴这一宏大历史视域下，同时又要基于中国特色社会主义还处于初级阶段这个最大实际，立足当下又面向未来，扎根中国又融通中外。因而，如何就思想政治教育对象在认识世界和中国发展大势、中国特色和国际比较、时代责任和历史使命、远大抱负和脚踏实地这些问题上展开深入研究，并且把握其中的张力，是新时代思想政治教育对象研究的难点和重点问题。

---

① 张雅军．新闻资料的静态性与动态性［J］．情报资料工作，2001（4）：15－16.

② 冯刚．习近平关于大学生思想政治教育论述的理论蕴涵［J］．重庆大学学报（社会科学版），2018（3）：170－180.

③ 同①.

④ 《思想政治教育学原理》编写组．思想政治教育学原理［M］．2版．北京：高等教育出版社，2018：211.

⑤ 习近平总书记教育重要论述讲义［M］．北京：高等教育出版社，2020：179.

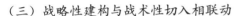

(三) 战略性建构与战术性切入相联动

战略关乎全局和根本，关乎发展的方向。战术重在实操，决定战略落地及个体成长。思想政治教育对象研究，既要从战略性建构的高度明晰前进方向，也要从战术性切入的深度确保工作实效，形成战略性建构与战术性切入的有效联动。习近平总书记立足为党育人、为国育才，从培养德智体美劳全面发展的社会主义建设者和接班人出发，为思想政治教育对象研究构建了宏大格局。2016 年，在全国高校思想政治工作会议上，习近平总书记指出，“思想政治工作从根本上说是做人的工作，必须围绕学生、关照学生、服务学生，不断提高学生思想水平、政治觉悟、道德品质、文化素养，让学生成为德才兼备、全面发展的人才”①。思想政治教育对象研究要从全局和战略高度，回答好事关思想政治教育对象发展方向的重大问题。也就是说，要明确把思想政治教育对象培养成什么样的人以及解决好如何培养和为谁培养的问题。同时，对于这些问题的具体实操又需要结合思想政治教育对象的实际情况进行展开。为此，思想政治教育对象的研究既要树立战略思维，又要强化战术意识，实现全局与个体的有效链接和联动。

四、思想政治教育对象研究方法的拓展

思想政治教育对象研究的方法具有多样性。当前在思想政治教育对象研究方法的拓展方面，理论思辨法、历史比较法、调查研究法等方法呈现出新特征，推动思想政治教育对象研究方法向纵深发展。

(一) 理论思辨法更加严谨

社会总是在发展变化的，新情况新问题也层出不穷。作为社会主体的人也处于不断的发展变化中，会面临和生成新的思想、新的观念、新的语言、新的品格。思想政治教育对象研究，同人们的思想、行为的发展变化有着紧密联系。因而，思想政治教育对象研究要立足促进人的全面发展，适应并推进实施创新驱动发展战略，结合实践不断推动理论的创新发展。② 进入中国特色社会主义新时代，思想政治教育对象研究不仅重视从德智体美劳全面发展的角度来研究和推动人的发展，而且从社会全面进步层面来透视思想政治教育对象。为实现中华民族伟大复兴，中国共产党统筹推进“五位一体”总体布局，从经济、政治、文化、社会、生态文明五大层面进行战略规划。“五位一体”总体布局，为思想政治教育对象研究做出了宏观指引，既是立足人也是为了人的发展。也就是说，“五位一体”是依靠人来推进的，同时也是为了人的发展。为此，党的十八大以来，党中央从坚持和发展中国特色社会主义全局出发，提出并形成了全面建成小康社会/全面建设社会主义现代化国家、全面深化改革、全面依法治国、全面从严治党的“四个全面”战略布局，这为思想政治教育对象研究提供了更为开阔的理论视野。思想政治教育对象研究的理论创新，要立足“五位一体”总体布局和“四个全面”战略布局，以更开阔的理论视野和更严谨的理论思维推动思想政治教育创新发展。

① 习近平在全国高校思想政治工作会议上强调 把思想政治工作贯穿教育教学全过程 开创我国高等教育事业发展新局面 [N]. 人民日报，2016-12-09 (1).

② 《思想政治教育学原理》编写组. 思想政治教育学原理 [M]. 2 版. 北京：高等教育出版社，2018：349.

（二）历史比较法日趋娴熟

为探讨思想政治教育对象状况的历史发展轨迹和变迁规律，思想政治教育对象研究常常采用历史方法和跨文化比较的方法。社会现象的出现并不是偶然的、自发的，而是连续的、受某种力量影响或支配的，这是支撑历史比较的方法论原理。因此，从历史发展的轨迹或因果链上，或者通过不同背景的比较，能够发现现在的事件或现象的真正原因。① 冯刚等学者从中国共产党高校思想政治教育发展史的角度，多层面、多维度分析了高校思想政治教育对象的发展状况以及中国共产党高校思想政治教育的目标任务、方针政策、内容方法、育人路径、领导体制、队伍建设等。② 此外，冯刚还就改革开放以来高校思想政治教育发展史进行了分析阐释，就高校学生这个思想政治教育的重要对象展开了研究探讨，并从政策发展、学科建设、课程建设、党团班建设、育人体系、队伍建设、教育管理等方面进行回应。③ 邓卓明提出，重要社会事件对大学生思想、行为产生不同向度、不同程度的影响，并立足新时代，面向未来，阐释了在重大历史事件中开展大学生思想政治教育对于进一步提高思想政治教育质量、加强和改进当代大学生思想政治教育的多维启示。④

（三）调查研究法逐渐完善

重视调查研究，善于通过调查研究发现问题、分析问题、解决问题，是我们党的优良传统。中国共产党自成立以来，在领导中国革命、建设、改革和新时代的伟大实践过程中，长期实行的基本工作方法就是“调查研究”。中国共产党历代领导人在领导中国革命、建设、改革和新时代的伟大实践中，所使用的以坚持问题导向、坚持直接调查、坚持群众路线为特征的调查研究方法，是认识中国社会的重要方法。⑤ 习近平总书记高度重视调查研究工作，强调在继承中国共产党调查研究优良传统的基础上，要与时俱进地实现方法创新。他指出，在运用我们党在长期实践中积累的有效方法的同时，要适应新形势新情况特别是当今社会信息网络化的特点，进一步拓展调研渠道、丰富调研手段、创新调研方式，学习、掌握和运用现代科学技术的调研方法，如问卷调查、统计调查、抽样调查、专家调查、网络调查等，并逐步把现代信息技术引入调研领域。⑥ 随着思想政治教育对象研究的进一步深入，调查研究法在思想政治教育对象研究中的应用得到进一步拓展。当前，实地观察法、访谈调查法、会议调查法、问卷调查法、专家调查法、抽样调查法、典型调查法、统计调查法以及文献调查法等九大常用的调查研究法已经在思想政治教育对象研究中得到广泛应用。⑦ 与此同时，结合青少年网络使用习惯和移动终端技术，问卷星等网络调查工具也在思想政治教育对象研究中得到普遍使用。

---

① 郑杭生．社会学概论新修［M］．5版．北京：中国人民大学出版社，2019：102.

② 冯刚，张晓平，苏洁．中国共产党高校思想政治教育发展史［M］．北京：人民出版社，2021.

③ 冯刚．改革开放以来高校思想政治教育发展史［M］．北京：人民出版社，2018.

④ 邓卓明．踏着时代的韵律成长——改革开放以来运用社会事件开展大学生思想政治教育的历史回顾［M］．北京：人民出版社，2022.

⑤ 周批改．中国共产党调查研究方法的传承与新时代融合创新的路径［J］．南华大学学报（社会科学版），2022（2）：8－13.

⑥ 习近平．谈谈调查研究［N］．学习时报，2011－11－21.

⑦ 孙亚男．调查研究常用九大方法［J］．新湘评论，2016（2）：31－32.

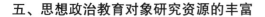

五、思想政治教育对象研究资源的丰富

思想政治教育对象研究的资源是极为丰富的。随着时代的进步和社会的发展，思想政治教育对象研究的传统资源得到了更加扎实的应用。由于新兴互联网技术的发展，以及人工智能和大数据技术的普及，网络资源为思想政治教育对象研究提供了巨量资源，为思想政治教育对象研究的深入开展带来了便利。同时，与经济运行和社会生产方式的变革相适应，新兴群体不断涌现，进一步丰富了思想政治教育对象研究的资源。

（一）传统研究资源的利用更扎实

一直以来，中国共产党非常重视青少年思想政治教育的研究和实践工作，把学校思想政治工作作为重中之重来抓。因而，学校思想政治教育也是思想政治教育对象研究的传统优势资源。我国学校思想政治教育研究是在中国共产党思想政治教育理论和方法基础上形成和发展的，是中国共产党思想政治教育理论和方法在学校的具体实践和运用。① 党的十八大以来，围绕“培养什么人、怎样培养人、为谁培养人”这个教育根本问题，各地各高校坚持立德树人根本任务，着力推动学校思想政治工作内涵式高质量发展。2019 年 3 月 18 日，习近平总书记专门主持召开学校思想政治理论课教师座谈会，强调“思想政治理论课是落实立德树人根本任务的关键课程。青少年阶段是人生的‘拔节孕穗期’，最需要精心引导和栽培。我们办中国特色社会主义教育，就是要理直气壮开好思政课，用新时代中国特色社会主义思想铸魂育人”②。近年来，结合青少年学生的成长发展特点，学校思想政治教育“以文化人”研究、学校思想政治教育话语研究、学校“大思政”体系建设研究等方面取得不少研究成果。例如，加强思想政治教育视域下的以文化人研究，对于培养青年学生的法治精神和公共服务意识、防范和化解青年学生在社会实践与社会交往中的矛盾、坚定青年学生对中国特色社会主义文化的自信，均具有重要价值。③ 此外，鉴于思想政治教育是贯穿青少年学生整个求学历程和成长发展阶段的，学校思想政治教育的整体性研究以及大中小学思想政治教育一体化也随之被提上了研究议程，学校思想政治教育这一传统研究领域的资源得到更为扎实的利用，青少年学生作为思想政治教育对象研究的重点得到进一步强化、细化和深化。

（二）网络研究资源的挖掘渐普及

随着网络信息技术的迅猛发展，互联网作为信息传播的载体，越来越成为人们获取知识和搜索信息不可或缺的渠道。互联网本身具有开放性、及时性、共享性、交互性等特征，为思想政治教育对象研究提供了更多的资源、拓展了宽广的学术视野，用新视角、新理念和新方法开展思想政治教育对象研究的成果不断得以出现。④ 依托网络技术和移动信

---

① 高玉梅，王红军，杨艳花，等．学校思想政治教育方法的历史演变与时代创新［J］．中学政治教学参考，2020（6）：77－79．

② 习近平主持召开学校思想政治理论课教师座谈会强调 用新时代中国特色社会主义思想铸魂育人 贯彻党的教育方针落实立德树人根本任务［N］．人民日报，2019－03－19（1）．

③ 冯刚．深化新时代思想政治教育视域下的以文化人研究［J］．马克思主义理论学科研究，2020（6）：123－130．

④ 王方，王楠．网络时代高校思想政治教育对象的特征与启示［J］．高校辅导员学刊，2021（4）：26－30．

息终端，新媒体工具也得以广泛推广和应用，微博、微信等新媒体成为人们日常了解信息、交流沟通、生活娱乐等的重要媒介。此外，大数据、人工智能等技术已经在思想政治教育领域广为使用。这些工具、方法和技术为思想政治教育对象研究带来了新的机遇和挑战。从机遇方面讲，开启了思想政治教育对象研究的创新图景，丰富了研究资源，实现了思想政治教育信息的扩散，有利于增强信息时代思想政治教育的针对性和实效性。从挑战方面而言，当前的网络空间，红色地带、灰色地带、黑色地带“带宽”失调问题仍然存在，思想政治教育话语在网络空间的高势位引领不够，面临着被边缘化、空泛化、标签化的现实风险。① 当然从辩证角度看，互联网及新媒体带来的这些挑战，也为思想政治教育对象研究增添了新的生长点。

（三）新兴群体的地位逐渐受重视

随着我国改革开放的不断深入和社会主义市场经济的不断发展，社会新经济组织、新社会组织的数量越来越多，规模越来越大，在“两新组织”中就业的人也越来越多。② 共青团湖州市委曾对“两新组织”青年状况进行调查，发现“两新组织”青年具有若干鲜明的特质。统计数据显示：“两新组织”青年的工作和生活压力较大，社会交际圈较狭窄；在心理状态方面，存在政治边缘化引起的失落感、企业雇佣引起的主人翁失落心理、激烈竞争引发的危机意识；在价值取向方面，“两新组织”青年自我意识较强、社会责任意识较弱、政治认同感较低。③ 近年来，党和政府越来越重视民营企业及“两新组织”对经济社会发展的驱动作用，加强对新兴群体思想政治状况的研究既是现实的需要，也是服务中华民族伟大复兴的必要举措，思想政治教育学科和思政工作者要扛起应有的责任。党的十九届三中全会明确提出，要加快在新型经济组织和社会组织中建立健全党的组织机构，做到党的工作进展到哪里，党的组织就覆盖到哪里。新兴群体的思想政治工作成为党建工作的有机组成部分，新兴群体也逐渐成为思想政治教育研究的重要对象。

第三节　思想政治教育对象研究的主要趋势

中国特色社会主义进入新时代，开启了以中国式现代化推进中华民族伟大复兴的新征程，这是我国发展新的历史方位。与此同时，世界多极化、经济全球化、社会信息化、文化多样化也进入复杂化发展阶段，为思想政治教育带来诸多机遇的同时也带来巨大挑战。

一、时代发展定位思想政治教育对象研究主题

发展是人类社会永恒的主题。新时代思想政治教育要坚持历史唯物主义基本立场，立

① 冯刚．思想政治教育研究热点年度发布2019［M］．北京：团结出版社，2020：168.

② 张金芬，崔桂萍，曲成伟，等．团组织对“两新组织”青年的有效覆盖与吸引凝聚方式研究［J］．青少年研究（山东省团校学报），2010（1）：6－12.

③ 共青团湖州市委．“两新”组织青年工作路径研究——以湖州市为例［J］．青少年研究与实践，2015（2）：42－46.

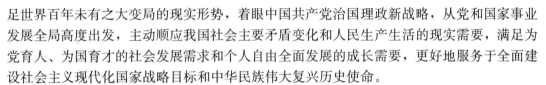

足世界百年未有之大变局的现实形势，着眼中国共产党治国理政新战略，从党和国家事业发展全局高度出发，主动顺应我国社会主要矛盾变化和人民生产生活的现实需要，满足为党育人、为国育才的社会发展需求和个人自由全面发展的成长需要，更好地服务于全面建设社会主义现代化国家战略目标和中华民族伟大复兴历史使命。

（一）坚持发展的眼光是历史唯物主义的基本立场

历史唯物主义是关于人类社会发展一般规律的理论，是马克思主义哲学的重要组成部分。历史唯物主义认为，人类社会是有规律运行的，体现为由低级向高级发展的历史过程，构成历史过程的各种社会现象也是运动与发展的。坚持发展的眼光是历史唯物主义的基本立场，它强调了历史的连续性和延展性。历史不是孤立的，每个时期的发展都是前一个时期的延续和发展。同时，历史也是不断前进的，人类社会在经济基础的变化和发展中不断向前推进。因此，我们只有以发展的眼光看待历史，才能真正理解其本质和发展趋势。在当前的历史阶段，信息技术革命正在加速推动着世界经济和社会的发展。在此过程中，我们必须坚持以发展的眼光来看待世界经济、政治、文化、社会问题，把握发展趋势和方向。思想政治教育作为一种社会历史实践活动，“具有产生、存在和发展的客观根源，同时也有着自身形成、发展的客观历史进程”①。“思想政治教育活动普遍存在于阶级社会发展的历史进程中，随着阶级社会的演进而发展，不断地改变着自身的存在形态和发展方式。”② 由此可见，以历史的视野和发展的眼光开展思想政治教育对象研究是重要而必要的。

（二）思想政治教育的使命是顺应和促进社会发展

“思想政治教育的根本目标是促进人的全面发展”③，作为中国共产党的突出政治优势，思想政治教育应担负起激励人民为建设中国特色社会主义、最终实现共产主义而奋斗的政治任务。但由于在不同历史时期和社会发展阶段我国面临的主要矛盾以及中国共产党的具体奋斗目标不同，所形成的思想政治教育时空境遇以及青年成长成才的素质要求发生变化，等等，思想政治教育在不同历史阶段被赋予不同的使命任务和目标要求。也就是说，“为适应社会发展需求和满足人的思想发展需要，不同历史时期思想政治教育的主要目的和任务指向都在发生改变”④。思想政治教育作为贯彻党的教育方针的重要一环，在新时代条件下应自觉肩负起为中国式现代化铸魂育人的历史使命和责任担当，对我国教育“培养什么人、怎样培养人、为谁培养人”这一根本问题做出积极回应。思想政治教育对象研究要坚持用习近平新时代中国特色社会主义思想来武装头脑，铸牢马克思主义之魂，重点表现为要铸牢“理想信念之魂”“民族精神之魂”“文化自信之魂”“时代奋斗之魂”⑤。要把育人作为思想政治教育对象研究的出发点和立足点，着力培育在思想水平、政治觉悟、道德品质、文化素养、精神状态等方面同新时代要求相符合的能够担当民族复兴大任的时代新人。

---

① 骆郁廷．思想政治教育原理与方法［M］．北京：北京师范大学出版社，2019：21.

② 同①26.

③《思想政治教育学原理》编写组．思想政治教育学原理［M］．2版．北京：高等教育出版社，2018：157.

④⑤ 王学俭，许斯诺．论新时代党的教育方针与思想政治教育铸魂育人［J］．思想理论教育导刊，2021（10）：112－119.

（三）思想政治教育对象研究主题要因时顺势而变

辩证唯物主义认为，事物处于不断运动变化发展中，变是无条件的、绝对的。2013年，习近平总书记在全国宣传思想工作会议上强调：“宣传思想工作一定要把围绕中心、服务大局作为基本职责，胸怀大局、把握大势、着眼大事，找准工作切入点和着力点，做到因势而谋、应势而动、顺势而为。”① 思想政治教育工作是中国共产党的优良传统、鲜明特色和突出政治优势，是一切工作的生命线，它必须根据时代变化和实践发展，不断深化认识和总结经验，在理论创新和实践创新的统一与良性互动中得到自我发展。在此过程中，思想政治教育对象研究作为思想政治教育的一个重要领域，应坚持运用马克思主义世界观和方法论去认识问题、分析问题和解决问题，在思想政治教育对象的研究主题上做到因时而变、顺势而为、有所作为。思想政治教育对象研究主题因时顺势而变，就要在理论与实践的结合中聚焦思想政治教育对象研究的热点和难点问题，把握研究进展，总结研究特点，明晰研究方法，展望研究趋势，不断拓展思想政治教育对象研究主题的深度和广度，从而持续提高思想政治教育科学化、专业化水平。

二、生命成长奠定思想政治教育对象研究范畴

“思想政治工作从根本上说是做人的工作，必须围绕学生、关照学生、服务学生”②，习近平总书记的重要讲话精神为新时代加强思想政治教育工作指明了方向，提供了根本遵循，也指导新时代思想政治教育对象研究要从全生命周期的理论视角进行拓展和深化。

（一）思想政治教育从根本上说是做人的工作

思想政治教育的对象是人，不管时代怎么变迁、社会怎么发展，做好思想政治教育工作都必须把重点放在人上，始终做到以人为中心，努力促进人的自由而全面的发展。马克思指出，人的本质不是单个人所固有的抽象物，在其现实性上，它是一切社会关系的总和。③ 马克思关于人的本质的论述，深刻揭示了思想政治教育工作应从现实的、有生命的个人本身出发，将现实的人、具体的人、活生生的人作为思想政治教育的出发点和落脚点。思想政治教育工作者要“自觉坚持以马克思主义关于人的科学理论为指导，树立‘以人为本’的思想政治教育观，立足现实的人，尊重人的生命存在和特性，观照人的社会属性和自由个性生成，建构和丰富人的精神世界，培植和增强人的精神力量，教育和引导每个人实现全面发展”④。由此可见，思想政治教育应立足于人的完整生命的塑造和健全人格的培养，将教育对象作为丰富的生命体，作为具体的社会人，不断提高教育对象的思想水平、政治觉悟、道德品质、文化素养。在思想政治教育对象研究层面，应立足现实的人，而不是抽象的人；应立足完整的人，而不是片面的人；应立足发展的人，而不是静止的人。

（二）生命成长是思想政治教育发展的重要动力

教育对象的生命成长和发展需要是思想政治教育发展的直接动力。人的生命成长的需

① 习近平谈治国理政［M］. 北京：外文出版社，2014：153.
② 习近平谈治国理政（第2卷）［M］. 北京：外文出版社，2017：377.
③ 马克思恩格斯文集（第1卷）［M］. 北京：人民出版社，2009：501.
④ 张智．思想政治工作从根本上说是做人的工作［J］. 思想教育研究，2017（5）：7-10.

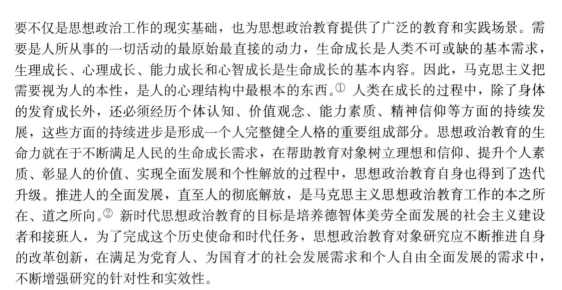

要不仅是思想政治工作的现实基础，也为思想政治教育提供了广泛的教育和实践场景。需要是人所从事的一切活动的最原始最直接的动力，生命成长是人类不可或缺的基本需求，生理成长、心理成长、能力成长和心智成长是生命成长的基本内容。因此，马克思主义把需要视为人的本性，是人的心理结构中最根本的东西。① 人类在成长的过程中，除了身体的发育成长外，还必须经历个体认知、价值观念、能力素质、精神信仰等方面的持续发展，这些方面的持续进步是形成一个人完整健全人格的重要组成部分。思想政治教育的生命力就在于不断满足人民的生命成长需求，在帮助教育对象树立理想和信仰、提升个人素质、彰显人的价值、实现全面发展和个性解放的过程中，思想政治教育自身也得到了迭代升级。推进人的全面发展，直至人的彻底解放，是马克思主义思想政治教育工作的本之所在、道之所向。② 新时代思想政治教育的目标是培养德智体美劳全面发展的社会主义建设者和接班人，为了完成这个历史使命和时代任务，思想政治教育对象研究应不断推进自身的改革创新，在满足为党育人、为国育才的社会发展需求和个人自由全面发展的需求中，不断增强研究的针对性和实效性。

（三）思想政治教育对象研究范畴要以人的成长为中心

人的成长具有阶段性特征，也有一体化特性，是阶段性与一体化的有机统一。因此思想政治教育对象研究范畴要以人的成长为中心，既反映对象发展的阶段性，也彰显人的成长的一体贯通性。首先，思想政治教育对象研究范畴应该是一个接续的过程，需要衔接教育对象成长的各个阶段。习近平总书记在学校思想政治理论课教师座谈会上强调：“在大中小学循序渐进、螺旋上升地开设思想政治理论课非常必要，是培养一代又一代社会主义建设者和接班人的重要保障。”③ 在党的二十大报告中，习近平总书记明确提出：“用社会主义核心价值观铸魂育人，完善思想政治工作体系，推进大中小学思想政治教育一体化建设。”④ 如何推进思政教育一体化建设成为当前思想政治教育对象研究的重要课题。思想政治教育工作者要坚持以人的成长为中心，加强对教育对象成长规律的基础研究，梳理教育对象在不同阶段的认知特点、认同机理、接受习惯的关系，深入挖掘贯通其中的逻辑主线，科学构建目标一致、内容衔接、层次递进的思想政治工作标准体系，探索形成循序渐进、螺旋上升的进阶方法，确保教育对象在成长过程中思想政治素质养成的整体性和连贯性。思政教育一体化建设就是要坚持统一的指导思想，全面贯彻党的教育方针，紧紧围绕培养德智体美劳全面发展的社会主义建设者和接班人的育人目标，始终贯彻思想政治教育的思想性和政治性要求，落实立德树人根本任务。其次，在思想政治教育对象研究范畴一体化推进的过程中，也要充分尊重教育对象的成长和发展规律，根据教育对象在不同阶段所呈现的思想状况、身心发展等方面的不同状况和特点，分层级制定有所侧重的施教目的、内容与方法，不断提升思想政治教育的针对性和实效性。鉴于此，思想政治教育对象研究应注意精准施策，根据不同阶段研究对象的特征采取有效的研究范式和研究方法。

① 冯刚，朱宏强．思想政治教育内生动力的理论审思［J］．马克思主义理论学科研究，2022（6）：104－110.

② 张智．思想政治工作从根本上说是做人的工作［J］．思想教育研究，2017（5）：7－10.

③ 习近平谈治国理政（第3卷）［M］．北京：外文出版社，2020：329.

④ 习近平．高举中国特色社会主义伟大旗帜 为全面建设社会主义现代化国家而团结奋斗——在中国共产党第二十次全国代表大会上的报告［M］．北京：人民出版社，2022：44.

三、学科交叉凝练思想政治教育对象研究视角

我国高等教育肩负着培养德智体美劳全面发展的社会主义建设者和接班人的重大任务，作为高等教育人才培养的重要组成部分，思想政治教育关系高校“培养什么人、怎样培养人、为谁培养人”这个根本问题。在学科交叉融合已成为当代科技创新和理论创造的重要源泉的时代背景下，思想政治教育要完成时代赋予的使命，发挥为党育人、为国育才的功能，必须顺应和把握学科交叉融合的发展趋势。

（一）学科交叉是新时代哲学社会科学研究的立身之本

“中国特色哲学社会科学应该涵盖历史、经济、政治、文化、社会、生态、军事、党建等各领域，囊括传统学科、新兴学科、前沿学科、交叉学科、冷门学科等诸多学科，不断推进学科体系、学术体系、话语体系建设和创新，努力构建一个全方位、全领域、全要素的哲学社会科学体系。”① 习近平总书记的重要讲话精神为新时代哲学社会科学繁荣发展指明了前进方向，也为思想政治教育学科与其他学科的融合发展提供了根本遵循。加强学科交叉融合是构建中国特色哲学社会科学的题中之义，是我国当代哲学社会科学创新发展的主要趋势和必然选择。思想政治教育学科要实现创新发展，必须主动适应学科交叉的发展趋势，这不仅是时代发展的客观要求，也是思想政治教育学科自身发展的必然要求。事实上，思想政治教育本身就是学科交叉的产物或结果，它是在马克思主义哲学、教育学、心理学、伦理学、政治学、逻辑学、美学等多学科理论知识的基础上形成发展起来的。思想政治教育的创新发展也与社会学、管理学、人才学、行为科学、人类学、法学、文学以及系统论、控制论、信息论等学科密切相关。② 在思想政治教育学科发展过程中，要不断摆脱学科自身边界的束缚，主动吸收、充分借鉴不同学科的知识和方法，不断深化和拓展思想政治教育的内涵和外延，丰富和发展思想政治教育知识理论体系。因而，思想政治教育对象研究也应适应学科交叉融合的发展趋势，并以此作为深化研究的重要机遇。

（二）学科交叉是思想政治教育对象研究客观性的基础

思想政治教育是运用马克思主义理论与方法，系统研究人的思想道德素质形成、发展和思想政治教育规律的科学，是政治性、科学性、综合性、应用性很强的学科。③ 思想政治工作从根本上说是做人的工作，思想政治教育学科的社会功能是提高人的思想政治素质，根本任务是按照当代中国马克思主义主流意识形态的要求塑造人、培养人、促进人的全面发展。为了完成这一任务，思想政治教育必须回应社会的需要，研究和解决教育对象所需所求。随着时代的发展，人们的思想观念、认知水平、价值取向发生了重大变化，思想政治教育面临的问题也变得更加复杂多样，这些变化给思想政治教育对象研究增加了新的难度和新的挑战。在当代社会，思想问题往往和政治问题、道德问题、心理问题、认知方式等交织在一起，需要我们借鉴多种科学方式方法加以解决。④ 思想政治教育工作者要

---

① 习近平谈治国理政（第2卷）[M]. 北京：外文出版社，2017：344.

② 冯刚．交叉学科视野下思想政治教育的创新发展 [J]. 思想理论教育导刊，2011（11）：84－88.

③ 周中之．思想政治教育学科发展的若干关系研究 [J]. 马克思主义与现实，2007（2）：183－185.

④ 冯刚，曾永平．学科交叉视野下思想政治教育创新发展的特点与趋势——基于2017年学科交叉与思想政治教育研究成果的分析 [J]. 思想政治教育研究，2018（1）：18－23.

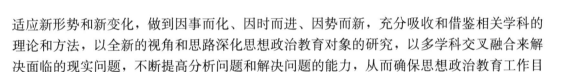

适应新形势和新变化，做到因事而化、因时而进、因势而新，充分吸收和借鉴相关学科的理论和方法，以全新的视角和思路深化思想政治教育对象的研究，以多学科交叉融合来解决面临的现实问题，不断提高分析问题和解决问题的能力，从而确保思想政治教育工作目标的实现。

（三）多学科透视推进思想政治教育对象研究的科学性

文化是一个国家、一个民族的灵魂。文化兴国运兴，文化强民族强。没有高度的文化自信，没有文化的繁荣兴盛，就没有中华民族伟大复兴。[①] 进入新时代，思想政治教育要更加注重以文化人、以文育人，思想政治教育对象研究应该更加注重从文化的视角观察和研究思想政治教育对象，进一步厘定思想政治教育和人的关系。[②] 以多学科视角切入思想政治教育对象研究，可以重点借鉴马克思主义哲学（尤其是人学）、文化学和心理学等学科理论。马克思主义关于人的本质、人的主体性、人的需要、人的价值、人的理想信念等理论，文化学关于如何塑造人的品格的理论，心理学关于人的心理活动规律、个体心理发展和群体心理特征的理论，等等[③]，都可以进一步融入思想政治教育对象研究中。此外，随着新科技革命和产业变革向纵深发展，人工智能和大数据技术与思想政治教育对象研究交叉融合也成为未来发展的重要趋势。思想政治教育对象研究应充分借鉴信息技术的理论、技术、方法、手段和平台，加强与信息学、传播学以及伦理学等学科的交叉融合研究。

四、数字文明赋能思想政治教育对象研究方法

数字技术的快速发展和普及已经对我们的社会、经济、政治和文化等产生了巨大的影响。从互联网到社交媒体，从电子商务到人工智能，数字技术正改变着我们的生活方式和思维方式，也深刻影响着思想政治教育领域。

（一）数字文明已经成为不可逃避的社会现实

习近平总书记在致 2021 年世界互联网大会乌镇峰会的贺信中提出了“数字文明”概念，强调“让数字文明造福各国人民，推动构建人类命运共同体”[④]。大数据、云计算、人工智能等一系列新兴技术正以惊人的速度发展，为人类社会带来了前所未有的机遇和挑战。“整个社会的劳动形式、生产关系、产业形态较之于工业文明都发生了颠覆性变革……由此可以判定：人类已进入一个新的文明时代——数字文明时代。”[⑤] 数字文明已经成为人类不可逃避的社会现实，新型数字技术正在以不可逆转的势头重塑整个社会的形态与结构，深刻改变了人类生产生活的方式。数字文明对教育领域的影响同样不可忽视。2023 年 1 月，全国教育工作会议提出，要统筹推进教育数字化和学习型社会、学习型大国建设，纵深推进教育数字化战略行动。在这种社会背景下，教育领域利用数字技术实现教

① 习近平谈治国理政（第 3 卷）[M]. 北京：外文出版社，2020：32.

②③ 冯刚，曾永平．学科交叉视野下思想政治教育创新发展的特点与趋势——基于 2017 年学科交叉与思想政治教育研究成果的分析 [J]. 思想政治教育研究，2018 (1)：18 - 23.

④ 习近平向 2021 年世界互联网大会乌镇峰会致贺信 [N]. 人民日报，2021 - 09 - 27 (1).

⑤ 吴艳东，廖小丹．人类文明新形态视野下数字文明的本质意蕴及建构反思 [J]. 重庆社会科学，2023 (1)：34 - 45.

育的数字化转型，不仅是大势所趋，也是促进教育改革和高质量发展的内在要求。作为教育的有机组成部分，思想政治教育也受到数字文明所带来的影响，面临着全新的发展方向和发展格局。加强思想政治教育的数字化发展，将数字化理念、思维和技术融入思想政治教育对象研究中已成为大势所趋。

（二）数字文明给思想政治教育对象带来双重影响

数字文明的出现与普及，给思想政治教育对象带来了双重影响。一方面，网络信息与数字技术的智能化、科学化发展和开放性、及时性、共享性、交互性特征，为思想政治教育对象的成长发展提供了便利条件。数字文明为思想政治教育对象提供了更广阔的学习空间和更多的学习形式。在数字化时代，受教育者可以通过互联网和移动设备随时随地获取各种学习资源和知识内容。数字文明也促进了思想政治教育对象的自我发展和成长。思想政治教育对象在网络空间中进行自我表达和交流，可以更加独立自主地展示自我、拓展自我，这种表达和交流的主动性和自主性有助于思想政治教育对象更好地发现自我、塑造自我，也使得思想政治教育主客体之间的地位更加趋于平等化。另一方面，数字技术也是一把“双刃剑”，会给思想政治教育对象的成长发展带来一些不利影响。例如，信息过载和碎片化问题是数字文明带来的问题之一。受教育者在数字化环境中面临着海量信息和各种应用程序，这极大分散了人们的时间和精力，也可能给人们带来困惑和困扰。此外，受教育者在网络中容易受到不同意识形态、价值观念、精神取向的影响，也面临着信息干扰、价值观冲击、信仰迷茫、精神迷失等问题。以上这些方面，给思想政治教育对象研究带来新的机遇，也造成新的困难和挑战，在一定程度上将改变思想政治教育对象的研究范式。

（三）巧用数字文明深化思想政治教育对象研究

全面关照和整体掌握教育对象的思想动态和心理需求，是有效开展思想政治教育工作的前提。数字文明时代，大数据是驱动思想政治教育创新发展的重要引擎，思想政治教育工作者要善于运用数字技术开展思想政治教育对象研究。首先，可以采用数字技术对思想政治教育研究对象进行全样本画像。大数据时代，教育者对教育对象思想状况相关数据的获取进入“样本”＝“总体”的全数据模式①，思想政治教育研究对象在日常学习、交往、生活等不同领域留下了海量行为日志，在保护隐私的前提下，应用数字技术对这些信息进行挖掘、分析和处理后，可以对研究对象的思想动态、心理素质、习惯特点等建立精准的数据画像。除了针对群体的全样本画像，大数据技术还可以实现对研究对象个体的精准画像，为思想政治教育把握不同个体差异与需求、实施针对性个性化教育提供技术赋能。其次，可以对思想政治教育研究对象的需求开展预测性分析。基于大数据技术，可以对思想政治教育研究对象的相关情况进行深度分析、挖掘、加工和提炼，探寻出不同要素之间的外部关联、内在规律及其发展趋势，从而对研究对象的需求做到预测性把握和前瞻性研判，为开展有针对性的思想引领、价值引领、心理干预等提供可靠依据和参考价值。

① 冯刚，王振．高校思想政治教育治理引论［M］．北京：团结出版社，2022：131.

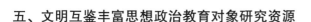

五、文明互鉴丰富思想政治教育对象研究资源

这个世界，各国相互联系、相互依存的程度空前加深，人类生活在同一个地球村里，生活在历史和现实交汇的同一个时空里，越来越成为你中有我、我中有你的命运共同体。① 在这种时代际遇中，各种文明的交互、交融、交锋已经成为不可避免的现实，也为思想政治教育对象研究提供了丰富的资源。

（一）交流互鉴是文明发展的重要动力

人类文明是在交流互鉴中不断演化和发展的。从原始社会到现代社会，人类之间的交流互鉴一直是推动文明发展的重要动力。文明的交流互鉴，不仅能够促进不同文化之间的相互了解、相互尊重、相互包容，也有助于各个文明之间的和谐发展，推动人类文明的发展进步。当前国际政治经济格局日益复杂，但不管其如何变化，各国之间的相互联系和依存日益加深的趋势是不可逆转的。整个世界是你中有我、我中有你的命运共同体，交流和互鉴已经成为各个国家和民族之间相互了解、交流和合作的必然趋势。党的十八大以来，习近平总书记对做好教育对外开放工作高度重视，对教育对外开放多次做出重要批示，为进一步做好教育对外开放工作提出了要求、指明了方向。面向未来，教育对外开放要以更高的站位、更宽的视野、更大的格局，以更积极主动的姿态加强与不同文明、不同国家之间的相互学习、相互借鉴，谋求人类命运共同体的共同发展，这为思想政治教育对象研究提供了丰厚的资源条件和广阔的研究空间。

（二）思想政治教育是人类文明的产物

思想政治教育是不以人的意志为转移的客观产生和存在的社会实践活动，是通过改造主观世界来改造客观世界的特殊的社会实践活动，具有产生、存在和发展的客观根源。② 从根本上说，思想政治教育的产生是由人类的物质生产实践与物质生活过程决定的。③ 对人的主观世界的改造活动在人类的发展史上是普遍存在的，古今中外，概莫能外。尽管思想政治教育的概念是由中国共产党首创并发展的，但与思想政治教育相关的活动却是贯穿人类社会发展始终的。在此意义上，思想政治教育是人类文明的产物。“原始社会人类的产生、生活状况产生了对思想交流和社会共同的精神生活的需要，为了实现原始人类精神文化的代际传承和原始社会人的再生产，于是就产生了人类最初的教育活动，以及伴随教育活动一起产生的、影响人的思想道德素质发展的思想政治教育实践。”④ 随后，随着国家和阶级社会的出现，思想政治教育活动逐步摆脱原始自发状态，“产生了伴随着统治阶级政治统治和国家治理而进行的意识形态教育活动”⑤，逐渐呈现出完整的存在形态。基于此，思想政治教育对象研究应该把自身置于人类文明发展的整体进程，从历史纵深处拓展研究资源。

---

① 习近平谈治国理政［M］. 北京：外文出版社，2014：272.

② 骆郁廷．思想政治教育原理与方法［M］. 北京：北京师范大学出版社，2019：21.

③ 杨威．论思想政治教育的物质根源［J］. 马克思主义研究，2022（7）：87－96.

④ 同②22.

⑤ 同②216.

（三）深化思想政治教育对象比较研究

在推动教育对外开放的过程中，我国的思想政治教育应扎根中国，放眼世界，面向未来，不断深化思想政治教育对象的比较研究。思想政治教育对象比较研究有助于我们获得更为广阔的视野和思路。虽然不同国家在政治制度、价值观和文化传统等方面存在较大差异，思想政治教育对象有不同特征，在思想政治教育理念和实践经验方面也存在差异，但可以为我国的思想政治教育提供参考和借鉴。例如，西方国家更加注重个体自由意识的培养，更加强调个体的自主和独立，这可以为我们人才培养和思想政治教育提供一些启示。同时，思想政治教育对象比较研究也有助于我们有效参与全球文化交流和文化传播活动，以进一步强化文化自信。需要注意的是，在深化思想政治教育对象比较研究时也需要关注一些具体的问题和挑战。例如，在进行比较研究时，需要考虑不同国家的政治制度、文化传统、教育体制等因素，以确保比较结果的客观性和准确性。当然，在实际研究工作中，还需要关注数据收集和研究方法等方面的问题，以确保研究结果的信度和效度。此外，思想政治教育对象比较研究也需要关注教育的全面性和多样性。不同国家和地区的思想政治教育目标和重点可能存在差异，但教育应该始终关注人的自由全面发展需要和现实需求，从而为思想政治教育研究对象提供多样化和个性化的教育资源和机会。

第十章　思想政治教育载体研究

思想政治教育载体是传递思想政治教育内容或信息的重要手段和有效介质。从思想政治教育系统来看，它构成了思想政治教育介体的重要内容；从思想政治教育过程来看，思想政治教育载体是思想政治教育系统诸要素相互联系的枢纽与中介，构成了各要素相互作用的实现形式。随着中国式现代化进程的持续推进，我国经济社会发展的“许多领域实现历史性变革、系统性重塑、整体性重构”①，思想政治教育的社会化、信息化、生活化趋势日益明显，思想政治教育系统及其构成要素逐渐呈现多样化发展趋势，思想政治教育载体发展也面临前所未有的机遇与挑战。习近平总书记指出，“我们要立足新的实际，不断从内容、形式、载体、方法、手段等方面进行改进和创新，善于以新的经验指导新的实践”②。习近平总书记的论述，为新时代思想政治教育载体研究指明了方向，思想政治教育载体的改进和创新既要“立足新的实际”，又要“以新的经验指导新的实践”。因此，新时代思想政治教育载体研究，必须适应社会发展进步的客观要求和人才培养的现实诉求，既要厘清思想政治教育载体的内涵、特征及功能，科学理解和系统把握思想政治教育的系统结构，又要重点关注思想政治教育载体的具体形态，尤其是现在被广泛应用的载体形态，系统剖析其在人与社会发展中的独特价值，进一步优化思想政治教育载体的功能，积极探索新时代思想政治教育载体的转化与创新路径，持续提升思想政治教育的针对性、实效性，在引领教育对象自觉成长为堪当民族复兴重任的时代新人的过程中，提高思想政治教育的质量和水平。

第一节　思想政治教育载体的内涵、特征及功能

科学认识和系统把握思想政治教育载体这一概念，必须清晰厘定思想政治教育载体的内涵、特征与功能，这是充分认识思想政治教育载体的地位与作用、与时俱进地推进载体

① 习近平著作选读（第 2 卷）[M]. 北京：人民出版社，2023：394.

② 习近平著作选读（第 1 卷）[M]. 北京：人民出版社，2023：525.

转化与创新的理论前提。

一、思想政治教育载体的内涵

学科发展40年来，围绕思想政治教育载体，学界进行了广泛讨论。20世纪90年代起，学界将载体的概念引入思想政治教育之中，形成了丰富的研究成果。一提到“载体”，人们一般会想到它是化学学科领域研究的一个基本范畴，主要表征“某些能传递能量或运载其他物质的物质”。人们研究载体发展，主要是基于该物质作为介质所具有的能量与信息的传递、传导价值。思想政治教育载体，本质上也是为了系统把握作为教育中介的载体所具有的内容和信息传递、传导价值。那么，何谓思想政治教育载体，其基本内涵是什么？学术界有两种代表性的观点。第一种观点认为，思想政治教育载体是指“在思想政治教育过程中，思想政治教育者为实现一定的教育目标，选择、运用承载一定的思想政治教育信息的教育中介”①。这一概念界定主要强调了思想政治教育载体的作用与特征——“中介性”，但没有对思想政治教育载体的现实样态做出精准的描摹与界定。第二种观点认为，思想政治教育载体是指“承载、传导思想政治教育因素，能为思想政治教育主体所运用，且主客体可借此相互作用的一种思想政治教育形式”②，后来进一步完善为“一种思想政治教育活动形式”③。这一概念界定主要强调了思想政治教育载体的现实样态——“活动形式”，但仅仅从活动形式的维度分析和阐释思想政治教育的载体似乎偏颇了些，除了实践活动，语言文字、文化产品、广播电视、报纸杂志等物质实体在很多场域中也可以作为思想政治教育的基本载体。由此不难看出，对于思想政治教育载体而言，同样包括一些基本的组成要素，即载体两端的教育者和教育对象、承载思想政治教育内容的具体形式、思想政治教育内容或信息，这是将载体一般内涵融入思想政治教育学科后的积极转化。④

在一定意义上说，以上两种界定都存在一定的局限性：前者主要是一种功能性界定，强调思想政治教育载体是充当“教育中介”功能的，但对其本质是什么？有什么样的现实样态？并没有做出清晰的厘定；后者尝试进行本质性界定，强调思想政治教育载体是一种“活动形式”，但对思想政治教育载体的认识不够充分，抓住了思想政治教育的特殊表达方式，但没有结合其“载体一般内涵”做出更为精准的界定分析。

关于思想政治教育载体的概念界定中，学术界一般使用的比较权威的界定是这样描述的：“所谓思想政治教育载体，是指在实施思想政治教育的过程中，能够承载和传递思想政治教育的内容和信息，能为思想政治教育主体所运用，促进思想政治教育主客体之间相互作用的一种活动形式和物质实体。”⑤ 这一概念界定既强调了载体具有“承载和传递”思想政治教育内容和信息的功能，又拓展了载体样态的表现形式，将“物质实体”与“活动形式”均列为思想政治教育载体的现实样态，在丰富与完善思想政治教育载体表现形式

---

① 《思想政治教育学原理》编写组．思想政治教育学原理［M］．北京：高等教育出版社，2016：261.
② 陈万柏．思想政治教育载体论［M］．武汉：湖北人民出版社，2003：9.
③ 陈万柏，张耀灿．思想政治教育学原理［M］．2版．北京：高等教育出版社，2007：240.
④ 冯刚，彭庆红，佘双好，等．新时代高校思想政治教育学原理［M］．北京：人民出版社，2021：304.
⑤ 张耀灿，郑永廷，吴潜涛，等．现代思想政治教育学［M］．2版．北京：人民出版社，2006：392.

的同时避免了对其形成片面性认识，该种观点是目前学术界比较认可的关于思想政治教育载体的概念界定。新时代背景下，结合高校思想政治教育工作实际，有学者进一步提出，所谓思想政治教育载体，主要是指在思想政治教育过程中，能够承载和传递思想政治教育内容或信息，使思想政治教育过程中的不同个体能够有效快捷地接收到这些内容或信息，并且可被思想政治教育者有效运用和控制的媒介形式。① 该定义对明确新时代高校思想政治教育载体的内涵具有重要的理论价值。

此外，学术界还围绕如下问题进一步探讨思想政治教育载体的内涵：除了物质实体和活动形式，是否还存在思想政治教育载体的其他表现形式；互联网属于物质载体还是活动载体；文学艺术是否可以作为思想政治教育的载体形式；等等。这一系列的思考，从侧面反映了思想政治教育载体发展研究的问题域。同时，随着思想政治教育文化蕴涵的凸显，有学者聚焦高校思想政治教育文化载体，认为高校思想政治工作要着力创建和运用文化载体，在文化活动和文化产品中涵养育人内容，彰显文化育人优势，中华民族几千年积淀的优秀文化载体本身内含着思想教育的宝贵财富，中国共产党在领导中国人民进行社会主义革命和建设的过程中积累的思想政治工作优势也是文化传承创新的成果之一，改革开放时代凝聚的实践、精神、成果本身也是开展思想政治工作的重要基石。② 随着新时代我国社会实践的持续推进，人们对思想政治教育载体的认识又有了新的变化，深入系统研究思想政治教育载体的内涵，有助于在思想政治教育活动中丰富载体、创新手段。

二、思想政治教育载体的主要特征

所谓特征，是指一事物区别于其他事物的属性和标志。早期有学者从载体这一概念本身析出了思想政治教育载体的特征是客观性、承载性、中介性和可控制性的统一。③ 有学者则从载体与思想政治教育系统的其他因素如目的、任务、内容、原则、方法等相区别的角度概括了思想政治教育载体具有如下三组特征，即客观性和主观性、实践性和发展性、承载性和传导性。④ 在前期研究基础上，有学者进一步丰富了思想政治教育载体的特征，具体表现为承载性、中介性、可控性、目的性、阶级性。⑤ 最近有学者提出，“实体性是载体的基本属性，这是讨论思想政治教育载体的出发点”⑥。纵观上述研究成果，我们认为思想政治教育载体是思想政治教育介体的重要组成部分，它构成了思想政治教育过程中各要素相互联系、相互作用的枢纽。从思想政治教育系统的结构体系来看，思想政治教育载体的重要特征主要是它相对于思想政治教育系统的其他要素而言所具有的独特性，是载体与其他思想政治教育要素相区别的维度。思想政治教育载体的特征体现在以下几个方面：

---

① 冯刚，彭庆红，佘双好，等．新时代高校思想政治教育学原理［M］．北京：人民出版社，2021：305.

② 冯刚．增强高校思想政治工作的文化力量［J］．思想理论教育，2017（7）：4－9.

③ 贺才乐．思想政治教育载体及其研究价值［J］．上海交通大学学报（社会科学版），2002（2）：91－94.

④ 陈万柏．论思想政治教育载体的内涵和特征［J］．江汉论坛，2003（7）：115－119.

⑤ 曾令辉，贺才乐，陈敏．思想政治教育载体研究的回顾与展望［J］．思想教育研究，2014（10）：17－25.

⑥ 陈卓．论思想政治教育载体的实体性——以思想政治教育中载体与符号的关系为视角［J］．思想教育研究，2021（12）：30－34.

（一）中介性

思想政治教育载体的中介性主要指载体所具有的联系主体与客体、介体（主要指目标、内容、原则、方法等）、环体，以及主观与客观、内化与外化的中介作用的特性。思想政治教育载体本质上是一种教育中介，中介性是思想政治教育载体的本质特征。在一定意义上说，载体是蕴含着特定价值期待的“桥”或“船”，它构成了思想政治教育系统诸要素相互联系、相互作用的基本场域，也表征着思想政治教育活动的现实表现形式。思想政治教育载体正是通过自身的中介性将深奥抽象的哲理转化为鲜活生动的道理，将传播内容和信息的知识形态、价值样态转化为教育客体的实践状态的。一般而言，思想政治教育载体的中介性主要体现为三个方面：一是它联系着思想政治教育的主体与客体、介体与环体，使思想政治教育的主体、客体、介体与环体通过载体而相互联系、相互作用，并将载体所承载和传导的内容和信息传递、传播给教育客体，引导教育客体按照教育主体所期待的方式去思考和行为，使之最终形成符合一定社会发展需要的思想品德。二是它联系着主观与客观，在思想政治教育活动中，载体作为中介既能为教育主体所选择和运用，也能为教育客体所选择和运用，因此，在载体运用的过程中往往打上载体使用者的“烙印”，具有较为明显的主观性。同时，载体一旦被选择和运用，往往对整个思想政治教育过程产生客观作用。因此，思想政治教育载体的中介性往往体现为主观性与客观性的统一。三是它联系着内化与外化，在思想政治教育过程中，教育内容必须通过载体传递、传播、传导给教育客体，教育客体接收到教育内容和信息之后往往需要经过比较、选择、消化、吸收等环节，之后将其内化为自己的思想品德，并借助一定载体的帮助将其外化为行为方式，在实践中塑造和展示现代人应当具有的优秀思想品德。

（二）发展性

思想政治教育载体的发展性是其作为特定的社会存在所具有的运动变化特征。由于社会存在是不断发展变化的，思想政治教育系统的构成要素也会随着社会存在的发展变化而发展变化，作为思想政治教育系统构成要素的载体也会因其功能发挥和主体需要的改变而不断改变，因此，必须全面把握思想政治教育载体的发展性特征。一般而言，思想政治教育载体的发展性主要体现为三个方面。一是思想政治教育载体形式的发展变化，逐渐呈现出由少到多、日益丰富的发展趋向。思想政治教育的传统载体主要是理论学习、召开会议、文体活动和谈心谈话，这些主要被称为“活动载体”。而现代载体除了广泛运用管理载体、文化载体、网络载体，还广泛运用大众传播载体，如新媒体、自媒体、流媒体、全媒体，形成了全方位、立体式的思想政治教育载体网。同时，在培养德智体美劳全面发展的社会主义建设者和接班人的视域下，有学者聚焦体育文化载体，指出随着教育形势、教育环境和教育对象的不断发展变化，体育育人的载体和手段不断更新，高校体育需要在育人观念、育人内容、育人形式、育人方法和育人载体上下功夫，要因时而进、因事而新、因势利导，彰显体育育人的创新性和鲜活性①；有学者聚焦劳动育人载体，强调高校要更新观念，提高对大学生劳动教育重要性的认识，要认识到劳动教育是将理论教育与实践教育相结合的有效载体，是大学生自我实现、自我发展、自我完善的重要途径，是实现立德

① 冯刚，陈飞．新时代高校体育的育人蕴涵与实现路径［J］．中国高等教育，2020（12）：25-27.

育人目标不可或缺的关键环节[①]。二是思想政治教育载体内涵的丰富完善，日益呈现出迭代更新、与时俱进的发展态势。如利用大众传媒开展思想政治教育是中国共产党的独特优势和历史经验，原来主要利用报纸杂志、广播电视等物质载体，然而，随着网络社会的崛起和数字技术的广泛应用，现在主要利用“两微一端”以及其他数字化平台开展思想政治教育，思想政治教育载体的内涵进一步得到丰富与发展。三是思想政治教育载体质量的持续提升，逐渐呈现出效率变革、供给充足的实践效应。与传统纸质载体传播的滞后性以及覆盖面小相比，网络载体和数字化载体的传播速度快、覆盖范围广、形式活泼多样，思想政治教育的实效性得到较大提升，供给数量日益充足，质量与效率得以显著提升。

（三）可控性

思想政治教育载体的可控性主要指在思想政治教育活动中载体能够为教育主体所运用和控制的特性。思想政治教育是“一定的阶级、政党、社会群体遵循人们思想品德形成发展规律，用一定的思想观念、政治观点和道德规范，对其社会成员施加有目的、有计划、有组织的影响，使他们形成符合一定社会、一定阶级所需要的思想品德的社会实践活动”[②]，这种社会实践活动具有明确的目的指向性、鲜明的阶级性和教育性，教育主体在选择思想政治教育载体时，必须思考载体的可控性，以便服务于思想政治教育目的的达成。思想政治教育主体借助载体传递、传播思想政治教育内容和信息，引导教育客体的思想和行为，并使之向教育主体所期待的、与社会发展要求相一致的方向发展。因此，教育主体所选用的思想政治教育载体应当是可以控制的教育形式，这样才能彰显载体的思想政治教育价值。在当代中国，教育主体既要重视传统载体的时代应用，使思想政治教育载体“以人民群众喜闻乐见的形式”传递思想政治教育内容与信息，更要积极开发现代载体，通过把握其可控性使之与思想政治教育质量和水平提升的客观要求相契合，持续引领人民“增进对习近平新时代中国特色社会主义思想的政治认同、思想认同、理论认同、情感认同”[③]，进而持续引领广大青年争做“有理想、敢担当、能吃苦、肯奋斗”的时代新人。

（四）承载性

思想政治教育载体的承载性主要指在思想政治教育活动中载体能够承载思想政治教育所要求的教育目标、教育内容、教育原则、教育方法等因素并使之在教育主体和教育客体的互动中彰显出思想政治教育目的的特性。教育主体要把一定的思想观念、政治观点、道德规范以及法治理念等思想政治教育的内容和信息传递给教育客体，必须借助一定的载体方可以开展这一思想政治教育活动，而思想政治教育内容和信息只有通过一定的载体才可以呈现在教育客体面前，进而才能被教育客体所感知、认知、理解、接受和践行。只有通过思想政治教育载体功能的发挥，教育主体和教育客体才能在相互联系、相互作用中达到思想政治教育的目的，才能促进思想政治教育内容与信息的传播与交流，才能对教育客体产生影响。在一定意义上说，思想政治教育载体构成了思想政治教育活动中思想政治教育

① 冯刚，刘文博．新时代加强大学生劳动教育的时代价值与实践路径［J］．中国高等教育，2019（12）：22-24.

② 张耀灿，郑永廷，吴潜涛，等．现代思想政治教育学［M］．2版．北京：人民出版社，2006：50.

③ 中共中央国务院印发《关于新时代加强和改进思想政治工作的意见》［N］．人民日报，2021-07-13（1）.

系统各要素相互联系、相互作用的“场所”，表征着思想政治教育活动的现实的实现形式。无论是作为载体的实践活动还是物质形式，都承载着思想政治教育的内容和信息，把教育主体和教育客体有机联系起来并使之相互作用，没有这些作为载体的实践活动或物质形式，思想政治教育活动无法顺利开展，思想政治教育的内容和信息无法顺利传递给教育客体，思想政治教育“以科学的理论武装人”的价值使命也很难顺利完成。因此，承载性是思想政治教育载体的一个重要特征。新时代背景下，思想政治教育载体的承载性需要深刻把握承载内容与载体之间的关系。有学者指出：活动载体的目的是使受教育者在活动中受到教育，提高思想道德素质，这里存在着一个基本矛盾，即受教育者的实际思想道德素质与活动载体所承载的一定社会发展所要求的思想道德素质之间的矛盾。要解决这一矛盾，实现目标，就要求活动载体的设计和运用要实事求是，从客观实际出发，遵循思想政治工作规律，掌握思想形成发展的理论，坚持服从并服务于社会发展；遵循教书育人规律，坚持“学高为师、身正为范”，坚持以德立身、以德立学、以德立教，既要传授学生专业技能，又要培养学生思想道德素质；遵循学生成长规律，掌握学生成长的阶段性特征、不同时期的思想特点、发展目标、价值取向、心理需求与矛盾，做到有的放矢。① 由此可见，在思想政治教育学科发展40年中，学界对载体特性的认识持续深化。

三、思想政治教育载体的基本功能

一般而言，“功能”是一事物因其内部结构而产生的客观作用。思想政治教育载体是承载、传递、传播思想政治教育内容和信息的教育中介，是联系教育主体与教育客体的桥梁和纽带。目前学术界对思想政治教育载体功能的研究主要从两个层面展开：一是把思想政治教育载体作为一个整体，考察其产生的思想政治教育效果或作用；二是考察某些具体的思想政治教育载体的功能，如活动载体、文化载体、传媒载体、管理载体等的思想政治教育功能。鉴于篇幅，在这里主要把思想政治教育载体作为一个整体来考察其功能。从整体上看，有学者区分了思想政治教育载体的基本功能和具体功能，认为基本功能是促进思想政治教育基本矛盾的转化，实现思想政治教育目标的，而具体功能包括传输功能、增效功能、减阻功能、互动功能和检测功能。② 张耀灿等所著的《现代思想政治教育学》指出，思想政治工作的载体除了一般载体的基本功能之外，还存在其特殊功能，主要包括承载传导功能、中介功能、蕴含功能、导向与养成功能。③ 近年来，新的研究朝着具体的思想政治教育载体研究方向演进，取得了系列成果，为深化作为整体的思想政治教育载体的功能研究创立了条件。

纵观已有研究成果，在思想政治教育活动中，思想政治教育载体具有思想政治教育的内容蕴含、信息传导、目的导向、过程现实化等功能，借助载体将思想政治教育的内容和信息由知识形态、价值样态转化为实践状态，在满足青年成长发展需求和期待中实现思想

---

① 李辉，王艳．高校思想政治教育活动载体的现实审视［J］．吉首大学学报（社会科学版），2020（6）：18－24.

② 陈秉公．21世纪思想政治教育工作创新理论体系［M］．长春：吉林教育出版社，2000：462－463.

③ 张耀灿，郑永廷，吴潜涛，等．现代思想政治教育学［M］．2版．北京：人民出版社，2006：395－397.

政治教育的独特价值。

（一）内容蕴含功能

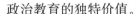

思想政治教育载体本身具有承载和蕴含思想政治教育的内容和信息的功能。这种蕴含主要指思想政治教育的内容和信息以知识形态内含于各种载体的运作过程之中，而知识背后的价值引领思想往往不是直观呈现的，要借助载体自身所用的运作机制和实施规范方可以彰显。教育客体在接受教育主体传递、传播的思想政治教育内容和信息时，表面上接受的是相关的知识教育，实质上是在潜移默化地接受思想政治教育的价值引领教育，而且通过一定的物质载体或者活动载体能使教育客体接触、感知和领悟知识教育背后蕴含的价值引领的科学性和极端重要性。思想政治教育载体的选择与运用过程，本身承载着思想政治教育的基本内容和大量信息，蕴含着价值引领的教育力量，这种内容蕴含功能不一定提出明确的教育要求，但可以借助载体的运用而对人的思维方式、内心世界乃至行为方式产生“润物细无声”的影响力、渗透力，促使个体形成理性平和、自尊自信、积极向上的社会心态，引领教育客体自觉成长为符合社会发展需要的社会成员。

（二）信息传导功能

思想政治教育载体是能够承载和传递思想政治教育信息的教育中介，其信息传导功能既源自载体自身所拥有的内容承载性，也离不开思想政治教育系统诸要素相互作用形成的教育环境和社会场域。思想政治教育载体的内容蕴含和信息承载不是载体选择和运用的目的，只是在为思想政治教育内容和信息的传导提供前提条件。思想政治教育载体的选择和运用，主要是基于向教育客体传导符合一定社会发展要求的思想观念、政治观点和道德规范的客观需要，同时，也反映了教育主体结合自身实际而选择的能够较好操控和灵活运用的载体形式。有学者指出，从载体运行过程来说，载体是联系主客体的桥梁和纽带，主体是载体选择和利用的组织者和发动者；客体是在主体主导下，通过载体吸收和消化知识、技术和思想来维持自身存在和发展的受动者。因此，思想政治教育载体是主客体在一定条件下相互建构的。① 在一定意义上说，思想政治教育活动就是在载体选择和思想政治教育的信息传导过程中完成的，它以思想政治教育载体为基本渠道、以传导思想政治教育信息为中心内容，在教育主体与教育客体的相互作用下完成思想政治教育的内容和信息传导，引导教育客体按照教育主体期待的方式提升自身的思想政治素质。在思想政治教育活动中，当载体承载和蕴含的思想政治教育因素开始相互作用时，其信息传导过程就已经开始了，而这种信息传导必须依赖一定的思想政治教育载体，如只有通过理论学习、召开会议、谈心谈话、广播电视、文化建设等载体形式传导思想政治教育信息，教育主体才能向教育客体持续传播各种信息，并引导教育客体正确认识并接受乃至践行这些信息中蕴含的价值引领思想。

（三）目的导向功能

无论从教育主体对思想政治教育载体的选择和运用，还是从思想政治教育活动过程中载体的功能发挥来看，思想政治教育载体的选取具有明确的目的性。从本原上说，载体之所以为载体，就是因为它能够承载和传导思想政治教育的内容和信息，具有明确的价值取

---

① 倪松根，孙其昂．思想政治教育载体价值的逻辑意蕴及其实现［J］．思想教育研究，2017（8）：31－35.

向，因此，作为载体而存在的教育中介，本身就具有目的导向功能，如果不能体现目的导向功能，它本身也就无法成为教育主体选择的载体。教育主体对思想政治教育载体的选择和运用，主要是把思想政治教育的内容和信息借助载体传导给教育客体，但教育客体对思想政治教育内容和信息的把握需要一个过程，在这一过程中，教育客体在教育载体的反复作用下逐渐会对传导的内容和信息进行甄别、判断，在比较中去接受和践行，从而实现载体的目的导向功能。思想政治教育载体的目的导向功能的发挥，主要通过载体运用将理论知识转化为传导思想、引领认识、规范行为的实践过程，并在这一过程中形成一种潜移默化的约束力、导向力，从而引导教育客体自觉向社会发展要求的方向发展。

（四）过程现实化功能

过程现实化意味着思想政治教育由观念形态转变为感性实践，这一转变离不开思想政治教育载体的选择和运用。思想政治教育活动的开展，首先源于实践的需要，而实践的需要经过理论的抽象而转变为观念形态，活动开始意味着思想政治教育逐渐由抽象到具体、由观念到实践的相互联系、相互作用的行动，这一行动只有思想政治教育载体介入之后才能够实现观念形态向实践状态的转化。因此，在思想政治教育活动中，载体具有显著的过程现实化功能，离开了载体的选择和运用，思想政治教育很难实现由观念形态到感性实践的转化。思想政治教育载体是思想政治教育内容和信息传导的“转换插头”和“有效导体”，它能够“激活”整个思想政治教育系统。思想政治教育要取得良好的教育效果，离不开思想政治教育载体的过程现实化功能的发挥，而要充分发挥这种功能，就必须恰当地选择和运用思想政治教育载体。思想政治教育过程是一种有计划、有目的的活动过程，也是教育主体与教育客体共同参与、相互作用的过程，这一过程是“依据一定的社会要求和受教育者精神世界发展的需求及其思想实际所确定的思想政治教育目标组织起来的”①，这一过程是教育主体和教育客体借助一定的教育载体进行互动形成的，正是由于载体的选择和运用，思想政治教育才成为有计划、有目的、有组织的社会实践活动，也正是载体使教育对象在活动中逐渐感知、领悟、体验到形成与社会发展要求相一致的思想政治素质的必要性。总之，思想政治教育载体使思想政治教育过程成为“活动”，才使得思想政治教育由理念转化为感性生动的实践，因此，思想政治教育载体具有过程现实化功能。

第二节　思想政治教育载体的具体形态

思想政治教育载体的具体形态种类繁多、各式各样，目前学术界尚未形成统一的分类标准。学者们主要依据自己的研究兴趣和分类依据进行分类，具体来讲，学术界的分类标准主要有以下几个方面：一是按照载体的历史发展来分，思想政治教育载体可以分为传统载体和现代载体，前者包括开会、谈话（心）、理论教育、党组织及群众团体组织活动等，后者则包括近几年为思想政治教育所运用的管理、文化、大众传播、活动等载体。② 二是

① 陈万柏，张耀灿．思想政治教育学原理［M］．2版．北京：高等教育出版社，2007：125.

② 同①245.

按照载体的显现形态来分，思想政治教育载体可以分为显性载体和潜在载体，也有学者把这一分类的载体称为有形载体和无形载体。三是按照载体的呈现状态来分，思想政治教育载体可以分为动态载体和静态载体。四是按照作用发挥过程来分，思想政治教育载体可以分为直接载体和间接载体。五是按照载体性质来分，思想政治教育载体可以分为物质载体和精神载体。六是按照基本物质样态来分，思想政治教育载体可以分为语言载体和行动载体。① 还有学者没有谈及分类标准，直接从语言文字载体、活动载体、文化载体、传媒载体、管理载体展开研究和分析。② 本文无意按照某一分类标准对其进行分类研究，而是对思想政治教育实践活动中关注度高、使用率高、对思想政治教育质量和水平影响力大的载体进行分析，主要从语言文字载体、活动载体和网络载体等维度，对思想政治教育载体的具体形态及其运用要求做出规律性研究和阐释。

一、语言文字载体研究

语言文字载体是思想政治教育载体的基本物质样态。思想政治教育的内容和信息，首先是以语言文字的形式出现的，并在思想政治教育活动中借助语言文字的载体功能传递给教育客体，使教育客体在接收到语言文字后去理解和感知语言文字所表达的理论知识和价值意图，从而对教育客体的思想和行为产生影响。语言文字是教育主体和教育客体都能够感知的物质载体，也是思想政治教育常用的载体形式。马克思、恩格斯指出："'精神'从一开始就很倒霉，受到物质的'纠缠'，物质在这里表现为振动着的空气层、声音，简言之，即语言。"③ 依据马克思、恩格斯的相关论述，语言本身是物质的，而文字是书写和表达语言的物质形式，也就是说，语言文字载体本身就是物质载体。《现代思想政治教育学》一书，在思想政治教育的载体概念界定时就明确把载体界定为"活动形式和物质实体"④，而语言文字是符合思想政治教育载体概念界定的，在思想政治教育活动中，很多内容和信息必须用语言文字表达，才能让人更加清晰理解思想政治教育的内涵和意图，因此，在研究载体的具体形态时，把语言文字载体放在首要位置来阐述。

（一）语言文字载体的内涵与特征

思想政治教育的语言文字载体即"以语言文字为载体"之意，是指在思想政治教育活动中，教育主体将思想政治教育的内容和信息寓于语言文字之中，通过语言文字的载体形式作用于教育客体，借以提高人们的思想政治素质、规范人们的思想和行为，以期调动人们生产生活的积极性，形成一定社会所要求的思想政治素质。语言文字是人类交往的主要载体，也是人类文明进步的重要标志。马克思、恩格斯指出："语言是一种实践的、既为别人存在因而也为我自身而存在的、现实的意识。语言也和意识一样，只是由于需要，由于和他人交往的迫切需要才产生的。"⑤ 语言文字本身因交往需要而产生，其基本功能就是作为交往的载体而存在。在思想政治教育活动中，语言文字是思想政治教育的基本载

① 张耀灿，郑永廷，吴潜涛，等．现代思想政治教育学［M］．2版．北京：人民出版社，2006：397.

② 《思想政治教育学原理》编写组．思想政治教育学原理［M］．北京．高等教育出版社，2016：265.

③ 马克思恩格斯选集（第1卷）［M］．3版．北京：人民出版社，2012：161.

④ 同①392.

⑤ 同③.

体，是教育主体和教育客体之间相互沟通的基本方式。这里的语言文字载体，既包括文字的表达，也包括图画、表格等非文字的表达；既包括书面的语言文字表达，也包括口头的语言文字表达。不同的教育主体和教育客体对表达的兴趣爱好不同：有的喜欢直接的文字叙述，有的则喜欢以形象生动的图画或表格表达思想政治教育的“理想的意图”，有的喜欢用书面的语言文字表达，有的习惯于口头表达。总体来看，综合运用文字、图画、表格等多种表达方式成为现代思想政治教育载体选择和运用的发展趋势。

与思想政治教育的其他载体相比，语言文字载体具有价值潜隐性、方式渗透性和效果全面性的特征。（1）价值潜隐性，主要指思想政治教育的价值蕴含于思想政治教育的语言文字载体之中。语言文字载体主要借助载体运用的知识形态来表达价值引领的“理想的意图”，尤其是通过语言文字“讲道理”，在文字叙述过程中传授知识，讲清楚道理，希望引起教育客体的思想共鸣和情感共振，以达到引导其思维方式和行为方式的目的。价值潜隐性期待的是一种“润物无声”“水到渠成”的效果，而不是直接告诉教育客体应当如何做、思想政治教育实效应当如何提升。（2）方式渗透性。与价值潜隐性相联系的载体表达和运用方式，也应当充分体现渗透性和“潜移默化”的特征，而思想政治教育的语言文字载体本身就是价值观的隐形表达方式，借助人们对语言文字的理解、分析和感悟将语言文字的价值表达的“理想的意图”悟透、弄懂，并在实践中贯彻落实，这种感悟主要是借助语言文字载体的方式渗透性得以体现的。（3）效果全面性。思想政治教育的语言文字载体的表达和运用，“要因事而化、因时而进、因势而新”①，要与时俱进地改进和完善思想政治教育的语言文字表达，将富有时代气息的表达方式与传统表达中的积极有效方式紧密结合起来，以精准便捷地表述思想政治教育的“理想的意图”。在这一过程中，它对教育客体的影响是全面的，涉及思想政治教育的所有主体、客体发展的各个方面的价值诉求，在很大程度上它是一种全方位、立体式的思想政治教育的内容与信息的覆盖，而且效果应涉及思想政治教育的全过程，因此，思想政治教育的语言文字载体具有效果全面性的特征。

（二）语言文字载体的运用要求

运用语言文字载体开展思想政治教育是思想政治教育活动的基本方式。在思想政治教育活动中，“晓之以理，动之以情，授之以知，导之以行”是语言文字载体发挥其思想政治教育载体功能的基本方式，也构成了语言文字载体运用的基本要求。（1）“晓之以理，动之以情”主要是借助语言文字载体讲道理的，“讲道理，要注重方式方法，把道理讲深、讲透、讲活，老师要用心教，学生要用心悟，达到沟通心灵、启智润心、激扬斗志”②，教育主体和教育客体借助语言文字载体进行深入系统的沟通交流，把道理“讲深、讲透、讲活”，在“说理”和“明道”中激发教育客体的认同情感，真正走进教育客体的心灵深处。从思想政治教育活动过程来看，讲道理就是要“明理传道”，就是要在解疑释惑中立德树人，当然，教育主体的情感、情绪表达在无形之中也会对教育客体产生不同程度的激

① 习近平谈治国理政（第2卷）[M]. 北京：外文出版社，2017：378.

② 习近平在中国人民大学考察时强调 坚持党的领导传承红色基因扎根中国大地 走出一条建设中国特色世界一流大学新路 [N]. 人民日报，2022-04-26 (1).

发、激励作用。(2)“授之以知，导之以行”反映了语言文字本身是知识形态、思想观念的表达方式，教育主体运用语言文字载体开展思想政治教育的过程，本身也是知识传授过程，思想政治教育活动的开展过程本身是知识教育与价值引领相统一的过程。“授之以知”的过程与“导之以行”的过程本身是同步进行的，教育主体对教育客体“授之以知”本身就在对教育客体“导之以行”，但是，如果教育客体的行为真正被激发或者行动开始，从理论上来看是滞后于“授之以知”的过程的。

语言文字载体运用的显著优势，主要体现在以下几个方面：(1) 思想政治教育的语言文字载体具有最普遍、最便捷传播的优势。语言文字的表述有广泛认同度，而且甚至可以口口相传（口头语言文字表述），传递便捷，可反复传递，覆盖面广，成本较低，效果往往比较好。(2) 思想政治教育的语言文字载体具有历时性，是一种延伸载体。这里主要指非口头语言文字表述，经过书写、印刷或数字化、电子化等形式保存的语言文字载体，避免了口头语言信息存留的局限性，可以长期存在不同的时空场域中，打破了思想政治教育内容和信息传播的时空界限，其所蕴含的内容、信息和思想可以被反复使用、传递。(3) 思想政治教育的语言文字载体具有表述精准性的优势。在思想政治教育活动中，思想政治教育传播的内容和信息需要精准表达和传递，教育主体在开展思想政治教育之前一般会认真思考如何表达才能够被接受，因此，借助语言文字载体表达往往容易揭示思想政治教育过程中人的思想品德发展规律，呈现出精准性的表达优势。在当代中国，作为载体的语言文字表达既要体现思想政治教育的学科特点和基本要求，又要体现“中国特色、中国气派、中国风格”，使语言文字载体的运用，既有助于回应时代对思想政治教育提出的要求，又有助于教育客体理解、接受、认同和践行思想政治教育的内容和信息所传递出的价值引领意图。

二、活动载体研究

活动是人的生命存在和延续的基本样态，它构成了生命存在的基本场域和表达方式。马克思曾经指出：“一个种的整体特性、种的类特性就在于生命活动的性质，而自由的有意识的活动恰恰就是人的类特性。”① 人类的活动多种多样，思想政治教育本身是反映人类生命活动性质的一种活动，在彰显人类生命存在的不同样态的同时，进一步确证着人类活动的目的性、意义性。作为思想政治教育载体的活动，主要指“职业活动以外的一般社会活动，如文化活动、社会服务活动、各种群众性的精神文明创建活动等”②。一般而言，活动总是受一定的目的和动机系统制约的，作为载体的活动显然是有计划、有目的、有组织地开展的，它是一种多主体参与的表达形式，活动的开展具有明确的目标指向和价值导向，因此，活动载体具有显著的组织性、参与性和针对性。活动的开展过程就是一定的思想观念、政治观点、道德规范和法治理念在实践中影响人们的思想和行为的过程，人们在参与思想政治教育活动时，无形之中对思想政治教育活动所承载和传导的信息和内容会产生反映，这种反映可能是潜移默化的，也可能是直接的拒绝或接受，但最有可能的反映是

① 马克思恩格斯文集（第1卷）[M]. 北京：人民出版社，2009：162.

② 张耀灿，郑永廷，吴潜涛，等. 现代思想政治教育学 [M]. 2版. 北京：人民出版社，2006：402.

在对信息和内容的比较、鉴别、判断和选择的基础上吸收并用于指导实践，思想政治教育正是借助作为载体的活动引导人们形成对思想政治教育内容和信息的认知、认同、接受和践行的。

（一）活动载体的内涵与特征

思想政治教育的活动载体，是“思想政治教育主体为实现思想政治教育目的所设计开展的有计划有组织的活动”①。就思想政治教育载体的物质形式而言，除了语言文字可以承载、传递思想政治教育的信息和内容，活动也是表达思想政治教育信息和内容的重要依托。思想政治教育本身就是一种活动，而在活动中呈现隐含的思想政治教育目的，是隐形思想政治教育的主要做法之一，也是提高思想政治教育实效性的重要途径之一，因此，活动是思想政治教育现实化的重要载体，既应当把活动广泛应用于思想政治教育过程之中，又应当把思想政治教育贯穿于各种活动之中。习近平总书记指出：“把思想政治工作贯穿所开展的各种活动，多做组织群众、宣传群众、教育群众、引导群众的工作，多做统一思想、凝聚人心、化解矛盾、增进感情、激发动力的工作。”② 习近平总书记的这一论述，深刻地指明了活动的开展有利于提升思想政治工作的质量和水平，这为研究思想政治教育的活动载体提供了方法论指南。开展思想政治教育，必须高度重视活动载体的运用。那么，活动载体具有什么样的特征呢？

在思想政治教育活动中，虽然人们对活动载体的理解不同，但总的来看，活动载体具有一些共同特征：（1）主体参与的广泛性。作为思想政治教育载体的活动是多种多样的，参与的主体除了作为思想政治教育主体的指导者、组织者和实施者，还有广大人民群众。当然，在参与思想政治教育活动的过程中，思想政治教育有明确的教育对象，它构成了思想政治教育的客体，但是除了教育者和直接的教育对象，在有些思想政治教育活动中还会出现其他人，如在网络思想政治教育过程中会出现普通网民或者网络其他活动参与者，思想政治教育的活动载体也会将所承载的思想政治教育内容和信息传递给这些人，这些人并非预设的教育客体，但教育内容和信息也会对他们产生一定的影响，这些人在一定意义上也构成了活动的客体。（2）教育目的的明确性。作为思想政治教育载体的活动，在其开展之前，教育主体已经做了大量的前期准备工作，紧密围绕思想政治教育的目标设定内容、程序和做法，是一种有计划、有组织、有目的的实践活动。这种活动的教育目的非常明确，在一定意义上说，教育目的的明确性构成了作为思想政治教育载体的活动与一般活动的区别，是人们判断某一种活动是否可以称为思想政治教育载体的标准。从思想政治教育实践过程来看，具有明确的教育目的的活动才能真正提升思想政治教育的质量和水平。（3）实践活动的体验性。与其他活动相比，作为思想政治教育载体的活动，更加注重实践活动的体验性，即活动是否可以作为思想政治教育载体来看，不仅仅要看其是否体现为教育主体的“理想的意图”，还要看其是否充分反映教育客体对实践活动的体验性，人们参加活动的过程，就是在实践中感知、认知、认同和践行思想政治教育内容和信息的过程，思想政治教育活动载体的功能发挥，既依赖于教育主体在活动中对思想政治教育

① 《思想政治教育学原理》编写组．思想政治教育学原理［M］．北京：高等教育出版社，2016：266.

② 习近平谈治国理政（第2卷）［M］．北京：外文出版社，2017：308－309.

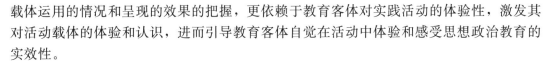

载体运用的情况和呈现的效果的把握，更依赖于教育客体对实践活动的体验性，激发其对活动载体的体验和认识，进而引导教育客体自觉在活动中体验和感受思想政治教育的实效性。

（二）活动载体的运用要求

活动载体是一种动态载体，是一种利用活动实现教育和自我教育相统一的载体。以活动为载体时，教育主体在活动中积极发挥主导作用，将思想政治教育的内容和信息与活动过程有机结合起来，并以“润物无声”的形式作用于教育客体，这一过程就构成了狭义的“教育”；而教育客体在活动中不知不觉接受了这种内容和信息的传递和影响，并在活动中自觉认同、接受和践行这种内容和信息中所蕴含的思想引领价值，形成自觉能动的自我教育，并在活动中获得自我反思、自我评价。教育与自我教育相统一的活动不断激励教育主体和教育客体之间的相互作用、相互联系，使教育客体在不知不觉中形成与社会发展要求相一致的思想政治素质，从而在潜移默化中实现思想政治教育目的。可以说，作为思想政治教育载体的活动具有集思想性、科学性、趣味性和娱乐性于一体的特点，是一种教育客体喜闻乐见的活动。这些活动形式活泼、贴近生活，易于引起教育客体的共鸣并形成同频共振的实践活动效果，是具有极强吸引力、凝聚力和引领力的实践活动。思想政治教育主体借助活动载体将思想政治教育的内容和信息寓于活动之中，并围绕思想政治教育目的设计活动流程，引导人们自觉参与这些活动并在活动中体验和感悟其思想政治教育的载体功能发挥状况，并借助活动自觉向实现思想政治教育目的的方向迈进。

具体来说，思想政治教育活动载体的运用，主要注意以下几个方面：（1）强化活动的思想政治教育目的。思想政治教育的活动载体，要集中体现思想政治教育的目的，因此，活动载体的运用应当增加活动的思想政治教育含量，教育主体在思想政治教育过程中，应当进一步强化教育意识，应当紧密围绕“培养什么人、怎样培养人、为谁培养人”这一根本问题开展相关活动，教育主体要积极启发其他活动参与人，而不是将思想政治教育的内容和信息在活动中强制性地传递给教育客体。（2）精心设计思想政治教育活动载体。将思想政治教育明确的目的和确定的活动内容以及活动形式在活动开展过程中有机结合起来，对作为载体的活动过程与活动环节精心设计，活动开展应充分体现因地制宜、因时制宜、因事制宜，“提升思想政治教育亲和力和针对性，满足学生成长发展需求和期待”①，持续增强思想政治教育活动的现实针对性和有效性，体现规律性。（3）加强党对各种活动的领导和指导。在当代中国，思想政治教育必须服务于培养“坚定不移听党话、跟党走，努力成长为堪当民族复兴重任的时代新人”② 的育人目标，牢牢掌握党对思想政治教育活动的领导权、主导权，加强党对思想政治教育活动的领导和指导，使思想政治教育紧密围绕这一育人目标开展活动，在活动中既要充分发挥党把方向、管大局、做决策、保落实的主体责任，又要充分发挥所有活动参与者的积极主动性、能动创造性，活动要力求实效，避免过多过滥和形式主义，力争每项活动都达到预期效果。

① 习近平谈治国理政（第2卷）[M]. 北京：外文出版社，2017：378.

② 习近平在中国人民大学考察时强调 坚持党的领导传承红色基因扎根中国大地 走出一条建设中国特色世界一流大学新路 [N]. 人民日报，2022-04-26（1）.

三、网络载体研究

随着网络信息技术的发展和社会生活信息化的加速推进，网络既构成了人类活动的基本场域，同时也构成了思想政治教育的重要载体。网络社会的崛起，大大拓展了人类的活动空间，同时也为思想政治教育提供了新的场域和新的载体。习近平总书记指出："网络的本质在于互联，信息的价值在于互通。"① 借助互联网开展思想政治教育是目前思想政治教育的主要形式之一，从载体的维度看，网络载体是大众传播载体的一种重要具体形式，也是一种比较新的思想政治教育形式。

（一）网络载体的内涵与特征

思想政治教育的网络载体，是"以网络为载体"之意，即思想政治教育主体通过互联网向人们传播丰富、正确、生动的思想政治教育内容与信息，以帮助人们形成与时代发展要求相一致的思想政治素质。2023 年 3 月 2 日，中国互联网络信息中心发布第 51 次《中国互联网络发展状况统计报告》。该报告显示：截至 2022 年 12 月，我国网民规模达 10.67 亿，较 2021 年 12 月增长 3 549 万，互联网普及率达 75.6%。我国移动网络的终端连接总数已达 35.28 亿户，移动物联网连接数达 18.45 亿户。蜂窝物联网终端应用于公共服务、车联网、智慧零售、智慧家居的规模分别达 4.96 亿、3.75 亿、2.5 亿和 1.92 亿户。依据这一报告，可以看出现代人的生活方式日益网络化、信息化、数字化，各种网络移动终端相互联系而构成的网络社会成为人们生命活动的主要场域之一，网络作为思想政治教育的载体对传播一定的思想观念、政治观点、道德规范和法治理念发挥着越来越重要的作用。现在的大学生几乎都是网络社会的"原住民"，从小伴随着互联网的发展而长大，对网络世界里的内容和信息关注度非常高，而且他们的网络活动参与意识较强，其思维方式和行为方式深深地打上了网络时代的"烙印"。习近平总书记指出："互联网是传播人类优秀文化、弘扬正能量的重要载体。"② 提升思想政治教育质量和水平，必须高度重视网络载体在人才培养过程中的重要作用。

与传统的思想政治教育大众传播载体（如报刊、广播、电视）相比，网络思想政治教育载体具有如下特征：(1) 传播内容的海量性。网络世界里信息和内容的传播具有海量性特征，主要体现为网络信息和内容更新迅速，并呈几何级数增长，人们在网络世界里目不暇接，许多网民甚至来不及思考和"品评"网络信息和内容，它们便被迭代更新了。各个网站发布的信息充斥在网络世界里，很多年轻人被网络世界里传播的信息和内容所吸引，有的甚至在海量的网络信息中迷失自我。(2) 传播方式的交互性和平等性。以网络为载体的思想政治教育是一种双向交流乃至多向交流的平等互动的交流模式，其内容和信息的传递呈现出"一对一""一对多""多对一""多对多"的互动传播样态，网络空间中人们之间的交流活动、交互沟通与信息反馈充分体现出网络交往的平等性，教育主体和教育客体之间的角色界限没有现实世界中那样明显。(3) 传播手段的兼容性。网络作为思想政治教育载体，可以综合运用传统媒介进行大众传播的多种优势传播思想政治教育的内容与信息，在一定意义上说，这是一种"超媒体"，因为它兼具报刊、广播、电视等传统大众传

①② 习近平谈治国理政（第 2 卷）[M]. 北京：外文出版社，2017：534.

播媒介的优势，而且又以自媒体、融媒体、流媒体、全媒体的形式全面展示网络的思想政治教育功能，为形成良好的思想政治教育效果提供了良好的技术保障。同时，网络载体集声、像、字合一的内容与信息表达以及融现代通信、视频、音频等技术于一体的传递、传播方式，充分体现了其传播手段的兼容性，也易于被广大网民所接受。（4）传播速度的迅捷性。网络内容和信息的传播具有超时空性，不受时空限制，能有效连接世界各国人民的交流交往，人们只需打开网络，世界各国便在眼前。网络信息的传播速度迅捷、及时，为思想政治教育活动的开展提供了新的场域和新的手段。

网络技术的迅猛发展和社会生活信息化，不仅为人们开辟了一个全新的生存与发展空间，而且对人们现实的学习、工作、生活和思维方式产生了广泛而深刻的影响。这种新的空间和新的影响，成为思想政治教育载体发展必须面对和研究的新课题。同时，网络领域作为信息传播、交流的“集散地”，作为信息选择、整合的“优化场”，作为关系调节、时空运筹的“新空间”，可以提供丰富的学习资源，扩大人们的知识视野和交往空间，通过比较借鉴优化发展方式和自主培养创新精神与实践能力。网络的这些特性与功能，也为思想政治教育载体发展创设了一个新领域。思想政治教育载体如何根据网络的特点，研究网络空间思想政治教育发展的新理论、新形式、新方法，如何发挥网络思想政治教育的功能，如何把现实性教育与虚拟性教育结合起来等问题，是网络思想政治教育亟待解决和研究的课题。①

（二）网络载体的运用要求

在网络领域这个新空间，人的网络实践与人的现实生活实践的关系，引起了人们越来越多的关注。在网络世界的虚拟实践，既是人的现实生活实践的延伸、优化和发展，在某种程度上与人的现实生活实践又存在着较大的不一致性、差异性。此外，网络信息的真实性、权威性有待进一步提升，同时，由于网络技术的更新换代很快，人们对网络技术的掌握程度和运用方式呈现出比较大的差异性，加强网络空间安全治理迫在眉睫。习近平总书记指出：“安全是发展的保障，发展是安全的目的。网络安全是全球性挑战，没有哪个国家能够置身事外、独善其身，维护网络安全是国际社会的共同责任。”② 在开展网络思想政治教育的过程中，必须高度重视网络意识形态安全和网络技术安全，在加强网络治理的过程中精准传播思想政治教育的内容和信息。

正确运用思想政治教育的网络载体，必须注意以下几个方面：（1）牢牢掌握思想政治教育网络载体运用的主动权。在思想政治教育过程中，教育主体要牢牢掌握网络思想政治教育载体运用的主动权，借助互联网上丰富而形象的表达系统“完成国家政治生活中意识形态的意义、价值和情感的输出功能”③，引导广大网民自觉理解、认同、接受和践行社会主流价值观，在“以科学的理论武装人，以正确的舆论引导人”的过程中持续彰显社会主流价值观的网络思想政治教育功能，通过在网络空间的具象化表达，系统而全面地展示丰富多彩、生动立体的中国形象，为人们“从内心深处厚植对党的信赖、对中国特色社会

---

① 郑永廷，张国启．论思想政治教育学科建设与发展．思想教育研究，2006（2）：11.

② 习近平谈治国理政（第2卷）[M]．北京：外文出版社，2017：535.

③ 赖怡芳，张国启．社会主义意识形态象征形式的逻辑内涵及其价值化过程［J］．福建师范大学学报（哲学社会科学版），2021（5）：10－20，166.

主义的信心、对马克思主义的信仰”提供强大精神动力。(2) 系统建构思想政治教育网络载体运用的综合格局。思想政治教育网络载体的运用过程是一个防范风险、巩固阵地的斗争过程，也是一个“以立为主、立破并举”的过程，网络空间多元主体的积极参与，多种技术手段的综合运用，为社会主流价值观的输出提供了良好的机制前提，在网络空间以生动活泼、形象鲜活和充满时代感的表现方式传播思想政治教育的内容和信息，必须努力建构思想政治教育网络载体运用的综合格局，动员和鼓励广大网民自觉加入按照我国主流意识形态的“实践意图”行动的“洪流”中去。(3) 重新绘制思想政治教育网络载体运用的具象图谱。网络是伴随着社会生活信息化而逐渐形成的思想政治教育新领域，随着“西方国家利用互联网加紧对我国进行渗透、颠覆、破坏，网络意识形态斗争形势严峻复杂，各类社会风险向网络空间传导趋势明显”①。如何正确地开展网络思想政治教育、系统地把握网络意识形态治理规律和及时有效地防范网络意识形态风险，成为摆在党和政府以及广大思想政治工作者面前的一项亟待解决的课题。中国特色社会主义进入新时代以来，党和政府高度重视网络意识形态治理对维护国家政治安全、社会繁荣安定和人民生活安宁的影响，着眼于重新绘制思想政治教育网络载体运用的具象图谱，引导广大网民积极在网络空间探索适合“讲好中国故事、传播好中国声音”的有效方法，希望以比较接地气的生动活泼形式为广大网民所认知、接受和认同，容易在网民自觉参与思想政治教育的过程中形成重新绘制思想政治教育网络载体运用的具象图谱的理想效果。

第三节　思想政治教育载体的转化与创新

新时代思想政治教育不仅有一般意义上的载体，还有越来越丰富的特殊形态的载体。深刻了解新时代背景下思想政治教育载体的基本内涵，把握其中体现的新特点和新形态，促进思想政治教育载体的新发展，是新时代思想政治教育学原理的必然内容。② 思想政治教育载体的转化与创新，旨在科学回应“新时代思想政治教育载体实现什么样的发展、怎样实现发展”的重大理论与实践问题。它蕴含着与时俱进建构自主知识体系的理论思维，反映了贯彻落实“两个结合”的“理想的意图”以及揭示了其知识形态、价值样态向实践状态的转化规律。思想政治教育载体的转化与创新，应当正确把握其物质载体与活动载体之间的变迁张力、传统载体与现代载体之间的技术悖论、管理载体与意识形态形式之间的运行矛盾，通过选择内容与形式有机统一的高质量载体，系统推进线上线下相结合的实践活动，传递给人们一种生活理想和生命智慧以实现思想政治教育的“提质增效”，进而引领教育对象自觉成长为堪当民族复兴重任的时代新人。

一、思想政治教育载体转化与创新的时代意蕴

思想政治教育载体的转化与创新是反映与时俱进地选择、开发与运用思想政治教育中

① 习近平关于网络强国论述摘编 [M]. 北京：中央文献出版社，2021：42.

② 冯刚，彭庆红，佘双好，等. 新时代高校思想政治教育学原理 [M]. 北京：人民出版社，2021：303.

介形式的概念。对这一概念的理解，既涉及教育者自身对思想政治教育活动过程与效果的理解和把握，也关乎思想政治教育的有效介质在思想政治教育活动中的功能发挥。人们研究载体的转化与创新，主要是基于该物质作为介质所具有的内容与信息的传递、传播价值。新时代思想政治教育的载体发展，主要指载体的选择、开发与运用呈现出与时代发展要求相一致的特征，能够有效提升思想政治教育的质量和水平。新时代思想政治教育载体的转化与创新，旨在科学回应“新时代思想政治教育载体实现什么样的发展、怎样实现发展”的重大理论与实践问题，通过科学把握思想政治教育载体的知识形态、价值样态向实践状态的转化规律，以实现思想政治教育的“提质增效”。

（一）蕴含着与时俱进建构自主知识体系的理论思维

恩格斯曾经指出：“每一个时代的理论思维，包括我们这个时代的理论思维，都是一种历史的产物，它在不同的时代具有完全不同的形式，同时具有完全不同的内容。”① 思想政治教育载体是思想政治教育各要素相互作用的教育中介，是思想政治教育体系必不可少的组成部分，它首先以具体的中介形态反映思想政治教育的实践诉求，并以知识体系的形式反映在思想政治教育者的理论思维之中，为思想政治教育者开展思想政治教育活动提供重要手段和有效介质。思想政治教育载体的转化与创新，意味着思想政治教育“有效供给”的技术提升与方式完善。思想政治教育载体的转化与创新，旨在借助与时代发展相适应的教育中介的选择、开发与运用，将思想政治教育的内容和信息有效传递给教育对象，这种“有效”传递既构成了思想政治教育载体的转化与创新的基本出发点，客观上也蕴含着思想政治教育载体发展必须建构自主知识体系的理论思维。

习近平总书记指出：“加快构建中国特色哲学社会科学，归根结底是建构中国自主的知识体系。”② 思想政治教育载体的转化与创新，离不开思想政治教育主体对载体选择、开发与运用的自觉能动性，更离不开思想政治教育学科知识体系的迭代更新，因为“一种形式是否可以作为思想政治教育载体，不是凭人们的主观意志决定的，而首先是基于这种形式是否符合思想政治教育载体的条件，同时还要考虑社会发展的要求和教育对象的思想状况等客观条件，当然，人们对它的认识也在其中起作用”③。思想政治教育载体的转化与创新，本身蕴含着教育者与时俱进地建构自主知识体系的理论思维，反映了教育者借助载体的选择、开发与运用积极探索思想政治教育“提质增效”的过程及在这一过程中确立的理论思维。

（二）反映了贯彻落实“两个结合”的“理想的意图”

恩格斯指出：“外部世界对人的影响表现在人的头脑中，反映在人的头脑中，成为感觉、思想、动机、意志，总之，成为‘理想的意图’，并且以这种形态变成‘理想的力量’。”④ 在这里，恩格斯明确强调了“理想的意图”对人类实践活动开展的极端重要性，思想政治教育是一种以“培养什么人、怎样培养人、为谁培养人”为根本任务的社会实践

① 马克思恩格斯选集（第3卷）[M]. 3版. 北京：人民出版社，2012：873.

② 习近平在中国人民大学考察时强调 坚持党的领导传承红色基因扎根中国大地 走出一条建设中国特色世界一流大学新路 [N]. 人民日报，2022-04-26 (1).

③ 陈万柏，张耀灿. 思想政治教育学原理 [M]. 2版. 北京：高等教育出版社，2007：125.

④ 马克思恩格斯选集（第4卷）[M]. 3版. 北京：人民出版社，2012：238.

活动，其载体的转化与创新必须体现思想政治教育实践活动的“理想的意图”。思想政治教育载体的转化与创新，既要符合“以科学的理论武装人”的时代要求、实践要求，又要彰显载体选择、开发与运用的中国特色、中国风格、中国气派，在思想政治教育实践活动中真正“把马克思主义思想精髓同中华优秀传统文化精华贯通起来、同人民群众日用而不觉的共同价值观念融通起来”①，使符合我国经济社会高质量发展和时代新人培育的教育中介被优先采用和广泛运用。

在当代中国，思想政治教育载体的转化与创新既是教育者开展思想政治教育活动、传递社会主流价值观的重要渠道，也表征着中国共产党人解释世界与改变世界的重要途径与基本方式。思想政治教育载体的转化与创新，反映了教育者贯彻落实把马克思主义基本原理同中国具体实际相结合、同中华优秀传统文化相结合的“理想的意图”，它以促进思想政治教育内容与信息的高效、精准、便捷传递、传播为直接目标，旨在引导广大青年立大志、明大德、成大才、担大任，从而培养造就大批堪当民族复兴重任的时代新人。

（三）揭示了其知识形态、价值样态向实践状态的转化规律

如果说建构自主知识体系的理论思维是出于知识体系迭代更新的现实思考，贯彻落实“两个结合”的价值理念则反映了思想政治教育载体的转化与创新蕴含的“思想精髓”。马克思指出，“全部社会生活在本质上是实践的”②，思想政治教育载体的转化与创新，不仅在于获得更多的载体知识和思想精髓，而且是为了更好地引导教育对象的社会实践；不仅是为了建构自主科学的知识体系、展示思想政治教育学科的思想精髓，而且是为了促进思想政治教育内容与信息的传播与交流，促进思想政治教育者与教育对象相互作用、有机互动，通过实现载体的知识形态、价值样态与实践状态之间的有效转化来“解释世界”与“改变世界”。

在当代中国，就是要推动思想政治教育的内容与信息从理念、文字、符号的知识形态向以思想为核心的生动活泼的价值样态转化，并将其传递、传播给教育对象，引导教育对象自觉认识、理解并认同思想政治教育内容与信息的知识形态、价值样态，使这些理念融入教育对象的日常生活并成为其日用不觉的价值观念，进而在社会实践中逐渐转化为个体的生活方式与行为方式的实践状态。这一过程蕴含着知、情、信、意、行的规律转化，而且“要以中国为观照、以时代为观照，立足中国实际，解决中国问题，不断推动中华优秀传统文化创造性转化、创新性发展”③，这实质上构成了思想政治教育载体的转化与创新的基本内容，充分反映了思想政治教育载体发展的知识形态、价值样态向实践状态转化的内在规定性，并在时代新人培育中完成思想政治教育的转化与创新的历史使命。

质言之，思想政治教育载体的转化与创新，反映了时代发展的客观要求和时代新人培育的主体诉求，是一种集知识形态、价值样态与实践状态于一体的客观过程及其在人脑中的映像。思想政治教育载体的转化与创新，既蕴含着自主知识体系建构的要素规定性，也

---

① 习近平．高举中国特色社会主义伟大旗帜 为全面建设社会主义现代化国家而团结奋斗——在中国共产党第二十次全国代表大会上的报告［M］．北京：人民出版社，2022：18.

② 马克思恩格斯选集（第1卷）［M］．3版．北京：人民出版社，2012：135.

③ 习近平在中国人民大学考察时强调 坚持党的领导传承红色基因扎根中国大地 走出一条建设中国特色世界一流大学新路［N］．人民日报，2022-04-26（1）.

包含着载体发展的知识形态、价值样态向实践状态转化的过程规定性以及服务于时代新人培育的目的规定性。新时代思想政治教育载体的转化与创新，不仅仅重视其对培养造就堪当民族复兴重任的时代新人的价值性研究，还应当关注其为推动构建人类命运共同体贡献中国智慧的研究，注重研究其“在融通中外文化、增进文明交流中的独特作用，传播中国声音、中国理论、中国思想，让世界更好读懂中国，为推动构建人类命运共同体作出积极贡献”①，从思想政治教育活动的目的指向性来看，为推动构建人类命运共同体贡献中国智慧与时代新人培育共同构成了新时代思想政治教育载体的转化与创新的功能性界定，二者有机统一于思想政治教育载体的选择、开发与运用过程之中，并在载体发展的“知识形态—价值样态—实践状态”的循环转化中彰显载体转化与创新的独特价值。

二、思想政治教育载体转化与创新的问题界域

马克思曾经指出：“问题是时代的格言，是表现时代自己内心状态的最实际的呼声。”② 面对世界百年未有之大变局和实现中华民族伟大复兴的战略全局所带来的新形势、新挑战，新时代思想政治教育必须持续增强工作的系统性、预见性、创造性，而思想政治教育载体的转化与创新也必须与其时代使命相契合。马克思在谈及社会变革时指出：“在考察这些变革时，必须时刻把下面两者区别开来：一种是生产的经济条件方面所发生的物质的、可以用自然科学的精确性指明的变革，一种是人们借以意识到这个冲突并力求把它克服的那些法律的、政治的、宗教的、艺术的或哲学的，简言之，意识形态的形式。”③ 思想政治教育载体的转化与创新，既涉及“物质的、可以用自然科学的精确性指明的变革”，也涉及“意识形态”形式的变革，其转化与创新本身就涉及思想政治教育载体发展的物质形式与社会主流意识形态传播的具体形式。因此，研究思想政治教育载体转化与创新的问题界域，必须从社会存在发展变化的客观映射上展开分析，正确把握物质载体与活动载体之间的变迁张力、传统载体与现代载体之间的技术悖论、管理载体与意识形态形式之间的运行矛盾，科学回应如何做有理想、敢担当、能吃苦、肯奋斗的新时代好青年的现实问题。

（一）正确把握物质载体与活动载体之间的变迁张力

在传统思想政治教育理论体系中，学者们一般认为思想政治教育载体仅具有物质形式，如广播电视、书刊、语言文字等都是物质载体；也有学者认为活动载体本身也是物质形式的，如理论学习、组织管理、实践活动等，可以算作物质载体的范畴。然而，随着互联网、大数据、云计算、人工智能、区块链等技术的加速创新，各种大众传媒和网络数字化平台日益成为思想政治教育载体的转化与创新的主要形式，新媒体、自媒体、流媒体、全媒体充斥着人们的生活世界，思想政治教育的物质载体与活动载体之间的互动发展，为思想政治教育内容与信息的传递、传播提供了多种可能，思想政治教育的载体形式呈现出由少到多、由传统到现代、由单一向复合发展的现实样态。

---

① 习近平在中国人民大学考察时强调 坚持党的领导传承红色基因扎根中国大地 走出一条建设中国特色世界一流大学新路［N］. 人民日报，2022-04-26（1）.

② 马克思恩格斯全集（第1卷）［M］. 2版. 北京：人民出版社，1995：203.

③ 马克思恩格斯选集（第2卷）［M］. 3版. 北京：人民出版社，2012：3.

近年来，随着科学技术的发展与社会的进步，思想政治教育实践活动的内容、形式、方式方法也发生了很大变化，思想政治教育物质载体的运用逐渐出现了滞后于青年成长的需求和期待的现象，而活动载体由于受制于感性因素等，“双刃剑”效应也比较显著。因此，思想政治教育载体的转化与创新，应当正确把握其物质载体与活动载体之间的变迁张力，尽可能避免出现物质载体与活动载体功能发挥的“两张皮”现象，努力实现思想政治教育的物质载体与活动载体的有机结合、合力生成，尤其“要加强互联网思想政治工作载体建设，加强学生互动社区、主题教育网站、专业学术网站和‘两微一端’建设，运用大学生喜欢的表达方式开展思想政治教育”①，使思想政治教育的各类载体尤其是物质载体与活动载体在时代新人培育中扬长避短，形成协同育人的载体合力。

（二）正确把握传统载体与现代载体之间的技术悖论

这里的“技术悖论”主要指在思想政治教育载体的转化与创新过程中出现的操作方式的矛盾状态及其操作艺术的相对滞后性。思想政治教育的传统载体主要指在思想政治教育发展历程中产生于过去但现在依然继续发挥作用的载体形式，如谈话、开会、进行理论教育等形式。现代载体往往指随着现代社会发展而产生的具有时代特征的思想政治教育新载体。载体的转化与创新往往带有时代的“烙印”，并因教育者运用的技术水平和熟练程度而产生不同的教育效果。在思想政治教育活动中，教育者如果载体选择恰当并得到较好的运用，思想政治教育活动往往能够顺利展开并取得预期的“理想的效果”；反之，则有可能事倍功半，效果不佳。

我国经济社会进入高质量发展阶段，思想政治教育载体发展必须立足新时代的开放视野，恰当表达对时代新人培育的现实关切，科学探索载体的选择、开发和运用与教育对象成长成才的辩证关系。思想政治教育载体的转化与创新，应当正确把握传统载体与现代载体之间的技术悖论，既要在实践活动中把刚性、量化、指标化、数据性的发展诉求合理展现，又要在以文化人、合力育人中将思想政治教育的内容与信息予以充分传递、传播，避免因思想政治教育载体发展的技术悖论影响思想政治教育的功能发挥，真正做到对教育对象“在思想上解惑、精神上解忧、文化上解渴、心理上解压”②，在满足其成长的需求和期待中持续提升思想政治教育的质量和水平。

（三）正确把握管理载体与意识形态形式之间的运行矛盾

中国特色社会主义进入新时代，思想政治教育载体的内涵也在不断丰富发展，思想政治教育载体的转化与创新，除了正确把握思想政治教育的物质载体与活动载体之间的变迁张力、传统载体与现代载体之间的技术悖论，还应当关注和把握其管理载体与意识形态形式之间的运行矛盾。思想政治教育是服务于主流意识形态传播与接受的实践活动，借助各种意识形态形式引导人们形成符合社会发展需要的思想政治素质，然而，由于各种意识形态形式的运用具有鲜明的目的性、价值性，在思想政治教育活动中容易形成效应递减趋势。同时，伴随着思想政治教育载体的转化与创新及育人合力生成的动态变化，这些法律的、政治的、宗

① 中共中央国务院印发《关于加强和改进新形势下高校思想政治工作的意见》[N]. 人民日报，2017-02-28(1).

② 中共中央国务院印发《关于新时代加强和改进思想政治工作的意见》[N]. 人民日报，2021-07-13(1).

教的、艺术的或者哲学的意识形态形式，也面临着表达形式“革命化”的时代诉求。

习近平总书记指出：“对文艺来讲，思想和价值观念是灵魂，一切表现形式都是表达一定思想和价值观念的载体。离开了一定思想和价值观念，再丰富多样的表现形式也是苍白无力的。”① 习近平总书记的这一论述科学阐释了各种意识形态形式对思想政治教育内容传播的极端重要性，他强调作为载体的表现形式的采用和选取，必须服务于“思想和价值观念”内容传播的目的。针对意识形态形式在思想政治教育活动运用中出现的效应递减现象，必须加强组织管理。思想政治教育的管理载体主要协调思想政治教育系统内部的人力、物力和环境之间的关系，其实质是调适人与人之间的关系，调动教育对象的主观能动性。思想政治教育载体的转化与创新，应当正确把握管理载体与意识形态形式之间的运行矛盾，通过管理载体的合理运用，尽可能避免思想政治教育活动因各种意识形态形式运用而呈现效应递减现象，充分展现思想政治教育活动的“价值引领”与青年的“成长需求”的有机结合效应，进而达到沟通心灵、启智润心、激扬斗志的教育效果。因此，思想政治教育载体的转化与创新，既要关注“刚性”的管理载体的选择、开发与运用，也要重视意识形态诸形式鲜活生动的运用，通过生活化的形式展示载体选择、开发与运用的理论性、思想性、亲和力和针对性，服务于堪当民族复兴重任的时代新人培育的教育目的。

三、思想政治教育载体转化与创新的实践效应

思想政治教育载体的转化与创新，不是思想政治教育系统发展的外在诉求，而是展示思想政治教育实践效应的必然选择。习近平总书记指出：“当前，社会上思想活跃、观念碰撞，互联网等新技术新媒介日新月异，我们要审时度势、因势利导，创新内容和载体，改进方式和方法，使精神文明建设始终充满生机活力。”② 思想政治教育载体的转化与创新，是推进社会主义精神文明建设的客观要求，其载体选择、开发与运用本身构成了社会主义精神文明建设的重要手段。在以中国式现代化全面推进中华民族伟大复兴的历史进程中，思想政治教育载体的选择与开发、丰富与完善，为思想政治教育实践效应的生成提供了更为广阔的发展空间和有利条件。思想政治教育载体的转化与创新是一项系统工程，“零敲碎打调整不行，碎片化修补也不行，必须是全面的系统的改革和改进”③，它涉及整个思想政治教育系统的联动和集成，并在堪当民族复兴重任的时代新人培育过程中形成实践效应。具体来讲，思想政治教育载体的转化与创新，必须选择内容与形式有机统一的高质量载体，系统推进线上线下相结合的实践活动，传递给人们一种生活理想和生命智慧，引领教育对象自觉成长为堪当民族复兴重任的时代新人。

（一）选择内容与形式有机统一的高质量载体以强化实践效应

习近平总书记指出：“青少年思想政治教育是一个接续的过程，要针对青少年成长的不同阶段，有针对性地开展思想政治教育。”④ 思想政治教育活动过程，本质上应当是一

① 习近平谈治国理政（第2卷）[M]. 北京：外文出版社，2017：351.

② 同①324.

③ 习近平关于全面深化改革论述摘编 [M]. 北京：中央文献出版社，2014：27.

④ 习近平在中国人民大学考察时强调 坚持党的领导传承红色基因扎根中国大地 走出一条建设中国特色世界一流大学新路 [N]. 人民日报，2022-04-26 (1).

个“润物细无声”的育人过程，思想政治教育的内容、任务、目标、价值应当借助思想政治教育载体这一表达形式有机融入教育对象的社会实践之中，这种教育载体的转化与创新应当是人民群众喜闻乐道的各种形式，应当生动形象地呈现对教育对象的价值引领理念，这种高质量的载体形式的选择和运用，能够进一步形象生动地告诉人们堪当民族复兴大任的时代新人应当具备什么样的思想政治素质，而这种思想政治素质可以借助高质量的思想政治教育载体予以培育，可以让人们在社会实践中感知它、领悟它、体验它，进而在潜移默化中逐渐生成，并在满足教育对象的成长需求和期待中达到提质增效的思想政治教育目的。

思想政治教育载体的转化与创新，既要契合思想政治教育内容和信息的传递、传播要求，更要着眼于满足思想政治教育对象的成长需求和期待；既要根据社会实践的发展变化及时更新载体、选择载体、开发载体，也要紧密结合教育对象的发展需要及时有效提升思想政治教育效果。本质上，思想政治教育载体发展的转化与创新过程，就是选择内容与形式有机统一的高质量载体以强化思想政治教育实践效应的过程。

（二）系统推进线上线下相结合的实践活动以强化实践效应

现代社会发展面临着“以数字化驱动生产生活和治理方式变革”的时代境遇，广大青年的社会实践活动广泛带有“网络原住民”的行为痕迹。中共中央、国务院印发的《数字中国建设整体布局规划》明确指出：“推动数字化理念深入人心，营造全社会共同关注、积极参与数字中国建设的良好氛围。”① 新时代思想政治教育的活动具有线上线下相结合的显著特征，因此，思想政治教育载体的转化与创新，应当充分观照青年的线上线下活动状况，使思想政治教育载体的选择、开发与运用契合青年成长成才的客观要求。思想政治教育载体是思想政治教育实践的产物，系统开展线上线下相结合的思想政治教育活动，有助于强化广大青年成长成才的实践效应，从而持续提升思想政治教育实效。思想政治教育活动中选择的传统思想政治教育载体（如召开会议、文体活动、广播电视等）往往是在线下活动中选择和运用的，随着线上思想政治教育实践的兴起与发展，传统载体运用中的实践效应递减趋势日益明显，系统推进线上线下相结合的实践活动以强化实践效应逐渐被提上日程。

广大人民群众是思想政治教育载体的开发者、创造者，在解释世界与改变世界的历史进程中，开发与创造出更多富有成效的思想政治教育载体以增强思想政治教育的实践效应成为必然选择。思想政治教育载体的转化与创新，必须系统推进线上线下相结合的实践活动以强化实践效应，这既反映了思想政治教育载体发展的必然要求，也反映了人民群众尤其是广大青年开展实践活动的时代特色，思想政治教育载体转化与创新的实践效应，也必然在线上线下相结合的实践活动中得以检验。

（三）传递给人们一种生活理想和生命智慧以强化实践效应

人是思想政治教育活动的主体和对象，思想政治教育载体的转化与创新必须围绕人而展开，围绕人的生活质量提升和生命意义追求而展开，因此，思想政治教育载体的转化与创新，必须传递给人们一种生活理想和生命智慧，应当能够激励人、鼓舞人、发展人，引

① 中共中央国务院印发《数字中国建设整体布局规划》[N]. 人民日报，2023-02-28 (1).

领人们从现实生活世界出发，在思想政治教育实践活动中追求积极的人生意义和理想生活，引导人们在现实生活中形成健康向上、自信自强、能动创造的思维方式和生活方式。思想政治教育载体的转化与创新，不仅要在思想政治教育活动中突破知识体系说教的传统思路，更要通过载体的选择、开发与运用，将思想政治教育活动的实践效应转化为人的精神品质和生活质量。

思想政治教育载体的转化与创新，必须体现对现实生活的观照和对个体生命的关怀。现实生活是具体的而不是抽象的，思想政治教育载体的转化与创新，必须研究人的现实生活，观照人的现实生活，鼓励人们追求个性化的道德生活和践行社会主义幸福观，借助载体的选择、开发与运用引导人们丰富精神家园，使人的生命活动在身心愉悦的情景中呈现出自我发展、自我超越、自我创造的生活样态，积极引导人们在开发潜能、提高素质、追求理想人格的过程中增强“自由个性”。思想政治教育作为以人为认识和实践对象的精神性活动，其载体的转化与创新，必须传递给人们一种生活理想和生命智慧，通过载体的选择、开发和运用创设环境、营造情景以展现当代中国人的生活理想和生命智慧，从而在科学回应“培养什么人、怎样培养人、为谁培养人”的过程中，激励广大青年坚定不移听党话、跟党走，自觉成长为堪当民族复兴重任的时代新人。

第十一章　思想政治教育话语研究

思想政治教育是运用理论说服力、真理引导力、思想影响力来作用和引导人的思想和行为的社会实践活动。思想政治教育话语作为思想政治教育的基本要素，是围绕着科学理论展开的语言及其表达系统的有机统一，承担着表达和传播科学理论、实现立德树人根本任务的功能。思想政治教育学科发展40年来，因为思想政治教育话语的重要性，学术界对其研究高度重视，思想政治教育话语研究愈加成为学界研究的热点和焦点，并取得了丰硕的成果，推动了思想政治教育学科理论和实践的创新发展。

第一节　思想政治教育话语研究的整体概况

话语问题是思想政治教育的内生问题。思想政治教育学科发展40年来，思想政治教育话语研究经历了由萌芽兴起到深化发展再到成熟完善的阶段，无论是基础理论研究，还是关键问题研究都得到了极大的发展，呈现出思想政治教育话语研究视角多元、关注度高、时代性强等特征。

一、思想政治教育话语研究的发展阶段

1984年思想政治教育学科创立至今，学术界对思想政治教育话语的研究不断深化，取得了丰硕的研究成果。通过对出版的学术专著、教材及发表的期刊、硕博论文进行研究，以特定时间阶段内研究成果为标志，可大致将学术界对思想政治教育话语的研究进程分为三个阶段：萌芽兴起阶段、深化发展阶段和成熟完善阶段。具言之：在萌芽兴起阶段，主要是思想政治教育话语问题的基础性思考与研究，具体包括思想政治教育话语结构、话语功能、话语困境等的研究；在深化发展阶段，思想政治教育话语研究视域日臻丰富，这一时期聚焦思想政治教育话语权力、话语权威、话语有效性、话语主体、话语转换、话语发展等方面，同时对上一阶段思想政治教育话语的结构、功能等基础理论做了更为深入的研究；在成熟完善阶段，对思想政治教育话语的研究不仅达到了顶峰，而且更加深化细化，主要聚焦于思想政治教育话语传播、话语认同、话语叙事、话语逻辑、话语实

践、话语优化等方面。

（一）思想政治教育话语研究的萌芽兴起阶段

2004年，中共中央、国务院《关于进一步加强和改进大学生思想政治教育的意见》的发布，掀起了学术界对思想政治教育话语的研究与探讨。该意见不仅强调了思想政治教育话语的重要作用，而且要求加大对主流文化和意识形态的宣传、对思想政治教育的发声。自此，关于思想政治教育话语的文章如雨后春笋般出现。

该阶段的主要代表著作是李宪伦所著的《思想政治教育新话语探析》（重庆大学出版社2007年版），此书共分为三大篇章，不仅对思想政治教育理性化思考新话语进行了探讨，而且对理想信念、人生哲理教育新话语以及爱国主义、集体主义、民族精神教育新话语进行了研究，为思想政治教育话语的基础理论研究奠定了基础。此外，2006年，张瑜、李朗的《消除话语差异：网络时代思想政治教育工作的紧迫任务》以及宋臻的《基于社会需要理念的思政教育话语系统研究》也是可考察到的较早研究思想政治教育话语的学术期刊论文，尽管他们未对话语内涵本身提出明确的概念厘定，但从宏观层面对话语系统与话语差异进行了研究，是思想政治教育话语研究的开篇之作。在此基础上，2007年出现了对思想政治教育话语学构想、话语变革、话语困境以及话语更新的研究，与此同时，也出现了思想政治教育话语与话语学的明确概念，如林宁、李宪伦认为，所谓思想政治教育话语学，就是从可用于思想政治理论教育和日常思想政治教育管理工作实践的大量题材中，通过对教育素材或教育内容的提炼，形成理性化、通俗化、生活化的思想政治教育新话语，并在此基础上对话语进行话语分析，即理论分析或观点评析，从而抽象出思想政治教育的新观点或学术理论观点。① 郭毅然认为："思想政治教育话语是思想政治教育活动主体在思想政治教育实践中以口头或书面表达并指向一定思想政治教育目的的话语。"② 这一时期，思想政治教育话语理论内涵不断拓展，思想政治教育话语研究也在实践拓展的基础上逐渐实现理论自觉，从思想政治教育载体的角色中游离出来。

（二）思想政治教育话语研究的深化发展阶段

自党的十七大报告明确提出"建设社会主义核心价值体系，增强社会主义意识形态的吸引力和凝聚力"③ 的基本要求以来，思想政治教育话语领域相关研究的数量呈现迅猛增长趋势，其中不仅对思想政治教育话语基本理论有了更为深入的研究，而且对思想政治教育话语场域、话语创新、话语改革、话语本源、话语逻辑等方面展开了更为细致的探讨。

该阶段的主要代表作为邱仁富的博士论文《思想政治教育话语理论探要》，其对思想政治教育话语界定、话语构成、话语流变的历史考察、话语的改革创新、话语实效体系的建构以及话语的和谐共生进行了系统考察，这对推动思想政治教育学科基础理论的发展具有重要意义。此外，刘宝祯的硕士论文《高校思想政治教育体系的建立与话语研究（1949.10—1956.12）》也阐述了思想政治教育话语体系并对其主要特点进行了历史考察，推动了思想政治教育话语研究的深化发展。概言之，这段时期，学者们基于先前研究，对

① 林宁，李宪伦．思想政治教育话语学构想与探析［J］．学校党建与思想教育，2007（8）：43-45.

② 郭毅然．交往理性：思想政治教育话语变革的根基［J］．探索，2007（5）：89-92.

③ 中共中央文献研究室．十七大以来重要文献选编（上）［M］．北京：中央文献出版社，2009：26.

思想政治教育话语权、思想政治教育话语学展开了更为详细的研究。一方面，学者们针对思想政治教育话语权有了较为明晰的厘定。如叶德明将思想政治教育话语权局限于思想政治教育者的话语权力，认为其“是思想政治教育工作者在教育中对受教育者的影响力”①；骆郁廷、魏强认为思想政治教育文化话语权的本质是“利益表达权，是特定利益主体借助承载特定价值观的文化话语来实现利益表达的权利和权力的统一”②；占建青认为思想政治教育话语权是通过隐藏于制度、知识、理性中的权力关系实现的，贯穿思想政治教育的始终，支配着整个思想政治教育活动③。另一方面，学者们针对思想政治教育话语学与思想政治教育话语的关系也展开了讨论，如由李宪伦主持的国家社科基金项目“中国特色社会主义理论体系下思想政治教育话语学构建探研”，从思想政治教育学科建设和创新的角度，提出了思想政治教育话语学的观点，其认为思想政治教育学在决定着思想政治教育话语学的同时，思想政治教育话语学的构建也能推进思想政治教育的创新和发展。④

（三）思想政治教育话语研究的成熟完善阶段

党的十八大报告明确提出，要“牢牢掌握意识形态工作领导权和主导权，坚持正确导向，提高引导能力，壮大主流思想舆论”⑤。思想政治教育话语具有浓厚的价值观念和明确的价值导向，是一种旨在影响言说对象政治素质与行为的话语，故而，加强对思想政治教育话语的研究有助于提高意识形态话语权。

该阶段思想政治教育话语研究迅猛发展，不到十年时间，有关思想政治教育话语领域发文量整整扩大了近十倍。此外，该阶段出版的图书专著诸多，主要有洪波的《思想政治教育话语范式转换研究》（浙江大学出版社 2012 年版），葛红兵的《思想政治教育话语体系研究》（中国文史出版社 2016 年版），吴琼的《思想政治教育话语发展研究》（中国社会科学出版社 2017 年版），袁芳的《思想政治教育话语创新论的马克思主义审视》（中央编译出版社 2018 年版），张翼的《高校思想政治教育话语传播研究》（吉林大学出版社 2020 年版），等等。纵观此阶段的专著、期刊、硕博论文等资料，不难发现其中研究主题较多的可谓网络思想政治教育话语研究，学者们不仅探究了“圈层化”视域下思想政治教育话语的破圈困境与出圈对策、短视频时代思想政治教育话语面临的挑战与进路、新媒体时代思想政治教育话语表达、全媒体时代思想政治教育话语变革、大数据时代提升思想政治教育话语权、网络环境下思想政治教育话语转化，而且研究了青年思想政治教育话语的抖音趣缘、网络思想政治教育话语魅力的生成、新媒体语境下思想政治教育话语体系的审视等。与此同时，部分学者的研究也着眼于思想政治教育学科创新话语体系的构建、思想政治教育话语转换、习近平总书记对新时代思想政治教育话语创新的启示以及思想政治教育话语亲和力，如：冯刚认为，思想政治教育学科创新话语体系是打造学术共同体的必要之

① 叶德明．思想政治教育话语权浅论［J］．教育评论，2009（3）：71－75.

② 骆郁廷，魏强．论大学生思想政治教育的网络文化话语权［J］．教学与研究，2012（10）：74－81.

③ 占建青．网络思想政治教育有效话语权的建构［J］．黑龙江高教研究，2012（10）：113－115.

④ 李宪伦，章兵．论思想政治教育话语学与思想政治教育的科学发展——关于思想政治教育学研究新方向的再探讨［J］．思想教育研究，2008（11）：46－49.

⑤ 胡锦涛．坚定不移沿着中国特色社会主义道路前进 为全面建成小康社会而奋斗——在中国共产党第十八次全国代表大会上的报告［M］．北京：人民出版社，2012：32.

举，也是争夺话语权的必要之举，迫切需要用富有思想含量和时代内涵的范畴体系构建新时代高校思想政治教育的话语体系①；刘建军认为，思想政治教育话语的转换方向是促使政治话语学理化、学理话语通俗化、通俗话语趣味化、书面话语口语化、刚性话语柔性化、熟悉话语陌生化②，为此思想政治教育者需做到话语娴熟、思想透彻、思维圆通③；杨威、谢丹认为，习近平总书记系列讲话所表现出的独特风格和魅力及刚柔相济、情理交融的语言艺术，为新时代思想政治教育话语的体系构建、内容丰富、方式改进以及传播优化提供了诸多启示④；郑敬斌、刘敏则明确提出了思想政治教育话语亲和力的具体概念，认为话语亲和力“是思想政治教育话语所具有的使教育对象乐于接受、自觉认同并积极悦纳的力量体系”⑤；等等。

二、思想政治教育话语研究的主要论域

思想政治教育学科发展 40 年来，思想政治教育话语研究主要集中于对其基本内涵、运行过程、创新发展的研究，其中基本内涵包括思想政治教育话语概念、话语形态、话语范式、话语功能、话语权及话语权威等方面内容，运行过程包括思想政治教育话语生成、话语表达、话语传播等方面内容，创新发展又可细分为网络思想政治教育话语创新发展与高校思想政治教育话语创新发展等。

（一）思想政治教育话语基本内涵的研究

第一，关于思想政治教育话语概念的研究。最早对思想政治教育话语这一概念提出明确定义是在 2007 年，主要代表性观点如下：董世军、孙玉华、周立田认为，“思想政治教育话语是思想政治教育活动主体在思想政治教育实践中通过一定方式表达出来的指向一定思想政治教育目的的话语”⑥；郭毅然认为，思想政治教育话语是思想政治教育活动主体在思想政治教育实践中以口头或书面方式表达并指向一定思想政治教育目的的话语⑦；李小红认为，思想政治教育话语是统治阶级在一定语境下运用语言进行事实描述和意义建构的意识形态实践活动的过程及其文本的总和⑧。此外，有学者形成了对思想政治教育话语基本概念的整体认知，如邱仁富认为，思想政治教育话语是指“在一定社会主导意识形态支配下，遵循一定的话语规范、规则和规律，并在特定的话语语境里，思想政治教育活动过程中的教育者和受教育者用来交往、宣传、灌输、说服，以及描述、解释、评价、建构思想政治教育内容和主体间思想观念、价值取向和行为表征的言语符号系统”⑨。

第二，关于思想政治教育话语形态和话语范式的研究。代表性观点如下：蔡婷婷从话

① 冯刚．深化高校思想政治教育范畴研究［J］．马克思主义理论学科研究，2021（9）：76－85.

② 刘建军．思想政治教育的话语转换及其路径［J］．安徽师范大学学报（人文社会科学版），2016（4）：397－403.

③ 刘建军．思想政治教育话语转换的三重基础［J］．思想理论教育导刊，2016（5）：120－123.

④ 杨威，谢丹．习近平语言艺术对新时代思想政治教育话语创新的启示［J］．学术论坛，2019（6）：116－121.

⑤ 郑敬斌，刘敏．思想政治教育话语亲和力提升问题研究［J］．思想理论教育导刊，2020（3）：133－137.

⑥ 董世军，孙玉华，周立田．现代思想政治教育话语及其困境分析［J］．长春大学学报，2007（1）：85－88.

⑦ 郭毅然．交往理性与思想政治教育话语的更新［J］．理论与改革，2007（1）：142－145.

⑧ 李小红．思想政治教育话语的内涵和功能［J］．中北大学学报（社会科学版），2017（6）：100－104.

⑨ 邱仁富．思想政治教育话语创新论［J］．电子科技大学学报（社科版），2010（5）：96－102.

语范式转换的目标层面出发，认为要“人本向度、回归生活世界、走向和谐共生”①；林振东从路径方面阐释了思想政治教育话语应有的形态，认为应着力于推进思想政治教育话语从“工具话语”向“价值话语”、从“官样话语”向“日常话语”、从“控制话语”向“互动话语”、从“独享话语”向“共享话语”等的一系列转变；侯丽羽、张耀灿从宏观层面揭示了思想政治教育话语蕴含的三种基本形态，即“代表统治阶级根本利益的政治话语、追求普遍观念形式的学术话语、融合社会成员共同利益的生活话语”②；詹捷慧拓展了思想政治教育话语的形式，认为思想政治教育话语包含现实话语与网络话语、政治话语与个性话语、主体话语与客体话语等多种形式③。

第三，关于思想政治教育话语功能的研究。学者们从不同角度出发对思想政治教育话语功能进行了详细的论证，主要分为以下几种：一是从社会职能角度分析，如李宪伦等认为思想政治教育话语包括话语指向功能、话语转向功能、话语创新功能三方面。④ 邓黎认为，思想政治教育话语体系内在包含着为国家意识形态安全、社会主流意识形态发展和个体思想形成展开辩护、引导与规范的基本功能。二是从学科角度进行分析，如鲁杰从完成思想政治教育学科设立目的的角度定位，认为“思想政治教育话语的功能主要是辩护、引导和规范”⑤。三是从话语本质属性进行分析，如李小红提出思想政治教育话语具有引导、德育、维护的功能。⑥ 四是从范式功能进行分析，如高鑫认为，思想政治教育话语范式的主要功能有“确定思想政治教育科学共同体的特征与边界、避免低效率的理论重复引导学科向纵深发展、为思想政治教育孕育新的话语”⑦。

第四，关于思想政治教育话语权及话语权威的研究。思想政治教育话语权关系国家长治久安，关系人才培养方向，是思想政治教育话语研究的主要问题之一。目前学界关于思想政治教育话语权的研究主要从话语权的建构与话语权的提升路径展开。

一方面，关于话语权构建的研究主要代表性观点如下：盛红认为建构高校思想政治教育话语权要加强制度建设，牢牢把握马克思主义理论的基础性“硬核”“保护伞”，通过话语偏好引导、话语现场与话语过程设计和考核方式优化，促使思想政治教育的方向与教育对象的需要达到积极的契合⑧；陆林召认为在新时代境遇下，构建思想政治教育话语权需着眼于调整和强化思政教育的引领功能、校园文化的支撑功能、民生情怀的激励功能、表达方式的感染功能、监督管理的净化功能，以此打造“全方位、多层次、立体化”的话语传播矩阵⑨。另一方面，关于话语权提升路径的研究主要代表性观点如下：冯刚、张芳认

---

① 蔡婷婷．思想政治教育话语范式转换路径［J］．中学政治教学参考，2015（15）：90－91.

② 侯丽羽，张耀灿．论思想政治教育话语的三种基本形态［J］．马克思主义研究，2018（12）：143－148.

③ 詹捷慧．新媒体环境下高校思想政治教育的话语转向［J］．学校党建与思想教育，2020（10）：73－75.

④ 李宪伦，朱小翠，章兵．论思想政治教育的话语逻辑、话语功能与哲学思维［J］．思想教育研究，2009（2）：10－13.

⑤ 鲁杰．思想政治教育话语的功能定位与实现路径研究［J］．理论与改革，2011（2）：121－123.

⑥ 李小红．思想政治教育话语的内涵和功能［J］．理论学习，2017（4）：45－48.

⑦ 高鑫．思想政治教育话语范式解读［J］．湖北社会科学，2018（1）：187－192.

⑧ 盛红．新时代高校思想政治教育话语权的建构［J］．河海大学学报（哲学社会科学版），2020（6）：15－21，109－110.

⑨ 陆林召．全媒体时代高校思想政治教育话语权建构的多维审思［J］．江苏高教，2022（3）：92－96.

为网络已经成为高校文化育人最大的“势”，落实立德树人的根本任务，提高高校文化育人工作质量，必须充分发挥网络文化的育人功能，提升思想政治教育的话语权①；丁梅君、徐建军认为，提升网络思想政治教育话语权效能的途径应着力于加强网络教育传播主体的组织领导、增强主流网络思想文化吸引力、共享共建安全的网络信息资源②；掌海啸从自媒体语境下思想政治教育话语权提升的逻辑进路出发，认为要发挥高校教师的主体作用、尊重受教育者的基本话语权、构建多维度的思政教育路径、完善自媒体思政教育话语权的保障机制③；张东亮认为加强思想政治教育话语权需要强基固本、提升话语权威性，转换范式、增强话语影响力，塑造平台、壮大话语网络阵地，突破重围、扩大话语国际影响④；何志敏、刘畅认为人工智能时代需从思想政治教育话语本身出发，对其内容体系、表达方式、传播平台、外部环境进行深度优化⑤。

此外，有学者聚焦于网络对话语权影响的研究，如肖春雷分析了微传播对思想政治教育话语权的双重影响，认为其主要表现为思想意识形态话语权主导力的“消解”与“重构”、思政话语价值体系的“虚化”与“聚焦”、话语传播表达逻辑的“无序”与“优化”、文化对话教育功能的“弱化”与“调适”等方面。⑥ 也有学者着眼于对话语权建设重要的研究，如闫彩虹、孙迎光认为牢牢把握我国主流意识形态的话语权是思想政治教育学科建设的价值旨归。⑦ 还有学者立足于对话语权威的研究，如马云志、付静伟研究了思想政治教育话语权威的生成机制，其认为思想政治教育话语权威“不仅外源于思想政治教育本身作为政治社会化活动的合法性，内在依托于思想政治教育话语体系呈现的意义内容具备获得承认以至意志服从的条件，而且生成于具体语境下教育者与受教育者的双向话语互动过程中”⑧。

（二）思想政治教育话语运行过程的研究

第一，关于思想政治教育话语生成的研究。学者们基于不同视角，研究了思想政治教育话语的生成过程。其一，从话语要求入手，如向绪伟认为现代思想政治教育话语内容生成不能拘泥于传统话语的文本规范和一元主导，而应遵循人的发展与社会整体运行的人本向度，呼应社会现代化对人的主体存在、话语资源配置、人的本质意义以及社会进步的基本要求。⑨ 其二，从话语原则出发，如宋伶俐认为思想政治教育话语的参与式生成主要包含平等性、参与性、意识形态性等原则。⑩ 其三，从话语魅力切入，如朱诚蕾、骆郁廷认为网络思想政治教育话语魅力的生成遵循“以议题魅力为前提、内容魅力为核心、表达魅

---

① 冯刚，张芳．新时代高校文化育人的理论与实践探析［J］．湖北社会科学，2019（5）：176－183.

② 丁梅君，徐建军．论网络思想政治教育话语权效能的提升［J］．中南大学学报（社会科学版），2019（5）：144－150.

③ 掌海啸．自媒体语境下高校思想政治教育话语权建设的策略［J］．学校党建与思想教育，2020（16）：77－79.

④ 张东亮．互联网背景下思想政治教育话语权的困境与出路［J］．湖北社会科学，2020（7）：163－168.

⑤ 何志敏，刘畅．人工智能时代思想政治教育话语权探析［J］．思想教育研究，2022（8）：43－48.

⑥ 肖春雷．微传播视域下新时代思想政治教育话语权论析［J］．中学政治教学参考，2020（3）：66－69.

⑦ 闫彩虹，孙迎光．我国思想政治教育话语研究热点及展望——基于 CNKI 中 CSSCI 的文献计量分析［J］．社会主义研究，2020（2）：155－165.

⑧ 马云志，付静伟．思想政治教育话语权威的现实困境及其超越［J］．思想教育研究，2022（7）：34－40.

⑨ 向绪伟．现代思想政治教育话语内容生成之价值关切［J］．湖北社会科学，2016（8）：186－190.

⑩ 宋伶俐．治理现代化视域下思想政治教育话语的参与式生成［J］．理论导刊，2020（10）：124－128.

力为关键、情感魅力为重点的内在逻辑”①。此外，还有学者从宏观层面进行分析，如：王欣玥认为思想政治教育话语逻辑以话语需要为逻辑起点，是遵从社会主导意识形态来进行话语生产、交往、消费的实践逻辑②；刘国瑞、赵志博认为思想政治教育话语的理论逻辑是坚持以马克思主义理论为指导，历史逻辑是坚持扎根中华优秀传统文化的沃土，实践逻辑是坚持与中华民族伟大复兴的实践同向同行③。

第二，关于思想政治教育话语表达的研究。话语表达是指主体按照一定的话语规律和表达规则，用语言文字、表情符号、音频视频等具体方式表达思想意义、传递情感价值的行为的过程，是开展思想政治教育活动的关键环节。目前学界围绕思想政治教育话语表达主要从其本质、特点、方式、困境以及优化路径五方面展开研究。其一，关于话语表达本质的研究，刘燕、刘龙飞认为思想政治教育话语表达在本质上是对思想政治教育内容的呈现，新媒体时代思想政治教育话语表达呈现出表达主体日益走向多元协作，表达内容既有统一性要求又有多样性选择，表达媒介迭代升级、优化融合，表达语境复杂多样、利弊共存等新特点。④ 其二，关于话语表达特点的研究，刘美辰认为，思想政治教育话语表达具有现实性与虚拟性交织融合、主体性与立场性相统一、历史性与时代性相统一、反思性与生产性交织融合等的特征⑤；曹洪军、曹世娇认为大学生网络思想政治教育话语表达具有主客体关系平等、内容方式灵活、时间内容碎片、传播环境共享四方面的独特性⑥。其三，关于话语表达方式的研究，吴琼认为思想政治教育话语表达方式要注重感性及理性表达的应用，以确保思想政治教育内容能够更好地阐释和接受，从而提高思想政治教育的效果⑦；余京洋、邓谨认为创新思想政治教育话语表达方式要坚持社会主义核心价值观指导地位，增强表达感染力、先进性、引导力、说服力及扩大覆盖面，形成表达的中国风格⑧；陈艳艳、陈杰认为思想政治教育话语表达方式有共情表达、共通表达和共享表达三种⑨。其四，关于话语表达困境的研究，陈杰认为话语表达面临着传统话语权日渐式微、网络生态亟须治理、价值感召亟待重塑的现实窘境。⑩ 其五，关于话语表达优化路径的研究，侯勇认为思想政治教育话语表达要实现从预设性话语向平等式话语转变、从精英话语向大众话语转变、从传统灌输话语向新媒体境遇下思想政治教育传播话语的转变⑪；梁玉杰则认为需注重从中华优秀传统文化中汲取滋养，在思想政治教育实践中融入仪式教育、注重个体需求、培养积极正向心态，以此提升思想政治教育话语的约束力、驱动力和感染

① 朱诚蕾，骆郁廷．论网络思想政治教育话语魅力的生成［J］．思想教育研究，2020（9）：31-36.

② 王欣玥．思想政治教育话语逻辑的意涵阐释与功能优化［J］．社科纵横，2020（12）：22-29.

③ 刘国瑞，赵志博．百年来中国共产党的高校思想政治教育话语的生成与演进逻辑［J］．教育科学，2022（5）：8-15.

④ 刘燕，刘龙飞．新媒体时代思想政治教育话语表达研究［J］．学校党建与思想教育，2021（17）：20-23.

⑤ 刘美辰．网络思想政治教育话语表达策略研究［J］．学校党建与思想教育，2022（24）：57-59.

⑥ 曹洪军，曹世娇．论大学生网络思想政治教育话语表达的独特性及效力提升［J］．理论导刊，2022（3）：57-59.

⑦ 吴琼．思想政治教育话语发展研究［M］．北京：中国社会科学出版社，2017.

⑧ 余京洋，邓谨．新时代思想政治教育话语表达方式创新［J］．中学政治教学参考，2020（21）：34-36.

⑨ 陈艳艳，陈杰．思想政治教育话语表达方式的三种路径［J］．思想政治教育研究，2021（4）：83-87.

⑩ 陈杰．“互联网＋”时代思政教育话语表达窘境及其超越［J］．中学政治教学参考，2022（16）：20-23.

⑪ 侯勇．思想政治教育学理论前沿问题研究［M］．北京：中国社会科学出版社，2018.

力，增强大学生对思想政治教育话语的实效①。

第三，关于思想政治教育话语传播的研究。思想政治教育话语传播是一种主体间的精神交往。目前学界围绕思想政治教育话语传播主要从其本质、要素、困境以及优化路径四方面展开研究。其一，关于话语传播本质的研究，孙晓琳、庞立生认为思想政治教育话语传播在本质上是一种意识形态话语传播的叙事时间，其遵循着何种逻辑展开、如何展开，影响甚至决定着思想政治教育的作用效果。② 其二，关于话语传播要素的研究，胡玉宁认为思想政治教育话语传播要素的协同性作用机制表现为传播者和受传者之间的交互性、传播内容和传播媒介之间的发展性、传播环境与其他要素之间的联动性。③ 其三，关于话语传播困境的研究，谭天认为信息偏食、信息投喂、信息圈层、信息裹挟阻隔了思想政治教育话语的传播与构建④；孙旭红、顾琪认为，思想政治教育话语传播面临着空间上“多元场景”与“信息茧房”并存、话语结构由“宏观严谨”转向“碎片脱序”、话语资源因“信息过载”引发“信息成瘾”、话语内涵由“情感至上”转向“群体极化”等现实挑战，进而分化了话语传播的凝聚力、解构了话语体系的完整性、稀释了话语资源的吸引力、削弱了话语内涵的主导力⑤。其四，关于话语传播优化路径的研究，孙巍认为融媒体时代应从话语内容扩充、话语主体能力建设、话语双方交流模式等方面进行革新，以此促进思想政治教育传播功能的实现⑥；廖卢琴、谢爱林则基于矩阵传播的视角，认为要借助矩阵传播的整合性、系统性、双向互动性及平衡性等优势，建立“连接”工具来弥合当前高校思想政治教育工作中出现的“圈层化间隙”，整合资源，实现教育联动⑦；祁凤华等人认为需从更新全媒体时代思想政治教育话语传播理念、创新传播方法、拓宽传播渠道入手⑧。

（三）思想政治教育话语创新发展的研究

问题是时代的声音，只有明晰新时代思想政治教育话语发展的主要问题，探寻问题产生的原因，剖析影响问题产生的主要因素，方能实现思想政治教育话语的高质量发展。

学者们从不同角度出发，深度剖析影响思想政治教育话语创新发展的主要因素，为推动思想政治教育话语的创新发展奠定了研究基础。于宏观层面而言，王明春认为思想政治教育话语面临主体缺位、方式错位、理念越位的问题，究其原因，主要是公共性话语滥觞、控制性话语偏好、工具性话语滥觞导致思想政治教育话语失语、失当、价值式微⑨；

---

① 梁玉杰．从中华优秀传统文化中汲取思想政治教育话语表达的智慧［J］．学校党建与思想教育，2020（1）：29－30.

② 孙晓琳，庞立生．思想政治教育话语传播的本质规定、生活基础与叙事逻辑［J］．思想教育研究，2022（5）：62－66.

③ 胡玉宁．思想政治教育话语传播要素的协同性分析［J］．学校党建与思想教育，2021（7）：21－24.

④ 谭天．信息窄化与话语优化：思想政治教育话语发展的再思考［J］．理论导刊，2023（3）.

⑤ 孙旭红，顾琪．高校思想政治教育话语传播的现实挑战及优化策略——大学生网络圈群视角［J］．高校教育管理，2023（2）：35－43.

⑥ 孙巍．融媒体时代思想政治教育的话语转型［J］．学校党建与思想教育，2020（6）：118－124.

⑦ 廖卢琴，谢爱林．圈层与连接：思政教育网络话语传播困境与出路——基于矩阵传播的视角［J］．教育学术月刊，2021（7）：48－54.

⑧ 祁凤华，黄丽颖，常永青．全媒体时代高职院校思想政治教育话语传播研究［J］．教育与职业，2022（2）：80－84.

⑨ 王明春．思想政治教育话语场域的价值重构［J］．内蒙古师范大学学报（教育科学版），2008（4）：42－44.

靳玉军、罗春艺则认为新时代青年思想政治教育话语发展面临话语理念缺位、话语内容越位、话语方式错位的现实困境①。

于微观层面而言，有学者从话语交互角度分析，如洪波认为思想政治教育话语存在话语交往真诚性离场、话语方式正当性不足、话语语境相关性式微等现象②；有学者从话语效果角度分析，如尤红姣、侯勇认为思想政治教育话语面临着学院化、断层化、内卷化、失语化等多重困境③；也有学者从话语空间的角度分析，如魏荣、戚玉兰认为思想政治教育话语存在受教育者话语权利意识泛化、话语权力关系失衡、话语主控权弱化以及话语主导功能发挥缺乏保障等现实困境④；也有学者从话语接受角度分析，如叶荣国认为思想政治教育话语存在内容窄化、伦理失落与语境断裂等问题⑤；还有学者从话语生产模式出发，如马莹、周月华认为思想政治教育话语面临话语环境复杂多变、话语内容创新不足、话语表达方式单一、话语传播效力不强的困境⑥。这些观点揭示了影响思想政治教育话语发展的主要因素，指明了思想政治教育话语的现实困境，为思想政治教育话语创新发展的研究奠定了基础。

第一，关于网络思想政治教育话语创新发展的研究。目前学界主要代表性观点如下：冯刚、曾永平认为加强语言学、政治学、互联网信息技术学与思想政治教育交叉，能够有效推动思想政治教育话语创新发展。⑦ 刘雨、陈坤认为智媒时代要通过话语主体素养提升、算法技术源头优化、算法技术保障规制，实现对算法技术的引领和驯化，助推思想政治教育话语精准化发展。⑧ 李厚锐则认为“要以多层次智库体系、人机协同的生产机制、科教结合的技术理路为保障，探索智能媒体赋能思想政治教育创新的模式与路径”⑨。李洁认为需从素养跟进、技术突围、价值引导和法律规制等多维度、多领域构建推动智媒时代话语发展的路径。⑩ 赵晖、代保平认为推进信息时代高校思想政治教育话语转型，应注重话语主体的话语权保障、话语内容的坚守与拓展、话语方式的改进与创新、话语情境的营造与共鸣。⑪ 严敏则认为推动思想政治教育话语转向与赋能，就要做到话语出场从定向阐发转向动态交互、话语叙事从宏大笼统转向微小精练、话语表达从大水漫灌转向精准滴灌、话语输出从刻板印象转向柔性鲜活⑫等。

---

① 靳玉军，罗春艺．青年思想政治教育话语发展研究［J］．中国青年社会科学，2018（3）：73－79.

② 洪波．思想政治教育话语范式转换研究［M］．杭州：浙江大学出版社，2012.

③ 尤红姣，侯勇．思想政治教育话语的现实困境及解困之思［J］．广西社会科学，2015（8）：199－202.

④ 魏荣，戚玉兰．高校思想政治教育网络话语权研究［J］．学校党建与思想教育，2017（17）：45－48.

⑤ 叶荣国．大学生思想政治教育话语接受面临的问题与应对［J］．思想政治教育研究，2019（1）：104－107.

⑥ 马莹，周月华．新时代思想政治教育话语生产的价值遵循与模式创新［J］．中学政治教学参考，2021（12）：67－71.

⑦ 冯刚，曾永平．学科交叉视野下思想政治教育创新发展的特点与趋势——基于2017年学科交叉与思想政治教育研究成果的分析［J］．思想政治教育研究，2018（1）：18－23.

⑧ 刘雨，陈坤．智媒时代思想政治教育话语发展的算法嵌入风险及其应对［J］．中学政治教学参考，2022（48）：52－55.

⑨ 李厚锐．智能媒体赋能高校思想政治教育创新探究［J］．思想理论教育，2022（7）：96－101.

⑩ 李洁．智媒时代思想政治教育话语发展的算法逻辑［J］．思想理论教育，2022（3）：64－66.

⑪ 赵晖，代保平．信息时代高校思想政治教育的话语转型［J］．学校党建与思想教育，2023（8）：64－66.

⑫ 严敏．微传播视域下大学生思想政治教育话语转向研究［J］．学校党建与思想教育，2023（4）：61－63.

第二，关于高校思想政治教育话语创新发展的研究。在期刊层面，张改凤、朱浩认为需着眼于多元要素协调改善的整体创新、实践的理论化和理论的实践化有机结合的过程创新、继承与发展辩证统一的开放创新、内在层面与外在层面相统一的协调创新四方面进路①；刘国瑞、路晓芳认为要进一步增强高校思想政治教育话语体系的解释力、引领力、支撑力和影响力②；等等。在硕博论文层面，韩旭分析了多元文化背景下思想政治教育话语的存在形式及特点，并指出要通过转变话语理念、丰富话语内容、转换话语方式、提高个体性话语的能力和素质实现高校思想政治教育话语的创新发展③；窦星辰则通过剖析思想政治教育话语体系的内在结构，提出了新时代高校思想政治教育话语体系建构的多维联动机制，主要包括"组织领导与引领保障机制、社会协同与公众参与机制、高校主导与融合育人机制"④；芮方莹则在遵循政治性与学理性等原则基础上，"从话语内容、话语表达、话语传播、话语创新评价体系的构建四个方面提出新时代高校思想政治教育话语创新的实践路径"⑤。

三、思想政治教育话语研究的主要成就

经以上分析，不难发现，思想政治教育学科发展 40 年来，思想政治教育话语研究不断深化，取得了重要进展，不仅体现在关注度高、视角多元方面，也体现在内容丰富与时代性强等方面。

（一）思想政治教育话语研究关注度高

根据思想政治教育话语研究领域的发文量、著作量以及会议召开次数等，不难发现，学界对思想政治教育话语的关注度持续上升，除中国知网可检索的期刊外，学界对于思想政治教育话语也出版过多本著作，如杨波所著的《思想政治教育话语有效性研究》（东北财经大学出版社 2022 年版），孙晓琳所著的《思想政治教育话语发展研究》（中国社会科学出版社 2022 年版）等。经过长时间的研究与探讨，学界在诸多方面形成了一定的共识，尤其是在思想政治教育话语的内涵、功能、形态、困境、创新等方面形成了普遍的共识。学者们一致认为，加强思想政治教育话语研究，无论对于深化思想政治教育学科建设规律性的认识，还是对于深化思想政治教育实践规律性的把握，都具有不可估量的价值意义。

（二）思想政治教育话语研究视角多元

思想政治教育话语研究如今已不仅仅局限于对其基本内涵和功能的研究，学者们从多元视角出发，丰富了思想政治教育话语研究的理论体系。如严敏从微传播视域下研究大学生思想政治教育话语转向，侯勇等从新媒体视域下研究青年思想政治教育话语困境，杨月霞等从传播学视域下研究思想政治教育话语的传播等。学者们无论是从网络空间视域、"圈层化"视域、文化自信视域、新媒体视域，还是从协同视域研究思想政治教育话语的

---

① 张改凤，朱浩．新时代思想政治教育话语创新的系统审视［J］．系统科学学报，2022（4）：73－77．

② 刘国瑞，路晓芳．新时代新征程高校思想政治教育话语体系建设的使命、任务与策略［J］．大连理工大学学报（社会科学版），2023（1）：1－8．

③ 韩旭．多元文化背景下高校思想政治教育话语研究［D］．沈阳：沈阳师范大学，2013．

④ 窦星辰．新时代高校思想政治教育话语体系建构研究［D］．保定：河北大学，2021．

⑤ 芮方莹．新时代高校思想政治教育话语创新研究［D］．镇江：江苏大学，2022．

形成与发展，皆拓宽了思想政治教育话语基础理论的研究范围。换言之，思想政治教育学科与语言学、传播学、社会学等其他学科的交叉融合不仅延长了思想政治教育学科分支，提升了思想政治教育话语表达、话语传播的效果，而且促使思想政治教育话语研究更具现实性与可操作性，丰富了思想政治教育话语理论研究与实践发展，为后期深化细化研究奠定了研究基础。

（三）思想政治教育话语研究内容丰富

目前思想政治教育话语研究的热点论域已不仅仅局限于阐释基本概念、论证实质、阐明现实境遇、提出优化路径等方面，思想政治教育话语权、思想政治教育话语亲和力、思想政治教育话语功能等方面的研究内容在横向拓展的同时也在注重纵向发展。就思想政治教育话语亲和力研究而言，学界基于前期研究形成了多样的研究内容，丰富了思想政治教育话语亲和力的理论体系。比较有代表性的观点如下：一是“形态转换说”，如吴宏亮认为思想政治教育话语要注重从固定话语向动态话语、从教材话语向教学话语、从理论话语向生活话语的转换。① 二是“话语效用说”，如董平认为在教学实践中说短话、管用话、明白话、问题话、事实话、故事话是提升话语有效性的关键。② 三是“手段创新说”，如杨静娴认为网络时代要坚持政治性而不脱离生活、通俗而不媚俗、生动而不失理性、互动而不放弃引导等原则，增强教学话语的“五力”③。可见，学者们不仅立足思想政治教育话语的整体研究，还注重其分化探索，既有总体性探究，也有小叙事探究，极大地推动了思想政治教育话语研究的成熟发展。

（四）思想政治教育话语研究时代性强

党的十八大以来，中国特色社会主义进入新时代，此后一个时期学界对思想政治教育话语的研究更多着眼于“新媒体”“图像化”“圈层化”等关键词，且逐渐形成了将思想政治教育话语与互联网、意识形态、青年受众群体联系起来的研究自觉，并对思想政治教育话语体系的构建进行了前提性反思，这为思想政治教育话语范畴研究提供了知识增量和理论来源。信息技术的飞速发展在给思想政治教育话语转换、话语传播等方面带来诸多机遇的同时，也极大冲击着传统思想政治教育话语主导权、控制力和影响力，如信息的碎片化一定程度上会弱化思想政治教育话语的逻辑性，网络价值的多元化也会影响思想政治教育话语的认同，等等，故而学者们聚焦于思想政治教育话语权提升、网络思想政治教育话语权建构以及主流意识形态话语权建设等方面展开了详细的研究与探讨，以期守护政治安全、凝聚社会共识、增进民族凝聚力、增强话语权威。

第二节　思想政治教育话语研究的问题探赜

任何理论和学科都会根据自身主题构建出某种话语体系。在不同的发展阶段，由于历

① 吴宏亮．论高校思想政治理论课话语体系的“三个转换”[J]．思想理论教育导刊，2014（6）：76－78.

② 董平．困境与出路：思想政治理论课话语传播探析[J]．思想政治教育研究，2018（4）：83－86.

③ 杨静娴．话语创新：网络时代高校思想政治理论课发展的迫切要求[J]．思想理论教育导刊，2018（2）：105－107.

史任务的转换和时代条件的变迁，思想政治教育学科需要构建极具时代特色的话语体系。在思想政治教育学发展中，思想政治教育话语最初并未被作为一种重要理论或者范畴展开研究。随着时代语境的变化及思想政治教育学科的精细化发展，思想政治教育话语研究的意义日益凸显。思想政治教育话语研究是思想政治教育研究的重要组成部分，是思想政治教育基础理论研究的一个新的增长点，也是在思想政治教育学理论视点内的创新。近年来该领域日益被学界重视，研究成果数量呈现逐年上升的趋势，研究视角和研究内容也逐步拓展深化，为后来学者开展进一步研究提供了理论依据和决策参考。但不可否认的是，思想政治教育话语研究仍是一个新兴课题，对其研究仍然处于需要不断深化阶段，研究中还有诸多问题有待于深化突破。所以，认清思想政治教育话语研究的现状，细致探究思想政治教育话语研究的热点与难点问题，是思想政治教育话语研究发展的必由之路，对整个思想政治教育学科的建设也有一定的促进作用。

一、思想政治教育话语研究的系统性仍需加强

马克思指出："问题就是公开的、无畏的、左右一切个人的时代声音。问题就是时代的口号，是它表现自己精神状态的最实际的呼声。"① 经过建党百余年、学科成立 40 年的发展，思想政治教育围绕着各个历史时期的问题，展开重要的理论、范畴和实践的研究，逐步从经验走向科学。但必须指出，目前关于思想政治教育话语研究这一领域，仍存在着研究系统性有待提升、研究范式不尽明朗、研究数量仍需增加、研究质量仍需提高等问题。

第一，从整体来看，目前对思想政治教育话语的研究呈现分散化的特征。拘于一点、就事论事的研究偏多，系统梳理、整体把握的研究较少。学者们大多是从话语的含义、主体、受众、内容和话语权建构等方面对思想政治教育话语进行研究的，但对于思想政治教育话语的功能、特征、要素等方面还缺少系统性的阐释。已有的研究视角大多基于研究者的个人专长，停留在自己较小的研究范围内，致使研究缺乏与思想政治教育学科其他方向的联系。部分研究虽然观照到了多学科的交叉融合，但总体来看与其他人文社会科学学科的联系还不够紧密。话语研究本源上是语言学概念，但在其发展过程中呈现哲学、传播学、社会学、政治学等相关学科交叉整合的趋势。从掌握的资料来看，研究者们综合语言学和思想政治教育学来研究思想政治教育话语的较多，对于心理学、接受理论、哲学、修辞学等学科偶有涉及，研究成果总体较少，视野相对狭窄，思路略显局限。思想政治教育话语研究在对其他学科理论的借鉴和整合上尚有较大的发展空间。

第二，目前思想政治教育话语的研究范式不尽明朗。思想政治教育话语研究的基本命题有待厘清，且零散、复杂的研究视角和方法又使得学术成果碎片化特征明显，难以形成相对统一的话语研究范式。思想政治教育话语究竟指代什么？其在话语基础上如何彰显思想政治教育的学科特殊性？思想政治教育话语究竟由何种话语构成，不同话语之间究竟是何种关系？思想政治教育话语与话语权之间究竟是何种关系？聚焦"新时代"的话语语境，思想政治教育话语呈现出了何种特点？等等。理论问题的明晰是深入开展思想政治教

① 马克思恩格斯全集（第 40 卷）[M]. 北京：人民出版社，1982：289－290.

育话语研究的基本前提，对这些问题进行学理阐释是深刻推动本研究前提性命题明晰的关键所在，必须在日后的研究中加以深化发展。

第三，目前的思想政治教育话语研究的数量和质量都有发展的空间。从科研立项情况看，在国家社科基金、教育部人文社科基金中，思想政治教育话语研究尚处于起步阶段，其研究成果大多是论文，这方面的研究专著相对为数不多。总之，思想政治教育话语研究的质量尚有提升空间，日后的研究应当在增加研究数量的基础上重点提升研究质量，提高研究的系统性，丰富研究成果。

二、思想政治教育话语研究的对象有待于进一步明晰

研究对象是一个学科成立的基本依据和发展的逻辑起点，是学术体系中的重要组成部分，研究对象的界定为构建学科体系和话语体系提供了理论依据。思想政治教育与话语理论一经结合，建立思想政治教育话语概念就势在必行。思想政治教育话语研究在吸取西方话语研究合理性的基础之上，辩证地分析其在范式、思维、哲学、学术、政治上的缺陷，从而确立自己的文化身份，走自己的研究道路，以求促进人类学术的对话与创新。但就目前来看，对于“思想政治教育话语”这一概念的界定学界尚无统一的认识，存在着诸多不同的观点，各家之言、众说纷纭，大致可以分为以下四类：

一是言语符号说。学者们通常将思想政治教育话语理解为思想政治教育语言或言语符号系统，着重分析主流意识形态指导的言语符号系统和实现教育目的的言语符号系统，并关注到思想政治教育话语遵循一定的语言规范、规则和规律。侯旭认为思想政治教育话语具有以言行事的哲学思维。① 洪波秉持的思想政治教育话语的概念是“思想政治教育工作者在思想政治教育实践中，遵循一定的话语规范、规则和规律，并通过一定的方式表达出来的指向一定思想政治教育目的的言语符号系统”②。这些定义或突出了思想政治教育话语作为语言表达符号工具，在思想政治教育实践中应遵守的规范性要求，或强调了思想政治教育话语与思想政治教育实践的同向共生性，或将思想政治教育话语作为思想政治教育实践的结果和表现形式。

二是社会符号说。学者们将思想政治教育话语看作具体言语实践和传播、交往方式。王永友、龚春燕提出，“思想政治教育话语是一种政治意识形态的实践与传播形式”③。侯丽羽、张耀灿将其定义为“言说者出于维护统治阶级利益的需要，对言说对象进行政治观点、思想观念和道德规范系统教育时的语言符号实践”，并表现为政治话语、学术话语和生活话语三种基本形态。④ 这些观点不同于言语符号说，强调了思想政治教育话语作为一种语言实践活动及形式，应言说什么和以何形式言说。

三是载体工具说。思想政治教育话语被等同于思想政治教育者从事教育活动的载体，以及教育内容表达、传播、转译、建构的载体、工具和媒介。孙其昂等认为，思想政治教

① 侯旭．论构建“思想政治教育话语”范畴的意义及途径［J］．思想教育研究，2011（4）：20－22.

② 洪波．思想政治教育话语范式转换研究［M］．杭州：浙江大学出版社，2012.

③ 王永友，龚春燕．蕴底气、涵生气、接地气：实现思想政治教育话语“三转化”［J］．湖北社会科学，2018（7）：183－188.

④ 侯丽羽，张耀灿．论思想政治教育话语的三种基本形态［J］．马克思主义研究，2018（12）：143－148.

育话语属于介体范畴，“是思想政治教育的有效载体，也是影响思想政治教育实际效果的决定因素”①。刘秉亚认为，思想政治教育话语是“在教育者和受教育者双方之间不断沟通的载体”②。这些观点多从传播学视角，将思想政治教育话语作为连接传播过程参与者，即信源和受众的传播载体，突出了话语作为传播手段的客观性。

四是系统层次说。思想政治教育话语被视作诸要素组成的系统，各要素在统一的系统中的地位、作用、功能具有差异性。吴琼、纪淑云认为思想政治教育话语包括党的宣传机构、行政管理者的权力话语，思想政治教育理论研究者的理论话语，思想政治教育实践工作者的工作话语。③ 潘晴雯将其定义为一个教育主体话语和教育受体话语的融合系统，是一个包括思想政治教育文本、话语实践、社会实践统一的立体系统，是一个融实践性、批判性和开放性为一体的系统。④ 这些观念不再单一地将思想政治教育话语作为某种话语的指代，而是突出了其内涵和表现的系统性和开放性。

学者们大都从思想政治教育学的视角，较少在传播学、教育学、政治学等学科之外来界定思想政治教育话语，且研究更多侧重于教育者和受教育者之间的实践话语，对于思想政治教育话语理论建构的深入研究较少。这也从另一个侧面说明思想政治教育话语研究较为偏重于现象研究，但是基础性研究有待完善，理论基础不稳，必须予以重视。

三、思想政治教育话语研究的观点争鸣较少

学术的发展从根本上来说其实是对未知的探求。对于学术研究而言，创新是永恒不变的真理。如果一味因袭前人而墨守成规、故步自封，那学术研究也就丧失了生命力。学术研究是切忌维持现状的，唯有创新才能始终奔腾向前，不断开拓学术研究版图，才能丰富学科研究内容。目前，思想政治教育话语研究的系列成果虽然相对丰硕，但是研究的原创性、创新性却略显不足。

一方面，已有的研究成果多集中于网络思想政治教育话语研究和高校思想政治教育话语研究，且研究主体大量地集中于大学生、思政课教师、辅导员等群体。自然，这些研究问题都是当前的热点、重点问题，确实需要深入研究。但同时也不能忽视其他层面和主体的研究，如果长期呈现重视时代热点而忽视其他话语层面的情况，思想政治教育话语研究会日益呈现出“碎片化”“补丁式”“见招拆招式”等被动的畸形发展的特征，不利于思想政治教育话语研究的系统发展，在一定程度上也会对深入探讨当前热点话题形成限制。

另一方面，已有研究成果较多集中于某几个领域，势必造成思想政治教育话语研究重复率偏高的现象，这就导致研究的学术规范性较差，研究成果趋向同质化，新颖的研究观点较为少见，已有的观点大多是对前人研究观点的加工改造甚至同义复述。例如，对于“思想政治教育话语的创新研究”这一主题，绝大多数研究都围绕更新思想政治教育话语理念、优化思想政治教育话语内容、创新思想政治教育话语载体以及拓展思想政治教育话

① 孙其昂，等．思想政治教育现代转型研究［M］．北京：学习出版社，2015.

② 刘秉亚．“微时代”高校思想政治教育创新研究［M］．成都：西南交通大学出版社，2017.

③ 吴琼，纪淑云．马克思主义大众化语境中的思想政治教育话语变革［J］．求实，2010（10）：81－84.

④ 潘晴雯．高校思想政治教育话语推进的路径［J］．探索与争鸣，2011（8）：77－79.

语渠道等方面展开，且论述得较为空泛，尽管研究大都选择了特定的研究视角，但在措施的阐述中却难以体现不同视角的特色。再如，对于“思想政治教育话语的困境”研究，大都局限于从主体、内容、方法等角度进行陈述。在高校思想政治教育话语的主体研究上，从高校教师和辅导员作为主体视角进行思想政治教育话语研究多，从大学生作为主体视角进行思想政治教育话语研究少。学术争论能够促进学术的交流与创新，而“跟着说”的情况过多就势必难以出现学术争鸣，也较难推动思想政治教育话语研究的理论发展。

还有一点值得学界关注，即目前从话语维度研究习近平新时代中国特色社会主义思想的成果较少。2019年11月，习近平总书记在中央军委基层建设会议上强调，“探索构建新时代思想政治教育体系”①，即在新时代构建一个系统的、全方位的、长期的思想政治教育体系，坚持不懈用习近平新时代中国特色社会主义思想铸魂育人，培养一代又一代拥护中国共产党领导和我国社会主义制度、立志为中国特色社会主义事业奋斗终身的有用人才。思想政治教育话语的完善、发展、创新是构建新时代思想政治教育体系的重要环节，而习近平新时代中国特色社会主义思想的话语风格、话语艺术的相关研究本应是目前思想政治教育话语研究重点关注的内容。但是当前，鲜有文章真正探讨了关于习近平新时代中国特色社会主义思想的话语发展应用或者体系构建问题。已有的话语研究虽然能够紧贴时代，但是过度集中于“新媒体”“微时代”“自媒体”等网络热点研究视域，对于其他视域的关注程度略显不足，从话语维度研究习近平新时代中国特色社会主义思想的成果更是较为匮乏，日后应当予以重视发展。

四、思想政治教育话语的历史研究略显单薄

习近平总书记始终重视历史、学习历史、研究历史，坚持马克思主义历史观，善于从历史中汲取人生智慧和治国理政智慧。对于历史研究，习近平总书记高度重视，并从不同角度、在不同场合多次强调历史研究的重要性。历史研究是一切社会科学的基础。一切哲学社会科学的研究对象都以人为中心，都必须重视古今两方面知识的总结，哲学社会科学的每一门学科，都必然涉及历史，都必须温故而知新、继往以开来。习近平总书记提出“历史研究是一切社会科学的基础”这个重要命题，正是对历史研究承担着“究天人之际，通古今之变”的使命，以及历史研究在哲学社会科学研究中基础地位作用的肯定。挖掘思想政治教育话语的深刻内涵及其发展规律，就要着眼于历史发展维度，深刻认识并把握思想政治教育话语发展的历史逻辑，方能更好地探寻思想政治教育话语的历史发展进路。

现阶段关于思想政治教育话语研究的历史分期大致包括以下几个方面：第一种研究以新中国成立为历史起点，探究了思想政治教育话语发展的三个阶段，即曲折发展阶段（1949—1977年）、拨乱反正阶段（1978—1989年）与快速发展阶段（1990—2009年）。②还有学者将研究视角聚焦在1949—1979年，提出思想政治教育话语发展经历了稳步发展时期（1949—1966年）、异化转向时期（1966—1976年）、转折过渡时期（1976—1979

① 习近平在中央军委基层建设会议上强调 发扬优良传统 强化改革创新 推动我军基层建设全面进步全面过硬［N］. 人民日报，2019-11-11（1）.

② 邱仁富．论新中国60年思想政治教育话语发展的曲折历程［J］. 求实，2010（1）：77-80.

年），侧重探究这一时期思想政治教育话语的政治化倾向。① 第二种研究以党的十一届三中全会或是改革开放为历史起点，有学者提出了“五阶段说”，即拨乱反正期（1978—1983 年）、曲折前进期（1983—1989 年）、健康发展期（1989—1999 年）、全面建设期（1999—2012 年）和创新发展期（2012 年至今）五个阶段②；还有学者从历史经验的角度出发，对改革开放三十年思想政治教育话语发展的重大成就、现实挑战与创新转化进行探讨与研究。第三种研究以 1921 年中国共产党的成立为历史起点，将其划分为起步发展阶段（1921—1949 年）、稳步前进阶段（1949—1966 年）、变异转向阶段（1967—1977 年）及变革拓展阶段（1978 年至今）。③ 由此可知，思想政治教育话语近年来才成为思想政治教育研究的一个重要方向，研究成果并不十分丰富，学者们研究的历史分期有着较大的差异，对于思想政治教育话语发展历史的追溯和回顾总体上还未形成系统性、整体性的研究。

已有的分期梳理虽为后面的研究者提供了一定的借鉴，但是对于话语发展经验和教训的总结提炼还不尽充分，发展逻辑有待于进一步探寻。按照中国共产党历史对思想政治教育话语发展进行阶段性划分无可厚非，但思想政治教育话语有其自身特殊性，存在着内在于自身的发展机理与基本趋向，这一问题澄明的价值不仅仅在于对思想政治教育话语发展历程的梳理，更在于分析并把握思想政治教育话语的发展逻辑与演变规律，在于对思想政治教育话语发展一般性特征的基本厘清。可以说，这一问题是思想政治教育话语研究要破解的核心命题之一。

除此之外，对于思想政治教育话语研究的史论分析也有待于深入探讨。在新民主主义革命时期，毛泽东同志就发表了大量的关于思想政治教育工作的文章。当前我国在稳步推进思想政治教育工作的过程中，这能够提供大量丰富且宝贵的资源以便我们开展更为深入的研究分析。不过就现有文献资料来看，目前史论相结合的研究成果并不多，研究体系的系统性有待于日后加以完善。同时，在对思想政治教育话语史进行研究的过程中，可参考中国共产党思想政治教育史的研究方法等相关内容，从而让研究更为科学合理。

五、思想政治教育话语研究的方法仍需更加成熟

自思想政治教育学科设立以来，经由一代代学者的努力，大体上建构起了以学科概念体系、原理体系为逻辑基础的研究方法体系，该学科的研究方法体系被学者们称为区别于“工具理性或技术层面上的方法体系”的“科学学范畴的方法体系”④。有学者考察发现，思想政治教育研究方法近些年来逐渐呈现出“从经验走向理论、从思辨迈向实证、从单一转向多元的发展趋向”⑤。这样的判定是对思想政治教育学界推进研究方法科学化进程和

---

① 刘娜，杨士泰．1949—1979 年思想政治教育话语的时代变迁及价值观分析［J］．教育评论，2017（5）：87－90.

② 钱俊．改革开放 40 年以来大学生思想政治教育话语体系的演化、传承与创新［J］．黑龙江高教研究，2018（11）：131－134.

③ 郁树廷，张帅．试论我党思想政治教育话语转向的历史脉络［J］．党史博采，2016（4）：8－9.

④ 张耀灿，钱广荣．思想政治教育研究范式论纲——思想政治教育研究方法的基本问题［J］．思想教育研究，2014（7）：3－9.

⑤ 张瑜．近 10 年来思想政治教育研究方法的新进展［J］．思想教育研究，2019（5）：34－39.

所取得成绩的肯认。思想政治教育话语研究作为思想政治教育研究的重要研究领域，其研究方法正经历着由固有传统向现代创新的转变，但仍存在着较大的创新空间。

目前的思想政治教育话语研究较多采用规范研究而较少运用实证研究，并且大多数研究都以文献研究法为主要研究方式，这也从侧面反映了研究者较少深入实际和社会做细致调查研究的状况。已有的传统研究方法多是对过往经验的总结与继承发展，不仅易呈现理论性突出而实证性偏弱的特点，而且更容易导致研究成果内容重复、缺乏创新性。一直以来，在思想政治教育话语研究中很少采用实践调研、史学材料挖掘、科学的数据分析与计量的研究方法。

中共中央办公厅印发的《关于在全党大兴调查研究的工作方案》指出："调查研究是我们党的传家宝。党的十八大以来，以习近平同志为核心的党中央高度重视调查研究工作，习近平总书记强调指出，调查研究是谋事之基、成事之道，没有调查就没有发言权，没有调查就没有决策权；正确的决策离不开调查研究，正确的贯彻落实同样也离不开调查研究；调查研究是获得真知灼见的源头活水，是做好工作的基本功；要在全党大兴调查研究之风。"① 实践调研是对问题的详细考察与分析，是人文社会科学研究中的一种重要的研究方法，是解决问题的重要基础，但现在的思想政治教育话语研究中却鲜有基于调查结果的实证类研究。当然，也不排除有研究者使用这种调查研究方法，但其选择的调查样本却很少具有代表性，涵盖范围不广，得出的结论具有一定的局限性。这也就要求思想政治教育话语的研究主体应将眼光更多地投向诸如调查法、访谈法等现代研究方法，力求贯彻理论与实践相结合原则。

近年来思想政治教育学界对于史学材料的挖掘虽有一定的进步，但对于思想政治教育话语现阶段的研究来说还是远远不够的。中华优秀传统文化博大精深、历史文献中蕴藏的关于思想政治教育方面的大量资源有待探索。在革命、建设、改革、新时代的不同时期，思想政治教育各有特点，有着丰富的经验值得学习借鉴。大数据时代，思想政治教育话语研究应积极探寻人文学科领域内的数据分析方法，构建思想政治教育话语研究数据库。此外，思想政治教育话语研究方法在历来文献成果中的分布较为散乱，且不同研究者的划分标准各不相同，暂未形成一个较为清晰且普遍认可的研究方法体系。因而未来也应当观照研究方法的体系性，提升思想政治教育话语的研究深度、拓宽其基本面，从而实现研究方法由单一走向多元。

六、思想政治教育话语研究的实践取向有待增强

目前，思想政治教育话语的理论研究和实践探索的衔接不够紧密，理论研究仍然滞后于实践发展，思想政治教育话语的应用性需要增强。学界已经意识到了思想政治教育话语研究的重要性，不论是学术期刊、学位论文还是专著文集，都能够从中搜寻到相对丰富的研究成果。但必须指出，已有研究大多仅实现了对思想政治教育话语理论层面的构建，这些理论在实践中是否有可操作性、其有效性的程度如何等问题却是被忽视的。思想政治教

---

① 中共中央办公厅印发《关于在全党大兴调查研究的工作方案》[EB/OL].（2023－03－19）. https://www.gov.cn/zhengce/2023－03/19/content_5747463.htm.

育话语研究具备理论性、应用性的双重特质，理论性的研究可从概括性层面提出关于思想政治教育话语构建的依据，固然有利于奠定该研究的理论基础，但同时也在一定程度上忽略了话语研究的最终目的和宗旨——提高思想政治教育的有效性和实效性。

一方面，思想政治教育话语研究的问题意识有待提高。习近平总书记在党的二十大报告中明确指出："必须坚持问题导向。问题是时代的声音，回答并指导解决问题是理论的根本任务。"① 社科类的学术研究必须关注现实问题，通过调查来发现问题、分析问题、解决问题。在以上这三大环节中，分析问题是解决问题的前提和基础。随着思想政治教育话语场域的深刻变化，学者们对于思想政治教育话语发展的研究的确更趋向于从现实着眼，关注思想政治教育话语发展的新视域，特别是自媒体时代、网络时代、微时代等，研究的重点大多聚焦于当前社会发展视域下思想政治教育话语发展的现实境遇及面临的挑战，这一点值得肯定。但同时也必须指出，尽管目前对于思想政治教育话语困境的研究颇多，但是却鲜有文章分析造成困境的原因，而对原因分析不够透彻则势必会造成路径研究的不切实际与浮于表面，不利于思想政治教育话语研究的良性发展。

另一方面，思想政治教育话语研究的应用性、针对性不强。有学者提出："话语问题是思想政治教育的重要问题。思想政治教育活动本身离不开话语，思想政治教育的创新发展离不开话语的转换和更新。"② 目前而言，不论是针对思想政治教育话语困境提出的解决策略，还是对于思想政治教育话语的创新路径探索，学者们提出的措施在一定程度上存在着"大""空""虚"的现象，大部分对策具有普适性，缺少质量高、创新性强、对前沿问题进行有力回应的成果，相关研究都有着进一步深化与拓展的空间。尽管当前研究所提出的措施能够较好地呼应问题，指明了未来努力的方向，但是却更倾向于理念层面，而理念能否在现实中实践以及实践结果是否如意仍有待于进一步探究。思想政治教育话语研究的根本目的在于把理论成果运用于具体实践，故而要在实践中不断探索受教育者的话语接受能力及语言特征，结合实践修正学界话语研究的理论范式，使之更科学、更合理、更有效。

综上所述，思想政治教育话语研究的发展是一个不断超越、不断完善的动态进程，需要在已取得的成果的基础上，立足于理论与实践的需要，积极探索新思路、新途径、新方法，努力摆脱目前的研究困境。

第三节　思想政治教育话语研究的未来进路

思想政治教育话语研究作为思想政治教育研究的基本内容，是思想政治教育建设的内生性问题。新时代新征程，针对当前思想政治教育话语研究中存在的问题，还需进一步在研究内容、研究效果、研究方法等方面下功夫。

---

① 习近平．高举中国特色社会主义伟大旗帜 为全面建设社会主义现代化国家而团结奋斗——在中国共产党第二十次全国代表大会上的报告［M］．北京：人民出版社，2022：20.

② 刘建军．思想政治教育话语转换的三重基础［J］．思想理论教育导刊，2016（5）：120－123.

一、以马克思主义领航，深化思想政治教育话语基础理论研究

中国特色社会主义进入新时代，我国社会主要矛盾发生转化，这意味着我国思想政治教育话语建设的时空条件、历史方位、目标任务发生了深刻变化。基于此，思想政治教育学人要促使思想政治教育话语满足社会发展所需，就要进一步深化思想政治教育话语基础理论研究。而新征程促进思想政治教育话语基础理论研究的深入发展，离不开对思想政治教育话语体系以及对思想政治教育话语知识体系的整体构建研究。

（一）进一步加强对思想政治教育话语体系的研究

建设中国特色哲学社会科学话语体系是党中央站在时代高度提出的一项战略任务，2016年5月，习近平总书记在哲学社会科学工作座谈会上指出，要积极“构建具有自身特质的学科体系、学术体系、话语体系”①，话语体系是自主知识体系的关键组成，也是学科体系的重要元素，思想政治教育话语体系只有在新的历史条件下不断被完善，才能进一步推动思想政治教育话语研究的提质增效。尽管目前已经有学者从结构、转变、创新等方面对思想政治教育话语体系进行了研究，但伴随时代的发展，原有思想政治教育话语体系略显滞后性，不仅思想政治教育话语的权威逐渐被弱化，而且思想政治教育话语的吸引力也逐渐被减低。为打破思想政治教育话语发展的梗阻，推动思想政治教育话语体系研究深度与广度的不断进展，要着眼于以下几个方面：一是要弄清楚思想政治教育话语体系的基本内涵，即思想政治教育话语体系是什么的问题，包括探究其结构要素与结构形式是什么的问题。二是要研究为什么要建构思想政治教育话语体系，即构建思想政治教育话语体系的价值意蕴是什么。三是要探索如何建构思想政治教育话语体系，即新时代思想政治教育话语体系的优化路径。此外，自主知识体系的提出，也对思想政治教育话语研究提出了新要求，思想政治教育学人要在厘清思想政治教育话语体系与思想政治教育学科体系、学术体系间区别的基础上，明晰思想政治教育话语体系与自主知识体系间的内在关系，如此，方能整体把握思想政治教育话语研究的学术定位，进一步知晓思想政治教育话语体系研究的重要性。

（二）进一步完善对思想政治教育话语知识体系的研究

建构具有中国特色的自主知识体系是思想政治教育学科建设的内在要求，既符合思想政治教育学科的发展规律，也符合思想政治教育话语研究发展的内在规律。而系统性是自主知识体系构建的关键点，换言之，思想政治教育话语的知识体系之所以被称为“体系”，不是指无意义、碎片化知识点的拼接，而是指以研究思想政治教育话语为主干生成的自成一体的科学化、规范化的知识点总和。着眼知识结构的系统性，新时代思想政治教育话语的知识体系的研究需包含以下两个维度：

一方面，加强对思想政治教育话语主干知识的研究。思想政治教育话语形态、话语范式、话语功能、话语目的、话语权等方面的研究均可以称为思想政治教育话语研究的元问题。新时代思想政治教育学人需在马克思主义理论指导下，不断加强对主干知识的研究，如此，方能促使思想政治教育话语研究这棵大树更加根深蒂固。以思想政治教育话语内涵

---

① 习近平．在哲学社会科学工作座谈会上的讲话［N］．人民日报，2016-05-19（2）．

研究为例，思想政治教育话语，于狭义而言是指主体间表达的介体工具，如语言、文字、图像等，这构成了具体的话语体系，并在不同内容、结构、风格、视角、空间等维度中表现为不同的话语形态；于广义而言则是指目的主体使用介体工具对对象主体的支配关系的确定和加强，即话语权力支配的有效性、话语权威存在的有效性以及话语权力与话语权威辩证互动关系的有效性。可以说，新时代对思想政治教育话语内涵的研究不仅要研究介体工具内涵的有效性问题、研究单向支配关系的有效性问题，还要研究整体的、辩证的、互动的话语关系的有效性问题，更要根据社会的发展加入当下流行元素，增强话语的吸引力，要赋予传统思想政治教育话语新的生命力，使经典话语在新时代焕发出新的生机与活力，提升思想政治教育的说服力与影响力。概言之，以思想政治教育话语主干知识研究为重点，必将促进思想政治教育话语基本理论问题的深化研究与解决，这无疑会使思想政治教育话语研究的学理性得到加强，催生出更多具有原创性的研究成果。

另一方面，拓展思想政治教育话语分支知识的研究。当前关于思想政治教育话语研究的专题化特征十分突出，学术界较多关注具体问题视域中的话语研究，这是话语研究细化、深化并避免同质化的方向。但是也应注意到，除了对主干知识进行专题化研究外，还应积极拓展思想政治教育话语分支知识的研究，如此，方能促进思想政治教育话语知识体系的枝繁叶茂。比如随着话语载体日益丰富，如何使话语载体适配当前场景的选择问题越来越重要。思想政治教育学人除要加强对话语载体的研究外，还需加强对思想政治教育话语向度的研究、思想政治教育话语策略的研究以及思想政治教育话语艺术的研究，尤其是深入总结习近平总书记语言艺术的鲜明特点，探讨思想政治教育话语亲和力、感染力、吸引力等问题，防止思想政治教育话语研究理念的滞后，以求从抽象与具体、实然与应然、理论与实践等多种角度丰富思想政治教育话语的知识体系。概言之，思想政治教育学人要坚持全面把握和重点突破相统一，以前瞻性思维、全局性眼光促进思想政治教育话语基础理论的更新迭代。

二、以实践发展为基础，提高思想政治教育话语研究实践性

思想政治教育学科作为一门经验性学科，其理论创新发展受实践领域特征的直接影响。同理，实践也是思想政治教育话语研究得以形成、发展与深化的基础。只有全面深入地研究和把握思想政治教育实践的特点和规律，有力回答话语创新发展中所面临的时代问题，才能使理论体系的基本范畴更加科学和准确，才能促使理论有效地解释现实和指导实践。基于此，要强化思想政治教育话语研究的问题意识，回应思想政治教育话语研究的时代诉求，推动思想政治教育话语研究的队伍建设，从而切实提高思想政治教育话语研究的实效。

（一）强化思想政治教育话语研究的问题意识

习近平总书记曾明确指出："问题是时代的声音，回答并指导解决问题是理论的根本任务。"① 40 年来，思想政治教育的实务工作不断丰富出新，这为思想政治教育学科的理

---

① 习近平．高举中国特色社会主义伟大旗帜 为全面建设社会主义现代化国家而团结奋斗——在中国共产党第二十次全国代表大会上的报告［M］．北京：人民出版社，2022：20.

论创新发展提供了更为广阔的发展空间。基于文科教育创新发展的共识，新时代新征程思想政治教育话语研究必须强化问题导向，增强问题关切，注重问题关怀，将思想政治教育研究的文本话语、学术话语转译成现实生活和网络平台的教育内容，以此回应时代的呼唤。具言之，思想政治教育话语研究需立足中国实际，着眼国家战略发展需要，积极回答新时代中国发展所面对的价值碎片化、价值泛娱乐化、价值个体主义、价值立场异化等新问题，深刻分析部分青年“内卷”与“躺平”现象发生的深层机理，主动回应学生思想疑惑，在分析与解决问题中加强话语研究的实效性；需立足人类发展，以更加宽广的视野，坚持中国化时代化马克思主义的指导，遵循思想政治工作规律、教书育人规律、学生成长规律，着力提出体现中国立场、中国智慧、中国价值的理念、主张和方案，积极回应“中国之问”“世界之问”“人民之问”“时代之问”，不断彰显思想政治教育话语研究的真理魅力和实践伟力，同时为构建人类命运共同体提供具有原创性的知识资源与理论支撑。

（二）回应思想政治教育话语研究的时代诉求

思想政治教育话语研究的根本价值在于如何促进和保障思想政治教育功能和目标的实现，这就必然要求思想政治教育话语研究应当立足实践，着眼于回应现实问题。思想政治教育话语研究不是一成不变的既定研究，而是始终处于运动与发展中的动态研究。推动思想政治教育话语研究中理论与实践的结合，必须既要提倡话语研究的学理性，又要观照话语运用发展的现实情况。新时代要推动思想政治教育话语研究的创新发展，必须将理论与实践相统一的方法论作为探索话语研究世界的钥匙。一方面，理论来源于实践，是对实践经验的总结和规律揭示。思想政治教育话语研究只有扎根于时代发展的具体阶段，认清思想政治教育话语发展现状，才能准确切中思想政治教育话语运用的真实需求和方向，产生符合话语发展规律的话语理论。另一方面，理论反作用于实践，可用于指导话语实践。思想政治教育话语研究的系列成果最终仍要应用于话语表达传播、创新发展的具体实践中去，因而未来的思想政治教育话语研究必须在“落地”上下功夫。以思想政治教育话语目的为例，思想政治教育话语目的需要根据社会发展的客观趋势来主动调适。准确把握时代话语之向需要遵循两方面：一是追求科学，不脱离“三大规律”的正确指引，不违背历史运动规律的方向，坚持实践是检验真理的唯一标准；二是以人为本，坚持群众路线，用贴近群众生活的话语激发认同，形成奋进合力。

（三）推动思想政治教育话语研究的队伍建设

“思想本身根本不能实现什么东西。思想要得到实现，就要有使用实践力量的人。”①思想政治教育话语研究的深化完善离不开人，尤其是离不开广大思想政治教育工作者。因此，必须加快建设一支综合素养过硬、专业能力高强、主体结构合理的思想政治教育话语研究者队伍。

一方面，提升思想政治教育话语研究者的综合素质。话语研究者是推动思想政治教育话语研究深化、完善、成熟的主力军，必须培塑思想政治素质、打牢专业理论功底、熔炼创新批判能力。首先，提升话语研究者的政治站位。思想政治教育话语研究者首要和根本的素养是政治素养，话语研究者如果不具有超高的政治素养，就不能在大是大非面前保持

① 马克思恩格斯文集（第1卷）[M]. 北京：人民出版社，2009：320.

坚定和清醒，就有可能犯政治错误。因此，话语研究者必须坚定马克思主义的政治信仰，坚持无产阶级的政治立场，保持政治定力，拓宽政治视野，提升政治素养。其次，提高话语研究者的理论素养。话语研究者应当认真研读马克思主义经典著作，通过专家讲座、理论培训和集体研讨等多种方式系统学习马克思主义基本原理，从而充实理论储备，提高理论水平，打好理论根基。同时，话语研究者还应善于把马克思主义理论同具体实际相结合，面对“普世价值”、新自由主义、历史虚无主义等各种错误社会思潮带来的负面影响，能够运用深厚的马克思主义理论功底揭露其本质、剖析其危害。最后，锻炼话语研究者的批判性思维与创新意识。当前的思想政治教育话语研究存在着研究视角过于集中、研究观点相对重复的现象，这就要求话语研究者不能简单地人云亦云、机械模仿，而要在观照现实的基础上发现新问题、提出新路径，拓展话语研究的深度和厚度。

另一方面，构建完善思想政治教育话语研究的学术共同体。思想政治教育话语研究不仅有问题争论、挑战困惑的倒逼，更有学者们的坚持不懈与探索审思，但目前思想政治教育话语研究整体力量的合作性不强、开放性不足、独特性不够。因此，要从多学科出发，由学术界有影响力的学科负责人或学术带头人牵头，构建全领域、多层次、结构化的合作网络，构建互动式的思想政治教育话语研究的学术共同体。这个共同体要始终坚持马克思主义的立场、观点与方法，观察时代问题、把握时代脉搏、引领时代潮流，从回答中国之问、世界之问、人民之问、时代之问的科学成果中提炼思想政治教育话语内容，彰显思想政治教育理论属性。在学术共同体内部，要能够使科研合作网络中的机构和学者之间的合作满足整体协同攻关的需要，同时又保留多层次学术交流的自由度。话语研究者们可以自由辩论、深入探讨相关问题，从“跟着讲”向“对着讲”“接着讲”迈进，促进对话争鸣，加强思辨争论，活跃研究氛围，净化学术环境，丰富研究成果。在未来，顶层设计与学科布局必不可缺，必须整合研究力量的资源以实现优化配置，培育扩展研究学者的学术视野，在坚守思想政治教育学科使命的基础上形成研究强大合力，并将之作用于现实问题，继而增加学科研究和问题攻关的力量。

三、以相关学科为借鉴，创新思想政治教育话语研究方法

已有的思想政治教育话语研究虽然吸收借鉴了语言学、传播学、社会学等多学科的理论，但对于话语主体、话语受众都是人的思想政治教育话语研究来说，还应吸纳管理学、心理学、教育学、历史学等多学科的研究方法和研究成果，实现话语内容的生活化、大众化，话语表达的多样化、时代化，并对话语空间进行有效的治理与管控，从而丰富思想政治教育理论研究与实践发展。此外，虽然近年来思想政治教育话语研究已经成为一个广受关注的新研究领域，但目前的研究方法较为单一，较多的是规范性研究，实证性研究较少，运用系统观点和系统方法分析问题不够，研究方法论缺乏共识，亟须加以改进。

（一）不断巩固思想政治教育话语的实证研究方法

从思想政治教育话语研究方法来看，一些实证的数据分析多是对文献观点的对比总结，而缺少针对观点本身来源的调研和分析，理论思辨式的研究偏重，实证调研式的研究略少。这导致研究出现同质化现象，需要调整研究方法的侧重以为新的话语研究开辟进路。

首先是运用定量研究的方法。目前关于思想政治教育话语的实证研究多限定在课堂、教材、考试等场景中，用于分析一定量的话语内容及其基本结构的数量关系。通过界定语言的词频、语法、结构等快速确定语境的主题词，以便诠释话语的潜在关系，有利于直观呈现理论、方针、政策、报告等的核心立场，从而把握其思想政治教育话语的核心立场。伴随“大思政课”建设体系的持续推进，越来越需要更多数据的、更广范围的、更加精细的定量分析来满足广泛的、整体的、系统的、科学的思想政治教育需要。

其次是运用定性研究的方法。大数据时代的到来，使大数据分析方法有望为思想政治教育定性分析方法的创新注入活力。一方面，可将大数据分析方法应用贯穿于思想政治教育话语定性分析的实证过程之中。既包括通过海量数据的智能性、动态性、全面性获取来为思想政治教育话语定性分析提供更为充足的数据信息，也包括通过数字化、可视化、模型化等技术来为思想政治教育话语定性分析提供更为直观的分析方法。另一方面，还可将大数据分析结果贯穿于思想政治教育话语定性分析结果的运用之中。根据大数据的分析结果来科学评估思想政治教育话语的设计、运用、评价等方面，从而用大数据分析来克服定性分析的主观片面性等缺陷，不断提高思想政治教育话语研究的实效性和针对性。

最后是运用混合研究的方法。运用定性研究与定量研究相结合的现代方法，综合定量分析在纯粹语言分析方面的优势以及定性分析对语言的深层加工优势。混合研究方法不仅仅简单收集和分析两种类型的数据，还涉及两种方法的同步使用或交叉使用，因此混合研究方法有利于整体研究思想政治教育话语机制的各个环节，并研究话语的复杂形态。混合研究方法的运用有利于调整思想政治教育话语研究方法单一、思辨定性偏多、实证定量偏少的现状，从而为思想政治教育话语研究找到更倾向于案例分析的突破点。

（二）不断增强思想政治教育话语的历史研究方法

历史研究是思想政治教育话语研究和论证的基础，应从历史中汲取话语养分，丰富话语研究的佐证材料，构建面向未来的世界历史性的话语体系。

首先，深化思想政治教育话语的历史自觉研究，抵御历史虚无主义等思潮的侵蚀。历史虚无主义往往打着“理性思考”“重写历史”“重新评价”等旗号，通过设置理论陷阱的方式消解主流意识形态的历史基础。其本质上是一种否定和解构整体性历史观的唯心主义思想体系，是西方敌对势力“西化”“分化”战略的话语武器。这在很大程度上威胁到了我国思想政治教育话语的有效性，因此需要重视历史教育，增强历史自觉，全面客观、历史辩证地看待历史的人物、事件和观点。

其次，深化思想政治教育话语的历史逻辑研究，丰富完善历史研究的佐证基础。近年来，口述史研究法逐渐引起马克思主义理论学科研究者的重视。口述史不单是记录访谈对象的个体经历与主观感受的，而是将这些看似个体化的事件进一步加工成具有社会历史价值的史实。就其本质而言，这个过程旨在获取、保存和建构个体成员的社会记忆。作为一种历史研究方法，口述史被自觉纳入马克思主义理论研究的视域，用以分析学科诸多的历史议题，这其中尤以中共党史、高校思政工作史等相关研究领域体现得最为明显。在未来，思想政治教育话语研究也可以引入这一方法，从而使得研究不仅“有理”，而且“有据”。

最后，深化思想政治教育话语的历史特色研究，面向未来进行世界性话语建设。对内要以话语的实际力量赢得世界的认同，从而构建好自身的话语特色；对外则要对接世界性

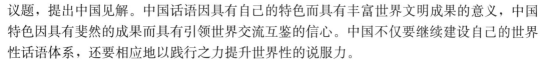

议题，提出中国见解。中国话语因具有自己的特色而具有丰富世界文明成果的意义，中国特色因具有斐然的成果而具有引领世界交流互鉴的信心。中国不仅要继续建设自己的世界性话语体系，还要相应地以践行之力提升世界性的说服力。

（三）不断丰富思想政治教育话语的跨学科研究方法

思想政治教育话语研究本身就是一个跨学科的研究领域，涉及语言学、传播学、社会学、政治学、修辞学、心理学等多方面的内容。从思想政治教育学科发展而言，交叉学科的视野能为思想政治教育的创新发展带来新的研究视角、新的研究方法、新的解决问题的方法手段和新的研究成果。作为思想政治教育研究下的新兴话语研究领域，也必须把交叉视野下的研究作为新的视角和路径，这是时代发展的需要、实践创新的需要。

2019 年 4 月 29 日，教育部“六卓越一拔尖”计划 2.0 启动大会在天津大学召开，标志着国家“四新”建设工程正式开启。由此，“新文科”从概念提出走向正式实施。从现有的文献来看，社会学、新闻学、法学、艺术学、政治学、历史学等诸多学科的学者已经开始加入对新文科建设的研究中来。思想政治教育学科作为新文科建设的重要学科之一，理应加强跨学科的交叉研究。思想政治教育话语研究在采用跨学科研究方法时应注意以下两点：第一，坚守思想政治教育的学科特色，新文科交叉研究的边界范围要有“度”。边界范围是思想政治教育话语跨学科交叉研究的特殊领域，虽然思想政治教育话语的综合性、交叉性都极为显著，但并不意味着能够无视和抹杀其学科边界性。思想政治教育话语的交叉研究应在吸收和借鉴其他新文科有益成分的同时，坚守明晰边界，对边界的把控要有正确的“度”。在推进思想政治教育话语交叉研究的过程中，需要科学判别思想政治教育与其他学科融合的必要性与科学性，保持学科自身内部展开交叉论证的学理性与规律性。与此同时，也需要以可行性与有效性为导向，深思熟虑、精心考量学科交叉研究的成果能否有力回应现实需求与满足现实需要，是否符合思想政治教育的发展规律与实践机理。第二，打破学科壁垒，要处理好“三大关系”。一是处理好“破”与“立”之间的关系。思想政治教育话语的交叉研究必须与时俱进，破除陈旧的思想观念与落后的研究方法，因时而进、因势而新且能回应时代之问。二是处理好共性与个性之间的关系。这就需要在交叉研究过程中找准话语研究的定位，对于共识性问题提供普遍性的理论支撑，对于个体性问题提供特殊性的路径依循。三是处理好“可为”与“不可为”之间的关系。在思想政治教育话语研究的工作中，若受限于某一观点而难以解决问题，切不可故步自封、画地为牢，应在交叉融合研究中积极寻找新的解决思路，以我为主、为我所用。新征程，跨学科研究必然是推动思想政治教育话语研究前进发展的重要动力。在新文科交叉融合的推动下，充分汲取其他学科养分，思想政治教育话语研究必将得到有益提升。

第十二章　思想政治教育环境研究进路与展望

思想政治教育环境是思想政治教育领域中的基本问题之一，它与其他环境的界限在于它与思想政治教育诸要素发生关联，由此才构成现实的思想政治教育环境。思想政治教育直面的诸多难题大多来自思想政治教育环境引发的多米诺骨牌效应。无论是社会大时代的主题转换，还是网络化、新媒体和图像化，都不仅催生了思想政治教育环境的新形态，而且改变了人认识和把握世界的方式。正是从这一意义上，思想政治教育环境已经不是简单的外部因素。面对多元、多样、多变的环境，以何种方式和性质进入思想政治教育，如何运用环境的规律推动思想政治教育环境由自发向自觉转变，成为思想政治教育学科视域中环境研究的主旨。

第一节　思想政治教育环境研究概述

在思想政治教育学科视域中，思想政治教育环境是指影响人们的思想与行为、影响思想政治教育活动开展的外部因素的总和。运用分析软件，对 1983—2023 年中国知网中思想政治教育环境研究的关键词进行分析研究，呈现出思想政治教育环境研究的热点主题和发展演进。

一、思想政治教育环境研究的热点主题分析

通过对学术资源库中思想政治教育环境研究的关键词进行统计，得到 40 年进程中思想政治教育环境研究高频关键词统计量表（见表 12－1）和思想政治教育环境研究关键词共现图谱（见图 12－1）。表 12－1 和图 12－1 基本呈现了思想政治教育环境研究的热点主题。

表 12－1　思想政治教育环境研究高频关键词统计量表

序号	频次	中心性	关键词	序号	频次	中心性	关键词
1	299	0.63	思想政治教育	11	22	0.07	主客体
2	98	0.14	新媒体	12	22	0.05	特征
3	96	0.21	网络环境	13	22	0.11	功能
4	85	0.28	高校思想政治教育	14	20	0.08	文化环境
5	77	0.21	大学生	15	19	0.06	教育环境
6	75	0.26	环境建设	16	18	0.07	社会环境
7	55	0.18	网络思想政治教育	17	14	0.02	价值
8	51	0.34	思想政治教育环境	18	12	0.05	思想品德
9	45	0.14	对策	19	12	0.03	政策环境
10	36	0.1	创新	20	12	0.02	影响

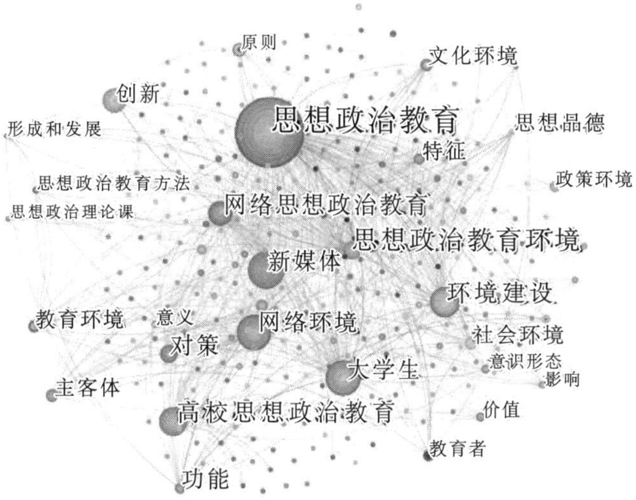

图 12－1　思想政治教育环境研究关键词共现图谱

（一）思想政治教育环境基础理论研究

思想政治教育环境基础理论研究是思想政治教育环境研究的重要内容，主要包括环境的内涵、特征、类型、功能等。第一，思想政治教育环境内涵的界定。思想政治教育环境内涵的界定是思想政治教育环境基础理论研究的起点，围绕思想政治教育环境的中心项，形成了以单个中心项定义和多个中心项定义的分野。第二，思想政治教育环境特征的阐释。思想政治教育环境有其自身独特性，既有环境结构上的整体性和有序性，又有环境本质上的阶级性和社会性，还有环境外在特征上的广泛性、动态性、可创性、可塑性等。第三，思想政治教育环境类型。二分法主要将思想政治教育环境分为宏观环境和微观环境，其中宏观环境主要考察社会政治、经济、文化环境，微观环境主要考察家庭环境、学校环境、工作环境等；三分法在二分法的基础上增加中观环境、历史环境、现实环境、未来环境等。第四，思想政治教育环境功能。一是从思想政治教育环境对思想政治教育过程诸要素的作用角度出发分析其作用，二是从结构要素出发分析思想政治教育环境的功能，如物质环境的保证、促进、证实、激励功能，思想政治教育精神环境的导向、约束、塑造和推动功能。

（二）思想政治教育具体环境形态研究

随着思想政治教育研究的不断深化，思想政治教育环境研究从宏观向微观领域推进。在具体的环境形态上，主要集中于环境的基础理论研究以及环境下的思想政治教育实践研究。如社会环境方面，思想政治教育社会环境的概念最先由龙泽元提出①，而后陆庆壬全面系统论述了思想政治教育社会环境。② 邱伟光、张耀灿进一步指出社会环境由社会经济、政治和文化环境构成。③ 其中，文化环境受到学者们的广泛关注，学者们围绕文化环境与思想政治教育的相互作用、特定文化环境下的思想政治教育实践问题以及思想政治教育文化环境的建设等问题形成了研究成果。政策环境方面，有学者围绕思想政治教育政策环境的结构与特点、作用及机理、设计与创建、强化与优化以及模型建构等方面展开了研究，构建起了思想政治教育政策环境的理论体系。

二、思想政治教育环境研究的发展演进

在思想政治教育环境研究的发展进程中，以“关键词”为节点绘制思想政治教育环境研究的关键词共现时区图谱（见图12-2），呈现出思想政治教育环境研究发展演进的三大阶段。

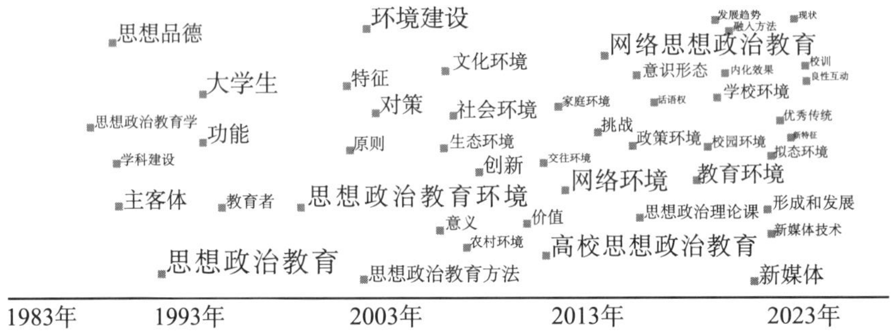

图12-2　思想政治教育环境研究的关键词共现时区图谱

（一）思想政治教育环境研究的探索创立期

这一时期，思想政治教育环境研究的关键词主要有思想政治教育、思想政治教育学、思想政治教育环境、学科建设、教育者、功能等，其研究重点关注的是思想政治教育环境的内涵、分类、功能等。蔡福兰的《试论环境因素对思想政治工作的影响》较早论述了工作环境、家庭环境和社会环境对思想政治工作的作用。④ 学者们围绕思想政治教育环境的

① 上海市高教局．高等学校学生思想政治教育［M］．北京：教育科学出版社，1984：103-104.

② 陆庆壬．思想政治教育学原理［M］．上海：复旦大学出版社，1986：260-277.

③ 邱伟光，张耀灿．思想政治教育学原理［M］．北京：高等教育出版社，1999：264-265.

④ 蔡福兰．试论环境因素对思想政治工作的影响［J］．大庆社会科学，1991（3）：21-22.

概念、类型、功能以及与思想政治教育活动的关系进行初步分析，产生了《思想政治工作环境的层次性探析》①《论环境与思想政治教育》② 等代表性论文。此外，这一时期，最早研究思想政治教育环境理论的专著《思想政治教育环境论》③ 系统建构了思想政治教育环境理论体系，标志着思想政治教育环境理论体系的形成。

（二）思想政治教育环境研究的拓展建构期

这一时期的研究热点主要围绕思想政治教育环境基础理论、环境建设理论以及具体环境形态展开。其一，特征、意义、价值等关键词的出现体现了思想政治教育环境基础理论研究的有效开展。这一时期对思想政治教育环境基础理论的研究逐渐深入，如从思想政治教育环境的结构特征、本质特征和外在特征三方面深入分析思想政治教育环境的整体特征，论证思想政治工作环境与思想政治工作的相互作用。其二，环境建设、原则、创新等关键词的出现反映了思想政治教育环境建设理论的研究进展。如从思想政治教育环境建设的原则、内容、途径、理念等方面进行了广泛研究，产生了《论思想政治工作环境的创造过程》④《关于进一步优化思想政治教育环境的几点思考》⑤《思想政治教育环境建设理念的创新》⑥ 等代表性成果。其三，文化环境、农村环境、社会环境、生态环境、交往环境等关键词的出现显示了思想政治教育具体环境形态研究的拓展发展。这一时期对思想政治教育具体环境形态的研究不仅集中于一般性的理论阐述，而且进一步围绕具体形态环境的功能及其建设展开深入探讨。值得注意的是，“网络思想政治教育”“网络环境”等关键词在此时期被提出，学者们还围绕网络环境下学生思想政治教育、高校思想政治教育方法等展开研究，为下一时期思想政治教育环境理论研究奠定了基础。

（三）思想政治教育环境研究的创新发展期

政策环境、意识形态、学校环境、教育环境、网络环境、网络思想政治教育、新媒体等是这一时期思想政治教育环境研究的关键词，体现了这一时期思想政治教育环境研究的三种方向。一是以新特征、良性互动、融入方法等关键词为代表，表明思想政治教育环境基础理论的诸多内容得到进一步发展，产生了思想政治教育环境渗透研究、新时代高校思想政治教育环境优化研究等一系列专题研究，推动思想政治教育基础理论向纵深发展。二是以形成和发展、现状、发展趋势等关键词为代表的历时研究，即围绕思想政治教育环境理论的发展过程、阶段特征与未来趋势的回顾、梳理和展望，梳理思想政治教育环境研究的学术发展脉络。三是网络环境、新媒体、网络思想政治教育、新媒体技术、拟态环境等关键词的图谱呈现，表明媒介环境和网络环境受到学术界的关注，成为思想政治教育环境研究的热点。

---

① 杨业华．思想政治工作环境的层次性探析［J］．中南民族学院学报（哲学社会科学版），1997（3）：120－125.

② 彭庆红，陈成文．论环境与思想政治教育［J］．探索，1998（6）：83－85.

③ 沈国权．思想政治教育环境论［M］．上海：复旦大学出版社，2002.

④ 陈成文．论思想政治工作环境的创造过程［J］．南京政治学院学报，1999（6）：72－74.

⑤ 王宏．关于进一步优化思想政治教育环境的几点思考［J］．思想政治教育研究，2006（6）：31－32.

⑥ 于海洋，杨淑珍．思想政治教育环境建设理念的创新［J］．中国青年研究，2007（11）：85－87.

第二节　思想政治教育环境基础理论

思想政治教育环境基础理论研究是思想政治教育环境研究的重中之重，主要围绕思想政治教育环境的概念界定、特点和类型、作用和功能及研究范式等展开。

一、思想政治教育环境的概念界定

环境是依据中心项而建立的。对思想政治教育环境中心项的不同认定，形成多种关于思想政治教育环境内涵的把握方式。

（一）以单个中心项定义思想政治教育环境

围绕单个中心项定义思想政治教育环境，有利于把握思想政治教育环境与思想政治教育诸要素的关联、思想政治教育环境与思想政治教育的关系。第一，以思想政治教育目的为中心项定义思想政治教育环境。此类定义方法强调思想政治教育目的与思想政治教育环境的互动关系，主张："思想政治教育环境则是教育工作者依据一定的教育目的，有计划地选择、加工和创造的对人们发生感染、激励、鼓舞、促进作用的环境，它要求具备一定的场所、条件等客观因素。"① 思想政治教育者以思想政治教育目的为依据，对影响思想政治教育对象的环境因素进行主观建构。同时，思想政治教育环境的主观建构是以客观因素为基础的，表明"思想政治教育环境本质上是客观实在性与主观建构性的统一"②。第二，以思想政治教育对象为中心项定义思想政治教育环境。此类定义方法从思想政治教育对象切入，提出思想政治教育环境是指"思想政治教育所面对的环绕在受教育对象周围并对其产生影响的客观现实"③。这一定义凸显了思想政治教育环境的客观实在性，同时将一切影响思想政治教育对象的客观事实都纳入思想政治教育环境范畴，扩展了思想政治教育环境的外延。第三，以思想政治教育活动为中心项定义思想政治教育环境。此类定义方法聚焦于思想政治教育环境与思想政治教育活动的关系，将思想政治教育环境界定为"通过思想政治教育活动影响人的思想品德形成和发展的自觉环境因素"④。该定义主张只有被纳入思想政治教育活动、影响人的思想品德形成和发展的环境，才是思想政治教育环境，有效避免了将思想政治教育环境等同于思想政治教育的环境这一认识误区。

（二）以多个中心项定义思想政治教育环境

以多个中心项定义思想政治教育环境，主要包括以下三类：第一，以思想政治教育主体、客体及思想政治教育活动为中心项定义思想政治教育环境。此类定义将思想政治教育环境与思想政治教育主体、客体以及活动有机结合，把思想政治教育环境作为思想政治教

① 张耀灿．思想政治教育学原理［M］．武汉：华中师范大学出版社，1988：224.

② 王宝鑫，段妍．关于思想政治教育环境本质的再认识［J］．学校党建与思想教育，2019（3）：18－21.

③ 陈秉公．思想政治教育学原理［M］．沈阳：辽宁人民出版社，2001：279.

④ 岳金霞．关于思想政治教育环境的界定分析［J］．学校党建与思想教育，2004（12）：10－12.

育过程要素，认为“如果我们把思想政治教育主体、客体和他们所从事的活动作为考察对象，那么构成这个特定区域的其他要素就是思想政治教育的环境”①。第二，以思想政治教育及思想政治教育对象的思想品德形成与发展为中心项定义思想政治教育环境。“思想政治教育的环境，则是指对思想政治教育以及思想政治教育对象的思想政治品德形成、发展产生影响的一切外部因素的总和”②。该定义强调思想政治教育环境影响的对象是思想政治教育及受教育者的思想品德。第三，以思想政治教育活动和思想政治教育对象的思想品德形成和发展为中心项定义思想政治教育环境。“思想政治教育环境是指对思想政治教育活动以及思想政治教育对象的思想品德形成和发展产生影响的一切外部因素的总和。”③该定义强调思想政治教育环境影响的对象是思想政治教育活动及受教育者的思想品德。只有能够影响思想政治教育活动及受教育者思想品德的外部因素才是思想政治教育环境因素，关于思想政治教育环境的这一内涵界定，是对思想政治教育环境边界的进一步厘定。围绕多个中心项定义思想政治教育环境，更有利于廓清思想政治教育环境的外延，厘定思想政治教育环境的边界。

二、思想政治教育环境的特点和类型

对思想政治教育环境的特点和类型的把握可为进一步研究环境与思想政治教育的交互影响提供基础。

（一）思想政治教育环境的特点

基于对思想政治教育环境内涵、外延的不同理解，对其特点的概括有所不同。第一，思想政治教育环境的广泛性。思想政治教育环境的广泛性，一是指思想政治教育环境本身是一个极为广泛而又复杂的系统，是不同层次的环境因素相互联系构成的有机整体。有学者据此提出，社会存在的多样性是导致环境多维度的客观原因，思想政治教育环境具有复杂性、多维性。二是指思想政治教育环境对人的思想政治品德形成、发展具有广泛的制约作用。第二，思想政治教育环境的具体性、特定性。对于思想政治教育对象而言，他总是生活在具体的、特定的环境之中的。思想政治教育者必须将思想政治教育对象放在具体的、特定的外部条件和现实环境中开展思想政治教育。有学者据此提出，思想政治教育环境具有稳定性。第三，思想政治教育环境的可创性、开放性、动态性。人与环境是相互作用的，思想政治教育环境是属人环境，因而思想政治教育者可以积极创造新的育人环境，以求得思想政治教育的最佳效果。思想政治教育环境的可创性，决定了思想政治教育环境是一个开放的体系，具有动态性。思想政治教育环境是动态的、可变的，因而思想政治教育者要根据变化了的思想政治教育环境、对象，不断调整教育目标和方法。第四，思想政治教育环境的其他特征及特性。思想政治教育环境具有广泛性、复杂性、多维性，从不同层面理解思想政治教育环境，其呈现出不同的特征。思想政治教育的环境是由诸环境要素所构成的，这些环境因素的共性构成了思想政治教育环境的特殊性，即思想政治教育环境

---

① 金鉴康．思想政治教育学［M］．北京：水利电力出版社，1987：37.

② 陆庆壬．思想政治教育学原理［M］．北京：高等教育出版社，1991：260.

③ 陈万柏，张耀灿．思想政治教育学原理［M］．2版．北京：高等教育出版社，2007：96.

的特征。[1] 主要包括以下三点：第一，思想政治教育环境的本质特征在于其具有阶级性、社会性。第二，思想政治教育环境的外在特征表现为其具有广泛性、复杂性、动态性、渗透性、可塑性。第三，思想政治教育环境的结构特征在于其具有整体性、有机性、统一性、有序性。

（二）思想政治教育环境的类型

思想政治教育环境根据不同的划分标准，可以进行不同的类型划分。第一，思想政治教育环境按其构成要素性质划分，可分为自然环境和社会环境。第二，思想政治教育环境按其构成内容性质划分，可分为物质环境和精神环境。第三，思想政治教育环境按其影响范围划分，可以分为宏观环境、中观环境与微观环境。第四，思想政治教育环境按其作用场域划分，可分为社会环境、单位环境（学校环境或工作环境）、家庭环境和社交环境等。第五，思想政治教育环境按其性质划分，可分为良性环境和恶性环境。第六，思想政治教育环境按其状态划分，可以划分为开放环境和封闭环境。第七，从“人的意识活动和行为活动所处的环境”[2] 与思想政治教育环境的关系切入，思想政治教育环境可以划分为思想政治教育的意识活动环境（包括个体的认知环境、情感环境和意志环境）和思想政治教育的行为活动环境（包括个体价值选择环境和个体交往环境）。

三、思想政治教育环境的作用和功能

思想政治教育环境的作用和功能，是思想政治教育环境范畴纳入思想政治教育研究的出发点和落脚点，具有鲜明的现实针对性和指向性。

（一）思想政治教育环境的作用

思想政治教育环境是客观存在的。思想政治教育环境的作用，可以分为思想政治教育环境对思想政治教育的作用和思想政治教育环境对人的思想品德形成和发展的促进作用两个层面。

第一，思想政治教育环境对思想政治教育的作用。其一，思想政治教育环境是与思想政治教育主客体、思想政治教育活动发生关联的要素，思想政治教育环境必然对思想政治教育主客体和思想政治教育活动产生影响。因而，思想政治教育环境对思想政治教育的作用主要表现为其对思想政治教育主客体、思想政治教育内容与方法、思想政治教育活动及效果的影响。金鉴康的《思想政治教育学》一书，较早论述了思想政治教育环境的作用，主要体现在以下三个方面：一是为思想政治教育主客体的思想、行为的形成导向。二是影响思想政治教育的主要内容和一般方法。三是决定施教活动的运行状态和最终效果。从思想政治教育主客体和思想政治教育活动等角度分析思想政治教育环境的作用，对继续探讨思想政治教育环境的作用具有较高的参考价值。其二，从动态层面看，环境的发展与思想政治教育的发展是相互影响的，与传统社会相比，现代思想政治教育环境要素更加丰富，科学技术的发展形成了媒介环境、虚拟环境，市场经济的完善提升了竞争环境、制度环境的地位，“众多的环境要素中，媒介环境、虚拟环境、竞争环境是具有代表性的新的环境

① 彭庆红．论思想政治教育环境的特征［J］．探索，2000（1）：56－59．

② 刘娜．关于思想政治教育环境的思考［J］．思想理论教育导刊，2011（8）：94－97．

要素①”。其三，比较视域下，环境对人的思想影响与思想政治教育对人的影响有所不同，具体表现为：环境对人的思想和行为的影响一般表现为自发性、双重性、易变性，思想政治教育的作用则主要表现为目的性、计划性和组织性。② 这种差异性作用使得二者在功能上存在互补关系。

第二，思想政治教育环境对人的思想品德形成和发展的促进作用。其一，研究思想政治教育环境的作用首先要反对两种倾向，一是反对生物决定论，二是反对环境决定论；其次，环境可以对人施以各种环绕力，对人的思想品德和心理发展有巨大的作用，具体表现为“推动力、感染力、约束力”③ 三种力量。其二，人的正确思想或错误思想的形成和发展，都与环境有密切联系。具体表现为：“思想政治教育环境对人的思想政治品德具有感染熏陶和潜移默化的作用，思想政治教育环境对人的思想政治品德的发展具有重要的约束和规范作用。”④

（二）思想政治教育环境的功能

基于结构要素分析的思想政治教育功能研究认为，不同类型的思想政治教育环境由不同的要素构成，具有不同的结构，生成不同的功能。

第一，从系统整体出发，研究思想政治教育环境的功能。“思想政治教育环境具有强化、导向、感染等功能。”⑤ 其中强化功能主要包括反复强化、综合强化、舆论强化，导向功能主要包括规范导向、舆论导向、利益导向，感染功能主要包括情绪感染、形象感染、群体感染。第二，从具体环境出发，研究不同类型思想政治教育环境的功能。“思想政治教育物质环境包括自然物质环境和社会物质环境，具有保证、促进、证实、激励功能。思想政治教育精神环境包括现时精神环境和传统精神环境，具有导向、约束、塑造、推动功能。”⑥

四、思想政治教育环境的研究范式

研究范式是研究者思考研究问题和选择研究方法的框架。思想政治教育环境研究主要聚焦于生态论研究范式、实践性研究范式和系统论研究范式。在生态论研究范式下，思想政治教育内外各因素之间的联系不是单向、线性、具有明确边界的，而是呈现出多向交互的网状化状态，进而，生态分析法被引入思想政治教育环境研究，旨在以系统的、联系的、动态的生态分析法突破系统分析法对思想政治教育环境研究的静态分析模型，凸显了思想政治教育的动态性和过程性方面的内容。⑦ 在实践性研究范式中，着眼于提升主体在与思想政治教育环境的实践性互动中的能力和水平，主张思想政治教育环境研究应完成从理论哲学到实践观点的思维转换：“思想政治教育环境研究在于揭示思想政治教育环

① 张耀灿，郑永廷，吴潜涛，等．现代思想政治教育学［M］．2版．北京：人民出版社，2006：302.
② 李辉．现代思想政治教育环境研究［M］．广州：广东人民出版社，2005：80.
③ 陈秉公．思想政治教育学原理［M］．北京：高等教育出版社，2006，262－263.
④ 邱伟光，张耀灿．思想政治教育学原理［M］．北京：高等教育出版社，1999：145－146.
⑤ 同①299－301.
⑥ 罗洪铁，周琪．思想政治教育环境系统结构和功能深化研究［J］．思想教育研究，2011（11）：3－7.
⑦ 李基礼．思想政治教育环境系统分析的内在超越及限度［J］．思想教育研究，2021（6）：31－35.

境——对受教育者既有思想观念与行为方式的形成、思想政治教育活动的有效开展起促进或阻碍、激发或抑制等条件性作用的外部因素——与思想政治教育活动之间互动性的规律。"[①] 其中，最具有代表性的是系统论研究范式。

思想政治教育环境研究的系统论思维，主要是基于思想政治教育环境与思想政治教育系统相关联这一理论，主要探讨思想政治教育环境的因素及因素间的相互作用、思想政治教育系统的构成要素及其功能、思想政治教育系统与思想政治教育环境之间的关联。在系统论研究范式下，思想政治教育环境是否属于思想政治教育过程要素成为关键议题。由此产生了思想政治教育环境研究中较为突出的两大学术论争。一是思想政治教育环境是思想政治教育过程要素和思想政治教育环境不是思想政治教育过程要素之争。关于这一问题的学术争鸣，反映了学界对思想政治教育环境的研究视角之分。一种观点认为思想政治教育环境同思想政治教育主体、客体、介体，共同进入思想政治教育过程，属于思想政治教育过程要素。另一种观点将思想政治教育环境看作思想政治教育的外部环境，认为其不属于思想政治教育过程因素。二是思想政治教育环境与思想政治教育情境之争。思想政治教育情境是指在思想政治教育过程中教育主体予以规定和把握的环境。[②] 其一，思想政治教育环境与思想政治教育情境既相互联系，又相互区别。思想政治教育情境不能脱离思想政治教育环境而存在，思想政治教育情境因思想政治教育环境的生成而显现。同时，思想政治教育环境难以进行有效掌控和全面把握，思想政治教育情境则可以较为有效地整体掌控和全面把握。[③] 其二，与思想政治教育环境相比，思想政治教育情境更加强调思想政治教育主体对其进行开发和创设的重要性。"思想政治教育情境是教育者在教育实践过程中，依据不同的教育目标、教育内容和教育对象，有针对性、有目的性地对思想政治教育环境进行进一步的加工、打磨、改造与优化，是为思想政治教育实践活动的开展而开发的和创设的、主客体有机统一的、可控的自觉环境。"[④] 由此可见，思想政治教育情境是自觉因素的环境，而思想政治教育环境既有自觉因素的环境，又有自发因素的环境。

第三节 思想政治教育微观环境

思想政治教育微观环境是对思想政治教育活动和教育对象产生直接影响的具体环境因素，主要包括学校环境、家庭环境、同辈群体环境和网络环境。

一、思想政治教育学校环境

学校是思想政治教育的重要场所，思想政治教育学校环境是思想政治教育环境中最为核心的一环。通过 CiteSpace 对"思想政治教育学校环境"相关文献的关键词进行计量分

---

① 金林南，王燕飞．思想政治教育环境研究的实践性思考［J］．思想理论教育，2022（6）：65－70.

② 李辉．现代思想政治教育环境研究［M］．广州：广东人民出版社，2005：248－249.

③ 魏强．思想政治教育环境与思想政治教育情境之辨［J］．学校党建与思想教育，2009（35）：12－16.

④ 董杰．思想政治教育情境与思想政治教育环境三论［J］．湖北社会科学，2012（3）：192－194.

析和可视化呈现，得到其高频关键词共现图谱（见图 12－3）。通过对文献和著作的分析整合，可以将思想政治教育学校环境研究的主要内容归纳为如下几个方面：

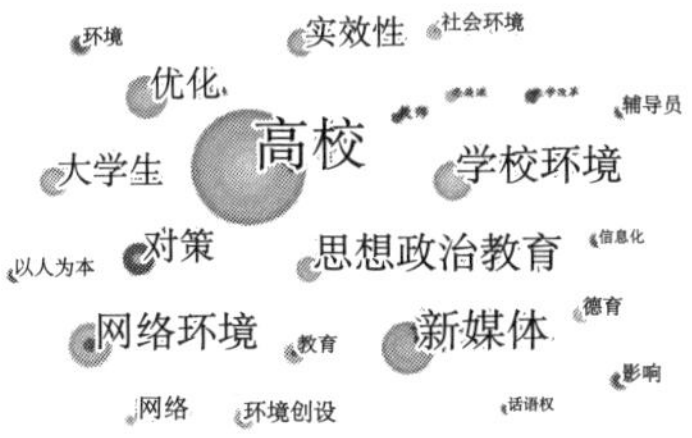

图 12－3　思想政治教育学校环境高频关键词共现图谱

第一，思想政治教育学校环境内涵。按照“学校—学校环境—思想政治教育学校环境”的逻辑进行推理，形成了“地位作用论”和“构成因素论”两种具有代表性的观点。一方面，从学校为国家和社会培养所需人才的特殊地位和重要作用出发，对思想政治教育学校环境进行界定；另一方面，从形态的角度出发，将思想政治教育学校环境概括为学校内部对思想政治教育产生影响的各种因素的总和，由此形成了三因素说、四因素说、五因素说和六因素说等。总体而言，要从思想政治教育与学校环境构成因素的双向互动关系入手，从而廓清思想政治教育学校环境的边界。

第二，思想政治教育学校环境特点。思想政治教育学校环境有其特殊性，主要从学校、教育者、教育对象、教育活动等介入学校思想政治教育的要素层面进行总结。就学校本身而言，具有组织性、全面性和教育影响的潜隐性；就教育者而言，具有专业性和示范性；就教育对象而言，具有可塑性和发展性；就教育活动而言，具有阶级性、系统性和引导性的特点。思想政治教育学校环境的众多特点，决定了其在影响教育者、教育对象、教育活动等要素运行时的复杂性。

第三，思想政治教育学校环境作用。学校是思想政治教育的主要阵地和关键场域，学校环境在提供基础条件、传播知识、培养人才、传递社会价值等方面均发挥着重要作用。一是从客观物质环境和校园文化环境来看，思想政治教育学校环境创造了基础条件。二是思想政治教育学校环境设置理论讲授、社会实践、课外活动等教育活动，传播科学文化知识，培养学生的学习和实践能力，使他们形成良好的思想政治品德。三是思想政治教育学校环境渗透社会的生活方式和价值观念，为党和国家培养“四有”人才，培养社会主义建设者和接班人。

二、思想政治教育家庭环境

家庭环境对于教育对象的思想政治品德形成和发展具有广泛而深刻的影响，是思想政治教育环境中不可忽视的部分。通过 CiteSpace 对“思想政治教育家庭环境”相关文献的关键词进行计量分析和可视化呈现，得到其高频关键词共现图谱（见图 12－4）。关于思想政治教育家庭环境的研究，主要集中于以下几个方面：

第一，思想政治教育家庭环境内涵。明晰思想政治教育家庭环境的内涵，是对其进行研究的出发点。一是“影响论”，认为思想政治教育家庭环境即家长的思想素质和行为规

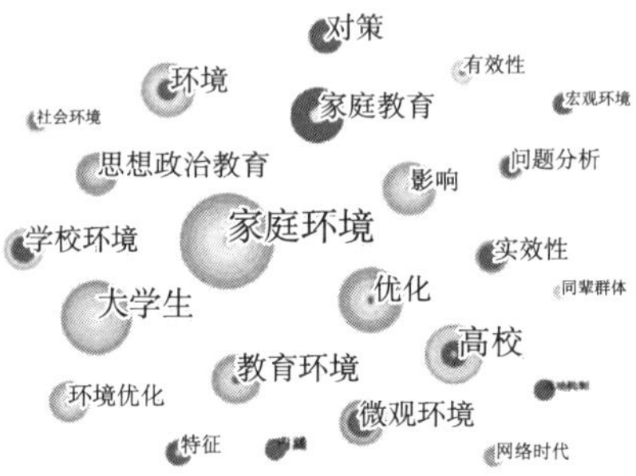

图 12-4 思想政治教育家庭环境高频关键词共现图谱

范对于家庭成员思想政治品德形成和发展具有较大影响。二是“因素论”，将影响和制约家庭成员思想政治品德发展的家庭综合因素总和称为家庭环境，其中家庭结构、家庭氛围、家庭传统、家庭成员之间的关系、家庭的经济状况、家庭成员的文化水平、家长的教育理念和态度等，均包含在家庭环境构成因素的范围之中。

第二，思想政治教育家庭环境特点。从对于家庭成员思想和行为的影响来看，思想政治教育家庭环境主要有四个特点：一是基础性，即家庭环境的影响在教育对象思想道德素质形成发展中具有奠基性作用。二是潜移默化性，家庭环境的影响往往无意识地渗透在家庭成员的言谈举止、相互关系和生活环境之中，从而产生无意识的、耳濡目染的影响。三是权威性，家庭环境中父母的血缘地位使其对子女的思想政治教育天然具有权威性。四是普遍性和长久性，家庭环境是人成长过程中绕不开的场域，所带来的影响长期伴随且较为稳定。

第三，思想政治教育家庭环境作用。家庭环境对家庭成员的成长和发展具有深刻影响，同时对学校思想政治教育具有重要制约作用。一是家庭对人的思想具有特殊的感染力和影响力，家庭成员的世界观、人生观、价值观及其为人处世深刻影响教育对象政治素质、思想品质及心理个性的形成和发展。二是家庭环境作为个体社会化的最初、最小单元，所进行思想熏陶、道德引领和知识传递的影响，会延伸至社会环境和学校环境之中，在一定程度上制约思想政治教育活动的开展。

三、思想政治教育同辈群体环境

同辈群体在思想政治教育环境中扮演的角色越来越重要，是增强思想政治教育实效性的着力点。通过 CiteSpace 对“思想政治教育同辈群体环境”相关文献的关键词进行计量分析和可视化呈现，得到其高频关键词共现图谱（见图 12-5）。关于思想政治教育同辈群体环境研究的基本内容，主要为以下几个方面：

第一，思想政治教育同辈群体环境内涵。同辈群体环境是思想政治教育环境中的重要部分，主要从以下几个方面把握其内涵：一是从交往的角度入手，将思想政治教育同辈群体环境界定为“情况相近的经常交往的朋友组成的社交环境”①，这种“社交圈”形成的

① 陈秉公. 思想政治教育学原理 [M]. 沈阳：辽宁人民出版社，2001：293.

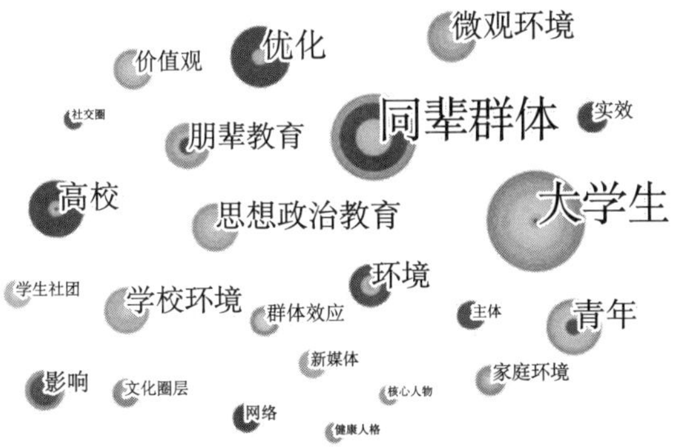

图 12－5　思想政治教育同辈群体环境高频关键词共现图谱

原因在于实现社会目标或者满足心理需要。二是基于个体之间的同质化，将因家庭背景、年龄、兴趣爱好、文化程度、特点等方面相近而形成的关系比较密切的群体，称为同辈群体。总之，同辈群体环境的形成建立在交往和趋同的基础上，这一群体成为影响思想政治教育活动的重要环境因素。

第二，思想政治教育同辈群体环境特点。思想政治教育同辈群体环境的特点主要表现为：一是自由性，在同辈群体环境中的交往和交流不受正式规则的限制，自由和自主性得以体现。二是渗透性，在思想政治教育活动中，同辈群体之间联系交往密切、心理情感相容，学识能力、价值观念、道德品质、行为方式等均在潜移默化中彼此影响。这一特征也称为“互感性”。三是独特性，同辈群体环境内的价值规范和道德标准，或与社会主流相一致，或不一致甚至对立，具有所属同辈群体的独有“亚文化”。因此，同辈群体环境具有“圈层化”的演进趋势，基于爱好、兴趣、利益而形成的具有文化认同感或共同目标的社群或部落，相对比较稳定，思想政治教育活动难以进行介入或调适。

第三，思想政治教育同辈群体环境作用。同辈群体发挥着越来越重要的作用，是大学生不断整合个人的价值观、尝试社会角色的转化并最终实现自我的需要。一方面，当同辈群体所遵循的价值标准和行为准则与思想政治教育活动和社会要求一致时，会产生积极、正向作用。比如满足受教育者社会化的身心需要；及时获取学习知识、生活经验和社会信息；受到先进典型和优秀榜样的带动引领，保持积极向上的取向，提升整体素质等。另一方面，当两者存在矛盾或对立时，会产生消极、负向影响。比如同辈群体中存在有悖于主流文化的思想和行为，处于同一环境的个体盲目跟从，导致同辈群体成员受到不良影响，甚至做出过激行为。因此，要对同辈群体环境进行引导，主动转化环境中的消极因素并充分利用积极因素，提高思想政治教育的实效性。

四、思想政治教育网络环境

网络环境是思想政治教育的新场域，学者们将网络纳入思想政治教育环境视野内加以考察。通过 CiteSpace 对“思想政治教育网络环境”相关文献的关键词进行计量分析和可视化呈现，得到其高频关键词共现图谱（见图 12－6）。关于思想政治教育网络环境的研究和探讨，主要集中于以下几个方面：

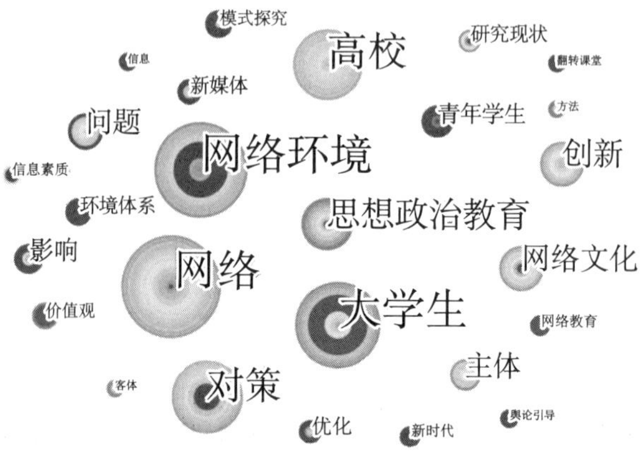

图 12-6　思想政治教育网络环境高频关键词共现图谱

第一，思想政治教育网络环境内涵。自 2000 年起，网络环境逐步进入思想政治教育环境的研究视野。一是从数字化方面进行定义，是指用计算机控制的输入-输出装置进行交往、互动的一种场景或经验，以及用数据生成和处理信息的场景。二是从人与网络的关系入手，用计算机技术和互联网技术创设出的思想政治教育者和教育对象进行双向交往、互动的场所，称为思想政治教育网络环境。

第二，思想政治教育网络环境特点。思想政治教育网络环境与其他环境相比，是具有特殊性的复杂系统。一是虚拟性和隐匿性，在网络环境中交换和传播的信息以数字化形式存在，形成独立于现实世界之外的虚拟空间。二是丰富性与广泛性，网络环境中的信息量剧增，信息的性质和种类纷繁复杂。三是便捷性与高效性，网络环境以现代信息技术为支撑，以庞大的网络系统为平台传递信息，文字、图片、音频、视频等形式将海量信息快捷地进行传递。四是开放性与交互性，在网络环境中传递、交流、储存、处理的信息，在一定程度上由上网者共享，生活方式、工作方式和交往方式在网络环境中得到延展。由此，对思想政治教育网络环境的认知和把握，要在各种相互联系、相互作用的因素中把握最重要的部分。

第三，思想政治教育网络环境作用。网络环境为思想政治教育活动提供新的场域并产生深刻的影响，有积极的和消极的影响。从积极影响看，一是能及时提供丰富多样的信息，网络环境的信息承载量大，学科知识、前沿热点、时政新闻等均能成为思想政治教育活动的补充和支撑；二是可创设人际交往的特殊空间，网络环境的便捷性为教育者和受教育者提供了交流平台，突破了时间空间的限制，同时教育者和受教育者的身份在网络环境中得以“虚化”，思想政治教育更倾向于自由、自主和亲和。从消极影响看，一是对思想政治教育对象而言，网络信息良莠不齐，易造成接受者思想混乱，甚至动摇政治信仰、弱化社会责任感、淡化道德意识；二是对思想政治教育者而言，网络环境所提供的信息会消解教育者的信息优势，同时，网络信息的多样化、碎片化给教育者带来选择压力；三是对思想政治教育活动而言，信息化、网络化使得思想政治教育内容的实效性、持续性和感染力下降，思想政治教育的过程趋于复杂化。总而言之，网络环境在为思想政治教育提供机遇的同时也带来挑战，要正确认识、把握和对待网络环境与思想政治教育的关系。

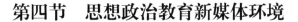

第四节　思想政治教育新媒体环境

新媒体因其高度嵌入现代社会生活，深刻影响思想政治教育对象的思想和行为，成为思想政治教育环境的新形态。

一、思想政治教育新媒体环境的一般概述

从一般意义上阐释新媒体与思想政治教育的互动关系，阐释新媒体环境下思想政治教育面临的机遇与挑战，阐释思想政治教育新媒体环境的典型形态，等等，是思想政治教育新媒体环境研究的基础。

（一）新媒体与思想政治教育的互动关系

思想政治教育新媒体环境是现代信息技术催生下的思想政治教育环境因素。探究新媒体与思想政治教育的互动关系，是思想政治教育新媒体环境研究的题中之义。

第一，新媒体是思想政治教育活动的全新空间。“新”是一个相对概念。其一，“新媒体”是一个时间性概念，是相对于“旧媒体”提出的。广播、电视相对于印刷媒体是“新媒体”，而相对于网络媒体就是“旧媒体”。其二，“新媒体”又是一个技术性概念，是依托数字技术、互联网技术、移动通信技术等新兴科技向大众提供信息服务的新工具、新手段。总体来看，新媒体是一个蕴含信息传播、人际交往、生活场域等多种形态的全新空间。这一全新空间突破了传统思想政治教育的具体地域和时空限制，将思想政治教育放置于一个更加开放、多元的环境中。新媒体环境是“多话语主体的环境、多项互动的环境、虚拟性与现实性相耦合的环境”①。在新媒体环境下，思想政治教育面临更多不确定因素的影响，这种影响给思想政治教育带来了机遇和挑战。

第二，新媒体引发思想政治教育主体和客体的新变化。首先，在新媒体环境下，思想政治教育者要完成从信息“汇总者”向“把关人”的转变。新媒体中的各种信息蕴含着多元化的价值观和意识形态，并经过微信、微博等分众媒介传播产生叠加效应。因而，在新媒体环境下，思想政治教育者面临的困境不再是如何获得信息，而是如何选择信息并将其有效转化在思想政治教育活动中，提高思想政治教育实效。其次，新媒体的信息传播方式使个体的精神世界异质性与同质性并存。一方面，在新媒体环境下，信息交流方式和内容的多维使个体的理想、信念、价值观取向表现为异质性，主要包括不同个体的价值观念冲突和同一个体价值观念的差异性。另一方面，在新媒体环境下，基于共同价值、兴趣取向形成的个体在媒体空间里聚集。新媒体的聚集效益可以把社会成员的个体行为整合成社会群体的整体行动，迅速引发社会大众的关注和参与。同时，新媒体的图像化信息系统可以改变个体认知和把握世界的方式。新媒体能够以图像符号进行信息传递和接收，这种传播方式使思想政治教育图像对信息的聚焦由整体转向具体细节、由静态转向易变、由抽象转向直观。

---

① 李辉，孙飞争．论思想政治教育新媒体环境的本质［J］．思想教育研究，2016（12）：57－60.

（二）新媒体环境对思想政治教育的双重影响

新媒体环境给思想政治教育带来机遇与挑战。

第一，新媒体环境为思想政治教育提供了机遇。首先，新媒体以其用户黏性为思想政治教育提供了新平台。其次，新媒体以其信息量大、资源丰富、传输便捷、不受时间和空间的限制等平台优势，极大拓展了思想政治教育工作的空间。再次，新媒体以其对社会生活的全员覆盖、全程融入、全面渗透，可以为思想政治教育拓展渠道，提高思想政治教育实效。最后，在新媒体环境下，思想政治教育主客体之间的交流互动不受时间、空间等因素的限制，主客体地位趋向于更加平等，可以提高思想政治教育的互动性。

第二，新媒体环境为思想政治教育带来了挑战。首先，新媒体信息传播呈分散化状态，具有不确定性和离散性，可能弱化思想政治教育的功能和效果。其次，新媒体具有较强的虚拟性和匿名性，这在为人的行为提供极大的自由度的同时，也容易使部分人丧失价值判断的能力，可能对思想政治教育对象产生不良影响。再次，新媒体环境对思想政治教育者提出了更高要求，需要思想政治教育者在工作理念、知识储备、能力素养、工作方法等方面做出相应的调整和改进。最后，在新媒体环境下，思想政治教育需要解决“现实话语与网络话语的冲突、政治话语与个性话语的阻隔、传统话语与现代话语的脱节、主体话语与客体话语的失序”① 等话语转化与创新的问题。

（三）思想政治教育新媒体环境的典型形态

随着现代互联网技术的快速发展，以微博、微信、抖音等为代表的新媒体进入思想政治教育环境，成为思想政治教育新媒体环境的典型形态。而网络表情包和网络直播是各类新媒体乐于使用的符号系统和活动形式。

1. 微博

微博是一个基于网络和手机用户的信息分享、传播以及获取平台，兼具博客和即时通信工具的特点和功能。它允许用户通过 Web、WAP 以及各种客户端组建个人社区，以 140 字左右的文字更新信息，并实现即时分享。微博具有内容原创性强、个性化突出、社交圈功效强大、信息传播及时、传播主体多样、覆盖面广、互动性强等特点。因而，利用微博平台开展思想政治教育，有助于实施思想政治教育工作的立体化，提高思想政治教育工作的精细化，增强思想政治教育的吸引力。②

2. 微信

微信具有社交成本较低，传播效率高，情感表达、沟通和分享及时、便捷等优点。由于微信的广泛使用，其对思想政治教育的影响也受到学界重视。有学者探讨了高校微信公众号对大学生思想政治教育的影响，认为“微信公众平台因其用户社交化和圈层化、传播私密性和可控性、信息展示多样性等特征，已成为高校信息传播与育人的主流载体，彰显出独特思想政治教育价值”③。总体来看，高校微信公众号具有重要的思想政治教育功能，主要包括思想引领功能、舆情主导功能、价值塑造功能。

---

① 詹捷慧．新媒体环境下高校思想政治教育的话语转向［J］．学校党建与思想教育，2020（10）：73－75.

② 王英红．高校思想政治教育微博网络平台的利用［J］．思想理论教育导刊，2014（5）：126－128.

③ 胡元林．高校微信公众平台的思想政治教育实践逻辑［J］．思想政治教育研究，2020（6）：152－156.

3. 抖音

抖音作为近年来迅速走红的一款短视频 App，拥有庞大的用户群体。抖音上活跃着数量巨大的青年用户群体，且用户拥有极高的忠诚度和黏性。根据抖音的运行机制及用户使用习惯和规律，将思想政治教育的主流价值引导植入抖音平台中，可以产生重要的思想政治教育话语价值。基于大学生是抖音的主力军这一客观现实，大学生思想政治教育可以从用价值观为技术赋能、加大内容审查力度、打造官方抖音品牌、积极弘扬社会主旋律、激励师生共同参与内容创作①等方面发力，让抖音“抖”出正能量。

4. 网络表情包

网络表情包因为具有直观的表征优势，成为新媒体时代一个重要的媒介载体。表情包话语的独特属性受到受众尤其是青年群体的喜爱，主要原因在于表情包话语阐述内容直观而生动、表情包话语参与主体自由而大众化、表情包话语信息传播开放而便捷。② 从单一图片到图文搭配，从静态形象到动态画面，表情包的使用人数不断增加，范围不断扩大。表情包实质属于一种符号话语系统，跟传统语言一样充当着沟通的媒介。通过网络对话框与现实生活中真实存在的人进行虚拟交流，在选择表情包的时候实现个人情感的个性化和形象化表达。表情包被受众尤其是青年群体广泛使用，如加以合理引导，通过合理运用表情包话语，可以与思想政治教育形成良好的契合和关联。

5. 网络直播

网络直播输出的文化产品具有“育人”“化人”的职责担当，这与高校立德树人的任务高度契合。因此，运用“网络直播＋思想政治教育”，可以为思想政治教育的有效开展带来新的机遇。主要表现为，“网络直播＋思想政治教育”可以打破传统思政教育空间限制，淡化传统思政教育沉闷刻板的标签，增加师生互动频率与效度，满足大学生自我实现的需求。③

第五节　思想政治教育环境研究展望

思想政治教育环境研究是一个兼具理论意义和实践指向的基础领域，既需要持之以恒深耕基础理论研究，探究思想政治教育环境运行的一般规律，又需要聚焦思想政治教育环境新形态，探索思想政治教育环境以何种方式作用于人的思想和行为等，形成思想政治教育环境的生成、自觉实践等研究。

一、思想政治教育环境的生成

思想政治教育环境的生成方式不仅表现为以物质形态为思想政治教育活动提供对象和

---

① 骆郁廷，李勇图．抖出正能量：抖音在大学生思想政治教育中的运用［J］．思想理论教育，2019（3）：84－89.

② 蓝天，邹升平．青年大学生思想政治教育的表情包话语运用研究［J］．当代教育科学，2019（12）：92－96.

③ 毕亮，周建超，董芝杰．网络直播时代大学生思想政治教育的三维省思［J］．江苏高教，2021（11）：95－98.

基础，而且以精神形态进入思想政治教育运行之中，生成思想政治教育主体的价值观念和交往方式。

首先，思想政治教育环境蕴含一定的价值体系、生活方式和情感结构，人从中获得自由自觉的精神特质，内化为自身的价值体系。这构成人的价值观塑造、思想政治教育的内容，无论是进行何种价值观输入，还是思想政治教育主体具有何种性质或内容的价值观，都能在思想政治教育环境中找到“原型”。例如，社会主义核心价值观既生发于统筹推进“五位一体”总体布局的价值指向，又以中华优秀传统文化“讲仁爱、重民本、守诚信、崇正义、尚和合、求大同”为价值源泉，唯有从传统和现实两个维度，才能讲清楚为何社会主义核心价值观是“我们的价值观”。

其次，思想政治教育环境规定了人在思想政治教育活动中的交往方式。思想政治教育环境蕴含多元的价值取向、思维方式和利益诉求，主体先把这些价值观念转换为自我认知，并以此为内容与他人进行交流，达成相互理解和价值认同，这种以价值观为内容的交往构成思想政治教育主体之间双向互动的基础。更重要的是，环境进一步为主体交往提供蕴含丰富意义的符号，构成思想政治教育“说什么”和“怎么说”相统一的话语，并塑造主体之间交流的方式和不同关系。以文字符号和图像符号为例：文字符号表现出不同知识阶段在不同年龄、教育背景、职业、阶层之间进行的信息分离，从而形成信息级差。这种信息级差使思想政治教育者能够控制信息源和信息流动方向，即信息先从教育者流向教育对象。正是由于教育者居于信息高势位，思想政治教育主体之间呈现为主导与接受、施教和受教的关系。而在互联网、大数据、媒介融合的社会发展中，以“观看”逻辑为主的图像符号成为信息交流的重要方式，表现为文字数码化、书籍图像化和阅读网络化，个体运用图像的频率持续增加。与文字符号相比，图像在信息传递的表现力、直观性和感染力方面均具有优势，它打破文字在不同群体之间塑造出的信息级差，使思想政治教育主体的内涵与外延迅速扩大为“大众”，并催生思想政治教育主体的新形态，如“数字化生存”“网络原住民”“图像阅读”。他们使用网络直播、网络表情包等进行休闲娱乐和交往，对网络直播平台表现出显著关注。随着思想政治教育主体形态的变化，主体之间的信息级差缩小，甚至信息流动方式发生逆转，从思想政治教育对象流向思想政治教育者，或者信息在思想政治教育对象的某一分众群体中流动，形成相对独立的同辈信息圈层，呈现为信息流动的多中心和分众。例如，网络微信群或朋友圈、青少年的“火星文”图像符号，如果思想政治教育者不在这些同辈信息圈层内或不懂“火星文”，将出现“你的世界我永远不懂”的尴尬，导致思想政治教育者对思想政治教育对象圈层中的信息发酵、裂变和转推一无所知。因此，面对环境引发的思想政治教育主体信息交流方式和形态变化，如果思想政治教育仍然固守文本或言语方式，思想政治教育主体之间的疏离甚至对抗将随之而来。

二、思想政治教育环境的自觉实践

思想政治教育环境的自觉实践的实质是环境经由主体的建设，引导主体由自发转向自觉实践。

思想政治教育环境自觉的前提是历史承继，这是由人的实践活动结果的历史性所决定的，马克思称之为感性世界，这种感性世界“决不是某种开天辟地以来就直接存在的、始终如一的东西，而是工业和社会状况的产物，是历史的产物，是世世代代活动的结果”①。在内容上，现实的思想政治教育环境总是承继着历史中物质或精神的要素，如中华民族优秀传统文化，它蕴含的社会传统价值观通过艺术、文字、宗教、习俗等形式代代传递，成为社会主义核心价值观的文化基因和重要源泉。从性质上看，现实的思想政治教育环境承继着历史中的消极或积极的因素，这是由思想观念的相对独立性所决定的，它并不会随着社会生产方式的变化而即刻发生变革，而是或快或慢的运动。例如，中国封建社会的帝王观念、道统观念、因袭传统的价值评判至今仍束缚着个体的创造力，而中华优秀传统文化倡导的“天下兴亡，匹夫有责”的民族责任感和爱国精神已经成为中华民族道德人格的重要组成部分。这些先进的与落后的、积极的与消极的、传统的与现代的、历史的与未来的要素相互交织和冲突，构成现实的思想政治教育环境的重要组成部分。

思想政治教育环境自觉的实践方式是在历史承继基础上的主体创设，使环境的内容和性质与思想政治教育形成合力。首先，这种创设不是脱离现实环境的全盘否定或创新，而是古为今用、推陈出新，有鉴别和有扬弃地选择、改造环境因素，以与思想政治教育形成合力共振。在把握思想政治教育环境创设时，要防止用反思历史、还原历史等“外衣”包装的历史虚无主义思潮的入侵，或者用“戏说”“穿越”解构中国主流历史观，在看似价值中立的信息中进行非马克思主义或反马克思主义的意识形态误导，或者污蔑英雄人物、解构榜样，其实质是对中华优秀传统文化和中华民族历史的全盘否定，以消解民族认同和国家认同。

其次，这种创设是在遵循思想政治教育活动规律和人的思想品德形成规律基础上，构建新的环境要素或形态的。思想政治教育情境便是环境创设的典型，它源于思想政治教育环境提供的物质要素、生活素材、话语内容和沟通媒介的协同，创造出既来源于现实环境又高于现实环境的形态。习近平总书记在中国城镇化建设中关于“望得见山水，记得住乡愁”的论断便是思想政治教育情境创设的典型阐释，经由具象的“山水”营造蕴含“乡愁”之情，引发国家和民族认同的情感。这一经由建设和选择的“山水”情境已经不同于自发状态的自然环境，它构建出与主体日常生活相似或相同的要素，以形成视觉的或听觉的想象，当现实中出现与之相似的情境之时，个体认知的情感和心理动机被激活，从而产生移情唤醒，个体会产生基于相似经验的一种模仿行为，按照情境中蕴含的社会主导价值观进行价值判断和行为选择。另外，主体在创设出的思想政治教育情境中进行角色承担，通过观察“榜样”学习一定的价值规范并参与其中，从而产生价值观体验和意识，主动内化并践行社会价值。班杜拉就认为在一定社会情境中的个体学习和他者示范是社会学习的基础，“他们从被示范的行为、指导和外部反馈所传递的信息中提取行为模式的基本结构”②。由此，这一创设的思想政治教育环境蕴含思想政治教育内容“文本”，规定主体交往的内容和方法，依次推进思想政治教育的内化、外化、反馈三个阶段。

最后，思想政治教育环境的创设是“面向未来”的、直面思想政治教育环境的新形

---

① 马克思恩格斯选集（第1卷）[M]. 3版. 北京：人民出版社，2012：155.

② 班杜拉. 思想和行动的社会基础——社会认知论（上册）[M]. 上海：华东师范大学出版社，2001：150.

态。网络便是思想政治教育环境发展的典型，它由最初的思想政治教育载体或媒介发展为网络思想政治教育。在网络环境中，思想政治教育主体的“网络原住民”、思想政治教育话语的“网言网语”、思想政治教育内容的网状传播都区别于现实空间中的思想政治教育，思想政治教育内容的抽象与个体认知的感性、话语表达的严肃性与个体话语的娱乐性、方法的权威性与个体互动参与的多样性之间的张力进一步凸显。这需要建设思想政治教育在网络空间中的运行方式，一般是基于网络的教育教学、生活服务、文化娱乐的综合性互动社区，形成思想政治教育的课内与课外、线上与线下、现实与虚拟的融合。图像更是如此，随着人的信息交流方式从文字符号向图像符号转变，它已由简单的“图像证史”或教育的辅助性“美化”演变为思想政治教育的“图本”和图像表达，指向思想政治教育中的人的交往方式、思想政治教育话语和方法，甚至推动思想政治教育图像化，以用图像方式表达思想政治教育的真善美。如何在思想政治教育环境的新形态中进行思想政治教育实践，是思想政治教育环境研究提出的又一问题。

第十三章　高校辅导员队伍建设研究

思想政治工作是党的优良传统、鲜明特色和突出政治优势。改革开放以来，对于如何在科学理论的框架内回答“思想政治工作是一门科学”，党和国家创建了思想政治教育学科；同时，对于如何将思想政治工作贯穿高校教育教学全过程、发挥思想政治教育在人才培养中的生命线作用，党和国家又不断完善思想政治工作制度建设，其中包括高校辅导员制度建设。回顾思想政治教育学科创建 40 年来高校辅导员队伍建设的历程，可以看到思想政治教育学科为高校辅导员制度的规范化、科学化建设和高校辅导员队伍的专业化、职业化发展，提供了强大的理论指导；而高校辅导员制度的不断创新和高校辅导员队伍的蓬勃发展，也为思想政治教育学科建设的理论与实践创新提供了坚实的实践支撑。

第一节　思想政治教育学科设立以来高校辅导员队伍建设的历程

新中国成立以来，我国高等教育始终坚持党的领导和社会主义办学方向，切实践行为党育人、为国育才的初心使命，其中一条重要经验就是通过建立和完善高校辅导员制度，来不断加强和改进大学生思想政治工作。自 1951 年政务院批准“各工学院有准备地试行政治辅导员制度”① 以来到改革开放前夕，我国基本建立了高校辅导员制度。随着改革开放的不断深入推进，特别是在思想政治教育学科建设的推动下，高校辅导员队伍建设开始进入专业化培养、规范化管理、现代化守正创新的发展进程。

一、构建专业化培养体系阶段

1984 年，思想政治教育学科创立，思想政治工作由此开始加强基础理论研究和专业人才培养等体系化建设，这为构建高校辅导员专业化人才培养体系提供了学科支撑。

首先，明确专业化素质能力培养目标。具有从事思想政治工作必备的素质能力，是高

① 中央人民政府教育部 关于全国工学院调整方案的报告［N］. 人民日报，1952－04－16（1）.

校辅导员队伍从事大学生思想政治工作的重要前提，但什么是从事思想政治工作必备的素质能力，以及如何具有这种素质能力，需要在思想政治教育学科理论的框架下予以回答。1984年，中宣部、教育部出台《关于加强高等学校思想政治工作队伍建设的意见》，提出“高等学校必须建设一支精干有力的思想政治工作队伍”① 的要求，而这种“精干有力”的要求，体现在专业化素养上就是要有一定的马列主义、毛泽东思想的理论修养和党的政策水平，有从事思想政治工作所必需的能力②等。1986年，中共中央、国务院批转《国家教委关于加强高等学校思想政治工作的决定》的通知，提出“从高等学校长远建设出发，要培养和造就一批思想政治教育的专家、教授和理论家”③，这为高校辅导员的专业化发展进一步明确了方向。2000年，中共教育部党组出台《关于进一步加强高等学校学生思想政治工作队伍建设的若干意见》，强调高校思想政治工作人员应“具有一定的马克思主义理论基础和政策水平”，“努力学习并掌握从事高校学生思想政治工作必备的专业知识和技能”④ 等，而对于以高校辅导员为主体的专职学生思想政治工作人员的培养培训，强调“应以马克思主义理论和思想政治教育工作相关学科专业为主要内容”⑤，这对高校辅导员的专业化培养提出明确目标要求。

其次，构建专业化后备人才培养体系。随着思想政治教育学科知识体系和人才培养体系的逐步构建，将具有思想政治教育专业知识的人才选拔到高校辅导员队伍之中，成为高校辅导员队伍建设面临的重大契机。1984年，教育部批准南开大学、复旦大学、武汉大学、东北师范大学、陕西师范大学、华东师范大学、华中师范大学等12所院校设置思想政治教育专业，采取正规化的方法培养大专生、本科生和第二学士生等各种规格的思想政治工作专门人才。⑥ 这12所高校当年就面向一年级本科生和应届高中毕业生招收首批思想政治教育专业本科生，“毕业后可以从事思想政治工作和思想政治教育的教学、科研工作”⑦。1987年，国家教委印发关于思想政治教育专业培养硕士研究生实施意见的通知，批准复旦大学、南开大学、武汉大学、清华大学、西安交通大学、浙江大学、华东师范大学、华中师范大学等10所高校首批招收“有思想政治教育实践经验的在职人员”。1996年，国务院学位办批准武汉大学、中国人民大学、清华大学取得“马克思主义理论与思想政治教育”博士学位授权点⑧，该三个授权点于1997年首批招收博士研究生。至此，思想政治教育学科已建立从本科、硕士到博士的思想政治教育专业人才培养体系，为高校辅导员队伍提供了源源不断的专门人才支撑。

最后，构建专业化在职培养培训体系。高校辅导员队伍的来源既有思想政治教育专业的毕业生，也有非思想政治教育专业的毕业生。如何通过对不具备思想政治教育专业知识的高校辅导员进行在职教育和学历提升，使之成为具备思想政治教育素质能力的专门人才，是高校辅导员队伍建设面临的新任务。1984年，教育部批准清华大学、北京钢铁学

---

①② 教育部思想政治工作司．加强和改进大学生思想政治教育重要文献选编（1978—2014）[M]．北京：知识产权出版社，2015：36.

③ 同①51.

④⑤ 同①211.

⑥⑦ 同①23.

⑧ 冯刚，郑永廷．思想政治教育学科30年发展研究报告［M］．北京：光明日报出版社，2014：4.

院等 6 所高校开办思想政治教育专业第二学士学位班，招生对象为“年龄在 30 岁以下的（个别可放宽到 35 岁）已获得理工农医学士学位，在高等学校从事思想政治工作一年以上的优秀在职人员”①。同年，教育部印发《关于在高等学校举办思想政治教育本科班的意见》，招生对象为“年龄在三十五岁以下（个别可放宽到四十岁）、具有高等专科毕业学历，在高等学校从事思想政治工作三年以上的现职思想政治工作人员”②。1986 年，国家教委印发《关于试办思想政治教育专业在职第二学士学位班的意见》，批准清华大学、南开大学、西安交通大学、复旦大学、华中师范大学在 1987 年首批试办在职第二学士学位班。除在职学历教育外，高校辅导员的在职培训也在不断加强。1990 年，国家教委印发《关于加强高等学校专职思想政治工作者正规培训的通知》，进一步强调高校专职思想政治工作者要“懂得思想政治教育的规律和专门知识”③；强调高校要“制订长远计划”，使高校专职思想政治工作者能够“分期分批参加思想政治教育专业的专门培训”④。1993 年，中组部、中宣部、国家教委印发《关于新形势下加强和改进高等学校党的建设和思想政治工作的若干意见》的通知，提出要重视组织政工干部出境、出国考察，了解世界，开阔视野。他们的留学、进修，被列入教师公派出国计划⑤等。在国家政策的主导下，各地各高校通过举办培训班、研讨班，以及选派人员出国研修等形式，不断加强高校辅导员的在职培养与职业培训。

二、加强规范化建设阶段

2004 年，中共中央、国务院印发《关于进一步加强和改进大学生思想政治教育的意见》（简称中央 16 号文件），强调要“建立健全与法律法规相协调、与高等教育全面发展相衔接、与大学生成长成才需要相适应的思想政治教育和管理的制度体系”⑥。2006 年，教育部颁布《普通高等学校辅导员队伍建设规定》（简称教育部 24 号令，已失效），首次将高校辅导员队伍建设纳入国家法律法规体系。在中央 16 号文件和教育部 24 号令两个纲领性文件精神的指导下，高校辅导员队伍建设的规范化不断增强。

首先，明确职业化管理规范。中央 16 号文件强调按照“政治强、业务精、纪律严、作风正”的要求加强高校辅导员队伍建设；同时，提出高校“院（系）的每个年级都要按适当比例配备一定数量的专职辅导员”等明确要求。2005 年，教育部印发《关于加强高等学校辅导员、班主任队伍建设的意见》，对加强高校辅导员、班主任队伍建设的重要意义、选聘配备、培养培训和政策保障等提出明确要求。⑦ 教育部 24 号令强调“辅导员是开展大学生思想政治教育的骨干力量，是高校学生日常思想政治教育和管理工作的组织者、实施者和指导者。辅导员应当努力成为学生的人生导师和健康成长的知心朋友”等，并从

① 教育部思想政治工作司．加强和改进大学生思想政治教育重要文献选编（1978—2014）[M]．北京：知识产权出版社，2015：25.

② 同①26.

③④ 同①96.

⑤ 同①132.

⑥ 同①270.

⑦ 同①283.

要求与职责、配备与选聘、培养与发展、管理与考核等层面，对如何加强高校辅导员队伍建设进行系统规定。如在选聘配备上，总体上要按师生比不低于 1∶200 的比例设置本、专科生一线专职辅导员岗位等；在专业培养上，强调辅导员的培养应纳入高等学校师资培训规划和人才培养计划，享受专任教师培养同等待遇等；在日常管理上，强调高校要把辅导员队伍建设放在与学校教学、科研队伍建设同等重要位置，统筹规划，统一领导等。教育部 24 号令的颁布实施，为各地各高校切实加强辅导员队伍建设提供了目标导向和政策规定，极大地推动了高校辅导员队伍建设的规范化与制度化。

其次，丰富专业化职责内涵。中央 16 号文件明确提出“加强思想政治教育学科建设，培养思想政治教育工作专门人才”的工作要求。教育部 24 号令一方面对高校辅导员工作提出明确要求，包括认真做好学生日常思想政治教育及服务育人工作、遵循大学生思想政治教育规律、主动学习和掌握大学生思想政治教育方面的理论与方法、定期开展相关工作调查与研究、注重运用各种新的工作载体等；另一方面对高校辅导员的主要工作职责进行明确界定，包括帮助大学生坚定理想信念、养成良好道德品质，以及掌握大学生思想政治状况，做好经济困难大学生帮扶，开展大学生就业指导与服务，指导学生党团和班级建设，协调其他思想政治工作力量，等等。在此基础上，各地各高校不断细化和深入拓展高校辅导员的专业化职责体系。如 2007 年，湖北省规定辅导员还负有协调组织开展学生心理健康教育活动，积极承担形势与政策教育、心理健康教育、就业指导、党课和团课等课程的教学工作，积极开展思想政治教育研究工作等方面的职责①；中央民族大学对辅导员提出“指导学生开展素质拓展、创新教育等第二课堂建设活动，培育良好的班风和学风”，“定期召开主题班会”，“认真做好综合素质测评、奖学金评定、评优推先、违纪学生处理等学生日常管理工作，协助做好国防教育”等要求②。

最后，构建常态化发展机制。教育部 24 号令对高校辅导员队伍专业化发展进行制度性安排，包括强调将辅导员的培养纳入高等学校师资培训规划和人才培养计划，享受专任教师培养同等待遇；按各校统一的教师职务岗位结构比例合理设置专职辅导员的相应教师职务岗位，成立专职辅导员专业技术职务聘任委员会，具体负责本校专职辅导员专业技术职务聘任工作；鼓励、支持辅导员结合大学生思想政治教育的工作实践和思想政治教育学科的发展开展研究；选拔优秀辅导员参加国内国际交流、考察和进修深造；积极为辅导员的工作和生活创造便利条件；等等。在此推动下，2006 年，教育部制订了《2006—2010 年普通高等学校辅导员培训计划》，这是首个专门针对高校辅导员队伍开展专业化、系统化培训的政策文件。2007 年，第一批共 21 个教育部高校辅导员培训和研修基地正式建立③，以开展全国示范性培训活动推动各地各高校辅导员职业培训全覆盖体系的构建。同年，全国首届高校辅导员年度人物评选活动开展，由此开启了高校辅导员优秀典型的选树工作，并逐步将优秀辅导员表彰奖励纳入各级教师、教育工作者表彰奖励体系。

---

① 郑年春．湖北教育年鉴（2008）[M]．武汉：湖北人民出版社，2009：424.

② 马文喜，曲木铁西．中央民族大学年鉴（2009）[M]．北京：中央民族大学出版社，2010：226－227.

③ 牟阳春．中国教育年鉴（2008）[M]．北京：人民教育出版社，2009：232.

三、推动现代化守正创新发展阶段

党的十八大以来，以习近平同志为核心的党中央高度重视思想政治工作，对推动高校思想政治工作的体系构建和质量提升进行系统部署。2016 年，全国高校思想政治工作会议在北京召开，习近平总书记要求整体推进高校思想政治工作队伍建设，“保证这支队伍后继有人、源源不断”①。2017 年，教育部印发《普通高等学校辅导员队伍建设规定》（简称教育部 43 号令），对之前教育部 24 号令进行了全面修订，使之对高校辅导员队伍建设的指导性、针对性和操作性更强。在此背景下，高校不断推动思想政治工作和辅导员队伍建设的守正创新发展。

首先，完善职业管理体系。党的十八大以来，习近平总书记多次强调立德树人是教育的根本任务，是高校的立身之本。教育部 43 号令进一步明确，“辅导员应当努力成为学生成长成才的人生导师和健康生活的知心朋友”②。结合新时代工作实际，教育部 43 号令对高校辅导员的工作要求和主要职责进行了完善。其中，明确高校辅导员工作的要求是“恪守爱国守法、敬业爱生、育人为本、终身学习、为人师表的职业守则；围绕学生、关照学生、服务学生，把握学生成长规律，不断提高学生思想水平、政治觉悟、道德品质、文化素养；引导学生正确认识世界和中国发展大势、正确认识中国特色和国际比较、正确认识时代责任和历史使命、正确认识远大抱负和脚踏实地，成为又红又专、德才兼备、全面发展的中国特色社会主义合格建设者和可靠接班人”③；明确高校辅导员的主要工作职责包括思想理论教育和价值引领、党团和班级建设、学风建设、学生日常事务管理、心理健康教育与咨询工作、网络思想政治教育、校园危机事件应对、职业规划与就业创业指导、理论和实践研究等九个方面。同时，针对高校辅导员专兼职队伍界限不清的问题，明确专职辅导员包括院（系）党委（党总支）副书记、学工组长、团委（团总支）书记等专职工作人员，以及兼职辅导员工作量按专职辅导员工作量的 1/3 核定等；针对高校辅导员专业技术评聘难以落实的问题，明确单列计划、单设标准、单独评审，以及强调更加注重考察工作业绩和育人实效等要求；针对高校辅导员参加培养培训标准不清的问题，强调要确保每名专职辅导员每年参加不少于 16 个学时的校级培训，每 5 年参加 1 次国家级或省级培训的要求等。为加强高校辅导员骨干的培养培训工作，2019 年，教育部对 2007 年评定的 21 个高校辅导员培训和研修基地、2015 年评定的 8 个高校辅导员队伍发展研究中心进行重新遴选与评定，在全国 20 所高校设立高校思想政治工作创新发展中心（2022 年又增加高职院校、民办高校共 10 所），以及设立 30 个高校辅导员思想政治工作骨干队伍培训研修中心。

其次，突出信息技术赋能。随着信息化社会发展进程的加快，网络信息及其技术已广泛融入人类社会生活的全领域全过程。习近平总书记提出要“推动思想政治工作传统优势同信息技术高度融合”④，为以信息技术赋能提升高校辅导员素质能力提供了理论指导。

---

① 习近平在全国高校思想政治工作会议上强调 把思想政治工作贯穿教育教学全过程 开创我国高等教育事业发展新局面 [N]. 人民日报，2016-12-09 (1).

②③ 普通高等学校辅导员队伍建设规定 [EB/OL]. (2017-09-29). http://www.moe.gov.cn/srcsite/A02/s5911/moe_621/201709/t20170929_315781.html.

④ 习近平谈治国理政（第 2 卷）[M]. 北京：外文出版社，2017：378.

2012年，中共教育部党组印发《教育部学习宣传和贯彻落实党的十八大精神重点工作方案》，明确提出要“研究制订关于进一步加强高校校园网络文化建设和管理工作的意见”“研究制订高校辅导员职业能力标准”“建设全国高校辅导员管理信息系统”等。① 2013年，中共教育部党组印发《普通高等学校辅导员培训规划（2013—2017年）》，将“运用网络能力培训”作为职业能力培养纳入培训内容。② 2014年，教育部印发《高等学校辅导员职业能力标准（暂行）》，将“网络思想政治教育相关知识”纳入辅导员的专业知识体系，并对初、中、高级辅导员的网络思想政治教育能力提出不同层次的具体要求。③ 2017年，教育部43号令明确将“网络思想政治教育”纳入辅导员的主要职责内容，提出辅导员要“运用新媒体新技术，推动思想政治工作传统优势与信息技术高度融合”④。同年，中共教育部党组印发《高校思想政治工作质量提升工程实施纲要》，提出“创新推动网络育人”“加强师生网络素养教育”等要求。为切实提升高校辅导员的网络思想政治教育能力，教育部推动建设全国高校思想政治工作网，以及向全国推广易班网和加强中国大学生在线网站建设等，各地各高校纷纷建设面向辅导员的网络学习空间和大数据应用平台，特别是教育部高校思想政治工作队伍培训研修中心（华中师范大学）每年举办以“大数据与思想政治教育创新”为主题的学术论坛和示范培训班，为高校辅导员提供集理论成果分享、课题合作研究、典型经验交流等功能为一体的资源数据共享服务。

再次，加强典型特色培育。积极搭建高校辅导员专业化发展平台，以及加强典型选树和特色培育，是新时代推动高校辅导员队伍建设的重要举措。一方面，积极搭建高校辅导员专业化发展平台。教育部从2012年开始举办全国高校辅导员职业技能大赛，2018年更名为“全国高校辅导员素质能力大赛”，通过以赛代练、以赛促学、以赛促建的方式促进辅导员的专业理论知识和职业技能提升。2022年，该比赛调整为“全国高校辅导员素质能力提升骨干训练营”，更加凸显出该比赛对辅导员的培养培训功能和价值。2014年高校辅导员工作精品项目建设工作启动。在此基础上，从2018年起，教育部围绕课程、科研、实践、文化、网络、心理、管理、服务、资助、组织等“十大”育人体系建设，开始培育建设高校思想政治工作精品项目，推动“一校一品”或“一校数品”生动局面的形成。从2022年起，教育部围绕将思想政治工作体系贯通学科体系、教学体系、教材体系、管理体系，推动“三全育人”综合改革示范区、示范高校、示范院（系）建设，以及党建示范创建和质量创优的示范高校、标杆院系、样板支部等建设。各地各高校相应地举办了不同层级的辅导员素质能力大赛，开展了思想政治工作精品项目培育等工作，极大地促进了高校辅导员职业化素质能力提升。另一方面，积极选树典型和培育特色。教育部继续开展全国高校辅导员年度人物评选活动，特别是2013年高校辅导员年度人物受到习近平总书记的亲切接见后，各地各高校越来越重视优秀辅导员的培养和选树，纷纷开展本区域、单位

---

① 教育部思想政治工作司．加强和改进大学生思想政治教育重要文献选编（1978—2014）[M]．北京：知识产权出版社，2015：574.

② 同①592.

③ 同①662-668.

④ 普通高等学校辅导员队伍建设规定 [EB/OL]．(2017-09-29)．http://www.moe.gov.cn/srcsite/A02/s5911/moe_621/201709/t20170929_315781.html.

的辅导员年度人物评选活动，形成了辅导员“比、学、赶、超”的良好氛围。[①] 2019 年，教育部启动开展“最美高校辅导员”推选活动，并由中宣部、教育部联合发布获奖者的先进事迹，既坚定了高校辅导员的职业理想信念，也增进了社会、学校、学生对高校辅导员的职业认同。为促使一批高校辅导员朝着专家型辅导员的方向发展，从 2014 年起，教育部连续三年启动思想政治教育中青年杰出人才支持计划；从 2018 年起，又启动高校思想政治工作中青年骨干队伍建设项目、高校网络教育名师培育支持计划等。

最后，构建协同工作格局。立足新的发展阶段，党和国家更加注重统筹推进高校思想政治工作队伍的整体性建设，从而不断推动着高校辅导员群体内部、辅导员与思想政治理论课教师之间，以及辅导员与其他育人主体之间的协同建设与发展。2015 年，中共中央办公厅、国务院办公厅印发的《关于进一步加强和改进新形势下高校宣传思想工作的意见》，提出要“立足学生全面发展，努力构建全员全过程全方位育人格局”[②]。2017 年，中共教育部党组印发《高校思想政治工作质量提升工程实施纲要》，提出构建课程育人、科研育人、实践育人等“十大育人体系”[③]。2020 年，教育部等八部门联合印发《关于加快构建高校思想政治工作体系的意见》，提出构建包括“队伍建设体系”在内的育人体系。[④] 2021 年，中共中央、国务院印发《关于新时代加强和改进思想政治工作的意见》，强调“要构建共同推进思想政治工作的大格局”。2022 年，教育部等十部门联合印发《全面推进“大思政课”建设的工作方案》，提出要全面推进“大思政课”建设。在上述政策文件的贯彻落实之中，各地各高校以系统观念整体推动高校思想政治工作体系的构建和大中小学思想政治教育一体化建设，极大地促进了高校辅导员队伍建设的协同化发展。如自 2012 年上海市率先在全国设立首批市级高校辅导员工作室以来，各省也纷纷开始设立各级各类辅导员工作室，工作室的成员构成以辅导员为主体，同时聘请思想政治教育专家学者、领导干部等担任顾问，邀请思想政治理论课教师等育人主体加入，大大推动了跨地区、跨学校的辅导员之间，以及辅导员与其他育人主体之间的互学互促；2020 年，大连海事大学开展了“思政课教师和辅导员双向融合，构建育人共同体”交流会；等等。

第二节　思想政治教育学科对高校辅导员队伍建设的指导

经过 40 年的建设发展，思想政治教育学科在基础理论研究、实践方法创新、人才自主培养等方面取得丰硕成果，有力地指导和支撑着高校辅导员队伍建设，其中特别是在系

① 刘宏达，潘开艳．十年来我国高校辅导员制度的顶层设计及其实践创新［J］．思想政治教育研究，2017（1）：115－119.

② 中共中央办公厅、国务院办公厅印发《关于进一步加强和改进新形势下高校宣传思想工作的意见》［EB/OL］．（2015－01－19）．http://www.gov.cn/xinwen/2015-01/19/content_2806397.htm.

③ 中共教育部党组关于印发《高校思想政治工作质量提升工程实施纲要》的通知［EB/OL］．（2017－12－06）．http://www.moe.gov.cn/srcsite/A12/s7060/201712/t20171206_320698.html.

④ 教育部等八部门关于加快构建高校思想政治工作体系的意见［EB/OL］．（2020－05－11）．http://www.moe.gov.cn/srcsite/A12/moe_1407/s253/202005/t20200511_452697.html.

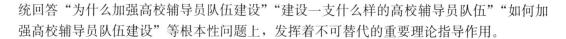

统回答“为什么加强高校辅导员队伍建设”“建设一支什么样的高校辅导员队伍”“如何加强高校辅导员队伍建设”等根本性问题上，发挥着不可替代的重要理论指导作用。

一、为高校辅导员制度定型提供逻辑依据

任何一种制度的建立、发展与完善，都是制度改革与制度定型的互动促进过程，即制度改革以制度定型为基本目标，而制度定型则以制度改革为前提条件。在思想政治教育学科创立之前，高校辅导员制度作为高校思想政治工作制度体系中的一种专门制度，其政策体系虽然得以基本确立，但仍然存在系统性设计不全面、规范性管理不到位、专业化推进不深入等问题。在思想政治教育学科建设的指导下，高校辅导员制度建设的基本逻辑日益清晰。

（1）历史逻辑：继承思想政治工作传统优势。思想政治工作是党的优良传统，是党从小到大、从弱到强和战胜一切困难险阻的重要法宝。在高校建立思想政治工作制度，是党在改造旧中国高等教育制度、借鉴苏联高等教育制度，以及总结和继承思想政治工作优势等的基础之上，创造性进行的一种政治制度设计，是我国高等教育体系建立和发展的鲜明特色。改革开放以来，特别是经历了 20 世纪 80 年代末 90 年代初国内政治风波和苏联解体、东欧剧变等一系列重大事件之后，加强和改进高校思想政治工作成为我国高等教育改革发展一以贯之的主题主线。党和国家建立和发展思想政治教育学科，其目的在于总结党的思想政治工作的基本经验，推动这一党的传统优势在高校教育教学中的现代继承与创新发展。而总结高校思想政治工作的基本经验，以及推动高校思想政治工作传统优势的继承与发展，离不开对高校辅导员制度建设的经验总结和优势继承。一方面，从历史必然性看，高校辅导员制度的建立和发展与高校思想政治工作不断变化的现实需要相适应，随着高校思想政治工作科学化发展和学科化建设的深入推进，高校辅导员制度建设的理论、方法、实践等体系必然呈现出科学化的发展特征，并有机融入思想政治教育学科建设内容体系。另一方面，从历史规律性看，高校思想政治工作的组织、实施和管理，需要有一支高素质专业化的工作队伍，而高校思想政治工作的历史经验显示：这支队伍建设得越坚强有力，高校思想政治工作的作用发挥就越充分；反之，高校思想政治工作就会出现根基不稳、体系不牢等现象，甚至会出现严重失误问题。随着思想政治教育学科建设不断加强，包括辅导员在内的高校思想政治工作队伍将日益由经验型建设模式走向专业化发展道路。

（2）理论逻辑：坚持思想政治教育本质属性。思想政治教育是以人为对象的，是一项以改造人的精神世界为主要任务的社会实践活动；而具有鲜明中国特色的思想政治教育，特指坚持以马克思主义及其中国化最新理论成果武装全党、教育人民的专门工作体系。思想政治教育的本质属性是阶级属性、政治属性和意识形态属性的高度统一。其中，从阶级属性看，思想政治教育坚持以马克思主义理论为根本指导，是无产阶级解放全人类的思想武器和斗争工具。从政治属性看，思想政治教育坚持以马克思主义中国化理论为指导，坚持为人民服务、为中国共产党治国理政服务、为巩固和发展中国特色社会主义制度服务、为改革开放和社会主义现代化建设服务，是治党治国的重要方式和凝聚社会思想共识的重要手段。从意识形态属性看，思想政治教育是坚持马克思主义在意识形态领域指导地位这

一根本制度的重要方式，包括在处理不同国家之间的制度之争、利益之争、文化之争等之中凸显阶级属性，即以马克思主义的科学性和先进性凝聚国际社会的思想共识，以构建人类命运共同体的理念和情怀化解国际社会的风险挑战，等等；在处理党内国内不同类型的思想问题、行为问题、价值问题等之中凸显政治属性，即以党的创新理论引领人们的思想，以社会主义核心价值观引导人们的行为，等等。高校辅导员制度的建立和发展，是围绕大学生思想政治教育目标任务的落实而展开的，因而推动思想政治教育本质属性在高校人才培养中得以彰显，充分发挥高校辅导员队伍的专业化工作优势，使之既以大学生成长成才的人生导师和健康生活的知心朋友等职责定位，推动大学生积极主动地融入高校教育教学，不断提高他们的思想水平、政治觉悟、道德品质、文化素养；又以大学生思想政治教育的组织者、管理者和指导者等身份定位，推动高校全员育人、全过程育人、全方位育人工作格局的形成。

（3）实践逻辑：推动思想政治教育守正创新发展。思想政治教育以人的思想引领和行为指导为基本要素，既以先进理论来指导人的行为实践，又以人的行为实践来丰富先进理论，具有理论指导与行为实践相统一的科学属性。在人类社会由传统社会向现代社会加速转型发展的背景下，人们的思想需求日益丰富多元，行为矛盾也日益复杂多样。只有深入开展思想政治教育，才能将国家意志、社会意愿、个人需求有机地统一起来，特别是在以改革创新精神推动中国特色社会主义事业高质量发展的进程中，必须通过推动思想政治教育守正创新发展，包括以党员干部为重点、面向全社会切实加强马克思主义理论及其中国化最新成果的宣传教育、推动理想信念教育常态化制度化、培育和践行社会主义核心价值观，以及不断深化党史、新中国史、改革开放史、社会主义发展史、中华民族发展史和形势政策教育、法治教育等，不断铸牢全社会共同的思想基础和凝聚强大的团结奋进力量。高校历来是思想政治教育的重要阵地，推动高校思想政治教育的守正创新发展，是高校始终坚持社会主义办学方向和科学应对不断出现的各种风险挑战等的实践要求。而对接这种要求，必须不断加强高校辅导员制度的系统性、规范性、专业化建设。从国家层面看，党和国家将加强和改进大学生思想政治教育作为一项重大而紧迫的战略任务，并根据《高等教育法》等有关法律法规，先后制定和修订《普通高等学校辅导员队伍建设规定》，并以部长令的形式予以发布，使高校辅导员队伍建设被纳入国家法律法规体系，从而体现出确保这支队伍源源不断、后继有人、人才辈出的国家意志。从地方层面看，各级党委政府将高校辅导员队伍建设纳入高校政治巡视、领导干部考核、专项工作督查等必查内容，有的地方还建立了高校辅导员队伍建设问题的约谈机制等。从高校层面看，既要将辅导员队伍建设纳入教师队伍和管理队伍建设的重要内容，进行整体规划、统筹安排，不断提高他们的专业水平和职业能力；又要明确制定选聘与配备、发展与培训、管理与考核等具体操作性规范，不断推动辅导员队伍建设机制的常态化制度化。

二、为高校辅导员队伍建设构建知识体系

作为一门科学，思想政治教育必须坚持与经济社会发展相适应、与人的思想特点和行为实际相结合，以及主客体相互促进、过程螺旋式上升等基本规律。在此基础上，大学生思想政治教育还必须坚持高校教育教学基本规律、大学生成长成才基本规律等。高校辅导

员队伍作为专门从事大学生日常思想政治教育的骨干力量，正是基于以思想政治教育为主的知识性建构，才使自身从事大学生思想政治教育的专业化地位更加突出、职业化作用更加聚焦，以及自主性发展能力更加强大。

首先，以强化思想理论武装坚定理想信念。从培养有理想、有道德、有文化、有纪律的“四有”新人到培养社会主义事业合格建设者和可靠接班人，再到培养担当民族复兴大任的时代新人，是党和国家适应不同发展阶段需求对高校提出的育人目标，其始终强调的是以理想信念教育为核心培养高素质创新型人才。在坚持育人者先育己的理念和要求之下，理想信念教育成为高校辅导员队伍建设的核心内容。思想政治教育作为一门研究阐释宣传马克思主义理论及其中国化最新成果的学科，对高校辅导员队伍坚定理想信念起到了至关重要的作用。一是以马克思主义基本理论教育坚定高校辅导员队伍的共产主义远大理想。马克思主义是科学的世界观与方法论，为人们认识世界和改造世界，以及正确处理个人与国家、个人与社会、个人与他人、个人与自然、个人与世界等关系提供基本遵循。坚持以马克思主义基本理论为指导，既是我国宪法、教育法、高等教育法等对思想政治教育学科建设的内在规定，也是思想政治教育学科赋能高校辅导员队伍建设的根本要求。实践证明，正是因为不断加强高校辅导员队伍的马克思主义基本理论教育，才使他们能够树立正确的世界观、人生观和价值观，以辩证唯物主义和历史唯物主义的基本观点、立场、方法等分析人类社会发展大势、把握世界格局矛盾变化、辨清意识形态斗争方向等，从而坚定共产主义远大理想，坚定为社会主义事业培养合格建设者和可靠接班人的信心决心。二是以党的创新理论教育坚定高校辅导员队伍的中国特色社会主义共同理想。改革开放以来，党中央坚持以马克思列宁主义基本原理和毛泽东思想为根本指导，不断开辟马克思主义中国化时代化新境界，形成邓小平理论、“三个代表”重要思想、科学发展观等新的理论指导体系，特别是党的十八大以来，以习近平同志为核心的党中央坚持把马克思主义基本原理同中国具体实际相结合、同中华优秀传统文化相结合，创新性形成的习近平新时代中国特色社会主义思想，是中华文化和中国精神的时代精华，是当代中国马克思主义、21世纪马克思主义。思想政治教育学科深入研究阐释宣传党的创新理论，为高校辅导员队伍准确把握实现中华民族伟大复兴的战略全局和世界百年未有之大变局、正确理解中国式现代化的中国特色和本质要求、贯彻用好习近平新时代中国特色社会主义思想的世界观和方法论等提供了理论遵循，从而使他们不断坚定中国特色社会主义共同理想，不断坚定将个人梦融入中国梦的信心决心。三是以思想政治教育学科理论教育坚定高校辅导员队伍的职业理想。思想政治教育学科理论是对马克思主义和党的创新理论的具体阐释，是对中国共产党思想政治工作的经验总结和理论提升，是对新形势下如何推动人的全面发展和社会全面进步的规律性把握和创新性探索，其对于高校思想政治工作的地位巩固、体系完善和创新发展等具有理论的奠基性和支撑性作用。将高校辅导员队伍建设纳入思想政治教育学科视野，既明确了高校辅导员工作的理论性质和学科归属，使之在岗位设置、职责规定、过程管理、效果评估等方面更加注重政治性与学理性相统一；又明确了高校辅导员队伍的理论要求和专业规范，使之在知识建构、素质培养、能力提升、可持续发展等方面更加注重约束性与激励性相统一。

其次，以构建学科理论知识提高专业素养。辅导员专业素养是指辅导员所应具备的专业知识、技能和素质[①]，包括辅导员的思想政治素质、大学生思想政治教育相关学科的知识和教育引领学生成长成才的能力等。思想政治教育学科建设在40年的发展过程中，不断建构和形成完整的学科理论知识体系，并通过学术成果、课程资源、教学活动等形式为培养和提升高校辅导员队伍的职业素养提供服务支撑。一是增强高校辅导员对思想政治素质的理论认知。无论是作为大学生思想政治教育的实施主体，还是作为高校辅导员队伍建设的对象客体，都需要高校辅导员科学认识思想政治素质的概念内涵和内容构成，为指导大学生和自身提升思想政治素质提供理论前提。区别于其他学科，思想政治教育学科的核心概念是思想政治素质，特指人们在参加社会政治活动时，在思想认知、价值观念、行为遵守等方面所具备的基本条件，或所表现出来的品质特征，主要由思想观念、政治素质、道德品质和法治意识等四个方面内容所组成。其中，思想观念是人的世界观、人生观、价值观的集中体现；政治素质是人的政治信仰、政治立场、政治态度、政治观点、政治行为等的综合体现；道德品质是人认知与遵守社会道德观念、道德规范、道德秩序等状况的体现；法治意识是人感受、认知和把握国家法律知识、法律现象、法律问题等状况的体现。思想政治教育学科对思想政治素质的科学界定，为高校辅导员聚焦大学生的思想政治引领和行为价值引领这一主责主业，以及提升自身的核心素养和关键能力提供了基本遵循。二是增强高校辅导员对思想政治教育专业知识的理论认知。思想政治教育专业知识是以马克思主义和党的创新理论为指导，围绕人的思想政治素质提升和思想政治教育活动开展等所形成的系统性理论体系，包括理论基础、目标原则、基本规律、要素结构、内容体系、方式方法、体制机制等。加强思想政治教育学科理论知识教育，一方面有利于增强高校辅导员的思想政治教育主体意识，使其不断掌握以思想政治教育学科理论知识为主要支撑的理论体系，能够准确把握大学生的思想需求与行为特征，以及开展大学生思想政治教育所需要的基础理论知识，从而既推动自身由传统“万金油”式干部向现代高素质专业化干部与教师的双重身份转型，又推动大学生思想政治教育由经验型模式向科学化模式转变；另一方面有利于增强高校辅导员的思想政治教育学科思维，使其不断掌握思想政治教育跨学科理论知识融合的创新体系，既以思想政治教育学科思维与方法为主导，推动跨学科专业知识在大学生思想政治教育中的创造性应用，从而不断丰富大学生思想政治教育的理论与方法体系，又充分发挥高校辅导员队伍的跨学科专业优势，推动不同学科专业知识和思维方法在大学生思想政治教育中的应用，从而不断提升高校辅导员队伍跨学科理论交叉研究和多学科方法综合运用等的职业能力。三是增强高校辅导员对思想政治工作能力的理论认知。思想政治工作能力是思想政治工作者的思想政治素质与思想政治教育专业知识在实践运用中的具体体现，主要包括全面准确把握党的政策理论的能力、系统组织开展思想政治教育活动的能力、统筹推动全员全过程全方位育人的能力、掌握现代信息技术推动思想政治教育理论与方法创新的能力等。全面提升思想政治工作能力，是高校辅导员队伍建设的重要内容，也是思想政治教育学科建设理论联系实际的重要体现。以思想政治教育学科理论增强高校辅导员对思想政治工作能力提升的理论认知，一方面要遵循人的思想发展规律，通过系统性、针对性和个性化的思想理论教育，使其全面掌握开展思想政治工作必备的理论知识和思维方

① 刘宏达.中国特色高校辅导员制度建设的多维路径[J].思想理论教育，2017（11）：87-93.

法，不断发挥思想理论对实践工作的引领促进作用；另一方面要遵循人的行为实践规律，通过政策性指导、制度化管理、发展性激励等手段和方法，使其能够在不同环境、不同场景、不同任务等之中创造性开展思想政治工作，不断推动思想政治工作能力由低水平向高水平的递进式提升。

最后，以坚持党的思想路线增强思维能力。党的思想路线是党坚持以马克思主义理论为指导、团结带领人民为实现中华民族伟大复兴必须始终坚持的基本原则和思想基础，是指导广大党员干部准确把握历史发展方向和认识问题、分析问题、解决问题的科学思想和思维方法。党的思想路线的核心是实事求是，坚持党的思想路线就是坚持把马克思主义的普遍真理同我国具体实际结合起来，既尊重人类社会和事物发展的客观规律，又注重理论、方法和实践的一体化创新发展。将党的思想路线贯彻到高校辅导员队伍建设实践中，必然增强他们的科学思维能力。党的二十大报告指出，“我们要善于通过历史看现实、透过现象看本质，把握好全局和局部、当前和长远、宏观和微观、主要矛盾和次要矛盾、特殊和一般的关系，不断提高战略思维、历史思维、辩证思维、系统思维、创新思维、法治思维、底线思维能力”①。一方面通过系统开展思想理论教育，不断增强高校辅导员对科学思维能力的理论认知，使科学思维能力成为他们开展思想政治工作素质能力培养培训的重要内容；另一方面通过全面深化大学生思想政治教育实践，不断拓展高校辅导员对科学思维能力的感知体验，使科学思维能力成为他们提升思想政治工作能力水平的重要体现。一是在战略思维能力提升上，高校辅导员要从对接国家全面实施教育强国战略、科技强国战略、人才强国战略等的战略高度，不断增强自身对为党育人、为国育才的紧迫性认知，自觉承担起为高校自主培养科技自立自强、文化自信自强等高素质创新型人才服务的使命任务。二是在历史思维能力提升上，高校辅导员要立足中国特色社会主义进入新时代的历史方位，对大学生系统性加强党史、新中国史、改革开放史、社会主义发展史教育，引导他们深刻认识马克思主义为什么行、中国共产党为什么能、中国特色社会主义为什么好，旗帜鲜明地反对历史虚无主义等。三是在辩证思维能力提升上，高校辅导员要着眼于大学生存在的一般性问题与重难点问题、共性化问题与个性化问题，以及自身面临的普遍性问题与特殊性问题等，不断提高自身化解思想矛盾与解决具体问题的能力，使大学生的获得感不断增强。四是在系统思维能力提升上，高校辅导员要统筹推动日常思想政治教育与思想政治理论课教学、传统思想政治教育与网络思想政治教育、学校思想政治教育与家庭社会思想政治教育协同育人等，不断推动高校思想政治工作体系的加快建构与完善。五是在创新思维能力提升上，高校辅导员要针对大学生思想政治教育新形势新要求新问题，不断创新教育管理服务的理念、方法与路径，特别是运用现代信息技术推动思想政治工作传统优势的现代转化，使大学生思想政治教育的吸引力、亲和力和时代感不断增强。六是在法治思维能力提升上，高校辅导员既要注重加强大学生的社会主义法治宣传教育，使法治中国的理念在大学生中深入人心；又要注重以法治思维和法治方式不断改进大学生事务管理服务方式，不断提高自身在化解校园矛盾纠纷和危机事件应急处置中的能力水平。七是在

① 习近平．高举中国特色社会主义伟大旗帜 为全面建设社会主义现代化国家而团结奋斗——在中国共产党第二十次全国代表大会上的报告［M］．北京：人民出版社，2022：21.

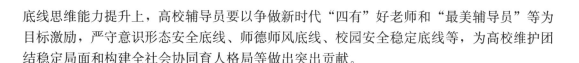

底线思维能力提升上，高校辅导员要以争做新时代“四有”好老师和“最美辅导员”等为目标激励，严守意识形态安全底线、师德师风底线、校园安全稳定底线等，为高校维护团结稳定局面和构建全社会协同育人格局等做出突出贡献。

三、为高校辅导员队伍建设提供智力支持

思想政治教育学科一方面通过人才培养、课程设计、师资提供，以及理论研究成果应用与教材编写等方式，直接为高校辅导员队伍培养培训提供支撑；另一方面通过将学科建设的理论与实践范式贯穿于高校辅导员专业化职业化培养培训全过程，不断建立健全高校辅导员队伍专业化发展体系，使高校辅导员队伍的职业认同日益增强。

首先，推动工作职责要求的不断优化。思想政治教育学科创立 40 年来高校辅导员队伍工作职责有三大主要变化。一是职责定位日益清晰。在名称上由“政治辅导员”向“辅导员”转变，表明高校辅导员工作内容的拓展，即由之前以负责指导大学生课外思想政治理论学习为主，向负责大学生的日常思想教育引导和学习生活指导等进行全面拓展。教育部 24 号令提出，“辅导员应当努力成为学生的人生导师和健康成长的知心朋友”①，教育部 43 号令进一步指出，“辅导员应当努力成为学生成长成才的人生导师和健康生活的知心朋友”，这就进一步深化了高校辅导员作为大学生思想政治教育骨干力量的职责定位，既强调在大学生成长成才中的思想政治引领职责，也强调在大学生健康生活中的行为价值引导职责。二是在人员构成上由“双肩挑”向“以专职为主、兼职为辅”转变，表明高校辅导员工作职责要求的日益提高，即由之前强调“有人做”到强调“有专人做、有专业人做”的深度提升。教育部 43 号令不仅对高校辅导员岗位设置比例进行了总体规定，而且对专兼职人员比例和专职人员的构成等进行了明确规定，从而解决“以专职为主、兼职为辅”的具体性、规范性、操作性问题。三是在人员属性上由管理干部向具有教师和干部双重身份转变，表明高校辅导员工作职责内容的不断拓展，即由主要负责日常思想政治工作转向需要参与思想政治理论课教学、促进日常思想政治工作与思想政治理论课教学协同育人的质量提升。2019 年，中共中央办公厅、国务院办公厅印发《关于深化新时代学校思想政治理论课改革创新的若干意见》，对高校辅导员参与思想政治理论课教学做了任务规定，要求“把思政课教师和辅导员中的优秀分子纳入各类高层次人才项目”等，这就为高校辅导员巩固干部身份和拓展教师身份提供了基本依据。

其次，推动培养培训体系的不断健全。伴随着思想政治教育学科的发展，高校辅导员队伍培养在层次、规格、形式等方面不断拓展和丰富，多途径、分层级、全覆盖的人才培养培训体系逐步构建起来。从途径上看，主要包括学历提升和非学历培训两个方面。其中围绕学历提升，党和国家建立健全思想政治教育专业从本科生到博士研究生的人才培养体系，既直接为高校辅导员队伍建设输送人才，又通过选拔优秀辅导员在职攻读思想政治教育专业本科学士学位、第二学士学位、硕士和博士学位等方式，不断提高辅导员队伍中思想政治教育专业的人员比例；围绕非学历培训，各级教育部门和各高校不断构建涵盖长短

---

① 教育部思想政治工作司．加强和改进大学生思想政治教育重要文献选编（1978—2014）[M]. 北京：知识产权出版社，2015：344.

期培训、挂职锻炼、国内外研修等方式的培训体系，既注重对高校辅导员进行系统的思想政治工作知识教育和能力提升培训，又注重结合大学生思想政治教育的重点、难点、热点问题等，对高校辅导员队伍进行专题式、研讨式、网络化等培训。从层级上看，教育部和各地各高校不断建立健全国家级示范性培训、省级特色性培训、高校针对性培训等三级体系。其中，在国家级示范性培训方面，教育部依托部分高校建设30个全国高校思想政治工作队伍培训研修中心，通过建立全国高校师资库和推动精品课程资源的共建共享等，统筹设计和安排全国高校思想政治工作骨干队伍的示范性培训活动；在省级特色性培训方面，各地教育部门充分发挥高校育人优势，纷纷建立省级层面的高校思想政治工作队伍培训基地（中心），着力打造高校思想政治工作骨干队伍集中培训的课程教学、现场教学和沉浸式体验等场景情景，不断提升培训活动的吸引性和时代感；在高校针对性培训方面，各高校根据高校辅导员队伍的身心特点和工作需求，不断完善针对每一个辅导员的个性化培养培训体系，除开展集中式、主题式培训活动外，还通过建立个人成长档案、建立“传帮带”机制、创建辅导员名师团队等方式，着力提高辅导员队伍培养的个性化教育能力。从全覆盖上看，各级教育部门和各高校通过统筹安排辅导员参加国家级示范性培训、省级特色性培训、高校针对性培训等活动，同时将岗前培训与岗中培训、校内培训与校外培训、理论型培训与实践型培训等有机结合起来，将每一个辅导员都纳入分层分类培训体系，并确保每一个辅导员三年内至少参加一次省级培训活动，每五年至少参加一次国家级培训活动。

最后，推动职业社会认同的不断增强。社会认同理论认为，如果自身群体的劣势不能被否认，成员便倾向离开这个群体，并加入一个高地位的群体，从而达到更高的社会认同和自尊。① 社会认同直接影响着高校辅导员群体的职业认同，关系辅导员的自我效能感、工作态度和职业稳定性。② 思想政治教育学科理论为高校辅导员开展大学生思想政治教育提供了逻辑依据、专业规范和学科范式，从而不断增进高校辅导员群体的社会认同。一是在深化大学生日常思想政治教育中增强对思想政治工作专职干部的身份认同。以思想政治教育理论指导高校立德树人实践，一方面从总体上要求高校围绕德智体美劳“五育并举”的高质量育人体系构建，强化各个领域、每个岗位、每个环节、每个主体等的育人责任，既要分工负责，各自守好一段渠、种好责任田，又要彼此之间形成协同效应与育人合力；另一方面适应社会化专业分工的必然趋势，建设一支包括辅导员在内的专业化、职业化思想政治工作队伍，以发挥这支队伍在深化大学生日常思想政治教育和推进协同育人、共建“大思政”格局中的组织者、管理者和实施者的作用。实践证明，正是因为有了思想政治教育专业理论的指导，高校辅导员队伍作为大学生思想政治教育骨干力量的专业身份认同才不断增强，包括他们对从业要求、工作标准、职业规范等的自我认同和社会认同不断增强。二是在推动高校思想政治理论课教学改革中增强对思想政治理论教育专业教师的身份认同。高校辅导员具有干部和教师的双重身份。其中，干部身份体现着他们作为高校思想政治工作队伍的重要组成部分，既聚焦大学生思想政治教育的主业主责，又承担相应的党

① 陈世平，崔鑫．从社会认同理论视角看内外群体偏爱的发展［J］．心理与行为研究，2015（3）：422－427.

② 冯刚．高校辅导员队伍专业化、职业化建设的发展路径——《普通高等学校辅导员队伍建设规定》颁布十年的回顾与展望［J］．思想理论教育，2016（11）：4－9.

建和思想政治工作任务，并且成为高校党政管理干部的重要补充力量。教师身份体现着他们作为高校思想政治理论教学师资队伍的重要组成部分，既要承担思想政治理论课部分教学任务，包括参与形势与政策课教学和思想政治理论课实践教学等；又要承担大学生日常思想政治理论教育任务，包括组织大学生开展课外思想政治理论学习和主题思想政治理论教育活动等，使大学生日常思想政治理论教育与思想政治理论课教学同向同行，形成协同效应。在党和国家切实推动思想政治理论课教学改革的背景下，高校辅导员参与思想政治理论教育的要求、任务、路径等进一步明确，作为思想政治理论教育专业教师的身份认同进一步增强，包括承担思想政治理论课教学的积极性、主动性进一步增强，组织开展大学生日常思想政治理论教育的系统性、理论性进一步增强，以及协同思想政治理论课和其他课程教师共同形成育人合力的针对性、有效性进一步增强，等等。三是在构建高校思想政治工作队伍发展体系中增强对大学生思想政治教育专家化培养的路径认同。高校以培养一支高素质专业化的思想政治工作队伍为基本要求，统筹推进党政管理干部、思想政治理论课教师、辅导员、班主任、心理健康教师等“五支”队伍建设，而辅导员队伍建设成为“五支”队伍建设的重要环节。一方面通过加强专职辅导员队伍建设，为党政管理干部和思想政治理论课师资培养直接输送人才，为班主任和心理健康教师工作提供协同支撑等；另一方面通过鼓励和引导党政管理干部、专业教师等担任辅导员、班主任，既切实提高他们的思想政治素质和育人工作能力，又不断丰富高校辅导员制度建设体系，使之与班主任制度、教师思想政治工作制度等相互依托、相互促进。在高校思想政治工作队伍发展理论的指导下，高校辅导员队伍专家化培养的路径认同不断增强，既体现为越来越多的高校辅导员成为大学生思想政治教育的理论研究与实践工作的“双师型”专家，也体现为越来越多的专家型人员，如一些高校知名教授、国家劳模、道德模范、时代楷模等加入高校辅导员、班主任队伍等。

第三节　高校辅导员队伍对思想政治教育学科发展的促进

经过40年的发展，高校辅导员队伍建设取得显著成效。从队伍数量看，据教育部统计，截至2022年3月，全国高校专兼职辅导员达24.08万人，师生比达到1∶171，31个省（区、市）辅导员配备实现了整体达标。[①] 从工作成效看，高校辅导员在增强大学生思想理论武装、促进大学生健康成长成才、维护高校团结稳定、营造良好学风校风等方面发挥了不可替代的作用。习近平总书记充分肯定包括高校辅导员在内的“高校思想政治工作队伍兢兢业业、甘于奉献、奋发有为，为高等教育事业发展作出了重要贡献”[②]。而这其中，既有思想政治教育学科对高校辅导员队伍建设的指导作用，也有高校辅导员队伍对思

① 介绍三年来贯彻落实学校思想政治理论课教师座谈会精神工作进展成效［EB/OL］.（2022-03-17）. http://www.moe.gov.cn/fbh/live/2022/54301/.

② 习近平在全国高校思想政治工作会议上强调 把思想政治工作贯穿教育教学全过程 开创我国高等教育事业发展新局面［N］. 人民日报，2016-12-09（1）.

想政治教育学科发展的促进作用。

一、促进思想政治教育理论发展

实践是理论之源。高校辅导员队伍置身于大学生思想政治教育最前沿阵地，是大学生日常思想政治教育的首要主体，对于这一领域的现实问题有最直接、深切和敏锐的感知，同时也对现实问题的解决有相对迫切的需求。伴随着高校辅导员队伍专业化、职业化、专家化进程不断深入，在解决现实问题迫切需求的推动下，相关研究在聚焦实践探索的同时也更多地观照思想政治教育理论的应用与发展，既不断夯实大学生思想政治教育提质增效的理论基础，也不断促进思想政治教育理论的科学发展。

首先，运用和检验思想政治教育基础理论。2014 年，教育部印发《高等学校辅导员职业能力标准（暂行）》，对辅导员需要掌握的专业知识做出明确规定，包括思想政治教育专业基本理论、基本知识、基本方法，马克思主义中国化相关理论和大学生思想政治教育工作实务相关知识等。2017 年，教育部 43 号令进一步明确，高校辅导员应具有从事思想政治教育工作相关学科的宽口径知识储备，掌握思想政治教育工作相关学科的基本原理和基础知识，掌握思想政治教育专业基本理论、知识和方法，掌握马克思主义中国化相关理论和知识，掌握大学生思想政治教育工作实务相关知识等。① 高校辅导员在全面学习和准确掌握思想政治教育理论知识的基础上，一方面加大对思想政治教育已有理论成果的应用，另一方面注重以工作成效来检验这些理论成果及其应用的成效。一是从制度性质层面深刻把握思想政治教育的理论本质。思想政治教育制度是高校加强党的全面领导、落实立德树人根本任务的一项根本政治制度，是高校坚持马克思主义在意识形态领域指导地位根本制度的具体体现。高校辅导员制度是关于大学生日常思想政治教育队伍专业化建设的政策理论体系，是高校加强大学生日常教育管理的职业化制度设计。高校辅导员对思想政治教育理论本质的把握，就是在高校党委的领导下，将坚持党的教育方针贯彻到大学生日常学习生活之中，教育引导大学生能够听党话、跟党走，成为社会主义建设者和接班人，从而确保高校为党育人、为国育才的初心使命能够通过大学生日常思想政治教育得以践行。二是从制度内涵层面全面把握思想政治教育主体的工作职责。思想政治教育主体是实施开展思想政治教育活动的主导者，既强调主体个体的积极性和主动性作用发挥，又强调不同主体之间力量的相互协同。高校辅导员是大学生日常思想政治教育的主体，既要以专业教师身份，协同推动课堂育人的主渠道作用发挥，又要以教育管理者身份，切实守好日常教育管理的育人主阵地，从而使高校人才培养的主渠道与主阵地协同推进、相互渗透、共同发力。三是从制度任务层面系统把握思想政治教育的实施要求。思想政治教育坚持以党的创新理论为指导，以具有贯穿性、价值性、丰富性的思想政治教育活动，不断地引领和满足人们日益增长的美好生活需要。高校辅导员以班级、年级、专业等为单元组织开展大学生日常思想政治教育，必须紧密联系大学生思想需求和行为特征变化的实际，将思想引领与行为引导、解决思想问题与解决具体问题等结合起来，不断增强思想政治教育的吸引

① 普通高等学校辅导员队伍建设规定［EB/OL］.（2017-09-29）. http://www.moe.gov.cn/srcsite/A02/s5911/moe_621/201709/t20170929_315781.html.

性、亲和力和时代感。

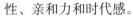

其次，丰富和发展大学生思想政治教育理论。在思想政治教育学科理论的指导下和应用中，高校辅导员围绕大学生思想政治教育的重点、难点和热点问题等进行科学研究，既不断提高自身的思想政治教育素质能力，又不断丰富和发展大学生思想政治教育理论。从国家层面看，教育部人文社会科学基金项目单独设立高校辅导员工作研究专项课题，鼓励各地各高校将网络文章纳入高校辅导员科研评价体系等。从社会层面看，1983 年《高校辅导员学刊》创刊，2010 年《高校辅导员》创刊，主要为高校辅导员队伍进行理论研究、经验交流、案例分析等提供平台；同时，一些思想政治教育类的专业期刊也纷纷开设高校辅导员工作论坛和研究专题等。高校辅导员丰富和发展大学生思想政治教育理论，主要体现在以下几个方面：一是持续跟进大学生群体特征研究。随着我国经济社会的快速发展和国民生活水平的大幅提高，社会民众的观念和行为方式也发生深刻变革。大学生群体在高速前进的社会环境中成长发展，呈现出较为明显的代际特征。高校辅导员持续深化对大学生群体代际特征进行研究，既是开展大学生思想政治教育的现实需要，也推动了大学生群体成长成才理论的发展。二是高度关注大学生群体文化现象。在全球网络互联互通、世界文化交流交融交锋的时代背景下，大学生群体文化现象复杂多变，特别是各类亚文化问题层出不穷，甚至出现明显的圈层化趋势。高校辅导员只有了解和融入大学生群体的文化圈，才能更好地“把脉问诊”，并通过有针对性地开展思想政治教育，来破解大学生群体中存在的文化壁垒和价值对立等难题。三是精准掌握大学生个性化需求。精准思维是新时代大学生思想政治教育的重要研究视角，只有准确把握大学生群体或个体的个性化需求，才能实现靶向精灌，较好地达成教育目标。高校辅导员在实践工作中要高度关切大学生的个性化问题需求，注重结合实际，从理论层面展开问题原因分析和对策思路探寻，从而不断丰富大学生思想政治教育的精准性、个性化理论研究。

最后，具化和深化高校思想政治工作队伍建设理论。高校思想政治工作体系是包括理论武装体系、学科教学体系、日常教育体系、管理服务体系、安全稳定体系、队伍建设体系、评估督导体系等在内的大系统。其中构建高校思想政治工作队伍建设体系，需要着力培养一支战斗在大学生学习生活一线、熟悉大学生思想特点和行为特征、善于做大学生思想政治引领和行为价值引导的高校辅导员队伍，并通过他们推动高校思想理论教育系统灌输与日常灌输的相互渗透、双向融合，来不断增强系统性思想理论灌输的针对性和有效性，以及日常性思想理论灌输的时效性和精准性。高校辅导员队伍对高校思想政治工作队伍建设理论起着重要的具体与深化作用。一是具化高校辅导员队伍建设理论。其中，在数量规模方面，党和国家对高校辅导员队伍建设的规范管理要求十分明确，要求建设一支以专职为主、兼职为辅的人员队伍，其中专职辅导员总体上按 1∶200 的比例配备，保证每个院（系）的每个年级都有一定数量的专职辅导员等；在队伍来源方面，高校辅导员实现从校内选拔到校外扩充拓展，既包括从高校教师、干部、研究生、高年级大学生中选择条件适合的人担任，又包括鼓励选聘各级党政机关、科研院所、军队、企事业单位党员领导干部、专家学者等担任校外辅导员等；在可持续发展方面，高校辅导员队伍的职业地位不断提高、专业素养不断提升、发展路径不断畅通，使得辅导员更有信心、更有能力、更加愿意长期从事辅导员职业。二是充实高校思想政治理论课教师队伍建设理论。高校辅导员具有教师身份，承担着对大学生进行思想理论教育和价值引领等使命任务，既是高校思想政治理论课专职教师队伍的重要“后备军”，又是高校思想政治理论课兼职教师队伍的重要组成部分。从政策制度看，各级党委政府构建了完整的辅导员培养培训体系，包括实施在职攻读硕士、博士学位计划，建立精准适配的学习培训机制等，为推动高校辅导员参与思想政治理论课教学奠定了坚实的专业基础；从实践推进看，高校辅导员无论是转岗还是兼职担任思想政治理论课教师，都成为高校思想政治理论课教师的重要补充力量，并在推动高校思想政治理论课教学改革中形成一股新的促进力量。三是充实高校党政干部队伍建设理论。高校辅导员是高校党政管理干部队伍的重要组成部分，也是高校非辅导员岗位党政管理干部队伍的重要来源。一方面，高校党政干部是高校辅导员队伍的重要发展方向，一些政治素质好、业务能力强、有发展潜力的辅导员骨干通过重点培养，逐步被提拔到高校各级党政领导干部岗位上；另一方面，高校党政领导干部选拔又重视和强调辅导员工作经历，如许多高校在选拔党政领导干部时，明确要求必须具有专职辅导员的工作经历或向具有专职辅导员工作经历者倾斜等。此外，围绕高校辅导员队伍建设的系统性理论研究成果层出不穷、日益丰富，如湖南大学出版社 1997 年版的《高校政治辅导员工作概论》（杨春如、栾永玉主编）、2019 年人民出版社出版的《高校辅导员学》（孟东方等著）、2022 年北京师范大学出版社出版的《新时代高校辅导员工作十讲》（冯刚、刘宏达主编）等。

二、促进思想政治教育基层实践

高校是党的思想政治工作体系的重要实施主体和基层单元，既要从遵循中国特色社会主义高等教育本质要求和发展规律的政治高度，推动思想政治工作这一党的政治优势在高校人才培养中的充分发挥；又要从对接新形势下党和国家加强和改进大学生思想政治教育的新要求，以及适应不断变化的大学生思想和行为特征等的实践层面，推动以高校辅导员为骨干力量深化大学生日常思想政治教育这一基本经验的继承与发扬，从而不断推动大学生思想政治教育的创新发展。

首先，促进大学生日常思想政治教育的科学化转型。思想政治教育实践的科学化，指的是教育主体在科学理论的指导下，深刻把握、合理运用思想政治教育的普遍规律开展教育实践活动以确保思想政治教育目标的实现。① 大学生思想政治教育创新发展是一个不断地由经验化向科学化上升的过程，而作为大学生日常思想政治教育组织者、管理者和实施者的高校辅导员，其专业化、职业化、专家化的发展进程深刻体现了大学生日常思想政治教育的科学化转向。一是专业化发展目标为大学生日常思想政治教育科学化创造了基本前提。以中国化时代化马克思主义理论为理论指导，以科学运用思想政治教育理论及相关知识等为理论要求，是大学生日常思想政治教育科学化的重要前提和内在要求。推动高校辅导员的专业化发展，就是要求他们具备与思想政治教育科学化相适应的思维观念、知识素养和素质能力。正是由于高校辅导员队伍不断优化队伍结构、不断提升专业化发展能力等，才为大学生日常思想政治教育科学化创造了条件。二是职业化管理体系为大学生日常思想政治教育科学化提供了不竭动力。科学化既是演变结果更是发展过程，过程科学化是

① 刘建军．论思想政治教育的科学化［J］．教学与研究，2011（3）：20－27.

结果科学化的必要条件。加强高校辅导员队伍的职业化管理，使符合职业标准的人员能够专门性、长期性地从事大学生日常思想政治教育，既能够对大学生日常思想政治教育科学化的目标有着较为清晰准确的把握，又能够以科学化的理念和方法持续投入，从而使大学生日常思想政治教育科学化的实现具有更强大的发展动力和可持续性。三是专业化和专家化发展路径为大学生日常思想政治教育科学化提供了有力保障。大学生日常思想政治教育科学化包含了内容科学化、方法科学化、载体科学化等多重要素，只有当这些要素有机结合、统一发力时，才能够以过程科学化推动结果科学化的实现。在高校辅导员专业化培养和专家化发展的路径日益明确和畅通的情况下，一些具备较强的专业化素质能力的高校辅导员，特别是一些专家型高校辅导员，通过选取合适的方法与载体，将抽象的教育要求具体化、将单一的教育内容多样化等，能不断增强大学生日常思想政治教育从要求到内容的“可食用性”和“易消化性”，从而不断提升大学生日常思想政治教育科学化水平。

其次，提升大学生日常思想政治教育的专业化水平。伴随着大学生日常思想政治教育的科学化转型，思想政治教育的顶层设计者、理论研究者和实践工作者的专业化思维日益增强，其中离不开高校辅导员对于大学生成长发展需求及特点的精准把握与及时反馈。一是在与大学生实际接触中增强大学生日常思想政治教育的时效性。高校辅导员是与大学生接触最为密切的教师群体，其通过深入大学生学习生活一线，能够敏锐感知大学生群体或个体不断出现的思想问题和行为矛盾，并通过采取适当的手段，及时纾解他们的思想、情感、心理等困惑，从而掌握大学生思想政治教育的主导性和主动性。二是在注重矛盾化解中增强大学生日常思想政治教育的艺术性。大学生日常事务管理是高校辅导员的重要工作内容，涉及大学生集体生活、个人利益等方方面面，在大学校园中一般具有较强的规定性。这种针对特定群体的规定性往往很难兼顾被管理者的个性需求与现实困境，容易使管理者与被管理者形成冲突甚至对立。高校辅导员通过与大学生建立良好的感情基础，能够及时了解大学生的困难和状况，因而在化解矛盾纠纷之中可以投入更多的人性化关怀，更加注重工作的方式方法，从而增强大学生思想政治教育的艺术性。三是在现代技术赋能中增强大学生日常思想政治教育的精准性。大学生的真实需求和实际困难具有个性化特征，有的因为夹杂着个人情感因素而具有一定的隐蔽性和复杂性。高校辅导员通过与大学生的深入接触，虽然可以观察到一些异常行为，但难免存在不准确性和滞后性。而借助现代信息技术手段，可以增强发现问题的动态性和预测性，以及解决问题的及时性和精准性。如一些高校辅导员运用大数据分析手段，根据某一阶段内学生校园卡消费总额及单次消费金额等的数据分析，来判定学生是否面临经济困难问题，从而提高经济资助工作的及时性与精准性。

最后，推动大学生日常思想政治教育的常态化发展。思想政治教育的创新性发展始终受到教育目标和教育效果的约束，其创新的前提是有效对接教育目标的要求和教育对象的需求，不断促进体制机制的常态化和长效化。在加强和改进大学生思想政治教育中，高校辅导员的专业化、职业化身份角色是符合这一前提的最佳选择。一是高校辅导员队伍提升了大学生日常思想政治教育的学科融合力。学科融合是思想政治教育发展的必然趋势。大学生日常思想政治教育合理借鉴其他学科的理论方法，可以提升自身的有效性。高校辅导员队伍是一支兼具专业性要求与多样性知识的人才队伍，其将所掌握的跨学科专业知识与方法巧妙地应用于大学生日常思想政治教育活动之中，可以使大学生日常思想政治教育更具吸引性和融合力。二是高校辅导员队伍增强了大学生日常思想政治教育的辐射力。经过长期的实践探索，大学生日常思想政治教育越来越注重经验交流与成果推广。在国家政策的大力扶持下，通过高校辅导员典型选树、经验分享等途径，大学生日常思想政治教育的地域特色、高校特色不断形成，同时不同地域、不同高校之间的差距也在持续缩小。一系列由高校辅导员主导创建的具有前沿理念、成熟经验的工作品牌、特色成果等不断涌现，极大地增强了大学生日常思想政治教育的辐射力和影响力。三是高校辅导员队伍增强了大学生日常思想政治教育的渗透力。将思想政治教育贯穿于高校教育教学全过程、渗透于学生学习生活全方位，是大学生思想政治教育创新发展的基本要求。高校辅导员一方面立足大学生日常思想政治教育主阵地，在补短板、强弱项上下功夫，并不断寻求新的工作增长点，从而不断推动大学生日常思想政治教育现代体系的建构与完善；另一方面着眼于“大思政”工作格局的建构，在推动“日常思政”向“思政课程”“课程思政”渗透、辅导员工作向其他主体工作渗透，以及学校工作向家庭教育渗透等方面发挥着不可替代的作用。

三、促进思想政治教育方法创新

方法问题是思想政治教育学科建设的重要问题。面对改革开放的不断深化，特别是大学生成长成才需求的日益多样化，以及伴随着出现的大学生思想与行为特点的日益复杂化现象，需要实事求是、与时俱进地推动思想政治教育方法体系创新。高校辅导员深耕大学生思想政治教育一线，既能遵循思想政治教育基本规律，又能广泛运用新的科学技术与方法，做到因事而化、因时而进、因势而新，不断推动大学生思想政治教育的现代方法创新。

首先，促进大学生思想政治教育思想方法创新。随着高校辅导员工作职责定位与要求的不断明确，如何增强把握工作重点、聚焦核心职责、解决关键问题等的素质能力，成为队伍建设质量提升的重中之重。而在着力解决上述问题的实践探索之中，既体现着高校辅导员的理念思维的不断创新，也体现着大学生思想政治教育思想方法的不断创新。一是以理论为先导，突出思想理论教育和价值引导。思想和行为是思想政治教育的基本要素，其中思想对行为起着直接的指导作用，通常情况下有什么样的思想，直接决定着有什么样的行为。高校辅导员深入开展大学生思想政治教育的首要任务是加强对大学生进行系统的思想理论教育和社会主义核心价值观教育，包括引导大学生深入学习习近平新时代中国特色社会主义思想，帮助他们深刻领悟“两个确立”的决定性意义，牢固树立“四个意识”、始终坚定“四个自信”、切实做到“两个维护”，不断增强争做时代新人的政治自觉、思想自觉和行动自觉，做到学思用贯通、知信行统一。二是以学生为中心，突出全过程全方位指导。以人民为中心是我们党的根本立场，也是思想政治教育的重要理念之一。高校辅导员按照高校党委的部署，系统性、针对性地开展大学生思想政治教育活动，必须始终坚持以学生为中心，围绕学生、关照学生、服务学生，不断加强对大学生成长成才和学习生活的全过程全方位指导，切实担负起在思想、学习和生活等方面指导大学生的主体职责。这包括指导大学生的党团和班级建设、学风建设和日常事务管理，以及推动思想政治教育线上线下活动联动、网上网下工作互促等。三是以问题为导向，突出解决思想问题与解决具体问题相结合。理论联系实际是马克思主义最根本的理论品质，也是思想政治教育理论指导实践的“活的灵魂”。高校辅导员工作在大学生学习生活的一线，必须及时准确地掌握学生思想行为特点及思想政治状况，有针对性地帮助学生处理好思想认识、价值取向、学习生活、择业交友等方面的具体问题。这包括通过做好学生困难帮扶、组织开展心理健康教育、妥善处置校园危机事件、加强职业规划与就业创业指导等，不断提高帮助大学生解决具体问题的专业化水平，从而不断增强大学生思想理论教育和价值引导的针对性与实效性。

其次，促进大学生思想政治教育工作方法创新。加强和改进大学生思想政治教育，需要在具体工作的方式方法上体现与时俱进的要求，这也是思想政治教育学科理论与高校辅导员工作实践相互促进的重要切入点。一是推动传统方法的现代转化。思想政治教育学科对党的思想政治工作传统优势方法进行系统总结，如理论教育法、谈心谈话法、社会实践法、榜样激励法、人文关怀法、文化熏陶法等。高校辅导员结合实践对这些传统优势方法不断地进行创造性运用，使之在大学生思想政治教育质量提升中继续彰显时代价值。其中，在理论教育法运用上，高校辅导员利用班团、社团等主题教育活动，有计划、分层次、递进式地开展党的创新理论宣传教育，不断提高思想理论教育活动的针对性和吸引力；在谈心谈话法运用上，高校辅导员深入大学生学习生活一线，通过参与活动、互动交流、交心谈心等，及时掌握他们的思想特征和行为变化，为开展针对性的思想政治教育提供第一手资料；在社会实践法运用上，高校辅导员广泛挖掘社会育人资源，带领大学生深入经济社会发展各个领域，开展参与式、体验式、研究式实践教学，不断促进他们对世情、国情、党情的感知认知；在榜样激励法运用上，高校辅导员通过培养大学生党员骨干、培育大学生优秀群体和个体等，充分发挥“先进带后进”“典型促一般”等示范带动作用；在人文关怀法运用上，高校辅导员将学习困难指导、经济困难帮扶、心理障碍疏导、人际关系引导等列为工作重点，将解决思想问题与解决具体问题相结合，使思想政治教育更具人性化、个性化；在文化熏陶法运用上，高校辅导员通过深入开展中华优秀传统文化、革命文化、社会主义先进文化进校园活动，指导大学生创建班级文化、社团文化、寝室文化等，不断增强校园文化育人的鲜活性和生命力。二是推动信息技术的广泛运用。随着现代信息技术的迅猛发展，思想政治教育由传统的物理空间向网络空间不断拓展，形成了与网络教育管理服务相适应的新的方法体系，既包括传统优势方法的网络运用，也包括利用现代信息技术生成新的方法。高校辅导员充分运用网络思想政治教育方法，推动思想政治教育传统优势与现代信息技术的高度融合。如利用大数据分析技术，对特定时空环境下大学生群体或个体的思想行为进行特征画像、动态监测、预警预测等，从而增强思想政治教育以定量分析辅助定性分析的方法运用能力；利用人工智能技术，对基于特定目标任务的教育管理服务工作进行网络流程再造和智能模式建造，使之具有智能化和智慧化的功能特征，从而推动大学生思想政治教育的精准性和个性化。三是推动多学科方法的融合创新。思想政治教育现代方法的创新，是一个以思想政治教育学科为主导的跨学科交叉、多学科融合的过程。高校辅导员是一个有着多学科知识背景的群体，加强对他们进行思想政治教育理论知识的培养培训，并不意味着让他们脱离自身已有的不同学科知识基础，相反，思想政治教育学科建设鼓励他们充分发挥自身的学科知识优势，在大学生思想政治教育的目标牵引下，不断推进跨学科知识的综合运用和多学科方法的融合创新。如一些高校辅导员融合新闻传播学理论方法，不断丰富思想理论网络化教学的方式方法；一些高校辅导员融合心理学理论方法，不断丰富大学生心理健康教育与咨询的方式方法；一些高校辅导员融合社会学理论方法，不断丰富大学生社区综合管理服务的方式方法；等等。

最后，促进大学生思想政治教育工作模式创新。工作模式通常指基于特定目标任务而进行的工作方式设计和规范制定，其通常体现着多种方法的综合运用。在不同的工作目标任务之下，大学生思想政治教育工作模式也会有所不同。高校辅导员应充分发挥自身的主体创造性，不断推动大学生思想政治教育模式创新。一是促进以班级为基本单元的共性化思想政治教育模式创新。班级是高校教育教学的基本单元，也是大学生思想政治教育的基本单元。高校辅导员以班级为基点，既能不断健全涵盖班级年级教育管理要求和专业人才培养要求的日常思想政治教育体系，着力推动大学生共性化需求的满足和普遍性问题的解决；又能不断拓展党团工作、社团活动、宿舍管理、创新团队培养等大学生思想政治教育贯穿渠道，着力构建大学生思想政治教育的全过程全方位覆盖体系。二是促进以解决特殊问题为重点的群体思想政治教育模式创新。针对大学生存在的一些具体的群体性问题，如学习困难、经济困难、就业困难，以及心理障碍、情感障碍等，高校辅导员通过开展主题性教育、专业性帮扶、团体性辅导等活动，不断形成大学生学习困难群体指导、经济困难群体救助、就业困难群体帮扶、心理障碍群体疏导、情感障碍群体辅导等群体思想政治教育模式。三是促进以技术赋能为重点的个性化思想政治教育模式创新。高校辅导员在利用现代信息技术不断创新方式方法的基础上，通过构建网络化教育教学空间、数字化管理服务平台、学生大数据分析中心，以及研发和应用人工智能教育终端产品等，不断推动大学生思想政治教育的数字化转型，使技术赋能在助推大学生自主性学习、思想理论智慧化教学、管理决策智能化服务等方面切实发挥育人作用，从而使个性化思想政治教育模式在技术赋能之下不断得以实现。四是促进以机制创新为重点的学生社区思想政治教育模式创新。学生社区是对学生宿舍的概念拓展。高校推动“一站式”学生社区综合管理模式建设，主要是指依托学生社区，探索学生组织形式、管理模式、服务机制改革，推动校院领导力量、管理力量、服务力量、思政力量向学生社区下沉、集结和整合，使学生社区成为集学生思想教育、师生交流、文化活动、生活服务于一体的教育生活园地。长期以来，高校辅导员以学生社区为重要工作阵地，是学生社区育人的重要力量，既有独特的工作优势，又有丰富的工作经验。在“一站式”学生社区管理服务的育人机制改革促进之下，高校辅导员深入学生社区开展大学生思想政治教育的条件更加优越、资源更加整合、力量更加协同。

第十四章　思想政治教育方法论研究

自思想政治教育学科成立伊始，学者们就开始了对思想政治教育方法论的研究。思想政治教育方法论是关于思想政治教育方法的理论体系，是思想政治教育学科理论体系的重要组成部分。对思想政治教育方法论的不断探究与审思，凝结了思想政治教育学科对思想政治教育内容到实践转化的深入考察与理论自觉。这不仅内蕴于思想政治教育研究内涵式发展和创新性转变的本体性需求之中，也源自思想政治教育实践变革和科学发展的时代性要求。思想政治教育学科发展 40 年来，关于思想政治教育方法论的研究渐次深入且愈加科学，取得了一系列有价值的研究成果。尤其是进入 21 世纪以来，学者们围绕思想政治教育方法论问题开展了更加深入热烈的讨论，出版了一批具有代表性的高质量教材和高水平著作，发表了诸多颇具影响力的学术论文，形成了丰硕成果，获得了重要发展。这不仅体现了学界对思想政治教育方法论问题的重视，也凸显了方法论问题是思想政治教育学科基础理论的重难点。“考察每个问题都要看某种现象在历史上怎样产生、在发展中经过了哪些主要阶段，并根据它的这种发展去考察这一事物现在是怎样的。”① 回顾总结 40 年来思想政治教育方法论研究的发展图谱，系统梳理思想政治教育方法论研究的相关学术成果，并重点剖析新时代十余年来思想政治教育方法论的研究进展，深刻把握思想政治教育方法论研究的纵深拓展方向与实践前瞻，不仅有助于新时代完善思想政治教育方法论体系，而且有助于为新时代思想政治教育更好地适应并服务于推进中国式现代化发展，为推动实现思想政治教育现代化发展提供理论支撑和科学的方法论指导。

第一节　思想政治教育方法论研究的整体概观

立足思想政治教育方法论研究 40 年来的发展概况，结合重大历史时间节点，综合考量学术著作的出版情况和期刊论文的发表情况，可以将思想政治教育方法论研究划分为三个阶段。

① 列宁全集（第 37 卷）[M]. 2 版增订版．北京：人民出版社，2017：63.

一、思想政治教育方法论研究探索建设阶段

1984—1999年是思想政治教育方法论研究的初步探索期，即从思想政治教育方法理论探索到思想政治教育方法论建设阶段。这一阶段以思想政治教育学科创立和第一本思想政治教育方法论教材（同时也是思想政治教育专业的第一本教材）《思想政治教育方法论》（王玄武，1985）编写为起始，以1999年由郑永廷教授主编的思想政治教育方法论权威教材《思想政治教育方法论》（郑永廷，1999）的出版为终结。

在这一阶段对思想政治教育方法论的科学研究和理论建设，都处于起步奠基期。1984年4月，为适应改革开放和社会主义现代化建设的需要，教育部下发了《关于在十二所院校设置思想政治教育专业的意见》，决定在高等院校开设思想政治教育专业，招收培养思想政治教育专业首届本科生，标志着思想政治教育学科的正式创立，开启了思想政治教育科学化、专业化的进程。而随着思想政治教育学科的创立和专业的开设，需要开展与专业教学和人才培养相适配的教材编写、理论建构和科学研究等工作。由王玄武教授主编、武汉大学出版社于1985年出版的《思想政治教育方法论》是教育部委托武汉大学组织编写的专业教材。“教材编写的正式启动，标志着思想政治教育方法论研究的起步，以及学界对思想政治教育方法理论探索的自觉化。”① 1992年，国家教委思想政治工作司正式组织编写专业系列教材，《思想政治教育方法论》一书重新修订并由高等教育出版社出版。1992年修订版《思想政治教育方法论》对思想政治教育方法理论的探索和阐述更加深入且丰富，并明确了以思想政治教育活动过程为主要框架的方法论体系建构。可以说，这本著作是思想政治教育方法论研究的拓荒之作，在思想政治教育方法论研究的发展进程中具有奠基性的重要地位。

相较于20世纪80年代，90年代以后，著作和期刊论文的数量都逐渐有所增加，方法论研究得到进一步重视。20世纪80年代到90年代这一时期大多数研究还是针对具体实践中的实用工作方法、策略、技巧以及案例分析中的经验总结等方法理论进行探讨分析的，很少有思想政治教育方法论的专门研究。1994年，中共中央下发《关于进一步加强和改进学校德育工作的若干意见》，进一步明确：“思想政治教育是一门科学，有其自身的规律。”② 随后，国家教委颁布了《中国普通高等学校德育大纲》，均为思想政治教育方法论研究奠定了理论和制度基础。20世纪90年代末，随着《思想政治教育方法论》（张志刚等，1998）、《新时期思想政治教育方法论》（张志敏等，1999）、《思想政治教育方法论》（郑永廷，1999）等研究著作的相继出版，思想政治教育方法论研究取得了进一步的发展。1999年，由郑永廷教授主编的高教版《思想政治教育方法论》是这一时期的标志性著作，也是方法论研究领域的代表性、奠基性著作，提出了方法论的体系结构包括认识方法、实施方法、调节与评估方法、研究与提高方法等，探讨了思想政治教育方法论研究的发展趋势，被公认为建构了比较系统明晰的方法论体系，“体现了权威性和规范性”③，为后来的

---

① 万美容，洪星．思想政治教育方法论研究：回顾与反思［J］．思想教育研究，2014（11）：38-42.

② 教育部思想政治工作司．加强和改进大学生思想政治教育重要文献选编（1978—2008）［M］．北京：中国人民大学出版社，2008：205.

③ 罗洪铁，周琪，王斌．思想政治教育学学科理论体系演变研究［M］．北京：中国社会科学出版社，2012：264.

思想政治教育方法论研究奠定了理论基础和基本骨架，同时也被评为国家级优秀教材，列入普通高等教育“九五”国家教委重点教材。

二、思想政治教育方法论研究系统发展阶段

2000—2012 年是思想政治教育方法论研究的持续发展期，这一阶段是以进入 21 世纪以来到党的十八大召开的时间节点为划分标志的。1999 年，中共中央颁发《关于加强和改进思想政治工作的若干意见》，极大地推动了思想政治教育理论研究和实践发展，其中从新闻媒体、群众性精神文明创建、发挥文化的社会教育功能、注重运用先进典型影响和带动群众等几个角度，对思想政治教育方法进行分领域总结[①]，为步入新世纪的思想政治教育方法论研究提供了纲领性的文件指导，奠定了持续推进、系统综合的发展基调。思想政治教育的顺利展开和目标实现离不开行之有效的科学方法。由此，进入 21 世纪以来，思想政治教育方法论研究呈现繁荣发展的态势，期刊论文的发文量和著作的出版量不断上升，对思想政治教育方法论的研究更加深入细化，研究主题更加丰富，研究论域更加拓展，对思想政治教育方法论的体系建构更加科学完善。

进入 21 世纪，我国经济、政治、文化、社会、教育等各方面都发生着巨大变化，思想政治教育方法论研究不断回应社会发展的新要求和人的发展的新需求，逐渐由单一向综合、由传统向现代转变，更加注重理论体系的建构和提升方法论的实践指导能力。这一时期的期刊论文数量呈现激增趋势，出现了“以人为本”“主体性”“方法发展”“基本规律”“高校”“大学生”“教学方法”等主要关键词。这表明随着改革开放和市场经济体制的不断推进，思想政治教育方法理论的研究更加重视教育对象的主体地位，关注教育对象思想发展特点和规律，研究也呈现出更加深入和细化的特点。同时，一批高水平研究专著和高质量教材相继出版，在持续推进方法论体系建构和完善的同时，对思想政治教育方法发展问题、思想政治教育方法改革创新问题、思想政治教育新方法及其科学运用等问题进行了深入具体研究。这些研究成果都凸显了鲜明的时代特征，彰显了适应时代要求、探索发展规律、开拓方法路径的研究指向，学术研究水平和理论创新程度都有了极大的提升。

一是对思想政治教育方法论体系进行了全面建构和完善研究。相关代表性著作有《当代思想政治教育方法论研究》（黄蓉生，2000）、《思想政治教育原理与方法研究》（罗洪铁，2002）、《现代思想政治教育方法论》（刘新庚，2006）、《思想政治教育方法教程》（祖嘉合，2004）、《思想政治教育方法论》（陈华洲，2010）、《当代思想政治教育方法论》（黄志斌，2012）等。其中，黄蓉生教授提出了基于思想政治教育矛盾转化过程进行建构的思想政治教育方法论体系，刘新庚教授等提出了建构现代新型的“战略制导型”思想政治教育方法论体系[②]，祖嘉合教授等提出了建构涵盖思想政治教育方法论、思想政治教育具体方法和思想政治教育研究方法的“思想政治教育方法学”的方法新体系。[③] 郑永廷教授结

① 佘双好，张琪如．中国共产党思想政治教育方法的百年演进［J］．思想理论教育导刊，2021（5）：114－119.

② 刘新庚，罗雄，杨尚昆．思想政治教育方法体系的现代建构探索［J］．中南大学学报（社会科学版），2007（5）：598－603.

③ 祖嘉合，代玉启．尽精微考量而致思想政治教育方法体系的建构［J］．学校党建与思想教育，2009（5）：6－8，16.

合思想政治教育方法的改革发展，主编出版了《思想政治教育方法论（修订版）》（郑永廷，2010）一书，“进一步强化了以思想政治教育活动过程为逻辑框架建构的方法论体系”，是“新世纪思想政治教育方法论研究成果的最具代表性之作”①。

二是对思想政治教育方法发展问题进行了深入探讨。代表性著作有《思想政治教育方法发展研究》（万美容，2007）、《当代思想政治教育方法发展新论》（董娅，2012）等。万美容教授对思想政治教育方法发展的主要内容，综合化特点、趋势和基本方式等进行了研究探讨，揭示了思想政治教育方法发展的规律性问题，并提出思想政治教育走向现代化首先需要从“从方法论层面完成以人的发展需要为目标指向、以人的权利为教育起点、以受教育者的主体性为活动建构基础的三大转变”②。相关研究充分结合时代特征和发展变化，不断纵深拓展了思想政治教育方法基础理论问题的研究。

三是对思想政治教育教学方法进行了广泛研究与探索。2004 年，中共中央、国务院下发《关于进一步加强和改进大学生思想政治教育的意见》，2005 年，中共中央宣传部、教育部又出台了《关于进一步加强和改进高等学校思想政治理论课的意见》。高校思想政治理论课的教学方式方法研究得到了极大的关注，相关研究不断丰富发展，论题尤为广泛，既有关于教学方法论以及指导理念的研究，又有课程教学论、具体教学法以及现代教育技术的研究。相关主题也成为这一时期论文发表的热点和前沿课题，同时《新时期思想政治理论课教学方法探讨》（张雷声，2006）、《思想政治理论课教学方法研究》（杨杰等，2007）、《大学生思想政治教育研究方法》（佘双好，2010）、《思想政治理论课教学方法创新研究》（王炳林，2011）、《高校思想政治理论课教学方法探索》（周向军，2012）、《高校思想政治理论课教学方法研究》（顾钰民，2012）等代表性研究专著也在这一时期出版了。

四是网络思想政治教育方法研究逐步启动并成为热点问题。2000 年，教育部下发了《关于加强高等学校思想政治教育进网络工作的若干意见》，推动了网络思想政治教育理论研究与实践的探索与发展。这一阶段，关于网络思想政治教育方法的研究成果陆续增多，相关论著也开始出版，网络思想政治教育方法论研究得到生成发展，并实现了思想政治教育方法的变革。

五是思想政治教育实证研究方法逐步进入研究视野。如这一时期出版了《现代思想政治教育调查方法与 SPSS 软件应用》（戴艳军等，2002）、《思想政治教育统计研究方法论》（戴钢书，2005）等著作。尽管传统的思辨研究方法仍然是研究的主流，但实证研究方法日益得到学者们的关注与重视。

三、思想政治教育方法论研究深化创新阶段

党的十八大以来，中国特色社会主义进入新时代，这是我国发展新的历史方位，意味着我国社会主要矛盾发生了变化，这些新变化意味着思想政治教育面临着更多新问题和新要求，需要通过发展创新来适应新境遇、服务新需求、承担新使命。“作为思想政治教育

---

① 万美容，洪星．思想政治教育方法论研究：回顾与反思［J］．思想教育研究，2014（11）：38－42.

② 万美容．论现代思想政治教育方法论的三大转变［J］．学校党建与思想教育，2009（2）：23－25.

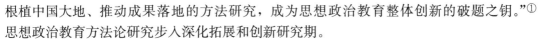

根植中国大地、推动成果落地的方法研究，成为思想政治教育整体创新的破题之钥。”①思想政治教育方法论研究步入深化拓展和创新研究期。

以习近平同志为核心的党中央高度重视思想政治工作，把思想政治工作作为治党治国的重要方式，强调要推动新时代思想政治工作守正创新发展，提升思想政治工作质量和水平。习近平总书记在全国高校思想政治工作会议、全国宣传思想工作会议、全国教育大会、学校思想政治理论课教师座谈会、党的十九届六中全会、党的二十大等重大会议上，站在党和国家事业发展全局的高度，对加强和改进思想政治工作做出了重要论述和指示，科学解答了新时代思想政治教育整体性发展的一系列根本性、方向性问题，极大地提升了思想政治教育的地位，丰富和拓展了思想政治教育内容与方法，为新时代继续推进和创新思想政治教育理论与实践提供了根本遵循。同时，中共中央和国务院也印发了《关于新时代加强和改进思想政治工作的意见》(2021)、《关于加快构建高校思想政治工作体系的意见》(2020)、《新时代公民道德建设实施纲要》(2019)、《新时代爱国主义教育实施纲要》(2019)、《关于加强和改进新形势下高校思想政治工作的意见》(2017) 等一系列重要文件，对新时代思想政治教育做出了进一步的决策部署和方法论指导。在这一背景下，新时代思想政治教育学科获得了巨大的发展，思想政治教育方法论研究也不断深化拓展，呈现出从外延式发展转向内涵式发展、实现方法创新和方法体系整体优化的研究特点和趋势。

整体而言，进入新时代以来，思想政治教育方法论研究表现出守正创新、深化拓展的鲜明特征。一方面，从不同的视角出发，借鉴多学科的理论资源，运用综合化、现代化、人性化的先进理念和方法，继续推进思想政治教育方法论研究的深入拓展和发展创新；另一方面，开始回顾审思思想政治教育方法论研究的发展历程，总结基本经验，反思以往研究不足以及发展过程中所出现的各种问题，并结合新时代的新境遇新要求，把握思想政治教育方法论理论研究的纵深方向与实践前瞻问题。这一阶段，已相继出版了《当代思想政治教育方法论发展研究》(邹绍清，2013)、《说理教育法研究》(潘莉，2013)、《马克思主义思想政治教育主要方法论》(王平，2015)、《思想政治教育方法论》(胡志安、徐国民，2016)、《思想政治教育方法规律研究》(朱新洲，2016)、《思想政治教育方法创新研究》(张毅翔，2018)、《思想政治教育方法导论》(项久雨，2021) 等代表性著作。相关学术论文的发文量持续增长，超过总发文量的一半。从关键词分析来看，关注度较高的关键词为大数据、习近平、新时代、新媒体等。

可见，新时代思想政治教育方法论研究主要突出呈现了三个发展方面。一是围绕习近平总书记重要论述、讲话中的思想政治教育方法意蕴和方法论指导进行了精深研究和精准阐释，这是新时代思想政治教育方法论研究区别于以往发展阶段研究的根本标识，为新时代思想政治教育方法论研究奠定了理论基础和根本遵循。同时，诸多研究开始转向从中华优秀传统文化、马克思主义经典著作、相关学科理论中挖掘和提炼思想政治教育方法，思想政治教育方法论研究基础更加扎实。二是网络思想政治教育研究进入更加系统且深入的

---

① 代玉启，罗琳．新时代思想政治教育方法研究进展探析［J］．江西师范大学学报（哲学社会科学版），2020（6）：20－28.

方法理论研究阶段，近年来，大数据、元宇宙、人工智能、互联网＋、ChatGPT等成为研究热点，相关研究紧随网络媒体的迅速发展不断创新跟进，从网络思政到云上思政再到智慧思政，打造智能化的思想政治教育数据库，绘制精确的思想政治教育制导图，设置云端思想政治教育实践场，充分运用信息技术赋能思想政治教育方法，形成线上线下思想政治教育相融合的最大合力。近年来，学者们尤其对大数据与思想政治教育融合的方法进行了大量研究，不断推动实现思想政治教育方法的现代化和智慧化。有学者指出，近年来，网络思想政治教育方法相关研究的方向日益清晰、深度逐步加大、范式越发科学，总体上以网络社会观的角度阐释、探索网络思想政治教育方法的含义以及实践运用的实效，以增强网络思想政治教育时代感、亲和力、有效性为价值目标，尝试用新的社会结构维度统摄网络社会发展过程中的技术、文化、人的主体性等因素，不再仅仅从工具手段的视角，而是更加深刻地探索网络文化育人、大数据助力思政提升精确性、新媒体新技术融入网络思想政治教育方法的多重维度等命题，在阐释新内涵、新要求、新模式等方面颇有成效。① 三是伴随着思想政治教育的科学化发展进程，新时代思想政治教育方法论研究更加凸显出综合化、多样化、体系化发展趋势和特点。党的十八大以来，思想政治教育被提升至整体性、全局性、战略性高度，成为党的治国理政的重要方式。思想政治教育方法论的研究也逐渐被提升至宏观整体层面，学者们着力从系统贯通、视域融合、丰富多样等方面根治思想政治教育环境生态，实现思想政治教育方法的深化拓展和科学精进。有学者指出，在思想政治教育方法的优化过程中，思想政治教育者针对受教育者特点，综合采用各种具体方法，这些思想政治教育的各种具体方法各有特点，如果将若干方法优势发挥出来，能产生良好教育效果，新时代高校思想政治教育方法的创新，要综合运用各种媒介、通过多种渠道、利用多种载体、采取多种形式，实现宣传教育的合力效应。② 比如对构建"三全育人"思想政治教育体系、大中小学思想政治教育一体化建设、构建思想政治教育大格局、"各类课程与思想政治理论课同向同行""善用大思政课"等综合化、贯通性理念方法的深化探索，对显性教育方法与隐性教育方法相结合、新兴媒体与传统方法相融合、线上线下思想政治教育载体与方法的共融共通、凝聚社会合力形成协同效应等多样化、系统性方法的纵深拓展，涌现出一批高质量研究成果，都充分体现了新时代思想政治教育方法论研究的先进理念和发展进路，也彰显了思想政治教育方法论研究直面时代课题、回应现实需要、谋求整体优化的时代价值。

第二节　新时代思想政治教育方法论研究的主要论域

由上述概况可知，近10年来思想政治教育方法论研究成果依然颇丰。由于研究成果较多、时间跨度较长，我们无法针对所有研究成果进行精确分析，因而在上述整体概观40年发展图谱以及《思想政治教育学科30年发展研究报告》的基础上，笔者着重对

① 唐登芸，吴满意．网络思想政治教育方法研究状况述评［J］．毛泽东思想研究，2018（2）：146－152．

② 冯刚，彭庆红，佘双好，等．新时代高校思想政治教育学原理［M］．北京：人民出版社，2021：199．

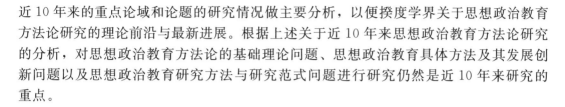

近10年来的重点论域和论题的研究情况做主要分析，以便揆度学界关于思想政治教育方法论研究的理论前沿与最新进展。根据上述关于近10年来思想政治教育方法论研究的分析，对思想政治教育方法论的基础理论问题、思想政治教育具体方法及其发展创新问题以及思想政治教育研究方法与研究范式问题进行研究仍然是近10年来研究的重点。

一、关于思想政治教育方法论的基础理论问题研究

思想政治教育方法论的基础理论问题研究是对思想政治教育方法论“是什么”的基本理论问题的阐明，是思想政治教育方法创新发展的理论基石。新时代思想政治教育方法论的基础理论内容不断更新丰富，主要涵括基本概念、理论基础、体系结构、“元理论”问题、历史发展研究等论题。

（一）关于思想政治教育方法论的基本概念研究

核心概念的界定关涉整个理论问题的科学系统研究。思想政治教育方法论是关于思想政治教育方法的理论体系，思想政治教育方法的科学定义是贯穿思想政治教育方法论基础理论的一条主线，是展开思想政治教育方法论研究的出发点和重要基础，有助于进一步拓展新时代思想政治教育方法论改进和优化的空间，实现方法论体系的重点突破和整体提升。[①] 因此，科学界定思想政治教育方法的概念，是学者们不断深入省思、研究并阐释的关键命题。随着不同时期学者们对思想政治教育方法论的深入性探索研究，对思想政治教育方法概念的理解和阐释也在不断深入和优化。进入新时代，思想政治教育方法的概念界定更加注重教育者与受教育者之间的互动交流与共同参与，进一步强调方法的中介性，同时对思想政治教育方法外延范围的认知更加深化拓展。如：有学者将思想政治教育方法界定为“教育主客体为了实现思想政治教育目标，在思想政治教育实践活动过程中采取的一切思路、手段和程序的总和”[②]。有学者从数据治理的角度深化了思想政治教育方法论的时代内涵，认为技术逻辑导向下的高校思想政治教育数据治理，就是把大数据等相关前沿技术深度嵌入治理活动中，从而发挥好技术化治理的功效，而就其实践进路而言，应重点思考与解决如何建立健全治理框架、拓展治理路径、创新治理实践机制，强化技术支持与主体建设。[③] 骆郁廷主编的《思想政治教育原理与方法》一书将思想政治教育方法定义为“思想政治教育运行中所采用的程序、手段和方式之和，主要指思想政治教育的思想方法和工作方法，是思想政治教育主体作用于思想政治教育客体的中介”[④]。

（二）关于思想政治教育方法论的理论基础研究

任何学科、知识体系的研究、发展都离不开一定的理论支撑和相关知识借鉴。思想政治教育方法论作为思想政治教育学科理论的重要组成部分，其系统化发展和科学性保证离不开对理论基础的深化研究。对于思想政治教育方法论的理论基础，学界普遍认

---

① 杨勇，娄淑华．思想政治教育方法论元理论研究论纲——关于新时代思想政治教育学科创新的思考［J］．思想教育研究，2018（6）：13－17.

② 邹绍清．当代思想政治教育方法论发展研究［M］．北京：人民出版社，2013：19.

③ 吴满意，高盛楠．高校思想政治教育数据治理研究［J］．马克思主义理论学科研究，2022（9）：99－107.

④ 骆郁廷．思想政治教育原理与方法［M］．北京：北京师范大学出版社，2019：205.

为，辩证唯物主义和历史唯物主义是其哲学基础，思想政治教育学原理是其学科理论基础，伦理学、心理学、社会学、教育学等相关学科理论是其知识借鉴基础。① 近10年来，对思想政治教育方法论理论基础具体内容的研究更加扎实精进，理论支撑更加稳固，学者们主要从马克思主义经典著作、中华优秀传统文化思想资源、中国共产党人的思想政治教育方法、习近平总书记关于思想政治教育方法的重要论述等多个方面进行发掘、析理和阐释。

一是近10年来，尤其值得注意的是，立足思想政治教育学科视角、理论诉求和实践问题，对马克思主义经典文本中蕴含的思想政治教育方法论原则以及一些具体方式方法进行追本溯源与发掘析理的相关研究日益增多。这不仅丰富和深化了对马克思主义经典著作中思想政治教育方法论的认识和体会，也为新时代思想政治教育方法论的理论创新和实践发展提供了思想原理和精神原则，进一步夯实了思想政治教育方法论的理论根基。有学者立足理论与实践的深度融合，认为思想政治教育方法的形成、发展和实践具有一定客观规律性，要在一定的历史条件、时代背景、特定环境下运用不同的方法。当前信息时代背景下大学生思想政治教育方法与过往历史背景下大学生思想政治教育方法的运用肯定不同，面对自媒体时代信息技术的迅速发展和普及，高校需高度重视和充分运用现代信息技术开展思想政治教育。② 有学者结合马克思、恩格斯经典文本讨论了“思想政治教育应坚持什么样的马克思主义方法”问题，提出最根本的是坚持唯物辩证法，这是马克思主义思想政治教育的总方法或者根本方法论原则，同时还应当坚持群众工作方法、矛盾分析法、阶级分析法等具体方法。③ 有学者总结出“以彻底的理论说服人、以批评的方式团结人、以有效的载体影响人和以深刻的实践感化人”等马克思主义思想政治教育的主要方法，并提出要以现代意识对思想政治教育方法进行现代审视和境遇考量。④ 有学者基于《德意志意识形态》文本的诠释，从“现实的人”“历史”“实践”等唯物史观向度深入剖析了思想政治教育方法论研究的理论基础。⑤ 还有研究通过对《〈黑格尔法哲学批判〉导言》的文本梳理和论断阐释，深化了在“思想与现实”的对立统一关系中改进和创新思想政治教育方法论原则⑥、运用“以理服人”方法并实现方法的时代性转化和创新性发展⑦等基本问题研究。

二是对中华优秀传统文化中的思想政治教育资源进行溯源挖掘，析取能够古为今用、固本开新的思想政治教育方法。有学者系统梳理了《学记》教育思想，结合思想政治教育教学内容和特点，提取了乐游学教学法、互善教学法、启思辨教学法、晓喻理教学法等思想政治

---

① 郑永廷．思想政治教育方法论［M］．北京：高等教育出版社，1999：6－12.

② 冯刚，彭庆红，佘双好，等．新时代高校思想政治教育学原理［M］．北京：人民出版社，2021：194.

③ 白显良．论在思想政治教育中坚持马克思主义立场、观点和方法［J］．思想教育研究，2014（2）：52－58.

④ 李征．马克思恩格斯思想政治教育方法的现代审视［J］．理论学刊，2019（1）：105－110.

⑤ 郭超，王习胜．深化思想政治教育方法论研究的唯物史观向度——基于《德意志意识形态》文本的诠释［J］．南京政治学院学报，2017（5）：133－137.

⑥ 刘怡彤．在“思想与现实”的对立统一中理解思想政治教育方法论原则——《〈黑格尔法哲学批判〉导言》中“思想与现实”经典论断探析［J］．思想政治教育研究，2021（1）：69－73.

⑦ 李东坡，蒲文娟．《〈黑格尔法哲学批判〉导言》中思想政治教育“以理服人”方法研究［J］．教学与研究，2020（7）：74－80.

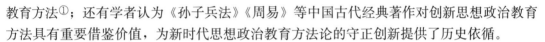

教育方法①；还有学者认为《孙子兵法》《周易》等中国古代经典著作对创新思想政治教育方法具有重要借鉴价值，为新时代思想政治教育方法论的守正创新提供了历史依循。

三是对中国共产党人的思想政治教育方法进行探寻和研究。如：有学者分析总结了毛泽东的思想政治教育方法，并将其概括为“坚持立足全局，加强思想引导；广泛动员群众，启发群众自觉；坚持联系实际，注意群众生活；坚持说理教育，主张以理服人；坚持批评与自我批评，倡导自我教育；坚持以身作则，注重以行导人；坚持榜样引导，弘扬高尚精神等一套系统完整而又行之有效的思想政治教育方法”②。有学者从刘少奇所著的《论共产党员的修养》中探析中国共产党人的说服教育法、角色建构法、语言艺术法等思想政治教育方法艺术。③

四是从习近平总书记的重要论述中获取思想政治教育方法论研究资料。有学者对习近平总书记系列重要论述中蕴含的青年思想政治教育方法论进行了系统梳理，总结出“坚持理论学习与实践锻炼相结合、坚持自我修养与榜样引领相结合、坚持传统方式与现代载体相结合、坚持严肃教育与生动说理相结合”四个维度的方法论。④ 有学者从习近平总书记关于思想政治教育的系列讲话中概括了坚持勤奋学习与社会实践相结合、坚持传统教育与网络教育相结合、坚持典型教育与榜样引领相融合、坚持文化育人与价值引领、坚持崇德修身与夯实道德基础、坚持批评与自我批评等思想政治教育方法。⑤ 这些研究都进一步丰富了新时代思想政治教育方法论的理论意涵和思想基础。

（三）关于思想政治教育方法论的体系结构研究

思想政治教育方法论的体系建构先后经历了基于活动过程论的方法论体系、基于认识论的方法论体系、基于矛盾转化论的方法论体系、基于“战略制导论”的方法论体系等过程。近10年来，学者们仍然持续关注并不断深化对方法论体系结构的研究和探讨。有学者提出用系统思维统整思想政治教育方法论体系建构，并遵循体系自身发展规律，把握方法论的内在层次结构，基于“复杂系统论”视角来建构涵括“范畴子系统、理论基础和理论借鉴子系统、价值子系统、方法运用规则子系统、研究方法子系统等”的思想政治教育方法论体系。⑥ 还有研究对思想政治教育方法论体系的层次结构进行了省思和探讨。如：有学者通过探寻思想政治教育方法论体系的组成部分以及各部分之间的主次关系，提出建构以思想政治教育研究方法论、方法本身理论和具体方法为一体的方法论体系。⑦ 有学者

---

① 赵磊，李珊．《学记》教育思想对思想政治学科及其教学方法创新的启示［J］．中学政治教学参考，2020（6）：73-76.

② 骆郁廷，陈兴耀．论毛泽东的思想政治教育方法［J］．学校党建与思想教育，2014（7）：9-13.

③ 宋友文，马浩男．《论共产党员的修养》的思想政治教育方法艺术探析［J］．思想理论教育导刊，2020（2）：111-115.

④ 龚志军，牛玉萍．习近平青年思想政治教育方法论及其启示［J］．湖南农业大学学报（社会科学版），2018（6）：7-12.

⑤ 郝丹梅，杨文选．习近平关于思想政治教育的方法论对高校思想政治教育的启示［J］．学校党建与思想教育，2020（6）：14-16.

⑥ 邹绍清．思想政治教育方法论体系建构研究——以复杂系统论为视角［J］．思想教育研究，2016（1）：49-53.

⑦ 孟婷，张澍军．思想政治教育方法论体系刍议［J］．思想教育研究，2014（9）：34-38.

提出思想政治教育方法论的层次性有内外之分，外部层次包括研究方法与工作方法，内部层次可以分为“论方法—方法论—方法学”①。此外，还有学者对体系建构进行了“方法论”意义上的深刻反思。如有学者对思想政治教育方法论体系建构有无必要、应该科学化还是学科化进行深入审视和分析，认为思想政治教育方法论体系建构无法实现科学化，但已出现“学科化”趋向。②

（四）关于思想政治教育方法论“元理论”问题研究

关于思想政治教育方法论“元理论”问题的研究，一方面是从对思想政治教育方法论“元理论”研究进行厘清与反思的角度展开研究。如有学者认为“思想政治教育方法论元理论是建立方法论理论的理论，为思想政治教育方法论‘立法’的理论，它以思想政治教育方法论为研究对象，揭示思想政治教育方法论产生、变化与发展的规律，以及思想政治教育方法论的性质、特点和功能等内容”，提出元理论研究实质上是一种科学研究方法论③；有学者认为当前研究中存在将“学科方法论”与“实践工作方法论”混同以及用“具体研究方法”替代“学科方法论”的误区，提出要关注“思想政治教育方法论元理论”研究④。另一方面是从对思想政治教育方法论“元理论”的具体问题进行深入分析的角度展开研究。基本规律和发展趋势反映着事物发展的性质和方向，是方法研究的“元问题”。有学者对“方法规律”进行了系统研究，并出版了专著《思想政治教育方法规律研究》。有学者提出了从思想政治教育方法创新过程中的三大矛盾探究其基本规律。⑤ 有学者对“方法创新”开展了系统研究，从现代化、综合化、渗透化和人文化四个维度深入探讨了思想政治教育方法创新的发展趋势⑥，并出版了专著《思想政治教育方法创新研究》。有学者提出应以人的全面自由发展为主线系统地审视“方法现代化”问题，注意在思想政治教育方法现代转型和创新过程中存在着的“唯现代化”“去政治化”“泛娱乐化”“偏移植化”等偏向。⑦ 有学者从学理基础、理论目标、研究内容、过程方法与体系结构五个方面对思想政治教育方法论现代性问题进行了全面系统的审视，进一步探析思想政治教育真正实现现代化问题。⑧

（五）关于思想政治教育方法论的历史发展研究

2014 年是思想政治教育学科建立 30 周年，2018 年是改革开放 40 周年，2019 年是新中国成立 70 周年，2021 年是中国共产党百年华诞，这些重要的时间节点都为思想政治教育方法论的历史性梳理研究提供了重要契机。笔者在思想政治教育学科成立 30 周年之际，

---

① 胡心红，王习胜．思想政治教育方法论：层次结构与功能阈限［J］．湖北社会科学，2016（5）：187－191.

② 许全林．关于思想政治教育方法论体系建构的思考［J］．学校党建与思想教育，2014（5）：39－41.

③ 杨勇，娄淑华．思想政治教育方法论元理论研究论纲——关于新时代思想政治教育学科创新的思考［J］．思想教育研究，2018（6）：13－17.

④ 虞滢，金林南．从方法到方法论——思想政治教育学科方法论研究分析［J］．思想教育研究，2016（5）：22－25.

⑤ 谭林．论思想政治教育方法创新的内在规律探析［J］．思想政治教育研究，2020（1）：57－60.

⑥ 张毅翔．思想政治教育方法创新四维趋势探微［J］．思想教育研究，2013（7）：22－25.

⑦ 郭超，王习胜．论现代思想政治教育方法的偏向与守正［J］．马克思主义理论学科研究，2017（5）：146－156.

⑧ 马超，娄淑华．思想政治教育方法论现代性探析［J］．思想教育研究，2016（7）：14－18.

回顾总结了思想政治教育方法论研究30年的发展历程，并对方法论研究中存在的原创性不够、创新性不强等问题以及未来继续深化发展的基本走向进行了反思与展望。① 有学者回溯了改革开放40年以来思想政治教育方法论研究概况，指出方法论研究整体上呈现出“繁”而待“荣”、“成”而未“熟”的局面。② 有学者系统梳理了中国共产党思想政治教育方法的百年演进历程，总结了每一历史时期思想政治教育方法的基本特征与经验教训，对新时代思想政治教育方法的创新发展具有重要价值与启示。③ 还有学者对思想政治教育研究方法、网络思想政治教育方法、高校思想政治教育方法研究等进行了系统的梳理与总结。

二、关于思想政治教育具体方法及其发展创新问题研究

思想政治教育的具体方法是一个复杂的体系，一般分为认识方法、实施方法、调节评估方法等，内容层次、结构功能等都十分丰富，也是学者们重点关注的研究领域，是思想政治教育方法论研究中最为活跃、成果最为显著的研究论域。新时代十余年来，在此论域的研究主要集中在以下几个方面的基本问题：

（一）关于大数据思想政治教育方法的研究

大数据、区块链、云计算等新型信息技术的发展，不仅引发了思维上的根本变革，开拓了新视野，改变了思想政治教育实践场域和工作样态，同时为思想政治教育方法论带来了革命性的技术手段，推动实现了思想政治教育方法的创新发展。目前相关研究聚焦于大数据与思想政治教育方法深度融合及其创新路径等方面。有学者认为大数据时代使思想政治教育方法发生了“从定性转向定量、线性转向非线性、局部转向整体、模式化转向多样化”的根本性变革，提出通过优化慕课、构建平台、推广易班等实现大数据对思想政治教育方法的创新。④ 有学者基于大数据和大数据方法，着重探讨了思想政治教育大数据方法的内涵、特征及运用空间，指出大数据方法与思想政治教育的深度整合而形成的思想政治教育方法不同于传统经验方法和以小数据为基础的方法，具有大数据、科学性、系统性、精确性等特征，可以广泛运用于思想政治教育认识方法、实施方法、研究方法和评价方法中。⑤ 有学者从大数据带来的科学方法论变革入手，重点论述运用大数据科学认识和预测并精准把握大学生思想、行为动态，创新思想政治教育方法论研究，实现大数据时代的精准思想政治教育新模式。⑥ 有学者针对大数据时代思想政治教育方法呈现信息化、可视化、灵活化的新特点，提出了数据信息相关法、数据信息定位法、数据目标甄选法、信息推送法、数据库法、信息追踪反馈法等创新方法。⑦

---

① 万美容，洪星．思想政治教育方法论研究：回顾与反思［J］．思想教育研究，2014（11）：38－42.

② 郭超，王习胜．改革开放40年来思想政治教育方法论研究概观［J］．广西社会科学，2019（3）：175－179.

③ 佘双好，张琪如．中国共产党思想政治教育方法的百年演进［J］．思想理论教育导刊，2021（5）：114－119.

④ 赵浚．大数据创新高校思想政治教育方法的探析与应用［J］．贵州社会科学，2016（3）：120－123.

⑤ 佘双好，康超．思想政治教育大数据方法的提出及其运用空间［J］．北京工业大学学报（社会科学版），2022（5）：22－30.

⑥ 黄欣荣．大数据对思想政治教育方法论的变革［J］．江西财经大学学报，2015（3）：94－101.

⑦ 崔建西，邹绍清．论大数据时代思想政治教育方法的创新［J］．思想理论教育，2016（10）：83－87.

此外，有学者探讨了区块链技术在高校思想政治教育中的应用方法，提出要“加快构筑高校‘智慧思政’新模式，推进区块链技术的智能化运用”[①]。有学者提出依托大数据与算法推荐技术进行精准信息推送对思想政治教育具有方法论意义，并阐析了思想政治教育精准信息推送实现的方法路径。[②] 同时，学界还召开了多次相关学术论坛与学术会议，聚焦大数据与思想政治教育融合创新问题进行了深度研讨，就新时代如何运用大数据、新技术增强思想政治教育针对性、时效性与实效性，助推思想政治教育方法创新等问题进行了交流探讨，形成了较多研究成果和创新认识。

（二）关于思想政治理论课教学方法的研究

由于“教学方法”被普遍视为影响思想政治教育实效性的关键性因素，因而对作为思想政治教育主渠道的思想政治理论课教学方法的研究是现有方法论研究中的重要点位，体现出数量与质量的双高态势。一是对教学方法宏观性问题的整体把握研究。有学者认为思想政治理论课教学方法改革须以实现思想政治理论课的教学目的为根本宗旨，依据思想政治理论课的特殊性质、教学内容、当代大学生的心理特点和现实需要进行设计，关键在于变革顶层设计层面的教学方法观。[③] 有学者从“因生施教、因需施教和因课施教”的认识论、“教学表达生活化、教学实践多元化和教学思维时代化”的价值论和“教学内容拓展性、教学主体交互性和教学效果获得感”的实践论三个维度探讨了高校思想政治理论课改革进路。[④] 二是对思想政治理论课教学具体方法的研究，主要集中在对“专题教学”[⑤]“情境教学”[⑥]“实践教学”[⑦] 等教学方法的深化研究。三是对网络信息技术和新媒体在教学方法改革中应用问题的研究。学者们集中研究了信息技术和思想政治理论课的整合、以网络为平台拓展优化教学、多媒体课件制作、以新媒体为载体延伸教学、教学资源共建共享等课题。近些年来，大数据、“互联网＋”和“人工智能”等新技术以及微博、微信、抖音等新媒体与思想政治理论课的深度整合成为教学方法创新的研究热点。

（三）关于思想政治教育具体方法的选择运用及优化创新研究

学者针对思想政治教育某一具体方法进行了深入剖析与解读。如有学者认为“以理服人”和“以情感人”是思想政治教育中最基础性的方法，通过对二者进行思想政治教育学原理的分析，提出坚持二者并重是提升思想政治教育实效性的根本途径。[⑧] 值得注意的是，在对思想政治教育具体方法的探讨中，学者们愈加重视隐性教育法和疏导教育法，体现了新时代思想政治教育方法论研究越来越关注受教育者在思想政治教育活动中的主体地

---

① 谭霞，戴建忠．区块链技术在高校思想政治教育领域中的应用研究［J］．理论导刊，2020（12）：115－120.

② 毕红梅，黄祎霖．精准信息推送：思想政治教育方法论的一种新考察［J］．理论导刊，2021（11）：113－117，129.

③ 李萍，张艳红．高校思想政治理论课教学方法改革的前提性思考［J］．教育评论，2018（8）：16－21.

④ 陈潜．高校思想政治理论课教学改革的三个维度［J］．思想教育研究，2019（2）：114－117.

⑤ 李忠军．夯实专题教学环节在思政课教学中的基础地位［J］．中国高等教育，2015（21）：21－23.

⑥ 罗石，曾润梅，刘亚君．思想政治理论课情境教学模拟实验的探索与实践［J］．思想理论教育导刊，2013（1）：81－85.

⑦ 钱惠英．高校思想政治理论课实践教学的内涵与机制创新［J］．思想政治教育研究，2013（3）：55－57.

⑧ 吴宏政，辛欣．思想政治理论课教学中的“以理服人”和“以情感人”［J］．思想教育研究，2019（7）：12－14.

位，并立足于教育对象思想发展特点展开思想政治教育，思想政治教育方法的双向互动性愈加凸显。同时，对习近平总书记关于思想政治教育具体方法的创新研究也是近10年来关于具体方法研究的一个热点议题。如有学者认为，习近平总书记多次给青年回信，这是引领青年、教育青年的有效方法①；有学者分析了习近平总书记用典艺术对思想政治教育方法的拓新②。此外，对思想政治教育学科交叉融合研究与跨学科研究，是思想政治教育方法优化创新的一个重要方面。当前研究主要集中在思想政治教育方法与社会学、心理学、美学等学科交叉研究上，同时还对如何与生态学、解释学以及认知神经科学等新兴学科交叉融合或进行跨学科研究进行了探索。另外，还有针对不同群体、不同领域的具体方法的应用与创新研究。

三、关于思想政治教育研究方法与研究范式问题研究

任何一门独立的学科不仅有其独有的研究对象，而且需要有其自身适用的研究方法，研究方法的科学运用与系统化规范化程度直接影响到研究成果的科学性和有效性。党的十八大以来，关于思想政治教育研究方法及研究范式问题研究逐步增多，尤其是学者们开始对思想政治教育研究方法的发展现状进行系统梳理和反思，彰显了思想政治教育学界高度的方法论自觉。如有学者对2009—2018年思想政治教育研究方法进行了系统分析，指出这10年来思想政治教育研究方法呈现出从经验走向理论、从思辨迈向实证、从单一转向多元的发展趋势，认为今后要在马克思主义哲学方法论指导下，倡导思辨研究和实证研究相融合，主张量化与质性相结合，并在方法的选择运用过程中做到多元、适切、规范。③有学者认为，当前思想政治教育研究方法取得了一定成果，但还存在研究深度不足、实际应用困难、学术共识缺乏等问题。④

对于思想政治教育研究方法的相关研究主要聚焦于以下三个方面：一是在思想政治教育研究范式方面，张耀灿教授从优化思想政治教育的研究范式建构出发，提出要对现行的思想政治教育方法系统加以廓清，厘清其间的层次及逻辑关联，在思想政治教育工作的研究方式中需大量采用试验和实验研究的方式。⑤ 二是在思想政治教育研究方法方面，有学者提出“利益分析法”，拓展了思想政治教育研究视角和研究方法，是思想政治教育学科研究创新范畴，并论述了新时代如何创新运用利益分析法系统推进思想政治教育研究工作。⑥ 有学者借鉴作为历史学研究方法的“口述史研究法”，深入探讨了口述史研究法作为思想政治教育研究方法的理论意蕴与实践要领。⑦ 有学者深入分析了大数据分析方法对

---

① 游志纯，马建青．回信：习近平青年思想政治教育的创新方法［J］．思想教育研究，2022（11）：44－49．

② 胡艺华，杜敏．论习近平用典艺术对思想政治教育方法的拓新［J］．理论月刊，2020（9）：5－14．

③ 张瑜．近10年来思想政治教育研究方法的新进展［J］．思想教育研究，2019（5）：34－39．

④ 司忠华．思想政治教育研究方法研究述评［J］．思想政治教育研究，2017（3）：118－123．

⑤ 张耀灿，钱广荣．思想政治教育研究范式论纲——思想政治教育研究方法的基本问题［J］．思想教育研究，2014（7）：3－9．

⑥ 侯勇，景丝丝．利益分析：思想政治教育研究的新视角——作为思想政治教育研究创新的利益分析法［J］．思想政治教育研究，2022（4）：21－27．

⑦ 叶方兴．寻找社会成员的思想政治教育记忆——论作为思想政治教育研究方法的口述史［J］．思想政治教育研究，2022（1）：41－47．

于思想政治教育定性分析方法的作用，这既拓展和创新了思想政治教育定性分析方法，同时也提出了“大数据时代思想政治教育定性分析方法”这一新的思想政治教育研究方法，进一步助力思想政治教育研究方法的科学运用。① 三是在思想政治教育研究方法论方面，有学者提出要提升思想政治教育研究中马克思主义运用的规范性，深入探讨了在整体性视野、实践论思维方式、多元融合理念中生成和完善马克思主义运用的方法论规范问题②；有学者对比较思想政治教育的“比较方法”进行了梳理与回顾，探讨了比较方法的思维转换与深化发展方向问题③。

第三节 思想政治教育方法论研究的审视与展望

系统梳理和回顾思想政治教育方法论研究40年来的发展历程，思想政治教育方法论相关研究由少到多、由浅入深、由粗到精、由零散到系统④，取得了颇为丰硕的理论研究成果。在此研究现状基础上，总结思想政治教育方法论研究特征，分析研究不足，把握研究前瞻，有助于更进一步推动思想政治教育方法论研究思路转换升级，更好面向并满足未来思想政治教育发展和时代所需，也为新时代思想政治教育方法理论的发展创新提供方向引领。

一、思想政治教育方法论研究存在的不足

学科发展40年来，思想政治教育方法论研究所获得的成果颇丰，但必须要看到，现有研究仍然存在着一些问题和不足，还需要进一步深化，与思想政治教育实践的现实要求还存在一定的差距。

首先，思想政治教育方法论的整体性研究亟待加强。一方面，目前关于思想政治教育方法论的研究成果颇丰，但具体方法多，理论性研究少，研究深度有待提高，缺乏更深入、更扎实的基础理论分析与内在逻辑证成，基础性、深刻性的学术供给不足且质量高低不一。当前方法论的研究更加偏重对于“方法”的阐述以及新方法的探索应用，而较忽视对于“论”的深入分析，对于思想政治教育方法论的基础理论、“元理论”等问题的探讨不够系统深入，不少研究都是“蜻蜓点水”式论述，“专‘论’、深‘论’思想政治教育方法选用依据和原则、形成和发展规律、方法优劣比较、方法有效性评价的成果少之又少”⑤。对这些前提性问题缺乏深入的探讨，一定程度上会导致研究过程中的模糊不清与实践过程中的使用质疑。比如思想政治教育方法论研究中对“方法”“方法论”“学科方法论”“工作方法论”概念的使用存在混淆和任意性问题，折射出基本理论研究不深入、理解含混等问题，这直

① 刘宏达，隆梅凤．大数据助推思想政治教育定性分析方法创新［J］．思想政治教育研究，2020（5）：137-141.

② 虞滢．关于思想政治教育研究中规范运用马克思主义的方法论探讨［J］．思想教育研究，2020（8）：37-42.

③ 李远杰，高峰．比较方法的探索与创新——比较思想政治教育比较方法研究回顾与展望［J］．思想理论教育导刊，2019（9）：108-111.

④ 万美容，何秀敏．思想政治教育方法论研究进展［J］．思想教育研究，2014（10）：11-16.

⑤ 郭超，王习胜．改革开放40年来思想政治教育方法论研究概观［J］．广西社会科学，2019（3）：175-179.

接影响到方法论研究的学术性和深刻性，影响思想政治教育实效性提升。要克服思想政治教育方法论研究中的“外部反思”和方法创新上的“技术理性”，转向方法论本身，在前提和基础意义上对思想政治教育方法论做深入阐析和澄明。另一方面，思想政治教育方法论经过多年建设和发展，已形成了较为成熟的理论体系。但也有学者指出，在目前大多数思想政治教育方法论著作或教材中，整体介绍方法论体系、发展、继承等基本理论的内容通常只占全书的1/5，其他4/5的篇章都是在论述思想政治教育过程中各部分的具体方法。① 对思想政治教育方法论理论体系中最深层次的根基性内容和元理论问题展开深度研究的成果不多，研究过程中存在弱化和模糊的倾向。同时，较多研究还存在观点重复、研究扎堆、理论纵深不够，缺少相关的逻辑联系揭示等问题，研究的力度、深度、广度、效度等均需突破，研究视野也需要进一步拓宽，特别是对思想政治教育方法论的研究尚未形成全面系统的研究框架和研究体系，没有从整体上把握思想政治教育诸方法之间的内在联系。

其次，思想政治教育方法论研究理论与实践的矛盾问题亟待解决。从上述关于思想政治教育方法论发展历程的回顾与分析可见，方法论的研究、发展不是自发的过程，而是在服务人与社会发展要求、解决实践重大问题的过程中逐步发展、创新、完善的。一方面，思想政治教育实践需要科学的方法论指导，同时实践经验也只有上升凝练为科学方法论，才能更好指导实践发展；另一方面，方法论的理论研究也只有运用到思想政治教育过程中方能得以检验能否指导实践、是否科学有效。思想政治教育是现实性、实践性较强的学科，实践性是其区别于其他学科的显著标志，解决现实问题、满足实践工作需要是首先要考虑的，因为方法理论一旦脱离实践，方法论研究将变成一个“纯粹经院哲学的问题”。因而学科初创时，整个原理体系和方法论体系都更偏重于考虑和研究的是方法有没有用、如何有效运用。然而，学科建设虽已历经40年，但与其他学科相比建设时间还较短，很多理论还不成熟，未能熟练地运用于思想政治教育工作中。同时，方法创新方面重复研究成果多，把创新、继承与借鉴三者结合起来研究的成果较少。新时代思想政治教育方法论研究中实践问题研究的理论厚度有待增强，前沿问题研究的现实指导性仍需加强。理论是时代的呼声，问题在于改造世界。但当前方法论研究存在理论研究与实践融合不够深入的问题，一定程度上存在理论和实践的脱节问题。一是思想政治教育方法论理论研究创新性和引领力不足，研究成果未能很好地解释现实生活中出现的矛盾现象和解决复杂的社会问题；二是思想政治教育方法论理论研究成果与实践转化过程还未衔接顺畅，研究思想政治教育一般性、普遍性问题的方法较多，而对现实生活中亟待解决的重要问题或突发性问题的方法研究还亟待加强，导致实践的发展往往超出了理论可以解决的范畴，方法理论对现实问题难以做出有力的指导和处理；三是思想政治教育方法论理论研究脱离教育对象的现实需要，思想政治教育方法论研究“未将宏观的社会环境、整体的政策设计与作为教育对象的微观个体或群体特质研究透彻，结果是教育对象对方法甚至思想政治教育本身产生不信任甚至质疑的态度”②。毛泽东曾指出，“没有调查，没有发言权”③。当前思想政治教

---

① 张毅翔．如何使“思想政治教育方法论”成为一门精确的科学［J］．求实，2007（6）：80－82．

② 代玉启，罗琳．新时代思想政治教育方法研究进展探析［J］．江西师范大学学报（哲学社会科学版），2020（6）：20－28．

③ 毛泽东选集（第1卷）［M］．2版．北京：人民出版社，1991：109．

育方法论理论研究的前沿问题意识有待提升，研究的时代性和针对性以及解决现实新情况、新问题的能力有待增强。

最后，学科理论研究中的方法运用和对学科自身研究方法的研究亟待丰富和深化。总体而言，目前探讨思想政治教育研究方法的文章仍较少，对于研究方法的理解和运用都比较薄弱，存在研究方法的失范和研究方法论缺位的问题。而研究方法直接影响方法自身的理论和具体方法理论的建构，这种研究方法的缺乏在一定程度上造成了前提性问题研究的弱化甚或缺失。一方面，目前的研究较多使用的是规范研究和经验思辨而较少使用实证研究，缺乏对于具体问题的个案分析研究，针对性和可操作性较为薄弱，同时，由于研究角度相异而研究方法分殊，重复研究现象较为普遍，迫切需要研究方法论的指导。另一方面，存在直接简单套用研究方法或者直接套用哲学、教育学、社会学等术语和理论来诠释思想政治教育的问题，缺乏对于理论适切性的自觉反思和合理论证，缺乏思想政治教育学科本身的研究方法。学科研究最重要的在于方法，但目前思想政治教育并未形成这门学科独有的研究方法，缺乏权威的研究框架和分析方法。比如当前思想政治教育研究，一般会把马克思主义基本原理作为理论指导和文本理据，但是这些理论指导和文本理据往往是对哲学、政治学、社会学等相关学科进行梳理和规定之后文本概念、观念原理的借用，思想政治教育本身所使用的范畴及其理论体系尚未来得及以思想政治教育为问题中心加以解读和规定，导致建构的思想政治教育元理论体系没有特殊规定性，似乎是宏大叙事且又似是而非，而这自然就会影响思想政治教育自身的理论彻底性和说服力、感染力。因此，目前研究亟须真正立足思想政治教育的学科理论和实践本存来开展，力求完整准确地把握思想政治教育存在发展的基本研究方法。

二、思想政治教育方法论研究的拓展进路与空间

通过对40年来思想政治教育方法论研究历程以及研究不足的分析可见，既有的思想政治教育方法论研究，彰显了一定时期内思想政治教育方法论研究探索的阶段性成就，也为思想政治教育方法论下一阶段的创新发展研究奠定了坚实的理论基础，昭示了可能的拓深趋向。习近平总书记在党的二十大报告中提出了“以中国式现代化全面推进中华民族伟大复兴”① 的使命任务，为新时代思想政治教育赋予了新的使命任务和实践要求。结合这一新的时代主题，面对当前研究存在的突出问题，面向未来的思想政治教育发展，应从以下三个方面着力推动新时代思想政治教育方法论研究的拓深与创新。

（一）从整体性出发完善思想政治教育方法论体系研究

整体构建和完善新时代思想政治教育方法论体系，旨在全面整理和深入论析思想政治教育方法的各方面问题的理论内容和实践原则，这是思想政治教育学科发展40年来的一个至关重要的理论问题，也是未来方法论研究需要深刻挖掘和深入拓展的重点方向。习近平总书记在党的二十大报告中强调要“完善思想政治工作体系”②。“推进体系化”是新时

① 习近平．高举中国特色社会主义伟大旗帜 为全面建设社会主义现代化国家而团结奋斗——在中国共产党第二十次全国代表大会上的报告［M］．北京：人民出版社，2022：21.

② 同①44.

代加强和改进思想政治工作的重要经验，也是提升新时代思想政治教育实效性的重要发展策略。对思想政治教育方法论体系的建构与完善，既要着眼于“两个大局”和社会发展需要，立足思想政治教育学科发展，增强方法论体系的整体性和系统性，丰富和完善其内容要素，同时要进一步改革和创新传统的思想政治教育方法论体系，提升方法论体系结构的现代功能，彰显新时代思想政治教育方法论的重要价值。

一是要加强思想政治教育方法论基础理论研究，增强理论彻底性。加强思想政治教育方法论基础理论研究属于体系研究，旨在全面阐述和论析思想政治教育方法论问题的思想理论和理念原理。一方面是思想政治教育方法论的前提性问题，是追问和回答思想政治教育方法论“是什么”、“为什么”以及“应当是什么”的元问题而形成的理论，要加强思想政治教育方法论相关概念研究，梳理和厘清思想政治教育方法、思想政治教育方法论以及思想政治教育学科方法论等相关概念的本质内涵与特征实质，着力形成具有较高共识度的相关内涵释义，同时厘清思想政治教育方法、方法论等研究的适用范围和理论边界。另一方面是重点梳理和分析思想政治教育方法论的理论基础，挖掘经典文本和新时代重要论述中的思想政治教育基本方法，包括研究方法、阶级分析法、说服教育法、政治动员法、灌输教育法、报刊宣传法、批判引导法、书信沟通法、谈话引导法等。

二是要深化思想政治教育方法的系统性研究。思想政治教育方法体系的建构与发展过程，也是人们认识、选择并科学运用思想政治教育方法由主观经验到客观考量、由松散独立到科学系统的发展过程。科学建构思想政治教育方法体系，内容包括：思想政治教育方法形成、变化和发展的规律，各个具体方法的特点功能以及方法间的联系规律，选择和确立思想政治教育方法的依据和原则，思想政治教育方法的具体规律，思想政治教育方法的发展趋势。要提升方法论体系的系统性和全面性，在思想政治教育方法论体系结构的方法层次与纵横联系方面继续深化拓展研究。

三是要拓宽研究视野，推进比较研究。“极为相似的事情，但在不同的历史环境中出现就引起了完全不同的结果。如果把这些发展过程中的每一个都分别加以研究，然后再把它们加以比较，我们就会很容易地找到理解这种现象的钥匙”①。一方面要在比较研究中吸收汲取有益经验，从整体性视角出发，通过不同时期、不同国别、不同文化间的交流互动、对比探讨，把握思想政治教育方法论发展的主要特征和基本规律，提升思想政治教育方法论的引领力和指导力。另一方面，加快构建中国特色哲学社会科学，归根到底是建构中国自主知识体系。思想政治教育方法论的比较研究，要注重以史为鉴、总结经验、立足实际，在比较中克服方法论发展过程中的缺陷问题，实现思想政治教育方法的融合创新与协同推进，紧跟时代发展步伐，构建“在指导思想、学科体系、学术体系、话语体系等方面充分体现中国特色、中国风格、中国气派”② 的思想政治教育方法论体系，不断提升思想政治教育方法论的现代化、科学化、国际化水平。

（二）强化思想政治教育方法论研究理论与实践的深度融合

正如孙正聿教授所指出的：“理论是思想中的现实。任何重大理论问题的真实内容都

① 马克思恩格斯全集（第19卷）[M]. 北京：人民出版社，1963：131.

② 习近平．在哲学社会科学工作座谈会上的讲话 [M]. 北京：人民出版社，2016：15.

是重大的现实问题，任何重大现实问题都深层地蕴含着重大的理论问题。”① 对思想政治教育方法论问题的探讨，不仅仅是对思想政治教育学科的理论解读，它的重点更是对思想政治教育所面临的现实问题和时代环境的真切省思和真实观照。思想政治教育方法论研究的理论旨趣在于推动理论创新，激活理论生长点，更重要的是，在于推进实践知识创新，促使理论研究走向现实存在，释放其指导思想政治教育实践的具体价值，推动方法论研究从“解释世界”走向“改变世界”，促进理论研究与现实实践的深度融合，真正服务于思想政治教育现实及未来的实践。

一方面，哲学家们只是用不同的方式解释世界，问题在于改变世界。马克思指出：“问题就是时代的口号，是它表现自己精神状态的最实际的呼声。”② 问题与方法之间要具有适切性。思想政治教育实践以及现实和时代发展所带来的客观问题与挑战是思想政治教育方法论研究的前置性问题。思想政治教育方法论研究要立足当前中国具体实际，特别是结合习近平总书记关于思想政治教育系列重要讲话精神，面向思想政治教育实际困难，聚焦国家重大需求，把理论研究与现实问题相结合，回应现实重大关切，搭建起理论分析框架，进行学理研究和方法构筑，服务于思想政治教育实践发展。同时创新运用信息技术，进一步探索思想政治教育方法的精准化发展，为思想政治教育者在实践过程中科学选择和运用适当的方法以取得最佳的教育效果提供理论指导，不断增强思想政治教育方法论的时代性与指导性，并且在关注现实生活、解决现实问题中体认马克思主义的理论生命，做到“坚持用马克思主义观察时代、解读时代、引领时代”③。同时，要打通对策性研究与理论研究的学术壁垒，提高方法研究的现实观照度，全面分析新时代新征程思想政治教育各方面境遇挑战以及影响实效性的因素并提出相应对策，解决思想政治教育实践各环节中的现实难题。根据理论与实践的发展需要，思想政治教育的学术研究应致力于达成理论建构与现实回应、事实描述与价值证成、事理研究与学理研究的辩证统一。

另一方面，要坚持在实践中形成理论、运用理论和创新理论，做到因事而化、因时而进、因势而新。思想政治教育方法论，本质上是来源于一定时期内的思想政治教育现实活动，具有指导思想政治教育实践的价值意涵。当前思想政治教育效果不佳的根源之一在于思想政治教育方法论难以赶上当今快速发展的科技和问题日益复杂的思想政治教育实践。深化思想政治教育方法论研究，从以下几个方面出发：一是要立足于中国思想政治教育实践场域生发理论，坚持马克思主义思想政治教育的立场观点方法，在习近平总书记关于思想政治教育重要论述的指导下创新发展，开展理论彻底性研究，研究和构建新时代思想政治教育方法理论体系，为新时代中国特色社会主义建设凝心聚力、铸魂育人提供有效的方法论指导。党的二十大报告指出，要以中国式现代化全面推进中华民族伟大复兴，这不仅要求推进思想政治教育方法现代化，同时要服务于现代化建设和发展要求，实现方法的现代化发展，以方法的现代化进而推动实现思想政治教育的现代化发展。二是要从“现实的人”和“现实的需要”出发，更加注重立德树人、铸魂育人、促进人的自由全面发展，追

---

① 孙正聿．以理论方式面向现实 探索和回答时代课题［J］．求是，2011（7）：50－52.

② 马克思恩格斯全集（第40卷）［M］．北京：人民出版社，1982：289－290.

③ 习近平．在纪念马克思诞辰200周年大会上的讲话［N］．人民日报，2018－05－05（2）.

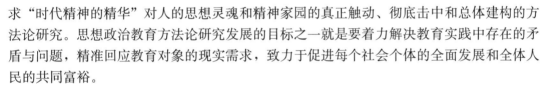

求“时代精神的精华”对人的思想灵魂和精神家园的真正触动、彻底击中和总体建构的方法论研究。思想政治教育方法论研究发展的目标之一就是要着力解决教育实践中存在的矛盾与问题，精准回应教育对象的现实需求，致力于促进每个社会个体的全面发展和全体人民的共同富裕。

（三）建设“思想政治教育方法论”高质量学术研究共同体

当前关于思想政治教育方法论研究的协同合作力度较小，还未形成围绕“方法论”重要问题协同攻关、共同研讨、持续拓展的研究氛围，现有的研究机构还未形成具有鲜明特点的“方法论”学术研究共同体。“近 40 年的自觉的学科理论积淀和方法探索应该助推相关研究攀升新的高度、迈入新的阶段。”① 这需要围绕方法论问题做更高质量、更高水平的纵深研究，进行更加深化且系统的理论论证和实践检验，并且加强协同合作，开展协同研究，形成高品质的研究共同体，同时加强学术交流，开展富有成效的学术对话，不断更新学术观点。

一是要加强“思想政治教育方法论”研究团队建设。历经 40 年积淀和发展之后的思想政治教育方法论问题，已不同于思想政治教育学科初创时期，所有的问题都需要且应该投入巨大的精力进行开拓研究。历经 40 年的发展，当前方法论研究中的问题大多是更加艰深、需要集集体智慧共同协作完成和解决的难题。事实上，很多高质量高水平的研究成果是学术界诸多学者持续、系统、协同完成的结果。因而，可以加强研究团队建设，进行集中且深入的攻关研究。一方面，要加强建设素质、知识、年龄、能力等结构合理的研究团队，推动研究团队更加专业化、立体化，提高研究质量和水平。这一建设既应有“高峰”“高原”引领学科建设和教学质量提升，又要对思想政治教育学科建设的“洼地”“沙漠”进行关注，并从学科、教学、人才培养等多方面提供支持使其得到有效改观。另一方面，各高校以及科研单位要加强学术共同体意识，协同合作开展研究。2018 年，教育部、财政部、国家发展改革委印发《关于高等学校加快“双一流”建设的指导意见》，明确指出“强化科研育人，结合国家重点、重大科技计划任务，建立科教融合、相互促进的协同培养机制”，推进高校或科研单位在教学、科研、育人等方面实现协同合力，为理论研究创设良好的研究环境和氛围。

二是要形成思想政治教育方法论研究方法和研究范式。学术研究的生命就在于其研究特色。任何一种理论的产生，其背后都包含着方法论的创新与进步，思想政治教育要想在新时代推进学科创新，就必须重视方法论层面的指导和规范。马克思指出：“没有指出特殊差别的解释就不成其为解释。”② 要面向事情本身，在“普遍的共相”中实现“具体的把握”。要从思想政治教育学科的性质、目标出发，根据研究问题的性质和特点，选择适用的研究方法，而不是随意选用、简单移植其他学科的研究方法，做到研究方法和研究问题之间具有适切性，且满足研究者对于研究问题的需要，进一步推动思想政治教育方法论研究方法和研究范式的形成与完善，推进知识增量，同时，在研究方法上应注重瞄准核心

---

① 王习胜，杨晓帆．思想政治教育方法探索的面相描画与取向审思——以 2020 年的研究为视点［J］．安徽师范大学学报（人文社会科学版），2021（6）：41－48．

② 马克思恩格斯全集（第 3 卷）［M］．2 版．北京：人民出版社，2002：16．

问题设计方法并对方法实施的有效性加以检验，形成有持久影响力的方法论研究成果，这将是未来需要进一步努力和拓深的方向。

三是要加强跨学科研究。运用多学科、跨学科的方法展开研究有助于进一步深化思想政治教育方法论研究。不少学者不仅将多学科、跨学科研究作为一种具体方法，还作为一种新的范式来开展研究工作。① 如张澍军、孙其昂、邱柏生等运用哲学、社会学、生态学、美学的跨学科理论与方法展开研究，在思想政治教育方法论视域拓展与创新发展方面取得了优秀成果。思想政治教育方法论的跨学科研究，或者跨学科的理论借鉴与比较，应成为一个重要的研究范畴和学科知识增长点。在树立自主的学科意识和学科自觉、坚持思想政治教育学科属性的基础上，应走出简单移植和套用方法的误区，走向方法综合的系统集成，充分借鉴相关学科方法理论，打破学科壁垒，实现多角度、多学科的融合创新，达到科际整合的理想状态，不断增强思想政治教育的学科特色。习近平总书记指出："哲学社会科学研究范畴很广，不同学科有自己的知识体系和研究方法。对一切有益的知识体系和研究方法，我们都要研究借鉴，不能采取不加分析、一概排斥的态度。"② 这是我们在选择研究方法时应采取的态度。

---

① 史宏波．论思想政治教育的多学科研究［J］．思想教育研究，2008（7）：11－13．

② 习近平谈治国理政（第2卷）［M］．北京：外文出版社，2017：341．

第十五章　思想政治教育模式研究

思想政治教育模式是贯通思想政治教育理论形态与实践的纽带与中介。在思想政治教育的研究中，思想政治教育模式研究占有重要地位。历经40年的发展，思想政治教育模式研究已经初具规模，形成了一些重要理论观点和实践创新模式。总体评析思想政治教育模式研究的相关成果，回顾总结思想政治教育模式研究的发展历程，归纳梳理思想政治教育模式研究的基本范式，了解把握思想政治教育模式研究的前沿命题，深入思考思想政治教育模式研究的未来发展，对推进思想政治教育模式的构建与优化，提升思想政治教育理论与实践的科学化水平，具有十分重要的价值和意义。

第一节　思想政治教育模式研究的发展历程

40年来，与思想政治教育模式相关的研究发展迅速，成果显著，已经成为思想政治教育学科一个富有特色和充满活力的重要组成部分。总结思想政治教育模式研究的基本情况，简要评述思想政治教育模式研究的主要特点，回顾思想政治教育模式研究的发展阶段，对把握好思想政治教育模式研究的基本范式和前沿命题、研判思想政治教育模式研究未来发展的趋势、提高思想政治教育模式研究的精准化与科学化大有裨益。

一、思想政治教育模式研究的总体评析

40年来，学界关于思想政治教育模式的研究随着思想政治教育学科的建立而逐渐展开，取得了一系列具有开创性的研究成果，对深化思想政治教育基础理论具有重要意义。思想政治教育模式相关的学术论文数量累计可达几千篇。在发文量上，以“思想政治教育模式”为主题的学术论文在总体上呈现出递增趋势，这说明关于思想政治教育模式的研究逐步增多，学界对思想政治教育模式研究的重视程度逐步加深，对如何更好构建优化思想政治教育模式的需求逐渐增加。立足已有研究成果，我们可从中归纳出当前学界关于思想政治教育模式的研究主要有以下特点：

一是思想政治教育模式研究成果显著。对思想政治教育模式的研究是思想政治教育方

法探索的重要组成部分，深入理解探究思想政治教育模式的构建与优化，为思想政治教育实践有效开展创造了充分条件。自学科成立以来，学术界对思想政治教育模式给予了一定的关注，取得了一系列的成果，如：涌现出了一批高质量的研究成果，研究呈现系统化与科学化的模式；形成了良好的学术氛围，获得众多科研机构、媒体、出版社等多方面的支持；具备了一支稳定有序的专家学者队伍，既有诸多学术界前辈深入思想政治教育模式研究领域展开多元的争鸣，又有众多青年学者在思想政治教育模式研究领域进行有益的探索。这些显著成果充分体现了当前思想政治教育模式研究正处于蓬勃发展的态势，这为思想政治教育模式研究的后续发展提供了坚实的基础。

二是思想政治教育模式研究范围逐步扩展。思想政治教育模式的研究是一个动态的过程，该研究的范围和视域呈现出逐步扩展的特点。一方面，思想政治教育模式研究通过借鉴本学科其他模块与其他学科的高水平理论成果与学术资源，充分利用他山之石，丰富研究资料，开拓学术视野，提升思想政治教育模式研究领域的规范化与精准化。另一方面，伴随着时代的发展和人们需求的变化，思想政治教育学的研究范畴不断拓展，思想政治教育网络化、信息化与生活化等新命题不断发展，思想政治教育模式的研究范围也随之不断扩大。

三是思想政治教育模式研究不断科学化，从而形成独立的研究体系。研究初始阶段，不同学者对思想政治教育模式的理解和如何构建尚不明确，对思想政治教育模式的探究有不同侧重，对思想政治教育模式的他者借鉴和自我探索也仅仅停留在表面上。通过后期的继续探索，在前人研究基础之上对思想政治教育模式的构建优化思路逐渐清晰，思想政治教育模式也逐渐能够在实践中推动理论发展，在理论发展中更好地指导实践，学者们逐渐在摸索中寻找到一个良性的研究循环，从而在一定程度上形成了独立的研究体系。

二、思想政治教育模式研究的历史演进

思想政治教育模式研究的发生发展既是一个自然发生的历史过程，同时也是学科研究者遵循学科发展规律有目的地促进学科系统发展的建设性过程。考察思想政治教育模式是怎样在思想政治教育学科内开始作为一类问题进行研究的、对思想政治教育产生了怎样的影响、在发展过程中形成了哪些重要观点、经过了哪些阶段等，是梳理思想政治教育模式研究现状的重要凭借，对进一步促进思想政治教育模式研究的系统化、科学化发展具有重要意义。总体而言，思想政治教育模式研究先后经历了初始形成、稳步发展、丰富发展、纵深发展四个演进过程。

（一）思想政治教育模式研究的初始形成阶段

思想政治教育学科于1984年正式设立，开启了思想政治教育系统研究的大门，为思想政治教育模式研究的产生提供了前提条件，思想政治教育模式研究进入初始形成阶段。这一阶段，一些学者已经对如何构建思想政治教育模式、增强思想政治教育育人效果有了初步探索。在研究内容上，这一阶段的思想政治教育模式研究覆盖到农民、工人、企业职工、青年等群体，依据不同对象的具体特点构建思想政治教育模式，有意识地提高思想政治教育模式研究的针对性与实效性；在研究方法上，这一阶段的思想政治教育模式研究强调挖掘各个学科（如语文、历史、化学、物理等）蕴含的思想政治教育模式要素，初步尝

试以跨学科的研究方法进行思想政治教育模式研究；在研究载体上，思想政治教育模式研究打破重视“课堂教育”的传统，重视文体活动、艺术美术等载体对思想政治教育模式构建的促进作用，为“全方位育人”模式的形成奠定基础。1990 年，以思想政治教育模式为主题的专门研究正式出现，标志着思想政治教育模式研究正式产生，此类内容进入研究视野，思想政治教育模式研究进入新的阶段。这一阶段，鉴于思想政治教育专业的正式创设，思想政治教育相关内容研究不断丰富拓展，思想政治教育模式研究也经历了从无到有的创造性过程，渐渐进入稳步发展阶段。

（二）思想政治教育模式研究的稳步发展阶段

思想政治教育模式研究顺应思想政治教育学科发展现状，关注到高校环境下的思想政治教育模式构建问题。这一阶段，思想政治教育模式研究呈现出快速发展的趋势。作为思想政治教育研究范围内的重要领域，思想政治教育模式研究的对象、内容、主题、范式与思想政治教育学科研究的对象、内容、主题、范式具有相似性。具体而言，思想政治教育模式在研究内容上侧重于高校思想政治教育的教学方式、课程设置、学生管理等方面，由此对高校思想政治教育方式方法、课程、教学等多方面的深入研究，为高校思想政治教育模式的研究提供了形式、内容、方法等多方面的指导与借鉴；在研究范式上，思想政治教育模式研究刚刚产生，相关理论、体系尚不完善，因此这一阶段的思想政治教育模式研究倾向于从宏观、整体层面分析其现状，指出面临的挑战并提出建议。进入 21 世纪以来，在中国的综合实力逐渐增强、世界进入经济全球化时代的背景下，以关注到国外思想政治教育模式的有益借鉴和网络时代背景下思想政治教育模式创新为标志，思想政治教育模式研究进入新的发展阶段。在稳步发展阶段，思想政治教育模式研究实现了从经验到理论的稳态化跨越，初步形成了思想政治教育模式研究的范式模型。

（三）思想政治教育模式研究的丰富发展阶段

21 世纪的头 10 年，基本上可以看作思想政治教育模式研究的丰富发展阶段。相较于前一阶段，思想政治教育模式研究在这一阶段的研究领域更加宽广，与时代结合更加紧密，与以往宏观的总结性、概括性研究方式不同，这一阶段的思想政治教育模式研究更加具体化，从某一具体理论、场域、群体、技术等角度出发，系统研究思想政治教育模式的构建问题。在研究领域上，思想政治教育模式研究突破以往的学科限制，将研究视野拓宽到心理、文化、军队等各个领域，开辟了学科跨界融合的发展模式，有助于拓宽思想政治教育模式研究领域、创新思维方式；在研究对象上，思想政治教育模式研究的突出表现是关注到研究生群体和高职院校学生群体，以及将“思想政治教育主客体及其关系”和“以人为本理念”作为这一阶段思想政治教育模式研究的重点内容。整体上看，这一阶段的思想政治教育模式研究发展进入快速道，得到学界的广泛关注和重视，高质量文章数量快速增加，研究进入丰富发展阶段。

（四）思想政治教育模式研究的纵深发展阶段

党的十八大以来，思想政治教育学科建设愈加系统化，学科理论体系、人才体系、队伍体系、组织体系、评价体系、平台体系等构成要素日益得到整体化推进和系统化建设。在此情况下，思想政治教育模式研究进入纵深发展阶段。这一阶段，思想政治教育模式研究内容的变化反映出这 10 多年来科学技术的更新迭代，也是这一阶段思想政治教育模式研究发展的突出特点。从博客、QQ、微博、微信到最近几年兴起的大数据，思想政治教育模式研究关注到现代科学技术对人们思想、生活等方面的影响，充分发挥其优势，关注前沿课题，推动思想政治教育模式研究创新发展。除此之外，这一阶段的思想政治教育模式研究更加细化，重视以往被忽略的研究领域，研究方法也更加科学化、数据化，借助统计学的研究方法，开始从质性分析向量化分析转变。总的来看，这一阶段，思想政治教育模式研究产生了一批有影响力的高质量文章、理论著作和专业教材，基本形成了一支由以思想政治教育模式研究为任务使命的带头人和骨干队伍组成的学术梯队，思想政治教育模式研究达到新的发展高度。

经过40年的丰富发展，思想政治教育模式研究历经4个发展阶段，逐渐成为思想政治教育研究中的重要领域。40年取得的丰硕成果确证了思想政治教育模式研究的合理性和价值性，表明其具有强大的生命力和独特优势。

第二节　思想政治教育模式研究的基本范式

通过简要回顾思想政治教育模式40年来的研究历程、梳理其研究成果，可以发现，关于思想政治教育模式的研究大致形成了五种研究范式，即政策导向型研究范式、理论导向型研究范式、经验导向型研究范式、技术导向型研究范式、主体导向型研究范式。

一、政策导向型研究范式

政治要素是思想政治教育要素中的关键性要素，这也是思想政治教育与其他类型教育的根本区别之所在。政策导向型研究范式是指强调政策文件、方针理念、会议精神对思想政治教育模式研究的作用，并将其看作思想政治教育模式研究的重要依托，体现鲜明政治导向的一种研究范式。该类研究范式紧扣党和国家关于思想政治教育模式的方针政策，客观评判其现状、分析取得的成就、指出其存在的问题继而从国家政策层面探索解决现存问题的实践路径，从宏观上为思想政治教育模式研究提供了方向。

政策导向型研究范式是思想政治教育模式研究的基本范式，具有鲜明的政治性和时代性的特点。一方面，政治性是政策导向型研究范式的根本特征。研究内容上，党和国家出台的系列方针政策是用该类研究范式开展研究的重要抓手，构建思想政治教育模式旨在促进思想政治教育提质增效，从而更好地落实“立德树人”根本任务。研究方法上，充分发挥各级教育平台、教育部门引领教育、指导教育的作用，合理运用行政资源，推动各项政策内容的落实展开。研究地位上，将思想政治教育模式研究提到党和国家制定的教育政策高度上来，有助于思想政治教育模式的研究领域与研究队伍得到进一步扩大。因此，政治性是政策导向型研究范式区别于其他类型研究范式的重要属性。另一方面，时代性是政策导向型研究范式的重要特征。依托不同时代背景出台不同的方针政策，同一政策在不同的时代背景下也会更新迭代，这必然导致思想政治教育模式研究在不同时代产生差异。“大中小思政一体化视野中的思想政治教育模式”研究鲜明地体现了政策导向型研究范式的特点。习近平总书记在2019年3月18日主持召开学校思想政治理论课教师座谈会并强调：

“在大中小学循序渐进、螺旋上升地开设思想政治理论课非常必要，是培养一代又一代社会主义建设者和接班人的重要保障。”① 2019 年 8 月，中共中央办公厅、国务院办公厅联合印发了《关于深化新时代学校思想政治理论课改革创新的若干意见》（简称《意见》）。《意见》再次强调深化大中小学思政课一体化建设的要求。2020 年 12 月，中共中央宣传部、教育部印发了《新时代学校思想政治理论课改革创新实施方案》（简称《方案》）。《方案》在《意见》的基础上，再次指出大中小学思政课一体化建设的重要意义以及实施方案。通过不同时期政策文件的出台，思想政治教育模式的研究实现了从侧重研究“大中小思政一体化视野中的思想政治教育模式”的可能性、必要性到实践路径的跨越。该类模式逐渐由理论样态成为现实实践。因此，政策导向型研究范式与时代同频共振，具有鲜明的时代性。

综上所述，政策导向型研究范式依托多种文件的颁布与宣发，对思想政治教育模式的理想目标、构建要求、实施过程等各个阶段的应然状态具有较为清晰的框架，使该类研究范式在具体展开的过程中更加明确。除此之外，政策导向型研究范式的成果文件对于相关政策、文件的完善与发展具有指导作用。

二、理论导向型研究范式

理论导向型研究范式是指借鉴其他学科的相关理论、充分发挥交叉学科优势、创新思想政治教育模式研究视野的一种研究范式。理论导向型研究范式，按照从理论到实践的构筑逻辑，对某一思想政治教育模式进行理性审视，分析在该理论框架下某种模式的意义价值，并将该理论作为丰富发展思想政治教育模式的重要探索，既在学理上为其提供有益启发，又在实践上提供有效借鉴经验。理论导向型研究范式包括“主体间性思想政治教育模式”“心理学视野中的思想政治教育模式”“交往理论视野中的思想政治教育模式”“基于耦合理论的思想政治教育模式”等。因为是在借鉴其他学科的经典范式与理论的基础上分析、判断具体的思想政治教育模式，所以理论导向型研究范式不可避免地带有其他学科的思维特色、方法特点、内容倾向，这是该类型研究范式的突出特色，也符合国家大力提倡交叉学科的综合发展趋势。

相较于其他类型的研究范式，理论导向型研究范式强调研究某一具体理论框架下的思想政治教育模式，通常具有以下几个共性或者研究理路：从某一具体理论出发系统性地探究此视阈下的思想政治教育及其模式的内涵、特征、本质等基础性内容，进而尝试在新的框架下构建思想政治教育模式，最后整体上对新理论与思想政治教育模式有机结合的依据和价值进行总结。因而理论导向型研究范式具有突出的理论化和系统化的特点。一方面，理论化是该研究范式的本质特点。这也是该研究范式与其他类型研究范式的根本区别所在。在详细展开研究的过程中，该研究范式将具体理论作为研究某一思想政治教育模式的前提视阈，在这一理论框架下，受该理论思想指导，从学理性角度为促进理论与思想政治教育模式融合提供方法论借鉴，推动思想政治教育模式研究理论化。另一方面，在理论化特点基础上，理论导向型研究范式具有系统化的特点。该研究范式从科学化、体系化的理论出发，尝试构建新的更加完善的思想政治教育模式，将现实样态、价值意义、优势特点

① 习近平谈治国理政（第 3 卷）[M]. 北京：外文出版社，2020：329.

进行先验说明，使得构建思想政治教育模式的各个要素在此研究理论下作为一个系统整体考量，因而具有系统性。

整体上看，理论导向型研究范式是促进思想政治教育模式创新的重要研究范式。理论导向型研究范式充分发挥交叉学科的优势，在思想政治教育内容、方法、实践等各个过程中区别于其他类型的研究范式。并且，在这个“创新性发展”的过程中，对其他学科内容、理论的合理继承与应用，对思想政治教育起到了“取长补短”的作用，补充发展了该学科。需要注意的是，对于其他学科理论的借鉴是一把双刃剑，如若没有厘清其他学科与思想政治教育学科之间的边界，可能会损害思想政治教育的学科属性。因此，掌握好其他学科与思想政治教育学科之间的借鉴尺度，是理论导向型研究范式发展的关键一步。

三、经验导向型研究范式

经验导向型研究范式是指对各个学校或组织立足自身优势或特色、在长期的思想政治教育实践中总结得出的一整套行之有效的思想政治教育模式进行学理分析，旨在将其有效经验推广分享出来的一种研究范式。经验导向型研究范式与其他研究范式的区别在于不局限于理论研究对思想政治教育模式构建的指导作用，更加侧重现实实践对思想政治教育模式构建的借鉴作用。马克思在《〈黑格尔法哲学批判〉导言》中指出，“批判的武器当然不能代替武器的批判，物质力量只能用物质力量来摧毁”①。毛泽东强调，“没有调查，没有发言权”②。由此可见，实践对于理论创新、对于指导生活实际具有重要作用。因此，从现实的思想政治教育实践中总结经验、有指导性的内容，并且合理避免存在漏洞、缺陷的内容而形成的研究范式是众多思想政治教育模式研究范式中的重要类型。

经验导向型研究范式是思想政治教育模式研究的重要范式，具有实践化和创造性的特点。其一，与理论导向型研究范式相反，经验导向型研究范式从具体实践出发，以现实中已经形成并得到验证且兼具效果性和可推广性的思想政治教育模式样态为依据，提炼思想政治教育模式创新发展的有利因素，总结成功经验，促进思想政治教育模式理论发展完善，推动有效的思想政治教育模式样态进一步普及。其二，与其他思想政治教育模式研究范式不同，经验导向型研究范式具有“自下而上”的研究特性，因而具有突出的创造性和特殊性。从该类文章的研究主题中可以发现，其大多以某一典型学校、某一具体区域为例，因此该类思想政治教育模式是在特定的条件下形成的新型创造性模式，是其他条件不具有也未必行之有效的探索性尝试。经验导向型研究范式的实践化和创造性特点体现出该研究范式不可替代，是促进思想政治教育模式创新研究样态、拓宽研究思路的重要研究范式。通常经验导向型研究范式的展开逻辑是：首先，与传统思想政治教育模式进行对比，突出该学校或组织研究创立的新型思想政治教育模式的优势，并对其内涵、特征等内容进行阐释；其次，具体阐明该学校或组织在现实生活中是如何贯彻并落实该思想政治教育模式的，从微观层面对思想政治教育模式进行说明与分类，以便其进一步推广和普及；最后，从宏观上梳理新思想政治教育模式取得的成效，对其进行科学评判与价值核定。

---

① 马克思恩格斯选集（第1卷）[M]. 3版. 北京：人民出版社，2012：9.

② 毛泽东选集（第1卷）[M]. 2版. 北京：人民出版社，1991：109.

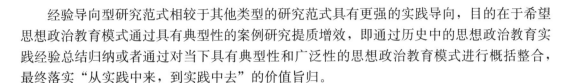

经验导向型研究范式相较于其他类型的研究范式具有更强的实践导向，目的在于希望思想政治教育模式通过具有典型性的案例研究提质增效，即通过历史中的思想政治教育实践经验总结归纳或者通过对当下具有典型性和广泛性的思想政治教育模式进行概括整合，最终落实“从实践中来，到实践中去”的价值旨归。

四、技术导向型研究范式

技术导向型研究范式是指以科学技术因素为主导构建起来的思想政治教育模式。科学技术作为该类思想政治教育模式的第一影响因素，其背后蕴含着生产力与生产关系、经济基础与上层建筑两对辩证关系的矛盾运动。这两对辩证关系的矛盾运动会对思想政治教育模式中的教育内容、目标、方法、原则等基本思想政治教育因素产生重要影响。因此，在这一类型的思想政治教育模式中，科学技术发挥着“双刃剑”的作用。作为一个价值中立的因素，科学技术怎样与思想政治教育模式融合，帮助思想政治教育发挥其最大效用、适应时代发展和要求，是技术导向型思想政治教育模式谋求发展需要突破的关键问题。反之，如若科学技术因素被不合时宜地利用甚至是作为一种意识形态侵蚀的方式、途径，其对思想政治教育模式产生的消极影响也是巨大的。因此，妥善利用科学技术因素，并努力使其发挥最大效能是完善技术导向型思想政治教育模式的不二之道。

技术导向型研究范式是近年来思想政治教育模式研究领域内的热门研究范式，其基本特征是科技型和阶段性。其一，在研究领域上，该类研究范式与新兴科学技术领域密不可分，而且并不只是技术与思想政治教育模式的简单叠加，而是深入阐明并论述新兴科学技术带给思想政治教育模式的影响及作用机制，并进一步分析科学技术背后深层的能够被思想政治教育模式研究利用的要素和底层逻辑。因此，技术导向型研究范式是充分融合技术要素的一种研究范式。其二，由于科技是不断进步和发展的，以科技为基础展开的技术导向型研究范式同样具有阶段性特征。技术导向型研究范式的研究对象、研究内容、研究方式均与科技要素紧密联结，其在不同阶段侧重点的发展变化充分体现了该研究范式的阶段性特征，如从博客、微博、QQ、微信到大数据、人工智能的转变。因此，该类研究范式能够在不同阶段都展现出强大的生命力和创造力，推动思想政治教育模式研究创新。

相较于其他类型的研究范式，技术导向型研究范式随着信息化的深入发展具有较大的发展潜力，可以提升思想政治教育的质量和效率。既可以为思想政治教育提供丰富的信息资源，又可以使教育过程中的结果和反馈更加精准和智能。同时需要注意的是，大数据、人工智能等信息技术的使用以及大范围推广对经济具有较高的要求，其构建成本往往高于其他的思想政治教育模式，因此，短时间内普及大数据或者人工智能思想政治教育模式有较大困难。

五、主体导向型研究范式

主体导向型研究范式指的是将主体作为思想政治教育模式研究的出发点和落脚点，即以主体作为思想政治教育模式之间划分类型的依据，并将主体作为思想政治教育模式研究中的关键点位与核心要素进行研究的范式。主体导向型研究范式一般分两类：一类是将“主体”概念或其他相关概念作为研究的核心主题，从学理性的角度对各个历史时期侧重的不同主体及主体间关系的思想政治教育模式进行分析，阐明实现新型主体关系思想政治教育模式的原因，进一步说明在此前提下的思想政治教育模式的理想样态。另一类是针对各个特定的具体群体，锚定该群体，分析该群体的特点、现实状况、发展规律，从而探索该群体的思想政治教育模式的有效路径。常见的群体划分依据有学段、年龄、性别、民族、地域等。

主体导向型研究范式具有鲜明的“以人为本”的特点。“以人为本”是该类研究范式的根本特点。以“主体间性思想政治教育模式”为例，在众多的主体导向型研究范式中，学界对其研究相对成熟、系统，能够充分体现主体导向型研究范式具有积极回应个人全面发展和社会进步诉求的作用。主体间性是现代哲学的理论概念，并在教育学、文学等领域得到广泛的应用。主体间性思想政治教育是在借鉴现代哲学主体间性理论的基础上，以马克思主义人本理论为价值追求，以马克思主义交往实践思想为理论支撑，实现了由传统单向思想政治教育到双向交互主体思想政治教育的转向。① 在研究“主体间性思想政治教育模式”时，常常需要通过与强调客体或者将主客体割裂的传统思想政治教育模式相比，完成对其自身的概念澄清。相较于传统思想政治教育模式存在主客体独立、等价差别的思想政治教育模式构建、运行，主体间性思想政治教育模式突出主体间的平等、合作、民主、沟通，提倡双向互动，彰显思想政治教育主体的主导性与受教育主体的主动性，将教育者与教育对象均作为思想政治教育过程中的主体，体现了“人”的意义与价值。

相较于其他类型的研究范式，主体导向型研究范式将思想政治教育模式研究中居于核心位置的“人”作为关键点位。或是聚焦于某一类型主体，旨在提高思想政治教育模式研究的针对性，或是将思想政治教育主客体及其关系作为思想政治教育模式研究的主要参照，夯实基础研究理论。因此，该类型的研究范式充分体现了“以人为本”的科学要求。

第三节　思想政治教育模式研究的前沿命题

当今世界正处于百年未有之大变局，我国正处于实现中华民族伟大复兴的关键时期，中国特色社会主义进入新时代，思想政治工作被提升到全局性、整体性、战略性的高度，在治党治国中的地位和作用更为凸显。思想政治教育模式研究的前沿命题便是在新时代中国发展的时代方位和党中央对思想政治教育高度重视的前提背景下开展的。思想政治教育模式研究的前沿命题主要聚焦于当前思想政治教育模式研究理论与实践层面的重点、难点、热点问题。把握前沿命题不仅可以在一定程度上了解当前思想政治教育模式研究的进展与学界对其存在的困惑，同时也能推动思想政治教育模式的高质量发展，构建思想政治教育模式发展的新格局，给思想政治教育模式研究增添动力，推动思想政治教育模式研究有新突破。

一、“三全育人”系统化思想政治教育模式探索

习近平总书记在全国高校思想政治工作会议上指出，要坚持把立德树人作为中心环

① 罗红杰．主体间性思想政治教育的多维透视［J］．思想政治课教学，2018（4）：13－17.

节，把思想政治工作贯穿教育教学全过程，实现全程育人、全方位育人，努力开创我国高等教育事业发展新局面。① 中共中央、国务院印发的《关于加强和改进新形势下高校思想政治工作的意见》明确提出，坚持全员全过程全方位育人。② 党的十九大以来，聚焦实现全员全过程全方位育人，众多学者在理论创新和实践探索上做出了巨大努力，“三全育人”的相关研究呈现出生机勃勃的崭新局面，探索“三全育人”系统化思想政治教育模式构建逐渐成为思想政治教育模式研究的重要命题。综合当前研究，“三全育人”系统化思想政治教育模式在普遍意义上可理解为，在“三全育人”的理念下，实现人员参与广泛、内容体系开放、时空范围广延的全覆盖、网格化、体系化的思想政治教育模式。在 40 年研究所取得的丰硕成果中，研究者们的兴趣大多集中于“三全育人”系统化思想政治教育模式的理念特征与构建路径。

科学把握“三全育人”系统化思想政治教育模式的理念特征，是展开“三全育人”系统化思想政治教育模式研究的重要基础。为此，许多学者试图阐明自己对“三全育人”系统化思想政治教育模式的见解。我们认为，这些关于理念特征的见解可归纳为三个不同的层面。其一是从“三全育人”理念本身出发，探究“全员全过程全方位”和思想政治教育模式基本内涵与要求的契合性。全方位全过程思想政治教育模式就是指为满足社会与个体发展需求、适应教育教学发展的新形势，通过开展教育教学、组织社会实践、健全教育评价、优化校园环境等有效途径，深入贯彻和落实“塑造灵魂、成长成人”教育教学目标，努力树立和提高大学生思想政治觉悟、理论道德素养、科学文化水平的思想政治教育新模式。③ 对于“全员”的理解，有研究指出：“思想政治教育本身恰恰就是一个社会系统工程，需要和能够动员社会力量共同参与，构建一个全程全员的教育合力网和立体工作模式。”④ 其二是在“大思政”教育观下探讨“三全育人”系统化思想政治教育模式的理念特征。“大思政”教育观是一种从全局上加强大学生思想政治教育的总的看法和从根本上改进大学生思想政治教育的总的方法。⑤ 其三是在其他理论视域下，从其他思想中找到与“三全育人”系统化思想政治教育模式理念特征的共通处，从而为这一模式理念内涵的丰富与完善提供启示借鉴。如基于主体间性理论的思想政治教育模式，遵循强调“双主体”理念，从思想、行为、方法和过程等四个层面出发，构建教育思维、交往关系、教学组织、协同育人“四位一体”的主体间性思想政治教育新模式，提出以主体间性协同育人模式作为构建高校主体间性思想政治教育模式的“能量环”和“倍增器”。⑥

当前关于“三全育人”系统化思想政治教育模式构建路径的研究多是从某一个载体出

---

① 习近平在全国高校思想政治工作会议上强调 把思想政治工作贯穿教育教学全过程 开创我国高等教育事业发展新局面［N］. 人民日报，2016－12－09（1）.

② 中共中央国务院印发《关于加强和改进新形势下高校思想政治工作的意见》［N］. 人民日报，2017－02－28（1）.

③ 胡忠玲．全方位全过程高校思想政治教育模式的构建［J］. 黑龙江高教研究，2013（8）：117－119.

④ 姚刚．公共危机管理中的思想政治教育模式探析［J］. 河南师范大学学报（哲学社会科学版），2012（4）：55－57.

⑤ 储德峰．高校“大思政”教育模式的特征及理念［J］. 中国高等教育，2012（20）：34－36.

⑥ 方建强，崔益虎．基于主体间性理论的高校思想政治教育创新模式探究［J］. 江苏高教，2018（11）：89－92.

发，或者以充分发挥某一类群体的引领作用为切入点，探究如何整合相关教育资源、融合多方力量、优化体制机制，从而使得系统化的思想政治教育创新模式发挥出最大效果，扩大思想政治教育的覆盖面，提高其感召力与吸引力。综合当前研究，主要有以下三种较为典型的思想政治教育模式构建路径：一是打造思想政治理论课专任教师、辅导员、教师班主任、学生骨干班主任“四位一体”的育人管理模式①，构建专兼结合、纵横结合、沟通协作的全方位德育网格，全面覆盖学生的学习、生活、娱乐等各方面，在一定程度上能够有效推动学生思想政治教育精细化与个性化发展。二是构建青年教师与大学生互为主体、共同学习的双向度“共育”思政工作模式。② 具体而言，在意识上，管理人员、教师、学生三方均需树立以平等为核心的“共育”思想政治工作意识；在机制上，合力构建工作机制和激励机制；在载体上，创新学校、社会、网络三位一体的“共育”思想政治工作载体。三是从课程思政角度出发，打造以专业课为平台的思想政治教育模式。这一模式以专业课课堂教学与专业课社会实践活动为平台，充分发挥专业课教师对学生的潜移默化影响，加强“思政课”与“专业课”的双向互动，深入挖掘专业课课程中所蕴含的思想政治教育资源，让学生在学习中感悟到专业知识体系中蕴含的思想价值和精神内涵。总之，“三全育人”系统化思想政治教育模式在时间上向基础教育、终身教育和学生未来职业发展开放，在空间上向家庭、社会开放，对内调动各级各类育人力量，对外引入整合各种社会资源，进而建立起课内与课外、校内与校外、线上与线下全领域覆盖、全要素融合的立体化育人体系，有力突破了长期以来高校人才培养以学科为依托的知识逻辑和以院系为载体的权力逻辑。③

从上述内容可以看出，当前关于“三全育人”系统化思想政治教育模式的研究已经较为丰富，这不仅有助于“三全育人”系统化思想政治教育模式的实践创新，而且有助于深化对思想政治教育模式的全面理解。

二、“互联网＋思想政治教育”新模式构建

互联网全方位、深层次地改变了人们的思维方式、生产生活和学习方式。在互联网时代背景下，传统思想政治教育模式的育人效果渐呈式微之势，基于互联网的思想政治教育新模式应运而生。“互联网＋思想政治教育”新模式努力探索如何将思想政治教育传统模式的优势与信息技术深度融合，利用先进的信息技术推动思想政治教育新模式智能化发展，使得思想政治教育在线上与线下更具有连贯性，从而对受教育者实施更为精准化、立体化、个性化、实时化的思想政治教育。

《国务院关于积极推进“互联网＋”行动的指导意见》界定了“互联网＋”的基本含义，即：“‘互联网＋’是把互联网的创新成果与经济社会各领域深度融合，推动技术进步、效率提升和组织变革，提升实体经济创新力和生产力，形成更广泛的以互联网为基础设施和创新

---

① 谢桂花．发挥学生骨干班主任辅助作用增强大学生日常思想政治教育实效［J］．思想政治教育研究，2017（4）：156-160.

② 江英飒．构建青年教师与大学生“共育”思政工作模式［J］．中国高等教育，2014（11）：45-47.

③ 杨晓慧．高等教育“三全育人”：理论意蕴、现实难题与实践路径［J］．中国高等教育，2018（18）：4-8.

要素的经济社会发展新形态。"① "互联网＋思想政治教育"新模式是指在当前的网络信息社会中，实现思想政治教育与互联网、云计算、大数据和物联网等新技术全过程融合，促进思想政治教育科学化和现代化的标准形式，其包含了教育主客体、资源集、数据库和分析端四个构成要素。② 在具体实践上，具有代表性的"互联网＋思想政治教育"新模式大致有以下五种：其一，"易班"（E-Class）是对"互联网＋思想政治教育"新模式创新的主动回应。它是以高校师生为主要使用对象的综合性网络社区，努力做到融日常管理、学业教育、职业规划和生活娱乐于一体的全覆盖，并通过开辟思政专栏、推进"易班"党建，牢牢掌握网上思想引领的主动权。③ 其二，"微思政"是创新"互联网＋思想政治教育"新模式的有益探索。④ 基于当前大学生的特点，通过网络媒介的交流互动方式及时掌握大学生思想变化，选用"微语态"，打造"微话语"；以漫画、视频、微电影等为形式载体，设计"微产品"，丰富"微内容"，在潜移默化中尊重、关心学生，以生活化的话语方式，对大学生的思想观念、价值信念、人生态度、道德规范、情感心理等进行引导。⑤ 其三，将虚拟仿真技术应用于思政课堂也是"互联网＋思想政治教育"新模式的有效尝试。通过借助计算机模拟出同历史和现实相一致的虚拟环境，将思政课程中一些不可逆的场景再现，克服传统教学、现有线上教学的弊端，提高思政课教与学的质量，使思政课教学达到事半功倍的效果。⑥ 其四，"思政微博"是传统思想政治教育模式转变的契机。通过"在平等对话中实现舆论主导"的教育方式、"由培养依附性人格向主体性人格转变"的教育观念、"多样性、开放性、生活性与先进性相结合"的教育内容与"亲和性与渗透性相结合"的教育态度这四个方面，有效地利用微博这一载体创新思想政治教育模式，充分发挥"思政微博"的真正作用。⑦ 其五，"网格化"思想政治教育模式依托社会型服务网络（Social Networking Services，SNS）构建高校实名制网络社区。在网络社区中，大学生主动创建"网格"并主动加入他人创建的"网格"，实现平等对话、互动交流和自我学习，使得思想政治教育有的放矢、行之有效。⑧

互联网的迅猛发展与普遍接入，带来了规模庞大的数据资源，使大量数据的获取、聚集、存储、传输、处理、分析等变得越来越便捷。在"互联网＋思想政治教育"模式下，基于大数据和云计算技术的分析端，借助不同数据系统采集到的完整、丰富、即时、动态的大数据统计分析，对受教育者实施科学化、精准化、立体化、个性化、实时化的大数据思想政治教育。⑨ 如借助关联分析技术和算法技术呈现全面客观、多维立体的个体数据画

---

① 国务院关于积极推进"互联网＋"行动的指导意见［EB/OL］.（2015－07－04）. https://www.gov.cn/zhengce/zhengceku/2015－07/04/content_10002.htm.

② 冯淑萍．"互联网＋"时代高校思想政治教育模式创新［J］. 思想教育研究，2017（8）：111－115.

③ 曹文泽．"互联网＋思想政治教育"模式的实践和创新——对高校"易班"网络思政教育的探索和思考［J］. 社会科学家，2016（12）：8－10.

④ 郑运旺．"互联网＋"背景下的高校"微思政"模式［J］. 红旗文稿，2017（3）：33－34.

⑤ 王建军．"微思政"：微时代高校思想政治教育新模式［J］. 学校党建与思想教育，2017（20）：35－36，39.

⑥ 卢勇．基于虚拟仿真技术的高校思政课在线教学实践探索［J］. 中国大学教学，2021（4）：79－84.

⑦ 李苑静，李琳．微博：传统思想政治教育模式转变的新契机［J］. 黑龙江高教研究，2012（9）：127－129.

⑧ 周钰．用"网格化"新思维提升思想政治教育针对性［J］. 人民论坛，2017（1）：128－131.

⑨ 林晶，张澍军，魏国强．大数据思想政治教育模式构建［J］. 广西社会科学，2020（8）：170－176.

像，准确把握教育对象个体思想和行为，推进个性化的思想政治教育模式。[①] 然而，如何将大数据的相关关系分析与思想政治教育内在规律相统一，如何依据大数据的相关特征对传统思想政治模式进行调整，从而更好地实现新老思想政治教育模式的有效融合，成为大多学者着重探讨的问题。有学者认为要积极寻求技术支持，探索思想政治教育的“社会计算”方法，制定大数据管理规章，并对新老思想政治教育模式进行“数据整合”“分析整合”“途径整合”。[②]

三、融合中华优秀传统文化的思想政治教育模式优化

中华优秀传统文化蕴含着丰富的思想政治教育资源，这些思想政治教育资源对思想政治教育模式的创新发展具有重要启示作用。深挖中华优秀传统文化的精髓要义，汲取中华优秀传统文化的积极养分，紧密结合当前现实赋予其新的内涵，既有助于思想政治教育模式在中华优秀传统文化中获得内源性支持，又有助于中华优秀传统文化的创造性转化与创新性发展，激活思想政治教育模式实践的生命力。探究如何将中华优秀传统文化与思想政治教育模式进行更恰切的融合，是当前思想政治教育模式研究的重要课题。当前对优化“融合中华优秀传统文化的思想政治教育模式”的研究主要集中于前提基础、价值意义和实现路径三个方面。

关于“融合中华优秀传统文化的思想政治教育模式”的前提基础，现有研究主要探讨的是中华优秀传统文化与思想政治教育的内在一致性问题。一方面，思想政治教育具有文化属性。思想政治教育作为一种“社会哲学范式”，其学理基础在于将思想政治教育实践过程中的经验上升为理论认识，其目的在于要求社会成员接受思想道德、文化精神、政治修养等方面的规范。另一方面，中华优秀传统文化具有思想政治教育功能。在国家、社会、个体等各个层面，中华优秀传统文化都存在强调责任担当、道德教化的倾向，在传承和传播过程中逐渐具备了思想政治教育功能。[③] 也有学者进一步指出中华优秀传统文化与思想政治教育的逻辑关联，克己复礼的道德范式与思想政治教育“立德树人”根本任务相符，以天下为己任的价值导向与思想政治教育为党育人、为国育才的目标相一致，直指心性的文化涵养与思想政治教育对学生知情意行的塑造要求相契合，中华优秀传统文化所承载的集体记忆为青年学生坚定文化自信提供了重要载体。[④] 综上，相关研究已经从属性、功能与逻辑关联等角度论证了中华优秀传统文化与思想政治教育能够契合，思想政治教育模式的创新发展可以挖掘深耕自身的文化资源，这为进一步探究如何将中华优秀传统文化融入思想政治教育模式以及这种思想政治教育模式的价值意义提供了更为坚实的基础和依据。

中华优秀传统文化为思想政治教育模式的创新发展提供源源不断的文化资源，在思想

---

① 王荣，陈军绘，构建个性化思想政治教育模式的价值指向与实践策略［J］．学校党建与思想教育，2023（7）：27－30.

② 刘春波．大数据时代思想政治教育模式的创新［J］．湖北社会科学，2016（9）：193－198.

③ 胡萱，胡小君．中华优秀传统文化融入大学生思想政治教育的价值与实现路径［J］．学校党建与思想教育，2022（14）：64－66.

④ 苏洁，吴明华．中华优秀传统文化融入高校思想政治教育的内在逻辑与现实维度［J］．学校党建与思想教育，2023（1）：72－75.

政治教育模式创新发展的过程中展现出强大的生命力，使其具备了厚重且坚定的文化基础与历史积淀。相关研究也着重探究了“融合中华优秀传统文化的思想政治教育模式”的价值意义。有学者就“儒家传统思想政治教育理论模式”进行了探讨，论述了儒家“修身”与“教化”体系的双层伦理结构模式①和儒家“君子”为实现儒家治道“内圣”的要求，主张内在的自我修身与外在的教育辅助相结合，如在社会道德实践中践“仁”明志、在政治生活中尽忠、在家庭生活中体孝、在交友与观摩中察“义”等。② 在取其精华、去其糟粕、合理汲取积极养分的立场上，这种儒家思想政治教育理论模式对当今如何优化“教育”与“自我教育”模式具有一定的借鉴意义。有学者指出，“中华优秀传统文化中的君子人格，非常注重将个体思想道德的养成与个体的社会价值紧密相连……在传统文化概念中，家庭从其产生开始就具有极强的社会性，家庭德育是社会主流思想价值观念在家庭层面的具体化，是统治阶级意识形态内化到个人层面的中介。在中国古代，家与国有着千丝万缕的联系，个人的行为举止既要符合家庭中的家法族规，也要符合国家层面的道德规范”③。这为当前理解构建家庭、学校与社会形成合力的思想政治教育模式提供了思想内涵上的价值借鉴。

关于“融合中华优秀传统文化的思想政治教育模式”的实现路径，当前研究主要可归纳为以下三个方面：其一，营造和谐浓郁的中华优秀传统文化教育环境。中华优秀传统文化融入大学生思想政治教育是发挥其浸润心灵作用的最佳方式。中华优秀传统文化与大学生思想政治教育深度融合需要顶层设计，应该牢记中华优秀传统文化的“根”、不忘思想政治教育的“魂”，推动社会与学校形成合力，营造和谐浓郁的中华优秀传统文化教育环境。其二，创新中华优秀传统文化与思想政治教育融合的教育载体，如，丰富课堂载体、突出网络载体、做实活动载体。总之，要将中华优秀传统文化与思想政治教育的融合贯彻于大学生学习生活的方方面面。其三，建设具有中华优秀传统文化素养的思政课教师队伍。④ 将中华优秀传统文化有机融入思想政治教育，思政课教师是否具备良好的中华优秀传统文化素养是关键。教育活动的内在发展规律决定了传承民族文化传统是其必然承载的重要功能，这一功能的发挥在很大程度上决定着民族国家的历史前途命运，而教师则在其中发挥着举足轻重的作用。综上，中华优秀传统文化与思想政治教育的融合，既能为学生形成健康的价值观奠定牢固基础，又能彰显中华优秀传统文化在思想政治教育中的效能与价值。

四、国外思想政治教育模式的合理借鉴与辩证吸收

我国把思想教育、政治教育、道德教育融为一体形成综合性的思想政治教育学科，这

---

① 唐国军．“修身”与“教化”：儒家思想政治教育体系论——儒家传统思想政治教育理论模式研究之一［J］．广西社会科学，2007（11）：174－178.

② 唐国军．“君子”与修身：儒家思想政治教育主体论——儒家传统思想政治教育理论模式研究之二［J］．广西社会科学，2007（12）：161－165.

③ 王易．深化中华优秀传统文化中的思想政治教育资源研究［J］．高校马克思主义理论教育研究，2020（1）：130－139.

④ 张洪娟．论中华优秀传统文化与大学生思想政治教育的融合［J］．学校党建与思想教育，2021（17）：56－58.

是我国教育与学科不同于西方国家的特点。在西方国家，虽然没有思想政治教育的概念，但事实上都毫无例外地进行着思想教育、政治教育、道德教育，并有与之相应的学科。① 由此，深入探讨思想政治教育模式的国际比较问题，对丰富我国思想政治教育理论以及创新实践形式具有重要价值。目前，学界关于国外思想政治教育模式的合理借鉴与辩证吸收主要通过以下两种逻辑理路展开：

（一）以国别为区分，引介国外思想政治教育模式

在以国别为区分引介他国的思想政治教育模式研究中，大多学者立足“以我为主、为我所用”的立场和“实事求是，观照他国最为前沿的发展动态”的原则，通过文献分析和数据调研等方法从“点”上把握国外思想政治教育模式的特色，并加以分析、合理转化，从中提炼并形成对我国思想政治教育模式创新发展有益的启示与思考。

美国当代影响较大的有理性构筑模式、价值澄清模式、价值分析模式、道德认知发展模式、社会行动模式等五种德育模式。综合相关研究可得，美国的思想政治教育模式在教育方法上注重渗透性，在教育过程中注重实践性，在教育手段上注重综合性。有学者指出，服务学习与思想政治教育理论课的某些相似之处，为其纳入思想政治教育的模式提供了前提性条件。② 借鉴美国思想政治教育模式中的合理成分，可以为改革和创新我国的思想政治教育模式提供新的思路与视角。一些学者探索了西欧的思想政治教育模式，如英国培育“基本价值观”的教育模式、德国多元协同的价值观教育模式、法国的公民教育模式。有学者指出，英国依托学科课程、课外活动和教育监管推进培育“基本价值观”的教育模式。具体而言，建构跨学科“课程链”，凸显国家文化叙事本质；打造主题性“活动链”，共促学生“精神、道德、社会、文化”发展；形成精细化“审查链”，实现专业化、无间断、程序化监管。③ 德国多元协同的价值观教育模式，注重关照各类教育者在价值观教育实践中的定位与功能，使其相互协作、上下联动，构建起主体协同的整体格局。法国突出人权教育的地位，将自由、平等、博爱等资产阶级观念作为公民教育的主要内容，开创了现代公民教育的先河。

二战后，日本受西方现代公民教育的深刻影响，对本国公民教育指导理念、教育目标乃至教育内容、课程设置进行了全方位的改革，形成了兼容东西方文化的公民教育模式。此外，日本愈发注重加强课堂教学同学生日常生活的联系与衔接，其价值观教育模式颇具特色，如日本历版《学习指导要领》强调，道德课程和社会科课程的教师都应当广泛选用真实的生活素材、广泛结合当地实态和日常生活开展教育。

新加坡共同价值观的培育模式独具特色。有学者提出要借鉴新加坡共同价值观教育模式的经验，从而推进我国社会主义核心价值观的培育模式。如开展富有成效的学校教育活动，创设良好的家庭教育环境，运用丰富多样的社会传播形式，完善国家法律引导机制。④

---

① 郑永廷．论思想政治教育学科特点与研究前沿［J］．思想政治教育研究，2011（4）：1－5.

② 项敬尧．关于服务学习作为高校思想政治教育模式的探讨［J］．思想政治教育研究，2017（6）：78－83.

③ 刘晨．英国基本价值观教育：现实动因、政策演进与实践进路［J］．比较教育研究，2022（7）：12－21.

④ 彭建国，周霞．论新加坡共同价值观教育对我国社会主义核心价值观培育的启示［J］．思想教育研究，2014（5）：47－50.

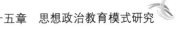

关于以国别为区别引介国外思想政治教育模式的研究，当前已出版《美国社会科课程中的价值观教育研究》《美国高校通识课程中的价值观教育研究》《美国犹太人价值认同研究》《美国大学生学术诚信教育研究》《当代俄罗斯爱国主义教育研究》《新加坡共同价值观教育研究》等著作。这些著作对国外德育热点问题和德育模式进行了深入探讨，在一定程度上丰富完善了引介国外思想政治教育模式的研究。

（二）以类型为区分，对具有相似性的思想政治教育模式进行介绍和研究

在以类型为区分引介他国的思想政治教育模式研究中，大多学者主要对不同类型的西方德育模式理论进行系统介绍和研究，也有学者尝试将国外思想政治教育模式进行归纳分类。

20世纪90年代后，不少学者开始翻译、介绍西方德育理论与实践的著作，其中就包含了对西方国家主要德育模式的介绍。比如，梳理了西方德育理论与实践的发展，概括介绍了道德认知发展模式、社会学习模式、体谅模式、价值呈请模式、品德教育模式、社会行动模式等。

在归纳国外思想政治教育模式类型的研究中，学者们系统分析了三种经典模式，即德目主义模式、全面主义模式和混合德育模式。我们根据已有相关研究，将当前对国外思想政治教育模式合理借鉴的研究归纳梳理为三类。一是以立法为主线，在文中着重探讨国外关于思想政治教育模式的相关法案，如英国的《教育改革法案》、美国的《不让一个孩子掉队法案》、以色列的《义务教育法》《国家教育法》、新加坡的《赡养父母法案》《居者有其屋计划》、日本的《基本教育法》《学校教育法》等，通过梳理国外颁布的法律与文件总结有益经验，论证法律法文的颁布是推进思想政治教育模式发展的重要一环，为我国思想政治教育模式的完善提供有益参考。二是注重生活化的社会实践。日本教育领域中较为知名的教学案例有“福冈站”（福岡駅）和“西阵织”（西陣織），“福冈站”教学案例直接将教学地点设置在现实中的福冈车站，学生在教师的带领下，观察车站内外工作人员，了解其工作内容，思考其工作价值，在此实践教学中，教师着重引导学生认识辛勤工作为自我、他人与社会带来的重要贡献。三是思想政治教育模式的多元协同，在文中着重探究国外多元协同的思想政治教育模式是何体现以及如何打造。多元协同，侧重于阐明思想政治教育模式的开展不能仅局限于学校，家庭、社会、第二课堂和大众传媒等都应该是思想政治教育的阵地。例如，在澳大利亚，几乎每个城市都建有纪念馆、纪念碑，免费让中小学生参观，以此加强学生的爱国意识；在意大利，考古、艺术、民俗博物馆、陈列室以及名胜古迹、历史文物等，全部向学生免费开放，有助于在潜移默化中增强学生的爱国精神和民族意识。

在探究合理汲取国外思想政治教育模式的成熟经验的同时，部分研究也探讨了各国思想政治教育模式所面临的困境，客观评判了国外思想政治教育模式的现实样态，如加拿大分权式的教育管理模式与地域差异、种族隔离和文化偏见等阻滞，使得加拿大以社会融合取向为特征的价值观教育面临困境，国家政治认同渐趋弱化，社会价值共识渐呈断裂。如若不能探究到根本缘由，加拿大联邦只会沦为“乌托邦式”的“虚假共同体”①。综上，我们可以看到现有研究已经在一定程度上充分借鉴到国外思想政治教育模式的成熟经验并

① 常士訚．超越多元文化主义——对加拿大多元文化主义政治思想的反思［J］．世界民族，2008（4）：1-8.

进行了合理转化，但是在对各国思想政治教育模式所面临的困境进行分析和辩证批判上仍存在一定的空间。

第四节　关于深化思想政治教育模式研究的思考

40年来，经过众多学者专家的不懈钻研与探索，思想政治教育模式的研究取得了一定的显著成果，相关研究领域也在不断拓展，总体呈现出积极繁荣的发展局面。通过对这40年研究的总结梳理和分析判断，可以预期在未来一段时期内，思想政治教育模式仍是思想政治教育领域研究的重点内容，值得更为深入的探索研究。对此，我们总结归纳了诸多学者关于深化思想政治教育模式研究的思考，以期为后续学科发展研究提供借鉴。

一、不断促进思想政治教育模式由专门化向系统化发展

思想政治教育工作是一项复杂的系统工程，既包括思想政治理论课这一主渠道，又包括日常思想政治教育这一主阵地；既包括思想政治教育的专职力量，又包括思想政治教育的兼职力量；既包括思想政治教育的实施者，又包括接受思想政治教育的学生对象。[①] 思想政治教育模式作为贯穿思想政治教育理论与实践的桥梁与纽带，需要整合资源信息，优化资源配置，推动各要素、各层级、各部分的协同联动、形成合力，从而能够多渠道、多角度、全覆盖地实施教育影响。促进思想政治教育模式在专门化发展的基础上向系统化、综合化发展，是符合其发展规律、顺应时代发展和满足我国国情需要的必然转变。

在长期的思想政治教育实践中，思想政治教育模式呈现出专业化特征。具体而言：在功能定位上以“规训取向”为主，兼具一定解放性，即教育者对受教育者进行思想观念、政治觉悟、道德素质上的教育，既是在用社会要求规范教育对象的思想和行为，同时也关照教育对象的自由全面发展。在话语上以“政治话语”与“学术话语”为主，话语主体是教师，话语内容呈现为知识形态，话语形式以思政课程教材等为主，话语关系是师生关系。在方法上以“说教”为主，知识传授是主要的教育方法，即教育者把思想政治观念强加给教育对象的一种教育样式。在内容上，主要呈现为思政课程中的理论形态和知识形态。[②] 客观来讲，思想政治教育模式专门化在很长一段时间内是符合我国国情与要求的较为完善的发展模式，是具有进步意义与肯定价值的。在一定程度上，思想政治教育模式专门化在未来的很长时间内依然倡导推行。

党的十八大以来，思想政治教育已经被提升到事关党和国家发展全局的重要地位，作为一项战略性工作存在。意识形态建设是党的一项极端重要的工作，思想政治工作是学校各项工作的生命线。因此，思想政治教育不是也不能仅是局限在某一特定群体或某一具体场域之内的。在这样狭隘的环境内进行思想政治教育是无法完成思想政治教育的重要任务与艰巨使命的。向系统化、立体化的发展转变是指在专门化发展的基础上，有意识地扩大

① 冯刚．推进新时代思想政治教育治理体系现代化［N］．中国教育报，2020-03-19（5）．
② 荆德亭．思想政治教育模式百年演进的三重逻辑［J］．思想政治课教学，2023（3）：8-11．

受众范围、教育场域，跳脱出目前阶段的局限，取得新的发展和突破。思想政治教育模式系统化体现在横向和纵向的协同联动上。就横向而言，既包括某一主体各部门间的协同，也包括学校、家庭、政府、社会等多方面的部门与组织的协同。需要积极构建制度机制，加强各部门、各项具体育人工作间的沟通合作，形成思想政治教育育人合力，实现教书育人、管理育人、服务育人、科研育人、文化育人、实践育人、组织育人的全方位全过程育人系统。就纵向而言，思想政治教育体系包括不同的层级，需要加强和完善不同层级的协同联动。从中央到地方、从部委到学校，需要在相关政策制定、文件落实、问题聚焦、难题解决等方面加强协同联动，有效地调动各个层级参与思想政治教育的积极性、主动性和创造性，激发各个层级力量参与推动思想政治教育模式创新发展的内生动力。① 也有学者指出：从宏观层面看，要注重思想政治教育与整个社会大系统之间的生态关系，开发社会生活资源，拓展网络信息平台资源。从中观层面看，要建设多样化文化教育环境，发挥校园环境中软、硬件的思想教育功能；进行思想政治教育课程内容、方法创新，实现显性教育与隐性教育的有机结合。从微观层面看，要注重受教育者与其心理认知环境之间的生态关系，充分运用教育者的情感资源，对受教育者进行人文关怀与心理疏导，增强其对思想政治教育内容的心理认同。②

推动思想政治教育模式由专门化向系统化发展，旨在将思想政治教育看作一个整体，与国家的长远发展、教育事业的要求期待统筹起来，辩证地看待彼此之间独立却又联系的关系。由此，思想政治工作从部门工作向全局工作、核心工作、关键工作转变，促进思想政治教育模式转变。

二、综合运用现代网络媒体技术，推动思想政治教育模式精准化与智慧化

习近平总书记指出："当今世界，信息技术创新日新月异，数字化、网络化、智能化深入发展，在推动经济社会发展、促进国家治理体系和治理能力现代化、满足人民日益增长的美好生活需要方面发挥着越来越重要的作用。"③ 以大数据、人工智能、云计算为代表的现代网络媒体技术及其应用极大延展了人类社会的生活空间和想象空间，创设了思想政治教育的虚拟场域，重塑了话语生成与传播机制，引发了教育者与受教育者主客体身份的转化与重构，对受教育者的价值选择和思想行为产生了深刻影响。面对现代网络媒体技术对思想政治教育的改革需求，我们应学习、掌握并综合运用好现代网络媒体技术，促进现代网络媒体技术与思想政治教育的深入融合，从资源、技术、机制等方面推动思想政治教育模式的精准化与智慧化。

在资源上，现代网络媒体技术的迭代升级为打造思想政治教育资源的整合分享提供了契机，有助于人们迅速接触到广泛且优质的思想政治教育资源。通过人工智能协助教师了解学生近期关注的社会热点，及其对社会突发事件的认识倾向等；为学习者提供个性化、定制式学习，帮助学生进行学习任务管理和时间管理，及时分享学习资源，调动学生的积

---

① 冯刚．推进新时代思想政治教育治理体系现代化［N］．中国教育报，2020－03－19（5）．

② 林晶．构建大学生思想政治教育立体化模式［N］．光明日报，2017－05－30（5）．

③ 习近平致首届数字中国建设峰会的贺信［N］．人民日报，2018－04－23（1）．

极性和主动性。① 在技术上，一方面，现代网络媒体技术为全方位刻画受教育者思想意识与行为带来了新可能。通过全方位收集受教育者在日常生活中的喜好及价值取向信息，构建网络世界中数据形象，借助信息聚类分析以获取综合的信息，生成可视化更强的动态图谱，推动教育界获得更全面、更多维的教育认知，甚至预判受教育群体的需求。② 另一方面，现代网络媒体技术有助于更精准地为受教育者定制个性化的思想政治教育内容，促进教育内容与受教育者群体间的价值有效匹配。将智能算法嵌入思想政治教育中，按照受教育者的思想观念与行为态度对其分类并标为清晰的数据，精准把握受教育者的个性需求，从而实现从“由点到面”到“多维度互动”的思想政治教育模式转变。在机制上，综合利用现代网络媒体技术，构建人机协同的工作机制。依托大数据技术平台采集信息，通过智能技术拓展思想政治教育资源采集边界，在坚持正确价值导向的基础上借助机器辅助实现自主处理，为思想政治教育作品生产提供选题依据和要素提炼。③

三、以受教育者诉求为着力点，推动思想政治教育模式由单向灌输到双向互动

传统思想政治教育模式在一定程度上以教育者对受教育者的单向灌输为主，教育者习惯于权威主义与宏大叙事，以自上而下的方式传授知识内容，常常将受教育者置于被动接受的地位，在一定程度上忽略了受教育者的想法、感受和诉求，这不仅使思想政治教育无法达到应有的育人效果，甚至会引起受教育者的反感和抵触。推动思想政治教育模式的创新发展，需要改变传统以教育者为主的单向灌输模式，向以受教育者诉求为着力点的双向互动模式转变，在遵循思想政治工作规律、教书育人规律和学生成长规律基础上，以“立德树人”为根本任务，交融协同、平等对话，努力实现思想政治教育提质增效的理想状态。

前文已经提到，综合利用好现代网络媒体技术可以在一定程度上完善“多维度互动”的思想政治教育模式，有助于提高多元主体的融合一致性和受教育者互动参与的即时高效性。此外，注重启发性教育，推进融入式、嵌入式、渗入式的教育模式也有助于回应受教育者的现实关切，激发受教育者的主动意识。“好的思想政治工作应该像盐，但不能光吃盐，最好的方式是将盐溶解到各种食物中自然而然地吸收。”④ 一要弱化学科边界，即模糊化或弱化掉思想政治教育学科与其他学科的僵硬的、冰冷的边界。思想政治教育是一项全员全过程全方位的教育实践活动，与其他某一具体专业的学科是有明显区别的。思想政治教育的教师队伍不能仅局限在专业课教师上，也可以融入其他学科的老师，实现学生在各个过程、各个方位都能受到思想政治教育而不自知的目标。二要拓展思政教学的空间。思政教学活动要向社会大舞台、网络等领域延伸，实现思政课与其他课程同向同行、走出

① 陈晓峰．探索人工智能驱动高校思想政治教学模式创新的内在逻辑［EB/OL］．（2022－11－17）．https://reader.gmw.cn/2022－11/17/content_36166628.htm.

② 刘雪姣．探索人工智能赋能高校思政教学模式创新［EB/OL］．（2022－09－01）．https://reader.gmw.cn/2022－09/01/content_35995755.htm.

③ 李厚锐．智能媒体赋能高校思想政治教育模式创新［EB/OL］．（2023－04－04）．http://edu.people.com.cn/n1/2023/0404/c446965－32657356.html.

④ 沿用好办法 改进老办法 探索新办法——三论学习贯彻习近平总书记高校思想政治工作会议讲话［N］．人民日报，2016－12－11（1）．

学校与走进学校双向互进、现实与虚拟空间混合教学的多向发展。[①] 三要注重渗透式教学方法，改变直接传授、宣传的教学方式。创造良好和谐的教学环境，营造平等自由的教育氛围，鼓励受教育者参与社会活动，将思想政治教育内容融于受教育者的日常生活。在这个过程中，教育对象感觉到自己是思想政治教育的主体，主动地进行自我教育，甚至一定程度上忽略了教育者的存在，这种方式在教育者与受教育者间搭建起适合思想政治教育运行的情感桥梁，促进教育者与受教育者的情感沟通与交流，实现双方沟通地位的平等，增强了思想政治教育的亲和力和实效性，达到了“润物细无声”的育人效果。

四、注重群体多样性与特殊性，激活思想政治教育模式的育人效能

现阶段随着国内对思想政治教育学科研究的加深，对其理论研究更加系统化、科学化，思想政治教育活动实践愈加丰富完善。思想政治教育模式并非一个通用万能的模板，在面对不同受教育群体时，要依据群体对象需要进行相应的改变和调整，才能激活思想政治教育模式的育人效能，不能一概而论。促进思想政治教育模式的创新发展，要充分注重群体的多样性与特殊性，提升思想政治教育的针对性与亲和力。

注重群体的多样性。不同群体的思想、心理活动状况具有差异性，这决定着思想政治教育的内容、形式、方式、方法和手段不能千篇一律、千人一面，而要因人而异，依据不同群体量身打造不同的思想政治教育模式，如军队思想政治教育模式、大学生思想政治教育模式、党员干部思想政治教育模式等。相应地，在同一群体中，由于成长环境、生活状况、人生经历等多方面的不同，人们在政治态度和思想状况方面也有所差异。有学者提出：通过分类施教增强针对性、实效性。以大学生受教育群体为例，高校可以通过问卷调查、大数据分析等方式，全面系统地了解大学生的政治态度、思想状况，并在此基础上系统规划、组织思想政治课教学。[②]

注重群体的特殊性。有研究指出大学生特殊群体主要是指在校园中因为各种原因在经济、心理、身体、适应性等多方面表现相对较差或处于困难的异于大多数的一类学生。具体来说，大致可以划分为六种类型：经济困难型、心理障碍型、生理弱势型、学业障碍型、网络成瘾型、交际自闭型。[③] 面对大学生中的特殊群体时：首先要通过查阅学生入学档案、观察学生生活状况以及了解学生交纳学费的情况等途径，了解和掌握学生的基本信息，梳理出学生中“特殊群体”的初步数据，确定重点教育对象。其次，要多途径、全方位针对“特殊群体”的特征，实施具有针对性的思想政治教育，如加强心理引导，及时疏解学生困惑与烦恼；建立家、校联系平台，沟通了解学生的生活状况，适时给予相应帮助；有针对性地加强学生的德育教育，用道德标准激励其积极向上，用正确的心态面对生活。关切群体多样性与特殊性，进一步探索思想政治教育模式创新，可能会是未来思想政治教育模式研究的又一个主攻方向。

---

① 佘双好，汤婉丽．新时代高校思想政治理论课教学方法的创新发展与展望［J］．思想理论教育导刊，2023（3）：107－115.

② 高校思想政治教育应分类施教（治理之道）［N］．人民日报，2016－11－10（7）.

③ 吴海燕．大学生特殊群体的心理健康与思想政治教育［J］．江苏高教，2018（10）：98－101.

第十六章　思想政治教育机制研究

思想政治教育机制研究作为思想政治教育基础理论研究的重要组成部分，在思想政治教育学科建设过程中起着重要作用，深化思想政治教育机制研究有助于思想政治教育目标的实现和优化。同时，思想政治教育机制研究综合多学科的内容，既涉及管理学、教育学、心理学、行政学等多学科，又涉及理论与实践相联系、抽象与具体相统一等问题。科学认识思想政治教育机制研究，既需要宏观把握思想政治教育学 40 年的发展历程，又需要微观感知思想政治教育机制面对场域转变的适应、调整与优化。因此，通过回顾思想政治教育学科成立 40 年的研究发展历程，审视思想政治教育机制研究现状，透视思想政治教育机制研究热点，展望思想政治教育机制研究趋势，进一步深化思想政治教育机制研究，从而推动思想政治教育学科建设和发展。

第一节　思想政治教育机制研究兴起与发展的历程

我国设立思想政治教育学科 40 年来，随着我国思想政治教育学科定位、归属的不断调整和明确，思想政治教育机制研究逐渐从思想政治教育基础理论研究中分化出来，且作为单独的研究对象，成为思想政治教育学科论域，这既是思想政治教育学创新发展的逻辑必然，也是思想政治教育活动优化开展的现实要求。

关于思想政治教育的机制问题，历来是思想政治教育研究领域中的重大理论课题。正确理解思想政治教育机制，首先应该明确“机制”的本真概念和核心指向。“机制”本身是一个现代科技术语，据考证，“机制”源于希腊文，源自机械工程学，意指机器或机械的构造和工作原理。“机制”术语在一般意义上是指复杂系统结构各个组成部分相互联系、相互制约、相互作用的联结方式，以及部分之间的有序作用，实现整体功能的有效运行的方式。后来“机制”一词被其他学科广泛应用并引申、发展出新的学科和时代内涵。其发展进路主要经历了：在机械领域，将机制理解为机器的组织构造和活动运行方式；在有机界领域，将机制理解为有机体的构造功能及其相互作用；在经济领域，将机制理解为构成要素相互联系作用及其功能；在社会科学领域，机制被界定为社会结构、组织内部结构及其运行过程和原理，或社会政治、经济、文化活动各要素之间相互关系、运行过程及其综合效应①，“机制”引入社会实践强调的是社会实践过程中社会系统内部主体与客体之间、主体之间、客体之间相互联系、相互制约、相互作用的联结方式及实现整体目标和整体功能的运行方式。② 思想政治教育着力于做人的思想工作，它要受到诸多复杂因素的影响，要处理系统内部各要素之间的相互联系和作用。20 世纪 80 年代末，“机制”被运用于思想政治教育领域，引起思想政治教育学者的关注和研究，他们提出了“思想政治教育机制”这一概念，但是这并不意味着此前不存在对思想政治教育机制的研究，事实上，机制与思想政治教育工作同时并存。在“思想政治教育机制”概念尚未独立前，思想政治教育机制与思想政治教育的方式方法并无明确区分。随着思想政治教育理论研究的深化，思想政治教育机制被作为一个相对独立的内容加以研究，这是为了更好地服务于思想政治教育，增强思想政治教育的针对性和实效性。

思想政治教育机制是思想政治教育元问题的重要内容，是认识和把握思想政治教育基本理论和运行规律的基础和前提。思想政治教育学科设立 40 年来，思想政治教育机制研究与思想政治教育学科设立和发展相伴而行，已经成为思想政治教育研究的重要内容和领域。纵观思想政治教育机制研究历程，大致经历了初步提出、形成发展、系统深化和融合拓展四个基本阶段。

一、思想政治教育机制概念的初步提出阶段

1984 年，思想政治教育学科正式设立，开启了学科建设的规范化研究阶段，其研究领域也逐步扩展，伴随着研究主题的不断深化，学界所积累的丰富学术资源为思想政治教育机制理论的提出和形成提供了扎实的理论基础和前期基础。

（一）思想政治教育机制概念的提出

1986 年，陆庆壬主编的《思想政治教育学原理》最早将“机制”一词引入思想政治教育学领域，作者在论述思想政治教育管理系统时，提出“思想政治教育的管理机制”这一概念，指出“实现了思想政治教育的系统决策，还必须努力建立和健全思想政治教育的管理机制”，“思想政治教育的管理机制，是把思想政治教育的系统决策付诸实施，并取得预期效果的组织保证”③。陆庆壬对思想政治教育的管理机制的提出，是研究思想政治教育机制最早最相关的概念，为学界后续进行思想政治教育机制研究奠定了基础。1988 年，邱伟光在其所著的《思想政治教育学概论》一书中，首次提出“思想政治教育机制”的概念，并界定了思想政治教育机制的内涵，将机制问题等同于工作方式问题。作者在著作中指出：思想政治教育机制是指在思想政治教育过程中选择的工作方式。④ 同时作者对思想政治教育机制在思想政治教育过程中的作用进行了分析，指出只有通过一定的工作方式，才能将思想政治教育的目标要求逐步转变为受教育者内在的动机，同时把这种动机转化为

① 陈秉公. 21 世纪思想政治教育工作创新理论体系［M］. 长春：吉林教育出版社，2000：356.

② 李明华，余少波，叶蓬，等. 精神文明建设机制论［M］. 广州：广州出版社，1997：2－3.

③ 陆庆壬. 思想政治教育学原理［M］. 上海：复旦大学出版社，1986：266.

④ 邱伟光. 思想政治教育学概论［M］. 天津：天津人民出版社，1988：179.

行为并获得良好的行为效果，离开了一定的工作方式，实现“内化”和“外化”的两个转变是不可能的。① 该学者从思想政治教育工作方式的角度界定思想政治教育机制的含义，是学界在思想政治教育机制理论研究过程中迈出的关键性一步。自此，作为思想政治教育学科建设的重要范畴，研究者们逐渐展开对思想政治教育机制的系统研究。

（二）思想政治教育机制内容的初步探索

教育机制反映在集体教育、典型教育、教育者示范影响以及自我教育等方面。② 邱伟光率先对思想政治教育机制的类型进行划分并对机制类型的关系进行分析，这标志着思想政治教育机制的研究开始逐步具体细化。横纵向梳理这一阶段的思想政治教育机制研究，可以发现学者们对思想政治教育机制的研究主要集中在思想政治教育机制的内涵、作用、类型上。王礼湛对思想政治教育机制的内涵、作用和类型进行了进一步的发展：在内涵上突出了思想政治教育机制的内在性和客观性，指出思想政治教育机制也就是思想政治教育过程的内在方式③，这进一步丰富和发展了思想政治教育机制的内涵。同时，该学者概括了思想政治教育机制的作用，认为只有通过一定的工作方式，才能把思想政治教育的目标内容逐步转化为受教育者的内在需要和动机（内化），并把它转化为行为并获得良好的行为效果（外化）。因此，教育机制也就是达到教育目的的中介和桥梁。④ 除此之外，该学者还从思想政治教育工作方式出发，把思想政治教育机制划分为四种类型，即集体教育、典型教育、教育者示范和自我教育等方式⑤，并对这四种教育机制的内容进行了阐释，进一步推动了思想政治教育机制研究的细化。1994 年，《国有企业思想政治教育新机制论》一书完整地提出思想政治教育机制，并从组织机构的角度对思想政治教育机制的概念进行了新的界定，即思想政治教育机制是指为满足思想政治教育的需要而设定的一整套组织机构。⑥

通过梳理这一阶段的研究成果可知，这些成果代表了早期的思想政治教育机制的观点，但是由于处于学科创建时期，其研究探索主要基于实践层面。但学者们对思想政治教育机制概念进行了初步论述，也对思想政治教育机制的内容进行了初步探索，并逐步进行具体细化。

二、思想政治教育机制的形成发展阶段

思想政治教育机制的形成发展阶段的时间是 1999 年至 2002 年。思想政治教育机制概念初步提出后，学界逐渐开始对思想政治教育机制这一基础理论问题展开全面和深度研究。

（一）思想政治教育机制逐步纳入思想政治教育的研究范围

《思想政治教育学原理》（高等教育出版社 1999 年版）第一次较为系统地总结了思想政治教育学科发展的经验，提出了思想政治教育机制理论，构成了比较成熟的思想政治教育学科理论体系。这也是第一次从学理意义上系统探讨和研究思想政治教育机制理论，并

①② 邱伟光．思想政治教育学概论［M］．天津：天津人民出版社，1988：179.

③④⑤ 王礼湛．思想政治教育学［M］．杭州：浙江大学出版社，1989：182.

⑥ 朱再昌，饶越．国有企业思想政治教育新机制论［M］．贵阳：贵州人民出版社，1994：11.

首次把思想政治教育机制作为学科理论的组成部分正式提出，强调思想政治教育机制是思想政治教育学理论的重要组成部分，并第一次对思想政治教育机制的内涵做了比较权威性的界定，即“思想政治教育机制是按照一定方式有规律运行的动态系统，是思想政治教育各构成要素之间的相互衔接、协调运转以及各要素功能的健全”①。这一概念是在准确把握机制的系统性、规律性、动态性等本质规定性的基础上来理解思想政治教育机制的，把对思想政治教育机制概念的认识从现象深入本质层面的内在机理和运转方式。因此，该书也被教育部列为“面向21世纪课程教材”之一，成为高等教育学校思想政治教育专业学生学习和研究的专业课教材，同时思想政治教育机制本质的揭示逐渐被纳入思想政治教育的研究范围。

（二）思想政治教育机制内涵、外延研究逐步展开

自1999年思想政治教育机制理论正式形成以来，思想政治教育机制的理论价值和实践价值得到越来越多学者的认同。尤其是在2000年以后，关于思想政治教育机制的研究逐步加快并成为一个热点研究领域，并对思想政治教育机制概念不断进行深层次的界定，相应的研究成果在数量和质量上都有了明显的提升。与此同时，学者们在研究思想政治教育机制的概念时，也提出了思想政治教育过程机制的概念。例如有学者认为：思想政治教育机制是指思想政治教育运行过程中各构成要素由于某种机理形成的因果联系和运转方式，主要研究思想政治教育过程中思想政治教育现象的各个侧面和层次的整体性的功能及其规律，包括其运行所依据的原理和原则、运动过程的状况及运行中各个部分之间的相互作用以及和思想政治教育系统之外的其他要素之间的相互作用等。② 有学者提出：思想政治教育机制就是基于思想政治工作系统内部各要素之间相互联系、相互作用、相互制约的连接方式而建构起来的工作体制、管理规范和工作方式等。③ 有学者指出：思想政治教育过程的机制，是指思想政治教育矛盾转化过程中，内在各要素的趋向教育目标的有效性联系。④

梳理这一阶段的研究成果可以发现，学者们集中从概念的定义、基本特征、构成要素等方面对思想政治教育机制的基本问题进行系统阐释，构成了思想政治教育机制理论的思想框架，但对一些基础性问题学界还未系统阐述，仍需进一步对其理论内容进行全面而深刻的研究。

三、思想政治教育机制的系统深化阶段

思想政治教育机制的系统深化阶段的时间是2003年至2012年。这一时期关于思想政治教育机制研究的发展逐步走向了系统深化的阶段。

（一）继续拓展思想政治教育机制，对思想政治教育机制研究进行系统深化

这一阶段，学者集中从内涵界定、基本特征、作用原则、构成要素、类型层次、方式

① 邱伟光，张耀灿．思想政治教育学原理［M］．北京：高等教育出版社，1999：206.
② 王敏．论思想政治教育机制［J］．理论与改革，1999（5）：118－120.
③ 万美容．论思想政治工作运行机制的建构［J］．探索，2000（4）：66－68.
④ 陈秉公．思想政治教育学原理［M］．沈阳：辽宁人民出版社，2001：186.

方法等方面对思想政治教育机制的基本问题进行了较为全面的系统阐释，相对已经形成了完整体系。《现代思想政治教育学》（人民出版社2001年版）论述了思想品德形成发展的内化、外化机制，并对思想品德形成发展机制的内涵进行了阐述，认为思想品德形成发展的机制是指在思想品德形成发展的过程中，各种内外影响因素之间相互联系、相互作用的关系及其调节形式①，并明确指出研究思想品德形成发展机制的目的，即就是要对其影响因素及其作用方式做出说明。②《思想政治教育学前沿》从新的研究视角比较系统地研究了思想政治教育机制理论，主要是突出了思想政治教育机制要素组合的有序性和运行的规律性③，并首次从八个方面对中国共产党思想政治教育机制建设的成功经验进行了系统整理说明。之后，《思想政治工作机制论》出版，作者以总—分—合“三段论”的辩证模式，系统构建了思想政治工作机制的理论体系，认为思想政治工作机制是指思想政治工作作为一个系统，基于内部构成要素之间的有机关联性以及同外部诸因素之间的有机关联性，而形成的因果联系和运转方式。④ 有学者系统梳理了思想政治教育机制研究相关成果，并在《思想政治教育机制要素及其特性分析》中指出：思想政治教育机制是指为了实现人们所期望的思想政治教育目标，追求思想政治教育各个要素的构成方式、作用方式以及由此产生的思想政治教育活动的整体运行方式和有效调节方式的总和。它包括思想政治教育的基本要素、内在关系、激励运用、制度规范等四个基本要素，具有目标性、规律性、整合性、层次性、主观性、复杂性、结构性和适应性等特性。⑤ 有学者指出：思想政治教育机制是指思想政治教育系统结构各个组成部分相互联系、相互制约、相互作用的联结模式，以及通过它们之间的有序作用而完成整体目标、实现整体功能的运行方式。⑥ 有学者提出：思想政治教育机制是指思想政治教育系统各构成要素在遵循一定机理的基础上相互作用形成的比较稳定的关系及其内在运行过程和方式。⑦ 学界在这一阶段对思想政治教育机制的系统研究，进一步推动了思想政治教育机制理论的丰富和发展。

（二）结合网络信息化时代化的发展要求，逐步创新网络思想政治教育机制

1994年，中国开始接入国际互联网，网络作为一种数字信息化传媒系统，其以强大和丰富的功能对社会生活的各个领域迅速产生了深刻而广泛的影响。2000年，教育部印发了《关于加强高等学校思想政治教育进网络工作的若干意见》，对加强高校思想政治教育进网络工作做了全面部署。随着数字化、信息化的时代发展，思想政治教育也必须要适应网络信息化要求，推进网络思想政治教育建设。2004年，中共中央、国务院《关于进一步加强和改进大学生思想政治教育的意见》的出台，使网络思想政治教育机制成为一个崭新的研究课题，极大地拓展了思想政治教育机制研究的空间和视域。同时思想政治教育已有的机制研究成熟体系与网络思想政治教育实现了交互对接，为其提供了良好的基础。因此，学界对网络思想政治教育机制的相关问题开展了积极主动的探索。有学者提出了网

①② 张耀灿，郑永廷，刘书林，等．现代思想政治教育学［M］．北京：人民出版社，2001：287.

③ 张耀灿，等．思想政治教育学前沿［M］．北京：人民出版社，2006：258.

④ 吴东菀，沈国权．思想政治工作机制论［M］．北京：军事科学出版社，2008：2-3.

⑤ 马奇柯．思想政治教育机制要素及其特性分析［J］．学校党建与思想教育，2008（4）：19-22.

⑥ 石开斌．大众文化视阈下的思想政治教育机制创新［J］．黑龙江高教研究，2009（2）：111-114.

⑦ 陈淑丽，罗洪铁．思想政治教育机制及相关概念辨析［J］．思想理论教育导刊，2012（2）：79-82.

络思想政治教育运行机制，将其界定为网络思想政治教育过程有效运行的控制性原理和操作流程①，并对网络思想政治教育运行机制的具体表现从网络思想政治教育的领导机制、引领机制和互动机制三方面展开阐述，为网络思想政治教育的方向、内容、社会资源、各部门主体的行为等奠定了基础。同时，学界也针对网络思想政治教育机制展开了研究。有学者提出：为了回应网络给高校带来的挑战和机遇，需要建立高校网络思想政治教育长效机制，应致力于建立健全网络思想政治教育的协调机制、决策机制、引导机制、监控机制、调节机制和保障机制，以促进高校网络思想政治教育的科学化、规范化。② 有学者把网络思想政治教育机制定义为一种工作方式和管理规范。③

这一时期对网络思想政治教育机制的探索还处在初级套用阶段，网络信息化发展与思想政治教育机制的结合呈现出一系列新内涵和新特点，网络思想政治教育机制也会对思想政治教育机制理论和实践研究有新的推动和扩展。

四、思想政治教育机制的融合拓展阶段

思想政治教育机制的融合拓展阶段的时间是 2013 年至今。随着思想政治教育机制概念的初步提出、思想政治教育机制的形成发展和系统深化，学界对思想政治教育机制基础理论问题的研究进入融合拓展阶段。

（一）思想政治教育机制的全局性研究向深度内涵式发展

思想政治教育机制的研究由原来的宏观研究视角逐渐转向中观和微观视角，聚焦思想政治教育机制微观研究、思想政治教育技术和交叉学科理论借鉴等方面，从全局性研究向深度内涵式发展。有学者聚焦思想政治教育反馈激励机制，认为增强思想政治教育的针对性、实效性，把激励效果贯穿于思想政治工作全过程，需要从构建及时激励机制、明确目标导向体系、激发教育对象内生动力三方面着手，深化思想政治教育的反馈激励机制构建。④ 有学者从协同学理论视域出发，提出要建立高校思想政治教育协同机制，形成同向同行、协调互动的大思政格局。⑤ 也有学者聚焦高校思想政治教育协同机制，强调教育主体协同、内部教育要素协同和外部教育环境协同三层内涵。⑥ 有学者基于理论研究视角，在研究缘起中探索思想政治教育机制的研究定位，从词源演进、学科范畴和逻辑展开三方面对思想政治教育机制进行了新的探索，并在逻辑展开方面强调贯穿思想政治教育机制的始终是“驱动—发生—运作”⑦ 路径，从宏观、中观和微观层面进行了详尽的探讨。有学者从现代思想政治教育技术论视角入手，基于现代思想政治教育技术、高校思想政治教育协同机制与高校思想政治教育实效性三者之间的内在逻辑关联和现实契合点，提出建立三

① 胡树祥．网络思想政治教育研究［M］．成都：电子科技大学出版社，2005：93.

② 骆郁廷．新形势下高校网络思想政治教育长效机制的构建［J］．高校理论战线，2008（10）：30－33.

③ 杜桂萍，陈淑贤．当代网络思想政治教育的探索与优化［M］．长春：吉林大学出版社，2012：35.

④ 冯刚，王栋梁．思想政治教育反馈激励机制的构建——基于游戏系统的启示［J］．思想教育研究，2017（8）：21－25.

⑤ 艾楚君，焦浩源．试论高校思想政治教育协同机制的构建［J］．思想教育研究，2019（6）：15－19.

⑥ 张文强．新时代构建高校思想政治教育协同机制研究［J］．国家教育行政学院学报，2019（12）：75－80，89.

⑦ 王易，单文鹏．思想政治教育机制研究的缘起、现状与思考［J］．马克思主义理论学科研究，2019（1）：139－148.

者高度耦合的高校思想政治教育协同机制模型。① 有学者基于耗散结构理论②，借鉴交叉学科理论，对思想政治教育机制展开具体研究。同时，有学者聚焦思想政治教育内生机制问题③，这为我们更深入地认识、学习和研究思想政治教育机制提供了新的研究思路。

（二）思想政治教育机制研究向广度外延扩展

伴随着思想政治教育机制的深度内涵式发展，其研究也向广度外延扩展，思想政治教育机制研究在更大范围内展开。有学者聚焦心理健康教育机制，认为要坚持立标准、建机制，要着眼长远，从完善标准、健全机制上推动和保障工作规范化、科学化发展，注重打基础、抓根本，保持工作的连续性和稳定性。④ 有学者探讨了由学校、家庭、社会组成的思想政治教育“三位一体”长效机制，并就其“内涵、核心思想、路径选择”展开详尽论述。⑤ 有学者借鉴经济学理论中的行为经济学助推理论，提出思想政治教育助推机制，并从教育主体、教育客体与教育环体的角度把握思想政治教育助推机制，强调思想政治教育助推机制的目标是避免教育对象出现决策失误、做出非理性的行为，教育主体在尊重教育对象自由选择权的基础上，优化决策环境，帮助教育对象做出更好的决策，使教育对象学习、生活得更好。⑥ 有学者从新时代大学生思想政治教育出发，强调大学生思想政治教育是一个复杂的系统工程，加强思想政治教育各要素之间的协同，对于促进新时代大学生思想政治教育高质量发展具有重要意义，提出要构建一个具有自组织协同功能的系统运行机制。⑦ 有学者提出研究生思想政治教育工作要探索建立协同育人机制，通过跨部门、跨领域、跨系统的多元协作，整合育人力量和资源平台，形成研究生思想政治教育的协调效应，发挥整体效能。⑧ 有学者基于“三全育人”综合改革的背景，提出高校加强和改进研究生思想政治教育的关键是创新工作机制，构建横纵结合的协同育人机制、教育内容优化机制、自我教育激励机制，形成阶段性评价反馈与年度评价反馈机制。⑨

（三）网络思想政治教育机制的持续深化与创新

2013 年被称为“大数据元年”，大数据应用逐渐改变了人类的价值体系、知识体系和生活方式，同样大数据也对教育领域产生了深刻的影响。2016 年，习近平总书记在全国高校思想政治工作会议上，明确指出要“推动思想政治工作传统优势同信息技术高度融合”。《国务院关于积极推进“互联网＋”行动的指导意见》《促进大数据发展行动纲要》《教育大数据应用发展指导意见》等一系列政策密集出台。面对信息技术对教育

---

① 刘庆标，刘群，余彪，等．新时代高校思想政治教育协同机制的构建［J］．学校党建与思想教育，2022（16）：50－52.

② 黄峰．思想政治教育的耗散结构运行机理及其路径［J］．思想理论教育，2021（8）：62－67.

③ 孙其昂．论思想及思想政治教育内生机制［J］．思想政治教育研究，2014（3）：1－4.

④ 冯刚．立标准 建机制 探索建设中国特色大学生心理健康教育工作体系［J］．学校党建与思想教育，2014（23）：4－6.

⑤ 王永贵．大学生思想政治教育“三位一体”长效机制构建谫论［J］．学校党建与思想教育，2016（5）：49－51.

⑥ 王栋梁．思想政治教育助推机制研究［J］．学校党建与思想教育，2022（17）：42－45.

⑦ 冷文丽，罗来松，史久林，等．新时代大学生思想政治教育协同机制研究［J］．江西师范大学学报（哲学社会科学版），2022（2）：56－62.

⑧ 赵盈，李睿．研究生思想政治教育协同机制探究［J］．思想理论教育，2021（7）：103－107.

⑨ 刘润，王小莉，吴晓培，等．高校研究生思想政治教育工作机制研究［J］．中国高等教育，2021（12）：37－39.

领域的重大变革，思想政治教育学界逐渐展开了针对大数据、人工智能、元宇宙等融合问题的积极探索，这也为网络思想政治教育机制的研究带来进一步的深化发展契机。除此，有学者基于大数据背景提出创新思想政治教育机制，即大数据为思想政治教育提供了丰富的教育资源以及海量的数据支持，并且将为当前存在诸多问题的思想政治教育机制提供极大的创新动力，尤其是对其教育决策、教学行为、教育监测以及教育评价的变革创新方面将发挥巨大的推动作用。① 有学者基于信息化背景，从主体子系统、中介子系统、客体主系统及环境协同等构建高校思想政治教育协同机制。② 有学者指出网络思想政治教育是发生在网络空间的思想政治教育，是思想政治教育的新形态，并论述了网络思想政治教育的作用机理即网络公共空间的思想互动。③ 有学者指出立足于现代信息技术不断迭代革新的新时代，开创思想政治教育新局面需要创新网络思想政治教育发展机制，并从创新运行机制、主客体互动机制、引导机制、评价激励机制四个维度着手提出新时代高校网络思想政治教育机制创新。④ 有学者提出网络思想政治教育机制的构建要在遵从虚拟时间逻辑的基础上，既建构虚拟交往主体的沉浸感提升机制以强化网络思想政治教育的虚拟时间影响力，又建构实践时间与错位时间的联动机制以提升虚拟时间效益的持续性，还要建构延伸时间与强度时间的优化机制以提升虚拟时间的绝对效益与相对效益。⑤

立足于新时代，开创思想政治教育新局面需要创新网络思想政治教育发展机制，尤其是大数据时代的到来，进一步促进了思想政治教育学科与现代信息技术的关联性研究，使学界对大数据思想政治教育的研究呈现蓬勃发展的态势。这对顺应新时代高校思想政治教育发展趋势，推动数字思政建设具有重要意义。

第二节 思想政治教育机制研究的主要内容及基本观点

纵观40年思想政治教育机制研究兴起与发展的基本历程，尽管思想政治教育机制研究相对于思想政治教育其他要素研究而言起步较晚，但是学者们还是做出了许多有益的探索和尝试，并取得了较为丰硕的成果。自学科建立以来，学术界对思想政治教育机制的研究主要集中于基本理论即内涵、特征、构成要素、功能、具体类型及优化路径等方面。

一、思想政治教育机制内涵研究

内涵是概念的内容，能够深刻表达事物的基本特征或个性特征。关于思想政治教育机

---

① 赵莎莎．大数据背景下思想政治教育机制创新研究 [J]．马克思主义学刊，2017 (2)：148-163.

② 李霞玲，李敏伦．信息化背景下高校思想政治教育协同机制的构建 [J]．学校党建与思想教育，2019 (17)：68-71.

③ 骆郁廷，李恩．论网络思想政治教育的作用机理 [J]．马克思主义与现实，2021 (5)：178-184.

④ 赵毅博，梅士伟．新时代高校网络思想政治教育机制创新探索 [J]．学校党建与思想教育，2022 (20)：65-67.

⑤ 赵建超．基于虚拟交往的网络思想政治教育时间机制建构 [J]．思想教育研究，2022 (8)：49-54.

制的研究，离不开对其基本内涵的界定，明晰思想政治教育机制的内涵，是研究思想政治教育机制若干具体问题的必要前提，对思想政治教育机制内涵的深化和拓展，体现了专家学者对思想政治教育学科理论研究的深化和系统化。思想政治教育机制强调思想政治教育各个要素在运行过程中的互动关系及其对实现思想政治教育总目标的影响，而思想政治教育机制又联系着思想政治教育的原则、规律、内容、方法，有机结合着思想政治教育的各个相关要素，是思想政治教育过程中思想政治教育系统各侧面和各层次的整体性的功能及其规律，是实现思想政治教育的中介和桥梁。目前学界对思想政治教育机制内涵的界定还没有形成比较统一的认识，研究者基于自身对思想政治教育机制的理解进行了概括，代表性的观点主要有以下几种：

一是“运行过程”视角。“运行过程”的观点主要把思想政治教育机制作为思想政治教育一种运行过程或运行形式来界定其内涵。思想政治教育本身就是作为一项教育人的社会实践活动而存在的，如果离开社会实践活动的开展和运行，思想政治教育活动的目的就不能实现。为此，学者们基于思想政治教育运行过程的视角来阐释思想政治教育机制的内涵。有学者认为思想政治教育机制是思想政治教育运行过程中的各主要要素由于某种机理而形成的因果联系和运转方式。① 有学者从矛盾转化过程视角指出，思想政治教育机制是思想政治教育矛盾转化过程中的机制，是“内在各要素的趋向教育目标的有效性联系”②。也有学者认为其是指思想政治教育运行过程中各构成要素之间相互联系和相互作用的制约关系及其功能，思想政治教育机制又可称思想政治教育运行机制。③ 有学者从范畴视角指出，思想政治教育机制是指思想政治教育运行过程中各构成要素按照一定的组合方式而形成的机理和运行方式。④ 有学者在突出思想政治教育机制与各组成要素之间关联性的基础上，进一步提出思想政治教育机制是“比较稳定的关系及其内在运行过程和方式”⑤。

二是“系统分析”视角。“系统分析”的观点主要将思想政治教育机制作为思想政治教育系统和构成要素，涉及将这些构成要素组合起来所产生的功能及其运行规律等理论问题。思想政治教育机制是一个具有系统意义的范畴，学界主要从整体与要素、结构与功能、各要素之间相互关系等视角来阐释其丰富内涵。有学者指出，思想政治教育机制是思想政治教育过程中思想政治教育现象的各个侧面和层次的整体性的功能及其规律。⑥ 有学者认为，思想政治教育机制是各种内外影响因素之间的相互联系、相互作用的关系及其调节形式。⑦ 有学者从要素和联系的关系强调，思想政治教育机制是思想政治教育系统各构成要素之间相互联系、相互作用的过程和方式。⑧ 有学者认为，思想政治工作机制，是指思想政治工作作为一个系统，基于内部构成要素之间的有机关联性以及同外部诸因素之间

---

① 邱伟光，张耀灿．思想政治教育学原理［M］．北京：高等教育出版社，1999：206.

② 陈秉公．思想政治教育学原理［M］．沈阳：辽宁人民出版社，2001：186.

③ 廖志诚．论思想政治教育机制的内涵及功能［J］．思想政治教育研究，2007（1）：36－38.

④ 徐志远，宾培英．思想政治教育机制：现代思想政治教育学的重要范畴［J］．当代教育论坛，2009（2）：82－85.

⑤ 陈淑丽，罗洪铁．思想政治教育机制及相关概念辨析［J］．思想理论教育导刊，2012（2）：79－82.

⑥ 王敏．论思想政治教育机制［J］．理论与改革，1999（5）：118－120.

⑦ 张耀灿，郑永廷，刘书林，等．现代思想政治教育学［M］．北京：人民出版社，2001：287.

⑧ 罗洪铁，陈淑丽．论思想政治教育机制的内涵，功能及价值［J］．思想理论教育导刊，2014（3）：85－89.

的有机关联性，而形成的因果联系和运转方式。[①] 有学者强调思想政治教育机制的内涵，即思想政治教育机制是指思想政治教育运行过程中构成要素按一定的组合方式而形成的机理和运行方式。[②]

三是“方式方法”视角。“方式方法”的观点主要从思想政治教育机制作为思想政治教育的基本方式和方法来审视其内涵。思想政治教育机制与思想政治教育方式方法在思想政治教育理论体系中的角色定位是相似的，都是实现思想政治教育目的的重要手段，也是保证思想政治教育效果的重要条件。学者们从思想政治教育工作实践的角度，把思想政治教育机制看作思想政治工作系统的一部分客观存在来界定思想政治教育机制的内涵。有学者指出，思想政治教育机制就是思想政治教育过程中的内在工作方法。[③] 有学者认为思想政治教育机制是思想政治工作者在“一定决策机构指挥下，在一定目标指引下，在一定动力驱动下，在一定体制条件保障下，共同协调，实现思想政治工作整体目标和功能的工作程序与工作方式”[④]。也有学者在对网络思想政治教育过程研究中指出机制问题，认为网络思想政治教育机制是“网络思想政治教育过程有效运行的控制性原理和操作流程”[⑤]。有学者强调思想政治教育机制是“思想政治教育发生作用和体现功能的内在工作方式”[⑥]。这些对于思想政治教育机制的研究是从实际应用的方法角度进行的，对创新思想政治教育机制的新认识起到积极作用。

四是“中介性”视角。“中介性”的观点主要是指部分学者把思想政治教育机制作为思想政治教育主客体的相互联系和相互作用的中介因素，从中介、环节、桥梁等角度来界定思想政治教育机制的内涵。有学者指出，思想政治教育机制是一种处理要素矛盾的联系方式，包含说服、激励、调节、沟通四个方面。[⑦] 有学者指出：思想政治教育机制反映着思想政治教育过程中思想政治教育系统各侧面、各层次的整体功能及其运行规律，是实现思想政治教育目的的中介和桥梁。[⑧] 有学者把思想政治教育机制作为思想政治教育过程的环节，认为思想政治教育过程的环节包括思想关系建设需求体、思想政治教育体制作用体、思想关系矛盾运动体、思想政治教育合力作用体和思想政治教育实现体。[⑨]

五是“协同性”视角。“协同性”的观点主要从以不同理论为支撑、不同主体的研究视角、以工作内容为研究对象、以信息时代为视域等四个方面进行了梳理。同时，还对协同视域下的高校思想政治工作理论与实践研究、高校思想政治工作机制研究以及高校协同机制的研究等相关研究进行了梳理。有学者认为要推进高等教育内涵式发展，必须努力构建思想政治教育管理队伍协同创新机制。[⑩] 有学者从主体视域提出构筑教育主体从单一性

---

① 吴东莞，沈国权．思想政治工作机制论［M］．北京：军事科学出版社，2008：3.

② 徐志远．现代思想政治教育学范畴研究［M］．北京：人民出版社，2009：218.

③ 王礼湛．思想政治教育学［M］．杭州：浙江大学出版社，1989：182.

④ 吕会霖．新世纪的思想政治工作［M］．上海：上海人民出版社，2005：231.

⑤ 胡树祥．网络思想政治教育研究［M］．成都：电子科技大学出版社，2005：193.

⑥ 邱柏生，董雅华．思想政治教育学新论［M］．上海：复旦大学出版社，2012：168.

⑦ 陈秉公．思想政治教育学原理［M］．沈阳：辽宁人民出版社，2001.

⑧ 马奇柯．思想政治教育机制研究述评［J］．求实，2006（5）：83－86.

⑨ 张耀灿，等．思想政治教育学前沿［M］．北京：人民出版社，2006：253.

⑩ 赵君，张端．高校思想政治教育管理队伍协同创新机制研究［J］．学校党建与思想教育，2014（23）：26－28.

走向多元化的协同机制，培养自我教育与自我管理的内生教育机制、创新协同教育机制。①

六是“制度性”视角。“制度性”的观点主要认为思想政治教育机制是一整套规章制度。有学者认为，思想政治教育机制就是指规范的、稳定的、可操作的、可考核的一整套规章制度。② 也有学者指出：高校思想政治教育协同机制，是指通过构建制度化的协同渠道和平台，使高校思想政治教育系统内外以及各子系统之间和子系统内部的各要素之间协调一致，形成有序的组织结构，从而达到整体高效的教育效果。③

七是“模式机理”视角。思想政治教育机制作为思想政治教育学的重要范畴，其作用的发挥离不开相应的、可以人为调试和管理的思想政治教育模式。“模式机理”的观点主要从思想政治教育的运行模式来强调思想政治教育机制作用发挥中可以人为调试和管理的思想政治教育模式。从模式视角来认识和探究思想政治教育机制的观点在学界并不是主流，鲜有人提及。有学者直接将思想政治教育机制界定为“带有规律性的模式”④。有学者认为，思想政治教育机制就是为了满足思想政治教育的需要而设置的一整套组织机构⑤，而这种结构应符合与实际存在的某种结构或过程有关的各点。

八是“网络思想政治教育”视角。“网络思想政治教育”的主要观点是指学者们逐渐将网络思想政治教育机制研究纳入思想政治教育基础理论研究中进行阐释。学者们普遍认为网络思想政治教育机制是在网络环境下思想政治教育运行过程中各构成要素由于某种机理形成的因果联系和运转方式，是基于网络条件下思想政治工作系统内部各要素之间的相互联系、相互作用、相互制约的联结方式而建构起来的工作体制、管理规范和工作方式等。⑥

此外，还有些学者从不同视角出发界定思想政治教育机制的内涵。例如，王栋梁基于学科交叉和借鉴的视角来论述思想政治教育机制问题，他将经济学中的行为经济学助推理论融入思想政治教育，从教育主体、教育客体和教育环体的角度把握思想政治教育助推机制，这种机制克服了行为决策中的偏见性因素、诱惑性因素、群体性因素。⑦

目前思想政治教育学界对思想政治教育机制比较认同的内涵是指在实施思想政治教育过程中，为实现人们所期望的思想政治教育目标，思想政治教育内在各要素之间按照一定构成方式、作用方式，从整体上产生的相互影响、相互作用的内在机理，促使思想政治教育要素之间形成整体的运行方式和有效调节方式。思想政治教育机制的概念内涵关乎思想政治教育机制到底是什么的问题，因而是思想政治教育机制理论中最为基础性的问题，这

① 王源平．论主体视阈下的高校思想政治教育协同创新［J］．学校党建与思想教育，2014（20）：7－9．

② 马奇柯．思想政治教育机制的内涵研究［J］．理论探讨，2006（4）：174－176．

③ 张文强．新时代构建高校思想政治教育协同机制研究［J］．国家教育行政学院学报，2019（12）：75－80，89．

④ 郑杭生，李强．社会运行导论——有中国特色的社会学基本理论的一种探索［M］．北京：中国人民大学出版社，1993：348．

⑤ 朱再昌，饶越．国有企业思想政治教育新机制论［M］．贵阳：贵州人民出版社，1994：11．

⑥ 钟久辉，肖永忠．试论高校网络思想政治教育运行机制的构建［J］．学校党建与思想教育，2004（7）：54－55．

⑦ 王栋梁．思想政治教育助推机制研究［J］．学校党建与思想教育，2022（17）：42－45．

个问题如果不明确，思想政治教育机制体系就难以真正科学构建。目前学界对思想政治教育机制内涵的丰富性和多样性认识，体现了思想政治教育机制已经从初步形成走向确立成熟。但从目前的研究来看，现有研究在涉及思想政治教育机制概念问题时，往往不予深究，缺乏专门的研究与探讨，更没有一个具有较高共识的科学界定。但是从根本上仍然体现了思想政治教育的本质性要求，即思想政治教育以人为本的育人目标的发展理念。这不仅从科学思维的角度对其内涵进行了把握，而且体现出了思想政治教育机制的本质要求。而实现思想政治教育目标是思想政治教育机制构建和实施的前提，也客观反映出思想政治教育机制在思想政治教育的具体实践过程中是目的性与价值性、时代性与科学性的统一。

二、思想政治教育机制特征研究

对思想政治教育机制的特征本质认识，有助于从理论层面更好地认识思想政治教育机制本身，也有助于思想政治教育机制的良性运行。关于思想政治教育机制特征，不同的学者从不同的角度对其进行了研究，并提出了有价值的学术观点。思想政治教育机制作为思想政治教育的中心环节，有其自身的基本特征，集中体现思想政治教育运行的独特性问题。当前关于思想政治教育机制特征的研究，立足于思想政治教育学科发展和内在规律变化、涵盖多层次关系的价值属性来揭示其原则和规律。有学者认为思想政治教育机制的特征体现在八个方面，即目标性、规律性、整合性、层次性、主观性、复杂性、弱结构性和适应性。① 有学者认为其有四个方面的特征，即目标性、规律性、整合性、能动性。② 有学者指出，思想政治教育机制作为思想政治教育的中心环节，有着能动性、调节性、整合性和目的性的基本特征。③

对思想政治教育机制特征的深入认识，可以帮助我们更好地理解思想政治教育机制的本质。当前，学术界对于思想政治教育机制特征的研究还不够聚焦和统一，在分析思想政治教育机制特征时也存在大小不一的问题。为此，需要继续结合思想政治教育机制的内涵，进一步梳理思想政治教育机制的特征，从而厘清相关的概念，为推动思想政治教育学科的建设和发展打下更加坚实的基础。

三、思想政治教育机制构成要素研究

思想政治教育机制要素是保障思想政治教育有效运行不可或缺的要件，而思想政治教育机制是一个由诸多相关要素构成的社会实践活动体系，其功能价值的实现离不开构成此体系各个要素的功能和价值的实现。从思想政治教育机制构成要素的现有研究来看，学者们从不同视角对思想政治教育机制的构成要素进行了多维度的探讨。一是四要素说。有学者指出，思想政治教育机制具有目标性、规律性、动态性、系统性等基本特性。④ 二是五要素说。五要素说的倡导者立足于思想政治教育机制的有机整体性提出了该观点，这也是

---

① 马奇柯．思想政治教育机制的内涵研究［J］．理论探讨，2006（4）：174－176.

② 邱伟光，张耀灿．思想政治教育学原理［M］．北京：高等教育出版社，1999：206.

③ 叶进，周宏彬．改革开放三十年思想政治教育机制沿革与探微［J］．长春工业大学学报（社会科学版），2008（3）：95－97.

④ 冯刚，彭庆红，佘双好，等．新时代高校思想政治教育学原理［M］．北京：人民出版社，2021：237.

大部分学者比较认同的观点。张耀灿等在《思想政治教育学前沿》中，在指出思想政治教育机制是由八个要素构成的这一观点存在相互交叉和重复等不足之处的基础上，提出了思想政治教育机制的五要素说，即思想政治教育的目的因素、思想政治教育中人的因素、思想政治教育环境因素、思想政治教育时间因素、思想政治教育信息因素。① 三是六要素说。思想政治教育机制六要素支持者是从机制的运行视角进行分析的，有学者提到思想政治教育机制包括运行主体、运行目的、运行环境、运行动力、运行样式和运行保障等六个要素，并指出这六个要素相互联系、相互作用、相互影响，组成了具有相对独立性、发挥特有作用的有机整体。每个要素自身的状态如何，要素之间的关系如何，直接影响着思想政治教育工作过程机制的整个运行状态和功能发挥。② 也有学者从“思想政治教育领导、思想政治教育管理、思想政治教育功能、思想政治教育过程、思想政治教育制度、思想政治教育系统要素”等角度对思想政治教育机制进行划分。四是八要素说。有学者认为思想政治教育机制由八要素构成，即思想政治教育运行的主体、思想政治教育运行的目的、思想政治教育运行的动力、思想政治教育运行的环境、思想政治教育运行的控制、思想政治教育运行的方式、思想政治教育运行的程序、思想政治教育运行的保障，并认为这八个要素构成思想政治教育运行机制的有机整体，其中每一个要素都是必不可少的，它们之间相互作用、相互影响。其各自的状态如何，每个要素与其他要素的关系如何，都直接影响着思想政治教育运行机制的整体状态。③ 五是九要素说。有学者在强调思想政治工作机制是基于内外部构成要素之间的有机关联性而形成的因果联系和运转方式时，指出思想政治工作机制的基本要素有主体、客体、手段、目的、内容、形式、途径、环境、条件等。④

思想政治教育机制是思想政治教育过程中各要素之间的相互作用和相互影响的内在机理，使要素间得以协调配合、相互衔接，其耦合直接影响着思想政治教育机制的整体运行状态和功能性的表现。但由于对思想政治教育机制内涵界定的宏观和微观不一致，其内在要素之间的紧密联结、互为依存性也不相统一。

四、思想政治教育机制功能研究

思想政治教育机制结构决定了思想政治教育机制的功能。研究思想政治教育机制的根本目的在于认识其规律，在规律的支配下发挥好它的功能。思想政治教育机制是由一系列具体的机制构成的，其整体功能的实现需要依靠各组成部分功能的充分发挥。思想政治教育机制究竟有哪些功能，这涉及思想政治教育机制是否具备存在必要性的根本问题。一是三功能说。有学者指出，思想政治教育机制具有导向、保障和激励的基本功能。⑤ 二是四功能说。有学者指出思想政治教育机制应以导向功能发挥政治导向作用和业务导向作用，以协调功能发挥思想政治教育系统内各要素的协调作用和思想政治教育系统与社会其他系统的协调作用，以整合功能发挥思想政治教育系统内部各要素的整合作用和思想政治教育

① 张耀灿，等．思想政治教育学前沿［M］．北京：人民出版社，2006：260－262.

② 陈秉公．21世纪思想政治教育工作创新理论体系［M］．长春：吉林教育出版社，2000：358.

③ 邱伟光，张耀灿．思想政治教育原理［M］．北京：高等教育出版社，1999：207－208.

④ 吴东菀，沈国权．思想政治工作机制论［M］．北京：军事科学出版社，2008：3.

⑤ 冯刚，彭庆红，佘双好，等．新时代高校思想政治教育学原理［M］．北京：人民出版社，2021：237.

系统与其他系统的整合作用，以规范功能发挥对思想政治教育主客体的规范作用和对思想政治教育活动过程的规范作用。① 三是六功能说。有学者指出，思想政治教育机制的功能是多方面的，它包括导向功能、激励功能、调控功能、教育功能、评价功能、保障功能②等，并认为思想政治教育机制的这些功能是相互影响、相互支持、相互渗透的，形成思想政治教育机制的功能体系。四是七功能说。有学者指出，思想政治工作机制主要有导向、预测、规范、增效、评估、纠偏、反求等七个方面的价值功能③，并强调思想政治工作机制的价值功能是从思想政治工作机制本身的特性出发来研究对思想政治工作过程的作用的。

总之，随着思想政治教育机制的多元化发展，思想政治教育机制以其特定的功能和作用在思想政治教育实践活动中发挥着越来越重要的作用，在思想政治教育体系中居于重要地位。

五、思想政治教育机制具体类型研究

在社会科学领域，机制的分类根据学科不同，其具体分类及侧重点也有所不同。思想政治教育机制是思想政治教育活动的中心环节和必要条件，不同类型的思想政治教育机制对思想政治教育活动的效果产生着不同的影响。思想政治教育机制的分类，截至目前，还没有形成一个能够被多方所接受或者认同的标准。

一是思想政治教育接受机制研究。有学者指出，接受是主体在外界环境影响下，尤其是在教育的控制下，选择和摄取思想教育信息相互作用的一种能动活动。④ 有学者进一步概括其内涵，即反映接受主体和接受内容之间的相互作用和相互关系，是接受主体根据其自身的需要，在外部环境的影响下，由反射、选择、整合、内部化、接受内容的外化等多个环节组成的相互连接的综合性接受过程。⑤ 二是思想政治教育话语机制研究。有学者强调，思想政治教育话语机制就是在具体工作过程中，思想政治教育话语要素相互联系的运作原理。⑥ 三是思想政治教育内生机制研究。有学者认为："思想政治教育内生机制是指人具有内生的思想政治教育机制，这种机制具有人思想的自动化功能和自组织状态。"⑦ 思想政治教育内生机制作为客观存在的事实，也是思想政治教育的内在依据，思想政治教育理论和实践的推进，需要思想政治教育研究向思想政治教育内部推进，深入理解内在且至今还隐匿于内在的客观现象。四是思想政治教育动力机制研究。有学者认为坚持中国特色社会主义道路自信、理论自信、制度自信、文化自信，使思想政治教育的体制机制适应中国特色社会主义经济、政治、文化、社会、生态全面发展的实际，符合人民群众在中国改革开放进程中不断变化的劳动生产、生活实践和思想实际。⑧ 有学者认为思想政治教育

---

① 罗洪铁，陈淑丽．论思想政治教育机制的内涵、功能及价值［J］．思想理论教育导刊，2014（3）：85－89.

② 杨立英．网络思想政治教育论［M］．北京：人民出版社，2003：316.

③ 吴东莞，沈国权．思想政治工作机制论［M］．北京：军事科学出版社，2008：3.

④ 邱柏生．思想教育接受学［M］．太原：山西人民出版社，1992：3.

⑤ 张耀灿，郑永廷，刘书林，等．现代思想政治教育学［M］．北京：人民出版社，2001：135.

⑥ 蒙良秋．新媒体时代高校思想政治教育话语变革研究［J］．教育评论，2016（2）：16－19.

⑦ 孙其昂．论思想及思想政治教育内生机制［J］．思想政治教育研究，2014（3）：1－4.

⑧ 冯刚．增强高校思想政治教育持续发展的内生动力［J］．中国高等教育，2017（Z2）：25－29.

机制是指在思想政治教育动力产生和发展过程中，各构成要素由于某种机理的作用而形成的因果联系和运行方式，并通过分析思想政治教育三种不同主体的原发驱动力、辅助推动力和调控恒动力之间的联系，描述了思想政治教育动力机制和作用发挥。① 五是思想政治教育协同机制研究。有学者对思想政治教育协同创新的育人机制，提出从宏观和微观视角实现思想政治教育适应人的发展需要、实现其教育价值的具体化。② 有学者基于大学生思想政治教育，提出在整体协调中构建信息性、对话性、业务性、价值性四种大学生思想政治教育整体协同机制。③ 六是思想政治教育说服机制研究。思想政治教育说服机制是思想政治教育的机制之一，是思想政治教育有效运行的主要机理。有学者指出，思想政治教育说服机制是指在思想政治教育过程中，在特定情境下，教育主体为了确定的目标，通过话语刺激等方式，对受教育者传递信息，使受教育者信服教育者的观点，并转化成相应行为的过程中，要素间形成的相互作用的工作方式。④ 七是思想政治教育沟通机制研究。有学者指出，良好的思想政治教育沟通表现为认识上产生认同、情感上发生共鸣、观念上发生质的飞跃。⑤ 有学者指出教育一体化建设的沟通机制的构建，要以协同效应的实现为核心。⑥ 八是思想政治教育长效机制研究。有学者运用大数据思维，主张从"意识、资源、队伍、体系、评价体系"角度出发，建构适合大数据时代的思想政治教育长效机制。⑦ 九是思想政治教育互动机制研究。有学者认为社会分层结构变迁与思想政治教育是一种双向互动的关系，社会分层结构变迁对思想政治教育的影响是决定性、直接的，思想政治教育对社会分层结构变迁的影响是间接的。十是思想政治教育评价机制研究。有学者认为，充分理解高等学校思想政治教育质量评价开展的现实状况具备复杂性和挑战性，须统筹兼顾不同类型、风格的高等学校，坚持问题导向，切实改进思想政治教育工作中存在的实际问题，同时也坚持整体建构，形成高等学校思想政治教育质量评价的长效机制。⑧

六、思想政治教育机制优化路径研究

完善和建构思想政治教育机制是学术界进行研究的出发点和落脚点。关于思想政治教育机制的建构路径问题，研究者们在借鉴相关学科成果的基础上，结合思想政治教育自身的特点，提出了一些很有价值的观点和看法。

有学者指出，理性认同机制、情感认同机制、利益互动机制、自律转化机制和制度保障机制是推进我国思想政治教育持续健康发展的有力保证。⑨ 有学者从坚持系统思维方式

---

① 刘居安．论思想政治教育动力机制［J］．马克思主义与现实，2005（4）：130－132.

② 王学俭，李晓莉．思想政治教育协同创新的育人机制探析［J］．教学与研究，2015（10）：98－104.

③ 刘俊峰，王晓珊．构建大学生思想政治教育整体协同机制探究［J］．学校党建与思想教育，2015（1）：34－36.

④ 肖蜀奉，姜土生．思想政治教育说服机制再思考［J］．内蒙古师范大学学报（教育科学版），2013（6）：21－23.

⑤ 陈秉公．思想政治教育学原理［M］．北京：高等教育出版社，2006：178.

⑥ 谢守成，程仕波，张森．关于构建大中小学思想政治教育一体化建设沟通机制的思考［J］．思想理论教育，2020（1）：84－89.

⑦ 吴雷．大数据助力高校网络思想政治教育创新的长效机制构建［J］．淮海工学院学报（人文社会科学版），2015（3）：122－125.

⑧ 冯刚，史宏月．新时代高等学校思想政治教育质量评价科学化［J］．教育研究，2021（10）：74－82.

⑨ 陆树程，方文．思想政治教育机制新论［J］．思想理论教育导刊，2010（3）：74－78.

指导、深化思想政治教育体制改革、加强思想政治教育制度建设三个方面提出了思想政治教育机制系统建构的对策。① 有学者基于新时代赋予大学生日常思想政治教育发展的新使命，对其日常思想政治教育机制运行质量提出应从动力机制、运行机制、评价机制三个维度完善的新要求。② 有学者从构建思想政治教育长效机制出发，指出思想政治教育制度化、常态化的目标之一就是构建思想政治教育的长效机制，为此提出树立制度自信是构建思想政治教育长效机制的前提，把握思想政治教育规律性是构建形成机制的根本。③

纵观学界对思想政治教育机制建设路径的策略研究，主要针对思想政治教育机制面临的机遇和挑战、提升思想政治教育的实效性、创新思想政治教育机制，运用互联网、大数据、人工智能、区块链和元宇宙等信息技术提出现代化机制建设方案，这为促进思想政治教育机制的研究提供了很好的思路。

七、思想政治教育机制与其他相关概念的区分

关于制度和机制之间的关系。制度和机制是两个既相区别又相联系的范畴，深化思想政治教育机制研究，要对制度与机制等相近概念进行关系性辨析。有学者对思想政治教育机制和思想政治教育制度进行了论述，他们认为制度和机制相互作用，是本质和现象、内容和形式的统一整体。思想政治教育制度是思想政治教育机制的基础，思想政治教育制度能反映社会最本质的特征，思想政治教育机制反映了各要素之间的关系结构和运行方式。同时，思想政治教育机制是保障思想政治教育制度实现的条件和方式。④

关于机制、原则和方法三者之间的关系。有学者就思想政治教育机制、原则和方法之间的关系进行了系统论证和阐释，指出它们在思想政治教育大系统中分别属于不同的部分和层次，具有不同的结构和功能，遵循一定的原则和方法是思想政治教育机制整体运行的前提，原则是指导思想和基本准则，方法是具体手段和实施方式。同时，三者之间存在一定的同构性，作为思想政治教育大系统中的有机组成部分，共同促进思想政治教育活动的积极展开。⑤

综上所述，每一种观点都有一定的合理性和说服力，在不同程度上对思想政治教育机制进行了有益的探索，对之后思想政治教育机制研究的广度和深度都具有十分重要的借鉴作用。

第三节　思想政治教育机制研究的特点与不足

近 40 年来，思想政治教育机制概念的生成脉络，经历了初步提出、形成发展、系统

---

① 陈淑丽，何会宁．思想政治教育机制系统构建策略［J］．学校党建与思想教育，2014（3）：22－24.

② 李臻，刘志侃，王礼芳．新时代大学生日常思想政治教育机制优化的三个维度［J］．陕西理工大学学报（社会科学版），2021（6）：65－70.

③④ 冯刚，彭庆红，佘双好，等．新时代高校思想政治教育学原理［M］．北京：人民出版社，2021：239.

⑤ 韦吉锋．论思想政治教育机制、原则和方法的辩证统一关系［J］．甘肃教育学院学报（社会科学版），2000（2）：16－18.

深化和融合拓展阶段。学者们从不同角度对思想政治教育机制进行了深入细致的研究，积累了丰硕的研究成果，有力地推动了思想政治教育机制的科学化和现代化发展。通过对现有研究文献的梳理发现，目前理论界对思想政治教育机制的研究具有如下特点与不足：

一、思想政治教育机制研究的特点

首先，思想政治教育机制研究队伍日益壮大且成果丰硕显著。自学科成立以来，学界对思想政治教育机制给予了充分的关注与探索，形成稳定有序的专家学者、青年研究队伍，也涌现出众多可喜的研究成果，在一定程度上对推动思想政治教育学科建设和思想政治教育机制研究具有积极作用。从现有研究成果可知，有更多马克思主义理论学科专家学者和后起之秀长期关注思想政治教育机制的研究，从不同层面对思想政治教育机制的理论展开探讨，形成众多基础性理论成果，为后辈学者的继续探索奠定了坚实的基础。同时，许多青年学者以前辈成果为理论指导，聚焦现实问题，借鉴交叉学科基础理论，从新的研究视角切入，不断在思想政治教育机制的研究领域开展有益探索。这不仅是对该领域基础理论研究的巩固和深化，同时也为开辟多重研究视角的内容提供基础条件，使其思想政治教育机制研究随着新的实践活动不断深化。思想政治教育机制作为基础理论的核心问题，包括对其内涵、特征、构成要素、功能、具体类型及优化路径等问题的研究。广大学者立足思想政治教育学科的学科特点和基础理论，结合新时代背景下思想政治教育新的实践活动和新问题要求，从深化思想政治教育机制研究和推动思想政治教育实践活动出发，较为集中地回答了思想政治教育机制是什么、由哪些基本要素构成、作用机制是什么等问题，进一步凝练和阐释了适合新时代背景下的思想政治教育机制内容。现有思想政治教育机制的研究成果一方面散见于思想政治教育系统论的相关论著中，论著的作者们分别从自己的不同的认识角度，以章节的形式对思想政治教育机制问题进行专门的阐述；另一方面体现于相关期刊的理论文章中，学者们以某一具体思想政治教育机制类型并结合实际特点展开翔实的论述，使得思想政治教育机制基础理论的研究得到进一步深化。

其次，思想政治教育机制研究成果呈现出系统性和延展性。思想政治教育机制研究兴起于20世纪80年代末，主要是基于思想政治教育学科的确立，开启了传统思想政治教育机制的研究探索。随着学科建设的不断发展，学术界对思想政治教育机制的研究成果呈现出系统性和延展性特征。系统性是以思想政治教育机制为主题词就其本身进行系统性研究的，主要集中于思想政治教育机制的内涵、特征、类型、功能、原则。而后，机制研究扩展到学校和军队思想政治教育领域，使思想政治教育机制理论研究进一步得到深化。随着理论研究的深入，研究者将机制的宏观理论研究扩展到具体微观机制的理论和实践，尤其注重新兴机制和传统机制的现代性研究。例如网络机制和全媒体机制的运用和开发，随着大数据等现代化信息技术的发展，思想政治教育机制研究顺应时代发展，聚焦网络信息技术领域。理论成果的日臻完善，使思想政治教育机制研究构建起相应的理论框架，形成相对完整的学科研究体系，这为后续的深化研究打下了坚实的研究基础。

再次，思想政治教育机制研究视域由单一向多学科交叉视域发展。思想政治教育学相对于其他学科发展来说是一门年轻且应用性强的学科，借鉴其他相关学科成果对于深化思想政治教育机制研究非常必要。伴随着对思想政治教育学科基础理论研究的深入，学界逐渐意识到思想政治教育学科建设需要运用学科交叉思维和方法。与此同时，思想政治教育机制研究视域也由单一学科向多学科交叉视域发展，形成思想政治教育学科与多学科交叉融合以破解思想政治教育理论命题和实践难题，促进其创新发展、体系建构和顺畅运行。从现有研究成果来看，随着现代化信息技术的发展，思想政治教育机制研究逐步从思想政治教育学延伸至教育学、信息技术学、传播学、管理学等交叉领域和多个学科，并随着研究的深入衍生出多个交叉研究主题，形成了相互关联、相互交织的研究网络。学者们基于不同的研究视角和侧重点，对思想政治教育机制进行的研究较好地呈现出动态性、前沿性和发展性趋势。主要体现为：思想政治教育机制研究往往与国家治理、人工智能、网络信息技术和社会文化现象相融合；与网络信息技术相联系，涵盖大数据、人工智能、推荐算法、分众传播、接受理论、议题设置等；与高校教育管理性较强的领域相联系，主题涵盖高校思想政治教育机制、大学生思想政治教育机制、高校思想政治教育长效机制、高校思想政治教育工作机制与创新机制、高校网络思想政治教育机制等问题，顺应时代发展要求，与时俱进，开拓创新。

最后，思想政治教育机制研究密切追踪科学技术与实践发展的前沿。思想政治教育机制经过多年的发展已经具备了较为成熟的学科理论基础，学者们对网络思想政治教育机制的相关问题展开了积极的主动的探讨。思想政治教育机制的生成和发展，与社会基础、文化发展和技术条件等多种因素有关。新技术的发展必将推动既有的思想政治教育模式不断更新变化，尤其是新的传播技术对思想政治教育带来不容小觑的影响。网络传播作为一种数字信息化传媒系统，其以强大和丰富的功能对社会生活的各个领域迅速产生了深刻而广泛的影响。面对教育领域的重大变革，思想政治教育学界已经展开了针对大数据融合问题的积极探索，这也为网络思想政治教育机制带来了进一步深化发展的契机，造就了大数据思想政治教育机制的兴起。大数据思想政治教育机制不同于网络思想政治教育机制，是思想政治教育机制与以大数据为代表的数据密集型科学的有机融合，是在网络与思想政治教育相互结合与交叉创新基础上所表现出的深度融合与创新升级，标志着思想政治教育机制研究进入融合探索阶段。

二、现有思想政治教育机制研究的不足

思想政治教育机制研究经过 40 年的发展已经取得了长足的进步，其研究呈现出从理论研究走向创新融合的态势，取得了具有合理性和价值性的丰硕成果。但是受学科定位、学科建设发展等多重因素所限，思想政治教育机制的研究还未能形成科学、系统和完善的思想政治教育机制体系，因而不可避免地存在局限性。

首先，思想政治教育机制与相近概念的界定不够清晰明确。通过对现有研究成果的梳理发现，学界从不同角度对思想政治教育机制的内涵做了有益的探索，但关于思想政治教育机制的概念尚未达成共识，仔细推敲和分析会发现其具有一定局限性，这种局限性体现为现有研究中存在着相关概念混用的问题，主要是混淆了思想政治教育机制、思想政治教育模式、思想政治教育制度和思想政治教育原则等相近概念。事实上，这些概念之间虽然有着密切的联系，但也存在着本质性的差异。正是由于对“机制”本身的概念和使用规则界定的不确定性，所以把机制引入思想政治教育中也存在运用中的适切性问题，但是部分

学者在论及思想政治教育机制时，常常会使用其相近概念，这在一定程度上很难真正挖掘到思想政治教育机制的本质问题。例如，部分学者从联系、运转方式、体制、工作方式、制度和机理等角度来认识和理解思想政治教育机制，却未能真正将思想政治教育机制的内在本质特征和科学内涵全面揭示出来。内涵本质界定上的模糊，使其对思想政治教育机制内涵和外延的把握不够准确和深入，导致深入研究乏力，这种以偏概全和片面性的理解在一定程度上阻碍了思想政治教育机制的发展和其理论体系的最终确立。同时，在现有研究中，涉及对思想政治教育机制与相近概念进行区分的成果中只有较少著作和学术论文对这一问题进行了探讨，但分析和论述还不够全面、系统和深入，只是就理论问题进行了理论阐释，并没有结合具体的思想政治教育机制展开，其针对性和科学性不强，这也导致学界在对思想政治教育机制的深入认识上存在较大的争鸣，且与之相关的思想政治教育机制的建构或者说类别、要素、特性等研究依然是众说纷纭。

其次，思想政治教育机制的整体性和联动性研究不足。推进思想政治教育机制创新是一项系统而复杂的工程，学界在推进思想政治教育机制研究中存在整体性和联动性不足问题。其一，思想政治教育机制理论研究滞后于实践发展。40年来，尽管思想政治教育机制的理论研究兴起并迅速发展，形成了一系列的理论研究和实践成果，但是，这些研究主要还是停留在低水平的重复研究，而缺乏一定深度的理论探索。理论研究滞后于思想政治教育的蓬勃发展，成为制约思想政治教育发展的瓶颈。其二，思想政治教育机制的前沿性和综合性问题研究匮乏。思想政治教育机制是思想政治教育领域的前沿性和综合性问题，对其深入研究是推动思想政治教育学科发展和实践深化的必然要求。思想政治教育机制进入研究者的视野，既是思想政治教育学科化和科学化的必然要求，也是思想政治教育实践从经验向理论自觉型转换的现实期待。学界围绕思想政治教育机制的内涵、要素、功能和类型等问题展开多角度和多层次研究，但在前沿性和综合性问题研究上较为匮乏。其三，思想政治教育机制创新联动性不足。思想政治教育是一个复杂系统。从静态要素构成来看，思想政治教育机制是包含发展理念、教育主体、教育对象、内容方法、载体媒介、话语体系、教育环境等多种要素在内的整体系统，具有整体性、有序性和关联性特点。从动态实施过程来看，思想政治教育系统是教育者遵循思想政治教育理念目标，借助思想政治教育内容方法、载体媒介、话语体系，以及教育环境等内在结构要素与受教育者进行教学互动而形成的有机教育活动，具有联动性、过程性、递进性等特征。可以说，思想政治教育的静态要素是动态过程的基本支撑，是教育者整合与运用思想政治教育各要素作用于受教育者的过程。但现有研究中对其要素之间的作用机制和联动性认识不足。

再次，思想政治教育机制研究学科交叉研究不足。纵观40年思想政治教育学科与相关学科交叉研究成果，哲学、政治学、心理学、社会学、传播学等成为与思想政治教育学科进行交叉融合研究的热门学科。但是，目前学科交叉驱动思想政治教育机制创新研究还存在一定的不足：一是在交叉融合研究中存在位移偏向，忽视自身基本属性和功能作用的内在规定性，造成在思想政治教育机制研究中其他学科特质凸显而自身创新发展失真。当前在“大思政”工作格局构建背景下，不同实践领域的碰撞、交流、协同都呼唤思想政治教育交叉学科研究的深入发展，成为实践导向下思想政治教育热点研究的重要问题。二是在学科交叉融合研究过程中存在简单移植嫁接现象，即将相关成熟学科的思想理论和研究方法直接生搬硬套到思想政治教育创新研究中，揠苗助长式地促成其研究新论域和新生长点，致使自身创新发展失基。这种使思想政治教育机制创新科学研究教条地运用相关学科思想理论与研究方法推进改革创新的方法，使研究浅尝辄止、浮于表面，而无法做到纵深贯通、系统全面。为此，思想政治教育机制创新的学科交叉融合研究，需要在自身的学科特质和学科边界的基础上，聚焦思想政治教育机制的理论与实践活动，拓展学科交叉思维和视野，从浅层次的学科交叉移植发展到深层次的学科交叉融合、互补，促进思想政治教育的创新发展。

最后，借鉴国外思想政治教育机制研究深度不够。马克思曾说过："人们自己创造自己的历史，但是他们并不是随心所欲地创造，并不是在他们自己选定的条件下创造，而是在直接碰到的、既定的、从过去承继下来的条件下创造。一切已死的先辈们的传统，像梦魔一样纠缠着活人的头脑。"① 思想政治教育机制研究同样也需要借鉴国外思想政治教育机制的方法内容，来更科学地满足思想政治教育学科的建设和发展需要。张耀灿等指出："借鉴国外思想政治教育机制建设经验，对创新我国思想政治教育机制是非常有益的。"②我国社会主义市场经济的迅速发展，加之信息技术的迅猛发展对人们生产、生活和思维方式的冲击和改变，给思想政治教育机制研究提出了很多新的问题，而积极和有效应对思想政治教育活动中产生的全新挑战，将思想政治教育机制参与主体的责任机制落实到位，才能使思想政治教育的作用得到最大化发挥。而在这方面国外与"思想政治教育"发挥同样作用的"公民教育"所提供的政府指导调控、社会政策引导、社会广泛参与、隐性活动教育、寻求社会行动等机制建设值得学习和借鉴，在吸收其研究的精华时为我所用，用以拓展我国思想政治教育机制研究的内容、方法和范围，不断充实其内容，促进其发展。当前，国内思想政治教育机制研究如何结合中国的实际情况进一步深化，借鉴国外的有效做法，是值得国内学者下一步深入探究的重大理论和实践问题。

第四节　新时代思想政治教育机制研究的发展趋势

"机制"本身是自然科学领域的一个概念，直到20世纪70年代才被引入哲学社会科学领域，20世纪80年代末又被引入思想政治教育学科领域。自此，学界对思想政治教育机制展开一定的研究，并主要聚焦到一些基础性问题上。虽研究成果众多，但其研究深度和广度还是不足，而且学界在现有研究中对一些学术观点还存在一定的分歧。值此思想政治教育学科建立40周年之际，不仅需要回顾思想政治教育机制研究的发展历程，总结思想政治教育机制研究的成就和经验，更要在此基础上分析、把握思想政治教育机制研究的发展趋势。通过找寻需要继续加强探讨的内容，为之后更深入的研究提供一定的启迪。

---

① 马克思恩格斯选集（第1卷）[M]．3版．北京：人民出版社，2012：669.

② 张耀灿，等．思想政治教育学前沿 [M]．北京：人民出版社，2006：267-268.

一、始终遵循思想政治教育学科中机制研究发展的规律

对思想政治教育机制的研究，一定要置身于思想政治教育学科发展之中才能真正厘清其作用方式和效果。思想政治教育机制作为科学理论，应当具有科学理论要素及其确立的公认标准、具有全面系统的层次关系及其逻辑结构。其一，思想政治教育机制研究要遵循思想政治教育学科的学理性。任何理论研究都必然存在时代性和学理性特征。从学理性视角看，思想政治教育内蕴科学化与学科化同向偕行的发展向度，其理论增长点也必然根植于已有的研究成果，遵循学科理论的自我建构逻辑。由此可见，新时代思想政治教育研究创新发展将体现出返本开新的特征。其二，思想政治教育机制研究要遵循思想政治教育学科的时代性。从新时代视角看，思想政治教育肩负着政治教化和道德教育的崇高使命，其理论增长点必然随着社会主义现代化建设的发展而体现出时代性特征。其三，要以多学科视野开展思想政治教育机制创新研究。思想政治教育成长发展壮大的一个重要原因就是善于借鉴相关学科的知识，为我所用。就思想政治教育学科发展而言，交叉学科的视野能为思想政治教育学科的创新发展带来新的研究视角、新的研究方法、新的解决问题的方法手段和新的研究成果。① 当前思想政治教育除了向哲学、教育学、政治学、伦理学、心理学、社会学等相关学科学习借鉴之外，在实践发展中与管理学、传播学、互联网、大数据等都建立了密切联系。为此，我们需要进一步加强深化交叉学科研究，在深入认识交叉学科学术思维和话语与思想政治教育学科的差异中，注重其研究方法的迁移和转化，使研究呈现出整体性，激发思想政治教育新的研究思路，实现创新。

二、继续强化思想政治教育机制理论与实践的融合式发展

理论和实践相结合是思想政治教育持续发展的指导原则，思想政治教育机制既是一个理论问题，也是一个实践问题。其一，继续推进思想政治教育机制的理论研究。对思想政治教育机制理论的研究，对于推动思想政治教育机制理论的发展完善和促进思想政治教育学的学科理论体系的发展丰富具有重要价值。思想政治教育机制理论的研究，主要是把整个思想政治教育看作一个完整的有机系统，既研究思想政治教育系统的各个构成要素，又研究这些构成要素之间的相互关系、相互作用，还研究这些构成要素结合成一定结构时所发挥的各种功能，以及这些构成要素产生影响、发挥功能的作用过程和作用原理等。其二，继续坚持思想政治教育机制的实践创新。实践导向是为深化理论、推进实践指引方向的。实践是思想政治教育机制研究形成、发展与深化的基础。当前思想政治教育机制理论研究缺乏实践基础，也无法为机制运用提供理论指导。为此，要加强问题意识，加大“以问题为取向”的实证分析研究力度。其三，继续强化思想政治教育机制理论和实践的融合式发展。思想政治教育机制研究主要在理论和实践两个层面展开。理论研究是推进思想政治教育机制发展的先导，作为思想政治教育体系构成的重要因素，需要在思想政治教育发展进程中就思想政治教育机制做出学理反思，形成理论体系和研究方法。同时，思想政治教育是一门应用性很强的学科，作为其组成部分的思想政治教育机制，也带有鲜明的实践

① 冯刚．交叉学科视野下思想政治教育的创新发展［J］．思想理论教育导刊，2011（11）：84－88.

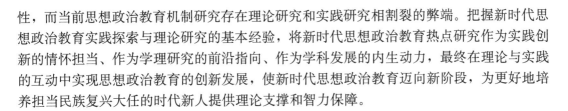

性，而当前思想政治教育机制研究存在理论研究和实践研究相割裂的弊端。把握新时代思想政治教育实践探索与理论研究的基本经验，将新时代思想政治教育热点研究作为实践创新的情怀担当、作为学理研究的前沿指向、作为学科发展的内生动力，最终在理论与实践的互动中实现思想政治教育的创新发展，使新时代思想政治教育迈向新阶段，为更好地培养担当民族复兴大任的时代新人提供理论支撑和智力保障。

三、确保实现思想政治教育机制研究的系统化和规范化协同

系统化和规范化是今后开展思想政治教育机制研究的一个基本趋势。习近平总书记强调："要根据时代变化和实践发展，不断深化认识，不断总结经验，不断实现理论创新和实践创新良性互动，在这种统一和互动中发展 21 世纪中国的马克思主义。"① 系统化要求构建起思想政治教育机制的系统理论，形成科学的、系统的思想政治教育机制论。规范化要求规范思想政治教育机制基本范畴和基本理论的研究，开展严谨的、科学的逻辑论证，避免模糊性和随意性，形成思想政治教育机制的学术和大众话语。当前，学界对思想政治教育机制的一些重要范畴并没有做出科学的界定，研究者常常在不同层面上使用同一概念，形成了各种各样的观点和看法。基本概念范畴的内容是否科学、外延是否明确，会直接影响思想政治教育载体的整体性研究。推进思想政治教育机制基本理论的研究，形成思想政治教育机制论，需要厘清思想政治教育机制与方式方法、途径的异同，提炼思想政治教育机制的特征，明确思想政治教育机制的条件；对思想政治教育机制结构、价值、功能、作用研究的概念范畴进行分析和比较研究；研究思想政治教育机制的形成基础、运行方式和条件，以及影响机制的相关因素和规律；进行各种具体机制的研究，包括具体机制的内涵、特征、功能、原则、规律等。以思想政治教育这个复杂系统为基础的思想政治教育机制研究是一项宏大的研究工程，机制实践横纵向跨越各主体要素。因此，思想政治教育机制研究的展开和推进应该呈现网络型的动态交互过程，这要求思想政治教育机制研究不能只停留在单一要素或系统上，而是要更加注重研究的整体性和系统性。

四、紧密围绕思想政治教育机制社会热点与现代科技推进

思想政治教育机制研究的根本价值在于促进和保障思想政治教育功能和目标的实现，这必然要求思想政治教育机制研究关注社会热点与现代科技问题，积极回应和解答人们的思想困惑。其一，思想政治教育机制要针对社会热点问题展开思考和回应。思想政治教育机制是服务于思想政治教育目标实现和功能发挥的内在动力，坚持以思想政治教育热点问题研究为契机，在问题认识、分析和解决的过程中推动其研究思路、方法与范式相结合，实现机制融合。我国正处于近代以来最为接近实现中国梦的伟大目标的历史阶段，国家治理现代化发展进程不断深入，新时代人才培养对高校思想政治教育提出了更为迫切的要求，而有效发挥思想政治教育机制在高层次人才培养中的关键作用是思想政治教育热点研究的方向指引。其二，思想政治教育机制研究要着眼于对党和国家方针政策的科学阐释和

---

① 习近平在中共中央政治局第二十次集体学习时强调 坚持运用辩证唯物主义世界观方法论 提高解决我国改革发展基本问题本领［N］. 人民日报，2015－01－25（1）.

准确解读。思想政治教育既是国家综合发展实践中的重要一环，也是国家改革发展实践的重要助力。为此，思想政治教育机制研究要聚焦社会发展的重大理论和实践问题，强化思想引领。当今世界正经历百年未有之大变局，我国正处于实现中华民族伟大复兴的关键时期，在“十四五”时期，思想政治教育机制研究要立足党和国家事业发展全局的高度，全面贯彻党的教育方针，坚守为党育人、为国育才的目标，对党的创新理论进行宣传研究和阐释。其三，思想政治教育机制研究要密切着眼现代网络信息技术的积极应用。思想政治教育作为社会上层建筑中意识形态核心之一，其根本价值在于为经济社会发展调适矛盾、汇聚力量。网络作为人类社会进入信息时代的产物之一，网络思想政治教育成为思想政治教育发展的新形态和新领域。而新技术革命的发展与人类网络实践的深入不断产生新的实践问题亟待解决，网络思想政治教育研究需要不断追踪和把握人的生存方式变革而进行持续创新。

五、积极回应新时代立德树人对思想政治教育机制的要求

2019年3月18日，习近平总书记在学校思想政治理论课教师座谈会上指出，“思想政治理论课是落实立德树人根本任务的关键课程”，“办好思想政治理论课，最根本的是要全面贯彻党的教育方针，解决好培养什么人、怎样培养人、为谁培养人这个根本问题”①。思想政治教育的价值目标在于立德树人，其根本任务是培养人的思想政治素质，塑造和改善人的价值观念，使之与社会期待和个体发展需要相契合，激发人的主体意识。思想政治教育具有显著的人文特性，它内蕴着一种深切的人文情怀，一种对于社会的人文环境和人的精神生活与人文教养的深刻关照。习近平总书记指出，“思想政治工作从根本上说是做人的工作，必须围绕学生、关照学生、服务学生，不断提高学生思想水平、政治觉悟、道德品质、文化素养，让学生成为德才兼备、全面发展的人才”②。思想政治教育机制是一个包含发展理念、教育主体、内容方法、话语体系、载体平台等要素创新在内的复杂系统工程。着眼社会发展和学科建设需要，思想政治教育机制研究要立足时代之基、回答时代之问，更好地服务于中国特色社会主义伟大实践之需，更有针对性地落实立德树人根本任务。思想政治教育工作机制应从创新育人理念、建构课程协同、推进文化育人、强化师资建设、健全运行机制、深化思想政治教育供给侧改革等多个方面协同贯彻立德树人任务。

总之，思想政治教育是在实践中不断成长、稳步发展的学科，机制问题的研究也在争鸣中寻求共识、在分歧中深入推进、在实践中多维共建。虽然过去40年学界已取得丰硕的研究成果，但仍需要广大学者同心同力、同向同行，对思想政治教育机制理论进一步探索和完善。

---

① 习近平主持召开学校思想政治理论课教师座谈会强调 用新时代中国特色社会主义思想铸魂育人 贯彻党的教育方针落实立德树人根本任务 [N]. 人民日报，2019-03-19 (1).

② 习近平在全国高校思想政治工作会议上强调 把思想政治工作贯穿教育教学全过程 开创我国高等教育事业发展新局面 [N]. 人民日报，2016-12-09 (1).

第十七章　思想政治教育类型与范式研究

类型是人们根据事物相似或相同的属性对认识对象的范围进行的归纳和归置，以求对认识对象的存在样态进行既有内在关联而又不失相对独立的整体性把握；范式是认知共同体基于特定的认知信念对认识对象进行的描述与叙事方式，它既是一种表达方式又是一种在思想层面依据特定的概念逻辑对认识对象开展的演进方式。作为一种特殊的社会实践活动，特别是作为一门新兴的具有中国特色的人文科学，在思想政治教育学科设立40周年之际，回顾思想政治教育类型的拓展脉络，以及学界对思想政治教育研究展开的范式自觉，对人们正确把握思想政治教育发展的内、外两条进路，进而扩展和深化对思想政治教育的认识具有重要意义。

第一节　思想政治教育的类型研究

思想政治教育有多种多样的存在形态和表现方式，往往因语境不同而指代不同的对象，比如，思想政治教育理论、思想政治教育实践、思想政治教育学科、思想政治教育专业、思想政治教育学说等。宏观上看，思想政治教育的类型研究主要在以下论题得以展开：广义的思想政治教育与狭义的思想政治教育、宏观的思想政治教育与微观的思想政治教育、线下的思想政治教育与线上的思想政治教育、理论形态的思想政治教育与实践形态的思想政治教育等。

一、广义的思想政治教育与狭义的思想政治教育

在思想政治教育“观”的层面，即怎么看“思想政治教育”现象的问题上，人们对“思想政治教育”的理解可分为广义与狭义两大类型。

（一）广义的思想政治教育

持广义思想政治教育“观”者认为，思想政治教育是人类社会普遍存在的社会实践，尽管近代以前没有明确的思想政治教育概念，也没有建制化的思想政治教育的机构，但各国、各个阶级通过教育实施的政治理念、道德观念、社会生活范式的灌输，以及统治阶级对所需人才的有意识的政治培养，都蕴含着思想政治教育的成分，隐现着思想政治教育的

影子。[①] 据此，古今中外许多国家不管有无“思想政治教育”之名，但或多或少有着公民教育、爱国教育、共同价值观教育、法律教育、道德教育、传统文化教育等“思想政治教育”之实。持广义思想政治教育观者，其理由主要在于以下两个方面：一方面是从发生学维度看思想政治教育现象。围绕思想政治教育何时发生也有两种观点。一是认为思想政治教育始于原始社会。[②] 王礼湛和余潇枫认为，思想政治教育的产生和发展的历史是和人类形成和发展的历史相一致的。自原始社会形成之时起，就有了原始形态的思想政治教育。[③] 仓道来认为，从人类社会产生以后除原始人群居的野蛮时代，人们一直在进行着思想教育。[④] 张澍军主张，思想政治教育与人类社会共始终，原始社会已存有完整形态的思想政治教育。[⑤] 二是认为思想政治教育始于阶级和国家产生之时[⑥]，是人类阶级社会中一项普遍的实践活动，伴随着阶级和国家的产生而产生，随着阶级社会的发展而发展，是一定阶级实现其特定政治目的的重要手段，任何阶级社会和国家都存在思想政治教育。另一方面是基于性质判定的维度看思想政治教育现象。他们将思想政治教育定位为一项特殊的社会实践活动，并围绕思想政治教育如何定性而形成了“社会实践活动论”和“教育实践活动论”两类观点。持社会实践活动论观点的以陆庆壬、张耀灿、郑永廷、仓道来、孙其昂、邱柏生等为代表，主张思想政治教育“是指一定的阶级、政党、社会群体遵循人们思想品德形成发展规律，用一定的思想观念、政治观点、道德规范，对其成员施加有目的、有计划、有组织的影响，使他们形成符合一定社会、一定阶级所需要的思想品德的社会实践活动”[⑦]，“一定的阶级或政治集团，为促使社会成员的发展需求与社会主流意识形态的要求相统一，用以社会核心价值观为核心的理想信念、价值理念、道德观念，引导其成员改造主客观世界的社会实践活动”[⑧]。广义的思想政治教育包含了思想教育、政治教育、道德教育、心理健康教育等内容和对象的社会实践活动。[⑨] 持教育实践活动论观点的以邱伟光、王礼湛、陈秉公、沈壮海等为代表，强调思想政治教育就是培养、塑造一定社会新人思想道德素质的教育实践活动，受社会经济政治文化的制约和影响[⑩]，是社会有组织地定向引导人们形成符合特定社会和时代以及人类自身发展要求的思想政治观点和行为品格的教育工程[⑪]，是以政治思想教育为核心和重点的思想、道德和心理综合教育实践[⑫]，是“一定的阶级或政党为将自己所倡导的意识形态转化为人们广泛接受的意识形态，引导人们形成相应的思想政治素质而自觉开展的教育实践活动”[⑬]。

---

① 李合亮．思想政治教育探本——关于其源起及本质的研究［M］．北京：人民出版社，2007：67－68.

② 王礼湛．思想政治教育学［M］．杭州：浙江大学出版社，1989：62.

③ 王礼湛，余潇枫．思想政治教育学［M］．修订版．杭州：浙江大学出版社，1999：58.

④ 仓道来．思想政治教育学［M］．北京：北京大学出版社，2004：29.

⑤ 张澍军．学科重要理论探索：我的18个思想政治教育见识见解［M］．北京：中国人民大学出版社，2018：1.

⑥ 陈万柏，张耀灿．思想政治教育学原理［M］．北京：高等教育出版社，2007：48.

⑦ 张耀灿，郑永廷，吴潜涛，等．现代思想政治教育学［M］．2版．北京：人民出版社，2006：50.

⑧ 史宏波，谭帅男．“思想政治教育”概念重述与研究范式的转向［J］．思想教育研究，2021（10）：40－46.

⑨ 石书臣．思想政治教育概念的学科梳理和探讨［J］．思想教育研究，2008（8）：12－16.

⑩ 邱伟光．思想政治教育学概论［M］．天津：天津人民出版社，1988：1.

⑪ 同②69.

⑫ 陈秉公．思想政治教育学［M］．长春：吉林大学出版社，1992：2.

⑬ 沈壮海．新编思想政治教育学原理［M］．北京：中国人民大学出版社，2022：2.

（二）狭义的思想政治教育

持狭义思想政治教育“观”者，对思想政治教育主体有不同的认识。一是将思想政治教育界定为无产阶级的思想政治教育。例如：邱伟光从无产阶级政党领导、组织的思想政治教育意义上说，思想政治教育是从马克思主义的诞生和传播开始的，它是伴随着无产阶级政党的创立、发展而形成发展起来的。① 袁礼周认为，思想政治教育就是用无产阶级的政治思想、政治理论、政治观点，教育人民群众，解决人们的政治思想、政治观点和政治行为问题，提高人们认识世界和改造世界的能力，为当前和长远的目标而奋斗的社会实践活动。② 荆惠民认为，思想政治工作是专指无产阶级及其政党在进行无产阶级革命和社会主义建设的过程中，为引导和促进人们认同、掌握马克思主义的思想理论、政治取向、政策主张而进行的宣传、动员、教育等方面的工作及其科学理论。③ 宋锡辉等主张，狭义的思想政治教育指无产阶级特有的从思想政治品德上培养教育人的活动。④ 二是将思想政治教育界定为中国共产党的思想政治教育。刘建军认为，思想政治教育具有广狭两重含义，我们通常的用法是狭义的，特指我们党和国家的思想政治教育。⑤ 思想政治教育的概念既可以从思想教育或政治教育的不同角度来理解，也可以从思想的政治教育视角来阐释。后者的解释可以视为狭义的思想政治教育，突出的是思想政治教育的政治性，并将其限定于中国共产党的思想政治教育。⑥

二、宏观的思想政治教育与微观的思想政治教育

在思想政治教育类型研究中，依据研究视域的大小，可将思想政治教育分为宏观与微观两大类，现有的研究主要从学科和实践活动两个层面展开。

（一）学科层面的宏观与微观的思想政治教育

沈壮海提出，从宏观上研究思想政治教育，着眼于作为社会主流意识形态建设特殊形式的思想政治教育，着眼于整个社会意识形态的发展变化及主流意识形态的建构、维护和发展，着眼于思想政治教育与各个社会系统的信息互动，着眼于思想政治教育的整体运行体系、制度与机制，着眼于对思想政治教育创新发展的战略考量⑦，建设宏观思想政治教育学。此后，越来越多研究者开始关注宏观思想政治教育学，并尝试从民族认同与国家认同⑧、舆论引导⑨、社会心态⑩、社会动员⑪等方面探讨宏观思想政治教育的论域和范畴问题。何志敏等主张，建立“宏观思想政治教育学”和“微观思想政治教育学”，并从解决

---

① 邱伟光．思想政治教育学概论［M］．天津：天津人民出版社，1988：54.
② 袁礼周．思想政治工作学理论基础［M］．北京：团结出版社，1991：54.
③ 荆惠民．思想政治工作概论［M］．北京：中国人民大学出版社，2007：42.
④ 宋锡辉，等．思想政治教育学元理论研究［M］．北京：中央编译出版社，2012：18.
⑤ 刘建军．寻找思想政治教育的独特视角［M］．北京：中国人民大学出版社，2017：124.
⑥ 倪愫襄．思想政治教育概念的逻辑分析［J］．学校党建与思想教育，2013（20）：13－16.
⑦ 沈壮海．宏观思想政治教育学初论［J］．思想理论教育导刊，2011（12）：84－90.
⑧ 韦诗业．民族认同与国家认同：宏观思想政治教育学的重要论域［J］．湖北社会科学，2013（9）：182－184.
⑨ 王军．舆论引导：宏观思想政治教育学的重要论域［J］．湖北社会科学，2019（7）：160－166.
⑩ 王军．社会心态：宏观思想政治教育学的一个范畴［J］．思想教育研究，2020（11）：21－26.
⑪ 王军．社会动员：宏观思想政治教育学的重要范畴［J］．思想政治教育研究，2021（5）：35－40.

问题、研究方法、研究视角以及中心理论和基本内容四个方面辨析“宏观思想政治教育学”与“微观思想教育学”的区别。① 白显良主张，构建宏观思想政治教育学的理论体系，要将其置身于历史长河中探寻其历史积淀和历史智慧；从理论视野看，要坚持以马克思主义为指导，基于既有的研究成果探寻多维支撑；从实践视野看，要从宏观思想政治教育的实践场域、实践现象、实践样本中开展理论提炼和总结；从学科视野看，要在遵循学科发展规律中借鉴相关学科的发展思路。② 戴锐对思想政治教育学科的宏观定位与微观结构进行了探究，其宏观定位为思想政治教育的实践活动过程的规律探究，微观定位为如何对他人施加思想政治方面的影响。③ 此外，杨晓慧认为，要加强思想政治教育宏观内涵和微观内涵的综合性研究。④

（二）实践活动层面的宏观与微观的思想政治教育

一般来说，宏观思想政治教育包含企业、农村、军队、社区、学校等不同场域的思想政治教育，微观思想政治教育就是指学校思想政治教育。此外，研究者还对实践活动意义上的思想政治教育进行了宏观或微观上的考察。例如：张耀灿等围绕思想政治教育运行方式和整体特征，提出了传统思想政治教育、主导式思想政治教育、交往式思想政治教育和网络式思想政治教育等多种形态。⑤ 李合亮从宏观上将历史演进中的思想政治教育样式概括为古代政治思想的教育、近代资产阶级国民教育制度的意识形态化、现代资本主义国家“无名有实”的思想政治教育与马克思主义视域中的思想政治教育。⑥ 邱柏生从宏观上将思想政治教育工作分为传统的和现代的两种形态。⑦ 孙其昂等以改革开放为界，将1919—1978年以党的整风活动和政治宣传教育为主的思想政治教育活动称为以革命为中心的传统思想政治教育，1978年以后的称为“以人为本”阶段的思想政治教育。⑧ 陈立思研究了当代世界一些国家的思想政治教育，将其分别归置为美国、英国、法国、德国、日本、新加坡等国家的思想政治教育。⑨ 孙迎光立足我国思想政治教育的宏观层面，将其分为以群众运动的方式展开的意识形态型思想政治教育、以学科建设和科学理论研究的方式展开的学术型思想政治教育，以及以赋予群众实践合规律的目的性的方式展开的面向生活型思想政治教育。⑩ 白显良提出，宏观思想政治教育存在多种多样的实践形态，主要分为政治形态、社会形态和文化形态三种。⑪ 骆郁廷等认为，日常思想政治教育是一种经常的、广泛的、大量的、常态的思想政治教育。⑫ 为有针对性地解决教育对象个性化、特殊性的思想

① 何志敏，卢黎歌．建立“宏观思想政治教育学”与“微观思想政治教育学”的思考［J］．思想教育研究，2011（1）：15－19.

② 白显良．宏观思想政治教育学理论奠立的几重视野［J］．思想理论教育，2022（3）：51－58.

③ 戴锐．思想政治教育学科建设的基础性问题探要［J］．重庆工商大学学报（社会科学版），2013（1）：12－17.

④ 杨晓慧．对深化思想政治教育学科建设的几点思考［J］．思想政治教育研究，2014（1）：12－16.

⑤ 张耀灿，郑永廷，吴潜涛，等．现代思想政治教育学［M］．2版．北京：人民出版社，2006：95.

⑥ 李合亮．思想政治教育探本——关于其源起及本质的研究［M］．北京：人民出版社，2007：67－100.

⑦ 邱柏生．试论思想政治教育工作的历史转型［J］．理论探讨，2009（3）：115－119.

⑧ 孙其昂，等．思想政治教育现代转型研究［M］．北京：学习出版社，2015：21.

⑨ 陈立思．比较思想政治教育［M］．北京：中国人民大学出版社，2018.

⑩ 孙迎光．思想政治教育的三种形态［J］．河海大学学报（哲学社会科学版），2016（4）：24－27.

⑪ 同②.

⑫ 骆郁廷，赵方．论日常思想政治教育的作用机理［J］．江海学刊，2021（3）：230－235.

困惑，王习胜带领的思想政治教育教学与科研团队，从2010年开始关注逻辑学界开展的“思想分析”活动，进而探索思想政治教育视域中的“思想咨商”问题①，创设了点对点、一对一的“思想咨商”式的微观思想政治教育，并在实践中取得了较好的效果。

三、线下的思想政治教育与线上的思想政治教育

空间是思想政治教育的重要存在形式，它为思想政治教育提供了具体的场所、现实的环境或情境以及不同的载体。在虚拟和现实深度融合的信息空间，思想政治教育的时空传导和交互过程更为复杂明显，被称为信息化3.0时代发展“先锋”的元宇宙，为人与虚拟对象之间构架起了不受时间限定的空间桥梁，崭新的空间形式和仿真模拟的技术特性将教育对象的意识和“身体”同时带入虚拟世界，使之形成与传统交互截然不同的人机交互过程。② 伴随着信息科技时代网络技术的繁荣与发展，虚拟的网络思想政治教育空间逐步形成，思想政治教育运用网络平台开展教育活动，诞生了网络思想教育、网络政治教育、网络伦理教育、网络心理教育、网络法制教育、网络人文科学知识教育、网络国情教育、网络中华优秀传统文化教育等不同领域。③ 据此，我们可将思想政治教育分为线下与线上的思想政治教育两种类型。这里的划分仅仅立足于思想政治教育发生空间是现实还是虚拟，与思想政治教育是否运用新科学技术并无直接关联，比如，在高校思政课堂上，师生通过学习通、雨课堂、对分易、易班等进行答题、发弹幕、主题讨论等互动交流，应该属于线下而不宜视为线上思想政治教育。

（一）线下的思想政治教育

线下的思想政治教育是在现实空间进行的课堂教学、主题演讲、专题报告、座谈会、探讨会、学习会等“面对面”的思想政治教育，其教育对象和教育内容相对固定且明确。自思想政治教育发生以来，这种现实的、面对面的、口耳相传的思想政治教育活动是主要的存在形式。线下的思想政治教育常因场域即在各种位置之间存在的客观关系的一个网络（network）或者一个构型（configuration）④ 的不同，而呈现出不同的思想政治教育形式。对思想政治教育而言，场域不仅提供了确定的思想政治教育活动空间，还规定了具体的思想政治教育情境及与之相应的思想政治教育的路径、载体和话语方式。比如，党政机关场域主要承担党员干部、公务员和其他工作人员的思想政治教育以及社会宣传工作；学校场域主要承担各类学校及其相关教育机构的思想政治教育工作，其中高校以系统、专业的理论知识传授或思想政治教育教学能力培养为己任，其思想政治教育主要建基于课堂和校园文化；企业场域主要承担职工的思想政治工作；社区场域承担的是社区思想政治工作，以社区治理为主等。

（二）线上的思想政治教育

线上的思想政治教育因在虚拟网络空间进行也常被称为网络思想政治教育，指在网络

① 王习胜．“思想咨商”及其中国式问题论要［J］．安徽师范大学学报（人文社会科学版），2014（2）：134-140.

② 赵浚，张澍军．信息化3.0时代网络思想政治教育的复杂性探赜［J］．思想教育研究，2022（10）：45-50.

③ 黄日干．网络思想政治教育内容论［J］．广西师院学报（哲学社会科学版），2001（4）：79-85.

④ 布迪厄，华康德．实践与反思——反思社会学导引［M］．北京：中央编译出版社，1998：133.

信息生态中，主流意识形态信息高势位供给与网民高自主需要互动共生的，有目的、有计划、有组织地促进人思想、政治、道德素质全面提升的数字化教育实践。① 网络拓展了思想政治教育的空间，非物质的、非固定场所的虚拟空间将替代或部分替代现有的现实空间，出现了以自我教育、远程教育为基础的思想政治教育。在这一虚拟的社会空间中，不仅思想政治教育的生存境遇和存在方式被改变，就连思想政治教育过程的诸要素也主动或被动地发生着颠覆性变化，教育者、教育对象和教育时间等都处于不断变化之中，时效性和流动性较大，教育效果难以衡量，但教育的主题性和专题性较为突出。当前，线上思想政治教育越来越流行，通过网络可以进行在线教学、虚拟教学和交互式辅助教学。在网络这个公开、自由、开放的平台上，教育者与教育对象可以自由、平等地交流与对话，教学气氛轻松而活跃。另外，思想政治教育专题网站集文字、图画、色彩、声音、动画等于一体，将教育情境以形象、生动、直观的形式展现出来，充分调动了教育对象的感知性，还有的通过电子邮件、在线交谈等方式进行教学信息的交流与反馈，或设立聊天室、心理咨询室等进行思想、情感、心理方面的交流。比如，上海大学的网络思想政治课“创新中国”，已有500多所学校的10多万名学生选修，“入选了首批教育部精品在线课程，是地道的‘网红课’”②。很多思想政治教育内容被做成一个主体网站供学习者浏览和下载所需内容，增加了学习和教育的便捷性，人们在网络社区内可以进行交流，在思想政治教育方面可以发挥其独特的作用。③ 学校场域中，学习通、慕课、对分易、雨课堂、易班、腾讯会议、钉钉等网络平台得到广泛应用，其中关涉的教学价值、方法、模式、机制等也受到学界充分关注，线上思想政治教育逐渐成为相对独立的思想政治教育类型。未来，需要不断创新线上思想政治教育，合理运用网上和网下两种不同的教育手段，推进网上网下协同合力育人的效果。④

四、理论形态的思想政治教育与实践形态的思想政治教育

依据思想政治教育展开方式的不同，思想政治教育还可以划分为理论形态的思想政治教育和实践形态的思想政治教育。在20世纪80年代，人们就开始对思想政治教育进行理论形态和实践形态的区分，如张蔚萍指出，思想政治工作既包括思想政治工作的理论，又包括思想政治工作的实践，是思想政治工作的理论和实践相统一的科学概念。⑤

这里有两组概念需要区分，即“理论形态的思想政治教育”与“思想政治教育的理论形态”，“实践形态的思想政治教育”与“思想政治教育的实践形态”。“思想政治教育的理论形态”对应于“思想政治教育的实践形态”，前者以间接性、抽象性和概括性的方式揭示思想政治教育的实践及其发展的本质、规律性，后者是思想政治教育的实践活动。正如研究者所指认的：思想政治教育实践和思想政治教育学是两种不同的形态，前者是实践形

---

① 谢玉进．新时代网络思想政治教育概念再界定与研究深化［J］．思想教育研究，2022（5）：56-61．

② 思政课 叫人怎能不爱听［N］．人民日报，2018-01-10（12）．

③ 戴锐，揭春兰．思想政治教育视域中公共空间的教育价值及其实现［J］．理论与改革，2013（6）：140-142．

④ 骆郁廷，唐丽敏．改革开放四十年高校思想政治工作的三大跨越［J］．马克思主义研究，2018（12）：133-142，162．

⑤ 张蔚萍．新编思想政治工作概论［M］．北京：中共中央党校出版社，1989：4．

态，后者是理论形态，二者既相互区别又相互联系。① “思想政治教育学作为理论形态，是一门科学；思想政治教育实践作为工作形态，是一种社会实践活动。”② 一般而言，人们将思想政治教育学作为思想政治教育的理论形态，将思想政治教育实践活动作为思想政治教育的实践形态。实不尽然，除了思想政治教育学（学问、学术、学科）之外，思想政治教育的理论形态还包括对思想政治教育实践的经验总结，因为思想政治教育理论形态的核心在于对思想政治教育做理论的表述，思想政治教育工作可以通过经验总结或表述上升到理论，再经概念范畴上升到规律揭示。而“理论形态的思想政治教育”与“实践形态的思想政治教育”相对应，指向思想政治教育工作的不同范式：前者指从概念到概念的逻辑演化，核心在于通过理论的逻辑揭示思想政治教育的真理性；后者是指在实践中开展思想政治教育。

（一）理论形态的思想政治教育

“政治上的坚定源于理论上的清醒。”③ 理论形态的思想政治教育侧重知识导向，学理性和说理性较为突出，既包括“思想政治教育的理论”，既有作为思想政治教育内容形态存在的理论，如政治理论、道德理论、心理理论等知识，也有“关于思想政治教育的理论”即思想政治教育规律形态的理论，又包括“理论的思想政治教育”，就是通过摆事实而呈现的思想政治教育道理。总体来看，理论形态的思想政治教育可以从静态和动态两个角度进行分析。其静态指向思想政治教育知识体系，以教材、论著、论文、报告以及政策文件等为主要呈现形式；其动态指向思想政治教育知识传输的理论路径，以理论逻辑形态为主要呈现方式。

其一，以“思想政治教育知识”形式存在的理论形态的思想政治教育。思想政治教育学科已走过 40 年历程，学界关于思想政治教育理论体系建构的意识越来越自觉，人们围绕着思想政治教育的过程、矛盾、规律、内容、方法、主体、客体、价值、历史、评估等命题进行了广泛而深入的探讨，各自成为思想政治教育相对独立的研究领域。目前，学界普遍认为，思想政治教育已经是一个以“思想政治教育”为主题，由基础概念、基本范畴、基本原理等部分组成的理论体系。理论形态的思想政治教育是现代学科群中相对独立的存在类型，有学者从宏观视域系统地论证了理论形态的思想政治教育。譬如：张蔚萍指出，所谓思想政治工作的理论，主要有以下两个方面的基本原理：一是关于人们思想和行为的产生、形成和变化的基本原理，二是关于思想政治教育和管理的基本原理。④ 陆庆壬认为，思想政治教育知识包括思想政治教育基本理论、应用理论和管理理论。⑤ 王勤认为，思想政治教育知识包括思想政治教育元理论、思想政治教育基本理论和思想政治教育应用理论三个层次。⑥张耀灿等人认为，思想政治教育知识包括思想政治教育基本理论的研究、思想政治教育形成和发展的研究、思想政治教育方法理论研究和思想政治教育管理理论研究。⑦ 当前，面

① 孙其昂，黄世虎．思想政治教育学基本原理［M］．南京：河海大学出版社，2015：3.
② 同①11.
③ 中共中央文献研究室．习近平关于全面从严治党论述摘编［M］．北京：中央文献出版社，2016：67.
④ 张蔚萍．新编思想政治工作概论［M］．北京：中共中央党校出版社，1989：32－33.
⑤ 陆庆壬．思想政治教育学原理［M］．北京：高等教育出版社，1991：9－14.
⑥ 王勤．思想政治教育学新论［M］．杭州：浙江大学出版社，2004：23.
⑦ 张耀灿，郑永廷，吴潜涛，等．现代思想政治教育学［M］．2 版．北京：人民出版社，2006：29.

对思想政治教育新形势和新使命，沈壮海提出基于新范式的思想政治教育理论新形态，当以现实问题研究为核心，以“论”（思想政治教育基本理论研究）、“史”（思想政治教育历史发展研究）、“比较”（思想政治教育比较研究）为主要支撑①，思想政治教育学的内容体系可以划分为思想政治教育学原理、思想政治教育史学、比较思想政治教育学和思想政治教育实践课题研究等方面。② 邓纯余提出，思想政治教育的知识体系以政治常识、道德认识、社会学识为架构，包括实现社会控制的政治性知识、促进思想转变的教化性知识、引导实践生存的体验性知识。③ 戴锐认为，思想政治教育学科知识体系应该包含思想政治教育学科的本体性知识，主要解决思想政治教育是什么、为什么的问题；思想政治教育学科的实践性知识，主要解决思想政治教育如何去做的问题；思想政治教育学科的条件性知识，主要解决正确理解教育内容的问题。④ 孙其昂等将思想政治教育知识分为经验型和学理型两种基本类型的知识。前者以文件、领导人讲话、宣传报道等为载体，后者以教材、专著、论文为载体。⑤ 也有学者从微观视域选择思想政治教育知识的某一主题展开研究。比如，以“思想政治教育学原理”为主题，郑永廷等提出“思想政治教育学原理，是思想政治教育基本的、具有普遍意义的理论……在思想政治教育学科理论体系中占据核心地位”⑥；戴锐等主张应当进行以行动为中心的思想政治教育学原理体系的范式重建，确立起以思想政治教育原论、思想政治教育史论、思想政治教育者论、思想政治教育对象论、思想政治教育内容论、思想政治教育行动原理论、思想政治教育行动过程论、思想政治教育条件论为基本结构的新的原理体系⑦；杨威等认为，思想政治教育学原理是对整个思想政治教育学科理论研究成果的集中承载，也是对思想政治教育普遍规律，尤其是马克思主义思想政治教育内在规律的学理揭示⑧。也有学者以“思想政治教育元理论”为主题开展研究，倪愫襄提出元思想政治教育学就是以语言分析、逻辑方法研究思想政治教育理论问题，以确立思想政治教育学科的科学性、合理性的问题；⑨ 李合亮将思想政治教育元理论理解为“思想政治教育理论研究中最根本性和基础性的命题”的研究⑩；宋锡辉等以“思想政治教育科学性”⑪ 为前提，分析了思想政治教育学元理论涉及的本质、价值、对象、规律、方法、环境、管理、现代化等问题。

其二，以“思想政治教育知识传输的理论路径”形式存在的理论形态的思想政治教育。马克思在《〈黑格尔法哲学批判〉导言》中指出：“理论只要说服人，就能掌握群众；

---

① 沈壮海．论思想政治教育理论研究的新范式与新形态［J］．思想理论教育导刊，2007（2）：40-46.

② 沈壮海．新编思想政治教育学原理［M］．北京：中国人民大学出版社，2022：12-13.

③ 邓纯余．思想政治教育学科的知识论视角［J］．内蒙古社会科学（汉文版），2011（4）：138-141.

④ 戴锐．思想政治教育学科建设的基础性问题探要［J］．重庆工商大学学报（社会科学版），2013（1）：12-17.

⑤ 孙其昂，等．思想政治教育现代转型研究［M］．北京：学习出版社，2015：361.

⑥ 郑永廷，郭海龙．思想政治教育学原理的体系建构与深化研究［J］．思想教育研究，2016（5）：8-12.

⑦ 戴锐，韩聪颖．面向行动的思想政治教育学原理体系擘划［J］．思想理论教育，2017（2）：47-52.

⑧ 杨威，管金潞．“思想政治教育学原理”教学内容的定位、体系与实施难点［J］．思想教育研究，2022（10）：125-130.

⑨ 倪愫襄．思想政治教育元问题研究［M］．北京：中国社会科学出版社，2014：5.

⑩ 李合亮．思想政治教育探本——关于其源起及本质的研究［M］．北京：人民出版社，2007：1.

⑪ 宋锡辉，等．思想政治教育学元理论研究［M］．北京：人民出版社，2012：1.

而理论只要彻底，就能说服人。”① 习近平总书记指出，“思政课的本质是讲道理”。在思想政治理论课的理论传输视域中，学界就思想政治教育“讲道理”开展了广泛的讨论。比如：刘建军提出，思想政治教育要重视讲道理，讲正确的有吸引力的道理，体现真理的魅力。② 韩喜平等强调，思想政治理论课讲好道理，要做到“道”和“理”的统一，把具体与普遍、感性细节与概念思辨结合起来；要做到“学”和“术”的统一，不断摄取时代的内容，并把时代的内容熔铸进清晰一贯的理性形式中；要做到“讲”和“授”的统一，既宣讲真主义，又注重讲授的鲜活过程；要做到“教”与“学”的统一，把过程和效果融合起来，关注学生的学习成效；要做到“知”和“行”的统一，让传授的知识和价值最终落实到学生的人格养成和实际行动中。③ 刘力波等认为，“讲道理”这一概念内蕴着“理论彻底”和“说服学生”，其实质在于用彻底的理论说服学生、武装学生④等。

（二）实践形态的思想政治教育

实践形态的思想政治教育侧重于思想政治实际工作。思想政治教育自产生起便以实践形态先行，无论是最初的宣传工作、政治工作、思想政治工作、政治思想工作还是后来的思想政治教育，实践形态始终是其主旋律。当下，实践形态的思想政治教育的领域日益拓展，不仅包括思想教育、政治教育、道德教育和人生观教育，还包括法治教育、劳动教育、心理健康教育、总体国家安全观教育、公共卫生安全教育等多个方面。在这样的背景下，研究者们从不同角度对实践形态的思想政治教育进行了考察，除常规的社会思想政治工作的实践与实践教学的思想政治教育实践外，实践形态的思想政治教育在互联网时代也在不断延展。

社会层面的思想政治工作实践主要是宣传思想文化工作，体现为中央和地方宣传系统，党校及企业、社区思想政治工作系统的思想政治教育，建立较为健全的思想政治工作机构，通过互联网络、广播电视、报纸杂志、文化活动、影视作品等传播媒介进行党的路线、方针、政策及社会主义核心价值观的思想政治宣传，开展社会主义意识形态的教育，使马克思主义通过具体的教育活动和思想工作走向大众，影响人们的思想政治观念和行为。

在学校思想政治工作层面，中央宣传部和教育部在 2020 年 12 月印发了《新时代学校思想政治理论课改革创新实施方案》，特别强调“要规范实践教学，把思想政治教育有机融入社会实践、志愿服务、实习实训等活动中，切实提高实践教学实效”⑤。实践教学方式的思想政治教育实践，主要集中于对高校思想政治理论课实践教学模式的探讨，相关研究主要围绕高校思想政治理论课实践教学的内涵、特征与功能，内容与形式、组织，实施模式与评价，以及中外高校思想政治理论课实践教学的比较研究等，其中高校思想政治理论课实践教学的改革与创新是近年来较为集中的论题之一，这类成果在 2010 年后“大量

---

① 马克思恩格斯文集（第 1 卷）[M]. 北京：人民出版社，2009：11.

② 刘建军．思想政治教育要发挥真理的魅力 [J]. 思想理论教育导刊，2011（8）：86－89.

③ 韩喜平，蒋磊．思想政治理论课讲道理要在“五个统一”上下功夫 [J]. 思想理论教育，2022（9）：76－81.

④ 刘力波，张子銮．思政课把道理讲彻底的三个维度 [J]. 思想理论教育导刊，2022（11）：72－79.

⑤ 中央宣传部、教育部关于印发《新时代学校思想政治理论课改革创新实施方案》的通知 [EB/OL].（2020－12－18）. https://www.gov.cn/gongbao/content/2021/content_5595931.htm.

涌现”。学界主要关注的是以课堂教学为分界，由课堂教学、校外教学或活动课程的区分，到“基地教育、社会实践、案例教学、阅读实践、校园文化、研究实践等”① 的区分，现在更为关注的是对“实践”的主要内涵、本质属性的学理性揭示，以此谋划实践教学，并提出“新时代思想政治教育的‘实践＋’逻辑”②，在开展实践教学的形式上由参观、调查、考察、志愿服务、公益劳动、专业实习（见习），逐步拓展到课程实践、社会实践、虚拟实践和文化实践等，针对不同课程、不同专题设计适恰性的实践教学方式。③ 另外，对思想政治教育实践教学论题的关注，由思想政治教育实践教学的模式、场域、内容延伸到对思想政治教育实践教学范式的创新，如红色经典体验式④、思想政治教育导师制⑤、“双色主题”教育式⑥等。与此同时，习近平总书记提出的“‘大思政课’我们要善用之”的教导，进一步激发了思想政治教育实践教学的讨论，为深化思想政治教育实践教学的改革创新指明前行的方向，融入仪式教育⑦、以微电影为载体⑧等可视为“善用之”的新探索。

在实践思想政治教育形态中，“互联网＋”是其不可忽视的重要组成部分。实践为思想政治教育确立了新的历史方位，提出了新的目标任务，赋予了新的工作要求。当前，“互联网＋”、人工智能、全媒体时代、智能时代等信息交互加速剧变，网络媒介深深渗入人们的日常生活乃至人们的思想观念，思想政治教育工作在继承过去经验的基础上利用5G、云计算、大数据等新科技手段，利用人民网、学习强国、微博、微信公众号、哔哩哔哩等平台，用技术赋能思想政治教育，积极关照人们对思想政治的现实需求。比如，2019年的新年主题公益广告《2019，我和我的祖国一起出发》，以平凡人的视角，生动诠释了习近平总书记关于“中国梦归根到底是人民的梦”的重要论述；2020年五四青年节前夕，由央视新闻、光明日报、中国青年报、环球时报等多家官方媒体联合发布的“献给新一代的演讲”视频《后浪》，在央视一套和哔哩哔哩平台播出，其内容短小精悍，语言风趣幽默，声音深情而不失生动，其中“你们有幸，遇见这样的时代；但是时代更有幸，遇见这样的你们”，传达了对青年一代的认同、称赞和寄托，那句“心中有火，眼里有光”，更是精准地阐释出年轻一代的魅力和特质；2022年12月12日，新华网的“新时代新征程新伟业”专栏发表《精细化管理让老社区充满温暖》，采用从日常生活着眼的微叙

---

① 柳礼泉．论思想政治理论课实践教学的形式［J］．思想理论教育导刊，2007（3）：66－69.

② 李蕉．新时代思想政治教育的“实践＋”逻辑［J］．马克思主义理论教学与研究，2021（2）：134－140.

③ 钱广荣．高校思想政治理论课的实践教学探讨［J］．思想理论教育，2007（3）：69－71；牛菲．《思想道德与法治》实践教程［M］．芜湖：安徽师范大学出版社，2022；李敏，卢佐冬，唐忠义．新时代高校思想政治理论课实践教学创新研究［M］．武汉：武汉大学出版社，2020；胡绪明．高校思想政治理论课实践教学案例与课程设计［M］．天津：天津人民出版社，2021.

④ 欧巧云，甄凌．红色经典体验：高校思想政治教育实践教学范式创新研究［J］．湖南社会学，2019（2）：155－160.

⑤ 张凤云．高校思想政治理论课实践教学创新模式探析——以许昌学院“思想政治教育导师制”为例［J］．学校党建与思想教育，2012（15）：33－35.

⑥ 北京中医药大学课题组．以“双色主题”教育为指引构建医学生思想政治理论课实践教学新模式——以北京中医药大学为例［J］．思想教育研究，2017（1）：76－79.

⑦ 高晓林，骆良虎．仪式教育融入“大思政课”建设的内在逻辑、价值意蕴与实践理路［J］．思想教育研究，2023（1）：103－108.

⑧ 柴素芳，姜旭．以微电影为载体创新“大思政课”建设［J］．思想教育研究，2022（12）：157－158.

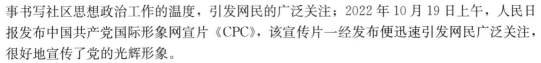

事书写社区思想政治工作的温度，引发网民的广泛关注；2022 年 10 月 19 日上午，人民日报发布中国共产党国际形象网宣片《CPC》，该宣传片一经发布便迅速引发网民广泛关注，很好地宣传了党的光辉形象。

实践是思想政治教育的重要途径，它不局限于作为思想政治教育的途径和方法，更多的是思想政治教育的理念，展现的是思想政治教育的内容，是以“行”的方式展开的思想政治教育。因此，基于对“实践”的不同解读，实践形态的思想政治教育的外延也在不断被拓新，诸如情景模拟的思想政治教育、生活实践的思想政治教育，以及实践检验的思想政治教育、实践体验的思想政治教育、实践践履的思想政治教育等，新的形式的思想政治教育的实践将不断涌现，体现出思想政治教育实践蓬勃的生命力。

第二节　思想政治教育的范式研究

思想政治教育学科的发展离不开坚实的基础理论的支撑，而坚实的基础理论必须依赖并夯实其本质和规律方面的理论①，这势必会要求思想政治教育学科具备科学而且规范的研究范式。思想政治教育研究范式问题是思想政治教育学科理论研究中的深层次问题，它是关涉思想政治教育学科建设和发展的根本问题，或如有的学者认为的，这是学科的本体论问题或元问题。思想政治教育学科创立 40 年来取得了令人瞩目的成就，思想政治教育研究范式正在逐渐成形。

一、思想政治教育研究范式内涵、类型和功能

“范式”最初由托马斯·库恩在其名著《科学革命的结构》一书中给予了集中考察和分析。之后，“范式”逐渐被迁移至诸多领域，得到了日益广泛的应用。范式在本质上是反映和描述特定学科推进科学研究的方法论模型。“范式”一词被引入思想政治教育学科后，引起了学者们的关注和重视，并围绕思想政治教育学科范式开展了诸多研究。有研究者认为，依照适用的领域不同，思想政治教育范式可区分为思想政治教育工作范式和思想政治教育研究范式②，前者是针对思想政治教育实践领域的，后者是针对思想政治教育理论研究的。也有研究者认为，“思想政治教育研究范式”不同于“思想政治教育范式”，思想政治教育研究范式的内涵要比思想政治教育范式的内涵更具丰富性、深刻性和系统性。③ 我们这里关注的是思想政治教育研究范式，即思想政治教育学（科）研究范式。

（一）思想政治教育研究范式的内涵与类型

学界对思想政治教育研究范式的研究，多数以美国科学哲学家托马斯·库恩的“范式理论”为依据。但学者们对思想政治教育研究范式内涵的理解却不完全相同：有的指思想

---

① 王习胜．类型与层级：思想政治教育规律指认的归置与统摄［J］．教学与研究，2021（10）：84-91．
② 吴琼．思想政治教育范式解析［J］．北京教育（德育），2008（3）：14-16．
③ 李坤．思想政治教育范式还是思想政治教育研究范式？［J］．思想教育研究，2019（7）：26-31．

政治教育学科研究的共同体及其共同拥有的学科背景、理论框架、研究方式和话语体系①，有的指思想政治教育学术共同体成员对思想政治教育研究领域中诸如思维模式、理论基础、学术传统、价值定位、话语体系等学科的基本问题所持有的一致的信念②，还有的指思想政治教育的研究成员与研究活动所共有的基本的学科传统、理论信念、价值旨趣、规范框架、概念体系、认知原则、研究指南、思维脉络、观察角度、探索视域、方法背景、分析模型和话语系统③，也有学者将其概括为在思想政治教育理论研究与应用、实践研究与发展过程中形成和遵循的结构模型。④

对于思想政治教育研究范式的类型，学者们从不同的视角提出了各自的看法。有的学者按照库恩的范式内涵展开现状描述，认为现有思想政治教育学科范式研究中主要存在研究取向论、人学范式论、文化范式论和社会学范式论等几种类型。⑤ 有学者认为目前思想政治教育学科范式研究主要存在着发展取向论、人学范式、文化范式、交叉学科范式等类型。⑥ 有学者认为思想政治教育研究实际上是“多样范式”，而且是有“范式体系”的：马克思主义研究范式是主导范式，它居于指导地位和内核层次；跨学科研究范式和比较研究范式是辅助范式，它们具有十分重要而强大的助推作用，且都接受马克思主义研究范式的统辖。⑦ 也有研究者将已有研究成果概括为“国家本体论”和“个体本体论”两种理解范式，前者侧重政治性，后者侧重教育性。⑧ 有的学者在分析“社会取向”与“个人取向”两种主要研究取向的合理性与局限性的基础上，认为“以马克思主义实践观为指导”是扬弃和超越两种研究取向的根本出路⑨，进而提出“科学实践观范式”。还有学者结合新时代思想政治教育学科建设的内在要求，对思想政治教育学科交叉研究范式进行了研究，并对这一范式的创新提出了新的建议。⑩

（二）思想政治教育研究范式的功能

范式在学科建设和发展中形成，反过来又深刻影响着学科的建设发展。思想政治教育研究范式的功能，指的是思想政治教育研究范式所具备的自身能力、所产生的积极作用、所发挥的功效、所能够做出的贡献，它是思想政治教育研究能够深入和拓展所不可或缺的重要因素。有学者从科学研究发展史角度指认，范式具有三个方面的功能，即汇聚与整合的功能、培育与造就的功能、传承与创生的功能。⑪ 对思想政治教育研究范式而言，学者

① 张耀灿，钱广荣．思想政治教育研究范式论纲——思想政治教育研究方法的基本问题［J］．思想教育研究，2014（7）：3-9.

② 吴琼．论思想政治教育学科范式及其发展路径［J］．复旦教育论坛，2014（2）：29-33.

③ 王学俭，郭绍均．思想政治教育研究范式：体系、问题与建构［J］．思想理论教育，2015（3）：49-54.

④ 赵志业．思想政治教育范式发展的六大问题研究［J］．重庆大学学报（社会科学版），2023（2）：140-152.

⑤ 金林南．思想政治教育学科范式论：现状、问题与发展［J］．思想理论教育，2014（5）：28-33.

⑥ 蔡如军．思想政治教育学科范式的反思与建构［J］．思想政治教育研究，2015（4）：52-55.

⑦ 同③.

⑧ 杨小芳，张志坚，贺武华．识读思想政治教育本质：范式、路径与取向［J］．思想政治教育研究，2020（3）：43-47.

⑨ 王秀阁．论思想政治教育研究取向的问题——马克思主义实践观视角［J］．马克思主义研究，2015（5）：129-134.

⑩ 侯勇，钱锦．思想政治教育学科交叉研究范式：现状、问题与创新［J］．思想教育研究，2021（8）：50-56.

⑪ 张耀灿，钱广荣．思想政治教育学科范式简论［M］．芜湖：安徽师范大学出版社，2018：25.

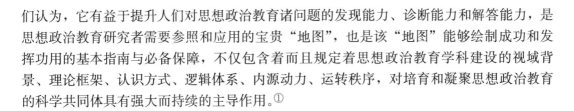

们认为，它有益于提升人们对思想政治教育诸问题的发现能力、诊断能力和解答能力，是思想政治教育研究者需要参照和应用的宝贵“地图”，也是该“地图”能够绘制成功和发挥功用的基本指南与必备保障，不仅包含着而且规定着思想政治教育学科建设的视域背景、理论框架、认识方式、逻辑体系、内源动力、运转秩序，对培育和凝聚思想政治教育的科学共同体具有强大而持续的主导作用。①

二、思想政治教育研究范式的概况

近些年来，学界围绕思想政治教育研究范式开展了广泛而深入的研究，并且产生了一批重要的研究成果。总结其成就，揭示其不足，对进一步明晰思想政治教育研究范式的发展方向和路径具有重要指导意义。

（一）当前思想政治教育研究范式所处的阶段

张耀灿等人认为，一门学科范式的形成，一般都要经历由“前范式”向“后范式”演变的过程。② 学界对目前思想政治教育研究范式所处阶段开展了激烈的探讨，主要有以下两种观点：一是认为思想政治教育研究范式尚处于“前范式学派”阶段。有学者认为，按照库恩范式理论，现有思想政治教育学科范式论存在着知识信念论证不足、价值主体不清、基本理论和方法论研究不深入、忽视范例研究等问题，这些问题表明思想政治教育学科范式尚处于“前范式学派”阶段，从这一阶段走向范式阶段是思想政治教育学科发展的基本要求和现实方向③；有学者基于思想政治教育文献大数据分析，认为当前各种思想政治教育范式的说法都不具备库恩所言的范式的两个基本特征，思想政治教育学科范式仍然处在“前范式学派”阶段，思想政治教育范式的真正形成还需要学界共同努力④。二是认为，我国思想政治教育范式已（初步）形成。有学者认为，思想政治教育学科范式研究已经从“尝试引入范式概念的阶段”发展到“系统科学地研究思想政治教育范式理论的起始阶段”⑤。有学者认为，在中国共产党的领导下，在理论工作者和实践工作者的共同努力下，当前我国思想政治教育范式已经形成了比较稳固的结构。⑥ 也有学者认为，思想政治教育研究已形成了相对确定和较为稳定的研究范式，为思想政治教育的纵深研究奠定了基点、铺展了前提，也为思想政治教育学术共同体的逐渐形成夯实了凝聚力、充实了正能量，还为思想政治教育学科的不断发展指引了演进的路向、增添了创新的引擎。⑦

（二）“社会哲学范式”和“人学范式”

其一，社会哲学范式的研究。有学者将社会哲学范式称为“社会需要论范式”“社会学范式”“物本范式”等，持人学范式观点者称之为传统范式。社会哲学范式把思想政治

---

① 郭绍均．思想政治教育研究范式的内涵、功能及其优化［J］．思想理论教育，2018（9）：56－60．

② 张耀灿，钱广荣．思想政治教育学科范式简论［M］．芜湖：安徽师范大学出版社，2018：25．

③ 金林南．思想政治教育学科范式论：现状、问题与发展［J］．思想理论教育，2014（5）：28－33．

④ 张志毅，刘海燕，尹晓虎．当前思想政治教育范式之争的大数据检视［J］．思想政治教育研究，2021（4）：79－82．

⑤ 何秀敏，张耀灿．思想政治教育学科范式研究现状探析［J］．学校党建与思想教育，2015（7）：8－11．

⑥ 赵志业．思想政治教育范式发展的六大问题研究［J］．重庆大学学报（社会科学版），2023（2）：140－152．

⑦ 王学俭，郭绍均．思想政治教育研究范式：体系、问题与建构［J］．思想理论教育，2015（3）：49－54．

教育的学科性质定位为社会科学，把思想政治教育研究对象认定为思想政治教育规律（一个规律），用社会科学的研究方法对思想政治教育进行研究。① 社会哲学范式的特点是工具性、知识性和灌输性。② 也有学者认为，思想政治教育研究中的社会哲学范式是以马克思主义意识形态理论作为理论基础的，强调现实政治和社会的需要，以灌输为主要方式，凸显教育者的单一主体性。③ 从社会哲学范式的内容取向来看，有研究者认为它主要包括两个方面：一方面将社会学的基本理念和方法体系渗入思想政治教育的范畴、要素、实践之中，为思想政治工作注入新的血液；另一方面把握思想政治教育学科，整合社会力量，凝聚社会精神，推进社会和谐的“软实力”作用，折射出思想政治教育的社会本体性精神。④

学界认为，坚持思想政治教育研究的社会哲学范式的合理性在于：一是它的产生具有历史必然性，二是它在无产阶级革命和社会主义建设中发挥了重要作用，三是它为学科建设做出了重要贡献。社会哲学范式强调社会需要、工具价值，这是革命战争时期思想政治教育为我们党领导人民夺取政权的中心任务服务的，这个时期的思想政治教育并不是“无人的思想政治教育”“人学的空场”，它不但在完成新民主主义革命和社会主义革命中发挥了“生命线”作用，而且在思想政治教育学科建立中也做出了历史性贡献。⑤ 也有学者认为，在社会哲学范式下，人们强调思想政治教育满足社会政治需要的属性，着眼于社会大系统与思想政治教育之间的关系，把思想政治教育看作宣传和灌输党的理论方针的载体，这种研究范式的产生是有其历史必然性的，其地位和作用是其他各种教育不可替代的。⑥ 也有学者认为，随着现代社会的发展和人的自主性提高，社会哲学范式的不足也日益明显。新中国成立后特别是社会主义制度建立后，由于计划经济体制制约、“左”的思想影响，我们对思想政治教育的认识长期停留在社会需要、工具价值的层面，而忽略了思想政治教育的个体价值、目的价值⑦，对人的重视不够，对个体的独立性和差异性的尊重不足，脱离日常生活，实践环节薄弱，实效性不高，在新世纪新阶段不能有效解答重大的理论与现实问题，存在“解题低效”的弊病⑧，使得思想政治教育研究在社会哲学范式主导下的教育效果欠佳。

其二，人学范式的研究。思想政治教育人学范式，有学者称之为“‘现实的人’范式”“人本范式”等。人学范式研究起始于20世纪末对思想政治教育人学基础的探讨，2006年，张耀灿等学者在《思想政治教育学前沿》一书中提出了“‘以现实的个人为出发点’的研究范式”。在社会主义现代化建设年代，人民对幸福生活的追求是党的奋斗目标，包括思想政治教育在内的党的全部工作都注重把人民利益维护好、实现好、发展

---

① 王智慧．范式转换与思想政治教育原理的创生［J］．思想理论教育，2010（13）：21－27.

② 赵安民，董秀玲．马克思主义人学视角下思想政治教育范式转换［J］．思想教育研究，2012（1）：18－20.

③ 陈宗章，尉天骄．思想政治教育范式转型的“教化论”审视［J］．学术论坛，2011（2）：68－71.

④ 李坤．改革开放40年思想政治教育研究范式的现状、困境及反思［J］．理论导刊，2019（8）：109－115.

⑤ 张耀灿．思想政治教育学科建设研究［M］．北京：中国人民大学出版社，2017：138－139.

⑥ 李月玲，王秀阁．科学实践观视角下思想政治教育研究范式探微［J］．理论导刊，2012（8）：42－43，46.

⑦ 同⑤139.

⑧ 陈宗章，尉天骄．思想政治教育范式转型的“教化论”审视［J］．学术论坛，2011（2）：68－71.

好，以人为本的理念应运而生。① 在此背景下，学界将思想政治教育研究的范式从社会哲学范式转向人学范式。思想政治教育人学范式以马克思主义人学为理论基础，它是对社会哲学范式的继承和发展，强调以人为本，既要推动社会进步，又要促进人的自由全面发展；既要坚持思想政治教育的意识形态功能，又要努力促进教育对象生存方式的优化提升，将二者有机统一起来。② 有研究者认为，人学范式的特点主要表现为以下两个方面：一方面把思想政治教育作为人的教育，在教育过程中满足人的需要，促进人的发展；另一方面以马克思主义人学为理论基础，强调人的需要和人的目的性，呼吁关注现实的人的价值。③

学界认为，思想政治教育研究的人学范式的提出有其生成语境的合理性。它是随着社会主义市场经济体制改革目标的确立、社会主义民主政治建设的发展、全面建设小康社会实践的推进而不断生成发展的，也源于哲学从认识论向生存论的范式转向、时代呼唤着思想政治教育及其研究范式的人学转换④，这是对时代发展要求的回应，是对思想政治教育学科发展诉求的应和，具有历史的必然性。⑤ 有学者认为，思想政治教育研究范式的提出，在一定程度上表明了思想政治教育的理论建构开始告别对近邻学科的“借用”，而有自己的问题意识及建构学科的特有理论体系，是思想政治教育理论研究成熟的标志。⑥

至于思想政治教育研究人学范式的局限性：有学者认为，该范式在某种程度上存在着理论瑕疵和逻辑不自洽的问题，产生了某种程度的“疑”与“惑”，说明该范式尚需进一步完善。⑦ 也有学者认为，当前思想政治教育研究的人学范式面临着超越还是颠覆社会哲学范式、优化还是遮蔽思想政治教育的本质、立足现实的人还是走向抽象的人的理论与实践上的困境。这是因为，现有的思想政治教育研究人学范式存在着发展逻辑不自洽、核心概念不清晰、理论体系不完善等问题。⑧ 还有研究者认为，思想政治教育人学范式初步形成，并作为思想政治教育研究范式促进学科的研究发展，具有重要的价值引领和方法论作用，但是在思想政治教育本质属性的坚守、社会与个人关系的处理、理论与实践的关系等方面仍然存在诸多待解的问题。⑨

其三，社会哲学范式与人学范式的转换。随着思想政治教育学科的深入发展，思想政治教育研究范式也在不断发展。思想政治教育研究范式的转换是思想政治教育内在矛盾运动和外部环境变迁共同作用的逻辑进程。近些年来，学界较为关注思想政治教育研究范式的转换，其中以社会哲学范式与人学范式两种研究范式转换为主。学界不乏对两种范式之间关系的辨析。有学者认为，社会哲学范式和人学范式在实质上存在着是以“社会”还是以“个人”为本位（主体）的分歧，核心的问题可以归结为个人与社会关系的问题，前者

①② 张耀灿．思想政治教育学科建设研究［M］．北京：中国人民大学出版社，2017：141.

③ 李坤．改革开放40年思想政治教育研究范式的现状、困境及反思［J］．理论导刊，2019（8）：109－115.

④ 张耀灿．推进思想政治教育研究范式的人学转换［J］．思想教育研究，2010（7）：3－6.

⑤ 刘海春，吴之声．思想政治教育研究的人学范式：形成、困境及出路［J］．思想理论教育，2016（11）：44－48.

⑥⑦ 赖雄麟，梁东亮．思想政治教育人学范式献疑［J］．思想教育研究，2016（3）：16－20.

⑧ 同⑤.

⑨ 欧彦伶．论思想政治教育人学范式的反思［J］．思想政治教育研究，2014（1）：52－55.

的出发点和最高价值是社会，后者的出发点和最高价值是个人。① 就两种范式之间的关联而言，思想政治教育研究范式的人学转换不是对社会哲学范式的推倒重来，而是对其创新、拓展、深化，使研究进一步回归和贴近生活世界，使得思想政治教育拥有新视野、新思路和新话语。简言之，人学范式是在继承基础上对社会哲学范式的创新，是在社会哲学范式的全面深化中实现超越。② 也有研究者认为，思想政治教育社会哲学范式基于社会哲学宏观视野和“规训性”实践特征，为实现人的解放敞开广阔空间③，同样彰显了思想政治教育社会哲学范式中的人学取向，在思想政治教育研究共同体没有发生根本性变化之前，对思想政治教育研究范式的发展主要是进行改良④，提出由社会哲学范式转向人学范式过于超前。

当然，思想政治教育“社会哲学范式”与“人学范式”也有各自不足与面临的困境。有的学者认为“社会哲学范式”和“人学范式”两种范式尽管都是为了克服思想政治教育的某种困境而建立的，但其本身又陷入新的困境，思想政治教育研究范式需要扬弃“社会哲学范式”和“人学范式”，实现“再转换”，即建立“科学实践观范式”⑤。也有学者明确指出，不应该将“个人”与“社会”割裂对立起来，用一个否定另一个，思想政治教育应提倡“一体化二重性”范式，就是要以“为社会发展服务”为主导，以“为人的发展服务”为基础，建设一个既属于社会科学又属于人文科学的思想政治教育新本体的“新世界”⑥。

（三）其他思想政治教育研究范式

近些年来，学界围绕思想政治教育研究范式开展了较多的研究，除了就社会哲学范式与人学范式进行研究之外，还围绕如下思想政治教育研究范式开展了相应研究：

一是科学实践观范式。有学者认为科学实践观是思想政治教育发展的必然选择，其蕴含的最基本的价值观念就是个人和社会的有机统一，以它作为思想政治教育的范式可以对已有的社会哲学范式和人学范式进行扬弃。⑦ 在科学实践观范式视角下，思想政治教育价值的本质特征体现为个体性与社会性、现实性与超越性、主体性与客观性的辩证统一。⑧ 也有研究者主张，以生成性的实践范式扬弃社会哲学范式和人学范式，不断逼近思想政治教育研究的理想范式，可为以后的科学研究工作提供可供模仿的范例，进而规范特定时期思想政治教育学科的发展道路和工作方式⑨，可使思想政治教育以自身独特的学术品格和

---

① 李坤．改革开放40年思想政治教育研究范式的现状、困境及反思［J］．理论导刊，2019（8）：109－115.

② 张耀灿．推进思想政治教育研究范式的人学转换［J］．思想教育研究，2010（7）：3－6.

③ 葛彬超，王立泽．思想政治教育社会哲学范式中的人学取向［J］．思想教育研究，2020（12）：54－59.

④ 陈永志，高杨帆，钱作勤．思想政治教育研究范式的比较研究——兼评人学范式的转换［J］．武汉理工大学学报（社会科学版），2014（4）：643－647.

⑤ 李月玲，王秀阁．思想政治教育范式再转换［J］．思想教育研究，2012（5）：10－13.

⑥ 陈秉公．论思想政治教育的“一体化二重性”范式——兼论思想政治教育研究从“二元论”思维向“二重性”思维转换［J］．教学与研究，2016（8）：50－58.

⑦ 同⑤.

⑧ 李月玲，王秀阁．科学实践观范式下思想政治教育价值的本质特征［J］．思想教育研究，2015（2）：23－26.

⑨ 李坤，王秀阁．科学实践观：思想政治教育范式研究的新取向——兼谈思想政治教育的起源［J］．思想教育研究，2015（7）：12－16.

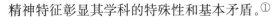

精神特征彰显其学科的特殊性和基本矛盾。①

二是学科交叉研究范式。有学者认为，思想政治教育学科交叉研究范式是学术共同体借鉴多学科的思维方式、原理范畴、知识资源、研究方法，以推动思想政治教育现代化的研究范式。思想政治教育学科交叉研究具有学术版图显现、研究论域聚焦、研究范式创新等特征，该学者从构成要素与框架结构两个方面对其进行了建构。② 也有学者指出，思想政治教育交叉学科的形成拓展了思想政治教育学术空间，推进了思想政治教育学科化、科学化发展，但思想政治教育交叉学科的提出并不意味着这门学科的成熟，反而是工作的开始，为此从学术自觉、学科自觉与方法自觉三个维度分析了思想政治教育交叉学科研究范式应该注意的相关问题。③

三是文化范式。思想政治教育文化范式主要关注“基于文化情境的思想政治教育研究”和“基于深刻的文化关怀意识的思想政治教育研究”④。思想政治教育文化范式由范式方法论、理论范式和实践模式组成。有研究者认为，目前学术界对思想政治教育文化范式中的理论范式和实践模式的研究取得了众多成果，而对思想政治教育文化范式的方法论研究还很薄弱，提出以马克思主义社会建构论作为思想政治教育文化范式的方法论，以此作为对思想政治教育文化范式方法论研究的补充和深化⑤，至于思想政治教育文化范式的结构，是由深层要素圈、核心要素圈、中介要素圈和外围要素圈组成的同心圆结构。⑥

四是网络思想政治教育范式。随着网络思想政治教育的不断深入发展，网络思想政治教育范式日益引起学界的关注。从概念内涵来看，网络思想政治教育范式是指网络思想政治教育共同体在特定时期内形成的理论和实践的共识，是该领域内共同体成员共同遵循的模式或准则，指引和规定着网络思想政治教育理论形态和实践样态的形成和发展。⑦ 有学者认为，网络思想政治教育的范式转换是历史必然，是承载前期积累、应对现实挑战、遵循发展规律的选择，它意味着网络思想政治教育共同体成员在理论和实践中所持信念和规范的转变，既体现为教育内容、教育方法、教育主客体及其关系的转变，又表现为研究意识、研究内容、研究程度的转变。⑧

此外，有学者还提出了“一体化二重性”范式，认为思想政治教育应提倡“一体化二重性”范式。“一体化”指思想政治教育的本体是统一的有机整体，“二重性”指思想政治教育内在地包含着两个基本方面，即“为社会发展服务”与“为人的发展服务”，它们相互联系、相互制约、相互转化，是一体化存在缺一不可的条件。⑨ 也有学者提出了社会转

---

① 李坤，王秀阁．科学实践观何以可能——谈思想政治教育研究范式的转换［J］．思想教育研究，2016（2）：13－17.

② 侯勇，钱锦．思想政治教育学科交叉研究范式：现状、问题与创新［J］．思想教育研究，2021（8）：50－56.

③ 陈宗章．思想政治教育交叉学科研究的“三个自觉”［J］．学校党建与思想教育，2021（1）：4－8.

④ 郑忠梅，秦在东．文化视野：思想政治教育研究的新范式［J］．学校党建与思想教育，2006（5）：16－17.

⑤ 赵志业．思想政治教育文化范式方法论的反思与重建［J］．江苏高教，2016（4）：113－115.

⑥ 赵志业．新时代我国思想政治教育文化范式结构论纲［J］．西北工业大学学报（社会科学版），2023（2）：19－27.

⑦⑧ 赵玉枝，胡树祥．网络思想政治教育范式转换：内涵、成因及意义［J］．思想教育研究，2021（6）：36－42.

⑨ 陈秉公．论思想政治教育的“一体化二重性”范式——兼论思想政治教育研究从“二元论”思维向“二重性”思维转换［J］．教学与研究，2016（8）：50－58.

型范式，认为中国社会的转型为思想政治教育构建一种新的理论关怀或研究范式奠定了基础，社会转型作为思想政治教育的研究范式的实践基础，涵盖了从思想政治教育活动展开到活动过程的模型设计及活动目的预设乃至符号互动论的现象学分析等的全过程。①

第三节　思想政治教育类型与范式研究评析

“类型”是事物存在样态与主体认知的结合体，是认知主体把具有共同特征、共同属性的对象放在一起、归成一类，从而得到的其分门别类的认识，本质上就是对认识对象进行分类。分类是指人们把事物、事件以及有关世界的事实划分成类和种，使之各有归属，并确定它们的包含关系或排斥关系的过程。② 分类是否适当，其关键在于分类的标准。而范式作为科学研究中的解释模式，更是规律性和目的性的统一。在思想政治教育学科设立40年之际，梳理总结其类型和范式的研究成果是有益的，对其类型和范式研究进行审视和反思更是必要的。

一、思想政治教育类型划分的依据及其审思

尽管学界基本认同“思想政治教育是指一定的阶级、政党、社会群体遵循人们思想品德形成发展规律，用一定的思想观念、政治观点、道德规范，对其成员施加有目的、有计划、有组织的影响，使他们形成符合一定社会、一定阶级所需要的思想品德的社会实践活动”③，但因“思想政治教育”一词具有的复合性、综合性和广延性，人们使用的“思想政治教育”一词往往具有多义性，进而表现不同的思想政治教育观。不同的思想政治教育观必然会有不同的思想政治教育分类及其类型的认识。撇开思想政治教育观的差异，仅就相同或相似的思想政治教育观而言，有的学者从范畴视角划分思想政治教育类型，得出基础理论维度的思想政治教育类型，主要围绕思想政治教育的基本矛盾④、思想政治教育过程基本矛盾运动⑤、思想政治教育基本规律⑥等；价值认识维度的思想政治教育类型，主要围绕思想政治教育内容⑦、思想政治教育资源功能⑧、思想政治教育内容说服力的结构⑨、思想政治教育价值等；教育过程维度的思想政治教育类型，主要围绕思想政治教育

① 卢岚．社会转型与研究范式：思想政治教育范式转换及其运作逻辑［J］．学校党建与思想教育，2021（7）：14-20.

② 涂尔干，莫斯．原始分类［M］．北京：商务印书馆，2012：102.

③ 张耀灿，郑永廷，吴潜涛，等．现代思想政治教育学［M］．北京：人民出版社，2006：50.

④ 王易，宋健林．试论思想政治教育的基本规律［J］．教学与研究，2019（12）：59-67.

⑤ 王颖．思想政治教育过程基本矛盾运动具体形态转换初探［J］．理论与改革，2002（6）：109-111.

⑥ 同④.

⑦ 熊建生．论思想政治教育内容形态的层次结构［J］．思想理论教育导刊，2006（9）：58-62.

⑧ 陈华洲．思想政治教育资源功能的表现形态［J］．武汉理工大学学报（社会科学版），2009（6）：111-114.

⑨ 熊建生，张振华．论思想政治教育内容说服力的结构形态［J］．江汉论坛，2010（7）：26-30.

机制的形态①、思想政治教育效益的形态②、思想政治教育主体的形态③、思想政治教育主体关系的形态④、思想政治教育的社会教育形态⑤、思想政治教育信息的形态⑥、思想政治教育主客体关系的形态⑦、思想政治教育话语的形态⑧、隐性思想政治教育的形态⑨、思想政治教育的工作形态⑩、思想政治教育环境的类型等；方法载体维度的思想政治教育类型，除研究思想政治教育载体的类型及结构外，还有研究者进一步细化分析了思想政治教育文化载体、思想政治教育网络载体和传媒载体、网络思想政治教育方法的类型⑪等。应该说，这些形态、类型的研究都有一定的认知意义，对于深化思想政治教育认知是有益的，但同时也要注意"类型"的层次，过于细致的标准、过多种类的划分，也有可能导致人们眼花缭乱而无所适从，那就达不到整体性、分门别类地把握认识对象的目的。

从纷繁复杂的类型认知状况看，思想政治教育类型研究具有如下特征：

其一，思想政治教育类型研究在多维拓展。不仅通过引进和运用教育学、管理学、社会学、政治学、行为科学等多学科的分析框架、理论观点和实践路径来解读思想政治教育活动的不同形态或类型，增加思想政治教育类型研究的理论深度，使其在传统思想政治教育类型研究的基础上不断拓展，而且随着现代社会和科学技术的变化，思想政治教育类型研究也在不断拓展，如数字化的思想政治教育、智能化的思想政治教育、精准化的思想政治教育、元宇宙＋思想政治教育、互联网＋思想政治教育等。

其二，思想政治教育类型研究视点在精细深化。不同类型的思想政治教育需要应用不同的理论进路。以往人们对思想政治教育类型的探讨大多停留在宏观层面，很少深入某一思想政治教育活动过程的内部进行个性化、具体化、精准化的划分，现在研究者的探究视点更多聚焦于某一思想政治教育类型的内部，以揭示其所具有的特殊规律、主要矛盾、行动策略等。

其三，思想政治教育类型研究的分化取向与整合取向的相互叠加。2014 年，思想政治教育学科设立 30 周年时，着眼于对思想政治教育学科建设的经验总结和未来展望，教育主管部门、各级各类高校纷纷举办了多场纪念性活动，但无论是对研讨会、代表性作品还是对代表性人物的梳理和评选，高校思想政治教育都是焦点和重点。自从 2019 年学校

---

① 冯刚，郑永廷．思想政治教育学科 30 年发展研究报告［M］．北京：光明日报出版社，2014：335－336.

② 万柏．论思想政治教育效益的形态与特征［J］．高等函授学报（哲学社会科学版），1998（5）：4－7.

③ 邱杰，何海兵．思想政治教育主体的三重形态及其主体性［J］．湖北社会科学，2003（12）：129－131.

④ 杨建义．序差互动：思想政治教育主体关系的实践形态［J］．福建师范大学学报（哲学社会科学版），2010（4）：147－151.

⑤ 刘梅．论思想政治教育的社会教育形态［J］．思想教育研究，2011（9）：10－13.

⑥ 杨志平，张澍军．略论思想政治教育信息的主要形态［J］．东北师大学报（哲学社会科学版），2013（6）：243－245.

⑦ 石书臣．主体间性视域下思想政治教育主客体关系的新形态及其建构［J］．学校党建与思想教育，2017（3）：4－7.

⑧ 侯丽羽，张耀灿．论思想政治教育话语的三种基本形态［J］．马克思主义研究，2018（12）：143－148.

⑨ 巩茹敏，林铁松．课程思政：隐性思想政治教育的新形态［J］．教学与研究，2019（6）：45－51.

⑩ 代玉启，李济沅．思想政治教育的工作形态及优化理路［J］．思想教育研究，2021（2）：24－28.

⑪ 宋元林，唐佳海．论网络思想政治教育方法的特征、类型及其优化［J］．重庆大学学报（社会科学版），2010（3）：150－154.

思想政治理论课教师座谈会召开后，思想政治教育的一体化建设、“大思政”建设等受到前所未有的重视与关注。思想政治教育类型研究亦是如此，表面上是在探讨“分”，但从根本意义上是为了“合”，最终都是为了思想政治教育的发展，都是思想政治教育系统的有效组成部分。由此可以推测，在2024年思想政治教育学科正式设立40周年时，纪念的主角将不仅仅是高校思想政治教育，会有很多其他类型的思想政治教育参与进来，不同类型思想政治教育之间的疏离状况将逐渐被打破，“分效应”后的“共效应”将更加凸显。

总体上看，未来思想政治教育类型的探索和建构越来越多，但对思想政治教育类型的理解和界域的区分还存在着分歧与模糊的问题，亟待澄清和矫正。与思想政治教育的本质论、价值论、过程论、矛盾论、规律论、方法论等相关研究相比，思想政治教育类型论（研究）尚未成为可与之相对应的共识性的话题。关于思想政治教育类型的内涵、结构和内容等仍有多种表述，学界尚未达成共识。究其原因，关键在于对思想政治教育类型的划分标准或依据尚存诸多分歧。再者，思想政治教育类型的研究既要研究它的不同类型，又要注重不同类型间的层次关系，只有这样才能真正地因其分门别类而实现同向同行、同频共振，构成思想政治教育的有机系统。根据已有研究成果判断，关于思想政治教育类型研究仍会持续推进，但思想政治教育是否确实存在这些类型、这些不同的类型对思想政治教育而言意味着什么、能否对思想政治教育类型的规律性认识达成一致，还需我们对思想政治教育类型的本质有准确把握。

二、思想政治教育研究范式中存在的问题及其未来展望

思想政治教育研究范式是学界持续多年耕耘的领域，取得较多成果和较大进展，但从新时代思想政治教育的新使命新任务去审视已有研究，仍然存在诸多不容忽视的问题。比如，现有研究未能在范式应有的内核中展开，有些范式的关键性内容没有得到充分的论证，范式中应有的知识信念展现得不够，基本理论假设的准确性、研究方法的针对性、范式的范例性等仍待提升①，这些情况反映出思想政治教育学科范式距离其成熟态尚有距离。具体而言，一是思想政治教育学科自身域界不够明确，思想政治教育范式的共同体缺乏“共同性”；二是思想政治教育从业者在知识信念、价值取向和范例遵循等方面仍然存在较大差异，“共同体”发育不良；三是思想政治教育学科存在理论认同忧虑与公共实践缺失。② 此外，思想政治教育研究者的范式自觉不够，范式体系建构中碎片化、形式化现象突出，跨学科研究范式没有凸显思想政治教育的学科属性、学科定位和学科范围，比较研究范式重视宏观比较而轻视微观比较、重视历史梳理而轻视未来和预测③，甚至存在“误用”“滥用”范式现象，不同程度地存在自说自话、低水平重复等混乱现象。④

未来的思想政治教育研究范式的发展方向，可以按照库恩的范式理论，走出“前范式学派”阶段，向范式成熟阶段进发。⑤ 为此，一要继续深究思想政治教育“是其所是”的

① 金林南．思想政治教育学科范式论：现状、问题与发展［J］．思想理论教育，2014（5）：28－33.

② 蔡如军．思想政治教育学科范式的反思与建构［J］．思想政治教育研究，2015（4）：52－55.

③ 王学俭，郭绍均．思想政治教育研究范式：体系、问题与建构［J］．思想理论教育，2015（3）：49－54.

④ 赵志业．思想政治教育范式发展的六大问题研究［J］．重庆大学学报（社会科学版），2023（2）：140－152.

⑤ 同①.

本体问题，推动学科立论基础研究，增强学科意识和规范学科发展，培育具有共同信念的思想政治教育共同体①，在完善理论框架、整合学科背景、廓清方法系统、明确话语体系、贯通社会建设等方面下功夫。② 二要避免将生动的思想政治教育实践甩在身后的研究缺陷，要在重述具有实践取向的“思想政治教育”概念的基础上，推动思想政治教育研究范式由“体系范式”向“实践范式”转变。③ 三要注意范式建构中的整体性与系统性，区分主导范式与辅助范式的层次性。④ 四要看到大数据给思想政治教育带来的深刻影响，以及由此而萌生的基于海量数据进行科学探索的“第四研究范式”⑤，积极推动思想政治教育研究范式向精准化和智慧化转型。

① 蔡如军．思想政治教育学科范式的反思与建构［J］．思想政治教育研究，2015（4）：52－55．

② 张耀灿，钱广荣．思想政治教育研究范式论纲——思想政治教育研究方法的基本问题［J］．思想教育研究，2014（7）：3－9．

③ 史宏波，谭帅男．“思想政治教育”概念重述与研究范式的转向［J］．思想教育研究，2021（10）：40－46．

④ 史宏波．思想政治教育研究的系统性及其范式诉求［J］．思想理论教育导刊，2022（7）：139－146．

⑤ 刘越，曲建武，宋林萱．精准＋智慧：第四研究范式视角下高校思想政治教育的发展趋势［J］．现代教育管理，2022（9）：119－128．

第十八章　思想政治教育评价研究

思想政治教育评价反映了人们对思想政治教育自身价值的认识，体现了对思想政治教育效果的理性判断。作为思想政治教育过程中的重要环节，思想政治教育评价在诊断思想政治教育效果、管理和指导思想政治教育实践、增强思想政治教育实效性方面的功用日益引起学术界的关注与重视，关于思想政治教育评价的研究业已成为思想政治教育研究领域的重大课题。站在思想政治教育学科设立发展40年的历史节点上，立足于学科建设的理论与实践诉求，审视并思考40年来思想政治教育评价研究的发展历程与学术成果，总结理论研究与实践开展经验，反思不足，展望前景，既是思想政治教育理论不断深化的必然要求，也是当前思想政治教育实践发展的现实需要。

第一节　思想政治教育评价的发展历程

思想政治教育评价的演进离不开社会发展实际，自1949年以来，我国思想政治教育评价的发展历程大致可分为以下四个阶段：积淀萌芽期（1949—1984年）、探索发展期（1984—2004年）、深化推进期（2004—2012年）和系统建设期（2012年至今）。

一、积淀萌芽期

随着新中国成立，我国由新民主主义革命时期过渡到社会主义建设时期，思想政治教育相应地转向民族的、科学的、大众的思想政治教育，教育内容从革命教育转变为社会主义思想教育。1951年，刘少奇首次提出“思想政治工作”的概念，这标志着中国共产党对思想政治教育的认识和发展到了一个全新的阶段。1961年9月，在对我国高等教育发展的成绩和不足进行反思后，中共中央原则批准了《教育部直属高等学校暂行工作条例（草案）》，这一高等教育领域的纲领性文件在第八章中对高校思想政治工作的任务、教育内容等进行了明确规定，如在教育内容上“必须加强对青年进行艰苦奋斗建设社会主义的教育”，在教学方式上“要在教学、生产劳动和群众生活的各个方面，结合各类人员的实际情况和特点进行工作”，在思想政治教师队伍上，要“在一、二年级设政治辅导员或者班主任，从专职的党政干部、政治理论课教师和其他青年教师中挑选有一定政治工作经验的人担任”。对思想政治工作内容、形式、教师队伍的规范为思想政治教育评价的开展提供了方向参考。同时，该文件也蕴含着直接的思想政治教育评价要素，其主要体现在毕业生的毕业鉴定中，强调鉴定的目的是“肯定学生在校期间的进步，指出他们现存的缺点，明确今后的努力方向”，鉴定的内容“应该包括政治思想、学习、劳动和健康情况等方面。政治思想方面的鉴定，要着重于根本的政治态度和思想状况，不必涉及生活细节”。可见，在社会主义建设探索时期，我国对思想政治工作的重视带动了思想政治教育评价的初步发展。

党的十一届三中全会以后，党和国家以及思想政治教育工作者对以往的教育政策和实践进行了深刻反思，总结了过去思想政治教育成败的经验与教训，在恢复正常教学秩序的过程中逐渐认识到了思想政治教育评价的必要性和重要性。1983 年，《教育部关于全日制普通中学全面贯彻党的教育方针、纠正片面追求升学率倾向的十项规定（试行）》明确指出，“要正确指导和全面评定学校的工作”，其中体现出的评价思想对思想政治教育评价起到了重要指导作用。此后，南昌航空工业学院（现为南昌航空大学）率先尝试在高等学校开展学生品德等级评定工作，并受到中共中央办公厅的充分肯定，以此为契机，全国各高校也相继展开了积极探索。1983 年，教育部门召开高教工作会议，要求对重点院校进行评议。此后，课程检查、专业检查、教学质量评定、学生综合素质测评等带有评价性质的工作在部分高校和部分省市展开；工作总结、个人小结、讨论评议、学生自我鉴定、思想小结、教师评语、课程考试等思想政治教育评价的初级形式在教育过程中逐渐被广泛应用，为思想政治教育评价研究积累了必要的实践经验。

在这一时期，国外有关教育评价理论的研究成果通过多种渠道传入，许多国外教育评价专家也受邀来到中国讲学，为日后我国教育评价基础理论研究奠定了一定基础，同时也为思想政治教育评价研究提供了相关理论借鉴。本时期引入的研究成果主要有：加拿大梅森的《教育与评价》等专著和文章；开展的学术活动主要有：1983 年，在华东师范大学由加拿大维多利亚大学专家所做的“教育评价”专题学术报告等学术交流活动。

总体上看，在 1984 年思想政治教育学科设立以前，思想政治教育评价研究处于萌芽阶段。思想政治教育评价研究对教育评价研究成果的依赖性较为明显，具有自身学科特色的系统理论研究尚未展开；在具体评价实施过程中过于偏重传统的定性考评方法，科学定量评价方法运用明显不足。但这一时期，国内学界已经对思想政治教育评价的重要作用、基本操作形式有了初步了解与认识，思想政治教育评价意识日益形成，这为以后开展思想政治教育评价的系统理论研究奠定了基础。

二、探索发展期

自 1984 年思想政治教育学科正式设立开始，思想政治教育评价研究开启了学科支撑下的探索发展时期。在此阶段，关于思想政治教育评价的理论研究日益兴盛，与教育实践的结合也日益紧密，研究成果日益丰富，构建起了思想政治教育评价研究的结构框架。

1985 年 5 月，《中共中央关于教育体制改革的决定》明确指出，“国家及其教育管理部门要加强对高等教育的宏观指导和管理。教育管理部门还要组织教育界、知识界和用人部门定期对高等学校的办学水平进行评估”。这一要求的提出，开启了我国高等教育评价理论研究的大门，也极大推动了思想政治教育评价研究的进展。1986年，陆庆壬主编的《思想政治教育学原理》（复旦大学出版社）一书对思想政治教育评估的意义与要求、标准与原则、范围与特色以及评估的途径与方法进行了系统论述，将思想政治教育评估提升到理论高度。此后，关涉思想政治教育评价理论的相关研究成果如雨后春笋般涌现。1988年张耀灿主编的《思想政治教育学原理》（华中师范大学出版社）、1989年王礼湛主编的《思想政治教育学》（浙江大学出版社）、1990年邱伟光著的《思想政治教育学》（学林出版社）、1992年邹学荣主编的《思想政治教育学》（西南师范大学出版社）以及同年戴钢书著的《思想政治教育的调查与统计分析》（东方出版社）、1999年教育部社会科学研究与思想政治工作司组编的《思想政治教育学原理》（高等教育出版社）等著作相继问世，这些著述对思想政治教育评价的重要性、可行性、概念内涵、原则、标准、指标体系、基本原理、实施程序、实施方法尤其是定量评价方法等诸多理论与实践问题展开了研究，并取得了较为丰硕的成果，这在很大程度上丰富了思想政治教育评价研究的内容。

1993年，中共中央、国务院在《中国教育改革和发展纲要》中明确指出，要“建立各级各类教育的质量标准和评估指标体系”，由此教育评价活动在国内教育界陆续展开，思想政治教育评价研究逐步与教育实践密切结合，并取得了很大成就。

第一，思想政治教育评价研究走向制度化、科学化、规范化。1994年，《中共中央关于进一步加强和改进学校德育工作的若干意见》明确强调指出，“要建立德育工作的评估制度”。这一思想的提出成为促进思想政治教育评价研究制度化的良好开端。1995年，国家教委颁布试行《中国普通高等学校德育大纲》（简称《大纲》）。《大纲》明确指出：“德育工作的质量是评价学校办学水平的重要指标之一，德育工作评估是使德育由软变硬，由虚变实的重要措施。”《大纲》还规定，德育工作评估的主要内容应当包括领导体制、机构和队伍建设情况，日常思想政治教育工作开展情况，党团工作情况，社会实践开展情况，规章制度建设情况，德育投入情况，学校德育的总体效果等多个方面。《大纲》的颁布试行使思想政治教育评价可以统一化、固定化和系统化，思想政治教育评价研究由此步入了科学化、规范化的轨道。1999年6月，中共中央、国务院在《关于深化教育改革全面推进素质教育的决定》（简称《决定》）中明确指出，要“建立符合素质教育要求的对学校、教师和学生的评价机制”，要“建立自上而下的素质教育评估检查体系”。《决定》的颁布施行促进了思想政治教育评价研究科学化、规范化的深入发展。同年9月，中共中央颁布了有关全国思想政治工作的第一个文件《关于加强和改进思想政治工作的若干意见》，给思想政治教育评价研究以巨大指导和推动。

第二，思想政治教育评价研究取得了可观成果。涉及思想政治教育评价研究的著述大量出版，如郑永廷主编的面向21世纪课程教材《思想政治教育方法论》，用两章专门阐述了思想政治教育的反馈调节、检测评估方法。罗洪铁著的《思想政治教育学专题研究》（西南师范大学出版社1997年版）、邱伟光和张耀灿主编的《思想政治教育学原理》（高等教育出版社1999年版）、刘书林和陈立思著的《青年思想政治教育学原理》（中国青年出版社1999年版）、黄蓉生著的《当代思想政治教育方法论研究》（西南师范大学出版社2000年版）、陈秉公著的《思想政治教育学原理》（辽宁人民出版社2001年版）、张耀灿和陈万柏主编的《思想政治教育学原理》（高等教育出版社 2001 年版）、仓道来主编的《思想政治教育学》（北京大学出版社 2004 年版）、王勤著的《思想政治教育学新论》（浙江大学出版社 2004 年版）、祖嘉合著的《思想政治教育方法教程》（北京大学出版社 2004 年版）等陆续出版。这些研究论著对思想政治教育评价进行了更为缜密和细致的研究，一方面展示了思想政治教育评价研究的成绩，另一方面也推动了研究的进一步深化。

第三，思想政治教育评价研究的领域不断细化、论题不断深化。从纵向研究来看，有些学者对思想政治教育评价的体系结构进行研究，使思想政治教育评价理论研究趋于完善；还有些学者对思想政治教育评价中的某一要素、环节或某一侧面展开研究，使评价研究更为精细。从横向研究来看，学者们的研究视野更为开阔，更加注重将思想政治教育评价的研究成果引入具体领域或具体部门，研究成果的应用性与实用性得到普遍重视。如有些学者开展了大学生和研究生思想政治教育评价研究、军队及军校思想政治教育评价研究、高校思想政治理论课测评研究等，还有些学者已经开始重视信息网络技术对思想政治教育评价的影响，并展开相应研究。研究领域的细化和深化，表明思想政治教育评价研究正处于不断发展之中。

三、深化推进期

2004 年，中共中央、国务院颁布《关于进一步加强和改进大学生思想政治教育的意见》，该文件成为 21 世纪大学生思想政治教育的纲领性文件。该文件明确提出："要把大学生思想政治教育工作作为对高等学校办学质量和水平评估考核的重要指标，纳入高等学校党的建设和教育教学评估体系。"在这一文件精神的指引下，思想政治教育评价研究进入了深化推进的新时期。

这一时期，党和国家对思想政治教育评价研究的关注和重视程度进一步加大。2004 年 10 月，教育部印发《中等职业学校德育大纲》，将德育评价作为《大纲》六大方面之一，指出德育评价要包括学校德育工作评价和学生品德评定。2005 年 4 月，袁贵仁在教师教育工作会议上强调指出，要严格对教师进行考核管理，建立师德考评制度和师德建设工作评估制度。上述文件及讲话精神使思想政治教育评价研究对管理部门、工作人员的评价给予了更多关注。2006 年 10 月，李长春在听取贯彻落实《关于进一步加强和改进未成年人思想道德建设的若干意见》和《关于进一步加强和改进大学生思想政治教育的意见》督查情况的汇报后，强调指出，要"进一步加强和改进德育工作，建立健全符合素质教育要求的学生综合素质和学校教育质量考核评价体系"。同年 12 月，李长春在第十五次全国高校党建工作会议上进一步指出，要"逐步建立遵循教育规律、体现时代要求、便于具体操作的大学生思想政治教育评价体系，努力实现大学生思想政治教育的良性循环"①。2007 年 12 月，教育部思想政治工作司委托西南大学、吉林大学、华中师范大学三所高校共同开展"大学生思想政治教育测评体系研究"，为教育行政部门提供决策依据。2008 年 9 月和 2012 年 2 月中央先后颁发《全国未成年人思想道德建设工作测评体系（试行）》与《全国大学生思想政治教育工作测评体系（试行）》。这两个"测评体系"的研制成为本阶段思

① 沈壮海，段立国．思想政治教育测评研究的回顾与展望 [J]. 思想教育研究，2014 (9)：25－33.

想政治教育评价研究的标志性成果，充分彰显了党和国家对思想政治教育评价研究的关切与重视。

这一时期，思想政治教育评价研究还呈现出向高水平发展的趋势。据不完全统计，在此期间出版的有关思想政治教育评价研究的论著达数十本之多，并且出版了专门研究思想政治教育评价的著作，具有代表性的有：王茂胜著的《思想政治教育评价论》（中国社会科学出版社 2006 年版）、秦尚海著的《高校德育评估论》（中国社会科学出版社 2006 年版）。此外，罗洪铁、周琪和王斌等人在《思想政治教育学学科理论体系演变研究》（中国社会科学出版社 2012 年版）中还专设一章对 20 世纪 80 年代以来思想政治教育评估理论的相关研究成果进行了梳理和总结，这对推进思想政治教育评价研究具有重要价值。与此同时，学术论文成果也较为丰富，利用中国知网的中国期刊全文数据库（CNKI）对相关研究进行了检索和数据统计，对相关论文进行归纳分析后可以发现，这一时期思想政治教育评价的研究范围更为广泛、研究内容更加具体化，总结性、对策性和前瞻性文章明显增多，研究成果的规范性、学术性显著提高。

四、系统建设期

党的十八大以来，国家高度重视思想政治教育，进一步出台了一系列相关文件政策，思想政治教育评价研究进入了系统建设的新时期。

这一时期，党和国家对思想政治教育评价研究给予了高度重视，思想政治教育评价研究的制度化、科学化、规范化程度大大加深。从思想政治教育工作体系来看，2016 年 12 月，习近平总书记在全国高校思想政治工作会议上发表重要讲话，从战略高度深刻阐明了加强和改进高校思想政治工作的重大意义、目标定位、主要任务和基本要求。要发挥思想政治理论课主渠道作用，提升思想政治教育的亲和力和针对性，满足学生成长成才的发展需求。课程思政和思政课程要同向同行，形成协同效应。要构建哲学社会科学学科体系和教材体系，创新学术话语体系，建立科学权威、公开透明的哲学社会科学成果评价体系。要注重校园文化建设，以文化人、以文育人；开展各类社会实践，实践育人。要推动思想政治教育工作与信息技术高度融合，增强时代感和吸引力。这些思想和观点既是思想政治教育质量评价的依据，又是思想政治教育质量评价的主要内容。2017 年 2 月，中共中央、国务院印发了《关于加强和改进新形势下高校思想政治工作的意见》。该文件指出，要全面贯彻党的教育方针，切实加强党的领导，坚持社会主义办学方向，以立德树人为根本，以理想信念教育为核心，以社会主义核心价值观为引领。把思想价值引领贯穿教育教学全过程和各环节，形成全员全过程全方位长效育人机制。加强教师队伍建设，实施师德“一票否决”。健全高校思想政治工作评价体系，研究制定内容全面、指标合理、方法科学的评价体系，推动高校思想政治工作制度化。党的十九大确立的习近平新时代中国特色社会主义思想为思想政治教育评价提供了强大的理论支撑。2017 年 12 月，中共教育部党组印发了《高校思想政治工作质量提升工程实施纲要》（简称《实施纲要》），提出要一体化构建内容完善、标准健全、运行科学、保障有力、成效显著的高校思想政治工作质量体系，充分发挥课程、科研、实践、文化、网络、心理、管理、服务、资助、组织等方面工作的育人功能，切实构建“十大”育人体系。《实施纲要》对高校思想政治教育评价和高校思想政治工作督导考核进行了明确规定：一方面，要健全高校思想政治工作质量评价机制，研究制定高校思想政治工作评价指标体系，创新评价方式，探索引进第三方评价机构；另一方面，要强化高校思想政治工作督导考核，把加强和改进高校思想政治工作纳入高校巡视、“双一流”建设、教学科研评估范围，作为各级党组织和党员干部工作考核的重要内容。2020 年教育部等八部门联合印发《关于加快构建高校思想政治工作体系的意见》，进一步明确了理论武装体系、学科教学体系、日常教育体系、管理服务体系、安全稳定体系、队伍建设体系和评估督导体系建设，其中特别提到了“构建科学测评体系。建立多元多层、科学有效的高校思政工作测评指标体系，完善过程评价和结果评价相结合的实施机制”。党的二十大报告强调：“推进大中小学思想政治教育一体化建设。”① 这些政策文件不仅从体系层面为思想政治教育评价提供标准与参照，而且其所关注的思想政治教育关键环节，也为思想政治教育的过程性评价提供了政策依据。

从思政课建设的角度看，2018 年 4 月，《教育部关于加强新时代高校“形势与政策”课建设的若干意见》颁布。该文件指出要将“形势与政策”课纳入思想政治理论课管理体系，纳入学校教学计划。同年，教育部印发了《新时代高校思想政治理论课教学工作基本要求》，要求坚持正确政治方向，坚持全流程管理，坚持规范化建设，坚持增强获得感；严肃课堂教学纪律，科学运用教学方法，完善考核方式；强化科研支撑教学，综合评价教学质量。2019 年教育部出台《普通高等学校马克思主义学院建设标准（2019 年本）》，从组织领导与管理、思想政治理论课教学、马克思主义理论学科建设、社会服务与社会影响、党的建设与思想政治工作五个层面进行考核。同年 8 月，中共中央办公厅、国务院办公厅印发《关于深化新时代学校思想政治理论课改革创新的若干意见》，从完善课程教材体系、加强师资队伍建设、提升思政课亲和力和针对性、加强党的领导等方面对学校思想政治理论课创新提出明确要求。这些围绕思政课的政策文件为新时代思想政治理论课的质量评价提供了基本依据和评价指标。

从思想政治教育教师队伍建设的角度来看，思政课教师的数量、坚定的信仰、深厚的理论功底既是思想政治教育工作的基本要求，也是思想政治教育评价的关键指标。2017 年教育部颁布实施的《普通高等学校辅导员队伍建设规定》要求“按总体上师生比不低于 1∶200 的比例设置专职辅导员岗位”。2019 年，习近平总书记主持召开学校思想政治理论课教师座谈会，对教师提出了“政治要强、情怀要深、思维要新、视野要广、自律要严、人格要正”的具体要求，构成了对思想政治教育教师的评价标准。2019 年 12 月，教育部等七部门印发了《关于加强和改进新时代师德师风建设的意见》（简称《意见》），对教师考核评价做了详细的规定：严格考核评价，落实师德第一标准。将师德考核摆在教师考核的首要位置，坚持多主体多元评价，以事实为依据，定性与定量相结合，提高评价的科学性和实效性，全面客观评价教师的师德表现。发挥师德考核对教师行为的约束和提醒作用，在教师考核中发现问题及时向教师反馈，有针对性地帮助教师提高认识、加强整改。师德考核不合格者年度考核应评定为不合格，并取消在教师职称评聘、推优评先、表彰奖

---

① 习近平．高举中国特色社会主义伟大旗帜 为全面建设社会主义现代化国家而团结奋斗——在中国共产党第二十次全国代表大会上的报告［N］．人民日报，2022－10－26（1）．

励、科研和人才项目申请等方面的资格，坚决落实师德一票否决制的考核评价规定。《意见》指明了思想政治教育工作者考核评价方向，对于新时代思想政治教育质量评价具有重要的指导意义。2020年1月，教育部颁布《新时代高等学校思想政治理论课教师队伍建设规定》，要求“高等学校应当根据全日制在校生总数，严格按照师生比不低于1∶350的比例核定专职思政课教师岗位”。《规定》还对思想政治理论课教师的配备与选聘、培养与培训、考核与评价、保障与管理等做了详细要求，成为思想政治教育评价的重要参考标准。

这一时期，思想政治教育评价的相关研究和实践在已有基础上不断延续，呈现出学科交叉性、应用性、前瞻性的发展特点与趋势。第一，高校思想政治教育质量评价的学理探讨更加深入。2017年，国家哲学社会科学基金（教育学）设立“高校思想政治教育工作质量评价体系研究”重大项目，体现出对思想政治教育质量评价工作的高度关切。对近年来的相关研究进行分析可以发现，思想政治教育质量评价不再局限于强调价值判断和量化评价，而是转向对思想政治教育质量的整体性强调，具体包括高校落实和开展立德树人根本任务的实际情况、高校人才培养的质量、高校思想政治教育整体工作水平三方面的内涵。① 第二，运用大数据开展高校思想政治教育评价成为研究热点。有研究认为，大数据评价是回应“网络化生存”的时代命题和“国家大数据战略”的应有之义，大数据评价依据的“行为判断思想”理论完善了质量评价理念，大数据的理念和手段可以广泛应用于高校思想政治教育评价中，对日常数据的收集成为质量评价、公开、反馈的重要手段。② 第三，思想政治教育评价的比较研究向深处推进，对国外思想政治教育工作的研究超越了对不同国家开展思想政治教育情况的整体比较，更为关注对国外思想政治教育可借鉴性问题的学理剖析，从而为增强可借鉴性的效度提供方法启示。③ 第四，思想政治教育评价的应用研究更加广泛。关于思想政治理论课的评价更加关注教学的有效性和实效性，更加关注学生的获得感、满足感，更加关注课程的质量和发展性，反映了思想政治理论课质量评价研究的细化。④ 第五，教师综合评价研究成为思想政治教育评价聚焦点，对教师的要求不仅体现在思想政治表现和课堂教学质量上，而且体现在“课程思政”的建设上⑤；同时，对于辅导员队伍建设的关注也相对突出，如何激发教师主体积极性、如何将新形势下的教育成果更好地体现出来、如何构建稳定持续的评价制度机制，成为建立健全高校教师综合评价的重点⑥。

通过考察可以发现，伴随着我国进入中国特色社会主义新时代，思想政治教育评价的有关研究也进入了系统建设的新时期。在这一时期，党和国家高度重视思想政治教育

---

① 严帅．思想政治教育质量评价研究的新特点与新趋势［J］．思想教育研究，2018（2）：22－26.

② 王莎．大数据评价：把脉高校学生思想动态的现实选择［J］．思想理论教育，2017（10）：107－111.

③ 郗厚军，康秀云．国外思想政治教育可借鉴性：前提反思、根据认识及实现要求［J］．思想理论教育，2017（10）：17－22.

④ 程仕波．获得感在大学生思想政治教育评价中的优势及限度［J］．思想教育研究，2021（5）：18－22.

⑤ 刘祥玲．教育数字化转型中高校课程思政的困境与应对［J］．中国电化教育，2022（5）：100－105.

⑥ 彭榕．双重身份视角下高校辅导员工作绩效评价与激励机制构建［J］．思想理论教育导刊，2017（12）：146－149.

工作及质量评价的实效性，出台了大量政策文件，为思想政治教育评价提供了政策依据、参考标准和内在指标。相关研究也呈现出了紧密结合社会现实、理论与实践相结合、研究内容不断细化、学科融合不断深入的特点，进一步丰富了思想政治教育评价研究的框架结构。

总的来说，在40年时间里，思想政治教育评价研究经历了一个动态的、历史的发展过程，呈现出研究起步晚、政策重视程度高、发展周期短、阶段性成果显著但相关研究待深化的基本历史与现实状况。深入考察梳理思想政治教育评价研究的发展历程、把握各阶段研究内容与特点、聚焦研究热点与发展趋势，对于洞察思想政治教育评价的现存问题、突破研究困境、推动思想政治教育评价研究的高水平、深层次发展具有重要意义。

第二节　思想政治教育评价的实践样态

思想政治教育是由若干要素相互联系、相互作用而构成的复杂系统。从实践的视角出发，学界对思想政治教育过程的构成要素存在多样化的认识，形成了三要素说、三体一要素说、四要素说、五要素说、六要素说、七要素说、八要素说、十要素说等不同的观点。不同数量的要素论并非先后继承关系，观点的差异在于学者的研究侧重点与切入角度不同。从构成要素的普遍性和相对稳定性出发，并借鉴沈壮海的“六要素说”①，可以从评价主体、评价对象、评价内容、评价目的与功能、评价方法和评价情境六个方面入手，对40年来思想政治教育评价的实践样态加以观照。

一、评价主体

思想政治教育评价主体是思想政治教育评价的关键要素，评价主体的能力素质直接决定了评价结果的可信度和有效性，评价主体的意愿目标深刻影响评价的过程和结果的应用。因此，正确界定思想政治教育的评价主体，从不同维度、根据不同标准审视思想政治教育的评价主体，是理解和把握思想政治教育评价的必要工作，也是已有的思想政治教育评价研究的重要组成部分。

评价主体是与评价客体相对的概念，其存在不同的形式。评价主体可以个人的形式存在，也可以组织的形式存在。教育学名词审定委员会编定的《教育学名词》将评价主体界定为实施评价活动的机构或人。② 思想政治教育评价主体是评价主体的下位概念，主要解决的是“谁来评价”的问题。对已有研究进行梳理，可以发现思想政治教育的评价主体呈现出单一化向多元化的发展趋势。有论者指出，传统的单一化评价主体模式是由少数管理主体控制整个评价过程，根据管理主体的诉求来开展评价活动，管理主体即评价主体，这种单一主体模式存在着指导性不强、信效度不高、使用率不高、急功近利等弊端。源于提高评价结果质量以及更好满足评价使用者需要的客观要求，思想政治教育的评价主体向多

① 沈壮海．思想政治教育有效性研究（第3版）[M]．武汉：武汉大学出版社，2016：61.

② 教育学名词审定委员会．教育学名词（2013）[M]．北京：高等教育出版社，2013：245.

元化发展，围绕“如何确定评价主体”“如何发挥不同主体的作用”两个问题展开探讨，由此形成了诸如管理主体、教育主体、学习主体、用人主体、外部专家等主体类型。①

从不同维度出发，对已有研究提出的评价主体进行归类，可以将其划分为思想政治教育的专门评价主体与非专门评价主体、正式评价主体与非正式评价主体、第三方评价主体等类型。

（一）思想政治教育的专门评价主体与非专门评价主体

依据是否专门从事思想政治教育评价工作，思想政治教育评价主体可以划分为专门主体和非专门主体两种类型。专门主体是专门进行思想政治教育评价的主体，这源于思想政治教育评价的专业性。因而，既熟悉思想政治教育的相关知识与技能，又具备教育评价的专门知识和技术能力，是思想政治教育评价专门主体的基本素质。非专门主体是进行思想政治教育评价，但不以其为专门工作或职业的主体。如在评价过程中，专门主体会采取发放问卷、进行访谈等方式向师生员工了解所在学校的思想政治教育开展情况，这些受访者不是思想政治教育评价的专门主体，但参与了对思想政治教育现状或效果的评价，给出了自己的判断，因而是思想政治教育评价的非专门主体。

（二）思想政治教育的正式评价主体与非正式评价主体

根据评价的依据严谨性、过程规范性、结果影响力的不同，可以将思想政治教育评价主体划分为正式评价主体和非正式评价主体。正式评价主体一般会事先制订完整的评价方案，并严格按照规定的程序和内容执行，评价结果往往被管理部门用于判定思想政治教育工作的优劣，对评价对象的影响较大。而非正式评价是一种“群众性”评价，间接性、随意性、松散性较强，其做出评价的依据可能不够严谨，没有事先制订的评价方案，也不会遵循相应的评价流程，评价结果的影响力也较小。家庭人员、社会组织人员等是思想政治教育的参与者，是思想政治教育效果的感受者，他们可以根据自己的实际感受对思想政治教育的质量做出主观判断，因而构成了思想政治教育评价的非正式评价主体。

（三）思想政治教育的第三方评价主体

梳理学界关于第三方教育评价主体的讨论，有助于更好地理解思想政治教育第三方评价的主体。就高等教育第三方评价而言，有的论者认为教育行政主管部门、受评高校分别是评价的第一方和第二方，两者之外具有专业能力的主体对高校开展教育质量评估的活动是“第三方教育评价”；也有论者认为施教高校是第一方，受教学生是第二方，“第三方教育评价”是施教高校和受教学生之外的专业主体对高校开展的教育质量评价活动。就第三方评价主体与受评高校、教育行政部门的关系来说，有的论者强调第三方评价主体不应该与教育行政主管部门、受评高校有任何隶属关系和利益关系；而有的学者认为第三方评价主体与教育行政主管部门和受评高校不存在隶属关系，但可以有利益关系。尽管已有研究对于第三方评价主体的定义尚未达成一致，但也形成了一些共识：首先，教育行政主管部门和受评高校（包括受教学生）应被排除在第三方教育评价主体范围之外；其次，相较于教育行政主管部门和受评高校，第三方教育评价主体应具有独立性和知识技能上的专业

① 王潇．高校思想政治教育评价：历史衍化与水平提升［J］．思想理论教育，2021（10）：49-53.

性。这些对于界定思想政治教育第三方评价主体具有重要的启发意义。结合《高等教育法》的规定、相关理论探讨、思想政治教育第三方评价的价值意涵，可以梳理出思想政治教育第三方评价主体具备的基本要素：在高校思想政治教育主体之外，与党政主管部门无隶属关系，同时具备思想政治教育和教育评价的专业知识，能够对思想政治教育工作进行评价的主体。

我国第三方教育评估机制尚在探索和逐步建立中，存在第三方教育评价机构缺位、第三方教育评价组织培育机制尚未建立等问题。[①] 思想政治教育第三方评价模式更是处于理论探讨阶段。2012 年，《高等教育专题规划》提出“鼓励社会专门机构和用人单位参与对高等教育质量进行监督和评价”。2015 年，《关于深入推进教育管办评分离 促进政府职能转变的若干意见》强调，扩大行业协会、专业学会、基金会等各类社会组织参与教育评价，重视扩大科技、文化等部门和新闻媒体对教育评价的参与，虽然这只是针对高等教育和教育行业的政策文件，但为理解思想政治教育第三方评价主体提供了可行的思路。结合第三方教育评价主体类型分析，可能成为思想政治教育第三方评价主体的至少有：高等院校和科研院所，如具有思想政治教育治理评估能力，同时与评估对象及其教育党政主管机构没有隶属关系的高等院校和科研院所；政府数据统计机构，如统计局；社会组织，如全国党建研究会及其高校党建研究专业委员会、中国高等教育学会及其全国高校思想政治教育研究分会、中华教育改进社等；用人单位，毕业生在工作单位的思想政治表现、日常行为规范、基本心理素质、道德素养水平是判断学校思想政治教育工作质量的重要依据，因而用人单位也可以成为第三方评价的主体；出于对评价专业性和技术性的需求，未来可能会出现一些思想政治教育评价领域的专业公司，凭借一定的评估资源和技术手段成为思想政治教育第三方评价的重要力量。

二、评价对象

评价客体主要指评价的实在对象，思想政治教育评价客体即是指思想政治教育评价的对象内容。综合已有研究，可以发现评价客体一般包含“谁被评价”和“什么被评价”两个维度。“谁被评价”是从人员的角度入手，据此可以将思想政治教育的评价客体分为个人或组织等多种类型。个人可以是思想政治理论课教师、思政教育工作者、辅导员、其他课程教师、学生等主体，组织则包括二级院系、学生工作部门、高校等。“什么被评价”是从评价内容的角度入手，据此可以将思想政治教育评价的对象分为思想政治教育制度机制、方式方法、开展过程，以及思政课程与课程思政开展情况、人才培养服务社会程度等。由于评价对象和评价内容的差异性，为充分对思想政治教育评价的客体进行分析阐释，本部分所指的“评价客体”侧重于从“谁被评价”的角度进行论述，并将“什么被评价”置于“评价内容”部分展开介绍。思想政治教育评价的对象是思想政治教育工作涉及的多元主体。以多元主体参与为前提，这是确保思想政治教育激活各方力量、带动各界资源的关键。根据类型划分标准的不同，思想政治教育工作涉及的主体类型可以有微观、中观、宏观三种不同的表现形式。

---

① 莫玉音．第三方教育评价的困境及策略［J］．上海教育评估研究，2018（2）：6－10.

（一）微观层面的评价对象

从思想政治教育的微观层面看，个人因承担思想政治教育的不同任务，或是接受各种形式的思想政治教育，可以成为思想政治教育工作的主体，也可以成为思想政治教育评价的对象。习近平总书记强调，“要拓展选拔视野，抓好教育培训，强化实践锻炼，健全激励机制，整体推进高校党政干部和共青团干部、思想政治理论课教师和哲学社会科学课教师、辅导员班主任和心理咨询教师等队伍建设”①。这实际上为微观层面的思想政治教育评价对象进行了明确规定。

思想政治教育教师的数量和比重结构是影响思想政治教育工作实效的重要因素。不同年龄、学历、职称的思政课教师数量构成，既会对当下的思想政治教育工作产生影响，也会对未来的思想政治教育工作质量产生影响。当前，有关文件对思想政治教育教师队伍的数量结构进行了规定，为对思想政治教育的微观主体进行评价提供了政策依据。如，教育部印发《新时代高校思想政治理论课教学工作基本要求》《普通高等学校马克思主义学院建设标准（2019年本）》《高等学校思想政治理论课建设标准（2021年本）》，明确了按照师生比不低于1∶350的比例设置专职思想政治理论课教师岗位，为每个教研室（组）配足师资的要求，对思政课教师数量比例做了具体化规定。在辅导员配置方面，教育部2017年修订公布的《普通高等学校辅导员队伍建设规定》以部门规章的形式对辅导员配置比例提出要求，指出高等学校应当按总体上师生比不低于1∶200的比例设置专职辅导员岗位，按照专兼结合、以专为主的原则，足额配备到位。在心理健康教育教师配置方面，教育部办公厅2011年印发的《普通高等学校学生心理健康教育工作基本建设标准（试行）》强调，高校应按学生数的一定比例配备专职从事大学生心理健康教育的教师，每校配备专职教师的人数不得少于2名，同时可根据学校的实际情况配备兼职教师。2021年，教育部办公厅印发《关于加强学生心理健康管理工作的通知》，进一步明确了高校配置心理健康教育教师的比例，要求高校按师生比不低于1∶4 000的比例配备心理健康教育专职教师且每校至少配备2名。以上政策都是进行思想政治教育主体评价的重要遵循。

教学是教师的教和学生的学相统一的认识活动。除从事思想政治教育工作的教师外，学生也是思想政治教育评价的重要对象，学生的思想水平、政治素养、道德品质是思想政治教育工作成效的集中体现，因而成为思想政治教育质量评价不可忽视的关键对象。

（二）中观层面的评价对象

从思想政治教育的中观层面看，党政机构、学校等单个组织的内部组成部门因承担思想政治教育的职能，可以成为思想政治教育质量评价的对象。如，2019年教育部印发《普通高等学校马克思主义学院建设标准（2019年本）》，从组织领导与管理、思想政治理论课教学、马克思主义理论学科建设、社会服务与社会影响、党的建设与思想政治工作5个一级指标和领导责任、教学组织、学科设置、决策咨询、支部建设等17个二级指标入手，为进一步建强建好高校马克思主义学院以及开展对高校马克思主义学院的考核评价

① 习近平在全国高校思想政治工作会议上强调 把思想政治工作贯穿教育教学全过程 开创我国高等教育事业发展新局面［N］. 人民日报，2016-12-09（1）.

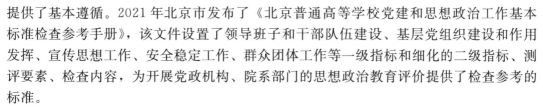

提供了基本遵循。2021年北京市发布了《北京普通高等学校党建和思想政治工作基本标准检查参考手册》，该文件设置了领导班子和干部队伍建设、基层党组织建设和作用发挥、宣传思想工作、安全稳定工作、群众团体工作等一级指标和细化的二级指标、测评要素、检查内容，为开展党政机构、院系部门的思想政治教育评价提供了检查参考的标准。

（三）宏观层面的评价对象

从思想政治教育的宏观层面看，党政机构、学校、家庭、社会等因参与思想政治教育方式的差异和与思想政治教育关联性的区别，也可以成为思想政治教育评价的对象。在学校思想政治理论课教师座谈会上，习近平总书记强调要“建立党委统一领导、党政齐抓共管、有关部门各负其责、全社会协同配合的工作格局，推动形成全党全社会努力办好思政课、教师认真讲好思政课、学生积极学好思政课的良好氛围”①。将全社会协同配合作为办好思政课的重要条件，蕴含了多元主体参与思想政治教育工作的要求，是进行思想政治教育主体评价的重要遵循。

三、评价内容

评价内容回答的是“什么被评价”的问题，综合已有研究可以发现，学界对思想政治教育评价内容的关注已从偏重教育结果转向过程与结果并重。有论者指出，早期的思想政治教育评价对象是以教育目标为导向的结果评价，力图通过描述教育对象的结果状态掌握教育的全部价值。但这种单一的结果鉴定模式将教育行为和教育过程的复杂性过分简单化，忽视了影响教育结果生成的诸多过程因素。教育结果是在具有复杂情境性、动态连续性的过程中生成的，教育过程是教育结果生成的前提，因此影响教育结果生成的体制机制、标准体系、方法技术等过程因素也必然包括在评价内容的范围之内。② 从过程和结果的角度理解思想政治教育的开展情况和教育效果，可以将评价内容分为思想政治教育的制度建设、机制建设、方式方法和开展效果四个方面。

（一）思想政治教育的制度建设

制度问题带有根本性、全局性、稳定性、长期性。对思想政治教育的制度机制进行评价，主要是对与思想政治教育工作相关的政策制度构建的完备性和政策制度执行的有效性进行判断。首先，思想政治教育工作领域广、环节多、参与主体多、内容系统复杂，因此必然要求形成涉及思想政治教育各领域、涵盖各环节、针对各主体、规范各项工作内容的制度体系。这就需要对思想政治教育制度机制的覆盖面、层次性、系统性、针对性和适应性进行考察评估，从而不断提升思想政治教育制度的完备性。国家层面出台的一系列政策文件为进行思想政治教育制度的评价提供了基本参考，具体来说，关于思政课建设、日常思想政治教育建设、教师队伍建设、工作质量和工作体系建设的文件涉及思想政治教育的各领域、各环节，在思想政治教育制度完备性评价方面进行全面考察。如《北京普通高等

---

① 习近平主持召开学校思想政治理论课教师座谈会强调 用新时代中国特色社会主义思想铸魂育人 贯彻党的教育方针落实立德树人根本任务［N］. 人民日报，2019-03-19（1）.

② 王潇．高校思想政治教育评价：历史衍化与水平提升［J］. 思想理论教育，2021（10）：49-52.

学校党建和思想政治工作基本标准检查参考手册》规定“建立党委书记、校长带头抓思政课机制，建立健全党委书记、校长深入一线了解学生思想动态，服务学生发展的制度性安排”。针对这一指标，则从学校党委会（常委会）定期听取并研究思政课建设情况，对学校主要领导和领导班子成员听课、讲课制度及落实情况等方面设置了完备的检查内容。其次，对制度的考察不局限于完备性，还会考察其有效性。一是把握制度执行者是否准确遵循制度要求推动工作，规范职责任务；二是把握制度执行监督者对政策制度执行情况的基本判断；三是把握“制度相关人”对制度执行有效性的基本判断。这里的“制度相关人”是思想政治教育工作效果的直接或间接承受者，对于思想政治教育工作的利弊得失有切身的感受。

（二）思想政治教育的机制建设

机制是系统中各要素之间的结构关系和运行方式。思想政治教育机制是思想政治教育工作中各要素相互影响、相互作用形成的结构关系和运行方式。对思想政治教育的机制建设进行评价，一般可以从系统性和协同性两个维度展开。

机制的系统性，既强调机制构成的全面性、完整性，也要求机制内在结构之间的融洽性、有序性和最终作用方向的一致性。对思想政治教育机制系统性的评价，关键在于基于实际所需，将把握整体与注重局部相结合、一般与特殊相结合，真正将评价工作做细、做实。《高校思想政治工作质量提升工程实施纲要》提出充分发挥课程、科研、实践、文化、网络、心理、管理、服务、资助、组织等方面工作的育人功能，挖掘育人要素，完善育人机制，切实构建“十大”育人体系。在进行思想政治教育机制的系统性评价时应该认识到：一方面，这“十大”育人体系内部要形成一个系统的育人机制，包括系统的课程育人机制、系统的科研育人机制、系统的实践育人机制、系统的文化育人机制等，保证每个育人体系内部机制的层次完整性和领域全面性。另一方面，将“十大”育人体系作为一个整体，要求其形成符合系统性要求的育人机制，即在单个育人体系系统性育人机制的基础上，在各育人体系之间搭建育人的机制性桥梁，呈现“十大”育人的整体机制，发挥“十大”育人体系的育人合力。

协同性是结构元素各自之间的协调、协作形成拉动效应，导致事物间属性互相增强、向积极方向发展的相干性，表现了元素在整体发展运行过程中协调与合作的性质。思想政治教育工作的协同性强调机制之间的协调、协作，增强思想政治教育的整体效能，对其进行评价，就是要对不同主体、不同领域的教育机制间的协调、协作水平进行判断与把握。中共中央、国务院印发的《关于加强和改进新形势下高校思想政治工作的意见》提出，坚持全员全过程全方位育人。高校要把立德树人作为根本任务，融入思想道德教育、文化知识教育、社会实践教育各环节，把思想政治工作贯穿教育教学全过程，把思想价值引领贯穿教育教学全过程和各环节，形成教书育人、科研育人、实践育人、管理育人、服务育人、文化育人、组织育人长效机制。提高站位，以知促行，切实增强做好“三全育人”综合改革试点工作的政治自觉、思想自觉和行动自觉。强化担当，以行践知，深入推动“三全育人”综合改革试点工作见常态出实效。对思想政治教育工作机制的协同性进行评价，就要从人员、时间、空间三维入手，关注全员全过程全方位育人的协同效能。

（三）思想政治教育的方式方法

思想政治教育的方式方法是思想政治教育采用的手段和形式，其种类的多样性和运用的有效性是保证思想政治教育产生强大效能的基本条件。结合现代信息技术的发展，对思想政治教育方式方法进行评价，主要围绕以下内容展开：一是对人工智能技术融入思想政治教育的新形态的基本状况进行评价，二是对大数据技术融入思想政治教育的新形态的基本状况进行评价，三是对物联网技术融入思想政治教育的新形态的基本状况进行评价。这些基本状况主要涉及新技术手段生成的思想政治教育方式方法在实践中的普及度和成熟度，由此把握其作为一种独立的思想政治教育方式方法的潜在可能性、形态完成性、未来发展性。①《北京普通高等学校党建和思想政治工作基本标准检查参考手册》即从智慧校园建设与应用情况、推进教育管理信息化工作情况，教育信息化组织领导、统筹规划情况，信息化工作协同推进机制及落实情况，智慧校园建设与应用情况，信息技术与教育教学融合情况等方面对高校利用信息技术支撑教育、管理、服务的能力和水平进行了评价。

（四）思想政治教育的开展效果

思想政治教育评价的效果维度，指的是科学合理地评价思想政治教育的成效。上述对制度建设、机制建设、方式方法等内容的过程性评价，为从效果维度评价思想政治教育工作提供了前提和保障。而从效果维度进行思想政治教育评价，可以起到反馈、调节的作用，帮助各级党政机关、行业、社会组织、各级各类学校的施教主体，总结凝练思想政治教育的有效举措，实时调整与改进教育目标、内容和方法。

有论者认为从效果维度对思想政治教育展开评价，应树立三个方面的评价标尺：一是思想政治教育实施效果相对教育目标的达成度，按照开展思想政治教育的预期目标来检验教育活动完成后对受教育者产生的实际效果；二是思想政治教育价值的实现度，检验思想政治教育工作满足国家和社会的需求、受教育者成长成才需要的程度；三是思想政治教育对受教育者面临问题的解决和改进程度。②

也有论者认为思想政治教育效果的评价包括横向综合教育效果评价和纵向综合教育效果评价。其中，横向综合教育效果评价主要观测思想政治教育系统是否与社会大系统之间形成合力，以及思想政治教育系统内各子系统之间能否发挥综合作用；纵向综合教育效果评价，则关注思想政治教育是否把握住了工作的连续性和阶段性的统一，形成教育的良性循环，是否按照教育对象的思想、行为形成和发展的特点和规律，是否按照教育的特点和规律，是否根据人们不同的思想层次，有重点、有步骤地开展教育，使教育效果呈现出一个螺旋式上升的发展趋势。③

依据思想政治教育评价对象的类型，对思想政治教育效果的评价可分为高校层面的思想政治教育效果评价、学院层面的思想政治教育效果评价、教师和学生层面的思想政治教育评价三种类型。首先，高校层面的思想政治教育效果评价更加侧重体现高校坚持社会主义办学方向、全面贯彻落实党的教育方针、落实立德树人根本任务方面的价值评价，以及

① 严帅，张智．高校思想政治教育治理评价研究［M］．北京：团结出版社，2022：83.

② 邓卓明，宋明江．新时代思想政治教育质量评价的六个维度［J］．思想理论教育导刊，2020（9）：139－144.

③ 邱伟光，张耀灿．思想政治教育学原理［M］．北京：高等教育出版社，1999：237.

是否体现了高校思想政治理论课的课程发展导向与教育实践的统一。高校要落实思想政治理论课在立德树人工作中的战略地位，推动建立党委书记、校长带头抓思政课的机制，以教材体系、人才体系、教学体系建设为核心，以学科支撑体系、条件保障体系建设为关键。其中，条件保障体系除了经费支持、教学场地建设等，还包括校级层面的治理领导机构（小组）的完善程度及相关制度规范的完善程度。其次，学院层面的思想政治教育效果评价，更加侧重评价课程发展目标与课程建设过程的统一性问题。要强化和凸显“马院姓马、在马言马”的鲜明导向，重点关注马克思主义学院作为重点学院、马克思主义理论学科作为重点学科、思政课作为重点课程三个方面的建设、发展和治理情况。具体来讲，可以从师资队伍、学科建设、教材体系、课程内容建设、马克思主义学院领导班子建设、协同育人等方面进行评价。最后，教师和学生层面的思想政治教育效果评价，更加侧重评价课程发展的内生动力与外源动力的统一性问题，重点关注对推进课程体系内部变革和外部创新带来的教学效果的评价，具体涉及师生教学共同体构建，教学技术、方法、途径、手段和体制机制，学生满意度等。

四、评价目的与功能

评价目的与评价的功能性质密切相关。根据评价作用和开展时机的差异，美国课程评价专家斯克里文将教学评价分为形成性评价和总结性评价。形成性评价是在教学过程中进行的评价，其目的在于收集教学过程中各个局部优缺点的资料，以确定需要修订和改进的方面；总结性评价是在教学完成之后进行的评价，其目的在于对教学计划的成效做出整体判断，以便进行评定或证明。① 思想政治教育评价的功能是确立评价目的的依托，准确把握思想政治教育评价的功能，有利于明晰思想政治教育评价的目的，深化思想政治教育评价的科学认识，释放思想政治教育评价的作用与价值。对已有研究进行梳理，可以发现学界总结出多样的思想政治教育评价的功能。有的论者从教育评价的普遍功能出发，认为思想政治教育评价的功能包括导向功能、激励功能、鉴定功能、诊断功能、调节功能、选拔功能、强化和抑制功能、咨询功能等八项具体功能②；有的论者从思想政治教育的动态过程出发，认为思想政治教育评价主要包括教育过程前的选择导向功能、教育过程中的诊断调节功能、教育过程后的总结预测功能，以及贯穿整个教育过程的激励功能③。也有论者综合对思想政治教育内涵、本质与意义的理解，从评价促进思想政治教育理论与实践发展的角度入手，将思想政治教育评价的功能概括为以下三个主要方面。④

（一）导向与诊断功能

思想政治教育评价是思想政治教育体系的关键环节，包含着对思想政治教育工作进行管理、规范的基本属性，这种管理又体现为价值目标导向与教育问题诊断两个方面。从价值目标导向来看，思想政治教育评价总是以一定的价值、准则或目标为评价的前提条件和

---

① 瞿葆奎．教育学文集·教育评价［M］．北京：人民教育出版社，1989：181.

② 邱伟光，张耀灿．思想政治教育学原理［M］．北京：高等教育出版社，1999：230－232.

③ 张春秀，李坤．马克思主义实践观视角下思想政治教育评价功能探析［J］．上海教育评估研究，2018（5）：6－10.

④ 王学俭．新时代思想政治教育基本问题研究［M］．北京：人民出版社，2021：336－338.

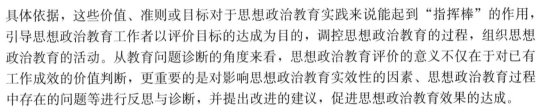

具体依据，这些价值、准则或目标对于思想政治教育实践来说能起到“指挥棒”的作用，引导思想政治教育工作者以评价目标的达成为目的，调控思想政治教育的过程，组织思想政治教育的活动。从教育问题诊断的角度来看，思想政治教育评价的意义不仅在于对已有工作成效的价值判断，更重要的是对影响思想政治教育实效性的因素、思想政治教育过程中存在的问题等进行反思与诊断，并提出改进的建议，促进思想政治教育效果的达成。

（二）鞭策与约束功能

思想政治教育评价的鞭策与约束功能主要是针对多元化的思想政治教育参与主体而言的，是进行参与主体管理的重要手段。个体层面的思想政治教育主体包括思想政治教育管理者、教育者与教育对象，思想政治教育评价能起到鞭策与约束以上主体的价值功能。对思想政治教育管理者而言，评价不仅是“向下”施以管理的手段，通过思想政治教育评价调动人力、物力等教育资源，保证推动思想政治教育活动的良性运行与发展；同时，评价还是一种“对内”提高自身管理能力的有效途径，无论是来自外部的监测性评价还是自发的思想政治教育评价活动，都能对管理者起到一定的约束功能。对教育者而言，思想政治教育评价的功能主要体现为积极的鞭策与激励，通过科学评价，思想政治教育的效果、价值能够得到客观呈现，工作中的成绩与不足也能得到较为全面的分析，有利于促进教育者更加积极、认真、规范地开展思想政治教育活动。对教育对象来说，思想政治教育评价通过对学生思想品德状况进行评估，进行针对性的价值引导活动：面对较好的思想品德状况，则给予积极的肯定，增强其参加思想政治教育活动、主动加强个人修养的思想和行为自觉性；面对不利情况，则通过分析问题原因，及时采取措施进行纠正，使学生向好发展。

（三）探索与印证功能

以上两点主要是从思想政治教育实践的角度来阐述思想政治教育评价的价值与功能，实际上，思想政治教育评价对思想政治教育理论研究的贡献不容忽视。问题是时代的声音，思想政治教育评价可以促使研究者系统审视思想政治教育的实际开展情况，反思现实存在的问题，在解题、破题的过程中，凝练理论研究的真问题，推动思想政治教育研究工作有的放矢地开展。40 年来，思想政治教育理论研究不断深入、成果大量涌现，然而却存在理论与实践联系不够密切、理论解释力差、指导实践作用不明显等问题。新时代思想政治教育评价以方向性、科学性、系统性为原则，既可以通过对思想政治教育活动的考察分析，检验理论应用的实际效果或解释力，也可以通过模拟、实验等手段，进行理论的预演，验证理论的可行性，还可以通过思维的抽象，总结凝练实践经验，发现提出新的理论。

40 年来，对思想政治教育的相关文件和学界研究进行梳理可以发现，思想政治教育评价的目的和关注点也发生了一定变化，主要体现为由关注具体工作转向关注发展性，由关注短期工作转向关注长期效应，由关注内部质量转向内部质量与外溢效应并重。一方面，思想政治教育评价不是形式上的管理或治理，而是通过评价发挥的作用来解决思想政治教育工作中的问题，为社会发展培育德才兼备的人才。早期的思想政治教育评价研究更为关注实际工作的落实与开展情况，随着“以评促建”理念的深入，评价的建设性、发展性逐渐成为政策和学界研究关注的焦点。另一方面，思想政治教育评价不仅关注学校内部党委政府职责履行质量、高等学校立德树人任务落实质量、思想政治教育队伍建设质量、学生接受内化效度质量，也对思想政治教育满足社会人才供给需求的质量给予了充分重视①，这体现出对于思想政治教育工作的长期效应与社会价值的重视。

思想政治教育致力于培养堪当民族复兴大任的社会主义建设者和接班人，培养符合社会发展需要的德才兼备的优秀人才，这一长期目标的实现既在党和国家事业发展对人才培养实际要求的整体框架下，又与中国社会各组织、团体、企事业单位等长效发展的实际需求相契合。对思想政治教育的社会人才供给质量进行评价，主要是结合推动国家和社会事业发展的各部门、各领域的用人导向和用人需求，考核和评价学生尤其是毕业生的品德修养、价值倾向与能力素质，既包括毕业生的自我测评，也包括用人单位的第三方评价。对思想政治教育外溢效应的评价，不仅有助于检验和判断思想政治教育在人才培养方面对国家与社会发展需要的满足程度和水平，而且有助于通过评价及时反馈社会对人才供给质量的实际需求，促进思想政治教育将思想价值引领与解决实际问题相结合。

五、评价方法

思想政治教育评价方法是以思想政治教育工作为对象，对思想政治教育工作的组织、实施、过程、结果等环节和要素进行评判的手段和方式的总称，是深入了解、科学把握思想政治教育发展状况的重要渠道，也是一个完整的思想政治教育评价过程的构成要素。

（一）评价方法的分类

厘清思想政治教育评价方法的划分依据及类型，是科学把握思想政治教育评价方法的重要前提。“思想政治教育方法论，主要不是研究哲学方法和通用方法，而是重点关注哲学方法、通用方法在思想政治教育中的运用问题以及思想政治教育实践活动中的具体方法问题。”② 因此，从总体上而言，思想政治教育评价方法可分为以下三类：其一，思想政治教育评价的基本方法。在思想政治教育评价活动中，基本方法体现着思想政治教育的根本理念与指导原则，规定着其他评价方法的发展方向，贯穿思想政治教育评价的全过程，对思想政治教育评价起着全程性指导作用。一般而言，思想政治教育评价的基本方法主要包含科学性与方向性相结合、理论与实际相结合、目标与实效相结合等原则性评价方法。其二，思想政治教育评价的具体方法。思想政治教育评价的具体方法是思想政治教育评价基本方法在思想政治教育评价活动中的具体运用。与前者不同的是，思想政治教育评价的具体方法作用范围具有条件性、场域性，其主要在思想政治教育评价的某些环节上起指导作用。在思想政治教育评价活动中，较为常见的具体方法有定性评价与定量评价方法、过程评价与结果评价方法、线上评价与线下评价方法等。其三，思想政治教育评价的操作方式。思想政治教育评价的操作方式是思想政治教育评价具体方法的实际运用。“对每一种评价路径的要求机制步骤有充分的了解把握是在不同评价路径中进行精准、有效选择，充分发挥不同路径评价的作用、效能的前提，也是高校思想政治教育治理现代化的内在要求。”③ 因

① 冯刚，史宏月．新时代高等学校思想政治教育质量评价科学化［J］．教育研究，2021（10）：74－82．

② 张耀灿，郑永廷，吴潜涛，等．现代思想政治教育学［M］．北京：人民出版社，2006：364．

③ 冯刚，高山，等．新时代高校思想政治教育治理论［M］．北京：中国社会科学出版社，2021：225．

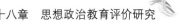

此，思想政治教育评价操作方式具有数量众多、适用范围广泛的突出特征。这无疑对在思想政治教育评价实践活动中科学选用评价方式提出了更高的要求。

（二）评价方法的使用述评

回顾思想政治教育评价的研究历程可以发现，随着主观认识的深化、评价水平及能力的提升，人们在评价方法的使用上呈现出广、专、新的特点。[①] 首先，思想政治教育评价方法的使用呈现出“广泛”的特点。随着思想政治教育评价的应用愈加广泛，不同学科方法、不同领域评价经验的交流借鉴，催生了大量新的思想政治教育评价方法，评价方法种类多样、日趋丰富。其次，思想政治教育评价方法的使用呈现出“专门”的特点。在特定评价目标、特殊评价对象、具体评价环境的限定约束下，围绕提高评价方法的针对性、适用性，专业化、量体裁衣式地对评价方法进行改造或重新设计成为评价者经常性的选择，经验照搬正在向创造性应用转变。最后，思想政治教育评价方法的使用呈现出“创新”的特点。一方面，社会发展日新月异，新技术的使用使思想政治教育的评价方法不断创新升级；另一方面，思想政治教育评价方法自身的结构以及内涵都在发生着新的变化，在研究、实践的双重驱动下，评价方法自身的效力不断开发，评价方法体系正在逐渐形成。例如，有论者针对思想政治教育评价取向工具化、评价指标静态化、评价方式单一化的问题，用发展、动态、多元的视角来认识事物，以“价值增量”为支点赋予新时代思想政治教育评价新的样态，提出了思想政治教育增值评价的理念与方法，主要包括以明确目标定位营造良好评价氛围为起点、以构建指标体系完善评价基本标准为取向、以提供技术支持增强评价专业程度为依托三条实施路径。[②]

任何事物都具有两面性，在看到思想政治教育评价方法运用趋利趋好的同时，也应看到评价实践及具体研究中的方法困境也较为突出：第一，理论方法多，但实践应用少。伴随着不同学科领域的交叉融合，新的思想政治教育评价方法不断涌现，但在具体评价活动中，评价者普遍反映可行的评价方法仍然有限，文本资料分析、问卷、访谈、等级考核等传统的思想政治教育评价方法仍是主流。第二，不同评价方法间融合度有限。理论层面对不同类型、不同方法的联系与区别的认识还不深入，实践层面在方法的使用上配合度低，定量方法与定性方法难以进行结果互通。第三，实践操作中对评价方法使用不当。在评价方法的选择上趋简避繁，偏好量化的直接评分，忽视质性的文本收集，或者过分注重形式、求多求新，评价程序繁杂，评价流于形式。

六、评价情境

当前，思想政治教育评价面临着新的情境：世界多极化、经济全球化、社会信息化、文化多样化深入发展，人民日益增长的美好生活需要和不平衡不充分的发展之间的矛盾成为社会主要矛盾，不同阶层和社会群体在思想观念、道德观念、价值取向、社会心理等方面存在冲突，国内外思想文化和社会舆论层面的交融交锋日益频繁，多样化社会思潮相互交织。因此，对新时代思想政治教育的理论和实践创新提出了更高的要求，思想政治教育

---

① 王学俭．新时代思想政治教育基本问题研究［M］．北京：人民出版社，2021：355．

② 徐蓉，王潇．论高校思想政治教育的增值评价［J］．教学与研究，2021（12）：100－107．

评价也应准确识别社会变化，抓住机遇、迎接挑战，不断创新评价理念与方法，以适应新时代国际国内环境和社会主义现代化建设的需要。以下从思想政治教育评价面临的数字化变革和影响力泛化两个层面管窥当前评价情境的新特征。

（一）思想政治教育评价的数字化变革

网络化时代，思想政治教育经历了三个阶段，前两个阶段以思想政治教育信息化建设和网络思想教育平台建设为重点，更多地倾向于对思想政治教育载体和方法的探讨。① 随着第四次工业革命的到来，数字化逐渐渗透到社会生活的各个方面，数字经济已上升至我国的国家战略，成为“十四五”规划的“新引擎”。当前，大数据成为思想政治教育的热点，在质量评价领域突出体现在思想政治教育数据资源的沉淀以及数据反映出的行为分析。思想政治教育质量评价中大数据的应用，要运用数字思维和技术赋能思想政治教育评价，构建新时代思想政治教育评价体系，破解当前思想政治教育传统评价的困境。具体来说包括以下四个方面：第一，需构建思想政治教育数字化评价指标体系，聚焦在目标明确、可以量化、能够获取、准确反映时代要求的内容指标上，进行指标的层次性划分和体系构建，经过“研究—测试—修正”的循环发展过程，实现评价指标体系与实际操作的适应性；第二，需构建思想政治教育数字化评价系统，整合培育思想政治教育数字化评价信息数据系统，明确评价程序系统，形成评价运算系统；第三，需形成思想政治教育数字化评价长效运行机制，建立评价信息收集机制、处理机制、报送展示机制、反馈调节机制；第四，需完善思想政治教育数字化评价制度保障体系，从数据的交互使用、规范利用、隐私保护等方面完善数据使用制度，实现以数字化驱动评价方式的变革。②

（二）思想政治教育评价的影响力泛化

思想政治教育作为我们党的优良政治传统和经验优势，在国家政治实践和社会政治生活中起到重要的影响，不仅能满足人的精神需求，而且有助于推动社会的文明进步，当前思想政治教育评价的影响力呈现出日益扩大化的趋势。

对于个体而言，人们在参与思想政治教育工作的过程中易受到组织化、社会化的评价影响，思想政治教育评价对个体思想和行为的导向、精神动力的激发、个体人格的塑造、个体思想和行为的规范能产生较大的影响作用。

对于社会而言，思想政治教育评价作为一种客观存在的社会现象，与其他社会现象如政治、文化等发生作用而呈现出的政治价值和文化价值，本质都属于思想政治教育评价社会价值的具体形态。思想政治教育评价不仅受到社会文化、风气的影响，也能在开展评价的过程中，通过规范制度、明晰流程、提高专业化水平来弘扬积极向上的社会风气。一方面，思想政治教育评价具有政治价值，内容涵盖传播政治意识、引导政治行为、造就政治人才等。可以通过对思想政治教育效果的评价，改进思想政治的生态环境，从而在一定程度上起到维护社会政治稳定、促进社会政治发展的作用。思想政治教育评价在横向和纵向上的社会联系与交往中发展，对化解社会矛盾、促进社会政治稳定、增强民族凝聚力能起到十分重要的作用。另一方面，思想政治教育评价还具有文化价值，包括文化选择、文化

---

① 严帅．思想政治教育质量评价研究的新特点与新趋势［J］．思想教育研究，2018（2）：22－26.

② 王莎．新时代高校思想政治教育评价的数字化变革［J］．思想理论教育，2021（12）：62－68.

传播、文化渗透与创造等功能，与思想政治教育评价目的相一致的社会观念、思想、习惯、风俗等文化因子会以积极的姿态纳入思想政治教育工作的范围之中；思想政治教育评价传播出的是社会主流文化，大力弘扬社会主义、爱国主义和集体主义思想；同时，思想政治教育评价传播社会文化的过程是一种同为信源的双向信息交流和情感互动的过程，不同于过去的“我听你说，我打你通”的单向投注。

第三节　思想政治教育评价的发展趋势

高校思想政治教育评价与我国高等教育现代化建设进程相伴而行，是推动高等教育事业健康发展、教育资源优化配置和提高教育管理水平的重要手段。中共中央、国务院于2020年印发的《深化新时代教育评价改革总体方案》明确了新时代我国教育评价的基本目标，为深化新时代高校思想政治教育评价指明了方向。然而，当前我国的思想政治教育评价仍存在一定问题，例如：评价的价值取向存在偏差，过于强调评价实现思想政治教育目标的工具性价值，评价服务于管理效率的提高，成为区分好坏、划分等级的手段，无法彰显主体具有的主观能动性和丰富性；评价的技术手段较为单一，用于评价的技术手段资源丰富，但是难以转化为具体教育情境中便捷可行的手段，实践中的思想政治教育评价手段与方法呈现出单一、量化的特征，遮蔽了教育的多样化和复杂性。

思想政治教育评价的未来发展，既是对过往思想政治教育评价积极因素和优秀经验的继承发展，也是对消极因素和现存问题的摈弃与超越。为推进思想政治教育评价现代化发展，最重要的是坚持守正创新的品质与策略。“守正”可以体现在政治方向、价值取向、实践导向和科学路向四个层面。在政治方向上，中国特色社会主义制度的最大优势是中国共产党的领导，思想政治教育评价工作应始终坚持中国共产党的领导，坚持社会主义方向，把党的路线、方针、政策贯穿思想政治教育评价的全过程。在价值取向上，我国坚持五育并举、德育为先的教育方针，思想政治教育评价应始终瞄准立德树人的根本任务，从增强立德树人实效性的角度思考为什么评、评什么、怎么评的问题。在实践导向上，思想政治教育评价应始终立足思想政治实际，关注实践的复杂性和系统性，把握实践的需求。在科学路向上，思想政治教育评价应不断深化相关的学理研究，科学回答思想政治教育评价的理论支撑、基本内涵、价值意蕴等问题，用理论研究总结评价工作的问题与经验，指导评价工作的开展。同时，未来的思想政治教育评价也将不断突破现有理论与实践的局限性，紧密结合信息化时代化的大背景，利用大数据技术赋能思想政治教育评价，通过多主体参与评价、多渠道呈现过程、多维度诊断效果、多学科借鉴经验等方式，提升思想政治教育评价的实效性。未来，学界对思想政治教育评价规律的认识将会更加深刻，对评价实践的把握会更加全面，思想政治教育评价的理论体系、制度体系、实践体系将会更加融合，思想政治教育评价的整体水平和质量将会获得进一步提升。

第十九章　思想政治教育治理研究

党的十八大以来，从国家治理到基层治理，从社会治理到教育治理，治理成为社会关注的热点，在多领域得到深入探索，成为多学科的探讨焦点。思想政治教育学科也需要对治理论题做出必要的回应，在推进国家治理现代化的实践中做出应有的贡献。目前思想政治教育治理研究已经有了起步，学界的关注度也在上升，学术研究的维度向着纵深发展，为新时代思想政治教育创新发展做出了理论贡献。梳理、总结思想政治教育治理研究的发展状况，展望这一研究的未来方向，可以使我们更加自觉地把握学科发展的规律，丰富现代思想政治教育学，提高学科的学理性和科学性，创新新时代思想政治教育治理实践，提升治理效能，让学科发展与时代发展更加紧密地结合在一起。

第一节　思想政治教育治理研究概述

思想政治教育治理研究是思想政治教育研究因事而化、因时而进、因势而新的产物。思想政治教育治理研究让思想政治教育管理、思想政治教育体系、思想政治教育内容、思想政治教育效能（有效性）等既有论域得以在新的研究视域中进一步深化。目前成果形式多样，既有学术论文、硕博论文，也有学术专著、系列丛书，这反映出越来越多学者参与到这一论域的探索中，推动研究走向了多样化发展和深化发展。

一、思想政治教育治理研究兴起的背景

要理解这一研究的必要性和重要价值，明晰其发展方向，首先需要全面把握、深刻认识思想政治教育治理研究兴起的时代背景。总的来说，思想政治教育治理研究的兴起既是党治国理政发展到新阶段的客观结果，体现了党长期执政的必然逻辑，也是思想政治教育学科发展成熟的阶段性成果，是学科进一步创新发展的必然趋势。概而言之，“遵循国家治理体系和治理能力现代化建设的战略部署，适应新时代思想政治教育理念政策的创新发展，回应思想政治教育实践的现实需求，是推动新时代高校思想政治教育治理研究兴起的

重要因素”[①]。

（一）对党的创新理论和战略部署的积极回应

2013 年，党的十八届三中全会提出，全面深化改革的总目标是“完善和发展中国特色社会主义制度，推进国家治理体系和治理能力现代化”[②]。国家治理现代化成为包括思想政治教育学科在内的多学科的研究热点和焦点。“这一命题的提出，实际上为思想政治教育的时代发展提供了一个重要增长点。”[③] 2019 年，党的十九届四中全会审议通过了《中共中央关于坚持和完善中国特色社会主义制度 推进国家治理体系和治理能力现代化若干重大问题的决定》，对推进国家治理现代化做出了战略部署，为思想政治教育治理研究提供了重要的理论遵循。2020 年，《中共中央关于制定国民经济和社会发展第十四个五年规划和二〇三五年远景目标的建议》提出“十四五”时期我国经济社会发展要“以推动高质量发展为主题”[④]，其中提到要“建设高质量教育体系”[⑤]。因为思想政治教育是我国教育事业的重要环节，所以建设高质量的思想政治教育体系是题中应有之义。总之，“国家治理现代化的提出体现了我们党对人类社会现代化规律的认识进入一个新境界，标志着我国社会主义现代化事业进入一个新阶段”，而“这一治国理政的创新理念在意识形态工作领域的贯彻必然要求思想政治教育的治理转向，即从思想政治教育到思想政治教育治理的创新发展”[⑥]。

（二）对新时代思想政治教育政策制度创新发展的主动适应

党的十八大以来，中共中央、国务院出台了多部加强和改进思想政治教育工作的政策文件，新时代思想政治教育政策体系得到了创新发展。2017 年，中共中央、国务院印发了《关于加强和改进新形势下高校思想政治工作的意见》。2017 年，教育部党组印发《高校思想政治工作质量提升工程实施纲要》，提出了构建“十大”育人体系的任务和内容。2021 年 7 月，中共中央、国务院印发《关于新时代加强和改进思想政治工作的意见》，明确提出“要把思想政治工作作为治党治国的重要方式”，“贯穿党的建设和国家治理各领域各方面各环节”[⑦]。此外，与思想政治教育密切相关的政策文件还有《关于培育和践行社会主义核心价值观的意见》《新时代爱国主义教育实施纲要》《关于全面加强新时代大中小学劳动教育的意见》等，思想政治教育在社会主义核心价值观培育、爱国主义教育、劳动教育等方面都承担着重要职责。习近平总书记强调：“制定出一个好文件，只是万里长征走完了第一步，关键还在于落实文件。”[⑧] 要避免将文件放进抽屉、挂在墙上的做法，就需要切实将这些文本上的政策制度设计转化为现实中的工作行为、实践活动，深化相关研

---

① 冯刚，高山，等．新时代高校思想政治教育治理论［M］．北京：中国社会科学出版社，2021：41.

② 习近平．论坚持全面深化改革［M］．北京：中央文献出版社，2018：45.

③ 项久雨．思想政治教育服务国家治理论纲［J］．思想理论教育，2021（2）：12－17.

④ 中共中央关于制定国民经济和社会发展第十四个五年规划和二〇三五年远景目标的建议［M］．北京：人民出版社，2020：6.

⑤ 同④33.

⑥ 冯刚，徐先艳．现代性视域中思想政治教育治理的生成逻辑、基本内涵及时代价值［J］．教学与研究，2021（5）：85－95.

⑦ 中共中央国务院印发《关于新时代加强和改进思想政治工作的意见》［N］．人民日报，2021－07－13（1）.

⑧ 习近平谈治国理政［M］．北京：外文出版社，2014：106.

究就是为思想政治教育治理实践提供理论指导，从而让新时代思想政治教育政策制度转化为最大的治理效能。

（三）思想政治教育学科自身创新发展的必然结果

一方面，思想政治教育治理研究实际上表征着经过多年建设发展，我国思想政治教育体系更加科学化、专业化、制度化、系统化、整体化，是这一发展在学理研究上的反映。学者们普遍认为，思想政治教育治理是思想政治教育的延续性发展，是在原有实践经验基础上顺应时代要求做出的实践创新。思想政治教育治理与之前思想政治教育管理实践并不是割裂的，而是之前教育实践持续创新的结果。相应地，思想政治教育治理研究是思想政治教育基础理论研究的延伸，对这一新论域的探讨有助于提高思想政治教育研究的学理性、科学性和时代性。

另一方面，“惟创新者进，惟创新者强，惟创新者胜”①。思想政治教育也需要在发展中谋创新，在创新中求发展，让自身更有生机活力。通过治理研究，指导治理实践，提高治理效能，增强新时代思想政治教育的灵活性、应变力和应对力，改革不符合思想政治工作规律、教书育人规律、学生成长成才规律的制度设计，为思想政治工作在法治的轨道上依律而行提供制度保障。思想政治教育与治理融合，参与社会治理实践的过程，也是思想政治教育在与社会保持联系过程中吸收新营养与生产新知识、回答思想政治教育新课题、实现思想政治教育新发展的过程。② 思想政治教育发挥治理功能能对思想政治教育学科建设和形象塑造产生重要影响，可以有效避免传统的思想政治教育在治理中教条化、公式化、形式化的局限。③ 特别是面对我国社会的现代化发展和转型，必须打破思想政治教育仅仅局限于学校教育的传统误区，既在学校又走向社会，丰富思想政治教育社会资源，在社会思想政治工作中增强思想政治教育的时代性，由社会外部反哺学校思想政治教育。④

概言之，治理对思想政治教育来说，既是需要回应的时代语境，又是需要内化的理念原则，还是需要参与的实践过程，更是需要实现的价值目标。思想政治教育作为一种特殊的教育实践活动，处于不断发展的动态过程中。思想政治教育治理研究的兴起符合思想政治教育实践活动的演进规律。如果缺少这一理论研究和言说，在一定程度上可以说是马克思主义在治理研究领域中的“失语”。思想政治教育治理研究有助于增强思想政治教育的自我理解和自我认识，有助于丰富体现中国特色、中国气派的治理理论研究。

二、思想政治教育治理研究的发展阶段

以“思想政治教育治理”为主题，在中国知网上进行检索，最早的文献出现在1989年。但根据相关度对搜索结果进行筛选后发现，最早的研究应从2000年算起。在2014年之前，相关文献主要围绕思想政治教育与危机治理展开探讨，明确以“思想政治教育治

---

① 习近平在欧美同学会成立一百周年庆祝大会上发表重要讲话强调 脚踏着祖国大地胸怀着人民期盼 书写无愧于时代人民历史的绚丽篇章 [N]. 人民日报，2013-10-22 (1).

② 孙其昂，张宇．论思想政治教育与治理——基于“推进国家治理体系和治理能力现代化”[J]. 思想政治教育研究，2015 (2)：61-66.

③ 汪玲，张斌．思想政治教育的社会治理功能分析 [J]. 求实，2014 (9)：86-91.

④ 孙其昂，张然．论思想政治教育参与社会治理的契合 [J]. 湖北社会科学，2020 (6)：138-143.

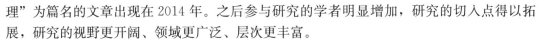

理”为篇名的文章出现在2014年。之后参与研究的学者明显增加，研究的切入点得以拓展，研究的视野更开阔、领域更广泛、层次更丰富。

（一）萌芽期：侧重于“治”的研究

这一阶段的研究没有明确使用思想政治教育治理这一概念，所以还不是真正意义上的“思想政治教育治理”研究，而是“思想政治教育与治理”的研究，成果包括三类。

第一类是思想政治教育与危机治理的关系研究。比如《思想政治教育应重视危机治理研究》（蔡志强，《思想理论教育》2003年第10期）、《危机治理与思想政治教育的关系分析》（高志青，《思想教育研究》2011年第8期）等。随着现代化的纵深推进、现代性的发展，现代社会的不确定性明显增加，正如德国社会学家乌尔里希·贝克所言，不确定性引致的风险是后工业社会的重要特征。而风险社会的形成让危机治理成为一个重要课题。现代危机具有不确定性、突发性、强大的破坏性、影响的广泛性等特征，会打破原有秩序，引发社会混乱，引起人们恐慌心理。如果政府处理危机不力，就会影响公民对政府的信任，削弱政府公信力，埋下社会失范的隐患。有危机就会产生危机治理的命题，而“危机治理既是一个技术性管理的问题，也是一个心理机制控制的问题，因而对危机的预防与处理既要从管理角度加以思考，也要从教育引导的角度予以重视”①。这就对思想政治教育提出了新期待，为其发挥作用提供了新空间，包括在危机事件中，如何在尽可能短的时间内与群众高效沟通，维护政府公信力，引导社会舆情，疏解社会心理，加强社会动员等。质言之，危机治理为思想政治教育研究提供了新的内容、新的研究路径。

第二类是思想政治教育面临的挑战和出现的问题的治理策略研究。学者们关注的挑战和问题主要包括互联网的兴起、高等院校思想政治教育资源流失、高校突发事件善后治理、思想政治教育传播中的信息污染等。实际上，在这一阶段，学界侧重于“治”的研究，而不是“治理”研究，体现的是管理的理念，而不是治理的新理念。正如冯刚所指出的，“在高校思想政治教育学理研究的发展历程中，高校思想政治教育治理研究曾经更多地聚焦于高校思想政治教育活动存在的问题，更多地强调治理中的‘治’，通过‘治’来解决高校思想政治教育活动中存在的不足。早期高校思想政治教育治理研究的范畴更多地聚焦于发现问题、解决问题，通过政策规划和政策引导，使高校思想政治教育在‘治’的过程中实现创新发展。这些理论研究对推进新时代高校思想政治教育内涵式发展具有一定意义，但是没有把‘治理’作为一个综合性整体概念，从管理学和政治学的角度加以深化分析”②。

第三类是从治理视野出发探索思想政治教育创新发展的研究。这一类研究成果相较而言数量不多，但更接近真正“治理”视域中的思想政治教育研究。比如华为国在《整体治理与思想政治教育管理模式重塑》中提出，传统的思想政治教育模式在当今全球化、信息化、市场化的时代背景下其教育的实效性难以凸显，而整体性治理理论对于高校现有的思想政治教育管理模式具有深刻的理论启发意义，因此，结合思想政治教育模式创新的时代诱因，分析当前高校建立“大思政”的整体性管理模式是很有意义的。③ 其中提出的培育

① 蔡志强．思想政治教育应重视危机治理研究［J］．思想理论教育，2003（10）：12－17.

② 冯刚．关于高校思想政治教育治理研究的几个问题［J］．高校辅导员学刊，2022（3）：1－7.

③ 华为国．整体治理与思想政治教育管理模式重塑［J］．江苏高教，2013（6）：107－108.

整体性的思想政治教育管理理念、构建多元统一的大思政教育管理机制、重视共享的信息资源分析和使用、实施全过程的思想政治教育质量控制机制等观点表明已经有了治理理念的萌芽。

（二）起步期：聚焦思想政治教育与治理的融合研究

“党的十一届三中全会是划时代的，开启了改革开放和社会主义现代化建设历史新时期；党的十八届三中全会也是划时代的，开启了全面深化改革、系统整体设计推进改革的新时代，开创了我国改革开放的新局面。”① 思想政治教育必须紧紧围绕党在各个时期的中心工作来进行，所以2013年党的十八届三中全会后，思想政治教育学界在以下三方面形成了研究新焦点。

第一，有关思想政治教育与社会治理的融合研究。党的十八届三中全会提出“创新社会治理”新命题后，有关思想政治教育与社会治理的关系问题形成一个研究小高潮，并持续至今，成为思想政治教育治理研究内生出的一个分支。学界围绕思想政治教育与社会治理的融合进行了多角度的研究，这些研究使思想政治教育治理研究初具雏形。学者们主要探讨了思想政治教育为什么具有社会治理功能、有哪些社会治理功能、发挥社会治理功能存在哪些不足、如何发挥社会治理功能等问题，即思想政治教育社会治理功能的依据、内容、现状和实现路径。这一研究是在社会治理视域中对思想政治教育功能研究的推进。思想政治教育的功能是思想政治教育学的基本范畴和重要内容。对思想政治教育治理功能的探讨是对已有思想政治教育功能研究的延伸。思想政治教育具有导向、转化、调节、保障、激励等方面的功能，这实际上是对于思想政治教育功能的基础性理解、一般性理解，探讨思想政治教育治理功能则是时代化的理解。学者们是在思想政治教育传统功能的基础上，进一步探讨思想政治教育在推进国家治理现代化中承担的职责，为进一步发挥思想政治教育的作用、彰显思想政治教育的价值提供学理支撑。

第二，有关思想政治教育与国家治理的关系研究。在我国有关治理的话语中，治理主要包括国家治理、政府治理和社会治理。国家治理与社会治理有相通交叉之处，同时也有区别。国家治理是总概念，社会治理是国家治理的一个领域或者环节。思想政治教育不仅处于社会治理环境中，而且内嵌于国家治理结构中。所以在探讨思想政治教育的社会治理功能时，学者们也开始思考思想政治教育在国家治理现代化过程中的功能定位，侧重于研究思想政治教育在推进国家治理体系和治理能力现代化的战略部署中的定位、价值、功能等，这反映出学界对治理的关注从局部走向了全局，展现了思想政治教育治理研究服务国家大局、服从治理部署的学科自觉。比如项久雨《思想政治教育服务国家治理论纲》（《思想理论教育》2021年第2期）、叶方兴《论思想政治教育在国家治理现代化中的角色定位》（《思想理论教育》2021年第2期）等。学者们普遍认同，思想政治教育有必要凭借自身优势，参与国家治理现代化进程，发挥自身对国家治理现代化的重要作用。

第三，有关思想政治教育自身治理的研究。在思想政治教育关注国家治理的过程中，必然会反思国家治理给思想政治教育带来了哪些影响、提出了哪些新要求，由此思想政治

① 习近平谈治国理政（第3卷）[M]. 北京：外文出版社，2020：111.

教育治理研究拓展出对思想政治教育自身治理的研究，研究从问题解决式推进到创新开拓式。首先是有关思想政治教育治理体系和治理能力的研究。完善和发展中国特色社会主义制度，推进国家治理体系和治理能力现代化，既是国家改革的总目标，也是各领域改革的总要求。教育改革作为全面深化改革的重要领域，一切改革的举措和行动，毫无疑义都要自觉围绕这一总目标、落实这一总要求。2014 年时任教育部部长的袁贵仁在全国教育工作会议上明确提出，深化教育领域综合改革，加快推进教育治理体系和治理能力现代化。① 而在教育治理体系和治理能力现代化的结构布局中，思想政治教育治理体系和治理能力现代化不仅是重要环节和重要组成内容，而且理应在推进过程中走在前列。因为“学校教育，育人为本；德智体美，德育为先”，立德树人是我国高等教育的根本任务。质言之，党的十八届三中全会对全面深化改革做出了总体部署，对深化思想政治教育领域的改革创新指明了方向，明确了新时代思想政治教育改革创新朝什么方向奋斗、在什么地方聚焦、于什么环节着力，即朝推进思想政治教育治理体系和治理能力现代化的方向奋斗、聚焦、着力。所以，对这一命题的研究成为思想政治教育治理研究的热点焦点，同时也是重点难点。换言之，学者们开始在国家治理的视野中探讨思想政治教育与治理的内在关系。把思想政治教育作为治理的工具和方式是“工具性的思想政治教育治理”，把思想政治教育视作治理的对象和内容是“本体性的思想政治教育治理”，二者相互促进。②“思想政治教育系统运用治理理念和方式的过程，是确立思想政治教育权威及其优化思想政治教育秩序的过程，是思想政治教育继设立学科 30 多年后又一次学科发展和提升的过程。”③ 从此，思想政治教育治理研究不再局限于对问题的回应和解决，而是自觉借鉴引入治理理念、理论、方法，从体系建构、能力建设等整体性层面、系统性要求寻求思想政治教育在新时代的守正创新方向及内涵式发展道路。

（三）拓展期：高校思想政治教育治理成为显性主题

当前，思想政治教育治理研究逐渐获得越来越多学者的关注，成果越来越丰富，成果形式越来越多样化。这一阶段学者们的研究出现了深化拓展趋势，具体体现在三个方面。

一是研究向体系化方向推进，出现了学术专著、丛书。2019 年陈燕所著的《思想政治教育社会治理功能研究》（中央编译出版社）出版。2021 年冯刚、高山等著的《新时代高校思想政治教育治理论》（中国社会科学出版社）出版，该书从理论和实践双重维度来探讨思想政治教育治理的创新发展问题。学理性研究主要围绕理论遵循、理论意蕴、价值要义等展开，实践探索则涉及环境优化、队伍建设、质量评价、课程建设等。同年，冯刚担任总主编的“高校思想政治教育治理研究丛书”出版，该丛书包括《高校思想政治教育治理引论》《高校思想政治教育治理能力研究》《高校思想政治教育数据治理研究》《高校思想政治教育生态治理研究》《高校思想政治教育治理评价研究》五册论著，从多个

① 袁贵仁．深化教育领域综合改革 加快推进教育治理体系和治理能力现代化：在 2014 年全国教育工作会议上的讲话［EB/OL］．http://www.moe.gov.cn/jyb_xwfb/moe_176/201402/t20140212_163736.html.

② 李春华．论思想政治教育之于国家治理价值的三重逻辑［J］．学术探索，2020（10）：118-126.

③ 孙其昂，张宇．论思想政治教育与治理——基于“推进国家治理体系和治理能力现代化”［J］．思想政治教育研究，2015（2）：61-66.

角度对高校思想政治教育治理进行了专门论述和阐释。高山基于现有研究动态，推断思想政治教育治理学成为思想政治教育学分支学科的可能性在加大，思想政治教育治理学在未来可能成为一门新型交叉学科。①

二是高校思想政治教育治理研究成为显性主题。这一阶段，学界对将思想政治教育与治理进行融合的必要性和可能性的认识越来越成熟清晰，达成基本共识，并形成了多重研究进路，主要包括与国家治理、社会治理、高校治理、意识形态治理的融合探索。因为高校是思想政治教育的重要阵地，大学生是思想政治教育的重要对象，所以高校思想政治教育治理研究成为思想政治教育治理研究的重要组成部分，并取得丰硕成果。“新时代高校思想政治教育治理研究，不是针对高校思想政治教育实践中存在的问题进行的批判和整改，而是借鉴现代治理理论进行的高校思想政治教育创新研究。”②

三是在思想政治教育治理论域中，生发出众多分支论域。主要包括思想政治教育数据治理、思想政治教育生态治理、思想政治教育治理能力、思想政治教育治理动力、思想政治教育治理评价等研究内容（对象）。学者们在交叉学科的广阔视野中，积极借鉴相关学科的理论和方法，展开了对这些细化对象的深入研究，产出了一系列理论成果。

综上所述，随着党和国家对国家治理现代化的明确提出和大力推进，学界对思想政治教育治理的研究日益重视，研究的整体性越来越凸显、学理性越来越强、问题意识日益明确，这使得思想政治教育治理研究成为思想政治教育学一个新论域。目前，思想政治教育治理研究方兴未艾，一些基本范畴需要进一步厘清，一些重大理论问题需要持续深化研究，而且思想政治教育治理现代化实践本身也还处于逐步推进、积极探索阶段，不管是治理体系的形成和完善、治理能力的培育和提升，还是治理体系的优势向治理实际效能的转换都是一个循序渐进的发展过程。可以肯定的是，这一研究意义重大，在产出理论成果、提高思想政治教育学学理性上大有可为，在推动思想政治教育创新发展、实现提质增效上需要大有作为。

第二节　思想政治教育治理研究的主要成果

学者们对思想政治教育与治理的关系的认识逐步深化，由开始时主要集中于探讨思想政治教育对社会治理、国家治理的功能价值，到普遍认同思想政治教育治理是国家治理体系和治理能力现代化的重要组成部分，从一开始主要探讨思想政治教育服务国家治理的路径，到思索思想政治教育自身的治理问题，形成了一系列有突破性的成果，思想政治教育治理研究的主要成果概括如下。

一、思想政治教育治理的生成逻辑

思想政治教育治理生成的理论逻辑有两大方面：一是治理理论为思想政治教育创新发

① 冯刚．思想政治教育学学科发展新论域［M］．广州：中山大学出版社，2022：112.

② 冯刚．关于高校思想政治教育治理研究的几个问题［J］．高校辅导员学刊，2022（3）：1－7.

展提供了崭新的理论视野。“治理现代化的理念要求渗透于经济社会发展的各个领域，为不同领域的创新发展提供了思想智慧与实践思路”①，包括思想政治教育领域。二是马克思主义相关理论为思想政治教育治理提供理论基础。有论者认为思想政治教育社会治理的理论依据在于“马克思主义关于人的需要理论、正确处理人民内部矛盾理论、社会主义核心价值观以及公共治理理论”②。

思想政治教育治理生成的历史逻辑包括两大维度。一是从中国共产党治国理政发展历史的角度看，思想政治教育治理体系和治理能力的现代化是中国共产党成为长期执政的政党的内在需要。如果说“从中国共产党早期历史看，正是思想政治教育体系的建立，使中国共产党成为一个在思想上、政治上、组织上逐渐成熟的政党”③，那么度过百年华诞的中国共产党，通过思想政治教育治理体系和治理能力现代化，使自身始终保持先进性、纯洁性、战斗力，成为长期执政的政党。二是从思想政治教育发展历史的角度看，思想政治教育治理体系和治理能力现代化是思想政治教育提质增效的内在需要。“自 1984 年思想政治教育学科成立，经过 30 多年的发展，有必要对思想政治教育治理体系和治理能力进行系统总结和梳理，站在全面深化改革的新起点上，……通过改革创新的集成联动保持思想政治教育治理体系、治理能力的稳定性和延续性的同时不断增强发展性和创新性，推动思想政治教育治理体系更加成熟、更加定型。”④

思想政治教育治理生成的时代逻辑在于全面深化改革的新阶段对思想政治教育提出了新要求。我们要从全面深化改革的全局视野去看待思想政治教育治理的学理研究与实践探索，脱离了这一时代背景，思想政治教育治理研究将失去立论基础与发展方向。“面向新时代，思想政治教育必须更加关注国家治理的现实需要，实现与国家治理的理念同构、制度同构和实践同构。由此，思想政治教育才能既实现自身结构体系的优化与更新，又能更好地推动国家治理体系和治理能力现代化。”⑤ 在新时代国家治理现代化继续向前推进的大环境下，思想政治教育治理要通过实现现代化自觉，为国家治理现代化源源不断地输送高素质人才，由此思想政治教育治理现代化的研究论题开始生成并得到确证。⑥

思想政治教育治理生成的学科逻辑集中体现在思想政治教育需要治理的理念和方式来破解自身发展困境。面对社会思潮的交汇与碰撞、信息化新媒体的繁荣发展等社会文化发展所带来的现实挑战，以及理论创新乏力和实践探索滞后的自身发展困境，充分挖掘社会治理的理论智慧并遵从其价值导向，能够为思想政治教育管理的创新与发展开拓新的理论视野与实践空间。⑦ 把治理引入思想政治教育理论和实践既是思想政治教育服务治理，实

---

① 冯刚．治理视域下高校思政队伍专业化建设的理论与实践 [J]．学校党建与思想教育，2020 (9)：4 - 7.

② 张斌，汪玲．思想政治教育社会治理功能实现的理论基础 [J]．湖北社会科学，2015 (7)：177 - 182.

③ 杨威，董婷．思想政治教育体系与国家治理现代化建设 [J]．思想理论教育，2020 (2)：19 - 25.

④ 冯刚，徐先艳．现代性视域中思想政治教育治理的生成逻辑、基本内涵及时代价值 [J]．教学与研究，2021 (5)：85 - 95.

⑤ 项久雨．思想政治教育服务国家治理论纲 [J]．思想理论教育，2021 (2)：12 - 17.

⑥ 王学俭，阿剑波．思想政治教育治理现代化的内涵、特征与发展路径 [J]．思想理论教育，2020 (2)：26 - 31.

⑦ 秦在东，王昊．社会治理的理论创新及其对思想政治教育管理创新的启示 [J]．湖北社会科学，2015 (7)：183 - 187.

现思想政治教育治理功能的必然要求；也是思想政治教育运用治理理念、方式和思维，实现现代转型的迫切需要。[①]

二、思想政治教育治理、治理体系和治理能力及其现代化的内涵

思想政治教育治理研究涉及一系列基本范畴：思想政治教育治理、思想政治教育治理体系、思想政治教育治理能力、思想政治教育治理现代化、思想政治教育治理体系现代化和思想政治教育治理能力现代化等。

（一）思想政治教育治理及其现代化的内涵

目前学界对思想政治教育治理的内涵界定采取了三条阐释进路。

第一条阐释进路是从国家治理体系和国家治理能力的定义引申出思想政治教育治理、思想政治教育治理体系和治理能力的界定。习近平总书记指出："国家治理体系和治理能力是一个国家制度和制度执行能力的集中体现。国家治理体系是在党领导下管理国家的制度体系，包括经济、政治、文化、社会、生态文明和党的建设等各领域体制机制、法律法规安排，也就是一整套紧密相连、相互协调的国家制度；国家治理能力则是运用国家制度管理社会各方面事务的能力，包括改革发展稳定、内政外交国防、治党治国治军等各个方面。"[②] 据此，徐艳国认为，思想政治教育治理是指对思想政治教育活动的统筹谋划、综合推动，解决抓什么、如何抓等问题。思想政治教育治理体系主要体现为思想政治教育政策体系。推进思想政治教育治理体系现代化的过程，也就是完善思想政治教育政策体系的过程。思想政治教育治理能力主要是指思想政治教育政策执行水平，体现为推动政策执行的能力。实现思想政治教育治理能力现代化，就是要提升思想政治教育政策执行水平。[③]

第二条阐释进路是从治理与统治、管理的比较出发描述思想政治教育治理的内涵（特征）。在研究治理理论的学者眼中，区分治理与统治、管理是正确理解治理的前提条件。冯刚等认为，思想政治教育治理这一概念强调的是治理视域中的思想政治教育，并从五个方面阐释了思想政治教育治理丰富的理论意涵：第一，从育人理念上看，体现治理的核心精神：多一些治理，少一些统治。首先，治理强调更少的强制，更多的同意、认同。以说理换同意，以认同换服从。其次，治理强调寓管理于服务之中，以服务换服从。最后，治理强调以人为目的和对主体更多的赋能。实际上，服务的理念反映了思想政治教育治理突出人文关怀，从以事为中心到以人为中心，顺应着我国现代化从偏重"物的逻辑"走向注重"人的逻辑"的趋势。第二，从主体来看，多元主体组成育人共同体。第三，从权力的运行向度来看，既包括自上而下，也包括自下而上，强调的是一个双向互动的过程，在治理过程中多元主体是平行的，共同发挥作用。第四，从空间上看，思想政治教育治理涉及多个领域、环节和层级，并非一项单一性、单向性工作，所以，更加

① 蔡如军，金林南．试论现代社会的思想政治教育治理［J］．思想理论教育，2018（1）：54－59．

② 习近平谈治国理政［M］．北京：外文出版社，2014：91．

③ 徐艳国．思想政治教育治理体系和治理能力现代化探析［J］．清华大学学报（哲学社会科学版），2014（3）：122－125，10．

注重体系建构和协同联动。第五，从时间上看，治理过程具有持续性、动态性和反思性。① 总之，思想政治教育治理以高质量发展为主题，是思想政治教育从外延式发展进入内涵式发展新阶段的新形态，对思想政治教育的内容、方法、质量、效益等都提出了新的更高的要求。

第三条阐释进路是根据治理的构成要素来描述思想政治教育治理的内涵。要讲清楚何谓治理，需要回答为什么治理、谁治理、治理什么、怎么治理、治理得怎样等基本问题，即治理目标、治理主体、治理客体（或治理内容）、治理方式、治理效果等。有学者就是从这些方面来界定高校思想政治教育治理内涵的。“高校思想政治教育治理强调多样主体参与，而非高校思想政治教育管理部门单一的（或者单向度）的主体，强调多样主体间的协作。从方式上看，高校思想政治教育治理注重自下而上的信息传递和改革措施，突出对大学生思想与行为的引导、规范、训练，做到显性教育与隐性教育相结合、疏通与引导相结合，最大程度地关切青年学生成长发展需求，尊重青年学生的合理利益需求，不断激发青年学生知行合一的内在动力。从结果上看，高校思想政治教育治理激发教育实践创新创造的活力，优化高校思想政治教育的政策、决定、活动、教育结果，提升高校思想政治教育质量。”② 就治理的内容而言，冯刚等侧重分析了工作内容的拓展，指出相较于传统思想政治教育，思想政治教育治理更加突出三方面的工作领域拓展和工作质量提升：第一，现代化强国是生态文明强国，这就要求思想政治教育治理在生态文明建设中积极作为。第二，现代化强国是网络强国，这就要求思想政治教育治理更加积极地投身于维护网络安全的系统工程中。第三，现代化强国是负责任的大国，这就要求思想政治教育治理要有“到国外去做思想政治工作”的视野。“我们要主动发声，让人家了解我们希望人家了解的东西，让正确的声音先入为主。”③ 以上三方面的工作将是思想政治教育治理改革、治理效能提升的主要增量。④

综上所述，学者们日益认识到思想政治教育治理是运用思想政治教育进行国家治理和对我国思想政治教育进行治理的有机结合。它关涉三个层面：一是关于思想政治教育的治理，即思想政治教育现代转型需要治理理念、治理方式和治理思维，内化治理的价值目标；二是依靠思想政治教育的治理，即思想政治教育是治理现代化理论与实践的重要方式、手段和载体；三是作为思想政治教育的治理，即思想政治教育作为一种对人的思想价值观念施加影响以实现政治权力的产生、变更与维护的精神性政治实践，其本身即是国家治理现代化的内在组成部分和独特治理形态，关涉国家治理现代化的主导意识形态建设和核心价值观的生产与再生产。⑤

（二）思想政治教育治理体系及其现代化的内涵

中国共产党高度重视思想政治工作，新中国成立以来，思想政治教育经历了一个长期

---

① 冯刚，徐先艳．现代性视域中思想政治教育治理的生成逻辑、基本内涵及时代价值［J］．教学与研究，2021（5）：85－95.

② 冯刚．关于高校思想政治教育治理研究的几个问题［J］．高校辅导员学刊，2022（3）：1－7.

③ 习近平．论党的宣传思想工作［M］．北京：中央文献出版社，2020：121.

④ 同①.

⑤ 蔡如军，金林南．试论现代社会的思想政治教育治理［J］．思想理论教育，2018（1）：54－59.

的体系化建设发展过程。所以对思想政治教育体系的研究在治理体系提出之前就存在。与以前的思想政治教育体系研究不同的是，今天治理体系的研究要回答一个新课题：如何充分彰显中国特色社会主义制度的优势。

冯刚等认为，思想政治教育治理体系是中国特色社会主义制度在意识形态治理领域的具体化，是由思想政治教育各要素、各环节、各层次构成的有机系统，思想政治教育治理体系的现代化进程，离不开系统完备、科学规范、运行有效的制度机制建设。① 有学者认为，从历史维度看，实现思想政治教育治理体系和治理能力现代化要完成“三个转变”，即教育理念由以事为中心向以人为中心转变、教育方式由传统向现代转变、教育机制由封闭向开放转变。②

（三）思想政治教育治理能力及其现代化的内涵

学者们普遍认为思想政治教育治理能力是国家治理能力在思想政治教育领域的集中体现，主要是指思想政治教育治理政策体系的执行能力。冯刚等提出，“思想政治教育治理能力是思想政治教育治理体系在贯彻落实中的应用化和主体化”，“如果说思想政治教育治理体系现代化是指要建立系统完备的思想政治教育政策体系、运行有效的体制机制的话，那么思想政治教育治理能力现代化就是指不断提高政策执行的效力和质量，它取决于治理主体贯彻落实制度政策要求、履行相应功能职责达成治理目标的思想政治素质和业务能力”③。此外，陈元等认为，当前思想政治教育面临外向性风险和内源性风险，思想政治教育治理能力还应包括风险治理能力。④

三、思想政治教育与社会治理的融合研究

自党的十八届三中全会明确提出了“创新社会治理”的重要命题后，积极探索包括思想政治教育在内的一切有助于推动社会治理创新的积极因素，充分发挥思想政治教育在创新社会治理过程中的独特价值和重要功能，成为学者们关注的焦点。

（一）思想政治教育与社会治理的关系

二者具有关联性。学者们普遍认为思想政治教育是社会治理的重要方式，且具有独特优势，“思想政治教育作为社会建设各项工作的‘生命线’，不仅在价值目标上与社会治理高度一致，而且在数字化的今天，思想政治教育正以其‘柔性治理’模式，渗透到社会治理的各个环节，弥补了传统管理模式‘刚性有余’的缺憾，承担起越来越多的社会治理责任”⑤。而“社会治理为思想政治教育有效开展创造良好基础”⑥，为思想政治教育创新发展提供实践场域。

---

① 冯刚．推进新时代思想政治教育治理体系现代化［N］．中国教育报，2020－03－19（5）．

② 梁家峰，吕素香．思想政治教育治理体系和治理能力现代化的三个维度［J］．思想教育研究，2014（10）：40－43．

③ 冯刚，徐先艳．现代性视域中思想政治教育治理的生成逻辑、基本内涵及时代价值［J］．教学与研究，2021（5）：85－95．

④ 陈元，黄秋生．新时代高校思想政治教育治理风险评估［J］．学校党建与思想教育，2021（8）：19－21．

⑤ 付安玲，张耀灿．数字化参与文化视域下思想政治教育的功能优化［J］．思想教育研究，2020（8）：31－36．

⑥ 郑永廷，田雪梅．社会治理与思想政治教育的发展［J］．思想理论教育，2017（6）：10－15．

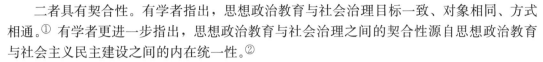

二者具有契合性。有学者指出，思想政治教育与社会治理目标一致、对象相同、方式相通。[①] 有学者更进一步指出，思想政治教育与社会治理之间的契合性源自思想政治教育与社会主义民主建设之间的内在统一性。[②]

二者相互需要、相互促进。“将思想政治工作与社会治理相互渗透，是实现思想政治工作社会化和社会治理人性化的必然要求。”[③] “思想政治教育与社会治理之间应建立一种双向建构的新型模式，人的全面发展、政治目标的完成、治理政策的解读与内化，以及在社会改革基础上进行的社会治理范式转换都需要思想政治教育的变革；同时，思想政治教育要增强其实效性，就必须渗透于社会治理格局之中，与社会深度在场。”[④]

（二）思想政治教育社会治理功能的具体内容

在认同二者的关联性、契合性的基础上，我们可以将思想政治教育社会治理解读为“思想政治教育在社会治理场域的良好运用”[⑤]，将思想政治教育社会治理功能解读为思想政治教育在社会治理场域的职责定位和功用价值。代表性观点有三类说和多类说。

三类说。杜旭宇等人认为，从社会学角度看，思想政治教育的社会治理功能有三方面：一是社会控制功能，包括思想控制、行为控制与风险控制；二是社会协调功能，包括价值协调功能、心理协调功能与关系协调功能；三是社会动员功能，包括统一责任认知功能、扩大公众参与功能、提升政府公信力功能。[⑥] 李卓等从党政主导力量、市场支撑力量和人民主体力量三个维度分别阐发了思想政治教育社会治理价值，在党政主导力量维度上表现为对社会治理方向的引领，在市场支撑力量维度上表现为对社会治理秩序的规范，在人民主体力量维度上表现为对社会治理能量的凝聚。[⑦]

多类说。郑永廷等认为思想政治教育在整合社会思想、引领主流价值、疏导社会心理、规范社会行为、协调社会关系、维护社会稳定、批判错误思潮等方面发挥着重要的作用。[⑧] 有学者认为，思想政治教育参与社会治理的主要价值有“整合社会思想、引领主流价值、疏导社会心理、规范社会行为、协调社会关系、维护社会稳定”[⑨]。

（三）思想政治教育社会治理功能的实现路径

有学者认为，思想政治教育要想能够及时回应并解答社会治理中存在的问题，就必须构建一套具有彻底解释力且逻辑自洽的解释体系。思想政治教育必须紧密嵌入社会治理结构之中，从理论、伦理道德关系、制度三个层面增强思想政治教育在社会治理中的影响力。[⑩] 有学者提出，思想政治教育参与社会治理必须沿着宣传治理理念、培育治理意识、

① 孙其昂，张然．论思想政治教育参与社会治理的契合 [J]．湖北社会科学，2020 (6)：138-143.

② 杨威．思想政治教育：文化意识形态治理的重要方式 [J]．思想理论教育，2014 (11)：59-64.

③ 杜旭宇，程洪宝，周立军，等．思想政治工作的社会治理功能——基于社会控制、社会协调和社会动员的分析 [J]．湖北社会科学，2015 (7)：172-176.

④ 王俊斐．思想政治教育与治理的融合研究述评 [J]．教育评论，2018 (9)：91-95，117.

⑤ 汪玲，张斌．思想政治教育的社会治理功能分析 [J]．求实，2014 (9)：86-91.

⑥ 同③.

⑦ 李卓，王永友．思想政治教育社会治理的三重价值 [J]．湖北社会科学，2019 (6)：164-170.

⑧ 郑永廷，田雪梅．社会治理与思想政治教育的发展 [J]．思想理论教育，2017 (6)：10-15.

⑨ 付安玲．社会治理视域下思想政治教育的价值及其实现 [J]．思想理论教育，2015 (10)：52-56，107.

⑩ 项久雨．思想政治教育服务国家治理论纲 [J]．思想理论教育，2021 (2)：12-17.

组织动员多元主体参与这三条基本路径综合前行。① 代玉启提出，增强思想政治教育参与社会治理的时、度、效，需要做到调节机警度，增强工作预见性；优化情绪管理，培育健康社会心态；调动更多资源，由小循环到大格局；培育现代国民，在参与治理中实现成长；等等。② 实际上，思想政治教育要实现治理功能、发挥治理功能的优势，需要思想政治教育加强自身治理。

四、思想政治教育服务国家治理的功能研究

从社会治理到国家治理，学者们的研究视野从局部走向了整体，研究内容更加丰富。

（一）思想政治教育服务国家治理的功能定位

有些学者紧扣国家治理的特征和现代化目标来阐发思想政治教育的国家治理功能。冯刚等提出，思想政治教育治理的时代价值主要有：第一，为各领域的改革奠定制度自信的人心基础。第二，为各领域制度体系的改革和完善发挥价值导向和政治保证作用。第三，通过培育时代新人、现代公民为各领域改革发展提供源源不断的人才支撑，助推中国之制的优势转为中国之治的成就。③

有学者从角色拓展的角度出发，说明思想政治教育承担着“辩护”与“建构”双重功能。叶方兴指出，“在国家治理现代化全面展开的过程中，思想政治教育正经历着由‘辩护性’角色逐步向‘建构性’角色的拓展，进而发挥‘辩护’与‘建构’双重性质的社会功能，成为推动国家治理现代化的实践性力量”，“在方向愿景、价值共识、精神氛围、主体塑造等方面，思想政治教育均可以担负其‘建构性’角色，成为国家治理现代化的引领者、推动者”④。

有学者结合“五位一体”的治理格局阐释思想政治教育的多方面效能。比如邓海龙等提出，思想政治教育治理有政治效能、经济效能、文化效能、社会效能，对国家治理现代化具有方向指引、动力运聚、进程提速的价值意蕴。⑤

还有不少学者侧重于说明思想政治教育为国家治理提供人才支撑。有学者指出，思想政治教育治理要塑造积极公民、责任公民和道德公民。⑥ 学者大多强调了思想政治教育培育国民的功能，特别是培育青少年成为时代新人的职责。需要注意的是，一个国家要实现善治，首先必须要实现善政。党员领导干部、政府官员的治理素养直接决定着治理现代化的顺利推进。所以思想政治教育的育人功能不仅体现在培育时代新人，而且包括提升党员领导干部、政府官员的治理素养。

（二）思想政治教育服务国家治理的实现路径

思想政治教育服务国家治理的实现路径，即思想政治教育服务国家治理何以可能的问

---

① 孙其昂，张然．论思想政治教育参与社会治理的契合［J］．湖北社会科学，2020（6）：138－143.

② 代玉启．思想政治教育参与社会治理的路径优化［J］．思想理论教育，2017（6）：23－26.

③ 冯刚，徐先艳．现代性视域中思想政治教育治理的生成逻辑、基本内涵及时代价值［J］．教学与研究，2021（5）：85－95.

④ 叶方兴．论思想政治教育在国家治理现代化中的角色定位［J］．思想理论教育，2021（2）：18－23.

⑤ 邓海龙，徐国亮．国家治理现代化视域下思想政治教育效能的理论意涵与提升路径［J］．思想教育研究，2020（4）：96－100.

⑥ 杨威．思想政治教育：提升国家治理能力和国民素养的重要途径［J］．思想教育研究，2015（12）：3－7.

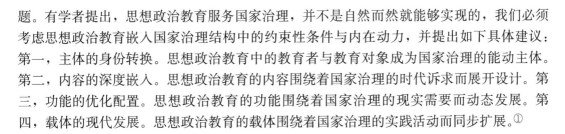

题。有学者提出，思想政治教育服务国家治理，并不是自然而然就能够实现的，我们必须考虑思想政治教育嵌入国家治理结构中的约束性条件与内在动力，并提出如下具体建议：第一，主体的身份转换。思想政治教育中的教育者与教育对象成为国家治理的能动主体。第二，内容的深度嵌入。思想政治教育的内容围绕着国家治理的时代诉求而展开设计。第三，功能的优化配置。思想政治教育的功能围绕着国家治理的现实需要而动态发展。第四，载体的现代发展。思想政治教育的载体围绕着国家治理的实践活动而同步扩展。①

五、高校思想政治教育治理研究

"新时代高校思想政治教育治理研究从初步兴起到不断发展，逐渐成为高校思想政治教育研究的重要内容构成，是思想政治教育研究因事而化、因时而进、因势而新的发展结果，也是思想政治教育研究聚焦教育规律、思想政治工作规律、学生成长规律的发展结果。"② 高校思想政治教育治理研究属于思想政治教育自身治理研究的范畴。

（一）高校思想政治教育治理的必要性

研究者们坚持问题导向，基于当前高校思想政治教育面临的问题和挑战阐发了加强高校思想政治教育自身治理的重要性。李彦磊认为，我国高校思想政治教育存在工作主体单一、工作方式单一、工作监督和奖惩制度缺失等问题。③ 张怀民等指出，高校思想教育管理在面对意识形态多元化、学生层次多样性、网络信息复杂性、管理主体模糊性等现实因素时，始终处于一种功能性失调的困境中。④ 这些问题的解决不能靠补丁式的修补，而应是理念的深刻转换和范式的系统创新。

研究者们坚持任务导向，基于新时代高校思想政治教育理应承担的新任务阐发了加强高校领域思想政治教育治理的重要意义。通过高校思想政治教育治理，不断促进高校和谐稳定，把高校建设成为安定团结的模范之地。通过高校思想政治教育治理，发挥高校咨政育人的功能，把高校建设成为中国特色新型智库的重要组成部分，在推进国家治理体系和治理能力现代化的进程中发挥应有的作用。高校思想政治教育治理对落实立德树人根本任务、推动思想政治教育内涵式发展、推进国家治理现代化发展都有重要价值。在国家治理现代化发展中的价值集中体现在为国家治理提供软实力支持、培养高素质人才、创造良好的条件。⑤

（二）高校思想政治教育治理的理论遵循和来源

有论者提出，习近平新时代中国特色社会主义思想为新时代思想政治教育治理提供方向指引、方法指导和思维启迪。国家治理现代化理论、教育现代化和教育治理现代化理论为高校思想政治教育治理提供了宏观分析图景和丰富的基础理论滋养。新时代思想政治教育理论创新的最新成果为新时代思想政治教育治理提供直接的理论支撑。⑥ 有论者提出，

---

① 项久雨．思想政治教育服务国家治理论纲［J］．思想理论教育，2021（2）：12－17.

② 冯刚，王振，等．高校思想政治教育治理引论［M］．北京：团结出版社，2022：1.

③ 李彦磊．公共治理思想在高校思想政治教育中的运用［J］．人民论坛，2015（29）：147－149.

④ 张怀民，陈锐．治理视阈下高校思想教育管理的困境及其破解［J］．学校党建与思想教育，2017（14）：82－84.

⑤ 同②56－61.

⑥ 冯刚，高山，等．新时代高校思想政治教育治理论［M］．北京：中国社会科学出版社，2021：11－31.

有效的高校思想政治教育必然要基于实践哲学进行治理。因为认识论导向的思想政治教育让“认识”成了思想政治教育的核心目标，甚至导致以知识代替认识、以知识考核认识的极端行为。① 有论者认为，高校思想政治教育治理理论是对中华传统治理智慧的传承与发展，是对现代公共治理理论的借鉴与超越，是对中国共产党国家治理经验智慧的延伸与深化。②

（三）高校思想政治教育治理的实践进路

相较而言，高校思想政治教育治理研究更具整体性，已具备初步的研究框架。在有关高校思想政治教育治理的实践问题方面，研究者们主要围绕治理体系、治理能力、载体运用、课程建设、队伍建设、数据治理、质量评价、风险防控、治理环境等方面展开了探讨。

首先，新时代对高校思想政治教育治理体系提出了更高要求。冯刚提出，体系化是新时代高校思想政治工作加强改进、创新发展的着力点，体系的运行强调体系之间的协同联动。每一个工作体系都是高校思想政治教育治理体系的子系统，推进各子系统的协同与衔接机制，创新系统的信息反馈与调平纠偏机制，激发各子系统的能动性和发展动力，将各项制度优势转换为治理效能，是把握高校思想政治教育治理体系运行规律的重要表现。③ 沈壮海等指出，高校思想政治工作体系化建设还存在以下制约实效提升的问题：“孤岛”现象、“条块”现象、“片面”现象、“脱节”现象、“隔膜”现象。更加完备有力的新时代高校思想政治工作体系应该是主体广泛激活、力量有效联结、对象全面覆盖、工作全程贯穿、要素深度融入的体系。④

其次，新时代对高校思想教育治理能力提出了新要求。有学者指出，高校思想政治教育治理能力包括制度执行能力、改革创新能力、科学发展能力。其中制度执行能力具体包括制度解读能力、制度实施能力、制度监督能力、制度评价能力、效果反馈能力、制度调整能力等。⑤

最后，信息时代为高校思想政治教育治理提供了创新思路和技术支持。学者们赞同，要有效发挥互联网、新媒体、大数据、人工智能等现代科学技术在高校思想政治教育治理方式现代化中的作用，使用新媒体新技术激活思想政治教育方式，推动思想政治教育管理方式的传统优势与信息技术高度融合。“在多元信息中把握主导，在信息流动中把握方向，推进信息的有序流动，加强信息风向控制，都是高校思想政治教育治理的应有之义。”⑥ 2022年1月在全国教育工作会议上，教育部部长怀进鹏提出了实施教育数字化战略行动。高校思想政治教育数据治理是教育数字化战略行动的重要组成部分。吴满意等认为，高校思想政治教育数据治理是指，依据大数据治理制度，运用信息技术工具按照一定标准对高校思想政治教育数据进行采集、清洗、储存、删除、保护等处理过程，借助数据规避思想

---

① 刘丙元．基于实践哲学的高校思想政治教育治理逻辑［M］．思想政治教育研究，2022（3）：101－106.

② 冯刚，王振．高校思想政治教育治理引论［M］．北京：团结出版社，2022：15－34.

③ 冯刚．关于高校思想政治教育治理研究的几个问题［J］．高校辅导员学刊，2022（3）：1－7.

④ 沈壮海，李佳俊．论新时代高校思想政治工作体系的构建［J］．思想理论教育，2019（12）：11－16.

⑤ 同②198.

⑥ 同③.

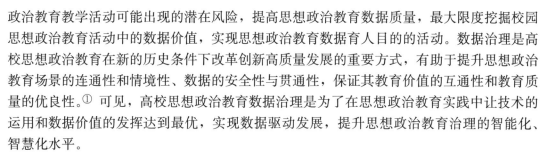

政治教育教学活动可能出现的潜在风险，提高思想政治教育数据质量，最大限度挖掘校园思想政治教育活动中的数据价值，实现思想政治教育数据育人目的的活动。数据治理是高校思想政治教育在新的历史条件下改革创新高质量发展的重要方式，有助于提升思想政治教育场景的连通性和情境性、数据的安全性与贯通性，保证其教育价值的互通性和教育质量的优良性。① 可见，高校思想政治教育数据治理是为了在思想政治教育实践中让技术的运用和数据价值的发挥达到最优，实现数据驱动发展，提升思想政治教育治理的智能化、智慧化水平。

以上研究遵循的是从国家治理到教育治理再到高校思想政治教育治理的取径，还有学者采用的是从国家治理到社会治理再到高校思想政治教育治理的取径。比如秦在东等提出，要从多元主体、管理模式多样化和高校与中小学、与社会组织的思想政治教育管理衔接两方面来探索高校思想政治教育管理的理论与实践创新路径。②

第三节　思想政治教育治理研究的展望

思想政治教育治理研究体现了思想政治教育研究的历史连续性和空间延展性，有助于推动思想政治教育自我认识的深化和现代化发展。研究者们已经破题，产出了有代表性的学术成果，但因为研究时间尚短，研究对象本身处于动态发展过程中，所以现有研究还存在基本概念的内涵尚未达成共识，宏观研究多、微观研究少，理论推演多、经验提炼少，对国外理论借鉴多、对国内成功经验提炼少等不足，研究的深度和系统性都还有很大的提升空间，还需要在宣传、学习、理解、研究、落实治理理念上下深功夫、细功夫、苦功夫。

一、下深功夫，坚持理论思维，深化基础理论问题研究

下深功夫就是要深化理论研究，夯实理论基础，提高思想政治教育治理研究的学术原创力，这就离不开理论思维。思想政治教育治理首先是一个重要的理论命题，需要回答思想政治教育为什么需要治理、思想政治教育治理是什么、思想政治教育治理的理论来源和实践基础是什么、思想政治教育治理的目标是什么、新时代思想政治教育治理的具体任务和特征有哪些等基础性理论问题，需要重点围绕思想政治教育治理的生成逻辑、价值要义、基本内涵、功能定位、结构要素等展开进一步的研究，以形成统一的关于思想政治教育治理研究的基本框架和知识体系，对思想政治教育治理的一般性理论问题给予完整深入的系统性阐释论证。

一是要进一步深化研究思想政治教育治理论域内基本范畴的内涵及相互关系。“范畴的精确化、规范化，是任何一门学科持续发展的客观要求。范畴是把事物进行归类的依

① 吴满意，高盛楠．高校思想政治教育数据治理研究［J］．马克思主义理论学科研究，2022（9）：99－107.

② 秦在东，王昊．社会治理的理论创新及其对思想政治教育管理创新的启示［J］．湖北社会科学，2015（7）：183－187.

据，有了范畴，才可以‘把我们的观察资料归属到一个秩序井然的符号系统中去，以便使它们相互间系统连贯起来并能用科学的概念来解释’。”① 我们迫切需要通过理论思维，加强理论研究，使目前尚未取得统一认识的范畴得以精确化、规范化、科学化，推动思想政治教育治理研究在逻辑层次上跃升。进一步让思想政治教育治理论域的范畴富有思想含量和时代内涵。要避免简单套用、机械借用其他范畴的内涵和外延，要力争产出更具学科特色和内涵的理论、知识供给，丰富我国治理理论研究。

思想政治教育治理论域中的基本范畴包括思想政治教育治理、思想政治教育治理现代化、思想政治教育治理体系、思想政治教育治理体系现代化、思想政治教育治理能力、思想政治教育治理能力现代化、思想政治教育治理效能等。当前，思想政治教育治理概念尚未获得广泛的认可和使用，对其内涵的界定尚未达成一致，对相关范畴的学术定义和内涵认识还呈现出多样性，尚未形成普遍认同和共识。与已有概念的区别和联系还需进一步厘清，比如思想政治教育的治理功能与思想政治教育治理的功能、思想政治教育与思想政治教育治理等。基本认知的差异将影响研究的深化、行动共识的达成。所以，需要进一步研究相关范畴的理论意蕴，范畴之间的包容性关系、交集性关系和区别性联系，要处理好思想政治教育管理与思想政治教育治理之间变与不变的关系、连续性与发展性的关系。“对于思想政治教育学理研究而言，高校思想政治教育治理研究不是简单地‘照着说’，也不是另起炉灶‘重新说’，而是坚持实践导向，注重规律性认识，在高校思想政治教育理论积淀的基础上‘接着说’。”②

二是要进一步深化研究思想政治教育治理的理论基础和思想资源。“作为思想政治教育学科发展新的增长点，新时代高校思想政治教育治理研究要走得远、行得稳，必须奠定坚实的理论基础。”③ 推进国家治理体系和治理能力现代化是习近平新时代中国特色社会主义思想的重要内容，是对马克思主义国家学说的当代发展。思想政治教育治理理应坚持以马克思主义，特别是马克思主义中国化时代化的最新成果习近平新时代中国特色社会主义思想为指导，深化相关理论研究，夯实理论基础。“中国共产党思想政治教育理论成熟、形成体系，是在抗日战争时期，与毛泽东思想的成熟是一致的。”④ 今天，思想政治教育治理理论成熟，则与当代中国马克思主义、21 世纪马克思主义——习近平新时代中国特色社会主义思想的成熟是一致的。这就要进一步深化习近平总书记关于治理、关于教育现代化、关于思想政治教育改革创新等的重要论述的文本研究。目前的研究广度不够，一些重要论述、文本没有纳入系统梳理的视野，现有研究更多是寻章摘句来阐释、证明思想政治教育治理的生成逻辑、理论内涵、价值要义等。

三是要加大交叉研究力度，综合运用多学科的理论方法推进研究。习近平总书记指出，“科学研究范式正在发生深刻变革，学科交叉融合不断发展”⑤。党的二十大报告提

---

① 卡西尔．人论［M］．上海：上海译文出版社，1985：275.

② 冯刚．关于高校思想政治教育治理研究的几个问题［J］．高校辅导员学刊，2022（3）：1－7.

③ 冯刚，高山，等．新时代高校思想政治教育治理论［M］．北京：中国社会科学出版社，2021：41.

④ 本书编写组．中国共产党思想政治教育史［M］．北京：高等教育出版社，2016：111－112.

⑤ 习近平．在中国科学院第二十次院士大会、中国工程院第十五次院士大会、中国科协第十次全国代表大会上的讲话［N］．人民日报，2021－05－29（2）.

出，“加强基础学科、新兴学科、交叉学科建设，加快建设中国特色、世界一流的大学和优势学科”①。近年来，思想政治教育学科整合相关学科的理论与实践资源，借鉴文本学、阐释学、治理学、叙事学、传播学、评估学、文化学、生态学、社会学等研究范式，拓宽宏观视野，加强中观实践，关注微观体验，推动形成思想政治教育体系的新形态，深化思想政治教育学科体系的新论域。② 思想政治教育治理研究作为思想政治教育学新论域、学科发展的新增长点，要进一步深化发展，取得更多有理论解释力和实践指导力的成果，就必须开门搞研究。首先要突破学科壁垒，加大交叉研究的力度，借鉴运用经济学、管理学、政治学、文化学、历史学、法学、伦理学、社会学、心理学等多学科的知识和方法，深入阐释思想政治教育治理的生成、内涵、结构要素、功能、机制、评估、发展向度等。其次要合理借鉴国内外治理理论的有益内容，进一步深入挖掘国内外治理理论资源和方法论启示，与党的重大理论创新成果和重大实践目标进行对接探讨，由此推动理论热点的形成、理论生长点的产生。“中华民族是一个兼容并蓄、海纳百川的民族，在漫长历史进程中，不断学习他人的好东西，把他人的好东西化成我们自己的东西，这才形成我们的民族特色。”③ 最后要突破研究者身份的局限。“应加强思想政治教育系统内部的有效协同，将学科建设、科学研究、政策制定、实践探索交叉融通，将理论工作者、实践工作者、政策制定者的力量整合重构，针对教育过程中的理论难点、实践痛点、政策堵点开展联合攻关、试点示范，形成学科支撑科研、科研指导实践、实践推动政策、政策反哺学科的良性循环。”④ 当然，我们必须坚持以自己正在做的事情为中心，在坚持学科立场的基础上开门搞研究。

二、下细功夫，坚持实践思维，促进理论研究与应用研究的双向互动

下细功夫就是要将现有研究进一步细化、具体化，努力提出具有可操作性的指导意见，这就需要我们坚持实践思维、问题导向、应用指向。思想政治教育治理不仅是一个理论命题，也是一个实践课题。不管是提高思想政治教育研究的科学化水平、规律性认识，还是提升思想政治教育治理效能，实现高质量发展，皆需要在理论与实践的深度融合、双向互动中深化研究。思想政治教育治理研究既要注重文本研究，做好文本的深度耕犁，也要不囿于文本研究，做好面向事实本身的研究。思想政治教育治理理论是否具有解释力，能否发挥理论指导实践的价值，不仅取决于马克思主义经典作家、当代治理理论研究者的既有阐述，更取决于研究者能否面向实践、时代要求对其做出顺应时代发展潮流、合乎社会发展规律的解读。

首先要面向丰富的思想政治教育实践形态。思想政治教育的范畴、原理不光来自于借鉴其他学科，也要来自于思想政治教育实践活动的经验研究归纳，归根到底来自于实践。新世纪以来，思想政治教育实践在不同领域、不同组织、不同技术环境等方面主动变革创新，丰富了思想政治教育实践的形态和内容，特别是新时代思想政治教育治理的对象不

---

① 习近平．高举中国特色社会主义伟大旗帜 为全面建设社会主义现代化国家而团结奋斗——在中国共产党第二十次全国代表大会上的报告［M］．北京：人民出版社，2022：34.

② 冯刚．思想政治教育学学科发展新论域［M］．广州：中山大学出版社，2022：10.

③ 习近平谈治国理政［M］．北京：外文出版社，2014：105－106.

④ 沈壮海，刘灿．论新时代思想政治教育的高质量发展［J］．思想理论教育，2021（3）：4－10.

同，具体的实践样态也有所不同，也就是说思想政治教育治理实践是统一性和多样性的统一，所以要在广阔的社会场域中，在关注多样的实践样态中深化思想政治教育治理研究。我们需要从整体性宏观研究走向分类细化研究，深化思想政治教育在相关领域的治理研究。除了高校思想政治教育治理，思想政治教育在乡村、社区、企业、“两新”组织、网络空间、社会公共领域的融入，是思想政治教育实质参与国家治理现代化过程，发挥治党治国重要方式作用的过程，也是实现自身现代转型、提质增效的应有之义。现有研究的一大不足是宏观研究多、微观研究少，面向多样的治理实践形态、深入不同的治理实践场域是弥补这一不足的可行方向。

其次要坚持问题导向。“问题是时代的声音，回答并指导解决问题是理论的根本任务。”① 要聚焦思想政治教育治理实践遇到的新问题、新时代思想政治教育高质量发展存在的深层次问题、教育实践活动中面临的突出问题，不断提出真正解决问题的新思路新办法。要一切从实际出发，着眼解决新时代思想政治教育高质量发展、内涵式发展的实际问题，做出符合中国实际和时代要求的正确回答，得出符合客观规律的科学认识，形成与时俱进的理论成果，更好地指导思想政治教育治理实践的发展。要有强烈的问题意识，以重大问题为导向，抓住关键问题做进一步研究思考，着力推动解决思想政治教育治理体系和治理能力现代化面临的一系列突出问题。“高校思想政治教育治理实践的复杂性和系统性，要求它的现代化进程必须以高校思想政治教育实践为导向，聚焦实践前沿，把握实践需求，并寻求与之相对应的科学理论作支撑。开展高校思想政治教育治理实践的运行研究自然是高校思想政治教育治理研究的重要构成。其中，高校思想政治教育治理的载体运用、危机应对、质量评价、队伍建设、外部环境等应该是研究的重点内容。”② 实际上，实践思维内蕴矛盾思维，要抓住思想政治教育治理中的主要矛盾、重要矛盾，研究矛盾解决办法，研究如何将矛盾转化为思想政治教育治理自身的内在动力。所以，认清思想政治教育治理结构和过程中的各种矛盾，是推进治理研究的入手点。“我们的国家治理体系和治理能力总体上是好的，是适应我国国情和发展要求的。同时，我们也要看到……我们在国家治理体系和治理能力方面还有许多不足，有许多亟待改进的地方。真正实现社会和谐稳定、国家长治久安，还是要靠制度，靠我们在国家治理上的高超能力，靠高素质干部队伍。我们要更好发挥中国特色社会主义制度的优越性，必须从各个领域推进国家治理体系和治理能力现代化。”③ 我们必须要下苦功夫，直面实践中的难点，破解长期以来制约思想政治教育创新发展的老问题，回应发展起来后出现的新问题。

最后要坚持应用指向。一段时间以来，思想政治教育（工作）的逻辑变为认识论导向，强调理论育人、知识考核，思想政治教育学研究的逻辑也变为认识论导向，强调体系建构，但认识的真理性、现实性都需要在实践中实现。“人应该在实践中证明自己思维的真理性，即自己思维的现实性和力量，自己思维的此岸性。”④ 治理视域下的思想政治教

---

① 习近平．高举中国特色社会主义伟大旗帜 为全面建设社会主义现代化国家而团结奋斗——在中国共产党第二十次全国代表大会上的报告［M］．北京：人民出版社，2022：20.

② 冯刚，高山，等．新时代高校思想政治教育治理论［M］．北京：中国社会科学出版社，2021：5-6.

③ 中共中央文献研究室．十八大以来重要文献选编（上）［M］．北京：中央文献出版社，2014：548.

④ 马克思恩格斯文集（第1卷）［M］．北京：人民出版社，2009：500.

育突出以理服人，但思想政治教育的说服力、吸引力不仅来自逻辑的力量，而且来自实践的力量。应用指向内蕴对象思维。思想政治工作本质上是做人的工作。人是能动的主体，有多维多层、发展着的需要，这就要求我们在研究思想政治教育治理过程中，关注人和制度现代化发展理论，关切人的全面发展需要和制度完善创新需要。应用指向要求加强政策研究。思想政治教育治理现代化包括治理体系和治理能力现代化两大方面。而思想政治教育治理体系的核心是政策体系，政策体系要管用，就需要细化研究，“要弄清楚整体政策安排与某一具体政策的关系、系统政策链条与某一政策环节的关系、政策顶层设计与政策分层对接的关系、政策统一性与政策差异性的关系、长期性政策与阶段性政策的关系”①。

总之，我们必须以我们正在做的事情为中心，从思想政治教育治理实践中挖掘新材料、发现新问题、提出新观点、构建新理论，建构立足中国大地、思想政治教育发展实际，具有中国特色、中国风格、中国气派的思想政治教育治理理论。

三、下苦功夫，坚持历史思维，做出规律性提炼

下苦功夫就是要让研究达到规律性认识的层次，所以不仅需要理论思维，还需要历史思维。思想政治教育治理是一个时代问题，也是一个历史问题。我们不仅要善于通过理论思维，透过现象看本质，而且要善于通过历史思维，通过历史看现实，做前瞻性思考。因为思想政治教育是中国共产党的优良传统、鲜明特色和政治优势，所以要在党的思想政治教育实践经验、治国理政经验基础上把握思想政治教育治理的内涵，治理体系和治理能力的演进逻辑、建设规律等。

首先，立足于党思想政治教育实践经验，把握思想政治教育治理的内涵、治理体系和治理能力的演进逻辑。中共中央、国务院印发的《关于新时代加强和改进思想政治工作的意见》，创造性地提出了把思想政治工作作为治党治国的重要方式，标志着党对思想政治工作的运用进入了一个新阶段。这一重要命题既具有深厚的理论逻辑、深刻的现实逻辑，也有深远的历史逻辑。只有充分把握这三大逻辑，才能形成理论自觉和行动自觉。而要把握这一重要命题的历史逻辑，就需要充分研究党的思想政治教育百年历史。党的百年奋斗历程始终贯穿着一条主线：高度重视思想政治工作，将之视为一切工作的生命线，并且善于运用思想政治工作推动党和国家事业的发展。“在党的百年实践中逐步形成了与时俱进的思想政治工作理论体系和横向到边、纵向到底的思想政治工作体系”，“可以说，没有中国共产党百年思想政治工作的创造性实践，就没有思想政治教育学科的跨越式发展”②。回顾思想政治教育学科自设立以来40年的发展历程，学科丰厚的理论基础建立在对思想政治教育的经验总结、规律提炼、学理提升中。党的百年思想政治工作历史蕴藏着丰富的、值得深挖的思想政治教育治理理论资源和方法论启示。比如，思想政治教育治理体系研究是思想政治教育治理研究的重要论题，推进思想政治教育治理体系现代化是思想政治教育治理实践的重要内容，全面梳理思想政治教育工作体系的演进过程和逻辑对我们今天

① 习近平谈治国理政［M］. 北京：外文出版社，2014：106.

② 徐先艳. 思想政治工作作为治党治国重要方式的生成逻辑［J］. 思想教育研究，2022（3）：118-123.

深化思想政治教育治理研究、完善思想政治教育治理体系具有重要的历史启示价值。习近平总书记在谈到我国治理体系时强调指出："一个国家选择什么样的治理体系，是由这个国家的历史传承、文化传统、经济社会发展水平决定的，是由这个国家的人民决定的。我国今天的国家治理体系，是在我国历史传承、文化传统、经济社会发展的基础上长期发展、渐进改进、内生性演化的结果。我国国家治理体系需要改进和完善，但怎么改、怎么完善，我们要有主张、有定力。"① 主张和定力的来源之一就是对治理体系演化过程的把握，因为思想政治教育治理体系、思想政治教育政策制度体系是在思想政治教育实践活动长期发展过程中生成、完善、成型的，是对成功实践经验的提炼，所以对思想政治教育历史的研究有助于我们深化新时代思想政治教育治理体系建构研究。"中国共产党思想政治教育体系的形成与发展，始终是与中国共产党推进自身建设、开展治国理政的实践密不可分的，在这一历史进程与伟大实践中，思想政治教育体系又成为中国共产党国家治理体系的组成部分。"② 对过去思想政治教育管理经验的总结提炼，有助于深化对思想政治教育治理问题、运行机制、发展规律问题的研究，从而有助于深化对人类社会发展规律、社会主义建设规律以及共产党执政规律的认识。

其次，立足于党治国理政经验，把握思想政治教育治理的内涵、治理体系和治理能力的建设规律。治理理念和理论是西方学者首先提出来的，为越来越多国家和国际组织所接受，并付诸实践，成为表征政治现代性的一个基本范畴，但"我们需要注意现代性的三个层次：第一个层次是现代化的一般共性，比如，工业化、城市化、市场化、法治等，是所有完成现代化转型的国家都需要完成的任务、尊重的规律，更多体现的是工具理性，侧重技术性的因素。第二个层次是社会主义现代化的一般规律，凸显的是与资本主义现代化的不同，主要体现了现代化的价值理性，提示我们现代化不等于资本主义化，更不等于西方化，侧重意识形态因素。第三个层次是中国特色社会主义现代化的特殊规律，改革开放40多年来，我国逐渐探索形成了一种既不同于西方资本主义又不同于传统社会主义的现代化模式，强调的是在我国历史传统和国情的基础上内生演化形成的中国特色，中国特色的现代性在文化领域得到最生动的体现，突出体现了现代化的民族文化因素。思想政治教育治理保证我国现代性叙事的社会主义性质和鲜明的中国特色"③。西方的治理理论是基于西方国家的制度、经济基础和社会结构提出的，我们绝不能照搬套用。我们推进国家治理体系和治理能力现代化的前提是坚持和完善中国特色社会主义制度，所以所有领域的治理现代化都必须依照中国特色社会主义制度展开。习近平总书记指出："怎样治理社会主义社会这样全新的社会，在以往的世界社会主义中没有解决得很好。马克思、恩格斯没有遇到全面治理一个社会主义国家的实践，他们关于未来社会的原理很多是预测性的；列宁在俄国十月革命后不久就过世了，没来得及深入探索这个问题；苏联在这个问题上进行了探索，取得了一些实践经验，但也犯下了严重错误，没有解决这个问题。我们党在全国执政

① 习近平谈治国理政［M］. 北京：外文出版社，2014：105.

② 杨威，董婷．思想政治教育体系与国家治理现代化建设［J］. 思想理论教育，2020（2）：19-25.

③ 冯刚，徐先艳．现代性视域中思想政治教育治理的生成逻辑、基本内涵及时代价值［J］. 教学与研究，2021（5）：85-95.

以后，不断探索这个问题，虽然也发生了严重曲折，但在国家治理体系和治理能力上积累了丰富经验、取得了重大成果，改革开放以来的进展尤为显著。”① 因此，在政治学领域，需要“基于中国共产党人执掌政权、运行治权，治国理政的丰富经验，扬弃性地批判吸收西方治理方式的有益内容，确定我国国家治理和发展话语语境中国家治理、政府治理和社会治理的基本内涵”②。同样地，在思想政治教育学领域，要基于中国共产党执掌政权、运行治权，治国理政的丰富经验、做思想政治工作的丰富经验，扬弃性地批判吸收西方意识形态治理方式的有益内容，确定我国国家治理和发展话语语境中思想政治教育治理、意识形态治理的基本内涵。

目前现有研究的不足在于理论推演多、经验提炼少，对国外理论借鉴多、对国内成功经验提炼少，等等。在以上三方面下功夫，加强相关历史研究，也是弥补这一不足的有效研究进路。另外，坚持历史思维也要求我们保持历史耐心，坚持循序渐进、持续推进、久久为功。现有的探讨和取得的成果只是拉开了这一新论域的研究序幕，还有赖于学术共同体成员在高度的学术自觉、坚定的学科自信的指引下致力于包括思想政治教育治理在内的新论域的拓展研究、深化研究，共同推动学科建设的高质量发展。

① 习近平谈治国理政［M］. 北京：外文出版社，2014：91.

② 王浦劬．国家治理、政府治理和社会治理的含义及其相互关系［J］. 国家行政学院学报，2014（3）：11－17.

第二十章　思想政治教育政策研究

政策是国家、政党或者其他管理机构在一定历史时期为实现一定目标所制定的具体行动纲领、方针和准则。思想政治教育政策是党和国家为实现思想政治教育目标、完成思想政治工作任务而制定的纲领和原则，主要以通知、规定、意见、办法等公文形式呈现出来。思想政治教育是一项政治性、政策性很强的工作，思想政治教育学科的发展也在很大程度上受到党和国家政策的影响。思想政治教育学科发展 40 年来，学界围绕思想政治教育政策开展了广泛而又深入的研究。对党和国家的思想政治教育政策进行回顾与梳理，总结经验、探究规律、把握趋势，对于深刻理解思想政治教育学科发展历程和内在规律具有重要理论和现实意义。

第一节　中国共产党思想政治教育政策发展历程

思想政治工作是中国共产党的独特优势和优良传统。通过政策的导向作用来推动思想政治教育是我们党开展思想政治工作的一个显著特点。长期以来，党和国家的政策对思想政治教育的运行、改革、发展都起着重要的驱动、控制和调节作用。

一、思想政治教育政策的起始阶段

我们党在成立初期，就开始了思想政治教育的探索。1921 年，中国共产党第一次代表大会通过了《中国共产党第一个纲领》《中国共产党第一个决议》，为中国共产党思想政治教育确立了基本原则。党的第一个决议明确规定了党对宣传工作的绝对领导，并指出党的基本任务是成立产业工会，强调“党应在工会里灌输阶级斗争的精神”。鉴于当时的党几乎完全由知识分子组成，大会决定要特别注意组织工人，“以共产主义精神教育他们”①。1924 年 5 月，党的第三届中央执行委员会召开扩大会议制定的《党内组织及宣传教育问题议决案》指出，“党内教育的问题非常重要”，“政治宣传亦急于有全国的进

① 中共中央宣传部．中国共产党宣传工作简史（上卷）[M]．北京：人民出版社，2022：17.

行规划”[①]。1925 年 1 月，党的四大在上海举行，大会通过的《对于宣传工作之议决案》提出：“今后本党宣传工作的主要目标，必须根据大会关于中国民族革命运动的新审定，努力宣传民族革命运动与世界革命运动之关联和无产阶级在其中的真实力量及其特性——世界性与阶级性，以端正党的理论方向。没有革命的理论，即没有革命的运动。有了健全的革命理论，然后党的宣传工作方得依此范畴融通各部，使党员行动方有所准绳。”[②] 党的四大后，为更好适应国民革命新局面，党中央对宣传工作做出进一步谋划。1925 年 2 月，《中共中央宣传部工作之进行计划》规定，中央宣传部的根本责任是，“对内应利用种种方法给与全体党员以马克思列宁主义之理论的和实际的教育，对外应利用各种机会使我们的思想能切实深入一切广大的被压迫群众之中，尤其是工农阶级群众之中”[③]。党的理论武装始终没有放松，党的思想政治教育由此逐步发展。

随着国共合作全面破裂，国共两党合作发动的大革命宣告失败。经过大革命，党从正反两方面积累了深刻的经验，开始在实践中探索马克思主义中国化的途径，在思想政治工作方面进行的积极的探索也为土地革命战争时期思想政治工作的开展积累了必要的经验。在开展土地革命和武装斗争的实践中，中国共产党不断总结宣传工作和思想政治教育工作的经验，形成了《宣传工作决议案》《古田会议决议》等重要文献。1929 年 6 月，党的六届二中全会通过的《宣传工作决议案》指出，“党的正确的宣传工作，便是最实际的工作，而且有推动党的一切其他实际工作的伟大作用”，“忽视宣传工作，是党在全部工作上一个大的损失”，明确了宣传工作的基本原则，提出要扩大群众基础、要紧密联系群众实际、要讲究方式方法等。[④] 同年 12 月，中国共产党红军第四军第九次代表大会召开，大会通过毛泽东起草的《古田会议决议》，确立了“思想建党、政治建军”的原则，提出了一系列加强和改进红军和党内思想政治工作的重要观点和具体举措，标志着中国共产党思想政治教育理论的初步形成。

随着抗日民族统一战线的建立，为适应红军改编后的新形势、新任务，1937 年 8 月，《总政治部关于新阶段的部队政治工作的决定》强调，这一时期部队思想政治工作的基本任务是“保证在抗战中的胜利”“保证党在红军中的绝对领导，依靠于党的领导的加强，保持红军的光荣传统，巩固与提高部队的战斗力”等。[⑤]

抗日战争全面爆发后，为更有效地开展思想政治工作，建设高素质的思想政治工作队伍至关重要。1938 年，中央军委批准颁布了《国民革命军第十八集团军政治工作暂行条例（草案）》，明确了军队思想政治工作的主要任务，规定了军队思想政治工作制度和任务，并把“政治工作是革命军队中的生命线”[⑥] 首次写入了我军政治工作条例中。生命线

① 中共中央党史和文献研究院，中央档案馆．中国共产党重要文献汇编（第 4 卷）[M]．北京：人民出版社，2022：180.

② 中共中央党史和文献研究院，中央档案馆．中国共产党重要文献汇编（第 5 卷）[M]．北京：人民出版社，2022：63.

③ 同②110.

④ 中共中央宣传部．中国共产党宣传工作简史（上卷）[M]．北京：人民出版社，2022：56.

⑤ 李德芳，李辽宁，杨素稳．中国共产党思想政治教育史料选编 [M]．武汉：武汉大学出版社，2009：95.

⑥ 《军队政治工作学》编写组．军队政治工作学 [M]．北京：人民出版社，2011：55.

原则的确立对于进一步丰富思想政治教育理论具有重要的意义。1940年3月，《中央关于开展抗日民主地区的国民教育的指示》强调，“开展抗日民主地区的国民教育，是当前深入动员群众参加与坚持抗战，培养革命知识分子与干部的重要环节。各地党的领导机关及其宣传教育部，必须认真的把这一工作当做它们的中心任务之一”①，“应该确定国民教育的基本内容为新民主主义的教育，这即是以马列主义的理论与方法为出发点的关于民族民主革命的教育与科学的教育”②。在相关政策的支持下，抗日根据地思想政治教育事业得到显著的发展，为推动抗日战争的胜利做出重要贡献。

1941年6月，中央宣传部发布《关于党的宣传鼓动工作提纲》，强调了宣传鼓动工作和组织工作对于党的工作的重要性，对宣传鼓动工作的目的与内容、原则与方法、组织领导等提出了一系列要求。同年7月，中央宣传部发布《关于各抗日根据地群众鼓动工作的指示》，强调“应该使党的全部政策和政府施政纲领，经过各种具体的鼓动工作变成群众的实际行动”③，“鼓动工作的任务在于：给予群众一个简明的观念，极力激起群众的感情，以便动员他们为着一定的目标、口号而行动起来”④。

在全党整风运动中，党中央大力提倡开展调查研究，“要求广大党员和干部通过调查研究，深入了解中国社会状况、革命的特点和革命的规律，学会将马克思列宁主义理论同中国革命实践相结合”⑤。1941年8月，党中央发出《关于调查研究的决定》，中共中央设立调查研究局，各中央局、区委、省委或工委也成立相应的调查研究机构。调查研究作为中国共产党的一项重要的工作制度被确立起来。⑥ 1942年1月至1943年3月，党的各级领导干部组织调查团，深入基层开展调查研究。调查研究工作的大力开展有力地推动了这次整风运动取得显著成效。这次全党的整风运动“对于在全党确立和贯彻一切从实际出发、理论联系实际、实事求是的辩证唯物主义的思想路线，坚持马克思列宁主义和中国革命具体实践相结合的原则，具有极其重大和深远的意义”⑦。

解放战争时期，随着中国社会主要矛盾的变化，党的思想政治教育主旋律也发生了变化。1947年7月，总政治部颁发《中国人民解放军党委员会条例草案》，明确了党委员会的领导核心地位，并对党委员会的基本任务和方针、产生和机构、职权和工作以及连队支部的有关问题做了规定，确立了党在军队中的绝对领导地位。党中央、中央军委和各大军区、各部队都围绕纪律问题制定了不少命令、决定等，如《关于加强军队纪律坚决执行城市政策的指示》《关于整顿全军纪律的训令》《关于城市驻军纪律问题的决定》等，充分体现了人民军队为人民的本质。1947年至1949年，中国共产党结合土地革命运动的开展，在党内开展了以“三查三整”为主要内容的整党运动，通过这一场马克思列宁主义阶级运动教育，达到了纯洁党的队伍、提高党员政治觉悟、加强农村基层组织建设的目的，保证

---

① 李德芳，李辽宁，杨素稳．中国共产党思想政治教育史料选编［M］．武汉：武汉大学出版社，2009：110.

② 同①111.

③ 同①118.

④ 同①117.

⑤ 中共中央党史研究室．中国共产党历史（上卷）［M］．北京：人民出版社，1991：615.

⑥ 中共中央宣传部．中国共产党宣传工作简史（上卷）［M］．北京：人民出版社，2022：153－154.

⑦ 同⑤.

了土地改革的完成和解放战争的胜利。

二、思想政治教育政策的艰难探索

新中国成立后，为巩固新生的人民政权，党进一步加强对思想政治工作的领导，在全社会开展关于马克思主义的宣传教育。

为加强党对新中国意识形态领域和思想政治战线的领导，1951 年 2 月，党中央发布《关于健全各级宣传机构和加强党的宣传教育工作的指示》。同年 3 月，党中央又发布了《关于加强理论教育的决定》，对理论教育、理论学习的步骤、方法、内容和理论教员队伍建设提出要求，从制度上对党内理论教育和学习进行规定。① 同年 5 月，党中央举行第一次全国宣传工作会议，研究制定了新中国宣传思想工作的方针政策，强调整顿党内外的政治教育工作、加强党对思想工作的领导。本次会议制定通过了《关于加强党的宣传教育工作的决议（草案）》，这是新中国成立后第一个关于宣传思想工作的重要决议，以党内法规的形式提出宣传思想工作制度建设的一系列具体措施，推动各级党的领导机关把马列主义、毛泽东思想的宣传教育作为一项重要工作，并与党的中心工作有力地结合起来进行。

这一时期，作为思想政治教育重要内容的思想政治理论课开始在高校系统开设。1949 年 10 月，华北高等教育委员会颁布了《华北专科以上学校一九四九年度公共必修课过渡时期实施暂行办法》，宣布把“辩证唯物论与历史唯物论”“新民主主义论”“政治经济学”列为公共必修课。② 1952 年 10 月，教育部进一步规定，在综合性大学及财经、艺术院校开设“新民主主义论”、“政治经济学”和“辩证唯物论与历史唯物论”课程；在工、农、医等专门学校开设“新民主主义论”和“政治经济学”。各类高等院校和专修科自 1953 年起开设“马列主义基础”课，由此奠定了新中国高校政治理论课教学体系的雏形。此外，在中学课程设置上，也开设了相应的思想政治教育课程。

1957 年 2 月，为应对国内外复杂局势，毛泽东在最高国务会议上发表题为《关于正确处理人民内部矛盾的问题》的讲话。《关于正确处理人民内部矛盾的问题》全面系统地阐述了社会主义建设时期思想政治教育的总方针和基本原则，极大地丰富了马克思主义关于思想政治教育的理论，对于指导社会主义时期党的思想政治工作具有十分重要的意义。同年 12 月，《高等教育部、教育部关于在全国高等学校开设社会主义教育课程的指示》明确要求，按照党中央对中央宣传部《关于设立社会主义教育课程的报告》的批示，在全国高等学校开设“社会主义教育”课程，以毛泽东《关于正确处理人民内部矛盾的问题》为中心教材。③

1961 年 9 月，党中央发布试行《教育部直属高等学校暂行工作条理（草案）》。该条例对高等学校思想政治教育的目标、任务和要求做了具体的规定。这一时期，教育部拟定了《全日制小学暂行工作条例（草案）》、《全日制中学暂行工作条例（草案）》和《高等学校培养研究生工作暂行条例（草案）》，在调整时期形成了较全面的系列文件，对大中小学思

---

① 孙迪．革命红旗要擎紧——中国共产党思想政治教育工作百年宣传［J］．党建，2022（7）：47－51．

② 《中华人民共和国学校思想政治理论课重要文献选编》编写组．中华人民共和国学校思想政治理论课重要文献选编（上册）［M］．北京：人民出版社，2022：3．

③ 同②284．

想政治教育均做出了明确要求，这些条例对于思想政治教育规范化、制度化建设起到了重要的推动作用。

三、思想政治教育政策的恢复调整

党的十一届三中全会重新确立了马克思主义的思想路线和政治路线，使在“文化大革命”期间偏离正确方向的思想政治教育逐渐走向正轨，并得到恢复与发展。改革开放以来，党的思想政治教育在各行业各领域全面开展，在改革中前进、在创新中发展，规范化、制度化水平不断提高。

一是思想政治教育学科的确立。党的十一届三中全会做出把党的工作重心转移到社会主义现代化建设上来、实行改革开放的历史性决策，这决定了思想政治教育的内容也需随之进行相应的转变。1982 年，全国农村思想政治工作会议召开，并于 1983 年出台《关于加强农村思想政治工作的通知》。在引导农村改革和城市经济体制改革的同时，党还积极促进思想政治教育为经济服务。1983 年，全国职工思想政治工作会议召开，制定了《国营企业职工思想政治工作纲要（试行）》，提出，“中央和地方要筹办以培养思想政治工作的领导干部为目标的政治院校。现有的全国综合性大学、文科院校，各部、委、总局所属的大专院校，有条件的都要增设政治工作专业或政治工作干部进修班”。“造就一大批思想政治工作能手，一大批精通思想政治工作的专家。”1983 年暑期，教育部为了落实上述精神，召开了政工专业论证会。会议确定学科名称为“思想政治教育学”，学科建设和人才培养所依托的专业名称为“思想政治教育专业”，初步议定专业的课程设置，并决定 1984 年即开始招生。①

1984 年 4 月，教育部发出《关于在十二所院校设置思想政治教育专业的意见》，决定“采取正规化的方法培养大专生、本科生和第二学士生等各种规格的思想政治工作专门人才”。首批批准南开大学等 12 所院校增设思想政治教育专业，设本科学制，进行试点。《意见》指出，这个专业招生，“主要为高等院校培养思想政治工作人员，同时摸索兴办这类专业的经验”②。1987 年 5 月，《中共中央关于改进和加强高等学校思想政治工作的决定》发布，明确强调，在新形势下，高等学校必须把改进和加强思想政治工作作为自己的重要任务。《决定》指出，“思想政治教育是一门以马克思主义理论为基础、综合性和实践性都比较强的科学”，要求高校办好思想政治教育专业，“创造条件培养这方面的硕士和博士研究生，为造就从事思想政治教育的专门人才开辟一条新路”③。1987 年 9 月，国家教委印发关于思想政治教育专业培养硕士研究生实施意见的通知，决定从 1988 年开始培养思想政治教育专业硕士研究生。硕士研究生的培养标志着学科和专业建设取得进一步发展。1988 年 9 月，党的十三届三中全会原则通过了《中共中央关于加强和改进企业思想政治工作的通知》，提出“思想政治工作是一门科学”。这是我们党第一次在党的全会通过的

---

① 冯刚，骆郁廷．思想政治教育学科发展 30 年的回顾与展望［J］．思想理论教育导刊，2014（7）：33－42.

② 《中华人民共和国学校思想政治理论课重要文献选编》编写组．中华人民共和国学校思想政治理论课重要文献选编（上册）［M］．北京：人民出版社，2022：569.

③ 同②700.

中央文件中表明对建立这门新兴学科的认可。

二是思想政治教育学科发展壮大。对思想政治教育的重视是我们党的优良传统。20世纪80年代，积极适应改革开放新时期思想政治教育发展的需要，推进思想政治教育的科学化，使得思想政治教育这一新兴学科创立起来。此后，党中央采取一系列政策措施，思想政治教育工作得到进一步加强和改进，思想政治教育学科也不断发展壮大。

1994年1月，全国宣传思想工作会议召开，这是在我国建立社会主义市场经济体制和现代化建设的关键时期召开的一次重要会议。会上对新时期宣传思想工作的地位和作用做了明确要求，提出了宣传思想工作的根本指导方针和主要任务。1995年1月，中央宣传部印发的《关于改进宣传思想工作方法的若干意见》指出，党的十一届三中全会以来，宣传思想工作已经从“以阶级斗争为纲”转到为经济建设中心服务，现在正处于从适应计划经济体制向适应社会主义市场经济体制的转变之中。①

党中央高度关注思想政治教育，做出战略部署，教育系统积极应对新形势、新变化，整体规划、系统设计思想政治教育体系，出台了加强和改进高校思想政治教育的系列文件。1994年，《中共中央关于进一步加强和改进学校德育工作的若干意见》印发，提出要整体规划学校的德育体系，要遵循青少年学生思想品德形成的规律和社会发展的要求，根据德育工作的总目标，科学地规划各教育阶段的具体内容、实施途径和方法。1995年，国家教委颁布试行《中国普通高等学校德育大纲》，全面系统规划了有中国特色的高等学校德育体制，成为指导和规范高校思想政治教育的重要依据。为推进高校思想政治教育改革发展，国家教委于1991年出台《关于加强和改进高等学校马克思主义理论教育的若干意见》，1995年又出台《关于高校马克思主义理论课和思想品德课教学改革的若干意见》。中央宣传部、教育部于1998年出台《关于普通高校“两课”课程设置的规定及其实施工作意见》，把高校“两课”作为高校思想理论教育的主渠道和主要阵地，积极推进邓小平理论“三进”工作，对高校以邓小平理论“三进”为主要任务的“两课”教学改革和课程建设做出新的部署，并对“两课”的内容、教法、组织管理做出了具体规定，形成了“98方案”。其间，1992年，中办、国办转发中宣部、国家教委、共青团中央颁布的《关于广泛深入持久地开展高等学校学生社会实践活动的意见》，要求把社会实践活动列入高等学校的教育计划。1996年，中宣部、国家教委、共青团中央下发《关于深入持久开展大学生社会实践活动的几点意见》，社会实践成为大学生思想政治教育的重要途径。

基于研究生教育的不断发展，2000年教育部专门印发《关于加强和改进研究生德育工作的若干意见》，明确德育是研究生教育的重要组成部分，在研究生的全面培养中具有不可替代的作用。顺应网络科学技术的发展潮流，同年教育部印发《关于加强高等学校思想政治教育进网络工作的若干意见》。这些政策文件不断丰富拓展了高校思想政治教育的阵地、载体和途径。

这一时期，党中央围绕爱国主义和公民道德教育也做出了系列政策设计。1994年8月，党中央印发《爱国主义教育实施纲要》，明确了爱国主义教育的基本原则、主要内容、重点对象以及一系列具体措施，《纲要》的出台，对推进我国爱国主义教育走向深入起了

① 中共中央宣传部．中国共产党宣传工作简史（下卷）[M]．北京：人民出版社，2022：425.

非常重要的指导作用。1996年10月，党的十四届六中全会通过了《中共中央关于加强社会主义精神文明建设若干重要问题的决议》，对思想道德建设和科学文化事业做出了详细的部署，提出“在改革开放和现代化建设的整个过程中，思想道德建设的基本任务是：坚持爱国主义、集体主义、社会主义教育，加强社会公德、职业道德、家庭美德建设，引导人们树立建设有中国特色社会主义的共同理想和正确的世界观、人生观、价值观。”① 2001年9月，党中央颁布的《公民道德建设实施纲要》围绕社会主义道德建设做出了系统部署，强调学校是进行系统道德教育的重要阵地。在社会主义精神文明建设氛围下，德育在教育改革和发展中地位更加突出。

加快改革开放、发展社会主义市场经济的新形势，对党的思想政治教育提出了新的更高要求。在新的形势下加强党的思想政治教育工作，是建设有中国特色社会主义和党的基本路线的要求，是改革开放和现代化建设的要求。1995年11月，中办、国办转发《中央宣传部、国家经贸委关于加强和改进企业思想政治工作的若干意见》。1998年4月，中办、国办印发《关于做好当前思想政治工作的意见》。1999年9月，党中央印发《关于加强和改进思想政治工作的若干意见》，指出要把用邓小平理论武装全党、教育干部和人民作为思想政治工作的首要任务。

三是思想政治教育学科改革发展。进入新世纪，面对国际国内形势发生深刻变化，加强和改进学生思想政治教育水平成为全党全社会一项重要任务，思想政治教育在积极开拓中持续改革发展。2003年，《教育部关于进一步深化“三个代表”重要思想“三进”工作的通知》发布，对高校“两课”教育教学中全面贯彻党的十六大精神、进一步深化“三个代表”重要思想“三进”工作做出了明确要求。2004年，中共中央、国务院印发《关于进一步加强和改进大学生思想政治教育的意见》，对大学生思想政治教育的指导思想、基本原则、主要任务、渠道途径、队伍建设、组织领导等方面做出了具体安排。《意见》要求大学生思想政治教育必须坚持以马克思列宁主义、毛泽东思想、邓小平理论和“三个代表”重要思想为指导，深入贯彻党的十六大精神，全面落实党的教育方针，紧密结合全面建设小康社会的实际，以理想信念教育为核心，以爱国主义教育为重点，以思想道德建设为基础，以大学生全面发展为目标，坚持以人为本，贴近实际、贴近生活、贴近学生，努力提高思想政治教育的针对性、实效性和吸引力、感染力，培养德智体美全面发展的社会主义合格建设者和可靠接班人。贯彻落实以上文件精神，中央宣传部、教育部等部门印发《关于进一步加强和改进高等学校思想政治理论课的意见》《关于进一步加强高等学校学生形势与政策教育的通知》《关于进一步加强和改进大学生社会实践的意见》等配套文件。从2004年到2009年，围绕贯彻落实《关于进一步加强和改进大学生思想政治教育的意见》这一文件精神，各部委先后制定出台了30多个配套文件，这一文件及其配套文件的颁布和实施形成了较为系统化、科学化的高校思想政治教育政策体系，有力地推进了高校思想政治教育的创新发展。②

为不断加强思想政治教育学科建设，2004年，党中央印发《关于进一步繁荣发展哲

① 中共中央宣传部．中国共产党宣传工作简史（下卷）[M]．北京：人民出版社，2022：463.

② 冯刚．改革开放以来高校思想政治教育政策设计与发展展望[J]．国家教育行政学院学报，2018（9）：28－35.

学社会科学的意见》，启动实施马克思主义理论研究和建设工程。2005 年，中宣部、教育部联合发布《关于进一步加强和改进高等学校思想政治理论课的意见》，系统阐述了新形势下加强和改进高等学校思想政治理论课的重要性、指导思想和总体要求，形成了“05 方案”。《意见》指出：“设立马克思主义一级学科，开展马克思主义理论体系研究，开展马克思主义发展史、马克思主义中国化研究，开展思想政治教育研究，为推进党的思想理论建设和巩固马克思主义在高等学校教育教学中的指导地位，为加强高校思想政治理论课建设，培养思想政治教育工作队伍提供有力的学科支撑。”① 这是第一次在文件中明确规定增设马克思主义理论一级学科，阐明了包括思想政治教育在内的马克思主义理论学科对党的思想理论建设、高校思想政治理论课、大学生思想政治教育等重要工作的支撑作用。

2005 年 12 月，国务院学位委员会、教育部印发了《关于调整增设马克思主义理论一级学科及所属二级学科的通知》，决定增设马克思主义理论一级学科及所属二级学科。新增设的马克思主义理论一级学科，设置于“法学”门类内，下设五个二级学科，即马克思主义基本原理、马克思主义发展史、马克思主义中国化研究、国外马克思主义研究、思想政治教育。2008 年 4 月又增设中国近现代史基本问题研究二级学科。2008 年，经过评审认定，国家批准中国人民大学设立第一个马克思主义理论一级国家重点学科，并批准武汉大学、华中师范大学、南京师范大学、南京政治学院设立马克思主义基本原理二级国家重点学科，中山大学、东北师范大学设立思想政治教育二级国家重点学科，武汉大学思想政治教育和中山大学、复旦大学马克思主义基本原理设立国家重点培育学科。这标志着思想政治教育的学科建设进入了一个新的发展阶段。② 经过多年的学科建设，思想政治教育学科的学科结构更加合理、学科层次逐步提升，为促进思想政治教育的科学化提供了重要的支撑。

建设社会主义核心价值体系是党的十六届六中全会在思想文化建设上的一个重大理论创新，是党中央大力加强思想道德建设的重大战略部署。2006 年 10 月，党的十六届六中全会通过的《中共中央关于构建社会主义和谐社会若干重大问题的决定》，第一次提出“建设社会主义核心价值体系”这个重大命题和重大战略任务。党的十七大进一步提出，社会主义核心价值体系是社会主义意识形态的本质体现，要建设社会主义核心价值体系，增强社会主义意识形态的吸引力和凝聚力。落实中央关于建设社会主义核心价值体系的部署要求，理想信念教育、爱国主义教育、国情教育和形势政策教育在全党全社会广泛开展，使人民群众进一步增强了对中国共产党的领导、社会主义制度、改革开放事业、全面建设小康社会目标的信念和信心。中国共产党在领导人民全面建设小康社会的伟大实践中，不断推进理论创新，创造性地提出科学发展观。宣传思想战线坚持用中国特色社会主义理论体系武装全党、教育人民，大力学习宣传贯彻科学发展观，引导全党全社会不断增强贯彻落实科学发展观的自觉性和坚定性，推动用党的创新理论成果武装头脑、指导实践。

① 《中华人民共和国学校思想政治理论课重要文献选编》编写组．中华人民共和国学校思想政治理论课重要文献选编（下册）[M]．北京：人民出版社，2022：1164．

② 冯刚，骆郁廷．思想政治教育学科发展 30 年的回顾与展望 [J]．思想理论教育导刊，2014（7）：33－42．

四、思想政治教育政策的守正创新

党的十八大以来，以习近平同志为核心的党中央高度重视思想政治教育，习近平总书记先后主持召开全国宣传思想工作会议、全军政治工作会议、全国党校工作会议、哲学社会科学工作座谈会、全国高校思想政治工作会议、全国教育大会和学校思想政治理论课教师座谈会等，发表了系列重要讲话，围绕新时代思想政治教育工作发表了一系列重要论述，从全局和战略高度，深刻回答了事关高等教育事业发展和高校思想政治工作的一系列重大问题，具有很强的政治性、思想性和针对性。从战略高度提出了许多关于加强思想政治教育工作的新论断和新思想，为新时代全面推动思想政治教育创新发展提供了基本遵循，为新时代思想政治教育工作指明了方向。

党和国家不断加强对高校思想政治教育的顶层设计与系统谋划。2017年，中共中央、国务院印发《关于加强和改进新形势下高校思想政治工作的意见》，对加强和改进新形势下高校思想政治工作做出了战略安排，为新时期加强和改进高校思想政治工作提供了行动指南。2019年，中办、国办印发《关于深化新时代学校思想政治理论课改革创新的若干意见》，为思想政治理论课建设提供顶层设计。为落实这一文件精神，充分发挥思想政治理论课在立德树人中的关键课程作用，循序渐进、螺旋上升地开设好大中小学思政课，中央宣传部、教育部印发了《新时代学校思想政治理论课改革创新实施方案》，推动新时代学校思政课课程教材改革创新。2021年，国家教材委员会印发了《习近平新时代中国特色社会主义思想进课程教材指南》，扎实推进习近平新时代中国特色社会主义思想进课程进教材进头脑，用党的创新理论铸魂育人。

标准的订立对于思想政治理论课质量提升至关重要。2015年，教育部实施普通高校思想政治理论课建设体系创新计划，整体推进教材、教师、教学等方面综合改革创新。同年，教育部印发《高等学校思想政治理论课建设标准》，2017年制定《高等学校马克思主义学院建设标准（2017年本）》，2018制定《新时代高校思想政治理论课教学工作基本要求》，2019年印发《普通高等学校马克思主义学院建设标准（2019年本）》，2021年修订发布《高等学校思想政治理论课建设标准（2021年本）》。这一系列文件的颁布实施，为高校马克思主义学院和思政课建设提供了重要遵循和基本要求，推动马克思主义学院和思政课建设进入快速发展时期。2022年，教育部等十部门印发《全面推进“大思政课”建设的工作方案》，旨在通过建设全国高校思政课教研系统、设立一批实践教学基地、推出一批优质教学资源、做优一批品牌示范活动、建设若干综合改革试验区，推动思政小课堂与社会大课堂相结合，推动各类课程与思政课同向同行，不断增强铸魂育人效果。随后，《教育部办公厅等八部门关于公布“大思政课”实践教学基地名单的通知》发布，教育部会同有关部门联合公布首批453家“大思政课”实践教学基地，为推动实践育人提供了重要支撑。此外，围绕思政课教师队伍建设、大中小学思想政治教育一体化、课程思政等思想政治教育的重要领域，教育部门也先后制定了多项政策，促进我国学校思想政治教育尤其是思政课建设的系统化、专业化、规范化程度不断提升。

中国特色社会主义建设进入新时代，实现中华民族伟大复兴的中国梦，全面建设社会主义现代化国家，培育和践行社会主义核心价值观成为思想政治教育的重要内容。习近平总书记围绕培育和践行社会主义核心价值观发表一系列重要讲话，提出明确要求，党中央持续出台一系列培育和践行社会主义核心价值观的文件，推动社会主义核心价值观融入日常生活各方面、各领域、各环节。2013 年，中办印发《关于培育和践行社会主义核心价值观的意见》，明确了培育和践行社会主义核心价值观的重要意义和指导思想，提出了培育和践行社会主义核心价值观的具体部署，强调要将其融入国民教育全过程。2014 年，中共教育部党组、共青团中央印发《关于在各级各类学校推动培育和践行社会主义核心价值观长效机制建设的意见》，对青少年社会主义核心价值观培育做出了系统部署。2019 年 8 月，中办、国办印发的《关于深化新时代学校思想政治理论课改革创新的若干意见》强调，“全面推动习近平新时代中国特色社会主义思想进教材进课堂进学生头脑，把社会主义核心价值观贯穿国民教育全过程”，“系统进行中国特色社会主义和中国梦教育、社会主义核心价值观教育”，“积极传播马克思主义科学理论、弘扬社会主义核心价值观”。党的二十大报告指出，“社会主义核心价值观是凝聚人心、汇聚民力的强大力量”，强调要“用社会主义核心价值观铸魂育人，完善思想政治工作体系，推进大中小学思想政治教育一体化建设”①。社会主义核心价值观的培育和践行得到政策保障。

党的十八大以来，以习近平同志为核心的党中央高度重视思想政治工作，采取一系列重大举措切实加以推进，思想政治工作有效发挥了统一思想、凝聚共识、鼓舞斗志、团结奋斗的重要作用，全党全社会思想上的团结统一更加巩固，我国意识形态领域的形势发生了全局性、根本性的转变。2021 年，中共中央、国务院印发的《关于新时代加强和改进思想政治工作的意见》是对新时代思想政治工作的系统部署。《意见》指出，思想政治工作是党的优良传统、鲜明特色和突出政治优势，是一切工作的生命线。加强和改进思想政治工作，事关党的前途命运，事关国家长治久安，事关民族凝聚力和向心力。《意见》明确新时代加强和改进思想政治工作的指导思想是：以习近平新时代中国特色社会主义思想为指导，全面贯彻党的十九大和十九届二中、三中、四中、五中全会精神，增强“四个意识”、坚定“四个自信”、做到“两个维护”，紧紧围绕统筹推进“五位一体”总体布局和协调推进“四个全面”战略布局，坚持稳中求进工作总基调，围绕巩固马克思主义在意识形态领域的指导地位、巩固全党全国人民团结奋斗的共同思想基础这一根本任务，自觉承担起举旗帜、聚民心、育新人、兴文化、展形象的职责使命，把思想政治工作作为治党治国的重要方式，着力固根基、扬优势、补短板、强弱项，提高科学化规范化制度化水平，充分调动一切积极因素，广泛团结一切可以团结的力量，为人民服务，为中国共产党治国理政服务，为巩固和发展中国特色社会主义制度服务，为改革开放和社会主义现代化建设服务。方针原则是：坚持和加强党的全面领导，把思想政治工作贯穿党的建设和国家治理各领域各方面各环节，牢牢掌握工作的领导权和主动权。坚持以人民为中心，践行党的群众路线，把人民对美好生活的向往作为奋斗目标，组织群众、宣传群众、教育群众、服务群众，强信心、聚民心、暖人心、筑同心。坚持服务党和国家工作大局，全面贯彻党的基本理论、基本路线、基本方略，坚持系统观念，把思想政治工作与经济建设和其他各项工

---

① 习近平．高举中国特色社会主义伟大旗帜 为全面建设社会主义现代化国家而团结奋斗——在中国共产党第二十次全国代表大会上的报告［M］．北京：人民出版社，2022：44.

作结合起来，为党和国家中心工作提供有力政治和思想保障。坚持遵循思想政治工作规律，把显性教育与隐性教育、解决思想问题与解决实际问题、广泛覆盖与分类指导结合起来，因地、因人、因事、因时制宜开展工作。坚持守正创新，推进理念创新、手段创新、基层工作创新，使新时代思想政治工作始终保持生机活力。《意见》首次提出要把思想政治工作作为治党治国的重要方式，强调要加强党对国家和社会的全面领导，善于运用思想政治工作和体制制度优势，推动经济社会发展、管理社会事务、服务人民群众，保证党和国家各项事业始终沿着正确方向前进。①

中国共产党始终重视群众接受思想理论教育的实际效果，坚持理论武装形式、方法和载体的创新。党的十八大以来，在党内集中教育方面，先后开展了党的群众路线教育实践活动、“三严三实”专题教育、“两学一做”学习教育、“不忘初心、牢记使命”主题教育、党史学习教育、学习贯彻习近平新时代中国特色社会主义思想主题教育等，对于加强党的思想建设、加强群众思想教育发挥了重要作用。

第二节　中国共产党思想政治教育政策的演进规律

改革开放以来，思想政治教育政策设计实现了长足发展。回顾改革开放以来思想政治教育政策设计的发展历程，其经验主要表现为政策设计兼顾学理构建、致力于解决现实问题、充分考虑阶段性发展需求、深刻把握学科发展的历史衔接问题。② 遵循中国共产党思想政治教育政策设计基本经验，深化对政策设计的规律性认识，是学科设立40年来持续加强的一项重要研究内容。现代政府的基本活动方式就是制定和实施政策，通过一系列的政策来实现对国家政治、经济、文化、社会等各个领域的有效领导与管理，但在政策制定和实施过程中必须遵循事物发展的基本规律，符合思想政治工作的实际需要。在长期的思想政治教育实践中，党和国家政策制定始终坚持加强党对思想政治工作的全面领导、坚持以党的创新理论武装头脑，坚持鲜明的问题导向、坚持以人为本，保持了政策连续性和创新性，推动思想政治工作在改革中创新、在创新中发展。

一、始终坚持党对思想政治工作的领导

中国特色社会主义最本质的特征是中国共产党领导，中国特色社会主义制度的最大优势是中国共产党领导。有学者认为，思想政治教育专业政策为高校思想政治教育专业建设提供了行为准则和行动依据，具有重要的政治价值、经济价值、文化价值与社会价值，其主要意义在于：为思想政治教育专业发展导航定向，提供条件保障，积极引领高校思想政治教育育人文化，推动思想政治工作专门人才培养。③ 也正是因为如此，思想政治教育政

① 中共中央国务院印发《关于新时代加强和改进思想政治工作的意见》[N]. 人民日报，2021-07-13 (1).

② 冯刚. 改革开放以来高校思想政治教育政策设计与发展展望 [J]. 国家教育行政学院学报，2018 (9)：28-35.

③ 黄蓉生，范春婷. 思想政治教育专业政策价值探析——基于思想政治教育专业30年发展视域 [J]. 国家教育行政学院学报，2016 (3)：9-13.

策在创新发展中始终坚持党对思想政治工作的领导。治国犹如栽树，本根不摇则枝叶茂荣。思想政治工作的本根，就是始终坚持中国共产党领导。党的领导贯穿我国思想政治教育政策发展的全过程。1923 年 10 月，中共中央颁布《教育宣传委员会组织法》，这是中国共产党比较早的一份专门关于宣传工作、带有党内法规性质的规范性文件。[①] 其中，规定了教育宣传委员会直隶于中共中央并对之负责，其职任在于，“研究并实行团体以内之政治上的主义上的教育工作以及团体以外之宣传鼓动”[②]。古田会议后，随着党内对军队政治工作认识的不断深化，逐步形成了政治工作是红军的生命线原则。1932 年 7 月，《中央给中区中央局及苏区闽赣两省委信》指出：“政治工作在红军中有决定的意义，每一个红军战斗员不仅要能够有充分的军事技术——手的武器，而且最重要的是脑子的武装。必须充实现有军队中的政治工作，实现中央政治工作条例，政治工作不是附带的，而是红军的生命线。”[③] 这是中国共产党思想政治教育史上首次用“生命线”来强调思想政治工作的重要性。在抗日战争时期，党不仅在各领域成功开展了思想政治教育，而且尤其重视对思想政治工作的领导。1944 年 4 月，中央宣传部总政治部发布《关于印发谭政〈关于军队政治工作问题〉的通知》。谭政在中共中央西北局高级干部会议上所做的报告《关于军队政治工作问题》，系统总结建党以来尤其是土地革命和抗日战争时期政治工作的成功经验，进一步论述了思想政治工作的“生命线”地位，强调“共产党领导的革命的政治工作是革命军队的生命线”。党的十一届三中全会后，党中央重新确立了高校思想政治教育的重要地位。1980 年 9 月，中共中央印发批转中央宣传部《关于三中全会以来的宣传工作向中央的汇报提纲》的通知，通知指出，我们党领导全国各族人民进行社会主义现代化建设，也必须有党的思想政治工作的坚强保证。同年，教育部、共青团中央联合印发《关于加强高等学校学生思想政治工作的意见》，提出“社会主义大学与资本主义大学的本质区别，就在于它培养出来的学生具有社会主义觉悟，拥护共产党的领导，热爱社会主义祖国，努力为人民服务，刻苦钻研业务，立志为建设社会主义现代化强国而奋斗”，“忽视和削弱思想政治工作，必将犯历史性的错误”[④]。在党的领导下，思想政治教育学科不断完善、理论不断丰富、事件不断发展。中国特色社会主义进入新时代，习近平总书记就党的思想政治教育做出了系列重要论述，更加丰富和完善了思想政治教育理论体系，推动了思想政治教育内容、载体和话语体系的创新，成为新时代党的思想政治教育的根本指导和丰富滋养。

二、始终坚持以党的创新理论武装头脑

用什么样的理论教育人，是思想政治教育的首要问题。马克思主义理论是中国共产党人经过不懈探索和实践检验而寻得的思想瑰宝。中国共产党人坚定认为马克思主义从来不

---

① 中共中央宣传部．中国共产党宣传工作简史（上卷）[M]．北京：人民出版社，2022：23.

② 中共中央党史和文献研究院，中央档案馆．中国共产党重要文献汇编（第 3 卷）[M]．北京：人民出版社，2022：523-524.

③ 李德芳，李辽宁，杨素稳．中国共产党思想政治教育史料选编 [M]．武汉：武汉大学出版社，2009：73.

④ 教育部思想政治工作司组．加强和改进大学生思想政治教育重要文献选编（1978—2014）[M]．北京：知识产权出版社，2015：4.

是教条，而是行动的指南。因此，中国共产党自成立以来，就特别重视把马克思主义普遍原理与中国的具体国情、具体实际相结合，自觉推动马克思主义中国化的理论创新，使马克思主义始终具有强大的生命力和战斗力。百年来，科学的理论、人民的理论、实践的理论、开放的理论构成了中国共产党理论形象的基本特质，成为武装凝聚广大人民群众的强大思想武器和精神力量。农村包围城市、武装夺取政权的理论，开辟了中国特色的革命道路理论。新民主主义理论阐明了新民主主义革命的性质、对象、任务等基本问题，突破了世界近代史上的两种革命模式和理论。社会主义过渡时期总路线的提出，形成了中国特色的社会主义过渡理论和社会主义改造理论，实现了新民主主义向社会主义过渡的中国式探索。中国特色社会主义理论体系的构建、丰富和完善，形成了立足本国实际建设社会主义的中国模式、中国创造。习近平新时代中国特色社会主义思想，以宽广的理论视野、深厚的中国情怀、开放的世界胸怀，深入回答了时代之问，为发展21世纪马克思主义做出了许多原创性贡献，既包含了对以往实践的深刻总结，也包含了对时代主题的精准把握，更包含了对未来发展的科学预判，成为新时代指引中国人民努力奋进实现美好生活、实现中华民族伟大复兴中国梦的科学指南。中国共产党始终强调，社会实践永无止境，推动实践基础上的理论创新也永无止境，正是由于中国共产党始终强调并坚持在不断发展的实践中推动马克思主义中国化理论创新，保持马克思主义理论的发展性、开放性，才使中国化的马克思主义始终保持蓬勃生机，也铸就了我们党始终能够在思想上引领群众、赢得群众的最高奥义。

三、始终坚持鲜明的问题意识和实践导向

习近平总书记指出："我们中国共产党人干革命、搞建设、抓改革，从来都是为了解决中国的现实问题。"① 我们党始终认为，问题是时代的声音，只有树立强烈的问题意识，实事求是地对待并解决好属于每个时代的问题，才能更好地找到引领时代进步的路标，团结带领人民群众走向前进。在思想政治教育政策研究中，学界也紧密遵循问题意识与实践导向，以此增强思想政治教育的发展动力。有学者指出，构建动力机制，必须坚持内在驱动力和外在驱动力相结合，综合运用政策导向机制、利益导向机制、竞争激励机制和精神动力机制，政策导向机制明确的是政治方向、培养目标等根本性问题，旨在通过肯定其所倡导的，否定其所批判的，以调节引导人们做出正确选择。② 中国共产党思想政治教育政策发展史充分印证了这一点。如在土地革命时期，我们党围绕农民群众对土地问题的关切开展思想政治教育，将"没收一切土地"的口号改为"没收一切公共土地及地主阶级的土地"，并制定了依靠雇农贫农、团结中农、中立富农、消灭地主阶级的土地革命路线，将争取到的土地政策信息准确传递给农民群众，及时消除农民群众的思想困惑，极大地激发了根据地农民的生产热情和革命积极性。1929年6月，党的六届二中全会通过的《宣传工作决议案》就曾强调"要抓住每个时期的中心问题来扩大党的政治宣传"，并从八个方面

① 习近平．关于《中共中央关于全面深化改革若干重大问题的决定》的说明［N］．人民日报，2013－11－16（1）．

② 冯刚，彭庆红，佘双好，等．新时代高校思想政治教育学原理［M］．北京：人民出版社，2021：251．

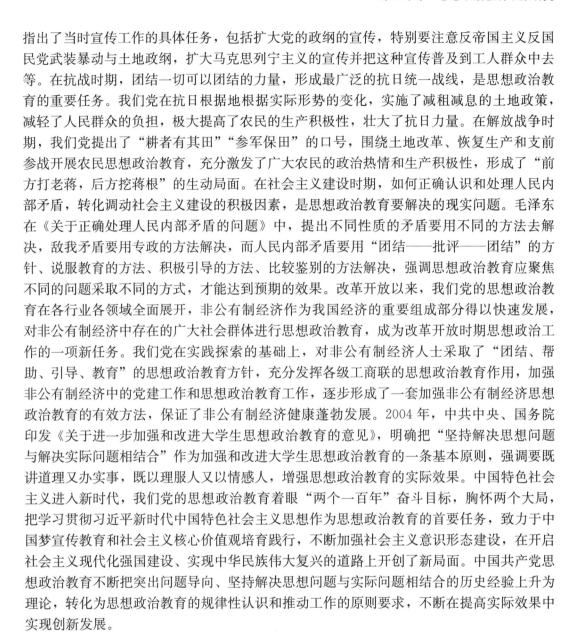

指出了当时宣传工作的具体任务，包括扩大党的政纲的宣传，特别要注意反帝国主义反国民党武装暴动与土地政纲，扩大马克思列宁主义的宣传并把这种宣传普及到工人群众中去等。在抗战时期，团结一切可以团结的力量，形成最广泛的抗日统一战线，是思想政治教育的重要任务。我们党在抗日根据地根据实际形势的变化，实施了减租减息的土地政策，减轻了人民群众的负担，极大提高了农民的生产积极性，壮大了抗日力量。在解放战争时期，我们党提出了“耕者有其田”“参军保田”的口号，围绕土地改革、恢复生产和支前参战开展农民思想政治教育，充分激发了广大农民的政治热情和生产积极性，形成了“前方打老蒋，后方挖蒋根”的生动局面。在社会主义建设时期，如何正确认识和处理人民内部矛盾，转化调动社会主义建设的积极因素，是思想政治教育要解决的现实问题。毛泽东在《关于正确处理人民内部矛盾的问题》中，提出不同性质的矛盾要用不同的方法去解决，敌我矛盾要用专政的方法解决，而人民内部矛盾要用“团结——批评——团结”的方针、说服教育的方法、积极引导的方法、比较鉴别的方法解决，强调思想政治教育应聚焦不同的问题采取不同的方式，才能达到预期的效果。改革开放以来，我们党的思想政治教育在各行业各领域全面展开，非公有制经济作为我国经济的重要组成部分得以快速发展，对非公有制经济中存在的广大社会群体进行思想政治教育，成为改革开放时期思想政治工作的一项新任务。我们党在实践探索的基础上，对非公有制经济人士采取了“团结、帮助、引导、教育”的思想政治教育方针，充分发挥各级工商联的思想政治教育作用，加强非公有制经济中的党建工作和思想政治教育工作，逐步形成了一套加强非公有制经济思想政治教育的有效方法，保证了非公有制经济健康蓬勃发展。2004 年，中共中央、国务院印发《关于进一步加强和改进大学生思想政治教育的意见》，明确把“坚持解决思想问题与解决实际问题相结合”作为加强和改进大学生思想政治教育的一条基本原则，强调要既讲道理又办实事，既以理服人又以情感人，增强思想政治教育的实际效果。中国特色社会主义进入新时代，我们党的思想政治教育着眼“两个一百年”奋斗目标，胸怀两个大局，把学习贯彻习近平新时代中国特色社会主义思想作为思想政治教育的首要任务，致力于中国梦宣传教育和社会主义核心价值观培育践行，不断加强社会主义意识形态建设，在开启社会主义现代化强国建设、实现中华民族伟大复兴的道路上开创了新局面。中国共产党思想政治教育不断把突出问题导向、坚持解决思想问题与实际问题相结合的历史经验上升为理论，转化为思想政治教育的规律性认识和推动工作的原则要求，不断在提高实际效果中实现创新发展。

四、始终坚持以人为本

中国共产党自成立之日起，就把全心全意为人民服务作为根本宗旨。邓小平提出要把“人民拥护不拥护、人民赞成不赞成、人民高兴不高兴、人民答应不答应”作为制定方针政策和做出决断的出发点和归宿。江泽民提出要始终代表中国最广大人民群众的根本利益。习近平总书记提出要把人民对美好生活的向往作为我们的奋斗目标。党的思想政治教育也始终坚持以人民为中心的价值立场，把人民作为思想政治教育的出发点和落脚点。思想政治教育工作从根本上是做人的工作，人既是思想政治教育的对象，也是思想政治教育的目的。1923 年 11 月，中共第三届第一次中央执行委员会全体会议通过的《教育宣传问题议决案》，系统阐述了党在政治、劳动、农民、文化等方面的宣传方针。该《议决案》指出，“共产党员人人都应是一个宣传者，平常口语之中须时时留意宣传”①。向工人开展宣传要“使用口语，求其通俗化”，“当尽力编著通俗的问答的歌谣的小册子”②。向农民开展宣传，“材料当取之于农民生活”，“尤其要指明农民与政治的关系，为具体的经济改良建议之宣传，如协作社、水利改良等”以求能够实质性地推广农民运动。③ 1925年党的四大通过的《对于宣传工作之议决案》就有针对性地提出了在职工运动中的宣传工作，“最重要的是从实际问题中灌输简明的理论智识”以及编辑浅近的小册子等。④ 1926年党中央通过的《农民运动议决案》强调，“一切鼓动和宣传，当以农民实际生活痛苦为出发点，切忌广泛的宣传及机械式讲义式的训话”，应该“有方法的有步骤的去提高乡村文化程度”⑤。这些都深刻体现了从工人、农民等不同群体的思想和认知水平实际出发开展思想政治教育工作的重要原则。在高校，思想政治教育更是牢牢把握提高人才培养质量这个核心，围绕学生、关照学生、服务学生，满足学生成长发展的期待。坚持牢牢把握“以人为本”深刻内涵，始终以服务学生全面发展为重点，以学生健康成长为中心。坚持把政策设计与思想政治教育的初心使命紧密结合，坚持为党育人、为国育才。坚持把政策设计与落实立德树人根本任务相结合，遵循教书育人规律、学生成长规律，以学生为主体，创新育人模式，让学生成为德才兼备、全面发展的人才。

第三节 思想政治教育政策发展展望

新时代思想政治教育政策设计要立足中国发展实际、树立开放的视野格局，这不仅是实现思想政治教育内涵式发展的关键，同时也是思想政治教育理论研究不断深化、学科持续发展、实践稳步推进的重要保证。⑥ 因此，思想政治教育政策制定的正确与否关系思想政治工作的成效甚至成败。有学者认为，优化思想政治教育政策环境建设路径，务求取得政策环境均衡发展，也就是要力争消除思想政治教育政策制定及执行中存在的各方面不平衡。在政策制定方面，当前，对常规性的思想政治教育运行做出的政策设计较为完善，但对一些相对特殊的情况则关注不够。⑦ 要确保思想政治教育政策的科学有效，未来政策设计和发展要坚持实践证明行之有效的规律和原则，要立足中国发展实际，不断加强党对思

① 中共中央党史和文献研究院，中央档案馆．中国共产党重要文献汇编（第3卷）[M]．北京：人民出版社，2022：590.

② 同①599.

③ 同①.

④ 中共中央党史和文献研究院，中央档案馆．中国共产党重要文献汇编（第5卷）[M]．北京：人民出版社，2022：65.

⑤ 中共中央党史和文献研究院，中央档案馆．中国共产党重要文献汇编（第8卷）[M]．北京：人民出版社，2022：464.

⑥ 冯刚．改革开放以来高校思想政治教育政策设计与发展展望[J]．国家教育行政学院学报，2018（9）：28-35.

⑦ 徐艳国．实现思想政治教育政策环境现代化的难点分析[J]．思想教育研究，2014（8）：3-5.

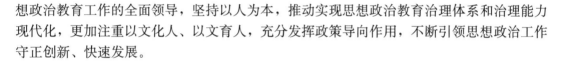

想政治教育工作的全面领导，坚持以人为本，推动实现思想政治教育治理体系和治理能力现代化，更加注重以文化人、以文育人，充分发挥政策导向作用，不断引领思想政治工作守正创新、快速发展。

一、不断加强党对思想政治教育工作的全面领导

加强党的领导是思想政治工作的必然要求，也是做好思想政治工作的根本保证，只有坚定不移坚持党的领导，才能确保思想政治工作的正确发展方向。有学者指出，高校基层党组织要立场坚定、旗帜鲜明地坚持社会主义办学方向，坚持马克思主义的指导地位，通过参与决策、宣传发动、组织实施和保证监督等工作环节，在实践中不断增强贯彻执行党的路线、方针、政策的自觉性和坚定性，在规范办学行为、保持学校稳定、办好让人民满意的高等教育上下功夫，把党组织的作用贯穿于教学、科研、管理和人才培养活动的全过程，有机渗透和融合到各项工作中。① 一直以来，西方试图对我国进行意识形态渗透的图谋从未改变。国内各种文化相互碰撞，各种思潮相互交织，一些错误的思想观念伺机而动，企图误导我国的主流意识形态，颠覆马克思主义在社会主义意识形态领域的指导地位。牢牢掌握意识形态工作领导权，必须不断加强党对思想政治教育的领导，通过思想政治教育引导全社会树立起社会主义核心价值观，建设具有强大凝聚力、深刻感染力和强烈认同感的社会主义意识形态。党对思想政治教育全面领导的重点在于“领导”，关键在于“全面”，涉及全领域、覆盖全方位、贯穿全过程。坚持党的领导，首要的是用习近平新时代中国特色社会主义思想统一思想、统一意志、统一行动，自觉增强“四个意识”，坚定“四个自信”，做到“两个维护”，在政治立场、政治方向、政治原则、政治道路上同党中央保持高度一致。坚持党的领导，要充分发挥党统揽全局、协调各方的领导核心作用，积极推动思想政治教育创新发展。要坚持政治性和学理性相统一，用学术讲政治，以政治把方向；要坚持价值性和知识性相统一，为社会主义核心价值观引导找到载体，给知识教育注入灵魂；要坚持建设性和批判性相统一，既旗帜鲜明地亮剑，又循序渐进、春风化雨般传播党的主流意识形态；要坚持理论性和实践性相统一，用理论指导实践，在实践中发展理论，增强教育的体验感；要坚持统一性和多样性相统一，既有统一要求，又有具体差异的多样性标准；要坚持主导性和主体性相统一，既尊重受教育者主体地位，又积极引领，因材施教；要坚持灌输性和启发性相统一，通过启迪思维，增强思想政治教育的趣味性；要坚持显性教育和隐性教育相统一，通过点滴生活的长久教育实现人的全面发展。坚持党的领导，要完善领导体制和工作机制，完善党委统一领导、党政齐抓共管、宣传部门组织协调、有关部门和人民团体分工负责、全党全社会共同参与的思想政治工作大格局。

二、始终坚持以人为本

有学者指出，当前思想政治教育政策绩效提升面临多种困境，主要表现在政策目标与制度赋权有偏差、政策制定与目标群体相阻滞、政策供给与高校执行相博弈、政策环境与实际操作不匹配、绩效考核与问责机制不健全等方面。因此需要形成清晰明确的政策目

① 冯刚，房正．把高校思想政治工作推向新高度［J］．教育研究，2017（7）：29－36.

标，促使政策文本科学合理；提高目标群体接受程度，促进政策理念深入人心；加大政策执行力度，确保政策精神落地生根；优化政策实施环境，保障政策运行畅通无阻；建立督查评估长效机制，助推政策效能持久发力。① 其中，坚持以人为本对思想政治教育政策绩效提升具有重要意义，也是思想政治教育政策创新发展的重要价值导向。思想政治工作的关键是做人的思想工作，用正确的理论引导人，使科学理论和正确思想成为人成长成才的重要动力。当前，思想政治教育的使命主要就是要坚持为人民服务、为中国共产党治国理政服务、为巩固和发展中国特色社会主义制度服务、为改革开放和社会主义现代化建设服务，着力培养担当民族复兴大任的时代新人。人是历史的、现实的、具体的客观存在，在不同的时空和条件下有不同的诉求和期待，表现出不同的行为特征。把握时代特征，聚焦现实问题，回应人民关切，是思想政治教育守正创新的必然要求。步入新时代，人民群众对美好生活的向往与发展不平衡不充分的矛盾在不同区域不同领域不同群体中表现不同，思想政治教育更需要贴近实际、贴近生活、贴近群众，坚持人民中心的价值立场，遵循思想政治教育规律、人的成长发展规律、思想政治教育接受规律，把准不同区域不同领域群众的思想特点和现实需求，坚持思想理论教育与实践活动相结合，普遍要求与分类指导相结合，坚持“一把钥匙开一把锁”，使思想政治教育更具针对性，富有创造性。新时代思想政治教育要因事而化、因时而进、因势而新。思想政治教育要“因事而化”，聚焦人民关注的“大事”，将生动实践转化为深刻道理，在解疑释惑中实现育人目标，将“总体漫灌”与“个体滴灌”相结合，有针对性、有艺术地做到“润物细无声”；思想政治教育要“因时而进”，聚焦时代发展的“大局”，贴合受教育者的心理需求；思想政治教育要“因势而新”，聚焦中国和世界面临的“大势”，面对思想政治教育的新矛盾新问题，积极推进思想政治教育的改革创新，沿用好办法、改进老办法、探索新办法，运用“新话语”，让“马克思说中国话”“大专家说家常话”“基本原理变成生动原理”。

三、推动实现思想政治教育治理体系和治理能力现代化

思想政治教育是国家治理体系中的一种特殊的治理活动，能够充分发挥政治保证、理论解释、价值引领、凝聚激励与铸魂育人等功能，为治理理念加强理论支撑、为治理目标提供价值引领、为治理环境凝聚思想共识，是优化“中国之治”的重要途径。实现思想政治教育治理现代化与政策设计密不可分。有学者指出，思想政治教育治理能力是思想政治教育治理体系在贯彻落实中的应用化和主体化，如果说思想政治教育治理体系现代化是指要建立系统完备的思想政治教育政策体系、运行有效的体制机制的话，那么，思想政治教育治理能力现代化就是指不断提高政策执行的效力和质量，它取决于治理主体贯彻落实制度政策要求、履行相应功能职责、达成治理目标的思想政治素质和业务能力。当前，推进思想政治教育治理能力现代化，一是要落实习近平总书记对思想政治理论课教师提出的六个要求；二是要把强化制度执行力作为提高治理能力的重要内容，把制度执行力作为考核评估的重要指标；三是要着眼于人的现代化需要和规律培养治理主体的素质能力，将能力

① 郑敬斌，李鑫．思想政治教育政策绩效的内在蕴涵、现实境遇和提升路径［J］．马克思主义理论学科研究，2020（2）：129-137.

要求与满足主体全面发展的现代化价值诉求相结合。① 思想政治教育是一项系统工程，涉及众多要素和不同方面，需要统筹协调思想政治教育内部各要素、各环节，进而凝聚各方力量破解综合性难题。为了更好承担起“中国之治”的使命，思想政治教育要站在中国式现代化的大格局中，加强统筹领导、整体谋划和系统推进，明确目标定位和时代使命，积极推进思想政治教育治理体系和治理能力现代化。要统筹加强专兼结合的工作队伍，配齐配强思想政治工作骨干队伍，充实优化兼职工作队伍，不断壮大志愿服务工作队伍，有计划有步骤地开展全员培训，深化思想政治工作人员专业技术职务评聘制度改革，培养思想政治工作的行家里手。要统筹用好各级各类文化设施和阵地，加强各级各类党员教育培训基地、爱国主义教育基地等的规划建设和管理使用，继续推动公共文化设施向社会免费开放，建设基层思想政治工作示范点。要统筹过程和结果、教育和评价，建立科学有效的评价考核体系，建立内容全面、指标合理、方法科学的思想政治工作测评体系，将测评结果纳入落实全面从严治党主体责任情况监督检查和巡视巡察内容，纳入党政领导班子、领导干部综合考核评价内容，把“软指标”变为“硬约束”。要统筹兼顾线下和线上，通过以数化人、以数助人、以数育人，对思想政治教育相关数据及其规律进行深度洞察和分析，并据此调整施教方式方法，推进思想政治教育信息资源的多模块集成、教育活动的多场景可视、知识传递的多线程联动等精准化和智慧化运行，建构并实现多要素耦合的系统性数据育人模式，以便强信心、暖人心、筑同心。

四、更加注重以文化人以文育人

中华文化是中华民族的精神血脉，是中国人民的精神家园。文化能够滋养心灵，涵育德行，引领风尚，传承与发展社会主义文化是思想政治教育的题中应有之义。习近平总书记在坚持马克思主义指导思想和继承中华优秀传统文化基础上，结合改革开放以来中国发展大势和中国共产党治国理政的现实要求，强调“要更加注重以文化人以文育人”②，“努力用中华民族创造的一切精神财富来以文化人、以文育人”③。思想政治教育与文化具有内在的天然联系。在培育文化自信中加强思想政治教育，在加强思想政治教育中融入文化要素，一体推进社会主义文化建设与思想政治教育，既有利于提升思想政治教育的感染力和号召力，也有利于推进社会主义文化强国建设。尤其是思想政治教育具有强烈的政治性、理论性和教育性，容易有枯燥乏味之感；而文化则可以通过“润物细无声”的方式，将政治要求和教育属性浸润到人心里，提升思想政治教育的针对性及实效性。我们既要发掘好、延续好、传承好中华优秀文化资源，因时而进、因时而新地推动中华优秀传统文化与中国特色社会主义的发展实践相结合；又要用好红船精神、井冈山精神、长征精神、延安精神、西柏坡精神等革命精神铸魂育人，引导人们在困难和逆境中不消沉不动摇，走好新时代长征路；还要繁荣和发展社会主义先进文化，以科学理论引路指向，以正确舆论凝心聚力，以先进文化塑造灵魂，更好满足人民群众日益增长的精神文化需求。

---

① 冯刚，徐先艳．现代性视域中思想政治教育治理的生成逻辑、基本内涵及时代价值［J］．教学与研究，2021（5）：85－95．

② 习近平在全国高校思想政治工作会议上强调 把思想政治工作贯穿教育教学全过程 开创我国高等教育事业发展新局面［N］．人民日报，2016－12－09（1）．

③ 习近平谈治国理政［M］．北京：外文出版社，2014：164．

第二十一章　高校思想政治理论课建设研究

1984年4月，教育部印发《关于在十二所院校设置思想政治教育专业的意见》，开启了新时期通过科学化专业化方式建设思想政治理论课的新阶段。40年来，在科学化、专业化和学科化的支撑下，思想政治理论课无论是课程建设理念、课程内容、课程教学方法还是课程建设的生态和格局都发生了深刻变化。从课程地位来看，思想政治理论课实现了从普通公共课程建设到思想政治教育主渠道课程，到立德树人关键课程，再到“大思政课”建设的发展完善；从课程设置来看，思想政治理论课经历了从马克思主义理论课到思想品德课，再到整体的思想政治理论课的演变；从课程教学来看，思想政治理论课实现了从课堂内教学到课堂内与课堂外相结合，到现实课堂与虚拟课堂相结合，再到显性课程与隐性课程相结合的教学环境的转变；从课程教学的学科支撑和政策环境来看，思想政治理论课已经从单一的公共课教学单位，经过学科专业建设，发展成为集教学、科研、学科建设、服务国家主流意识形态建设为一体的教学科研单位，思想政治理论课建设的政策环境发生深刻变化。在思想政治教育专业建设40周年之际，回顾思想政治理论课发展历程，总结思想政治理论课建设重大成就，对新时代新征程实现思想政治理论课创新发展，具有重大意义。

第一节　高校思想政治理论课建设的历史回顾

自思想政治教育专业创立以来，思想政治理论课建设有一个从“85方案”到“98方案”到“05方案”再到新时代思想政治理论课，从马克思主义理论课到马克思主义理论与思想品德课再到思想政治理论课的发展历程。

一、思想政治理论课“85方案”时期

从1984年4月设立思想政治教育专业开始，到1998年中共中央宣传部、教育部印发《关于普通高等学校“两课”课程设置的规定及其实施工作的意见》的通知，是思想政治理论课“85方案”的建设时期。这一时期马克思主义理论课全面启动“85方案”，思想品

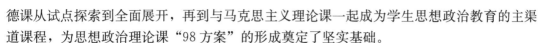

德课从试点探索到全面展开，再到与马克思主义理论课一起成为学生思想政治教育的主渠道课程，为思想政治理论课“98方案”的形成奠定了坚实基础。

（一）思想政治理论课“85方案”的启动

改革开放以后，伴随着社会主义现代化建设的展开，马克思主义理论课在新的历史条件下重新恢复和开启，中共中央宣传部、教育部先后印发相关文件，使马克思主义理论课逐渐步入正轨。伴随着改革开放和社会主义现代化建设的深入开展，以恢复“文化大革命”以前马克思主义理论课为主要课程内容的设置方案越来越不适应时代发展。中共中央宣传部、教育部在广泛试验和调研的基础上，开启了思想政治理论课“85方案”的改革。

1984年9月4日，中共中央宣传部、教育部联合颁发《关于加强和改进高等院校马列主义理论教育的若干规定》，提出为了增强马列主义理论教育的现实性，要在全国高等院校增设“中国社会主义建设基本问题”课程。① 1985年《中共中央关于改革学校思想品德和政治理论课程教学的通知》出台，将高校马列主义理论课程设置为“中国革命史”“中国社会主义建设”“马克思主义原理”“世界政治经济与国际关系”等四门课程方案②，简称思想政治理论课“85方案”。“85方案”在推行过程中遇到相当多的困难，主要问题是在过去由马克思主义哲学、政治经济学和科学社会主义等分科培养下成长起来的任课教师很难适应综合性很强的“马克思主义基本原理”等课程的教学要求，为此，1987年3月17日，国家教育委员会在《关于进一步改革高等学校马克思主义理论课（公共课）教学的意见》中提出：“马克思主义理论课的教学改革既要坚定、积极，又要稳妥，要有计划、有步骤地进行。‘中国革命史’课，只要学校和教师做必要的准备，就可以开设。原有的‘哲学’‘政治经济学’课，可以根据学校的不同条件，分别采取以下几种做法进行改革：一种是试开‘中国社会主义建设’和‘马克思主义原理’课，边试验边改进，不断完善；第二种是开设‘中国社会主义建设’课，并把‘马克思主义原理’课分解为几个部分，如‘马克思主义哲学’‘当代资本主义’‘科学社会主义的产生和发展’，先分别讲授，然后逐步建立‘马克思主义原理’课的教学体系；第三种是继续开设‘哲学’‘政治经济学’课，积极改革教学内容与教学方法。文科各专业还应积极创造条件，逐步开出‘世界政治经济与国际关系’课，以适应对外开放的需要。”③

1991年8月，《关于加强和改进高等学校马克思主义理论教育的若干意见》规定，高校马克思主义理论教育的课程形式以相对稳定为宜。根据几年来课程改革的实践和教学情况，四年制本科应继续开设“中国革命史”和“中国社会主义建设”，各70学时；“马克思主义原理”课要在教学试点的基础上总结经验，继续完善，目前可根据各校实际，或继续作为一门大课开设，或分解为几门小课开设，但不论采取哪种课程形式，均需涵盖《马克思主义原理教学要点》所规定的教学内容，并定为140学时；文科类专业还应开设“世界政治经济与国际关系”课。综合性大学理论专业，财经政法类和民族类院校的马克思主

① 教育部社会科学司．普通高校思想政治理论课文献选编（1949—2006）[M]．北京：中国人民大学出版社，2007：95.

② 同①110.

③ 同①119.

义理论课的课程设置，可根据其专业特点做必要的调整。二年制和三年制大学专科应分别开设二门或三门马克思主义理论课。① 这个文件集中体现了新时期马克思主义理论课程建设的积极成果。

（二）思想品德课的确立和发展

在改革开放以前，我国高校思想政治理论课程以马克思主义理论课程设置为主，但在新的历史条件下，伴随着德育观念的深化和德育内容的拓展，特别是1982年党的十二大以后，根据党的十二大关于加强共产主义思想道德教育的精神，教育部在广大教育工作者实践探索的基础上发出了《关于在高等学校逐步开设共产主义思想品德课程的通知》，高校思想政治理论课又有了新的课程内容，即思想品德课程。《关于在高等学校逐步开设共产主义思想品德课程的通知》的发出，成为全国高校全面开设思想品德课程的起点。

1984年9月12日，教育部印发《关于高等学校开设共产主义思想品德课的若干规定》。该规定强调：共产主义思想品德教育是高等学校学生思想政治教育的重要组成部分。党的十一届三中全会以来，高等学校为加强和改善学生思想政治教育做了大量工作，开设共产主义思想品德课是一项有效措施。共产主义思想品德课，应纳入教学计划，并考核学习成绩；一般以在低年级开两学年为宜，也可以做不同安排，进行试验。思想品德课和形势与政策教育，平均每周两学时，由各校根据情况统筹安排，思想品德课的教学时间，不得任意挤占。② 该规定还对共产主义思想品德课课程性质、内容教学原则、教师队伍建设以及教学机构建设提出指导性规定。

1985年8月，中共中央颁布《关于改革学校思想品德和政治理论课程教学的通知》，对大中小学思想品德和政治理论课程进行了统一规划。该通知认为：近几年来，部分高等学校陆续开设了对学生进行共产主义思想品德教育（包括职业道德教育）的课程，并开展了丰富多彩、有教育意义的课外活动，有针对性地进行理想、纪律、道德教育，积累了初步经验；应当肯定成绩，稳步提高，因校制宜地进一步加强对学生共产主义思想品德教育。③

1987年10月20日，《关于高等学校思想教育课程建设的意见》提出，根据高校思想政治教育实践针对学生普遍关心的形势、政策、人生、理想、道德、民主、法制、纪律等方面的问题，有计划地开设一些思想教育课程，在时间上、制度上加以保证是必要的。该意见规定，设置如下五门课程："形势与政策"（每学期均开设，时数根据需要由各校自行安排）、"法律基础"（30学时）两门课为必修课，"大学生思想修养"（一年级实施）、"人生哲理"（二年级实施）、"职业道德"（三年级实施）三门课可因校制宜有选择地开设。各校开设思想教育课程的总学时不要超过288学时，除"形势与政策"外，其他几门课程的教学时数不宜多，每门课可适当集中安排。教务部门要将思想教育课程合理地排入课表，教师讲授思想教育课应计算教学工作量。④ 这个文件的颁布实施，标志着思想品德课程形

① 教育部社会科学司．普通高校思想政治理论课文献选编（1949—2006）[M]．北京：中国人民大学出版社，2007：140.

② 同①100－101.

③ 同①110.

④ 同①132－134.

成课程体系。

（三）思想政治理论课内容体系的形成

1993 年 7 月 5 日，国家教育委员会思政司在中国矿业大学召开了“新形势下思想政治教育课程建设座谈会”，会议回顾和总结了改革开放十多年来高校思想政治教育课程建设的基本经验，分析和研究了当前思想政治教育课程建设遇到的新情况和新问题，对如何适应新形势的要求，积极改革，进一步加强思想政治教育课程建设的问题进行了探讨。会议提出，十多年来，在各级党政教育部门的领导下，在高校领导和有关部门的支持下，通过广大思想政治教育课教师的努力，思想政治教育课已同马克思主义理论课一起成为高校学生思想政治教育的主阵地、主渠道，成为高校德育的重要组成部分，在培养社会主义建设者和接班人的事业中日益发挥重要作用。① 会议较为明确地讨论了马克思主义理论课和思想品德课（简称“两课”）的课程地位问题。

1993 年 8 月，中共中央组织部、中共中央宣传部、国家教育委员会印发的《关于新形势下加强和改进高等学校党的建设和思想政治工作的若干意见》明确提出，马克思主义理论课和思想品德课是学生思想政治教育的主渠道，是社会主义学校的本质特征之一；加强和改进“两课”教育是摆在我们面前的一项紧迫任务；“两课”要贯彻理论联系实际的方针和“少而精”“要管用”的原则，以增强说服力和有效性为目标，以改进教学内容和方法为重点，注意相辅相成，深入进行教学改革。②

1994 年《中共中央关于进一步加强和改进学校德育工作的若干意见》颁布，该意见指出：“学校政治理论课和思想品德课是系统地对学生进行马克思主义理论教育和品德教育的主渠道和基本环节，要重点进行教学内容和方法的改革。”③ 该意见进一步用中央文件的形式，明确了“两课”教学在学校德育中的地位和作用，明确了“两课”改革和发展的方向。从此，“两课”逐渐成为对学生进行系统马克思主义理论和思想品德教育的主渠道，也是思想政治理论界对这类课程的特殊称谓。1995 年 10 月 24 日，国家教育委员会印发《关于高校马克思主义理论课和思想品德课教学改革的若干意见》，该文件指出，学校马克思主义理论课和思想品德课是对青年学生系统进行马克思主义基本理论教育和思想品德教育的课程，是社会主义大学的本质特征之一；是高校思想理论教育的主要渠道和主要阵地；是每个大学生的必修课程。④ 这一文件对学校思想政治理论课程的准确定位，是学校思想政治理论课程建设科学化的理论前提，为学校思想政治理论课程的科学化和规范化发展奠定了基础。

根据《中共中央关于进一步加强和改进学校德育工作的若干意见》精神，国家教育委员会于 1995 年印发《关于高校马克思主义理论课和思想品德课教学改革的若干意见》，确定通过制定学科课程标准和教学大纲，进一步科学规划大中小学思想政治理论课程教学内

---

① 《中华人民共和国学校思想政治理论课重要文献选编》编写组．中华人民共和国学校思想政治理论课重要文献选编（上册）[M]．北京：人民出版社，2022：816.

② 教育部社会科学司．普通高校思想政治理论课文献选编（1949—2006）[M]．北京：中国人民大学出版社，2007：147－148.

③ 同②152.

④ 同②157.

容体系，完成大中小学思想政治理论课程整体衔接的任务。1995年11月23日，国家教育委员会颁布《中国普通高等学校德育大纲》，该文件明确规定，马克思主义理论课和思想品德课是对学生系统进行思想政治教育的主渠道和基本环节，是每个学生的必修课程。要把“两课”作为重点课程来建设，要以邓小平建设有中国特色社会主义理论为指导，不断改革“两课”的教学内容和方法，努力提高实效。① 本阶段是思想政治理论课内容体系形成时期，思想政治理论课从马克思主义理论课与思想品德课两类不同课程分别建设，到被提升为对学生进行思想政治教育的主渠道课程，构成以马克思主义理论课与思想品德课为主要内容的课程体系，思想政治理论课作为完整的课程体系形成，课程建设越来越规范。

二、思想政治理论课“98方案”时期

以1998年中共中央宣传部、教育部印发《关于普通高等学校“两课”课程设置的规定及其实施工作的意见》为标志，思想政治理论课建设进入“98方案”建设阶段。

（一）思想政治理论课“98方案”的实施

1998年6月10日，中共中央宣传部、教育部印发《关于普通高等学校“两课”课程设置的规定及其实施工作的意见》，对高校“两课”课程设置进行了最为系统和全面的规定。该文件从专科、本科和研究生的课程设置三个不同层次，从马克思主义理论与思想品德课程两类不同的课程，从马克思主义基本原理、马克思主义理论与中国实际结合、运用马克思主义立场观点和方法认识客观世界和改造主观世界等三个不同层面，对高等学校思想政治理论课程进行了系统设计。其课程设置为：二年制专科马克思主义理论课为“马克思主义哲学原理”“邓小平理论概论”；三年制专科马克思主义理论课为“马克思主义哲学原理”“毛泽东思想概论”“邓小平理论概论”；二年制和三年制专科思想品德课为“思想道德修养”“法律基础”；本科理工科马克思主义理论课为“马克思主义哲学原理”“马克思主义政治经济学原理”“毛泽东思想概论”“邓小平理论概论”，文科则另加一门“当代世界经济与政治”；本科生思想品德课为“思想道德修养”“法律基础”；硕士生马克思主义理论课为“科学社会主义理论与实践”“自然辩证法概论”（理工类开设）或“马克思主义经典著作选读”（文科类开设）；博士生马克思主义理论课为“现代科学技术革命与马克思主义”（理工类开设）或“马克思主义与当代思潮”（文科类开设）。文件要求各层次各科类学生都要开设“形势与政策”课，“形势与政策”课要列入教学计划，平均每周1学时，一般按专题进行，实行学年考核制度。②

2003年2月12日，教育部发出《关于进一步深化“三个代表”重要思想“三进”工作的通知》。该通知提出，将“邓小平理论概论”课调整为“邓小平理论和‘三个代表’重要思想概论”课，各高校从2003年秋季开学开始，应普遍开设“邓小平理论和‘三个代表’重要思想概论”课。③ 思想政治理论课程日益规范化系统化，逐步形成了结构合

① 教育部社会科学司．普通高校思想政治理论课文献选编（1949—2006）[M]．北京：中国人民大学出版社，2007：166.

② 同①183－184.

③ 同①193.

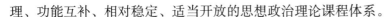

理、功能互补、相对稳定、适当开放的思想政治理论课程体系。

（二）思想政治理论课“98 方案”的探索

思想政治理论课“98 方案”实施以后，高校思想政治理论课程建设、学科建设、队伍建设等各方面得到了迅速发展，呈现出积极发展的态势。

1999 年 12 月 3 日，教育部、国务院学位委员会下发《关于开展高等学校“两课”教师在职攻读硕士学位工作的通知》，强调要“建设一支政治过硬、业务精湛的‘两课’教师队伍，对全面推进素质教育，加强和改进‘两课’教育教学，具有十分重要的意义”①。“通过在职攻读学位，提高‘两课’老师的综合素质和教学能力，是当前‘两课’老师队伍建设的一个重要途径，必须下大的决心，加大工作力度，争取在不太长的时间内，使‘两课’教师的整体素质有一个明确的提高。”② 文件提出“在 1999 年至 2004 年间，使 3 500 名左右在任‘两课’专职教师通过在职学习的方式，获得硕士学位”③ 的队伍建设目标，开启了以在职攻读硕士学位的方式培训思想政治理论课教师的实践探索，这是在新中国成立以来思想政治理论课程建设史上具有里程碑性质的标志性事件，它对整个思想政治理论课程建设产生了深远影响，大大提升了思想政治理论课教师的学位结构，使思想政治理论课教师的教学水平得到了新的提升。这项开创性工作一是抓住了思想政治理论课程队伍建设这个“关键环节”，为全国高校培养近 5 000 名“两课”教师，全面提升了“两课”教师的学位和学历结构，使整个思想政治理论课程教师队伍的面貌得到了全面改观。二是把思想政治理论课程与学科建设联系起来，把课程建设提升到了学科的高度，依托学科建设促进课程教学，使思想政治理论课程教学成为一门并不是任何人都能够从事的工作，一个人要想从事思想政治理论课程的教学工作，必须接受专门化的训练，进行专门的培训，进行专门的学科培养，这一点为马克思主义理论一级学科的建立和发展奠定了坚实的基础。三是为“05 方案”的全面和顺利展开做好知识准备。“两课”教师学位课程班学员毕业之时，正值思想政治理论课程的“05 方案”在全国范围全面展开之际，与“98 方案”相比，“05 方案”是对教师要求最高的课程方案，在方案实施方面，“05 方案”又是实施最彻底和最统一的，其中除了中央和教育部采取了强有力的政策以外，“两课”教师在学位课程班学习时所积淀的知识基础也功不可没，“两课”班学员在“05 方案”的实施中发挥了先锋队的作用。四是探索了一条提高在职教师学历学位水平的培养新路。20 世纪 90 年代以前，专业学位教育在我国研究生培养中还没有兴起，可以说真正具有现代意义的专业硕士教育是从“两课”教师硕士学位班开始的，“两课”教师硕士学位班不仅为思想政治理论课程方面专业硕士的培养提供了经验，也为其他类型的专业学位的发展探讨了新的思路。④

（三）思想政治理论课“98 方案”实施过程中党的思想理论新发展

党的十六大把“三个代表”重要思想与马克思列宁主义、毛泽东思想和邓小平理论一道确立为我们党必须长期坚持的指导思想。党的十六大以后，以胡锦涛同志为总书记的党

---

① 教育部社会科学司．普通高校思想政治理论课文献选编（1949—2006）[M]．北京：中国人民大学出版社，2007：186.

②③ 同①186－187.

④ 佘双好．思想政治理论课程教学法探析 [M]．北京：中国人民大学出版社，2018：147－148.

中央把思想理论建设放在重要位置，采取了一系列重大举措，推动全党兴起了学习贯彻十六大精神的热潮，兴起学习贯彻“三个代表”重要思想的新高潮，积极推进思想理论创新。党的思想政治理论面临的新形势和任务迫切要求思想政治理论课适应新的形势、做出相应的调整。2003年2月12日，教育部印发《关于进一步深化“三个代表”重要思想“三进”工作的通知》提出，将“邓小平理论概论”课调整为“邓小平理论和‘三个代表’重要思想概论”课，各高校从2003年秋季开学开始，应普遍开设“邓小平理论和‘三个代表’重要思想概论”课。① 高校思想政治理论课逐渐以整体性面貌呈现在整个高等教育课程体系之中。

2004年，中共中央、国务院下发《关于进一步加强和改进大学生思想政治教育的意见》，在新的形势下进一步明确了高等学校思想政治理论课的定位。该意见指出：“高等学校思想政治理论课是大学生思想政治教育的主渠道。思想政治理论课是大学生的必修课，是帮助大学生树立正确世界观、人生观、价值观的重要途径，体现了社会主义本质要求。”② 2005年，中共中央宣传部和教育部联合印发《关于进一步加强和改进高等学校思想政治理论课的意见》，进一步强调思想政治理论课在大学生思想政治教育中的主渠道作用，明确了新时期高等学校思想政治理论课程建设的基本要求，并从学科建设、课程体系、教材建设、教学方式和方法、教师队伍建设及思想政治理论课程管理等几个方面对思想政治理论课程建设提出了明确的要求，思想政治理论课教学改革新方案呼之欲出。

三、思想政治理论课“05方案”时期

以2005年中共中央宣传部和教育部联合印发的《关于进一步加强和改进高等学校思想政治理论课的意见》及配套文件为标志，高校思想政治理论课程建设和发展进入整体推进阶段。

（一）思想政治理论课程建设更为统一和规范

这一时期高校思想政治理论课程建设强调统一和规范。高校思想政治理论课教学大纲和教材编写纳入马克思主义理论研究和建设工程，由中共中央宣传部、教育部负责教学大纲和教材编写工作。2006年1月，中共中央宣传部、教育部、新闻出版总署发布《关于加强高校思想政治理论课教材出版管理的通知》，明确指出，为确保高校思想政治理论课教材的科学性、权威性和严肃性，未经中共中央宣传部、教育部、新闻出版总署批准，任何部门、单位和个人不得再自行组织编写、出版发行各种名义的高校思想政治理论课教材。

2006年4月，教育部办公厅印发《关于进一步加强高等学校思想政治理论课教材编写管理、规范教材使用的通知》，要求从2006级新生入学开始，全国普通高校统一使用由中共中央宣传部、教育部组织编写的，由高等教育出版社出版的“马克思主义理论研究和建设工程重点教材”③。并且在2006年6月和2006年12月，教育部办公厅还专门连续两次

---

① 教育部社会科学司．普通高校思想政治理论课文献选编（1949—2006）[M]．北京：中国人民大学出版社，2007：193.

② 同①204.

③ 同①224.

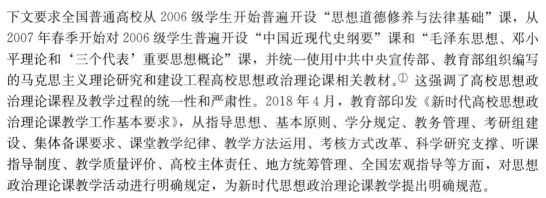

下文要求全国普通高校从2006级学生开始普遍开设“思想道德修养与法律基础”课，从2007年春季开始对2006级学生普遍开设“中国近现代史纲要”课和“毛泽东思想、邓小平理论和‘三个代表’重要思想概论”课，并统一使用中共中央宣传部、教育部组织编写的马克思主义理论研究和建设工程高校思想政治理论课相关教材。①这强调了高校思想政治理论课程及教学过程的统一性和严肃性。2018年4月，教育部印发《新时代高校思想政治理论课教学工作基本要求》，从指导思想、基本原则、学分规定、教务管理、考研组建设、集体备课要求、课堂教学纪律、教学方法运用、考核方式改革、科学研究支撑、听课指导制度、教学质量评价、高校主体责任、地方统筹管理、全国宏观指导等方面，对思想政治理论课教学活动进行明确规定，为新时代思想政治理论课教学提出明确规范。

（二）思想政治理论课程内容更强调整体性和综合性

2005年印发的《关于进一步加强和改进高等学校思想政治理论课的意见》，将高等学校本科生必修思想政治理论课程调整为“马克思主义基本原理”“毛泽东思想、邓小平理论和‘三个代表’重要思想概论”“中国近现代史纲要”“思想道德修养与法律基础”，并将“当代世界经济与政治”作为选修课程开设。新的课程方案（“05方案”）把“马克思主义哲学原理”和“马克思主义政治经济学原理”进行合并，并把科学社会主义方面的内容有机融入，整合成一门新的“马克思主义基本原理”课，恢复了马克思主义理论本来的整体性本质特征。对马克思主义中国化的三大理论成果综合，把原来的课程方案中的“毛泽东思想概论”和“邓小平理论和‘三个代表’重要思想概论”合为一门“毛泽东思想、邓小平理论和‘三个代表’重要思想概论”（后改为“毛泽东思想和中国特色社会主义理论概论”），不但更好地突出了马克思主义中国化的三大理论成果，而且随着时代发展，该课程还能及时兼容在改革开放和社会主义现代化建设过程中党的理论创新。把“思想道德修养”和“法律基础”两门课有机整合成一门“思想道德修养与法律基础”课，着眼于对大学生思想道德规范、法律规范及其基础上的行为规范的综合教育。把道德教育和法律教育有机地结合起来，体现了马克思主义关于人的全面发展理论，贯彻了德治与法治相结合的治国方略思想，顺应了新时期大学生成长成才的全面发展规律。“05方案”课程内容不仅充分体现了从马克思主义基本原理到基本原理发展，再到基本原理运用的逻辑演进思路，而且从课程体系上理顺了马克思主义基本原理与中国化马克思主义的关系，并且使大学生既能从源头上掌握马克思主义的基本原理，又能立足于中国实际把握马克思主义中国化的最新理论成果，同时能正确运用马克思主义基本理论认识和改造主客观世界，形成了课程内容体系的整体性和综合性。

（三）思想政治理论课程建设配套政策更为完备

这一阶段高校思想政治理论课程建设的另一显著特点是把课程建设和学院建设、学科建设、队伍建设等结合起来，思想政治理论课程建设的配套政策更为完备。2005年《关于进一步加强和改进高等学校思想政治理论课的意见》明确提出：“思想政治理论课教育教学所依托的学科是我国特有的一门政治性、科学性和实践性很强的学科，只能加强，不

---

① 教育部社会科学司．普通高校思想政治理论课文献选编（1949—2006）［M］．北京：中国人民大学出版社，2007：226.

能削弱。设立马克思主义理论一级学科，开展马克思主义理论体系研究、开展马克思主义发展史、马克思主义中国化研究，开展思想政治教育研究，为推进党的思想理论建设和巩固马克思主义在高等学校教育教学中的指导地位，为加强高校思想政治理论课建设，培养思想政治教育工作队伍提供有力学科支持。"① 随后，国务院学位委员会于2005年底设立马克思主义理论一级学科，为思想政治理论课程教学提供了学科支撑。为了加强思想政治理论课教师队伍建设，2008年9月，中共中央宣传部、教育部印发《关于进一步加强高等学校思想政治理论课教师队伍建设的意见》，进一步充分肯定思想政治理论课教师的地位和作用，并从思想政治理论课教学科研组织机构建设、思想政治理论课教师的选聘配备工作、思想政治理论课教师队伍的培养培训工作、思想政治理论课教师队伍建设的学科支撑、思想政治理论课教师队伍建设提供政策和制度保障等几个方面，对思想政治理论课教师队伍建设的配套政策进行了明确规定，使高校思想政治理论课程建设具体制度建设方面更为完备。② 2011年，教育部出台《高等学校思想政治理论课建设标准（暂行）》，明确设定了思想政治理论课的组织管理、教学管理、队伍建设、学科建设和特色项目③，为思想政治理论课程建设提供了基本的依据和遵循，思想政治理论课程建设有了切实的保障。2015年7月27日，中共中央宣传部、教育部关于印发《普通高校思想政治理论课建设体系创新计划》的通知出台，提出思想政治理论课是巩固马克思主义在高校意识形态领域指导地位，坚持社会主义办学方向的重要阵地，是全面贯彻落实党的教育方针，培养中国特色社会主义事业合格建设者和可靠接班人，落实立德树人根本任务的主干渠道，是进行社会主义核心价值观教育、帮助大学生树立正确世界观人生观价值观的核心课程。办好思想政治理论课，事关意识形态工作大局，事关中国特色社会主义事业后继有人，事关实现中华民族伟大复兴的中国梦，必须始终摆在突出位置，持之以恒，常抓不懈。④ 该通知明确提出着力建设一批全国重点马克思主义学院。2015年7月28日，中共中央宣传部召开"推进理论工作'四大平台'建设工作会议"，将马克思主义学院建设纳入中央推进理论工作"四大平台"。2015年9月，中共中央宣传部、教育部印发《关于加强马克思主义学院建设的意见》。该意见指出，马克思主义学院建设事关党的教育方针的贯彻执行，事关党的思想理论和意识形态工作全局，事关马克思主义事业薪火相传。2017年9月14日，教育部关于印发《高等学校马克思主义学院建设标准（2017年本）》的通知出台，对马克思主义学院建设提出科学化、规范化和现代化要求。独立设置直属学校领导的、与学校其他二级院（系）行政同级的思想政治理论课教学科研组织二级机构的要求，为马克思主义学院和思想政治课教学科研单位发展提供了制度保障。⑤

本阶段思想政治理论课建设取得了全面进步和整体发展，特别是在2016年12月全国

① 教育部社会科学司．普通高校思想政治理论课文献选编（1949—2006）[M]．北京：中国人民大学出版社，2007：214.

② 《中华人民共和国学校思想政治理论课重要文献选编》编写组．中华人民共和国学校思想政治理论课重要文献选编（下册）[M]．北京：人民出版社，2022：1276－1280.

③ 同②1318－1322.

④ 同②1384.

⑤ 同②1473.

高校思想政治工作会议以后，思想政治理论课建设的总体格局发生了深刻变化，思想政治理论课上升到学校立德树人关键课程的地位，思想政治理论课在学校立德树人的培养体系中的引领和示范作用日益凸显。本阶段思想政治理论课建设过程中也存在着一些问题，比如：如何体现中国特色社会主义新时代要求，进一步用习近平新时代中国特色社会主义思想铸魂育人；如何在充分认识教师在思想政治理论课建设的关键作用的同时，充分发挥广大思想政治理论课教师的积极性、主动性、创造性；如何在注重思想政治理论课方案实施的统一性的同时，兼顾不同类型层次学校的差异性，增强课程建设的弹性；如何在注重思想政治理论课教学方法改革的同时，重视内容改革，增强思想政治理论课教学思想性、理论性、亲和力和针对性；如何在加强思想政治理论课内部建设的同时，发挥其他课程协同育人作用，构建全员全过程全方位育人的体制机制等。这些都构成新时代思想政治理论课教学深化改革和创新发展的新背景。

四、新时代思想政治理论课建设时期

以 2019 年 3 月 18 日习近平总书记主持召开新中国历史上第一次学校思想政治理论课教师座谈会为标志，思想政治理论课建设进行到深化发展的新阶段。在习近平新时代中国特色社会主义思想的指引下，在全国高校思想政治工作会议、中央 31 号文件的指导下，思想政治理论课建设面对新问题、新情况、新挑战，积极探索、勇于创新，向着深化改革、创新发展的方向不断迈进。① 2019 年 8 月，中共中央办公厅、国务院办公厅印发《关于深化新时代学校思想政治理论课改革创新的若干意见》，对新时代深化学校思想政治理论课改革创新提出明确意见。2020 年 12 月，中共中央宣传部、教育部印发《新时代学校思想政治理论课改革创新实施方案》，对思想政治理论课新的课程方案做出规定。思想政治理论课建设在党中央的支持和引领下不断落细落实。

（一）思想政治理论课建设更加充分体现新时代要求

党的十九大把习近平新时代中国特色社会主义思想确立为党必须长期坚持的指导思想，并庄严地写入党章，第十三届全国人民代表大会通过的宪法修正案把习近平新时代中国特色社会主义思想载入宪法，实现了党和国家指导思想的与时俱进。新时代思想政治理论课建设体现时代性的最根本要求是构建以习近平新时代中国特色社会主义思想为核心的课程体系，用习近平新时代中国特色社会主义思想铸魂育人。《关于深化新时代学校思想政治理论课改革创新的若干意见》《新时代学校思想政治理论课改革创新实施方案》提出，加强以习近平新时代中国特色社会主义思想为核心内容的思政课课程群建设的任务。新的高校思想政治理论课程体系主要包括以下几个方面内容：一是保持课程稳定性的同时增加选修课，增加课程设置的选择性和弹性。在保持思想政治理论课必修课程设置相对稳定的基础上，结合大中小学各学段特点，构建形成必修课加选修课的课程体系。二是在全国重点马克思主义学院率先开设“习近平新时代中国特色社会主义思想概论”课的基础上，全面开设“习近平新时代中国特色社会主义思想概论”课程。三是重新确定思想政治理论课必修课程。博士阶段开设“中国马克思主义与当代”，硕士阶段开设“新时代中国特色社

① 冯刚．改革开放以来高校思想政治教育发展史［M］．北京：人民出版社，2018：107.

会主义理论与实践”，本科阶段开设“马克思主义基本原理”“毛泽东思想和中国特色社会主义理论体系概论”“中国近现代史纲要”“思想道德与法治”“形势与政策”，专科阶段开设“毛泽东思想和中国特色社会主义理论体系概论”“思想道德与法治”“形势与政策”等必修课。四是明确开设选修课程。各高校要重点围绕习近平新时代中国特色社会主义思想，党史、国史、改革开放史、社会主义发展史，宪法法律，中华优秀传统文化等设定课程模块，开设系列选择性必修课程。① 思想政治理论课建设推进到新的历史阶段，更加注重整体性、系统性、协同性、实效性，更加关注思想政治理论课程质量的提升、评价体系的构建、社会公众对其形象的认知认同，以 2017 年国家社科基金教育学重大项目“高校思想政治教育工作质量评价体系研究”、教育部 2022 年度高校思想政治理论课教师研究专项重大课题攻关项目“高校思政课的公众形象塑造研究”等科研立项为牵引，学界形成了改革开放以来高校思想政治教育质量评价的相关研究②、新时代高校思政课公众形象研究③等一批具有引领力和代表性的学术成果，体现了新时代思想政治理论课建设理念的创新、学术视野的开阔和植根历史的自觉。

（二）思想政治理论课建设更加主动推进一体化建设

遵照习近平总书记在学校思想政治理论课教师座谈会上的讲话精神，《关于深化新时代学校思想政治理论课改革创新的若干意见》把统筹推进大中小学思政课一体化建设作为一项重要工作，总体设计、系统规划大中小学思政课程。一是统筹设计、总体规划大中小学思政课程设置，明确高中阶段开设“思想政治”必修课程，围绕学习习近平总书记最新重要讲话精神开设“思想政治”选择性必修课程。初中、小学阶段开设“道德与法治”必修课程，结合校本课程、兴趣班开设思政类选修课程。二是统筹推进大中小学思政课教学内容。坚持用习近平新时代中国特色社会主义思想铸魂育人，以政治认同、家国情怀、道德修养、法治意识、文化素养为重点，以爱党、爱国、爱社会主义、爱人民、爱集体为主线，坚持爱国和爱党爱社会主义相统一，系统开展马克思主义理论教育，系统进行中国特色社会主义和中国梦教育、社会主义核心价值观教育、法治教育、劳动教育、心理健康教育、中华优秀传统文化教育。三是统筹规定大中小学思政课学习方式，研究生阶段重在开展探究性学习，本专科阶段重在开展理论性学习，高中阶段重在开展常识性学习，初中阶段重在开展体验性学习，小学阶段重在开展启蒙性学习。四是统筹大中小学思政课教材编写。文件明确规定国家教材委员会统筹大中小学思政课教材建设，科学制定教材建设规划，注重提升思政课教材的政治性、时代性、科学性、可读性。国家统一开设的大中小学思政课教材全部由国家教材委员会组织统编统审统用，在教材中及时融入马克思主义中国化最新成果、坚持和发展中国特色社会主义最新经验、马克思主义理论学科最新研究进展。④ 难能可贵的是，学界在大中小学思政课一体化建设的工作要求提出之初，便已有了全面推进大中小学思想政治教育一体化建设的意识觉醒，提出要把握大中小学思想政治教

---

① 《中华人民共和国学校思想政治理论课重要文献选编》编写组．中华人民共和国学校思想政治理论课重要文献选编（下册）[M]．北京：人民出版社，2022：1531.

② 冯刚．改革开放以来高校思想政治教育质量评价的回顾与思考 [J]．教学与研究，2018（3）：82-89.

③ 冯刚，杨小青，张智．新时代高校思政课公众形象塑造的理论探赜 [J]．中国远程教育，2023（6）：73-78.

④ 同①1531-1532.

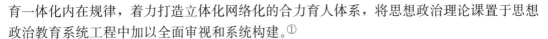

育一体化内在规律，着力打造立体化网络化的合力育人体系，将思想政治理论课置于思想政治教育系统工程中加以全面审视和系统构建。①

（三）思想政治理论课建设更加重视课程建设的协同推进

在全国高校思想政治工作会议上，习近平总书记深刻论述思想政治理论课与其他课程的关系，指出："要用好课堂教学这个主渠道，思想政治理论课要坚持在改进中加强，提升思想政治教育亲和力和针对性，满足学生成长发展需求和期待，其他各门课都要守好一段渠、种好责任田，使各类课程与思想政治理论课同向同行，形成协同效应。"② 在学校思想政治理论课教师座谈会上的讲话中，他又强调"要完善课程体系，解决好各类课程和思政课相互配合的问题"③。《关于深化新时代学校思想政治理论课改革创新的若干意见》明确提出整体推进高校课程思政，要求深度挖掘高校各学科门类专业课程蕴含的思想政治教育资源，解决好各类课程与思政课相互配合的问题，发挥所有课程育人功能，构建全面覆盖、类型丰富、层次递进、相互支撑的课程体系，使各类课程与思政课同向同行，形成协同效应。④ 更加注重思想政治理论课程教学与其他课程的协同，创新"大思政课"建设，推进思想政治教育合力的形成。

本阶段思想政治理论课在党中央高度重视和直接关心指导下进入整体综合发展的新阶段。思想政治理论课建设提升到世界百年未有之大变局、党和国家事业发展全局的重要高度，提升到坚持和发展中国特色社会主义、建设社会主义现代化强国、实现中华民族伟大复兴的高度来对待。⑤ 习近平总书记在学校思想政治理论课教师座谈会上，提出推动思政课改革创新要坚持"八个统一"，这是思政课建设长期以来形成的一系列规律性认识和成功经验的科学概括。⑥ 思想政治理论课构建起以习近平新时代中国特色社会主义思想为核心的课程群，增加了思想政治理论课程设置的选择性必修课和弹性，思想政治理论课程建设发生深刻变化。思想政治理论课不仅在校内和其他课程配合协调形成协同效应，而且统筹大中小学一体化建设，课程建设向大中小学一体化延伸。同时，思想政治理论课也向社会大舞台进行拓展，形成"大思政课"课程体系，思想政治理论课建设范围得到极大拓展。思想政治理论课政策保障更加充分有力，学科支撑更加明显，这些为新时代新征程思想政治理论课建设发展创造了良好条件。

第二节　思想政治理论课建设的历史性成就和深刻变化

自思想政治教育专业创建以来，在科学化、专业化和学科化支撑下，思想政治理论课

---

① 冯刚，徐文倩．把握新时代大中小学思想政治教育一体化建设内在规律［J］．中国高等教育，2020（2）：17-19.

② 习近平谈治国理政（第2卷）［M］．北京：外文出版社，2017：378.

③ 习近平．思政课是落实立德树人根本任务的关键课程［M］．北京：人民出版社，2020：27.

④《中华人民共和国学校思想政治理论课重要文献选编》编写组．中华人民共和国学校思想政治理论课重要文献选编（下册）［M］．北京：人民出版社，2022：1535.

⑤ 同③5.

⑥ 冯刚，陈步云．深刻把握新时代思政课"八个统一"的建设规律［J］．中国高等教育，2019（9）：11-14.

建设取得历史性成就，发生深刻变化。

一、思想政治理论课地位发生深刻变化

在高校设立思想政治理论课，对大学生开展马克思主义理论教育，不仅体现教育主权的回归，而且意味着新中国教育与旧教育的根本区别。改革开放以后，思想政治理论课逐渐被提升到是大学生思想政治教育的主渠道，是对大学生进行世界观、人生观、价值观教育的基本途径，是每个大学生的必修课的地位。1984 年 9 月 4 日，中共中央宣传部、教育部印发的《关于加强和改进高等学校马列主义理论教育的若干规定》指出："马克思主义是我们党和国家行动指南，是培养学生无产阶级世界观和共产主义道德的理论基础。把马列主义理论课作为必修课，是社会主义大学区别于资本主义大学的重要标志。所有大学生都必须认真学好这门课程。"① 该规定强调了思想政治理论课程的性质，并提出思想政治理论课程是每一个学生的必修课程。1994 年 8 月 31 日，《中共中央关于进一步加强和改进学校德育工作的若干意见》指出："学校政治理论课和思想品德课是系统地对学生进行马克思主义理论教育和品德教育的主渠道和基本环节，要重点进行内容和方法的改革。"② 国家教育委员会于 1995 年 10 月 24 日印发的《关于高校马克思主义理论课和思想品德课教学改革的若干意见》也指出："对青年学生系统进行马克思主义基本理论和思想品德教育，是社会主义大学的本质特征之一。高校'两课'是高校思想理论教育的主渠道和主要阵地，是每个大学生的必修课程，'两课'教学为培养德、智、体等方面全面发展的社会主义事业的建设者和接班人，发挥了不可替代的功能和重要作用。"③ 该意见把思想政治理论课程定位为体现社会主义本质特征的课程之一，是高校思想理论教育的主渠道和主要阵地，是每个大学生的必修课程。

2004 年，《关于进一步加强和改进大学生思想政治教育的意见》进一步重申："高等学校思想政治理论课是大学生思想政治教育的主渠道。思想政治理论课是大学生的必修课，是帮助大学生树立正确世界观、人生观、价值观的重要途径，体现了社会主义大学的本质要求。"④ 2005 年中共中央宣传部、教育部出台的《关于进一步加强和改进高等学校思想政治理论课的意见》指出："高等学校思想政治理论课承担着对大学生进行系统的马克思主义理论教育的任务，是对大学生进行思想政治教育的主渠道。充分发挥思想政治理论课的作用，用马克思列宁主义、毛泽东思想、邓小平理论和'三个代表'重要思想武装当代大学生，是党的教育方针的具体体现，是社会主义大学的本质特征，是党和国家事业长远发展的根本保证。"⑤ 在新的历史条件下，进一步明确了思想政治理论课程在大学生思想政治教育中的地位和作用。

2015 年中共中央宣传部、教育部颁发的《普通高校思想政治理论课建设体系创新计划》，

---

① 教育部社会科学司．普通高校思想政治理论课文献选编（1949—2006）[M]．北京：中国人民大学出版社，2007：94.

② 同①152.

③ 同①157.

④ 同①204.

⑤ 同①213.

对思想政治理论课进行了新的定位："思想政治理论课是巩固马克思主义在高校意识形态领域指导地位，坚持社会主义办学方向的重要阵地，是全面贯彻落实党的教育方针，培养中国特色社会主义事业合格建设者和可靠接班人，落实立德育人根本任务的主干渠道，是进行社会主义核心价值观教育、帮助大学生树立正确世界观人生观价值观的核心课程。"① 2018 年教育部印发《新时代高校思想政治理论课教学工作基本要求》，将思想政治理论课定位为："思想政治理论课承担着对大学生进行系统马克思主义理论教育的任务，是巩固马克思主义在高校意识形态指导地位、坚持社会主义办学方向的重要阵地，是全面贯彻党的教育方针、落实立德树人根本任务的主干渠道和核心课程，是加强和改进高校思想政治工作、实现高等教育内涵式发展的灵魂课程。"② 这些文件，除了进一步明确思想政治理论课程性质以外，对思想政治理论课程的重要性也进行了进一步提升。一是思想政治理论课的内容涉及我国立党立国的根本指导思想和全党全国人民团结奋斗的思想基础——马克思主义，其课程内容至关重要。二是思想政治理论课是对大学生进行思想政治教育的主渠道，在思想政治教育的各个渠道中发挥着主导性作用。三是思想政治理论课教育活动体现了社会主义大学的本质特征，是党和国家事业长远发展的根本保证。把思想政治理论课的地位提升到巩固高校意识形态，坚持社会主义办学方向的重要阵地的战略高度，把思想政治理论课程定位为落实立德树人的主干渠道、灵魂课程。

2019 年 3 月 18 日，习近平在学校思想政治理论课教师座谈会上发表重要讲话，从党和国家事业发展的战略全局对思想政治理论课的地位做了明确规定，"思政课是落实立德树人根本任务的关键课程，思政课作用不可替代"，"当前形势下，办好思政课，要放在世界百年未有之大变局、党和国家事业发展全局中来看待、要从坚持和发展中国特色社会主义、建设社会主义现代化强国、实现中华民族伟大复兴的高度来对待"③。中共中央办公厅、国务院办公厅印发的《关于深化新时代学校思想政治理论课改革创新的若干意见》，从教育的任务和使命角度对思政课地位进行明确规定："教育是国之大计、党之大计，承担着立德树人的根本任务。思政课是落实立德树人根本任务的关键课程，发挥着不可替代的作用。"④ 这进一步明确了思想政治理论课在国家事业发展和国民教育体系中的重要地位。

从体现社会主义大学本质特征之一的必修课，到大学生思想政治教育主渠道，到落实立德树人根本任务的主干渠道、灵魂课程，再到落实立德树人根本任务的关键课程，思想政治理论课地位的认识逐渐深化，思想政治理论课的地位日益明确并发生深刻变化。

二、思想政治理论课程体系发生深刻变化

思想政治教育专业设立以前，思想政治理论课程体系主要是以马克思主义理论课为主题，"85 方案"对马克思主义理论课程进行调整，突出以中国革命史为中心的历史教育，

① 《中华人民共和国学校思想政治理论课重要文献选编》编写组．中华人民共和国学校思想政治理论课重要文献选编（下册）［M］．北京：人民出版社，2022：1384.

② 同①1483.

③ 习近平．思政课是落实立德树人根本任务的关键课程［M］．北京：人民出版社，2020：2，5.

④ 同①1529.

以马克思主义原理为主题的马克思主义理论教育，以中国社会主义建设为主题的中国特色社会主义理论教育，以世界经济与政治为主题的国际形势教育，加强了课程设置的综合性，同时突出了以当代中国马克思主义发展为中心的课程内容，但课程设置主要在马克思主义理论教育范围之内。思想政治教育专业设立以来，思想政治理论课建设的突出变化是，思想品德课在党和国家相关部门的倡导和推行下，在广大一线思想政治教育工作者的努力实践下，从一门课的试点，到形成思想品德课程体系，到与马克思主义理论课一起成为对大学生进行思想政治教育的主渠道课程。"98方案"在"85方案"的基础上，构建了结构合理、功能互补、系统完善的思想政治理论课程体系，思想政治理论课"98方案"课程有三个层次："新的'两课'课程设置，从总体上来理解，可以看作是一个包含了三个层面的结构体系：第一，以马克思主义基本原理为主题的课程设置，包含'马克思主义哲学原理'和'马克思主义政治经济学原理'课；第二，以马克思主义与中国实际相结合，即马克思主义中国化过程中产生的两次历史性飞跃为主题的课程设置，其中包括'毛泽东思想概论'和'邓小平理论概论'课；第三，运用马克思主义立场、观点和方法，以认识客观世界、改造主观世界为主题的课程设置，其中包括'当代世界经济与政治'、'思想道德修养'、'法律基础'和'形势与政策'等课。"① 思想政治理论课"05方案"在"98方案"的基础上突出了课程的综合性和时代性，形成了更为完善的思想政治理论课程体系。"05方案"课程体系可以划分为四个层次：一是以马克思主义基本原理为主题的课程设置，主要研究、掌握马克思主义的普遍真理和科学体系；二是以马克思主义中国化的三大理论成果为主题的课程设置，主要探讨马克思主义普遍真理与中国革命与建设具体实践相结合的理论成果；三是以中国近现代社会发展为主题的课程设置，主要探讨中国近现代社会发展的历史进程、客观规律与发展趋势，着重探讨马克思主义传播到中国以后我国社会的巨大变化与发展；四是以大学生个体运用马克思主义理论改造主观世界和客观世界为主题的课程设置，着重探讨大学生思想道德素质和法律素质的提高，促进大学生的全面发展进而促进社会的全面进步。这四个层次的课程设置集中体现了马克思主义意识形态的系统性、整体性。新时代思想政治理论课在"05方案"的基础上，区分了课程的类型，把思想政治理论课分为必修课和选择性必修课；增加了新的课程，把"习近平新时代中国特色社会主义思想概论"作为独立的课程设置，反映了党的创新理论的最新发展；调整了一些课程名称，比如将"马克思主义基本原理概论"调整为"马克思主义基本原理"，将"思想道德修养与法律基础"调整为"思想道德与法治"，形成了更充分体现以党的创新理论成果为核心、结构合理、功能互补、具有弹性的思想政治理论课程体系。从上述分析来看，思想政治教育专业设立40年来，思想政治理论课的内容和课程设置发生了深刻变化，形成更为科学和完善的思想政治理论课程体系。

三、思想政治理论课教学方法发生深刻变化

思想政治教育专业设立以前，思想政治理论课教学方法的探索主要侧重马克思主义理论课教学改革，讨论课堂教学的方法，教学方法改革的重点主张"教师就应该努力提高讲

① 顾海良．高质量地全面实施"两课"课程新方案［J］．教学与研究，1999（9）：5-9.

授水平，随时了解学生的学习思想情况，改进教学方法，引导学生积极学习”。倡导“启发学生独立思考，引导他们讨论”，“尽可能运用各种现代化的教学手段进行辅助教育，提高教学效果”。并提出“逐步做到小班教学”的课堂规模要求。① 1984 年 9 月 4 日，中共中央宣传部、教育部印发《关于加强和改进高等院校马列主义理论教育的若干规定》，对马列主义课教学方法提出“要大力改进教学方法，实行启发式教学，培养学生独立思考能力，把教学变为师生一起运用马列主义的立场、观点、方法研究和讨论问题的过程，坚决克服‘注入式’的教学方法”②。重点改革的方向是“要改变注入式的教学方法，尽量实行启发式的教学方法”③。随着思想品德课的加入，思想政治理论课教学方法日益丰富多样，1995 年 10 月 24 日，国家教育委员会印发《关于高校马克思主义理论课和思想品德课教学改革的若干意见》，提出：“要努力改进教学方法，积极探索在新形势下有效进行思想理论教育的新形式和新途径。”要求教师深入了解和分析学生思想状况、普遍关心的理论和实际问题，有针对性地进行教学；要努力丰富教学环节，活跃教学气氛，启发学生思考，指导学生学习，增强分析和解决问题的能力；要配合教学组织必要的社会实践活动；要鼓励教师课外指导学生社会实践活动，支持学生骨干和积极分子开展课外理论学习；要充分利用影视资料，开展电化教学，充分利用现代化教学手段；要不断改进和完善考试方式。④ 思想政治理论课“05 方案”实施期间，思想政治理论课教学方法被提升到与课程内容改革同样重要的高度，2005 年，中共中央宣传部、教育部印发《关于进一步加强和改进高等学校思想政治理论课的意见》，要求“精心设计和组织教学活动，认真探索专题讲授、案例教学等多种教学方法，积极推广名师大班授课和小班辅导的教学经验，大力推进多媒体和网络技术的广泛应用，实现教学手段现代化”⑤。同时把实践教学提升为教学方法的重要环节，要求“高等学校思想政治理论课所有课程都要加强实践环节”⑥。该意见提出改进和完善考试方法的要求，“采取多种方式，综合考核学生对所学内容的理解和实际表现”⑦，思想政治理论课教学方法日益丰富。中国特色社会主义进入新时代以后，思想政治理论课教学方法的改革成为思想政治理论课质量提升的重要方式。2018 年 4 月，教育部对高校思想政治理论课教学方法改革提出要求：一是鼓励思想政治理论课教师结合教学实际、针对学生思想和认知特点，积极探索行之有效的教学方法；二是加大对优秀教学方法的推广力度，注重用点上的经验带动面上的提升；三是要求课堂教学坚持以学生为主体，以教师为主导，加强生师互动，调动学生积极性主动性；四是要求制定实践教学大纲，整合实践教学资源，拓展实践教学形式，注重实践教学效果的要求；五是要求网络教学不断创新网络教学形式，推动传统教学方式与现代信息技术有机融合。⑧ 思想政治教育

---

① 教育部社会科学司．普通高校思想政治理论课文献选编（1949—2006）[M]．北京：中国人民大学出版社，2007：87.

② 同①96.

③ 同①107.

④ 同①159－160.

⑤⑥⑦ 同①216.

⑧ 《中华人民共和国学校思想政治理论课重要文献选编》编写组．中华人民共和国学校思想政治理论课重要文献选编（下册）[M]．北京：人民出版社，2022：1486.

专业设立40年来，思想政治理论课教学从课内拓展到课外，从理论拓展到实践，从现实拓展到虚拟，从显性课程拓展到隐性课程，从学校拓展到社会生活大舞台，思想政治理论课教学方法的发展深刻变化，构筑思想政治理论课教学方法发展新的生态。① 进入新时代，学界对思想政治教育研究方法的关注②、对思想政治理论课教学方法的历史回顾和经验总结③、对思想政治理论课教学过程的关注④、对思想政治教育以文化人路径的关注等⑤，从不同角度拓展了思想政治理论课教学方法的探索范围，增强了思想政治理论课教学方法的现实关切。

四、思想政治理论课的支撑环境发生深刻变化

思想政治教育专业创办以前，思想政治理论课依托单位主要为公共课教学机构，思想政治理论课教学单位的任务主要围绕思想政治理论课教学展开，任务相对单一，缺乏学科支撑和保障。思想政治教育专业的设立开启了通过专业、学科方式进行思想政治理论课教学的历史。20世纪90年代开始，学科建设意识逐渐进入思想政治理论课教学领域，在推行思想政治理论课“98方案”的过程中，学科建设逐渐成为思想政治理论课建设的重要支撑。时任教育部教育科学研究与思想政治工作司司长的顾海良指出：“提出‘两课’作为学科来建设，有利于高校从学校学科发展的整体上，规划和促进‘两课’建设和发展；有利于高校从学校整体发展的高度，认识‘两课’建设的地位和作用，真正重视‘两课’教学和科研的发展。”⑥ 2005年印发的《关于进一步加强和改进高等学校思想政治理论课的意见》把学科建设提升到了一个非常高的位置：“学科建设是加强和改进思想政治理论课的基础。思想政治理论课教育教学所依托的学科是我国特有的一门政治性、科学性和实践性很强的学科，只能加强，不能削弱。设立马克思主义一级学科，开展马克思主义理论体系研究，开展马克思主义发展史、马克思主义中国化研究，开展思想政治教育研究，为推进党的思想理论建设和巩固马克思主义在高等学校教育教学中的指导地位，为加强高校思想政治理论课建设，培养思想政治教育工作队伍提供有力的学科支撑。”⑦ 该文件进一步强化了学科建设在思想政治理论课程建设中的作用。同年12月，国务院学位委员会下发《关于调整增设马克思主义理论一级学科及所属二级学科的通知》，决定在《授予博士、硕士学位和培养研究生的学科、专业目录》中增设马克思主义理论一级学科及所属二级学科，为思想政治理论课建设提供学科支撑。2011年教育部出台《高等学校思想政治理论

---

① 佘双好，汤婉丽．新时代十年高校思想政治理论课教学方法的创新发展与展望［J］．思想理论教育导刊，2023（3）：107-115.

② 冯刚，等．新时代高校思想政治教育学原理［M］．北京：人民出版社，2021：18-26.

③ 佘双好．改革开放以来高校思想政治理论课教学方法的创新发展［J］．思想理论教育导刊，2018（10）：9-15.

④ 高静毅．优化高校思想政治理论课教学的过程性要素［J］．高校辅导员，2021（1）：24-27.

⑤ 王振．遵循以文化人规律　创新思想政治教育方法［J］．思想教育研究，2017（4）：67-71.

⑥ 顾海良．重在落实重在发展重在开拓——谈如何切实加强“两课”建设［J］．中国高等教育，1999（1）：10-12.

⑦ 教育部社会科学司．普通高校思想政治理论课文献选编（1949—2006）［M］．北京：中国人民大学出版社，2007：214.

课建设标准（暂行）》，明确规定各高校要“独立设置直属学校领导的、与学校其他二级院（系）行政同级的思想政治理论课教学科研组织二级机构，承担全校本、专科学生和研究生思想政治理论课教学任务，统一管理思想政治理论课教师。有马克思主义理论学科点的机构同时应作为马克思主义理论学科点的依托单位，承担马克思主义理论科学研究、学科建设、研究生培养等工作”，并规定要“配齐机构主要负责人。机构主要负责人应具有马克思主义理论相关学科的学科背景、学历和职称，不得兼任其他二级院（系）的主要负责人”。马克思主义学院建设有了明确的政策保障。中国特色社会主义进入新时代以后，马克思主义学院建设受到进一步重视，被纳入中央推进理论工作“四大平台”。2015 年中共中央宣传部印发《关于加强马克思主义学院建设的意见》《关于建设全国重点马克思主义学院的实施方案》，并在全国遴选首批 9 所重点马克思主义学院。马克思主义学院发展提升到新的发展阶段。2019 年中共中央办公厅、国务院办公厅印发《关于深化新时代学校思想政治理论课改革创新的若干意见》及其相关配套文件，对思想政治理论课支撑学科、单位、队伍建设以及条件保障等做出明确规定，思想政治理论课支撑条件和配套政策日益完善。思想政治教育专业设立 40 年来，思想政治理论课建设的支撑条件和政策环境发生深刻变化，思想政治理论课建设发展和改革创新的环境和生态不断优化。

第三节　思想政治理论课建设的基本经验

思想政治教育专业设立 40 年以来，思想政治理论课建设取得了历史性成就，发生历史性变革，积累了十分丰富的经验，为新时代新征程进一步推动思想政治理论课创新发展奠定了坚实的基础。

一、要适应时代发展和党的理论创新需要

“理论创新每前进一步，理论武装就跟进一步，这是我们党加强自身建设的一条重要经验。”① 从思想政治教育专业成立以来的思想政治理论课建设历史来看，我国高校思想政治理论课程内容的几次重大调整，都与当时党在思想理论上有了重大发展，现有的思想政治理论课程内容需要吸纳和反映党的最新理论成果、反映马克思主义在当代中国的最新发展有关。比如 1985 年 8 月《中共中央关于改革学校思想品德和政治理论课程教学的通知》，将高等学校思想政治理论课程设置从“马克思主义哲学”“政治经济学”“中共党史”等调整为“马克思主义原理”“中国革命史”“中国社会主义建设”等，除了满足当时国际国内形势和我国社会主义建设的需要以外，还有一个重要的因素就是党的思想理论的发展。经过改革开放和社会主义现代化建设的实践，我们逐渐找到了一条建设有中国特色社会主义道路，并且初步形成了建设有中国特色社会主义理论，因此应把体现马克思主义中国化最新成果的建设有中国特色社会主义理论纳入课程体系。随后，建设有中国特色社会主义理论逐渐成为高校思想政治理论课程的核心和主要内容。党的十五大把建设有中国特

① 胡锦涛文选（第 3 卷）[M]. 北京：人民出版社，2016：530.

色社会主义理论提升为马克思列宁主义同中国实际相结合的第二次飞跃。“马克思列宁主义同中国实际相结合有两次历史性飞跃，产生了两大理论成果。第一次飞跃的理论成果是被实践证明了的关于中国革命和建设的正确的理论原则和经验总结，它的主要创立者是毛泽东，我们党把它称为毛泽东思想。第二次飞跃的理论成果是建设有中国特色社会主义理论，它的主要创立者是邓小平，我们党把它称为邓小平理论。这两大理论成果都是党和人民实践经验和集体智慧的结晶。”① 1998年中共中央宣传部、教育部下发《关于印发〈关于普通高等学校“两课”课程设置的规定及其实施工作的意见〉的通知》，根据党的思想政治理论发展新要求，对思想政治理论课程进行了调整。党的十六大以后，党的思想理论又有了新的发展，“三个代表”重要思想作为马克思列宁主义、毛泽东思想、邓小平理论的继承和发展写入党纲，成为中国共产党必须始终坚持的指导思想，标志着思想政治理论课程教学内容的新变化。2003年2月，教育部发出《关于进一步深化“三个代表”重要思想“三进”工作的通知》，明确提出，将“邓小平理论概论”课调整为“邓小平理论和‘三个代表’重要思想概论”课。② 2005年“05方案”根据党的思想政治理论发展要求，又对高校思想政治理论课程做了新的调整。党的十七大把改革开放以来党的理论创新成果归纳为中国特色社会主义理论体系，2008年8月6日，教育部办公厅印发《关于将高校思想政治理论课“毛泽东思想、邓小平理论和‘三个代表’重要思想概论”课程名称调整为“毛泽东思想和中国特色社会主义理论体系概论”的通知》，及时将党的理论成果进课程、进教材、进学生头脑。党的十八大以来，以习近平同志为核心的党中央根据新时代国内外形势变化和我国各项事业发展的时代课题，“坚持以马克思列宁主义、毛泽东思想、邓小平理论、‘三个代表’重要思想、科学发展观为指导，坚持解放思想、实事求是、与时俱进、求真务实，坚持辩证唯物主义和历史唯物主义，紧密结合新的时代条件和实践要求，以全新的视野深化对共产党执政规律、社会主义建设规律、人类社会发展规律的认识，进行艰辛理论探索，取得重大理论创新成果”③，形成了习近平新时代中国特色社会主义思想。2019年中央办公厅、国务院办公厅印发的《关于深化新时代学校思想政治理论课改革创新的若干意见》提出，加强以习近平新时代中国特色社会主义思想为核心内容的课程群建设，要求全国重点马克思主义学院率先开设“习近平新时代中国特色社会主义思想概论”课④，随后在全国高校普遍开设该课程，形成了以习近平新时代中国特色社会主义思想为核心的课程体系。从党的创新理论发展与学校思想政治理论课改革发展的内在关联来看，党的思想理论创新发展是高校思想政治理论课教学内容改革的动因，思想政治理论课教学内容的丰富始终以党的理论创新为引领，与党的理论探索同向同行⑤，思想政治理论课建设要

---

① 江泽民文选（第2卷）[M]. 北京：人民出版社，2006：8.

② 教育部社会科学司. 普通高校思想政治理论课文献选编（1949—2006）[M]. 北京：中国人民大学出版社，2007：193.

③ 习近平谈治国理政（第3卷）[M]. 北京：外文出版社，2020：15.

④《中华人民共和国学校思想政治理论课重要文献选编》编写组. 中华人民共和国学校思想政治理论课重要文献选编（下册）[M]. 北京：人民出版社，2022：1531.

⑤ 冯刚，高静毅. 中华人民共和国成立以来中国共产党对高校思想政治理论课的认识和探索 [J]. 思想教育研究，2019（9）：3-10.

适应党的创新理论发展需要。

二、要顺应思想政治教育学科化发展趋势

改革开放 40 多年来，思想政治教育学科取得了长足发展，实现了从科学化到学科化再到系统化的质性飞跃。① 思想政治理论课作为大学生思想政治教育的主渠道，除了要适应时代发展和党的理论创新需要以外，还要关注学科化、系统化构建。“文化大革命”将思想政治教育推到不合适的位置，通过运动的方式开展思想政治教育，影响了思想政治教育的声誉，也对广大思想政治教育工作者造成情感上的伤害。改革开放以后，伴随着党的中心工作转移，思想政治教育科学化作为一个重要的命题被提出来，在全国范围内展开了思想政治教育科学化的讨论。在这股浪潮推动下，中共中央先后下发《关于加强农村思想政治工作的通知》《关于批转〈国营企业职工思想政治工作纲要（试行）〉的通知》等，提出思想政治教育是一门科学，通过专业的方式培训职业化思想政治工作者的要求。1984 年 4 月 13 日，教育部下发《关于在十二所院校设置思想政治教育专业的意见》，通过专业教育的方式培养思想政治工作者。1987 年国家教育委员会印发《关于思想政治教育培养硕士研究生的实施意见》的通知，将思想政治教育提升到学科的位置，开启思想政治教育学科化的进程。2005 年国务院学位委员会、教育部《关于调整增设马克思主义理论一级学科及所属二级学科的通知》下发，将思想政治教育列为马克思主义一级学科目录下独立二级学科，实现思想政治教育从科学到专业再到学科的提升。马克思主义理论学科的设立，不仅提升了思想政治理论课教学的科学性和学理性，而且为思想政治理论课建设带来了丰富充足的思想理论供给，提升了思想政治理论课教学单位的地位，培养了一支梯队结构合理的高素质思想政治理论课教师队伍，为思想政治理论课建设科学发展提供了学理和学科支撑。在学科建设的有力支撑之下，高校思想政治理论课也要注重自身公众形象的塑造，面对范围广泛的对象群体和动态发展的课程形象，明确自身形象塑造的价值意蕴、逻辑建构与重点内容，把握不同群体的需求期待，完善高校思想政治教育课程体系，增强公众认同。②

三、要适应学生思想政治观念发展特点和要求

思想政治理论课建设除了适应时代发展、党的思想理论创新需要和思想政治教育学科化的推动以外，还应顺应广大学生呼声，将学生普遍关心的问题用课程方式进行集中教育。党的十一届三中全会以后，伴随着党的中心工作转移，人们的思想状况发生深刻变化，特别是一场关于人生观的大讨论，把青年大学生在人生观、价值观方面的矛盾和困惑展示在人们面前，加强大学生思想品德和人生观、价值观的教育成为党和政府及高校思想政治教育部门共同关注的问题。1985 年《中共中央关于改革学校思想品德和政治理论课程教学的通知》明确指出，学校思想品德课和政治理论课“必须紧密联系青少年不同时期的思想、知识、心理发展的特点，循序渐进，由浅入深，从具体到抽象，从现象到本质，引导

---

① 冯刚．思想政治教育学学科发展新论域［M］．广州：中山大学出版社，2022：1.

② 冯刚，杨小青，张智．新时代高校思政课公众形象塑造的理论探赜［J］．中国远程教育，2023（6）：73－78.

他们逐步树立正确人生观和世界观，运用正确的观点和方法去积极地思考并回答自己所面临的重大问题，认清和履行我国青年一代的崇高责任”①。“05方案”根据经济全球化带动世界经济、政治、社会、文化格局的急剧变化，对培养什么人、怎么培养人提出了新任务，还针对当代大学生的思想和生活实际，在课程设置上突出了如何进行马克思主义基本原理、中国社会现实和中国历史这三个方面结合为一体的教育，切实增强了对当代大学生的思想政治教育。新时代思想政治理论课突显大中小学思想政治理论课一体化建设，按照循序渐进、螺旋上升的原则，小学阶段重在培养学生的道德情感，初中阶段重在打牢学生的思想基础，高中阶段重在提升学生的政治素养，大学阶段重在增强学生的使命担当。并且特别提出：本科及高等职业学校专科课程重在加强理论教育和学习，高等职业学校专科课程还要体现职业教育特色，研究生课程重在探究式教育和学习。② 从上述思想政治理论课内容体系构建的基本原则和要求来看，思想政治理论课建设要适应青少年思想政治观念发展变化特点和要求，把针对学生思想政治观念发展变化特点，有针对性地开展思想政治理论课教学作为思想政治理论课建设的重要原则。

四、要不断优化课程教学内容、创新教学方法

思想政治理论课建设不仅要重视教学内容改革创新，不断根据时代发展、党的创新理论的发展以及学生思想政治观念变化发展，及时更新课程体系和教学体系，而且要不断根据现代科学技术发展和教学观念的变化，开展教学方法改革创新，做到思想政治理论课教学内容改革与教学方法改革相互促进，共同推动高质量思想政治理论课建设和发展。思想政治教育专业设立以来，思想政治理论课教学方法的改革，紧密结合思想政治理论课程内容的改革，开展教学方法改革探讨，不断探索适应新内容的思想政治理论课教学模式，思想政治理论课教学方法形态和格局发生深刻变化，不仅成功适应了思想政治理论课程改革和发展，而且营造了思想政治理论课教学改革和发展的新生态。思想政治教育专业创办以来，在科学化和专业化支撑下，思想政治理论课教学方法实现从课堂到课外，从理论到实践，从现实到虚拟，从单一到混合方法的转变，思想政治理论课教学方法从具体方法、一般方法、方法论等思想层次实现提升，实现高校思想政治理论课具体教学方法、教学模式、教学规律、教学方法理念的理论层次发展，提升思想政治理论课教学方法层次和水平。思想政治理论课教学方法的改革和创新已经构成提升思想政治理论课教学质量和水平的重要环节。因此，要不断优化思想政治理论课教学内容，创新思想政治理论课教学方法。

五、要充分发挥思想政治教育队伍的整体积极性

思想政治教育专业设立以来，思想政治理论课建设发生的深刻变化，离不开宣传教育

---

① 教育部社会科学司．普通高校思想政治理论课文献选编（1949—2006）[M]．北京：中国人民大学出版社，2007：106.

② 中共中央宣传部、教育部．新时代学校思想政治理论课改革创新实施方案的通知 [EB/OL]．http://www.gov.cn/zhengce/zhengceku/2021-01/01/content_5576046.html.

主管部门的倡导和指导。从思想政治教育专业创办 40 年来思想政治理论课建设的历史发展轨迹来看，思想政治理论课的每一步发展都离不开党中央的支持和引导。特别是“05 方案”实施以后，各级党委、政府进一步加强对思想政治理论课相关工作的领导，推进马克思主义理论学科建设，改善和提高思想政治理论课教师待遇，加大思想政治理论课建设投入，为思想政治理论课建设创造了良好环境。党的十八大以后，以习近平同志为核心的党中央高度重视思想政治理论课建设，习近平总书记专门召开学校思想政治理论课教师座谈会，并发表重要讲话。2019 年 8 月，中共中央办公厅、国务院办公厅印发《关于深化新时代学校思想政治理论课改革创新的若干意见》，随后，中共中央办公厅、中共中央宣传部、教育部等印发《关于加强新时代马克思主义学院建设的意见》《新时代高等学校思想政治理论课教师队伍建设规定》《高等学校课程思政建设指导纲要》《新时代学校思想政治理论课改革创新实施方案》《全面推进“大思政课”建设的工作方案》等一系列配套文件，对思想政治理论课依托单位建设、思想政治理论课教师队伍建设、课程思政建设、思想政治理论课程体系建设、“大思政课”课程建设等提供政策指导和支持。教育部党组印发《“新时代高校思想政治理论课创优行动”工作方案》，对思想政治理论课建设进行专项落实和推动。正是在党中央的大力支持和引导下，思想政治理论课建设迎来新机遇。

与此同时，思想政治理论课建设也离不开广大一线教师的积极参与。思想政治理论课教师是思想政治理论课建设的主要承担者，思想政治理论课质量和水平的提高归根到底还是需要广大教师结合课程教学要求、结合学生思想发展特点和认知发展水平、结合改革开放和社会主义现代化建设过程中的实际问题，把党的创新理论和对大学生思想政治理论要求转变为课程教学并且在课程中实施。正如习近平总书记所强调的，“办好思想政治理论课关键在教师，关键在发挥教师的积极性、主动性、创造性”①。从思想政治教育专业设立 40 年以来思想政治理论课建设发展历程来看，宣传教育部门对思想政治理论课建设的要求越明确，广大教师对思想政治理论课教学的探索也就越有底气；宣传教育部门越充分调动思想政治理论课教师的积极性、主动性、创造性，思想政治理论课建设也就越有成效；宣传教育部门为思想政治理论课创造环境和政策保障越充分，思想政治理论课建设也就越主动。思想政治理论课建设是一项地位重要、涉及面广泛的系统工程，思想政治理论课建设需要党和国家相关部门的政策指导和条件支持，也需要调动广大教师的积极性、主动性、创造性，只有充分整合多方面力量和资源，调动多元主体共同参与、共同努力，才能把思想政治理论课办好。因此，要从我国实际出发，遵循教育规律，坚持改革创新，不断优化新时代思想政治理论课的顶层设计和总体部署，确保社会参与的广度、深度、温度、效度，始终坚持党的领导，把从严管理和科学治理结合起来，加快形成全员全过程全方位育人体系。②

① 习近平．思政课是落实立德树人根本任务的关键课程［M］．北京：人民出版社，2020：10.

② 冯刚．理直气壮开好思政课——把握新时代思政课建设规律［M］．北京：人民出版社，2019：9－10.

第二十二章　网络思想政治教育发展研究

1994 年，我国正式成为接入国际互联网的国家，思想政治教育也由此进入网络信息时代的新发展阶段。在网络思想政治教育工作不断拓展的同时，网络思想政治教育研究在近 30 年来的实践中不断深入，取得了丰富的研究成果。本章基于学术文献的综述研究，梳理网络思想政治教育研究的发展历程和重要问题等，呈现网络思想政治教育研究的重要成果和发展走向。

第一节　网络思想政治教育研究的发展历程

自 1994 年我国正式接入国际互联网以来，网络思想政治教育研究伴随实践的发展逐渐形成和不断丰富，成为思想政治教育学术研究的重要方面和前沿领域。纵观其发展历程，网络思想政治教育研究可以分为四个阶段，即发生阶段、全面启动阶段、学科化探索阶段和深入推进阶段。

一、网络思想政治教育研究的发生阶段

网络思想政治教育研究的产生与发展与我国互联网技术应用的实践同步。在这一时期，互联网在我国初步应用和发展，思想政治教育遭遇以互联网为代表的新技术革命所带来的挑战，实践中的突出问题引发对理论研究的强烈诉求。基本的情况可以概括为：青年大学生在互联网的使用上走在社会前列，他们在思想、道德、心理等方面受到网络技术带来的多重影响；面对突如其来的网络冲击与挑战，思想政治教育者积极应对，开启了认识和探索网络思想政治教育的发展历程。在这一阶段，网络思想政治教育实践在被动局面下初步展开，理论研究对网络的认识处在“适应观”阶段，研究重点在于应对措施，总体上处在工作研究阶段。

实践所提出的现实问题引发了相应的理论探讨，我国最早使用国际互联网的一批科学技术工作者、学术研究人员和高校教师根据自身的网络实践以及对国外网络应用情况的了解，较早关注了网络对社会的影响，并做出了一些具有前瞻性的探讨和分析，这些研究给

予网络思想政治教育以有益的启示。① 与此同时，《数字化生存》《未来之路》《网络伦理》等一批关于网络文化与伦理研究的译著或著作的出版为网络思想政治教育研究的开展提供了理论借鉴。互联网技术实践的发展及其影响引起思想政治教育者的关注，基于对高校信息网络化建设以及大学生网络行为与思想心理发展问题的观察和思考，网络思想政治教育的相关研究在1997年前后开始出现。研究内容首先集中于网络对青年大学生的负面影响及产生的德育问题，包括网络犯罪、道德失范、西方意识形态渗透、文化侵略、信息污染、隐私保护、知识产权、交往障碍、网络成瘾等方面。② 一些研究者提出：面对全球化的网络，如何抵御殖民主义文化的扩张，如何抵御资产阶级价值观的侵蚀与和平演变的阴谋，如何保持中华民族优秀文化的传统？面对交互性的网络，如何在“两课”教学上保持理论灌输的实际效果？面对开放化的网络，如何提高大学生分辨假、恶、丑的能力，防止信息污染和人格障碍问题的产生？③ 在提出问题的同时，研究者也阐述了应对网络挑战的对策建议和工作设想。④

实践中的重大问题促成了网络思想政治教育研究的发生。面对信息时代的来临，思想政治教育者敏锐地发现了新技术革命对于人的思想道德的发展和教育所带来的问题。对网络时代思想政治教育问题的发现和网络环境下思想政治教育发展的设想，正是网络思想政治教育研究产生的基础和发展的动力。虽然这一时期的研究刚刚起步，相关文献不多，但其重要意义在于揭示了现象，提出了问题，启发了意识，推动了实践。

二、网络思想政治教育研究的全面启动阶段

根据中共中央《关于加强和改进思想政治工作的若干意见》的要求，教育部制定下发了《关于加强高等学校思想政治教育进网络工作的若干意见》。这一文件有力地促进了网络思想政治教育实践的发展，推动了网络思想政治教育理论研究的深入。2000年出版的《互联网与思想政治工作概论》一书，是思想政治教育进网络研究的代表性著作。该书从政治学、社会学、文化学、伦理学、法学、心理学、交往学等多学科视角，探讨了互联网对思想政治工作带来的挑战，对于思想政治工作进网络的原则、内容、方法、途径、环境等问题进行了较为系统的应用研究。⑤ 关于思想政治教育进网络的研究成果陆续在专业学术刊物上发表，理论研究的焦点集中在思想政治教育应否“进网络”和如何“进网络”，如对网络思想政治教育挑战和机遇的分析、思想政治教育进网络的必要性研究、网络思想

---

① 贾鳗，武夷山．靠网络进行科学研究［J］．国外科技动态，1994（9）：9－11；陆俊，严耕．国外网络伦理问题研究综述［J］．国外社会科学，1997（2）：15－19；严耕．道德建设的全新领域——网络道德建设初探［J］．马克思主义与现实，1997（6）：51－55；周曦明．论信息网络技术发展对我国精神文明建设的作用与影响［J］．社会科学，1997（7）：37－41．

② 冯沈萍．信息高速公路给高校德育带来新课题［J］．高校理论战线，1997（5）：52－54；魏世中．网络环境下德育面临的新课题［J］．人民教育，1998（9）：44－45；李庆广．重视网络伦理道德教育［J］．思想教育研究，1998（3）：30－31．

③ 孙朝晖．信息革命与高校德育［J］．思想教育研究，1998（2）：2－5．

④ 王长友．发展信息高速公路中思想政治工作的任务及对策［J］．思想教育研究，1997（3）：21－22；张建松．发挥校园网络思想政治工作的作用［J］．空军政治学院学报，1999（6）：70－71．

⑤ 谢海光．互联网与思想政治工作概论［M］．上海：复旦大学出版社，2000：38－305．

政治教育阵地建设的研究、网络思想政治教育的模式与方法研究等。教育部于2000年和2001年先后印发《关于加强高等学校思想政治教育进网络工作的若干意见》和《高等学校计算机网络电子公告服务管理规定》，上海交通大学、西安交通大学举办了多期“网络思想政治教育培训班”。2002年4月，教育部举办高等学校思想政治教育进网络工作研讨会，并在调研的基础上编印下发了《网络唱响主旋律——高校思想政治教育进网络工作经验汇编》一书。国家社会科学基金“十五”重点项目“互联网与思想政治工作创新研究”和教育部哲学社会科学重大课题攻关项目“网络思想教育研究”，分别于2001年和2003年立项，进一步推动了网络思想政治教育研究的进程。2004年，对高校网络思想政治教育要素关系的深入挖掘和教育模式的主动探索，是这一阶段对高校校园网络建设条件下网络思想政治教育的特点和规律性认识的集中反映。①

作为一项特殊的研究范畴得以确立后，网络思想政治教育的学科化研究初见端倪。2000年，《思想政治教育的现代方式——论网络思想政治教育建设》一文发表②，这被许多研究者视为网络思想政治教育这一概念的首次明确提出。2002年，《论网络思想政治教育的根据、特点和研究内容》一文对于网络思想政治教育研究的内容框架进行了初步构建。文章提出信息高速化和网络普及化产生了一个特殊的网络社会及网络人，其特殊的存在方式、活动规律及运作机制产生了特殊的社会心理、社会文化和个性特征，对现实社会及生存于其中的人有着广泛而深远的影响。网络思想政治教育学科构建要以之为根据，把带有全局性、战略性和前瞻性的课题作为研究内容，形成网络思想政治教育的基本框架结构。③ 在同年出版的著作《网络思想政治教育概论》中，作者初步提出了网络思想政治教育的内涵、研究对象和学科体系，在阐述网络思想政治教育理论基础和相关学科知识的基础上，围绕网络思想政治教育的主体、客体、阵地建设、目标与任务、原则与方法以及内容构建等内容展开分析。④ 2003年出版的《网络思想政治教育论》一书则力图构建网络思想政治教育的理论体系，作者以网络社会的分析为出发点，从网络思想政治教育创新论、环境论、对象论、原则论、内容论、方法论、机制论、主体论、趋势论等方面展开了论述。⑤

在这一阶段，伴随着网络技术的广泛应用和网络实践的日益丰富，思想政治教育对网络的认识从“适应观”发展为“工具观”，网络特点与发展趋势、网络思想政治教育阵地建设的规律和方法、网络环境下大学生思想和行为发展新特点等成为理论研究的主要内容，研究方法的科学性进一步加强。

三、网络思想政治教育研究的学科化探索阶段

2005年，《我国高校网络思想教育的十年历程与发展》一文在《思想教育研究》和

---

① 张瑜．校园网络亚传播圈及其思想政治教育应用研究［D］．北京：清华大学，2004：46－171．

② 刘梅．思想政治教育的现代方式——论网络思想政治教育建设［J］．河南师范大学学报（哲学社会科学版），2000（2）：103－106．

③ 刘智勇，王让新．论网络思想政治教育的根据、特点和研究内容［J］．电子科技大学学报（社科版），2002（4）：23－25．

④ 曾令辉，等．网络思想政治教育概论［M］．南宁：广西民族出版社，2002：123－258．

⑤ 杨立英．网络思想政治教育论［M］．北京：人民出版社，2003：54－536．

《思想理论教育导刊》先后发表，该文详尽地回顾和总结了1994年以来高校网络思想政治教育的实践与研究状况，明确指出，经过了十年的发展，网络思想教育研究已经从工作研究发展到理论研究、从单学科领域的研究发展到多学科的综合研究、从局部研究发展到系统研究，网络思想教育的体系正在建构。① 这一时期，网络思想政治教育研究的学科意识高涨，网络思想政治教育理论的体系化研究成为重点。

2005年以来，以“网络思想政治教育研究”、“高校网络思想政治教育学”和“大学生网络思想政治教育研究”为主题的研究著作陆续出版。以网络思想政治教育的概念内涵、发展历史、基本理论、管理与方法理论等为内容的研究论文不断出现在专业核心期刊上，以“网络思想教育研究”为主题的全国学术会议纷纷举行，以“网络思想政治教育原理研究”为题的国家社会科学基金项目立项，教育部哲学社会科学重大课题攻关项目“网络思想教育研究”成果正式出版。这些情况表明，网络思想政治教育研究经历十余年的探索与耕耘，把握了研究对象，构建出反映自身特殊性的话语体系，形成了具备一定理论边界的研究场域。有研究者认为，网络思想政治教育研究经历了十余年的发展，应从“由实际问题的针对走向基本理论问题的剖析”“由应用研究领域走向基础理论领域的开拓”“由松散的经验性总结走向体系的理论化架构”，最终把“研究层次向学科层次的提升和发展”作为网络思想政治教育研究深化的必然趋势和价值归宿。网络思想政治教育的学科化发展，反映了网络思想政治教育实际工作者和理论研究者的共同心愿，凝聚了一批研究者的主观努力。在当前的研究中，对“为何建立学科”的论证较多，而对“如何建立学科”的探究较少。“如何建立学科”是一项重大的课题，需要广大实际工作者和理论研究者付出长期的努力和艰辛的探索。②

在这一阶段，有研究者认为，建构网络思想政治教育学是社会实践发展的需要，也是思想政治教育学学科自身发展的需要。网络思想政治教育学可以界定为一门研究如何运用普遍道德原则和道德规范去解决网民道德问题的学问。③ 也有研究者突破了网络思想政治教育研究仅仅把虚拟实践活动作为对象领域，认为网络思想政治教育研究的对象既包括网络在现实生活中引起的思想政治教育问题，又包括虚拟空间引起的思想政治教育问题。④ 有研究者以网络社会观的视角来审视思想政治教育，认为网络思想政治教育作为思想政治教育实践的一种新的发展形态，指的是网络环境下的思想政治教育活动。网络环境是人的新的生存状态、交往空间和发展条件，包括了宏观层面上的网络社会、中观层面上的赛博空间和微观层面上的虚拟社区活动领域。⑤ 学科理论体系化的建设必然以新的范畴体系作为基础，不少研究者在此方面做出了积极探索。有研究者提出，以“网民”的上网行为构成的网络活动是网络社会最普遍、最基本的现象，是网络德育学中最基本的概念和学科发

---

① 张再兴．我国高校网络思想教育的十年历程与发展［J］．思想教育研究，2005（7）：2－6；我国高校网络思想教育的十年发展历程——访清华大学高校德育研究中心主任张再兴教授［J］．思想理论教育导刊，2005（12）：4－8.

② 胡树祥，谢玉进．论网络思想政治教育研究的深化［J］．学校党建与思想教育，2011（12）：6－12.

③ 曾长秋，薄明华．网络思想政治教育学：从问题意识走向理论建构［J］．思想教育研究，2006（11）：7－11.

④ 胡树祥．网络思想政治教育研究［M］．成都：电子科技大学出版社，2005：7－8.

⑤ 张再兴，等．网络思想政治教育研究［M］．北京：经济科学出版社，2009：28－35.

展的逻辑起点。[①] 也有研究者重点对高校网络思想政治教育学的范畴体系进行分析，认为网络信息消费者的思想与行为是起点范畴、网络思想政治教育主体和客体是中心范畴，调控与评价、上传与下载、疏通与引导、教育与管理是中介范畴，内化与外化是结果范畴，信息消费个体和网络社区是终点范畴。[②] 更多的研究者围绕网络思想政治教育的重要范畴和概念进行了深入探讨，如网络思想政治教育的主客体关系、网络思想政治教育过程、网络思想政治教育环境、网络思想政治教育方法、网络群体、网络技术、网络文化、网络舆论等。

作为信息时代背景下思想政治教育学科发展的新形态和新领域，网络思想政治教育理论研究尚处在一个持续追踪和把握新技术革命的过程中。网络技术的快速变革与人类网络实践的深入拓展不断产生出新的实践和理论问题，这需要网络思想政治教育理论研究及时回应。自 2005 年以来，互联网掀起了博客时代、社交网络时代、微博时代、微信时代等一波又一波的革新浪潮，其影响不断扩展和深入，给网络思想政治教育研究提出了大量现实和理论问题。只有全面深入地研究和把握人类网络实践的发展规律，真正抓住社会网络化发展所提出的时代问题，才能使理论体系的基本范畴更加科学和准确，才能使理论不但能够自成体系，而且能够有效地解释现实和指导实践。2009 年，教育部哲学社会科学重大课题攻关项目成果《网络思想政治教育研究》正式出版，其研究以网络社会的崛起为立论基点，着重解析了思想政治教育的网络环境，深入探讨了网络思想政治教育研究领域的理论难题，重点研究了网络思想政治教育实践中面临的六个突出问题的机理，为高校学生的网络思想政治教育提供了新模式和策略。2009 年，作为互联网 Web 2.0 时代网络思想政治教育的新探索，“易班”作为基于社交网络的大学生互动社区在上海高校被广泛应用。基于教育实践的思考，上海交通大学积极推动成立全国网络思想政治教育学会，推进网络思想政治教育的学科建设，以形成网络思想政治教育系统的理论研究体系和人才培养体系。[③]

在这一阶段，“网络社会观”成为思想政治教育者对网络发展的基本认识，网络思想政治教育研究立足于网络社会崛起的时代背景呈现出宏观视野和体系化的发展趋势，在学科建构方面的理论探索不断深入，不断突破对重大实践问题的有效解决。总体而言，网络思想政治教育研究十余年的发展，产生了大量卓有成效的研究成果，把握住了比较明确的研究对象，形成了较为清晰的学术领域，建构了学科体系的基本框架，凝聚起了一支具有归属感的研究队伍，呈现出富有生命力的发展态势。

四、网络思想政治教育研究的深入推进阶段

党的十八大以来，习近平总书记高度关注网络安全与信息化工作，做出了建设网络强国的战略部署，强调“网络安全和信息化是事关国家安全和国家发展、事关广大人民群众

---

① 赵志毅，万谊．“虚拟环境”中的真教育——建构我国“网络德育学”的几点思考［J］．南京师范大学学报（社会科学版），2005（3）：74－78．

② 吴满意，曹银忠．关于高校网络思想政治教育学范畴体系的思考［J］．思想政治教育研究，2007（3）：13－15．

③ 上海交通大学．加强高校网络思想政治教育的实践与思考［J］．思想教育研究，2010（4）：7－9．

工作生活的重大战略问题，要从国际国内大势出发，总体布局，统筹各方，创新发展，努力把我国建设成为网络强国”①。这给予了网络思想政治教育实践发展和理论研究更高的定位。与此同时，以移动互联网、大数据、人工智能为代表的网络信息新技术建构起以海量化、泛在化、精准化、智能化为主要特征的网络技术环境，这对网络思想政治教育理论研究提出了新的要求。有研究者指出，网络信息技术的迅猛发展以不可逆转的态势改变着人们的生存状态、交往空间和发展条件，使网络思想政治教育面临新的挑战、发生新的变化、形成新的特征。做好网络思想政治教育工作，就要聚焦网络思想政治教育基本问题，探寻网络思想政治教育规律，找到网络思想政治教育工作创新发展的突破口和增长点，提高网络思想政治教育工作的前瞻性、针对性和实效性。② 也有研究者提出，网络思想政治教育要研究大数据的本质特征，确立网络思想政治教育的数据意识；顺应量化研究的新崛起，创新网络思想政治教育的研究范式；宏观覆盖与微观深化相结合，找准网络思想政治教育的着力点。③ 还有研究者提出，思想政治教育与信息技术融合是思想政治教育创新发展的需要，也是信息技术健康发展的需要，是信息技术时代发展的产物，体现了思想政治教育的时代性和创新性。④ 在这一阶段，网络思想政治教育理论研究呈现出以下三个方面特征：

第一，网络思想政治教育的研究成果稳中有增且持续深化。在2012至2022年，网络思想政治教育研究的论文年发文量基本都保持在400篇以上，总体上呈现出波动上升的发展态势，这说明网络思想政治教育领域已经受到越来越多的研究者的关注。需要指出的是，许多网络思想政治教育理论问题成为思想政治教育学科博士论文的选题，如《网络思想政治教育主体间性研究》⑤《网络思想政治教育规律论》⑥《网络思想政治教育的主客体研究》⑦《高校网络思想政治教育过程研究》⑧《网络思想政治教育内化问题研究》⑨《基于互联网思维的高校网络思想政治教育研究》⑩ 等，这对于推动网络思想政治教育理论研究的深化和细化具有重要意义。在学术著作方面，有研究者着眼网络思想政治教育理论体系的系统性建构，从网络思想政治教育的产生和发展、本质和特征、功能和价值、主体和客体、理念和原则、内容和方法等方面入手。⑪ 有研究者以大学生网络思想政治教育为研究对象，以高校网络思想政治教育实践发展历程为研究线索，围绕网络技术、网络社区、网络文明、网络受众、网络参与以及校园网络环境等当前高校网络思想政治教育工作亟须深入认识和把握的方面展开研究。⑫ 有研究者较为系统地论述了网络思想政治教育学出现

---

① 习近平主持召开中央网络安全和信息化领导小组第一次会议强调 总体布局统筹各方创新发展努力把我国建设成为网络强国［N］. 人民日报，2014-02-28.

② 冯刚 . 创新网络思想政治教育的几点思考［J］. 学校党建与思想教育，2014（5）：4-6.

③ 胡树祥，谢玉进 . 大数据时代的网络思想政治教育［J］. 思想教育研究，2013（6）：60-62，102.

④ 沈壮海，史君 . 推动思想政治教育与信息技术的高度融合［J］. 国家教育行政学院学报，2017（1）：15-21.

⑤ 丁科 . 网络思想政治教育主体间性研究［D］. 成都：电子科技大学，2014：1-132.

⑥ 杨果 . 网络思想政治教育规律论［D］. 长沙：湖南大学，2016：1-118.

⑦ 谭泽春 . 网络思想政治教育的主客体研究［D］. 武汉：武汉大学，2017：1-117.

⑧ 翟中杰 . 高校网络思想政治教育过程研究［D］. 西安：西北工业大学，2017：1-161.

⑨ 唐登蕓 . 网络思想政治教育内化问题研究［D］. 成都：电子科技大学，2018：1-181.

⑩ 熊钰 . 基于互联网思维的高校网络思想政治教育研究［D］. 成都：西南交通大学，2021：1-124.

⑪ 宋元林 . 网络思想政治教育［M］. 北京：人民出版社，2012：1-188.

⑫ 张瑜，等 . 高校网络思想政治教育发展与创新研究［M］. 北京：人民出版社，2014：4-233.

的时代背景、实践基础，试图对网络思想政治教育学的一系列重要问题如网络思想政治教育本质、规律、机理、方法、评价等进行阐释，探索建立网络思想政治教育学的理论体系。① 还有研究者系统提出了网络思想政治教育生态系统的概念和理论，深入研究了网络思想政治教育生态系统的结构与功能，探究了教育主体、教育信息资源的价值分配与共享链，解析了整个系统运行的动力机制和演化机理，提出了解决高校网络思想政治教育生态系统困境的治理方式以及保障系统运行稳定性的指标体系。② 这些理论成果都体现了网络思想政治教育领域的学者对深入推进网络思想政治教育学科化系统化所做出的持续努力。

第二，网络思想政治教育理论研究的关注视域更加多维。从现有研究成果来看，一些理论研究已经能够合理借鉴和吸收信息科学、网络社会学、生态学、传播学、科学技术哲学等学科的理论知识、精髓要义和方法体系，创造出了《Web技术升级推动网络思想政治教育深化发展》《网络思想政治教育生态系统研究》等一系列学科交叉融合成果。从研究前沿看，网络思想政治教育能够及时跟进自媒体、新技术的发展更新，重视大数据、元宇宙、人工智能等对网络思想政治教育带来的影响，推动网络思想政治教育的实践与理论不断向精准化、精细化方向转变。有研究者关注到抖音上的乱象，提出思想政治工作者应加大对抖音的关注和研究，努力把抖音拓展成为大学生思想政治教育的新阵地。③ 有研究者探讨人工智能时代思想政治教育发展的可能议题，提出人工智能的发展，对人的智能与品格发展提出了更高阶的目标与要求，给人的学习与教育模式也带来新的变革，这就需要思想政治教育增强“转识成智”“转智成德”的能力，不断提升教育与教化智慧。④ 有研究者指出，作为PC互联网、移动互联网的进阶形态，元宇宙将引发人们生存方式和发展方式的再次变革，也将重新定义网络思想政治工作之“网络”。元宇宙中的认知外包与虚拟分身、信息茧房与社交圈群、数字殖民和文明陷阱对网络思想政治工作带来层层挑战，同时，元宇宙也通过认证生态与数字创造、人机共育与智慧评价、境脉施教与具身受教环环赋能网络思想政治工作。面对到来的元宇宙，网络思想政治工作者应直面挑战、抓住机遇、做好准备，力求将元宇宙这一最大变量化为事业发展的最大增量。⑤ 还有研究者关注到青年播客热现象，认为播客在促进网络文化繁荣的同时，也具有冲击主流意识形态传播力、消解主流意识形态引领力、弱化主流意识形态整合力的潜在风险，必须高度警惕并积极应对。⑥ 从研究对象看，网络思想政治教育领域的学者往往更加关注网络舆情、网络文化、网络思想政治教育话语权、网络意识形态等议题，强调网络思想政治教育内容的生产、传播、供给与新时代网民精神需求的满足，为新时代网络空间治理和构建网络命运共同体贡献理论力量。有研究者提炼总结出网络意见领袖具有信息加工处理，影响网民的认

---

① 唐亚阳，等．网络思想政治教育学［M］．北京：人民出版社，2016：1-294.

② 吴满意，等．网络思想政治教育生态系统研究［M］．北京：人民出版社，2019：81-263.

③ 骆郁廷，李勇图．抖出正能量：抖音在大学生思想政治教育中的运用［J］．思想理论教育，2019（3）：84-89.

④ 杨威，耿春晓．人工智能时代思想政治教育发展的可能议题［J］．思想教育研究，2021（10）：47-52.

⑤ 冯刚，陈倩．解构与重构：元宇宙对网络思想政治教育的挑战及其应对［J］．探索，2022（3）：166-175，2.

⑥ 张瑜，禹泳如．青年播客热现象的原因、风险及应对［J］．思想理论教育，2023（2）：93-98.

知、态度和行为，影响网络舆论走向三个不同层面的主要功能，并从哲学层面阐释了网络意见领袖的思想政治教育本体论价值、认识论价值以及方法论价值。① 有研究者探讨了自媒体时代下的意识形态工作面临的新境遇、新挑战与新对策，一方面基于工具论与本体论的双重视角考察自媒体的价值，认为自媒体既更新了观念传播与政治参与的介质，又建构了新型的日常生活与社会关系；另一方面，基于观念学与文化学双重视角考察意识形态及其运作方式。② 有研究者围绕网络空间的认同与意识形态、网络空间的舆论与意识形态、网络空间意识形态形式与话语权、网络空间党的建设与思想政治教育等一系列问题展开研究。③

第三，网络思想政治教育的理论内容向纵深推进。经过前面三个阶段的积淀，网络思想政治教育的理论体系基本建立并不断丰富，一些研究者开始有意识地对网络思想政治教育发展历程、阶段特征与未来趋势进行回顾、梳理与展望，对网络思想政治教育研究进行反思、总结和研判，如《网络思想政治教育研究：发展历程、问题与方法》④《网络思想政治教育研究：历程、问题与转向》⑤《网络思想政治教育发展历程及未来趋势》⑥《网络思想政治教育理论研究的发展历程与展望》⑦。这对于认识和把握网络思想政治教育学术版图具有重要意义。与此同时，按照一定的理论框架或理论专题而展开的系统研究成果不断涌现，有效推动了网络思想政治教育基础理论的纵深发展。其中《网络人机互动：网络实践的技术视野》⑧《网络人际互动：网络实践的社会视野》⑨《网络自我互动》⑩ 等系列著作，明确了网络思想政治教育研究的对象和基础视域，以网络实践活动的基本进程为切入点，找到了一条网络思想政治教育基础理论研究的有效路径。

在这一阶段，"网络生态观"成为思想政治教育者对网络发展的重要认识⑪，网络思想政治教育研究立足于人与网络环境相互联系和作用而构成的网络生态系统，呈现出宏观的视野和精细化的发展趋势，基础理论的论域得到进一步拓展，诸多理论内容得到进一步精练。总体而言，网络思想政治教育研究最近十余年的发展，在文献数量、研究质量和研究队伍上都取得了长足的进步，已经成为思想政治教育理论发展的前沿阵地。

第二节　网络思想政治教育研究的重要问题

网络思想政治教育研究可以分为理论研究和实践研究两大方面，理论研究是网络思想

① 王嘉．网络意见领袖研究：基于思想政治教育视域［M］．北京：中国文史出版社，2014：127－153．
② 闫方洁．自媒体时代意识形态工作研究［M］．北京：人民出版社，2018：11－273．
③ 陈联俊．网络思想政治教育前沿问题研究［M］．广州：暨南大学出版社，2022：1－230．
④ 张瑜．网络思想政治教育研究：发展历程、问题与方法［J］．思想理论教育导刊，2016（10）：131－135．
⑤ 唐登蕓，吴满意．网络思想政治教育研究：历程、问题与转向［J］．思想理论教育，2017（1）：76－81．
⑥ 胡树祥，赵玉枝．网络思想政治教育发展历程及未来趋势［J］．思想理论教育导刊，2020（6）：128－134．
⑦ 胡树祥，王苗．网络思想政治教育理论研究的发展历程与展望［J］．马克思主义理论学科研究，2021（9）：86－94．
⑧ 谢玉进．网络人机互动：网络实践的技术视野［M］．北京：人民出版社，2013：1－235．
⑨ 吴满意．网络人际互动：网络实践的社会视野［M］．北京：人民出版社，2015：1－281．
⑩ 谢玉进，胡树祥．网络自我互动［M］．北京：人民出版社，2017：1－146．
⑪ 张瑜．论思想政治教育网络环境的生态观［J］．教学与研究，2021（8）：97－104．

政治教育理论体系建构中对于基本理论问题的探索，实践研究是对网络思想政治教育实践发展中存在的重要现实问题的破解。理论研究与实践研究之间相对独立而又相互联系，它们在发展中共存并进、交互促进，构成网络思想政治教育研究的整体格局。

一、网络思想政治教育理论研究的重要问题

对网络思想政治教育理论体系建构的探索，主要围绕形成与发展研究、基本理论研究、方法理论研究和管理理论研究四个基本方面，有关网络思想政治教育的理论基础、研究对象、过程规律、功能与价值、内容与结构、目的与任务、环境与对象、原则与方法的研讨大量展开。其中，反映网络思想政治教育特殊矛盾的基础理论问题基本形成，包括网络社会、虚拟实践、主体与客体关系等问题的研究，成为网络思想政治教育理论体系建构中的纽结。

（一）关于网络社会的研究

网络思想政治教育发端于育人环境在网络社会条件下的深刻变化，网络思想政治教育是网络环境下的思想政治教育活动。这种网络环境的实质是网络技术及其应用所创造的人的新的生存状态、交往空间和发展条件。在这个意义上，网络社会的研究是网络思想政治教育理论研究的起点。这一观点已成为许多理论研究者的共识。有研究者以网络社会的崛起为立论基点，以思想政治教育环境变迁为主线，针对网络思想政治教育的基础理论问题展开探讨。该研究对网络社会的概念做出了综合网上和网下两个社会空间的整体性界定，并分别从微观层面、中观层面和宏观层面对网络社会的内涵进行分析，进而从技术、社会、文化三个维度分析了思想政治教育环境的发展与变化。① 伴随着网络社会的崛起，还有研究者提出网络社会时空扩展这一问题。② 有研究者进一步明确提出互联网的二重性，"互联网既是思想政治教育的新技术，同时也构成了思想政治教育的新环境，互联网的二重性建构了网络思想政治教育创新发展的重要向度"③。

也有研究以人的网络实践活动为视域来认识网络社会。该研究认为，人的网络实践活动领域分为"网络人-机关系领域""网络人-人关系领域""网络人-我关系领域"，人类在这三个领域的网络实践活动建构了网络社会和网络时代的人本身，决定了人类网络生存发展方式和思想行为方式。④ 换言之，在网络社会中，人的网络生存实践主要包含网络人机互动、网络人际互动和网络自我互动三大实践活动。其中，网络人机互动是"人与计算机网络相结合的产物，特指在网络和现实社会高度互动融合的条件下，人与计算机网络通过数字化中介系统相互作用而形成的信息化技术实践活动"⑤；网络人际互动推动着网民由"自然人"转变为"社会人"，是指网络社会空间中网民之间网络社会关系的表征，是在网络社会与现实社会、网民个体与现实个体高度融合互渗的背景下，交往双方借助数字化符号化信息中介而进行的信息、知识、精神的共生、共享的实践活动⑥；网络自我互动是网

---

① 张再兴，等．网络思想政治教育研究［M］．北京：经济科学出版社，2009：22－64．

② 刘少杰．网络社会的时空扩展、时空矛盾与社会治理［J］．社会科学战线，2016（11）：197－203．

③ 张瑜．论互联网的二重性与思想政治教育创新发展［J］．教学与研究，2018（7）：68－75．

④ 胡树祥，谢玉进．论网络思想政治教育研究的深化［J］．学校党建与思想教育，2011（12）：6－12．

⑤ 谢玉进．网络人机互动：网络实践的技术视野［M］．北京：人民出版社，2013：52．

⑥ 吴满意．网络人际互动：网络实践的社会视野［M］．北京：人民出版社，2015：71．

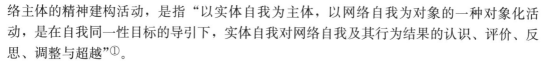

络主体的精神建构活动，是指“以实体自我为主体，以网络自我为对象的一种对象化活动，是在自我同一性目标的导引下，实体自我对网络自我及其行为结果的认识、评价、反思、调整与超越”①。

关于网络社会研究的一个重要方面是网上虚拟社会的研究。虚拟社会是人们基于数字化的虚拟空间，在虚拟实践中按照一定的方式产生各种社会关系和社会互动的场域。虚拟社会这一范畴既揭示了基于互联网建构社会的技术基础，又揭示了其人文社会基础，较好地揭示出基于互联网构建出的人类生存和发展新空间的本质。有研究者提出，虚拟社会和现实社会既是一对历史范畴，又是一对分析范畴和关系范畴。在信息化时代，现实社会和虚拟社会并存交织、互动发展，都是“人们交互作用的产物”，虚拟社会和现实社会统一于整个人类社会。② 有研究者提出，网上虚拟社会作为网络思想政治教育规律性研究的基本层面，思想政治教育要深入研究网络发展的社会文化影响、网络社会价值观对网民的影响、网络环境下个体行为与群体行为的特征、网络生活方式对网民心理行为的影响、网络舆论引导和网络社会行为的管理、网络社会与现实社会的相互作用等问题。③ 也有研究者提出，互联网促进了虚拟与现实的全面贯通、线下与线上的双向“互嵌”。从运行方式上看，缺场空间是在场空间的延伸；从内容上看，缺场空间是一个形式上缺场但内容却与现实生活紧密相连的社会空间；从空间的权力博弈上看，缺场空间会复制现实社会中的各种社会关系，强化现实社会生活中的权力逻辑。④ 也有研究者提出，思想政治教育需要把握前沿科技孕育的时代机遇，围绕数字场景、时空格局、叙事结构的变革方向，科学展望元宇宙赋能思想政治教育的发展态势，前瞻审思元宇宙在思想政治教育沉浸式学习、实践教学、个性化学习、泛在学习等方面的应用潜力。⑤ 基于这样的认识，虚拟社会与现实社会的关系、互动作用的规律及其影响就是网络思想政治教育研究的重要基础内容。网络社会的研究对于网络思想政治教育理论体系构建具有重要意义。虽然当前在网络社会的研究方面取得了一定的规律性认识，形成了一些较为清晰的研究路径和方法，但系统而深入的成果尚需更多的努力。

（二）关于虚拟实践的研究

网络社会改变了人的生存方式，虚拟实践成为人们生活、交往、发展的新空间和新方式。虚拟实践活动对于网络思想政治教育规律和人的思想品德发展规律产生了深刻的影响。揭示虚拟实践的特点、规律及其对人与社会发展的影响，是网络思想政治教育理论研究不断发展深入的必然要求。

许多研究者正是从虚拟实践的视角来认识网络思想政治教育活动的。有研究者则以人的网络实践活动进程的分析来回答“网络思想政治教育在何处发生”的理论追问，并以此作为网络思想政治教育的逻辑出发点和理论进路。从实践的形式上看，网民的网络实践进

---

① 谢玉进，胡树祥．网络自我互动［M］．北京：人民出版社，2017：42.

② 曾令辉．虚拟社会人的发展研究［M］．北京：人民出版社，2009：42－44.

③ 黄永宜，周志强，魏钢．试析网络思想政治教育由“必要性”到“规律性”研究的视角转换［J］．思想教育研究，2011（6）：78－81.

④ 卢岚．网络社会的时空扩展、时空矛盾与思想政治教育［J］．思想理论教育，2018（7）：52－58.

⑤ 张笑然，石磊．元宇宙赋能思想政治教育的探究与展望［J］．自然辩证法研究，2022（12）：112－118.

程可以分为“人-器物”互动、“人-界面”互动、“人-网络空间”互动、“人-网络生活世界”互动四个阶段。而且这四个阶段层层递进，不同的阶段有不同的互动内容、互动方式、互动程度，进而构成了网民网络实践的不同场域，即器物场域、界面场域、网络空间场域、网络生活世界场域。这四个场域也是网络思想政治教育发生的场域，形成了网络思想政治教育的四个层次：器物层的网络思想政治教育、界面层的网络思想政治教育、网络空间层的网络思想政治教育、网络生活世界层的网络思想政治教育。从实践的内容上看，网民分别在这四个阶段依次经历了技术交互、感知交互、信息交互以及意义交互，这四个层次是渐次深化、渐次丰富的关系。网络思想政治教育在这四个层次发生，通过这四个层次建构了自身整体的发生场域。① 有研究者提出网络思想政治教育作用机理的实质是网络公共空间的思想互动，也就是在网络公共空间进行价值引领、思想引导、共识凝聚的虚拟实践活动，可以从多元主体的网络参与、开放空间的思想碰撞和对立统一的思想互动的内在联结和深层逻辑上来加以把握。网络空间多元主体的广泛参与，是网络空间思想碰撞和相互作用的前提，也是深入开展网络思想政治教育的根据。开放的网络公共空间的观念碰撞、思想争鸣、价值交锋是网络思想政治教育在网络公共空间的思想互动中加强教育引导的必经环节。网络思想政治教育推动和引领网络公共空间的思想互动，始终遵循和体现的是网络思想矛盾运动的对立统一规律。②

对于网络思想政治教育基础理论的建构需要把握虚拟实践这一基本范畴，有研究者从马克思主义的交往实践理论的视角来开展虚拟实践研究。研究者提出，网络空间的虚拟交往实践具有普遍可及和形成社区、虚拟在场、虚拟共在等特点，与现实空间中面对面的沟通和互动相比，虚拟实践是主体在物理身体不在场的情况下进行的交往实践。虚拟交往实践是一种戴着面具的呈现与互动，具有信息化、符号化的交互作用，是虚拟界面上的想象与成长。在虚拟交往实践中，主体呈现出虚拟交互主体性、流变交互主体性和界面交互主体性。③ 有研究者认为，虚拟实践相比人的现实实践，在时空范围、形态要素、主客体关系、性质等方面发生了前所未有的变化。人在开放、自由的虚拟社会环境中进行各种有目的、意识性和创造性的活动，构成了人在虚拟社会的实践本质。人的虚拟实践本质是人的实践本质在虚拟社会的展开与发展的一种新形式。人的虚拟实践本质是建立在对虚拟社会环境中文字、图像等数字符号认同、信任基础上的一种自由、自觉、自主和自为的虚拟活动。④ 还有研究者提出人的虚拟实践的有限性这一问题，认为人的虚拟实践在网络信息时代既实现了对原有生存限度的技术性超越，也面临着与以往截然不同的生存制约。具体而言，人的虚拟实践程度受制于虚拟空间的技术水平，受制于虚拟主体的实践能力，受制于虚拟环境的生态建构。⑤

随着社会信息化进程不断加速，网络社会正在进入机器智能大发展的新阶段，人工智

① 谢玉进，胡树祥．网络实践活动的基本进程与网络思想政治教育的切入点［J］．高校理论战线，2009（12）：44－48.

② 骆郁廷，李恩．论网络思想政治教育的作用机理［J］．马克思主义与现实，2021（5）：178－184.

③ 张再兴，等．网络思想政治教育研究［M］．北京：经济科学出版社，2009：169－173.

④ 曾令辉．虚拟社会人的发展研究［M］．北京：人民出版社，2009：123.

⑤ 王丽鸽．网络空间下人的生存与发展研究［M］．北京：中国社会科学出版社，2020：129－130.

能正在改变着社会的主体结构和交往模式，人机交互和融合进一步延展了思想政治教育的实践方式。有研究者提出延展实践这一理论范畴，延展实践是信息控制技术与生产造物技术在当代融合的结晶，它基于具有人工智能的控制技术嵌入实践工具中实现了对人的物能行为的取代，人工系统由此可以相对独立地行使造物的功能、形成实践的结果，人则只从事发出指令的信息行为。① 从延展实践的视角来看，有研究者提出思想政治教育的网络实践经历了技术工具系统、虚拟符号系统，进而到智能控制系统的延展过程，持续产生了从操作层面、交往层面到认识活动层面的变化。作为当前延展实践中的核心技术，人工智能是以人脑的“信息化在场”方式促进思想政治教育实践的发展。从理论范畴上看，主要体现在思想政治教育过程中主观与客观关系的变化。主观和客观是人的认识活动中的一对基本关系，贯穿于认识运动的整个过程。在一定意义上，思想政治教育是解决人的思想认识问题的教育实践活动，是主观与客观之间不断进行相互作用、循环往复并最终实现认识的发展和提高的过程。人工智能的延展实践提供了主观与客观交互作用的崭新方式。②

（三）关于主体与客体关系的研究

在思想政治教育研究中，主体与客体是思想政治教育的一对基本范畴。网络思想政治教育作为思想政治教育的新形态，是否还存在着思想政治教育的主体和客体？如若存在，网络思想政治教育主客体有何特殊性？网络思想政治教育主客体如何转换？对于这些问题的探讨，具有启动较早、参与广泛、见解多样、争论较大的特点。因此，正确认识和科学把握网络主客体关系问题，对于把握网络思想政治教育如何运行具有重要意义。

最早对于网络环境下教育主客体关系变化的关注产生于网络思想政治教育主体的研究，研究者提出网络教育中的主客体之间的关系不再是不可改变的，传统教育中的主客体矛盾对立关系被打破。③ 进一步的研究把网络思想政治教育主客体特质与关系的把握作为网络思想政治教育理论构建与实践推进的逻辑起点。研究者认为，网络生存方式拓展了人的主体性，预制了网络思想政治教育主客体关系的特性与趋势，具体表现为教育主体的“去主体化”、教育客体的“主体化”和主客体关系的平等性、相对性。由此，现实思想政治教育无法“生硬地”进入网络，网络思想政治教育的主客体关系的新特质与网络环境的独特性，决定了其理念和方法论层面的独特性和创新要求。④ 有研究者深入探讨了网络虚拟空间中信息运动的规律性，提出推动虚拟社区发生巨涨落和自组织的“有前途的涨落种子”是众多信息发布者中最有导向性和影响力的信息引导者，它们在网络空间中占据着信息引导主体者的地位，而被其引导的信息发布者就是网络空间中的客体，主客体在网络空间中由于承担角色的不同而占有不同的位置，但这并不是一种固定不变的关系，网络空间中信息引导主体和信息追随客体会随着所发信息的移情能力和外界环境的需求而交换位置，这是一个能动的充满创造性和选择性的过程。⑤ 还有研究者立足人工智能时代提出人

---

① 肖峰．作为哲学范畴的延展实践［J］．中国社会科学，2017（12）：31－51，205－206.

② 张瑜．论思想政治教育网络观的演进与理论创新［J］．马克思主义与现实，2020（5）：190－196.

③ 杨军，林琳．网络时代思想政治教育的特点及对策研究［J］．电子科技大学学报（社科版），2003（1）：23－26.

④ 杨立英．论网络思想政治教育的主客体关系特性与教育创新［J］．思想理论教育导刊，2005（11）：60－65.

⑤ 曾国屏，李宏芳，张再兴．网络空间中主客体关系的演化规律及其对思想政治教育的启示［J］．思想理论教育导刊，2006（1）：37－41.

与机器的关系是网络智能观下思想政治教育的重要范畴，正确而全面地认识人与机器的关系是思想政治教育理论创新和实践发展的前提和基础。在理论认识上，我们要在正确认识人与社会关系的基础上来研究和把握人与智能机器的关系，把服务于社会文明进步和人的全面发展作为利用人工智能推进教育实践发展的价值遵循。在方法层面上，我们要深入研究人类智能面对机器智能所显现出来的优势和劣势，主动把人工智能所带来的挑战转化为人的发展和提升的动力。①

与此同时，也有研究者鲜明地提出，在网络思想政治教育中传统思想政治教育的主客体之分已经不复存在。人们能领悟到的就是主体与主体之间的复杂互动关系，这就是网络思想政治教育的主体间性，即网络生存空间思想政治教育主体内部或外部之间的相互运动而形成的复杂关系。具体分为网络人机互动关系、网络人际互动关系和网络自我互动关系。就网络思想政治教育学科建构而言，网络思想政治教育主体间性是网络思想政治教育主体范式的新视角，是一种双主体互动型的主体间性的关系模式。主体间性的关系范畴取代主客体之间的关系范畴，成为网络思想政治教育的主体性范畴关系。在实践中根据网络思想政治教育的关系模式开展工作，就应当打破传统思想政治教育的主客体关系模式，重新确立平等的主体间性关系模式。② 此外，还有研究者将主体间性理论引入高校网络思想政治教育实践，提出高校网络思想政治教育主体间性的生成面临网络思想政治教育主体的主体性不足和缺乏主体交往互动性沟通等现实障碍。③

在关于主客体关系的广泛讨论中，《网络思想政治教育研究》一书将主体与客体关系作为网络思想政治教育的基础理论问题，对其进行了较为系统的梳理和分析。该研究认为，人类网络交往的实践促进了人的主体性内涵的发展，表现出虚拟交互、流变交互、界面交互等交互主体性特征。在虚拟交往实践基础上形成的是一种具有主体际性的主客体关系，可以从信息符号的引导与被引导的角度分析这种主客体关系，并运用复杂系统的自组织机制考察其运动规律。网络思想政治教育的主客体关系特性由思想政治教育的特殊性以及网络交往实践的新特点所决定，其主体与客体具有必然的客观存在性，而主客体关系又具有情景依赖性和建构动态性。④ 有研究者明确提出，网络思想政治教育主客体的存在是一个客观现实，凡是主动履行网络思想政治教育职能，自觉实施和开展网络思想政治教育活动的，就是网络思想政治教育的主体；凡是忽视和放弃网络思想政治教育职能，并受到网络思想政治教育主体网络教育活动的辐射和影响的，就是网络思想政治教育的客体。网络思想政治教育主客体的划分，可以根据网络思想互动中主动和被动的情况、网络思想互动中主导和从属的情况、网络思想互动中影响深层和浅层的情况三个方面来进行划分。而且，网络思想政治教育主客体具有自身的特殊性，集中体现在载体、形态和关系三个方面。载体特殊是指网络思想政治教育主客体是以网络为中介、以网络为场域、以网络为条件的思想政治教育主客体；形态特殊是指网络思想政治教育主客体都被符号化、数字化，

① 张瑜．论思想政治教育网络观的演进与理论创新［J］．马克思主义与现实，2020（5）：190－196.
② 丁科，胡树祥．网络思想政治教育的主体间性新论［J］．毛泽东思想研究，2013（4）：144－150.
③ 郭莉，黄柯．论网络条件下高校思想政治教育的主体间性［J］．江西社会科学，2012（7）：241－245.
④ 张再兴，等．网络思想政治教育研究［M］．北京：经济科学出版社，2009：137－203.

改变了思想政治教育主客体“在场”的方式；关系特殊是指网络思想政治教育主客体关系是一种双向互动、多向互动、叠加互动的关系。在此基础上，网络思想政治教育的主客体还会进行转换，表现为主体客体化和客体主体化，主要通过网络思想交往实践实现。① 还有研究者深入分析了网络思想政治教育主客体互动的展开、张力及优化，提出网络思想政治教育主客体互动以信息共享为前提基础、以符号互动为基本形式、以双向对象化为主要过程。通过考察这一互动的内生机制，指出“社会的人”与“个性的人”、“现实的人”与“虚拟的人”、“自在的人”与“自为的人”三组矛盾关系共同构成网络思想政治教育主客体互动的内在张力。基于此，要通过互动条件的积极创设、互动方式的多维探索以及网络自我互动的有效调适，优化网络思想政治教育主客体互动，进而提升网络思想政治教育实践的工作效力。②

二、网络思想政治教育实践研究的重要问题

我国从六个方面提出了加强网络文明建设的要求，即加强网络空间思想引领、加强网络空间文化培育、加强网络空间道德建设、加强网络空间行为规范、加强网络空间生态治理、加强网络空间文明创建。③ 依据网络文明建设的要求，审视网络思想政治教育实践研究的突出课题，可以分为网络技术、高校网络舆情、网络社区、网络心理、网络政治参与、网络思想政治教育话语权、网络意识形态、网络空间治理等八个主要问题，对于这些实践领域重要问题的研究，既着力于网络文明建设实践中现实问题的解决，又着眼于网络思想政治教育理论的建设与发展。

（一）关于网络技术的研究

网络技术的发展为网络思想政治教育带来了机遇与挑战。伴随着网络技术的不断更迭和创新，如何将网络技术与网络思想政治教育更好地结合，一直受到网络思想政治教育研究领域学者的关注。研究者主要围绕网络技术的基础理论、网络技术对网络思想政治教育的价值和作用、网络技术的实践应用等主题展开了一系列的研究。

关于网络技术的基础理论研究。一是关于网络技术的概念研究。有研究者认为，网络技术应被视为思想政治教育的载体与形式的延伸。④ 还有研究者认为，网络技术是思想政治教育体系的独立构成要素。⑤ 二是关于网络技术的发展阶段划分研究。有研究者提出，在 Web 技术升级的 1.0→2.0→3.0 三个阶段，思想政治教育实践也不断变化，呈现出阶段性特点和与时俱进的发展趋势。Web 1.0 带有共享性、交互性、聚合化的特性，这一技术环境下的网络思想政治教育工作着力于丰富教育内容、引导教育方向。Web 2.0 是带有鲜明的共建性、关系性和定制化的特征，思想政治教育工作者积极塑造 Web 2.0 环境下的

---

① 骆郁廷．论网络思想政治教育的主体与客体［J］．马克思主义与现实，2016（2）：1－7．

② 徐曼，黄祎霖．网络思想政治教育主客体互动的展开、张力及优化［J］．思想教育研究，2022（11）：57－63．

③ 中办国办印发《关于加强网络文明建设的意见》［N］．人民日报，2021－09－15．

④ 田维义．加强大学生网上思想政治教育的几点思考［J］．高校理论战线，2004（11）：17－19．

⑤ 商丹，董亚超．社会网络视角下提升高校思想政治教育要素有效性的策略［J］．思想理论教育导刊，2020（11）：129－134．

教育形态，转变思想政治教育方法，树立主体意识、构建教育环境，引导受教育者进行自我教育。Web 3.0将向着智能化的方向继续演进，网络思想政治教育势必顺应技术环境特性，向着全员化和个性化两个方向继续发展。① 三是关于网络技术的类型研究。面对不同的技术环境，研究者的研究重点各有不同。具体来看，面对海量化、高速度的信息交换系统，主要开展了局域网及门户网站研究②；面对扁平化、去中心的人际互动平台，主要开展了社交网络平台建设研究③、移动平台开辟④等研究；面对泛在化、融合化的网络新空间，大数据⑤、智能化⑥的发展和运用研究不断深化。

关于网络技术对网络思想政治教育的价值和作用研究。一是网络技术有助于丰富网络思想政治教育的教育内容。有研究者认为，网络信息内容具有信息来源渠道的开放性、信息类型的多样性、与社会实际状况联系的紧密性、建构过程中的多主体性、对大学生思想和行为影响的多重性。⑦ 二是网络技术为改善主客体关系提供可能。新媒体技术驱动下，网络社交平台逐渐由人际互动交往向圈群化传播方式转变，主客体关系表现为教育主体的“去主体化”、教育客体的“主体化”和主客体关系的平等性、相对性。⑧ 三是网络技术为提升网络思想政治教育成效提供支撑。有研究者认为大数据使高校思想政治教育更具及时性、针对性、科学性。⑨ 网络技术虽然给当前思想政治教育提出新的挑战，但是研究者们普遍认为机遇大于挑战。⑩

关于网络技术的实践应用研究。一是关于网络技术能力的培育研究。有研究者提出，大数据时代的到来使高校思想政治教育工作面临着诸多机遇和挑战，基于大数据技术应用实践，提出高校思想政治教育创新的三个新理念，即量化集成、精准预判和个性化理念。⑪ 二是关于网络技术手段的运用研究。有研究者认为，从1994年中国正式接入互联网的20年时间里，网络思想政治教育方法大致经历了教育灌输、沟通引导和熏陶体验三个主要阶段，分别表现出明显的灌输式、互动式、渗透式特征。1994年到2000年是基于万维网技术的教育灌输阶段，更多的是以内容取胜，处于起步和摸索阶段；2001年到2006年是基于BBS技术的沟通引导阶段，更多的是以互动取胜，处于积极探索和快速发展阶段；2007年至2014年，是基于Web 2.0和Web 3.0系统及其以Blog、RSS等为代表的新技术的熏陶体验阶段，更多的是以融合取胜，处于逐步深入阶段。⑫ 三是关于网络技术赋能的融合研究。有研究者指出，颠覆性技术潜移默化地重塑着人们的思想认知、行为特征

---

① 李蓝冰，胡树祥．Web技术升级推动网络思想政治教育深化发展［J］．思想理论教育导刊，2014（6）：97－101.

② 杨振斌，黄开胜．“红色网站”的发展和启示［J］．高校理论战线，2000（10）：35－37.

③ 李兴华，刘智斌．利用“易班”构建网络德育工作新模式［J］．思想理论教育，2011（13）：86－88.

④ 王梦云．发挥抖音在网络思想政治教育中的积极作用［J］．思想理论教育，2019（10）：86－91.

⑤ 胡树祥，谢玉进．大数据时代的网络思想政治教育［J］．思想教育研究，2013（6）：60－62，102.

⑥ 崔聪．人工智能赋能网络思想政治教育话语实践论析［J］．思想理论教育，2023（3）：91－96.

⑦ 张瑜．思想政治教育视域下校园社交网络传播圈研究［M］．北京：清华大学出版社，2020：86－89.

⑧ 杨立英．论网络思想政治教育的主客体关系特性与教育创新［J］．思想理论教育导刊，2005（11）：60－65.

⑨ 胡子祥，余姣．大数据时代思想政治教育载体变革及对策研究［J］．思想教育研究，2015（2）：74－77.

⑩ 蒲清平，等．大数据思想政治教育研究综述［J］．思想教育研究，2016（3）：119－123.

⑪ 李怀杰，夏虎．大数据时代高校思想政治教育模式创新探究［J］．思想教育研究，2015（5）：48－51.

⑫ 杨直凡，胡树祥．二十年来网络思想政治教育方法的发展历程［J］．思想教育研究，2015（4）：70－73.

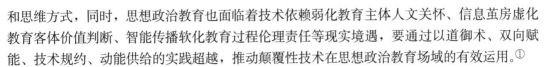

和思维方式，同时，思想政治教育也面临着技术依赖弱化教育主体人文关怀、信息茧房虚化教育客体价值判断、智能传播软化教育过程伦理责任等现实境遇，要通过以道御术、双向赋能、技术规约、动能供给的实践超越，推动颠覆性技术在思想政治教育场域的有效运用。①

（二）关于高校网络舆情的研究

青年大学生是社交媒体的活跃群体，高校作为网络舆情的集聚地和热源地，网络舆情引导直接关系高校立德树人的成效，已经成为网络思想政治教育领域学者关注的重要领域。高校网络舆情的研究主要包括高校网络舆情的特点、成因和演变，引导策略，应对机制等方面。

关于高校网络舆情的特点、成因和演变。网络舆情是在互联网上传播的公众对某一“焦点”“热点”问题所表现的有一定影响力、带有倾向性的意见或言论的情况。网络舆情作用的凸显要求思想政治教育树立阵地意识，网络舆情的解地域化、解身份化和实时互动要求思想政治教育的及时与交互，网络舆情的多元、分散、冲突要求提高思想政治教育的整合性和针对性。② 当前高校网络舆情主要包括三个方面的内容，一是涉及政治稳定和社会安全的舆情，二是涉及学校重大决策部署、中心工作和学校稳定的舆情，三是涉及师生员工个人名誉及后勤部门服务质量的舆情。高校网络舆情具有舆论形成快速、思想观点分散、贴近校园生活和言论情绪化的特点。③ 有研究者提出在移动互联网兴起的背景下，高校网络舆情在网络、主体、客体、信息和传播等方面都呈现出新的特征，即网络平台泛在化，终端移动化、智能化；舆情主体间构成“强关系”网络，互动性强；引发高校网络舆情的客体内容更加多元，其发酵和演化速度更快；舆情信息图文并茂，碎片化特征明显；舆情传播具有一定的封闭性，“圈群效应”逐渐显现。④ 需要特别指出的是，受“信息茧房”、网络意见领袖和“沉默螺旋”效应的影响，大学生网络舆情群体极化这一现象越来越普遍，需要引起重视。⑤ 还有研究者基于社会燃烧理论分析了高校网络舆情的演化机理，高校网络舆情的“燃烧物质”包括外部社会环境的复杂因素、高校内部存在的诸多问题和师生自身因素，“助燃剂”是社会环境变化和舆论导向，“点火温度”是各类突发事件，这些因素构成了社会燃烧理论下的高校网络舆情发生机理模型。⑥

关于高校网络舆情的引导策略。针对高校网络舆情的思想政治教育工作，主要是做好网上宣传和舆论引导工作。加强网上宣传和舆论引导，首先要掌握网上动态，这是做好网上宣传和舆论引导工作的基础。加强正面宣传，主导网络舆论，让主流声音占领网络制高点，这是做好网上宣传和舆论引导工作的关键。要对有害信息进行防御和控制，努力净化网络环境；要适应网络特点，提高宣传引导艺术。⑦ 有研究者基于2013年教育网络舆情发

---

① 陈志勇，李霞．颠覆性技术赋能思想政治教育的现实境遇及实践超越［J］．思想教育研究，2022（9）：142-147．

② 周如俊，王天琪．网络舆情：现代思想政治教育的新领域［J］．思想理论教育，2005（11）：12-15，29．

③ 王学俭，刘强．当前高校校园网络舆情的逻辑分析［J］．中国高等教育，2010（10）：17-19．

④ 陆优优．移动互联网时代高校网络舆情的特征、挑战与应对［J］．思想理论教育，2015（6）：76-80．

⑤ 冯刚，黄渊林．大学生网络舆情群体极化的成因与表征［J］．思想教育研究，2021（9）：93-98．

⑥ 樊琳，等．高校网络舆情的演化机理及其应对策略［J］．当代青年研究，2020（4）：90-95，115．

⑦ 冯刚．关于做好高校网上宣传和舆论引导工作的思考［J］．学校党建与思想教育，2005（5）：15-18．

展演变的实证研究，提出要通过加强领导体制、完善工作机制、加强舆情安全评估、借力意见领袖、开展网络素养教育、形成教育宣传大格局等方式，努力营造和谐的教育网络舆论环境。① 还有研究者提出，在思想观念上必须实现从“管理”向“治理”的转变，从粗放向精细转变，从被动向主动转变和从单边向协同转变。在引导策略上，要持续强化正面宣传，增加优质网络信息供给；发挥“多微一端”作用，构建“一体化传播”格局；树立“定向投放”理念，制定分众化、差异化宣传方案；构建系统、科学的网络舆情应对机制，提升学校舆情应对能力。②

关于高校网络舆情的应对机制。有研究者对网络舆情这一高校思想政治教育工作的新视域展开了系统研究，提出建立预防机制、协调保障机制和强化教育机制。③ 还有研究者提出高校危机事件网络舆情“七阶段闭环式”应对决策体系模型，包括舆情队伍建设机制、建立舆情预案机制、危机监测和研判机制、舆情应对处理机制、即时调解对话机制、善后处理机制和评价机制。④

网络舆情危机的有效应对是舆情引导的重要方面。要充分把握校园网上的师生关系场所、熟人世界、陌生人世界三类网络媒介场所的信息传播特点与规律。在应对突发事件的思想政治教育工作中，从三类网络媒介场所的特点出发，因势利导，充分发挥陌生人世界的释放机制和疏导功能、主动引导熟人世界的网上学生集体开展自我教育、有效运用师生关系场所开展正面宣传和舆论引导，通过充分而有效地发挥各类媒介的独特作用和功能，形成基于校园网络的思想政治教育合力。进言之，面对社会突发事件的舆情传播，思想政治工作要深入研究和掌握科层交往场域、熟人交往场域和陌生人交往场域的交互机制和传播规律，不断增强应对突发事件的思想政治教育和舆论引导主动权。具体而言，要在科层交往场域做好正面宣传和舆论引导，在熟人交往场域做好人际沟通和群体互动，在陌生人交往场域做好舆情收集和风险防范。⑤

关于高校网络舆情及其引导的研究，进一步的规律性探索尚须伴随工作实践的深入展开而发展。其中，科学建构网络舆情的描述指标体系和测量方法是把握网络舆论规律、有效实现网络舆情引导工作的基础。尤其对于高校而言，基于校园网络舆情把握及其相关的危机管理是网络思想政治教育实践研究的重点和难点问题。

（三）关于网络社区的研究

网络社区形成的是“网络社会”的微观架构，改变了人的交往关系和生活方式，构建出新的话语体系和互动模式，生发出新的思维方式、道德伦理和价值观念。网络社区这一领域的研究，是网络思想政治教育基本理论建构最为重要的实践认识来源。

网络社区研究主要经历了四个发展阶段：一是以各种“红色网站”建设为主要标志的宣传教育阵地的发展阶段；二是以校园 BBS 社区为主要平台的网上群体建设与发展引导

---

① 陈华栋．当前教育网络舆情特点分析与对策思考——基于 2013 年教育网络舆情发展演变的实证研究［J］．思想理论教育，2014（7）：89－93．

② 王楠，王保华．治理视域下的高校网络舆情应对策略［J］．思想教育研究，2020（9）：93－96．

③ 孟莉．网络舆情——高校思想政治教育工作的新视域［M］．合肥：合肥工业大学出版社，2016：61－83．

④ 杨仲迎．高校危机事件网络舆情应对决策体系模型构建［J］．学校党建与思想教育，2020（7）：72－74．

⑤ 张瑜．论社交网络环境下突发事件的思想政治工作应对［J］．思想理论教育，2020（11）：86－91．

阶段；三是以社交网络、微博的发展与应用为代表的网络社区建设发展阶段；四是以短视频、微传播为主要表现形式的网络社区智能化发展创新与弥散化风险治理阶段。在第一阶段，宣传教育网站的建设管理机制与教育的实效性是研究的重点；这类宣传教育阵地是把现实中的思想教育活动延伸到网络空间，正是基于现实生活中的学生对教师的信任感、受教育者对教育者的认同感、个人对集体的归属感，网络空间中的红色阵地能够发挥出新闻宣传的权威性和公信力、正面教育的导向性和凝聚力、理论教育的有效性和影响力。在第二阶段，校园BBS社区的信息传播特点、网上群体的形成机制和舆论发展规律是研究的重点。校园BBS曾在我国多数高校中扮演了信息传递平台、学习生活平台、人际交往平台和校园公共舆论平台的角色，思想政治教育者主动深入BBS社区，与学生建立平等互动和情感联系，引导网络群建设和舆论发展，是思想政治教育有效性的重要体现。在第三阶段，思想政治教育进入以微博、微信等为主要形态的网络社区场域，新一代网络媒介促使青年学生的信息交流、人际交往、群体形态、文化生活以及价值观念等方面具有新的发展与变化。①② 微博作为网络思想政治教育的新场域之一，它驱动思想政治教育理念和方法的创新，但不容忽视的是，由于其信息海量性和碎片化等特点，微博的广泛运用有时存在合法性缺失的风险。高校应借助微博等新媒体不断延展各类团学组织生存和发展的空间，而思想政治教育工作者应提升微博运用能力，强化大学生媒介素养教育。③ 上海高校基于社交网络开展"易班"建设实践，以切实满足大学生学习和成长需求作为"易班"发展的动力和活力源泉。加强对"易班"影响大学生思想和行为的研究，探索以"易班"为载体和平台，建设一批高素质的网络群体和版主，发挥其积极因素，加强文明网络社区建设，进而提高网络思想政治教育实效性。④ 在第四阶段，基于物联网、云计算、区块链、大数据、人工智能等技术的发展与应用，网络社区的技术架构不断演进，使得网络社区的组织逻辑及其形态发生持续的变化，然而社群文化始终是网络社区的凝聚核心。有研究者指出，当前意识形态的热点在网上，舆论引导的难点在网上，思想政治教育的重点在网上。落实立德树人根本任务，要求我们紧紧抓住高校网络文化这一切入点和着力点，把工作重心延伸到网络空间，把教育要求融入网络空间，把文化阵地构筑到网络空间，切实提升高校网络思想政治教育工作质量和水平。⑤ 在这一阶段，网络社区的研究主要集中在两个方面。其一是新技术赋能网络社区及其思想政治教育引导研究。有研究者认为，在大数据时代，思想政治教育模式向数据化、预防性以及个性化转向；思想政治教育主体在互动中实现对客体"意见"和思想的引领，形成交往式主客体关系；思想政治教育方法趋向定量化、数据化，抽样调查样本趋近于总体样本；思想政治教育传播呈现微型态特征。⑥ 也

---

① 张瑜．试析高校网络思想政治教育工作模式的演变［J］．思想理论教育导刊，2007（12）：63－66．

② 张明明．微博、微信网络环境下高校思想政治教育研究［J］．思想理论教育导刊，2014（4）：104－106，110．

③ 屈涛．微博与大学生思想政治教育理念和方法的创新［J］．思想理论教育，2012（13）：78－82．

④ 陈华栋．"易班"：Web 2.0时代网络思想政治教育的新探索［J］．思想理论教育，2011（13）：81－85；李红利．"易班"推广过程中大学生网络行为研究［J］．思想理论教育，2011（13）：89－91；李志强，黄睎建．网络群体特征与易班实证［J］．上海海洋大学学报，2011（2）：308－313．

⑤ 冯刚．新形势下推动高校网络文化建设的思考与实践［J］．思想教育研究，2015（8）：3－5，29．

⑥ 王嘉．大数据时代思想政治教育的转向［J］．学校党建与思想教育，2017（20）：4－6，20．

有研究者提出，学习大数据技术的基本知识，深入数据应用的具体场景，推动数据在学术研究上的共享，构建围绕大数据技术的学术共同体等，是思想政治教育者把握大数据时代的主要方式。① 不少研究者围绕人工智能、VR、区块链、元宇宙等对思想政治教育赋能进行了研究。② 其二是对网络发展带来的异化风险所进行的应对研究。有不少研究者探讨了平台资本主义和算法推荐对意识形态安全和网络主权构成的威胁。③ 还有不少研究者探讨了网络社区中的“后真相”④、“群体极化”⑤、“圈层化”⑥ 等风险。基于以上问题，不少研究者从价值导向、技术反制、法治规范、合力凝聚、媒介素质培养等维度提出了风险治理的途径。

主动建设网络社区、深入网络社区是网络思想政治教育的一个重要突破点。网络思想政治教育要贴近大学生学习、生活、思想的发展实际，大力建设引导大学生健康成长的社区共享资源，积极适应网络时代大学生人际交往的互动方式，不断满足大学生精神文化生活的现实需求。第一，加强内容建设，增强话语权。针对大学生成长成才的强烈意愿，高校网络社区要以优质的服务和丰富的议程增强对大学生的感召力和吸引力。第二，贯通线上线下，增进虚实互动。要着力于掌握网络社区的发展特点及其内在运行机制，积极优化网络社区环境，发挥高校网络社区成员同质性强的优势，促进“网上”群体和“网下”集体的同构，通过虚实互动，使社区形成相对稳定的归属感和认同感。第三，创设积极情境，激发共建活力。在遵循网络社区共性的交往方式的前提下，要突出校园文化的特色，既要建立教育活动的“师生情境”，也要创设自教自律的“朋辈情境”，既要发挥科层场域的指导和规范作用，也要激发高校社区共建共治共享的共同体作为。第四，重视技术赋能，增强育人效果。要不断完善技术架构，重视大数据、区块链、精准推送等技术的应用，在发挥网络社区交流平台功能的同时，也要及时把握虚拟空间的思想动向和价值认识，为学生解疑释惑、排忧解难，廓清思想迷雾，强化舆论引导。

（四）关于网络心理的研究

在网络思想政治教育研究中，早期的网络心理研究主要着重于两个方面：一是网络心理障碍的研究，主要是大学生网络依赖、网络成瘾等问题；二是网络心理发展的研究，主要以网络受众的心理机制和信息接收问题为重点。近些年来，互联网思维和网络社会心态

---

① 常宴会．思想政治教育者把握大数据时代的意义和方式［J］．思想理论教育，2022（9）：94－99.

② 李怀杰．人工智能赋能思想政治教育论析［J］．思想理论教育，2020（4）：81－85；吴凯．区块链赋能思想政治教育的技术逻辑、风险挑战与实践策略［J］．思想教育研究，2021（6）：43－48；温旭．VR技术赋能高校思想政治教育的价值与应用［J］．思想理论教育，2021（11）：88－93；赵建超．元宇宙重塑网络思想政治教育论析［J］．思想理论教育，2022（2）：90－95.

③ 杨慧民，张一波．虚饰的话语叙事——平台资本主义“合法化”的逻辑建构及其伎俩揭底［J］．思想教育研究，2022（10）：78－85；薛永龙，吴学琴．算法推荐场域中的权力转移与价值引领［J］．中国特色社会主义研究，2022（4）：95－102.

④ 骆郁廷，吴楠．论“后真相”网络空间的价值澄清［J］．思想理论教育导刊，2020（6）：139－145；徐艳玲，孙其战．“后真相”语境下网络意识形态的治理困境与破解策略［J］．山东师范大学学报（社会科学版），2021（6）：95－104.

⑤ 吴华．网络群体极化的意识形态效应及其治理［J］．青海社会科学，2021（6）：71－81；林春逸，刘冬妮．大学生网络群体极化的形成原因、负面影响及引导策略［J］．学校党建与思想教育，2022（22）：65－68.

⑥ 陈志勇．“圈层化”困境：高校网络思想政治教育的新挑战［J］．思想教育研究，2016（5）：70－74.

也逐渐进入研究者的视域，并产生系列研究成果。

关于网络心理行为与教育辅导的研究。有研究者通过一系列的理论分析和实验研究，修订出大学生网络成瘾量表，并以此为基础界定出大学生正常群体、网络依赖群体和网络成瘾群体的划分标准，分析大学生网络依赖的成因与动机，针对大学生网络依赖的心理机制提出了团体辅导的干预方法。① 有研究者提出，先锋性、独立性和叛逆性是形成青少年网络依赖的重要心理原因，巨大的升学压力和严厉的家庭管束构成了青少年网络依赖的社会学原因，应加大对青少年的理解和关照力度，增强青少年自我监督和管理能力，提高青少年网络素养，这些是理性应对青少年网络依赖的主要举措。② 还有研究者将网络心理依赖分为沟通型心理依赖、信息型心理依赖、娱乐性心理依赖、阅读型心理依赖和无聊型心理依赖五种主要形态，并提出了理性上网的引导策略。③ 此外，有研究者对网络思想政治教育心理展开了系统研究，探讨了网络思想政治教育心理的研究背景与心理规律，研究了网络环境下个体政治心理发展、网络需要心理、认知心理、情绪情感心理、态度心理、互动交往心理与网络思想政治教育，探索了网络环境下群体心理的特征与功能、网络集群行为与网络思想政治教育以及网络心理健康与网络思想政治教育等问题。④

关于网络思想政治教育接受问题的研究。有研究者提出，网络思想政治教育受众主体心理机制是在网络思想政治教育实践中，受众主体心理各要素相互关系和各要素运行的规律。它是推动网络实践活动有序、协调进行的结构系统，主要由需要、动机、兴趣、情绪、意志、理想信念等非智力因素构成。受众主体心理机制在网络思想政治教育活动中发挥着基础和关键作用，需要是驱动机制，动机是动力机制，兴趣是运行机制，情绪体验是催化机制。⑤ 有研究者提出，在网络思想政治教育过程中，最为突出的心理矛盾是教育者主导性与受教育者自主性的矛盾，其基本心理规律仍然是以教育者为主导的施教系统必须适合受教育者的接受心理的规律，并表现为教育者与受教育者良性互动影响规律。⑥

值得关注的是，近年来研究者从多个视角对互联网思维展开了系列研究。一是关于互联网思维的内涵和特质。有研究者提出，互联网思维的核心思想是互联网在发展中始终遵循用户思维，凸显用户至上、以人为本、体验为王。⑦ 二是关于互联网思维在文化、教育发展中的表现及应用。有研究者认为，基于互联网思维，融合社会学、传播学、教育学等相关学科的知识，能够帮助高校思想政治教育实现创新、寻得突破。⑧ 还有研究者提出，应建立符合互联网时代技术特征、传播规律、受众特点、组织形态的思想政治教育体系。⑨ 三是网络思想政治教育的重要理念。有研究者指出，吸引、判断、选择，是网络思

---

① 张再兴，等．网络思想政治教育研究［M］．北京：经济科学出版社，2009：370－410.

② 刘磊，赵红艳．青少年网络依赖的代际特征及教育建议［J］．当代青年研究，2014（4）：64－68.

③ 周彬．网民网络心理依赖、疏离现实与自我救赎［J］．江淮论坛，2021（1）：147－152.

④ 胡凯．网络思想政治教育心理研究［M］．长沙：中南大学出版社，2016：1－287.

⑤ 曾令辉．网络思想政治教育受众主体心理机制探析［J］．学校党建与思想教育，2005（12）：37－38，70.

⑥ 胡凯．网络思想政治教育过程的特点及心理规律初探［J］．思想教育研究，2016（9）：39－43.

⑦ 冯刚．互联网思维与思想政治教育创新发展［J］．学校党建与思想教育，2018（3）：4－8.

⑧ 张媛媛．基于互联网思维的大学生思想和行为引导研究［D］．成都：电子科技大学，2019：1－184.

⑨ 熊钰，林伯海．基于互联网思维的高校思想政治教育创新研究［J］．学校党建与思想教育，2017（3）：73－74.

想政治教育的三个关键词。加强网络思想政治教育，首在吸引，吸引是网络思想政治教育产生、存在、发展的根本前提，没有吸引，就没有网络思想政治教育；要在判断，判断是网络思想政治教育的关键，要着重提高广大网民的判断能力；旨在选择，网络思想政治教育的最终目的是引导、启发、帮助网民在科学判断的基础上做出正确的选择。做好新时期的网络思想政治教育，最重要的，就是在吸引、判断、选择上下功夫。①

此外，学界围绕网络社会心态的基础理论、当代表征和引导方法等方面也形成了一些研究成果。关于网络社会心态的定义。有研究者指出，网络社会心态由“网络”和“社会心态”两部分构成，其核心依然是“社会心态”。网络社会心态是指一定时期内存在于网络社会或网络社会群体之中的社会认知、社会情绪、社会价值观和社会行为倾向的总和。② 有研究者提出，网络社会心态可以看作一种具有关系性、局部主体间性和相对流动性的社会文化现象，网络社会心态具有社群性、极端性、流动性和网络嵌入性等特征。③ 关于不良网络社会心态的应对方式，有研究者提出相关部门要扩大主流文化网络阵地，提升网民媒介素养和包容能力。④ 还有研究者从网络文化建设、网络整体监管与综合治理体系管理、主流媒体正面舆论引导、网民媒介素养培育等方面提出了建议。⑤

（五）关于网络政治参与的研究

伴随着大学生网络政治民主参与实践的不断深入，大学生网络政治参与已经成为网络思想政治教育实践研究中的突出问题。从当前研究发展的现状而言，大多数研究吸收借鉴了政治学的政治参与概念，在政治参与的范畴体系中探讨大学生的网络政治参与。

有研究者提出，与传统政治参与不同，大学生网络政治参与主要有四种方式：一是利用网络获取了解相关政治信息；二是利用网络表达意见和诉求，讨论现实政治议题；三是利用高校内外的网络渠道，取得与高校、政府机构对话的机会；四是以网络为根据地“化言论为行动”，发起现实的活动。大学生网络政治参与具有开放自由、草根式、自下而上、突发性强、理性与非理性并存等特点。⑥ 还有研究者从政治意识“递阶式”拓展、群体效应的自觉酝酿、实践场域与能力的扩展、诉求多元化与渠道缺失四个方面分析了大学生网络政治参与积极行为的形成依据，同时也从围观式政治参与难以融入、利益介入带有盲目性、非理性无序参与、内外政治效能期望错位四个方面分析了大学生网络政治参与的阻碍因素。在此基础上，阐述了大学生网络政治参与积极面形成的机理，表现为以热点追踪为信息源、话题讨论、观念内化、行为实践由外至内再外化的过程。⑦ 还有研究者基于民主政治和网络社会两种理论的视角，认为青年网络政治参与是青年与社会共赢的社会现象。

---

① 骆郁廷．吸引、判断、选择：网络思想政治教育的关键词［J］．马克思主义研究，2016（11）：120－131，160.

② 余建华．网络社会心态何以可能［J］．北京邮电大学学报（社会科学版），2014（5）：16－21.

③ 黄荣贵，等．网络社会心态：核心特征、分析视角及研究议题［J］．社会学评论，2022（3）：102－120.

④ 谢金林．网络舆论社会管理新课题——培育良好的网络社会心态［J］．中国青年研究，2012（3）：18－24.

⑤ 刘璐，谢耘耕．当前网络社会心态的新态势与引导研究［J］．新闻界，2018（10）：75－81，100.

⑥ 罗迪．高校稳定与大学生网络政治参与［J］．思想理论教育，2008（17）：87－90.

⑦ 黄鑫．大学生网络政治参与：阻碍因素、形成机理与引导对策［J］．当代青年研究，2014（6）：10－16.

具体而言，网络参与的平等性实现了青年政治参与的主体地位，网络的隐秘性赋予了青年政治参与的充分自由，网络参与的快捷化使青年的社会活力得到充分展现，网络内容的丰富与参与动因的复杂推动着青年的政治成熟。总而言之，青年网络政治参与推动着青年社会政治价值的实现，推进了青年工作的良性发展，同时也推动了我国民主政治的发展，推进了政治民主化的进程。①

2009年，共青团中央关于“大学生网络政治参与的现状调查与规范”的调查结果显示，大学生网络政治参与程度较低，是潜在的政治参与者，只有在强烈的外在刺激下，才可能成为积极的参与者。与此同时，大学生普遍对于网络的政治影响力和政治参与内容有着高度认知，而且对于网络政治参与和国家宏观政治民主之间关系的定位也比较清晰和准确。进一步分析显示，大学生对主流意识形态的高度认同、对政治系统的高度支持和肯定是大学生保持沉默的思想根源；作为尚未卷入社会资源分配的“政治人”，大学生对政治决策的资源分配功能缺乏感性认识和理性认识，大学生大都支持有效的政府监管，而且认为现有规范机制并不健全，甚至处于缺失状态，需要从制度、技术以及思想教育等方面着手，构建系统性规范机制。从法律制度建设层面回应网络技术对现实政治伦理和政治生活的挑战，加强电子政府建设，有效运用网络平台吸纳公民政治参与，强化网络社会的道德建设等措施都是规范网络政治参与的有效路径。② 还有研究者对网络政治参与结构维度进行分析，以大五人格问卷为基础，探讨人格特质等因素在大学生网络政治参与中的作用。研究结果表明：在校大学生网络政治参与行为偏向于以浏览和转发等为主要形式的围观式参与；学生干部、中共党员、文史类及高学历层次大学生网络政治参与频率相对较高；大学生人格特质对网络政治参与行为影响显著，其中开放性人格和尽责性人格对网络政治参与有正向促进作用，神经质人格和开放性人格对围观式参与行为有正向促进作用，宜人性人格对网络政治参与有负向预测作用。基于此，应针对大学生不同群体及不同人格特质有针对性地开展网络政治参与教育引导，以推进网络思想政治教育守正创新。③ 还有研究者基于中青网的大数据分析，考察青年网络政治参与的多元诉求（关注议题、发展趋势）和内在张力（文本特性、情感倾向）。研究发现，青年通过网络表达利益诉求的数量近年来大幅增长，其中政治权益类、就业创业类和教育发展类议题关注度较高；青年网络诉求情感倾向总体上比较积极，反映了青年群体诉求表达的理性和对国家政治体系的信心；年初“两会”的召开、年终党政机构的考核都激发了诉求表达的数量增加，这说明青年对政治体系中政府回应性的把握。④

有研究者从公民参与阶梯理论的视角出发，认为青年的政治参与已处于象征性参与甚至是实质性参与阶段，或是向实质性参与阶段发展的过渡阶段。这是青年选择网络世界作

① 陆士桢，等．青年网络政治参与：一个社会与青年共赢的重要话题［J］．青年探索，2014（6）：5－11.

② 邹静琴，等．大学生网络政治参与现状调查与规范机制构建——以广东省八所高校为例的实证研究［J］．政治学研究，2010（4）：65－74.

③ 吴先超，陈修平．人格特质在网络政治参与中的作用研究——基于武汉市大学生的问卷调查分析［J］．华中科技大学学报（社会科学版），2019（5）：133－140.

④ 靳娜，张爱军．青年网络政治参与的多元诉求与内在张力——基于中青网的大数据分析［J］．中国青年社会科学，2020（3）：59－66.

为主要的政治生活空间的重要原因。思想政治教育者要在在线讨论中获得在线影响力，确立在线意见领袖的地位，选择的路线包括智慧路线、情感路线、人格路线、语言个性化路线等。教育者特有的智慧、情感，其所具备的人格魅力，以及特殊且具吸引力的语言风格，会有助于为之确立信源上的权威地位，以此消解网络平权，为思想政治教育信息增强被选择的机会和实际影响力。① 此外，还有研究者针对近年比较火热的“饭圈”文化和“知乎治校”现象，探讨其与网络政治参与之间的关联。有研究基于514名“饭圈”粉丝的数据，从政治参与研究和粉丝文化研究的共同关注点出发，考察并证实了受访者的“饭圈”行为对网络政治参与具有正向影响，发现作为社会心理因素的内部政治效能感、集体政治效能感和作为资源的媒介素养以及作为个体生活方式的社交媒体新闻接触以中介变量的形式正向促进了该影响。②“知乎治校”现象不仅直接体现了知乎平台“匿名性”“扁平化”“弥散化”等交往逻辑，而且还反映出大学生网络政治参与的热切渴望。“知乎治校”虽然在一定程度上扩展了大学生网络政治参与的渠道，同时也折射出“学校-学生”良性互动机制的相对确立，因此必须确立高校与学生“治理共同体”的理念，构建以“权利-义务”为遵循的治理框架，打造以协商对话为基础的“善治”格局。③ 可以说，当前关于大学生网络政治参与的研究已经取得了一定的规律性认识，随着网络信息技术的快速发展和全过程人民民主的不断推进，这一实践问题的研究必将继续深入下去。

（六）关于网络思想政治教育话语权的研究

网络话语的所指，不仅仅是单纯的网络语言符号，而且是一套有意义的体系。网络思想政治教育对网络话语的研究，从网络语言的研究到具有社会文化整体性的网络话语研究，再到网络思想政治教育话语权研究，反映了网络思想政治教育实践研究的不断深入。

关于网络思想政治教育话语权的内涵。目前学界对网络思想政治教育话语权的界定主要是从主体角度出发，包括了“单主体说”“双主体说”“泛主体说”等。有研究者提出，网络思想教育话语权是思想政治教育话语在网络空间的主导力、影响力和传播力，本质是思想引领权、价值塑造权和话语主导权。④ 也有研究者从话语权利、话语权力和话语权效三个方面来界定网络思想政治教育话语权，“话语权利”是网络思想政治教育话语权实践的前提与基础，“话语权力”是网络思想政治教育话语权实施的核心与关键，“话语权效”是网络思想政治教育话语权实现的目标与宗旨。⑤ 还有研究者立足于网络思想政治教育话语权的功能发挥过程，从主体话语的说服力、客体活动的接受度、话语内容的感染力、话语形式的创新度、话语传播的覆盖度、话语语境的优化度六个方面分析了网络思想政治教育话语权的要素结构。⑥

关于网络思想政治教育话语权建设面临的挑战及提升路径。有研究者提出，当前网络

① 戴锐，马文静．网络政治参与与青年政治意识的发展［J］．学术交流，2013（2）：21－25.
② 陈宇恒，等．饭圈行为与网络政治参与［J］．当代青年研究，2022（5）：13－23.
③ 徐喜春．“知乎治校”现象分析及其对学生参与大学治理的启示［J］．思想理论教育，2023（2）：106－111.
④ 李丽．网络思想政治教育话语权研究［D］．长春：东北师范大学，2018：23－24.
⑤ 崔海英．网络思想政治教育话语权探析［J］．思想理论教育，2017（8）：85－90.
⑥ 李超民．新时代提升网络思想政治教育话语权研究［M］．北京：人民出版社，2019：55－74.

思想政治教育话语权建设面临以下困境，即主流意识形态理论创新不足和不良思想文化的冲击、网络思想政治话语及其传播与教育对象需求存在偏差、网络思想政治教育在话语权博弈中把控与引导力存在不足和网络思想政治教育话语权处于被动局面。① 还有研究者从社会环境变化形成的网络思想政治教育新问题、社会交往虚拟化增加了网络思想政治教育话语风险、西方话语霸权挤压我国网络思想政治教育话语权空间、传统思想政治教育话语权失效带来的新问题、网络思想政治教育安全管理和方法创新不足和网络思想政治教育工作队伍的“瓶颈”六个方面，全面分析了新时代网络思想政治教育话语权面临的主要挑战。② 面对以上种种挑战，有研究者提出在政治上加强网络教育传播主体的组织领导，在价值上增强主流网络思想文化吸引力，在展望上共享共建安全的网络信息资源。③ 还有研究者提出，掌握新时代网络思想政治教育话语权，根本在于深化话语内涵，增强网络思想政治教育话语思想的权威性；关键在于转变话语方式，增强网络思想政治教育话语表述的大众性；核心在于掌握话语先机，增强网络思想政治教育话语传播的广泛性；重点在于展开话语交锋，增强网络思想政治教育话语主体的斗争性。④ 此外，还有研究者聚焦网络思想政治教育话语魅力，从议题魅力、内容魅力、表达魅力和情感魅力四个向度，剖析网络思想政治教育话语魅力，并从提炼话语议题增强吸引力、坚持内容为王增强说服力、创新表达方式增强亲和力和融入深厚情感增强感染力四个方面，提出网络思想政治教育话语魅力生成的路径。⑤ 作为当前网络思想政治教育实践研究的前沿问题，网络思想政治教育话语权的研究亟待进一步的发展。

（七）关于网络意识形态的研究

网络意识形态是网络时代意识形态发展的新样态，也是网络思想政治教育实践研究的一个重要问题。近年来，伴随着我国网络意识形态建设的深入推进，网络意识形态日益受到网络思想政治教育领域学者的广泛关注，学者围绕网络意识形态的基础理论、网络意识形态建设面临的机遇与挑战、网络意识形态建设的推进路径等方面形成了一些研究成果。

关于网络意识形态的基础理论，研究者主要围绕网络意识形态的生成、概念、特征、类型与功能等方面进行研究。有研究者提出，网络意识形态的发生可以从“网络空间催生新意识形态的产生与传统意识形态通过网络化而成为网络意识形态”⑥ 这两个基本维度加以把握。有研究者将目前学界关于网络意识形态的界定归纳为如下几种观点：基于互联网特性的解读表现为工具论、延伸论、融合论和本体论；基于意识形态特性的解读表现为思想体系论、阶级属性论。⑦ 此外，不少研究者从网络意识形态主体、网络意识形态内容、

---

① 郑元景，周亚辉．网络思想政治教育话语权：生成机理与提升路径［J］．重庆工商大学学报（社会科学版），2019（5）：107－115．

② 李超民．新时代提升网络思想政治教育话语权研究［M］．北京：人民出版社，2019：75－93．

③ 丁梅君，徐建军．论网络思想政治教育话语权效能的提升［J］．中南大学学报（社会科学版），2019（5）：144－150．

④ 李丽．新时代网络思想政治教育话语权的建构路径［J］．思想理论教育导刊，2019（3）：127－131．

⑤ 朱诚蕾，骆郁廷．论网络思想政治教育话语魅力的生成［J］．思想教育研究，2020（9）：31－36．

⑥ 谢玉进．网络意识形态的内涵及其基本特征［J］．电子科技大学学报（社科版），2018（3）：59－63．

⑦ 张瑜，谷永鑫．近年来国内网络意识形态热点问题研究述评［J］．天津行政学院学报，2018（1）：87－95．

网络意识形态传播、网络意识形态风险等角度来展开分析。[①] 对于网络意识形态的功能，有研究者结合网络意识形态的特征，提出网络意识形态具有利益诉求上的批判和整合功能、理论体系上的解构和自建功能、实践主体的异化与塑造功能和网络话语的弱化与主导功能。[②]

网络意识形态建设面临的机遇与挑战是学者探讨的热点话题。一是关于我国网络意识形态建设面临的机遇。有研究者提出，网络给主流意识形态带来新的机遇，主要表现在拓展了意识形态的辐射范围、推动了意识形态的即时应变、隐匿了意识形态的传播主体、丰富了意识形态的传播形式、更新了意识形态的基本内容等。[③] 也有研究者认为，网络意识形态多样化可以促进文化科学的繁荣、促进马克思主义的发展、促进社会的进步。[④] 二是关于我国网络意识形态建设面临的挑战。研究者分析的视角主要集中在网络场域特有的属性、外部挑战和内部挑战三个方面。其一，网络场域特有的属性带来的挑战。有研究者从网络空间虚拟性加大了主流意识形态认同的难度、网络空间共享性增多了主流意识形态认同的干扰、网络空间主体性弱化了主流意识形态认同的权威等方面，探讨了网络空间主流意识形态认同之困境。[⑤] 其二，网络意识形态建设的外部挑战。有研究者立足网络空间这一价值激荡的场域，全面分析了西方价值渗透的手法，比如网络文化浸染、网络舆论抹黑、网络社交渗透、网络利益输送、网络勾连策动。[⑥] 其三，网络意识形态建设的内部挑战。研究者主要围绕网络空间多样社会思潮的冲击、网络意识形态自身建设不足两个方面展开研究。一是网络空间多元社会思潮的冲击。一些研究者专门关注某一思潮或突出现象对于网络意识形态建设的挑战，比如西方“普世价值”思潮[⑦]、网络“泛娱乐化”现象。[⑧] 二是网络意识形态自身建设不足带来的挑战。有研究者指出了当前主体认识的五大误区：网络价值中立论、网络自由论、网络意识形态建设“伪命题论”、网络意识形态建设“附属论”和网络意识形态建设“技术决定论”。[⑨] 也有研究者探讨了网络主流意识形态传播的基本矛盾，即主流意识形态传播内容的既定性与受众状态的流变性、主流意识形态传播内容的理性化与接受方式的感性化、主流意识形态传播理论的大众化与受众需求的个性化、主流意识形态传播话语的政治化与受众话语的生活化、主流意识形态传播的主导性与受众的自主性。[⑩]

关于网络意识形态建设的推进路径，目前的研究成果主要体现在四个方面。一是基于

---

① 李汉卿，张泽一．互联网背景下我国意识形态表征、安全风险及防范［J］．思想理论教育导刊，2016（10）：85-89；黄冬霞，吴满意．网络意识形态内涵的新界定［J］．社会科学研究，2016（5）：107-112；史献芝．网络意识形态的内涵、特征和生成机理［J］．南京邮电大学学报（社会科学版），2018（5）：11-17.

② 徐琴．网络意识形态的功能新探［J］．电子科技大学学报（社科版），2018（3）：69-73.

③ 贾可卿．网络时代的意识形态：机遇、挑战与反思［J］．长白学刊，2015（2）：1-6.

④ 卢黎歌，等．当前我国网络意识形态的博弈与引导［J］．思想教育研究，2017（6）：75-79.

⑤ 王永贵，路媛．网络空间主流意识形态认同困境及其路径创新［J］．理论探索，2019（3）：49-54.

⑥ 骆郁廷，李恩．网络空间西方价值渗透及其应对［J］．思想教育研究，2021（2）：121-126.

⑦ 赵丽涛．西方“普世价值”思潮的网络议题与引导策略［J］．思想教育研究，2017（8）：60-63.

⑧ 汪康，吴学琴．网络“泛娱乐化”引发的主流意识形态安全风险及其治理［J］．思想教育研究，2021（3）：56-60.

⑨ 张志丹．新媒体时代我国网络意识形态建设：危局、误读与突围［J］．河海大学学报（哲学社会科学版），2017（1）：1-7，88.

⑩ 谢玉进，赵玉枝．网络主流意识形态传播的基本矛盾与优化策略［J］．思想理论教育，2018（8）：75-80.

系统论的视角来探讨我国网络意识形态建设的策略。有研究者提出网络虚拟空间社会主义意识形态传播的四条建设途径，即理论先导与现实实践统一，坚守根本话语方式；批判排异与包容创新共存，锻造建设理念张力；舆论公信力与话语感召力并举，增强传播认同效应；网络文化自觉与法规建设同步，保障意识形态安全。① 也有研究者提出，要深化以“权力-知识-话语”为有效手段的网络空间主流意识形态再生产，增强政治公信力、理论供给力、舆论引导力，培育网络空间主流意识形态认同，建设具有强大凝聚力和引领力的主流意识形态。② 二是以网络意识形态的具体领域为切入点，提出网络意识形态建设的路径。有研究者聚焦网络意识形态安全的民意基础，提出确立夯实网络意识形态安全民意基础的新理念新思维、采取夯实网络意识形态民意基础的新方法新手段、达成夯实网络意识形态民意基础的新目标新任务的对策。③ 此外，也有研究者针对美国对华网络意识形态输出的新变化提出应对之策，提出着力攻关互联网核心技术，构建网络意识形态安全的“防火墙”；加强网络法治建设，铸牢网络意识形态安全的“法律网”；协同推进网络宣传教育，建构网络意识形态安全治理的“引力场”；坚持马克思主义在我国网络意识形态领域的指导地位，牢牢掌握网络意识形态安全话语权。④ 三是着重从主体角度提出网络意识形态建设的对策。网络意识形态主体建设就是解决“谁来做”的问题。有研究者提出要形成“多主体参与”的构建合力，从强化党政领导干部的主体责任、抓好意识形态工作专职队伍这支主力军、重视互联网信息技术人才队伍的培养与引进、推动网络空间多元主体协同治理新格局四个方面着力。⑤ 也有研究者从增强主体对网络主流意识形态话语权建构的自觉性、增强主体的综合素养、增强话语主体之间的良性互动、不断往话语主体队伍注入“新鲜血液”四个方面，提出增强网络意识形态话语主体作用力的举措。⑥ 四是强调在批判错误思潮中加强网络意识形态建设。有研究者提出，在网络成为当前意识形态斗争最前沿的形势下，掌握网络意识形态主导权，需要我们辩证地认识和把握网络意识形态生成与发展的内在逻辑及其特征与趋势，坚持马克思主义的指导地位和引领作用，反对个人主义哲学、“去唯物论”以及“去意识形态化”等错误理论和思想倾向，切实把握网络意识形态建设的人民主体立场、科学理论基础和正确价值导向。⑦

（八）关于网络空间治理的研究

在网络思想政治教育视域下，网络空间不是简单的技术和场域概念的叠加，还包含了主体借助技术在场域中进行的各种活动和形成的各种复杂社会关系。而网络思想政治教育与网络空间治理具有主体一致、场域重合、路径同向和目的同一的内在契合性，这使得网络思想政治教育能够有效介入网络空间治理。⑧ 因此，网络空间治理问题也逐渐成为网络

---

① 王涛，姚崇．网络虚拟空间社会主义意识形态传播及其建设研究［J］．北京师范大学学报（社会科学版），2017（2）：99－109.

② 王永贵，路媛．网络空间主流意识形态认同困境及其路径创新［J］．理论探索，2019（3）：49－54.

③ 方世南，徐雪闪．唯物史观视野下网络意识形态安全的民意基础［J］．思想理论教育，2018（1）：30－35.

④ 刘建华．美国对华网络意识形态输出的新变化及我们的应对［J］．马克思主义研究，2019（1）：140－149.

⑤ 杨洋．学习习近平关于构建网络意识形态话语权的重要论述［J］．党的文献，2018（5）：36－43.

⑥ 黄冬霞．网络意识形态话语权研究［M］．北京：中国社会科学出版社，2020：335－350.

⑦ 张瑜．网络意识形态的内在逻辑与正确导向［J］．马克思主义研究，2021（4）：121－129.

⑧ 董兴彬，吴满意．网络思想政治教育视域下的网络空间治理思考［J］．学术论坛，2018（5）：168－173.

思想政治教育实践研究的重要领域。

当前学界对网络空间治理的研究主要集中在网络空间内涵界定、网络空间治理主体分类以及网络空间治理目标探讨等方面。第一，关于网络空间内涵的认知。有研究者运用公共领域这一概念分析当代中国网络空间，认为网络空间并不是完全意义上的“公共领域”，只是一种“准公共领域”、网络舆论空间。① 也有研究者认为，网络空间只是新的社会条件下的一种新的表现形式，与现实生活中的公共领域并无差别，“个人表达的空间或场域——互联网使得任何网络空间的表达具有‘公共性’”②。第二，对网络空间治理主体的探讨。网络空间治理主体大致可以分为三类：网民、网络运营机构和政府。③ 第三，关于网络空间治理目标的研究。研究者从不同角度阐述了网络空间治理目标，但基本上都聚焦到以下两个方面：一是网络空间治理的首要任务是保护和平衡公民的自由权利；二是积极追求良好的秩序，最终走向网络空间的“善治”。

关于网络空间治理与网络思想政治教育的关系，有研究者提出网络思想政治教育对网络空间治理的需求满足。具体来说，网络思想政治教育可以从以下三个方面为网络空间治理提供价值引导，即关注网络环境，掌握在网络空间中的话语权；关注具体问题，提供舆论引导；加强队伍建设，提供治理支持。网络思想政治教育可以从提供道德规范、培育主体的批判意识和理性意识、培育公共精神三个方面为网络空间治理提供规范约束。网络思想政治教育还可以为网络空间治理提供动力支撑，一是通过引导主体能动性的发挥，为网络空间治理提供主体动力支撑；二是助力网络空间文化的整合，为网络空间的治理提供精神动力支撑；三是通过不断进行理论架构的完善，为网络空间治理提供策略引导和理论支撑。④ 有研究者以“饭圈”文化为例，探讨网络文化治理的问题，指出了“饭圈”文化宣扬“与偶像同在”“为偶像助力”等思想理念，虽在某种程度上可以使粉丝获得情感满足与群体归属感，具有一定的建设性作用，但它存在圈地自萌、党同伐异等问题，带有“泛娱乐化”色彩，其负面影响已外溢到网络和社会其他空间。面对“饭圈”文化的负面影响，网络思想政治教育要激发“饭圈”主体精神世界的发展需要，帮助青少年形成以自我发展、自我完善为指向的动机系统；强化道德观和法治观教育，引导“饭圈”主体在社会规范允许的范围内参与“饭圈”活动；坚持正确舆论导向，遏制一切不健康的文娱活动和不规范的应援集资行为，用优秀的文艺作品净化“饭圈”生态。⑤

也有研究者提出，网络思想政治教育是网络空间治理的重要组成部分。当前，网络空间出现的一系列乱象，给高校网络思想政治教育提出了新挑战，集中体现在阵地变化消解平台布局、群体流动扩散目标受众、供需分化扩大信息势差和规则空档滋生网络乱象四个方面。针对以上挑战，网络思想政治教育要牢牢把握主动权，保持教育定力；建立灵活性

---

① 张忠．网络空间作为一种公共领域的可能性分析［J］．北京邮电大学学报（社会科学版），2014（5）：9－15.

② 许海滨，周伟红．网络空间的公共表达［J］．青年记者，2015（2）：14－15.

③ 时影，罗亮．网络公共空间的有效治理：目标、主体与手段［J］．中共天津市委党校学报，2016（6）：78－84.

④ 董兴彬，吴满意．网络思想政治教育视域下的网络空间治理思考［J］．学术论坛，2018（5）：168－173.

⑤ 朱小娟．“饭圈”文化的负面影响及其治理路径［J］．思想教育研究，2022（2）：102－106.

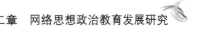

网络思想政治教育平台，提升教育弹力；创建多维度主客互动关系，提高教育引力；打造内生性内容供给模式，增强教育魅力；规范重点领域网络基础秩序，形成教育合力。① 在网络文明建设的新形势下，网络思想政治教育要积极融入网络空间思想引领、加强网络空间文化培育、加强网络空间道德建设、加强网络空间行为规范、加强网络空间生态治理、加强网络空间文明创建的过程之中，这就进一步拓宽了网络空间治理这一领域的研究。

第三节　网络思想政治教育研究进一步深化的着力点

新时代背景下，网络思想政治教育已经成为一种重要育人模式，聚焦互联网思维、完善网络育人机制、凸显网络育人功能，需要在理论与实践的深度融合中进一步深化研究。

一、追踪网络实践不断回应和解答新问题

实践是网络思想政治教育研究形成、发展与深化的基础。作为人类社会进入信息时代的产物之一，网络思想政治教育成为思想政治教育发展的新形态和新领域。而新技术革命的发展与人类网络实践的深入不断产生出新的实践问题，网络思想政治教育研究需要不断追踪和把握网络实践发展而进行持续创新。伴随着互联网波澜壮阔的创新浪潮，网络经济、政治和文化的发展日益广泛和深入，网络实践对于思想政治教育研究提出的大量现实问题需要得到理论回应。从唯物辩证法的观点来看，在网络实践和思想政治教育这一对关系中，网络实践是矛盾的主要方面，思想政治教育作用于网络实践的发展。全面把握互联网和思想政治教育的互动关系是新时代推进网络思想政治教育创新发展的重要原则。通过梳理网络思想政治教育的实践进程，可以发现，我们对网络的认识经历了从网络工具观、网络环境观到网络智能观的演进，体现着网络思想政治教育回应网络实践发展不断破解新问题、建构新理论的发展过程。只有全面深入地研究和把握网络实践的特点和规律，有力回答社会网络化发展所提出的时代问题，才能使理论体系的基本范畴更加科学和准确，才能使理论有效地解释现实和指导实践。因此，网络思想政治教育研究的发展，要坚持以实践中的问题为导向，深入实践，直面问题，把握规律，指导工作，实现理论性与应用性的高度统一。

二、在比较中深入探究和发现新规律

网络思想政治教育是思想政治教育在网络社会环境下的新发展。网络社会的崛起使得思想政治教育从传统的现实世界延伸到崭新的网络世界。在从现实社会向网络社会延伸发展的过程中，思想政治教育的目标、内容、对象、过程和方法都具有了新的内涵，从而不断产生出网络思想政治教育的新范畴。自互联网诞生以来，网络社会的发展经历着从客体环境的数字化、主体交往的虚拟化到主客体实践的智能化的演进过程，网络社会环境进一步演进成为一个虚实交融和人机协同的智能社会有机体，人与智能社会环境共同构成了一

① 陈志勇．网络空间治理背景下的高校网络思想政治教育应对［J］．思想教育研究，2018（12）：110-114.

个更为复杂的网络生态。网络空间与现实世界的关系、虚拟实践与现实实践的关系、人与智能机器主体的关系，成为反映网络思想政治教育特殊规律的重要范畴。由此，网络思想政治教育研究无论是在理论体系的建构方面还是在实践问题的破解方面，都离不开将比较作为方法论。通过将线下空间与线上空间、现实实践与虚拟实践、人类智能与机器智能进行深入系统的比较研究，在比较中发现网络思想政治教育的独特问题，致力探索新规律；在比较中发现网络思想政治教育的发展趋势，努力把握前沿性。网络思想政治教育理论体系的构建，要在传统思想政治教育理论体系基础上进行系统思考、充分比较，确立反映自身特殊规律的范畴和理论。与此同时，比较的过程不但是创新的过程，还是反思的过程。通过系统的比较，深入思考新变化、新发展背后的深层次原因，透过现象看本质，改进已有的认识模式，发展既有的思维方式，在认识和改造客观世界的同时，实现主观世界的提升和发展。

三、守正创新推进学科建设新发展

网络思想政治教育研究具有显著的综合性。作为现代思想政治教育学的分支领域，网络思想政治教育的理论基础是马克思主义，坚持以马克思主义科学理论为根本指导思想，是网络思想政治教育学科体系建设健康发展的根本条件，也是实现网络思想政治教育科学化的根本保证。面对互联网持续创新引发的一系列社会新变化，坚持以马克思主义立场、观点和方法深刻把握网络与思想政治教育的本质关系，坚守网络思想政治教育学科建设的根本要求，不断推进理论体系建设和实践问题探索。与此同时，网络思想政治教育研究要积极借鉴、吸收相关学科的理论和方法，综合运用多学科知识进行理论问题和实践问题的研究。如在网络智能问题的研究中，在马克思主义理论的基础上，哲学、政治学、社会学、信息科学等学科理论和方法具有重要的借鉴作用；在诸如网络舆情、网络话语、网络思维、网络治理等实践问题的研究中，政治学、传播学、语言学、心理学、管理学的理论和方法对于实践问题的分析和破解具有重要的价值。从更深的层面而言，以互联网、新媒体、人工智能为代表的新科技革命从根本上改变了人的生存方式和社会发展形态，这一革命性变化方兴未艾。网络思想政治教育作为这一历史发展阶段的认识和实践活动，必须以整个社会历史发展为背景，及时吸收和借鉴各学科在信息时代背景下的新认识和新成果，在融合各领域学术成果的基础上开展综合性的研究工作，实现基础理论的突破与学科建设的深化。

第二十三章　民族思想政治教育发展研究

马克思主义民族观是马克思主义关于民族和民族问题的总的看法和根本观点，是无产阶级及其政党制定民族纲领和政策的指导思想，是正确认识和解决中国特色社会主义民族问题，实现民族平等，促进各民族“共同团结奋斗、共同繁荣发展”，铸牢中华民族共同体意识的根本遵循。民族思想政治教育是伴随民族的产生而出现的一种客观社会现象，它主要是对社会成员进行马克思主义民族观教育，使其形成正确的马克思主义民族观的社会实践活动。随着思想政治教育学科的建立、发展和完善，学界对民族思想政治教育研究也越来越重视，研究视野不断拓宽、研究内容不断丰富、研究方法不断创新。系统梳理民族思想政治教育学的研究成果，既有利于推动思想政治教育学科的深化和细化，也为有效开展民族思想政治教育提供理论指南和实践指导。

第一节　民族思想政治教育研究文献的统计与分析

随着国内外民族问题的凸显，加强对社会成员马克思主义民族观教育，大力开展民族团结教育，铸牢中华民族共同体意识，成为民族思想政治教育界的学术自觉，研究成果也不断丰富。

一、学术著作和学术论文的统计与分析

从民族思想政治教育研究的著作成果来看，以“民族”和“思想政治教育”为标题① 在“读书学习网”上进行检索，共获得相关著作 40 余部，具体年度分布详见图 23－1。

从民族思想政治教育研究的学术论文来看，以“民族”并含“思想政治教育”为篇名在中国知网上进行检索，共获得文献 1 400 余篇，最早一篇刊发在 1985 年第 3 期的《高校德育研究》（现为《学校党建与思想教育》），具体年度（2003 年以来）分布详见图 23－2。

① “标题”和“关键词”均属反映著作和论文主要内容的术语，但两者相比，“标题”更具有高度概括性、直接性和精准性。限于研究内容的丰富和驳杂，本研究选择以“标题”为文献检索词，而非“关键词”。

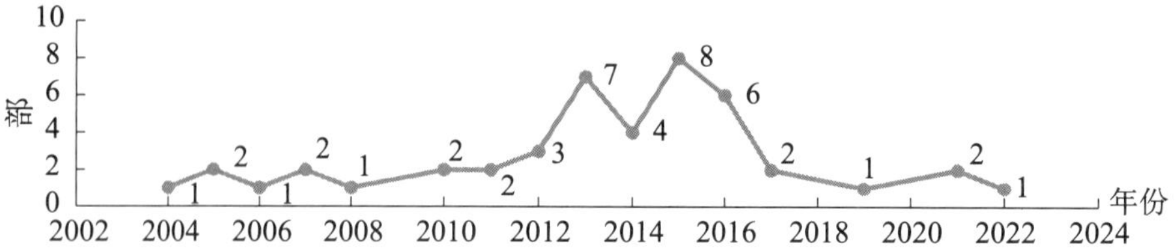

图 23-1 以“民族”并含“思想政治教育”为篇名检索的著作年度分布

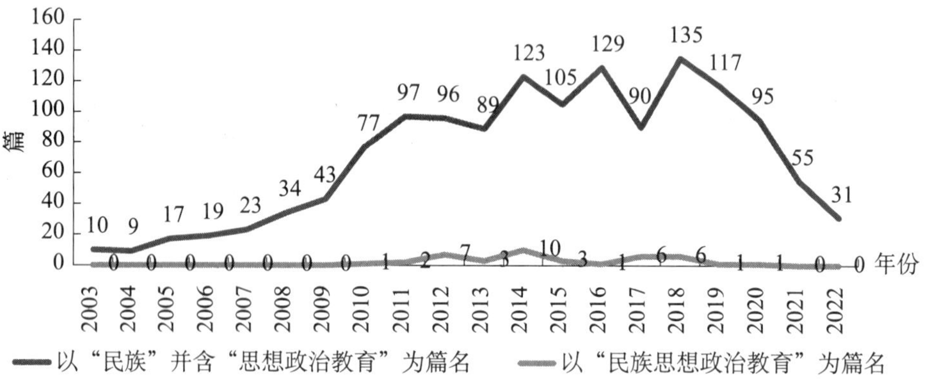

图 23-2 以“民族”并含“思想政治教育”和以“民族思想政治教育”为篇名检索的文献发表年度分布

为了进一步研究，我们又对文献来源数据库做了深入分析：从文献的资源类型来看，中国学术期刊网络出版总库最多，共 1 000 余篇，占 62.1%；其次是特色期刊和教育期刊，均为 240 余篇，占 14.5%；其他依次为，中国优秀硕士学位论文全文数据库 90 余篇，占 5.8%；中国重要会议论文全文数据库 20 余篇，占 1.5%；中国博士学位论文全文数据库 10 余篇，占 0.6%。

从文献的学科分类来看，排名前五位的学科分别是：教育学 1 000 余篇，占 78.7%；马克思主义理论 100 余篇，占 8.1%；民族学 40 余篇，占 3.5%；公共管理学 40 余篇，占 3.4%；政治学 30 余篇，占 2.4%。

二、研究“主题”的统计与分析

从上述两种检索方式所获得文献的研究主题来看，较为分散，其中，“思想政治教育”或“民族思想政治教育”是两种检索所获得文献最为关注的主题，同时，两者所关注的主题也各有侧重。以“民族”并含“思想政治教育”为篇名检索，所获得的文献更加关注思想政治教育对象等问题；而以“民族思想政治教育”为篇名检索，所获得的文献更加关注思想政治教育学科性质及其现实需求等问题。两种检索文献的研究主题具体分布详见图 23-3 和图 23-4。

三、论文作者机构的统计与分析

从文献作者的发表机构来看，大多为高等院校，其中民族高校或民族地区高校发文数量最多，具体分布详见图 23-5。

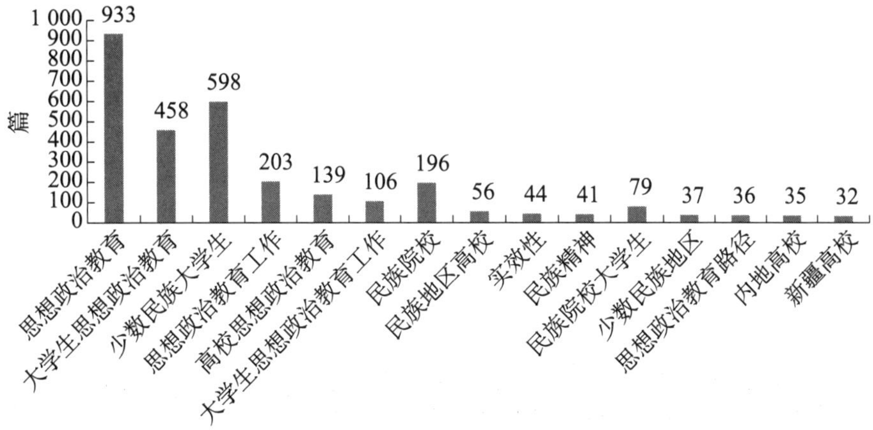

图 23－3　以“民族”并含“思想政治教育”为篇名检索文献的研究主题分布

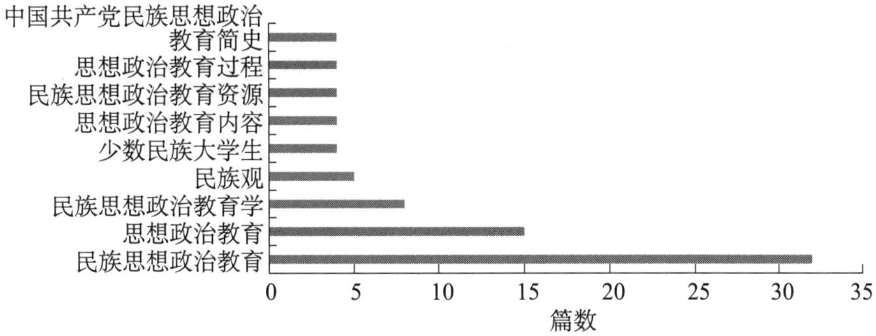

图 23－4　以“民族思想政治教育”为篇名检索文献的研究主题分布

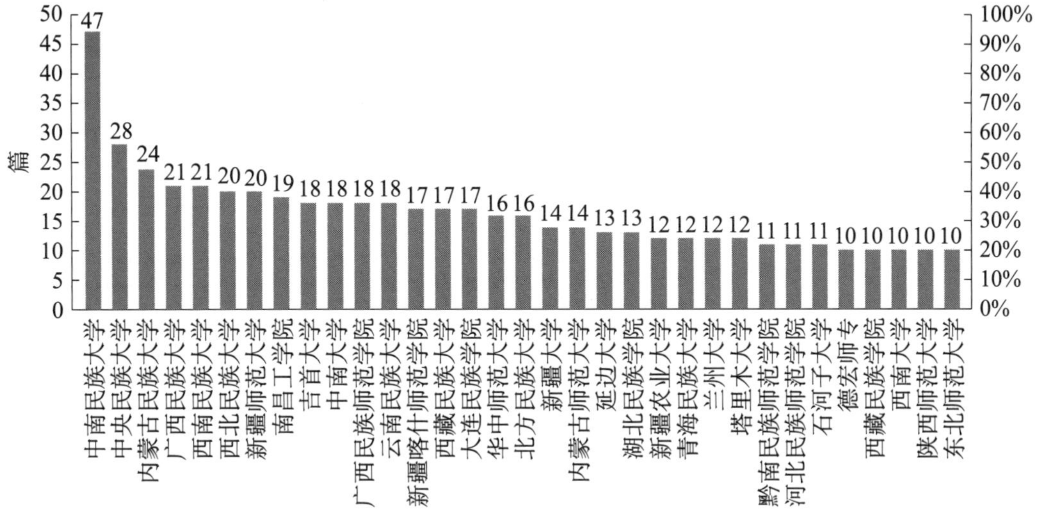

图 23－5　以“民族”并含“思想政治教育”为篇名检索的发文机构分布

四、研究趋势的简要分析

根据“民族思想政治教育主要是对社会成员进行马克思主义民族观教育”这一内涵界

定，民族团结教育和铸牢中华民族共同体意识教育都是民族思想政治教育的重要内容，有必要对此进行比较分析。以“民族团结教育”为篇名在中国知网上进行检索，共获得文献1 600余篇。2014年9月，习近平总书记在中央民族工作会议上指出：“加强中华民族大团结，长远和根本的是增强文化认同，建设各民族共有精神家园，积极培养中华民族共同体意识。”① 在党的十九大报告中，习近平总书记再次指出：“全面贯彻党的民族政策，深化民族团结进步教育，铸牢中华民族共同体意识，加强各民族交往交流交融，促进各民族像石榴籽一样紧紧抱在一起，共同团结奋斗，共同繁荣发展。”从此，学术界“铸牢中华民族共同体意识”的研究蓬勃兴起。以“铸牢中华民族共同体意识”＋“教育”为篇名在中国知网上进行检索，共有文献330余篇，主要出现在2015年以后，处于不断上升趋势，2022年已达140余篇。通过两者比较，以“民族团结教育”为主要内容的研究成果逐渐呈下降趋势，而以“铸牢中华民族共同体意识”教育为主要内容的研究成果呈显著上升趋势。详见图23-6。

图23-6　以“民族团结教育”为篇名和以“铸牢中华民族共同体意识”＋“教育”为篇名检索的文献发表年度分布

第二节　民族思想政治教育研究内容综述

从文献的统计梳理分析可以看到，针对不同对象、不同地域，学界结合民族问题、民族关系、民族团结、民族教育、民族认同、民族发展、民族文化等主题展开了不同视角的思想政治教育学科研究，形成了民族思想政治教育学的基本理论、铸牢中华民族共同体意识教育、民族团结教育、民族地区思想政治教育、民族院校思想政治教育、少数民族大学生思想政治教育等主要的研究领域。

一、学科基本理论研究

民族思想政治教育学的基本理论主要包括民族思想政治教育的基本内涵、学科归属、学科性质、理论基础、特殊矛盾和研究对象、基本范畴、主要内容、过程及其特点、资源

① 中央民族工作会议暨国务院第六次全国民族团结进步表彰大会在北京举行［N］. 人民日报，2014-09-30.

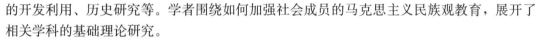

的开发利用、历史研究等。学者围绕如何加强社会成员的马克思主义民族观教育，展开了相关学科的基础理论研究。

（一）关于民族思想政治教育的基本内涵

民族思想政治教育的基本内涵一直是本研究的基础和重点。从现有的一些研究成果来看，学界一致认为，我国是一个统一的多民族国家，民族问题始终是建设中国特色社会主义过程中必须要处理好的重大问题。加强社会成员的马克思主义民族观教育，促使其形成正确的民族观，是民族思想政治教育理论研究和实践运用的客观需要。有学者对“民族思想政治教育”给出了一个定义：“是指某政权或国家（尤其是多民族国家）有目的、有计划地对社会成员进行一定的民族观教育，促使其认同民族、民族共同体和国家的社会实践活动。”① 这阐述了民族思想政治教育的主体是某政党或国家；客体是社会成员，既包括个体，也包括群体；教育内容是马克思主义民族观教育；教育目的是促使社会成员达到对民族、民族共同体和国家的认同。这是从广义上界定民族思想政治教育的内涵，认为民族思想政治教育不是民族和思想政治教育概念的简单叠加，而是指以全体社会成员为对象，以一定社会的民族观教育为主题，以建设符合特定阶级、社会集团需要的民族关系为目的的思想政治教育活动。也有学者从狭义的角度来界定民族思想政治教育的内涵，他们认为，民族思想政治教育是特殊形态的思想政治教育，是指针对特定的少数民族群体、民族地区或民族自治地方开展的思想政治教育，是具有特定目标、特定对象和特殊内容的思想政治教育。学者研究认为，这两种观点具有关联性，它们在理论基础和研究内容上具有一致性。“少数民族成员论”的相关研究为“社会成员论”的深化研究奠定了基础。

（二）关于民族思想政治教育学的学科归属

研究民族思想政治教育学的学科归属，首先需要厘清民族思想政治教育与思想政治教育、民族教育的关系。学者研究认为，民族思想政治教育学的根本任务是引导社会成员树立正确的民族观，它所要解决的是人的思想意识方面的问题，因此，在研究上应以思想政治教育学的基本理论和学科体系为支撑，以思想政治教育学的价值取向为引领。而民族学主要是研究民族的形成与发展规律，尽管它也包含价值引导的成分，但侧重点是关于民族知识的研究和传递；而思想政治教育学尽管也包含着知识教育，但其侧重点是价值教育。民族思想政治教育学主要是对社会成员进行民族观的价值教育与引导，引导社会成员树立马克思主义民族观，学会运用马克思主义的立场观点方法来观察分析现实的民族关系和民族问题。由于民族观教育属于价值观教育的范畴，加强民族观教育的目的在于维护民族团结，铸牢中华民族共同体意识，建立平等团结互助和谐的民族关系，促进民族地区的发展和社会稳定。因此，“民族思想政治教育学是思想政治教育学的重要分支学科，是思想政治教育学的重要组成部分”②。

（三）关于民族思想政治教育学的学科性质

有学者认为，“民族思想政治教育学是以马克思主义理论为指导，用思想政治教育学的理论和方法，以及民族教育的理论和方法，来研究对社会成员进行民族观的教育，

---

① 徐柏才．建立民族思想政治教育学的思考［J］．中央民族大学学报（哲学社会科学版），2009（5）：70－75．

② 徐柏才．民族思想政治教育学导论［M］．北京：民族出版社，2011：12．

揭示民族思想政治教育的本质、规律、原则和方法，用以指导民族思想政治教育实践的一门科学”①。民族思想政治教育与民族思想政治教育学既有区别也有联系。其区别在于，民族思想政治教育是一种社会实践活动，而民族思想政治教育学则是对民族思想政治教育实践的理论概括和抽象，是在民族思想政治教育实践基础上建立起来的一门科学。其联系在于，民族思想政治教育是民族思想政治教育学的实践基础，民族思想政治教育学是民族思想政治教育实践的理论概括，离开了民族思想政治教育实践，民族思想政治教育学将是无源之水，而没有民族思想政治教育学的科学指导，民族思想政治教育实践的效果就不可能达到预定的目标。学者普遍认为，民族思想政治教育学作为一门独立学科，同一切哲学社会科学一样，具有强烈的意识形态性，也具有自己的特性。在学科性质上，民族思想政治教育学具有政治性、实践性、综合性和民族性。在学科价值立场上，民族思想政治教育学坚持运用马克思主义的民族理论和中国共产党的民族政策来武装社会成员的思想，形成建设中国特色社会主义民族关系所要求的正确民族观。在学科发展动力和方向上，民族思想政治教育学是民族思想政治教育实践活动的产物，民族思想政治教育学的理论来源于党和国家所开展的各项民族工作实践，民族思想政治教育学服从和服务于党和国家的民族工作需要。在学科理论架构上，民族思想政治教育学作为一门衍生和分化的学科，具有知识集成和理论创新的特点，需要综合运用思想政治教育学、政治学、教育学、伦理学、社会学、民族学、人类学、心理学等学科的理论和方法。在学科实践特色上，民族思想政治教育学具有鲜明的民族性，民族主体身份、民族团结教育、民族关系状况、民族文化习俗始终是民族思想政治教育学产生和发展的社会环境、实践形态和重要载体。

（四）关于民族思想政治教育学的理论基础

民族思想政治教育伴随着民族现象而产生和发展，不同时空的民族思想政治教育，也因社会制度不同，理论基础必然有差异。我们研究的是马克思主义民族思想政治教育学，因此必然要从马克思主义的视域出发，要从中国特色社会主义事业出发。马克思主义理论就为民族思想政治教育学的建立奠定了根本理论基础。中国共产党历来重视民族工作，并在不同的历史时期，提出了一系列的民族理论和民族政策，尤其是改革开放40多年来，我们党将马克思主义民族理论与中国民族实际相结合，提出了一系列的新思想和新观点，特别是习近平总书记关于加强和改进民族工作的重要思想，奠定了建立民族思想政治教育学的直接理论基础。用思想政治教育学的基本理论、原理与方法来研究民族思想政治教育现象、学科体系和学科群，既可以推进民族思想政治教育学的发展，又有利于丰富和完善思想政治教育学的分支学科，是建立民族思想政治教育学的具体理论基础。就基础研究而言，学界普遍认为，马克思主义的民族理论、党的民族理论和民族政策、习近平总书记关于加强和改进民族工作的重要思想，都是民族思想政治教育学研究的直接理论基础；马克思主义民族理论和民族政策的宣传教育，以及在理论研究和实践工作中所取得的基本经验、主要方法，奠定了民族思想政治教育学研究的实践基础；民族学、社会学、历史学、政治学、文化学、人类学等学科关于民族问题、民族关系、民族认同、文化认同、国家认同的研究，思想政治教育学关于民族团结教育和铸牢中华民族共同体意识教育的研究，都为民族思想政治

① 徐柏才．民族思想政治教育学导论［M］．北京：民族出版社，2011：4.

教育学的构建提供知识积累、学科体系、学术体系、话语体系搭建厚实的理论基础。

（五）关于民族思想政治教育学的特殊矛盾和研究对象

有学者研究认为，社会成员的民族观与一定社会所要求的民族观存在差异和矛盾，形成了开展民族观教育的客观社会要求，只要社会成员的民族观与社会所要求的民族观存在差异，民族思想政治教育就有存在的必要。从这个意义上讲，社会成员的民族观与社会所要求的民族观的差异，就构成了民族思想政治教育过程的特殊矛盾，这一矛盾贯穿于民族思想政治教育过程的始终，影响着民族思想政治教育的实践运行，制约和支配着民族思想政治教育过程中的其他矛盾，规定着民族思想政治教育存在与发展的趋势。由此，探讨社会成员民族观的形成与发展规律，以及对社会成员有效地开展民族观教育的规律，就构成了民族思想政治教育学特定的研究对象，形成了分析和把握社会成员的民族意识、民族观念、民族认同、民族行为的特定研究任务。在多民族国家，民族关系是一种互动性结构，民族共同体与民族共同体意识亦受这种互动的制约。汉族的中华民族共同体意识，汉族对少数民族的态度，对少数民族的国家认同、国族认同具有重要作用力。① 加强全社会成员的马克思主义民族观教育，铸牢中华民族共同体意识，应该成为民族思想政治教育学的根本任务。

（六）关于民族思想政治教育学的基本范畴

民族思想政治教育学作为专门研究社会成员的民族观形成发展规律和对其进行民族观教育规律的一门学科，是思想政治教育学下属的分支学科。有学者研究认为，思想政治教育学的基本范畴对民族思想政治教育学的范畴建构具有指导和适用的意义；同时，民族思想政治教育学的范畴又是指反映和概括其所研究的特殊领域的各种现象及其特性、关系、方面等本质的基本概念。也有学者研究认为，民族思想政治教育学特有的基本范畴有五对，这就是：起点范畴——民族认知与民族认同；中心范畴——教育主体与教育客体；基项范畴——民族平等与民族团结；中介范畴——民族文化与文化认同；终点范畴——国家认同与道路认同。② 它们构成一个统一的有机整体，层次分明，逻辑清晰，相互联系，相互影响，共同支撑民族思想政治教育学理论体系的构建。

（七）关于民族思想政治教育的主要内容

马克思主义民族观教育是民族思想政治教育的基本内容，其教育目的是促进社会成员达到对民族、民族共同体和国家的正确认同。同时，加强对社会成员的马克思主义民族观教育，更好地维护民族团结和社会稳定，也是民族思想政治教育的根本目的。有学者认为，“民族思想政治教育除了容含一般性的教育内容如思想教育、政治教育、道德教育等之外，应着力凸显中国化的马克思主义民族观教育，特别是习近平总书记关于加强和改进民族工作的重要思想的教育。应从民族认同观教育、民族国家观教育、民族宗教观教育、民族历史观教育、民族文化观教育、民族团结观教育、民族发展观教育等方面加强民族观教育”③。也有学者认为，“马克思主义的民族观、宗教观、国家观、文化观和历史观是正

---

① 雷振扬，兰良平．铸牢中华民族共同体意识：研究现状与深化拓展［J］．中南民族大学学报（人文社会科学版），2020（4）：24－31．

② 徐柏才．论民族思想政治教育学的基本范畴［J］．思想理论教育，2016（6）：54－60．

③ 徐柏才．民族思想政治教育研究文集［M］．武汉：武汉大学出版社，2012：39．

确认识民族、宗教与国家关系以及党的民族宗教政策的理论基础，是培养民族精神，树立正确的民族意识、民族文化观和民族价值观的理论基础”①。从广义上讲，民族思想政治教育的内容涉及民族理论、民族政策、民族工作、民族文化、民族关系、民族团结、民族认同、文化认同、国家认同、道路认同以及政党认同等多方面的内容，同时还要随着民族关系和民族工作的发展而不断变化调整。因此，现阶段民族思想政治教育的主要内容，就是要认真开展习近平总书记关于加强和改进民族工作重要思想的学习教育，深入开展以“一个主线”（以铸牢中华民族共同体意识为主线）、“两个共同”（共同团结奋斗、共同繁荣发展）、“三个离不开”（汉族离不开少数民族、少数民族也离不开汉族、各少数民族之间也相互离不开）、“三个意识”（国家意识、公民意识、法律意识）、“四个共同”（辽阔的疆域由各民族共同开拓、悠久的历史由各民族共同书写、灿烂的文化由各民族共同创造、伟大的精神由各民族共同培育）、“四个与共”（休戚与共、荣辱与共、生死与共、命运与共）、“五个认同”（对伟大祖国的认同、对中华民族的认同、对中华文化的认同、对中国特色社会主义的认同、对中国共产党的认同）、“五观”（马克思主义国家观、民族观、文化观、历史观、宗教观）、“六个相互”（相互了解、相互尊重、相互包容、相互欣赏、相互学习、相互帮助）为主题的民族思想政治教育。

（八）关于民族思想政治教育的过程及矛盾

有学者认为，民族思想政治教育的过程是受教育者民族主体身份和国家公民身份共生共长的过程。这个教育过程是教育者根据一定社会的政党或国家对社会成员的民族观要求，以及社会成员实际的民族观状况，有目的、有计划、有组织地对受教育者进行民族理论、民族政策、民族意识以及文化认同、民族认同、国家认同等方面的教育，激励受教育者充分发挥自身主观能动作用，并产生内在的思想矛盾运动，促使受教育者形成、发展并确定社会所期望的正确民族观和国家观的教育实践过程。② 民族思想政治教育过程的基本矛盾，就是教育者所接受并掌握的一定政党或国家的民族观与受教育者实际的民族观水平之间的矛盾；具体矛盾是民族主体身份之间的矛盾、本民族认同与中华民族认同之间的矛盾、民族认同与国家认同之间的矛盾、民族发展与社会发展之间的矛盾、国内外环境引起的矛盾等。民族思想政治教育过程的基本规律是教育者的教育活动，既要适应受教育者实际的民族观状况，又要超越受教育者的原有基础，体现出社会对受教育者的民族观要求。

（九）关于民族思想政治教育资源的开发利用

有学者认为，民族思想政治教育资源是指在民族思想政治教育活动中，能够被教育者开发利用的、有利于更好地实现民族思想政治教育目的的各种要素的总和，包括物质资源和精神资源、自然资源和社会资源、政治资源和文化资源、显性资源和隐性资源、现代资源和未来资源等多个方面。它是民族思想政治教育的源泉和基础，离开了民族思想政治教育资源，民族思想政治教育将无法实施。为实现民族思想政治教育资源的有效开发和利用，必须提高对民族思想政治教育资源价值的认识，在努力提高民族思想政治教育者素质的基础上，构建起完善的民族思想政治教育资源体系，通过对民族思想政治教育资源的合

① 陈文阁．中国共产党培育民族精神的基本经验与启示［J］．辽宁行政学院学报，2012（3）：148-150.

② 孙明福．民族院校思想政治教育过程研究［M］．广州：世界图书出版广东有限公司，2013：64-66.

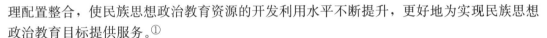

理配置整合，使民族思想政治教育资源的开发利用水平不断提升，更好地为实现民族思想政治教育目标提供服务。①

（十）关于民族思想政治教育的历史研究

有学者认为，民族思想政治教育史叙述了马克思主义民族理论在我国的传播、宣传、教育和与时俱进的发展过程，需要从党的民族理论发展和民族工作的实践中总结党的民族思想政治教育的优良传统、基本经验和时代价值。还有学者认为，党的民族思想政治教育的理论、方法和经验，构成了党的民族思想政治教育史研究的主要内容；以马克思主义民族观和党的民族理论政策的宣传教育为中心，实现党的民族思想政治教育活动的社会化，大力加强民族干部的培养，构成了党的民族思想政治教育的主要经验。②

二、铸牢中华民族共同体意识教育研究

2017 年，习近平总书记在党的十九大报告中提出了“铸牢中华民族共同体意识”的重大原创性论断，这是马克思主义民族理论中国化时代化的重大理论创新成果，是新时代开展民族工作的根本遵循，也是新时代加强和改进民族思想政治教育的思想指南。学界对“铸牢中华民族共同体意识”展开了多学科的研究，研究成果呈井喷发展态势。这里仅从“教育”的视角对“铸牢中华民族共同体意识”的成果做系统梳理。

（一）铸牢中华民族共同体意识教育的内涵和意义研究

铸牢中华民族共同体意识教育的科学内涵包括概念内涵、理论内涵、实践内涵三个方面。有学者认为，铸牢中华民族共同体意识教育的核心在于通过政治的、文化的、教育的途径铸牢中华民族每个成员自觉的共同体意识，并能在社会生活中形成自觉的话语意识；在于铸牢中华民族共同体的自觉意识，让民族团结理念内化于心；在于通过民族团结教育、国家统一教育、民族复兴教育铸牢中华民族团结共同体意识，让民族团结理念外显于行。③ 关于加强中华民族共同体意识教育的意义，有学者认为，它是对马克思主义理论的发展和丰富，是对博大精深的中国文化的传承和发展，也是为“两个一百年”奋斗目标的实现和中华民族伟大复兴的中国梦的实现提供动力支持。④ 它是近代以来中国人民追求民族独立与人民解放的宝贵精神财富，也是当代中国实现中华民族伟大复兴的不竭精神动力。⑤ 它是维护民族团结和实现中华民族伟大复兴中国梦的精神力量。⑥ 有学者从微观、中观和宏观三个层面分析了学校开展铸牢中华民族共同体意识教育的意义，微观上是积累中华民族共同体的感官知识，形成民族观、祖国观等认知体验，是对伟大祖国、中国共产

① 巴玉玺．民族思想政治教育资源开发利用策略探析［J］．中南民族大学学报（人文社会科学版），2015（3）：165－168.

② 徐柏才，刘启春．中国共产党民族思想政治教育简史［M］．北京：民族出版社，2013：367－385.

③ 王鉴，刘莹．论铸牢中华民族共同体意识教育的科学内涵［J］．西北师大学报（社会科学版），2022（5）：14－22.

④ 王文艳．加强高校大学生中华民族命运共同体意识培育的思考［J］．湖北经济学院学报（人文社会科学版），2019（1）：4－6.

⑤ 商爱玲．铸牢大学生的中华民族共同体意识［J］．西南政法大学学报，2018（1）：3－8.

⑥ 顾超，王学俭．新时代培育少数民族大学生中华民族共同体意识的思考［J］．湖北社会科学，2019（7）：167－173.

党、中华民族及中华传统文化等的情感认同；中观上是形成基础教育和高等教育的有效衔接，建立其区域性指导机制、形成多主体参与的开发机制、建立包括“民族文化”等多元文化凝融机制、拓展“互联网+”等线上线下结合的校本课程开发渠道、加强以“推普”为基本形式的话语体系构建和教育转化等需要；宏观上是从牢固思想基础、创造社会环境、构筑物质条件、营造舆论氛围等方面入手，为铸牢中华民族共同体意识探寻有效路径的需要。①

（二）铸牢中华民族共同体意识教育的内容研究

铸牢中华民族共同体意识教育内容涉及面广，包括坚持中华民族历史观，对中华民族共同体形成、发展的知识体系有深刻的理解与认知；中华民族共同体意识教育也是信仰体系的培育过程，即中华民族共同体是客观存在的民族实体，是具有强大凝聚力和生命力的共同体；铸牢中华民族共同体意识教育还是实践和行为的培养过程，要使广大儿童、青少年能够自觉维护中华民族的根本利益。② 有学者以“云南经验”为例，认为铸牢中华民族共同体意识教育，主要是坚持“团结第一”，各民族“共同团结奋斗，共同繁荣发展”。围绕“两个共同”主题，促进社会成员形成对中国共产党领导的思想认同、共同富裕的祖国认同、中华文化认同和中华民族认同。③ 有学者认为，要着力加强正确的祖国观、历史观、民族观教育，使大学生牢固树立“中华民族命运共同体”意识。④ 有学者认为，“五个认同”教育是培养中华民族共同体意识的价值诉求。⑤ 增强中华文化认同是少数民族大学生民族团结教育的根本和关键，培育中华民族共同体意识是少数民族大学生民族团结教育的核心和灵魂，是增强少数民族大学生民族团结教育针对性和实效性的关键。⑥

（三）铸牢中华民族共同体意识教育的机遇和挑战研究

铸牢中华民族共同体意识教育既有机遇，也面临着挑战。在机遇方面，有学者认为，少数民族大学生中华民族共同体意识培育的机遇包括，党对民族工作的高度重视提供了战略性机遇，中华民族伟大复兴中国梦提供了动力性机遇，社会主义核心价值观的弘扬提供了引领性机遇，少数民族地区快速发展提供了保障性机遇。⑦ 面临的挑战和困境方面，有学者认为，当前学校场域中铸牢中华民族共同体意识教育存在着意识形态教育形式化、意识生态建设表面化、意识心态修养被动化等问题。⑧ 在铸牢中华民族共同体意识的教育实践中，不同程度地存在着认识上的“三个不清楚”，即不清楚铸牢中华民族共同体意识教

---

① 普丽春，子华明，赵伦娜．边境地区学校铸牢中华民族共同体意识教育探索——基于中国边境云南段的调查[J]．学术探索，2022（1）：146－156.

② 万明钢．有形有感有效推进铸牢中华民族共同体意识教育［J］．中国民族教育，2022（4）：1.

③ 王建国，赵亚楠．新时代爱国主义的时代主题、基本内涵和践行路径——学习习近平总书记关于爱国主义的重要论述［J］．当代世界社会主义问题，2020（1）：3－11.

④ 焦敏．高校民族团结教育应加强“中华民族命运共同体”认同意识教育［J］．民族教育研究，2017（5）：12－16.

⑤ 吴颖．论西藏高校“五个认同”教育价值诉求及其实践路径［J］．高教学刊，2018（1）：37－39.

⑥ 徐柏才，崔龙燕．新形势下加强大学生民族团结教育的若干思考［J］．民族教育研究，2015（5）：5－11.

⑦ 侯大鹏．少数民族大学生中华民族共同体意识培育研究［D］．重庆：西南大学，2019：31－36.

⑧ 许可峰．民族地区学校场域铸牢中华民族共同体意识：路径、问题与改进［J］．西北师大学报（社会科学版），2021（5）：58－66.

育的具体内容应该包括什么、不清楚民族团结进步教育与铸牢中华民族共同体意识教育之间的联系和区别、不清楚如何处理共同性与差异性的关系，这成为制约教育效果的认知障碍。① 有学者认为，在爱国主义教育方面还存在着教育形式缺乏联动性、学科融入程度不高，教育内容时代性和层次性不够的问题；在民族团结进步教育方面存在着教育课时不足、理论上深入研究不足，教育活动载体单一，教育评估体系不完善等现象；民族文化传承教育方面存在着民族文化传承教育弱化，民族文化传承教育经费不足，传承教育途径和阵地建设亟待加强等瓶颈。② 有学者从后主体性理论视角分析了铸牢中华民族共同体意识教育面临的挑战，认为目前主要存在几个方面难题，即民族成分等内部差异加剧了共同体意识培育的难度，跨文化心理机制作用消解了公共生活的秩序感，边境家乡的特殊情况弱化了学生的政治认同感。③ 有学者提出，少数民族大学生在铸牢中华民族共同体意识教育中，存在着来自内部的族际张力的影响，又受到外部思潮与势力的冲击。④ 在全球化进程中，西方新自由主义等思潮的传播，以及境外敌对势力向我国边疆地区渗透民族分裂主义和宗教极端主义思想，致使少数民族大学生的国家意识、公民意识和中华民族共同体意识存在被解构的风险。⑤ 也有学者通过实证调查分析发现，铸牢中华民族共同体意识教育的机遇与挑战，主要与民族常识缺乏、民族理论和政策教育缺失、中华民族共同体和精神家园意识尚未完全建立、各民族的大学生交往交流交融欠缺这四个问题密切相关。⑥ 正如有学者所指出的那样："在社会改革和发展进程中出现社会矛盾是不可避免的，关键在于如何更加有效地防范和化解这些社会矛盾，使这些矛盾转换为社会进步与人民发展的助力。"⑦ 防范和化解社会矛盾是一项复杂的系统工程，在思想政治教育工作的引导下提升少数民族地区人民群众的综合素养，引导他们理性平和地表达诉求，凝聚铸牢中华民族共同体共识，是这一系统工程中的重要一环。

（四）铸牢中华民族共同体意识教育的路径研究

铸牢中华民族共同体意识教育是跨学科的综合研究。有学者认为，要从象征教育、情感教育、价值观教育中，构建学校铸牢中华民族共同体意识教育的逻辑层次。象征教育让学生感知中华民族共同体意识的符号文化，并唤醒群体记忆；情感教育让学生体验文化情境，并生成中华民族共同体意识情感；价值观教育促进学生民族观、祖国观、历史观等中

---

① 严庆．提升学校铸牢中华民族共同体意识教育的信度与效度研究［J］．西北师大学报（社会科学版），2022（5）：5－13.

② 普丽春，子华明，赵伦娜．边境地区学校铸牢中华民族共同体意识教育探索——基于中国边境云南段的调查［J］．学术探索，2022（1）：146－156.

③ 原子茜，袁梅：后主体性理论视角下民族高校铸牢中华民族共同体意识教育研究［J］．西南民族大学学报（人文社会科学版），2022（2）：219－225.

④ 顾超，王学俭．新时代培育少数民族大学生中华民族共同体意识的思考［J］．湖北社会科学，2019（7）：167－173.

⑤ 石奋齐，唐倩．边疆民族地区高校开展"国家意识、公民意识、中华民族共同体意识"教育的实施路径研究［J］．上海市社会主义学院学报，2019（3）：61－64.

⑥ 马进，王瑞萍，郭丽蓉，等．我国是一个统一的多民族国家基本国情教育刻不容缓——甘肃省大学生国情掌握情况调研报告［J］．黑龙江民族丛刊，2017（1）：25－30.

⑦ 冯刚，王振．以文化人在国家治理现代化中的价值意蕴［J］．北京大学学报（哲学社会科学版），2019（6）：83－92.

华民族共同体意识核心价值导向。① 有学者从民族教育视角分析，提出应注重铸牢中华民族共同体意识教育的经济逻辑、政治逻辑、社会逻辑和文化逻辑。② 有学者从政治心理学角度，探讨高校铸牢中华民族共同体意识教育的理论契合性和逻辑自洽性，即通过政治认知教育、文化认知教育、情感认知教育提升大学生对中华民族共同体的认知水平；通过乐情、冶情、融情教育提升大学生对中华民族共同体的情感；通过情境、结构、关系的协调来形塑大学生健全的人格。③ 有学者借助知识社会学理论，将民族院校铸牢中华民族共同体意识教育的发展过程分为层次递进的知识生产、知识再脉络化以及知识再生产三个层次，认为要明确中华民族共同体意识教育的内容边界，促进知识生产合目的性发展；明确中华民族共同体意识教育的情景边界，促进知识再脉络化合规律性发展；明确中华民族共同体意识教育的主体边界，促进知识再生产合主体性发展。④

有学者从组织引领教育常态化设计、思政引导教育常态化理念、团学熏陶教育常态化效果、社会践行教育常态化实践等方面，探讨构建高校铸牢中华民族共同体意识教育常态化机制的路径。⑤ 有学者认为，讲好中华民族团结奋斗故事，充分发挥故事育人的教育功能，是教育引导各族青少年铸牢中华民族共同体意识、增强“五个认同”的重要路径。⑥ 有学者通过实证分析，认为学校铸牢中华民族共同体意识教育需要从加大教学资源优化整合，加强科研育人力度，注重对学生开展调研并完善体制机制，构建“三全育人”大思政格局等方面予以加强和改进。⑦ 还有学者结合教学实践，认为铸牢中华民族共同体意识教育应在案例教学中注重对学生加以正面引导；教育内容应思想性和知识性并重；在扩充知识储备、提升业务素质和师德修养中不断增强教师主导作用；在实践教学中能动地发挥教育对象主体作用等。⑧ 有学者认为，在知识选择过程中知识内涵的目的性，涉及知识的内容边界；知识的组织过程需关照知识甄别的社会初始语境，涉及知识的情景边界；知识的传递过程负载于师生间的有意义互动，涉及知识的主体边界。

有学者提出，要通过构建“大思政”教育平台的手段、解决少数民族大学生面临的现实问题，增强铸牢少数民族大学生中华民族共同体意识的实效性。⑨ 应从明确认

---

① 蒋文静，祖力亚提·司马义．学校铸牢中华民族共同体意识的逻辑层次及实践路径［J］．民族教育研究，2020（1）：13－21.

② 陈达云，赵九霞．民族教育塑造中华民族共同体意识的四重逻辑——学习习近平总书记关于民族教育重要论述研究［J］．新疆大学学报（哲学·人文社会科学版），2021（2）：66－71.

③ 青觉，王敏．认知、情感与人格：高校铸牢中华民族共同体意识教育的政治心理建构［J］．民族教育研究，2021（6）：26－36.

④ 张良，苏德，杜林．知识社会学视域下民族院校铸牢中华民族共同体意识教育的逻辑层次与实践路径［J］．西南民族大学学报（人文社会科学版），2022（12）：212－217.

⑤ 苏晓轶．高校铸牢中华民族共同体意识教育常态化机制构建研究［J］．北方民族大学学报，2021（5）：172－176.

⑥ 李郭倩．讲好民族团结奋斗故事推进铸牢中华民族共同体意识教育路径研究［J］．贵州民族研究，2022（4）：192－196.

⑦ 杨敏，陈雪龄．民族高校铸牢中华民族共同体意识教育满意度的实证研究［J］．民族学刊，2022（12）：70－77，153.

⑧ 戴嘉艳．影响高校铸牢中华民族共同体意识教育实效的核心要素分析［J］．满族研究，2021（4）：9－12.

⑨ 孟瑜．铸牢大学生中华民族共同体意识研究［J］．黑龙江民族丛刊，2018（3）：44－49.

知前提、打牢物质基础、凝聚价值共识、优化教育渠道和促进实践确证五个维度进行系统建构。① 还有学者认为，新时代加强高校少数民族大学生中华民族命运共同体意识教育必须以社会主义核心价值体系为基础，铸牢中华民族命运共同体意识培育的根本；以校园文化建设为载体，建立中华民族命运共同体意识培育的良好氛围。② 有学者结合“思想道德修养与法律基础”教学分析，认为要将中华民族共同体意识教育融入“思想道德修养与法律基础”课教育教学全过程。③

还有学者认为，民族地区高校是铸牢中华民族共同体意识教育的重要阵地，应充分发挥自身优势，积极传播民族团结知识，创新民族团结教育手段和方法，全面推进铸牢少数民族大学生中华民族共同体意识教育。④ 有学者认为，既要通过课堂教学强化大学生的理性认识，又要充分发挥国家、社会的力量，鼓励各族大学生积极参与社会实践，引导大学生以实际行动将中华民族共同体意识嵌入心中、融入血液、落到实处，使理性认识转化为行为自觉。⑤ 通过加强对中华民族共同体意识教育的组织领导、建构中华民族共同体意识教育的课程教学模式、创新中华民族共同体意识教育的平台建设、建立健全各民族学生嵌入式交往的校园环境等路径，有效铸牢民族地区高校大学生的中华民族共同体意识。⑥

三、民族团结教育研究

开展民族团结教育是一项长期而紧迫的战略任务，事关实现“第二个百年”奋斗目标，事关建设中国特色社会主义事业全局，事关国家的长治久安，事关中华民族的伟大复兴。特别是党的十八大以来，以习近平同志为核心的党中央从党和国家事业发展全局出发，提出了一系列关于加强民族团结教育的新思想、新理念、新举措，形成了习近平总书记关于加强和改进民族工作的重要思想。学者对此展开了深入的研究，文章和著作较多，归纳起来，主要包括以下方面：

（一）关于民族团结教育重要性的研究

有学者认为，加强民族团结教育，是迎接国际国内形势挑战，防止敌对势力向学校渗透，与我争夺青年一代的需要；是高校人才培养工作尤其是思想政治教育工作的需要；是牢固树立马克思主义民族观的需要⑦；是解决当前我国现实民族问题的需要；是培育和践行社会主义核心价值观的需要；是维护社会稳定和国家统一，进一步推进爱国主义教育的需要⑧；

---

① 顾超，王学俭．新时代培育少数民族大学生中华民族共同体意识的思考［J］．湖北社会科学，2019（7）：167－173.

② 王文艳．加强高校大学生中华民族命运共同体意识培育的思考［J］．湖北经济学院学报（人文社会科学版），2019（1）：4－6.

③ 陈玲．在“思想道德修养与法律基础”课中培育大学生中华民族共同体意识的思考［J］．思想教育研究，2019（5）：95－98.

④ 陈明华．在民族院校进行中华民族共同体教育的几点思考［J］．理论视野，2019（4）：24－29.

⑤ 孙鹏．意蕴·成效·路径：新疆高校铸牢中华民族共同体意识教育的三重境域［J］．新疆社科论坛，2022（4）：24－28.

⑥ 包银山，王奇昌．民族地区高校推进铸牢大学生中华民族共同体意识教育探析［J］．民族教育研究，2019（4）：64－68.

⑦ 康春英．对民族院校开展民族团结教育的认识和思考［J］．思想理论教育导刊，2005（1）：51－54.

⑧ 王姗萍．加强大学生民族团结教育的时代意义［J］．边疆经济与文化，2010（10）：75－76.

是实现民族地区持续、稳定、科学发展的重要保障①；是保障中华民族核心利益与维护我国宪法和法律尊严的重要举措②。高校开展民族团结进步教育不仅关乎大学生个人的成长成才、高校的建设和发展，更关乎社会的和谐稳定与祖国的统一，这是新时代中国特色社会主义发展的需要。③

（二）关于民族团结教育面临挑战的研究

有学者从思想政治教育系统的不同要素揭示了民族团结教育面临的挑战。从现实环境来看，主要有民族主义思潮和民族分裂活动渐趋活跃，国家统一面临新的挑战；区域经济发展差距拉大，社会和谐面临新的挑战；网络文化迅猛发展，传统民族团结教育面临新的挑战。④ 从教育主体来看，主要是教育主体对于西方敌对势力和“三股势力”利用民族、宗教问题加紧对我推行“西化”“分化”和遏制战略的严重性、复杂性认识不足；对新形势下民族关系的发展变化对民族团结教育提出的新要求，认识不到位，准备不充分⑤；对教育目标和教育内容认识不清；教育手段过于陈旧，教育针对性不强，且未能形成一套有效的教育模式，以及对民族团结教育的淡化等⑥。从教育客体来看，表现为：大学生民族意识普遍增强，其获取有关民族信息的渠道更加便捷，对民族关系的分析判断独立性增强等。有的高校对民族团结教育的重要性认识不足、高校利用新媒体开展民族团结教育的意识不够、大学生对民族团结教育的重要性认识不平衡、大学生参加民族团结教育实践活动的主动性不强、思想政治理论课中涉及民族团结教育的内容缺乏针对性等。⑦

（三）关于民族团结教育内容的研究

有学者认为，民族团结教育内容主要包括：马克思主义民族理论、民族观、宗教观和党的民族政策的教育；中国特色社会主义民族团结理论的教育；民族工作和现代化建设成就的教育⑧；中华民族光荣历史传统和民族优秀传统文化的教育⑨；少数民族伦理道德中的团结、爱国思想的教育等⑩。也有学者认为，铸牢中华民族共同体意识，是维护各民族根本利益的必然要求，是实现中华民族伟大复兴的必然要求，是巩固和发展平等团结互助和谐社会主义民族关系的必然要求，是党的民族工作开创新局面的必然要求，这是民族思想政治教育的时代要求和重要内容。⑪ “中华民族命运共同体”思想中的整体观、差异观和底线思维，丰富了高校民族团结教育的内涵，为新形势下高校加强民族团结教育提供了

---

① 康春英．在民族院校中深入开展民族团结教育［J］．中国民族教育，2008（11）：19－21.

② 覃红．必须重视在大学生中开展加强民族团结、反对民族分裂的教育［J］．学术论坛，2009（9）：186－189.

③ 林钧昌，杜洁，赵民．大学生民族团结教育常态化机制研究［J］．黑龙江民族丛刊，2020（1）：151－160.

④ 王艳秋．高校民族团结教育的新思考［J］．武汉船舶职业技术学院学报，2010（3）：117－119，124.

⑤ 同②.

⑥ 蒙运芳．论高校大学生民族团结教育思维创新［J］．广西民族研究，2010（4）：51－54.

⑦ 林钧昌，杜洁，赵民．大学生民族团结教育常态化机制研究［J］．黑龙江民族丛刊，2020（1）：151－160.

⑧ 康春英．对民族院校开展民族团结教育的认识和思考［J］．思想理论教育导刊，2005（1）：51－54.

⑨ 夏怀敏，吴保华．对新疆地区高校开展民族团结教育工作的几点认识［J］．伊犁师范学院学报，2010（2）：106－108.

⑩ 叶缤．爱国主义是民族团结教育的核心内容［J］．新疆社会科学，2007（4）：71－74.

⑪ 李凯，亓光勇，熊坤新．新时代民族院校“五个认同”思想共识的培育路径探究［J］．黑龙江民族丛刊，2018（4）：17－22.

新视角、新思路。①

（四）关于民族团结教育融入相关课程与实践的研究

在民族团结教育如何融入相关课程的研究方面，有学者探讨了“当代世界经济与政治”课程如何融入民族团结教育的问题②，如何在“形势与政策”课中反映和突出民族团结教育的问题③，如何改革“民族理论与民族政策”课教学来推进民族团结教育的问题④，以及通过“民族问题概论”教学加强大学生的民族团结教育等课程融入问题。⑤ 有学者认为，学校民族团结进步教育课程要以“中华民族一家亲，同心共筑中国梦”为总目标，以铸牢中华民族共同体意识为主题和主线，紧紧围绕共同团结奋斗、共同繁荣发展主题；从历史和现实多角度地阐明祖国统一是中华民族的最高利益，“多元一体”是中华民族的显著特征和重要优势，维护团结是中华民族的光荣传统，党的领导是中华民族伟大复兴的根本保障。⑥ 有学者在回顾我国中小学民族团结教育历程的基础上，对中小学民族团结教育课程及其定位进行了解读，就如何有效地组织和推进课程的实施提出了建议。⑦ 有学者认为，民族团结教育课程的教学设计要坚持“教学目标设计的多维性、教学情景设计的真实性、教学资源设计的开放性、学习方式设计的主体性和教育途径设计的多样性”等五项原则。⑧

关于民族团结教育融入实践研究方面，有学者认为，民族团结教育需要公民意识教育作为指导，反过来它也有助于拓展公民意识教育的内涵，二者相统一是我国高校当前教育工作的一个重要任务。⑨ 有学者研究了民族团结教育与公民道德建设之间的关系，认为民族团结教育与公民道德建设是践行社会主义核心价值观的重要途径，是维护民族团结、社会稳定与全面提高我国公民道德素质的基础工程。两者在目的上具有协同性，在内容上具有融合性，在途径上具有同一性，相辅相成，相互促进，密切配合。⑩ 有学者认为，民族团结的认知逻辑和过程逻辑是民族团结教育实践逻辑的生成基础。可以通过确立教育活动主线、建立运行机制、打通实践环节，构建起顶层设计—中介架构—实践路径的民族团结教育实践逻辑。⑪

---

① 焦敏．高校民族团结教育应加强“中华民族命运共同体”认同意识教育［J］．民族教育研究，2007（5）：12－16.

② 李乐军．“当代世界经济与政治”课的民族团结教育思考［J］．柳州师专学报，2009（5）：82－84，74.

③ 马进．“形势与政策”课应注意反映和突出民族政策与民族团结教育的主题［J］．社科纵横，2008（1）：139－141.

④ 刘桂荣．加强“民族理论与民族政策”课教学改革大力推进民族团结教育［J］．民族教育研究，2010（4）：71－76.

⑤ 薛洁，玛达尼娅．在“民族问题概论”教学中加强对大学生的民族团结教育［J］．兵团教育学院学报，2002（2）：71－72.

⑥ 万明钢，王婕．铸牢中华民族共同体意识与学校民族团结进步教育课程建设［J］．西北师大学报（社会科学版），2021（3）：26－34.

⑦ 严庆，青觉．我国中小学民族团结教育工作回顾及展望［J］．民族教育研究，2007（1）：50－56.

⑧ 托娅．民族团结教育之愿景及其有效教学设计［J］．思想理论教育，2009（18）：46－49.

⑨ 任欢，冯建新．高校民族团结教育与公民意识教育的关系研究［J］．民族高等教育研究，2015（3）：56－59.

⑩ 刘勋昌，胡凯．试论民族团结进步教育与公民道德建设之关系［J］．贵州民族研究，2015（5）：214－218.

⑪ 韦兰明．民族团结教育逻辑论纲［J］．民族教育研究，2019（3）：37－45.

（五）关于民族团结教育方法和途径的研究

有学者研究认为，高校开展民族团结教育，一要以课堂教学为主渠道，扎实推进民族团结教育进教材、进课堂、进学生头脑；二要在校园文化建设中突出民族团结教育的主旋律；三要积极拓展社会实践的育人功能，通过广泛开展丰富多彩的社会实践活动，来进行民族团结教育①；四要充分发挥高校基层党组织、教师队伍和党政干部队伍的教育主体作用，通过他们的言传身教来进行民族团结教育②；五要积极占领并充分利用网络新阵地来开展民族团结教育③。应把握好舆论导向，加强宣传，丰富教育形式，建立民族团结教育的长效机制，强化国家观、中华民族意识和爱国主义教育。④ 有学者认为，稳健的民族互动与团结基于兼顾族群认同和国家认同，民族团结教育研究要重视涵化心理学成果，促进双文化认同与整合。⑤ 还有学者从家庭、大众传播媒介、学校教育三方面论述了政治社会化过程中实现民族团结教育的主要路径。⑥

四、民族地区思想政治教育研究

把握民族地区思想政治教育的新情况和新问题，有利于促进民族间的相互沟通、相互交流、共同团结奋斗和共同繁荣发展，有利于促进民族地区构建和谐社会与社会主义核心价值体系。有必要探讨民族地区思想政治教育的环境和要求，分析少数民族农村地区的思想政治教育状况，增强其思想政治教育的针对性和实效性。

（一）关于民族地区思想政治教育的特殊性研究

有学者认为，“民族地区思想政治教育机制是一切符合思想政治教育特征需要的民族地区思想政治教育活动方式的总和，是反映思想政治教育规律的客观要求的制度规定和机构的统一”。建立科学有效的民族地区思想政治教育的机构和制度，主要体现为完善接受引导机制、过程调控机制、结构优化机制和评估保障机制四个方面的内容。⑦ 有学者认为，不同地区、不同民族的文化资源是做好民族地区思想政治教育工作的良好切入点，更是强化资源意识、从“资源”视角科学认识思想政治教育的基础。⑧ 只有民族地区思想政治教育资源发挥其应有的效用，才能够体现其价值所在，并服务于民族地区的思想政治教育。⑨ 有学者认为，应加强民族地区思想政治教育工作的学科导向，大力建构社会主义核心价值体系；把握好民族地区思想政治教育工作的基点，正确处理思想政治教育共性与个性的关系；找准增强民族地区思想政治教育工作实效性的切入点，着力促进民族地区经济文化的发展。⑩

① 艾政文．对新形势下高校民族团结教育的若干思考［J］．黑龙江教育，2010（1）：45-47.

② 李宁．新疆高校加强民族团结教育的路径探究［J］．学理论，2010（15）：193-194.

③ 徐建军，陈迎明，欧旭理．在教育和实践中深化民族团结教育［J］．中国民族教育，2010（2）：26-27.

④ 李聪．有关中国民族团结教育的若干思考［J］．当代教育论坛（管理研究），2011（2）：48-50.

⑤ 常永才，John W. Berry．从文化认同与涵化视角看民族团结教育研究的深化——基于文化互动心理研究的初步分析［J］．民族教育研究，2010（6）：18-22.

⑥ 西林．论政治社会化过程中的民族团结教育［J］．新疆社会科学，2009（2）：49-51.

⑦ 彭东琳，舒代平．民族地区思想政治教育有效机制的建构研究［J］．传承，2012（16）：42-45.

⑧ 杨涛，白冰．从“资源”视角深化对民族地区思想政治教育的认识［J］．理论观察，2022（9）：52-55.

⑨ 李然．民族地区思想政治教育资源效用发挥的影响因素探析［J］．法制与社会，2015（7）：215-216.

⑩ 刘新庚，李超民．加强民族地区思想政治教育的新思路［J］．思想政治教育研究，2009（6）：18-21.

有学者认为，民族地区思想政治教育资源具有民族性、地域性、针对性，包括主体资源、客体资源、载体资源和环境资源。① 有学者认为，“以多元文化为背景，探讨民族地区思想政治教育工作与少数民族文化的对接，强化与少数民族文化的有机联系，不仅是一个实践问题，更是一个重大的理论问题”②。有学者认为，在社会主义市场经济价值取向下，民族地区社会各阶层的利益分化加快，出现不同的政治、经济利益格局。这些因素的影响，形成了民族地区思想政治教育的特殊性。③

（二）关于民族地区思想政治教育的生成背景与供给侧研究

有学者从培养现代公民需要重视民族地区思想政治教育、民族地区思想政治教育是维护边疆稳定的战略需要、民族地区思想政治教育是推进边疆经济社会发展的有效措施三个方面，论证了民族地区思想政治教育的必要性。④ 有学者认为，当前，民族地区思想政治教育在产品和服务供给方面存在着诸多问题，直接影响着民族地区思想政治教育的质量和效益。一方面，民族地区思想政治教育产品供给在内容、水平和影响力方面尚有不足；另一方面，民族地区思想政治教育服务供给存在供需错配现象。应从社会治理、偶像生成、资源开发等角度探讨民族地区思想政治教育机制建构问题，这既是对思想政治教育模式的创新，也是提升民族地区社会文明程度、维系社会和谐的关键。⑤

（三）关于民族地区思想政治教育的路径研究

有学者认为，新时期民族地区农民思想政治教育要注重加强民族团结教育，加强民主法制教育，重视科学文化知识教育，积极开展各种普及科学知识的活动，农民思想政治教育工作要与推广农业实用新技术相结合。⑥ 有学者认为，加强西部少数民族地区思想政治教育，需要坚持原则同一性和民族差异性统一、现实针对性与价值导向性统一、文化传承和教育创新统一的原则，需要从主观上强化思想政治教育工作的重要性，客观上为有效加强思想政治教育工作奠定坚实的物质基础，媒体上增强思想政治教育工作的实效性。⑦ 有学者认为，创新新时代民族地区思想政治教育模式，需要构建家庭生成模式，夯实个体成长的原初基础；构建生活本位模式，优化社会环境的单体空间；构建社会实践模式，强化个体意识的隐性存在；构建媒介在场模式，为个体需求提供保障动力。⑧

五、民族院校思想政治教育研究

民族院校是党和国家为解决我国民族问题而建立的综合性普通高等学校，它是我国高等教育中具有特殊意义的重要组成部分。高度重视民族院校的思想政治教育工作是保证国

---

① 佟斐．浅析民族地区思想政治教育资源及其开发利用［J］．理论月刊，2011（12）：186－188.

② 杨立红，杨民．多元文化背景下民族地区思想政治教育工作略论［J］．学校党建与思想教育，2003（7）：79－81.

③ 苏雪芹．民族地区思想政治教育的特殊性与思政课教师的责任［J］．中国民族教育，2019（5）：6－8.

④ 曾蓉．新时代民族地区思想政治教育创新性模式建构［J］．贵州民族研究，2019（2）：213－217.

⑤ 罗家锋．论民族地区思想政治教育供给侧改革机制构建［J］．贵州民族研究，2018（4）：228－232.

⑥ 覃雪梅．新时期民族地区农民思想政治教育探析——基于广西 40 个行政村的调查［J］．新西部（理论版），2015（5）：35－36.

⑦ 孙延乔．西部少数民族地区思想政治教育存在的问题及对策分析［J］．法制与社会，2019（3）：180－181.

⑧ 同④.

家统一、民族团结、社会和谐的重要基础。学者对此也开展了深入的研究。

（一）民族院校思想政治教育特殊性的研究

学界普遍认为，少数民族大学生成长的自然条件、生活水平、风俗习惯、民族观念等方面的差异，构成了其思想政治教育的特殊性，主要表现在教育对象的差异性；教育环境的特殊性；教育内容和方法的针对性。有学者阐述了民族高校思想政治教育过程的特殊性，主要包括构成要素主体和客体的多民族性、教育介体的多样性、教育环境的融汇性，教育过程与外部环境、教育过程内部、教育主客体之间的矛盾表现以及教育过程模式三方面的特殊性。① 有学者认为，新时代民族院校思想政治教育的特殊使命也体现了民族思想政治教育的特殊性，要结合民族院校的办学实际和少数民族大学生的成长规律，坚持在马克思主义民族理论和习近平总书记关于加强和改进民族工作的重要思想的教育上下功夫，坚定各族学生的中国特色社会主义共同理想；在增强“五个认同”上下功夫，铸牢各族学生的中华民族共同体意识；在校园民族团结进步创建上下功夫，不断增强各族学生的交往交流交融；在培养学生法治素养上下功夫，不断增强各族学生的法治意识，使他们实现健康成长。②

（二）加强和改进民族院校思想政治教育的对策研究

有学者研究认为，加强和改进民族院校思想政治教育要以人为本，以促进人的全面发展为最终目的；要注重挖掘人的潜能，发挥人的主观能动性，追求对人本身的关照、关怀以及人身心的全面协调发展。③ 加强和改进民族院校思想政治教育，要将爱国主义教育、民族团结教育、稳边兴边教育、富民固边教育、创业教育和心理健康教育相互贯通。有学者认为，民族院校思想政治教育工作关系国家统一、民族团结和学生个人的成长成才。④ 有学者从“三全育人”的视域，分析了民族地区高校思想政治教育质量提升路径，并认为，要以全员化参与提升思想政治教育力度，以全过程贯通提升思想政治教育效度，以全方位协同提升思想政治教育深度。⑤ 有学者认为，加强民族地区高校思想政治教育应与创新创业教育相结合，要在助力乡村振兴发展战略、夯实大学生创业素养和营造良好的大学生创业社会环境等方面，提升两者融合的价值；要立足于民族地区大学生创业现状，从以乡贤文化创新思想政治教育内容、构建融合型创业社会环境和提升思想政治理论课教师的自觉性等方面创新两者融合的路径。⑥ 有学者认为，民族院校思想政治教育过程需要不断

---

① 徐柏才，孙明福．试论民族高校思想政治教育过程的特殊性［J］．北方民族大学学报（哲学社会科学版），2010（6）：129-132.

② 巴玉玺．新时代民族院校思想政治教育的特殊使命与实践创新［J］．中南民族大学学报（人文社会科学版），2019（3）：172-175.

③ 廖啟志．民族高校应牢固树立“以人为本”思想政治教育观［J］．贵州民族学院学报（哲学社会科学版），2009（5）：14-16.

④ 王怀岗．新形势下民族院校大学生思想政治教育工作创新研究［J］．中南民族大学学报（人文社会科学版），2015（1）：165-168.

⑤ 冯广辉．“三全育人”视域下民族地区高校思想政治教育提升路径［J］．学校党建与思想教育，2022（15）：83-85.

⑥ 韦幼玲．基于创业教育的民族地区高校思想政治教育协同创新［J］．学校党建与思想教育，2022（8）：62-64.

优化，应从民族院校思想政治教育过程的整合、高效运行和可持续发展间的关系中，理解其优化的必要性，从教育者、受教育者、教育内容与方法等结构要素，教育方案、教育实施、教育评估等教育环节，教育要素的有效耦合、高效运作等教育运行，舆论环境、组织环境、人际环境等教育环境各方面加以优化。① 有学者认为，创新机制是促进民族高校思想政治教育实践育人向有效、纵深推进的重要保障，需要厚植实践育人理念并形成内容管理机制，铸牢实践育人共同体运行机制，建构多元化科学考核评价机制。② 有学者认为，推动民族院校大学生思想政治工作质量提升，需要既关照高等院校大学生思想政治工作的普遍规律，也要遵循和不断探索民族院校大学生思想政治工作的特殊规律。③

（三）关于民族院校思想政治教育的内容研究

民族院校思想政治教育内容既包括普通高校的思想政治教育内容，同时还包括马克思主义民族观、国家观、宗教观、历史观和文化观等方面的教育。④ 有学者认为，民族院校思想政治教育内容，要在保持普通高校思想政治教育内容共性的基础上，突出社会对民族院校思想政治教育的客观要求，以及民族院校思想政治教育主客体的思想实际水平和现实需要，强化教育内容的灵活性和针对性。有学者认为，爱国、民主、法治、自主、公正、团队精神和创新精神等，继承了现实社会需要的优良传统，突出了反映时代要求的人格特征，是整合当代大学生价值观的价值支点。⑤

有学者认为，中华民族优秀传统文化是中华民族永续发展的根本滋养，是民族高校思想政治教育的重要源泉。需要创新运用中华民族优秀传统文化，帮助民族高校大学生提高思想道德素质和科学文化素质。⑥ 应加强民族文化与民族院校思想政治教育内容的整合，为思想政治教育所用。大学生民族文化的整合教育，要以社会主义核心价值观为引领，以社会主义先进文化教育为主体，容纳和接受大学生非主流文化，在把握差异、寻求共同点的基础上，引领当代大学生完成与主导价值观的磨合。⑦

（四）关于民族院校思想政治教育的多视角研究

有学者从复杂性视角对民族院校思想政治教育工作特殊的目标、对象、内容、过程、环境等方面进行了研究，认为在非线性的复杂思维方式前提下，求得教育对象个体与整体间的平衡，不失为完善民族院校思想政治教育工作的有益尝试。⑧ 有学者认为，新发展理念为民族院校思想政治教育提供了新的思维方式，创新发展为大学生思想政治教育提供动

① 孙明福．民族院校思想政治教育过程研究［M］．广州：世界图书出版广东有限公司，2013：170－178.

② 沈万根．民族高校思想政治教育实践育人的困境与机制创新［J］．延边大学学报（社会科学版），2021（3）：128－134，144.

③ 姚上海．新时代民族院校大学生思想政治工作创新发展的若干思考［J］．学校党建与思想教育，2018（12）：20－22.

④ 同①83.

⑤ 苏颂兴．当代中国青年价值观的发展趋势与引导［J］．毛泽东邓小平理论研究，2000（2）：88－93，71.

⑥ 刘妍良，乔春梅．优秀传统文化在民族高校思想政治教育中的创新应用［J］．贵州民族研究，2018（3）：221－225.

⑦ 覃萍，林宁．民族文化整合教育：高校政治文明教育的有效途径［J］．广西民族学院学报（哲学社会科学版），2005（3）：172－175.

⑧ 曲纵翔，田宁．复杂性社会中的民族院校思想政治教育探析［J］．民族教育研究，2015（2）：39－44.

力源泉，协调发展为大学生思想政治教育凝聚多方力量，绿色发展为大学生思想政治教育引领文明风尚，开放发展为大学生思想政治教育开阔视野格局，共享发展为大学生思想政治教育指明发展目标。[①] 有学者认为，新时代民族地区高校加强思想政治教育工作，要立足民族地区特点，全面发挥民族地区高校思政课的主渠道作用，有效发挥民族地区高校校园文化的主阵地作用，全力激发民族地区大学生自我教育的主体性作用，统筹发挥“家庭、学校、政府、社会”的主合力作用，最终落实“立德树人”根本任务。[②] 有学者认为，立足学科交叉融合，将成果导向理念引入思想政治教育实践，从逻辑起点、逻辑内涵、逻辑进路、逻辑反思等不同维度，阐释民族高校思想政治教育的使命与任务，进而分析课程设置、队伍建设、考核评价等重点难点，从中总结出民族高校思想政治教育质量提升的创新机制。[③]

六、少数民族大学生思想政治教育研究

少数民族大学生是重要的人才资源，加强和改进少数民族大学生的思想政治教育，一直是民族思想政治教育的研究重点，相关成果也较为丰硕。

（一）关于少数民族大学生思想现状的研究

有学者研究认为，少数民族大学生思想政治教育在社会环境、社会思潮、国际形势等方面的认知和汉族大学生基本一致，但由于地域环境、生活方式和民族文化等因素的影响，形成了少数民族大学生思想政治教育的特殊性。[④] 不少学者通过实证研究分析了少数民族大学生的思想政治素质、道德素质、心理素质以及其他综合素质状况，认为他们民族意识强[⑤]，文化基础薄弱，学习压力大。[⑥]

（二）关于少数民族大学生思想政治教育的理念研究

有学者研究认为，少数民族大学生思想政治教育中的“理念”，是指关于少数民族大学生思想政治教育活动的理性认识，以教育规律为基础，反映少数民族大学生思想政治教育的本质和时代特征，蕴含着思想政治教育发展的思想，指导着具体实践活动的发展方向。要充分体现党对少数民族大学生思想意识的核心要求，要符合少数民族大学生思想意识的形成规律，要把握不同少数民族大学生的群体间差异，要紧扣少数民族大学生思想意识的关键点，要把引导和尊重他们结合起来。[⑦] 有学者以“五个认同”教育为例，认为需

---

① 徐晓影，代宏丽，李峥．新发展理念引领民族地区高校大学生思想政治教育创新研究——以内蒙古地区高校为例［J］．民族教育研究，2021（5）：63－69．

② 黄伟，刘维民．新时代民族地区高校加强思想政治教育工作探论［J］．贵州民族研究，2019（10）：165－172．

③ 杜娟，许军华．OBE视角下民族高校思想政治教育质量提升创新——以“五个认同”骨干人才培育计划为例［J］．民族学刊，2021（7）：94－101，112．

④ 康春英．中国少数民族大学生素质教育的特殊性及对策研究［M］．北京：民族出版社，2006：6．

⑤ 徐蕾．关于高校少数民族学生思想政治教育的调查与分析——以北京师范大学为例［J］．北京教育（德育），2010（9）：75－77．

⑥ 杨建荣，田静．非民族院校少数民族学生思想调查与分析——以云南农业大学少数民族学生为例［J］．云南农业大学学报（社会科学版），2009（1）：45－48．

⑦ 徐建军．少数民族大学生思想政治教育理论与方法［M］．北京：人民出版社，2011：3．

从透析“五个认同”思想政治教育现实基础中激发动力因，从把握“五个认同”思想政治教育时代特点中转化压力因，从创新“五个认同”教育方式方法中创设激励因，实现以“五个认同”为核心的思想品德从简单到复杂、从低级到高级、从旧质到新质的矛盾运动的循环。① 有学者认为，随着经济社会快速发展，少数民族大学生思想政治教育空间也发生了改变，需从提高物理空间利用率，增添高校物理空间的教育性；注重精神空间，顺应少数民族大学生精神发展的需求；充分利用虚拟空间，整肃网络平台，拓展对外交往空间，开发并合理利用少数民族大学生思想政治教育的空间。② 有学者认为，增强少数民族大学生的中华文化认同尤为重要，需要将中华文化认同内容统筹安排进中小学的课程体系。

有学者认为，非民族院校的少数民族大学生思想政治教育状况总体良好，但也存在部分学生政治意识相对薄弱、融入集体能力较差、价值取向模糊、缺乏获得感和安全感等亟待应对的现实问题。需针对少数民族大学生思想政治教育面临的各种挑战，通过优化教育内容、创新教育形式、健全管理机制、加大关爱帮扶力度等途径，提高少数民族大学生思想政治教育的针对性、吸引力、保障性和实效性，以顺应少数民族大学生思想政治教育可持续发展的时代要求。③ 有学者认为，高职院校少数民族大学生思想政治教育存在着教育模式过于单一，需转变以往传统的教学方式，结合实际情况，加强少数民族大学生之间的沟通交流，让学生更为清晰地了解和认识不同的少数民族文化。④ 有学者认为，积极心理学对开展少数民族大学生思想政治教育具有积极意义，可以通过创新入学教育模式，加强少数民族大学生的心理调适教育。⑤ 有学者认为，加强少数民族大学生思想政治教育，需从实践理性的价值向度出发，实现行为之“善”与主体之“善”相统一；从实践理性的工具向度出发，实现教育技术、教育载体、教育方法合理有效运用；从实践理性的交往向度出发，实现交往式教育、主体交流交往及生活世界的交融。⑥ 有学者认为，“文化中断”理论对少数民族大学生思想政治教育具有启示作用，应把文化因素纳入课程设计，打破“文化中断”造成的受教育低效性状况，加强少数民族大学生文化适应和文化认同的心理评估。⑦ 有学者认为，加强少数民族大学生班级管理服务与思想政治教育，可以通过供给侧结构性改革理念推进学院制度管理完善和课程改革，构建学校、政府、社会等多方协同机制，做好少数民族大学生的思想政治教育工作。⑧

---

① 于红艳，唐晓勇．新时代少数民族大学生“五个认同”生成机理与实现向路——基于自我认同与思想政治教育的交互逻辑分析［J］．民族学刊，2022（8）：51－60，158．

② 蔺媛，侯颖怡．新时代少数民族大学生思想政治教育空间的转向研究［J］．贵州民族研究，2018（11）：228－231．

③ 黄齐．非民族院校少数民族大学生思想政治教育路径探析［J］．大理大学学报，2021（1）：48－53．

④ 韩尧尧．高职院校少数民族大学生思想政治教育现状与对策探讨［J］．大学，2021（48）：143－145．

⑤ 许力文．基于积极心理学的少数民族大学生思想政治教育路径探索［J］．高教学刊，2021（33）：148－152．

⑥ 姜黎黎，张峰．基于实践理性的少数民族大学生思想政治教育三维向度研究［J］．新疆大学学报（哲学·人文社会科学版），2019（4）：61－67．

⑦ 龙雪娜，张灏．文化中断理论视域下的少数民族大学生思想政治教育研究［J］．学校党建与思想教育，2018（6）：17－19．

⑧ 翟星红．少数民族大学生思想政治教育供给侧改革研究——以扬州职业大学新疆班管理为例［J］．扬州教育学院学报，2019（4）：66－69．

（三）关于少数民族大学生思想政治教育的内容研究

马克思主义民族理论、民族观、宗教观和党的民族政策的教育、习近平总书记关于加强和改进民族工作的重要思想、习近平“铸牢中华民族共同体意识”的理论、中华优秀传统文化教育等，构成了少数民族大学生思想政治教育的内容体系。有学者认为，应积极宣传爱国主义思想，加强对少数民族地区大学生的人文关怀，尊重少数民族大学生在思想政治教育实践中的主体地位，大力推进少数民族大学生思想政治教育活动的进程。① 有学者认为，红色文化资源是高校开展思想政治教育的宝贵资源，作为优质教育资源，对当代大学生爱国热情、理想信念、意志品格有着极为重要的正面示范教育引导作用。② 有学者认为，少数民族地区有着特殊的地理环境与民族传统文化，是加强少数民族大学生思想政治教育的特殊优势和丰富资源。③

（四）关于少数民族大学生思想政治教育的对策研究

有学者认为，少数民族大学生的思想政治教育方法，要在内涵上注重取向性与适应性，功能上注重渗透性与传导性，形式上注重差异性与动态性的结合；研究要注重把握方法运用的特殊性，在立体建构上，注意发挥方法综合教育优势，在创新发展上，注意搭建方法运用的新平台。④ 有学者将文化因素引入心理健康教育，强调与心理咨询工作的良性互动，着重分析民族院校大学生在多元文化背景下的个人心理发展，构建民族院校大学生心理健康教育与心理危机干预体系。⑤ 有学者认为，加强少数民族大学生思想政治教育，需把握少数民族大学生思想政治教育工作中主体、客体的特殊性和复杂性，并重视二者在环境中的变化，要在开拓创新理论以应对新的问题，创新教学方法、教学技术以应对变动中的环境，创新教学实践以推动少数民族大学生思想政治教育工作日常化等方面下功夫。⑥ 有学者认为，可以通过构建多场域融合发展的生活化教育体系、以高度的文化自信抵御西方柔性意识形态渗透、优化与少数民族大学生思想规律契合的教育生态等技术路径，破解实践难题。⑦ 有学者认为，需不断加强运用隐性思想政治教育的意识，丰富隐性思想政治教育的资源，强化隐性思想政治教育资源载体的建设，促进少数民族大学生思想政治教育的发展。⑧ 有学者认为，要以社会主义核心价值观为引领，立足历史唯物主义根基，创新思想政治教育宏观思维，多维度创新合力机制，培育少数民族大学生中华民族共同体意识，提升实践育人的效果，促进民族团结、社会和谐稳定，确保国家长治久安。⑨

---

① 黄鹤，路日亮．新时代少数民族大学生思想政治教育实践育人路径探究［J］．贵州民族研究，2018（10）：200－203.

② 安顺凤．红色资源教育对高校少数民族大学生思想政治教育的实践探索［J］．高教学刊，2021（4）：179－183.

③ 同①．

④ 徐建军．少数民族大学生思想政治教育理论与方法［M］．北京：人民出版社，2011：97－125.

⑤ 田晓红．民族院校心理健康教育：理论与实践［M］．北京：科学出版社，2010：3.

⑥ 于百江，王寅秋，贾绘泽．少数民族大学生的思想政治教育工作创新路径探索［J］．贵州民族研究，2018（4）：224－227.

⑦ 林于良．少数民族大学生思想政治教育生活化路径研究［J］．学校党建与思想教育，2019（9）：75－77.

⑧ 毛建平，董地．少数民族大学生隐性思想政治教育践行方略研究［J］．贵州民族研究，2018（7）：194－197.

⑨ 魏娟辉．新时代少数民族大学生思想政治教育实践育人探究［J］．贵州民族研究，2020（4）：166－171.

第三节　深化民族思想政治教育研究的思考

学界紧紧围绕民族思想政治教育的价值、内容、过程、环节、机理、资源、载体、方法及其评价等方面进行了比较深入和广泛的研究，初步厘清了民族思想政治教育学的基本概念、研究对象、研究内容、基本范畴、理论框架、逻辑结构、学科归属等基本问题①，阐明了民族思想政治教育学的理论基础、社会基础、实践基础、研究基础②，取得了较为丰硕的研究成果，初步建立起民族思想政治教育学的学科体系、学术体系、话语体系。

习近平总书记提出“铸牢中华民族共同体意识”的重大原创性论断为深化民族思想政治教育学的研究提出了新的时代要求，提供了新的实践内容研究空间。学界同人一定要提高认识，增强对民族思想政治教育学的学科自信和学术自觉；突出重点，强化“铸牢中华民族共同体意识”教育研究；深耕细作，不断完善民族思想政治教育学的学科体系。

一是提高认识，增强对民族思想政治教育学的学科自信和学术自觉。民族问题是社会总问题中的重要组成部分，开展民族思想政治教育、民族团结教育和“铸牢中华民族共同体意识”教育是一项长期的战略任务，是构建社会主义和谐社会，促进各民族和睦相处、和衷共济、和谐发展，实现中国式现代化，实现中华民族伟大复兴的关键所在。“面对社会思想观念和价值取向日趋活跃、主流和非主流同时并存、社会思潮纷纭激荡的新形势，如何巩固马克思主义在意识形态领域的指导地位，培育和践行社会主义核心价值观，巩固全党全国各族人民团结奋斗的共同思想基础，迫切需要哲学社会科学更好发挥作用。”③加强对社会成员马克思主义民族观教育和“铸牢中华民族共同体意识”教育，迫切需要加强民族思想政治教育学科体系建设，增强对民族思想政治教育学的学科自信和学术自觉，不断增强民族思想政治教育的针对性和实效性。

二是突出重点，强化“铸牢中华民族共同体意识”教育研究。党的十八大以来，“铸牢中华民族共同体意识”成为马克思主义理论、民族学、历史学、社会学、政治学、教育学等多学科的研究重点，它更应该成为民族思想政治教育学的研究重点。需要加强对“铸牢中华民族共同体意识”教育的基础研究、内容研究、路径研究、方法研究、机制体制研究，为构建“铸牢中华民族共同体意识”的教育体系和常态化机制奠定坚实的理论基础和提供实践指导。

三是深耕细作，不断完善民族思想政治教育学的学科体系。学科的基础理论是构建学科的重要支撑。目前，民族思想政治教育学研究虽然取得了一定的成绩，初步构建起了学科体系，但还不够成熟和完善。特别是在学科基础理论方面，研究的深度和广度还不够；研究的方法和视角比较单一；重复性研究、移植式研究过多；在整体上还停留在思想政治

① 徐柏才．民族思想政治教育学导论［M］．北京：民族出版社，2011：3.

② 徐柏才．论建立民族思想政治教育学的基础［J］．思想理论教育，2012（5）：45-48.

③ 习近平．论党的宣传思想工作［M］．北京：中央文献出版社，2020：217.

教育学的框架之内，没有充分彰显自己的学科特色，这在一定程度上影响了学科的发展，消解了学科的理论性和科学性。只有不断深化民族思想政治教育学研究，才能有效应对民族问题、民族矛盾、民族关系、民族文化、民族团结、民族认同、民族发展等复杂的民族现象，凸显民族思想政治教育学的必要性、重要性和学科特色。因此，一定要以习近平新时代中国特色社会主义思想和“铸牢中华民族共同体意识”的理论为指导，加强跨学科的交叉研究，不断完善民族思想政治教育学的学科体系。

第二十四章 比较思想政治教育研究述评

伴随着思想政治教育学科的建立和完善，作为学科“四维”之一的比较思想政治教育也从创立到壮大。经过30余年学术上的积累与沉淀，比较思想政治教育的理论成果不断涌现，学术共同体初具规模，学科整体性建设提上日程。比较思想政治教育的学习和研究对于拓宽研究者视野，深化学生对思想政治教育本质的理解，强化党的思想政治教育工作效果，提高中国话语国际影响力具有重要意义。党的十八大站在全面建成小康社会、实现中华民族伟大复兴的历史高度，提出“加强和改进思想政治工作”的战略任务，赋予思想政治教育学科更艰巨的历史使命。2016年底，习近平在全国高校思想政治工作会议上指出：“思想政治工作从根本上说是做人的工作，必须围绕学生、关照学生、服务学生，不断提高学生思想水平、政治觉悟、道德品质、文化素养，让学生成为德才兼备、全面发展的人才。”① 自全国高校思政工作会议召开以来，学界在比较思想政治教育学科建设道路上更进一步，学科基本理论框架与实践形态更加清晰，但制约学科发展的瓶颈问题也亟待解答。

第一节 比较思想政治教育研究脉络

对于学科发展历史阶段的划分有不同的标准、依据和方法。目前，学界关于比较思想政治教育学研究历程的阶段划分依据还未统一，学者们的划分依据各有千秋，颇具代表性的观点有以下三种：

一、以研究成果总量为划分依据

高峰在《思想政治教育研究的新视野——比较思想政治教育学学科建设与发展综述》中指出，比较思想政治教育学的研究历程可以划分为三个阶段。② 第一个阶段为“前期准

① 习近平在全国高校思想政治工作会议上强调 把思想政治工作贯穿教育教学全过程 开创我国高等教育事业发展新局面［N］. 人民日报，2016-12-09（1）.

② 高峰．思想政治教育研究的新视野——比较思想政治教育学学科建设与发展综述［J］. 思想理论教育导刊，2000（5）：47-48+56.

备（1978—1990年）”，这一阶段提出了学科概念，通过配备研究人员、撰写教材、出国考察等准备工作为后面的研究奠定了基础，但这一阶段还未能有实际的研究成果产出；第二个阶段为“国别研究（1990—1999年）”，经过前期的准备，比较思想政治教育学的研究顺利开展，学者们首先以发达的国家和地区为研究对象，对其思想政治教育情况做了介绍。这一时期，国家教委和部分省市列出科研项目，教材编写也初见成效，但离成体系化的学术内容生产还存在一定的距离；第三个阶段为“对比分析（1999年至今）”，以郑永廷所著的《思想道德模式比较研究》、王瑞荪主编的《比较思想政治教育学》教材为代表，学科研究深入发展，学科框架也初步建立，也奠定了今后的学科研究范式，即对不同国家采用通观比较、按不同国家的同一问题进行专题比较、对各国思想政治教育进行综合比较提炼规律。此外，与高峰的划分依据相类似，栾天在《我国比较思想政治教育研究的回顾与反思》一文中将比较思想政治教育学研究划分为“萌芽期（1978—1987年）”、“初探期（1988—2000年）”和“深化期（2001年至今）”①。

二、以权威期刊文献情况为划分依据

上官莉娜通过选取《思想理论教育导刊》《思想教育研究》《思想理论教育》《思想政治教育研究》这四本专业期刊，以其在1994年至2013年间发表的相关论文为样本，在对相关文章进行统计分析和内容研究后将学科研究划分为以下三个阶段②：

第一个阶段为“起步阶段（1980年代中期至2000年）”，此阶段的文章大多强调中国的德育改革要借鉴国外经验，借鉴人类先进文明成果，借鉴国外先进教育理论和方法，但论述较为笼统，对具体的方法和措施没有详细的探讨。但可以看出，国别研究已起步，研究视野也由关注社会主义国家拓展到西方发达国家的区域性研究，尤为重视对美国思想政治教育的研究，论题涉及美国爱国主义教育、政治观和价值观教育、道德教育和学生工作等方面。概言之，这一阶段比较思想政治教育研究内容较为零星分散，文章数量偏少，研究主题也比较狭窄，侧重点单一。第二个阶段为“拓展阶段（2001—2008年）”，此阶段相关论文数量大幅增多，并且研究深入和细化的特点初显，论文对各国或地区的思想政治教育理论和实践进行了详细的介绍；以问题为导向，“共生事件”的比较使研究注重实用性，其中中美比较研究是热点；研究的范围和视野进一步拓展，涉及思想政治理论课程设置、道德教育生活化、高校治理和学生事务管理、辅导员工作及队伍建设、心理咨询服务、就业指导、职业生涯教育、性教育、生命教育等论域。第三个阶段为“深化阶段（2009年至今）”，这一阶段，比较思想政治教育的文章数量显著增多，国别研究与比较研究继续深化、相互促进，研究视角日趋多元。学者注重从社会文化、历史发展等视角对中外思想政治教育进行对比，探寻不同思想政治教育现象的异同及其原因，精细辨析中外思想政治教育的共性与差异性。学界开始盘点和反思比较思想政治教育的学术成果，研究综

---

① 栾天．我国比较思想政治教育研究的回顾与反思［J］．东北师大学报（哲学社会科学版），2014（2）：135-140.

② 上官莉娜，黄强．比较思想政治教育研究20年回溯及展望——基于4本期刊CiteSpace的共词分析［J］．思想教育研究，2016（1）：16-20.

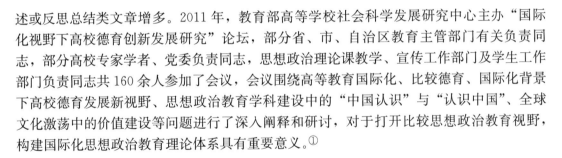

述或反思总结类文章增多。2011 年，教育部高等学校社会科学发展研究中心主办“国际化视野下高校德育创新发展研究”论坛，部分省、市、自治区教育主管部门有关负责同志，部分高校专家学者、党委负责同志，思想政治理论课教学、宣传工作部门及学生工作部门负责同志共 160 余人参加了会议，会议围绕高等教育国际化、比较德育、国际化背景下高校德育发展新视野、思想政治教育学科建设中的“中国认识”与“认识中国”、全球文化激荡中的价值建设等问题进行了深入阐释和研讨，对于打开比较思想政治教育视野，构建国际化思想政治教育理论体系具有重要意义。①

三、以教材建设为标志性成果划分依据

康秀云在《比较思想政治教育学前沿问题研究》中提出，从学科建设视角来审视比较思想政治教育学的学科生长过程和发展脉络，聚焦学科体系建构的主线，以学科体系建构的标志性成果——学科教材作为分期标准，是一个可行的方法。以教材的形式浓缩和提炼一定时期学界的研究共识，并在学校开设单独的课程和研究方向，是一个学科的学科独立、体系成熟、学术团队建设、人才培养的基本平台和标志，因此比较思想政治教育学的发展脉络可以划分为五个阶段。② 第一个阶段为“准备阶段（1978—1987 年）”，倪家泰于 1982 年发表的《苏联大学生的思想政治教育》一文是国内较早的比较思想政治教育学研究成果，这一阶段的研究成果以描述和经验介绍居多，鲜有深入的理论分析，研究对象也表现出鲜明的意识形态特色，本阶段的研究成果在方法上主要是运用了文献法和调查法。第二个阶段为“奠基阶段（1988—1995 年）”，比较思想政治教育学专业建设实现了“三个第一”的突破，即第一次确立专业名称，召开了首届专业研讨会，出版了学科第一部教材，从而奠定了学科继续发展的基础。以首次比较思想政治教育研讨会以及学科第一部教材《比较思想政治教育学》（高等教育出版社 1995 年版）出版为标志，初步搭建了本学科的学科体系框架。本阶段主要以国别研究和区域研究为重点，在研究内容上还是以国外思想政治教育事实和现状的描述为主，但在研究视野和研究方式上都有了新的拓展和新的发展。第三个阶段为“发展阶段（1996—2001 年）”，该阶段的代表性成果为 2001 年王瑞荪主编的《比较思想政治教育学》，成为使用较为广泛的比较思想政治教育学教材。同时，本阶段的学术研究成果承接奠基阶段的国别研究和学科体系构建的成果，扩展了国别研究的范围，加大了问题研究的深度，例如，新加坡、越南等非欧美国家、发展中国家以及有关国际组织也被纳入研究视野。第四个阶段为“巩固阶段（2002—2011 年）”，本阶段颇具代表性的成果是陈立思主编的《比较思想政治教育》，该教材跨国度多层面地考察了不同国家和地区以及包含国际组织的不同主体的思想政治教育理论与实践，增强了比较研究视野以及问题论域的层次感，较为立体和完整地呈现出比较思想政治教育学的整体图景。本阶段，学者们的研究视角开始触及中外思想政治教育所涉及的社会基础和背景维度的比较分析，探寻决定中外思想政治教育现象异同背后的主要依据、发展动力和根源基础，旨在为加强、改进和提高我国思想政治教育理论创新和实践发展提供有益启示，丰富了比较

---

① 吕治国．“国际化视野下的高校德育创新发展研究”论坛在上海举办［J］．高校理论战线，2011（1）：64.

② 康秀云．比较思想政治教育学前沿问题研究［M］．北京：学习出版社，2018：3.

思想政治教育学研究的理论视域和实践内容。第五个阶段为“深化阶段（2012年至今）”，本阶段大量著作涌现，在以往研究基础上进行了更深入的探索。与此前几个阶段不同的是，本阶段的研究视角更多聚焦学科建设和基础理论研究，并形成了明确的研究团队。翻译研究也逐渐进入比较思想政治教育学的研究视野，并在第一手文献搜集、资源整合、中外学术沟通交流方面发挥着不可替代的作用，与此同时，比较思想政治教育学领域的国家级项目立项也有了重要突破。

第二节　比较思想政治教育学的研究现状

历经35年的学科耕耘，比较思想政治教育研究实现了从无到有、从“被质疑”到“获认可”、从碎片化研究到体系建设的飞跃，学科建设研究成果丰硕。但是相对于其他成熟学科，特别是相较于思想政治教育下其他三个二级学科，比较思想政治教育学科建设还存在一定的困境，有一些需要集中攻克的难题。

一、研究成果：论域广泛、突出深度、初具体系

总体来看，比较思想政治教育学科建设与发展的成果呈现厚积薄发之态势。比较思想政治教育学科在成立初期曾面临着比较“可能性”及“可行性”的两个问题，学者们用“名实之辨”解决第一个问题，用“实践论”解决第二个问题，从而为开展思想政治教育比较的教学和科研扫除了障碍。① 如今，比较思想政治教育不但在学术上具备“合法性”，并且学科发展由事实阐述的朴素研究进入学理分析及元理论探索的更高阶段。

首先，学界所涉论域甚广。比较思想政治教育的研究对象涵盖爱国主义教育、法制教育、公民意识培养、个人道德品质修养、权利与义务教育、价值观教育、政治教育、经济政策教育、社会制度与政治制度教育、核心价值教育、思想教育、民主与法制教育、政策方针教育、道德教育、心理教育、生命教育、交往教育、诚实守信教育、国际意识教育、高校学生工作、思想政治教育质量评价等。目前，比较思想政治教育研究体系延续着《比较思想政治教育学》（王瑞荪主编，高等教育出版社2001年版）中的分类，即通观比较、专题比较和综合比较，对一国或多国的思想政治教育原则、目标、内容、方法、制度、理论基础、师资队伍等进行了横向与纵向的对比研究。代表性文章有冯刚发表于《中国高等教育》的《国际化视野下高校德育的创新发展》、发表于《思想理论教育》的《世界眼光与中国情怀：中国学生工作的传统、使命与创新》等文章，魏晓文与关丽丽发表于《思想教育研究》的《大学思想政治教育的本质与规律探析——基于中美比较的历史主义范式》，陈琳发表于《外国教育研究》的《英国公民课改革的政治学理论基础和意识形态背景研究》，罗文英发表于《思想政治教育研究》的《对越南高校政治理论课课程改革的几点思考》。

其次，学界所述凸显深度。以1995年出版的第一部教材《比较思想政治教育学》为标志，比较思想政治教育学开始转向对学科基本理论问题的系统化研究。学者们的学科意

① 陈立思．论“比较思想政治教育”的学科意识［J］．教学与研究，2010（2）：81－87．

识不断提高，学科信念显著增强，对学科知识体系形成了更为专业的思考。在学科基本理论探索方面，学者们吸收借鉴其他比较学科的研究成果，对于比较思想政治教育的学科理性、本质属性展现出浓厚的兴趣，在不断追问中夯实学科定位。代表性文章有王春英发表于《思想教育研究》的《思想政治教育比较研究的合法性及其比较阈的厘清》，康秀云发表于《社会科学战线》的《比较思想政治教育研究的基本概念辨析》，陈立思发表于《思想理论教育导刊》的《关于比较思想政治教育学科建设的几点思考》。同时，学术著作不断涌现，或聚焦于中西方公民教育的理论体系，或关注于特定群体的思想政治教育实践，或对学科发展进行前瞻。代表性著作有《美国学校公民教育》（唐克军著，中国社会科学出版社 2012 年版），《当代东西方德育发展要览》（檀传宝主编，人民教育出版社 2013 年版），《比较思想政治教育学前沿问题研究》（康秀云著，学习出版社 2018 年版），《比较思想政治教育学》（周琪等著，高等教育出版社 2018 年版）。

最后，学术共同体初具雏形。研究学者、研究机构、硕博人才培养体系以及在此基础上形成的学术团体在数量和规模上都有着显著发展。目前主要学科研究团体如下：

表 24-1　比较思想政治教育学主要学科研究团体①

组织单位	代表学者	研究主题
武汉大学	王玄武　倪愫襄　上官莉娜　杨威	比较思想政治教育原理研究
东北师范大学	杨晓慧　康秀云　高地　韩丽颖　曲波	比较思想政治教育原理研究
华中师范大学	唐克军	国外公民教育研究
北京师范大学	檀传宝	比较德育
首都师范大学	高峰	思想政治教育学原理研究；政治社会化研究
中国地质大学	傅安洲　阮一帆	中德政治教育比较研究
福建师范大学	苏振芳	国外道德教育研究；思想政治教育原理研究
海南大学	赵康太　李辽宁	中外马克思主义理论比较研究

二、研究困境：理论基础、研究范式与解释力

早在 2010 年，陈立思教授就指出我国的比较思想政治教育研究大多是在“事实研究”、“关系研究”和“本质和规律研究”方面，比较零散，“翻译研究”基本未展开。② 在比较思想政治教育研究进入深化阶段，翻译研究已经进入学者研究视野，关于国外具有高水平研究与应用价值的翻译作品已经问世。但目前的比较思想政治教育学科发展研究仍有其他问题亟待解决，存在制约学科朝着更高水平发展的瓶颈。

首先，比较思想政治教育学理论基础探讨成果匮乏。比较思想政治教育学理论基础是引领本学科研究的基础性立场和原则，是用以回答比较思想政治教育学“是什么”“为什么”“怎么做”“意义何在”四个核心问题的原理和理论。可以说，理论基础是一门学科稳步发展的内生动力，是一门学科向上钻研的基础支撑。当前，学界对于比较思想政治教育

① 康秀云．比较思想政治教育学前沿问题研究［M］．北京：学习出版社，2018：15.

② 陈立思．论“比较思想政治教育”的学科意识［J］．教学与研究，2010（2）：81-87.

学理论基础进行专门探讨的研究成果几乎没有。比较思想政治教育学的理论基础不能泛泛而谈为马克思主义理论基础，必须聚焦于学科特性。正如张耀灿教授所指出的："建设任何一门学科都必须具备3个条件，缺一不可：一是该研究领域必须有特殊的研究对象；二是必须有指导其研究的理论基础；三是必须着力开展实际的研究。"① 比较思想政治教育学科经过35年的积淀，已具备了对理论基础的归纳与总结的条件，同时，学界只有重视对学科理论基础的探讨，才能推动比较思想政治教育学科的深化发展。

其次，比较思想政治教育学研究范式缺乏综合性。学科范式是学术共同体成员所共同遵循的规范与约定，是对过往学术成就的综合，对今后的研究起着示范性作用。尽管比较思想政治教育学的学术团体建设已初具规模，但其学术团体仍然较为分散，且全国性乃至国际性的周期性学术会议欠缺，限制了学者间对于学科共有情感态度与价值观念的培育。同时，在研究方法上，一方面，纵观已有的研究成果，较多地集中在对域外实践经验的描述与比较、对域外理论学说的阐释与比较上，而对域外的制度成果缺乏应有的关注与比较；国别性的分析、经验性的研究较多，文本的研究、理论的诠释较多，而宏观的制度分析、制度性的比较略显不够。如何从制度的维度运用制度分析、制度比较的方法来开展比较思想政治教育学的研究是值得探讨的。② 另一方面，未能结合时代发展取得突破，质性研究不足、量化研究缺乏，目前大多数学者主要运用的方法还是文献法、比较法、归纳法等。站在新的历史进程的起点上，聚焦比较思想政治教育学研究范式问题，对于学科建设具有重要意义。

最后，比较思想政治教育学研究成果现实关照度不足。比较思想政治教育研究要求具有跨文化、全球化的视野，因此本学科的研究成果应该具备在国际上获得话语权的能力。但在全球化的视域下，比较思想政治教育研究中的全球化理念、国际化成果，在思想政治教育实践中却没有凸显出来。比如，我们对西方成熟的思想政治教育理论的比较学习仅仅停留在著作和论文中，没有转化为思想政治教育的实践；我们对现代思想政治教育模式的探索也有不少理论成果，但仍未改变现实教育的模式；等等。这说明，我们的理论研究成果还要在实践转化上下功夫，需要在增进对现实的关照度中强化理论解释力。③ 另外，在我国深化对外开放的背景下，比较思想政治教育研究的国际影响力严重不足，就目前研究成果的传播来看，交流和传播大多仅限于国内，影响范围有限。这需要比较思想政治教育学学术共同体进行艰苦的理论创新与果敢的实践探索，以建构起具有中国特色、中国风格、中国气派的话语体系，推动我们的理论成果"走出去"。

第三节　比较思想政治教育学的研究主题

基于对比较思想政治教育学术史的梳理与现状的分析，笔者赞同将2012年至今视为

---

① 张耀灿，郑永廷，刘书林，等．现代思想政治教育学［M］．北京：人民出版社，2001：2.

② 杨威．比较思想政治教育学的制度之维［J］．马克思主义与现实，2017（6）：149－155.

③ 倪愫襄，俞念胜，郭勤艺．比较思想政治教育：现状、问题与发展［J］．思想理论教育，2014（6）：31－36.

比较思想政治教育研究的深化阶段。借助中国知网数据库、国家图书馆等相关数据库，以引用率和下载量作为重要参考检索选取了具有代表性的文章和著作进行具体归纳和总结，可以发现自2012年以来学界围绕比较思想政治教育的研究大体分布在以下几个方面：

一、比较思想政治教育元理论研究

对前提性问题的考量和回答直接关系到比较思想政治教育学科展开借鉴研究的价值与作用。当代中国比较思想政治教育的可持续发展，不应仅仅满足于学术话语之“新”与研究成果之“众”，其发展的思想根基和理论根源应当在不断地追问这门学科的基础性问题中去找寻。[①] 比较思想政治教育学的可能与可比、基本概念、理论基础、研究目标、研究范式等基本理论问题，不但是学科建设亟待解决的难题，也是推进学科建设必不可少的根基。

（一）比较思想政治教育的研究前提

第一，“何为比较、何以比较”是比较思想政治教育研究的立足根基，也是本学科最为核心和关键的概念。王春英认为应从思想政治教育的内涵出发阐述思想政治教育比较研究的合法性，廓清思想政治教育比较研究的对象。[②] 一方面，思想政治教育是人类进入阶级社会后普遍存在的一种社会实践活动，并非局限于社会主义社会范畴内的特有对象，仅以国外无对应学科名称而否认比较思想政治教育学的合法性是武断的。另一方面，思想政治教育以思想教育、政治教育以及道德教育作为实践开展的着力点，因此比较思想政治教育也应当从此三个层面切入，针对各国多样化的国情，应当善于分析其教育的实质，以实质重于形式的原则将相关内容纳入比较研究的视野之中。郭小香认为不能把比较思想政治教育中的“比较”等同于一种方法，这样会模糊学科属性，“比较”应当作为一种“视野”才能捍卫比较思想政治教育的价值。比较思想政治教育的比较视野是独特的，即以世界各个国家、民族乃至组织的思想政治教育理论与实践为关注点，具有汇通性和内在性的特征。[③]

第二，研究中应廓清所使用基本概念的边界。康秀云明确指出了比较德育、比较公民教育与比较思想政治教育的相互关系。[④] 从概念的内涵来看，思想政治教育最为宽泛，公民教育次之，德育相对最小，公民教育与德育是思想政治教育不可或缺的组成部分。因此三者的研究对象有所区别，比较德育侧重于对国外学校道德教育开展过程的研究，比较公民教育研究则以学校为主体，辅之家庭、社会和宗教教育，比较思想政治教育研究则包含更广泛的文化内涵，以建构本土的思想政治教育体系为目标。

第三，研究要选取合乎借鉴的对象。郗厚军通观部分比较思想政治教育理论成果发现，一些学者并没有重视可借鉴性，因此在借鉴研究中存有喊口号的形式主义的借鉴取向，从而使研究陷入空泛的、缺乏实效性的泥潭与怪圈，衍生出大量同质化的研究成果。因此在学理上，学者应深刻剖析借鉴的“目的性、主体性、有效性、过程性”这四项内在根据，为开展借鉴研究活动提供理论资源与智慧之思；在实践上，学者要自觉遵循价值发

---

① 曲波．比较思想政治教育学科性质探析［J］．东北师大学报（哲学社会科学版），2014（2）：130－134.

② 王春英．思想政治教育比较研究的合法性及其比较阈的厘清［J］．思想教育研究，2012（5）：19－21.

③ 郭小香．比较思想政治教育的“比较”意蕴研究［J］．思想理论教育，2021（10）：54－59.

④ 康秀云．比较思想政治教育研究的基本概念辨析［J］．社会科学战线，2014（6）：214－218.

现、实事求是、内源发展的实现要求，为增强可借鉴性的效度提供致思路向与方法启示。合乎借鉴的研究对象才能回应和解决国内思想政治教育面临的重大理论和实践难题，服务于我国思想政治教育工作全局。①

（二）比较思想政治教育的研究路径

第一，比较思想政治教育的研究遵循科学的逻辑进程。比较思想政治教育是在国际化进程中生成的思想政治教育论题，研究比较思想政治教育要在准确理解“国际化”理论蕴含的前提下厘清研究进路。冯刚指出，国际化对于理论研究而言，实际上有两层意蕴，其一是国际化本身成为分析和研究的对象；其二是国际化被当作分析和研究现实问题的背景，要准确深刻理解国际化的理论内涵和本质，把握国际化视野下人才的素质结构及其成长规律，在国际化视野下构建思想政治教育学科发展。② 上官莉娜、黄强等学者认为首先要从“效果”角度出发，“在场”体验国外思想政治教育的实践活动，并自觉将有效性置于学科视野之内；其次要从批判角度出发，正确判断国外的某种成功经验是否得以在国内推行，避免研究的盲目性与重复性；最后要从整合角度出发，构建起比较思想政治教育学科的整体版图。③

第二，在比较过程中，居于中国立场至关重要，直接决定方法的运用和成果的取得。张泽强指出，必须要在比较思想政治教育研究中贯彻“中国立场”，即要在具体研究中始终坚持马克思主义立场、人民群众立场和中华民族立场。④ 在比较思想政治教育研究中坚持马克思主义立场，就是要坚持实事求是地了解、唯物辩证地评价以及超越反思地借鉴。在比较思想政治教育研究中，始终坚持人民群众立场，要在关注广大人民群众的同时，还要尊重个人，要找准价值基点和逻辑起点，必须在弘扬人文关怀的主旋律下，坚持个人利益与集体利益、短期利益与长远利益的和谐发展。坚持中华民族立场，不仅要具备文化自信与文化觉醒，同样要求研究者在全球化的时代背景下重新审视我们的文化建设，要具备世界眼光、战略思维、历史视野。而比较思想政治教育研究正是要站在“中华文化走出去”的高度，谋篇布局，为传播中华文明、为中华文明走向世界贡献力量。

第三，比较过程中所运用的方法需要在已有基础上不断深化，推进学科自我革新。李远杰和高峰提出，学界对比较这一方法历经“自发—觉醒—自觉”的研究历程，在接下来的研究中仍然需要对比较方法的研究进行思维转换和深化发展。一方面，通过运用系统思维、辩证思维和理论构建思维进行思维转换；另一方面，从比较方法的地位、研究取向、方法类型、分析单位四维度进行深化。从思维转换和方法深化发展两方面着手，推动比较思想政治教育研究实现目标。⑤

---

① 郗厚军，康秀云．国外思想政治教育可借鉴性：前提反思、根据认识及实现要求［J］．思想理论教育，2017（10）：17－22.

② 冯刚．国际化视野下高校德育的创新发展［J］．中国高等教育，2011（1）：16－18.

③ 上官莉娜，黄强，王晓霞．比较思想政治教育研究：目标、动力和路径［J］．思想教育研究，2016（6）：17－20.

④ 张泽强．“中国立场”与比较思想政治教育研究［J］．思想教育研究，2017（12）：27－31.

⑤ 李远杰，高峰．比较方法的探索与创新——比较思想政治教育比较方法研究回顾与展望［J］．思想理论教育导刊，2019（9）：108－111.

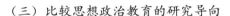

（三）比较思想政治教育的研究导向

第一，研究要立足本土，树立“问题意识”，加强研究的整体性。比较思想政治教育研究要坚持丰富视域，兼顾主渠道主阵地的全面深化和系统推进。冯刚认为在中国不断发展、不断开放、不断进步的历史进程中，高校学生工作队伍的专业化建设必须具备国际视野，高校学生工作者的工作实践和自身发展也要具有世界眼光。① 上官莉娜对比较思想政治教育学科自设立到2013年前的研究成果进行了梳理。针对学科存在的四大问题：偏向研究发达国家，对转型国家关注度不够；描述性研究居多，对不同国家开展思想政治教育的内在原因与规律等解释性研究滞后；总体遵循思辨、规范、演绎的方法论，但立足鲜活的思政实践采取质性研究的意识不足；研究理论基础薄弱，学科意识不强②，上官莉娜指出比较思想政治教育的研究方向应当遵循：一是要重视并挖掘思想政治教育学科内部与中华优秀文化中的内在资源，同时广泛吸取政治学、社会学、心理学等学科的理论与研究成果；二是要破除国家研究与专题研究的空泛性，以“问题意识”统领比较思想政治教育的研究，建立比较思想政治教育新的学术生长点；三是要加强整体研究，立足思想政治教育实践，对比较思想政治教育的基本体系从宏观上进行研究。③

第二，研究要紧密贴合时代诉求，具备全球视野，推动人类文明进步。曲波认为比较研究在视域融合、启示借鉴以及彰显自信三个层面上创新特色路径。④ 比较思想政治教育学科的意义在于在坚守我国政治立场和追求的前提下，以全球视野聚焦时代性和民族性的问题，求同存异，辩证平衡。要明确比较研究对人类文明的贡献，彰显文化自觉与文化自信，进一步拓宽国际学术交流平台，推进马克思主义、中华传统文化和西方思想理论在思想政治教育整体学科体系中的融合创新。在中西比较的语境中，基于自我认同与相互承认的文化融合表达了人类文明新的“共相”，能够为多元主体提供精神生活的意义和价值。

第三，研究要将实践形态、观念形态与制度形态三维并重。杨威认为比较思想政治教育所研究的思想政治教育形态可以分为实践形态、观念形态和制度形态。⑤ 制度对人的思想与行为发挥着规范、塑造作用，制度是实践经验的固化、是价值观念的凝结，同时兼具理论与实践的二重性，也有助于我们树立制度自信。与实践形态、观念形态思想政治教育研究相比，目前的研究中制度形态的思想政治教育研究并未得到足够的重视，因此接下来的比较思想政治教育研究应加大对思想政治教育制度研究的力度。总之，思想政治教育与社会制度联系的不断强化、思想政治教育制度化进程的不断推进、思想政治教育具体制度的不断完善，都要求我们在比较思想政治教育学中更加注重从制度的角度开展研究，从制度分析与制度比较中，获得推动我国思想政治教育制度发展的智慧与启迪。

二、比较思想政治教育的国家（地区）研究

以马克思主义为指导开展思想政治教育国家或地区研究，是比较思想政治教育的基础

---

① 冯刚．世界眼光与中国情怀：中国学生工作的传统、使命与创新［J］．思想理论教育，2015（7）：4－7.

②③ 上官莉娜．比较思想政治教育：现状、挑战与发展［J］．思想理论教育，2013（15）：10－15.

④ 曲波．关于比较思想政治教育学科意识的思考［J］．思想理论教育，2014（6）：62－65.

⑤ 杨威．比较思想政治教育学的制度之维［J］．马克思主义与现实，2017（6）：149－155.

性工作。通过占有他国或地区丰富翔实的思想政治教育材料，秉承互相尊重、克服偏见的学术研究精神，把握共性、凸显特色，最终实现对他国的思想政治教育经验超越性地批判、借鉴。

（一）有关两国的通观或专题比较研究

在两国比较的研究中，有关中国与美国思想政治教育的比较始终是研究的重点。此外，有关西方发达国家、东亚发达国家的研究也一直热度不减。与此同时，诸如以色列、越南这类发展中的转型国家也进入了比较思想政治教育研究的视野。

1. 中美比较研究

唐克军、蔡迎旗在《美国学校公民教育》（中国社会科学出版社 2012 年版）一书中从六个部分展开论述，自由主义和保守主义在公民教育方面的主张贯穿其中。第一部分关于美国公民教育本质的思想论争，主要涉及自由主义和保守主义关于公民教育本质和目的的主张；第二部分分析美国社会科的课程，内容包括分析自由主义的以问题为中心的课程和保守主义的以历史为主导的学科课程、美国社会科委员会、专业群体和州政府的课程标准、社会科课本及其教学方式；第三部分分析美国学校公民的道德教育，主要包括自由主义价值澄清和道德认知发展理论与保守主义的品格教育以及洛克伍德的发展的品格教育和诺丁斯的关怀伦理的道德教育；第四部分分析美国学校的服务学习，主要分析自由主义和保守主义在服务学习方面的对立以及服务学习的概念、类型、价值和实例；第五部分分析美国学校的文化，主要说明保守主义和自由主义在学校文化建设方面的侧重点，以及注重民主、包容、伦理、和平学校文化和学校共同体的建设；第六部分分析美国社会科教师教育，主要说明保守主义为维护美国统一性的学科中心的社会科教师教育的主张，以及自由主义为了正义和民主的社会科教师教育的主张。美国自由主义和保守主义在公民教育领域的博弈让人不得不思考六个理论问题：公民与道德教育的社会化与反社会化的问题；价值观与知识的“正确性”与对价值观和知识的审查问题（美国存在神化其历史的问题）；公民方面的知识与能力问题；道德价值的来源与共同体的生活；好公民与好社会的关系问题；公民的道德行为与情境。同时，美国学校公民教育也给我国开展思想政治教育带来了启示：传承民族共同的传统价值和共同价值；培养民主参与的能力；强化公民的系统知识；注重公民的道德美德和智力美德的训练；营造民主宽容的学校氛围；加强国家对公民教育的支持。因查阅了与美国公民教育相关的大量资料，本书较好地总结了美国公民教育实施的规律与逻辑，为我国开展思想政治教育活动提供了有益的启示。

在期刊文献中，许多学者也对中美的思想政治教育选取某一方面进行了专题比较，此类研究主要从表征、途径、价值取向等方面对中美两国的思政教育过程进行对比。王冠华认为美国高校的思想政治教育形式柔和、内涵隐蔽，在其教育体系中的公民教育、法制教育、道德教育、历史教育、宗教教育等方面都渗透了大量的意识形态教育内容，中美两国的教育形式与教育手段极为相似，但中国更重视显性教育，美国更重视隐形教育。[①] 张德才与张志强认为美国在对大学生的思想政治教育方面具备完备的教育研究机构和明确的教育内容。两位学者通过比较两国高校的思想政治教育目标、理论基础、课程设置及开展方

① 王冠华．当代中美两国高校人才思想政治教育方法比较［J］．中国人才，2012（8）：67－68.

式后，强调了“以人为本”个性化思政教育的重要性，指出中国高校的思政教育要重视学生的主观能动性，增强教育的渗透性和时效性。① 顾其银明确指出了美国隐蔽性思想政治教育的局限性，在社会环境不利时，学生的思想很容易走向偏颇，例如二战后美国物质资源极大丰富所造就的“颓废的一代”。因此，我国应当引以为戒，让思想政治教育顺应社会变化与时代发展，及时调整，让直接教育与间接教育紧密结合。② 魏晓文与关丽丽以动态视角审视中美两国大学思想政治教育，指出中美两国对学生开展的思想政治教育活动在任何时期都发挥出巩固国家政权、维护社会稳定、实现学生政治社会化和全面发展的重要作用和功能。③ 赵雯从文化传统与经济制度等方面分析了中美两国思政教育蕴含不同价值取向的内在原因，个人主义和实用主义对美国的思想政治教育价值观产生了深刻影响，马克思主义的实践观与人性论对中国的教育起着直接性、原则性的指导作用。④

2. 中英比较研究

陈琳尝试从政治学理论基础和意识形态背景角度梳理英国公民课，包括：详细介绍科瑞克教授的政治学理论架构，及其对民主社会主义和共和主义的意识形态认同，阐释这些因素在推动英国公民课课程改革和形塑课程方案中的作用；揭示对英国公民课改革产生重要影响的其他政治学理论和意识形态。⑤ 英国政治学界的争论以及课程的转变是政治教育在当代社会面临困境的缩影，培育公民政治意识与政治能力的方式难处可能在于民众参与政治能力与意识的不匹配。将这两点结合起来看，可以说，在通过细致的学术研究来清理有关基本理论问题的同时，平衡好操作实施的跷跷板，可能是英国公民课改革给我国的最大启发。当代中国的政治体制改革和真正实现人民当家作主，离不开高质量的政治教育。

3. 中俄比较研究

林绪武、张玉杰将《俄罗斯联邦公民爱国主义教育纲要》的特点总结为系统性、独立性和可操作性，《俄罗斯联邦公民爱国主义教育纲要》是一个综合计划，其制定、实施、执行需要俄罗斯联邦各部门的共同配合，它的国家地位则为其顺利执行提供了法律保证，同时因其高度的独立性，保证了爱国主义教育的有效运转，又与学校教育、公民教育适度互动。以《俄罗斯联邦公民爱国主义教育纲要》实施为借鉴，我国应该根据现实情况，启动制定新的《爱国主义教育实施纲要》，总结爱国主义教育的新经验，并针对新问题来更新爱国主义教育的顶层制度；我国应当根据现实情况进行资源整合，凸显爱国主义教育的独立性，有效促进爱国主义教育的深入、持久推进；同时，新的《爱国主义教育实施纲要》要构建一个整体性的框架，涵盖与爱国主义教育实施相配套的资金支持方案、部门人员分工方案、评估实施考核方案等，避免理论与现实、文件与实践的脱节。⑥

---

① 张德才，张志强．中美大学生思想政治教育比较分析 [J]. 黑龙江高教研究，2012 (3)：51-53.

② 顾其银．中美高校思想政治教育比较研究 [J]. 教育与职业，2012 (11)：104-105.

③ 魏晓文，关丽丽．大学思想政治教育的本质与规律探析——基于中美比较的历史主义范式 [J]. 思想教育研究，2012 (6)：27-31.

④ 赵雯．中美思想政治教育价值比较分析 [J]. 中学政治教学参考，2013 (30)：60-62.

⑤ 陈琳．英国公民课改革的政治学理论基础和意识形态背景研究 [J]. 外国教育研究，2019 (7)：108-118.

⑥ 林绪武，张玉杰．《俄罗斯联邦公民爱国主义教育纲要》的特点及启示 [J]. 思想理论教育导刊，2017 (7)：146-149.

4. 中新比较研究

张华围绕新加坡“儒家伦理”课程修订版教科书展开论述。① 通过对教科书的解读，张华提出新加坡政府主要从三个方面将国家认同教育内容融入“儒家伦理”课程之中，首先坚持课程的意识形态性，倡导政治认同；其次突出儒家思想的现代意义，培育文化认同；最后强调“新加坡人”的国民身份，增强族群认同。在灌输国家认同教育的过程中，政府不但对儒家思想做出了现代性的诠释，同时充分考虑了新加坡中学生的华文水平，借用实例、故事、诗歌、对话、问答、讨论等多种形式来增进学生的理解。这启示我国必须坚持客观、辩证的态度，积极发掘儒家思想中可作为当代思想政治教育资源的精华。在新时代我们要在处理好传统与现代、继承与创新关系的同时，赋予优秀传统文化新的时代内涵和现代表达形式，助力社会主义现代化强国建设和实现中华民族伟大复兴中国梦。

5. 中日比较研究

丁红卫、唐滢、曹甜甜指出，日本在实现高校思想政治教育目标的过程中，存在一定的问题。在对大学生进行爱国主义教育时，日本一度陷入极端主义的漩涡。诸如宣扬种族优劣论，导致在高校学生乃至全社会形成一种唯我独尊的偏执优越感，且日本高校思想政治教育过分看重学生的个性塑造和能力培养，往往忽视集体的重要性，缺乏国际意识教育等。但思想政治教育是捍卫主流意识形态的工具，我国应避免日本思想政治教育的误区，借鉴日本经验好的方面，创新高校思想政治教育方式方法，推进思想政治教育社会化。②

6. 中越比较研究

罗文英首先明确越南“政治理论教育”的内涵：越南定位于政治理论教育的概念，其范畴与我国思想政治教育范畴不同。越南将政治理论课严格界定在政治理论教育的范畴，更加突出政治理论课的政治性、理论性、意识形态性，更加聚焦于理想信念教育这个主题，特别是聚焦于培养学生对越南社会主义道路的思想认同、理论认同和情感认同。③ 相比较而言，我国对高校思想政治理论教育的界定比较宽泛，在实践中还存在进一步泛化的趋势，教学内容与文史通识教育同质化，降低了思想政治理论课的思想性、政治性和理论性。因此，在我国“三全育人”的大框架下，我国需要科学合理地界定好思想政治理论课的边界，提高思想政治理论课的政治性和思想性，防止“跑题”“变调”。陈宪良、吴霞指出，随着世界全球化进程的加深及信息技术的迅猛发展，西方国家输出民主的手段更加多样，形式也更为隐蔽，对越南社会的政治、文化、经济等方面产生了诸多影响。具体表现为引起越共党内思想路线的分歧，导致越南社会思潮多元化，导致越南社会中反政府活动增多。为此，越共采取了一系列措施在全社会加强思想政治教育，其中包括加强对党员干部政治思想的培训、发挥先锋模范的正面引导作用、严肃党风党纪多管齐下提高广大党员

① 张华．新加坡“儒家伦理”课程中的国家认同教育［J］．思想政治课教学，2021（3）：76－80．

② 丁红卫，唐滢，曹甜甜．中日高校思想政治教育实效性比较研究［J］．云南行政学院学报，2020（1）：96－100．

③ 罗文英．对越南高校政治理论课课程改革的几点思考［J］．思想政治教育研究，2021（4）：97－101．

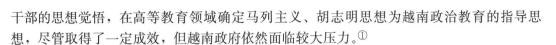

干部的思想觉悟，在高等教育领域确定马列主义、胡志明思想为越南政治教育的指导思想，尽管取得了一定成效，但越南政府依然面临较大压力。①

（二）有关多国的综合比较研究

有关多国的综合比较研究可以从书籍、文献两个方面来把握，这些成果或关注公民教育、政治教育或道德教育发展进程，或聚焦不同文化背景下的理论基础，辩证地看待文化差异，在以往研究的基础上进行了更深入的探索。

1. 聚焦特定教育实践

第一，道德教育研究。檀传宝主编的《当代东西方德育发展要览》（人民教育出版社 2013 年版）阐述了英国、美国、德国、法国、日本、韩国、新加坡七个国家和中国台湾地区的道德教育发展进程，每一章对应一个研究对象，涵盖了德育的历史脉络、德育理论基础，并在此基础上预测德育发展趋势、总结德育实践经验。20 世纪中叶在冷战的对峙格局下，东西方德育的发展都不同程度地迷失了方向，出现了所谓的“去道德化”与“荒漠化”的状态，传统的道德价值受到挑战，社会的发展也要求复兴传统德育价值。从东西方德育总的发展趋势看，当前学校德育的重心一直在经历着一些“共同的”变化：从单纯传授系统的道德知识和训练良好的道德行为习惯，转向注重培养适应当代价值多元特点的道德判断力、道德敏感性与道德行为等能力；从重视直接的道德教学转向强调间接的道德教育；从封闭的学科性教材转向开放的情境性教材；从以教师的教导、说服、劝诫为主转向以学生的小组讨论、价值协商、社会实践为主；等等。虽然当前东西方复兴传统价值的德育目标是大体一致的，但由于德育目标所反映的道德历史和民族传统的不同，东西方的根本差异仍然是巨大的，各自的德育目标设定所依据的道德原则和体现的道德核心内容也不同。例如，欧美各国学校德育目标就充分地反映了其固有的民族道德文化传统。迄今为止，宗教价值仍是英国、美国和德国等国家德育的主要目标，而无论儒家伦理如何变革，它也仍是东方主要国家和地区基础性的德育目标。在全球一体化的影响之下，东西方各国学校德育关心的主题亦有趋同的趋势，普遍价值、新儒教伦理、全球伦理、世界公民等价值逐渐重新进入人们的视野。道德教育的全球化会成为一种时代必然，东西方在德育领域进行创新性的交流与对话，最终会为建构适应和符合本国实际发展需要的德育理念与实践模式带来有效而实际的帮助。

第二，公民教育研究。徐峰和余一凡将中国与西欧国家公民教育从五个方面进行了比较：一是产生历史不同，中国共产党早期所面临的严酷生存条件孕育了思想政治教育，而西欧的现代公民教育孕育于资产阶级革命时期；二是追求目标不同，中国的思想政治教育以实现共产主义理想为目标，西欧的公民教育以培养能够适应资本主义社会生活的合格公民为目标；三是教育内容不同，中国以马克思主义为指导推进马克思主义中国化时代化大众化，西欧主要是进行公民知识教育、公民意识培育、公民能力培养；四是理论依据不同，中国以马克思主义为行动指南，西欧社会则没有共识性的理论依据；五是实施方式不同，中国重视显性教育，西方则重视隐性教育。孔德生、谢宇格指出现代西方公民教育具

① 陈宪良，吴霞．西方国家对越南的“民主输出”政策及越南的应对策略［J］．思想政治教育研究，2021（2）：35－42．

有“政治性”、“心理性”和“教育性”三重核心结构，我国思想政治教育具有“思想性”、“政治性”和“教育性”的特征，但在本质上也具有与西方相同的结构。在“政治性”完全对立的前提下，二者的“心理性”与“教育性”可以相互比较与借鉴。通过尝试将“政治性”的客观部分进行中国特色的心理学、教育学实践，吸收西方经验，能有效完善我国思想政治教育学科体系。①

2. 关注特定群体教育实践

对于青年的教育引导至关重要，因此对于他国高校思想政治教育的研究是学者们关注的重点。李广阔对美国、日本与俄罗斯的高校思想政治教育的内容、目标、途径、方法等予以介绍，总体来看，美国高校的思想政治教育体系较完善，方法更加灵活，收效良好；日本则在教育中表现出了国粹主义和皇民思想，篡改史实、掩盖暴行；俄罗斯思想政治教育一定程度上存在追求经济效益的市场化倾向，需要重视思想政治教育并进一步完善教育体系。② 雍树墅比较了中国与西方国家（美国、日本、英国等）高校利用课堂、家庭、社会实践开展思想政治教育的异同，提出要形成良好的思想政治教育环境，重视课堂教育，并特别指出利用网络开展思想政治教育的重要性：世界上很多国家在教育过程中都积极利用网络资源，网络势必会在大学生思想政治教育中发挥重要作用。因此教师要引导学生认清网络信息的真伪，还要组织一定的力量开展网络思想政治教育方面的研究。③

3. 综合归纳意识形态教育实践

第一，从理论与实践两方面把握其他国家的意识形态教育特点与启示。周琪等所著《比较思想政治教育学》（高等教育出版社 2018 年版）全书以“总—分—总”的布局展开论述。前三章分别介绍了比较思想政治教育学概论、比较思想政治教育的方法论、比较思想政治教育的理论视野，明确了学科的研究边界、基本问题、现实动力与理论借鉴。作者认为比较思想政治教育方法具有实事求是、植根实践、明辨联系、聚焦发展、化解矛盾的外部运行特征，具有比较法、基于比较法而产生的不同方法论学派两个方面的内部层次，具有阶级分析法、比较分析法和历史分析法三类具体方法。第四章至第七章分别论述了美国公民道德教育理论与实践、韩国和新加坡思想政治教育理论与实践、德国思想政治教育理论与实践、英国思想政治教育理论与实践。在对比较对象思想政治教育历时空的形态的充分把握上，作者归纳了各国思想政治教育实践活动的特点。美国公民道德教育是美国核心价值在教育领域与公民日常生活实践中的集中展现，表现为以“学生中心”为指向的教育理念、以“问题解决”为目标的教育方式和以“三位一体”为核心的教育合力。韩国所实施的民主公民教育随着公民社会的发展取得了良好收效，公民民主意识不断增强，但韩国的国民精神教育中存在昂扬的国民精神与极端民族主义倾向并存的缺点，随着韩国的现代化发展和西方文化的涌入，韩国的道德教育呈现出“礼仪之邦”盛名下的价值冲突与道德式微态势。新加坡思想政治教育具有特定的形态和规律，主要表现在三个方面：聚焦社

① 孔德生，谢宇格．公民教育与思想政治教育结构之比较与借鉴［J］．人民论坛·学术前沿，2021（8）：116－119.

② 李广阔．比较教育视野下的多国高校思想政治教育述评［J］．理论导刊，2013（8）：90－92.

③ 雍树墅．中西方高校思想政治教育途径的比较［J］．教育与职业，2015（17）：86－88.

会核心价值观建设，注重整合思想政治教育资源和学校思想政治教育课程体系多元融合。德国思想政治教育既注重民族精神教育、历史观教育和宗教教育，又确立了与社会发展相适应的思想政治教育主题，注重政府对公民思想政治教育的指导，强化宗教的思想政治教育功能和强化思想政治教育渗透性。英国思想政治教育具有独特的运行方式和形态，主要表现在四个方面：一是注重对传统文化的吸收与借鉴；二是采取宗教伦理道德与公民素质相结合；三是“绅士”与“公民”培养相统一；四是注重思想政治教育渠道多样化的有效衔接。第八章、第九章将中外思想政治教育理论与实践进行了综合比较，从内容与方法两方面进行归纳，总结规律，提炼启示，对比较思想政治教育学科进行展望。新时代中国思想政治教育需要在比较视野中从价值、领域和形态等方面，在思想政治教育与人、社会的良好互动中找寻创新发展的动力。

第二，从理论基础上探寻社会主义与资本主义实施政治教育的异同。林聪从价值倾向性的正当性进行横向比较，指出西方一度盛行的事实与价值二分并不适用于思想政治教育，思想政治教育需探索基于现实主义与理想主义的理解价值倾向新进路。① 现实主义的走向只指出了现实中令人唏嘘的一面，却没有给人以希望，这便造成了美国 20 世纪 60—90 年代的价值相对主义和失范行为的增多，造成了人们价值世界的空心化。而另一条理想主义走向也出现了适用范围的分歧，对于普世观念和普世价值的追求使得一部分人归入了普世的理想主义，另一部分人则声称不存在普世观念和普世价值。从个人、社会和国际维度建构思想政治教育的价值倾向性作为一种新尝试，希冀更好地平衡私人价值和公共价值的关系，提升思想政治教育的有效性和精准性。

三、比较思想政治教育学科建设研究

上官莉娜和黄强指出 2013 年“比较思想政治教育”首次作为一个整体词语出现多次，成为单一年度的高频关键词，这说明了学界对比较思想政治教育的学科内涵和学科性质逐步达成共识，标志着学科发展趋于成熟。② 当一门学科发展至成熟阶段时，学术共同体会自发地对该学科生成稳定的情感态度与价值认同，培育能使学科有序发展的相对统一的思想意识，遵循某种约定俗成的规范和原则，从而有目的、有计划、有组织地进行学科建设与学术研究。

（一）学科性质及定位

第一，比较思想政治教育学科是思想政治教育学科不可缺少的一部分，可以实现对思想政治教育学科的“反哺”。杨晓慧指出加强比较研究是整个思想政治教育学科发展的内在需要，比较思想政治教育可谓是基础研究的主干学科，因此加强比较研究也是更好发挥思想政治教育基础研究功能的客观要求。推进比较思想政治教育学科有四项较为迫切和突出的工作：通过深化学科性质研究、夯实学科理论基础、构建学科研究范式，加强学科理论建设；重视比较思想政治教育研究中的“翻译性研究”工作，在组织翻译工作中要选取

---

① 林聪．思想政治教育中价值倾向性的正当性论析——一个比较的视角［J］．理论与改革，2018（2）：181-188.

② 上官莉娜，黄强．比较思想政治教育研究 20 年回溯及展望——基于 4 本期刊 CiteSpace 的共词分析［J］．思想教育研究，2016（1）：16-20.

权威性、代表性、前沿性和有价值的资料；通过建设全国性学科组织、创办外文刊物、设立研究课题来夯实学科的平台建设；最后是群策群力、井然有序，建立一支传承有序、结构合理的学术队伍。① 王春英认为，30 多年来学者们的研究精力主要倾注于在思想政治教育上位学科的规约之下，在论证比较思想政治教育的合法性的基础上展开自身的研究，但是自下而上的路径却被学者们忽视，在比较研究的基础上深化我国思想政治教育的理论研究与实践探索的研究任务并未完成。因此，分析、整合比较思想政治教育研究取得的成果以“反哺”思想政治教育学科，推动思想政治教育学科的整体发展是比较思想政治教育应有的价值内蕴和研究使命。②

第二，比较思想政治教育在新时代应当实现加强与他国对话交流的目标。许慎指出比较思想政治教育学科的设置具有鲜明的国际视野，在新征程下加强与别国的“对话交流”是比较思想政治教育的必然发展阶段。首先，比较思想政治教育在对外人文交流中明确中国立场，表明“阶级性”与“意识形态性”，维护好我国的意识形态；其次，比较思想政治教育研究团队应当独当一面，理直气壮地讲好中国特色的思想政治教育理论与实践；最后，比较思想政治教育在对外人文交流中需要打造具有实效性的“中国经验品牌”。在肩负这样的任务下，比较思想政治教育应以低干预的方式做各国思想政治教育的观察者与记录员；以适度干预的方式做各国思想政治教育的解说员和舆论监督员；以积极干预的方式做世界政治教育的贡献者与引领者。③

第三，比较思想政治教育最终应当实现对全球思想政治教育现象在价值层面上的提升与创造。叶方兴指出，对国外思想政治教育的事实观察与价值评判，及对国内外思想政治教育的异同辨析往往成为比较思想政治教育学的核心任务。但这个意义上的比较思想政治教育学容易流于介绍国外思想政治教育，“比较”的色彩不够突出，学科理论特质缺乏精准把握。“比较”在语境上具有开放性，在根基上具有共通性，在内容上具有多样性。彰显“比较”这一学科理论特质，要求比较思想政治教育在研究中扬弃单向度、描述性视角，以“联系—对比—融合”的眼光观察不同形态的思想政治教育现象，展开对比分析，把握整体性的规律，不仅在事实层面实现全球视野的认知、理解，而且在价值层面实现相互借鉴、提升乃至创造。④

（二）学科体系建设

学科理论体系是一门学科中研究内容、核心概念、基本判断与推演等所构成的系统化的知识体系。改革开放 40 多年来，思想政治教育学科取得了长足发展，在经历了初步探索、正式确立、深入发展和系统建设四个阶段后，思想政治教育学科实现了从科学化到学科化再到系统化的质性飞跃。⑤ 思想政治教育学科的系统化建设对比较思想政治教育的系

① 杨晓慧．比较思想政治教育研究的学科理性、本质定位及系统建设［J］．思想理论教育导刊，2014（10）：101－105.

② 王春英．试析比较思想政治教育研究的“反哺”意蕴与路径［J］．思想理论教育，2019（3）：21－26.

③ 许慎．比较思想政治教育在对外人文交流中的角色定位［J］．思想政治教育研究，2020（3）：134－137.

④ 叶方兴．论比较思想政治教育学的理论特质［J］．河海大学学报（哲学社会科学版），2020（4）：38－42，106－107.

⑤ 冯刚．思想政治教育学学科发展新论域［M］．广州：中山大学出版社，2022：1.

统化研究提出了新要求。高地认为比较思想政治教育应当建立系统的理论体系，由表及里深入把握国外思想政治教育问题，重视将“问题意识”嵌入学科理论体系的建构之中。同时，由于比较思想政治教育的知识是“经验—分析”与“历史—阐释”两种类型有机统一的综合体，在面对纷繁复杂的思想政治教育现象时，要坚持“求质同存形异”的原则进行概念建构。最后，采用从分析到综合的方法建构比较思想政治教育学科理论体系。① 韩丽颖把握了比较思想政治教育话语普遍性与特殊性、主题性与体系性、学术性与意识形态性、理论性与实践性有机统一的特点，通过对 2003 年至 2012 年 6 本权威学术期刊的 314 篇论文进行分析，指出比较思想政治教育话语体系中存在的“他族优越论”价值预设等问题。为破解这些难题，韩丽颖提出要从“文化”的角度去诠释各国思想政治教育的现状和彼此的差异，将比较建立在文化交流的客观立场上，推动比较思想政治教育学科的话语体系形成相对完整和独立的形态。② 杨晓慧指出要通过三个方面为比较思想政治教育学科奠定必要的理论前提：首先，夯实学科理论基础，比较思想政治教育研究必须坚持马克思主义的基本立场、观点和方法，探索研究对象的矛盾；其次，厘定学科基本概念，在从外国“舶来”新概念、新词语时，要对这些词语和概念的具体内涵、边界范围及文化历史意蕴进行审慎地厘定与辨别；最后，明确学科研究对象，既不能泛泛而谈，又不能故步自封，必须拓展研究对象的范围和深度，不断完善学科理论体系，增强研究的穿透力。③

推动学科建设应当具备系统性思维，集中力量补齐短板。苏振芳指出为推动比较思想政治教育学科跨越式发展，要明确研究宗旨，建设一支稳定的研究队伍，研究内容要全面、客观、准确，研究者要提高哲学思维水平，并创新研究思路。④ 郗厚军和康秀云则从总体上论述了学科体系建设。比较思想政治教育学科体系建设需要从四个方面进行着力：第一，知识体系建构，应当编写一批具有思想性、科学性、民族性、时代性和系统性的教材著作，提高期刊论文质量、课堂授课水准等；第二，活动体系建构，这是比较思想政治教育学科体系建设中的薄弱之处，应当着力构建比较思想政治教育学科研究活动与实践活动的贯通机制（但作者在对学科研究活动界定上存在与知识体系建构概念重复之嫌），加强对学科编撰活动、学科教学活动、学科对话交流等活动的实践应用；第三，组织体系建构，通过树立学科共同体意识与加强学科社会建制，为学科专业发展提供组织动力；第四，规训体系建设，科学有效地建立和完善专业人才培养制度，并将其纳入人才培养体系，以推进学科新人的规训和培养。⑤

（三）学科信念和价值观

思想政治教育的本质是从事比较研究的知识信念。金林南和刘娟从三个维度阐述了学科的学理依据。“思想政治教育本质的一元性”是从事比较思想政治教育学者的“知识论信念”⑥。

---

① 高地．比较思想政治教育学科理论体系建构的前提性思考［J］．社会科学战线，2014（6）：224－227.

② 韩丽颖．近十年比较思想政治教育的话语分析［J］．社会科学战线，2014（6）：228－230.

③ 杨晓慧．关于加强比较思想政治教育学科建设的几个问题［J］．社会科学战线，2014（6）：208－213.

④ 苏振芳．比较思想政治教育学科发展的历史回顾与展望［J］．思想教育研究，2014（7）：17－23.

⑤ 郗厚军，康秀云．比较思想政治教育学科体系建设的四个着力点［J］．思想政治教育研究，2018（3）：68－72.

⑥ 金林南，刘娟．思想政治教育比较研究的三重学理根据［J］．思想理论教育，2018（8）：56－61.

在中西方政治的起源和发展阶段，精神政治是所有文明传统中政治生活的普遍性存在，通过宗教、德育、宣传等方式影响人的精神世界以建立、建设一种政治生活是一个在不同国家和地区都存在的客观社会现象，这种普遍性的精神政治是思想政治教育比较研究获得知识信念的基础。研究者将本质理论作为在特定背景下理解思想政治教育、从事比较研究的事件性工具，能为比较研究提供具有竞争力的理论假设和客观的知识信念。

比较思想政治教育学在未来将会实现建构全球思想政治教育的命运共同体目标。高峰指出，如果说新时代比较思想政治教育学科建设以国外思想政治教育活动为基本研究对象，重在介绍这些国家在思想政治教育方面的实际情况和做法，那么，新时代比较思想政治教育学科建设就要相应地由批判吸收借鉴国外基本经验向在国际比较中彰显中国特色转变，从“引进外国经验”到“表达中国声音”转变。比较思想政治教育研究在研究广度上涵盖全球各个国家和地区，以总结人类思想政治教育的普遍规律为目标，对于推动人类命运共同体建设有着极为重要的指导作用。在未来，我们要找寻人类思想政治教育的共同价值，提炼关乎人类命运的共同体生存意识、共同体价值取向、共同体治理意识、共同体责任意识和共同体参与意识，加强思想政治教育制度建设的互通有无，最终实现建构全球思想政治教育的命运共同体目标。①

第四节　比较思想政治教育学研究的未来展望

“随着全球化进程的不断推进，高等教育国际化成为一种普遍趋势和共同追求，国际性的各种学术文化交流，都正在越来越频繁地以大学为媒介和舞台，大学愈加成为当代和未来不同文化之间沟通与融合的桥梁与纽带。这就要求大学和大学人具备开放的理念和广阔的世界眼光，用国际的视野来审视自我、评判自我、要求自我，着眼于世界科技、经济、文化发展的前沿，勤于学习，善于借鉴，勇于超越，追求卓越。”② 这一现实境遇对不断改进思想政治教育提出要求，也决定了学界对于各国的思想政治教育的研究也是无止境的。随着学科研究的深入，比较思想政治教育应当从思想政治教育共识的核心概念和基本范畴出发，对比较思想政治教育学研究进行规划，彰显学科特色，同时着力建设学科的系统性工程，带着问题与使命寻求可借鉴经验。如此，就可化解论述泛化带来的学科身份焦虑与研究进路迷茫。

一、突出思政学科特色，多视角进行研究

国际化对于理论研究而言，实际上有两层意蕴：其一是国际化本身成为分析和研究的对象；其二是国际化被当作分析和研究现实问题的背景。③ 作为一种必然的趋势和潮流，国际化是高校思想政治教育理论研究和实践探索的重要视野，在比较视野下研究思想政

① 高峰．关于新时代比较思想政治教育学科建设的若干思考［J］．思想理论教育，2019（3）：11－14．

② 冯刚．弘扬大学精神 推进高校德育的创新和发展［J］．思想政治工作研究，2007（10）：27－29．

③ 冯刚．国际化视野下高校德育的创新发展［J］．中国高等教育，2011（1）：16－18．

治教育理论和实践问题要坚守思想政治教育立场，遵守思想政治教育学科范式。在不少的研究中，学者们都是大量嫁接西方的概念和话语，却忽视了思想政治教育学科的内在资源，使得比较思想政治教育的研究与“比较研究”“比较教育研究”雷同，模糊了学科属性，丢失了学科特色。实际上，学者们直接移植进来的“公民教育”“绅士教育”“政治社会化”是否与我国文化传统与政治制度相适应，是一个值得深入思考的问题。而我国以马克思主义为指导对人民进行人生观、世界观与价值观教育，至今学界尚未能从本土实际出发，进行人生观、世界观、价值观比较教育研究，未尝不是一种遗憾。在研究中要突出思想政治教育学科特色，遵循思想政治教育研究范式，就必须克服“拿来主义”的简单移植问题，全方位对比分析，真正实现“借鉴”的核心目的。应当对国外思想政治教育现象背后深层次的经济、政治、社会原因进行尽可能深刻的剖析，对各国思想政治教育实践与历史进程的关联性进行深层次思考，从中形成对于思想政治教育影响因素更普遍、更全面的认识，并进一步在我国本土思想政治教育系统下进行创造性的融入，使“借鉴”的经验真正在我国生根发芽，推动思想政治教育比较研究实现更高水平的发展。

比较思想政治教育研究论域广泛，在本国与其他国家的比较视域中，获得对自身的理解，这“内”与“外”的呼应，可以避免陷入中国“特殊化”或国外“普遍化”的认识误区，有利于我们在国际视野中更好地认识和改进我国的思想政治教育。开展比较思想政治教育研究，是在批判性思维中借鉴国外经验，借鉴不是一味地“媚外”或简单地“移植”，不应该成为学科内部一种僵化的研究模式，而是要坚持中国特色思想政治教育的价值追求，凸显思想政治教育的学科特色。漂浮于文化根基之上，比较思想政治教育研究便是“无根浮萍”，研究成果既不符合中国的实际，也难以发现有价值的问题。而比较思想政治教育在研究范围上的开放性，也使得它横跨思想政治教育下其他三门课程甚至也可以扩展到与之相关的社会学、心理学、传播学、教育学等学科领域去吸收其先进研究成果。因此，比较思想政治教育不能用条条框框束缚住自己的手脚，需在广泛的研究课题中，掌握丰富鲜活的研究材料，由具体上升到抽象，由分析到综合，由局部整合到系统。这就要求学者们在研究中广泛吸取社会学、心理学等学科的理论和研究视角，从而更好地从事对各类复杂问题的研究。在对世界多元文化的吸收与借鉴中增强文化自觉、文化自信，把握社会主义先进文化的比较优势，并进一步促进中国文化强国建设，并与多国优秀文化深度对话、协同共进，是新征程思想政治教育学科的历史使命。

二、破解碎片化困境，加强整体性研究

学科发展 40 年来，思想政治教育学科的整体性、系统性建构呈现出清晰的实践脉络，未来思想政治教育研究要研究明确学科发展的阶段性特征，在国内、国际、多学科等视野下总体把握思想政治教育学科在社会需要、历史文化、实践经验、政策支持等方面面临的发展机遇和挑战，进而逐步优化和调整学科整体建设的节奏和步伐。[①] 整体功能并不是各部分功能的简单相加，整体体现着部分与部分的相互关系及整体与外部环境的交互作用。

---

① 冯刚．加强思想政治教育学科建设 努力推进思想政治教育实践创新［J］．思想教育研究，2013（11）：3-7.

比较思想政治教育作为一门年轻的学科，目前的研究总体上仍处在对纷繁复杂的现象的描述层面，部分研究之间缺乏逻辑勾连，呈现出一种“碎片化”的状态。碎片化困境制约着比较思想政治教育学科的高水平发展，研究方向偏散乱，精细化研究内容较欠缺，理论阐释平面化、空洞化。比较思想政治教育整体性研究是关系到学科合理的根本依据。整体性研究立足于思想政治教育丰富鲜活的实践，通过对微观现象的分析综合，抽象提炼出比较思想政治教育的概念、方法与规律。比较思想政治教育整体性研究的任务和目的应该包括：为比较思想政治教育学科研究提供系统的、宏观的认识论和科学方法，培养整体思维习惯，探寻并揭示比较思想政治教育的运行过程及其内在规律，对学科现有概念进行梳理和解释，探寻学科发展的一般趋势和未来前景。① 整体性研究更加注重从宏观层面剖析比较思想政治教育研究的现实问题，便于研究者找准研究重心和着力点，进一步改善目前比较思想政治教育学科意识泛化的局面。

加强思想政治教育比较研究系统工程的建设，可以有效改善思想政治教育学科“三足（原理、方法论、历史）鼎立”、一环（比较）较弱的格局。一方面，推进比较思想政治教育学科整体性建设，要树立战略思维，整体部署，建立包含核心层次、中间层次、外围层次在内的比较研究框架体系，采取静态研究和动态研究相结合、过程研究与效果研究相协调、现象研究与本质研究相统一的研究思路。同时，为加强对比较思想政治教育研究的集中指导和推动，应成立全国性的比较思想政治教育研究机构，积极推进与国外的交流，有计划、有组织地开展一些大型课题。我们不仅要关注比较思想政治教育的传统研究内容，也要关注随时代发展变化产生的新内容；不仅要聚焦发达国家的成功经验，也要总结转型国家或发展中国家的经验教训；不仅要关注思想政治教育的目标、内容和实施方法，还应该关注不同国家思想政治教育的理论基础、原则和评估方法。另一方面，在推进比较思想政治教育整体性研究的具体操作上，我们要特别处理好比较思想政治教育绝对整体与相对整体之间的关系，既不沉浸在哲学概念中进行“质”的抽象与概括，也不过分依赖具体研究材料的既有成果。例如，当下的国家研究仍旧徘徊在“一国一特色”的阶段，普遍性、规律性结论匮乏，没能达到理论上所期许的研究深度。比较思想政治教育应当超越孤立视角的阈限，整合人类发展中有关思想传承、政治教化及道德熏陶的文化资源。

三、强化反思批判意识，增强研究现实关注度

比较思想政治教育要重视从发展的角度来研究思想政治教育，不断进行批判、反思和重建，进而生成新意义和新价值。② 比较思想政治教育研究不能仅停留在对国外思想政治教育现象的直观反映上，应当在对经验事实的深入研究中概括出各国开展思想政治教育活动的一般规律，它不能单纯停留在静态描述性研究上，而是应当在研究中做到“动静结合”，扎根于不同文化背景，对不同文化根基中思想政治教育变化发展的动因做出解释。在研究方法上，比较思想政治教育研究应当大幅度增加量化研究，以形成大量客观可靠的

---

① 上官莉娜，黄强．比较思想政治教育整体研究及其发展进路［J］．思想教育研究，2014（10）：26－29.

② 上官莉娜，黄强，王晓霞．比较思想政治教育研究：目标、动力和路径［J］．思想教育研究，2016（6）：17－20.

知识。同时，我们仍需组织专门力量撰写一批比较思想政治教育的课程教材以及相关著作。目前的比较思想政治教育教材主要以面向本科生为主，且数量也不多。与出版丰富的比较思想政治教育教材与专著相配套，为本科生与硕士生开设的比较思想政治教育课程最好能够使用双语教学。另外，当下中国思想政治教育领域确实存在一些比较突出的矛盾和问题亟待破解，比如，如何推进青少年道德教育研究从以有限的经验观察为基础向科学系统的量化实证研究拓展，如何做好学校、家庭和社区在思想政治教育过程中的协调联动，如何正确处理教育者理论灌输与受教育者体悟选择的内在关系，等等。①

比较思想政治教育研究不是经验科学，不能满足于对“相同”和“差异”的描述，要探究不同国家或地区思想政治教育何以展开、以何展开的内在逻辑。在宏观研究层面上，比较思想政治教育研究是在以中国视野平视世界，以中国话语诠释世界，既厘清我国思想政治教育源流，又能从中跳出反观整个人类文明，使研究者超越个体的单一视界。因此，我们应当注意每个国家都有自身的文化传统，遵循着自身的发展道路，并非国外的经验都是好的，国外的先进经验也未必适合中国的道路。聚焦整个世界的现实问题，审视解决问题的经验能否与我国实践耦合，唯有如此，才能使比较思想政治教育学科焕发新的活力。事实上，许多比较学科都会遇到不同程度的“身份焦虑”问题，比较思想政治教育只有不回避现实问题，增强理论阐释力，才能彰显学科自身的独特价值，缓解“学科焦虑”。比较思想政治教育研究的“实践性”原则内生于学科内涵中。思想政治教育的实践根植于历史脉络中，是一个动态开放的系统，正是在瞄准现实问题、破解实践难题的过程中思想政治教育才能不断获得学科增长点。比较思想政治教育的当代任务是摸索建构同转型之中的中国相适应的规范系统，培育整个社会普遍认同的价值观念，准确把握社会主义核心价值观的精神内涵和实践追求，探索符合时代特点的实践方式，使主流意识形态传播融入日常生活，转化为社会成员自觉的价值选择；深化理论分析，拓宽研究视域，着力探索与群众日常伦理紧密相关的教育方式和途径，有效克服研究中的泛意识形态化的教条主义，创造具有中国气派的比较思想政治教育形态。

① 张泽强．“中国立场”与比较思想政治教育研究［J］．思想教育研究，2017（12）：27－31．

第二十五章 思想政治教育学科发展史研究

"社会大变革的时代，一定是哲学社会科学大发展的时代。当代中国正经历着我国历史上最为广泛而深刻的社会变革，也正在进行着人类历史上最为宏大而独特的实践创新。"① 顺应时代的发展与变革，思想政治教育学科一直保持稳健发展态势，学科建设从无到有、由弱到强。回顾思想政治教育学科发展史，学者们对思想政治教育学科建设提出了许多理论观点、实用的研究方法和富有开创性的意见建议，并对学科发展史进行了科学而又准确的划分。在遵循思想政治教育学科建设规律的基础之上，展望思想政治教育学科新发展，要坚持学科建设的科学性，提升学科建设的层次与格局，推动学科的持续繁荣与深化发展，更好地发挥思想政治教育学科对治党治国、服务社会的重要作用。

第一节 思想政治教育学科发展史的综述

思想政治教育学科是我国人文社会科学中的重要一员，在 40 年的发展历程中，思想政治教育学科坚持理论与实践相结合，遵循学科发展规律，不断实现自身的创新发展。回顾思想政治教育学科发展史，梳理相关研究成果，对推进思想政治教育学科持续创新具有重要意义。

一、思想政治教育学科发展史的提出

思想政治教育学科历经 40 年的发展，已逐渐走向高质量发展新阶段。追本溯源，将学科发展历程进行合理的分期，有利于更全面和准确地了解学科的来龙去脉，也有益于学科在新阶段实现自身的长远发展。

（一）思想政治教育学科发展史的初期孕育

在学科建设初期，向世香认为思想政治教育是一门新兴的学科，真正把它作为一门独

---

① 习近平．在哲学社会科学工作座谈会上的讲话［M］．北京：人民出版社，2016：8.

立的科学进行研究，专设一门课程进行教学，仅仅是近几年的事，其理论系统处在逐步形成和完善的过程之中。① 许广盛认为，十多年来，思想政治教育课程在中央和国家教委的关心扶持下，以及广大思想政治教师的努力下，已形成了相对独立的理论体系和学科体系，在高校思想政治工作中发挥了应有的作用。② 李斌认为思想政治教育专业十年办学，坚持了社会主义方向，建立起学科课程体系，开发了研究工作，培养了人才，成长了队伍，取得了宝贵的经验和可喜的成绩，可谓“十年共艰辛，一朝结硕果”③。左鹏认为思想政治教育作为一门学科、一个专业自1984年创立以来，不仅在办学方针、培养目标、教学计划、学科建设、教材建设、科学研究等方面进行了积极探索，取得了长足进展，而且在专业设置、师资建设、学术带头人培养、办学层次、办学规模等方面也在国家教委特殊政策的扶持下，取得了较快发展。④ 张耀灿对思想政治教育学科建设进行了阶段划分，认为思想政治教育学科建设可以分为“学科发展一般阶段”（1984—1988）、“学科全面发展阶段”（1989—1993）、“学科酝酿新发展、寻求新突破阶段”（1993—1997）。⑤ 杨怀中认为十一届三中全会以来，认真总结正反两方面经验教训，思想政治教育作为一门学科的条件基本具备。思想政治教育专业在全国数十所高校开办，逐步形成了培养本科生、第二学士学位、硕士研究生、博士研究生的格局。⑥ 张耀灿、项久雨认为思想政治教育学是一门新兴的科学，它有着自己的发展过程，对其基本理论问题的研究不可能一蹴而就，还需要不断地探索、实践和争鸣，才能在前进中发展和完善它。在新的历史时期，应积极鼓励各种不同学术观点争鸣。⑦ 徐文良认为思想政治教育学科的建设，确实经历了艰难的历程，虽然取得了很大成绩，但学科的发展水平仍不够，对学科建设的认识也存在一些误区，还有较大的发展空间。如果一棵树的主干根不深、干不壮，尽管枝繁叶茂，却呈现不出这棵树应该独具的共性本质特征，它的生命力是有限的。一个学科的基础理论体系不严谨、不规范，就难以在学术领域享有盛名。⑧ 骆郁廷、佘双好、沈壮海认为马克思主义理论与思想政治教育学科的建设走过了一个从分散逐步走向整体的历程。部分高校逐步设立了思想政治教育本科专业、思想政治教育硕士点，经过十余年的实践探索，逐步开始走向整合，马克思主义理论教育硕士点与思想政治教育硕士点合并，设立为马克思主义理论与思想政治教育硕士点。马克思主义理论与思想政治教育专业隶属于政治学一级学科，为政治学一级学科内的一个二级学科。马克思主义理论与思想政治教育二级学科的正式设立，

① 向世香．思想政治教育专业学科建设的新进展——评《思想政治教育学原理》[J]．学校思想教育，1988（2）：64－65.

② 许广盛．市场经济条件下高校思想政治教育课的学科建设问题 [J]．汉中师院学报（哲学社会科学版），1994（1）：15－19.

③ 李斌．十年共艰辛，一朝结硕果 [J]．理论纵横，1994（3）：2－3.

④ 左鹏．思想政治教育专业十年发展的再认识 [J]．北京科技大学学报（人文社会科学版），1997（2）：32－36.

⑤ 张耀灿．关于思想政治教育学科建设的现状与展望 [J]．中国高教研究，1997（4）.

⑥ 杨怀中．党的十一届三中全会以来高校思想政治教育的十大创新 [J]．思想教育研究，1998（6）：4－6.

⑦ 张耀灿，项久雨．关于思想政治教育学科建设几个理论问题的探讨 [J]．上海交通大学学报（哲学社会科学版），2000（1）：23－32.

⑧ 徐文良．关于思想政治教育学科建设的回顾与思考 [J]．思想教育研究，2002（5）：2－3.

标志着马克思主义理论与思想政治教育学科开始步入规范化建设的阶段。国家正式批准武汉大学、清华大学设立马克思主义理论与思想政治教育博士点，同年，中国人民大学的马克思主义理论教育博士点更名为马克思主义理论与思想政治教育博士点。中国人民大学、武汉大学、中山大学马克思主义理论与思想政治教育学科点被确立为国家级重点学科，马克思主义理论与思想政治教育学科的建设开始进入又一个新的发展时期。① 石秀梅、宇文利认为经过广大学科工作者20年来的辛勤努力，马克思主义理论与思想政治教育学的建设已经取得了显著成绩，形成了一套具有相对独立的研究对象、研究内容和研究方法，初步构建了以马克思主义为指导，以马克思主义基本理论及其中国化的理论成果为理论基础，以探求思想政治教育施教规律和发展规律为主要内容的学科体系。②

2005年，国务院学位委员会、教育部下发《关于调整增设马克思主义理论一级学科及所属二级学科的通知》，将思想政治教育调整为马克思主义理论一级学科所属的二级学科，学界对思想政治教育学科的内涵和学科定位予以系统思考。张耀灿认为在教育部领导下，经过20年的努力，思想政治教育学科体系基本成熟、初具规模，有了很好的基础。20世纪80年代教育部组编的第一套统编本科教材共10本；90年代在总结经验的基础上，组编了第二套统编本科教材共12本。在招收和培养博士生后，导师和博士生们又出版了许多学术专著。教育部研究生司经过筛选评审已向全国推荐了五六本“研究生教学用书”③。郑永廷、张国启认为马克思主义理论一级学科的设立，为思想政治教育学科提供了发展机遇与建设平台。思想政治教育学科要探索学科理论的发展与分支学科的发展。④ 刘建军认为思想政治教育的历史研究是对思想政治教育进行历史的考察，主要研究思想政治教育产生发展的过程和规律，包括总结思想政治教育的基本经验和教训。事实上，思想政治教育学科的建立，主要依托中国共产党思想政治教育的历史经验。“思想政治教育”这样的概念本身也来源于中国共产党人的文献。⑤

（二）思想政治教育学科建设史的正式提出

张耀灿以《30年思想政治教育学科建设史述论》为题目，对改革开放30年来的思想政治教育学科建设进行了回顾和展望，并进行了专题研究。在简述思想政治教育学科建设背景的基础上，将30年的学科建设分为三个阶段：1978—1983年，是开展“思想政治工作科学化”讨论，确定学科和专业名称的阶段；1984—1996年，是学科建设在探索中前进，不断取得新突破的阶段；1997年至今，是加大改革创新力度，走上整合式、跨越式发展之路的阶段。不仅如此，文章还对每一阶段的主要成绩和经验进行了初步梳理，并对今后的发展做了展望。⑥ 郑永廷、胡梅花认为改革开放后，我国社会实现了历史性跨越，

---

① 骆郁廷，佘双好，沈壮海．关于马克思主义理论与思想政治教育学科建设的思考［J］．学校党建与思想教育，2003（9）：18－22．

② 石秀梅，宇文利．关于加强马克思主义理论与思想政治教育学科建设的思考［J］．学校党建与思想教育，2004（3）：26－29．

③ 张耀灿．加强思想政治教育学科建设的若干问题［J］．广州大学学报（社会科学版），2005（1）：5－9．

④ 郑永廷，张国启．论思想政治教育学科建设与发展［J］．思想教育研究，2006（2）：4－11．

⑤ 刘建军．关于思想政治教育的学科内涵及建设的思考［J］．思想理论教育导刊，2007（3）：42－45，65．

⑥ 张耀灿．30年思想政治教育学科建设史述论［J］．学校党建与思想教育，2008（12）：9－14．

现代化建设取得了历史性成就。在改革开放中形成和发展起来的思想政治教育学科，也同样经历了跨越式发展。该学科于 20 世纪 80 年代中期创建，经过十多年的建设，完成了由本科到硕士、由硕士到博士的培养体系的发展。进入 21 世纪，该学科进入国家重点学科建设行列。2005 年马克思主义理论一级学科建立，思想政治教育学科作为其中的二级学科，拥有最多硕士学位与博士学位点，具有覆盖广、影响大、发展快的特点与优势。① 王迎宪认为，在马克思主义理论研究与建设工程的实施和设立马克思主义理论一级学科的新形势下，如何进一步推进思想政治教育学科的发展，是学术界普遍关注的一个重大课题。研究思想政治教育学科的发展历程，并总结经验、探寻规律将有助于我们更好地建设和发展思想政治教育学科。② 王树荫认为思想政治教育专业、学科的设置、建设与发展，经历了思想政治教育——马克思主义理论与思想政治教育——思想政治教育三个阶段，实现了跨越式发展，适应经济社会发展需要。党中央高度重视、专家学者共同努力是思想政治教育学科快速发展的主要原因，也是思想政治教育学科继续健康发展的重要条件。③ 刘赛认为，回顾思想政治教育学科建设发展的 30 年历程，经历了学科门类与一级学科归属的转变，学位点从无到有、从少到多，形成了完整的学位序列与学科框架，人才培养体系也渐趋完善。在新时期党的十六大、十七大精神的指导下，学科走上了整合式、跨越式的发展阶段。④ 王树荫认为，加强思想政治教育史的研究，将有力地推动思想政治教育学科发展。思想政治教育史应该包括中国思想政治教育通史和世界思想政治教育通史。⑤ 张艳红认为，思想政治教育毕竟是一门年轻学科，在其学科建设中，需要真正体现思想政治教育自身的学科特色。作为思想政治教育学的基础理论学科，思想政治教育史是思想政治教育学科建设的题中应有之义。思想政治教育史的研究，必须以意识形态性为其逻辑主线，以时间为纵轴、实践活动为横轴，构建自己的分析框架。⑥ 张耀灿认为，思想政治教育学科创建 30 年来，取得了丰硕的理论成果，有必要也有可能进行反思，开展元问题、元理论研究，这不但对学科理论体系的成熟完善十分重要，而且对于在新的历史起点上推进思想政治教育科学化具有重要价值。⑦ 冯刚认为，思想政治教育学科经过 30 年的发展，其学科定位逐步明确，学科体系日趋完善，人才培养日趋优化，队伍建设不断加强。同时，其学科建设的理论与实践也面临诸多考验和挑战。⑧ 李辉认为，思想政治教育学科发展性是一个反思性命题，关键是明确学科的时空边界。同时，认识发展的阶段性特征，有利于客观认识思想政治教育学科历史，增强学科自信。⑨

---

① 郑永廷，胡梅花．思想政治教育学科的创立与发展——改革开放 30 年思想政治教育学科建设新成果 [J]. 学校党建与思想教育，2009 (1)：27 - 30.

② 王迎宪．我国高校思想政治教育学科发展历程及启示 [J]. 浙江理工大学学报，2009 (3)：409 - 414.

③ 王树荫．思想政治教育学科建设的回顾与思考 [J]. 思想教育研究，2010 (7)：9 - 12.

④ 刘赛．思想政治教育学学科发展历史分期的比较研究 [J]. 延边党校学报，2011 (3)：122 - 124.

⑤ 王树荫．思想政治教育史学科建设构想 [J]. 高校理论战线，2012 (1)：52 - 54.

⑥ 张艳红．思想政治教育史：思想政治教育学科建设亟需澄清的重要理论问题 [J]. 东北师大学报（哲学社会科学版），2013 (2)：173 - 176.

⑦ 张耀灿．思想政治教育学科专业创建 30 年的回顾和展望 [J]. 思想理论教育，2014 (1)：26 - 33.

⑧ 冯刚．不断探索思想政治教育学科建设与发展的科学路径 [J]. 思想理论教育导刊，2014 (4)：16 - 18.

⑨ 李辉．思想政治教育学科发展性探析 [J]. 教学与研究，2022 (12)：83 - 92.

综上所述，思想政治教育学科发展史的研究由孕育到正式提出经历了大概20年的时间。在此期间，学者们多立足思想政治教育学科建设，对其历史脉络进行持续性的梳理，由此也对思想政治教育学科发展的规律性有了足够的认知。思想政治教育学科发展的内在动力源于思想政治教育实践与思想政治教育学科状况之间的矛盾，外因是学科发展条件的变化。思想政治教育学科发展史的研究，目的就是为思想政治教育学科建设服务，牢记历史，以更好地展望未来。

二、思想政治教育学科发展史的重要观点

（一）思想政治教育学科发展的阶段划分

两阶段划分法。张耀灿、郑永廷、刘书林等认为，思想政治教育学的形成发展大体经历了两个阶段：第一阶段（1978年至1984年）是全面探索阶段。在这一阶段，广大思想政治教育工作者就如何建立思想政治教育学科、实现思想政治教育科学化这一重大课题进行了有益探索，提出了许多很好的意见和建议，为现代思想政治教育学科的创立奠定了思想基础。第二阶段（1984年至今）是系统建设阶段。这一阶段又可分为三个小的阶段：1984年至1989年为学科初创时期，1990年至1994年为学科全面建设时期，1995年至今为寻求社会主义市场经济条件下学科建设新突破的时期。在这三个小阶段中，学科建设各有重点，互相衔接，推动思想政治教育学不断向高水平发展。① 罗洪铁、董娅认为，思想政治教育学的发展历程分为两个阶段，但时间的划分有所不同：第一阶段（1978年到1986年）为思想政治教育学的形成阶段，第二阶段（1986年至今）为思想政治教育学的发展阶段。②

三阶段划分法。张耀灿于1997年认为思想政治教育学科发展分为三个阶段：第一，思想政治教育学科建设从1984—1988年为一般发展阶段。第二，1989—1993年为学科全面发展阶段。第三，1993年至今为酝酿新发展、寻求新突破阶段。同时，张耀灿还将改革开放30年来的思想政治教育学科建设分为三个阶段：1978—1983年，开展“思想政治工作科学化”讨论，确定学科和专业名称；1984—1996年，学科建设在探索中前进，不断取得新突破；1997年至今，加大改革创新力度，走上整合式、跨越式发展之路。③ 卢少求将思想政治教育学的发展划分为：第一阶段是学科主体确立阶段，即探索学科主体理论框架与学科基本理论，确立了学科理论体系与专业主干课程。第二阶段是分支学科发展阶段，即主干课程从不同层面得到延伸，形成了理论观念、教育方法、思想政治教育社会学等方面不同类型的分支学科。第三阶段是综合深入发展阶段，即在“马克思主义理论与思想政治教育”专业博士点建立以后，思想政治教育学的理论和方法更加系统完备，通过人才培养、培训和教育者自身学习、研究等途径，向理论教育与各种不同类型的思想政治教育扩展、渗透，推进了思想政治教育学科的普及与深化。④ 冯刚、骆郁廷认为，思想政治

① 张耀灿，郑永廷，刘书林，等．现代思想政治教育学［M］．北京：人民出版社，2001：22.

② 罗洪铁，董娅．思想政治教育原理与方法：基础理论研究［M］．北京：人民出版社，2005：1.

③ 张耀灿．改革开放30年与思想政治教育学科建设［J］．思想政治教育研究，2008（5）：1-6.

④ 卢少求．近20年来思想政治教育学科理论研究综述［J］．思想理论教育导刊，2004（11）：73-76.

教育学科经历了一个从建立、发展到深化、繁荣的过程。具体说来，思想政治教育学科主要经历了以下三个发展阶段：第一，学科创建阶段（1984—1995 年），这一阶段从 1984 年创立思想政治教育本科专业开始，到逐步建立思想政治教育硕士点和酝酿建立思想政治教育博士点，在思想政治教育科学研究不断深化的基础上形成了比较完整的思想政治教育学科专业人才培养体系。思想政治教育学科创立的标志是 1984 年思想政治教育学科本科专业的建立。第二，学科发展阶段（1996—2005 年），这一阶段从 1996 年建立马克思主义理论与思想政治教育学科博士点开始，到建立马克思主义理论与思想政治教育的国家重点学科和酝酿建立独立的思想政治教育博士点和国家重点学科，思想政治教育学科进入了作为人文社会科学的重点学科加以建设和融合稳步发展的阶段。马克思主义理论与思想政治教育博士点和国家重点学科的建立是这一阶段的主要标志。第三，学科繁荣阶段（2006 年至今），这一阶段从建立马克思主义理论一级学科开始，一直到现在，是思想政治教育学科大繁荣、大发展的阶段。这一阶段以马克思主义理论一级学科的建立和思想政治教育二级学科博士点和重点学科的建立为标志。①

四阶段划分法。刘晓双将思想政治教育学的发展历程划分为四个阶段：第一阶段（1980 年至 1984 年）是萌芽阶段，理论界明确提出“思想政治工作是一门科学”的论断，并在报刊和学术会议上进行研究和讨论。第二阶段（1984 年至 1987 年）是初创阶段，经过教育主管部门和思想政治教育工作者的不懈努力，为这一学科理论体系的建设奠定了基础。与此同时，以这一学科建设为依托的思想政治教育专业也得到迅速发展。第三阶段（1987 年至 1992 年）是曲折发展阶段，面对资产阶级自由化思潮泛滥和国际共产主义运动陷入低谷的局面，学科建设也随之陷入低谷。第四阶段（1992 年至今）是加强改进、探索前进阶段，我国广大专职和兼职的思想政治教育工作者，将个人研究与集体攻关相结合，理论研究与实证研究相结合，形成了丰富的理论成果和应用成果，从而有力地推动了思想政治教育的科学化、现代化进程。② 宋琳、李丹认为改革开放以来，思想政治教育学科经历了学科初步探索阶段（1978—1983 年）、学科正式确立阶段（1984—2004 年）、学科深入发展阶段（2005—2012 年）、学科系统建设阶段（2012 年至今），这深刻反映了学科从科学化到学科化发展的内在逻辑。③ 陈秉公认为，思想政治教育学科的发展历程大体可分为四个阶段：第一阶段为“学科准备阶段”（1980—1983 年），这一阶段的标志是 1980 年开始的全国性思想政治工作科学化大讨论，以及以这场大讨论为背景的全方位的创建学科准备工作。第二阶段为“学科创立阶段”（1984—1995 年），这一阶段的标志是 1984 年正式建立了思想政治教育本科专业。从 1984 年建立本科专业开始，深化学科理论研究，培养师资队伍，编写专业教材，建立硕士学位授权点，不断完善学科体系，并为建立思想政治教育博士点做准备。第三阶段为“学科层次完备阶段”（1996—2005 年），这一阶段的标志是 1996 年正式建立了马克思主义理论与思想政治教育博士点和国家重点学

① 冯刚，骆郁廷．思想政治教育学科发展 30 年的回顾与展望［J］．思想理论教育导刊，2014（7）：33 - 42.

② 刘晓双．关于思想政治教育学学科体系构建的若干思考［J］．华中农业大学学报（社会科学版），2002（1）：100 - 103.

③ 宋琳，李丹．改革开放以来思想政治教育学科发展的历程与逻辑［J］．人文杂志，2020（2）：63 - 69.

科。从1996年建立马克思主义理论与思想政治教育博士点开始，思想政治教育学科已经建成了包含本科、硕士、博士三个层次的学科层次基本完备的学科。第四阶段为“学科大发展阶段”（2006年至今），这一阶段的标志是2006年正式建立了马克思主义理论一级学科博士点，建立了国家级重点学科、设立了马克思主义理论博士后科研流动站，使思想政治教育学科不仅具有本科、硕士、博士三个层次，具有国家级重点学科和博士后科研流动站，而且一级学科博士点、二级学科博士点以及博士后科研流动站数量迅速增加，教学、人才培养、科研成果、队伍建设、社会服务成绩突出，思想政治教育学科已成为我国哲学社会科学中学科层次完备、发展迅速、效果显著的国家重点建设的学科。①

五阶段划分法。邱柏生将思想政治教育学的发展分为五个主要阶段：第一阶段（1984年至1988年）是学科理论体系初步确立和专业建设的初始阶段。第二阶段（1989年至1993年）是巩固提高已有成果、全面开展专业建设、形成学科群阶段。第三阶段（1993年至1996年）是蕴含新发展机会阶段。第四阶段（1997年至2003年）是高速发展与不平衡状态相间杂的阶段。第五阶段（2003年至今）是新机遇与新挑战并存的理性发展阶段。②

综上所述，学者们对30多年学科建设历史进行梳理，依据不同的标准，对学科建设历程进行了不同的阶段划分。有“两阶段说”“三阶段说”“四阶段说”“五阶段说”。学者们对思想政治教育成为独立学科的标志认识一致，划分阶段的分歧点在学科建设的起始，划分标准多以政府相关文件为标志。目前学界尚未有统一的划分标准，但学者们数年来的研究成果给思想政治教育学科发展史的研究提供了许多专业化的参考意见。

（二）思想政治教育学科发展史研究中出现的问题

沈壮海认为，在思想政治教育学科的历史发展中，学科建设逐渐推进，但却日益体现着鲜明的自闭性，即相对缺少自觉、积极地在对相关学科有益成果吸纳的基础上思考、推进本学科的建设与发展，而是在一种有意无意相对封闭的思路中，思考、推进本学科的建设与发展。③ 徐玉钦认为，学术界对20多年来思想政治教育学科建设发展进行了系统回顾，明确思想政治教育学科在取得颇为丰硕成果的同时，也在思想政治教育学科发展的过程中存在一些问题。其中对传统的继承和对世界其他国家经验的借鉴都未能与实际有机契合起来。首先，对传统的继承只停留在一种范式的挖掘与保存层面，未能有效地把传统与实践问题相结合，缺乏在现实意义上的创新。其次，对当今世界的思想政治教育研究大多只是介绍式、评述式的，不能很好地契合我国实际，为我国思想政治教育学发展服务。④ 邓国军、费英秋认为，学者们在回顾思想政治教育学科发展史的过程中，侧重于描述学科建设的成果，而对学科建设过程的举措做法、学科建设关键性事件、学科建设过程中的困惑和不足分析研究得比较少。⑤

---

① 陈秉公．建党百年思想政治教育学科建设的回顾与展望［J］．思想政治教育研究，2021（6）：1－7.

② 邱柏生．关于思想政治教育学科发展的阶段特征［J］．福建师范大学学报（哲学社会科学版），2006（3）：9－14，22.

③ 沈壮海．思想政治教育学科的依托发展［J］．中国高等教育，2006（18）：32－34.

④ 徐玉钦．思想政治教育学科建设研究综述［J］．赤峰学院学报（汉文哲学社会科学版），2021（1）：85－86.

⑤ 邓国军，费英秋．2005—2015年思想政治教育学科建设研究综述［J］．党政干部学刊，2016（1）：58－62.

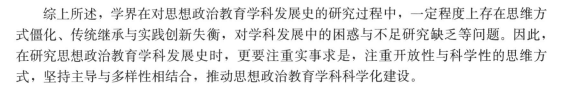

综上所述，学界在对思想政治教育学科发展史的研究过程中，一定程度上存在思维方式僵化、传统继承与实践创新失衡，对学科发展中的困惑与不足研究缺乏等问题。因此，在研究思想政治教育学科发展史时，更要注重实事求是，注重开放性与科学性的思维方式，坚持主导与多样性相结合，推动思想政治教育学科科学化建设。

三、思想政治教育学科发展史研究方法

郑永廷、朱白薇认为，思想政治教育学科是一门价值性与科学性紧密结合的人文学科、理论性与实践性紧密结合的综合学科、针对性与实效性紧密结合的应用学科。因而，它不仅要以马克思主义理论，特别是中国特色社会主义理论为指导，研究运用正确理论进行教育实践活动，而且要研究社会发展与人的发展的新情况与新问题，形成新的教育理念与准则，推进思想政治教育的发展。新时期，思想政治教育学科研究的新成果突出表现在以下方面：坚持面向世界与立足民族发展相结合的理念，发展主旋律教育；坚持主导性与多样性相结合的准则，发展理想信念教育；坚持主体性与社会化相结合的思想，发展道德法制教育；坚持现实性与虚拟性相结合的方式，发展网络思想政治教育。①

王树荫认为，研究思想政治教育史必须按照历史学的基本规范和基本要求进行，如坚持历史唯物主义基本原理，做到论从史出；将历史时代和历史背景作为研究的起点和基础，不能脱离历史条件评头论足、展开论证；注意历史发展的单一性和多样性、历史发展的必然性和偶然性；关注历史进程中个人和集体、阶级与政党、领袖等问题与关系。思想政治教育史的研究也要遵循思想政治教育学科的基本规范和基本要求，运用好思想政治教育的基本原理、基本原则、基本概念、基本范畴、话语系统。② 王桂菊认为，基于历史事实，采用历史视角，说明历史现象，对改革开放以来思想政治教育学科的发展进行历时性和共在性的系统化研究，这不仅是一种以“学科发展”为主题的研究范式，而且还是一种动态的过程、目标和结果的研究，能够更好地实现思想政治教育学科的科学化发展。③

张耀灿认为，研究思想政治教育学必须坚持以马列主义、毛泽东思想和中国特色社会主义理论体系为指导，采取实事求是、理论联系实际的态度和方法。第一，坚持辩证唯物主义与历史唯物主义这个根本方法，尤其要坚持实践的观点。第二，调查研究的方法。调查研究的方法是思想政治教育学科的基本方法，必须深入实际调查研究，充分占有材料，深入分析客观事物的内在联系，从中引出具体的结论。第三，总结经验的方法。总结经验，进行概括，形成理论，这是研究思想政治教育的另一个基本方法。第四，实践的方法，主要推动措施、制度、方法、原则的实际应用。第五，系统的方法。引进系统论和系统分析的方法。④

综上所述，无论是对思想政治教育史的研究，还是对思想政治教育学科发展史的研

① 郑永廷，朱白薇．改革开放30年思想政治教育理论的丰富与发展［J］．思想理论教育导刊，2008（10）：12-18.

② 王树荫．思想政治教育史学科建设构想［J］．高校理论战线，2012（1）：52-54.

③ 王桂菊．改革开放以来思想政治教育学科发展研究［D］．天津：南开大学，2013：21.

④ 张耀灿．思想政治教育学科建设研究［M］．北京：中国人民大学出版社，2017：2.

究，都属于思想政治教育学科的从属部分。任何科学的研究都离不开社会发展的一般规律。马克思主义所揭示的社会发展过程的一般规律，是对各个具体规律都起作用的。可以说，历史唯物主义是研究思想政治教育学科发展史的根本方法，而调查研究、历史总结、规律认识、实证研究、系统分析等是研究思想政治教育学科发展史的一般研究方法。

第二节　思想政治教育学科建设的历程与主要成就

思想政治教育学科的发展立足于党的思想政治教育实践，以改革开放为重要节点，以思想政治教育专业建设、学科设立为基本标志，从设立思想政治教育本科专业到思想政治教育硕士点及独立博士点的设立，思想政治教育学科逐步建设起来。

一、思想政治教育学科建设的历程

（一）学科创立和发展的萌芽阶段

党的思想政治教育，在改革开放的伟大历史实践中迎来了发展的春天，开始了拨乱反正和发展的新时期，其最大的成果就是思想政治教育得到了科学化和规范化发展，并设立了思想政治教育专业。

在这个时期，关于思想政治教育的发展内容和任务，主要是提出并论证思想政治教育的科学化问题，也可以说是思想政治教育专业的萌芽时期。这既是社会主义初期实行解放思想、实事求是的现实要求，也为专业的最终创立提供了良好的氛围，又为学科的进一步发展奠定了前提和基础，体现出思想政治教育建设和发展的现实性、紧迫性和必要性。究其成就，《思想政治工作概论》一书提出了思想政治工作是一种科学，证明了思想政治工作是一种客观规律，明确了思想政治工作要研究的对象，初步勾勒出“思想政治教育学”的基本框架，为“思想政治教育学科”的形成打下了坚实基础。① 在上海，开办了高校学生的思想政治教育培训班，主要内容集中在思想政治教育的基础理论、目标、工作制度和管理制度等方面，进一步加强和改进党对大学生的思想政治教育工作。② 更重要的是，在这一时期的发展过程中，在党和政府的领导下，学术界积极对思想政治教育的合法性进行论证，并为该学科的创建创造了一个良好的舆论环境。

在改革开放之初，为了满足社会主义现代化建设的迫切需求，中国共产党在打破封建迷信、解放思想的大旗下，实现了全面而持续的发展。邓小平在《在全国教育工作会议上的讲话》中指出，“‘四人帮’反对严格要求学生学习科学文化，反对学生以学习科学文化为主”③，不但使学校的科学和文化教育质量大大降低，还使学校的思想政治教育受到了极大的干扰。开展思想政治教育的科学研究，是人们将思想政治教育的实践活动上升为理

① 荆惠民．思想政治工作概论［M］．西安：陕西人民出版社，1983：40.

② 上海市高教局．高等学校学生思想政治教育［M］．北京：教育科学出版社，1984：15.

③ 邓小平文选（第2卷）［M］．2版．北京：人民出版社，1994：103.

论认识，并获得知识的一种有效途径，它是随着自然科学的兴起与发展而出现的一种思维方式与意识的觉醒。

1978 年，叶剑英在一次全军政治工作会议上做出了这样的结论："毛泽东关于革命军队政治工作的学说，是无产阶级军事科学的一个重要组成部分，是马克思主义军事学说的重大发展。它是前无古人，举世无双的。"① 中共中央党校毛泽东研究室编写的《思想政治工作教学大纲》中首次提出了"以科学的理论原理、科学的管理手段、科学的工作方法"，并以此作为指导思想政治工作的依据，并在此后对"科学的思想政治工作"的解释中得到了广泛的认可。也就是说，思想政治教育的科学化，就是通过理论依据、指导思想的科学性，方式和方法、内涵的科学性来实现的。科学研究从自然科学向人文社会科学发展是一种发展趋势。要实现思想政治教育的科学化发展，要消除泛政治化的趋势。应当说，在革命和斗争年代，泛政治化是有其存在的理论基础和现实要求的，它为无产阶级夺取并巩固政权做出了重大贡献。但是，在人们的生活已经步入了常规性的稳定状态以后，思想政治教育的科学化问题，随着党的工作环境的改变、工作重点的转移，以前在战争年代已经取得显著效果的思想政治教育工作，在新的历史时期，究竟还能不能起作用、要不要起作用，这关系到思想政治教育的发展前景和命运。做好理论联系实际、有说服力的思想教育工作，解决好干部群众在转移中出现的各种思想问题②，才能保证思想政治教育在新世纪的生命线地位，推进思想政治教育理论的新发展，推动思想政治教育学科化形态的不断完善与发展。

邓小平于 1979 年 3 月 30 日发表的《坚持四项基本原则》中，明确提出了意识形态工作的任务，强调意识形态工作的科学化与政治化。他认为，政治化涉及马克思主义思想家、理论家的培育，科学化对新情况下的"四大原则"的含义进行了诠释。这既是一件很重要的政治工作，又是一件很重要的理论工作。

1980 年 4 月召开的全军各大单位政治部主任会议，重申了政治工作的生命线地位。时任中共中央政治局委员、人民解放军总政治部主任韦国清在讲话中指出："政治工作也是一门科学，有其专门的知识。"③ 随后，第一机械工业部和全国机械工会联合召开了思想政治工作座谈会，时任第一机械工业部副部长的孙友余在讲话中对学科名称进行了设想，提出要"把社会主义制度下研究发挥人的积极性的这门科学叫作思想政治工作学"④。同年 8 月 11 日，《光明日报》刊发名为《思想政治工作也是一门科学》的署名文章，文章明确指出，思想政治工作也是一门科学，而且是在团结全国人民向四个现代化进军中不可缺少的一门重要科学。该文揭开了思想政治工作科学化全国性大讨论的序幕，其后，《光明日报》专门开辟思想政治工作科学化讨论专栏，《人民日报》《解放军报》《工人日报》等也进行了系列报道。1982 年，中宣部、教育部联合召开了政治理论教育座谈会，对思想政治工作的科学性进行了讨论。在党的十一届六中全会上，《关于建国以来党的若干历史

① 叶副主席在全军政治工作会议上的讲话 [N]. 人民日报，1978-06-05.

② 四化需要强有力的思想政治工作 [N]. 人民日报，1979-04-19.

③ 韦国清. 抓好党的建设加强政治工作 [N]. 人民日报，1980-05-09.

④ 孙友余，钱学森，费孝通，等. 论思想政治工作科学化 [M]. 太原：山西人民出版社，1981：34.

问题的决议》也提到思想政治工作是一种科学。

在思想政治工作科学化广泛讨论的基础上，其学科化的命题也被适时提出。1983年1月召开的新中国第一次全国职工思想政治工作会议，就科学定位了思想政治工作是一门治党、治国的工作。同年7月1日，中共中央批准了《国营企业职工思想政治工作纲要（试行）》，这一纲要就新时期国营企业职工思想政治工作的地位、作用、任务、内容、原则与方法、队伍建设、领导与管理等方面的重要问题，做了比较全面的阐述。这一纲要既对国有企业思想政治工作具有直接的指导性，又是对国有企业思想政治工作整体工作的积极推进，指出：无论是在中央还是在地方，都应积极筹备，以培养思想政治工作领导干部为宗旨的政治院校。已有的全国性的大学、文科院校，以及各部、委、总局所属的大专院校，只要符合条件，都应该开设政治工作的专业。① 在全国范围内，逐渐构建起初级、中级、高级思想政治工作人才规范化的教育培训体系，培养出一大批思想政治工作的能手，培养出一大批思想政治工作的专门人才。按照这一精神，教育部组织召开的学科专业论证会，确定了学科名称为“思想政治教育学”，专业名称为“思想政治教育专业”，并对专业的课程设置进行了初步设计，决定从1984年开始招生。

1984年，教育部颁布了《关于在十二所院校设置思想政治教育专业的意见》，要求在南开大学等第一批被批准设立的高校中，“为高校培养思想政治教育人才，并探索开设该专业的方法”，从此，该专业有了基础，有了基础课程，有了师资力量，有了专业目录，形成了真正意义上的学科。武汉大学在全国范围内率先开设了“思想政治教育”的本科专业，初步建立起了“学科”和“专业”的理论体系，并在此基础上，对“思想政治教育”这门学科进行了深入的研究，这也是“思想政治教育”这门学科第一次建立。同年12月，中国高等学校思想政治教育研究会在上海正式成立，从那时起，全国各地的大专院校纷纷设立了研究机构。当然，在这一阶段，思想政治教育的科学化发展并不只是一个任务和目标，它是建立思想政治教育学科的必然要求和结果，它是一个长期的、不断实现思想政治教育科学化与再科学化发展的过程。

（二）学科创立和初步发展的维护阶段

思想政治教育学科的创立和初步发展阶段是国家颁布关于大学生思想道德建设文件频率较高的时期，这些文件的颁发对于思想政治教育学科建设产生了重要而持续的影响。

1986年5月29日，中共中央发出《关于改进和加强高等学校思想政治工作的决定》，其中提出：“有关院校要认真办好思想政治教育专业，办好第二学士学位班，并创造条件培养这方面的硕士和博士研究生，为造就从事思想政治教育的专门人才开辟一条新路。”②

在《普通高等学校本科专业目录》中，第一次列入了“思想政治教育”课程，并于1987年7月被列入“法学”课程中。同年9月，国家教委发布了《关于思想政治教育专业培养硕士研究生实施意见》。这既使高校思想政治教育工作者获得了“合法性”，又使其在学术水平上获得了更高的地位，是高校思想政治教育工作者在学科建设上的突破。同年9

① 中共中央文献研究室．十二大以来重要文献选编（上）[M]．北京：人民出版社，1986：380-381.
② 中共中央文献研究室．十二大以来重要文献选编（下）[M]．北京：人民出版社，1988：1420.

月，中国人民大学和复旦大学等多所高校开始招收第一批具有思想政治教育学位的研究生。但是，在学科设置上却存在较大差异，如“马克思主义基础”“中国社会主义建设”“中国革命史”等研究生班等。思想政治教育专业已形成了由本科、第二学士学位班、硕士三个层次组成的人才培养体系，这是该专业建设的一个重要标志。但是，在此期间，对于思想政治教育本科专业来说，其属于教育学的范畴，本科、双学位层次的人才培养授予教育学学位。

中国人民大学于1988年开始在全国范围内招收马克思主义理论教育博士研究生。当然，这门学科的基础发展轨迹仍然十分清晰，在此期间，最显著的成就是学科体系的建立。在理论研究的开始阶段，虽然研究领域在持续地扩展和深入，但是以应用研究为主要内容，理论性研究缺乏足够的动力，从而导致了在低水平上徘徊不前的情况。之后，在教育主管部门和思想政治教育工作者的共同努力下，对理论体系的建设进行了强化和深化。特别是各类基础理论研讨会和工作会议的举办，增强了人们对基础理论研究的认识，并对理论研究进一步加强和深化，使得思想政治教育的发展方向得到了进一步明确。

根据《授予博士、硕士学位和培养研究生的学科、专业目录》，“马克思主义理论”和“思想政治教育”是两个专业的硕士学位授予点。但是，从1987年到1992年，我国高校思想政治教育学专业的发展却出现了停滞。之后，党中央意识到忽视思想政治教育、忽视意识形态教育的严重性，于是开始对政治教育进行反思，但是思想政治教育的科学化发展依然面临着严峻的考验。

1993年7月，国家教委发布了《普通高等学校本科专业目录》，其中思想政治教育专业设置在教育学学科下设的思想政治教育学科门类中。这是对思想政治教育专业的一次调整，但是这种调整明显将自身的特点给抹去了，使其在政治学和教育学两个领域中摇摆不定，大学生和研究生的教育和培养出现了严重的脱节，步伐既不统一，也不和谐。

1994年，中共中央颁布了一份《关于进一步加强和改进学校德育工作的若干意见》，这是第一份“以人文科学为核心，以思想政治教育为核心”的文件。在此基础上，对思想政治教育学博士学位进行了规划、建设与发展。此阶段主要是对已有的研究成果进行巩固和提高，全面发展和深化了思想政治教育学科。

1995年，一些高校开始申请开办思想政治教育专业。4月，教育部在中南大学召开了“全国思想政治教育专业教材编写与学科建设研讨会”，强调了思想政治教育的正规化、科学化和现代化。同年，国务院学位委员会、国家教委在对这两个学科进行充分的论证之后，决定将这两个学科融合在一起，并将它们统称为马克思主义理论教育与思想政治教育专业，它们属于法学门类下政治学一级学科内的一个二级学科，并利用各自的综合优势和结合自身的发展特点，共同建设博士点，开启了思想政治教育学科发展的新阶段。在这一年的10月，国家教委通过《关于高校马克思主义理论课和思想品德课教学改革的若干意见》，将马克思主义理论课和思想品德课简称为“两课”，提出要通过教学改革，逐步形成结构合理、功能互补的“两课”课程体系。

1996年4月，武汉大学（与华中师范大学共同申请）获得了国家自然科学基金资助。

同年，中国人民大学科学社会主义原理博士点的马克思主义原理研究方向免于申报，直接转为马克思主义理论与思想政治教育博士点；同时，清华大学（与首都师范大学、北京科技大学联合申报）获得马克思主义理论与思想政治教育博士学位授权学科点，成为全国第一批马克思主义理论教育与思想政治教育博士学位授权学科点。这表明中央对思想政治教育学科的建设给予了很大的关注，学科层次的完善使思想政治教育学科的发展达到了一个新的高度。

1997 年 6 月，国务院学位委员会、国家教委发布了《授予博士、硕士学位和培养研究生的学科、专业目录》，确定了把马克思主义理论教育与思想政治教育结合起来的政策，把学科的名字改成了“马克思主义理论与思想政治教育”，把“教育”两个字从学科的名字里移开，把学科纳入政治学的范畴，授予法律硕士和法律博士学位。这样的划分，意义是：在当前复杂的国内外形势下，强调要把马克思主义理论作为思想政治教育的指导思想和核心内容，同时要积极探索思想政治教育的特点和规律，推动马克思主义理论的科学传播。

2001 年，马克思主义理论与思想政治教育获批国家重点学科。随后，中国人民大学、武汉大学、中山大学等成为首批“马克思主义理论与思想政治教育”国家重点学科设立单位。马克思主义理论与思想政治教育专业博士点及国家重点学科的建立为学科进一步深化发展创设了良好条件。2003 年，《中共中央关于进一步繁荣发展哲学社会科学的意见》提出，要开展一项重大的生命性、战略性、基础性、生存性、创新性的“马克思主义理论”研究，这为我国高校思想政治教育学学科的发展提供了新的契机。

2004 年，中共中央、国务院发布《关于进一步加强和改进大学生思想政治教育的意见》，该意见再次强调加强思想政治教育学科建设的重要性，提出要培养思想政治教育工作专门人才，这为加强大学生思想政治教育提供了重要的学科支撑。据统计，2004 年共有 140 所高校接收了马克思主义理论和思想政治教育领域的硕士生，开设了 600 多个专业。与此同时，有 50 所大学申请设立博士学位授权点，28 个学位点得到批准，并开设了 120 多个专业。这说明了马克思主义理论与思想政治教育研究的学科化、正规化和科学化都得到了显著的提升，但因为专业设置的复杂性和无序性，学科深入发展的空间还有待进一步扩大。

2005 年，中央开始实施马克思主义理论研究和建设工程。同年 2 月印发的《中共中央宣传部、教育部关于进一步加强和改进高等学校思想政治理论课的意见》明确提出要设立“马克思主义一级学科”。5 月，中共中央宣传部、教育部印发的《关于加强和改进高等学校哲学社会科学学科体系与教材体系建设的意见》指出，要“在一级学科中，设立马克思主义理论学科”。12 月 23 日，国务院学位委员会、教育部下发《关于调整增设马克思主义理论一级学科及所属二级学科的通知》，该文件正式决定增设马克思主义理论一级学科及其所属二级学科，将马克思主义理论一级学科置于“法学”门类，下设马克思主义基本原理、马克思主义发展史、马克思主义中国化研究、国外马克思主义研究、思想政治教育。将政治学一级学科下的“马克思主义理论与思想政治教育”二级学科调整到马克思主义理论一级学科下，分别归入“马克思主义基本原理”和“思想政治教育”如表 25－1 所示。

表 25-1　2005 年马克思主义理论一级学科体系

门类代码及名称	一级学科代码及名称	二级学科代码及名称	备注
03 法学	0305 马克思主义理论	030501 马克思主义基本原理	增设
		030502 马克思主义发展史	增设
		030503 马克思主义中国化研究	增设
		030504 国外马克思主义研究	增设
		030505 思想政治教育	增设
	0302 政治学	030205 马克思主义理论与思想政治教育	取消，调整到“马克思主义理论”为两个二级学科

马克思主义理论一级学科及其所属思想政治教育二级学科的设立，是思想政治教育学科发展史上重要的里程碑，其在进一步明晰思想政治教育学科归属的背景下，推动思想政治教育学科进入稳定、纵深发展轨道。

（三）学科系统和深化发展的深化阶段

马克思主义理论一级学科及思想政治教育二级学科设立以后，思想政治教育学科进入深化发展期。这一时期，思想政治教育博士点、国家重点学科及博士后流动站建设获得新进展，国家出台的系列政策为思想政治教育学科创新发展起到了保驾护航的作用。2006 年 1 月，国务院学位委员会下发的《关于下达第十批博士和硕士学位授权学科、专业名单的通知》指出，到 2006 年 1 月，全国共有 34 个思想政治教育二级学科通过审核，成为新增的思想政治教育博士点学科。2006 年 3 月召开的全国高等学校思想政治教育研究会学术委员会第二次会议，围绕马克思主义理论学科层次、结构与师资建设、人才培育等议题进行了深入的研究讨论，为思想政治教育学科指明了发展方向。2006 年 4 月教育部办公厅印发的《关于进一步加强高等学校思想政治教育理论课教材编写管理、规范教材使用的通知》明确强调，自 2006 年新生入学起，统一使用由中宣部、教育部组织编写的“马克思主义理论研究和建设工程重点教材”。同年 7 月 2 日，中宣部、教育部联合召开全国高校思想政治教育理论课《思想道德修养与法律基础》教材征求意见座谈会，会议强调，高校思想政治理论课教师要吃透吃准新教材，征求对新教材的意见和建议。自此，思想政治教育学科课程教材逐渐成熟。同年 10 月，教育部思政司在中南大学组织召开研究生思想政治教育工作研讨会，会议强调要加强研究生思想政治教育工作队伍建设，充分发挥导师的突出作用，注重研究生思想政治教育的研究。同年 12 月，教育部办公厅印发《关于全国普通高校从 2007 年春季开始对 2006 级学生普遍开设“中国近代史纲要”和“毛泽东思想、邓小平理论、‘三个代表’重要思想概论”课的通知》，要在 2006 级本科、专科学生中普遍开设“中国近代史纲要”和“毛泽东思想、邓小平理论、‘三个代表’重要思想概论”课，并统一使用中宣部和教育部组织编写的教材。

2007 年 1 月 11 日，中宣部、教育部联合举办的全国高校思想政治理论课“中国近现代史纲要”课教师培训班在京开班。来自全国各高校的 300 多名教学一线骨干教师参加了培训班。教育部部长周济出席开班式并发表讲话。他指出，要准确把握“中国近现代史纲要”课的定位和基本任务，紧紧围绕中国特色社会主义道路这一主题；要充分利用中国近现代史中蕴藏的丰富教育资源，在提高教学水平和艺术上下功夫，增强吸引力。同年4月27日，中宣部、教育部联合印发《关于组织高校思想政治理论课骨干教师研修的意见》，该意见指出，要组织骨干教师研修，提高他们的思想政治素质、科研能力和教学水平，确保高校思想政治理论课新课程方案高质量实施，增强思想政治理论课教育教学的针对性、实效性和吸引力、感染力。同年5月17日，由中宣部、教育部举办的2007年高校思想政治理论课骨干教师第一期研修班在京开班。研修班将连续组织5年，每年组织6期，每期100人，时间为1个月。同年6月22日，教育部在京召开“在就业工作中加强大学生思想政治教育座谈会”。教育部副部长李卫红在座谈会上指出，要在就业工作中加强大学生思想政治教育的途径、方法和内容，引导大学生树立正确的就业观、成才观。2008年1月1日《中国青年报》刊发关于党的十七大报告的解读文章《在加强和改进思想政治工作中注重人文关怀和心理疏导》，强调要加强心理健康教育，完善人文关怀和心理疏导机制。

2007年，中国人民大学等18个单位成为首批获得思想政治教育博士后科研流动站的培养单位。2008年4月2日，国务院学位委员会、教育部下发《关于增设“中国近现代史基本问题研究”二级学科的通知》，规定在马克思主义理论一级学科下增设“中国近现代史基本问题研究”二级学科。至此，马克思主义理论一级学科各二级学科的学科定位、学科边界、研究内容、队伍建设等得以进一步明晰与规范，这对推动思想政治教育学科的深化发展意义重大。同年8月6日，教育部办公厅印发《关于将高校思想政治理论课“毛泽东思想、邓小平理论和‘三个代表’重要思想概论”课程名称调整为“毛泽东思想和中国特色社会主义理论体系概论”的通知》，决定自2008年秋季学期开始，将高校思想政治理论课“毛泽东思想、邓小平理论和‘三个代表’重要思想概论”课程名称调整为“毛泽东思想和中国特色社会主义理论体系概论”。

2009年1月，教育部社会科学司发布《2009年上半年高校“形势与政策”教育教学要点》。同年3月25日，教育部办公厅印发《关于加强普通高等学校学生就业思想政治教育的通知》，要求提高对高校学生就业思想政治教育重要性的认识，建立健全管理体制和工作机制。同年7月21—22日，由中宣部、教育部组织的全国部分高校思想政治理论课骨干教师暑期参观考察活动启动仪式分别在苏州和上海举行，旨在加强高校思想政治理论课教师队伍建设，推进理论与实践的结合。同年，马克思主义理论学科博士后流动站工作稳定推进，南京大学等16个单位获批博士后流动站。“马克思主义理论与思想政治教育由原来的二级学科上升为马克思主义理论一级学科，思想政治教育上升为独立的二级学科，并获得了思想政治教育博士点、国家重点学科和博士后流动站，学科建设获得了跨越性发展。”①

党的十八大以来，以习近平同志为核心的党中央高度重视高校思想政治教育工作，多次召开相关会议予以集中讨论部署，为学科深化发展提供了坚实的政策保障与方向引领。“党的十八大以来，以习近平同志为核心的党中央高度重视精神文明建设、意识形态工作和思想政治工作，在进行许多新的历史特点的伟大斗争中把思想政治教育提升到国家治理体系和治理能力现代化建设、全面从严治党的战略高度，上升为党的治国理政思想的重要

① 冯刚，骆郁廷．思想政治教育学科发展30年的回顾与展望［J］．思想理论教育导刊，2014（7）：33－42．

内涵，极大地丰富了党的思想政治工作理论，为在新的历史条件下推进思想政治教育学科发展提供了强大的理论指导和科学的原则遵循。”① 2013 年，全国宣传思想工作会议召开，习近平在讲话中阐述了关乎宣传思想工作长远发展的系列重大理论与现实问题。2014 年 4 月，历时五年编纂、以整体性视角编写的《马克思主义大辞典》在北京举行首发仪式。2018 年 4 月 25 日，人民出版社正式发布的《马克思主义发展史》（十卷本）第一至三卷出版。这两部大型图书的出版为思想政治教育学科的整体发展奠定了更为坚实的学科理论基础。

2016 年 12 月，习近平在北京召开的全国高校思想政治工作会议上指出，“高校思想政治工作关系高校培养什么人、怎样培养人、为谁培养人这个根本问题，要坚持把立德树人作为中心环节，把思想政治工作贯穿教育教学全过程”②。2018 年 8 月召开的全国宣传思想工作会议对新形势下宣传思想工作举旗帜、聚民心、育新人、兴文化、展形象的使命任务进行了系统阐述与战略部署。2019 年 3 月，学校思想政治理论课教师座谈会在北京举行，习近平在座谈会上强调：办好思想政治理论课意义重大，办好思想政治理论课关键在教师，关键在发挥教师的积极性、主动性、创造性，推动思想政治理论课改革创新，不断增强思政课的思想性、理论性和亲和力、针对性，加强党对思想政治理论课建设的领导。2022 年 4 月 25 日，习近平在中国人民大学考察时强调，思想政治理论课能否在立德树人中发挥应有作用，关键看重视不重视、适应不适应、做得好不好。思政课的本质是讲道理，要注重方式方法，把道理讲深、讲透、讲活，老师要用心教，学生要用心悟，达到沟通心灵、启智润心、激扬斗志。③ 上述系列论述为新时代思想政治教育学科及专业的深入发展提供了基本遵循。

二、思想政治教育学科建设的主要成就

（一）学科理论建设的创新发展

学科理论是一门学科的核心组成部分，围绕一门学科的具体研究对象，进行专门的学术研究，最后形成一种特殊的知识领域，这就是一门学科的立足之本，也是一门学科能够一直保持强大生命力的重要依据。与其他人文社会学科比较起来，思想政治教育学科属于一门新兴学科，随着思想政治教育实践的不断深入，它的学科理论体系也逐渐形成、发展直至完善，这一渐进发展的过程就是学科建设普遍规律在思想政治教育领域的具体体现。

随着学科研究的不断深入，有关思想政治教育学科的研究对象、理论基础、基本范畴与概念、原则与方法、基本规律等学科理论都得到全面系统的研究。以思想政治教育原理、思想政治教育方法论、思想政治教育史、比较思想政治教育研究为主要内容的主干学科理论体系，构成了相对成熟的学科基本理论框架。据初步统计，2014 年以来全国共出版思想政治教育学科相关的专著 600 余部，2015 年、2018 年均超过 100 部。其中，聚焦思想政治教育原理研究的代表性著作有项久雨教授的《思想政治教育元问题研究》（中国

---

① 黄蓉生．新时代思想政治教育学科创新发展若干思考［J］．思想理论教育导刊，2018（3）：95－98．

② 习近平谈治国理政（第 2 卷）［M］．北京：外文出版社，2017：376．

③ 习近平在中国人民大学考察时强调 坚持党的领导传承红色基因扎根中国大地 走出一条建设中国特色世界一流大学新路［N］．人民日报，2022－04－26（1）．

社会科学出版社 2014 年版），陈万柏教授、张耀灿教授的《思想政治教育学原理（第三版）》（高等教育出版社 2015 年版），冯刚教授的《探索思想政治教育发展的内生动力》（人民出版社 2017 年版），刘建军教授的《寻找思想政治教育的独特视角》（中国人民大学出版社 2017 年版），罗仲尤教授的《思想政治教育属性研究》（知识产权出版社 2017 年版），郑永廷教授的《思想政治教育学原理》（高等教育出版社 2018 年版），杨威教授的《思想政治教育根源论》（社会科学文献出版社 2022 年版）；聚焦思想政治教育前沿问题研究的代表性著作有张澍军教授的《思想政治教育理论前沿论略》（人民出版社 2015 年版）、骆郁廷教授的《思想政治教育引论》（中国人民大学出版社 2018 年版）、侯勇教授的《思想政治教育学理论前沿问题研究》（中国社会科学出版社 2018 年版）、周琪教授的《思想政治教育学基础理论前沿问题研究》（人民出版社 2018 年版）等；聚焦思想政治教育方法论研究的代表性著作有刘建军教授的《新时期思想政治工作创新研究》（中国人民大学出版社 2015 年版）、沈壮海教授的《思想政治教育有效性研究（第三版）》（武汉大学出版社 2016 年版）、张毅翔教授的《思想政治教育方法创新研究》（人民出版社 2018 年版）、骆郁廷教授的《思想政治教育原理与方法》（北京师范大学出版社 2019 年版）；聚焦思想政治教育学科发展建设研究的代表性著作有张耀灿教授的《思想政治教育学科建设研究》（中国人民大学出版社 2017 年版）、冯刚教授的《思想政治教育学学科发展新论域》（中山大学出版社 2022 年版）；聚焦思想政治教育教学研究的代表性著作有冯秀军教授的《高校思想政治理论课问题链教学详案》（中国人民大学出版社 2017 年版）、佘双好教授的《思想政治理论课教学法探析》（中国人民大学出版社 2018 年版）、吴潜涛教授的《思想政治教育教学与研究》（中国人民大学出版社 2018 年版）、艾四林教授的《新形势下高校思想政治工作与思想政治理论课创新》（中国文史出版社 2018 年版）等；聚焦比较思想政治教育或国外公民教育的代表性著作有周琪教授的《比较思想政治教育学》（高等教育出版社 2018 年版）、唐克军教授的《英国学校公民教育》（中国社会科学出版社 2021 年版）、苏振芳教授的《国际视野下思想政治教育研究》（社会科学文献出版社 2022 年版）等。在此期间，一大批中青年学者就思想政治教育基本原理、多媒体与思想政治教育、网络思想政治教育、网络舆情引导、人工智能与思想政治教育、大学生心理健康教育、农村思想道德建设等出版了一系列专著。此外，思想政治教育学科交叉研究呈现快速发展的势头，思想政治教育心理学、思想政治教育管理学等理论研究已初步形成一定的格局。

研究范式是一种被普遍接受的模式，它为学者们提供了一套被普遍接受的理论框架，同时也是一门学科走向成熟的一个重要标志。学界将思想政治教育学科的建立作为一个契机，对思想政治教育的研究范式是什么，要构建什么样的研究范式，以及怎样构建科学、有效的思想政治教育学研究范式进行了深入研究，力争在遵循思想政治教育学科发展实践的基础上，构建出一个既能体现马克思主义理论学科的一般要求，又能突显思想政治教育二级学科自身属性的研究范式，从而达到将一般与具体相统一的目的。其中，比较有代表性的著作有燕连福教授的《大学生思想政治教育范式转换研究》（光明日报出版社 2013 年版）。近年来，随着思想政治教育学科归属的明晰及其发展阶段的推进，思想政治教育研究范式主要聚焦于社会哲学范式、人学范式、科学实践范式、文化范式等。其中，伴随马克思主义人学取向在思想政治教育学科的深入发展，思想政治教育研究范式中社会哲学范式与人学范式论争成为学界长期关注的研究点。可以说，研究范式的发展对思想政治教育学科理论框架、研究方式、范畴体系的构建等都具有重要的规范意义。

（二）学科队伍建设不断加强

在学科建设过程中，学科队伍是最为活跃的一个要素，其素质的高低、结构的合理与否，以及管理的科学性，都与学科建设的质量有着直接的关系，所以，学科队伍的建设在学科建设中起着至关重要的作用。高校思想政治教育学科队伍有其独特之处，它的内容构成呈现出多样性、层次性的特点。总的来说，它主要由三个部分组成：思想政治教育专业课教师、思想政治理论课教师和日常思想政治教育工作者组成，这三个部分之间还存在一定程度的交叉和渗透。

回顾思想政治教育学的发展过程，可以看出，这一过程中的团队建设和专业建设是并驾齐驱的。随着思想政治教育专业的建立，思想政治教育专业人才培养的呼声越来越高。1987年，中共中央通过的《关于改进和加强高等学校思想政治工作的决定》指出，思想政治教育工作“必须有专职人员作为骨干，并且要培养和造就一批思想政治教育的专家、教授和理论家”①。为此，国家先后出台系列文件，如《国家教育委员会关于加强高等学校专职思想政治工作者正规培训的通知》（1990 年）、《中共教育部党组关于进一步加强高等学校学生思想政治工作队伍建设的若干意见》（2000 年）、《教育部关于加强高等学校辅导员班主任队伍建设的意见》（2005 年）、《教育部办公厅关于印发〈2006—2010 年普通高等学校辅导员培训计划〉的通知》（2006 年）、国务院学位委员会印发的《关于进一步加强高校马克思主义理论学科建设的意见》（2012 年）、《教育部关于印发〈普通高等学校思想政治理论课教师队伍培养规划（2013—2017）〉的通知》（2013 年）、中宣部、教育部印发《普通高校思想政治理论课建设体系创新计划》（2015 年）、教育部印发《新时代高校思想政治理论课教学工作基本要求》（2018 年）等，上述系列文件的出台为学科队伍的教育培训、组织管理等提供了方向指导与政策保障，有力推动了思想政治教育学科队伍建设。

学科发展至今，队伍建设成绩显著，逐渐培养、凝聚和形成了一批老、中、青相结合的学术和实践骨干，造就了一批有深厚的学术底蕴、深邃的学术眼光和深广的学术胸怀的学科队伍。② 1998 年 8 月，中华人民共和国教育部和李嘉诚基金会共同启动实施了“长江学者奖励计划”。2005 年 6 月，奖励范围由内地高等学校扩大到港澳地区高等学校和中国科学院所属研究机构。2012 年 3 月，教育部启动实施新的“长江学者奖励计划”。2018 年 9 月，新的《“长江学者奖励计划”管理办法》印发。目前，思想政治教育学科“长江学者”高层次人才持续涌现。据不完全统计，第一批长江学者特聘教授共 2 位，分别为中国人民大学刘建军教授、武汉大学沈壮海教授，随后武汉大学项久雨教授、中国人民大学王易教授、北京大学宇文利教授、吉林大学王贤卿教授、复旦大学高国希教授等入选。“青年长江学者”第一批为东北师范大学王占仁教授，随后有中央财经大学冯秀军教授、西南大学白显良教授、西安交通大学燕连福教授、湖南大学吴增礼教授、西南大学周琪教授、

① 中共中央文献研究室．十二大以来重要文献选编（下）[M]．北京：人民出版社，1988：1419.

② 冯刚．深化思想政治教育理论研究和实践创新 推动思想政治教育学科繁荣发展 [J]．思想教育研究，2015 (2)：14 - 17.

东北师范大学高地教授、东北师范大学刘志教授等入选。2011年，中组部实施“青年拔尖人才支持计划”，思想政治教育学科有东北师范大学任志峰教授、东北师范大学柏路教授、山东大学郑敬斌教授、北京师范大学温静教授、浙江大学代玉启教授等入选。2014年起，教育部思政司实施“思想政治教育中青年杰出人才支持计划”，第一批入选学者有东北师范大学王占仁教授、中国人民大学王易教授等8人，另有湖南大学罗仲尤教授、复旦大学徐蓉教授等12人作为培养对象，共计20人，随后第二批有西南大学王永友教授、浙江大学邬小撑教授、北京大学宇文利教授等共计19人入选，第三批有厦门大学张有奎教授、东北师范大学高地教授等10位学者入选。2018年，教育部思政司实施“高校思想政治工作中青年骨干队伍建设项目”，着力培育了一批高校思想政治工作骨干力量。

由教育部组织的高等学校科学研究优秀成果奖（人文社会科学）评审历经八届，前五届由于没有将思想政治教育学科单列出来，获奖成果分散在教育学、马克思主义研究两个学科之中，且以道德教育的相关研究为主。1995年，陈秉公教授出版的专著《思想政治教育学》获第一届中国高校人文社会科学研究优秀成果奖一等奖。鲁洁、王逢贤主编的《德育新论》，黄希庭、张进辅、李红合著的《当代中国青年价值观与教育》获第二届教育学一等奖；张澍军的著作《市场经济条件下青年学生思想政治教育导论》获马克思主义研究三等奖；檀传宝的著作《德育美学观》、戚万学的著作《活动道德教育论》获教育学三等奖。檀传宝的著作《信仰教育与道德教育》获第三届教育学一等奖，戚万学的论文《活动道德教育模式的理论构想》获教育学二等奖。张耀灿、郑永廷、刘书林、吴潜涛等著的《现代思想政治教育学》获第四届马克思主义研究二等奖；沈壮海教授的《思想政治教育有效性研究》，李康平、张吉雄合著的《邓小平德育思想研究》获马克思主义研究三等奖；李太平的著作《全球问题与德育》、张澍军的著作《德育哲学引论》获教育学三等奖。万美容的著作《思想政治教育方法发展研究》获第五届马克思主义理论二等奖，佘双好的论文《心理健康教育何以成为思想政治教育的研究领域》、蒋笃运的《德育系统论（第二版）》获马克思主义理论三等奖。自第六届始，思想政治教育学科单独设置奖项，陆续产生了一些优秀成果，第六届思想政治教育一等奖1项、二等奖4项、三等奖11项；第七届获二等奖6项、三等奖12项；第八届获一等奖3项、二等奖14项、三等奖5项。其中，获得一等奖、二等奖的成果详见表25－2。

表25－2　思想政治教育科学研究优秀成果列表

序号	成果名称	获奖人	类别	获奖时间	获奖等级
1	高校加强马克思主义意识形态工作和大学生思想教育工作研究	闵春发、靳诺、方世南、李朝祥、许和隆、田晓明	研究报告	第六届	一等奖
2	认清历史虚无主义思潮的真实用意	刘书林	论文	第八届	一等奖
3	“广谱式”创新创业教育通论	王占仁	著作	第八届	一等奖
4	社会主义荣辱观研究	吴潜涛	著作	第八届	一等奖
5	网络思想政治教育研究	张再兴等著	著作	第六届	二等奖
6	社会主义核心价值观	黄蓉生、白显良、王华敏、石雪、孙楚航、李晓娟	研究报告	第六届	二等奖

续表

序号	成果名称	获奖人	类别	获奖时间	获奖等级
7	马克思主义意识形态理论与社会主义核心价值体系建构	陈秉公	论文	第六届	二等奖
8	青年知识分子	高军等著	著作	第六届	二等奖
9	大学生思想道德素质提升工程研究与实践	夏智伦、徐建军、曾力勤、唐珍名、何旭娟、周先进等	研究报告	第七届	二等奖
10	当代大学生诚信制度建设及加强大学生思想政治工作研究	黄蓉生、董娅、林庭芳、崔延强、张新民、张国镛等	著作	第七届	二等奖
11	问道——改革开放以来的社会思潮与青年思想政治教育研究	林泰、冯虞章、刘书林、蒋耘中、王传利、朱安东等	著作	第七届	二等奖
12	思想政治教育的本质在于思想掌握群众	骆郁廷	论文	第七届	二等奖
13	“广谱式”创新创业教育导论	王占仁	著作	第七届	二等奖
14	全面理解爱国主义的科学内涵	吴潜涛、杨峻岭	论文	第七届	二等奖
15	“结构与选择”机制下的人的生命本体——马克思主义人学理论的新探索	陈秉公	论文	第八届	二等奖
16	中国共产党治国理政之道——坚持依法治国与以德治国相结合	戴木才	著作	第八届	二等奖
17	探索思想政治教育发展的内生动力	冯刚	著作	第八届	二等奖
18	高校课程体系合力育人的理论逻辑	高国希	论文	第八届	二等奖
19	高校心理健康教育与思想政治教育结合 30 年的研究	马建青	著作	第八届	二等奖
20	大学生村官成长成才机制研究	马抗美	著作	第八届	二等奖
21	中国社会核心价值观的变迁	邱吉	论文	第八届	二等奖
22	中国大学生思想政治教育发展报告 2016	沈壮海	著作	第八届	二等奖
23	思想政治教育现代转型研究	孙其昂	著作	第八届	二等奖
24	社会主义价值论纲	王学俭	著作	第八届	二等奖
25	网络人际互动——网络实践的社会视野	吴满意	著作	第八届	二等奖
26	论中国崛起的文明特质与世界意义	项久雨	论文	第八届	二等奖
27	论思想政治教育的历史定位与运行特征	张澍军	论文	第八届	二等奖
28	共产党员理想信念论	郑永扣	著作	第八届	二等奖

（三）学科人才规模和质量提升

专业人才的培养不仅是一个学科的重大任务，而且也是一个学科发展的重要标志。自思想政治教育学科建立以来，“系统化”和“规范化”就成了一个重要的课题，并在高校思想政治教育专业建设中发挥着重要作用。从表现上看，一是继续加强专业教材建设，为培养高素质人才奠定了坚实的实践基础。思想政治教育专业设立以来，国家相关部门先后出版了12部教材，其中包括《思想政治教育学原理》《思想政治教育方法论》《党的思想政治教育史》《比较思想政治教育学》《思想政治教育经典著作导读》《比较思想政治教育学》等，并于1994年开始了对大学生和研究生课程教材和必修、选修课程教材的分类。从那以后，我国的教材编制越来越规范化、质量越来越高，如《现代思想政治教育学》（2001）被确定为全国“十一五”规划纲要（国家规划）教材。近几年来，我国思想政治教育学科的专著和教材不断推出，成绩显著。二是丰富了专业教育的内涵，建立了专业教育体系。在实践中，专业型人才的培养需求越来越明确、越来越规范。

2005年，国务院学位委员会、教育部印发《关于调整增设马克思主义理论一级学科及所属二级学科的通知》对研究生培养提出要“具有坚定的马克思主义信仰和社会主义信念，树立建设中国特色社会主义的共同理想；系统掌握马克思主义基本原理和中国化马克思主义理论”①。2012年6月，国务院学位委员会颁布《关于进一步加强高校马克思主义理论学科建设的意见》对学科人才培养方案提出规范指导，强调学科人才培养要处理好学科性质与研究特色、基础理论研究与现实问题研究、理论学习与理论应用、思想政治素质与业务素质的关系，为学科人才培养指明了方向。在学科人才培养要求明晰化的同时，人才培养体系逐渐形成。1984年，12所院校获批招收思想政治教育专业本科生，1987年，10所院校获批进行思想政治教育专业硕士研究生培养，1996年，“马克思主义理论与思想政治教育”博士学位授权点设立，2007年开启博士后流动站工作，形成了本科、硕士、博士、博士后流动站这一完整人才培养体系。人才培养规格层次、目标内容等不断深化与细化。此外，人才培养质量不断提升，培养质量集中体现为个体运用马克思主义立场、观点、方法分析、解决问题的研究能力与实践能力。

在教育部思想政治工作司的指导下，中国高等教育学会思想政治教育分会与北京化工大学全国大学生思想政治教育发展研究中心于2015年11月启动了2014年思想政治教育学科优秀博士和硕士学位论文评选工作，共评选出10篇优秀博士论文，20篇优秀硕士论文。2018年公布了2015年思想政治教育学科优秀博士和硕士学位论文名单，最终评选出8篇优秀博士论文，20篇优秀硕士论文。

（四）学科制度建设持续推进

制度具有全局性、根本性和长期性，它既是一门学科专业化发展的保证，又是一门学科现代化水平的衡量尺度。高校思想政治教育学体系的构建，不仅要符合高校思想政治教育学体系构建的普遍规律，而且要有其自身的独特性。我国高校思想政治教育学的学科体系，大都是通过国家的政策、法规来确立的。“思想政治教育学科是与国家意志、意识形

① 教育部思想政治工作司．加强和改进大学生思想政治教育重要文献选编（1978—2014）[M]．北京：知识产权出版社，2015：334.

态、政治思想紧密相关的学科，必须借助政策和体制的力量确立学科的专业雏形和人才培养体制。……思想政治教育学科制度的一个基本特征就是以政策性和规范性制度起家，从党和国家的政策、法令中获得学科的合法性”①。从1984年教育部发布《关于在十二所院校设置思想政治教育专业的意见》和《关于在高等学校举办思想政治教育本科班的意见》两个文件开始，我国高校思想政治教育学科的体制化建设就进入了新的阶段。1993年，国家教委发布《关于高等学校思想政治教育专业办学的意见》，提出要从有关专业的骨干教师和骨干政工干部中选拔，从本科生和研究生中选拔出优秀的毕业生，补充到教师队伍中来，采用校内和校外、在职和脱产、分散和集中相结合的方式，重视对年轻教师进行政治、业务、职业道德等方面的训练，经过实际的训练，最后才能开始授课，使学科型人才的培养体系得到了进一步健全。2004年，中共中央、国务院发出《关于进一步加强和改进大学生思想政治教育的意见》，指出“要建立健全与法律法规相协调、与高等教育全面发展相衔接、与大学生成长成才需要相适应的思想政治教育和管理的制度体系”②。明确提出要完善大学生思想政治教育保障机制、建立思想政治教育管理制度体系这一命题。党的十八大以来，我国相继出台了《普通高校思想政治理论课建设体系创新计划》、2017年《普通高等学校辅导员队伍建设规定》和2018年《新时代高校思想政治理论课教学工作基本要求》，对学科发展起到了规范作用，对学科队伍起到了培育和塑造作用。自从思想政治教育学科化建设之后，有关部门发布了一系列专业规章制度、实施细则等配套文件，学科制度建设也有了重大的进步。同时，高校的思想政治教育制度、体制、机制建设也在不断调整和完善，在学科布局、课程建设、队伍建设、人才培养制度化建设等方面稳步推进着。一方面，在国家体系的层次上，学科建设已经基本完成。国家对思想政治教育学作为二级学科的定位进行了明确规定，在2005年，关于马克思主义理论一级学科及所属二级学科的政策规定，确定了思想政治教育学马克思主义理论一级学科下独立二级学科的定位，从而使学科的发展有了制度化保障。另一方面，在具体的制度建设上取得了显著的成效。例如，在学科管理体系上，2011年颁布实施的《高等学校思想政治理论课建设标准（暂行）》提出了“以教学科研为中心”的一体化管理体系，要求构建校党委统一领导、党政共管、学科专兼职队伍相结合、加强学生自我教育的领导体制与工作机制，形成思想政治教育学科系统的大格局。

第三节　思想政治教育学科建设的展望

学科体系是由科学研究的若干基本领域或分支以特定方式联系而成的学科整体，具有特定的结构和功能，是学术创新的根本依托与前提基础，学科体系不扎实，学术体系就是无源之水、无本之木。学术体系是按照一定的内在学理逻辑与叙述次序所形成的认知体

---

① 宇文利．论现代思想政治教育学的学科制度［J］．思想教育研究，2012（5）：34－38.

② 教育部思想政治工作司．加强和改进大学生思想政治教育重要文献选编（1978—2014）［M］．北京：知识产权出版社，2015：270.

系，是学科体系的内核与支撑，学术体系的水平和属性决定着学科体系的总体实力与作用发挥。当前，思想政治教育学术体系对学科体系的支撑力度有待进一步增强，学科的高质量发展依然面临诸多挑战。

一、加强思想政治教育学科的基础理论研究

学科基础理论的建构与完善对学科发展而言意义重大。“基础理论是学科确立和发展的‘骨骼’和框架。深化思想政治教育基础理论研究，有助于推动思想政治教育学科建设的科学化”①。思想政治教育学科基础理论内涵丰富，其主要包括思想政治教育的要素、结构、功能、效果等。在思想政治教育学科建立之后，基础理论研究有了重大进步，并形成了一系列理论成果。但是，这些研究成果都是按照学科建立初期理论研究设定的模式和程序进行的。近几年来，在思想政治教育的本质和规律、主客体关系以及研究范式上，虽然也有过一些争论和进步，但到目前为止，还没有出现质的飞跃。在思维方法上，学科思维的缺乏和薄弱，导致了学科边界的泛化、学科研究对象的模糊、学术研究的质量很难取得突破。学科思维是一种特殊的思维模式和习惯，它贯穿于一门科学的研究活动中。在学科的实践过程中，正是以独特的学科思维为中心，才会产生特殊的理论视野和知识领域，学科思维是学科专门化和独立性的重要表现。思想政治教育学科思维是基于对思想政治教育学科属性的科学认知，从而产生了一种对思想政治教育学科建设的思维认知方式，其中包含了对思想政治教育学科归属、学科边界、学科使命、学科规范等的系统性认识，这种系统性认知贯穿、规约并指导着学科的整个理论构建和全部实践活动。

思想政治教育学科发展到今天，经过许多学者的不懈努力，已经初步形成了一个以思想政治教育原理、思想政治教育方法、思想政治教育史、比较思想政治教育等为主要内容的学科理论体系，为学科的整体发展打下了坚实基础。但也不可否认，学科的基础理论研究有待深化和细化，在学科的内涵与外延、基本概念等方面，还没有形成一致性意见。思想政治教育的本质、思想政治教育的规律、思想政治教育的范畴等，都需要进一步深化和发展。在这种情况下，用专业化的学科思维突破对基础理论研究的固化趋势，推动学科基础理论研究的进步，这是学科创新发展的题中应有之义。因此，要从思想政治工作的实际出发，以坚定的主体性思考为出发点，对基础理论问题进行“攻坚”。一方面，对整体层面上的基本理论研究进行了提炼，在这里，主要是指涉及的思想政治教育学科建设全局与长远发展的根本问题，比如思想政治教育学科基本范畴、学科研究对象、学科理论渊源等。另一方面，在具体层次上，加强对思想政治教育原理和方法、矛盾和规律、过程和结构等基础理论研究。要以专业化的学科思维方式，深化、再系统化学科基本理论问题，促进思想政治教育学科理论体系的发展和完善。

二、大力推进思想政治教育学科发展的守正创新

思想政治教育学科有其自身的特殊性，意识形态属性是其根本属性，必须贯彻和落实坚持马克思主义在意识形态领域指导地位这一根本制度，深刻理解并把握“坚持人民至

① 冯刚．深化新时代思想政治教育基础理论研究［J]．思想政治教育研究，2020（1)：1-5.

上”“坚持自信自立”“坚持守正创新”“坚持问题导向”“坚持系统观念”“坚持胸怀天下”的实质内涵，用习近平新时代中国特色社会主义思想这一当代中国马克思主义、21世纪马克思主义的世界观和方法论指导实践，不断强化学科发展的引领性动力、内源性动力、外源性动力，更好地回答好“时代之问”、“人民之问”与“世界之问”。尽管学界已经面向实践，认识把握了思想政治教育研究的前沿问题和热点问题，但诸多研究仍存在表面化、同质化问题，有的研究停留在政策层面和一般性的阐释解读，有的研究出现了脱离实践、指导性不强的“炫耀”现象。例如，人工智能、数字技术的发展日新月异，对传统的思想政治教育方式、方法提出了挑战，主流意识形态话语的权威性、主题性、统一性日益被“遮蔽”，思想政治教育话语信息则在智能算法所营造的“马太效应”中不断被边缘化，学界对人工智能、数字技术赋能思想政治教育进行了大量富有成效的研究。但也有不少学者未能辩证把握两者之间的内在关联，简单将人工智能、数字技术对教育的影响套用到思想政治教育，片面夸大、神话人工智能、数字技术对思想政治教育的功能作用，提出要“推进思想政治教育的数字化转型”“智慧思政”等观点，以追逐热点、创造某些新概念替代理论创新，这并不利于思想政治教育内在规律的深度把握。

正如马克思所指出的：“理论在一个国家实现的程度，总是取决于理论满足这个国家的需要的程度。”毛泽东同志也曾强调：“任何国家的共产党，任何国家的思想界，都要创造新的理论，写出新的著作，产生自己的理论家，来为当前的政治服务，单靠老祖宗是不行的。”任何学科或滞后于时代或不能指导实践，就意味着学科地位的丧失与学科发展的式微。思想政治教育学科的发展必须坚持为中国共产党治国理政服务，遵循以人民为中心的价值尺度，关心人民的需要、深入人民的实践，从而提出真问题、提炼真思想，切实推进学术体系的理论创新。绝不能把党的需要、人民的需要、社会的需要视为空洞的“宏大叙事”，要真正弄明白思想政治教育学科的理论体系创新绝不等于孤立、静止地进行“纯学术”研究，不能脱离人民群众的伟大实践，而是要坚持目标导向、问题导向、实践导向，从鲜活的人民实践中做出规律性概括、形成前瞻性思考。要根据思想政治教育现存的难点和痛点，拓宽研究的国际视野和历史视野，强化学理支撑、厚植学术内涵，在解决“是什么”“为什么”的基础上，重点解决“怎么办”的问题，在“知其然”“知其所以然”的基础上，重点在“知其所以必然”上下功夫。

2021年7月，中共中央、国务院印发的《关于新时代加强和改进思想政治工作的意见》明确指出，加强和改进思想政治工作，事关党的前途命运，事关国家长治久安，事关民族凝聚力和向心力，把思想政治工作作为治党治国的重要方式。从思想政治教育学科理论研究的广度来说，其主要集中在高校领域，而农村思想政治教育、社区思想政治教育、企业思想政治教育、新阶层群体的思想政治教育的研究成果较少，而且非常零散。从思想政治教育学科理论研究的深度来说，尽管网络思想政治教育、思想政治教育话语等方面的研究成果丰硕，但空间领域研究、不确定性研究等相关研究的高质量成果并不多见。

三、推进思想政治教育多学科交叉研究

从思想政治教育学科的发展历程来看，当前思想政治教育学科的一个主要源泉就是借鉴了教育学、心理学等与思想政治教育有关的学科。从这个意义上讲，思想政治教育学科

与交叉学科的研究是紧密联系在一起的。要使思想政治教育学科向更深层次发展，还必须充分利用有关学科的理论成果，加强跨学科的研究。在交叉学科视野下进行的思想政治教育方法创新，指的是要将已有的自然科学和人文社科的理论成果进行有效的运用，用交叉学科的理论和视角对思想政治教育的方法进行研究，对教育学、心理学、社会学、传播学、管理学、系统学等有关学科的最新研究成果进行深度挖掘，并将其与思想政治教育学科的体系建设结合起来，为学科发展带来新的学术生长点。

"思想政治教育学科要实现自身的不断发展创新，就必须主动适应学科交叉的发展趋势，吸收借鉴多学科的知识和方法，整合学科交叉的优势。"① 通过多学科的互动协作，在学科整合中寻找解决问题的最佳方案。思想政治教育学科的整合发展包括了学科理论的系统性、学科发展过程的协同性、学科发展方向的全面性和长期性。也就是说，思想政治教育学科的深入发展需要多学科知识的整合和协调。思想政治教育学科创新发展，必须坚持以开放性、系统性和科学性的思维来把握好学科属性、学科定位和学科边界等基本问题，坚决克服马克思主义基本原理和学科核心话语脱钩的现象，坚持用富有中国特色的话语体系解读阐释和理论叙事，在批判性借鉴的基础上实现多学科的交叉融合。另一方面，思想政治教育理论研究和实际应用也存在着协同性，学科理论成果只有被用来指导思想政治工作的实践，才能体现出理论的实际价值，实践工作经验经过理论的升华和抽象，才能被转化为具有普遍指导意义的一般性认识。对于思想政治教育学科来说，学科的融合发展指的就是在多学科的视角下，从全局出发，从整体上来看，充分发挥其"协作性""整体性"，深入挖掘思想政治教育学科内部的各要素以及与外部要素之间的内在联系与本质定义，促进学科之间的协同联动和整体合作，从而更好地推动思想政治教育学的创新发展。

---

① 冯刚，曾永平．学科交叉视野下思想政治教育创新发展的特点与趋势——基于2017年学科交叉与思想政治教育研究成果的分析［J］．思想政治教育研究，2018（1）：18－23.

第二十六章　社会思潮与思想政治教育研究

社会思潮研究是思想政治教育学科研究的重要内容和方向之一。1984 年教育部在决定设置思想政治教育专业时，就把“当代西方思潮评介”列为该专业的专业基础课之一。随后，相关高校在开办思想政治教育专业本科班、第二学士学位班时，都把“社会思潮与青年教育”列为必修课程。1987 年，国家教委要求文科各专业博士研究生都开设“马克思主义与当代社会思潮”课程。此后，社会思潮基本理论问题研究、当代西方社会思潮研究、当代中国社会思潮研究、社会思潮引领问题研究等，就一直都是或者先后成为思想政治教育学科研究的重点和热点，40 年来取得了丰硕的成果，积累了宝贵的经验。

第一节　思想政治教育学科与社会思潮研究

思想政治工作是中国共产党的优良传统、鲜明特色和突出政治优势。为了适应新的历史时期思想政治工作的需要，1984 年，教育部“决定在部分高等学校设置思想政治教育专业，采取正规化的方法培养大专生、本科生和第二学士生等各种规格的思想政治工作专门人才，有条件的还可以培养研究生”，强调“这个专业招生，主要是为高等学校培养思想政治工作人员”，“培养目标是使学生成为德智体全面发展、又红又专的思想政治工作的专门人才。……毕业后，可以从事思想政治工作和思想政治教育的教学、科研工作”①。这样的培养目标，要求这个专业的学生必须具有较高的马克思主义理论素养和党的政策水平。而具有这样的素养和水平，就要求学生认真学习、系统掌握马克思主义基本理论。为此，学生还应比较全面地了解国内外一些有影响的社会思潮和思想观点，并运用马克思主义的立场、观点、方法对这些社会思潮和思想观点进行鉴别和分析。正是意识到这一点，该专业在创办之初就普遍开设“当代西方思潮评介”“社会思潮与青年教育”等课程，并

① 教育部思想政治工作司．加强和改进大学生思想政治教育重要文献选编（1978—2008）[M]．北京：中国人民大学出版社，2008：33.

由此吸引了一批教师投身到社会思潮的研究当中，确立了该专业该学科教学科研的基本方向之一。如此确立教学科研的基本方向，该专业该学科的初创者主要是考虑了以下几方面的因素：

一、马克思主义与非马克思主义社会思潮之间的论争

“一部马克思主义的发展史，就是一部同各种非马克思主义、反马克思主义的学派和思潮斗争的历史。”① 思想政治教育专业的学生必须比较系统地掌握马克思主义基本原理，具有较高的马克思主义理论素养。事实上，马克思主义的产生和发展从来没有脱离人类文明的大道。如果不了解马克思、恩格斯对从古希腊到近代欧洲一切人类文明成果的深刻总结和批判，就难以理解马克思主义的经典著作；如果不了解马克思、恩格斯及其后继者与同时代各种学派和思潮的对话和论辩，就难以理解马克思主义的不断成长、发展和壮大。正如毛泽东指出的：“正确的东西总是在同错误的东西作斗争的过程中发展起来的。真的、善的、美的东西总是在同假的、恶的、丑的东西相比较而存在，相斗争而发展的。……这种斗争永远不会完结。这是真理发展的规律，当然也是马克思主义发展的规律。”② 19世纪40年代，马克思、恩格斯正是在同反动的社会主义、保守的或资产阶级的社会主义、批判的空想的社会主义和共产主义等的斗争中，创立了科学社会主义。19世纪六七十年代，马克思、恩格斯正是在同普鲁东主义、工联主义、巴枯宁主义、拉萨尔主义等的斗争中，肃清了各种错误思潮对当时工人运动的影响，确立了马克思主义在工人运动中的指导地位。恩格斯至晚年，也正是在对杜林主义的批判中系统阐述了马克思主义的基本观点。19世纪末20世纪初，当第二国际出现了以伯恩施坦为代表的修正主义思潮时，列宁与之进行了坚决的斗争，不仅捍卫了马克思主义，而且根据资本主义发展到帝国主义阶段的新情况，创造性地发展了马克思主义。20世纪20至40年代，以毛泽东为主要代表的中国共产党人，正是在同党内右倾和“左”倾机会主义路线的斗争中，创立了毛泽东思想，实现了马克思主义中国化时代化的第一次历史性飞跃。20世纪70年代末，以邓小平为主要代表的中国共产党人，正是在系统纠正“文化大革命”的错误、反对教条化理解毛泽东思想的斗争中，创立了邓小平理论，启动了马克思主义中国化时代化新的飞跃。从经典马克思主义到中国化马克思主义，无不是在同错误思潮的斗争中不断成长、发展和壮大的。

回望历史，一代又一代的马克思主义者正是在同各种错误思潮的斗争中，把马克思主义推进到一个又一个新的发展阶段，使马克思主义始终保持着青春的活力和朝气。面向未来，进入改革开放和社会主义现代化建设新时期，中国的马克思主义者继续推进马克思主义中国化时代化向前发展，必然还会遇到来自“左”和右不同方向上错误思潮的干扰，马克思主义同各种非马克思主义、反马克思主义学派和思潮的斗争还会继续进行下去。在此情况下，掌握意识形态领域各主要社会思潮潮起潮落、纷纭激荡的发展动态，运用马克思主义的立场、观点、方法进行鉴别和分析，吸收其科学的成分和对中国有益的经验，抵制其错误的观点和一切不适合中国国情的主张，既是培养思想政治工作专门人才，开阔其社

① 梅荣政．用马克思主义引领社会思潮［M］．武汉：武汉大学出版社，2008：14.

② 毛泽东文集（第7卷）［M］．北京：人民出版社，1999：230－231.

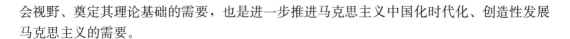

会视野、奠定其理论基础的需要，也是进一步推进马克思主义中国化时代化、创造性发展马克思主义的需要。

二、思想政治教育具有批判与引领多样化社会思潮的功能

在20世纪80年代的国际国内背景下，在错综复杂的社会矛盾的基础上，新的历史时期必定是各种社会思潮动荡起伏、激烈碰撞的时期。在创办思想政治教育专业的改革开放之初，经过党的十一届三中全会，我们党深刻总结了历史经验，拨乱反正，制定了全面改革和对外开放的基本国策。一方面，正在深入进行的经济体制改革，以及将要进行的政治体制改革，是我国社会主义制度的自我调节、自我完善，是十分深刻的社会大变动。农村实行联产承包责任制，城市实行劳动力的合同制、聘任制，整个国家实行社会主义商品经济，鼓励一部分人先富起来，实行物价制度改革，从领导体制上实行党政分开、简政放权等，其中任何一项改革措施，都会触动和调整各部分人的经济利益、政治权益。社会上不同阶层的人们，自然对此会有不同反映：有的喜，有的忧，有的既喜又忧；也会发表不同看法：有的赞成，有的反对，有的不置可否。加之全面改革是新生事物，只能"摸着石头过河"，在执行中难免会出现这样那样的缺点、失误、阴暗面，党内、社会上也会有人搞不正之风。对此，人们也必然会产生各种看法，议论纷纷。另一方面，打破长期以来的闭关状态，实行对外开放，就像闭塞的房间打开了窗户，空气流通了，发达资本主义国家先进的科学技术、管理经验和许多有益的思想文化都值得我们学习和借鉴；同时，难免从窗户里吹进一些污浊的空气，如西方资本主义腐朽的思想文化和生活方式。特别是西方资产阶级的头面人物，把中国的对外开放看作加速中国向资本主义"和平演变"的大好时机，处心积虑地用资产阶级自由化思潮腐蚀中国青年。在这个背景下，国内少数人打出"全盘西化"的旗号，全面美化资本主义制度及其意识形态，对人民群众特别是对青年一代产生了恶劣的影响。社会主义是否优越？共产党领导是否正确？马克思主义是否过时？人民民主专政是否必要？围绕着坚持四项基本原则的问题，意识形态领域展开了一场激烈的论争。①

思想政治工作是做人的工作。适应新的历史时期思想政治工作需要而创办的思想政治教育专业、发展的思想政治教育学科，正处于这样的国际国内环境中，其教学科研不可能不顾及人们接受思想政治教育的环境及其在人们思想上造成的影响，也就是说，必须关注社会思潮。"绕开社会思潮，就离开了人们关心的思想理论界的热点，就会陷入无的放矢的说教，那样接受的马克思主义就只能是理论条条；同时，回避社会思潮，也就离开了群众的思想实际，与教育对象形成了隔阂。"② 所以，思想政治教育学科的一个重要任务就是以马克思主义的立场、观点、方法鉴别和分析各种社会思潮，吸收其科学成分，抵制其错误观点，有针对性地滋养主流意识形态成长，助推思想政治工作开展，促进共同思想意志的形成。特别地，思想政治教育学科的社会思潮研究，不是从某一学科的角度对某一学术流派进行评价，而是以改革开放和现代化建设中出现的社会矛盾为聚焦点，集中研究围

---

① 贺美英，张德．在社会思潮纷呈起伏中学会做好学生思想政治工作［J］．清华大学教育研究，1987（1）：1-7.

② 刘书林．社会思潮研究与"两课"教学改革［J］．思想理论教育导刊，2003（9）：62-65.

绕社会矛盾形成的基于某一学术流派的具有重大影响的社会思潮，其现实性、政治敏感性愈强，研究愈不回避。

三、社会思潮研究与青年学生的思想政治教育紧密地在一起

“青年特别是大学生，是时代的晴雨表。他们的思想往往是当代客观世界各种社会矛盾、社会思潮的反映。他们积极追逐时代的潮流，希望作‘中流击水’的弄潮儿，但又往往为当代各种社会矛盾、社会思潮所困惑。”① 1984 年，教育部决定在十二所院校设置思想政治教育专业时即明确，这个专业主要为高校培养思想政治工作人员。高校思想政治工作的对象，首先是大学生，然后是教师。大学生是高校培养的社会主义建设者和接班人，是国家的希望、民族的未来，同时也是西方敌对势力对我国进行思想文化渗透的重点对象。作为青年人，他们思维最活跃，最没有历史包袱，最容易接受新观点、新事物。进入改革开放和社会主义现代化建设新时期，他们有强烈的历史责任感，渴望民族振兴，渴望个人成才，但对“振兴之路”和“成才之路”又存在诸多困惑，很容易受到各种社会思潮的影响，社会思潮往往会成为他们思想上的热点、难点、疑点，他们往往会像镜子一样折射出社会思潮发展变化的特征。教师是学生的教育者、培养者，同时也是知识的生产者、传播者，因具有较高的文化程度而习惯于从理论层面来观察社会现象、思考社会问题，并因此成为某种社会思潮的率先接受者、积极传播者甚或早期制造者。总之，高校师生最容易也最方便与各种社会思潮发生联系，“高等学校素来是各种社会思潮形成、影响、传播和汇聚的集散地。……各种社会思潮首先在高等学校孕育、升温、流行，成为一股思潮潮流，然后才向社会不断传播和辐射；而社会上的各种思潮也往往习惯于向高校聚集，寻找其思想文化土壤。高等学校与各种社会思潮之间存在着密切的相互关系，以社会思潮对高校师生影响研究作为一个切入点，抓住了社会思潮影响和传播的主要领域和主要人群”②。

正因为如此，“社会思潮与青年教育”成了思想政治教育学科初创时就设立的一个教学科研方向。“把研究社会思潮与青年教育相结合，力求站在时代的高度来研究青年的思想，把研究时代的思潮冲突与青年大学生思想的热点、难点、疑点相结合，同时注意青年思想形成、发展规律的特殊性，力求把握青年学生的思想脉搏，增强对青年的吸引力、说服力，最终目的是帮助青年树立科学的世界观、政治观和人生价值观。”③ 不仅如此，1985 年《中共中央关于改革学校思想品德和政治理论课程教学的通知》要求，大学在进行马克思主义基本理论教育的同时，要“有分析有比较地介绍当代其他各种社会思潮，对错误的思潮要有分析地进行充分说理的批判”④。1986 年，中共中央、国务院批转《国家教委关于加强高等学校思想政治工作的决定》，提出“要运用马克思主义的基本原理积极探索社会主义现代化建设中的重大理论问题和实际问题，并对国内外一些有影响的观点和思潮，做出正确

---

① 林泰．当代社会思潮论评［M］．北京：清华大学出版社，1994：419.

② 佘双好．当代社会思潮对高校师生的影响及对策研究［M］．北京：中央编译出版社，2012：1.

③ 同①423.

④ 教育部思想政治工作司．加强和改进大学生思想政治教育重要文献选编（1978—2008）［M］．北京：中国人民大学出版社，2008：55.

的评价”①。实际上，这些都对思想政治教育学科进行社会思潮研究提出了具体要求。

第二节　当代西方社会思潮研究

自创办之日起，思想政治教育专业就把“当代西方思潮评介”列为专业基础课之一。40 年来，当代西方社会思潮研究一直在思想政治教育学科的社会思潮研究中占有一席之地。具体说来，就是“运用马克思主义的立场、观点、方法，深入研究和分析西方思潮的思想内容，既注意政治方向的辨别，又注意理论正误的分析，还要认清每种思潮在我国流行的客观性和必然性，从而因势利导，既有效地抵制不利于我国社会主义建设的错误方面，又有效地吸取其有益的内容”②。

为什么要研究当代西方社会思潮？这同研究当代中国社会思潮，同思想政治教育专业发展、学科建设有何关系？在较早开创“社会思潮与青年教育”教学科研方向的林泰看来，中国社会思潮是中国的社会变革在思想文化上的反映，西方社会思潮是西方的社会存在在思想文化上的反映，两者根源不同，不是一回事。但是，在中国近现代乃至当代，大多数社会思潮总是和西方的思想文化、社会思潮相联系、相比较而存在的。这是因为，中国近现代史是由西方的坚船利炮、思想文化打开中国的大门而开启的。为了挽救社会危机，中国的许多仁人志士都主张“师夷长技以制夷”，学习、研究、借鉴西方的思想文化。从洋务运动、戊戌变法到辛亥革命、新文化运动，近现代中国各种社会思潮的纷纭激荡都与西方的思想文化密切相关。新中国成立后被封锁了近 30 年，但进入改革开放和社会主义现代化建设新时期，随着我国与世界各国经济、政治、文化交往的增多，西方的思想文化也大量传入我国，对人们特别是青年产生了愈来愈大的影响。当然，这些思想文化并非都能“思而成潮”。哪一种思想文化能够“思而成潮”，根源于中国经济社会变革的内在矛盾。一个不争的事实是，中国的大多数社会思潮，都是西方思想文化或社会思潮的复制品。所以，研究当代中国的社会思潮，就必须对相关的西方思想文化、社会思潮进行研究。③

40 年来，思想政治教育学科研究了哪些西方社会思潮？1991 年，国家教委思想政治工作司组编、车铭洲主编的思想政治教育专业教材《现代哲学思潮与青年思想教育》，围绕“个人与社会”“批判与传统”“理想与现实”“真理与信仰”“自由与选择”“价值与人生”“情爱与文明”“自私与人生”“民主与人权”“一元与多元”等问题，归纳了青年中存在的一些片面认识，介绍了西方哲学家的观点，进行了马克思主义的分析。1994 年，国家教委思想政治工作司启动第二套思想政治教育专业教材统编工作，《现代西方意识形态导论》是进入规划的 12 部教材之一。2001 年，车铭洲主编的《现代西方思潮概论》正式

---

① 教育部思想政治工作司．加强和改进大学生思想政治教育重要文献选编（1978—2008）[M]．北京：中国人民大学出版社，2008：71.

② 邢贲思．当代世界思潮［M]．北京：中央党校出版社，2004：13.

③ 林伯海．当代西方社会思潮与青年教育［M]．成都：西南交通大学出版社，2011：2.

出版。该教材系统介绍了20世纪以来在西方出现并产生广泛影响的学术观点、思想观念，主要涉及哲学、宗教、政治、经济、社会和伦理等六大领域。在哲学领域，介绍了人本观念、相对观念、多元观念、解释观念、无本观念；在宗教领域，介绍了超验神观念、系统神观念、人道神观念、过程神观念、多元神观念；在政治领域，介绍了自由观念、民主观念、平等观念、正义观念、人权观念；在经济领域，介绍了政府干预与经济自由观念、收入平等与经济效率观念、经济增长与社会福利观念、交易成本与制度创新观念、新增长模式与知识经济观念；在社会领域，介绍了现代观念、发展观念、全球观念、交换观念、批判观念；在伦理领域，介绍了价值观念、善恶观念、德性观念、人道观念、生态观念。在系统介绍这些学术观点、思想观念的同时，该教材还结合国际形势和我国国情，运用马克思主义的立场、观点、方法，对其进行了简要评价，目的在于使学生深入准确地把握西方社会思潮的发展脉络，提高对其分析和批判的能力。

2004年，邢贲思出版了《当代世界思潮》一书。他介绍、分析并评价的是在当代世界影响较大并且不同程度地对我国也产生过影响的西方思潮，包括西方经济思潮、西方政治思潮、西方社会思潮、西方哲学思潮、西方马克思主义思潮。关于西方经济思潮，他论及了经济自由主义、国家干预主义、货币主义、公共选择理论；关于西方政治思潮，他论及了新自由主义、新保守主义、民主社会主义、“第三条道路”、当代西方人权理论；关于西方社会思潮，他论及了现代化理论、全球化思潮、信息化思潮；关于西方哲学思潮，他论及了存在主义、哲学解释学、人道主义社会哲学、文明冲突论、后现代主义；关于西方马克思主义思潮，他论及了晚期资本主义危机理论、市场社会主义理论、分析的马克思主义理论、生态学马克思主义理论、依附理论。在他看来，透过社会思潮的波澜起伏，我们可以从一个侧面洞察到社会历史的现状及其走向。研究当代西方社会思潮，能帮助我们加深对现代资本主义的了解，能有效提高我们对思潮的政治鉴别力与政治敏锐性，还有助于丰富和发展马克思主义，有助于中国特色社会主义的文化建设。

2011年，林伯海编著的《当代西方社会思潮与青年教育》出版。该书在思想政治教育学科创办20多年西方社会思潮研究的基础上，紧随时代发展，从政治、经济、文化、哲学四个方面对西方社会思潮做了一次整体性研究。政治思潮方面，具体研究了政治自由主义、政治保守主义、民主社会主义和民族主义；经济思潮方面，具体研究了凯恩斯主义、新自由主义和新制度主义；哲学思潮方面，具体研究了人本哲学、科学哲学和宗教哲学；文化思潮方面，具体研究了后现代主义、生态主义和西方马克思主义文化批判。在介绍每一种社会思潮的流变和理论学说之后，该书还对这一思潮的总体特征、贡献与缺陷、需要进一步研究的问题等进行了分析，这样就把西方社会思潮研究与青年教育结合起来了，鲜明地体现了该书的思想政治教育学科特色。

在对当代西方社会思潮进行分门别类研究的同时，学者们还对这些思潮产生的时代背景进行了深入研究。邢贲思认为：“社会思潮有其深刻的社会根源，这就决定了现代西方社会思潮任何一流派的兴起都不是偶然的，其理论观点都可从现代资本主义的经济、政治矛盾中找到根据，都反映了特定社会阶级的利益和要求。”① 在他看来，在哲学领域，唯

① 邢贲思．当代世界思潮［M］．北京：中央党校出版社，2004：4.

意志主义和存在主义等的兴起，集中反映了资产阶级不能摆脱资本主义所固有的矛盾和危机而必然产生的不信任理性、逃避现实、苟且偷安以及悲观失望、惊恐不安等没落情绪，同时也反映了资产阶级为摆脱这些矛盾和危机而孤注一掷的疯狂心理。例如，叔本华的悲观主义孕育于19世纪中叶德国资产阶级革命性的丧失，尼采哲学的疯狂意志植根于19世纪末走向垄断的大资本的迅速膨胀，存在主义这一反映危机时代全面异化现象的危机哲学产生于20世纪50—60年代的病态资本主义社会，法兰克福学派的社会批判理论出自20世纪60年代“新左派”对现代资本主义文明的嫌恶、反感以及试图摧毁这种文明的愿望。在经济、政治领域，有直接反映现代资本主义经济矛盾的凯恩斯主义和自由放任主义，也有直接反映现代资本主义政治矛盾的民主社会主义和新保守主义。例如，凯恩斯的理论体系和政策主张是在资本主义进入高度垄断之后，为适应私人垄断资本主义统治转化为国家垄断资本主义统治的迫切需要而产生的；货币主义、供给学派则是在凯恩斯主义的经济“处方”愈来愈失灵，垄断资产阶级为解决资本主义经济的“滞胀”现象而不得不另谋的对策。①

对此，车铭洲也进行了分析。他认为，20世纪以来，西方出现的一系列新的科学技术促进了生产的发展和物质生活水平的提高，使西方的现代化进程迈上了一个新的台阶。但同时，资本主义的各种矛盾也不断展开。殖民地的独立宣告了帝国的衰落，帝国主义国家的对外战争激起了国内的反战运动，工业化的发展使生态环境危机重重，原子武器使人类为自身的命运担忧，文化工业使色情和暴力充斥大众文化之中。这一系列问题，引发了人们对资本主义现代化的怀疑、思考和争论。人们追问，科学技术和物质生产发展的目的到底是什么，什么是社会的公平和正义，市场经济是否要完全排除政府的干预，社会生活是否只需要基本的义务规范而不再需要美德，现代化是否真正促进了人类幸福，全球化的实质是什么，等等。在对这些问题的讨论中，各个领域都产生了各种不同的观念学说和学派，尤其是在哲学、宗教、政治、经济、社会和伦理等人文社会科学领域，形成了多种激烈争鸣、不断发展的社会思潮。②

所有这些西方社会思潮，都是现代资本主义社会的产物，都根源于现代资本主义社会的经济、政治矛盾，因而有其共同特征。邢贲思总结出了三点：一是都力图对现代资本主义社会做出理论说明和提供对策。比如，作为现代西方经济学理论中最有影响的两股思潮，凯恩斯主义和自由放任主义都承认经济危机和周期波动是规律性现象，并从各自的角度对其产生的原因和避免其产生的对策做了探究。作为一种旨在推翻现存社会再生产过程的否定理论，法兰克福学派社会批判理论的主要目的就是破坏一切既定性、事实性的东西。二是都具有浓厚的非理性主义色彩。比如，唯意志主义的代表人物叔本华一反古典理性主义者认为的人的本质在于理性的观点，把世界的本原归结为“生存意志”，认为意志才是人的本质；存在主义的先驱克尔凯郭尔主张把“孤独的个体”作为哲学的出发点，以非理性的自我作为哲学的主要内容；萨特把孤立的个人的存在作为全部哲学理论的出发点，而个人的存在又是一种非理性的纯粹意识活动。而后，这种哲学上的非理性主义孕育

① 邢贲思．当代世界思潮［M］．北京：中央党校出版社，2004：30.

② 车铭洲．现代西方思潮概论［M］．北京：高等教育出版社，2001：1.

出了以无意识、泛性论等非理性的“欲念”为主要内容的精神分析学说，而精神分析学说反过来又促进存在主义从中吸收了非理性主义的观点；此外，非理性主义还深刻影响了法兰克福学派的社会批判理论，其主要代表人物弗洛姆、马尔库塞等都主张把马克思主义与精神分析说结合起来，用精神分析说来“补充”和“发展”马克思主义，这就出现了所谓的“弗洛伊德主义的马克思主义”。三是都注重全球问题，预测人类未来。进入当代，科学技术的迅猛发展一方面为生产力的发展开辟了更广阔的前景，另一方面又造成了许多影响人类生存的问题。这些问题，因其规模上具有全球性、性质上涉及全人类利益、解决时要求全世界共同努力而被称为“全球问题”。对此，科学主义做了充分反映。科学主义思潮虽然有把资本主义条件下科技进步带来的消极后果夸大为全球问题的错误倾向，但它是西方未来主义思潮发展至当代的一个新阶段，具有超前性和预测性，体现了当代西方理论思维方向的转变。①

庞杂的西方社会思潮对中国经济社会发展影响如何？这也是思想政治教育学科的社会思潮研究重点关注的问题。邢贲思指出，有相当一部分理论对中国社会的发展产生了消极影响，尤其是代表现代资产阶级利益的理论思潮在一定程度上对我国社会主义的意识形态起了冲击作用。例如，存在主义思潮的流传，曾导致不少人不恰当地强调个人自由，反对社会制约，并一度成为“自我设计”“自我造就”的理论基础。精神分析学说的某些观点曾成为一些人抛弃社会道德理想，把自我与社会对立起来的理论依据。叔本华和尼采的观点曾成为一度蔓延的悲观主义、文化虚无主义、极端个人主义等不良心态的理论依据之一。受西方文化形态史观的影响，有人孤立地比较中西文化的优劣，以虚无主义的态度对待中国传统文化，忽视我国文化发展中蕴含的精华，为“全盘西化”寻求理论基础。对于西方思潮中所包含的这些极端个人主义、利己主义、享乐主义和非理性主义等消极、落后和腐朽的东西，我们必须坚决摒弃。但同时也应看到，在西方思潮中，确有一些反映现代科学技术、现代工业文明以及市场经济一般规律等方面的内容，并且在一些具体问题上表现出一定的深刻性。它们虽然不能从根本上克服现实社会的矛盾，但它们所提出的问题，却在一定程度上为这些问题的解决提供了进一步思考的线索，为未来新社会的建设提供了某种借鉴。为此，我们一方面要吸收西方发达国家所创造的优秀文明成果，另一方面又要批判和抵制西方资本主义社会的腐朽意识形态。②

思想政治教育学科不仅关注并研究当代西方社会思潮，还总结出了一套科学的研究方法。车铭洲认为：“对现代西方的各种思潮，不能采取盲目接受的态度，而要坚持马克思主义的辩证唯物主义和历史唯物主义方法论，采取具体的分析批判态度。”他旗帜鲜明地提出，研究当代西方社会思潮，重在其思想观念和思想路向的创新，而不在其逻辑体系和语言表述形式。应当将现代西方思想家提出的问题与他们关于问题的结论区别开来。问题可能是现代西方资本主义制度所面临的特殊问题，也可能是人类社会发展所面临的普遍问题。研究特殊问题，有助于揭示当代西方社会的特殊矛盾；研究普遍问题，会对思考中国的社会问题有所启发。但是，肯定问题的现实来源并不意味着肯定问题的理论形式，因为

① 邢贲思．当代世界思潮［M］．北京：中央党校出版社，2004：155.

② 同①5.

西方思想家提出问题的方式会受到其理论视角的影响，甚至可能以歪曲的形式反映问题，形成理论上的假问题。应当对现代西方思想家研究问题的方法进行具体分析，不能因为其研究结论的局限性就完全否认方法本身的价值，但这些方法本身对人文社会科学的研究又是有局限性的，并非对任何问题在任何条件下都有效。应当区分西方思想家的观点和结论，其中既包含着很强的意识形态因素，体现了西方资本主义社会的价值或主导意识，也存在着不少对西方主流意识形态的反思和批判，此外还存在着一些不直接涉及政治意识形态、具有普遍社会意义的概念，如“可持续发展”“以人为本”“社会福利”“知识经济”“制度创新”等。应当看到西方思想家的观点之间存在着巨大差异，不能笼统地将其视为一体，同时也应当看到，这些不同观点之间的争论往往是以某一共识为前提的，比如在西方经济学派的争论中，都是以承认西方资本主义的经济制度作为基本前提的。①

也有学者提出，思想政治教育学科研究的社会思潮，不是一般的学术思潮，而是困扰着大学生思想，成为他们思想上的热点、难点、疑点的社会思潮。在20世纪八九十年代，对大学生影响比较大的社会思潮主要表现在以下几个根本问题上：一是社会主义的前途命运问题。东欧剧变、苏联解体是历史的必然，还是社会主义事业前进中的暂时曲折？为什么说“社会主义失败论”、两种制度“趋同论”是错误的？我国改革是不是“补资本主义的课”？建立社会主义市场经济的实质是“中国特色的社会主义”还是“中国特色的资本主义”？等等。二是经济政治体制改革的方向、道路问题。一些人对国有企业改革遇到的困难和党内腐败等问题感到困惑，受资产阶级多元化观点的影响，对我国为什么不能实行西方国家的私有制和多党制，为什么要坚持马列主义毛泽东思想的指导地位，存在模糊认识。三是民主、自由问题。一些人对我国社会主义民主建设的长期性、艰巨性认识不足，受西方资产阶级民主观、自由观、人权观、人性论的影响，对于马克思主义是否不重视人，社会主义是否不民主、不自由认识不清楚。四是中国传统文化、西方文化和社会主义现代化的关系问题。一些人受民族虚无主义和历史虚无主义的影响，把几千年中华民族的历史和文化笼统地归结为封建主义，转而盲目崇拜西方文化，甚至主张“全盘西化”。五是人生价值问题。一些人受资产阶级利己主义、拜金主义的影响，认为提倡集体主义是对个性的否定，主张“人的本质是自私的”“一切向钱看”是发展商品经济的必然要求。六是科技的社会作用问题。新的科技革命对社会制度、社会生活带来了哪些影响？能否改变社会主义代替资本主义的历史趋势？这也是一些大学生特别是理工科大学生感到困惑的问题。②

进入21世纪，对我国社会特别是大学生思想影响最大的社会思潮有：一是民主社会主义思潮。它自诩是资本主义“病床边的医生和护士”，试图通过改良主义的方法解决资本主义社会的矛盾和弊病，鼓吹用价值社会主义取代科学社会主义。在我国，有的人主张用这种理论指导中国社会主义建设，甚至认为“只有民主社会主义才能救中国”。二是新自由主义思潮。它是古典自由主义发展到极端的一种表现形式，在经济上主张最大限度的自由化、私有化，在政治上极力推行美欧式的多党制、民主化。它在20世纪80年代中期

① 车铭洲．现代西方思潮概论［M］．北京：高等教育出版社，2001：193.

② 林泰．当代社会思潮论评［M］．北京：清华大学出版社，1994：367.

渗透到我国后，已经不只是一种思潮，而是作为一种政治主张对我国经济、社会发展产生了一定影响。三是历史虚无主义思潮。它以“学术研究”的面目出现，在“重新评价”的名义下，竭力贬损和否定革命，诋毁和嘲弄中国人民反帝反封建的斗争和社会主义革命、建设的伟大成就，力图扭转中国现代化建设和改革开放的正确方向，把中国纳入西方资本主义体系中去。从20世纪80年代以来，它作为一种社会思潮强烈冲击着我国的主流意识形态和人们的精神信仰。四是“普世价值”论。有人把西方资产阶级关于自由、民主、人权等的观念奉为任何时代、任何民族都应遵行的“普世价值”，声称要引进“普世价值体系”，无论解放思想还是各方面的理论创新都必须“以普世价值为尺度”，“瞄准由人类文明的普世价值所确认的社会经济制度迈开前进的步伐”。显然，热衷于鼓吹这种“普世价值”，并不是单纯的学术问题，而是严肃的政治问题，其实质是要用西方资本主义价值体系取代社会主义核心价值体系。以上这些错误思潮和问题是客观存在的，必然会对当代大学生的思想产生深刻影响。这就要求我们必须用马克思主义基本原理去研究这些现实问题和重大理论问题，并且用这种研究成果去教育学生。①

第三节　当代中国社会思潮研究

思想政治教育学科研究当代西方社会思潮的目的，主要在于研究受其影响、激荡于当代中国意识形态领域、对当代中国经济社会发展和大学生思想有着广泛影响的各主要社会思潮。林泰在《问道——改革开放以来的社会思潮与青年思想政治教育研究》② 一书中将改革开放以来社会思潮的走向划分为四个阶段，李洁在其博士论文《当代中国社会思潮治理的途径和方式研究》③ 中将改革开放以来社会思潮的发展演变划分为五个阶段。基于这样的研究，并综合其他研究，可以认为，40年来思想政治教育学科对当代中国社会思潮的研究大体也经历了五个阶段。在每一阶段，都有学者对当时存在的影响中国社会发展、历史走向、人心走向的社会思潮进行研究，分析这些思潮的产生背景、历史发展、主要观点、精神实质、表现形式、传播特点、社会影响等，揭示这些思潮同马克思主义、中国特色社会主义的根本区别，并有针对性地提出回应这些思潮的对策。

一、改革开放启动阶段的社会思潮

1978年12月，党的十一届三中全会召开，纠正了长期以来特别是“文化大革命”以来党在指导思想上的“左”的错误，开启了改革开放和社会主义现代化建设新时期。这个时期的工作千头万绪，但最为关键的还是对“文化大革命”时期的一些错误思想、冤假错案加以纠正。而要纠正“文革”的错误，就必然涉及如何评价毛泽东和毛泽东思想的问

---

① 王峰明，蒋耘中．时代变迁与思潮激荡 改革开放新时期重大理论和现实问题研究文集［C］．北京：清华大学出版社，2010：2.

② 林泰．问道——改革开放以来的社会思潮与青年思想政治教育研究［M］．北京：中国社会科学出版社，2013：23.

③ 李洁．当代中国社会思潮治理的途径和方式研究［D］．北京：北京科技大学，2017：34.

题。围绕这些问题，思想理论界展开了激烈论争，刚刚创立的思想政治教育学科也给予了高度关注并参与其中。

粉碎“四人帮”以后，党中央就开始着手清理新中国成立以来特别是“文化大革命”以来“左”的错误，但“两个凡是”的提出使得这项工作的开展步履维艰。1978 年 4 月，《光明日报》发表《实践是检验真理的唯一标准》一文，直指“两个凡是”的错误方针，重申将实践作为检验党的路线、方针、政策是否正确的唯一标准。此文经多家媒体转载，影响甚广，由此拉开了“真理标准问题大讨论”。在大讨论中，人们的思想得到解放，实事求是的思想路线得到恢复，这就为党的十一届三中全会的召开进行了充分的理论准备和思想准备。而在这个过程中，一些错误思潮也开始蔓延起来，其中最先出现的就是对毛泽东和毛泽东思想的根本否定。而此时，党对社会主义建设规律的探索才刚刚开始，出现这样那样的错误也在所难免。因此，在批评和纠正毛泽东晚年错误的时候，不应否定毛泽东为中国革命和建设事业所做的贡献和毛泽东思想的指导地位，不应把毛泽东创立的伟大功绩同他晚年的错误相混淆，不应不加分析地否定毛泽东在新中国成立后所做的一切。1981 年 6 月，党的十一届六中全会通过的《关于建国以来党的若干历史问题的决议》对这一问题做出了科学回答，在彻底否定“文化大革命”的同时，既指出了毛泽东晚年所犯错误，也强调了毛泽东思想作为党的指导思想的伟大意义。

围绕反思和评价“文化大革命”所形成的社会思潮，不仅表现在理论界，还表现在文艺界、舆论界和学术界。1978 年 8 月，复旦大学一年级新生卢新华在《文汇报》发表小说《伤痕》。由此发端，以“右派”、知识分子、知识青年等为主人公，控诉“文化大革命”给其带来苦难的“伤痕文学”，成了一个时期内中国文坛的主流，其中最具代表性的是《苦恋》。只是后来由于邓小平的干预，有关报刊发表了一系列文章进行引导，“伤痕文学”大行其道的局面才得到遏制。1980 年 5 月，《中国青年》刊载一封署名为“潘晓”的读者来信《人生的路呵，怎么越走越窄……》，其中提出“人性自私”和“主观为自己，客观为别人”的命题，旋即引发一场全国范围的关于人生观的大讨论。与此同时，学术界也开展了一场关于人道主义和异化问题的讨论，有人抽象地谈论人、人性、人的本质、人的价值等，热衷于批评所谓社会主义制度下“人的价值的异化”，不加分析地用马克思主义揭露旧社会的话语来批评社会主义社会是“蔑视人”的社会。针对这一思潮的泛起及其向社会和青年的扩散，邓小平进行了深入分析，明确提出“思想战线不能搞精神污染”。

二、改革开放全面展开和推进阶段的社会思潮

经过拨乱反正，中国的改革开放进入了全面展开和推进阶段。在这一阶段，人们最关心的话题是为什么要改革和朝什么方向改革。改革是因为社会主义制度本身不好，还是因为我们的工作没有搞好？如果说社会主义制度本身没问题，那么改革就是社会主义制度的自我完善和发展，这也是党中央推进改革的基本立场。但在一些人看来，出问题的似乎是社会主义制度本身。因为苏联和其他社会主义国家也没搞好；很多干部、知识分子到国外考察、学习后发现，欧美国家的高度发达同中国的相对落后形成了鲜明对照。这就不可避免地使一些人提出社会主义到底好不好的问题，中国的改革是走社会主义道路还是走资本主义道路的问题。加之国际上社会主义和资本主义两种社会制度、两种意识形态的斗争也

必然反映到国内，这些都给一些错误思潮的形成和传播提供了土壤。

在经济学领域，西方经济学的著作被大量引入，马克思主义的劳动价值论被一些人否定，亚当·斯密的“看不见的手”再次吸引了一些人的目光，公有制、计划经济受到嘲讽和批判，私有化、市场化受到青睐和追捧，拜金主义开始大行其道。在文学领域，继“伤痕文学”之后，对人性的挖掘和描写成了小说的主流，其中包含的后现代主义和非理性主义倾向对多年来形成的社会主义价值观构成了挑战、冲击。在思想政治领域，资产阶级自由化思潮以更加猛烈的态势蔓延开来，其代表人物攻击的矛头直指四项基本原则，旗帜鲜明地反对共产党领导和社会主义制度，主张中国搞多党制。

三、建立社会主义市场经济体制阶段的社会思潮

1990年前后，苏联以及东欧各社会主义国家相继发生政权更迭，走上了以美国为首的西方国家为它们设计的道路。东欧剧变、苏联解体的深层次原因是什么？是经济没有搞好，还是方向、道路出了问题？社会主义到底有没有前途？中国的改革开放应该如何走下去？对社会主义前途命运的担忧，成为当时人们思考的焦点。1992年初，邓小平发表南方谈话，强调“要坚持党的十一届三中全会以来的路线、方针、政策”，坚信“世界上赞成马克思主义的人会多起来的”，提出“计划多一点还是市场多一点，不是社会主义与资本主义的本质区别，计划经济不等于社会主义，资本主义也有计划；市场经济不等于资本主义，社会主义也有市场。计划和市场都是经济手段”①。同年10月，党的十四大召开，明确提出要建立社会主义市场经济体制。而长期生活在计划经济体制下的中国人一接触市场经济，就表现出很大的盲目性，一时间下海潮、经商热、股票热、房地产热席卷全国。这种情况不能不引起人们的思考。一些人无视我国社会主义市场经济与西方市场经济的本质区别，声称市场经济没有姓社姓资问题，主张我国照抄照搬西方经济学理论；另一些人则对市场经济的负面效应忧心忡忡，进而对我国建立社会主义市场经济体制持质疑甚至反对态度。这种状况反映到社会思潮上，就是新自由主义和新左派的对立。

新自由主义思潮在改革开放之初就传入我国，在当时关于计划和市场的争论中扮演了重要角色，在批判资产阶级自由化时受到一定的批判，党的十四大之后似乎又找到了翻身的机会。在其鼓吹者看来，任何资源放到完全市场竞争的环境中都可以达到最佳配置，国家的宏观调控是多余的。他们不仅在经济领域主张市场化，而且在医疗、教育、住房等公共服务领域也主张市场化，认为要搞市场经济，就必须改变我国的所有制，让国有企业退出竞争行业，实行私有化。这种思潮理所当然地受到马克思主义经济学者的批评，中央也反复强调所有制改革不能搞全盘私有化，但由于其代表人物是以改革的名义推销自己观点的，很多人对其本质分辨不清，其对经济体制改革的影响并没有受到根本遏制。就在新自由主义思潮疯狂鼓噪的同时，意识形态领域还存在着与之对立的另外一种思潮——新左派。新左派的代表人物是一批在改革开放中成长起来的中青年学者，他们也曾崇拜西方文化、追随西方模式，但在亲身经历1989年严重政治风波，亲眼见证东欧剧变、苏联解体之后，对西方国家鼓动社会主义国家进行改革的真实目的产生了怀疑。他们认为，目前的

---

① 邓小平文选（第3卷）[M]. 北京：人民出版社，1993：370，382，373.

全球化是被美国主导的，中国应认清全球化的陷阱，抑制全球化的消极影响；中国社会产生的贫富分化等问题，是权力与资本相勾结造成的，要解决就必须遏制资本的扩张；民主的本质除了自由还有平等，要追求民主自由就必须遏制两极分化，干预市场经济带来的消极影响。应该看到，新左派的思想来源并非传统的马克思主义，他们多数人怀有浓厚的民族主义情怀，对社会弱势群体抱有深切的同情，对新自由主义的本质和危害有着清晰的认识，对中国今后的发展有着独到的见解，但他们中间也有少数人否定改革开放，实际代表的是一种极左思潮。

在新左派思潮兴起的同时，以反西方的面目出现的民族主义思潮也重新活跃起来。这主要因为人们对冷战结束后美国的霸权战略日益不满，特别是对1999年美国轰炸我驻南联盟大使馆强烈愤慨。这种思潮对中国如何处理对外关系提出了一系列明确主张，虽然存在一些过激的地方，表现出极端民族主义的色彩，但总体来说是要维护中国国家利益的，可以向理性的、建设性的爱国主义方向引导。此外，在这一时期，主张全盘肯定和回归传统文化的文化保守主义思潮也在复活和发展中。一些人从“亚洲四小龙”的崛起中发现了儒家文化的价值，认为它在现代化进程中不仅没有过时，反而可以克服西方文化的非理性成分而使社会得到和谐，所以要复兴儒家文化。为此，要批判五四运动以来的一切革命，认为五四运动的最大恶果就是造成了中国文化的断裂，现在要做的就是回到五四运动以前，重新恢复儒家学说的主导地位。

四、构建社会主义和谐社会阶段的社会思潮

21世纪的第一个十年，中国持续推进改革开放和社会主义现代化建设，既进入了“黄金发展期”，也进入了“矛盾凸显期”。一方面，经济连年高速增长，到2010年经济总量已超过日本成为世界第二大经济体；另一方面，社会各方面的深层次矛盾也逐步显露出来，特别是贫富差距拉大、“三农”问题突出、城市房价畸高、就业形势严峻、社会保障滞后、腐败问题突出等，引起了人民群众的强烈不满。中央提出构建社会主义和谐社会，着力解决群众反映强烈的问题，但问题的解决总要有一个过程。在这个过程中，如何坚持和发展社会主义，如何深化改革、扩大开放，便成为各种社会思潮激烈争论的焦点。而互联网的兴起和普及，又使社会思潮传播的主阵地从传统媒体转到网络媒体，社会思潮出现的频率更高，传播的速度更快，相互间的碰撞也达到前所未有的程度。

这一时期，来自不同方向上的社会思潮最激烈的碰撞是2004年起刮起的三场“旋风”：“郎咸平旋风”“刘国光旋风”“巩献田旋风”。之所以称为“旋风”，不是因为三人的言论有多么激烈，而是因为三人的言论引起的反响形成了强大的浪潮，这将对新自由主义的批判推到了公共舆论的风口浪尖。“郎咸平旋风”争论的焦点是国有企业改革中出现的管理层收购（MBO）是否合理，而指导这一政策的理论基础是新自由主义的产权理论。该理论认为，国有企业的产权是不明晰的，只有把产权量化到个人，才能调动其生产者的积极性。据此，一些国有企业在改革中大搞管理层收购，其结果就是管理层侵吞国有资产，摇身一变成为了企业的所有者。此事一经郎咸平揭露，立即引起国内学界和媒体的广泛关注。最后，国资委明确宣布中央企业改革不能搞管理层收购，争论暂告一段落。此后不久，“刘国光旋风”接踵而至。2005年7月，刘国光发表《对经济学教学和研究中一些

问题的看法》一文，认为“一段时间以来，在经济学教学和研究中，西方经济学的影响上升，马克思主义经济学的指导地位被削弱和被边缘化。……有人认为，西方经济学是我国经济改革和发展的指导思想，一些经济学家也公然主张西方经济学应该作为我国的主流经济学，来代替马克思主义经济学的指导地位。”① 此文发表后，支持者和反对者纷纷撰文，一场改革开放要不要以马克思主义为指导、市场经济改革要不要公有制为主体的大讨论形成了。就在此时，“巩献田旋风”也形成了。2005 年 8 月，巩献田发文批评《物权法（草案）》违背宪法和社会主义基本原则，法学领域的一场争论随即展开，其焦点是坚持社会主义公有制还是搞私有化。把这三场“旋风”联系起来看就会发现，它们针对的都是新自由主义鼓吹的私有化。对此，理论界曾多次提出批评，但三场“旋风”的出现使得这种批评从理论界走向了人民大众。

三场“旋风”过去之后两年，“科学社会主义还是民主社会主义”的争论使民主社会主义这一错误思潮再度登上历史舞台，掀起了一场新的波澜。2007 年 2 月，谢韬发表《民主社会主义模式与中国前途》一文，借恩格斯的一段文字论证民主社会主义才是马克思主义的正宗，说什么“不是伯恩施坦‘修正’了马克思主义的暴力革命理论，倒是列宁违背了马克思主义关于社会主义在先进资本主义国家共同胜利的思想，提出了在落后的东方国家一国建设社会主义的理论”，“现在看来应给修正主义恢复名誉”，“中国没有在苏东巨变中垮台，这要归功于邓小平在这之前实行了改革开放政策。……这一系列新政策属于民主社会主义，但为了避免‘修正主义’之嫌，我们称之为中国特色的社会主义”，所以“只有民主社会主义才能救中国”。此文一出，立即受到马克思主义学者的批判，但也得到一些人的拥趸，并继续发文鼓吹。直至胡锦涛在党的十七大报告中指出，中国特色社会主义道路“既坚持了科学社会主义的基本原则，又根据我国实际和时代特征赋予其鲜明的中国特色”，民主社会主义的喧嚣才沉寂下去。

此外，这一时期泛起的社会思潮还有历史虚无主义、文化保守主义、“普世价值”论等。此时的历史虚无主义反对一切革命的倾向越来越明显，它借助互联网，逐步渗透到文艺、学术、大众传播的各个领域。一切曾经被否定的历史人物都被戴上光环抬了出来，而那些曾经被大力宣扬的革命历史人物则被赶下了神坛，尤其是对毛泽东的造谣中伤、对中国共产党历史错误的扭曲放大和声讨控诉，达到前所未有的程度。此时的文化保守主义已经跳出心性领域，发展成为一种现实性很强的“复古更化”的政治思潮，公开提出“王道政治”“复兴儒教”等思想主张，要以儒学取代马克思主义，摆出一副与中国主流意识形态势不两立的架势。此时的“普世价值”论已经成为各种错误思潮的新的理论包装和它们在意识形态斗争中的一种新的策略。具体表现为，一些人把他们关于“政治改革”的观点同“普世价值”相结合，极力宣扬所谓“宪政”的超阶级性，把他们主张的“宪政”看作最有可能改变中国政治体制的突破口和推翻四项基本原则的政治策略。

五、中国特色社会主义新时代的社会思潮

经过改革开放 40 多年的发展，中国的社会主义现代化建设取得了举世瞩目的伟大成

① 刘国光．对经济学教学和研究中一些问题的看法［J］．高校理论战线，2005（9）：23－29.

就，同时一系列长期积累及新出现的突出矛盾和问题也亟待解决。随着党的十八大的召开，中国特色社会主义进入了新时代。为承前启后、继往开来、在新的历史条件下继续夺取中国特色社会主义伟大胜利，习近平就任中共中央总书记之后不久，就提出中华民族伟大复兴的中国梦、社会主义核心价值观的基本内容等。此后，党的十八届三中全会提出全面深化改革的总目标，党的十八届四中全会提出全面依法治国的总目标。所有这些，都是新时代党中央治国理政的新理念新思想新战略，自然引起理论界的广泛关注和深度解读。但同时，已在意识形态领域活跃多年的各主要社会思潮的制造者、拥趸也闻风而动，伺机把自己的观点强加于这些新理念新思想新战略之上，以扩大自己的影响，达到混淆视听、误导民众的目的。

比如，“中国梦”刚一提出，就有人把它解读为“宪政梦”“美国梦”，似乎实现中国梦就是实现“宪政梦”“美国梦”，只有朝着“民主宪政”的方向前进，才能实现中华民族伟大复兴的中国梦。看到社会主义核心价值观的基本内容包含“民主”“自由”“平等”“公正”“法治”等字眼，就有人不假思索地或别有用心地认为，社会主义核心价值观接受了西方“普世价值”，西方“普世价值”就是社会主义核心价值观。看到党的十八届三中全会把市场在资源配置中的“基础性作用”修改为“决定性作用”，就有人做出新自由主义的解读，盲目、绝对地讲市场的决定性作用，否定政府的作用，或者把政府的作用仅仅限定在“服务”上。看到党的十八届四中全会提出“党的领导是社会主义法治最根本的保证”，就有人以西方法治为标准，质疑中国的依法治国，炮制“党大还是法大”“党治还是法治”的伪命题。看到习近平出席纪念孔子诞辰的活动并发表重要讲话，就有人把它解释为“去马归儒”“复归中华道统”“中国社会‘尊孔崇儒’的时代已经掀开序幕”。除了这些试图“蹭热点”、再兴波澜的社会思潮，这期间在意识形态领域格外活跃的就是历史虚无主义，其代表人物不仅著文反污“马克思主义才是真正的历史虚无主义”，而且以诋毁英雄人物的形象为主要手段，频频制造热点话题，以期引起人们关注，达到消解历史、消解人们精神信仰的目的。

对进入新时代以后各种社会思潮的波涛汹涌、暗流涌动，习近平总书记洞若观火。他明确提出“要加强对各种社会思潮的辨析和引导”①，并积极做出表率，敢抓敢管，敢于亮剑，坚决批判具有社会影响的错误思潮。关于新自由主义，他指出：“不能把供给侧结构性改革看成是西方供给学派的翻版，更要防止有些人用他们的解释来宣扬‘新自由主义’，借机制造负面舆论。”② 关于“宪政民主”，他指出：“我国人民民主与西方所谓的‘宪政’本质上是不同的。……我们讲依宪治国、依宪执政，不是要否定和放弃党的领导，而是强调党领导人民制定宪法和法律，党领导人民执行宪法和法律，党自身必须在宪法和法律范围内活动。”③ 关于“普世价值”，他指出：“敌对势力在那里极力宣扬所谓的‘普世价值’。这些人是真的要说什么‘普世价值’吗？根本不是，他们是挂羊头卖狗肉，目的就是要同我们争夺阵地、争夺人心、争夺群众，最终推翻中国共产党领导和中国社会主

① 习近平．论党的宣传思想工作［M］．北京：中央文献出版社，2020：150.

② 习近平．论坚持全面深化改革［M］．北京：中央文献出版社，2018：239.

③ 中共中央文献研究室．习近平关于社会主义政治建设论述摘编［M］．北京：中央文献出版社，2017：28－29.

义制度。”① 关于历史虚无主义，他指出：“国内外敌对势力往往就是拿中国革命史、新中国历史来做文章，竭尽攻击、丑化、污蔑之能事，根本目的就是要搞乱人心，煽动推翻中国共产党的领导和我国社会主义制度。”②

正是有了习近平总书记的高度重视、亲力亲为，党的十八大以来，党确立和坚持马克思主义在意识形态领域指导地位的根本制度，旗帜鲜明地反对和抵制各种错误思潮，使意识形态领域形势发生全局性、根本性转变。在这种情况下，原先赤裸裸地表现出来的各种错误思潮因其明目张胆、明火执仗，极易被人看穿识破，一经批驳便成“过街老鼠”。但是，它们并没有绝迹，也没有消停，而是变换了策略，变换了手法，把自己装扮得更为隐蔽、更为巧妙，对受众也更具欺骗性、迷惑性。以历史虚无主义为例，“在散布错误历史观和价值观方面，已经呈现出一些新的特点。一是其议题设置更加广泛、更加宽阔，涉及的领域已开始向社会生活的底层、向一些常被忽视的思想边缘地带渗透和延伸；二是手段更加隐晦、含混，喜欢以小见大、以偏概全，其蕴含的观念、价值立场和人生态度往往是软中带硬、绵里藏针；三是传播的途径和方式发生了变化，一些娱乐性和消遣性的平台以及受众较多的媒介体，更容易成为其藏身之所；四是一些软性历史虚无主义趋向‘学术化’和‘学理化’，打着冠冕堂皇的研究和探讨的幌子，运用一些个别的不具普遍性的所谓‘史料’或‘事例’，进而达到扭曲正确认识、颠覆革命传统、否定马克思主义的目的”③。这些都是新时代意识形态领域存在的重要挑战。只要社会思潮形成、发展和传播的社会历史原因依然存在，意识形态领域各种社会思潮的纷纭激荡、激烈碰撞也就在所难免，思想政治教育学科对于当代中国社会思潮的研究也就永无止境。

第四节　社会思潮基本理论问题研究

研究社会思潮的基本理论问题，尤其是厘清其概念，了解其形成条件和发展过程，把握其传播轨迹，明确其特征和功能，对于推动思想政治教育学科的发展，具有十分重要的意义。

社会思潮在英文中一般表述为“social thoughts”“social trend”“trend of thought”，意在表明它是带有某种趋向性的思想体系。但究竟什么是社会思潮，国外理论界并没有给出明确定义。我国最早对社会思潮进行界定的是梁启超，他在1902年指出：“‘今日恒言，曰‘时代思潮’。此语最妙于形容。凡文化发展之国，其国民于一时期中，因环境之变迁，与夫心理之感召，不期而思想之进路，同趋于一方向，于是相与呼应汹涌，如潮然。”④但这只是对社会思潮表象的界定，并没有深入社会思潮的本质。随着国内学者越来越关注社会思潮这一意识现象，对其概念的界定也多了起来。归结起来，主要有“综合说”和

① 中共中央文献研究室．习近平关于社会主义文化建设论述摘编［M］．北京：中央文献出版社，2017：27.
② 习近平．论中国共产党历史［M］．北京：中央文献出版社，2021：4－5.
③ 董学文．揭一揭软性历史虚无主义的真实面目［J］．红旗文稿，2018（16）：4－5.
④ 梁启超．清代学术概论［M］．北京：中华书局，1954：1.

“中介说”。“综合说”从社会思潮的内容出发，认为社会思潮是社会心理和思想理论的综合表现。《中国大百科全书》哲学卷“社会思潮”条目的解释：“社会思潮有时表现为由一定理论形态的思想作主导，有时又表现为特定环境中人们的社会心理，是社会意识的综合的表现形式。”“中介说”则从社会意识整体结构出发，认为社会意识从低到高可分为社会心理、社会思潮和思想体系三个层次，社会思潮在其中处于中介地位。肖锦全认为：“不能把社会思潮单地归结为社会心理和思想体系，它本身具有相对独立性，有着比社会心理较多的理论意识而比思想体系较多的日常意识，因而社会思潮是社会发展链条中的一个环节，是社会意识系统中的一个认识层次。”① 虽然“综合说”和“中介说”对社会思潮的界定都有道理，都给社会思潮研究奠定了基础前提，但二者各有弊端，“中介说”把社会思潮与社会心理、思想体系割裂开来，“综合说”则没有明确思想理论在社会思潮中的核心地位和指导作用。基于此，林泰认为，“社会思潮是在社会变革时代（在社会心理演化的基础上），由一定思想理论引领的，反映社会变革发展道路诉求的，影响面很广的思想观念或倾向。”② 从社会思潮的概念可见，它本身是个“中性”词汇。也就是说，既有顺应历史前进方向的正确思潮，又有与历史前进方向相悖的错误思潮，不能认为社会思潮只能是非主流的、错误的思想观点。③

任何社会思潮都是一定时代的社会环境的产物。大体说来，社会思潮的产生涉及四个方面的条件：一是经济条件。人们的物质利益关系直接影响人们的思想倾向、心理态势。这对于以感性意识为主要要素的社会思潮来说，表现得尤为明显。人们在日常的物质生活中，根据自身的物质利益及其实现程度，去感知社会的经济结构、制度和关系。这就决定了社会思潮的发生，首先一定地存在于经济事实当中。二是政治条件。政治是经济的集中表现，一定的政治变动往往意味着人们切身利益的再分配。因而，“社会思潮产生的政治条件总体上是政治势力的形成和出现，政治团体和政治组织的形成、活动及解体，政治运动的形成和发展”。④ 三是思想文化条件。任何社会思潮的产生都必须依托一定的思想文化环境，都有其理论渊源；既会受到文化传统的延续和影响，也会受到文化领域中新动向、新因素的辐射。四是社会契机。社会思潮发生的契机主要是指，某种社会心理、思想倾向和理论观点由于受到某种“突发因素”的刺激，迅速汇集成社会思潮的转化环节。⑤ 在契机的作用下，人们的心理共鸣、思想倾向迅即获得了“共生点”，促成了某种理论观点的流行，进而形成思想潮流。总的来说，上述条件共同构成了社会思潮发生的现实环境，社会思潮正是上述各种条件共同作用的结果。

思维是一个过程，作为思维产物的社会思潮也必然有一个形成发展的过程。林泰从社会思潮的发展轨迹出发，阐述了社会思潮的运动过程：“社会经济基础、上层建筑的变革；社会心理的演化和社会思潮的孕育；一定的思想家提出引领社会走向的思想理论；首先在

---

① 肖锦全．论社会思潮作为社会意识一个层次的构想［J］．现代哲学，1997（1）：45－49.

② 林泰．问道——改革开放以来的社会思潮与青年思想政治教育研究［M］．北京：中国社会科学出版社，2013：3－4.

③ 赵曜．当代中国社会思潮透视［J］．中国特色社会主义研究，2002（1）：36－41.

④ 王炳权，梅荣政．论社会思潮总体性研究中的几个问题［J］．思想理论教育，2005（10）：36－40.

⑤ 张澍军．论社会思潮的发生机制［J］．东北师大学报（哲学社会科学版），1992（3）：1－6.

知识群体中传播、发酵、论辩；以多样化形式在大众中传播、扩散，形成社会思潮的交锋；形成群体性的政治斗争；反复多次后最终影响历史走向。”① 刘建军从发展方向上进行归纳，指出任何社会思潮的发展，都有学术理论领域、社会政治领域这两个可能的方向。在学术理论领域，社会思潮的发展是某一思想理论逐步成熟的过程；在社会政治领域，社会思潮的发展是一个思想理论逐渐外化和社会化的过程，会形成社会政治成果，如社会政治运动的形成和发展、具有重大影响的社会事件等。② 林建成从社会学角度，认为一种较为完备的社会思潮的形成依次会经历：问题产生—矛盾升级—心理共鸣—立场汇聚—思想综合—纲领形成等过程。③ 彭庆红则从发展脉络的角度，认为社会思潮会历经酝酿、萌芽、塑形、成型等时期，借助“社会现实问题激发出多元意见表达、一定群体心理和社会情绪积聚融合、思想观点与理论学说不断提炼升华、相对独立系统的社会意识现象形成”等步骤，促使社会思潮成型成势。④ 还有学者依据社会意识的动态演化状况，提出社会思潮的发生发展一般会经历萌芽、成型、发力和消落等四个阶段：萌芽表现为知识分子的学术思想，成型表现为各种思想观念的人际传播和大众传播，发力表现为不同的社会思潮之间激烈交锋与冲击，消落表现为社会思潮的流变与潜伏。虽然学者们阐释的社会思潮的发展过程各不相同，但都强调了社会思潮的形成会经历多个阶段，构成一定时期社会意识变动的宏观图景。

社会思潮只有在社会中进行了有效传播，才能得到相当程度的社会承认，取得社会影响力。可以说，传播贯穿着社会思潮形成发展的始终。那么，社会思潮是如何传播的？从传播环节上来说，社会思潮的传播通过传播者、传播内容、传播媒介、受众等环节来完成，它是一个由发送者通过一定的传播媒介发送，然后由受众接收或接受，最后又被传至次级接收者或接受者以至以下多级接收者或接受者的多级网状传播过程。⑤ 从传播层级上来说，社会思潮的传播是分三级，由核心层向外围层逐级扩散的。从核心层的理论家、一些学界、政界有影响的人士提出某种思想理论，到第二级知识分子群体把一些抽象的理论观点消化、吸收、发酵、扩散，再到广大群众追随和接受该理论观点，社会思潮才可能成为影响广泛的思潮。⑥ 从传播方式上来说，社会思潮的传播可分为人际传播和大众传播。比如，思潮在其产生初期，往往首先是在小群体内酝酿、传播，体现着人际传播的特点。随着科学技术的发展，互联网等各种传播媒介日益发达，大众传播对社会思潮的影响越发凸显，使得思潮之间的斗争往往表现为传播力度上的较量。从传播形态来说，社会思潮可通过多种形态进行传播。一是学术形态，以学术研究和理论阐述的形式表现出来；二是文艺形态，以文学艺术形式表现出来；三是舆论形态，把自己装扮成社会公认的道德标准和价值标准，以此来影响群众的思想；四是宗教形态，以宗教形式表现出来；五是政治形

---

① 林泰．问道——改革开放以来的社会思潮与青年思想政治教育研究［M］．北京：中国社会科学出版社，2013：9.

② 刘建军．论社会思潮的发生、发展与消退［J］．学术月刊，1995（2）：14－18.

③ 林建成．曼海姆的知识社会学［M］．郑州：河南人民出版社，2011：181.

④ 彭庆红，刘迪翔．社会思潮生成论析［J］．思想战线，2022（2）：10－16.

⑤ 王炳权，梅荣政．论社会思潮总体性研究中的几个问题［J］．思想理论教育，2005（10）：36－40.

⑥ 同①10－11.

态，围绕变革时代对社会变革发展道路的诉求而表现出来。这五种传播形态在传播过程中是相互联系、相互转化的。这意味着，在现代社会，社会思潮的传播既不可避免，也非常繁复。只有搞清社会思潮的传播过程，才能有效防止错误思潮泛滥，才能真正做好思想政治教育工作。

社会思潮之所以能够产生很大的社会影响，成为思想政治教育学科研究的重要内容和方向，是由它自身的特点决定的。第一，社会思潮具有一定的理论性。它不是对现实的简单褒贬，而是以特定理论立场作为出发点，通过理论立场与现实问题的结合而形成的体系化的思想观点。第二，社会思潮具有群体性。这一方面是指，社会思潮是由许多人的各种意识要素汇集而成的思想潮流。另一方面是指，社会思潮必然具有广泛的民众支持度。如果某种思想倾向、理论观点仅仅是知识分子内部的"狂欢"，缺乏社会人群的支持度和广泛的影响力，那至多也只能是学术观点的表达而非社会思潮。第三，社会思潮具有政治性。"由于社会思潮提出的是社会变革时代关系到历史走向的重大问题，所以不管社会思潮以什么形式出现，它的核心都是政治思想"①。第四，社会思潮具有现实性。任何一种社会思潮都是对社会现实问题的回应，都有明确的目标指向。② 我们必须认识到，社会思潮的最终目的不在于使人们认同它，而在于促使人们用它所传播的思想、理论指导自身的行为。当社会思潮聚积起足够的社会民众时，它就有能力在一定的范围内实现思潮向社会运动的转化，并借助社会运动朝着其现实目标迈进。第五，社会思潮具有涌动性。社会思潮不像意识形态那样具有稳定和连贯性，它如潮水般有起有伏、有升有降。潮来时，有时甚至会冲击整个社会，大有压城欲摧、逆顺生亡之势。潮落时，会逐渐衰微以至消失不见。待社会基础和环境条件满足时，曾经"退却"的社会思潮也可能重新出现。

作为社会意识的重要现象，社会思潮具有巨大的能动性，会对社会存在产生能动的反作用，影响社会的发展。这种"能动的反作用"，就是社会思潮功能的体现。社会思潮具有以下功能：首先是社会认识功能。社会存在决定社会意识，社会意识反映社会存在。因而，社会思潮必然能够在一定程度反映一定时代、一定历史阶段社会发展的特点，反映一定阶级、阶层的利益诉求，进而形成对社会发展、变迁的认识。比如，"思潮产生的年代，必定是风云变幻、大动荡、大变革的历史时期，太平岁月是不可能有流行的思潮的，只有当社会酝酿着或者实际地经历着深刻的变动时期，人心动荡，思想界才会积极而活跃，各种思潮应运而生。思潮的产生，必定是为了回答和解决时代的重大问题，如社会的出路，国家民族的前途，兴邦救国的方略等等。"③ 其次是社会分化、整合功能。"新思潮的优点又恰恰在于我们不想教条地预期未来，而只是想通过批判旧世界发现新世界。"④ 可见，社会思潮总是不遗余力地批判与其对立的意识形态及其代表的社会制度，同时大力宣传自己的思想意识和实践主张。⑤ 它能够将有相同立场和态度的社会成员聚集到自己的旗帜

① 林泰．问道——改革开放以来的社会思潮与青年思想政治教育研究［M］．北京：中国社会科学出版社，2013：11.

② 彭庆红，刘迪翔．社会思潮生成论析［J］．思想战线，2022（2）：10-16.

③ 陈立思．社会思潮与青年教育［M］．北京：北京大学出版社，2011：8.

④ 马克思恩格斯文集（第10卷）［M］．北京：人民出版社，2009：7.

⑤ 梅荣政，王炳权．论社会思潮总体性研究中的几个问题［J］．思想理论教育，2005（10）：36-40.

下，进而促成群体整合；也能促使社会成员按不同的社会思潮分化开来，造成社会分化。最后是行为导向功能。社会思潮是通过影响人们的精神生活，促使人们产生相应的行为实践的。正如刘建军指出："任何一种社会思潮，只要它是比较成熟的并且在社会中有较大的影响，它总是力图改变人们的行为和生活，总要教导和提倡一种新的生活态度和生活方式。"① 此外，还有学者从社会思潮的功能范围上指出，它有政治、经济、文化等多方面功能；从其影响社会发展的性质上指出，它有积极功能与消极功能；从其作用结果上指出，它有引导功能、创造功能和颠覆功能。② 总而言之，正是基于其社会功能展现出的社会影响力，使得社会思潮在一定程度上成为社会发展过程中的"风向表""晴雨表"。

第五节　社会思潮引领问题研究

对社会思潮引领问题的研究是从批判错误思潮开始的。列宁在《论马克思主义历史发展中的几个特点》一文中就指出了马克思主义在发展的过程中所面对的严峻挑战及捍卫马克思主义的重要性。他说："由于资产阶级的影响遍及马克思主义运动中的各种各样的'同路人'，使马克思主义的理论基础和基本原理受到了来自截然相反的各方面的曲解，因此团结一切意识到危机的深重和克服危机的必要性的马克思主义者来共同捍卫马克思主义的理论基础和基本原理，是再重要不过的了。"③ 近代以后，特别是五四运动前后，社会思想十分活跃，各种思潮纷然杂陈。在十月革命影响下传入中国不久的马克思主义，很快以其科学真理性在同各种思潮的争鸣交锋中，站到了社会思想大潮的前列，指导中国革命不断打开新的局面。

21世纪初期，社会主义市场经济的发展带来的社会矛盾和消极现象日益显露，各社会阶层的利益取向、价值选择日益多元化，世界社会主义运动还处于低谷，西方敌对势力将"西化""分化"战略的重点转向中国，在这样的历史背景下，意识形态领域的斗争出现了错综复杂的局面。各种错误思潮涉及的领域很广，表现形式日益公开化。面对这种形势，2000年，党的十五届五中全会首次明确提出要重视并加强对各种社会思潮及其表现形式的研究与引导。自此，社会思潮应对问题的研究由批判错误思潮阶段转向引领社会思潮阶段。

梅荣政教授出版的《用马克思主义引领社会思潮》一书正是这一时期的标志性成果。该书从社会思潮的一般基本理论和具体社会思潮两个层面展开了对社会思潮的研究，较好地概括了前人对于社会思潮一般基本理论问题的主要成果和最新见解，有针对性地提出了回应具体社会思潮问题的对策。对社会思潮的研究和阐述，紧密联系历史实际和建设中国特色社会主义的现实实际，历史地把握在马克思主义发展史上，特别是在马克思主义中国化发展史上，各个不同时期马克思主义正确对待社会思潮、发展自身的历史经验，从中获

---

① 刘建军．文明与意识形态［M］．北京：中华书局，2011：143.

② 邓卓明．改革开放以来中国共产党引领社会思潮研究［M］．北京：人民出版社，2017：10.

③ 列宁选集（第2卷）［M］．3版．北京：人民出版社，1995：282.

得用马克思主义引领社会思潮的带有规律性的认识。强调实行多样化、包容多种社会思潮的前提是要弘扬主旋律，确保社会主义核心价值体系对多样化社会思潮的引领作用。引领社会思潮的表述正是在这样的时代背景和研究背景下出现的。

2006 年，党的十六届六中全会《中共中央关于构建社会主义和谐社会若干重大问题的决定》提出，坚持以社会主义核心价值体系引领社会思潮，尊重差异，包容多样，最大限度地形成社会思想共识。2007 年党的十七大报告又特别强调，要积极探索用社会主义核心价值体系引领社会思潮的有效途径，主动做好意识形态工作，既尊重差异、包容多样，又有力抵制各种错误和腐朽思想的影响。社会思潮引领问题有了明确的旗帜和方向，学界开始转向社会主义核心价值体系的概念解读及建设问题。这一时期以社会主义核心价值体系引领社会思潮的相关研究，主要从原因、目的、意义，思路、方针、原则，方法、路径、机制等方面展开。

第一，关于引领社会思潮原因、目的、意义的研究。梅荣政教授在《坚持以社会主义核心价值体系引领社会思潮》一文中指出，以社会主义核心价值体系引领社会思潮能够正确解决和谐文化建设过程中的各种矛盾，能够提高党在意识形态领域的执政能力。另外，引领社会思潮有助于深化理论研究，强化实践力度，有助于从价值观层次消除隔阂、化解矛盾、扩大社会思想共识，把全民族的智慧和力量凝聚到构建社会主义和谐社会的伟大事业中来。张国祚在《论多样化社会思潮的引领》一文中指出，当前我国意识形态领域还存在清浊激荡、良莠并存的现象，存在与主旋律争夺阵地的噪声和杂音，对此如不批评引导，就会逐步瓦解人们对马克思主义的信仰、对中国特色社会主义的信念、对党和政府的信任、对改革开放和社会主义现代化建设的信心，乃至造成祸国殃民的后果。

第二，关于引领社会思潮的思路、方针、原则的研究。有学者认为，实现社会主义核心价值体系对社会思潮的有效引领，必须坚持一切从实际出发，坚持加强统筹协调和宏观调控，发展民主、健全法制，坚持“二为”方向和“双百”方针，加快社会建设、完善社会保障。① 有学者认为，用社会主义核心价值体系引领社会思潮需要坚持历史与现实相统一的原则、理论与实践相结合的原则、走群众路线的原则、与时俱进的原则。② 陈秉公在《论国家意识形态“高势位”建设与实现“引领”功能的基本方式》一文中指出国家意识形态“高势位”建设和“合法性”建设是引领社会思潮的基本价值支撑，遵循“价值共识”和“价值整合”两种方式可以有效引领社会思潮。

第三，关于引领社会思潮的方法、路径、机制的研究。方法、路径方面，有学者认为，用社会主义核心价值体系引领社会思潮应创新使用历史与逻辑相统一的方法、静态与动态相结合的方法、思想性与艺术性相统一的方法。有学者认为，引领社会思潮首先要增强认知社会思潮的能力，其次要增强理论创新的能力，最后要增强“融入”和“转化”的能力。另有学者认为，实现思想的整合，利益的整合是关键；达成思想共识，共同利益是纽带；重视人民群众的利益需求，才能做好社会主义核心价值体系对多样化社会思潮的引

---

① 单刚．关于当代社会思潮引领路径的几点思考［J］．毛泽东邓小平理论研究，2011（9）：26－31，83.

② 宁先，石新宇．社会主义核心价值体系与当代社会思潮［M］．北京：社会科学文献出版社，2011：100－117.

领工作。[①] 邓卓明在《社会思潮专题研究》一书中指出，高校应对社会思潮的影响，应该善于把握青年大学生接受社会思潮的思维特征，提高应对社会思潮影响的针对性和有效性，同时，还应高度关注并善于利用网络在传播社会思潮中的作用。也有学者从传播学的角度对于社会思潮引领的路径进行了思考，认为社会主义核心价值体系需要遵循以下的路径才有可能得到有效的传播，才能产生对社会思潮的引领作用：充分发挥政治运作体系的权威输出优势，确保社会主义核心价值体系有效传播的正确方向；充分发挥主流媒体的传播优势，使社会主义核心价值体系为最广大人民群众所理解和接受。[②] 在引领机制方面，有学者认为，构建对多样化社会思潮的引领机制应该从构建马克思主义意识形态发生作用的内在运行机制和马克思主义意识形态对多样化社会思潮的具体引领机制两个层面着力。同时，社会心理沟通机制的构建亦不可或缺。[③] 有学者认为，用社会主义核心价值体系引领社会思潮机制的内容，应该是纵贯引领始终，横涉引领各方的复杂系统，遵循把握社会思潮态势的机制、强化社会主义核心价值体系主导地位的机制、有效实施社会主义核心价值体系对社会思潮引领的机制等。[④]

第四，社会思潮治理的提出与发展。近年来，一些学者提出社会思潮治理这一命题，并形成了较为丰富的研究成果。比如，有博士论文《当代中国社会思潮治理的途径和方式研究》提出，社会思潮治理是综合理论辨析、思想引领、依法管控、行政干预、政治巡视等多种方式的产物，“硬治理”与“软治理”的结合有助于推进社会思潮的批判与引领工作。不仅如此，该研究团队后续还通过《依法治理：新时代应对社会思潮的新取向》《从“批判”“引领”到“治理”：新时代社会思潮研究范式的转换》《互联网时代社会思潮生成研究》《互联网时代社会思潮的生成及其治理》等深化了社会思潮治理这一研究选题。另外，也有像秦在东、靳思远的《错误社会思潮对我国主流意识形态安全的威胁及其治理》，邵二辉的《新时代社会思潮研究范式转换：从引领到治理》，魏凌云、亓光的《从“知其然”到“知其所以然”：思想政治教育学社会思潮批判模式的发展与创新》着力从社会治理视角批判与引领社会思潮。事实上，在推进国家治理体系和治理能力现代化的过程中，必然要求将应对社会思潮的有益经验上升为制度并融入法治建设，进而运用法治来确立、保障和引领相关制度安排。在这一过程中依法治理愈来愈成为新时代应对社会思潮的新取向，要求对社会思潮进行依法治理。这既是对社会思潮由思想斗争向现实斗争转化的现实回应，也是对这种斗争日益法律化趋势的客观要求。而依法治理社会思潮首先要厘清法律的调整对象，认清思想与行为的内涵及其关系问题，确认可以把社会思潮纳入法律的调整视野，进而充分发挥法律的事前引导、事中规范、事后惩戒功能，从正反两个方面引领社会思潮发展，维护价值共识。此类引领范式的升级研究也是未来分析研判多样化社会思潮的重要方向。

---

① 赵金广，张骥，武树霞．科学引领多样化社会思潮的群众利益途径分析［J］．当代世界与社会主义，2013（4）：182－187.

② 蔡志刚，吴华章．以社会主义核心价值体系引领社会思潮的传播学思考［J］．探索，2012（3）：124－128.

③ 张骥，刘云章．论马克思主义意识形态对多样化社会思潮的引领机制［J］．马克思主义研究，2011（4）：110－116.

④ 王秀阁．用社会主义核心价值体系引领社会思潮的机制研究［J］．红旗文稿，2010（1）：13－17.

第二十七章　大中小学思想政治教育一体化研究

大中小学思想政治教育一体化研究作为一项系统性工程，追溯 40 年的发展，大体历经了大中小学德育一体化、大中小学思想政治理论课一体化，再到大中小学思想政治教育一体化的研究过程。可以发现其不仅是思想政治教育领域研究的老话题，也是新时代的新课题。作为一个时代性的研究课题，目前已经取得丰硕的研究成果，为进一步推进大中小学思想政治教育一体化创新发展奠定了基础。

第一节　大中小学思想政治教育一体化研究的成果回顾

总体来说，思想政治教育学科 40 年来朝着系统化、科学化、整体化的趋势发展，其中大中小学思想政治教育一体化研究取得了系列研究成果，主要体现为三种成果形态。

一、文件文献类成果

学科发展 40 年来，涉及思想政治教育一体化的文件文献始于 2019 年，但从概念演进的角度看，大中小学思想政治教育一体化源于德育一体化，早在 20 世纪 70 年代就有相关的文件资料，所以下面将从德育一体化的主题系统梳理相关的文件文献。

最早的德育一体化研究，可追溯于 1978 年改革开放后，国家深入探究了不同学段思政课的衔接问题。1979 年 5 月，教育部政治理论教育司发布《高等学校政治理论课的基本情况和存在问题》，对高等学校和中等学校在教材和课程方面的衔接性进行了规定，旨在减少教学内容重复，为一体化探索奠定了基础。1985 年 8 月，中共中央发布《关于改革学校思想品德和政治理论课程教学的通知》，要求遵循学生认知发展规律，循序渐进地实施教学，这是国家首次对中小学和高校思想政治理论课做出总体规划。1994 年 8 月，中共中央颁布《关于进一步加强和改进学校德育工作的若干意见》，至此，德育一体化概念被正式提出。该意见还强调必须整体规划学校的德育体系，不断加强各学段的教学大纲、课程设计、教材读本、管理方法、评价标准等方面的衔接，以防止重复或脱节。2005年5月，教育部公布《关于整体规划大中小学德育体系的意见》，进一步明确了整体规划大中小学德育体系的总体要求，即纵向衔接、横向贯通、螺旋上升，并提出要以有效衔接、分层实施、循序渐进、整体推进作为基本原则。2010年7月，中共中央、国务院印发了《国家中长期教育改革和发展规划纲要（2010—2020年）》，将德育一体化作为一项重要的战略任务推进，提出构建大中小学有效衔接的德育体系，必须树立系统培养观念，不断推进大中小学有机衔接，加强家庭学校社会密切配合。2013年12月，中共中央办公厅印发《关于培育和践行社会主义核心价值观的意见》，指出培育和践行社会主义核心价值观要从学校抓起，构建大中小学有效衔接的德育课程和教材体系。2014年4月，教育部颁布《关于全面深化课程改革落实立德树人根本任务的意见》，将“基本建成高校、中小学各学段上下贯通、有机衔接、相互协调、科学合理的课程教材体系”纳入全面深化课程改革的目标。2017年8月，教育部发布《中小学德育工作指南》，要求尊重学生认知规律和教育规律，注重学段衔接和知行统一，进一步对德育一体化做出要求。

2019年始，德育一体化研究开始转变为大中小学思政课一体化研究。2019年3月，习近平总书记在学校思想政治理论课教师座谈会上明确了“把统筹推进大中小学思政课一体化建设作为一项重要工程”的要求。同年8月，中共中央办公厅、国务院办公厅印发《关于深化新时代学校思想政治理论课改革创新的若干意见》，对每个学段的教学重点提出具体要求，要求推进课程体系、课程内容、教材体系、教师队伍的一体化建设。由此，大中小学思政课一体化建设在全国全面铺开。同年9月，教育部党组印发《“新时代高校思想政治理论课创优行动”工作方案》，将实现大中小学思政课教材内容和目标的循序渐进、螺旋上升作为高质量办好新时代高校思想政治理论课的重要工作举措。同年10月，教育部等五部门印发《关于加强新时代中小学思想政治理论课教师队伍建设的意见》，鼓励高校马克思主义学院与中小学思政课教师队伍主动对接，开发专门培训项目，定期举办思政课一体化教学研究活动，推动大中小学思政课教师队伍一体化建设。同月，中共中央、国务院印发《新时代公民道德建设实施纲要》，指出将社会主义核心价值观和道德规范传授给学生，必须遵循不同年龄阶段学生的道德认知规律。2020年1月，国家教材委员会印发《全国大中小学教材建设规划（2019—2022年）》，要求系统设计各学段、各学科领域教材，道德与法治课程教材是重点建设对象之一。同年6月，中宣部与教育部印发《新时代学校思想政治理论课改革创新实施方案》，统筹规划大中小学的思政课课程目标体系、课程体系、课程内容体系、教材体系等，增强一体化建设的科学性、创造性与针对性。同年12月，大中小学思政课一体化建设指导委员会成立，为强化各级各部门的协同配合，形成良好的协同育人格局创造了有利条件。2021年7月，教育部召开《习近平新时代中国特色社会主义思想学生读本》工作座谈会，将这个读本作为推动大中小学思政课一体化建设的重要教材，体现了思政课一体化建设的思想性与时代性。2022年10月，党的二十大报告指出“用社会主义核心价值观铸魂育人，完善思想政治工作体系，推进大中小学思想政治教育一体化建设”。从“大中小学思想政治理论课一体化”到“大中小学思想政治教育一体化”的转变，凸显了党对思想政治教育的战略布局的深化。

二、期刊论文类成果

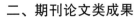

通过对大中小学思想政治教育一体化研究的期刊文献进行计量的可视化分析，这些期刊文章的发表数量明显以 2019 年为分水岭。

2019 年至今可以说是急剧发展的阶段。自习近平总书记于 2019 年 3 月正式提出“大中小学思政课一体化”命题以来，学界紧跟时代步伐深入研究，相关的论文发表数量激增。“衔接”“一体化”“大中小学一体化”“思想政治理论课一体化”“思政课教师一体化建设”等高频热词构成当下研究热点，直接相关的如教师队伍一体化研究、机制体制一体化研究、教学内容一体化研究、教育方法一体化研究、教材一体化研究等的研讨较为丰富。另一研究热点是将某一主题教育融入大中小学思想政治教育中，如大中小学爱国主义教育一体化、大中小学劳动教育一体化、大中小学心理健康教育一体化等。虽然将某一具体内容融入思想政治教育一体化过程中的研究旨在立足多方位全面探讨，但目前已有的论文成果与一体化、系统化、整体化的大中小学思想政治教育研究整体关联度并不高，即研究主题分布广泛，但并未实现真正的一体化，使得研究存在“两张皮”的现象。总体来说，大中小学思想政治教育一体化研究的发文量总体上升，但发文数量与质量都还有较大的提升空间。

需要特别注意的是，在党的二十大明确提出“大中小学思想政治教育一体化”之前，2020 年，冯刚等学者已经在讨论大中小学思政课一体化的基础上提出了大中小学思想政治教育一体化的说法，并发表了专门文章进行讨论。① 这既体现了学术研究的前瞻性要求，也反映了学术研究参与党的理论创新的贡献。

三、专题研究类成果

关于大中小学思想政治教育一体化的专题研究类成果主要包含博士论文和著作专著两方面。查阅国家图书馆，相关的学术著作主要包括：鞠忠美的《大中小学德育衔接工作创新研究》（中国书籍出版社 2015 年版），刘素芬的《思想政治理论课改革衔接：以大、中学校衔接为例》（社会科学文献出版社 2009 年版），张益、罗艺的《大中小学德育一体化探析》（上海书店出版社 2016 年版），吴林龙的《大中小学生思想政治教育的整体研究》（知识产权出版社 2019 年版），翁铁慧的《大中小学课程思政一体化建设：整体构架与实践路径研究》（人民出版社 2020 年版），汪青松、陈宁等的《新中国大中小学思政课程的历史发展》（上海社会科学院出版社 2020 年版），许瑞芳的《新时代大中小学思政课一体化建设》（华东师范大学出版社 2021 年版），冯洪荣的《北京大中小幼一体化德育发展研究蓝皮书（2021）》（中国社会科学出版社 2022 年版），许瑞芳等编著的《大中小学思政课一体化建设发展报告（2022）》（华东师范大学出版社 2022 年版），余慧文、陈飞的《大中小学思政课一体化建设路径探析：理论与实践》（上海教育出版社 2022 年版）。

另有专门的教学设计类著作，如胡霞等主编的《大中小学思想政治理论课一体化专题

---

① 冯刚，徐文倩．把握新时代大中小学思想政治教育一体化建设内在规律 [J]. 中国高等教育，2020 (2)：17－19.

教学设计——中国特色社会主义篇》（四川大学出版社 2022 年版）和《大中小学思想政治理论课一体化专题教学设计——文化与哲学篇》（四川大学出版社 2021 年版），饶玉萍等主编的《大中小学思想政治理论课一体化专题教学设计——经济与社会篇》（四川大学出版社 2021 年版），王洪树等主编的《大中小学思想政治理论课一体化专题教学设计——和平发展篇》（四川大学出版社 2022 年版），李学勇等主编的《大中小学思想政治理论课一体化专题教学设计——政治与法治篇》（四川大学出版社 2021 年版），王宏舟的《上海市大中小学思政课一体化建设教学观摩活动实录汇编》（华东师范大学出版社 2022 年版），朱新华的《大中小学思政课一体化衔接点教学设计参考用书》（经济日报出版社 2022 年版），胡承波的《辽宁省大中小学思政课同课异构一体化教学设计样例库》（辽宁师范大学出版社 2022 年版）。

第二节　大中小学思想政治教育一体化研究的主要进展

40 年来，学界围绕“大中小学思想政治教育一体化”所展开的研究，主要涉及大中小学思想政治教育一体化的内涵、价值、现存问题、体系构建、体制机制、实施路径等方面。

一、关于大中小学思想政治教育一体化的内涵研究

内涵界定是开展大中小学思想政治教育一体化研究的首要基本理论问题，是科学开展理论研究的前置性条件，如何理解核心概念是相关研究可否顺利展开的重要前提性问题。因此，研究大中小学思想政治教育一体化，首要任务便是对其进行内涵界定。关于大中小学思想政治教育一体化的内涵，目前学界主要从以下几种视角予以理解和把握：

（一）立足系统论予以理解

学界一部分研究者立足系统论来理解和把握大中小学思想政治教育一体化的内涵，将大中小学思想政治教育一体化看作一个多要素、多层次的有机系统。例如，有研究者从德育学科的视角指出，德育一体化是对德育课程内容的各要素和层次进行整体设计。① 也有研究者详细说明要“以唯物辩证法关于全面的观点、联系的观点和发展的观点为指导，运用系统的方法对学校德育各方面、各层次，宏观、微观，内部、外部，纵向、横向，多侧面、多角度进行综合的整体设计，使德育系统内各层次间及各要素内部保持内在联系，互补相成，纵横协作，整体作战，从而达到德育的有序、高效和整体优化”②。随着研究的深化，有研究者指出大中小学思想政治教育一体化“是将多个相对独立的主体，依据一定的目标，通过一定的方式，遵循一定的范围、规律和原则联合并产生正向的成果，从而化为彼此包容、有机融合、相互配合的共同体”③。而关于共同体的建设，不同研究者提出

① 汤玉华．大中小学德育课程内容一体化建设思考［J］．教育评论，2017（10）：106－109.

② 张孝宜，李辉，李萍．德育一体化研究［M］．广州：广东高等教育出版社，1997：2.

③ 张帆，邵献平．大中小学思政课一体化建设略探［J］．学校党建与思想教育，2023（2）：56－58.

可建立思政课立德树人共同体①、大中小学思政课教学共同体②、命运共同体③等思政课协同育人合力的教育系统，从而形成大中小学各学段间横纵贯通、相互融合及协同立体化的思政课课程体系、教学体系和育人体系。④ 也有研究者指出，大中小学思想政治教育一体化需要在教育目标、教育理念、教育内容及教育方法等方面增强系统性、整体性与协调性。⑤ 总而言之，这些研究者虽然对大中小学思想政治教育一体化的内涵的阐述有所差异，但都有一个相同的视角，就是将大中小学思想政治教育一体化置于系统论的视域下进行理解和把握。

值得注意的是，研究者们不仅基于系统论来理解和把握大中小学思想政治教育一体化的内涵，还在这一基础上进一步总结了作为一个系统的大中小学思想政治教育一体化的特性。一是有序性。有研究者提出要想形成德育一体化的网络系统，需要有效协同学校、家庭、社会等各方面以对青少年思想品德进行分层教育。⑥ 还有研究者针对思政课教学指出，为了确保思政课程的实施在各个教育阶段都能有效推进，需要统筹协调、合理安排课程各个内容模块的授课时间，使不同章节前后呼应、承上启下。⑦ 二是整体性。一体化的各个环节不是孤立的，而是整体协同紧密联系的，各个学段不是割裂的，而是纵向衔接、横向贯通的，各种政策不是由上往下单向执行的，而是理论与实践双向互动的。例如，有研究者认为，一体化指大中小学的思政课要按照立德树人的根本任务总体设计安排，实现不同学习阶段之间的顺序性、连贯性、衔接性，在内容的分布和深度上进行合理布局、科学分工。⑧ 有研究者提出要本着"整体规划、分层设计、有机衔接、系统推进"的原则同步推进不同学段思想政治教育内容的设计与规划。⑨ 三是动态性。系统永远处于运动变化和发展之中。有研究者就指出，作为系统存在的大中小学思想政治课一体化，其包含的课程体系、教育主体、教育客体、教学环境等各个子系统及其组成要素都在不断发展变化，从而不断进步更新，也正是系统中任何组成部分都不是一成不变的，都在不断进步更新的动态过程中致力于提高大中小学思想政治课程的教育效果。⑩

（二）立足过程论予以理解

学界也有一部分研究者从过程论的视角来理解大中小学思想政治教育一体化的内涵，这其中具体又可分为学科发展过程、学生学习过程两种角度。

---

① 郭绍均．统筹推进新时代大中小学思政课一体化建设的理念及路径探究［J］．课程·教材·教法，2022（7）：90－95.

② 徐建飞，董静．大中小学思想政治理论课一体化建设——内涵逻辑、实践困囿与优化方略［J］．社会主义核心价值观研究，2022（4）：45－49.

③ 石书臣．关于大中小学思想政治理论课教师队伍一体化建设的思考［J］．思想理论教育，2019（11）：87－92.

④ 李东坡，王学俭．新时代大中小学思政课一体化建设的内涵、挑战与对策［J］．新疆师范大学学报（哲学社会科学版），2021（3）：65－69.

⑤ 王治东．统筹推进大中小学思政课一体化建设的三个维度［J］．中国高等教育，2020（1）：10－12.

⑥ 张健，潘国梁．学校、家庭、社会德育一体化课题研究报告［J］．上海教育科研，1991（2）：46－48.

⑦ 贾支正，张钰．系统论视域下大中小学思政课一体化建设探析［J］．系统科学学报，2023（3）：77－81.

⑧ 卢黎歌，耶旭妍，王世娟．统筹推进大中小学思政课一体化建设研究——学习习近平总书记在学校思想政治理论课教师座谈会上的重要讲话精神笔谈［J］．北京工业大学学报（社会科学版），2020（1）：1－15.

⑨ 冯刚，徐文倩．把握新时代大中小学思想政治教育一体化建设内在规律［J］．中国高等教育，2020（2）：17－19.

⑩ 同⑦5.

一是从学科发展过程来说。从这一角度切入的研究者们，主要是基于对我国思想政治教育发展历程的梳理，基于对“思想政治教育领域的一体化概念最早是从德育一体化角度提出的”① 的认知，基于对大中小学思想政治教育一体化是对大中小学德育衔接问题研究的深化②的认同，以德育一体化为出发点来揭示大中小学思想政治教育一体化的内涵。比如，有研究者以思想政治理论课为切入点，认为德育一体化遵循不同学段学生的身心成长规律进行课程设计，同时强调发挥各主体之间的合力。那么，在此基础上提出的大中小学思想政治理论课一体化就必须根据纵向衔接、横向贯通的原则，不仅要在遵循不同学段学生身心成长规律的前提下探索各教学要素的一体化架构，还须加强不同学段教育资源与教育力量的有机整合，以形成整体有效力量。③ 还有研究者认为，推进大中小学思想政治教育一体化建设，需要将教学的资源、师资、素材和课程融为一体，在教学过程中保持最终目标的一致性、课程知识的差异性和课程体系的独特性。始终尊重教育规律，不断整合教育资源以增强思想政治教育可持续发展的内生动力。

二是从学生学习过程来说。从这一角度切入的研究者主要是着眼于学生学习过程的连续性，认为大中小学思想政治教育一体化就是要实现大中小各个学段思想政治教育的有机衔接。比如，有研究者以思政课为例，认为大中小学思想政治教育一体化是实现从小学、初中阶段的道法课到高中、大学阶段的思政课无缝对接，使教育对象有顺序地从一个学习阶段顺利过渡到另一个学习阶段的有序上升状态。④ 因此，需要根据学生不同时期的发展特点，科学合理地安排中小学和高校在思想政治教育模块、主题、关键内容等方面的有效衔接，促使大中小学不同学段的思政课可以在各个维度实现循序渐进式螺旋上升，从而使得学生在接受思想政治教育的全过程中，不会出现断层割裂或者缺失重复的问题。⑤

（三）立足目标论予以理解

基于实践目的来把握内涵是当前学界理解大中小学思想政治教育一体化的又一视角。思想政治教育是要培养一代代拥护中国共产党领导的，为社会主义事业奋斗终身的人才。这项长期性的伟大教育事业，需要阶段性完成。大中小学为了共同的目标，要接力完成这个伟大的任务，将思想政治教育贯穿各学段始终，通过持续连贯的引导，用习近平新时代中国特色社会主义思想铸魂育人，完成立德树人根本任务，使他们形成稳定人格、崇高信仰、高尚品质等。比如，有研究者将大中小学思想政治理论课一体化视为统筹规划各教学要素的实践活动，而这一实践活动则是为了发挥思政课落实立德树人根本任务的关键课程作用，贯彻用习近平新时代中国特色社会主义思想铸魂育人的使命要求。⑥ 也有研究者着眼于青少年个体的认知发展，提出大中小学思想政治理论课一体化建设，目的是要在课程

① 石书臣．关于大中小学思想政治理论课教师队伍一体化建设的思考［J］．思想理论教育，2019（11）：17－22.

② 范树成，张博．大中小学思政课一体化下的高校思想政治理论课建设［J］．高校马克思主义理论研究，2020（1）：45－50.

③ 文天天，陈大文．论大中小学思政课一体化的由来、科学内涵与基本要求［J］．学校党建与思想教育，2021（7）：78－81.

④ 王治东．统筹推进大中小学思政课一体化建设的三个维度［J］．中国高等教育，2020（1）：33－36.

⑤ 马宝娟，张婷婷．大中小学思政课一体化：问题与对策［J］．思想政治课教学，2020（2）：4－8.

⑥ 刘力波，宋倩．准确把握大中小学思政课一体化的科学内涵［J］．中学政治教学参考，2020（18）：64－65.

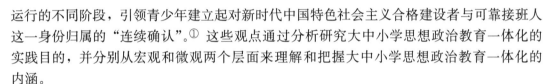

运行的不同阶段，引领青少年建立起对新时代中国特色社会主义合格建设者与可靠接班人这一身份归属的“连续确认”。① 这些观点通过分析研究大中小学思想政治教育一体化的实践目的，并分别从宏观和微观两个层面来理解和把握大中小学思想政治教育一体化的内涵。

换句话说，大中小学思想政治教育一体化是一场流程再造式的教学改革，更是一场关乎培养社会主义建设者和接班人的战略工程。有研究者认为大中小学思想政治教育一体化既是对思想政治课建设和发展的自主探索，又是对全员全程全方位育人战略的总体思考，对落实立德树人根本任务、实现中华民族伟大复兴具有重要意义。② 有研究者认为，新时代大中小学课程思政一体化建设是一项长期、持续的系统工程，如何形成大中小学在纵向上的密切配合以及各类学科在横向上的相互支撑需要继续深入研究和探索，探索新时代大中小学课程思政一体化建设要实现系统谋划、协同配合、整体推进；要了解其内涵，厘清其要素，明确其优化路径。③ 这些观点通过分析一体化的实践指向把握一体化的内涵。

以上几种观点虽然在把握和理解大中小学思想政治教育一体化的角度上有所不同，但是综合来看，都是通过分析一体化的实践指向把握一体化的内涵，即围绕立德树人这一根本任务，遵循循序渐进、螺旋上升的基本规律，坚持纵向衔接、横向贯通的基本原则。

二、关于大中小学思想政治教育一体化的价值研究

思想政治教育成功与否关乎党和国家的前途命运、教育事业的发展走向、学生的成长成才。一体化建设是全面贯彻执行党的教育方针的需要、基于思政课课程目标逻辑统一的需要、基于学生认知规律的教学实效性提升需要。④ 大中小学思想政治教育一体化旨在分阶段进行正确思想的熏陶与灌输，守好思想领域的净土，是驱动大中小学思想政治教育一体化实践发展的重要动力。当前学界主要从国家发展、学科发展、学生发展三个层面阐述大中小学思想政治教育一体化的价值。

（一）国家层面：利于国家教育顶层设计与战略推进

党和国家高度重视思想政治教育，将大中小学思想政治教育一体化放在重要的战略地位予以建设与推进。大中小学思想政治教育一体化是自上而下推动的战略工程，是教育领域顶层设计的一种结果，于全党、全国、全社会而言有着深远的战略意义。

一是应对意识形态领域斗争的必然要求。有研究者提出：大中小学思政课一体化是应对意识形态斗争，把握意识形态工作主动权的必然要求。⑤ 意识形态面临复杂的斗争局面，在思想上团结统一十分重要。学校是意识形态领域的前端，开展好意识形态工作，关键在于要办好思政课，突出思政课本身除去知识性之外的政治性、引导性、价值性，稳固好意识形态前沿阵地，确保我党薪火相传。大中小学思想政治教育一体化是循序渐进助推

① 李寒梅．大中小学思政课一体化建设的课程逻辑与实践理路［J］．课程·教材·教法，2021（3）：55-61.

② 赵浚，白如．思政课一体化建设的现实困境与实践策略［J］．思想政治课教学，2021（5）：13-17.

③ 冯刚，刘嘉圣．新时代大中小学课程思政一体化建设的内涵要素及优化路径［J］．中国高等教育，2022（1）：9-11.

④ 谢峰．大中小学思政课课程一体化的价值逻辑和实践路径［J］．学校党建与思想教育，2020（8）：33-35.

⑤ 杨珏．大中小学思政课一体化的生成逻辑与实践进路［J］．教育学术月刊，2022（9）：23-28.

主流意识形态教育落细落实的有力抓手。这就是说一体化建设涉及范围广、领域多、人员多，必须把这项复杂工程的顶层设计整体规划好。思政课作为落实立德树人的关键课程，大中小学一体化是思想政治教育发展的必然趋势，是全方位巩固马克思主义在意识形态领域的指导地位的必然选择。推进大中小学思想政治教育一体化，在扣好青少年人生第一粒扣子中发挥着重要作用，能够确保人才培养朝着科学化、制度化、规范化方向行进。

二是把准教育现代化发展方向的内在遵循。有研究者指出大中小学思想政治教育一体化是教育现代化的发展方向、是对国家教育要求的积极回应。① 通过解析国家政策、教育要求，增强文化软实力，培养学生文化认同，推动社会主义现代化建设事业迈上新台阶。在完成思政课教学任务过程中，把党的教育方针和人才培养政策落实到位，为党的事业健康发展提供坚实的保障。有研究者认为当今世界正处于百年未有之大变局，如何化危为机，关键靠人才。大中小学思政课一体化建设能够为全面推进社会主义现代化建设、实现中华民族伟大复兴提供强大的人才支撑。②

三是贯彻新时代党的教育方针的重要工程。大中小学思政课一体化建设是建设社会主义现代化国家的固本强基工程。有研究者认为大中小学思政课一体化建设是国家意志在教育领域的精神呈现，是落实“两个大计”的重要任务，是学校立德树人根本任务的必然要求。③ 有研究者站在“教育是国之大计、党之大计”的战略高度上，认为大中小学思政课一体化是贯彻党的教育方针、落实习近平总书记关于教育的重要论述与有关讲话精神的具体举措，能够以新思想铸魂育人、将主流意识形态融入思政课教学、培养党和国家事业的继承者和接班人，具有高瞻远瞩的战略意义。

（二）学科层面：利于思想政治教育学科内涵式发展

新时代大中小学思政课一体化已成为思政教育发展的新趋向，是我国思政教育打破弊端、增强整体育人实效的重要方式。加强大中小学思政课一体化建设研究，是思政教育发展的必然要求，也是发挥思政课立德树人关键作用的重要手段。有研究者认为，大中小学思政课一体化建设是落实立德树人根本任务的需要，是提升思政课教学实效性的需要。④ 有研究者认为统筹推进大中小学思想政治理论课一体化建设，推动思政课建设内涵式发展是思政课落实立德树人根本任务的应有之义。⑤ 思想政治教育学科要加强自身建设，体现学科的核心引领作用。统筹推进大中小学思政课一体化建设，是新时代做好思想政治教育工作的迫切要求⑥，是推动新时代思政课高质量发展的关键举措，旨在通过人文性审思、精细化构建、空间再拓展实现思想政治教育提质增效。⑦ 有研究者认为思政课作为铸魂育

① 谢晓娟，路晓芳．新时代推动大中小学思政课一体化建设研究［J］．学校党建与思想教育，2022（11）：71－74.

② 磨胤伶，徐秦法．大中小学思政课一体化出场的哲学基础［J］．学校党建与思想教育，2021（24）：11－15.

③ 李晓杰．大中小学思政课一体化建设实施路径研究［J］．思想理论教育导刊，2021（7）：77－79.

④ 文天天，陈大文．论大中小学思政课一体化的由来、科学内涵与基本要求［J］．学校党建与思想教育，2021（7）：68－71.

⑤ 凌小萍．大中小学思政课一体化建设的实践困境与突破路径［J］．贵州师范大学学报（社会科学版），2022（3）：33－36.

⑥ 张永霞，申来津．新时代大中小学思政课一体化的依据、思路与途径［J］．学校党建与思想教育，2020（8）：65－68.

⑦ 王易，田雨晴．推进大中小学思想政治教育一体化建设的思考［J］．思想理论教育，2023（3）：90－94.

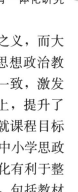

人的主渠道与主阵地，推动思政课内涵式发展是落实立德树人根本任务的应有之义，而大中小学思政课一体化建设则是思政课内涵式发展的核心与关键。① 一是有利于思想政治教育课程建设。整体性的教育体系能增强育人合力，各学段通力合作，用力方向一致，激发思政育人新力量，避免了各自为政的局面，将大中小学思政课凝聚在一股绳子上，提升了大中小学思政课建设的合力，增强了大中小学思政课建设的整体性与协同性。就课程目标来说，有利于推动大中小学思政课课程目标设置标准的一致化与统一化，使得大中小学思政课教育教学目标的设置有依据、有层次、有递进。不同学段目标的清晰化和具体化有利于整体性把握学科目标。就课程教材来说，均衡协调大中小学思政课教材的编订风格，包括教材的插图、排版、表格、装饰等，一改从小学、中学到大学思政课教材逐步失去趣味化的编排风格与趋势。二是有利于思想政治教育教学精进。就教学内容来说，一体化是推动新时代思政课高质量发展的重要举措，高质量发展需要优质内容的供给，思想政治教育是政治性、思想性与专业性合一的知识体系，内含原理、时政、历史等内容，所以大中小学一体化的思想政治教育是对于内容资源的整合、集约、创新，能够系统谋划教学内容，充分展示内容集成性。就教学主体来说，大中小学思政课教师队伍一体化建设是思政课一体化建设的关键一环，也是提升全员育人、全程育人、全方位育人实效的关键一环。② 教师队伍在结构上、数量上、培养上的一体化建设，助推思政课教师队伍提质增量。就教学方法来说，一体化是推进思想政治教育方法改革的重要举措。以一体化为契机，增强对不同学段学生的学习心理、认知规律的把握，从而以学生需求为依托创新教学方式方法。

（三）学生层面：利于培养社会主义接班人和建设者

国家的未来价值由青少年的价值决定，帮助青少年树立正确的价值观是为国家培养继承人的迫切要求。大中小学思想政治教育一体化旨在在不同学段对青少年的价值观塑造和引领方面发挥重要作用，既能符合学生认知水平，又能符合思政整体育人规划，让不同学段的青少年都能认同社会主义意识形态，忠诚于党、国家和人民。广大学生可以有梯度、有进度地掌握历史、思想、文化，有脉络地建立三观，有逻辑地掌握思想政治观点。大中小学思想政治教育一体化是提升学生价值认知、价值辨析与价值认同的重要举措。③ 将思想政治教育一体化的价值落实到大中小学生的主体层面上，通过构筑起由外向内、由浅入深、整体关照与个体成长相结合的育人体系，推动学生在思想上、政治上、素质上、心灵上、人格上、价值上、道德上等方面的健康成长与全面发展。

一是对大中小学生的浸润心灵、增强能力、塑造人格作用。大中小学思想政治教育一体化旨在使社会主义核心价值观润物细无声地浸润大中小学生的心田，增强大中小学生的价值判断能力、价值选择能力、价值塑造能力，并将其转化为大中小学生的日常行为，引领大中小学生健康成长与全面发展。二是对大中小学生的培养意识、锻造思维、提高素质作用。有研究者认为大中小学思政课一体化着眼于从小培养学生的思想意识，进而锻造学

---

① 李伟．大中小学思政课一体化建设的逻辑理路［J］．河南社会科学，2020（8）：54－58.

② 柯强，徐荧松．大中小学思政课教师队伍一体化建设的路径探赜［J］．学校党建与思想教育，2022（12）：81－85.

③ 张彦，韩伟．以核心价值观引领大中小学思政课一体化［J］．学校党建与思想教育，2020（13）：62－65.

生政治思维，增强学生分析问题和解决问题的能力，使思想政治教育理论由外向内、由浅入深根植于受教育者心中，提高受教育者的思想道德素质、增强受教育者对思想政治教育理论的接纳度。[①] 三是对大中小学生的思想塑造、价值引领、道德培育作用。有研究者认为思政课作为落实立德树人根本任务的关键课程，对大中小学各学段学生的思想塑造、价值引领、道德培育等有着不可替代的作用。[②] 四是对大中小学生的政治规范、观念指引、激发潜能作用。有研究者认为，从学校思政课的整体性建构角度来看，在不同学段系统开设思政课，是党的教育方针对认识和处理教育与个体成长发展关系的关照。从高水平人才培养体系的整体性建构角度来看，在德智体美劳五育并重推进中国特色社会主义教育发展的道路上，思政课在对学生进行知识传授、能力培养、价值塑造的各阶段、各环节中所起的作用是贯穿性和融通性的，与站在德育优先、协同育人的立场上促进教育发展、人才培养与国家发展的目标紧密结合，从而更好地推动经济社会协同发展。从学生思想政治素质的整体性建构角度来看，当前学校思政课的整体性设计包含个体政治社会化进程中所需的关于我国政治生活的系统性知识，这些知识对于个体政治态度、政治信仰、政治观念等的养成具有规范性、指引性的作用，是培育和激发个体参与政治生活的热情、融入政治生活的能力并形成政治认同的重要途径。[③]

三、关于大中小学思想政治教育一体化的现存问题研究

在推进大中小学思想政治教育一体化的理论研究过程中，研究者还对目前我国大中小学思想政治教育一体化建设实践中存在的问题进行了反思和审视，主要提出了以下几方面的问题：

一是一体化教育理念尚待深入。有研究者认为大中小学思想政治教育一体化不仅只存在于学校里，作为一项系统的教育工程，不能忽略家庭与社会的协同作用，但现实情况是，教育者并未有意识地调动家庭和社会主动参与的积极性，这就是一体化教育理念不深入的表现。[④] 有研究者认为大中小学思政课一体化建设还没有达到理想境地，其根本原因就在于未能找到和确定思政课多样性统一的基础，未能以此为出发点和归宿，认识、思考、设计、实施大中小学思政课一体化建设。[⑤] 也有研究者指出以往制约大中小学思政课一体化的根本原因在于形而上学的思维方式，这种思维方式割裂了不同学段之间的内在联系，而没有充分把握不同学段之间的辩证关系。[⑥] 还有研究者从现实逻辑指出，大中小学思政课各自为战现象日益凸显、西方腐朽生活方式和消极社会思潮对我国青少年渗透愈演愈烈、思政课边缘化地位亟待改变是大中小学思政课一体化建设需要解决的现实难题。[⑦]

---

① 赵浚，白如．思政课一体化建设的现实困境与实践策略［J］．思想政治课教学，2021（5）：16－19.

② 王存喜，田仁来．大中小学思政课一体化探讨［J］．学校党建与思想教育，2021（6）：23－25.

③ 徐蓉．关于大中小学思想政治理论课教师队伍一体化建设的若干思考［J］．思想理论教育，2019（12）：80－85.

④ 王升臻．试论大中小学思政课一体化建设的时空二维融合：基于马克思社会实践时空观［J］．湖北社会科学，2022（3）：162－168.

⑤ 赵野田，张应平．大中小学思政课一体化建设的逻辑补正［J］．广西社会科学，2021（12）：26－29.

⑥ 吴宏政．论大中小学思政课一体化建设中的几对辩证关系［J］．思想理论教育导刊，2021（11）：40－43.

⑦ 李伟．大中小学思政课一体化建设的逻辑理路［J］．河南社会科学，2020（8）：22－26.

总体来说，各部门与各学校未全面系统地树立各学段思政课层层递进、各课程密切配合、必修课与选修课相互协调、思政课与其他课程协同育人的观念与意识。①

二是一体化教师队伍需要建设。就教师素质来说，大中小学思想政治教育教师一体化意识和专业素养有待提高，有研究者专门指出存在思政课教师衔接能力不平衡，对教学目标衔接不到位的问题。② 就教师结构来说，思政课师资配备不齐全，各学段思政课教师供给配备不均衡。中小学思想政治教育师资力量欠缺，队伍质量参差不齐。庞大的教学任务与科研任务让各学段教师交流不足，沟通机会较少，无法形成普遍的合作意愿。思政课教师队伍与其他专业课教师队伍协同不足，未实现单兵作战向团队协同作战的转变，各学段、各学科共享发展格局尚未实现。③ 就教师发展来说，有研究者指出各学段思政课教师缺乏一体化培训体系、各学段思政课教师缺乏一体化教研实践平台。④ 教师间沟通不深入，缺乏必要的互通性。

三是一体化课程内容需要衔接。总体来说重复交叉、脱节、倒挂等问题较为严重⑤，有研究者将德育内容一体化存在的问题概括为“相互脱节、适应性弱。简单重复、层次倒置”⑥。也有研究者基于调查研究，用数据证明了“各学段课程内容衔接性较差且缺乏梯度性”⑦。再有研究者提出大中小学思政课内容上存在着“平面化”现象，各个不同学段之间的教学内容在逻辑层次上没有实现“循序渐进”和“螺旋上升”，因而导致教学效果和听课效果不佳。⑧ 还有研究者认为思想政治理论课教材内容的重复难题亟须进行一体化的细致统筹分层、思想政治理论课在大中小各学段存在教学衔接难题亟须加强学段之间的有效协同是思政课一体化的现实依据。⑨ 还有研究者指出小学讲共产主义，大学讲人际关系、讲礼仪，这种倒置现象就是课程内容在操作层面出现的问题。⑩ 总而言之，彼此脱节、相互重复、内容倒置是当前大中小学思想政治教育一体化内容存在的主要问题。

四是一体化教学方法需要探索。在现实中，大中小学思政课衔接中存在方法雷同导致的倦怠感，学情不准导致的独角戏，照本宣科带来的思维惰性，触碰底线带来的负能量，相互隔绝造成的“孤岛效应”等困境，催生了思政课一体化需求。有研究者提出运用的笼统性、模糊性仍然较为明显，尤其是不同教学方式甚至同一种教学方式如探究式教学，在

---

① 凌小萍．大中小学思政课一体化建设的实践困境与突破路径［J］．贵州师范大学学报（社会科学版），2022（3）：11－20.

② 刘宏达，张晶，逯黄蕾．“全国大中小学思政课一体化建设研讨会”会议述要［J］．学校党建与思想教育，2021（13）：98－99.

③ 同①.

④ 蔡亮，赵梦天．大中小学思政课一体化育人实效性探析［J］．学校党建与思想教育，2022（18）：88－91.

⑤ 徐秦法，黄俞静．纵向衔接：构建“链条式”大中小学思政课一体化课程内容体系［J］．思想理论教育导刊，2022（2）：65－59.

⑥ 张益，罗艺．大中小学德育一体化探析［M］．上海：上海书店出版社，2016：3.

⑦ 郭亚红，汪璟．大中小学思政课一体化的现状分析与提升策略［J］．思想政治课教学，2020（9）：23－25.

⑧ 吴宏政，高丹．大中小学思政课一体化建设的目标论要［J］．东北师大学报（哲学社会科学版），2021（5）：66－71.

⑨ 沈立里，池忠军．大中小思政课一体化建设的质量监测与优化路向［J］．教育学术月刊，2022（4）：25－29.

⑩ 于慧颖，臧鲁苹．大中小学道德观教育一体化的意义、挑战与实现路径研究［J］．思想教育研究，2021（9）：145－149.

大中小学课堂中的运用程度及前后学段之间的关联度，在教学实践中体现得不够明显，诸多教学方法运用之间的界限也缺少一定的清晰度，基本处于混杂使用状态。① 还有研究者提出教学层次性不显著，对不同学生群体的特征把握不够，教学针对性不强，不同学段的发展不平衡，教学贯通性不足。②

五是一体化建设机制需要加强。目前，大中小学各个教育阶段的学校德育工作主要是着眼于本教育阶段，缺乏相互沟通、相互协调、相互衔接的体制机制，各司其职，各负其责。这种状况在一定程度上造成不同教育阶段德育工作的重复性，进而影响德育效果。③各地各校大中小学思政课一体化的具体工作与做法多数是由大学的马克思主义学院主导，以论坛、备课等方式居多，各地各校协同实施机制和激励反馈机制不健全。再有，大中小学思想政治教育硬件和软件资源也未得到充分整合与对接，多元协作与综合育人优势发挥不充分，各学段思政课教师互动交流的动力机制和外在平台相对缺乏。④ 有研究者提出由于各级学校领导对作为思想政治理论课“第一课堂”的必要补充的“第二课堂”“第三课堂”重视不够，思想政治理论课的实践性教学、研究性学习的开展常常由于缺乏所需资金、时间、资源等困难而流于形式，无法真正建立与“第一课堂”相辅相成的“第二课堂”“第三课堂”。⑤ 有研究者专门针对大中小学思想政治教育一体化网络衔接平台建设，提出网络衔接平台建设面临着网络平台运营主体松散、网络平台信息共享亟须加强、网络平台用户的互动性欠缺、网络平台的推广效果有待提升等挑战。⑥ 总之，目前大中小学思想政治教育一体化未能形成联动机制和保障体系。⑦

四、关于大中小学思想政治教育一体化的体系构建研究

大中小学思想政治教育一体化的体系构建解决的是“有什么”的问题，对整体推进大中小学思想政治教育一体化至关重要。关于这一问题，学界目前主要有两种研究路向：

一是排布具体要素。例如，有研究者根据纵向衔接、横向贯通、循序渐进、螺旋上升的原则，认为大中小学思想政治教育一体化体系应该包括教材体系、教学体系、实践育人体系、师资队伍体系、教育评价体系、保障体系等子系统，以及各子系统协同发展的体系建设。⑧ 也有研究者根据学校思想政治教育的主要领域，认为大中小学思想政治教育一体化体系包括各学段思政课程一体化、课程思政一体化、日常思政一体化。⑨ 还有研究者认

---

① 李寒梅．大中小学思政课一体化建设的课程逻辑与实践理路［J］．课程·教材·教法，2021（3）：91-94.

② 王双群，刘幽悠．重大疫情应对下大中小学思政课网络教学的一体化建设［J］．学校党建与思想教育，2020（13）：81-85.

③ 鞠忠美．大中小学德育衔接工作创新研究［M］．北京：中国书籍出版社，2015：27.

④ 凌小萍．大中小学思政课一体化建设的实践困境与突破路径［J］．贵州师范大学学报（社会科学版），2022（3）：101-104.

⑤ 刘素芬．思想政治理论课改革衔接——以大、中学校接为例［M］．北京：社会科学文献出版社，2009：93.

⑥ 尚炆，王向珍，刘芳．大中小学思想政治教育一体化网络衔接平台建设探析［J］．学校党建与思想教育，2023（4）：77-79.

⑦ 冯江，张淑媛．着力推进大中小学思想政治教育一体化建设［J］．学校党建与思想教育，2023（8）：52-54.

⑧ 李明，高向辉，孙佳星．大中小学思想政治教育一体化体系构建［J］．现代教育管理，2020（6）：55-59.

⑨ 杨晓慧，弓昭民．新时代推进大中小学思想政治教育一体化建设［J］．思想理论教育导刊，2023（1）：33-36.

为教材建设一体化、课程建设一体化、师资队伍一体化、人才培养一体化四方面主要构成了大中小学思想政治教育一体化的内容体系。[①] 总体而言，这些研究都是根据不同标准对大中小学思想政治教育一体化进行板块划分，从而明晰其体系内容。

二是搭建多维结构。与排布具体要素板块的平面思维不同，不少研究者从多种维度来构建大中小学思想政治教育一体化的内容体系。第一种是双重维度。例如，有研究者以思政课教学为切入视角，并依据思政课教学的阶段性、层次性、动态性的特征，从纵向和横向两个维度对大中小学思想政治教育一体化建设进行了体系构建：从纵向维度上看，可划分为小学、初中、高中、大学等不同学段；从横向维度上看，则包括教学目标、教学理念、教学方法、教学手段、教学模式、教学内容、教学管理、教学保障、教学评价等。[②] 第二种是三重维度。比如，有研究者提出，大中小学思想政治教育一体化既包括不同学段思政课程的整体设计，也包括思政课程和课程思政的相互协同，还包括校内和校外两大课堂的相互联动，从而形成“纵向贯通、横向联动、斜向融通的三维一体化格局”[③]。这些研究运用多维立体的视角，不仅为我们呈现了大中小学思想政治教育一体化的体系内容，还进一步解析了其内在结构和整体布局。

五、关于大中小学思想政治教育一体化的体制机制研究

体制机制是大中小学思想政治教育一体化的重要保障。综合学界现有研究成果，发现以下方面的体制机制建设最受研究者们重视：

一是统筹管理的体制机制。大中小学思想政治教育一体化，既要求纵向衔接又要求横向贯通，这就需要打破教育行政部门层级与部门之间的壁垒，整体构建大中小思想政治教育的统筹管理体制。首先，加强顶层设计，做好统筹规划。当前学界一致认为，政府应出台统筹推进大中小学思政课一体化建设的指导性文件，同时各级教育部门应在各级党委和政府的领导下结合大中小学各学段特点做好大中小学思想政治教育协同发展规划。此外，有研究者还建议各省市建立“思政课一体化建设指导委员会”等相关机构，开展顶层设计，加强统筹管理[④]，依托专业指导，将顶层框架具体化为符合各个学段思政课特点的要素谱系，有步骤、有计划地分层推进。其次，明确主体权责，建立立体纵向的行政管理统筹机制。面对当前大中小学思政课一体化建设过程中存在的部门功能定位不明确、统一决策体系不健全等问题，各级党委和教育部门应进行动态透视和深刻剖析，通过“明确大中小学思政课一体化管理的主体权责”，“建立大中小学思政课一体化建设指导委员会”[⑤] 等途径，打破教育行政部门层级与部门之间的壁垒，建立立体纵向的行政管理统筹机制，推动大中小学思想政治教育一体化。最后，加强部门互动，实现教学管理协作化。从横向上

---

① 倪慧．大中小学思政课一体化建设的内涵体系与思维创新［J］．中学政治教学参考，2021（19）：11－14．

② 徐建飞，董静．大中小学思想政治理论课一体化建设：内涵逻辑、实践困囿与优化方略［J］．社会主义核心价值观研究，2022（4）：78－88．

③ 赵欣，崔红艳，安文娟．思政课一体化建设的内涵、困境与提升路径研究［J］．中国教育学刊，2021（2）：200－204．

④ 王宏舟．论新时代大中小学思想政治理论课一体化体制机制建设［J］．思想理论教育，2021（11）：57－60．

⑤ 郑敬斌，李鑫．大中小学思想政治理论课一体化管理机制建设初探［J］．思想理论教育，2019（11）：89－92．

看，大中小学思政课一体化建设，需要相关管理部门综合协调共同推动，依托地方高校马克思主义学院，联合大中小学校、公共文化机构等多方力量，形成大中小学思政课“共同体”，协同推进，增强育人合力。从纵向上看，有研究者指出应加大不同学段教学管理者对政策文件的学习力度，加大不同学段思政课教学执行密度和实施效度①，促进各学段思政课教学管理逐步成熟化、协作化。

二是协同育人的体制机制。当前学界普遍提倡把“大思政课”的要求体现到思想政治理论课的组织领导、课程改革、教师考核、实践教学、教材编写、教学评价等各环节的体制机制设计中，形成协同效应，发挥教育合力。比如，完善课程建设一体化机制，以循序渐进、螺旋上升的形式，构建大中小学思政课课程设计相衔接的制度体系②；完善课程资源建设与共享一体化机制，实现“校内外课程资源”③ 以及“教师队伍、实践资源、教研资源”④ 等方面的整合与共享，搭建大中小学思政课课程教学资源库，为各学段思政课教师提供资源获取的便捷通道；完善家社校协同育人一体化机制，学校应加强组织领导，“确保学校思想政治工作系统内的各要素在‘大思政课’建设过程中增强工作合力”，社会与家庭应积极配合，动员社会资源、发展家风家教，构建全员全过程全方位的育人体系和育人机制。

三是教师培育的体制机制。大中小学思想政治教育一体化需要具备一体化意识的思政课教师的专业发展作为支撑。首先，建立横向贯通、纵向衔接的思政课教师研修体系。当前学界普遍认为应加强推进“教研一体化”，“搭建大中小学思政课教研一体化的互动平台，采用集体备课研讨制度，建立纵向跨学段、横向跨学科的交流研修机制”⑤，既关注纵向衔接又重视横向贯通，实现教研平台共建、教研问题共治、教研成果共享，构建全员全过程全方位的研修体系。其次，立足大中小学一体化，完善未来思政课教师培养机制。相关部门应完善培养培训体系，系统构建大中小学思政课教师一体化专业成长发展体系⑥，搭建专业成长平台，实现通过集中培训增进大中小学思想政治教育教师交流，利用专题网站增加大中小学思想政治教育教师互动，以及组建大中小学教师融合的研究团队⑦，完善师范院校与中小学互设基地、互派教师、互动发展机制。最后，形成大中小学思政课一体化的教学比赛常规机制。有研究者认为，应建立健全以赛促教、以赛促练、以赛促学、学练结合机制⑧，以制度化、规范化、科学化、常态化的比赛机制全面推动大中小学思政课一体化教育教学改革，增强思政课教师的竞争力。

---

① 郑敬斌，李鑫．大中小学思想政治理论课一体化管理机制建设初探［J]．思想理论教育，2019（11）：89－92.

② 马宝娟，张婷婷．大中小学思政课一体化——问题与对策［J]．思想政治课教学，2020（2）：4－8.

③ 王宏舟．论新时代大中小学思想政治理论课一体化体制机制建设［J]．思想理论教育，2021（11）：91－95.

④ 杨劲松，王丹．创新与共享驱动的思政课一体化建设［J]．思想政治课教学，2021（8）：55－59.

⑤ 许瑞芳，张宜萱．大中小学思想政治理论课一体化建设现状调研与对策分析——基于上海市的数据［J]．思想理论教育，2021（7）：77－79.

⑥ 沈炜．大思政课——新时代高校思政课质量提升的战略选择与有效路径［J]．中国高等教育，2022（5）：57－59.

⑦ 谢守成，程仕波，张森．关于构建大中小学思想政治教育一体化建设沟通机制的思考［J]．思想理论教育，2020（1）：43－46.

⑧ 同③66－71.

四是考核评估的体制机制。建立健全考核评估与激励制度旨在构建大中小学思想政治教育一体化评价有机共同体，通过设立一系列考核标准、评价方法与激励措施来检测、反馈一体化建设效果，并引导一体化建设方向。首先，制定整体协调的教学考核标准，构建考核评估制度一体化。有研究者指出，应在针对不同类型的学校、不同学段的思政课教师、不同层次的教学阶段细化并分类政课考核评价标准的同时，实行考核联动机制，实现由点到线、由线到面层层推进，有效推进大中小学思政课考核一体化衔接。其次，建立合理有效的评价指标体系，构建教学质量评价制度长效化。在评估过程中，应从评价对象、原则、指标、主体等多方面强化实践导向①，建立思政课教学质量监测反馈制度②，创新理论学习与行为实践相融合的综合评价体系，以点带面地推进一体化发展性评价改革。最后，优化学校办学质量评估体系，提升学校与教师推进一体化建设的积极性与创造性。有研究者指出，各级教育主管部门要将中小学思政课一体化建设情况纳入学校党的建设工作考核体系、办学质量和学科建设评估标准体系，并逐步提升大中小学思政课一体化育人效果在教师绩效考核、职称晋升中的权重③，以构建完善的动力机制推进大中小学思政课一体化建设。

六、关于大中小学思想政治教育一体化的实施路径研究

关于大中小学思想政治教育一体化的实施路径研究，当前研究成果总体可以概括为教学一体化、教材一体化、教师队伍一体化三方面。

（一）以教学一体化推动大中小学思想政治教育一体化

推进大中小学思想政治教育一体化，必须用好课堂教学这一主渠道，推动实现大中小学思想政治理论课教学一体化。关于这一问题，研究者们主要从教学目标、教学内容、教学方法和教学评价等方面进行了探索。

一是教学目标一体化。教学目标指引着思政课教学的方向，大中小学思想政治教育一体化建设要想顺利推进，必须坚持教学目标一体化设计。关于大中小学思想政治理论课教学目标一体化设计的总体要求，学界普遍认为，要按照循序渐进、螺旋上升的原则，大学阶段着重增强学生的使命担当，高中阶段着重提升学生的政治素养，初中阶段着重打牢学生的思想基础，小学阶段着重启蒙学生的道德情感。在具体实施上，有研究者基于不同层次目标之间的内在关联，认为要想实现大中小学思想政治理论课教学目标的一体化要做到课程总目标的一体化设计、学段性目标的一体化衔接和学科分目标的一体化贯穿。④ 也有研究者基于教学目标与教学内容的紧密联系，认为要想实现教学目标一体化，可以按照“政治认同、国家意识、文化自信、人格养成”的板块划分来构建一个系统的课程目标体系。⑤ 还有研究者基于大中小学思想政治理论课教学目标一体化衔接性、发展性、整体性

---

① 石书臣，韩笑．“大思政课”协同机制建设：问题与策略［J］．思想理论教育，2022（6）：44－48．

② 沈炜．大思政课：新时代高校思政课质量提升的战略选择与有效路径［J］．中国高等教育，2022（5）：57－59．

③ 王宏舟．论新时代大中小学思想政治理论课一体化体制机制建设［J］．思想理论教育，2021（11）：66－71．

④ 杨威，管金潞．论大中小学思想政治理论课一体化的课程目标体系［J］．思想理论教育，2021（9）：69－75．

⑤ 张永霞，申来津．新时代大中小学思政课一体化的依据、思路与途径［J］．学校党建与思想教育，2020（8）：88－90．

的内在属性，提出衔接性要求主动对接前序课程目标，同时也为后续学段课程目标奠定基础；发展性要求依据学生渐进性的认知发展特点，制定全学段渐进式发展的课程目标；整体性强调坚持全学段整体育人的视角，明确课程目标的主题主线，实现学段课程目标与总体育人目标的一致性。①

二是教学内容一体化。教学内容的一体化是大中小学思想政治教育一体化建设的重点任务，受到学界广泛关注。为实现这一目标，现有研究主要有三种路线：首先是搭框架。例如，有研究者提出着眼于增强大中小学思想政治教育内容的整体性和系统性，需要从价值取向、内容机制、内容体系、组织形式等方面探索大中小学思想政治教育内容一体化的整体架构。② 另有研究者提出，要构建大中小学思政课课程内容一体化整体布局，需要形成整体规划教育内容十分必要的共识，然后组织起整体规划的专家队伍，在此前提下，再以先小学、后中学、再大学的逻辑展开内容的系统规划与设计。③ 其次是抓重点。有研究者在对比分析了不同学段的教材内容后，认为实现不同学段课程内容纵向衔接，有三个问题需要特别注意，分别是：避免“简单重复”，形成“有效重复”；保证内容系统“完整”，防止“脱节”；瞄准课程“目标”，凸显衔接“序列化”④。最后是重落实。有研究者指出，实现大中小学思想政治教育内容的一体化，首先要提炼出大中小学各学段思想政治教育的主要内容，然后在此基础上列出思想政治教育模块、主题和关键内容等，最后再将其融入课堂教学、社会实践、校园文化、社会环境中。⑤ 从这些研究可以看出，实现纵向衔接是当前学界推进大中小学思想政治教育内容一体化的主要发力点。不过，思想政治教育的内容并不仅仅局限于思政课堂，其他课程中也有与思想政治教育相关的内容。因此，大中小学思想政治教育内容一体化，不仅在纵向上包括大中小学各个学段之间的内容安排，还应在横向上包括同一学段内其他课程中的内容呈现。⑥ 目前来看，学界对大中小学思政课的纵向内容安排关注较多，横向呈现关注较少，这是一个值得关注的问题。

三是教学方法一体化。教学方法是连接课堂教与学的桥，对教学目标能否实现以及最终的教学效果都具有重要影响。因此，诸多研究者都从方法入手，将构建一体化的教学方法作为推动大中小学思想政治教育一体化的重要路径。关于如何推动实现大中小学思想政治教育方法一体化的问题，有研究者从深化理论认识的角度，认为在构建大中小学思想政治教育一体化的教学方法之前，首先必须要提高对一体化语境下教学方法的本质性认识，同时要辩证看待历史积淀下来的教学方法，取其精华、去其糟粕，最后还要厘清不同教学方法甚至同一教学方法在不同学段的运用特征及相互的关联。⑦ 而在大中小学思想政治教

---

① 曾令辉．论大中小学思想政治理论课一体化建设的三个基本问题［J］．思想教育研究，2022（8）：65－68.

② 丁帅，陈旻．大中小学思想政治理论课课程内容一体化面临的问题及破解路径［J］．思想教育研究，2022（10）：77－79.

③ 王立仁，白和明．关于大中小学思想政治理论课课程内容一体化建设的构想［J］．思想理论教育，2019（11）：11－16.

④ 徐秦法，黄俞静．纵向衔接——构建“链条式”大中小学思政课一体化课程内容体系［J］．思想理论教育导刊，2022（2）：122－127.

⑤ 高国希．大中小学思想政治理论课一体化建设的思考［J］．思想理论教育，2019（5）：22－27.

⑥ 同③.

⑦ 李寒梅．大中小学思政课一体化建设的课程逻辑与实践理路［J］．课程·教材·教法，2021（3）：22－25.

育一体化教学方法的具体构建方面，研究者们也有不同的策略。例如，有研究者遵循“目标—内容—方法”的教育逻辑，在明确大中小学思政课目标与内容的基础上，认为小学应以具体形象为主的方法开展启蒙性学习，初中应以关系互动为主的方法开展体验性学习，高中应以知识建构为主的方法开展常识性学习，本专科应以实践创造为主的方法开展理论性学习，研究生应以领域建构为主的方法开展探究性学习。① 也有研究者从充分发挥受教育者能动性的视角出发，认为在一体化的语境下，思政课不能仅仅停留于“灌输”，还应在“灌输”的基础上提升讲故事的能力，摒弃无味的说教，不断创新表达方式，充分运用互联网技术，推进传统媒体与新兴媒体的深度融合，以线上教育对接线下学生实际需求，构建多样化、立体式、综合性的教学方式。②

四是教学评价一体化。教学评价在课堂教学中发挥着指挥棒的作用，因此，在推进大中小学思想政治教育一体化的进程中，教学评价的一体化是重要一环。关于推进大中小学思政课教学评价一体化，研究者们主要从目标、主体、内容和方法等维度进行探讨。首先是目标维度，强调相互衔接、层层递进。例如，有研究者认为大中小学思想政治教育一体化评价的目标包括两个方面：一是要破除评价中的“唯分数、唯升学、唯文凭、唯论文、唯帽子”的顽瘴痼疾；二是要构建不同学段协同育人的思政课教育体系，形成各学段纵向贯通、衔接递进的评价格局。③ 其次是主体维度，强调协同配合。有研究者指出，推进大中小学思政课评价一体化，应发挥学生的主体作用和教师的主导作用、促进主体间的协调配合，从而强化教学评价主体的协同性。④ 除了教师与学生，也有研究者提出，还需要动员家长和社会有关人员积极参与，把教师评价、学生同伴评价、自我评价和家长评价、社区评价相结合，以提升评价的全面性、客观性和准确性。⑤ 再次是内容维度，旨在完善指标体系。有研究者提出，推进大中小学思政课一体化评价，必须建立以促进学生发展为目标的评价指标，这既包括对“教育要素”的评价，即对教育目标、内容、主体、方法等都进行合理、规范的综合评价；也包括对“教育过程”的评价，即从“教师教学过程”和“学生学习过程”双重维度进行实时、动态的系统评估；还包括对“教育效果”的评价，也就是不仅要针对“政治认同”“家国情怀”“法治意识”“道德修养”“文化素养”五大核心素养创设一体贯通的评价指标，还要把握好教育对象在思想品德、价值认知、行为实践等层面的增值效果。⑥ 最后是方法维度，突出强调综合运用。有研究者强调，大中小学各个学段都应该采用过程性与终结性相结合的评价方式，既可以解决小学阶段只看过程而不知道学生学习的具体情况的问题，又能够避免教师只以考试为目的，机械地上课而忽略能力培养和学科核心素养培育。⑦

---

① 徐秦法，赖远妮．以教育逻辑为遵循构建大中小学思政课一体化教学方法［J］．中国大学教学，2021（12）：45－48.

② 邵沁妍，刘振霞．大中小学思政课一体化建设的三维思考［J］．思想理论教育导刊，2020（9）：106－110.

③ 徐秦法，张肖．大中小学思政课一体化评价的五维向度［J］．中国高等教育，2021（2）：22－26.

④ 陈大文，姜彦杨．大中小学思政课教学评价一体化路径初探［J］．思想理论教育导刊，2021（12）：44－47.

⑤ 冯建军．大中小学思政课一体化的内容要求与推进措施［J］．课程·教材·教法，2023（2）：24－27.

⑥ 徐秦法，张肖．破立并举：大中小学思政课一体化评价的理性审思［J］．江苏高教，2022（9）：34－38.

⑦ 梁煌君，张博．大中小学思政课一体化教学衔接问题及其对策［J］．中学政治教学参考，2021（19）：22－25.

（二）以教材一体化推动大中小学思想政治教育一体化

教材是教学内容的主要载体，教材一体化是大中小学思想政治教育一体化建设的基础工程。就如何推进大中小学思想政治理论课教材一体化建设，当前研究者们主要遵照以下思路提出建议和对策：

一是从大中小学思想政治理论课教材一体化建设的价值取向出发。价值取向决定着主体的价值选择，对主体的实践活动具有导向作用。因此，推进大中小学思想政治理论课教材一体化建设，需要把握其价值取向。不少研究者就在揭示价值取向的基础上提出了大中小学思想政治理论课教材一体化建设的推进路径。例如，有研究者认为，大中小学思想政治理论课教材一体化建设要在教材目标上体现出整体性，坚持国家意志目标和人才培养目标的统一；在教材内容选择上体现出系统性，坚持标准体系与教材体系的统一；在教材组织上体现出逻辑性，坚持学段纵向衔接与学科（专业）横向配合①；也有研究者在“大思政观”视域下提出，大中小学思想政治理论课教材应该秉持教材目标的整体性、内容的贯通性、组织的系统性等价值取向，从而坚持宏观规划与微观设计相统一来设置目标，坚持政治、道德、法治与文化相统一来选择内容，坚持知识、心理与教学逻辑相统一来组织实施②。

二是从大中小学思想政治理论课教材一体化建设的现实问题出发。基于研究者们对当前大中小学思政课教材一体化建设情况的考察，可以总结出当前大中小学思政课教材一体化建设存在的问题主要表现为课程标准的编制与修订较为混乱、教材编写各方的交流合作较为缺乏、教材内容的低效重复现象较为突出等。为了解决这些问题，研究者们提出了诸多具有针对性的策略。例如，就课程标准的编制与修订问题，有研究者提出，一方面要在尊重不同学段差异的基础上对大中小学各学段的课程标准进行一体化编制；另一方面可以在总结我国思政课建设经验的基础上，探索课程标准修订规律，以明确修订周期，从而使大中小学思政课课程标准的修订工作步调一致。③ 针对教材编写的合作问题，有研究者认为，可以在国家层面，成立专门的大中小学思政课一体化建设的教材编写委员会，并同时在省级层面相应组织机构，代替原来按学段分开设置的各级组织机构。④ 也有研究者强调，还要打造多层次、立体化的教材建设队伍，对相关管理干部、专家研究者、教研人员、一线教师等多方力量进行统筹管理。⑤ 而针对教材内容的重复问题，有研究者指出，不仅要在体现不同学段思政课教学特点的基础上，对大中小学思政课教材内容进行一体化的规划设计，还要在梳理不同学段教材内容的基础上，对主题相近的内容展开比较研究，从而按各学段学生的实际需求合理配置内容。⑥

---

① 刘学智，王馨若．基于立德树人的大中小学教材一体化建设［J］．课程·教材·教法，2019（8）：12－19.

② 陈淑清．“大思政”观视域下大中小学思政课教材一体化构建［J］．思想理论教育导刊，2020（12）：22－25.

③ 刘力波，黄格．大中小学思政课教材一体化建设面临的问题及破解路径［J］．马克思主义与现实，2020（2）：32－36.

④ 胡新峰，陈麒．新时代背景下大中小学思想政治教育一体化建设研究［J］．思想政治教育研究，2022（4）：75－79.

⑤ 许家烨．大中小学思想政治理论课教材一体化建设——逻辑、问题与对策［J］．思想教育研究，2022（2）：22－26.

⑥ 李超民，李想，吴芳．大中小学思想政治课教材一体化建设研究［J］．天津师范大学学报（基础教育版），2021（4）：11－15.

三是从大中小学思想政治理论课教材一体化建设的政策实施出发。有研究者梳理了我国大中小学思政课教材一体化建设的政策演进历程，发现自新中国成立至今，我国大中小学思政课教材一体化建设的政策，在制定视野方面，实现了由局部向整体的转变；在政策关注重点方面，由教材建设变为课程建设；在价值追求方面，从知识取向转变为学生取向；在制定主体方面，由党和政府包办走向多方力量共同参与。基于这些发展逻辑，今后大中小学思想政治理论课教材一体化建设的政策制定与实施，要以立德树人为根本导向，发展学生核心素养；紧握课程标准这一重要抓手，改变分学段的课程标准制定模式，探索形成一个统筹大中小学思政课课程标准的编制体系；坚持学生导向，从学生实际需求出发，优化教材的内容安排、话语风格和呈现方式；坚持政府主导，充分发挥政府调控职能，不断加强教材建设的统筹规划和分级管理等。①

（三）以教师队伍一体化推动大中小学思想政治教育一体化

做好新时代思想政治教育工作，必须发挥教师的关键作用。因此，众多研究者都将教师队伍一体化视为推进大中小学思想政治教育一体化的重要路径。就如何推进大中小学思想政治教育教师队伍一体化建设，学界主要有以下几种研究逻辑：

一是内在驱动的逻辑。遵循这一逻辑的研究者主要是利用大中小学思想政治教育的共同属性要求驱动大中小学思想政治教育教师队伍一体化建设。例如，有研究者认为，大中小学思想政治教育虽然是在学生学习的不同阶段进行的，但其中依然有共同的规律可循，即目标的整体性、内容的递进性、过程的衔接性、资源的共享性，正是这些共同的规律构成了大中小学思想政治教育教师队伍一体化建设的内在动力，为充分发挥大中小学思想政治教育目标、内容、过程、资源对一体化建设的驱动作用，应该重点从如下几个方面着力，分别是旗帜鲜明、信仰坚定，搭建平台、加强沟通，协同创新、形成合力，统一培养、优化结构等。②

二是目标指引的逻辑。遵循这一逻辑的研究者主要是在大中小学思想政治教育教师队伍一体化的建设目标的指引下来探讨具体路径。例如，有研究者提出，大中小学思政课教师队伍一体化建设旨在构建一个专职为主、专兼结合、数量充足、素质优良的教师队伍共同体，从而实现配比、结构和素质一体化，为此，必须狠抓教书育人、科学研究和教师成长发展三个方面的一体化建设。③ 也有研究者认为，大中小学思政课教师队伍一体化建设的目标是打破各个学段“各管一段”“分而治之”的局面，从而汇聚大中小学思政课教师的育人合力，为此，就需要将“协同”理念贯彻到底，全面加强不同学段思政课教师之间的教学协同、科研协同和实践协同，从而在夯实教学技能、提升科研水平、加强交流沟通的同时，增强一体化意识。④

---

① 陈亮，熊翠萍．我国思想政治理论课教材一体化建设的政策演进与未来展望［J］．现代教育管理，2021（5）：22-25.

② 石书臣．关于大中小学思想政治理论课教师队伍一体化建设的思考［J］．思想理论教育，2019（11）：17-22.

③ 吴宏政，徐中慧．论大中小学思政课教师队伍一体化建设［J］．现代教育管理，2020（7）：43-46.

④ 徐秦法，黄冰凤．以“三个协同”推进大中小学思政课教师队伍一体化建设［J］．思想政治教育研究，2022（2）：21-25.

三是学段比较的逻辑。遵循这一逻辑的研究者主要是从大中小学不同学段思政课教学的相同点和不同点切入提出大中小学思想政治教育教师队伍一体化建设的路径。例如，有研究者认为，对于思政课教师而言，大中小学思想政治教育的相同点主要体现在教学目标上，不同点则主要体现在教学内容、教学对象与教学方法上，基于此，可以通过以共同性的目标指向构建大中小学思政课教师共同体，以阶段性内容构建大中小学思政课教师科学共同体，以弥合差异性建构大中小学思政课教师交流平台这三条路径来实现大中小学思政课教师队伍一体化。①

四是战略服务的逻辑。遵循这一逻辑的研究者围绕党和国家的战略需求，深刻解读并以此为导向探究大中小学思想政治教育教师队伍一体化建设的推进问题。例如，有研究者认为，从发挥思想政治理论课落实立德树人根本任务的关键课程地位出发，需要推进大中小学思政课教师队伍价值观一体化；从践行思想政治理论课的整体规划出发，需要推进大中小学思政课教师队伍素质一体化；从推动思想政治理论课高质量发展出发，需要推进大中小学思政课教师队伍能力一体化；从推动思想政治理论课接续发展出发，需要推进大中小学思政课教师队伍管理一体化。②

第三节　大中小学思想政治教育一体化研究的简要评述

近年来关于大中小学思想政治教育一体化的研究成果丰硕，主要集中在政策、理论与实践上，呈现出鲜明的多样性、问题性和综合性特点。但目前学界对大中小学思想政治教育一体化的研究还存在一些问题，比如，表象解读多，学理阐证少；泛化研究多，针对性研究少；理论研究多，实证研究少；独立研究多，协同研究少；等等。未来，还需要对推进大中小学思想政治教育一体化做整体性、系统性、全面性的精进发展研究。

一、大中小学思想政治教育一体化研究的显著成就

大中小学思想政治教育一体化研究的兴起，既是对大中小学德育衔接问题的继续推进，也是对新时代思政课改革创新的有力回应。40年来，这方面的研究取得了重要进展，为进一步深化研究奠定了坚实基础。学界在诸多方面都有一定的共识，尤其是在大中小学思想政治教育一体化的重大意义、目标指向、规律遵循、路径选择等方面。研究者们一致认为，加强大中小学思想政治教育一体化研究，对于落实立德树人根本任务，提高思想政治教育育人实效，推动思想政治教育学科高质量发展，都具有重要意义。目前，一体化研究取得的成就主要表现在政策、理论、实践三个方面。

一是制定了相关大中小学思想政治教育一体化政策。党和国家高度重视大中小学思想政治教育一体化建设，并为之出台了一系列重要文件。在经过科学调研和反复论证的前提下出台《关于深化新时代学校思想政治理论课改革创新的若干意见》《中小学德育工作指

① 董静．大中小学思政课教师队伍一体化建设的对策研究［J］．中国高等教育，2021（22）：11－15．

② 徐蓉．关于大中小学思想政治理论课教师队伍一体化建设的若干思考［J］．思想理论教育，2019（12）：80－85．

南》等指导纲领，在这些文件精神指导下，大中小学思想政治教育一体化有了总抓手，一体化建设有了新方向。为了落实中央文件精神，各省市结合本土特色出台了政策，如在《中小学德育工作指南》颁发基础上，各地德育一体化工作实施方案进一步推进，北京市研究制定了《北京市社会主义核心价值观三维度四学段目标体系》，山东省编制完成了《山东省中小学德育课程一体化实施指导纲要》等，政策通过因地制宜的落实、完善和更新，加强了对不同地域德育一体化建设的分类指导，从而保持了一体化建设定力。

二是丰富了大中小学思想政治教育一体化的理论。以 2019 年为转折点，学界关于大中小学思想政治教育一体化的研究成果激增，主要代表性观点如大中小学思想政治教育一体化研究必须遵循循序渐进、螺旋上升的基本规律，既实现各个学段的有机衔接，又实现各个要素的横向贯通。大中小学思想政治教育一体化研究必须增强系统观念，整体规划教学目标和教学内容，并一体化推动教材建设、教师队伍建设和体制机制建设等。

三是推进了大中小学思想政治教育一体化实践发展。如大中小学思政课教材全部由国家教材委员会组织统编统审统用，组织专家编写深度解读教材体系的示范教案，实施思想政治教育课程优秀讲义出版工程，建设大中小学思想政治教育课程网络教学资源库，提供更高质量、更加公平、更富活力、更有特色的教材。又如成立大中小学思政课一体化建设指导委员会，强化各级各部门的协同配合，为形成良好的协同育人格局创造了有利条件。再如以高校为平台，建立大中小学思政课一体化建设教育基地，北京、上海、重庆、浙江等地高校牵头相继成立一体化研究中心，各类高校科研院联盟举办一体化学术论坛活动等。

二、大中小学思想政治教育一体化研究的问题呈现

虽然现有研究已取得一定的成果，为今后大中小学思想政治教育一体化研究提供了重要的参考，不过，学界在不少问题上还存在一定的认识分歧。比如，大中小学思想政治教育一体化究竟包含哪些具体内容，这些内容构成一个什么样的体系关系，在推动大中小学思想政治教育一体化的实践中，应该重点从何处着力，把握哪些关键问题等，学界还有不同的认识，观点不尽一致。另由于这一命题提出时间较短，无论是理论研究还是实践探索，都还有不少方面需要进一步深化和细化。梳理起来，主要有以下方面：

一是表象解读多，学理阐证少。大中小学思想政治教育一体化涉及广泛，十分复杂，透过表象把握其内在规律是其能够顺利推进的基本前提。然而，在当前的研究成果中，对大中小学思想政治教育一体化的基础原理和根本规律的分析研究较少，更多的成果还是研究者们基于自身在思政课教学实践中积累的经验而形成的。除此以外，不少研究者为了落实中央文件精神，形成了许多政策阐释性成果。虽然总结实践经验与贯彻文件精神都十分重要，但如果对大中小学思想政治教育一体化建设的本质内涵、具体构成、运行过程、运行规律以及衡量标准等基本问题缺乏清晰且深刻的认识，那么大中小学思想政治教育一体化就只是一个虚幻的目标。

二是泛化研究多，针对性研究少。首先表现在主题与内容联系不紧密，如一体化视域下、背景下的劳动教育、爱国主义教育诸如此类的文章，并没有触及一体化的实质，研究视域背景与研究内容出现“两张皮”；研究思想政治教育教师队伍一体化、教学内容一体

化、方式方法一体，但内容又没有体现出一体化对于思想政治教育教师队伍、教学内容、方式方法的特殊要求。其次表现在研究视角模糊不清，对于地方资源、中国精神、中华优秀传统文化等主题内容教育是融入思政课还是融入一体化，没有区分清楚。最后表现在相关对策建议空泛，大中小学思想政治教育一体化不仅要在宏观上做好顶层设计，更要在微观上落实落细。目前有相当数量的对策建议都在不同程度上缺乏实施的针对性和操作性。如大中小学思政课一体化建设必须增强教师的一体化意识，学界普遍认为这一问题十分重要，但每当谈及到底如何增强时，却多是泛泛而论。

三是理论研究多，实证研究少。理论要想指导实践，必须来源于实践。大中小学思想政治教育一体化，不仅是一个理论问题，更是一个实践问题。但从目前的文献分析看，大多数文献都停留在理论探讨层面，在实践层面开展调查研究的文献较为匮乏。因此，有必要加强实证研究方法的运用，引入实地考察、问卷访谈等形式，以掌握大中小学思想政治教育一体化一线的实际状况以及师生对一体化建设的真实反馈，从而为大中小学思想政治教育一体化提供更具针对性和操作性的意见建议。

四是独立研究多，协同研究少。这主要包括两个方面。一方面，研究者之间的协同合作有待加强。跨学段、多领域是大中小学思想政治教育一体化具有的显著特征，这不仅要求汇聚各学段的育人合力，也要求汇聚各领域的研究合力。但在当前研究中，多数成果都为独立研究或者师生合作研究，跨学段和多领域的合作研究则明显偏少，研究者大多来自高校马克思主义学院。不同学段的研究者要想对大中小学思想政治教育的学情都有一个正确认识，就必须加强与其他学段处于教学一线的研究者展开合作。另一方面，研究者与学生的沟通有待强化。学生是思想政治教育的对象，供给要以需求为指导，学生视角同样不可或缺。但在现有研究中，能在高度结合不同学段学生的真实需求的前提下开展一体化思想政治教育的研究寥寥无几。

三、大中小学思想政治教育一体化研究的未来展望

目前研究中存在的这些不足，为今后的理论研究和实践探索提供了广阔空间。大致说来，可以着重加强以下几方面的研究：

一是由经验研究转向科学研究。目前大中小学思想政治教育一体化研究主要来源于不同学段教师主体的经验总结，相关的研究多浮于表面，缺乏规律性提炼。要遵循教育规律，遵守学术规范，不能用育人经验代替科学育人，要选用科学的研究方法，用扎实的数据具体呈现问题的种类、程度、范围等，强化实证研究，提高相关研究的准确性和科学性，使其结论能经得起现实考验和理论追问。推进专题调研、案例收集、实证研究等，以实践化导向发掘大中小学思想政治教育一体化中的热点问题、现实问题、难点问题等。

二是由粗放研究转向精细研究。目前大中小学思想政治教育一体化研究较为粗放笼统，以宏观视角切入的研究成果较为丰富。要精准发现研究问题，以问题为导向，明晰研究主题，深挖问题本身，拓展解决问题的空间。如与时俱进进一步加强人工智能赋能大中小学思想政治教育一体化的研究，有效利用人工智能新技术是新时代思政教学创新与发展的必然趋势。这不仅是技术与教学叠加，更是教育理念革新信息化时代，运用好科技解决好新时代新问题。

三是由局部研究转向整体研究。目前大中小学思想政治教育一体化研究的力量较为薄弱，使得研究极具局部性。所以，一方面要鼓励跨学科研究。由于研究者主要来自马克思主义学院，学科视角较为单一，可以结合教育学、心理学、信息科学、管理学、社会学等学科开展跨学科、跨领域的合作研究，从而打开研究视野，推动研究创新发展。另一方面要支持多方参与。不仅吸纳不同学段、不同学校的教师力量，还要参考学生意见，汇聚多方合力，凝聚团队力量，增强研究的整体性、全面性、开阔性。

四是由零散研究转向系统研究。目前关于大中小学思想政治教育一体化的研究多为零散的观点，这对于形成系统的理论体系是远远不够的，对于增强理论的说服力也是薄弱的。要以透彻的学理分析回应学生，以彻底的思想理论说服学生，用真理的强大力量引导学生。要用系统的理论、周延的逻辑取代零散的学术观点，着眼于构建大中小学思想政治教育一体化体系，从而提高整个内容的学理性，增强具体工作的实效性。

第二十八章　交叉学科思想政治教育研究

我国已迈入全面建成社会主义现代化强国、以中国式现代化全面推进中华民族伟大复兴新征程，思想政治工作作为党的一切工作的生命线，要为新时代新征程党的中心任务服务，为中华民族伟大复兴提供坚实的思想基础和人才保障。思想政治教育学科自 1984 年成为一门独立学科以来，经过 40 年的发展，肩负起了为党育人、为国育才的学科使命，并在学科定位、基础理论、思政课建设、人才培养体系建构等方面取得了一系列成就，为党和国家培养了一批又一批拥护中国共产党领导和中国特色社会主义制度的社会主义建设者和接班人。但作为年轻学科，在交叉学科研究方面仍处于持续深化阶段，本章对 40 年来交叉学科思想政治教育研究的科学内涵、阶段特征、存在的问题等展开梳理和分析，以期为加快推进交叉学科思想政治教育研究提供有益参考。

第一节　交叉学科思想政治教育研究的科学内涵

随着思想政治教育学科基础理论的深化，学界对交叉学科研究越发重视。2022 年，由北京师范大学思想政治工作研究院院长冯刚教授主编的《思想政治教育学科发展新论域》在中山大学出版社正式出版，书中强调，通过交叉研究推动思想政治教育研究范式的转换升级，推动学科主干领域突破既有研究格局和思维定式，提升思想政治教育工作的科学性、预见性和创造性。① 凸显交叉学科思想政治教育研究的重要意义，首先要厘清基本概念。学科交叉和交叉学科是两个不同的概念。学科是人类社会认识世界的知识和水平达到一定程度的必然产物。学科交叉，是指不同的学科由于互相之间存在互补性和融合性，逐渐相互借鉴和融合各自的思维方式、研究范式、实践方法，进而推动学科发展的过程，学科交叉是动词。交叉学科，是指在学科交叉的基础上，通过理论确证和实践检验，最终形成的一门专门的知识体系、理论体系，交叉学科是名词。目前，许多学科属于交叉学科范畴。诺贝尔奖自 1895 年设立以来，奖励的成果近一半属于交叉学科成果，可见，交叉

① 冯刚．思想政治教育学科发展新论域 [M]．广州：中山大学出版社，2022：8-9.

学科研究是大势所趋，许多较为成熟的学科都经历了交叉学科研究的发展历程。学科交叉和交叉学科对于思想政治教育学科创新发展的影响是不同的，学科交叉研究通常针对解决思想政治教育学科某一领域的问题而提出和展开，具有暂时性、局部性，而随着相关问题的解决，思想政治教育学科与其他学科之间的交叉研究也将结束。而交叉学科是系统的、固定的知识体系、理论体系，具有持续性、稳定性，对于思想政治教育学科的影响是持续稳定有效的。

一、交叉学科研究是认识论和方法论

我们可以从认识论和方法论，更深入地认识和理解交叉学科思想政治教育研究的基本意蕴。首先，事物之间存在着普遍联系。马克思指出："历史本身是自然史的即自然界生成为人这一过程的一个现实部分。自然科学往后将包括关于人的科学，正像关于人的科学包括自然科学一样：这将是一门科学。"① 人类社会与自然界是相互联系、相互作用的一个整体，学科作为对人类社会、自然界认识的科学的知识体系、观念体系、理论体系，具有鲜明的整体性，这也决定了不同学科之间虽然存在一定的区别和边界，但存在内在的联系，相互联系、作用、融合是一种必然现象。在学科的发展过程中，由于人类认识世界的能力和水平的局限性，立足于某一领域的知识，细化为某特定领域的学科，但随着人类认识世界的知识、能力、水平的不断提升，这种人为造成的学科分化必然走向融合。其次，人类社会问题具有复杂性。交叉学科往往能够产生创新知识，获得突破性的成果，有利于解决复杂、多样的自然现象问题和社会科学问题。传统的单一学科在视角、思维、知识、方法、手段等方面具有局限性，很难应对快速发展的人类社会所遇到的各类复杂问题，需要通过交叉学科研究扩大视野、提升能力、创新方法，进而切实发挥学科推动人类社会发展的重要作用。最后，学科创新基于交叉学科建构。一方面，交叉学科研究通过借鉴和汲取其他学科的思维、范式、方法和手段，促进原有单一学科突破某些局限性，有利于学科自身的创新发展；另一方面，交叉学科研究所形成的新学科、学科生长点，本身就是一种创新成果。

思想政治教育学科作为关于人的学科，人的复杂性决定了其发展亟须交叉学科研究的认识论和方法论。在以上关于交叉学科研究的认识论的基础上，交叉学科思想政治教育研究更多的是在方法论方面表现出其价值。在学术视角方面，交叉学科研究视角，不是简单的不同学科视角相加，而是处于不同学科相交的地带，这种视角对于认识和解决某研究领域的特殊问题，恰恰发挥着关键作用。比如，思想政治教育学科与哲学学科的交叉形成了交叉学科——思想政治教育哲学，进而从哲学视角观察和解决思想政治教育学科的基础理论问题，包括思想政治教育的本质属性、概念范畴、内涵界定等，进而有效解决思想政治教育学科的合理性、科学性问题。交叉学科思想政治教育能够明晰思想政治教育与其他学科之间交叉的支点和边界，相关特殊问题得以归类研究，避免思想政治教育在借鉴其他学科时的生搬硬套，使思想政治教育学科对其他学科的借鉴更加科学有效。在思维方式方面，交叉学科研究的意义，不仅仅在于借鉴其他学科的知识体系、理论体系，更在于知识

① 马克思恩格斯全集（第3卷）[M]. 2版. 北京：人民出版社，2002：308.

理论背后的逻辑思维，因此，可以说，交叉学科思想政治教育研究融入了交叉学科研究的独特思维方式，这是推动思想政治教育学科创新发展的重要基础。交叉学科思想政治教育研究，有助于产生创新思维方式。比如，由思想政治教育学科与生态学交叉形成的思想政治教育生态学不仅仅是在思想政治教育实践过程中融入生态文明思想，更是借鉴生态学中的生命主体与社会环境、自然生态之间的动态关系及其相关理论和方法，进而推动思想政治教育研究思维方式的不断创新。生态学突出强调系统思维方式，倡导系统考虑生态文明主体之间的相互联系、相互作用，思想政治教育生态学的形成和发展有助于思想政治教育学科运用系统思维方式，促进思想政治教育学科思维方式的创造性转化和创新性发展。一方面，将思想政治教育视为一个大的生态系统，既要注重思想政治教育学科内部要素之间的相互联系和作用，还要注重思想政治教育学科与外部环境之间的紧密联系与有效互动，形成内外要素有机协调、动态平衡、科学运行的思想政治教育生态系统。另一方面，借鉴生态学中的“生态链效应”“限制因子效应”等生态学原理，确立系统思考思想政治教育的思维习惯，优化思想政治教育实践，避免一味追求“整齐划一”，尊重思想政治教育各要素的差异化发展和不同“生态位”，进而发挥思想政治教育各要素的整体效能。

二、思想政治教育具有交叉学科属性

不管是自然科学，还是社会科学，都经历了从跨学科研究到学科交叉研究，再到交叉学科研究的发展过程，这是人们对科学知识规律性认识不断深化的过程，无论推动思想政治教育学科与政治学、社会学、心理学、历史学，还是与教育学、传播学、网络信息科学等的融合发展，都符合学科发展的规律及其时代趋势。“思想政治教育学的综合性、应用性特点，决定了该学科涉及的范围、因素具有广泛性和多样性，因而该学科与多个学科有不同程度交叉与渗透。”① 思想政治教育学科本身就是从跨学科研究到学科交叉研究发展的产物。有学者指出，从思想政治教育学科发展的现实看，思想政治教育是研究人的思想政治素质形成发展和思想政治教育运行规律的学科，自建立之初就带有综合学科、交叉学科的色彩。② 自1984年设立思想政治教育学科开始，思想政治教育学科的理论框架就融入了教育学、心理学、管理学等学科交叉的研究对象、内容和方法元素。因此，从学科属性来看，思想政治教育学科具有鲜明的交叉学科属性。首先，思想政治教育学科成立初期的专家学者具有多学科背景，如哲学、政治学等，还包括多年从事思想政治一线工作的人，这些人虽然没有相关的学科背景，但经验丰富，从事思想政治教育的热情高涨，自觉接受各类学科的知识和理论。其次，思想政治教育学科是关于人的学科，人的思想的复杂性，也决定了思想政治教育学科必然要学习和运用大量的不同学科的知识、理论和方法，这也是思想政治教育学科所肩负的使命，即培养德智体美劳全面发展的社会主义建设者和接班人、堪当民族复兴大任的时代新人的必然要求。最后，思想政治教育学科作为年轻学科，和其他任何一门学科的发展初期一样，正处在大力开展跨学科、学科交叉、交叉学科研究的发展阶段。综观一门独立学科不断走向成熟的发展历程，学习、借鉴、汲取其他学科优

---

① 《思想政治教育学原理》编写组．思想政治教育学原理［M］．北京：高等教育出版社，2016：31.

② 冯刚．思想政治教育学科发展新论域［M］．广州：中山大学出版社，2022：8.

势也是必经之路。

梳理 40 年的发展历程，思想政治教育学科研究经历了从跨学科、多学科到学科交叉、交叉学科研究的转变过程，也从简单的模仿研究方法到借鉴研究理论，再到融会贯通研究视角、思维方式，最终形成新知识体系和新理论体系的转变。在思想政治教育学科的发展过程中，正因为积极借鉴了有益于本学科发展的其他学科知识、内容和方法，才使得思想政治教育学科的相关基础理论研究不断深化，比如，关于思想政治教育内涵范畴、生成规律、主客体关系等，还包括对针对性、实效性、长效性等实践问题研究的视域不断拓展、方法不断创新、成果不断丰富，很多其他学科的知识、理论作为稳定的内容写入思政课教材体系。跨学科、多学科研究，是一门独立学科借鉴其他学科知识、内容、方法的单向行为，既不改变本学科的知识体系和理论体系，也不将借鉴效果反馈至被借鉴学科。而学科交叉再到交叉学科的形成，是两个或多个学科之间多向联系、多向作用、多向反馈的交互过程。在这一过程中，思想政治教育学科在立足本学科的基础上，要对本学科的知识体系、理论体系进行调整和优化，并逐渐形成思想政治教育交叉学科群，推动思想政治教育学科现代化。跨学科、多学科研究强调广泛联系、学习和借鉴，而学科交叉聚焦于不同学科之间的交集部分，交叉学科是学科交叉的研究成果，属于具有新知识体系、理论体系、研究范式的学科。实际上，这一过程也是思想政治教育学科不断走向学科成熟、学科自信的过程。从发展历程来看，思想政治教育学科逐渐从借鉴教育学、心理学、管理学等相对微观学科转向了当前借鉴政治学、社会学、网络信息科学等宏观学科，可见，开放性是思想政治教育学科发展的特点。任何一门学科的发展，尤其是思想政治教育学科的发展需要保持开放性，避免为了保持学科的独特性最终造成学科的封闭、孤立，开放性是交叉学科思想政治教育持续稳定发展的动力源泉。新时代新征程，我们可以预见到交叉学科思想政治教育研究以开放性的姿态学习、借鉴最终融合各相关学科，不断推动新时代思想政治教育学科的蓬勃发展，展现出育人关键学科的生机活力。

三、交叉学科思想政治教育研究本质

对于一门独立的学科来讲，40 年的发展历程并不长，但思想政治教育作为极具中国特色的一门学科，在中国特色社会主义事业发展的不同阶段都发挥了不可替代的重要作用。思想政治教育肩负着为党育人、为国育才的重要使命，与社会变迁和时代发展有着紧密的联系，因此，思想政治教育学科发展需要更为丰富的知识和理论，与相关学科的相互联系、作用、融合是必然选择。可以说，加快推动交叉学科思想政治教育研究，是思想政治教育学科自身发展以及党和国家所面临的新问题新挑战所要求和决定的。而从思想政治教育学科 40 年的发展历程来看，也显示思想政治教育学科本身就是一个交叉学科的产物。40 年来，思想政治教育学科在坚持“四个服务”的过程中，通过与其他相关学科的融合，逐渐形成了多个交叉学科，比如思想政治教育哲学、思想政治教育生态学、思想政治教育心理学等等，然而，从其理论体系和实践应用来看，交叉学科思想政治教育研究尚未处于稳定阶段，仍需进一步拓展和深入。

从本质上看，交叉学科思想政治教育的形成和发展过程，就是思想政治教育学科与其他相关学科的思维方式、研究范式、理论方法相融合，进而解决单一学科难以解决的重大复杂问题的过程。也可以说交叉学科研究是关于“融合”的学问。这种融合，绝不是局限于知识体系、方式方法之间的相互认知和运用，而是在融合的思维下，最终推动思想政治教育学科认识论和方法论的创新性突破。但实际情况是，人们对交叉学科思想政治教育研究的“融合”思想认识不足，往往着重强调思想政治教育学科对于其他相关学科的“借鉴”。“融合”与“借鉴”相互联系，但存在本质的区别。借鉴，仅仅是思想政治教育学科对于其他相关学科知识、理论、方法的学习和引用，而融合最终是要形成新知识、新理论、新方法。自思想政治教育学科成立以来，思想政治教育学科一直注重对心理学、社会学包括信息技术、人工智能等新兴学科的知识、理论、方法的引用，通过其他学科的理论和方法来解决自身的问题。而如何推进思想政治教育学科与其他相关学科的融合，以求达到新学科体系的目标，仍缺乏足够的认知和自觉。对于“融合”进一步的思考可以得出这样的结论，找到思想政治教育学科特有的且其他学科无法替代的内容，是思想政治教育学科与其他相关学科实现高度融合并产生新的生长点的重要前提。比如，当前思想政治教育研究大量使用社会统计学理论和方法，那么，我们就应该思考，使用统计学理论和方法推动思想政治教育研究，如何在立足思想政治教育学科价值目标的同时，实现两个学科之间的融合，产生出思想政治教育学科新的生长点，与此同时，思考如何运用思想政治教育学科与社会统计学融合产生的新视角、新思维、新方法来解决属于思想政治教育学科范畴的重大问题，如果仅仅是形式的变化和调整，而不是实质性地推动思想政治教育学科解决问题的能力和水平的提升，就不能称为实现了融合，也不能说实现了交叉学科思想政治教育研究的创新发展。学科交叉到交叉学科的产生，是一个理论自觉和学科自信的过程。学科交叉本身就是推动交叉学科研究的初步阶段，是能够产生新知识的过程，关键是要通过理论自觉和学科自信，进一步深化学科交叉过程，并在逐渐实现融合中产生更多有利于思想政治教育学科发展的新知识、新理论、新思维。从各交叉学科的形成历程来看，较早的交叉学科更多产生于自然学科，而近年来，哲学社会科学领域也在不断推动各类交叉学科的形成和发展，比如，在历史学与人类学的融合中，学界开始运用田野调查方式开展某一基层领域的研究，并通过某一领域典型与多种社会因素复杂关系的综合分析，达到对社会发展总体现状与趋势的判断，从而大大提升了社会史研究水平。交叉学科思想政治教育研究对此应予以更多关注，并从中得到启发。

第二节　交叉学科思想政治教育研究的特点分析

学界关于交叉学科思想政治教育研究取得了一系列成果，关于交叉学科思想政治教育研究的规律性认识也在不断深化。通过中国知网查询显示，国内学界从20世纪90年代开始陆陆续续出现相关成果，比如匡志盈的《多学科交叉视野中的高校思想政治工作及其启示》一文是较早发表的成果之一，文章立足高校思想政治工作存在的不足，强调思想政治工作是一项异常复杂的系统过程，进而提出开展多学科交叉研究的必要性。①

① 匡志盈．多学科交叉视野中的高校思想政治工作及其启示［J］．社会科学家，2005（1）：550－552，555．

宇文利的《论思想政治教育学的交叉性》一文指出交叉性思想政治教育学的内在学科属性，并认为思想政治教育学的交叉包括思想政治教育学与其他学科以及本学科内部的复合型交叉。① 冯刚的《交叉学科视野下思想政治教育的创新发展》② 一文具有代表性，本文的被引量达到了 100 余次，是交叉学科思想政治教育研究成果中关注度和引用量最大的，文章明确提出推动交叉学科思想政治教育研究是时代发展的需求，是实践创新的需要，也是学科建设的需求。同时，由冯刚主编的《思想政治教育学科发展新论域》也成为新时代交叉学科思想政治教育研究的标志性成果。党的十八大以来，《思想教育研究》《学术论坛》《学校党建与思想教育》等期刊组织刊发了大量交叉学科思想政治教育研究相关成果。在著作方面，有杨芷英的《思想政治教育心理学》（中国人民大学出版社 2014 年版）、谢晓娟的《多学科视角下的思想政治教育研究》（中国书籍出版社 2015 年版）、孙其昂的《思想政治教育社会学的理论探索》（河海大学出版社 2016 年版）等研究成果。当前，思想政治教育学科发展正处于关键时期，同样，交叉学科思想政治教育研究也正处于实现突破、更好地推动思想政治教育学科发展的关键时期。全面梳理交叉学科思想政治教育研究成果，相关研究呈现出如下主要特点：

一、交叉学科思想政治教育研究论域不断丰富

通过梳理大量文献发现，学界关于交叉学科思想政治教育研究的论域十分丰富，可以用包罗万象、百花齐放、异彩纷呈来形容。最初，专家学者们将注意力放在了思想政治教育与心理学、社会学、政治学等学科的知识、内容和方法的借鉴方面，因此这方面的研究成果不断涌现。有学者指出，改革开放以来，随着思想政治教育实践的不断深化，思想政治教育学实现了创新发展，同时也涌现出与其他学科交叉的研究趋势，形成了如思想政治教育文本学、阐释学、治理学、叙事学、传播学、评估学、生态学、社会学等一系列新的研究视域和一批跨学科、高质量的研究成果。③ 思想政治教育传播学，侧重于研究新媒体背景下的思想政治教育传播学的原理，指出新媒体技术将带来思想政治教育传播的创新性突破，强调思想政治教育学与传播学之间存在内在联系，揭示新媒体时代思想政治教育的传播规律；思想政治教育学与信息技术学的交叉研究，侧重于将大数据、虚拟仿真、人工智能等新兴科学技术融入思想政治教育学研究，强调随着新一轮科学技术的发展，交叉学科思想政治教育研究将进入新纪元，进而提出数字思想政治教育、思想政治教育数据化等新论域，极大丰富和发展了交叉学科思想政治教育研究论域；思想政治教育社会学，与传统意义上的社会学不同，这里所讲的社会学包含了网络社会，指出网络空间作为人类社会第五大空间，打破了人类社会传统意义上的空间概念，强调网络空间是思想政治工作的重要阵地，进而学界开始关注和研究思想政治教育与网络社会的结合问题，包括网络思想政治教育研究、网络空间意识形态治理体系研究等。事实上，在交叉学科思想政治教育研究领域，数字思想政治教育研究、网络思想政治教育研究已成为非常重要的论域，也是思想

---

① 宇文利．论思想政治教育学的交叉性［J］．思想理论教育导刊，2009（8）：27－31.

② 冯刚．交叉学科视野下思想政治教育的创新发展［J］．思想理论教育导刊，2011（11）：84－88.

③ 冯刚．思想政治教育学科发展新论域［M］．广州：中山大学出版社，2022：336.

政治教育学科时代化、创新性发展的重要方向。另外，还有学者将思想政治教育学科与美学、美术设计学等结合起来，强调“五育”中美育的重要性，认为新时代思想政治教育学科要将美育作为重要的研究内容，不断提升美育的质量和水平。可以说，近年来交叉学科思想政治教育研究坚持问题导向，不断完善思想政治教育学科理论体系，丰富交叉学科思想政治教育研究论域，融入不同学科的优势，如将传播学的话语体系、社会学的研究范式、信息技术学的技术手段等融入思想政治教育研究，极大地推动了思想政治教育学科的发展。

交叉学科的视域能为思想政治教育创新发展带来新的研究视角、新的研究方法、新的解决问题的方法手段和新的研究成果。① 交叉学科思想政治教育研究绝不仅仅是对其他学科知识简单的迁移、转换，更是思想政治教育学科在与其他相关学科的融合中完成知识生产、理论创造和催生议题、拓展论域的过程。交叉学科思想政治教育研究，一方面，面对亟须解决的重大理论和实践问题，思想政治教育学科在与其他相关学科的融合过程中，既发挥思想政治教育学科的认识问题解决问题的学科功能，又不断催生新的研究议题，拓展新的研究论域。比如，近年来学界比较关注的思想政治教育治理现代化、数字思想政治教育、思想政治教育形态等论域，都是在根据党和国家的战略部署以及与其他相关学科的共融共进中产生的新的研究议题和新的研究领域，有些学术术语、研究范式也都来自其他学科，但通过交叉学科思想政治教育研究，最终都成了思想政治教育学科重点研究领域。另一方面，交叉学科思想政治教育研究的快速发展，促进了思想政治教育分支学科群的形成和发展，比如思想政治教育心理学、思想政治教育政治学、思想政治教育社会学、网络思想政治教育等。分支学科群的形成和发展，是一门独立的学科不断走向成熟的重要标志。需要强调的是，分支学科群的形成和发展，不可能一蹴而就，需要不断调整、优化和完善，最终才能体系完备、科学合理，并有助于思想政治教育学科自身创新发展。因此，面对思想政治教育分支学科群的发展趋势，要整体把握各分支学科的形成发展的依据、历程、特点、问题、趋势等，进一步明确分支学科在思想政治教育学科中的层级、位阶、地位、作用等，进而为分支学科的持续稳定发展提供科学的解释和发展原则。

二、交叉学科思想政治教育研究范式逐渐形成

“范式”（paradigm）一词由美国学者托马斯·库恩在《科学革命的结构》（上海科学技术出版社 1980 年版）一书中提出并系统阐述。思想政治教育研究范式，是指思想政治教育的研究成员与研究活动所共有的基本的学科传统、理论信念、价值旨归、思维方式、研究视角、探索视域、话语体系等，它能够为思想政治教育研究提供研究范例和知识生产方式，也在一定程度上反映了某一时间思想政治教育研究的研究价值、路径和方向。② 学科交叉研究作为思想政治教育研究的一种范式，已成为较为稳定的研究范式，不断凝聚着研究力量，为新时代思想政治教育学科发展提供了研究价值、研究路径、研究方向。在很

---

① 冯刚．交叉学科视野下思想政治教育的创新发展 [J]. 思想理论教育导刊，2011 (11)：84-88.

② 王学俭，郭绍均．思想政治教育研究范式——体系、问题与建构 [J]. 思想理论教育，2015 (5)：49-54.

多人原有的印象中，思想政治教育学科是没有研究方法和研究范式的学科，包括交叉学科思想政治教育研究仅仅是学习、借鉴、照搬其他相关学科的研究方法的过程，实际上，交叉学科思想政治教育研究已形成了以马克思主义研究范式为主导、以学科交叉研究范式为主体、以比较研究范式为辅助的具有自身特色的多样研究范式。

首先，交叉学科思想政治教育研究遵循马克思主义研究范式。2005 年 12 月，国务院学位委员会、教育部联合印发的《关于调整增设马克思主义理论一级学科及所属二级学科的通知》明确规定，思想政治教育学科是马克思主义理论一级学科下的二级学科。也就是说，思想政治教育学科虽然在字面上没有直接体现马克思主义，但实质上思想政治教育学科具有鲜明的马克思主义属性。坚持马克思主义作为指导思想，并运用马克思主义立场、观点和方法，学习宣传研究马克思主义中国化时代化的理论成果——毛泽东思想、中国特色社会主义理论体系、习近平新时代中国特色社会主义思想，为党和国家培养堪当民族复兴大任的时代新人，是思想政治教育学科的本质属性所决定的，也是思想政治教育学科所肩负的神圣使命所决定的。具体来讲，马克思主义研究范式，就是在科学理解和准确把握马克思主义理论体系的基础上，运用马克思主义世界观和方法论，解决思想政治教育学科理论和实践问题的研究范式。这也是当前还有未来，交叉学科思想政治教育研究不能偏离马克思主义学科范畴，有力推动思想政治教育学科创新发展的重要前提。其次，交叉学科思想政治教育研究坚持学科交叉研究范式。交叉学科思想政治教育研究经历了跨学科、多学科、学科交叉研究等发展阶段，学科交叉研究范式是最终形成和发展学科交叉思想政治教育研究的主体力量。思想政治教育是一门综合性学科，本身就具有多学科或交叉学科的属性，学科交叉研究范式已成为交叉学科研究稳定的研究范式。交叉学科研究范式主要借鉴了教育学、政治学、社会学、心理学、管理学、生态学诸多学科的研究范式，这些学科的研究范式融入思想政治教育研究中，进而形成了学科交叉研究范式。学科交叉研究范式的形成与思想政治教育学科的形成和发展历程息息相关。在没有设立马克思主义理论一级学科之前，思想政治教育学科归属教育学类或法学类，思想政治教育专业设置大多分布于师范类院校，并着重强调思想政治教育的政治素养教育功能，这就使思想政治教育具有浓厚的教育学、政治学等学科的底色。之后，随着学科意识形态属性的不断突显，思想政治教育被调整到马克思主义理论一级学科下面。最后，交叉学科思想政治教育研究以比较研究范式为辅助。交叉学科思想政治教育研究，难免要比较思想政治教育学科与其他相关学科，比较不同时空、地域的思想政治教育学科，进而确定交叉学科思想政治教育研究的路径和方法。开放性、延展性是交叉学科思想政治教育研究的重要特色，运用比较研究范式，能够将思想政治教育不同时空中的不同表现形态进行比较，进而从特殊性中找到普遍性规律，同时，在普遍性形态中找到特殊性问题。因此，部分学者在交叉学科思想政治教育研究中，尝试着运用比较研究范式。

三、交叉学科思想政治教育研究理论不断深化

最初，学界关于交叉学科思想政治教育研究仅仅是研究方法层面的问题，侧重于研究如何通过其他学科的知识和方法促进思想政治教育研究的实现路径。20 世纪 90 年代，专家学者们仅仅是探讨运用某一学科知识来促进思想政治工作效果的问题，如李丽华的《运

用心理学知识做好思想政治工作》一文认为，由于思想政治教育工作者缺乏心理知识教育，把心理问题当成思想问题来对待，因此，思想政治教育效果不好，并提出要对大学生开展心理健康知识教育。① 很明显，这篇文章仅仅是把心理健康知识作为思想政治教育的手段，这也与当时思想政治教育学科发展还处于起步阶段有关，很多基础理论问题还没有涉及。随着人们对交叉学科思想政治教育研究规律性认识的不断深化，研究重点逐渐转向交叉学科思想政治教育研究的基础理论问题，近年来学界开始聚焦于交叉学科思想政治教育研究的学科本位意识、逻辑范畴、方法论等问题，比如冯刚的《学科交叉视野下思想政治教育创新发展的特点与趋势——基于2017年学科交叉与思想政治教育研究成果的分析》一文提出交叉学科思想政治教育研究的人文化发展趋势，并全面论述了这一趋势的根源、过程以及对策。② 另外，党的十八大以来关于交叉学科思想政治教育研究的著作也在不断出现。比如孙其昂、叶方兴的《思想政治教育社会学的理论探索》（河海大学出版社2016年版）一书全面阐述了交叉学科思想政治教育研究的成果；比如冯刚、曾永平的《思想政治教育学学科发展新论域》一书提出要通过加大学科交叉研究的力度探索分支学科的建设，推动思想政治教育学科实现高质量发展。通过文献梳理发现，交叉学科思想政治教育研究理论正在不断向纵深发展。

人类社会已进入第四轮工业革命时期，习近平总书记明确指出："当前，新一轮科技革命和产业变革突飞猛进，科学研究范式正在发生深刻变革，学科交叉融合不断发展，科学技术和经济社会发展加速渗透融合。"③ 顺应时代的发展，交叉学科思想政治教育研究也在快速发展，有些交叉学科思想政治教育研究领域坚持"深耕细作"，而有些交叉学科思想政治教育研究领域实现了"开疆拓土"。学界关于思想政治教育学科与哲学的交叉学科研究时间很长。进入新时代，有学者提出可以从哲学角度理解和创新发展新时代思想政治教育语言，认为对语言与人、世界之关系的认识，是思想政治教育语言的哲学基础，强调新时代思想政治教育语言要基于哲学逻辑，首先要成为一种具有形式美的语言，诗性语言更有着独特的教育魅力，同时，新时代思想政治教育语言既要具有日常性，又必须超越日常性，而且要实现规范性、无我性与自由个性的统一。④ 这一论断是对思想政治教育哲学研究的进一步深化，为进一步完善新时代思想政治教育话语体系提供了很好的哲学理论支撑和实现路径。有学者从教育学视角重新审视思想政治教育学科的范畴问题，认为当前思想政治教育学范畴的研究，一定程度上还处于一种"前反思"的状态，要拒绝主观主义的范畴提炼思路，强调思想政治教育学范畴要反映思想政治教育的本质与物质，要符合社会的发展进程，确保思想政治教育学范畴与思想政治教育实践的逻辑一致。⑤ 专家学者们除了持续深化"老"问题研究之外，还积极开拓交叉学科思想政治教育研究新领域。思想

---

① 李丽华．运用心理学知识做好思想政治工作［J］．辽宁高等教育研究，1993（6）：78－79.

② 冯刚，曾永平．学科交叉视野下思想政治教育创新发展的特点与趋势——基于2017年学科交叉与思想政治教育研究成果的分析［J］．思想政治教育研究，2018（1）：18－23.

③ 习近平谈治国理政（第4卷）［M］．北京：外文出版社，2022：196.

④ 戴锐，李菁．思想政治教育语言的哲学审思［J］．思想理论教育，2013（5）：33－37.

⑤ 史宏波，谭帅男．思想政治教育学范畴的提炼——问题、标准及路径［J］．思想教育研究，2022（12）：33－38.

政治教育学科与网络信息技术学科的融合发展是交叉学科思想政治教育研究时代化创新发展的有益探索。比如，在大数据时代背景下，有学者提出数据分析作为一种统计分析方法应用于思想政治教育领域，可以满足思想政治教育分析模式迭代更新的实际需要，契合应对思想政治教育复杂化趋势的现实要求。① 有学者深入探讨了数据思想政治教育的科学内涵、生存逻辑和实践路径问题，提出数据思想政治教育以大数据信息作为辨知源和决策依据，以大数据思维优化思想政治教育理念，以大数据技术重组思想政治教育实践结构。② 当前，科学技术革命是影响各学科创新发展的重要因素，此类研究成果的显现，彰显新时代思想政治教育研究者们的开拓创新精神，反映交叉学科思想政治教育研究的创新活力。

第三节　交叉学科思想政治教育研究存在的问题

“我们知识的增长是一个十分类似于达尔文叫作‘自然选择’过程的结果，即自然选择假说。我们的知识时时刻刻由那些假说组成，这些假说迄今在它们的生存斗争中幸存下来，由此显示它们的适应性，竞争性的斗争淘汰了那些不适应的假说。”③ 知识生产过程总体上遵循生物群种的进化规律。基于知识生产规律，交叉学科研究大体上可以分为四个阶段。第一阶段：孕育期。交叉学科研究成果开始出现，知识生产的总量不断增加。交叉学科研究相关专业术语开始出现，并与交叉学科研究成果紧密相关。1984 年设立思想政治教育学科开始，思想政治教育研究领域就展开了跨学科、多学科研究。由此可以判断，思想政治教育学科设立至 20 世纪 90 年代末是交叉学科思想政治教育研究的孕育期。第二阶段：发展期。这一时期相关学科的知识、内容、方法不断涌入，交叉学科研究知识生产的数量不断增长，各类相关专业术语也在不断出现，但与孕育期相比，这一时期学界以不同专业术语为中心出现专业术语群。21 世纪初到党的十八大之前，交叉学科思想政治教育研究领域就呈现出这一特点，属于快速发展期。第三阶段：稳定期。交叉学科研究成果数量虽然仍在增长，但其增速明显放缓，交叉学科研究问题越来越聚焦，专业术语群也不断分化再造，逐渐走向更大的交叉学科研究群，这一阶段基本形成交叉学科研究的理论体系。结合交叉学科思想政治教育研究的现状可以判断，交叉学科思想政治教育研究目前正处于发展期末期和稳定期前期，处于两个时期交替的关键阶段。第四阶段：调整期。这一时期，遵循“优胜劣汰”的自然法则，交叉学科研究将进入调整优化阶段，学科内部结构分化不断加剧，交叉学科思想政治教育将作为一个独立且完整的理论体系出现，并成为思想政治教育学科的有机构成。目前，正处于发展期末期和稳定期前期、两个时期交替的关键阶段的交叉学科思想政治教育研究难免面临复杂多变的发展形势，同时，在回应和解决时代课题时难免显现出诸多问题。

① 冯刚．思想政治教育数据分析的逻辑理路［J］．河海大学学报（哲学社会科学版），2023（1）：24－29.

② 唐良虎，吴满意．数据思政——基本意涵、生成逻辑与实践样态［J］．思想理论教育，2022（5）：88－93.

③ 波普尔．客观知识——一个进化论的研究［M］．上海：上海译文出版社，1987：273.

一、交叉学科思想政治教育研究逻辑范畴模糊

交叉学科研究逻辑范畴，简单地讲，就是交叉学科研究“为”与“不为”以及“如何为”逻辑的确定。当前，交叉学科思想政治教育研究逻辑范畴相对模糊，有的人认为，思想政治教育学科可以海纳百川，什么问题都可以研究，什么知识、内容、方法都可以借鉴，部分专家学者把交叉学科研究仅仅限于其他相关学科的简单借鉴、照搬、嫁接层面，而没有想清楚关于交叉学科思想政治教育研究“是什么”“为什么”“要怎样”等的问题，这些属于逻辑范畴问题，更是本质规律问题，直接关系到交叉学科思想政治教育研究的理论成熟和体系建构。交叉学科研究是有范畴的，也是有规律的，当前，交叉学科思想政治教育研究内容、范围、层次较为模糊，尚未明晰严密的研究逻辑范畴，因此，部分交叉学科思想政治教育研究成果的可行性、有效性需要进一步确证。从历史进程来看，当前交叉学科思想政治教育研究，借鉴、运用其他交叉学科领域的智慧，并经过理论思辨和实践确证，使之上升为交叉学科思想政治教育研究的逻辑范畴和基本原理，进而有效解决了各阶段思想政治教育学科遇到的各类问题和挑战。但应该清醒地认识到，交叉学科思想政治教育研究中仍存在概念不清、范畴不明、逻辑混乱、体系不足等问题，主要表现为思想政治教育学科内源性不足、交叉学科思想政治教育研究外源性失当，造成交叉学科思想政治教育研究成果的悬空状态，无法实现有效的思想政治教育学科内部消化和持续稳定的外向延展。

实际上，出现交叉学科思想政治教育研究逻辑范畴模糊的问题，其根源是没有弄清楚交叉意识与边界意识、学科自觉与学科自信的辩证统一关系。交叉意识是现代社会复杂性对思想政治教育学科创新发展提出的时代要求，边界意识是强调在推动交叉学科研究的同时，立足思想政治教育学科属性；学科自觉是充分了解和准确把握思想政治教育学科发展历程、成就、经验以及趋势，清楚交叉学科研究是学科发展的必然选择，学科自信是基于学科自觉，进一步坚定对马克思主义理论、思想政治教育学科的信仰、信念、信心。边界问题，一直是思想政治教育学科在努力思考和解决的问题。在交叉学科思想政治教育研究中，边界问题更为突出，比如“移花接木”“本末倒置”的所谓交叉学科研究方法，直接造成在交叉学科思想政治教育研究中出现学科定位偏移、分支学科发展停滞。这些问题在一定程度上遮蔽了交叉学科思想政治教育研究的初心和使命，阻碍着交叉学科思想政治教育研究效果甚至思想政治教育学科的高水平发展。以思想政治教育社会学为例，推动思想政治教育学科与社会学的融合发展，首先要明确两者的内在联系，这是交叉学科研究的逻辑起点，进而明确两者融合发展的逻辑范畴。思想政治教育学科与社会学的研究对象、研究内容、研究方法存在亲缘性，具体来讲，在研究对象方面，思想政治教育主体是一定社会的特定阶级，思想政治教育客体是社会成员，而思想政治教育介体是社会意识形态，很明显，思想政治教育学科与社会学之间存在自洽性；在研究内容方面，社会学研究人在社会中的存在、角色、互动的关系，而思想政治教育学科是研究人的学科，两者的研究内容具有共通性；在研究方法方面，调查研究是社会学的主要研究方法，而早在中国共产党初创时期，毛泽东就提出“没有调查，就没有发言权”，而思想政治工作作为党的一切工作的生命线，一直在坚持党的调查研究传统，直到成为思想政治教育学科的重要研究方法。通过辨析思想政治教育学科与社会学存在的内在联系，就能清晰地看到两个学科融合发展

的逻辑范畴和逻辑理路。另外，交叉学科思想政治教育研究者，要不断增强思想政治教育学科自觉和自信，主动了解思想政治教育学科 40 年的发展历程，明确思想政治教育学科创新发展对于实现中华民族伟大复兴的重大战略意义。交叉学科思想政治教育研究是思想政治教育学科发展的一个重要阶段，大力推动交叉学科思想政治教育研究最终是要发展思想政治教育学科，而不是弱化、改变思想政治教育学科，因此，交叉学科思想政治教育研究要做到立足点稳、结合点准、逻辑性强、成果化好，在交叉意识与边界意识、学科自觉与学科自信的辩证统一中，推动新时代思想政治教育学科高质量发展。

二、交叉学科思想政治教育研究问题聚焦不够

一直以来，交叉学科思想政治教育研究坚持问题导向，实际上，交叉学科思想政治教育研究始于问题意识。思想政治教育学科自 1984 年设立以来，为了更好地解决各类复杂问题，开始运用其他学科的知识、内容和方法来解决思想政治教育学科难以解释和解决的问题。正因为交叉学科思想政治教育研究自始至终坚持问题导向，才得以促进了思想政治教育学科与自然科学、其他社会科学的相互借鉴和融合发展。解决问题是交叉学科思想政治教育研究的动力所在，因此，诸多专家学者围绕交叉学科思想政治教育研究成果的实用性、实践性问题展开讨论，并取得一系列有益成果。思想政治教育心理学、思想政治教育社会学、思想政治教育政治学等传统意义上的交叉学科思想政治教育研究成果，为推动思想政治教育学科的创新发展，解决思想政治教育学科面临的新问题、新挑战，做出了巨大贡献。进入互联网时代，思想政治教育学科与网络信息技术学融合发展，诸多专家学者响应党和国家的决策部署，立足互联网时代落实立德树人根本任务，提出了一系列卓有成效的交叉学科研究成果，使思想政治教育学科面对互联网时代层出不穷的理论和实践问题，能够“靶向”回应和解决。

但通过文献梳理发现，当前交叉学科思想政治教育研究领域仍存在问题聚焦不够的现象，一方面，“真”问题意识不强。交叉学科思想政治教育研究一定要真研究问题、研究“真”问题，“真”问题是指能够揭示事物本质规律的问题，进一步讲，要研究思想政治教育基础理论问题，泛泛地研究、重复地研究、总结式研究、展望式研究、现象化研究、表面化研究，都不属于真研究问题、研究“真”问题。当前，思想政治教育学科的基础理论问题，主要包括思想政治教育的发生学和本质属性，思想政治教育过程中的主客体关系，思想政治教育与意识形态的关系，思想政治教育的要素、关系、结构、功能、动作质量、动作效益，等等。① 交叉学科思想政治教育研究要敢于触碰和解决这些能够切实推动思想政治教育学科发展的基础理论问题。另一方面，理论与实践结合不够。“哲学家们只是用不同的方式解释世界，问题在于改变世界。”② 坚持理论联系实际，坚持实践导向，是马克思主义的理论品质，是思想政治教育研究的根本遵循。交叉学科思想政治教育研究要敢于、善于回应现实中的问题，不能理论对理论，为了交叉而交叉，对实践没有指导意义的交叉学科研究成果是毫无意义的。同时，实践导向是形成和发展交叉学科思想政治教育研

---

① 邱柏生．关于思想政治教育基础理论创新的若干思考［J］．思想理论教育，2019（8）：11－18.
② 马克思恩格斯选集（第 4 卷）［M］．3 版．北京：人民出版社，2012：1004.

究的重要依据，如果交叉学科研究成果对实践不具有实用性、可行性，将弱化交叉学科思想政治教育研究的价值意义。在推动思想政治教育学科与其他相关学科融合发展的过程中，其理论成果能够指导思想政治教育实践解决思想政治教育学科面临的问题，是是否可以借鉴、融合的判断标准。因此，交叉学科思想政治教育研究要紧紧围绕思想政治教育学科范畴，不断增强解释和解决学科实践问题的能力和水平。在推进思想政治教育学科与其他相关学科融合发展之前，首先要考虑理论假设的科学性和实用性，并通过实践检验和确证交叉学科研究理论的科学性和实用性，通过实践证明正确的交叉学科理论要予以进一步的深化研究，证明错误的交叉学科理论要坚决予以调整、完善甚至停止融合发展。其次要关注交叉学科研究的共同性和历史性问题，思想政治教育学科面临的问题随着时空的转换会有变化，包括交叉学科研究理论成果也要随着问题的变化而调整优化。最后要辨析交叉学科研究过程中的特殊性问题和普遍性问题。在交叉学科思想政治教育研究问题生成过程中，要弄清楚哪些问题具有普遍性，哪些问题具有特殊性，普遍性问题要通过普遍性理论来解决，特殊性问题要通过特殊性理论来解决，做到各类问题的精准化解决。

三、交叉学科思想政治教育研究整体力量分散

通过中国知网查阅发现，交叉学科思想政治教育研究者学术背景单一、年龄结构不合理，研究持续性不足，期刊关注度不均衡，研究团队协同成果较少。可以说，当前交叉学科思想政治教育研究整体力量分散。从研究者学术背景来看，大多研究者是马克思主义学院思政课教师，也有为数不多的传播学、政治学、社会学背景的其他学科研究者，极个别的研究者具有多学科教育背景。从研究者年龄结构来看，“60后”“70后”研究者占比较高，“80后”研究者占比较少，“90后”研究者大多数是在导师的指导下完成和发表相关研究成果，而且其交叉学科研究成果主要集中于思想政治教育学科与网络信息技术学的融合发展问题。这与交叉研究要求研究者掌握多学科知识、理论和方法有关，但在一定程度上说明青年学者对交叉学科思想政治教育研究的热情不够，其交叉学科研究素养和能力也需要进一步提升。从研究成果持续性来看，发表3篇以上交叉学科思想政治教育研究相关成果的作者很少，其中，令人欣喜的是个别研究者关于交叉学科思想政治教育的研究成果超过了10篇，但大部分作者是发表一篇相关文献后，再也没有发表交叉学科思想政治教育研究成果，交叉学科思想政治教育研究持续性可见一斑。从研究成果发表期刊来看，交叉学科思想政治教育研究成果主要发表于《思想教育研究》《思想理论教育》《思想理论教育导刊》《学校党建与思想教育》《学术论坛》等，部分马克思主义理论类期刊几乎没有发表过交叉学科思想政治教育研究成果。从研究团队协同成果来看，交叉学科思想政治教育研究团队较少，其协同研究者也缺乏稳定性、持续性，跨学校跨学科跨专业协同合作的研究成果屈指可数，说明交叉学科思想政治教育研究的推动力，更多来自学科建设需要、时代发展要求、学术骨干带领，虽有相对稳定的研究者，但其他学科研究者、青年学者加入交叉学科研究领域的数量和质量都不够，尚未形成持续稳定推动交叉学科思想政治教育研究的交叉学科研究群。

分析交叉学科思想政治教育研究整体力量分散的原因，一方面，教育主管部门对交叉学科思想政治教育研究队伍建设的统筹规划和合理建构不够；另一方面，交叉学科思想政

治教育研究相关机构、社会组织、学术交流机制还不够完善。因此，当前交叉学科思想政治教育研究队伍的独特性有余、开放性不足，个人带领有余、团队协同不足，交叉学科思想政治教育研究尚未形成学科集聚效应。团队协作是推动新时代思想政治教育学科创新发展尤其是交叉学科思想政治教育研究的重要基础，只有更多的研究者热爱、关注、投身交叉学科思想政治教育研究，才能铸牢实现交叉学科思想政治教育研究的知识和理论基础，因此，要通过学科布局顶层设计，包括政策引导、制度规范、骨干带领等各种方式，集聚一大批既有区别、又有联系的专家学者，逐步形成一个相对稳定的交叉学科研究群体。① 进而为交叉学科思想政治教育研究提供高水平的队伍支撑。破解交叉学科思想政治教育研究整体力量分散的困境，首先要遵循人才成长规律。交叉学科思想政治教育研究者的培养需要遵循人才成长规律，具有系统性、综合性，要通过多维立体措施，提升交叉学科人才培养的针对性，具体地讲，置于中华民族伟大复兴中国梦培养人才交叉学科信念，置于马克思主义理论的科学性培养人才交叉学科兴趣，置于时代呼声、人民呼声培养人才交叉学科能力，置于思想政治教育学科发展趋势培养人才前瞻素养。其次要遵循学科建设规律。人才培养和学科建设都需要循序渐进，不可能一蹴而就、立竿见影，辨析思想政治教育学科与其他学科的共同点和不同点，立足思想政治教育学科的特殊性，多注重交叉学科思想政治教育研究的战略规划和顶层设计，鼓励和引导思想政治教育学科在守正的基础上，创新性地推动交叉学科思想政治教育研究。最后要遵循研究协作规律。双向互动、双方共赢是学术研究协同合作的基础，要积极引导各类专家学者形成更为宽广的学术视野、掌握更为全面的学术知识、具备更为全面的协作能力，通过不同学科之间的研究者们在双向互动和双方共赢中获得动力，不断增强思想政治教育学科的黏合力，进而实现思想政治教育学科与其他相关学科的共融共进共生。

第四节　交叉学科思想政治教育研究的发展展望

当前，我国正处于全面建成社会主义现代化强国、以中国式现代化实现中华民族伟大复兴的关键时期，教育、科技、人才是实现社会主义现代化和中华民族伟大复兴的基础性、战略性支撑，正因为如此，党的二十大将教育、科技、人才的地位和作用提到前所未有的战略高度。2018 年教育部等多个部门联合发布的《关于高等学校加快“双一流”建设的指导意见》明确提出：“整合相关传统学科资源，促进基础学科、应用学科交叉融合，在前沿和交叉学科领域培植新的学科生长点。”② 习近平总书记在哲学社会科学工作座谈会上强调，“要加强马克思主义学科建设”，“要加快发展具有重要现实意义的新兴学科和交叉学科，使这些学科研究成为我国哲学社会科学的重要突破点”③。习近平总书记一系

① 冯刚．交叉学科视野下思想政治教育的创新发展［J］．思想理论教育导刊，2011（11）：84－88.

② 教育部 财政部 国家发展改革委印发《关于高等学校加快“双一流”建设的指导意见》的通知［EB/OL］.（2018－08－27）［2023－06－10］. http://www.gov.cn/xinwen/2018－08/27/content_5316809.htm.

③ 习近平谈治国理政（第 2 卷）［M］. 北京：外文出版社，2017：345.

列重要讲话精神和党和国家的决策部署，为交叉学科思想政治教育研究提供了明确的方向指引和行动遵循。当前，“两个一百年”奋斗目标交互交替，“两个大局”交互激荡，科学技术日新月异，人们的思维方式、行为习惯、价值观念面临着来自国内外的剧烈冲击，思想政治工作是党的一切工作的生命线，肩负着为党和国家培养社会主义建设者和接班人，为实现社会主义现代化和中华民族伟大复兴提供人才支撑、打牢思想基础的重要使命。这就要求思想政治教育学科因势而谋、应势而动、顺势而为，加快推动交叉学科思想政治教育研究，有效解决思想政治教育学科领域的新问题新挑战，更好地服务于中华民族伟大复兴中国梦的全面实现。

一、促进交叉学科思想政治教育研究的知识生产

40年来，思想政治教育学科逐渐走向成熟，其成熟的标志是形成了较为稳定的研究领域，其中，包括交叉学科思想政治教育研究。当前，随着交叉学科思想政治教育研究的不断深入，交叉学科思想政治教育研究成为相对稳定的研究图景，实现交叉学科思想政治教育研究的知识生产，也成为必然趋势。知识生产，是相对于知识借鉴、知识支援而论的。知识生产不限于具体的知识体系和理论体系形式，也可以是一门理论课程、实践课程，同时，还可以是一篇学术论文、研究报告，一部著作等。在一定意义上，思想政治教育学科本身就是交叉学科研究的知识生产结果，虽然近年来交叉学科思想政治教育研究加快推进，但是知识生产的数量和质量还有很大提升空间。知识生产，是新时代新征程深入推动交叉学科思想政治教育研究的推动力和目标指向。面对新时代新征程中的新要求新任务新挑战，思想政治教育学者必然要加强交叉学科思想政治教育研究，而不断认识和解决新要求新任务新挑战的过程，实际上就是交叉学科思想政治教育研究知识生产的过程，换句话说，交叉学科思想政治教育研究的深入发展，是与知识需求的综合化和知识生产的专业化直接相关的。需要强调的是，传统意义上，思想政治教育学科简单借鉴、引用其他相关学科的知识、内容、方法，难以实现交叉学科思想政治教育研究的知识生产实践，只有在“破”和“立”的过程中，做到思想政治教育学科与其他相关学科之间的双向互动、双向融合、共同发展，才能真正实现交叉学科思想政治教育研究的知识生产。

实现交叉学科思想政治教育研究的知识生产，涉及发展战略、政策引导、队伍建设、评价体系等多个要素。以队伍建设为例，40年来思想政治教育研究队伍的专业化水平不断提升，从事交叉学科思想政治教育研究的队伍亦不断壮大，也取得了一系列研究成果，实现了一定的知识生产。但近年来由于从事思想政治教育研究的专业人员大部分是本、硕、博都是马克思主义理论一级学科或者思想政治教育二级学科教育背景，存在学术视野狭窄、知识结构单一等不足。事实上，单一学科教育背景的队伍面对复杂多变的现实问题、时代课题，很难实现知识生产，导致思想政治教育研究成果或者属于情感感情类，或者属于经验总结类，或者属于思辨研究类，容易陷入“空对空”、学术含量不高的尴尬境地。而加快推动交叉学科思想政治教育研究，建设具有多学科背景的交叉学科研究队伍，培育具有共同学术理想和目标的学术共同体，实现交叉学科思想政治教育研究的知识生产，有助于此类状况的改善、改变。另外，国家政策导向是交叉学科思想政治教育研究知识生产的重要因素。从交叉学科研究发达的国家做法来看，应该对交叉学科思想政治教育

研究给予更多的灵活性和持续性支持。在各级各类科研课题立项中，多列出交叉学科研究方向，创新交叉学科研究项目的审批方式，并给予持续的资助，资助期内可以定期开展评价、调整、优化工作。为了实现交叉学科思想政治教育研究的知识生产，要做好如下几个步骤的工作：第一步是制定交叉学科思想政治教育研究的发展战略，明确交叉学科思想政治教育研究的目标方向；第二步是培育交叉学科思想政治教育研究的学术团队，完善交叉学科思想政治教育研究的组织结构；第三步是孕育交叉学科思想政治教育研究团队的组织文化，主要是形成优势互补、共融共进的学术生态；第四步是提供交叉学科思想政治教育研究的物质基础、政策支撑、制度保障。近年来，诸多专家学者针对某一问题协同攻关，交叉学科研究已经成为思想政治教育研究的重要研究范式，体现了进一步认识和理解思想政治教育学科的思维方式、知识生产途径等。在一定程度上，知识生产的规模和质量反映了交叉学科思想政治教育学科发展的成熟与否，正处于从发展期向稳定期转向的交叉学科思想政治教育研究，要通过生产具有高学术含量的新知识、新理论，不断推动新时代思想政治教育学科向纵深发展。

二、构建交叉学科思想政治教育研究学术共同体

学术共同体又称科学共同体，由英国科学哲学家波拉尼（M. Polanyi）在《科学的自治》一文中首次使用，他把从事科学研究的科学家们作为一个具有共同学术理想、共同学术追求、共同学术规范的学术群体。美国学者托马斯·库恩在《科学革命的结构》中使用“科学共同体”这一概念阐释了科学认识、知识生产、学科发展过程，强调共同的研究范式是形成科学共同体的重要条件，每个成员都有各自的特长，因为互补构成了科学共同体。科学共同体倡导的精神恰恰与交叉学科研究理念完全吻合。交叉学科思想政治教育研究学术共同体，是指交叉学科思想政治教育研究者因为热爱思想政治教育研究、共同的学术理想逐渐形成学科背景互补、结构合理、充满活力且能够实现 1 加 1 大于 2 的学术共同体。当前，交叉学科思想政治教育研究学术共同体不多，而且，很多思想政治教育研究者由于缺乏相关专业知识和能力，交叉学科思想政治教育研究的意愿不够强烈，直接影响到交叉学科思想政治教育研究学术共同体的持续稳定发展。借鉴学者波拉尼、库恩提出的科学共同体主张，要加快构建更多交叉学科思想政治教育研究学术共同体。团队成员在交叉学科思想政治教育研究学术共同体中，共建学术理想、共克学术难关、共享学术成果，进而为交叉学科思想政治教育研究提供坚强的人才队伍支撑。

构建交叉学科思想政治教育研究学术共同体，首先要通过创新交叉学科人才培养体系，提升交叉学科思想政治教育研究者的能力。目前，从事思想政治教育理论研究和实践探索的人员大多具有马克思主义理论学科背景，思想政治教育专业的人才培养体系也逐渐走向成熟，但从培养交叉学科思想政治教育研究者来看，现有思想政治教育专业人才培养体系，在坚持马克思主义为指导思想，将习近平新时代中国特色社会主义思想贯穿课程体系，重点讲授思想政治教育学科基础理论的基础上，可以融入相关学科的知识内容、研究方法、技术手段等，引导思想政治教育专业学生接触、了解和掌握相关学科知识和方法。另外，通过一系列激励政策和制度，激发思想政治教育研究者的交叉学科研究热情，增强投身交叉学科思想政治教育研究的自觉和自信；鼓励更多的其他学科研究者主动了解思想

政治教育学科，有意愿与思想政治教育研究者共同组建专业团队，与思想政治教育研究者分享学术资源，共同参与思想政治教育学科重大理论问题的研究。其次要通过培育交叉学科研究学术带头人，组建交叉学科思想政治教育研究团队。学术带头人在学科发展过程中发挥着关键作用，尤其在交叉学科思想政治教育研究中，学术带头人能够发挥定方向、融方法、带队伍等重要作用。如果没有学术带头人，难以形成学术共同体，难以促进知识生产，更难以形成团队凝聚力，造成交叉学科思想政治教育研究团队的有名无实。因此，要根据学科建设规律和团队建设规律，重点培养一批具有交叉学科背景、协调能力强、科研能力强的交叉学科思想政治教育研究学术带头人，引导、带动更多不同年龄阶段、不同学科背景的研究者组成学术共同体，进而共同推动交叉学科思想政治教育研究。当前，不同学科之间、不同团队之间存在一定的壁垒，而且还存在一定的竞争，因此，存在以导师为团队核心“各自为政”的现象，同时，在人才市场和资本的影响下，思想政治教育学科人才的流动比较大，因此，存在学术带头人稳定性问题，这就需要教育主管部门加强政策引导和制度规范，使学术带头人在交叉学科思想政治教育研究学术共同体建设中持续发挥积极作用。最后要通过搭建交叉学科研究平台，凝聚交叉学科思想政治教育研究人才。促进思想政治教育学科与其他相关学科的融合发展，实现交叉学科思想政治教育研究的知识生产，需要功能完备、科学规范、运行有效的交叉学科思想政治教育研究平台，比如在科研院所、高等院校建立交叉学科思想政治教育研究机构，建立交叉学科思想政治教育研究社会组织，并积极举办有助于思想政治教育学科与其他相关学科融合的学术会议，吸引和凝聚更多的学科和人才，联合不同学科和人才的力量，集思广益，为交叉学科思想政治教育研究注入新视野新思维新知识新方法。

三、推动新时代思想政治教育学科的现代化建设

团结带领全国各族人民全面建成社会主义现代化强国、实现第二个百年奋斗目标，以中国式现代化实现中华民族伟大复兴，是党的中心任务。思想政治教育学科的现代化建设是提升新时代思想政治教育科学化水平的必然要求，也是推动中国式现代化的应有之义。思想政治教育学科自设立40年来，将推动思想政治教育科学化、现代化作为理论研究和实践探索的重大使命，努力将思想政治教育学科从经验知识转向科学知识，成为独立的、彰显科学化现代化精神的一门学科。新时代新征程，我国正处于实现中华民族伟大复兴中国梦的关键阶段，这就要求思想政治教育实现现代化转向，在中国式现代化进程中发挥思想政治教育学科应有的作用。“经验自然科学积累了如此庞大数量的实证的知识材料，以致在每一个研究领域中有系统地和依据材料的内在联系把这些材料加以整理的必要，就简直成为无可避免的。建立各个知识领域互相间的正确联系，也同样成为无可避免的。”① 脱离传统的经验知识，实现向科学知识的飞跃，是现代学科的本质特征，同样，思想政治教育学科要顺应时代的进步和社会的发展，超越传统依靠生活感知和经验积累的知识形态，聚集立德树人根本任务，遵循思想政治教育工作规律、教书育人规律、学生成长成才规律，以专业化、科学化的研究范式，按照中国式现代化要求，加快推动新时代思想政治教育学科的现

① 马克思恩格斯全集（第20卷）[M]. 北京：人民出版社，1971：382.

代化建设。

随着人类社会规律性认识的不断深入，现代学科在“分”和“合”交叠演进中不断发展，交叉学科思想政治教育的形成和发展既是思想政治教育学科作为一门学科“分”的过程，又是“合”的结果。一方面，一些知识领域的研究更加细化，相关学科的分化不断加深，学科研究对象也更加精细化，各类学科在不断细化、分化中形成诸多分支学科，思想政治教育学科也是如此。早在2007年，张耀灿就主张随着规律性认识的不断深入，思想政治教育学科要“发展完善分支学科体系”①。思想政治教育对象的思维方式、行为习惯不断发生着变化，而且，党和国家对于落实立德树人根本任务不断提出新要求新任务，这就要求思想政治教育研究不断走向精细化。另一方面，传统意义上的学科边界不断被打破，研究对象的复杂性难以由独立的一门学科承担，学科与学科之间的交流日益频繁，现代学科呈现出双向融合中不断实现自然突破的趋势。在此背景下，现代学科既强调自身学科的独立性，又强化学科的开放性，在不断分化与融合中调整和优化学科自身，实现时代化的创新性转向。同样，思想政治教育学科也在“分”和“合”交叠演进中不断走向现代学科，从初创时期的分化发展到广泛汲取、借鉴其他相关学科的有益“养分”，再到跨学科、多学科、学科交叉研究，并在此基础上形成和发展交叉学科思想政治教育研究。可以说，交叉学科思想政治教育研究充分反映了现代学科发展规律，从这个意义上讲，交叉学科思想政治教育研究不只是思维方式、研究范式的转向，更是思想政治教育学科的现代化转向。这种“分”和“合”交叠演进的过程，恰恰体现了思想政治教育学科的现代性。作为肩负为党育人、为国育才神圣使命的思想政治教育学科是离中国式现代化最近的一门学科，思想政治教育学科要与时代同呼吸，要与中国式现代化同推进。交叉学科思想政治教育研究，正是遵循现代学科发展演进的规律，坚持以马克思主义世界观和方法论为指导，以解决新时代思想政治教育学科所面临的新任务和新挑战为导向，不断提升思想政治教育学科现代化的学科发展进路。另外，加快推动交叉学科思想政治教育研究需要规范化、制度化的机制，有的学者认为，交叉学科研究塑造出现代思想政治教育学应有的知识制度。② 有的学者则认为，要按照现代社会科学哲学的基本规范对思想政治教育学科知识生产方式展开规范化研究。③ 的确，规范化、制度化是现代学科的基本特征，在新形势下，如何通过规范化、制度化研究，推动交叉学科思想政治教育研究的规模化、稳定化发展，进而实现交叉学科思想政治教育研究的持续健康发展，是需要不断深化的规律性问题。

---

① 张耀灿．思想政治教育学科理论体系发展创新探析［J］．学校党建与思想教育，2007（5）：7-10．

② 叶方兴．论思想政治教育学科交叉研究的四重使命［J］．思想教育研究，2023（1）：37-42．

③ 金林南．经验科学、意义理解与实践批判——思想政治教育学科知识的三重维度［J］．江西师范大学学报（哲学社会科学版），2015（2）：29-37．

第二十九章　中华优秀传统文化与思想政治教育研究

中华优秀传统文化中蕴含着丰富的思想政治教育元素，对推动思想政治教育创新发展具有重要的理论价值和现实意义。习近平总书记在党的二十大报告中明确指出："中华优秀传统文化源远流长、博大精深，是中华文明的智慧结晶，其中蕴含的天下为公、民为邦本、为政以德、革故鼎新、任人唯贤、天人合一、自强不息、厚德载物、讲信修睦、亲仁善邻等，是中国人民在长期生产生活中积累的宇宙观、天下观、社会观、道德观的重要体现，同科学社会主义价值观主张具有高度契合性。"① 40 年来，随着思想政治教育学科的建立和发展，中华优秀传统文化与思想政治教育的研究取得了一系列重要成果。特别是中国特色社会主义新时代以来，研究成果呈持续增长的态势，新的问题领域、新的研究视角得以不断开掘，高质量的研究成果不断涌现。

第一节　中华优秀传统文化与思想政治教育的研究成果概要

从数量来看，学界关于中华优秀传统文化与思想政治教育的研究成果主要涉及专著教材类成果、学术论文类成果、国家社科基金立项等。

专著教材类成果。在 2004 年以前，思政学科的基本理论尚处于初步建构阶段，研究中华传统文化与思想政治教育的著作较少。2005 年至 2012 年，以对中国德育思想史的梳理、传统德育思想的当代价值为指向的成果逐渐增多，开启了以思想政治教育学科立场对中华优秀传统文化的探索。进入新时代以来，研究中华优秀传统文化与思想政治教育的专门著作有 100 余部，研究主题涉及中华优秀传统文化与社会主义核心价值观、中国传统德育思想、中国传统社会教化思想、古代思想政治教育史、中华优秀传统文化与思想政治教育的融合与转型、中华优秀传统文化与高校思想政治教育创新等。

① 习近平．高举中国特色社会主义伟大旗帜 为全面建设社会主义现代化国家而团结奋斗——在中国共产党第二十次全国代表大会上的报告［M］．北京：人民出版社，2022：18.

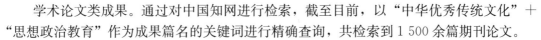

学术论文类成果。通过对中国知网进行检索，截至目前，以“中华优秀传统文化”＋“思想政治教育”作为成果篇名的关键词进行精确查询，共检索到 1 500 余篇期刊论文。

国家社科基金立项。在国家社科基金项目数据库的“马列・科社”学科分类中，以“传统文化”“家风家训”“传统德育”“传统美德”等为关键词进行搜索，筛选出符合“思想政治教育”学科的立项项目有 70 余项（其中 2012 以前年立项 4 项，其余均为 2012 年以后立项）。从研究主题来看，可以分为以下几类：一是对中华优秀传统文化与思想政治教育相结合的理论研究。如龚贻洲的“中国传统文化与社会主义精神文明建设”（一般项目，1992）、寇征的“继承中华传统文化精髓与当代社会伦理道德的构建研究”（一般项目，2014）、石书臣的“中华优秀传统文化中的德育资源及其当代价值研究”（后期资助项目，2017）、李喜英的“中华优秀传统文化涵养社会主义核心价值观研究”（一般项目，2017）、黄延敏和解丽霞的“中国共产党与传统文化关系的百年历史考察与经验研究”（重大项目，2018）、刘爱军的“儒家优秀传统文化融入高校思政课研究”（思政课专项，2021）等。二是对中华优秀传统文化与思想政治教育融合路径的研究。如吴翠丽的“以提升价值观自信为指向的中华传统美德创造性转化研究”（一般项目，2016）、王易的“新时代背景下中华优秀传统文化的继承与创新研究”（重点项目，2018）、许慎的“中国共产党运用中华优秀传统文化凝心聚力的意义与路径研究”（青年项目，2019）、汤玲的“中华优秀传统文化融入高校思政教育的逻辑机理与实践路径研究”（一般项目，2020）、涂爱荣的“中华优秀传统文化与高校思政课的融通机制研究”（思政课专项，2020）、邹诗鹏和林国标的“中国特色社会主义与中华文明内在渊源及其现代转化研究”（重大项目，2020）、胡安宁的“中华优秀传统文化创造性转化与创新性发展的社会实现路径与机制研究”（重大项目，2021）等。三是对传统家风、家训与社会主义核心价值观关系的研究。如徐国亮的“中国传统家教、家风的历史嬗变及现代转换研究”（重点项目，2017）、陆树程的“家风家训与社会主义核心价值观培育研究”（一般项目，2018）、韩文乾的“中华传统家风家训涵养新时代青年价值观研究”（青年项目，2018）、符得团的“中华优秀家风传承创新路径研究”（西部项目，2018）、张立驰的“中华优秀传统家风文化融入高校思想政治理论课教学研究”（思政课专项，2022）等。

总体来看，中华优秀传统文化与思想政治教育研究的成果数量具有鲜明的阶段性特征。学科初创萌芽时期的研究成果较少，但随着学科的不断发展与整合，这个论题得到的关注越来越高。进入新时代以来，随着党和国家对中华优秀传统文化的重视，相关研究成果数量不断增加，质量不断提高，论域也越来越全面和精细。

从研究成果内容来看，通过对 40 年来关于中华优秀传统文化与思想政治教育的学术著作出版情况和学术论文发表情况的梳理，大致可以将中华优秀传统文化与思想政治教育的研究进程分为三个阶段。

一、萌芽起步阶段

以 1984 年思想政治教育学科的设立为起点至 2004 年，这是中华优秀传统文化和思想政治教育研究的萌芽起步阶段。该阶段的研究成果主要集中于对中国传统德育思想史的开掘，也有少量成果开始关注其对现代德育的启示意义。相关研究呈现出以下特点：

其一，在“中国德育思想史”的宏大叙事中解读中国传统德育史，产出了系列高质量的理论成果。学者们以思想史的演进脉络作为线索，讨论了不同历史时期不同思想流派与典型人物的德育思想，并将传统德育思想史作为其中的主体内容。如江万秀、李春秋所著的《中国德育思想史》以时间和人物作为并行的两条线索，讨论了不同历史时期代表性思想家的德育思想；于钦波编著的《中国德育思想史》和张锡生主编的《中国德育思想史》都以时间线索论述了中国传统德育思想的沿革和发展；罗炽、简定玉等著的《中国德育思想史纲》立足德育内容的时代变迁对中国传统思想政治教育进行了阐释，主要从历史寻踪、历史功能等方面阐述了传统德育思想的现实价值；等等。从总体上看，这些理论成果皆具有开阔的视野，在纵向上，整全地关照到了自原始社会至明清之际的思想分期，亦关注到了思想史的近现代转型；在横向上，以儒家德育思想为中心，全面涉及儒、墨、道、法、佛等思想流派。

其二，儒家德育思想成为研究的主要面相，“现代价值”的思考开始逐步启动。在宏观讨论之外，为数不多的中观与微观研究亦大都集中于对儒家思想的讨论。中观研究如邓球柏所著的《中国传统文化与思想政治教育》，讨论了先秦两汉时期的传统思想政治教育理论。微观研究如杨晓惠、刘和忠的《孔子德育方针、方法新探》等。高质量的研究成果屈指可数。同时，学者们已经不能满足于历史价值的分析，开始基于现代立场评估传统德育思想的价值。这方面的成果如张世欣所著的《中华传统德育思想的现代思考》、孙迎光所著的《传承与超越——儒家德育思想与现代学校德育》等。

其三，学科立场尚未确立。在上述研究中，学者们倾向于以“德育”而非“思想教育”作为核心概念与研究视角，“古代思想政治教育史”概念尚未确立。尽管学者们在著述中明确表达了思想政治教育的问题意识，但是并没有意识到“德育”概念的多重学科属性，以至于无法与中国哲学史、中国传统伦理思想史等学科严格分界。比如陈谷嘉、朱汉民主编的《中国德育思想研究》，并非严格意义上的思想政治教育史研究著作，而属于中国哲学史的研究成果。冯克诚主编的《秦汉时期的道德发展与德育实践》、侯怀银所著的《德育传统的当代价值》同样难以分辨学科立场。当然，这个时期也出现了关于开拓学科立场的理论探索，如邓球柏所著的《中国传统文化与思想政治教育》，以思想政治教育的理论框架概念解读传统经典文本，力图挖掘其中的思想政治教育元素。

在这一阶段的研究中，由于思想政治教育学科尚处于初步创立阶段，中华优秀传统文化与思想政治教育的研究缺乏相对全面的研究视角和丰富的研究方法，研究重点也仅聚焦于对中国德育思想史的梳理及其历史价值的阐发，理论成果不够充分。这一阶段研究的另一个特点是，倾向于历史整理，不重视现代价值的开掘。这种现象的出现，与当时的理论研究气候有相当的关系。尽管“批判继承”已经渐成理论共识，但是中国传统文化的历史整理尚未完成，现代建构自然不具备启动的条件。应该肯定的是，该阶段的研究拓宽了思想政治教育史的研究视野，呈现出整体把握、以史鉴今的研究态势，为后续研究指明了方向。

二、深化发展阶段

该阶段以马克思主义理论一级学科设立为起点至2011年。2005年国务院学位委员会

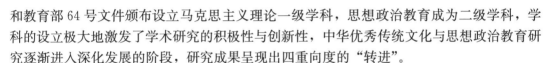

和教育部64号文件颁布设立马克思主义理论一级学科，思想政治教育成为二级学科，学科的设立极大地激发了学术研究的积极性与创新性，中华优秀传统文化与思想政治教育研究逐渐进入深化发展的阶段，研究成果呈现出四重向度的“转进”。

其一，研究论域从系统向精深的转进。在这一阶段，系统性的研究依然存在，中国古代德育思想发生、发展的历史轨迹继续得以全面而深入的梳理，如黄钊所著的《中国古代德育思想史论》。与前一阶段不同的是，学术论域开始从系统性研究逐步向专题式、个案式研究转进，特殊思想流派与代表性人物的思想政治教育理论、古代思想政治教育的具体问题等，皆得到了相当的关注。代表性成果如冯秀军所著的《教化·规约·生成：古代中华民族精神化育研究》、崔华前所著的《先秦诸子德育方法思想研究》、崔景明所著的《道家伦理智慧价值及在思想政治教育中的运用》等。

其二，研究视角从单一向多元的转进。在“德育”“思想政治教育”之外，出现了“思想教育理论”“思想道德教育”“美德教育”等新的研究视角。多元视角的并存，使得古代思想政治教育史的理论成果更加丰富、更加多元。代表性成果如张世欣所著的《中国古代思想道德教育史》、张祥浩所著的《中国传统思想教育理论》等。

其三，研究思路从学术纯思向实践关怀的转进。这种转进主要体现在两个方面：一是“现代建构”渐成主流，学者们已经不满足于基于历史语境的价值评估，越来越多地倾向于解读古代思想政治教育理论与现代文明的价值链接，如黄钊所著的《儒家德育学说论纲》等。二是基于意识形态领域的重大理论诉求解读中华优秀传统文化的资源性意义，代表性成果如黄钊的《论社会主义核心价值体系与中国传统文化的亲密关系》、王贤卿等的《中华“和合”文化与建设社会主义核心价值体系》、孙熙国的《中国优秀传统文化与当代青年发展》等。

其四，学科立场从模糊向“凸显”的转进。在这一阶段，相关研究虽然依然以“德育”为主要的研究视角，但已经开始出现以“古代思想政治教育史”为题的专门著作，如赵康太、李英华主编的《中国传统思想政治教育理论史》。同时，也出现了以“传统文化与思想政治教育创新”为主题的理论思考等。此外，相关研究也陆续出现在思想政治教育原理的理论研究与教材建设中，如沈壮海在《思想政治教育的文化视野》中提出，应当通过对中华优秀传统文化的继承，通过对文艺育德、思想道德建设审美化传统的发扬，来完善思想政治教育的理论建设和实践路径。张耀灿等在《现代思想政治教育学》（人民出版社2006年版）中也简要评述了中国古代思想政治教育的内容。这表明，学者们已经开始思考中华优秀传统文化与思想政治教育研究的学科立场与学科特色。

综而论之，该阶段中华优秀传统文化与思想政治教育的研究呈现出立足整体、逐步深化、重视比较的态势。但就实际研究成果而言，理论的深耕还是不够充分和深入，学科立场依然没有真正确立，这也为理论研究的持续推进留下了空间。

三、全面推进阶段

随着中国特色社会主义步入新时代，中华优秀传统文化与思想政治教育研究进入了全面推进阶段。“两个结合”的提出，使得推动中华优秀传统文化创造性转化和创新性发展的呼声日益高涨。这种文化氛围极大地推进了理论研究的进度。在这一阶段，相关研究的专著、教材及论文数量不断增长，其总体研究态势呈现出三大特点。

其一，以学术研究回应时代重大问题的理论自觉得以高度提升。党的十八大以来，中华优秀传统文化与社会主义核心价值观的内在关系成为学界关注的热点问题，产出了一批高质量的理论成果。宏观层面的解读，如戴木才所著的《中国传统核心价值观的创新性发展》、南大伟所著的《新时代社会主义核心价值观的传统文化基因传承和发展研究》、姚才刚等著的《核心价值观的传统文化根基与意蕴》等。中观层面的解读，如崔志胜的《中国传统家书文化对社会主义核心价值观的作用探析》等。微观层面的解读，如张宏斌的《知行合一与社会主义核心价值观》、高国希的《论作为社会主义核心价值观的"友善"》等。与理论探讨并进的亦有实践进路的思考，如基于大学生社会主义核心价值观培育的层面思考中华优秀传统文化的价值意义等。此外，中华传统美德的创造性转化与创新性发展，中华优秀传统文化与人类共同价值、与科学社会主义价值观内在关系的研究也开始起步，尽管成果数量偏少。

其二，古代思想政治教育史研究从整体性研究转向精细化讨论。在这一阶段，"古代思想政治教育史"已经明确被视为思想政治教育学科的内在构成，整体性研究依然存在，但学者们更加着力于古代思想政治教育史的具体问题、具体概念的研究，如中国传统德育中的"人伦日用"概念、榜样教化思想、礼乐文化的德育价值研究等。此外，学者们不再局限于儒家思想的开掘，而是将学术视野投向了诸子思想，如道家德育思想。学者们亦不再局限于思想文化层面的讨论，而是关注到了思想文化之外的诸种文化形态。值得一提的是黄钊主编的《中华优秀传统文化概论》这本新时代思想政治教育专业教材对先秦儒、墨、道、法四大学派的创立发展做了系统论述，并立足中华传统优秀哲理、道德、政治、文艺、科技五大文化向度，强调了中华优秀传统文化与思想政治教育融合的重要性与必要性。也有学者细致入微地讨论了传统家训、传统乡规民约、传统绘画艺术的思想政治教育意蕴等。这些理论成果都从不同的角度丰富了中国古代思想政治教育史的研究内容。

其三，理论研究的实践进路受到普遍关注。学者们不再满足于对经典文本的理论诠释，而是希望将理论分析与实践关怀结合起来，用中华优秀传统文化回应生活实践中的实际问题。这个方面的研究基于三种思路而展开：一是结合思想道德建设中的具体问题开展讨论，如黄钊的《当代职业道德建设应从中华传统美德中吸取营养》、陈继红的《儒家美德与当代青年发展》等。二是基于地方性视角讨论了中华优秀传统文化在思想政治教育中的具体应用，如王立高的《优秀传统文化融入青少年思想政治教育研究——以壮族文化为个案》等。三是从整体上讨论了中华优秀传统文化在高校思想政治教育中的具体应用。这个方面的研究推出了大量的研究成果，相关讨论主要集中于以下论题："中国传统文化与高校德育创新""儒家文化与高校德育""传统文化融入高校思想政治教育""中国传统文化与高校思想政治教育工作融合""传统文化与大学生德育""传统文化与高校生态德育"等。从总体上看，多数研究成果的学术性普遍偏弱，其主要表征是：缺乏问题意识，偏好宏大叙事，对"中华优秀传统文化"的解读基本流于表面。最值得注意的是，出现了较多重复性研究的理论成果。因此，这类研究也就难以提出具有说服力的"融入"或"结合"的具体方案。尽管如此，这种凸显实践关怀的研究进路是值得充分肯定的，尽管还不成熟，但却标示了研究的趋势。

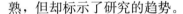

综而论之，新时代中华优秀传统文化与思想政治教育的研究呈全面推进的态势，研究内容更趋深化、实践关怀更为强烈、研究论域更加开阔，有力推动了思想政治教育学科走向成熟与深化。

第二节　中华优秀传统文化与思想政治教育的研究观点综述

在40年理论研究的不断推进中，中华优秀传统文化与思想政治教育相关研究取得了丰硕的成果。研究论域主要展开为四大问题：中国传统文化与思想政治教育内在关系的阐释、中国古代思想政治教育历史的梳理和挖掘、中华优秀传统文化如何参与社会主义主流价值观念建构的探索、中华优秀传统文化的创造性转化与创新性发展等。在对这些问题的讨论中，既有观点的交锋，亦推动了理论共识的形成。

一、中国传统文化与思想政治教育的内在关系

改革开放以来，随着中国综合国力的提升和人民群众生活水平的提高，彰显中国风采、增强文化自信成为思想政治教育的重要任务，越来越多的学者将中华优秀传统文化视作思想政治教育的核心资源之一，学界开始深入讨论中国传统文化对思想政治教育工作创新发展的意义，探究传统德育思想在现代社会中的重要价值及其融入学校思想政治教育工作的必要性、可行性等问题。

（一）中国传统文化与思想政治教育相融合的必要性与可行性

中国传统文化为什么要与思想政治教育相融合，二者的融合是否必要与可行？很多学者对此做了探讨。张祥浩、石开斌认为，曾经的思想政治教育工作之所以一度排斥中国传统文化，根本原因是，在20世纪80年代以前，人们对中国传统文化的认识存在误区：一是把中国传统文化等同于封建文化，二是把现代化完全等同于“西化”，因而认为中国传统文化与现代化是冲突的。而事实上，中国传统文化与思想政治教育之间存在很多共通和互补之处。① 所以，欲推进中国传统文化与思想政治教育的融合，首先要澄清人们对传统文化的误解，正确理解中国传统文化的内容和价值。吕元礼认为，中国传统文化与思想政治教育的融合必须建立在对传统文化的充分理解之上，而理解传统需要做到立足于中国的现实，分清传统伦理道德与现代文化相排斥、同化和促进的内容，掌握批判继承的方法，注意从民间、从“边缘”吸收养料。②

关于中国传统文化与思想政治教育之间的相通性，顾友仁从“思想政治教育”与“中国传统文化”的内涵出发指出，“思想政治教育首先是一种教育活动，是一项‘树人’的工程”，而文化环境对于育人工作的开展具有本质意义。中国传统文化作为中华民族在长

① 张祥浩，石开斌．中国传统文化与思想政治教育的创新［J］．东南大学学报（哲学社会科学版），2008（5）：56－59，127.

② 吕元礼．思想政治教育——同情性理解传统之后的反思［J］．理论与改革，1999（6）：120－122.

期的历史发展过程中形成、积累和流传下来的文化，具有重要的育人功能，是我国思想政治教育工作开展的基本历史前提和重要文化语境，因此中国传统文化与思想政治教育的融合是可行的，中国特色思想政治教育的创新发展，必须大力发掘传统文化资源，使思想政治教育扎根于中华优秀传统文化土壤之中。①

（二）中国传统德育思想的现代价值

中国传统德育思想是人类道德教育史上的宝贵财富，虽产生于古代社会，但很多内容具有超越时代的普遍意义，在现代社会仍然具有重要价值。侯怀银系统梳理了中国古代德育思想的特点，具体包括：重视德育的作用和地位，追求理想人格，注重内圣外王的德育模式，“政治—思想—道德”三位一体的德育内容，道德认识、道德情感、道德意志、道德行为（知情意行）相结合的德育过程，讲求德育的原则和方法（如知行统一、循序渐进、因材施教、礼乐结合、以身作则），重视自我的道德修养（具体方法如立志、读书为学、内省、克己、中庸、改过迁善）。在此基础上，他进一步探讨了古代德育思想对当代思想政治教育的启示与促进作用，具体包括：完善当代社会主义学校教育；合理建构当代中国青少年的理想人格；科学地建构具有中国特色的社会主义德育模式；科学合理地设计适应当代中国实际和受教育者实际的政治、思想和道德规范，也就是德育内容；弘扬中华民族传统美德，充实学校德育内容；推动当代德育过程成为知情意行相结合的过程，帮助受教育者全面和谐发展；批判继承传统德育原则与方法，将其融入当代中国特色社会主义学校德育原则和方法体系中。②

中国传统德育思想不仅直接体现在德育理论之中，也蕴含在有关礼乐文化和民俗乡约的论述之中。一些学者对中国古代礼乐文化和民俗乡约相关德育思想及其现代价值做了探讨。蒋颖荣认为，荀子重视的“礼”之规范性与“乐”之情感性相统一的道德实践方式，对改进公民道德建设中道德传播的方式和路径具有重要的启示：第一，有助于人们重新认识道德灌输的价值。理性化道德教育方法是公民道德建设的一个不可忽视的方法，表现为教育者向教育对象单向输入的过程，是一种道德灌输的过程。第二，有助于创新道德传播的实现方式。现代道德教育重视人的道德主体意识的培养，意味着道德教育必须切入个体的内心世界，激发个体的心灵和情感共鸣，在道德教育中融入情感性内容是现代社会提升道德传播效果的重要路径。③ 简臻锐详细分析了传统乡规民约的文本、组织和礼俗三大形态中的思想政治教育资源，他指出，乡规民约文本形态中的思想政治教育资源包括以修齐治平为基本内容的规范性约条、以保障教化为核心任务的方法性条文；乡规民约组织形态中的思想政治教育资源主要包括以化导为先、约主劝善为导向的乡约，以民生为本、患难相恤为导向的社仓，以教育为要、训蒙为首为导向的社学，以究诘为重、惩罚恶行为导向的保甲，以和睦为首、家族教化为导向的宗族；乡规民约礼俗形态中的思想政治教育资源主要包括礼仪教育、习俗教育和文艺教育。他认为，充分挖掘传统乡规民约中蕴含的思想政治教育资源，并分析其蕴含的思想政治教育价值，既能为当前思想政治教育提供借鉴，

① 顾友仁．中国传统文化与思想政治教育的创新［M］．合肥：安徽大学出版社，2011.

② 侯怀银．德育传统的当代价值［M］．武汉：湖北教育出版社，1996.

③ 蒋颖荣．荀子的“礼乐”教化思想与现代道德传播［J］．哲学动态，2010（5）：51-54.

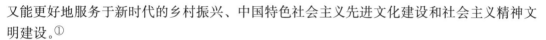

又能更好地服务于新时代的乡村振兴、中国特色社会主义先进文化建设和社会主义精神文明建设。①

（三）中国传统文化与学校思想政治教育工作

从实践的视角看，中国传统文化与思想政治教育的融合主要体现为中国传统文化如何落实到思想政治教育具体工作之中，学校作为“立德树人”的重要场所，自然成为学界关注的重点。其中，大学是青年学生人生观、价值观养成的重要阶段，因此，中国传统文化如何参与高校思想政治教育更是成为学者们关注的焦点。当然也有部分学者一般性地讨论了中国传统文化融入学校思想政治教育的问题。

很多学者对中国传统文化融入高校思想政治教育的价值、意义做了深度探析。杨立英探讨了中国传统文化融入高校德育的意义和主要任务，她指出，优秀传统文化有助于促进人的全面发展，抵御国内外不良文化的影响，推进中国特色的社会主义道德建设。通过继承和发扬优秀传统文化来切实开展好德育工作，主要是开展以下三个方面的教育：一是倡导自强不息的精神，加强人生态度教育；二是强化整体精神，注重人生价值教育；三是展开人生理想教育。② 邓云晓、陆志荣分析了传统文化与大学生思想政治教育的价值内通性，认为借助传统文化能够更加有效地达成大学生思想政治教育目标任务，弘扬优秀传统文化有助于优化大学生思想政治教育内容，丰富大学生思想政治教育原则，探索大学生思想政治教育新方法。③ 也有学者对当前中国传统文化融入思想政治教育的现状做了探究，揭示了其中存在的问题及其成因，在此基础上介绍了传统文化融入高校思想政治教育的价值与意义。

一些学者着重挖掘中国传统文化融入高校思想政治教育的资源。如孙迎光认为儒家德育思想对于现代学校德育具有重要启示意义：儒学经典《大学》中的“间架”理论能够为现代学校德育形成系统化的目标结构提供可靠参考；儒家仁爱思想是现代学校德育中爱人教育的源头，其中蕴含的情感教育的理论与方法能够有效弥补现代教育形式化与空疏化所带来的缺失；儒家的“诗教”传统是中国德育宝贵的精神资源，以审美而教化，为现代学校德育指明了新的方向；儒家人生论是现代学校人生观教育可运用的宝贵资源，其关于“义与利”“公与私”“毁与誉”“苦与乐”“生与死”“顺与逆”“经与权”“名与实”等的探讨几乎都是现代学校人生观教育中必须面对的主题；儒家修身方法，如增知法、尚志法、内省法、改过法、慎独法、积善法、自强法、躬行法、交友法、持恒法等，是现代学校德育中自我教育的有效补充；儒家的理想性德育是一种生活化德育，“教育以体验为基础，以人格涵养为目标”，这是对现代科学化、应试化德育不合理之处的纠正与完善；儒家德育思想中包含丰富的启发式教育思想，这能够为当今学校启发式教育提供理论参考。④ 学者们也关注了传统孝道文化、老子的生态思想、王阳明的知行合一理念、和合文化、慈善文化等对高校思想政治教育的重要启示。

---

① 简臻锐．传统乡规民约的思想政治教育价值研究［M］．北京：中国社会科学出版社，2020.

② 杨立英．传统文化与高校德育［J］．高校理论战线，1999（7）：32－34.

③ 邓云晓，陆志荣．传统文化视阈下大学生思想政治教育创新研究［M］．成都：西南交通大学出版社，2020.

④ 孙迎光．传承与超越——儒家德育思想与现代学校德育［M］．北京：人民出版社，2002.

地方传统文化资源的挖掘也得到了学者们的重视。如王易非常重视发挥北京本土地域文化的优势，并努力使之走进思政课堂。她认为，传统文化能够使大学生产生强烈的文化认同，从而为中华民族伟大复兴提供智识保障。① 王立高以壮族文化为个案，通过对广西壮族自治区多个城市的大中小学校、民族村镇社区、公共文化机构、文化旅游单位等的实地调研，探讨了优秀传统文化融入青少年思想政治教育的现状、特点、经验、影响因素、存在的问题及原因，并有针对性地提出相应的对策与建议。②

教材和课程建设是中国传统文化融入高校思想政治教育的重要体现。2022 年，黄钊主编的“新时代思想政治教育专业系列教材”之一《中华优秀传统文化概论》出版发行。该教材指出，增设“中华优秀传统文化概论”课程是当代文化建设和思想政治教育专业发展的客观需要。教材根据新时代思想政治教育的需求，通过上中下三篇的形式，追溯了中华优秀传统文化的起源及其发展脉络，剖析了中华优秀传统文化中的重点内容，对中华优秀传统文化的未来发展做了深刻的理论关照。教材旁征博引又深入浅出，有助于激发青年学生学习传统文化的兴趣，使学生在知识学习的过程中培养起符合时代需要的人生观和价值观。③

二、中国古代思想政治教育史研究

自思想政治教育学科设立以来，学者们对中国古代思想政治教育的历史进行了系统的梳理和挖掘，并取得了丰硕的研究成果。相关成果大体可分成三类：第一类是专门探讨中国古代“德育思想史”的研究；第二类是在思想政治教育学科视野下，综合思想教育、道德教育、政治教育等内容而开展的“思想政治教育史”研究；第三类是一些针对儒家德育史、道家思想政治教育史或中国古代思想政治教育的具体问题而开展的专题性历史研究。

（一）德育思想史研究

随着思想政治教育学科的建设与发展，中国古代丰富的德育思想资源逐渐受到关注，学界出现了一系列整体性梳理中国德育思想史的著作，对中国古代德育思想的发展历程、总体面貌、历史阶段、思想资源做了系统而深入的讨论。

在这种讨论中，“德育”的内涵得到了深入的探讨。如江万秀、李春秋认为，“德育”即“把一定社会的思想观点、政治准则和道德规范，转化为受教育者个体的思想品德的社会实践活动”④；于钦波认为“德育”是“人类特有的社会现象，是教育的重要组成部分”，“德育思想”则是“人脑对各种德育现象的反映所形成的理性认识”⑤。张锡生指出，“中国德育思想”是“中国历代的统治者、被统治者在政治、思想、道德、法制方面的教育的思想”⑥。陈

① 王易．传统文化与思想政治教育创新［M］．北京：中国人民大学出版社，2018.

② 王立高．优秀传统文化融入青少年思想政治教育研究——以壮族文化为个案［M］．北京：中国社会科学出版社，2022.

③ 黄钊．中华优秀传统文化概论［M］．北京：高等教育出版社，2022.

④ 江万秀，李春秋．中国德育思想史［M］．长沙：湖南教育出版社，1992：2.

⑤ 于钦波．中国德育思想史［M］．长春：吉林教育出版社，1993：1，19.

⑥ 张锡生．中国德育思想史［M］．南京：江苏教育出版社，1993：5.

谷嘉、朱汉民指出，“德育”是“培养人的品格的一种教育”，“从本质上说即是道德政治的一种教育”①。罗炽、简定玉认为“德育思想”是教育思想的一个重要内容，所谓“德育”也就是“对受教育者进行道德教育”，“是在‘道’‘德’范畴产生以后的事”②。黄钊认为，广义的“德育”指“一定的社会或阶级，为培养和提高受教育主体思想政治品德的综合素质而进行的相关教育”③。这些论述深化了学界对“德育”内涵的理解。

中国德育思想史的历史分期越来越细化。江万秀、李春秋将中国德育思想史分为先秦（产生和形成阶段）、汉唐（发展阶段）、宋明（成熟阶段）、明清之际（走向衰落阶段）、清代后期（转型阶段）五个时期。于钦波将中国德育思想的发展分为原始社会至西周时期（原始社会德育思想的产生到奴隶社会德育思想初步发展的阶段）、春秋战国时期（中国德育思想的繁荣阶段）、两汉至唐代时期（中国封建社会德育思想的形成与发展阶段）、宋元明时期（中国封建社会德育思想发展成熟阶段）、明末至鸦片战争时期（中国封建社会德育思想走向衰落阶段）、鸦片战争以后至五四运动时期（半殖民地半封建社会德育思想形成与发展阶段）、五四运动后至新中国成立时期（封建社会德育思想受到冲击，社会主义德育思想开始萌发阶段）七个时期。张锡生将中国德育思想发展的历史过程分为先秦时期（发轫阶段），两汉时期、魏晋南北朝时期、隋唐时期（发展阶段），宋元明时期（形成阶段），明清时期（衰落阶段），近代、现代（转型阶段）八个时期。从总体上看，中国古代德育思想史的历史分期越来越精细，这体现了中国古代德育思想史研究的不断深入。

德育思想史研究范式日益多元。中国古代德育思想史的研究范式主要有以下三种：第一种范式，是以各个时期内具有代表性的思想家的德育理念与实践活动为主题。如江万秀、于钦波、陈谷嘉等均以“某某的德育思想”为章节标题。第二种范式，是以各个时期内不同的德育观念为主题。如张锡生将先秦时期德育思想概括为人性论、德行论、利民观等九种。第三种范式是将各种写作主题综合起来。如罗炽、冯克诚既讨论某一单独的思想家的理论，同时也讨论某一派别或某一类著作的观点；黄钊既讨论宗教、医学中的思想政治教育思想等主题，也讨论中国古代“宇宙观教育”“道德观教育”“政治观教育”等主题。多元的研究范式，能够全面、综合地揭示中国德育思想史的内容和特点。

（二）以“思想政治教育”为视角的研究

相比“德育思想”，“思想政治教育”研究是更加贴近思想政治教育学科特色的研究视角。在这个视角下，也汇聚了诸如以“思想道德教育”“思想理论教育”等为主题的研究。

赵康太、李英华以“思想政治教育”为视角对中国古代思想政治教育开展了系统性研究。他们以五四新文化运动以前的中国思想政治教育理论为研究内容，并从历史发展的角度对其历史演进进行了全过程的研究。这一历史进程被具体划分为五个部分：中国传统思想政治教育意识的萌生、中国传统思想政治教育理论的大一统化、中国传统思想政治教育理论的多元化、中国传统思想政治教育的理学化、中国传统思想政治教育的裂

① 陈谷嘉，朱汉民．中国德育思想研究［M］．杭州：浙江教育出版社，1998：1.

② 罗炽，简定玉．中国德育思想史纲［M］．武汉：湖北教育出版社，1998：5.

③ 黄钊．中国古代德育思想史论［M］．北京：中国社会科学出版社，2011：1.

变。相比之前的著作，该书思想政治教育理论的学科特点更为明显，对于阐明中国传统思想政治教育理论的内涵与价值，探索中国传统思想政治教育理论发生发展的规律具有重要意义。①

傅琳凯基于同样的视角探讨了中国古代思想政治教育的内容、途径和方法三大问题。这一研究将中国古代思想政治教育的教育内容归结为“规范属性的礼仪规范和封建纲常”“价值观属性的孝德教育和经学教育”“世界观属性的天人关系与宗教信仰教育”“养成属性的修身教育和修身楷模教育”四个向度；将教育路径归结为适用于民众的“读法”“倡风”“示范”，适用于官吏的“选拔”“使用”“为师”，以及适用于未成年人的“蒙学”“人格”“考试”这三个层级的路径；将教育方法归纳为“宣讲告示”“认知说理”“风俗熏陶”“教与罚结合”“榜样示范”“自我修养”“实践锻炼”七种方法。② 该书将中国古代思想政治教育史简化为三个基本问题，并尝试建构一种打通思想史与社会史的研究范式。应该说，这种理论尽管有以偏概全之嫌，但其探索的方向是值得肯定的。

张世欣以“思想道德教育”为视角开展了研究。他通过历史分期与思想流派两条线索，对中国上古至近代（1840年）的思想道德教育发展状况做出了全面的梳理。这一研究将中国古代思想道德教育史分为十三个时期，对中国古代思想道德教育理论代表性学术流派和思想家做了专题论述，尤其是对历史上在思想道德教育方面起设计和主导作用的统治者和政治家，如黄帝、周公、唐太宗、明太祖、成吉思汗、康熙等做了专门的论述。应该说，这种对思想史全面系统又具体而微的关照是值得充分肯定的。③

张祥浩认为，中国古代的教育是以道德教育为主的思想教育，并基于这一研究视角解读了古代思想政治教育史。这种讨论以“两条线索、一个中心”为逻辑脉络展开。所谓“两条线索”，是指纵向层面以历史分期为逻辑次序而展开和横向层面的儒、佛、道、法等不同思想流派的区分。所谓“一个中心”，即紧扣“教”这一范畴、以思想教化作为古代思想教育资源的主体内容，对古代思想家关于教化的合理性根基、教化的内容和方法等进行了较为全面的梳理。④

（三）专题性研究

针对中国古代思想政治教育史的专题性研究主要集中于儒家德育思想和道家德育思想的梳理和挖掘，此外还有一系列阐释古代教育方法、古代家规家训之思想政治教育意蕴等的研究。

一是对儒家德育思想的阐释。韩云忠集中探讨了先秦儒家礼乐文化中的德育思想及其价值，分析了先秦儒家礼乐文化的渊源、内容及本质，阐明了其所蕴含的德育意蕴、德育精神、德育特征，探究了先秦儒家礼文化和乐文化的德育价值。如有助于个人的性情陶冶、修身养性、为人处世、安身立命；有助于人与人之间敦睦亲和、融洽关系、敦厚教化、明达伦理；有助于社会风气净化、移风易俗、消除矛盾。⑤ 魏冰娥论述了儒家德育思

---

① 赵康太，李英华．中国传统思想政治教育理论史［M］．武汉：华中师范大学出版社，2006.

② 傅琳凯．中国古代思想政治教育史研究［M］．长春：吉林人民出版社，2013.

③ 张世欣．中国古代思想道德教育史［M］．杭州：浙江大学出版社，2010.

④ 张祥浩．中国传统思想教育理论［M］．南京：东南大学出版社，2011.

⑤ 韩云忠．先秦儒家礼乐文化的德育价值研究［M］．北京：人民出版社，2017.

想的产生、内容、方法、特点及其现实运用，重点探索了传统儒家德育的现代价值，包括：孔子德育思想在国家德育、学校德育、个体德育层面的现代价值，孟子德育思想在重视德育，增进德育主体能动性、方法的现实有效性等方面的现实启示；荀子德育思想在促进德育体系化、德育主体全面发展、提高德育时效性、提升师德素养、营造环境育人与德育实践所具有的现实价值；朱熹德育思想的育人功能、学生为主体、知行合一、环境熏陶等的当代意义；王守仁德育思想中的因材施教、启发式教学、顺从天性、激发兴趣、提升人性、回归生活等的现代有效性；颜元德育思想在德育目标、德育内容、德育方法上的现实意义；等等。① 张艳清从历史的维度阐发儒家心性论的德育价值，他细致梳理了儒家心性论从先秦到现代新儒家的发展历程，探讨了其倡导独立道德意志、注重内在超越等理论特征，分析了儒家心性论在理想人格塑造和修心育德实践中的基础理论地位，从境界、信仰、超越三个方面论述了儒家心性论对当代道德教育的启示。他指出，当代道德教育应注重主体道德境界的提升、处理好信仰与生活世界的关系、提倡通过自身努力实现不断的自我超越。②

二是对道家德育思想的阐释。樊建武对老子、文子、庄子、先秦黄老道家的德育思想进行了深入的梳理和挖掘，揭示了先秦道家德育思想尊道贵德的理论基础、道法自然的本质追求、针砭时弊的批判精神、明道守德的理想人格、小国寡民的圣人之治，“反者道之动”的辩证思维、身重于物的价值取舍、淡薄超然的义利观念、清静无为的处世方略、返璞归真的生活方式、虚怀若谷的情怀胸襟。他指出，先秦道家的德育思想对弘扬民族精神、加强当代社会主义文化建设具有重要理论意义和现实意义。③ 王康宁以“道德教育”为切入点，以道德是否可教、道德教育内容、道德教育评价标准、道德教育制度、道德教育困境为基本框架，分析了《老子》德育思想的具体内容，指出老子的德育思想在回归朴素的德育目标、理性而敏感地对待道德知识、充分运用弱规范性的德育方法、拔高道德教育的立意和指向、重视信仰教育、注重忧患意识的养成、审慎运用道德榜样、提升师者道德涵养方面对现代德育具有重要借鉴意义。④

三是其他专题性研究。很多学者从不同方面对中国古代道德教育方法及其现代意义做了研究。杨晓惠、刘和忠致力于探析孔子在德育方针、方法上的变革和创造性实践，认为孔子冲破等级制羁绊，提出“有教无类”方针，是春秋时代德育面向的革命性变革；孔子在德育实践中创造和运用的学以致用原则、因材施教原则、循循善诱原则、诲人不倦原则、学思结合原则、传习结合原则大体上符合德育及一般教育规律，具有方法论上普遍适用的意义；孔子重视师生互为朋友关系在德育中的作用，融洽亲密平等友好的师生关系是德育过程中的重要积极因素，起着其他因素不可替代的互动互补作用。⑤ 隋淑芬指出，孟子根据不同情景和对象广泛、灵活地运用诱导法，并将其具体总结为六种表现类型，即因事诱导、设疑法、设问法、疏通思想障碍、譬喻寓言法、以史诱导，认为这六种诱导方法

---

① 魏冰娥．传统儒家德育思想及其现代价值研究［M］．南昌：江西人民出版社，2019.

② 张艳清．德性之源：儒家心性论德育价值研究［M］北京：研究出版社，2021.

③ 樊建武．先秦道家德育思想探微［M］．徐州：中国矿业大学出版社，2014.

④ 王康宁．道家道德思想及其德育价值阐释：以老子为中心的考察［M］．北京：人民出版社，2022.

⑤ 杨晓惠，刘和忠．孔子德育方针、方法新探［J］．东北师大学报，1999（3）：83－86.

对现代道德教育具有借鉴意义。① 陈继红以榜样教化为切入点，基于思想史与社会史的双重向度解读了古代社会治理中思想政治教育的内在逻辑和具体表现。她指出，在儒家那里，作为榜样教化主要形态的身教示范是基于“上→下”层级结构而开展的，并深入分析了此种结构的具体表现形态及其内在作用机理。此外她还讨论了古代社会治理实践中榜样形象的社会化转向问题，认为其路径主要有学校教化和非学校教化两种，主要表现为在蒙学教材、女教教材、家训社会教化文中的再现与演绎。② 王易、张泽硕分析了传统德育中“人伦日用”思想的特征和意义，认为中国传统德育中的“道在人伦日用间”的思想具有重复性、人情化、注重礼仪教化、日用而不知等特征，对现代思想政治教育具有重要启示作用。③

三、中华优秀传统文化与社会主流价值观念建构

中华优秀传统文化是中华民族的精神根基，是社会主义先进文化建设的重要思想资源，对社会主义主流价值观念的建构具有重要意义。随着意识形态领域关于社会主流价值观念建构的不断推进，学界相关研究主要聚焦于两大问题：中华优秀传统文化与社会主义核心价值体系的关系，中华优秀传统文化与社会主义核心价值观的关系。在近期的研究中，人类共同价值、科学社会主义价值观亦被纳入研究的论域中。当然，这两个向度的思考属于起步阶段，尚未充分开展。

（一）中华优秀传统文化与社会主义核心价值体系的关系

学者们普遍认为，中华优秀传统文化与社会主义核心价值体系有着紧密的关联，并从学理阐释与实践开展两个向度开展了讨论。黄钊探讨了社会主义核心价值体系与中国传统文化之间的亲密关系，他指出，马克思主义在形成过程中总结了世界无产阶级革命运动的经验，包括中华文化和中国无产阶级的历史经验，马克思主义的中国化体现浓郁的中国特色；构建社会主义和谐社会，吸取了中国古代和谐文化的积极成果，关于“建设小康社会”的思想，也同中华文化息息相关；“以爱国主义为核心的民族精神”可以说是中国优秀传统文化的直接成果，“以改革创新为核心的时代精神”是中华优秀民族精神的延续；以“八荣八耻”为基本内容的社会主义荣辱观，是对我们民族传统荣辱观的继承和发展，既符合马克思主义关于社会主义荣辱观的价值取向，又把我国传统的荣辱观推向了新的高度。④ 王贤卿、贺朝霞深入探讨了中华和合文化与社会主义核心价值体系的关系，认为建设社会主义核心价值体系与弘扬中华和合文化是并行不悖、互相促进的，和合文化可为建设社会主义核心价值体系提供可借鉴的思想文化资源。中华和合文化所倡导的和合思维超越了单纯求同或求异的思维，对于解决当代社会诸多矛盾有启发意义。抓住和发掘中国传统文化在当代最具有价值和生命活力的文化精神，提出建设社会主义核心价值体系，既有鲜明的时代特征又有深厚的历史文化基础，是和合人文精神在现时代的发扬和光大。⑤

---

① 隋淑芬．论孟子的诱导教育法［J］．齐鲁学刊，1999（2）：24－28.

② 陈继红．榜样教化——古代社会治理中的思想政治教育［J］．教学与研究，2021（1）：15－26.

③ 王易，张泽硕．中国传统德育中的“人伦日用”及其当代启示［J］．伦理学研究，2015（5）：45－51.

④ 黄钊．论社会主义核心价值体系与中国传统文化的亲密关系［J］．思想教育研究，2010（12）：3－7.

⑤ 王贤卿，贺朝霞．中华“和合”文化与建设社会主义核心价值体系［J］．齐鲁学刊，2009（6）：37－40.

（二）中华优秀传统文化与社会主义核心价值观的关系

学者们对中华优秀传统文化与社会主义核心价值观的关系做了相关探讨，指出二者之间具有内在契合性，认为后者是对前者的继承和发展。例如：南大伟用“文化基因”理论对中华优秀传统文化进行系统剖析，探讨了中华优秀传统文化基因与社会主义核心价值观之间的辩证关系，从历史与现实、传统与未来、基因与环境等多个维度，揭示了中华优秀传统文化对社会主义核心价值观的文化滋养。① 房广顺、隗金成探讨了社会主义核心价值观与中华传统文化之间的高度契合性，具体体现在三个方面：一是相似性。社会主义核心价值观与中华传统文化在目标追求、价值取向、思维理路、培育路径等方面具有较高的一致性。二是相容性，社会主义核心价值观与中华传统文化在主流上更多地表现为相互借鉴、相互包容、相互融合，业已成为相互融通、密不可分的有机整体。三是相依性。中华传统文化需要社会主义核心价值观的方向引领，社会主义核心价值观需要中华传统文化的沃土滋养，二者构成唇齿相依、相辅相成、同舟共济的命运共同体。② 戴木才分析了以“仁义礼智信”为核心的中国传统价值观与社会主义核心价值观的内在联系，阐明了中国传统核心价值观的原义、他义和今义，从新时代培育和践行社会主义核心价值观出发，赋予了传统核心价值观以新的时代内涵。③ 姚才刚、徐瑾、肖雄分别从国家建设目标、社会制度以及公民德性等层面剖析了社会主义核心价值观各个范畴的传统文化根基与意蕴，并从终极价值目标的视角探析了社会主义核心价值观与中华优秀传统文化内在融通的可能性。他们借鉴儒家“理一分殊”的思想智慧，进一步澄清了中国传统文化与社会主义核心价值观的关系，认为两者在“分殊”层面的差异是无法抹杀的，但在“理一”层面却是可以贯通的。④

有学者聚焦社会主义核心价值观的某一具体观念挖掘了其传统文化基因，并揭示了其赋予传统观念的时代新意。高国希、凌海青认为，新时代友善价值观是对儒家的仁爱思想的继承与转化，这主要体现在，新时代的友善价值观将宗法社会中的等级制仁爱转换成了现代社会的普遍的平等关系中的人际友善。⑤ 韩震探讨了社会主义核心价值观之“和谐”观念的中华传统文化意蕴。他指出，中国自古以来就崇尚和谐，在日常生活语言中，人们常讲“和为贵”“和气生财”“家和万事兴”；在政治话语中，人们常说“和衷共济”“政通人和”“和协万邦”“和平发展”。社会主义核心价值观之“和谐”观念是对传统和谐观的继承和弘扬。⑥

学者们也关注到了传统文化中家书、家训等对涵育社会主义核心价值观的重要意义。王易、安丽梅认为，传统家训与社会主义核心价值观二者皆重视道德教化，强调立德树人，强调家国情怀，因此可以借鉴传统家训的德育内容和德育方法进行社会主义核心价值

---

① 南大伟．新时代社会主义核心价值观的传统文化基因传承和发展研究［M］．郑州：郑州大学出版社，2019.

② 房广顺，隗金成．社会主义核心价值观与中华传统文化的契合性［J］．马克思主义研究，2015（10）：98-109.

③ 戴木才．中国传统核心价值观的创新性发展［M］．长沙：湖南教育出版社，2020.

④ 姚才刚，徐瑾，肖雄．核心价值观的传统文化根基与意蕴［M］．北京：人民出版社，2021.

⑤ 高国希，凌海青．论作为社会主义核心价值观的“友善”［J］．中州学刊，2020（8）：108-113.

⑥ 韩震．“和谐”——体现民族传统又具有世界普遍意义的核心价值观［J］．理论视野，2011（12）：21-23.

观的培育。而这需要做到：坚持日常训诫，促进社会主义核心价值观的日常化；坚持家训传承，促进社会主义核心价值观的具体化；开展生活仪式，促进社会主义核心价值观的形象化。① 崔志胜指出，中国传统家书内含丰富的教育理念、人生哲理以及中华民族的优秀价值理念和传统美德，不仅有助于建设良好的家风，而且有助于社会主义核心价值观的培育和践行。发挥中国传统家书文化涵养社会主义核心价值观的作用需要做到：坚持以马克思主义的立场、观点和方法对中国传统家书文化进行科学的辩证分析；保护好中国传统家书文化遗产，挖掘其独特的价值资源；正确借鉴中国传统家书的育人方式，充分发挥社会主义核心价值观在培养时代新人中的育人功能；将中国传统家书文化融入日常社会生活中，借助其资料价值进行历史教育、文学教育、美学教育。②

学者们亦积极探讨了中华优秀传统文化涵育社会主义核心价值观的实践路径。陈秉公认为，必须系统建构中国传统价值观涵养社会主义核心价值观的内容体系、方法体系和社会支撑体系。内容体系的建构，需要科学地区分中国传统价值观中的主流的积极因素和非主流的消极因素，并进行创造性转化和创新性发展；新的方法体系包括，坚持扬弃继承原则，运用扬弃继承“三分法”，实行“元点超越”“精神融入”“范畴糅合”“教化方法糅合”，以此“涵养”内容进教材进课堂，提高大众践行优秀传统价值观的水平。社会支撑体系的建构包括，建立涵养制度和政策体系，建立制度化的涵养评价体系和建设中西兼通式的专家队伍。③ 李维意、赵英杰从历史文献、古礼文化、国学经典、红色文化、民俗文化、历史文化等方面探讨了涵育大学生社会主义核心价值观的具体方法。④

四、中华优秀传统文化的创造性转化与创新性发展

中华优秀传统文化是中华民族的精神基因，对于增强文化自信和国家软实力具有重要意义，因此必须坚定不移推动中华优秀传统文化的创造性转化和创新性发展。而推进中华优秀传统文化的“双创”，必须坚持马克思主义的指导和中国共产党的领导，使马克思主义基本原理同中华优秀传统文化相结合。刘建军认为，把马克思主义基本原理同中华优秀传统文化相结合，是马克思主义中国化的应有之义，是马克思主义扎根中华大地的必然要求，也是实现中华优秀传统文化现代化的重要条件。二者之所以能够实现结合，是由马克思主义基本原理的普遍性和中华优秀传统文化的包容性所决定的，是由双方视域、内容和方法上的契合性所决定的。在新时代的历史条件下，必须坚持马克思主义的指导地位和马克思主义中国化方向，反对文化虚无主义和文化复古主义倾向，在新时代中国特色社会主义伟大实践与理论创新中推进和实现二者的结合。⑤ 王易也指出，马克思主义基本原理同

① 王易，安丽梅．传统家训在培育和践行社会主义核心价值观中的作用探析［J］．思想教育研究，2017（8）：69－73.

② 崔志胜．中国传统家书文化对社会主义核心价值观的作用探析［J］．马克思主义理论学科研究，2020（6）：138－145.

③ 陈秉公．传统价值观涵养社会主义核心价值观若干理论研究［J］．理论探讨，2016（4）：31－36.

④ 李维意，赵英杰．中华优秀传统文化涵育大学生社会主义核心价值观实践路径研究［M］．北京：人民出版社，2018.

⑤ 刘建军．论马克思主义基本原理同中华优秀传统文化相结合［J］．中国人民大学学报，2021（6）：14－23.

中华优秀传统文化相结合是习近平新时代中国特色社会主义思想的创新性体现，其既利于推进马克思主义在中国落地生根，又利于激活中华优秀传统文化的生命力。作为中华优秀传统文化的忠实传承者和弘扬者，中国共产党在推动马克思主义中国化进程中科学把握马克思主义基本原理同中华优秀传统文化的契合点，不断推进二者相结合并产生了丰硕的理论成果。①

中华优秀传统文化的“双创”，关键是要使其在人民群众的日常生活中生根发芽，使之经过一定的转化能够指导现代人尤其是青年人的成长和生活。对于中华优秀传统文化如何通过转化助力青年学生的成长，孙熙国从仁爱精神与成人立业、正义精神与谋取财利、礼乐精神与亨通发达、诚信精神与永续发展四个方面阐释了中华优秀传统文化中的内在精神及其对当代青年发展的积极意义。② 对于中华优秀传统文化融入当代人日常生活的必要性及其价值，肖群忠强调，中华传统美德以其丰富、鲜活的道德精神资源可以为当代的道德实践提供日常生活的指导和规范，其作为一种规范体系，能够很好地发挥指导人民群众日常生活的功能和作用。③ 黄钊从职业道德的视角分析了中华传统美德的现代价值，他认为，当代职业道德建设充分汲取了中华优秀美德的营养成分，尤其注重吸纳传统美德中廉洁奉公、敬业勤业、诚实守信、以义制利、博爱大众五种道德理念。对这些中华传统美德进行创造性转化与创新性发展，有助于进一步丰富、优化当代的职业道德建设。④ 陈继红等以青年学生成长中的重要问题为切入点，以主流意识形态的内在诉求为导向，通过对儒家经典文本艰苦细致的梳理，阐述了具有代表性的“仁爱”、“诚信”、“友善”、“义”德、“公忠”、“孝亲”、“智”德、“勇敢”、“节俭”、“爱物”等十种儒家美德的理论内涵与历史价值，并结合实证案例分别证说了儒家美德对解决青年学生道德误区的指导意义。⑤

第三节　中华优秀传统文化与思想政治教育的研究述评及展望

回顾40年的理论研究态势，中华优秀传统文化与思想政治教育研究从“冷门”逐渐成为“热点”。这种变化与意识形态领域重大理论诉求的推进具有密切的关系。系统总结、评估这段历史时间中的理论成果，需要秉持一种中正的立场，全方位地看待其得失，由此提出相关展望。

一、研究成就与存在问题

中华优秀传统文化与思想政治教育研究取得了兼具系统性与精深化的理论成果，在学

---

① 王易．马克思主义基本原理同中华优秀传统文化相结合的历史考察与时代要求［J］．马克思主义研究，2022（3）：120－127，156.

② 孙熙国．中国优秀传统文化与当代青年发展［J］．学校党建与思想教育，2011（31）：13－15.

③ 肖群忠．论中华传统美德的当代地位与作用——兼论传统美德与社会主义道德的关系［J］．中国特色社会主义研究，2021（1）：58－64.

④ 黄钊．当代职业道德建设应从中华传统美德中吸取营养［J］．思想理论教育，2016（5）：40－44.

⑤ 陈继红，等．儒家美德与当代青年发展［M］．北京：中国社会科学出版社，2018.

科概念明晰与学科立场分辨等方面取得了突出的成就。但是，研究中同时也存在着明显的畸轻畸重的问题。

（一）“致广大而尽精微”的研究特色凸显了理论成果的系统性与精深化

从理论成果呈现的总体态势来看，可以用“致广大而尽精微”概括40年的研究特色。在理论推进中，“致广大而尽精微”具体呈现为由“广大”而“精微”、“广大”与“精微”并存的研究态势，使理论成果兼具系统性与精深化的双重特点。

“致广大”，意指对宏观性问题的系统性讨论。在此种讨论下，思想政治教育的一些基础理论问题与时代的重大命题得到了全面而深刻的解读。就前者而言，传统文化与思想政治教育的内在关系，传统德育思想与德育学科发展的关系得到了系统性梳理，并形成了一些理论共识。古代思想政治教育通史研究谱系的建构已经基本完成。就后者而言，研究问题随着时代命题的发展而不断推进，中华优秀传统文化与社会主流价值观的内在关系得以深度解读，中华优秀传统文化的创造性转化和创新性发展的研究取得了阶段性成果，马克思主义基本原理同中华优秀传统文化相结合的学理探讨得到了广泛关注，等等。

“尽精微”，意指基于中观与微观的理论深耕。主要体现在四个向度：其一，古代思想政治教育史研究的深化与细化。既关注了特定思想流派与特殊历史时期的思想政治教育理论等中观问题，亦对特定思想人物研究、具体问题与基本概念等微观问题开展了深度讨论。与此同时，“现代建构”亦在传统与现代、中国与西方的理论框架下逐步趋向明朗与深化，经典文本被赋予灵动的现代生命力并获得了新的表达形式。其二，对时代重大命题的深耕。一方面从不同的视角解读了“中华优秀传统文化”的具体内涵，深入思考了传统家训、传统家书文化的思想政治教育价值；另一方面从思想政治教育的角度讨论了和谐、仁爱、友善等传统价值观念的现代开展。其三，问题意识的实践转向。基于强烈的实践关怀深度凝练思想政治教育实践中迫切需要应答的问题，并以此为出发点对中华优秀传统文化与思想政治教育的内在关系给予具体注解。这方面的讨论涉及传统文化在高校思想政治教育的具体应用方案、中华传统美德如何应答青年发展问题中的道德困境等。其四，思想史与社会史的互动。不但结合具体历史情境解读古代思想政治教育理论产生的社会基础，又注意到思想成果在历史实践中的具体呈现。

“致广大”产出了一批高质量的系统性理论成果，不但拓展了思想政治教育学科建设的论域，建构了学科的基本问题，亦应答了时代的重大理论诉求。“尽精微”则推动了理论成果的成熟与深化，由此推动了思想政治教育理论的进一步完善，并不断强化了其实践理性之意蕴。

（二）多元并存的研究视角推动学科概念的明朗与学科立场的明晰化

“古代思想政治教育史”能否成为思想政治教育学科的基本概念？这是古代思想政治教育史研究中的一个前提性问题。与此密切相关的是，古代思想政治教育史的学科立场如何建构？在多元视角的持续论争中，这两个问题逐步趋向明朗与明晰化。

第一个问题的讨论与对思想政治教育历史起源的思考交织在一起。在思想政治教育学科设立之初，有相当一部分学者基于狭义视角对“思想政治教育”概念进行了解说，认为其特指“社会主义思想政治教育”。基于此，学者们或是把中国共产党的产生作为思想政治教育史的考察起点，或是将无产阶级的产生作为考察起点，由此否认了古代思想政治教育史的合法性。随着理论研究的不断深化，“广义的思想政治教育”概念得以提出，承认中国古代社会同样存在思想政治教育现象逐渐成为学界的主流观点，“古代思想政治教育史”随之被正式确立为思想政治教育学科的基本概念。但是，对这个概念的具体理解却存在两种观点的分歧，一种观点认为，“思想政治教育”是阶级社会的产物，并由此将奴隶社会视为“古代思想政治教育史”的发端；另一种观点则认为，思想政治教育始终存在于人类历史的不同阶段，原始社会由此被视为古代思想政治教育史的发端。这种观点分歧同时反映在古代思想政治教育通史的研究著作中，可谓不分轩轾。也正是在多元视角的论争中，“古代思想政治教育史”这一学科概念趋向明朗并得到了普遍认可。

学科概念的明晰同时推动了学科立场的逐步明晰。如何区分古代思想政治教育史与中国哲学史、中国传统伦理思想史、中国传统道德教育史的分界？这个问题关涉学科立场的建构，是学者们在面对其他学科的挑战中努力解决的重大理论问题。在古代思想政治教育史研究中，这一问题在多元研究视角中不断得以推进。早期研究多基于“德育”视角而展开，但是对“德育”的内涵却并没有形成统一的认识，这无疑给学科立场的明晰带来了一定的困难。同时，也有学者尽管标注了“德育”的视角，但并没有严格依据其概念要素展开理论分析，而是在充分尊重经典文本的基础上开展“以古释古”的总结提炼。其优点在于充分还原了历史语境，避免对传统思想的过度解读与生硬套解，但也带来了学科立场模糊的问题。随着思考的深入，有学者明确提出了广义德育的概念，将其内在构成理解为宇宙观教育、政治观教育、道德观教育三大部分。也有学者提出“思想理论教育”的研究视角，试图深入到中国传统思想语境中理解“思想教育”与“思想政治教育”的区分。这些努力都使学科立场的明晰取得了实质性的进展。除此之外，也有基于“思想道德教育”“教化”等视角的讨论。在种种努力中，最引人注目的是明确地以“思想政治教育”作为研究视角，并基于思想政治教育概念的结构性要素开展理论分析。具体做法是，结合目标、原则、内容、方法、途径等概念分析传统经典文本。这种研究视角贯穿“以今释中”的诠释方法，使得古代思想政治教育史研究在问题意识与话语模式中真正体现了学科的独有立场，尽管这种立场依然不能称为足够明晰。

从目前的研究来看，研究视角出现了逐步聚拢的态势。“德育”“思想政治教育”这两种视角交替出现，“教化”视角仍然存在，但是三者的理论框架逐步趋向统一。其他研究视角已然退场。这种态势表明，尽管关于古代思想政治教育学科立场的探讨仍然存在，但是其日趋明晰已是不争的事实，这也极大地助推了古代思想政治教育史研究的学科竞争力。

学科概念的明晰、多元化的讨论使得古代思想政治教育史研究充满思想活力，不同思想的交汇极大地丰富了学术研究成果，不但全景式地呈现了古代思想政治教育的整体面貌，而且在思想史与社会史的互动中提升了理论研究的厚度。

（三）理论成果的“四重四轻”现象暴露了研究的短板

在肯定理论研究成就的同时，也不能否认研究中存在的问题，其中较为突出的是畸重畸轻现象所暴露的研究短板。

其一，重“思想史”轻“社会史”。作为思想政治教育现象的历史形态，“古代思想政治教育”同时关涉理论建构与实践开展，需要我们基于思想史与社会史两个向度进行双向开掘。尽管学者们在打破两个向度的分界、关注两个向度的互动方面做出了有益的尝试，但是这种努力的程度显然是不足的。从总体上看，思想史向度的研究成果兼具“广大”与“精微”，呈现出一派欣欣向荣之势。而社会史向度的研究不但没有开拓出宽阔的论域，而且在数量上也无法与前者比肩。思想史与社会史互动的研究尽管已有系统性或专题性的开展，但是理论成果相对薄弱。

其二，重“主流”轻“特殊”。“中华优秀传统文化”是一个内涵丰富的概念，从地理空间与文化空间看，它既包括超越区域与民族之分界的普遍性文化，又意指具有地方性与民族性色彩的特殊性文化；从文化存在的历史形态看，它主要既包括作为中国传统思想主流的儒家文化，又意指墨、道、法、佛等特殊的文化形态。在理论研究中兼顾“主流文化”与“特殊文化”，才能整全地理解中华优秀传统文化与思想政治教育之间的关系。但是，理论研究中存在的重“主流”轻“特殊”的现象是需要引起关注的。一方面，学者们多数倾向于从普遍性意义上解读“中华优秀传统文化”的理论内涵，致力于总结提炼其中的思想政治教育资源或发掘其思想政治教育价值，对于传统地方性文化与民族性文化的关注是远远不够的；另一方面，学者们亦倾向于关注儒家德育思想或儒家思想政治教育思想，尽管在古代思想政治教育通史对诸子思想皆有所关照，但是在断代史与专题式研究中的研究力度是不够的。

其三，重“思辨”轻“调研”。中华优秀传统文化在思想政治教育中的具体应用，是一种基于实践进路的思考。进入新时代以来，这个方面的理论成果呈井喷式增长。但是，数量与质量并不能等量齐观。大多数研究沉浸于从概念到概念的推衍或者宏大叙事式的阐证，并没有深入思想政治教育实践，在实证调研的基础上提炼出“真问题”。由于问题意识的缺乏，中华优秀传统文化与思想政治教育的内在结合点并没有得到深度挖掘，这就不免使相关研究流于表面的浅谈或空谈，难以提出具有可操作性的“融入”或“融合”的方案。

其四，重“研究”轻“教材”。中华优秀传统文化与思想政治教育研究的成果主要集中在理论研究领域，而教材研究中鲜少得见。当然，在为数不多的思想政治教育原理相关教材中，已经将之作为部分章节的内容或是设为附录内容，作为新时代思想政治教育专业教材的《中华优秀传统文化概论》亦已经隆重推出。尽管如此，教材成果的数量依旧很少，与理论研究成果不可比较。

上述畸重畸轻现象，使得中华优秀传统文化与思想政治教育研究在理论深度、论域广度、问题意识的提炼等方面皆遭遇了困境。

二、研究展望

中华优秀传统文化与思想政治教育研究的深化，需要理论工作者不断地提升自己的理论素养，在如下三个方面做出积极的回应：

（一）通过理论深耕应答思想政治教育学科建设的内在诉求

尽管“尽精微”的理论深耕式研究已经取得了很大的进展，但是依然需要向前推进。当前迫切需要深入探讨的问题主要有三个：其一，研究内容的深耕。首要的工作是开展本体论研究。中华优秀传统文化何以具有思想政治教育价值？如何正确理解中华优秀传统文化在思想政治教育中的价值定位？等等。这些问题是开展理论研究的前提与基础，需要我们从本体论的高度进行哲学的论证，由此建构一个科学的、严密的理论体系。当然，这种讨论不但应当借鉴中西哲学的相关理论，同时也需要追溯百年文化论争中关于马克思主义与传统文化关系的理论探讨。只有在这个基础上，理论研究才能获得扎实的根基，也才能与文化保守主义等其他社会思潮划清界限。此外，社会史、断代史、专题式研究的继续深耕。研究中需要注意的问题：一是同情地理解经典文本的内在精义，在“历史还原”的基础上开展“现代建构”，避免脱离学术语境的自说自话；二是在把握思想史整体面貌的基础上架构研究的逻辑思路，避免对思想史资料进行随意的裁剪。这两个问题的解决，对研究者的理论素养提出了很高的要求。

其二，研究范式的深耕。研究范式的建构既关乎理论立场的明辨，亦涉及理论框架的构思。解决这两个问题的关键在于推动两大基本概念的统一。一是与新时代意识形态话语体系相适应，改变“传统文化”“中国传统文化”“优秀传统文化”“中国优秀传统文化”混用的状况，统一使用“中华优秀传统文化”概念，由此明晰研究的马克思主义立场。二是改变当下研究中“思想政治教育”“德育”“教化”三种研究视角交替并存的现状，在对三个概念进行深入辨析的基础上尽早达成理论共识，由此建构规范的、具有学科辨识度的理论框架。

其三，研究方法的深耕。一是在经典文本诠释中综合“以今释古”与“以古释古”两种方法的优点，在尊重经典原义的基础上开展现代阐释。这是一项高难度的工作，需要在方法论上向中国哲学、伦理学等学科借鉴理论智慧。二是将理论分析与实证调研结合起来，通过质性研究与量化研究开掘思想政治教育的问题意识，在此基础上“言之有物”地开展理论分析。

上述三个向度的理论深耕不但有助于提升中华优秀传统文化在思想政治教育学科建设中的地位，亦可以使思想政治教育学科趋向内涵式发展。同时，这种深耕亦有助于古代思想政治教育史在与其他学科的交流对话中获得理论竞争力。

（二）在“两个结合”的时代诉求下系统开掘中华优秀传统文化的思想政治教育资源

“两个结合”的问题在思想政治教育学科具体凝结为一个明确的主题，即如何系统开掘中华优秀传统文化的思想政治教育资源？学者们在宏观层面、中观层面与微观层面皆开展了初步的思考，但是依然存在继续深挖的空间，特别是系统性的理论论证。这项工作的开展主要包括两个问题的思考：其一，中华优秀传统文化如何为思想政治教育的理论建构提供借鉴？这就需要我们系统梳理新时代党的重要文献中关于社会主义主流价值观念、思想理念与道德规范的表述，同时结合新时代思想政治教育的新要求，基于明确的问题意识返回经典文本中寻求其具体建构的思想资源，通过创造性转化和创新性发展使其转化为思想政治教育的内容、途径与方法。其二，传统文化如何为思想政治教育的实践开展提供经验启示？这就需要我们基于现代问题意识同时关照传统社会史资料，从中总结出可资借鉴的思想政治教育实践模式。

需要注意的是，“创造性转化和创新性发展”是一项具有文化连续性的理论工作，不是“自己讲”而是“接着讲”。所谓“自己讲”，意指割断历史连续性的现代建构。而“接着讲”，则意味着对文化的连续性的尊重，亦即接续近代以来的思想文化论争来对传统思想资源进行现代建构。具言之，这项工作开展的前提是对传统思想资源的理性分辨，要分辨清楚哪些思想资源可以跨越历史时空而存续，哪些思想资源与现代思想相冲突而无法获得现代性，又有哪些资源是马克思主义立场所反对的，等等。如果不了解近代思想史转型中文化观点的激荡，特别是马克思主义与激进的反传统主义、文化保守主义的分歧，就无法准确地把握传统文化中可称为“优秀”的那部分内容，亦有可能偏离马克思主义立场。

（三）面向新时代的新诉求积极开拓理论研究的问题域

积极应答新时代的新挑战与新问题，是理论工作者共同努力的方向。从中华优秀传统文化中寻求应答时代诉求的思想智慧，已经成为中国人文社科学科领域的理论共识，思想政治教育学亦概莫能外。这就要求我们继续拓展中华优秀传统文化与思想政治教育研究的问题域，使“致广大”成为一项随着时代问题的变动而不断开新的理论工作。

问题域的开拓主要表现为三种形式：其一，外向式的开拓。以开阔的视野关注那些影响生活世界的具有普遍性的重大问题，如人工智能的新进展、青年群体的“躺平”问题、婚姻观的变化与生育率的下降、人口老龄化问题等等。这些问题对思想政治教育的内容、方法、途径等产生了结构性影响，需要以新的理论知识对此进行积极的回应。我们需要努力的方向是，开掘中华优秀传统文化参与其中的内容与参与的恰当方式。其二，内向式的开拓。这就要求我们深刻理解“中华优秀传统文化”的丰富内涵，走出普遍性的解读视角，基于社会史资料积极开拓地方性文化的思想政治教育价值。具言之，从不同地区、不同民族、不同形态的传统文化中开掘其中蕴含的思想政治教育资源，可以集合成一个全新的问题域系统。这是理论工作者用之不竭的研究题材。其三，及时性的开拓。以高度的政治敏锐性把握意识形态领域对思想政治教育的新要求与新规定。在思想政治教育的内容建构层面，将21世纪马克思主义与中华优秀传统文化的关系、人类共同价值的传统文化基因等作为新的问题域，将社会主义核心价值观的传统文化基因等作为需要深度开掘的问题域。在思想政治教育的实践开展层面，思想政治理论课教育教学、青少年思想品德养成、思想政治教育工作创新等问题皆与中华优秀传统文化存在着具体的联系，需要我们向深处开掘。

综而论之，在“两个结合”的时代诉求下，中华优秀传统文化与思想政治教育研究具有广阔的研究前景与开阔的研究空间，这个论题将会获得持续的关注，必将在深度与广度两个向度取得新的进展。我们也相信，随着这个论题的深入开展，一批具有专业理论素养与强烈理论情怀的研究队伍将会形成。

参考文献

一、著作类

[1] 马克思恩格斯选集（第1—4卷）[M]. 3版. 北京：人民出版社，2012.

[2] 马克思恩格斯文集（第1—10卷）[M]. 北京：人民出版社，2009.

[3] 马克思恩格斯全集（第3卷）[M]. 2版. 北京：人民出版社，2002.

[4] 马克思恩格斯全集（第40卷）[M]. 北京：人民出版社，1982.

[5] 列宁选集（第1—4卷）[M]. 3版修订版. 北京：人民出版社，2012.

[6] 列宁全集（第37卷）[M]. 2版增订版. 北京：人民出版社，2017.

[7] 列宁全集（第55卷）[M]. 2版增订版. 北京：人民出版社，2017.

[8] 毛泽东选集（第1—4卷）[M]. 2版. 北京：人民出版社，1991.

[9] 毛泽东文集（第3—8卷）[M]. 北京：人民出版社，1996.

[10] 邓小平文选（第1—2卷）[M]. 2版. 北京：人民出版社，1994.

[11] 邓小平文选（第3卷）[M]. 北京：人民出版社，1993.

[12] 江泽民文选（第1—3卷）[M]. 北京：人民出版社，2006.

[13] 胡锦涛文选（第1—3卷）[M]. 北京：人民出版社，2016.

[14] 习近平谈治国理政（第1卷）[M]. 2版. 北京：外文出版社，2018.

[15] 习近平谈治国理政（第2卷）[M]. 北京：外文出版社，2017.

[16] 习近平谈治国理政（第3卷）[M]. 北京：外文出版社，2020.

[17] 习近平谈治国理政（第4卷）[M]. 北京：外文出版社，2022.

[18] 习近平著作选读（第1卷）[M]. 北京：人民出版社，2023.

[19] 习近平著作选读（第2卷）[M]. 北京：人民出版社，2023.

[20] 中共中央党史和文献研究院，中央档案馆. 中国共产党重要文献汇编（第3—5卷）[M]. 北京：人民出版社，2022.

[21] 中共中央文献研究室. 三中全会以来重要文献选编（下）[M]. 北京：人民出版社，1982.

[22] 中共中央文献研究室. 十二大以来重要文献选编（上）[M]. 北京：人民出版社，1986.

[23] 中共中央文献研究室．十二大以来重要文献选编（下）[M]．北京：人民出版社，1988.

[24] 中共中央文献研究室．十六大以来重要文献选编（中）[M]．北京：中央文献出版社，2006.

[25] 中共中央文献研究室．十七大以来重要文献选编（下）[M]．北京：中央文献出版社，2013.

[26] 中共中央文献研究室．十八大以来重要文件选编（上）[M]．北京：中央文献出版社，2014.

[27] 中共中央文献研究室．十八大以来重要文献选编（中）[M]．北京：中央文献出版社，2016.

[28] 中共中央党史和文献研究院．十八大以来重要文献选编（下）[M]．北京：中央文献出版社，2018.

[29] 中共中央党史和文献研究院．十九大以来重要文献选编（上）[M]．北京：中央文献出版社，2019.

[30] 中共中央党史和文献研究院．十九大以来重要文献选编（中）[M]．北京：中央文献出版社，2021.

[31] 中共中央宣传部．中国共产党宣传工作简史（上、下卷）[M]．北京：人民出版社，2022.

[32] 中共中央宣传部．毛泽东邓小平江泽民论思想政治工作 [M]．北京：学习出版社，2000.

[33] 教育部社会科学司．普通高校思想政治理论课文献选编（1949—2006）[M]．北京：中国人民大学出版社，2007.

[34] 教育部思想政治工作司．大学生思想政治教育理论与实践 [M]．北京：高等教育出版社，2009.

[35] 教育部思想政治工作司．加强和改进大学生思想政治教育重要文献选编（1978—2008）[M]．北京：中国人民大学出版社，2008.

[36] 教育部思想政治工作司．加强和改进大学生思想政治教育重要文献选编（1978—2014）[M]．北京：知识产权出版社，2015.

[37]《中华人民共和国学校思想政治理论课重要文献选编》编写组．中华人民共和国学校思想政治理论课重要文献选编（上、下册）[M]．北京：人民出版社，2022.

[38] 毕红梅，陈万柏．思想政治教育学原理 [M]．2 版．北京：中国人民大学出版社，2021.

[39] 仓道来．思想政治教育学 [M]．北京：北京大学出版社，2004.

[40] 曹影．思想政治教育职能论 [M]．长春：吉林大学出版社，2007.

[41] 曾令辉．网络思想政治教育概论 [M]．南宁：广西民族出版社，2002.

[42] 曾令辉．虚拟社会人的发展研究 [M]．北京：人民出版社，2009.

[43] 车铭洲．现代西方思潮概论 [M]．北京：高等教育出版社，2001.

[44] 陈百君．思想政治教育学 [M]．大连：大连工学院出版社，1988.

［45］陈秉公．21 世纪思想政治教育工作创新理论体系［M］．长春：吉林教育出版社，2000.

［46］陈秉公．思想政治教育学［M］．长春：吉林大学出版社，1992.

［47］陈秉公．思想政治教育学原理［M］．北京：高等教育出版社，2006.

［48］陈谷嘉，朱汉民．中国德育思想研究［M］．杭州：浙江教育出版社，1998.

［49］陈继红．儒家美德与当代青年发展［M］．北京：中国社会科学出版社，2018.

［50］陈立思．比较思想政治教育［M］．北京：中国人民大学出版社，2018.

［51］陈立思．社会思潮与青年教育［M］．北京：北京大学出版社，2011.

［52］陈联俊．网络思想政治教育前沿问题研究［M］．广州：暨南大学出版社，2022.

［53］陈万柏，万美容．思想政治教育学原理新编［M］．武汉：华中师范大学出版社，2000.

［54］陈万柏，张耀灿．思想政治教育学原理［M］．2 版．北京：高等教育出版社，2007.

［55］陈万柏，张耀灿．思想政治教育学原理［M］．3 版．北京：高等教育出版社，2015.

［56］陈万柏．思想政治教育载体论［M］．武汉：湖北人民出版社，2003.

［57］陈义平．思想政治教育学原理［M］．合肥：安徽大学出版社，2008.

［58］戴木才．中国传统核心价值观的创新性发展［M］．长沙：湖南教育出版社，2020.

［59］邓云晓，陆志荣．传统文化视阈下大学生思想政治教育创新研究［M］．成都：西南交通大学出版社，2020.

［60］邓卓明．改革开放以来中国共产党引领社会思潮研究［M］．北京：人民出版社，2017.

［61］邓卓明．踏着时代的韵律成长——改革开放以来运用社会事件开展大学生思想政治教育的历史回顾［M］．北京：人民出版社，2022.

［62］丁雅娴．学科分类研究与应用［M］．北京：中国标准出版社，1994.

［63］董雅华，徐蓉．思想政治教育学科自觉与科学化研究［M］．上海：复旦大学出版社，2013.

［64］杜桂萍，陈淑贤．当代网络思想政治教育的探索与优化［M］．长春：吉林大学出版社，2012.

［65］樊建武．先秦道家德育思想探微［M］．徐州：中国矿业大学出版社，2014.

［66］樊万清，赵才元．高等学校学生思想政治教育学概论［M］．北京：高等教育出版社，1989.

［67］冯刚，高山，等．新时代高校思想政治教育治理论［M］．北京：中国社会科学出版社，2021.

［68］冯刚，彭庆红，佘双好，等．新时代高校思想政治教育学原理［M］．北京：人民出版社，2021.

［69］冯刚，王树荫．思想政治教育研究热点年度发布（2017）［M］．北京：团结出版社，2018.

［70］冯刚，王树荫．思想政治教育研究热点年度发布（2018）［M］．北京：团结出版社，2019.

［71］冯刚，王振．高校思想政治教育治理引论［M］．北京：团结出版社，2022.

［72］冯刚，张晓平，苏洁．中国共产党高校思想政治教育发展史［M］．北京：人民出版社，2021.

［73］冯刚，郑永廷．思想政治教育学科 30 年发展研究报告［M］．北京：光明日报出版社，2014.

［74］冯刚．改革开放以来高校思想政治教育发展史［M］．北京：人民出版社，2018.

［75］冯刚．理直气壮开好思政课——把握新时代思政课建设规律［M］．北京：人民出版社，2019.

［76］冯刚．思想政治教育学学科发展新论域［M］．广州：中山大学出版社，2022.

［77］冯刚．思想政治教育研究热点年度发布 2019［M］．北京：团结出版社，2020.

［78］傅琳凯．中国古代思想政治教育史研究［M］．长春：吉林人民出版社，2013.

［79］顾友仁．中国传统文化与思想政治教育的创新［M］．合肥：安徽大学出版社，2011.

［80］韩云忠．先秦儒家礼乐文化的德育价值研究［M］．北京：人民出版社，2017.

［81］洪波．思想政治教育话语范式转换研究［M］．杭州：浙江大学出版社，2012.

［82］侯怀银．德育传统的当代价值［M］．武汉：湖北教育出版社，1996.

［83］侯树栋．思想政治工作与马克思主义哲学［M］．北京：国防大学出版社，1990.

［84］侯勇．社会视野中的思想政治教育系统研究［M］．北京：人民出版社，2016.

［85］侯勇．思想政治教育学理论前沿问题研究［M］．北京：中国社会科学出版社，2018.

［86］胡凯．网络思想政治教育心理研究［M］．长沙：中南大学出版社，2016.

［87］胡树祥．网络思想政治教育研究［M］．成都：电子科技大学出版社，2005.

［88］胡绪明．高校思想政治理论课实践教学案例与课程设计［M］．天津：天津人民出版社，2021.

［89］黄冬霞．网络意识形态话语权研究［M］．北京：中国社会科学出版社，2020.

［90］黄林芳．教育发展机制论［M］．上海：上海财经大学出版社，2006.

［91］黄少成．政治教育学范畴研究［M］．北京：知识产权出版社，2015.

［92］黄小华．思想政治教育价值实现论［M］．北京：光明日报出版社，2019.

［93］黄钊．中国古代德育思想史论［M］．北京：中国社会科学出版社，2011.

［94］黄钊．中华优秀传统文化概论［M］．北京：高等教育出版社，2022.

［95］简臻锐．传统乡规民约的思想政治教育价值研究［M］．北京：中国社会科学出版社，2020.

［96］江万秀，李春秋．中国德育思想史［M］．长沙：湖南教育出版社，1992.

［97］姜玲玲．思想政治教育系统论［M］．合肥：合肥工业大学出版社，2012.

［98］教育部思想政治工作司．思想政治教育原理与方法［M］．北京：高等教育出版社，2010.

［99］荆惠民．思想政治工作概论［M］．北京：中国人民大学出版社，2007.

［100］荆兆勋，等．思想政治教育的学科定位及建设思路研究［M］．济南：山东人民出版社，2011.

［101］鞠忠美．大中小学德育衔接工作创新研究［M］．北京：中国书籍出版社，2015.

［102］康春英．中国少数民族大学生素质教育的特殊性及对策研究［M］．北京：民族出版社，2006.

［103］康秀云．比较思想政治教育学前沿问题研究［M］．北京：学习出版社，2018.

［104］李超民．新时代提升网络思想政治教育话语权研究［M］．北京：人民出版社，2019.

［105］李德芳，李辽宁，杨素稳．中国共产党思想政治教育史料选编［M］．武汉：武汉大学出版社，2009.

［106］李合亮．思想政治教育探本——关于其源起及本质的研究［M］．北京：人民出版社，2007.

［107］李辉．现代思想政治教育环境研究［M］．广州：广东人民出版社，2005.

［108］李辽宁．当代中国思想政治教育意识形态功能研究［M］．武汉：武汉大学出版社，2006.

［109］李敏，卢佐冬，唐忠义．新时代高校思想政治理论课实践教学创新研究［M］．武汉：武汉大学出版社，2020.

［110］李明华，余少波，叶蓬，等．精神文明建设机制论［M］．广州：广州出版社，1997.

［111］李维意，赵英杰．中华优秀传统文化涵育大学生社会主义核心价值观实践路径研究［M］．北京：人民出版社，2018.

［112］林伯海．当代西方社会思潮与青年教育［M］．成都：西南交通大学出版社，2011.

［113］林建成．曼海姆的知识社会学［M］．郑州：河南人民出版社，2011.

［114］林泰．当代社会思潮论评［M］．北京：清华大学出版社，1994.

［115］林泰．问道——改革开放以来的社会思潮与青年思想政治教育研究［M］．北京：中国社会科学出版社，2013.

［116］刘秉亚．“微时代”高校思想政治教育创新研究［M］．成都：西南交通大学出版社，2017.

［117］刘建军，曹一建．思想理论教育原理新探［M］．北京：高等教育出版社，2006.

［118］刘建军．文明与意识形态［M］．北京：中华书局，2011.

［119］刘建军．寻找思想政治教育的独特视角［M］．北京：中国人民大学出版社，2017.

［120］刘书林，陈立思．青年思想政治教育学原理［M］．北京：中国青年出版社，1999.

［121］刘书林．思想政治教育学原理专题研究纲要［M］．北京：人民出版社，2018.
［122］刘素芬．思想政治理论课改革衔接：以大、中学校接为例［M］．北京：社会科学文献出版社，2009.
［123］陆庆壬．思想政治教育学原理［M］．北京：高等教育出版社，1991.
［124］罗炽，简定玉．中国德育思想史纲［M］．武汉：湖北教育出版社，1998.
［125］罗洪铁，董娅．思想政治教育原理与方法基础理论研究［M］．北京：人民出版社，2005.
［126］罗洪铁，周琪，王斌．思想政治教育学学科理论体系演变研究［M］．北京：中国社会科学出版社，2012.
［127］罗洪铁．思想政治教育学专题研究［M］．重庆：西南师范大学出版社，1999.
［128］罗洪铁．思想政治教育研究［M］．成都：四川人民出版社，2002.
［129］骆郁廷．思想政治教育原理与方法［M］．北京：北京师范大学出版社，2019.
［130］吕会霖．新世纪的思想政治工作［M］．上海：上海人民出版社，2005.
［131］梅荣政．用马克思主义引领社会思潮［M］．武汉：武汉大学出版社，2008.
［132］孟莉．网络舆情——高校思想政治教育工作的新视域［M］．合肥：合肥工业大学出版社，2016.
［133］闵绪国．思想政治教育价值研究［M］．北京：人民出版社，2017.
［134］牟阳春．中国教育年鉴（2008）［M］．北京：人民教育出版社，2009.
［135］南大伟．新时代社会主义核心价值观的传统文化基因传承和发展研究［M］．郑州：郑州大学出版社，2019.
［136］倪愫襄．思想政治教育元问题研究［M］．北京：中国社会科学出版社，2014.
［137］宁先，石新宇．社会主义核心价值体系与当代社会思潮［M］．北京：社会科学文献出版社，2011.
［138］邱柏生，董雅华．思想政治教育学新论［M］．上海：复旦大学出版社，2012.
［139］邱柏生．思想教育接受学［M］．太原：山西人民出版社，1992.
［140］邱伟光，张耀灿．思想政治教育学原理［M］．北京：高等教育出版社，1999.
［141］邱伟光．思想政治教育学［M］．上海：学林出版社，1990.
［142］邱伟光．思想政治教育学概论［M］．天津：天津人民出版社，1988.
［143］瞿葆奎．教育学文集·教育评价［M］．北京：人民教育出版社，1989.
［144］芮明杰，孙远．思想·心理·行为——思想政治工作学探索［M］．重庆：重庆出版社，1990.
［145］桑新民．呼唤新世纪的教育哲学——人类自身生产探秘［M］．北京：教育科学出版社，1993.
［146］上海市高教局．高等学校学生思想政治教育［M］．北京：教育科学出版社，1984.
［147］佘双好．当代社会思潮对高校师生的影响及对策研究［M］．北京：中央编译出版社，2012.
［148］佘双好．思想政治理论课程教学法探析［M］．北京：中国人民大学出版社，

2018.

[149] 沈国权．思想政治教育环境论［M］．上海：复旦大学出版社，2007.

[150] 沈壮海．思想政治教育有效性研究［M］．3 版．武汉：武汉大学出版社，2016.

[151] 沈壮海．新编思想政治教育学原理［M］．北京：中国人民大学出版社，2022.

[152] 石亮元．思想政治工作原理初探［M］．太原：山西人民出版社，1984.

[153]《思想政治工作系列讲座》编写组．思想政治工作系列讲座［M］．长沙：湖南大学出版社，1986.

[154]《思想政治教育学原理》编写组．思想政治教育学原理［M］．2 版．北京：高等教育出版社，2018.

[155] 宋锡辉，等．思想政治教育学元理论研究［M］．北京：中央编译出版社，2012.

[156] 宋元林．网络思想政治教育［M］．北京：人民出版社，2012.

[157] 苏振芳．思想政治教育学［M］．北京：社会科学文献出版社，2006.

[158] 粟国康．思想政治教育功能研究［M］．北京：中国社会科学出版社，2019.

[159] 孙明福．民族院校思想政治教育过程研究［M］．北京：世界图书出版社，2013.

[160] 孙其昂，黄世虎．思想政治教育学基本原理［M］．南京：河海大学出版社，2015.

[161] 孙其昂，等．思想政治教育现代转型研究［M］．北京：学习出版社，2015.

[162] 孙其昂．思想政治教育学基本原理［M］．南京：河海大学出版社，2004.

[163] 孙其昂．思想政治教育学前沿研究［M］．北京：人民出版社，2013.

[164] 孙喜婷．教育原理［M］．北京：北京师范大学出版社，1993.

[165] 孙迎光．传承与超越：儒家德育思想与现代学校德育［M］．北京：人民出版社，2002.

[166] 孙友余，钱学森，费孝通，等．论思想政治工作科学化［M］．太原：山西人民出版社，1981.

[167] 谭毅，沈成飞．中国特色社会主义理论与实践研究［M］．3 版．广州：中山大学出版社，2019.

[168] 唐凯麟．思想政治系统工程学［M］．长沙：湖南人民出版社，1988.

[169] 唐亚阳．网络思想政治教育学［M］．北京：人民出版社，2016.

[170] 田曼琦，白凯．思想教育系统工程学［M］．北京：人民出版社，1989.

[171] 田鹏颖，赵美艳．思想政治教育哲学［M］．北京：光明日报出版社，2010.

[172] 田晓红．民族院校心理健康教育：理论与实践［M］．北京：科学出版社，2010.

[173] 王道俊，郭文安．教育学［M］．北京：人民教育出版社，2016.

[174] 王殿卿，李春玲．新编大学德育学［M］．成都：四川教育出版社，1994.

[175] 王殿卿．大学德育学［M］．石家庄：河北人民出版社，1988.

[176] 王嘉．网络意见领袖研究：基于思想政治教育视域［M］．北京：中国文史出版社，2014.

[177] 王康宁．道家道德思想及其德育价值阐释——以老子为中心的考察［M］．北京：人民出版社，2022.

［178］王礼湛，余潇枫．思想政治教育学［M］．杭州：浙江大学出版社，1999.
［179］王立高．优秀传统文化融入青少年思想政治教育研究——以壮族文化为个案［M］．北京：中国社会科学出版社，2022.
［180］王立仁．德育价值论［M］．北京：中国社会科学出版社，2004.
［181］王丽鸽．网络空间下人的生存与发展研究［M］．北京：中国社会科学出版社，2020.
［182］王茂胜．思想政治教育评价论［M］．北京：中国社会科学出版社，2006.
［183］王浦劬．政治学基础［M］．北京：北京大学出版社，1995.
［184］王勤．思想政治教育学新论［M］．杭州：浙江大学出版社，2004.
［185］王仕民．德育功能论［M］．广州：中山大学出版社，2005.
［186］王树荫．新编思想政治工作概论［M］．北京：京华出版社，2002.
［187］王树荫．中国共产党思想政治教育史［M］．2版．北京：中国人民大学出版社，2016.
［188］王学俭．现代思想政治教育前沿问题研究［M］．北京：人民出版社，2008.
［189］王学俭．新时代思想政治教育基本问题研究［M］．北京：人民出版社，2021.
［190］王易．传统文化与思想政治教育创新［M］．北京：中国人民大学出版社，2018.
［191］韦冬雪．思想政治教育过程矛盾和规律研究［M］．北京：光明日报出版社，2011.
［192］魏冰娥．传统儒家德育思想及其现代价值研究［M］．南昌：江西人民出版社，2019.
［193］吴东莞，沈国权．思想政治工作机制论［M］．北京：军事科学出版社，2008.
［194］吴满意．网络人际互动：网络实践的社会视野［M］．北京：人民出版社，2015.
［195］吴满意，宁文英，王欣玥，等．网络思想政治教育生态系统研究［M］．北京：人民出版社，2019.
［196］吴琼．思想政治教育话语发展研究［M］．北京：中国社会科学出版社，2017.
［197］吴特青，张志建．政治教学研究论集［M］．西安：三秦出版社，1996.
［198］项久雨．思想政治教育价值论［M］．北京：中国社会科学出版社，2003.
［199］项久雨．思想政治教育方法导论［M］．武汉：武汉大学出版社，2021.
［200］谢德民．思想政治工作通论［M］．郑州：中原农民出版社，1988.
［201］谢海光．互联网与思想政治工作概论［M］．上海：复旦大学出版社，2000.
［202］谢玉进，胡树祥．网络自我互动［M］．北京：人民出版社，2017.
［203］谢玉进．网络人机互动：网络实践的技术视野［M］．北京：人民出版社，2013.
［204］邢贲思．当代世界思潮［M］．北京：中央党校出版社，2003.
［205］熊建生．思想政治教育内容结构论［M］．北京：中国社会科学出版社，2012.
［206］徐柏才，刘启春．中国共产党民族思想政治教育简史［M］．北京：民族出版社，2013.
［207］徐柏才．民族思想政治教育学导论［M］．北京：民族出版社，2011.

［208］徐建军．少数民族大学生思想政治教育理论与方法［M］．北京：人民出版社，2011.

［209］徐志远．现代思想政治教育学范畴研究［M］．北京：人民出版社，2009.

［210］闫方洁．自媒体时代意识形态工作研究［M］．北京：人民出版社，2018.

［211］严帅，张智．高校思想政治教育治理评价研究［M］．北京：团结出版社，2022.

［212］杨立英．网络思想政治教育论［M］．北京：人民出版社，2003.

［213］姚才刚，徐瑾，肖雄．核心价值观的传统文化根基与意蕴［M］．北京：人民出版社，2021.

［214］杨芷英．思想政治教育心理学［M］．北京：中国人民大学出版社，2014.

［215］于钦波．中国德育思想史［M］．长春：吉林教育出版社，1993.

［216］袁礼周．思想政治工作学理论基础［M］．北京：团结出版社，1991.

［217］张世欣．思想政治教育接受规律论［M］．上海：上海三联书店，2005.

［218］张世欣．中国古代思想道德教育史［M］．杭州：浙江大学出版社，2010.

［219］张澍军．德育价值论［M］．北京：中国社会科学出版社，2004.

［220］张澍军．德育哲学引论［M］．北京：中国社会科学出版社，2008.

［221］张澍军．学科重要理论探索：我的18个思想政治教育见识见解［M］．北京：中国人民大学出版社，2018.

［222］张蔚萍，张俊南．思想政治工作概论［M］．西安：陕西人民出版社，1983.

［223］张蔚萍．新编思想政治工作概论［M］．修订本．北京：中共中央党校出版社，1996.

［224］张锡生．中国德育思想史［M］．南京：江苏教育出版社，1993.

［225］张祥浩．中国传统思想教育理论［M］．南京：东南大学出版社，2011.

［226］张孝宜，李辉，李萍．德育一体化研究［M］．广州：广东高等教育出版社，1997.

［227］张艳清．德性之源：儒家心性论德育价值研究［M］北京：研究出版社，2021.

［228］张耀灿，陈万柏．思想政治教育学原理［M］．北京：高等教育出版社，2001.

［229］张耀灿，钱广荣．思想政治教育学科范式简论［M］．芜湖：安徽师范大学出版社，2018.

［230］张耀灿，徐志远．现代思想政治教育学科论［M］．武汉：湖北人民出版社，2003.

［231］张耀灿，郑永廷，吴潜涛，等．现代思想政治教育学［M］．2版．北京：人民出版社，2006.

［232］张耀灿．思想政治教育学科建设研究［M］．北京：中国人民大学出版社，2017.

［233］张耀灿，等．思想政治教育学前沿［M］．北京：人民出版社，2006.

［234］张耀灿．思想政治教育学原理［M］．武汉：华中师范大学出版社，1988.

［235］张耀灿，郑永廷，刘书林，等．现代思想政治教育学［M］．北京：人民出版社，2001.

［236］张益，罗艺．大中小学德育一体化探析［M］．上海：上海书店出版社，2016.

[237] 张瑜，等．高校网络思想政治教育发展与创新研究 [M]. 北京：人民出版社，2014.

[238] 张瑜．思想政治教育视域下校园社交网络传播圈研究 [M]. 北京：清华大学出版社，2020.

[239] 张再兴，等．网络思想政治教育研究 [M]. 北京：经济科学出版社，2009.

[240] 赵康太，李英华．中国传统思想政治教育理论史 [M]. 武汉：华中师范大学出版社，2006.

[241] 郑杭生，李强．社会运行导论——有中国特色的社会学基本理论的一种探索 [M]. 北京：中国人民大学出版社，1993.

[242] 郑杭生．社会学概论新修 [M]. 5版．北京：中国人民大学出版社，2019.

[243] 郑年春．湖北教育年鉴（2008）[M]. 武汉：湖北人民出版社，2009.

[244] 郑永廷，张彦．德育发展研究——面向21世纪中国高校德育探索 [M]. 北京：人民出版社，2006.

[245] 郑永廷．思想道德教育理论与方法 [M]. 广州：广东高等教育出版社，2000.

[246] 郑永廷．思想政治教育方法论 [M]. 北京：高等教育出版社，1999.

[247] 郑永廷．思想政治教育学原理 [M]. 北京：高等教育出版社，2016.

[248] 郑永廷．现代思想道德教育理论与方法 [M]. 广州：广东高等教育出版社，2000.

[249]《中国共产党思想政治教育史》编写组．中国共产党思想政治教育史 [M]. 北京：高等教育出版社，2016.

[250] 周琪，靳玉军，王永友，等．思想政治教育基础理论前沿问题研究 [M]. 北京：人民出版社，2018.

[251] 邹绍清．当代思想政治教育方法论发展研究 [M]. 北京：人民出版社，2013.

二、期刊类

[1] 艾楚君，焦浩源．试论高校思想政治教育协同机制的构建 [J]. 思想教育研究，2019（6）：15－19.

[2] 白显良．宏观思想政治教育学理论奠立的几重视野 [J]. 思想理论教育，2022（3）：51－58.

[3] 白显良．论思想政治教育的根本学科使命 [J]. 学校党建与思想教育，2012（10）：12－15.

[4] 白显良．论思想政治教育学科的科学定位——兼论思想政治教育的学科建设 [J]. 思想理论教育，2007（5）：41－48.

[5] 白显良．彰显思想政治教育学科综合性需把握的几重关系 [J]. 思想理论教育，2016（7）：57－62.

[6] 蔡志强．思想政治教育应重视危机治理研究 [J]. 思想理论教育，2003（10）：12－17.

[7] 曹群，郑永廷．他教与自教是思想政治教育学科的基本范畴 [J]. 思想教育研究，2014（11）：3－6.

[8] 曾令辉，贺才乐，陈敏．思想政治教育载体研究的回顾与展望 [J]. 思想教育研究，2014 (10)：17-25.

[9] 曾令辉．论大中小学思想政治理论课一体化建设的三个基本问题 [J]. 思想教育研究，2022 (8)：65-68.

[10] 曾长秋，薄明华．网络思想政治教育学：从问题意识走向理论建构 [J]. 思想教育研究，2006 (11)：7-11.

[11] 陈秉公．建党百年思想政治教育学科建设的回顾与展望 [J]. 思想政治教育研究，2021 (6)：1-7.

[12] 陈华洲．思想政治教育资源功能的表现形态 [J]. 武汉理工大学学报（社会科学版），2009 (6)：111-114.

[13] 陈欢欢，粟迎春．思想政治教育内容建构的基本路径 [J]. 学校党建与思想教育，2018 (22)：86-89.

[14] 陈立思．论“比较思想政治教育”的学科意识 [J]. 教学与研究，2010 (2)：81-87.

[15] 陈玲．在“思想道德修养与法律基础”课中培育大学生中华民族共同体意识的思考 [J]. 思想教育研究，2019 (5)：95-98.

[16] 陈念，毕四通．论思想政治教育内容结构的体系建构 [J]. 思想教育研究，2021 (12)：35-40.

[17] 陈潜．高校思想政治理论课教学改革的三个维度 [J]. 思想教育研究，2019 (2)：114-117.

[18] 陈淑丽，罗洪铁．思想政治教育机制及相关概念辨析 [J]. 思想理论教育导刊，2012 (2)：79-82.

[19] 陈淑清．“大思政”观视域下大中小学思政课教材一体化构建 [J]. 思想理论教育导刊，2020 (12)：22-25.

[20] 陈万柏．论思想政治教育载体的内涵和特征 [J]. 江汉论坛，2003 (7)：115-119.

[21] 陈锡敏．认同：思想政治教育学的新范畴 [J]. 教学与研究，2013 (9)：106-112.

[22] 陈元，黄秋生．新时代高校思想政治教育治理风险评估 [J]. 学校党建与思想教育，2021 (8)：19-21.

[23] 陈志勇．网络空间治理背景下的高校网络思想政治教育应对 [J]. 思想教育研究，2018 (12)：110-114.

[24] 陈卓．论思想政治教育载体的实体性——以思想政治教育中载体与符号的关系为视角 [J]. 思想教育研究，2021 (12)：30-34.

[25] 陈宗章．思想政治教育交叉学科研究的“三个自觉” [J]. 学校党建与思想教育，2021 (1)：4-8.

[26] 程仕波．获得感在大学生思想政治教育评价中的优势及限度 [J]. 思想教育研究，2021 (5)：18-22.

[27] 储德峰．高校“大思政”教育模式的特征及理念 [J]. 中国高等教育，2012 (20)：34-36.

[28] 崔聪．人工智能赋能网络思想政治教育话语实践论析 [J]. 思想理论教育，2023 (3)：91-96.

[29] 崔海英．网络思想政治教育话语权探析 [J]. 思想理论教育，2017 (8)：85-90.

[30] 崔建西，邹绍清．论大数据时代思想政治教育方法的创新 [J]. 思想理论教育，2016 (10)：83-87.

[31] 代玉启，陈文旭．思想政治教育学科定位新探——社会、属性、功能三位一体定位分析 [J]. 思想政治教育研究，2009 (3)：56-58.

[32] 代玉启，李济沅．思想政治教育的工作形态及优化理路 [J]. 思想教育研究，2021 (2)：24-28.

[33] 代玉启，罗琳．价值引领：思想政治教育学的重要范畴 [J]. 思想政治教育研究，2021 (10)：23-28.

[34] 代玉启．思想政治教育参与社会治理的路径优化 [J]. 思想理论教育，2017 (6)：23-26.

[35] 戴锐，揭春兰．思想政治教育视域中公共空间的教育价值及其实现 [J]. 理论与改革，2013 (6)：140-142.

[36] 戴锐．思想政治教育共同体的可能、现实与前景——以场域为基本视角的研究 [J]. 思想理论教育，2012 (17)：40-45.

[37] 邓纯余．思想政治教育学科的知识论视角 [J]. 内蒙古社会科学（汉文版），2011 (4)：138-141.

[38] 邓海龙，徐国亮．国家治理现代化视域下思想政治教育效能的理论意涵与提升路径 [J]. 思想教育研究，2020 (4)：96-100.

[39] 邓卓明，宋明江．新时代思想政治教育质量评价的六个维度 [J]. 思想理论教育导刊，2020 (9)：139-144.

[40] 丁梅君，徐建军．论网络思想政治教育话语权效能的提升 [J]. 中南大学学报（社会科学版），2019 (5)：144-150.

[41] 董杰，姜昱洲．思想政治教育心理学的核心范畴探究 [J]. 学校党建与思想教育，2019 (2)：27-30.

[42] 董平．困境与出路：思想政治理论课话语传播探析 [J]. 思想政治教育研究，2018 (4)：83-86.

[43] 董兴彬，吴满意．网络思想政治教育视域下的网络空间治理思考 [J]. 学术论坛，2018 (5)：168-173.

[44] 董雅华．思想政治教育概念厘定的向度和要义 [J]. 思想理论教育导刊，2020 (9)：116-121.

[45] 杜玉波．坚持立德树人基本导向以理论创新推动思想政治教育学科繁荣发展 [J]. 思想教育研究，2014 (12)：3-6.

［46］费萍．思想政治教育过程规律研究的历史梳理与未来展望［J］．思想政治教育研究，2013（5）：43－46.

［47］冯刚，曾永平．“思想政治工作”与“思想政治教育”概念辨析［J］．思想理论教育，2018（1）：42－46.

［48］冯刚，陈步云．深刻把握新时代思政课“八个统一”的建设规律［J］．中国高等教育，2019（9）：11－14.

［49］冯刚，房正．把高校思想政治工作推向新高度［J］．教育研究，2017（7）：29－36.

［50］冯刚，骆郁廷．思想政治教育学科发展30年的回顾与展望［J］．思想理论教育导刊，2014（7）：33－42.

［51］冯刚，史宏月．新时代高等学校思想政治教育质量评价科学化［J］．教育研究，2021（10）：74－82.

［52］冯刚，徐先艳．现代性视域中思想政治教育治理的生成逻辑、基本内涵及时代价值［J］．教学与研究，2021（5）：85－95.

［53］冯刚，朱宏强．思想政治教育内生动力的理论审思［J］．马克思主义理论学科研究，2022（6）：104－110.

［54］冯刚．不断探索思想政治教育学科建设与发展的科学路径［J］．思想理论教育导刊，2014（4）：16－18.

［55］冯刚．改革开放以来高校思想政治教育政策设计与发展展望［J］．国家教育行政学院学报，2018（9）：28－35.

［56］冯刚．国际化视野下高校德育的创新发展［J］．中国高等教育，2011（1）：16－18.

［57］冯刚．加强思想政治教育学科建设努力推进思想政治教育实践创新［J］．思想教育研究，2013（11）：3－7.

［58］冯刚．深化高校思想政治教育范畴研究［J］．马克思主义理论学科研究，2021（9）：76－85.

［59］冯刚．深化思想政治教育理论研究和实践创新推动思想政治教育学科繁荣发展［J］．思想教育研究，2015（2）：14－17.

［60］冯刚．深化新时代思想政治教育视域下的以文化人研究［J］．马克思主义理论学科研究，2020（6）：123－130.

［61］冯刚．思想政治教育数据分析的逻辑理路［J］．河海大学学报（哲学社会科学版），2023（1）：24－29.

［62］冯刚．增强高校思想政治教育持续发展的内生动力［J］．中国高等教育，2017（Z2）：25－29.

［63］冯留建，刘国瑞．新时代高校思想政治教育内容创新研究［J］．学校党建与思想教育，2018（14）：4－8.

［64］冯淑萍．“互联网＋”时代高校思想政治教育模式创新［J］．思想教育研究，2017（8）：111－115.

［65］付安玲，张耀灿．数字化参与文化视域下思想政治教育的功能优化［J］．思想教育研究，2020（8）：31－36．

［66］付安玲．社会治理视域下思想政治教育的价值及其实现［J］．思想理论教育，2015（10）：52－56，107．

［67］高德胜，张耀灿．整体性视角下思想政治教育构成要件研究［J］．马克思主义与现实，2020（2）：181－186．

［68］高峰．关于新时代比较思想政治教育学科建设的若干思考［J］．思想理论教育，2019（3）：11－14．

［69］高国希．大中小学思想政治理论课一体化建设的思考［J］．思想理论教育，2019（5）：22－27．

［70］高晓林，骆良虎．仪式教育融入“大思政课”建设的内在逻辑、价值意蕴与实践理路［J］．思想教育研究，2023（1）：103－108．

［71］高永．思想政治教育的阶级性及其对本质问题的释疑——列宁提出“灌输论”的逻辑主线［J］．思想理论教育导刊，2020（8）：113－117．

［72］葛彬超，王立泽．思想政治教育社会哲学范式中的人学取向［J］．思想教育研究，2020（12）：54－59．

［73］顾海良．高质量地全面实施“两课”课程新方案［J］．教学与研究，1999（9）：5－9．

［74］顾海良．重在落实重在发展重在开拓——谈如何切实加强“两课”建设［J］．中国高等教育，1999（1）：10－12．

［75］郭超，王习胜．论现代思想政治教育方法的偏向与守正［J］．马克思主义理论学科研究，2017（5）：146－156．

［76］郭毅然．交往理性与思想政治教育话语的更新［J］．理论与改革，2007（1）：142－145．

［77］韩喜平，蒋磊．思想政治理论课讲道理要在“五个统一”上下功夫［J］．思想理论教育，2022（9）：76－81．

［78］韩震．“和谐”：体现民族传统又具有世界普遍意义的核心价值观［J］．理论视野，2011（12）：21－23．

［79］郝丹梅，杨文选．习近平关于思想政治教育的方法论对高校思想政治教育的启示［J］．学校党建与思想教育，2020（6）：14－16．

［80］何海兵．思想政治教育范畴构建的实践反思［J］．思想教育研究，2011（9）：6－9．

［81］何秀敏，张耀灿．思想政治教育学科范式研究现状探析［J］．学校党建与思想教育，2015（7）：8－11．

［82］何志敏，卢黎歌．建立“宏观思想政治教育学”与“微观思想政治教育学”的思考［J］．思想教育研究，2011（1）：15－19．

［83］贺才乐．思想政治教育载体及其研究价值［J］．上海交通大学学报（社会科学版），2002（2）：91－94．

［84］贺美英，张德．在社会思潮纷呈起伏中学会做好学生思想政治工作［J］．清华大学教育研究，1987（1）：1－7.

［85］侯丽羽，张耀灿．论思想政治教育话语的三种基本形态［J］．马克思主义研究，2018（12）：143－148.

［86］侯爽．关于灌输理论与思想政治教育本质的再研究［J］．思想理论教育导刊，2009（10）：74－78.

［87］侯旭．论构建"思想政治教育话语"范畴的意义及途径［J］．思想教育研究，2011（4）：20－22.

［88］侯勇，孙其昂，韩兴雨．"思想政治教育"概念学科辨析与新认识［J］．学术论坛，2010（5）：67－70，120.

［89］侯丹娟．关于思想政治教育本质的再思考［J］．学校党建与思想教育，2010（8）：15－17.

［90］胡凯．思想政治教育过程的心理规律初探［J］．思想理论教育导刊，2005（3）：52－56.

［91］胡凯．网络思想政治教育过程的特点及心理规律初探［J］．思想教育研究，2016（9）：39－43.

［92］胡鹏．论新时代思想政治教育内容的"变"与"不变"［J］．思想政治教育研究，2022（2）：87－92.

［93］胡树祥，谢玉进．大数据时代的网络思想政治教育［J］．思想教育研究，2013（6）：60－62，102.

［94］胡树祥，赵玉枝．网络思想政治教育发展历程及未来趋势［J］．思想理论教育导刊，2020（6）：128－134.

［95］胡心红，王习胜．思想政治教育方法论：层次结构与功能阈限［J］．湖北社会科学，2016（5）：187－191.

［96］胡艺华，杜敏．论习近平用典艺术对思想政治教育方法的拓新［J］．理论月刊，2020（9）：5－14.

［97］胡玉宁．思想政治教育话语传播要素的协同性分析［J］．学校党建与思想教育，2021（7）：21－24.

［98］胡元林．高校微信公众平台的思想政治教育实践逻辑［J］．思想政治教育研究，2020，36（6）：152－156.

［99］胡子祥，余姣．大数据时代思想政治教育载体变革及对策研究［J］．思想教育研究，2015（2）：74－77.

［100］花冬进，吴頔．深刻把握新时代新征程党的宣传思想工作的规律性认识［J］．学校党建与思想教育，2023（3）：6－9.

［101］华为国．整体治理与思想政治教育管理模式重塑［J］．江苏高教，2013（6）：107－108.

［102］换晓明，於天禄．思想政治教育的心理接受规律研究［J］．学校党建与思想教育，2018（11）：30－33.

［103］黄冬霞，吴满意．网络意识形态内涵的新界定［J］．社会科学研究，2016（5）：107－112.

［104］黄峰．思想政治教育的耗散结构运行机理及其路径［J］．思想理论教育，2021（8）：62－67.

［105］黄鹤，路日亮．新时代少数民族大学生思想政治教育实践育人路径探究［J］．贵州民族研究，2018（10）：200－203.

［106］黄蓉生，白显良，张勇华．社会主义核心价值体系视域下大学生思想政治教育创新［J］．思想理论教育，2008（15）：14－18.

［107］黄蓉生，范春婷．思想政治教育专业政策价值探析——基于思想政治教育专业30年发展视域［J］．国家教育行政学院学报，2016（3）：9－13.

［108］黄蓉生．新时代思想政治教育学科创新发展若干思考［J］．思想理论教育导刊，2018（3）：95－98.

［109］黄少成，傅安洲．论思想政治教育学基本范畴与一般范畴的对应关联关系［J］．学校党建与思想教育，2011（11）：9－12.

［110］黄永宜，周志强，魏钢．试析网络思想政治教育由“必要性”到“规律性”研究的视角转换［J］．思想教育研究，2011（6）：78－81.

［111］贾支正，张钰．系统论视域下大中小学思政课一体化建设探析［J］．系统科学学报，2023（3）：77－81.

［112］江大伟，刘涛．对思想政治教育基本矛盾与思想政治教育过程基本矛盾的界定［J］．学校党建与思想教育，2011（28）：34－36.

［113］江英飒．构建青年教师与大学生“共育”思政工作模式［J］．中国高等教育，2014（11）：45－47.

［114］江泽民．在中央思想政治工作会议上的讲话［J］．高校理论战线，2000（7）：2－3.

［115］姜黎黎，张峰．基于实践理性的少数民族大学生思想政治教育三维向度研究［J］．新疆大学学报（哲学·人文社会科学版），2019（4）：61－67.

［116］蒋颖荣．荀子的“礼乐”教化思想与现代道德传播［J］．哲学动态，2010（5）：51－54.

［117］金家林．思想政治教育中教育对象思想内化规律探析［J］．南京政治学院学报，1989（1）：59－61.

［118］金林南，刘娟．思想政治教育比较研究的三重学理根据［J］．思想理论教育，2018（8）：56－61.

［119］金林南，王燕飞．思想政治教育环境研究的实践性思考［J］．思想理论教育，2022（6）：65－70.

［120］金林南．思想政治教育学科范式论：现状、问题与发展［J］．思想理论教育，2014（5）：28－33.

［121］靳娜，张爱军．青年网络政治参与的多元诉求与内在张力——基于中青网的大数据分析［J］．中国青年社会科学，2020（3）：59－66.

［122］靳玉军，罗春艺．青年思想政治教育话语发展研究［J］．中国青年社会科学，2018（3）：73－79.

［123］荆德亭．思想政治教育模式百年演进的三重逻辑［J］．思想政治课教学，2023（3）：8－11.

［124］阚道远．提升新时代领导干部思政工作能力［J］．思想政治工作研究，2018（4）：48－49.

［125］康春英．在民族院校中深入开展民族团结教育［J］．中国民族教育，2008（11）：19－21.

［126］康秀云．比较思想政治教育研究的基本概念辨析［J］．社会科学战线，2014（6）：214－218.

［127］孔德生，谢宇格．公民教育与思想政治教育结构之比较与借鉴［J］．人民论坛・学术前沿，2021（8）：116－119.

［128］匡志盈．多学科交叉视野中的高校思想政治工作及其启示［J］．社会科学家，2005（1）：550－552，555.

［129］赖雄麟，梁东亮．思想政治教育人学范式献疑［J］．思想教育研究，2016（3）：16－20.

［130］雷振扬，兰良平．铸牢中华民族共同体意识：研究现状与深化拓展［J］．中南民族大学学报（人文社会科学版），2020（4）：24－31.

［131］冷文丽，罗来松，史久林，等．新时代大学生思想政治教育协同机制研究［J］．江西师范大学学报（哲学社会科学版），2022（2）：56－62.

［132］李东坡，王学俭．新时代大中小学思政课一体化建设的内涵、挑战与对策［J］．新疆师范大学学报（哲学社会科学版），2021（3）：65－69.

［133］李广阔．比较教育视野下的多国高校思想政治教育述评［J］．理论导刊，2013（8）：90－92.

［134］李合亮，李鹏．对思想政治教育本质的再认识［J］．学校党建与思想教育，2013（1）：17－20.

［135］李怀杰，夏虎．大数据时代高校思想政治教育模式创新探究［J］．思想教育研究，2015（5）：48－51.

［136］李焕明．思想政治教育学基本范畴［J］．山东师范大学学报（人文社会科学版），2002（1）：116－118.

［137］李辉．思想政治教育本质认识分歧探源［J］．思想教育研究，2011（7）：11－16.

［138］李辉．思想政治教育学科发展性探析［J］．教学与研究，2022（12）：83－92.

［139］李辉．思想政治教育学研究对象的科学审视［J］．中山大学学报（哲学社会科学版），1998（2）：105－110.

［140］李慧琳．国际化背景下大学生思想政治教育的创新发展［J］．学校党建与思想教育，2016（19）：53－55.

［141］李基礼．思想政治教育环境系统分析的内在超越及限度［J］．思想教育研究，

2021（6）：31－35.

[142] 李建刚．现代科技发展与思想政治教育创新［J］. 学校党建与思想教育，2006（11）：28－29.

[143] 李坤，王秀阁．科学实践观何以可能——谈思想政治教育研究范式的转换［J］. 思想教育研究，2016（2）：13－17.

[144] 李丽．新时代网络思想政治教育话语权的建构路径［J］. 思想理论教育导刊，2019（3）：127－131.

[145] 李丽华．运用心理学知识做好思想政治工作［J］. 辽宁高等教育研究，1993（6）：78－79.

[146] 李亮，王凯．思想政治教育过程构成若干要素的符号学分析［J］. 思想教育研究，2020（9）：37－40.

[147] 李辽宁．解读思想政治教育本质的多重维度［J］. 思想理论教育，2007（21）：12－16.

[148] 李辽宁．思想政治教育功能发挥效果的评价标准探析［J］. 学校党建与思想教育，2005（10）：13－16.

[149] 李庆广．重视网络伦理道德教育［J］. 思想教育研究，1998（3）：30－31.

[150] 李书吾．大众文化发展与思想政治教育内容创新［J］. 思想理论教育，2012（21）：53－56.

[151] 李太平．德育功能·德育价值·德育目的［J］. 湖北大学学报（哲学社会科学版），1999（6）：89－92.

[152] 李伟．大中小学思政课一体化建设的逻辑理路［J］. 河南社会科学，2020（8）：22－26.

[153] 李霞．论新时期思想政治教育方法的改进与创新［J］. 江汉论坛，2000（1）：86－88.

[154] 李霞玲，李敏伦．信息化背景下高校思想政治教育协同机制的构建［J］. 学校党建与思想教育，2019（17）：68－71.

[155] 李宪伦，朱小翠，章兵．论思想政治教育的话语逻辑、话语功能与哲学思维［J］. 思想教育研究，2009（2）：10－13.

[156] 李晓杰．大中小学思政课一体化建设实施路径研究［J］. 思想理论教育导刊，2021（7）：77－79.

[157] 李彦磊．公共治理思想在高校思想政治教育中的运用［J］. 人民论坛，2015（29）：147－149.

[158] 李亿，吴荣军．语词共识、命题同构、实践遵循：理解思想政治教育的三个维度——基于概念的共词分析视角［J］. 思想教育研究，2017（12）：32－36.

[159] 李玉春．思想政治教育过程的阶段分析［J］. 思想教育研究，1997（3）：9－11.

[160] 李远杰，高峰．比较方法的探索与创新——比较思想政治教育比较方法研究回顾与展望［J］. 思想理论教育导刊，2019（9）：108－111.

[161] 李苑静，李琳．微博：传统思想政治教育模式转变的新契机［J］．黑龙江高教研究，2012（9）：127－129.

[162] 李月玲，王秀阁．科学实践观视角下思想政治教育研究范式探微［J］．理论导刊，2012（8）：10－13.

[163] 李长松，邓卓明，姜丽霞．论新时代思想政治教育学范畴的发展［J］．思想教育研究，2020（2）：26－31.

[164] 李忠军，牟霖．思想政治教育本质认知理路探析［J］．思想理论教育，2012（13）：40－44.

[165] 李忠军．关于“灵魂”进入思想政治教育基本范畴的探讨［J］．教学与研究，2015（11）：96－102.

[166] 梁家峰，吕素香．思想政治教育治理体系和治理能力现代化的三个维度［J］．思想教育研究，2014（10）：40－43.

[167] 廖卢琴，谢爱林．圈层与连接：思政教育网络话语传播困境与出路——基于矩阵传播的视角［J］．教育学术月刊，2021（7）：48－54.

[168] 廖志诚．论思想政治教育机制的内涵及功能［J］．思想政治教育研究，2007（1）：36－38.

[169] 林聪．思想政治教育中价值倾向性的正当性论析——一个比较的视角［J］．理论与改革，2018（2）：181－188.

[170] 林宁，李宪伦．思想政治教育话语学构想与探析［J］．学校党建与思想教育，2007（8）：43－45.

[171] 林伟．关于哲学目的—手段范畴的探讨［J］．马克思主义与现实，2005（5）：153－155.

[172] 林于良．少数民族大学生思想政治教育生活化路径研究［J］．学校党建与思想教育，2019（9）：75－77.

[173] 刘春波．大数据时代思想政治教育模式的创新［J］．湖北社会科学，2016（9）：193－198.

[174] 刘国瑞，赵志博．百年来中国共产党的高校思想政治教育话语的生成与演进逻辑［J］．教育科学，2022（5）：8－15.

[175] 刘海春，吴之声．思想政治教育研究的人学范式：形成、困境及出路［J］．思想理论教育，2016（11）：44－48.

[176] 刘合亮．思想政治教育基本规律新探［J］．学校党建与思想教育，2020（9）：22－25.

[177] 刘宏达，潘开艳．十年来我国高校辅导员制度的顶层设计及其实践创新［J］．思想政治教育研究，2017（1）：115－119.

[178] 刘宏达，杨灵珍．思想政治教育大数据的生成规律与运用逻辑［J］．教学与研究，2018（5）：84－90.

[179] 刘建军．关于思想政治教育的学科内涵及建设的思考［J］．思想理论教育导刊，2007（3）：42－45，65.

［180］刘建军．论社会思潮的发生、发展与消退［J］．学术月刊，1995（2）：14－18.

［181］刘建军．论思想政治教育的个人价值［J］．教学与研究，2001（8）：48－52.

［182］刘建军．论思想政治教育的科学化［J］．教学与研究，2011（3）：20－27.

［183］刘建军．论思想政治教育内容的基本形态［J］．思想理论教育导刊，2020（9）：111－115.

［184］刘建军．全面把握思想政治理论课建设的基本规律［J］．思想教育研究，2017（4）：57－61.

［185］刘建军．思想政治教育话语转换的三重基础［J］．思想理论教育导刊，2016（5）：120－123.

［186］刘建军．思想政治教育学科独立性探源［J］．教学与研究，2022（12）：66－73.

［187］刘居安．论思想政治教育动力机制［J］．马克思主义与现实，2005（4）：130－132.

［188］刘俊峰，王晓珊．构建大学生思想政治教育整体协同机制探究［J］．学校党建与思想教育，2015（1）：34－36.

［189］刘磊，赵红艳．青少年网络依赖的代际特征及教育建议［J］．当代青年研究，2014（4）：64－68.

［190］刘力波，黄格．大中小学思政课教材一体化建设面临的问题及破解路径［J］．马克思主义与现实，2020（2）：32－36.

［191］刘力波，张子崟．思政课把道理讲彻底的三个维度［J］．思想理论教育导刊，2022（11）：72－79.

［192］刘梅．论思想政治教育的社会教育形态［J］．思想教育研究，2011（9）：10－13.

［193］刘梅．思想政治教育的现代方式——论网络思想政治教育建设［J］．河南师范大学学报（哲学社会科学版），2000（2）：103－106.

［194］刘美辰．网络思想政治教育话语表达策略研究［J］．学校党建与思想教育，2022（24）：57－59.

［195］刘娜．关于思想政治教育环境的思考［J］．思想理论教育导刊，2011（8）：94－97.

［196］刘取芝，孙其昂．思想政治教育中“思想”概念的再思考［J］．教学与研究，2016（6）：78－84.

［197］刘润，王小莉，吴晓培．高校研究生思想政治教育工作机制研究［J］．中国高等教育，2021（12）：37－39.

［198］刘少杰．网络社会的时空扩展、时空矛盾与社会治理［J］．社会科学战线，2016（11）：197－203.

［199］刘书林．论思想政治教育的本质——坚守“灌输论”的缘由［J］．思想理论教育导刊，2012（10）：38－44.

[200] 刘书林．社会思潮研究与“两课”教学改革 [J]. 思想理论教育导刊，2003 (9)：62-65.

[201] 刘五景，金林南．借鉴还是移植：思想政治教育学科建设之思 [J]. 探索，2012 (1)：122-126.

[202] 刘晓琳，曹银忠．网络思想政治教育内容特殊性及其传播策略 [J]. 学校党建与思想教育，2023 (2)：62-65.

[203] 刘新庚，高超杰．思想政治教育学科的理论属性新论 [J]. 学术论坛，2013 (4)：83-87.

[204] 刘新庚，罗雄，杨尚昆．思想政治教育方法体系的现代建构探索 [J]. 中南大学学报（社会科学版），2007 (5)：598-603.

[205] 刘新庚，朱新洲．关于思想政治教育方法规律的思考 [J]. 中国高等教育，2014 (23)：23-25.

[206] 刘妍良，乔春梅．传统优秀文化在民族高校思想政治教育中的创新应用 [J]. 贵州民族研究，2018 (3)：221-225.

[207] 刘燕，刘龙飞．新媒体时代思想政治教育话语表达研究 [J]. 学校党建与思想教育，2021 (17)：20-23.

[208] 刘烨．思想政治教育过程基本矛盾新探 [J]. 理论月刊，2003 (12)：150-151.

[209] 刘怡彤，李忠军．马克思恩格斯经典文本关于思想政治教育之“政治”概念的解析 [J]. 思想教育研究，2022 (9)：60-66.

[210] 刘智勇，王让新．论网络思想政治教育的根据、特点和研究内容 [J]. 电子科技大学学报（社科版），2002 (4)：23-25.

[211] 柳礼泉．论思想政治理论课实践教学的形式 [J]. 思想理论教育导刊，2007 (3)：66-69.

[212] 龙雪娜，张灏．文化中断理论视域下的少数民族大学生思想政治教育研究 [J]. 学校党建与思想教育，2018 (6)：17-19.

[213] 卢景昆．思想政治教育过程的基本矛盾新论 [J]. 探索，2006 (2)：112-114.

[214] 卢岚．社会转型与研究范式：思想政治教育范式转换及其运作逻辑 [J]. 学校党建与思想教育，2021 (7)：14-20.

[215] 卢岚．思想政治教育内容发展的若干问题研究——基于“四个全面”战略布局的视角 [J]. 思想理论教育，2016 (9)：59-65.

[216] 卢黎歌，岳潇，李英豪．当前我国网络意识形态的博弈与引导 [J]. 思想教育研究，2017 (6)：75-79.

[217] 卢少求．近 20 年来思想政治教育学科理论研究综述 [J]. 思想理论教育导刊，2004 (11)：73-76.

[218] 卢勇．基于虚拟仿真技术的高校思政课在线教学实践探索 [J]. 中国大学教学，2021 (4)：79-84.

[219] 卢跃青．试论德育功能与德育实效 [J]. 教育探索，2001 (11)：78-79.

[220] 鲁杰．思想政治教育宏微观体系的范畴研究 [J]．探索，2012 (6)：127－129.

[221] 鲁杰．思想政治教育话语的功能定位与实现路径研究 [J]．理论与改革，2011 (2)：121－123.

[222] 陆树程，方文．思想政治教育机制新论 [J]．思想理论教育导刊，2010 (3)：74－78.

[223] 栾天．我国比较思想政治教育研究的回顾与反思 [J]．东北师大学报（哲学社会科学版），2014 (2)：135－140.

[224] 罗迪．高校稳定与大学生网络政治参与 [J]．思想理论教育，2008 (17)：87－90.

[225] 罗红杰．主体间性思想政治教育的多维透视 [J]．思想政治课教学，2018 (4)：13－17.

[226] 罗洪铁，陈淑丽．论思想政治教育机制的内涵、功能及价值 [J]．思想理论教育导刊，2014 (3)：85－89.

[227] 罗洪铁，张丽华．思想政治教育过程规律的探讨 [J]．探索，2004 (3)：89－92.

[228] 罗洪铁，周琪．思想政治教育环境系统结构和功能深化研究 [J]．思想教育研究，2011 (11)：3－7.

[229] 罗洪铁．思想政治教育规律研究的回顾与展望 [J]．思想教育研究，2009 (1)：3－7.

[230] 罗家锋．论民族地区思想政治教育供给侧改革机制构建 [J]．贵州民族研究，2018 (4)：228－232.

[231] 罗石，曾润梅，刘亚君．思想政治理论课情境教学模拟实验的探索与实践 [J]．思想理论教育导刊，2013 (1)：81－85.

[232] 骆郁廷，陈兴耀．论毛泽东的思想政治教育方法 [J]．学校党建与思想教育，2014 (7)：9－13.

[233] 骆郁廷，李恩．论网络思想政治教育的作用机理 [J]．马克思主义与现实，2021 (5)：178－184.

[234] 骆郁廷，佘双好，沈壮海．关于马克思主义理论与思想政治教育学科建设的思考 [J]．学校党建与思想教育，2003 (9)：18－22.

[235] 骆郁廷，唐丽敏．改革开放四十年高校思想政治工作的三大跨越 [J]．马克思主义研究，2018 (12)：133－142.

[236] 骆郁廷，项敬尧．论新时代思想政治教育创新发展的基本遵循 [J]．思想理论教育，2018 (1)：4－9.

[237] 骆郁廷．论网络思想政治教育的主体与客体 [J]．马克思主义与现实，2016 (2)：1－7.

[238] 骆郁廷．思想政治教育的本质在于思想掌握群众 [J]．马克思主义研究，2012 (9)：128－137.

[239] 骆郁廷．思想政治教育学科发展的新趋势 [J]．思想理论教育导刊，2009

(3)：42－45.

[240] 骆郁廷．吸引、判断、选择：网络思想政治教育的关键词 [J]. 马克思主义研究，2016 (11)：120－131，160.

[241] 骆郁廷．新形势下高校网络思想政治教育长效机制的构建 [J]. 高校理论战线，2008 (10)：30－33.

[242] 吕元礼．思想政治教育：同情性理解传统之后的反思 [J]. 理论与改革，1999 (6)：120－122.

[243] 马宝娟，张婷婷．大中小学思政课一体化：问题与对策 [J]. 思想政治课教学，2020 (2)：4－8.

[244] 马超，娄淑华．思想政治教育方法论现代性探析 [J]. 思想教育研究，2016 (7)：14－18.

[245] 马建青，李晓娟．思想政治教育规律研究三十余年发展探析 [J]. 思想教育研究，2019 (2)：132－137.

[246] 马奇柯．思想政治教育机制研究述评 [J]. 求实，2006 (5)：83－86.

[247] 马莹，周月华．新时代思想政治教育话语生产的价值遵循与模式创新 [J]. 中学政治教学参考，2021 (12)：67－71.

[248] 马云志，付静伟．思想政治教育话语权威的现实困境及其超越 [J]. 思想教育研究，2022 (7)：34－40.

[249] 毛鹏茜．做好领导干部的思想工作 [J]. 思想政治工作研究，2001 (6)：34.

[250] 梅萍，杨珍妮．人学范式下思想政治教育本质新探 [J]. 学校党建与思想教育，2015 (5)：10－13.

[251] 梅荣政，王炳权．论社会思潮总体性研究中的几个问题 [J]. 思想理论教育，2005 (10)：36－40.

[252] 孟轲．论社会主义核心价值体系的国民普及路径 [J]. 马克思主义与现实，2010 (5)：187－190.

[253] 孟婷，张澍军．思想政治教育方法论体系刍议 [J]. 思想教育研究，2014 (9)：34－38.

[254] 孟志中．思想政治教育范畴体系的建构与发展 [J]. 中国青年政治学院学报，2009 (6)：43－47.

[255] 孟志中．思想政治教育要素论 [J]. 中国青年政治学院学报，2003 (3)：15－19.

[256] 闵绪国．论思想政治教育价值实现的规律 [J]. 思想教育研究，2017 (4)：28－32.

[257] 倪松根，孙其昂．思想政治教育载体价值的逻辑意蕴及其实现 [J]. 思想教育研究，2017 (8)：31－35.

[258] 倪愫襄，俞念胜，郭勤艺．比较思想政治教育：现状、问题与发展 [J]. 思想理论教育，2014 (6)：31－36.

[259] 倪愫襄．思想政治教育概念的逻辑分析 [J]. 学校党建与思想教育，2013

(20)：13-16.

[260] 欧彦伶．论思想政治教育人学范式的反思［J］．思想政治教育研究，2014（1）：52-55.

[261] 彭建国，周霞．论新加坡共同价值观教育对我国社会主义核心价值观培育的启示［J］．思想教育研究，2014（5）：47-50.

[262] 彭庆红，陈成文．论环境与思想政治教育［J］．探索，1998（6）：83-85.

[263] 彭庆红．论思想政治教育环境的特征［J］．探索，2000（1）：56-59.

[264] 钱广荣．论思想政治教育学科研究之批评及其意义［J］．思想理论教育，2006（10）：43-45.

[265] 钱惠英．高校思想政治理论课实践教学的内涵与机制创新［J］．思想政治教育研究，2013（3）：55-57.

[266] 钱俊．改革开放40年以来大学生思想政治教育话语体系的演化、传承与创新［J］．黑龙江高教研究，2018（11）：131-134.

[267] 秦晶晶．新时代中小学生思想政治教育内容的优化［J］．教育理论与实践，2020（29）：40-42.

[268] 秦在东，方爱清．思想政治教育本质特征刍议［J］．学校党建与思想教育，2011（13）：7-9.

[269] 秦在东，王昊．社会治理的理论创新及其对思想政治教育管理创新的启示［J］．湖北社会科学，2015（7）：183-187.

[270] 邱柏生．关于思想政治教育基础理论创新的若干思考［J］．思想理论教育，2019（8）：11-18.

[271] 邱柏生．关于思想政治教育学科发展的阶段特征［J］．福建师范大学学报（哲学社会科学版），2006（3）：9-14，22.

[272] 邱柏生．试论思想政治教育工作的历史转型［J］．理论探讨，2009（3）：115-119.

[273] 邱柏生．试析思想政治教育专业建设的有关问题［J］．思想教育研究，2012（9）：17-21.

[274] 邱光．谈谈思想政治教育的主要规律［J］．江苏师院学报，1980（3）：87-91.

[275] 邱杰，何海兵．思想政治教育主体的三重形态及其主体性［J］．湖北社会科学，2003（12）：129-131.

[276] 邱仁富．论新中国60年思想政治教育话语发展的曲折历程［J］．求实，2010（1）：77-80.

[277] 邱伟光．思想政治教育的学科定位和本科人才培养［J］．思想政治课研究，2017（5）：1-4，9.

[278] 曲波．比较思想政治教育学科性质探析［J］．东北师大学报（哲学社会科学版），2014（2）：130-134.

[279] 屈陆，戴钢书．思想政治教育认知形成的基本规律［J］．思想教育研究，2017

(1)：14 - 18.

［280］屈涛．微博与大学生思想政治教育理念和方法的创新［J］．思想理论教育，2012（13）：78 - 82.

［281］任欢，冯建新．高校民族团结教育与公民意识教育的关系研究［J］．民族高等教育研究，2015（3）：56 - 59.

［282］商丹，董亚超．社会网络视角下提升高校思想政治教育要素有效性的策略［J］．思想理论教育导刊，2020（11）：129 - 134.

［283］上官莉娜，黄强．比较思想政治教育整体研究及其发展进路［J］．思想教育研究，2014（10）：26 - 29.

［284］尚爻，王向珍，刘芳．大中小学思想政治教育一体化网络衔接平台建设探析［J］．学校党建与思想教育，2023（4）：77 - 79.

［285］邵沁妍，刘振霞．大中小学思政课一体化建设的三维思考［J］．思想理论教育导刊，2020（9）：106 - 110.

［286］佘双好，康超．思想政治教育大数据方法的提出及其运用空间［J］．北京工业大学学报（社会科学版），2022（5）：22 - 30.

［287］佘双好，马桂馨．新征程思想政治教育理论的发展创新［J］．思想政治教育研究，2022（5）：1 - 7.

［288］佘双好，汤婉丽．新时代十年高校思想政治理论课教学方法的创新发展与展望［J］．思想理论教育导刊，2023（3）：107 - 115.

［289］佘双好，张琪如．中国共产党思想政治教育方法的百年演进［J］．思想理论教育导刊，2021（5）：114 - 119.

［290］佘双好．改革开放以来高校思想政治理论课教学方法的创新发展［J］．思想理论教育导刊，2018（10）：9 - 15.

［291］沈定军．论中国特色社会主义民族特色视域下的思想政治教育创新［J］．学校党建与思想教育，2020（19）：34 - 36.

［292］沈立里，池忠军．大中小思政课一体化建设的质量监测与优化路向［J］．教育学术月刊，2022（4）：25 - 29.

［293］沈壮海，李佳俊．论新时代高校思想政治工作体系的构建［J］．思想理论教育，2019（12）：11 - 16.

［294］沈壮海，史君．推动思想政治教育与信息技术的高度融合［J］．国家教育行政学院学报，2017（1）：15 - 21.

［295］沈壮海．构建新形态的《思想政治教育学原理》［J］．学校党建与思想教育，2010（25）：15 - 17.

［296］沈壮海．关注思想政治教育的文化性［J］．思想理论教育，2008（3）：4 - 6.

［297］沈壮海．宏观思想政治教育学初论［J］．思想理论教育导刊，2011（12）：84 - 90.

［298］沈壮海．论思想政治教育理论研究的新范式与新形态［J］．思想理论教育导刊，2007（2）：40 - 46.

[299] 沈壮海．思想政治教育学科的新自觉与新未来［J］．马克思主义理论学科研究，2015（1）：161－170.

[300] 沈壮海．思想政治教育学科的依托发展［J］．中国高等教育，2006（18）：32－34.

[301] 盛红．新时代高校思想政治教育话语权的建构［J］．河海大学学报（哲学社会科学版），2020（6）：15－21，109－110.

[302] 盛跃明，孙其昂．思想政治教育的现代转型及其路径［J］．求实，2010（2）：71－75.

[303] 石书臣．关于大中小学思想政治理论课教师队伍一体化建设的思考［J］．思想理论教育，2019（11）：17－22.

[304] 石书臣．思想政治教育的本质规定及其把握［J］．马克思主义与现实，2009（1）：175－178.

[305] 石书臣．思想政治教育主客体关系的目的性阐释［J］．思想教育研究，2017（2）：17－21.

[306] 石秀梅，宇文利．关于加强马克思主义理论与思想政治教育学科建设的思考［J］．学校党建与思想教育，2004（3）：26－29.

[307] 史宏波，谭帅男．思想政治教育学范畴的提炼：问题、标准及路径［J］．思想教育研究，2022（12）：33－38.

[308] 史宏波．论思想政治教育的多学科研究［J］．思想教育研究，2008（7）：11－13.

[309] 司忠华．思想政治教育研究方法研究述评［J］．思想政治教育研究，2017（3）：118－123.

[310] 宋伶俐．治理现代化视域下思想政治教育话语的参与式生成［J］．理论导刊，2020（10）：124－128.

[311] 宋友文，马浩男．《论共产党员的修养》的思想政治教育方法艺术探析［J］．思想理论教育导刊，2020（2）：111－115.

[312] 宋元林，唐佳海．论网络思想政治教育方法的特征、类型及其优化［J］．重庆大学学报（社会科学版），2010（3）：150－154.

[313] 苏洁，吴明华．中华优秀传统文化融入高校思想政治教育的内在逻辑与现实维度［J］．学校党建与思想教育，2023（1）：72－75.

[314] 苏颂兴．当代中国青年价值观的发展趋势与引导［J］．毛泽东邓小平理论研究，2000（2）：88－93，71.

[315] 苏振芳．比较思想政治教育学科发展的历史回顾与展望［J］．思想教育研究，2014（7）：17－23.

[316] 苏振芳．思想政治教育的学科体系和理论体系研究［J］．思想教育研究，2006（7）：6－9.

[317] 孙朝晖．信息革命与高校德育［J］．思想教育研究，1998（2）：2－5.

[318] 孙迪．革命红旗要擎紧——中国共产党思想政治教育工作百年宣传［J］．党

建，2022 (7)：47 - 51.

[319] 孙其昂．论思想政治教育的分化与学科定位 [J]．思想教育研究，2013 (6)：25 - 31.

[320] 孙其昂．论思想政治教育的学科定位及组织建设 [J]．思想政治教育研究，2020 (2)：51 - 57.

[321] 孙其昂．论思想政治教育学科的系统建构 [J]．思想教育研究，2010 (3)：21 - 25.

[322] 孙其昂．思想政治工作规律论要 [J]．河海大学学报（哲学社会科学版），2002 (1)：4 - 6.

[323] 孙巍．融媒体时代思想政治教育的话语转型 [J]．学校党建与思想教育，2020 (6)：118 - 124.

[324] 孙文营．思想政治教育学基本范畴体系划分的新视角 [J]．思想教育研究，2005 (4)：10 - 12.

[325] 孙熙国．中华优秀传统文化与当代青年发展 [J]．学校党建与思想教育，2011 (31)：13 - 15.

[326] 孙晓琳，庞立生．思想政治教育话语传播的本质规定、生活基础与叙事逻辑 [J]．思想教育研究，2022 (5)：62 - 66.

[327] 孙艳秋，孙其昂．悬置抑或复归：思想政治教育研究中的“思想”初论 [J]．学校党建与思想教育，2015 (9)：9 - 12.

[328] 孙迎光．思想政治教育的三种形态 [J]．河海大学学报（哲学社会科学版），2016 (4)：24 - 27.

[329] 孙正聿．以理论方式面向现实探索和回答时代课题 [J]．求是，2011 (7)：50 - 52.

[330] 谭林．论思想政治教育方法创新的内在规律探析 [J]．思想政治教育研究，2020 (1)：57 - 60.

[331] 谭天．信息窄化与话语优化：思想政治教育话语发展的再思考 [J]．理论导刊，2023 (3)：118 - 124.

[332] 谭霞，戴建忠．区块链技术在高校思想政治教育领域中的应用研究 [J]．理论导刊，2020 (12)：115 - 120.

[333] 檀传宝．德育功能简论 [J]．中国教育学刊，1999 (5)：5.

[334] 汤玉华．大中小学德育课程内容一体化建设思考 [J]．教育评论，2017 (10)：106 - 109.

[335] 唐登芸，吴满意．网络思想政治教育研究：历程、问题与转向 [J]．思想理论教育，2017 (1)：76 - 81.

[336] 唐良虎，吴满意．数据思政：基本意涵、生成逻辑与实践样态 [J]．思想理论教育，2022 (5)：88 - 93.

[337] 陶磊，孙其昂．回顾与评价：思想政治教育本质问题的研究进展 [J]．探索，2010 (6)：119 - 123.

[338] 田维义．加强大学生网上思想政治教育的几点思考 [J]．高校理论战线，2004 (11)：17-19.

[339] 佟斐．浅析民族地区思想政治教育资源及其开发利用 [J]．理论月刊，2011 (12)：186-188.

[340] 托娅．民族团结教育之愿景及其有效教学设计 [J]．思想理论教育，2009 (18)：46-49.

[341] 万美容，洪星．思想政治教育方法论研究：回顾与反思 [J]．思想教育研究，2014 (11)：38-42.

[342] 万美容．论思想政治工作运行机制的建构 [J]．探索，2000 (4)：66-68.

[343] 万美容．论现代思想政治教育方法论的三大转变 [J]．学校党建与思想教育，2009 (2)：23-25.

[344] 万美容．中国共产党百年历程中思想政治教育的守正与创新——访华中师范大学马克思主义学院张耀灿教授 [J]．马克思主义理论学科研究，2021 (12)：4-14.

[345] 汪康，吴学琴．网络"泛娱乐化"引发的主流意识形态安全风险及其治理 [J]．思想教育研究，2021 (3)：56-60.

[346] 汪玲，张斌．思想政治教育的社会治理功能分析 [J]．求实，2014 (9)：86-91.

[347] 王宝鑫，段妍．关于思想政治教育环境本质的再认识 [J]．学校党建与思想教育，2019 (3)：18-21.

[348] 王蓓蓓．思想政治教育功能拓展的文化路径追踪及趋向 [J]．思想教育研究，2007 (2)：59-60.

[349] 王炳权，梅荣政．论社会思潮总体性研究中的几个问题 [J]．思想理论教育，2005 (10)：36-40.

[350] 王春英．比较思想政治教育发展进路之思 [J]．思想理论教育，2021 (6)：57-62.

[351] 王春英．思想政治教育比较研究的合法性及其比较阈的厘清 [J]．思想教育研究，2012 (5)：19-21.

[352] 王存喜，田仁来．大中小学思政课一体化探讨 [J]．学校党建与思想教育，2021 (6)：23-25.

[353] 王栋梁．思想政治教育助推机制研究 [J]．学校党建与思想教育，2022 (17)：42-45.

[354] 王怀岗．新形势下民族院校大学生思想政治教育工作创新研究 [J]．中南民族大学学报（人文社会科学版），2015 (1)：165-168.

[355] 王嘉．大数据时代思想政治教育的转向 [J]．学校党建与思想教育，2017 (20)：4-6，20.

[356] 王建军．"微思政"：微时代高校思想政治教育新模式 [J]．学校党建与思想教育，2017 (20)：35-36，39.

[357] 王军．社会心态：宏观思想政治教育学的一个范畴 [J]．思想教育研究，2020 (11)：21-26.

［358］王军．舆论引导：宏观思想政治教育学的重要论域［J］．湖北社会科学，2019（7）：160－166.

［359］王俊斐．思想政治教育与治理的融合研究述评［J］．教育评论，2018（9）：91－95，117.

［360］王立仁，白和明．关于大中小学思想政治理论课课程内容一体化建设的构想［J］．思想理论教育，2019（11）：11－16.

［361］王立仁，张小秋．思想政治教育内容体系的整体建构［J］．思想理论教育，2014（3）：52－56.

［362］王丽，罗洪铁．思想政治教育过程若干问题研究的评析［J］．思想教育研究，2020（6）：9－14.

［363］王梦云．发挥抖音在网络思想政治教育中的积极作用［J］．思想理论教育，2019（10）：86－91.

［364］王敏．论思想政治教育机制［J］．理论与改革，1999（5）：118－120.

［365］王明春．思想政治教育话语场域的价值重构［J］．内蒙古师范大学学报（教育科学版），2008（4）：42－44.

［366］王楠，王保华．治理视域下的高校网络舆情应对策略［J］．思想教育研究，2020（9）：93－96.

［367］王浦劬．国家治理、政府治理和社会治理的含义及其相互关系［J］．国家行政学院学报，2014（3）：11－17.

［368］王荣，陈军绘．构建个性化思想政治教育模式的价值指向与实践策略［J］．学校党建与思想教育，2023（7）：27－30.

［369］王莎．新时代高校思想政治教育评价的数字化变革［J］．思想理论教育，2021（12）：62－68.

［370］王淑芹，李文博．“思想政治教育”概念的廓清与释义［J］．思想理论教育导刊，2018（8）：124－127.

［371］王树荫．论思想政治教育形式、内容与效果的辩证关系［J］．马克思主义研究，2008（7）：90－93.

［372］王树荫．思想政治教育史学科建设构想［J］．高校理论战线，2012（1）：52－54.

［373］王树荫．思想政治教育学科建设的回顾与思考［J］．思想教育研究，2010（7）：9－12.

［374］王双群，刘幽悠．重大疫情应对下大中小学思政课网络教学的一体化建设［J］．学校党建与思想教育，2020（13）：81－85.

［375］王涛，姚崇．网络虚拟空间社会主义意识形态传播及其建设研究［J］．北京师范大学学报（社会科学版），2017（2）：99－109.

［376］王习胜，杨晓帆．思想政治教育方法探索的面相描画与取向审思——以2020年的研究为视点［J］．安徽师范大学学报（人文社会科学版），2021（6）：41－48.

［377］王习胜．类型与层级：思想政治教育规律指认的归置与统摄［J］．教学与研

究，2021（10）：84－91.
[378] 王潇．高校思想政治教育评价：历史衍化与水平提升［J］．思想理论教育，2021（10）：49－53.
[379] 王秀阁．用社会主义核心价值体系引领社会思潮的机制研究［J］．红旗文稿，2010（1）：13－17.
[380] 王学俭，阿剑波．思想政治教育治理现代化的内涵、特征与发展路径［J］．思想理论教育，2020（2）：26－31.
[381] 王学俭，郭绍均．思想政治教育本质问题再探讨［J］．教学与研究，2012（12）：61－67.
[382] 王学俭，李晓莉．思想政治教育协同创新的育人机制探析［J］．教学与研究，2015（10）：98－104.
[383] 王学俭，许斯诺．论新时代党的教育方针与思想政治教育铸魂育人［J］．思想理论教育导刊，2021（10）：112－119.
[384] 王彦．论思想政治教育的本质为价值观生成［J］．求实，2014（12）：82－85.
[385] 王易，单文鹏．思想政治教育机制研究的缘起、现状与思考［J］．马克思主义理论学科研究，2019（1）：139－148.
[386] 王易，宋健林．试论思想政治教育的基本规律［J］．教学与研究，2019（12）：59－67.
[387] 王易，田雨晴．推进大中小学思想政治教育一体化建设的思考［J］．思想理论教育，2023（3）：48－54.
[388] 王易．深化中华优秀传统文化中的思想政治教育资源研究［J］．高校马克思主义理论教育研究，2020（1）：130－139.
[389] 王英红．高校思想政治教育微博网络平台的利用［J］．思想理论教育导刊，2014（5）：126－128.
[390] 王莹，孙其昂．论新时代基层思想政治工作教育内容的构建与创新［J］．思想教育研究，2021（11）：27－33.
[391] 王滢．接受理论视野下大学生网络思想政治教育创新［J］．学校党建与思想教育，2022（20）：71－74.
[392] 王颖．思想政治教育过程基本矛盾运动具体形态转换初探［J］．理论与改革，2002（6）：109－111.
[393] 王永贵，路媛．网络空间主流意识形态认同困境及其路径创新［J］．理论探索，2019（3）：49－54.
[394] 王振．遵循以文化人规律创新思想政治教育方法［J］．思想教育研究，2017（4）：67－71.
[395] 王治东．统筹推进大中小学思政课一体化建设的三个维度［J］．中国高等教育，2020（1）：10－12.
[396] 王智慧．范式转换与思想政治教育原理的创生［J］．思想理论教育，2010（13）：21－27.

[397] 韦兰明．民族团结教育逻辑论纲 [J]．民族教育研究，2019 (3)：37-45.

[398] 韦诗业．民族认同与国家认同：宏观思想政治教育学的重要论域 [J]．湖北社会科学，2013 (9)：182-184.

[399] 韦幼玲．基于创业教育的民族地区高校思想政治教育协同创新 [J]．学校党建与思想教育，2022 (8)：62-64.

[400] 魏娟辉．新时代少数民族大学生思想政治教育实践育人探究 [J]．贵州民族研究，2020 (4)：166-171.

[401] 魏强．思想政治教育环境与思想政治教育情境之辨 [J]．学校党建与思想教育，2009 (35)：12-16.

[402] 魏荣，戚玉兰．高校思想政治教育网络话语权研究 [J]．学校党建与思想教育，2017 (17)：45-48.

[403] 魏晓文，关丽丽．大学思想政治教育的本质与规律探析——基于中美比较的历史主义范式 [J]．思想教育研究，2012 (6)：27-31.

[404] 魏有兴，刘三妮，杨佳惠．大数据与思想政治教育融合研究的进路与前瞻 [J]．河海大学学报（哲学社会科学版），2020 (3)：32-39.

[405] 文天天，陈大文．论大中小学思政课一体化的由来、科学内涵与基本要求 [J]．学校党建与思想教育，2021 (7)：68-71.

[406] 吴海燕．大学生特殊群体的心理健康与思想政治教育 [J]．江苏高教，2018 (10)：98-101.

[407] 吴宏亮．论高校思想政治理论课话语体系的“三个转换” [J]．思想理论教育导刊，2014 (6)：76-78.

[408] 吴宏政，高丹．大中小学思政课一体化建设的目标论要 [J]．东北师大学报（哲学社会科学版），2021 (5)：66-71.

[409] 吴宏政，辛欣．思想政治理论课教学中的“以理服人”和“以情感人” [J]．思想教育研究，2019 (7)：12-14.

[410] 吴宏政．论大中小学思政课一体化建设中的几对辩证关系 [J]．思想理论教育导刊，2021 (11)：40-43.

[411] 吴宏政．思想政治教育学学科界定的反思维度 [J]．思想教育研究，2016 (1)：11-15.

[412] 吴满意，曹银忠．关于高校网络思想政治教育学范畴体系的思考 [J]．思想政治教育研究，2007 (3)：13-15.

[413] 吴满意，高盛楠．高校思想政治教育数据治理研究 [J]．马克思主义理论学科研究，2022 (9)：99-107.

[414] 吴琼，纪淑云．马克思主义大众化语境中的思想政治教育话语变革 [J]．求实，2010 (10)：81-84.

[415] 吴琼．思想政治教育话语结构及其功能 [J]．思想理论教育，2014 (7)：55-59.

[416] 吴艳东，廖小丹．人类文明新形态视野下数字文明的本质意蕴及建构反思

[J]. 重庆社会科学，2023（1）：34－45.

[417] 吴增礼．思想政治教育学科交叉研究的新时代展望 [J]. 学术论坛，2020（5）：127－132.

[418] 武东生，冯乐．对“政治教育”到“思想政治教育”概念演变的解析 [J]. 思想理论教育导刊，2014（8）：4－8.

[419] 武雅君，张铁勇．思想政治教育本质研究的发展图谱、问题及展望 [J]. 天津师范大学学报（社会科学版），2020（1）：42－47.

[420] 郗厚军，康秀云．国外思想政治教育可借鉴性：前提反思、根据认识及实现要求 [J]. 思想理论教育，2017（10）：17－22.

[421] 习近平．思政课是落实立德树人根本任务的关键课程 [J]. 求是，2020（17）：1－3.

[422] 向世香．思想政治教育专业学科建设的新进展——评《思想政治教育学原理》[J]. 学校思想教育，1988（2）：64－65.

[423] 向绪伟．现代思想政治教育话语内容生成之价值关切 [J]. 湖北社会科学，2016（8）：186－190.

[424] 项敬尧．关于服务学习作为高校思想政治教育模式的探讨 [J]. 思想政治教育研究，2017（6）：78－83.

[425] 项久雨，龚安静．中国共产党思想政治教育内容建构：历程、逻辑、进路 [J]. 中共中央党校（国家行政学院）学报，2022（5）：45－53.

[426] 项久雨．思想政治教育当前价值的三个维度 [J]. 武汉大学学报（哲学社会科学版），2008（5）：660－663.

[427] 项久雨．思想政治教育服务国家治理论纲 [J]. 思想理论教育，2021（2）：12－17.

[428] 项久雨．思想政治教育价值论及其相关研究的现状视域 [J]. 中国青年政治学院学报，2002（4）：62－66.

[429] 肖春雷．微传播视域下新时代思想政治教育话语权论析 [J]. 中学政治教学参考，2020（3）：66－69.

[430] 肖峰．作为哲学范畴的延展实践 [J]. 中国社会科学，2017（12）：31－51，205－206.

[431] 肖锦全．论社会思潮作为社会意识一个层次的构想 [J]. 现代哲学，1997（1）：45－49.

[432] 肖群忠．论中华传统美德的当代地位与作用——兼论传统美德与社会主义道德的关系 [J]. 中国特色社会主义研究，2021（1）：58－64.

[433] 肖蜀奉，姜土生．思想政治教育说服机制再思考 [J]. 内蒙古师范大学学报（教育科学版），2013（6）：21－23.

[434] 谢峰．大中小学思政课课程一体化的价值逻辑和实践路径 [J]. 学校党建与思想教育，2020（8）：33－35.

[435] 谢金林．网络舆论社会管理新课题——培育良好的网络社会心态 [J]. 中国青

年研究，2012（3）：18－24.

[436] 谢晓娟，路晓芳．新时代推动大中小学思政课一体化建设研究［J］．学校党建与思想教育，2022（11）：71－74.

[437] 谢玉进，赵玉枝．网络主流意识形态传播的基本矛盾与优化策略［J］．思想理论教育，2018（8）：75－80.

[438] 谢玉进．新时代网络思想政治教育概念再界定与研究深化［J］．思想教育研究，2022（5）：56－61.

[439] 熊建生．构建“三个面向”的思想政治教育内容体系［J］．思想教育研究，2013（12）：16－19.

[440] 熊建生．论思想政治教育内容形态的层次结构［J］．思想理论教育导刊，2006（9）：58－62.

[441] 熊钰，林伯海．基于互联网思维的高校思想政治教育创新研究［J］．学校党建与思想教育，2017（3）：73－74.

[442] 徐柏才．建立民族思想政治教育学的思考［J］．中央民族大学学报（哲学社会科学版），2009（5）：70－75.

[443] 徐建飞，董静．大中小学思想政治理论课一体化建设：内涵逻辑、实践困囿与优化方略［J］．社会主义核心价值观研究，2022（4）：78－88.

[444] 徐曼，黄祎霖．网络思想政治教育主客体互动的展开、张力及优化［J］．思想教育研究，2022（11）：57－63.

[445] 徐秦法，黄俞静．纵向衔接：构建“链条式”大中小学思政课一体化课程内容体系［J］．思想理论教育导刊，2022（2）：65－59.

[446] 徐琴．网络意识形态的功能新探［J］．电子科技大学学报（社科版），2018（3）：69－73.

[447] 徐蓉，王潇．论高校思想政治教育的增值评价［J］．教学与研究，2021（12）：100－107.

[448] 徐蓉．关于大中小学思想政治理论课教师队伍一体化建设的若干思考［J］．思想理论教育，2019（12）：80－85.

[449] 徐文良．关于思想政治教育学科建设的回顾与思考［J］．思想教育研究，2002（5）：2－3.

[450] 徐喜春．“知乎治校”现象分析及其对学生参与大学治理的启示［J］．思想理论教育，2023（2）：106－111.

[451] 徐先艳．思想政治工作作为治党治国重要方式的生成逻辑［J］．思想教育研究，2022（3）：118－123.

[452] 徐艳国．实现思想政治教育政策环境现代化的难点分析［J］．思想教育研究，2014（8）：3－5.

[453] 徐艳国．思想政治教育治理体系和治理能力现代化探析［J］．清华大学学报（哲学社会科学版），2014（3）：122－125，10.

[454] 徐志远，龙宇．思想政治教育内容：现代思想政治教育学的重要范畴［J］．探

索，2010（4）：123－127.

［455］徐志远．论建构现代思想政治教育学基本范畴及其系统的方法论原则［J］．思想理论教育导刊，2007（3）：50－55.

［456］徐志远．论思想政治教育学基本范畴的逻辑特征［J］．求实，2001（12）：61－63.

［457］徐志远．思想政治教育学范畴：涵义、特征及功能［J］．武汉大学学报（社会科学版），2002（2）：227－231.

［458］许家烨．大中小学思想政治理论课教材一体化建设：逻辑、问题与对策［J］．思想教育研究，2022（2）：22－26.

［459］许慎．比较思想政治教育在对外人文交流中的角色定位［J］．思想政治教育研究，2020（3）：134－137.

［460］闫彩虹，孙迎光．新时代思想政治教育学科边界划定的逻辑进路［J］．学校党建与思想教育，2020（3）：16－21.

［461］严敏．微传播视域下大学生思想政治教育话语转向研究［J］．学校党建与思想教育，2023（4）：61－63.

［462］严帅．思想政治教育质量评价研究的新特点与新趋势［J］．思想教育研究，2018（2）：22－26.

［463］颜叶甜，黄蓉生．思想政治教育学科发展的“适应服务律”探赜［J］．思想教育研究，2023（3）：38－44.

［464］杨怀中．党的十一届三中全会以来高校思想政治教育的十大创新［J］．思想教育研究，1998（6）：4－6.

［465］杨静娴．话语创新：网络时代高校思想政治理论课发展的迫切要求［J］．思想理论教育导刊，2018（2）：105－107.

［466］杨立英．传统文化与高校德育［J］．高校理论战线，1999（7）：32－34.

［467］杨立英．论网络思想政治教育的主客体关系特性与教育创新［J］．思想理论教育导刊，2005（11）：60－65.

［468］杨敏，陈雪龄．民族高校铸牢中华民族共同体意识教育满意度的实证研究［J］．民族学刊，2022（12）：70－77，153.

［469］杨素稳，李德芳．暗示在思想政治教育中的功效与运用规律初探［J］．学校党建与思想教育，2013（7）：8－10.

［470］杨威，耿春晓．人工智能时代思想政治教育发展的可能议题［J］．思想教育研究，2021（10）：47－52.

［471］杨威，管金潞．“思想政治教育学原理”教学内容的定位、体系与实施难点［J］．思想教育研究，2022（10）：125－130.

［472］杨威，田祥茂．思想政治教育的“术”“道”“学”［J］．教学与研究，2023（3）：103－111.

［473］杨威．比较思想政治教育学的制度之维［J］．马克思主义与现实，2017（6）：149－155.

[474] 杨威．论思想政治教育的物质根源［J］．马克思主义研究，2022（7）：87－96.

[475] 杨威．思想政治教育：提升国家治理能力和国民素养的重要途径［J］．思想教育研究，2015（12）：3－7.

[476] 杨小芳，张志坚，贺武华．识读思想政治教育本质：范式、路径与取向［J］．思想政治教育研究，2020（3）：43－47.

[477] 杨晓慧，弓昭民．新时代推进大中小学思想政治教育一体化建设［J］．思想理论教育导刊，2023（1）：33－36.

[478] 杨晓慧．比较思想政治教育研究的学科理性、本质定位及系统建设［J］．思想理论教育导刊，2014（10）：101－105.

[479] 杨晓慧．高等教育“三全育人”：理论意蕴、现实难题与实践路径［J］．中国高等教育，2018（18）：4－8.

[480] 杨业华．思想政治工作环境的层次性探析［J］．中南民族学院学报（哲学社会科学版），1997（3）：120－125.

[481] 杨勇，娄淑华．思想政治教育方法论元理论研究论纲——关于新时代思想政治教育学科创新的思考［J］．思想教育研究，2018（6）：13－17.

[482] 杨增崇．思想政治教育生态相关问题研究的限定条件［J］．学校党建与思想教育，2015（5）：14－17.

[483] 杨直凡，胡树祥．二十年来网络思想政治教育方法的发展历程［J］．思想教育研究，2015（4）：70－73.

[484] 杨志平，张澍军．略论思想政治教育信息的主要形态［J］．东北师大学报（哲学社会科学版），2013（6）：243－245.

[485] 叶德明．思想政治教育话语权浅论［J］．教育评论，2009（3）：71－75.

[486] 叶方兴．论比较思想政治教育学的理论特质［J］．河海大学学报（哲学社会科学版），2020（4）：38－42，106－107.

[487] 叶方兴．论思想政治教育形态［J］．学术论坛，2019（4）：122－130.

[488] 叶方兴．论思想政治教育学科交叉研究的四重使命［J］．思想教育研究，2023（1）：37－42.

[489] 叶方兴．论思想政治教育在国家治理现代化中的角色定位［J］．思想理论教育，2021（2）：18－23.

[490] 叶方兴．政治性抑或意识形态性——思想政治教育本质的理论辨明［J］．求实，2010（10）：85－88.

[491] 叶雷．思想政治教育要素新论［J］．前沿，2004（6）：156－158.

[492] 叶荣国．大学生思想政治教育话语接受面临的问题与应对［J］．思想政治教育研究，2019（1）：104－107.

[493] 叶先进．论思想政治教育学科的边界性［J］．学校党建与思想教育，2021（1）：18－22.

[494] 易仲屏．思想与行为：思想政治工作学的基本范畴［J］．思想政治工作，1991

(6)：23.

[495] 尤红姣，侯勇．思想政治教育话语的现实困境及解困之思［J］．广西社会科学，2015（8）：199－202.

[496] 游志纯，马建青．回信：习近平青年思想政治教育的创新方法［J］．思想教育研究，2022（11）：44－49.

[497] 于慧颖，臧鲁苹．大中小学道德观教育一体化的意义、挑战与实现路径研究［J］．思想教育研究，2021（9）：145－149.

[498] 于晓雷．思想政治教育基本要素的研究回顾与思考［J］．思想教育研究，2007（3）：25－27.

[499] 余建华．网络社会心态何以可能［J］．北京邮电大学学报（社会科学版），2014（5）：16－21.

[500] 余京洋，邓谨．新时代思想政治教育话语表达方式创新［J］．中学政治教学参考，2020（21）：34－36.

[501] 余秀兰．谈高校德育的功能［J］．上海高教研究，1996（2）：4.

[502] 余仰涛．关于大学生思想政治教育的接受规律的探讨［J］．学校思想教育，1991（1）：30－32.

[503] 虞滢，金林南．从方法到方法论——思想政治教育学科方法论研究分析［J］．思想教育研究，2016（5）：22－25.

[504] 虞滢．关于思想政治教育研究中规范运用马克思主义的方法论探讨［J］．思想教育研究，2020（8）：37－42.

[505] 宇文利．论思想政治教育本质：政治价值观的再生产［J］．马克思主义与现实，2013（1）：183－188.

[506] 宇文利．论思想政治教育学的范畴建设［J］．思想教育研究，2011（4）：21－27.

[507] 岳金霞．关于思想政治教育环境的界定分析［J］．学校党建与思想教育，2004（12）：10－12.

[508] 詹捷慧．新媒体环境下高校思想政治教育的话语转向［J］．学校党建与思想教育，2020（10）：73－75.

[509] 张斌，汪玲．思想政治教育社会治理功能实现的理论基础［J］．湖北社会科学，2015（7）：177－182.

[510] 张成存，臧树华．试论思想政治工作学的基本范畴［J］．思想政治工作研究，1986（5）：17－18.

[511] 张东亮．互联网背景下思想政治教育话语权的困境与出路［J］．湖北社会科学，2020（7）：163－168.

[512] 张帆，邵献平．大中小学思政课一体化建设略探［J］．学校党建与思想教育，2023（2）：56－58.

[513] 张海燕，赵刚才．党的十八大以来马克思主义中国化研究述评［J］．思想政治工作研究，2022（6）：31－34.

[514] 张怀民，陈锐．治理视阈下高校思想教育管理的困境及其破解 [J]．学校党建与思想教育，2017 (14)：82-84.

[515] 张骥，刘云章．论马克思主义意识形态对多样化社会思潮的引领机制 [J]．马克思主义研究，2011 (4)：110-116.

[516] 张建晓，孙其昂．论思想政治教育内容结构的形态 [J]．思想教育研究，2019 (1)：41-45.

[517] 张建晓．思想政治教育概念的返本开新 [J]．理论导刊，2021 (7)：119-123.

[518] 张丽华．思想政治教育集体价值探析 [J]．理论与改革，2002 (5)：104-105.

[519] 张麦兰，刘建军．关于思想政治教育学科定位的思考 [J]．思想·理论·教育，2006 (17)：37-39.

[520] 张澍军．论社会思潮的发生机制 [J]．东北师大学报（哲学社会科学版），1992 (3)：1-6.

[521] 张澍军．论思想政治教育的历史定位与运行特征 [J]．教育研究，2015，36 (4)：42-48.

[522] 张文强．新时代构建高校思想政治教育协同机制研究 [J]．国家教育行政学院学报，2019 (12)：75-80，89.

[523] 张夏蕊．思想政治教育要素论——一个新的阐述视角 [J]．思想政治教育研究，2022 (3)：84-89.

[524] 张祥浩，石开斌．中国传统文化与思想政治教育的创新 [J]．东南大学学报（哲学社会科学版），2008 (5)：56-59，127.

[525] 张彦，韩伟．以核心价值观引领大中小学思政课一体化 [J]．学校党建与思想教育，2020 (13)：62-65.

[526] 张艳红，张澍军．思想政治教育学科建设之反思 [J]．思想教育研究，2015 (9)：8-11.

[527] 张耀灿，刘伟．论教育环境是思想政治教育过程的要素 [J]．江汉论坛，2006 (5)：54-57.

[528] 张耀灿，钱广荣．思想政治教育研究范式论纲——思想政治教育研究方法的基本问题 [J]．思想教育研究，2014 (7)：3-9.

[529] 张耀灿，项久雨．关于思想政治教育学科建设几个理论问题的探讨 [J]．上海交通大学学报（哲学社会科学版），2000 (1)：23-32.

[530] 张耀灿．30年思想政治教育学科建设史述论 [J]．学校党建与思想教育，2008 (12)：9-14.

[531] 张耀灿．对“思想政治教育原理”的重新审视 [J]．学校党建与思想教育，2011 (28)：10-13.

[532] 张耀灿．关于思想政治教育学科建设的现状与展望 [J]．中国高教研究，1997 (4)：56-58.

[533] 张耀灿．加强思想政治教育学科建设的若干问题 [J]．广州大学学报（社会科学版），2005 (1)：5-9.

［534］张耀灿．试论思想政治教育学科的定位与建设［J］．思想理论教育导刊，2006（7）：32-35.

［535］张耀灿．思想政治教育学科专业创建30年的回顾和展望［J］．思想理论教育，2014（1）：26-33.

［536］张耀灿．思想政治教育研究范式论纲——思想政治教育研究方法的基本问题［J］．思想教育研究，2014（7）：3-9.

［537］张耀灿．推进思想政治教育学科创新发展的若干思考［J］．思想理论教育，2017（7）：62-65.

［538］张耀灿．推进思想政治教育研究范式的人学转换［J］．思想教育研究，2010（7）：3-6.

［539］张毅翔．如何使“思想政治教育方法论”成为一门精确的科学［J］．求实，2007（6）：80-82.

［540］张毅翔．系统论视阈下思想政治教育合法性研究［J］．求是，2011（1）：71-75.

［541］张永霞，申来津．新时代大中小学思政课一体化的依据、思路与途径［J］．学校党建与思想教育，2020（8）：30-32.

［542］张瑜，禹泳如．青年播客热现象的原因、风险及应对［J］．思想理论教育，2023（2）：93-98.

［543］张瑜．论思想政治教育网络观的演进与理论创新［J］．马克思主义与现实，2020（5）：190-196.

［544］张宇明．要重视思想政治教育价值评价的研究与应用［J］．理论与改革，2003（4）：111-112.

［545］张泽强．“中国立场”与比较思想政治教育研究［J］．思想教育研究，2017（12）：27-31.

［546］张振芝．习近平关于领导干部讲思政课重要论述的逻辑理路［J］．湖北社会科学，2022（2）：150-156.

［547］张震环，桑春红．思想政治教育的规律体系探微［J］．思想教育研究，2012（9）：27-30.

［548］张正瑞．对思想政治教育本质研究的回顾与思考［J］．思想教育研究，2012（2）：22-26.

［549］张志丹．新媒体时代我国网络意识形态建设：危局、误读与突围［J］．河海大学学报（哲学社会科学版），2017（1）：1-7，88.

［550］张志毅，刘海燕，尹晓虎．当前思想政治教育范式之争的大数据检视［J］．思想政治教育研究，2021（4）：79-82.

［551］张智．思想政治工作从根本上说是做人的工作［J］．思想教育研究，2017（5）：7-10.

［552］张忠．网络空间作为一种公共领域的可能性分析［J］．北京邮电大学学报（社会科学版），2014（5）：9-15.

[553] 掌海啸．自媒体语境下高校思想政治教育话语权建设的策略 [J]. 学校党建与思想教育，2020（16）：77－79.

[554] 赵安民，董秀玲．马克思主义人学视角下思想政治教育范式转换 [J]. 思想教育研究，2012（1）：18－20.

[555] 赵芳，刘新庚．关于思想政治教育学学科属性的新认识 [J]. 湘潭大学学报（哲学社会科学版），2018（3）：98－101.

[556] 赵晖，代保平．信息时代高校思想政治教育的话语转型 [J]. 学校党建与思想教育，2023（8）：64－66.

[557] 赵建超．基于虚拟交往的网络思想政治教育时间机制建构 [J]. 思想教育研究，2022（8）：49－54.

[558] 赵君，张端．高校思想政治教育管理队伍协同创新机制研究 [J]. 学校党建与思想教育，2014（23）：26－28.

[559] 赵浚，张澍军．信息化 3.0 时代网络思想政治教育的复杂性探赜 [J]. 思想教育研究，2022（10）：45－50.

[560] 赵莎莎．大数据背景下思想政治教育机制创新研究 [J]. 马克思主义学刊，2017（2）：148－163.

[561] 赵义良，金蓉．公民教育与思想政治教育的内涵界定与辨析 [J]. 思想教育研究，2017（11）：29－33.

[562] 赵玉枝，胡树祥．网络思想政治教育范式转换：内涵、成因及意义 [J]. 思想教育研究，2021（6）：36－42.

[563] 赵志业．思想政治教育范式发展的六大问题研究 [J]. 重庆大学学报（社会科学版），2023（2）：140－152.

[564] 郑崇玲．新时代领导干部上讲台讲思政课制度的由来及实践提升 [J]. 中国高等教育，2022（5）：28－30.

[565] 郑敬斌，王立仁．论思想政治教育内容体系的系统构建 [J]. 东北师大学报（哲学社会科学版），2012（2）：14－17.

[566] 郑永廷，郭海龙．思想政治教育学原理的体系建构与深化研究 [J]. 思想教育研究，2016（5）：8－12.

[567] 郑永廷，胡梅花．思想政治教育学科的创立与发展——改革开放 30 年思想政治教育学科建设新成果 [J]. 学校党建与思想教育，2009（1）：27－30.

[568] 郑永廷，田雪梅．社会治理与思想政治教育的发展 [J]. 思想理论教育，2017（6）：10－15.

[569] 郑永廷，张国启．论思想政治教育学科建设与发展 [J]. 思想教育研究，2006（2）：4－11.

[570] 郑永廷，朱白薇．改革开放 30 年思想政治教育理论的丰富与发展 [J]. 思想理论教育导刊，2008（10）：12－18.

[571] 郑永廷．论思想政治教育学科特点与研究前沿 [J]. 思想政治教育研究，2011（4）：1－5.

［572］郑永廷．思想政治教育基础理论研究进展与综述［J］．思想教育研究，2014（4）：3－18．

［573］郑运旺．“互联网＋”背景下的高校“微思政”模式［J］．红旗文稿，2017（3）：33－34．

［574］郑忠梅，秦在东．文化视野：思想政治教育研究的新范式［J］．学校党建与思想教育，2006（5）：16－17．

［575］钟久辉，肖永忠．试论高校网络思想政治教育运行机制的构建［J］．学校党建与思想教育，2004（7）：54－55．

［576］周福．个体与群体：思想政治教育学的基本范畴［J］．学校党建与思想教育，2016（8）：23－26．

［577］周如俊，王天琪．网络舆情：现代思想政治教育的新领域［J］．思想理论教育，2005（11）：12－15＋29．

［578］周曦明．论信息网络技术发展对我国精神文明建设的作用与影响［J］．社会科学，1997（7）：37－41．

［579］周湘莲．思想政治教育内容整体构建研究［J］．理论与改革，2004（2）：145－148．

［580］周中之．思想政治教育学科发展的若干关系研究［J］．马克思主义与现实，2007（2）：183－185．

［581］朱诚蕾，骆郁廷．论网络思想政治教育话语魅力的生成［J］．思想教育研究，2020（9）：31－36．

［582］朱燕，吴连霞．浅析思想政治教育要素的构成［J］．前沿，2005（12）：90－92．

［583］邹绍清．思想政治教育方法论体系建构研究——以复杂系统论为视角［J］．思想教育研究，2016（1）：49－53．

［584］邹学荣．略论思想政治教育主客体交互作用的规律［J］．学校思想教育，1994（2）：55－56．

［585］祖嘉合．思想政治教育学科的规范发展与统筹发展［J］．思想理论教育导刊，2014（4）：12－15．

［586］左鹏．思想政治教育专业十年发展的再认识［J］．北京科技大学学报（人文社会科学版），1997（2）：32－36．

三、报纸类

［1］习近平．谈谈调查研究［N］．学习时报，2011－11－21（1）．

［2］习近平在欧美同学会成立一百周年庆祝大会上发表重要讲话强调 脚踏着祖国大地胸怀着人民期盼 书写无愧于时代人民历史的绚丽篇章［N］．人民日报，2013－10－22（1）．

［3］习近平．关于《中共中央关于全面深化改革若干重大问题的决定》的说明［N］．人民日报，2013－11－16（1）．

［4］习近平主持召开中央网络安全和信息化领导小组第一次会议强调 总体布局统筹各方创新发展努力把我国建设成为网络强国［N］．人民日报，2014－02－28（1）．

[5] 习近平．在哲学社会科学工作座谈会上的讲话 [N]. 人民日报，2016-05-19 (2).

[6] 习近平在全国高校思想政治工作会议上强调 把思想政治工作贯穿教育教学全过程 开创我国高等教育事业发展新局面 [N]. 人民日报，2016-12-09 (1).

[7] 习近平在北京大学考察时强调 抓住培养社会主义建设者和接班人根本任务 努力建设中国特色世界一流大学 [N]. 人民日报，2018-05-03 (1).

[8] 习近平．在纪念马克思诞辰200周年大会上的讲话 [N]. 人民日报，2018-05-05 (2).

[9] 习近平在全国教育大会上强调 坚持中国特色社会主义教育发展道路 培养德智体美劳全面发展的社会主义建设者和接班人 [N]. 人民日报，2018-09-11 (1).

[10] 习近平主持召开学校思想政治理论课教师座谈会强调 用新时代中国特色社会主义思想铸魂育人 贯彻党的教育方针落实立德树人根本任务 [N]. 人民日报，2019-03-19 (1).

[11] 习近平．在中国科学院第二十次院士大会、中国工程院第十五次院士大会、中国科协第十次全国代表大会上的讲话 [N]. 人民日报，2021-05-29 (2).

[12] 习近平在中国人民大学考察时强调 坚持党的领导传承红色基因扎根中国大地 走出一条建设中国特色世界一流大学新路 [N]. 人民日报，2022-04-26 (1).

[13] 中共中央关于社会主义精神文明建设指导方针的决议 [N]. 人民日报，1986-09-29 (1).

[14] 中共中央国务院印发《关于加强和改进新形势下高校思想政治工作的意见》[N]. 人民日报，2017-02-28 (1).

[15] 中共中央国务院印发《关于新时代加强和改进思想政治工作的意见》[N]. 人民日报，2021-07-13 (1).

后　记

思想政治教育学科设立于 1984 年，弹指一挥间，发展至今已经走过了 40 年的历程。思想政治教育学科与中国改革发展实践同向同行，在中国改革发展大势中不断创新发展。随着时代的发展，思想政治教育学科在我国哲学社会科学领域中的特色和地位更加凸显。回顾思想政治教育学科 40 年的历程，总结学科 40 年的发展经验，把握学科未来研究趋势，对于进一步加强思想政治教育学科建设、推进思想政治教育内涵式发展具有重要意义。基于此，我们组织了全国思想政治教育学科领域知名专家和中青年学者共同撰写了《思想政治教育学科 40 年发展研究报告》。北京师范大学思想政治工作研究院、《思想教育研究》编辑部负责具体组织协调工作。

《思想政治教育学科 40 年发展研究报告》一书经过认真策划与前期的充分讨论准备，教育部思想政治工作司原司长、全国高校思想政治教育研究会学术委员会主任、北京师范大学思想政治工作研究院院长冯刚教授多次组织召集专家进行选题策划研究，邓卓明、佘双好、彭庆红、白显良、陈勇、李辉、代玉启、王习胜等多次参与书稿框架设计讨论。以习近平新时代中国特色社会主义思想为遵循，坚持理论与实践深度融合的基本原则，分思想政治教育学科基础理论研究、过程要素研究、方法与政策研究、重要领域研究四个方面共二十九章重点内容，对思想政治教育学科 40 年来相关领域的研究成果进行了梳理。思想政治教育学科 40 年的研究积累充分展现了对中国情怀、世界眼光和时代特征的深刻把握，体现了一代又一代思想政治教育学人矢志不渝的学科使命与情怀。

本书的具体分工如下：绪论（冯刚）、第一章（邓卓明、张波）、第二章（彭庆红、刘迪翔）、第三章（代玉启）、第四章（王易、许慎）、第五章（韩丽颖）、第六章（李辉）、第七章（王振）、第八章（张毅翔）、第九章（钟一彪）、第十章（张国启）、第十一章（郑敬斌）、第十二章（周琪）、第十三章（刘宏达、吴光梅）、第十四章（万美容、刘涛）、第十五章（高地）、第十六章（谢玉进、温树峰）、第十七章（王习胜）、第十八章（严帅）、第十九章（徐先艳）、第二十章（房正）、第二十一章（佘双好、霍琰）、第二十二章（张瑜、金哲）、第二十三章（徐柏才、孙明福）、第二十四章（邢国忠）、第二十五章（罗仲尤、闫晨）、第二十六章（左鹏）、第二十七章（白显良、秦则海）、第二十八章（金国峰）、第二十九章（陈继红、滕飞）。参与统稿、修订的专家学者有（排名不分先后）：冯刚、彭庆红、邓卓明、佘双好、陈勇、白显良、代玉启、房正、李基礼、王振等，高静毅、朱宏强、刘迪翔、戴钰贝等也协助参与了相关统稿工作。王莹、曹鹤鸣、周巍、赵晨璇、王凯宗、姜天宠、梅科、郭修远、万胜等负责相关文献的整理。谨以此书的出版向思想政治教育学科老一辈学者郑永廷、张耀灿、林泰、陈秉公、张澍军、吴潜涛、罗洪铁、邱柏生、邱伟光、孙其昂、祖嘉合、陈勇、张再兴等致以崇高的敬意。

本书在撰写过程中，参考了经典著作、政策文献以及大量专家学者的研究著作和学术论文，在文中采用脚注方式进行了标明，同时将相关资料列入书后参考文献，在此深表感谢！因全书涵盖思想政治教育以及相关学科的理论研究、经验总结、比较分析、案例分析等多领域内容，限于时间、精力和篇幅，未能一一列出，敬请专家学者同人谅解。同时，因时间仓促、工作量大，不足之处恳请专家同行和广大读者批评指正。

本书编委会

图书在版编目（CIP）数据

思想政治教育学科40年发展研究报告／冯刚主编；彭庆红，白显良副主编. --北京：中国人民大学出版社，2024.1

ISBN 978-7-300-32157-8

Ⅰ.①思… Ⅱ.①冯… ②彭… ③白… Ⅲ.①思想政治教育-学科发展-研究报告-中国 Ⅳ.①D64

中国国家版本馆CIP数据核字（2023）第172480号

思想政治教育学科40年发展研究报告

主　编　冯　刚

副主编　彭庆红　白显良

Sixiang Zhengzhi Jiaoyu Xueke 40 Nian Fazhan Yanjiu Baogao

出版发行	中国人民大学出版社		
社　　址	北京中关村大街31号	**邮政编码**	100080
电　　话	010－62511242（总编室）		010－62511770（质管部）
	010－82501766（邮购部）		010－62514148（门市部）
	010－62515195（发行公司）		010－62515275（盗版举报）
网　　址	http://www.crup.com.cn		
经　　销	新华书店		
印　　刷	北京联兴盛业印刷股份有限公司		
开　　本	787 mm×1092 mm　1/16	**版　　次**	2024年1月第1版
印　　张	43.75 插页3	**印　　次**	2024年4月第4次印刷
字　　数	1 033 000	**定　　价**	268.00元
